PLANTAS DE JARDÍN

A-Z

Grijalbo

SUMARIO

Abelia (fam. Caprifoliaceae)

Procedente de India, el Himalaya, Japón y China, este arbusto espectacular de rama baja y hoja perenne tiene unas flores fragantes de color rosa o blanco con sépalos rojizos duraderos. En ocasiones aparece una marca naranja en la garganta de la flor. La *Abelia* moderna crece profusamente y sirve como planta de suelo o para formar arriates.

CULTIVO Plantar *Abelia* en suelo rico, bien drenado, a pleno sol o con sombra parcial. Cuando está bien regada crece bien. Multiplicación en verano y en otoño por esquejes de leña semiblanda de 15-18 cm. Sobrevive fácilmente al aire libre si tiene un poco de sombra o si está bien protegida del sol fuerte y del viento. En invierno, multiplicación de los esquejes de leña de 20-25 cm de longitud. Todos los veranos hay que podarla ligeramente para darle la forma deseada y retirar algunos de los tallos viejos a ras del suelo.

CLIMA Zonas 6 y 7 y por encima.

ESPECIES *A. x grandiflora* se refiere a menudo a una abelia lustrosa. Se trata de un arbusto denso y po-

Adaptada a una amplia variedad de ambientes, *Abelia* x *grandiflora* es un arbusto que requiere pocos cuidados y que se utiliza para setos o cortinas informales.

blado, con hojas ovaladas, brillantes, de un verde bronce, y flores rosadas con matices blancos, más bien pequeñas y en forma de campanilla que florecen entre el verano y el otoño en la mayoría de las zonas. La variedad 'Variegata', también conocida como 'Francis Mason' o abelia dorada, tiene un crecimiento y una floración similares a *A. x grandiflora*, aunque con variaciones de un amarillo intenso. Para que adquiera el tono dorado hay que plantarla a pleno sol. *A. schumannii*, procedente de China, es un arbusto esbelto y arqueado con hojas mates y flores rosadas desde el verano al otoño. *A. uniflora*, de China, es un arbusto tupido de hoja verde oscuro. Produce floraciones de un blanco rosado con garganta naranja desde el verano al otoño.

Abeliophyllum (fam. Oleaceae)

Originaria de Corea, *Abeliophyllum* se introdujo en los jardines occidentales en la década de 1920 y se popularizó en los jardines ornamentales, dada su resistencia y su fácil crecimiento, que alcanza 1 m. Las hojas de este arbusto son similares a las de la abelia. Pariente de *Fontanesia*, es un arbusto caducifolio con hojas largas, estrechas, en forma de corazón, y flores fragantes, blancas, de cuatro pétalos, y centros pequeños de color na-

Las bonitas y aromáticas flores de *Abeliophyllum distichum* forman densos racimos en los tallos leñosos en primavera, antes de que broten las hojas.

ranja, muy parecidos a los de *Forsythia*. Florece en primavera.

CULTIVO Se planta en un suelo arcilloso con buen drenaje, al abrigo del sol y protegida de las heladas durante la floración. Hay que podarla cuando la floración ha finalizado, para que florezcan los retoños del año anterior. Se multiplican en invernadero a partir de esquejes medio maduros a finales de verano o en otoño, o de semillas o mediante acodado.

CLIMA *Abeliophyllum* en zonas 6 y más arriba.

ESPECIES *A. distichum* es la única especie. Crece hasta una altura y envergadura de 1,5 m.

Abelmoschus esculentus, sin. Hibiscus esculentus

(fam. Malavaceae)

Ocra, gombo, quimbombó

Nativa del Asia tropical, *Abelmoschus esculentus* sobrepasa los 2 m y tiene hojas muy anchas y flores blanco amarillas, púrpuras o con manchas rojas. Sus vainas, de color verde y cilíndricas, alcanzan los 20 cm. Ingrediente desde hace tiempo en la cocina del sur de Estados Unidos y el Caribe, y los curries de cualquier lugar del mundo. Las vainas expelen un pegamento mucilaginoso que se usa para espesar guisos.

CULTIVO *Abelmoschus esculentus* requiere suelo fértil de buen drenaje. Lugar soleado y mucha agua en períodos secos. Añada fertilizante repetidamente para estimular el crecimiento. Espacie las plantas enanas a unos 30-40 cm, y las variedades más altas a 45-90, y deje suficiente espacio entre hileras. La ocra necesita las mismas condiciones que algunas plantas de huerta, como los tomates y los pepinos. En climas fríos, es mejor su cultivo en invernadero frío. La recolección diaria de vainas tiernas servirá para su multiplicación.

CLIMA Zona 9, pero anual estival en cualquier clima. En áreas frías en invernadero.

Abies (fam. Pinaceae)

Abeto europeo

El nombre de este género que incluye 50 especies, que se encuentran de manera natural únicamente en el hemisferio norte, deriva del latín *abeo*, «Me elevo», que significa crecer hasta alturas mayestáticas. Al igual que la mayoría de las coníferas, el abeto es un árbol de hoja perenne. Las agujas cortas y rígidas de la mayoría de las especies son habitualmente planas, revisten uniformemente las ramillas, aunque en las ramas más externas de la parte más baja del árbol, se dividen y se retuercen hacia arriba. Las agujas de algunas especies se distribuyen de forma radial, perfectamente, en todas las ramillas, mientras que otras forman dos hileras planas y separadas a ambos lados de la rama. Las agujas suelen tener dos bandas plateadas bajo la superficie. La mayoría de las especies del género *Abies* son muy apropiadas para jardines grandes y fríos, debido a su extraordinaria simetría y a su hermoso follaje, color y textura. La altura que alcanzan las diferentes especies refleja el ambiente de su hábitat. En otras regiones crecerán mucho menos.

CULTIVO Los abetos crecen bien en las regiones más frías y heladas de Estados Unidos, no le favorecen

Las vainas tiernas del ocra están en su punto para se rrecolectadas. Recolectadas así, son perfectas para comer.

Abutilon megapotamicum, en su variedad de distintos colores, tiene una floración larga. Sirve como planta de relleno o como cubierta vegetal.

los veranos cálidos y no resisten las sequías. Crecen rápidamente y con éxito en macetones en las zonas costeras más cálidas si se les emplaza en un lugar fresco. Se plantan en un terreno profundo de fertilidad media o alta, y hay que asegurarse de que el subsuelo se mantenga húmedo durante todo el año. Se multiplican por semillas. Suelen germinar fácilmente al poco tiempo de haberlas sembrado, lo que será bueno hacer a principios de primavera. Los injertos solo se utilizan para la multiplicación de selecciones y variedades preciadas. La sección debe hacerse desde la punta de un brote principal; de otro modo, la planta resultante presentaría el crecimiento horizontal de una rama lateral.

CLIMA Zonas 3 a 7, dependiendo de la especie.

ESPECIES A. *alba*, el abeto albar europeo, crece hasta alcanzar 30 m o más, con un desarrollo piramidal y una cúspide que se ensancha con los años. Las hojas verde oscuro de 2-3 cm, crecen en dos hileras. A. *balsamea* o abeto balsámico o bálsamo de Gilead, zona 3, alcanza los 20-30 m y adquiere una forma piramidal estrecha. Las hojas oscuras, de 2-3 cm aciculares y hendidas, se disponen en dos hileras. La variedad enana 'Hudsonia Group' es la más conocida. A. *cephalonica*, el abeto griego, zona 6, prospera hasta alcanzar los 30 m de altura y tiene forma piramidal. Las hojas verdes, rígidas, aciculares y brillantes, tienen de 2 a 3 cm y un color gris azulado en la parte inferior. A. *firma*, el abeto japonés, zona 6, alcanza los 30 m de altura o más, y tiene forma piramidal. Al envejecer, la cúspide se ensancha. Las hojas, verdes y brillantes, miden 2,5 cm y son aciculares, aunque en algunas ocasiones se hienden en el ápice. Crecen en dos hileras. Una especie de abeto de crecimiento rápido, A. *grandis*, el abeto gigante de forma piramidal, alcanza los 20-30 m de altura. Las hojas, de un verde oscuro brillante, de 3-6 cm y escotadas en el ápice, crecen formando dos hileras horizontales. A. *homolepis*, el abeto Nikko, zona 5, alcanza los 20-30 m y tiene forma piramidal. Las hojas, de un color verde oscuro, son aciculares y escotadas. La A. *lasiocarpa*, el abeto alpino, zona 3, puede llegar a alcanzar 25 m y tiene copa piramidal con un perfil irregular. Las hojas, de un color verde gris pálido, aciculares, miden 2-3 cm. La variedad 'Compacta' crece alrededor de 1 m, formando una pirámide compacta. Su follaje es de color verde azulado. A. *magnifica*, el abeto rojo de California, zona 6, crece entre 15-25 m formando una especie de columna. Las ramas tienen una andadura descendente y las hojas, abigarradas y de un color verde oscuro lustroso, miden entre 2-3 cm y tienen el ápice escotado. A. *pinsapo*, el abeto español, zona 7, alcanza los 15-25 m de altura la copa tiene forma piramidal, la corona es redonda y las ramas presentan una andadura descendente. Las acículas de color verde oscuro, de 1-2 cm de longitud, son rígidas y tienen el ápice agudo. Se disponen radialmente en las ramas. La variedad 'Glauca' está muy consolidada debido a su follaje gris azulado. A. *spectabilis*, el abeto del Himalaya, zona 6, crece hasta alcanzar 30 m de altura o más y su copa tiene forma piramidal. Las hojas miden de 3-6 cm, son de un color verde oscuro brillante, escotadas y punzantes.

Abutilon (fam. Malvaceae)
Linternas chinas, arces de flor

Las hermosas flores en forma de linterna, bien tor-neadas, y las hojas semejantes a las del arce, hacen muy populares a estos arbustos perennes. Las ho-jas de algunas de estas plantas varían de tonalidad y las flores colgantes poseen una gama de colores que va desde el púrpura, el rojo brillante y el rosa hasta el amarillo, el naranja y el blanco.

CULTIVO Zonas 9 y 10

ESPECIES *A.* x *hybridum* crece profusamente cuando se poda regularmente, con hojas verdes parecidas a las del arce y flores abundantes, de diferentes co-lores, de la primavera al otoño. Existen muchas variedades de *A.* x *hybridum*, pero no pueden culti-varse en todas las zonas. Entre ellas: la 'Boule de Niege', blanco puro, hasta 1,2 m; 'Carmine', rosa carmín, hasta 1,8 m; la 'Eclipse', naranja, hasta 1,8 m; la 'Emperador', carmesí, hasta 1,2 m; la 'Ju-bilee', rosada, hasta 1,8 m; la 'Kuller's Surprise', roja con el centro amarillo, hasta 1,8 m; 'Souvenir de Bonn', de flores naranja rayadas y unas atracti-vas hojas verdes y crema, alcanza 2,4 m; la 'Syd-ney Belle', de un amarillo puro, crece hasta 1,2 m; la 'Tunisia', rosa salmón, hasta 1,8 m; 'Yellow Gem',

Conocida popularmente como mimosa, se ve muchas veces en su forma 'Varigata'. Las mimosas florecen durante mucho tiempo y son un bonito árbol de fondo.

de flores ligeramente amarillas, alcanza 1,8 m. *A. megapotamicum*, conocida comúnmente como campanilla de Brasil o flor linterna, procede de Sudamérica. Es una planta cuyas pequeñas ramas penden hacia el suelo y tiene las hojas en forma de flecha. Florece desde el verano hasta el otoño y las flores, péndulas, tienen unos pétalos delgados y amarillos y el cáliz rojo con estambres prominen-tes. La variedad 'Variegatum' presenta unas hojas de distintos tonos muy ornamentales que animan zonas en sombra.

Acacia (fam. Mimosaceae)
Acacias

El nombre botánico de «acacia» procede del grie-go *akakia*, que significa «espina» y muchas de las especies africanas se conocen como árboles espi-na. Sin embargo, más de 750, que van desde ar-bustos a grandes árboles, son originarias de Aus-tralia. Se cree que el nombre común «wattle» con el que se conocen en dicho país procede del nom-bre aborigen de la planta, *wattah*. Allí se han utili-zado detalles geográficos para describir ciertas es-pecies, y a menudo se refieren a la *Acacia baileya-na* como mimosa. Miembros de esta familia se encuentran en otros lugares del mundo, donde los conocen también como «mimosa». Tanto los aborígenes como los primeros colonos de Austra-lia las utilizaron para fines muy variados. Los abo-rígenes pinchaban las raíces de ciertas especies del desierto en busca de agua, y los pioneros apren-dieron que las wattle se podían mezclar con barro y arcilla para obtener materiales de construcción. En los primeros años de asentamiento eran comu-nes las casas de arcilla y acacia porque eran muy fáciles de obtener, ya que prosperaban profusa-mente en casi todas las zonas. Crecen con rapidez y florecen pronto. Las hay de corta vida, entre ocho y diez años, mientras que otras tienen una vida más larga. Las acacias floridas son exquisitas. La flor varía de color, desde el amarillo dorado, que es la más común, hasta el naranja y el blanco. Las flores tienen forma globular y el follaje es ex-tremadamente variable. Todas las especies tienen las hojas plumosas cuando son jóvenes, aunque algunas australianas maduran de distinta manera. De hecho, ciertas variedades de acacia de Austra-

Acacia baileyana, conocida como mimosa, es la más frecuente. Sus flores, de un amarillo brillante, alegran los meses de invierno.

Generalmente las acacias se multiplican mediante semillas durante casi todo el año. En primer lugar, hay que verter agua hirviendo sobre las semillas y dejarlas en remojo durante 12 horas. Se descartarán aquellas que floten en el agua. Entonces se plantan en suelos mixtos drenados, se cubren ligeramente y se riegan un poco. Bajo el cristal, las semillas tardarán cuatro semanas en germinar. Es interesante observar cómo las hojas pequeñas y plumosas evolucionan a las formas más añejas. En ocasiones ambas formas pueden verse en la planta de semillero. Las plantas jóvenes deben mantenerse húmedas. En ambientes libres de heladas, crecerán en cualquier tipo de suelo bien drenado, en extensión, siempre y cuando estén protegidas de vientos fuertes. La mayoría soportan climas secos. Alrededor de sus raíces o bajo sus ramas no crecen otras plantas. Hay que podarlas inmediatamente después de la floración para aumentar la producción de flores y para prolongar su vida.

CLIMA Apropiada para zonas 8 a 10.

ESPECIES Como es imposible enumerar todas las especies, hemos elegido una selección de acacias por sus cualidades en horticultura. No todas las variedades siguientes pueden adquirirse fuera de Australia, pero no obstante existe una selección representativa en Estados Unidos, donde muchas de ellas crecen en California y Arizona. *A. baileyana* es la más conocida de las especies de Nueva Gales del Sur. Tiene unas hojas de un tono plata azulado y racimos de flores amarillo dorado durante el verano y la primavera. Crece rápidamente hasta alcanzar los 5-8 m, y es muy útil para proteger del viento, o para dar sombra y cobijo. Recientemente se están cultivando variedades nuevas púrpura, rojo y amarillo. *A. beckleri*, del sur de Australia, es un arbusto resistente a las sequías, con un follaje denso, coriáceo, gris verdoso y unas flores suavemente perfumadas de 2 cm de diámetro en invierno. Las flores son las más grandes de todas las especies. Alcanza una altura de 2-4 m. *A. binervia* crece hasta 8-12 m y es ideal para la plantación en márgenes. Tiene un follaje de un tono gris. *A. browniana*, un arbusto tupido del oeste de Australia, es muy sugestiva y crece bien en suelos arenosos hasta alcanzar 1-2 m. Su follaje es pequeño, verde os-

lia no tienen «hojas» propiamente dichas, sino unas partes semejantes a hojas llamadas filodios que son los pedúnculos o pecíolos de la hoja, modificados. Las semillas tienen una envoltura dura y cerosa. Por esta razón, y porque las semillas germinan mediante el calor, son las primeras plantas que aparecen después de un incendio. Dado que las diferentes especies florecen en estaciones distintas, cabe la posibilidad de plantar un jardín con varias acacias para que al menos una de ellas florezca en cualquier época del año, siempre y cuando el clima sea el adecuado. Las especies altas se plantan para dar sombra, las de menor tamaño en macetas y jardines de rocalla, y variedades interesantes por el contraste de colorido de sus flores y hojas.

CULTIVO En los climas propensos a las heladas, las acacias crecen en invernadero, en receptáculos con tierra de abono y un buen drenaje, o en arriates. Son plantas excelentes para invernaderos frescos.

ARRIBA *Acacia podalyriifolia*, valorada por su floración en invierno y en primavera, puede ser atacada por el minador de las hojas, que provoca ampollas en estas.

DERECHA *Acacia binervia* gana en longevidad y resulta un árbol magnífico si se planta al aire libre. También es excelente para la formación de setos o cortinas.

curo, semejante al helecho, y da unas flores globulares de un amarillo intenso que aparecen en invierno y en primavera. El follaje de *A. cardiophylla*, delicado, suave y pendular, la convierte en la favorita de los jardineros. Se trata de una planta que crece hasta 2-3 m de altura y proporciona una floración dorada desde el invierno hasta la primavera. *A. decora*, es un arbusto que alcanza los 2 m de altura y envergadura. En primavera, multitud de flores doradas en forma de glóbulos aparecen entre las hojas curvadas de tonos verdeazulados. Se utiliza en zonas secas y se adapta a la mayoría de los suelos. *A. drummondii*, del oeste de Australia, tiene unas hojas oscuras semejantes a las de los helechos y unas flores en forma de vara que aparecen entre el invierno y la primavera. Crece hasta 1,5 m de altura. Se han producido buenas variedades. *A. ericifolia*, del oeste de Australia, tiene un soberbio follaje de color verde gris y multitud de hermosas flores de un amarillo vivo en el extremo de las ramas desde el invierno a la primavera. Puede alcanzar una altura de 1 m, con una copa más bien plana. Es un arbusto que resulta atractivo durante todo el año. *A. iteaphylla*, del sur de Australia, crece entre los 3-5 m de altura y es una especie resistente a la sequía y a las heladas. Tiene un follaje hermoso, más bien pendular, con retoños púrpura que se complementan con las flores glo-

bulares de un color amarillo vivo que se abren en invierno. *A. longifolia* florece en primavera. Crece rápidamente hasta los 4-5 m, en suelos de arena pura, en jardines junto al mar. También puede utilizarse como árbol nodriza. *A. melanoxylon*, zona 8, generalmente es una acacia demasiado alta para las zonas rurales, ya que alcanza los 30 m en las zonas con quebradas. Es una especie muy apreciada por los ebanistas por su madera. *A. myrtifolia* es una acacia pequeña y pulcra que alcanza los 2 m. Adecuada para el cultivo en macetas, tiene un follaje verde rojizo y flores de tonos crema que aparecen en invierno. Crece bien en ambientes húmedos y con un buen drenaje. *A. podalyriifolia* es una especie muy útil, de rápido crecimiento y hermoso follaje gris, con flores globulares doradas en primavera. Alcanza los 6 m de altura. *A. pravissima* tiene unas hojas pequeñas, grises y triangulares, y unas flores amarillas pulverulentas a finales de invierno y primavera, y ramas parecidas a las del sauce. Tolera la humedad y el frío y alcanza los 2 m de altura. La de tipo llorón es una variedad especialmente adecuada para cubiertas vegetales o naturales. *A. pubescens* se encuentra en las altiplanicies del centro y del sur de Nueva Gales del Sur, uno de los primeros lugares donde crecieron las plantas australianas en los antiguos jardines coloniales. Se trata de un arbusto hermoso, con un follaje suave y

En climas propensos a las heladas, *Acacia melanoxylon*, puede plantarse en una maceta o en orillas, o bien en invernaderos frescos o viveros.

Estas *Acalypha* híbridas muestran la amplia gama de color es de las hojas y variedades disponibles.

flores doradas en verano. Alcanza los 5 m. *A. pycnantha* procede de las áridas tierras interiores de Victoria y Nueva Gales del Sur. Es un buen protector contra suelos poco profundos. En primavera da unas flores grandes, perfumadas, de un color amarillo dorado. *A. ulicifolia* 'Brownii', es una especie de acacia semillorona, de hojas marcadamente agudas y flores limón en invierno y en primavera. Solo crece 20 cm.

Acalypha (fam. Euphorbiaceae)
Colas de zorro

Estos arbustos vistosos, de variado follaje y de flores pequeñas como borlas, son muy delicados y en climas propensos a las heladas solo crecen en viveros cálidos y húmedos, invernaderos o como planta de interior. Se pueden utilizar para transplantes de verano.

CULTIVO Bajo cristal, crece en macetas bien drenadas sin suelo y con abono. Al aire libre, sobre todo, cuando se utiliza para trasplantar, se planta en un suelo ligero bien drenado, en un lugar cálido del jardín, con protección del viento que puede dañar las hojas. Es idóneo en las zonas meridionales. Aunque sea adecuado en zonas costeras, deberá estar protegido de los vientos fuertes salinos. Regar durante el verano y podar ligeramente a finales de invierno. Se multiplica mediante esquejes lignificados en invierno. Hay que proteger las plantas jóvenes del frío.

CLIMA De subtropical a tropical.

ESPECIES *A. wilkesiana* procede de Fiji y las islas próximas del sur del Pacífico. Crece hasta formar arbustos densos de hoja abundante si se poda con regularidad y se abona bien. Tiene unas hojas atractivas, brillantes, ovaladas, de 20 cm, de un verde bronce y bordes de 6 mm, de un rojo rosado. El cultivar *A. laciniata* 'Variegata' tiene unas hojas lanceoladas de un verde brillante y profundo, de 15 cm, con un borde marfil de 3-6 mm. La textura del follaje es fina y a veces semejante a un encaje. La 'Marginata', la variedad más conocida, tiene unas hojas ovaladas de un castaño rojizo y verde bronce, de 15 cm de longitud y 13 de ancho, con bordes de un rojo rosado de 6 mm, y el ápice ondulado. La 'Metallica' tiene unas hojas ovaladas de un púrpura brillante y 15 cm de longitud, roja en el haz y verde bronce en el envés. No tienen el borde usual. La 'Triumphans', la mayor de estas variedades, tiene unas hojas ovaladas rosadas manchadas con verde bronce. Las hojas miden unos 23 cm y se ondulan en el ápice. Estas acalyphas son muy llamativas y aunque son susceptibles de que las dañe el viento son muy valoradas para dar un toque tropical a los jardines como plantas temporeras de verano.

Acanthopanax (fam. Araliaceae)

Este género incluye cerca de 20 especies de árboles y arbustos perennes, la mayoría procedentes del Himalaya y de Asia central. Sus ramas densas y espinosas le dan el nombre que procede del griego *akanthos*, que significa «espina». Sus pequeñas flores verdes son bastante discretas, pero sus hojas largas y hermosas, habitualmente divididas en foliolos, y los racimos de bayas negras o purpúreas las convierten en unas atractivas plantas de exterior.

CULTIVO Esta planta crece muy bien en suelos arcillosos bien drenados, en lugares soleados con un poco de sombra cuando las plantas son más grandes. El método de multiplicación más efectivo es con semillas, aunque la germinación puede dilatarse dos años. Se siembran en primavera. Probar chupones, cortes en la raíz o retoños maduros en otoño.

CLIMA De zona 6 en adelante.

ESPECIES Las tres especies mencionadas pueden crecer en gran parte de Estados Unidos. *A. hernryi*, que es un arbusto, crece hasta 3 m. Tiene unos brotes espinosos, unas hojas largas y apuntadas y unas flores verdes muy apretadas. *A. sieboldianus*, la más común, tiene un follaje atractivo, unas ramas esbeltas y arqueadas y unas flores de un blanco verdoso que aparecen en racimos de esbeltos tallos de 5-10 cm de largo. Esta planta alcanza los 3 m. *A. siminii* crece hasta 3 m, tiene unos brotes amarillos, hojas verde oscuro y racimos de flores verdes.

Apreciada por el efecto decorativo de su follaje, algunos botánicos han clasificado *Acanthopanax sieboldanius* en el género *Eleutherococcus*.

Acanthus (fam. Acanthaceae)

Acantos, alas de ángel

Procedente del sur de Europa y del norte de África, esta planta herbácea perenne tiene unas hojas hermosas, a menudo de más de 1 m de largo, y unas espigas erectas con curiosas flores blancas y purpúreas, muy apiñadas en el tallo, y con púas erectas. Sus espectaculares hojas se encuentran como motivo ornamental en los capiteles de las columnas corintias griegas.

CULTIVO Plantarla en suelo rico, en un lugar soleado o parcialmente en sombra y regarla bien para asegurar un crecimiento rápido. Retirar las flores marchitas y las hojas muertas. Normalmente crece a partir de semillas o por división en primavera. Las plantas de semillero deben trasladarse a una maceta cuando son lo bastante grandes para manejarlas. Al levantarla, dividir una mata arraigada

Acanthus mollis, es una planta alta que se mantiene erecta, incluso cuando está florecida, a pesar de que su peso aumenta.

y separar el lado resistente de las raíces. Asegurarse de que estas sean fibrosas y la copa esté sana. Quitar las hojas y regar bien hasta que se restablezca.

CLIMA Zona 6 y por encima.

ESPECIES *A. mollis*, procedente del Mediterráneo, es una hermosa planta. Es una herbácea fuerte y frondosa que alcanza 1 m de ancho y 1 m de altura. Las hojas, grandes y de un tono verde oscuro, tienen divisiones y nervios muy acusados. Las flores blancas y purpúreas, aparecen a finales de verano. *A. spinosus*, que se extiende de Italia a Turquía, puede alcanzar 1,5 m de altura. Las hojas verde oscuro, de bordes espinosos, tienen unas divisiones que llegan casi hasta el nervio central. Las flores son blancas con los sépalos púrpura y aparecen desde finales de primavera hasta mediado del verano.

Acca (fam. Myrtaceae)
Feijoo, falso guayabo

Nativo de Brasil y Argentina, este atractivo arbusto perenne de flores rojas y blancas se usa como seto, planta ornamental y cortavientos. También se cultiva por su fruto comestible, con sabor a piña o guayaba. Los frutos se consumen frescos o en ensalada y confituras.

CULTIVO Suelo arenosos y de buen drenaje, ricos en materia orgánica. Dan mejor fruto en climas subtropicales húmedos, aunque el calor y la humedad también son necesarios para su cultivo como ornamentales. En climas fríos, mejor en invernadero. Multiplique por semilla madura y germine a 16 °C. Los retoños necesitan sombra, y debe trasplantarlos al jardín cuando alcancen 10 cm de altura. Las plantas deben colocarse a 4-7 m de distancia. Puede multiplicarlas por estratificación o esquejes semimaduros de brote y en invernadero. Polinización cruzada usando dos plantas. Espere a la caída de los frutos y almacene hasta que emitan una aroma a piña.

CLIMA Zona 8.

ESPECIES *F. sellowiana* (sin. *Acca sellowiana*), es un arbusto compacto de rápido crecimiento y 2 m de altura. Sus hojas son oblongas y de color gris ver-

El fruto de *Feijoo sellowiana* (sin. *Acca sellowiana*) debe recogerse tras la caída. En climas fríos, es mejor cultivarla en invernadero.

de, blancas en el envés; las flores son blancas y rojas, y tienen llamativos estambres en verano. Los frutos son ovales y verdes, y presentan toques rojos, de 5 cm. Hay diversos cultivares de buena calidad como 'Coolidge' y 'Nazemetz'. Se pueden reproducir por autofecundación. Los árboles producen frutos por sí mismos.

Acer (fam. Aceraceae)
Arces

Ampliamente cultivados en Estados Unidos, sobre todo en los estados más fríos y helados del norte, donde algunas son plantas nativas, estos árboles y arbustos caducifolios gustan por su magnífico follaje de hermosos colores en los meses de otoño. Se les distingue por sus hojas en forma de palma, sus flores insignificantes y sus semillas aladas, conocidas con el nombre de «sámaras», unidas por parejas.

CULTIVO Al plantarlas, lo mejor es hacerlo en suelo arcilloso y en profundidad; se añaden al suelo hojas en descomposición y materia orgánica para asegurarse de que retiene la humedad, porque las puntas de las hojas de la mayoría de variedades se

'Atropurpureum', un cultivar de follaje color burdeos del arce japonés, proporciona un excelente contraste con los árboles o arbustos de hojas verdes.

Acer palmatum, arce japonés del que se han obtenido abundantes híbridos que producen unas hojas delicadas y recortadas.

queman fácilmente si el suelo se seca. Las especies se propagan por semillas, que se siembran en cuanto están maduras. De todas las variedades y cultivares pueden utilizarse brotes y ramas tiernas. La poda no es necesaria, excepto para recortar el excesivo crecimiento o para corregir la andadura caprichosa de alguna rama. Una vez concluida la poda, podría ser necesario clarear el nuevo crecimiento.

CLIMA La mayoría de las especies son adecuadas para la zona 6.

ESPECIES *A. buergerianum* (sin. *A. trifidum*), de China y Japón, es un árbol esbelto que crece rápidamente hasta alcanzar los 6 m y puede reconocerse por sus hojas de lóbulos triangulares que en otoño se vuelven rojas y amarillas. *A. campestre*, el arce común, procedente de Europa y del oeste de Asia, alcanza los 6 m de altura y en otoño las hojas son amarillas. *A. cappadocicum*, el arce de Capadocia del oeste de Asia, crece hasta los 15 m y tiene grandes hojas. Las hojas de la 'Aureum' son amarillas al abrirse y también lo son en otoño, mientras que las de la 'Rubrum' son rojas cuando se abren y amarillas en otoño. *A. carpinifolium* de Japón, crece hasta los 9 m y tiene unas hojas planas, ovaladas, ligeramente dentadas y con nervios paralelos. Las hojas miden de 8 a 10 cm. *A. davidii*, de China, es apreciada por su corteza lustrosa y con rayas blancas. Tiene unas hojas grandes, en forma de corazón, que pueden alcanzar los 9 m. *A. ginnala* de China y Japón, es un arbusto frondoso que crece hasta los 6 m. Las hojas trifoliadas se vuelven rojas en otoño. La corteza de *A. griseum* de la China central, se pela de un modo muy bonito y sus hojas trifoliadas cambian al rojo y naranja en otoño. Alcanza los 12 m de altura. *A. hookeri*, del Himalaya, crece hasta los 6 m y tiene unas hojas largas en forma de corazón de color bronce a principios de primavera y rojas en otoño. *A. monspessulanum*, el arce de Montpellier del sur de Europa, alcanza los 6 m de altura y tiene unas hojas pequeñas, anchas y trifoliadas y semillas aladas rojizas. *A. negundo*, el arce segundo, zona 3, procedente del norte de América, crece hasta alcanzar los 12 m de altura. En algunas zonas

se ha convertido en una variedad bastante invasiva porque produce gran cantidad de semillas que se dispersan y germinan rápidamente. La 'Elegans' tiene los bordes de las hojas amarillos y crece hasta los 6 m de altura. La 'Variegatum' tiene el borde de las hojas blanco roto y alcanza una altura de unos 6 m. *A. palmatum* es un árbol muy tupido y bien proporcionado, con follaje de cinco lóbulos apuntados que en otoño se vuelve de tonalidad rojiza, dorada y púrpura. Alcanza los 5 m de altura. Existe una gran cantidad de variedades de este popular arce, entre ellas la conocida 'Atropurpureum', que presenta un tupido follaje púrpura que luego se vuelve rojizo. *A. pensylvanicum*, de Norteamérica, zona 3, alcanza los 6 m de altura y tiene hojas grandes trifoliadas y la corteza con rayas blancas. *A. saccharinum*, el arce plateado, zona 3, crece 25-40 m de altura, tiene flores rosadas y unas hojas de un verde brillante y cinco lóbulos, plateadas en el reverso, amarillas y rojas en otoño. *A. saccharum*, de Norteamérica, zona 3, crece por debajo de los 15 m de altura y en otoño exhibe unos colores muy intensos. *A. saccharum* sub. *nigrum*, de Norteamérica, zona 3, alcanza en su madurez una altura de entre 15 y 30 m.

Achillea (fam. Asteraceae)
Milenramas

Originaria de Europa, Norteamérica y Asia, esta planta resistente de hoja perenne y de aroma penetrante tiene un follaje semejante al del helecho y flores en racimos redondeados cuyos colores van del amarillo vivo al blanco, rosado, salmón y cereza. Se utilizan en arriates y rocallas, y en floristería.

CULTIVO Las aguileas crecen en cualquier suelo, pero deben situarse en un lugar soleado y bien drenado en los climas templados. Aunque aman el sol, son plantas que florecen mejor con algo de sombra. Dividir las plantas en otoño o a principios de primavera. Cortar los brotes añejos en invierno para estimular el crecimiento de los más jóvenes durante la primavera.

CLIMA Zona 6 y por encima.

Achillea millefolium es una planta vigorosa de hoja perenne, ideal para plantarla en amplias zonas. Aunque a veces es invasiva, resulta fácil de controlar.

ESPECIES *A. ageratifolia* tiene un follaje plumado gris plateado y flores blancas. Alcanza los 15-20 cm de altura y es ideal para rocallas. *A. chrysocoma* se caracteriza por su follaje verde y enmarañado y por sus flores amarillas en tupidos racimos. *A. filipendulina*, la aquilea amarilla, tiene unos impresionantes racimos florales de un amarillo dorado, de 7-10 cm de diámetro, dispuestos a lo largo de sus tallos rígidos. Si se cortan a principios de verano y se cuelgan cabeza abajo en un lugar fresco y seco, las flores mantendrán su color y se podrán utilizar para adornos florales secos. Alcanzan una altura de 1,5 m. *A. millefolium*, con sus racimos planos de flores blancas, está clasificada como una mala hierba en Estados Unidos. Existen muchos cultivares disponibles. Estos cultivares no son tan invasivos como las especies. *A. ptarmica*, con flores blancas y follaje ligero, alcanza los 60 cm. El cultivar 'The Peral' tiene flores dobles. *A. tormentosa* tiene un follaje enmarañado y serrado, flores amarillas, y crece hasta los 24 cm. El 'Aurea' tiene un follaje lanudo semejante al del helecho y racimos planos de flores de un amarillo más oscuro. Alcanza los 15 cm.

Achimenes (fam. Gesneriaceae)

Estas plantas perennes de Sudamérica y de las Antillas tienen unas flores delicadas de vivos colores. Son ideales para macetas en invernaderos o viveros cálidos y son unas atractivas plantas de interior. También son muy efectivas si se plantan en macetas o recipientes colgantes.

CULTIVO Aunque se cultivan mejor si crecen de tubérculos plantados a finales de invierno hasta principios de primavera, también se propagan fácilmente a partir de semillas. Utilizar un compost ligero y fibroso, con una buena dispersión de arena. Colocar en el fondo del recipiente trozos de carbón vegetal o de macetas porque estas plantas requieren un buen drenaje. La maceta o el reci-

Achillea filipendulina es excelente para confeccionar ramos frescos o secos. Los cultivares 'Gold Plate' y 'Coronation Gold' son muy solicitados.

La colorida *Achimenes* pertenece a la familia de las Gesneriaceae que incluye plantas tan populares como las violetas africanas y la gloxinia.

Acmena smithii tiene unos brotes rosados y el aspecto encantador de muchas especies de la selva tropical.

piente se puede secar en invierno y los tubérculos se guardan hasta la primavera.

CLIMA De subtropical a tropical.

ESPECIES Aunque existen más de 26 especies de *Achimenes*, las más comunes son los cultivares de *A. longiflora*. Es una planta rastrera que se seca completamente en invierno y en primavera. A finales de primavera o a principios de verano vuelve a crecer y florece desde mediados del verano hasta el otoño. Raramente crece más de 30 cm. Sus flores tubuladas o en forma de trompetilla poseen una amplia gama de colores que incluyen el blanco, azul, rosa intenso, púrpura y rojo intenso. Su hermoso follaje es rojo en el revés.

Acmena (fam. Myrtaceae)

Acmena es un género de arbustos y árboles de hoja perenne de la costa este de Australia. Normalmente se encuentran bordeando los ríos o en las selvas tropicales. Tienen una corteza escamosa de un tono marrón grisáceo y un follaje verde lustroso y aromático. En las zonas cálidas, las especies más pequeñas se utilizan para formar hermosos setos y como ornamentos de jardinería. En las zonas donde hay heladas, es conveniente cultivarlas en maceta en viveros o en invernaderos frescos.

CULTIVO Bajo cristal, en recipientes bien drenados con compost para macetas. Aunque prefieren suelos ricos, húmedos y bien drenados, y agua abundante, al aire libre pueden crecer en lugares fríos y en semisombra. Se multiplican por semillas, y maduran en otoño y en invierno. Hay que sembrarlas en una mezcla de arena ácida y turba o vermiculita en una proporción de 3:1. También puede crecer de esquejes que se obtendrán en otoño. Se retiran con cuidado las hojas por debajo de los dos tercios del corte. Se espolvorea con polvo de crecimiento de raíces y se planta en la misma arena y abono que para las semillas. Pueden sufrir el ataque de insectos, pero las plagas se pueden controlar con aceite blanco.

CLIMA Zona 10 y por encima.

ESPECIES No todas las especies pueden crecer en todas las zonas. *A. australis* es un árbol alto que alcanza los 25 m. Las flores pequeñas, de un blanco rosado, forman ramilletes terminales y producen unos frutos rojos de 2-3 cm de diámetro. *A. hemilampra*, una especie más pequeña que crece de forma natural en zonas situadas más al norte, como Nueva Guinea, alcanzan los 10 m, tiene hojas oscuras, más grandes y lustrosas, flores blancas y frutos redondos y blancos. *A. smithii*, la mayor de las especies, es un arbusto tupido o un arbolito con un follaje verde oscuro. Sus hojas son brillantes, con las puntas bronceadas cuando son jóvenes y flores vellosas de un blanco verdoso en ramilletes terminales y dan unos frutos redondos, lustrosos, de un rosa púrpura. Alcanza los 6 m de altura y es una planta excelente para setos. Resiste la poda y puede ser sensible a las heladas.

Acokanthera (fam. Apocynaceae)

Se trata de un arbusto tupido de hojas gruesas y coriáceas y unas flores blancas y bonitas, con un agradable aroma dulzón que producen un fruto pequeño y ovalado de un tono púrpura negruzco. En los climas libres de heladas, estas plantas se pueden utilizar muy bien como arbustos para arriates entre follajes de textura más fina, pero en los climas más fríos crece en macetas y criaderos en viveros e invernaderos frescos. Todas las partes de la planta son venenosas si se ingieren.

CULTIVO Cuando se planta en macetas bajo cristal, se utiliza un compost para maceta con un buen drenaje. Plante la en un lugar cálido y libre de heladas, protegida de los vientos fríos. Dele forma después de la floración. Se propaga a partir de semillas que se siembran a principios de primavera.

CLIMA Zona 10 y por encima.

ESPECIES *A. oblongifolia*, procedente del sur de África, tiene unas hojas grandes y verdes que se vuelven púrpura en invierno, unas flores blancas de suave aroma desde el invierno hasta el verano y un fruto negruzco. Crece 4 m.

Aconitum (fam. Ranunculaceae)
Acónitos

De mediados hasta el final del verano, estas plantas rastreras perennes producen unas altas y esbel-

La *Acokanthera oblongifolia* es un arbusto delicado y fragante para cultivar en invernadero y en viveros frescos.

Es mejor plantar las acónitos agrupadas, donde puedan permanecer durante años. Crecen bien bajo árboles caducifolios.

tas espigas de flores en forma de yelmo en varios tonos de azul, púrpura, blanco y amarillo. Dada su altura, son muy útiles en los jardines, sobre todo, en la parte trasera de los arriates. Si se ingieren, todas las partes de esta planta son venenosas, por lo que no deben ponerse al alcance de los niños.

CULTIVO Requiere climas fríos. Crece en suelos ricos con sombra parcial, ha de regarse con regularidad y abonarla en primavera. Florece plenamente a los dos o tres años de haberla plantado. Se propaga tanto por semillas como por división de la raíz. Solo necesita que la aseguren con una estaca cuando está muy expuesta.

CLIMA Húmedo, fresco y zonas frías.

ESPECIES *A. lycoctonum*, zona 3, tiene unas flores de un tono púrpura liloso. *A. napellus*, zona 6, crece por encima de 1 m de altura y en verano da unas espigas de flores de un profundo tono azul. Existen numerosos cultivares de *Aconitum*, la mayoría de ellos con flores de varios tonos de lila y azul. En Estados Unidos existe una buena selección de especies. Algunas especies y cultivares, menos frecuentes, tienen flores amarillas o blancas.

Acorus (fam. Araceae)

Planta rastrera, perenne, semejante a la hierba, con hojas duras, como espadas, y pequeñas flores de color crema. Sirve muy bien para bordear lagos y estanques poco profundos. Se le conoce por sus propiedades aromáticas y medicinales.

CULTIVO Plantar *Acorus* a partir de finales de invierno hasta la primavera. Se propaga por división de matas en otoño o en primavera, cuando están vigorosas.

CLIMA Adecuadas para zonas frescas y frías, y subtropicales.

ESPECIES *A. calamos*, zona 3, tiene unas flores pequeñas, de un amarillo verdoso claro, y hojas con aroma de mandarina. Cuando se aplastan, las raíces también desprenden un agradable aroma. Esta

La textura y la forma poco elevada de *Acorus gramineus* la hacen ideal para una plantación masiva en bordes y orillas.

planta, semejante al iris, crece hasta alcanzar 1 m. Aunque demasiado invasiva para pequeños estanques de jardín, es muy útil para las orillas de grandes estanques y lagos artificiales. El cultivar 'Variegatus' se puede utilizar en estanques de tamaño medio o puede plantarse a la sombra en suelos húmedos. Con sus pequeñas hojas de rayas amarillas se asemeja a una variedad de lino. *A. gramineus*, zona 5, crece hasta los 45 cm, es adecuada para los pequeños estanques de jardín y zonas húmedas alrededor de albercas. El cultivar 'Pusillus', una miniatura procedente de Japón, se utiliza como planta de acuario porque solo crece 8 cm.

Acradenia (fam. Rutaceae)
Acradenias

Originario de Australia, este arbusto o arbolito se ha introducido muy bien en otros lugares del mundo, aunque solo crece silvestre en su país de origen. Sin embargo, es un arbusto atractivo, resistente a las heladas, muy adecuado para los jardines. En climas muy fríos, crece bien en macetas en un invernadero fresco.

CULTIVO Las plantas del *Acradenia* pueden propagarse a partir de esquejes semimaduros hundien-

Las flores blancas estrelladas y el hermoso follaje aromático, son características del florecimiento primaveral de *Acradenia frankliniae*.

Actinidia kolomikta tiene un hermoso follaje salpicado de rosa y blanco. En zonas frías, crece contra la pared para protegerse del viento.

do las raíces en una mezcla a partes iguales de arena gruesa y turba o un sustituto de la turba. También se pueden plantar semillas. En este caso, requiere un suelo húmedo y fértil, sombra parcial y protección contra los vientos fríos.

CLIMA Fresco y húmedo; zona 8.

ESPECIES *A. frankliniae*, una de las dos especies, se encuentra de forma natural bordeando las riberas de los ríos o en los límites de las selvas tropicales de la costa oeste de Tasmania. Alcanzar 3 m. A finales de la primavera aparece una profusión de hermosas flores arracimadas. Cuando se aplastan sus hojas, largas y estrechas y de un verde brillante, desprenden un agradable aroma.

Actinidia (fam. Actinidiaceae)

Originarias del este de Asia, estas decorativas plantas trepadoras tienen una floración normalmente blanca y unas bayas que pueden ser comestibles o venenosas, dependiendo de las especies de que se trate. El género incluye el kiwi, fruta comestible, la *A. chinensis*.

CULTIVO Crece al sol o en sombra parcial y se propaga por semillas que se siembran en primavera, y por esqueje o por acodado a principios de primavera. Plante enredaderas de ambos sexos juntas si se desean que den fruto. Normalmente, es suficiente una enredadera macho para polinizar seis u ocho enredaderas hembra.

CLIMA Zonas de 5 a 8, dependiendo de las especies.

ESPECIES *A. arguta*, zona 5, crece vigorosamente hasta alcanzar la copa de árboles altos. Tiene unas hojas verdes y lustrosas y unas flores de color blanco que se tiñen de verde a mediados del verano. El fruto de esta especie es comestible, de un agradable sabor, aunque ligeramente ácido. *A. de-*

liciosa, kiwi, zona 8, procede del valle del Yangtsé, en China. No se trata de una planta tan vigorosa como la anterior, pero es más decorativa, con hojas grandes, en forma de corazón, y las flores tienen una tonalidad blanca cremosa. Sus frutos en forma de huevo y cubiertos con una pelusa rojiza, son comestibles, deliciosos y hoy en día se cultivan en zonas templadas en todo el mundo. *A. kolomikta*, zona 5, se cultiva sobre todo por su follaje decorativo, que es de un verde metálico y brillante en primavera, y evoluciona al rosa y al blanco a finales de la estación. Las flores blancas de mediados del verano son fragantes. *A. polygama*, zona 6, tiene unas hojas pálidas muy decorativas y flores blancas. Sus frutos se consideran en Japón una delicadeza para el paladar y se sirven salados.

Actinidia deliciosa (fam. Actinidaceae)
Kiwi

Es una especie nativa de China y muy cultivada en la costa norte de Nueva Zelanda. Se trata de una parra caducifolia, de vigoroso crecimiento, que necesita un entramado de madera como soporte; es fácil de cosechar. No está emparentada con la grosella espinosa inglesa, aunque su fruto es de sabor similar. Se comercializa en todo el mundo. Deliciosa en crudo, también se usa en dulces, mermeladas y escabeches.

CULTIVO Es una planta caduca que poliniza hasta diez ejemplares femeninos con un solo individuo masculino. Puede propagarse por semilla, aunque es imposible distinguir el sexo de los retoños hasta que florecen. Los frutos de los retoños femeninos también pueden variar. Un buen método es injertar un vástago del tronco ya usado en un rizoma de unos 8 cm de largo. Plante el tallo a unos 5 cm de profundidad, estaque y proteja del viento. Plante en cualquier momento durante el reposo junto a un espaldar o pérgola. Suelo ligero de buen drenaje, con materia orgánica y fertilizante añadido, puesto que es una gran consumidora de nutrientes. Como el sistema de raíces es muy bajo, el suelo debe secarse. Un mantillo alrededor de las parras ayuda a retener la humedad y añade un control esencial contra las malas hierbas. Pode re-

Las frutas del kiwi, *Actinidia deliciosa*, maduran de forma lenta y se quedan en el árbol durante muchas semanas.

gularmente para prevenir el crecimiento descontrolado y mejorar el fruto. En invierno, pode las plantas asentadas atacando las zonas muy tupidas. También uno de cada cuatro brotes laterales de más de tres años del tronco principal, y reduzca otros a unos pocos brotes. Se cosecha a mediados de otoño cuando el fruto se pueda manejar, pero no ha endurecido. La carne es verde blanquecina, firme y jugosa, y muy sabrosa. Puede almacenarse en lugar frío sin refrigerar durante un máximo de ocho semanas. La fruta es resistente a plagas y enfermedades.

CLIMA Zona 8.

VARIEDADES Cultivares 'Chico', 'Hayward', 'Tomuri' (usado para polinizar a 'Vincent'), y 'Vincent', adecuado para inviernos templados.

Actinodium (fam. Myrtaceae)
Margaritas de pantano, margaritas de Albany

Este decorativo arbusto, pariente del eucalipto, es originario del oeste de Australia y no suele obtenerse fuera de su país de origen. Existen dos especies, ninguna de las dos es muy resistente, y en

Una excelente flor de jardinería, *Actinodium cunninghamii*, crece hasta formar un arbusto, aunque generalmente no tiene una larga vida en el jardín.

Los conos cilíndricos de *Actinostrobus pyramidalis* son un rasgo decorativo de esta original conífera.

climas frescos o fríos es mejor plantarla en macetas en un invernadero fresco.

CULTIVO Bajo cristal, se planta en macetas bien drenadas, con compost ácido para macetas. Al aire libre, las margaritas de pantano crecen mejor en climas suaves, especialmente en zonas costeras y en suelos ácidos. Les beneficia estar a pleno sol y con agua abundante en verano. Se propaga con semillas si se dispone de ellas. Las flores secas son muy bonitas.

CLIMA Pueden crecer en zona 9.

ESPECIES *A. cunninghamii* crece hasta 1 m de altura. Tiene unos tallos finos que acaban en flores blancas semejantes a las margaritas y el centro rosa o naranja. Las hojas estrechas y gruesas son diminutas y están pegadas al tallo.

Actinostrobus (fam. Cupressaceae)

Procedente de la costa sur del oeste de Australia, este género solo tiene dos especies de coníferas nativas y está emparentado con *Callitris*. Interesan sobre todo a los jardineros australianos porque

son las únicas especies pertenecientes al grupo de las coníferas que hay en el país.

CULTIVO Puesto que son poco resistentes a las heladas, pueden plantarse en jardines en zona 10 y por encima. En su hábitat natural la mayoría de las precipitaciones tienen lugar en invierno, a las que siguen veranos cálidos y secos. Estas coníferas no se adaptan bien al cultivo. En los climas fríos deberían plantarse solo en macetas bajo cristal. Se propagan por semillas que germinan fácilmente.

CLIMA Zona 10 y por encima.

ESPECIES *A. pyramidalis* tiene un follaje verde y grueso, a veces muy denso. Los conos son de un castaño grisáceo lustroso y crecen 1,5 cm de longitud, más anchos en la base. Este arbusto o arbolito puede plantarse tanto en el suelo como en maceta. Alcanza una altura de 1 a 4 m.

Actinotus (fam. Apiaceae)
Flores de franela

Procedente de Australia y Nueva Zelanda, este pequeño género de herbácea anual o bienal crece silvestre en zonas boscosas, ariscas y alpinas. Las

Actinotus helianthi es una especie muy decorativa para confeccionar ramos, sola o bien acompañada de otras especies nativas.

flores, semejantes a las margaritas, que aparecen en primavera y en verano, así como el follaje, tienen una pelusa blanquecina de la apariencia y la textura de la lana. Esto último tiene que ver con la adaptación al calor y a la aridez de las especies costeras y a las ambientes extremas de las alpinas. Su follaje gris y delicadamente dividido proporciona un buen contraste en el paisaje, y ciertas especies alpinas pueden utilizarse como plantas para rocallas. No son muy conocidas fuera de sus países de origen y lo cierto es que constituyen un reto a la hora de plantarlas. Lo mejor es utilizarlas como plantas de maceta en un invernadero o vivero fresco o como anuales medianamente resistentes. Sus flores son excelentes para cortarlas y usarlas en adornos florales.

CULTIVO Estas plantas necesitan un suelo arenoso ácido con humus añadido, un buen drenaje y humedad. Se propagan por semillas, aunque la germinación a menudo es pobre. Al aire libre y en un clima adecuado la siembra puede hacerse en semilleros en primavera y trasplantar los retoños jóvenes fuera, en otoño. Si el clima es propenso a las heladas, utilizarlas como anuales medianamente resistentes: cultivarlas bajo cristal en primavera y trasplantarlas fuera cuando hayan desaparecido las heladas. Plantarlas en macetas con un buen drenaje y compost especial para macetas.

CLIMA Templado y subtropical, incluidas zonas costeras.

ESPECIES Existen varias especies, aunque dada su delicadeza solo las siguientes son adecuadas para el cultivo. *A. helianthi* es la más conocida. Se trata de una planta robusta, que se encuentra en los bosques y zonas centrales, y alcanza 60 cm de altura. Tiene un follaje blanco verdoso aterciopelado y unas flores grandes blancas o verde claro con una textura y apariencia lanuda. *A. minor* tiene unas flores blancas diminutas.

Adansonia (fam. Bombaceae)
Baobab

Originarios de los trópicos, estos extraordinarios árboles caducifolios tienen un tronco enorme, por

El poderoso tronco de este baobab, *Adansonia digitata*, está parcialmente oculto tras una valla protectora.

encima de los 9 m de diámetro, con una masa más bien pequeña de ramas retorcidas y ramillas en la copa. Pueden alcanzar los 15 m de altura.

CULTIVO Los baobabs son árboles de los trópicos, pero en climas más fríos se pueden cultivar en maceta en viveros o invernaderos cálidos.

CLIMA En zona 10 y por encima.

ESPECIES *A. digitata*, procedente del África tropical, produce una flores fragantes blancas y colgantes y unos frutos vellosos de unos 30 cm de longitud. La corteza del baobab se utiliza en ocasiones como fibra. *A. gregorii*, originaria del Territorio del Norte y de las zonas norteñas del oeste de Australia, se desarrolla en las áreas tropicales del continente austral.

Adenandra (fam. Rutaceae)

Originario de Sudáfrica, este atractivo arbusto perenne tiene unas hojas pequeñas y punteadas debido a las glándulas secretoras, y sus flores únicas en muchas ramitas que les proporcionan una apariencia de racimos.

CULTIVO Todas las especies siguientes prosperan en climas libres de heladas o prácticamente libres de

Las flores blancas y las hojas diminutas y aromáticas, son características de este bonito arbusto sudafricano, *Adenandra uniflora*.

ellas y raramente se cultivan fuera de sus países de origen. Si es necesario, proteger las plantas de las heladas en invierno y en primavera. Cualquier suelo bien drenado es adecuado. Se propagan a partir de semillas en primavera o de esquejes semimaduros en otoño y bajo cristal.

CLIMA Variedad de humedad y temperatura, excluyendo las extremas de tierra adentro y el frío de las zonas altas; zona 10.

ESPECIES *A. amoena* tiene unos retoños ligeramente espigados y flores blancas únicas con venas púrpura en la base de los pétalos. Alcanza los 30-60 cm. *A. coriacea* es un arbusto pequeño con hojas acabadas en punta y flores de un blanco rosado. *A. fragans* crece bien en cualquier condición y raramente excede los 90 cm de altura y anchura. Tiene unas hojas largas, estrechas y serradas y unas flores de color de rosa muy apiñadas. Su dulce aroma y su durabilidad las hacen ideales para ramos ornamentales. *A. uniflora* tiene unas hojas pequeñas y apuntadas y flores blancas con venas de un rosa profundo o carmesí en primavera. También florecen en cualquier situación y alcanzan los 60-90 cm de altura.

Adenanthos (fam. Proteaceae)
Adenantos

Emparentado con *Banksia*, *Grevillea* y *Hakea*, este género que incluya 16 especies de tamaño variado crece silvestre en zonas costeras o próximas a la costa del oeste de Australia. Las hojas de la mayoría de las especies están cubiertas por una pelusa corta y gris, y son muy bonitas. Debido a su atractivo, el follaje es muy buscado por los floristas. Sus flores abundantes tienen forma tubular y sus colores varían, desde el ámbar claro al rojo. Estos arbustos son muy adecuados para los jardines situados junto al mar.

CULTIVO En su hábitat natural, estos arbustos crecen en suelos arenosos muy profundos, a veces con subsuelos de arcilla o de roca que facilitan el anclaje de las raíces. Todas las especies son sensibles a las heladas, aunque *A. pungens* puede soportar heladas ligeras, y todas ellas requieren un buen

La *Adenanthos barbigerus*, una de las especies más conocidas, es un pequeño arbusto de poco más de 1 m.

existe una variedad amarilla. *A. meisneri* alcanza 1,2 m de altura y los 2 m de anchura. Es un arbusto frondoso con hojas partidas medianamente verdes y produce abundantes flores tubulares de color púrpura y crema. *A. obovatus* es un arbusto pequeño y ancho, de hojas ovaladas y flores de un rojo brillante agrupadas en frondosos ramilletes que brotan entre finales de invierno y primavera. Alcanza 1 m de altura. *A. pungens* tiene unas hojas apuntadas y partidas. Esta planta rastrera crece en forma de cúpula hasta una altura de 35 cm y una extensión de 3 m. Las flores ostentosas, tubulares, rosadas o rojas, cubren la planta en primavera formando una preciosa alfombra. *A. sericeus* es un arbusto más alto que crece erecto hasta los 2-3 m, con unas hojas sedosas y grisáceas y flores de un color castaño rojizo. Crece muy bien en suelos arenosos y se puede plantar junto al mar porque es resistente a la sal. También puede servir como un útil cortavientos. Es probable que ciertas especies puedan encontrarse fuera de su país de origen.

Adenium (fam. Apocynaceae)
Rosa del desierto

Originario de Oriente Medio y del África tropical y subtropical, este arbusto alto y suculento tiene

drenaje y cierta protección cuando son jóvenes. El crecimiento es moderado. Se propagan por esquejes, en otoño. Plantar las raíces en arena gruesa y una mezcla de turba o vermiculita en una proporción de 3:1 y en ambientes de no humedad. Es difícil recolectar las semillas, y más difícil todavía que germinen.

CLIMA Zona 6 y por encima.

ESPECIES *A. argyreus* es una especie rastrera con flores rojas y pequeñas y hojas sedosas y grisáceas. *A. barbigerus* crece hasta alcanzar 1 m de altura. Tiene un follaje con una pelusa verde plateado y unas flores de un rojo brillante. *A. cuneatus* tiene unas hojas planas, de un gris plateado, y flores rojas. *A. cunninghamii* es un arbusto pequeño con hojas estrechas partidas y flores de un marrón rojizo. *A. flavidiflorus*, que alcanza 1,2 m de altura, es un arbusto extenso con un follaje sedoso muy agradable de un verde gris y flores rojizas que brotan la mayor parte del año. También

El tono de las flores de un rosa vivo de *Adenium obesum* transforma los tallos grisáceos y rechonchos de esta planta resistente a las sequías.

un tronco poderoso, de base leñosa, y gruesas ramas dispuestas en espiral. Las flores en trompetilla son de color de rosa. La rosa del desierto no se cultiva extensamente en la mayoría de países.

CULTIVO Crece en macetas en invernaderos cálidos. Se utiliza un compost de cactos bien drenado. Hay que proporcionarle la mayor cantidad de luz que sea posible. Regarla bien en verano y mantenerla casi seca en invierno. Se propaga por semillas nuevas.

CLIMA Adecuada para el cultivo en zona 9 y por encima. Lugar libre de heladas.

ESPECIES *A. obesum* tiene una base gruesa, ramas cortas, racimos de hojas lustrosas, verdes y coriáceas y grandes flores de color de rosa. Crece hasta los 2 m. *A. obesum* sub. *oleifolium* tiene una base muy grande, redonda y tuberosa, ramas erectas, racimos de hojas largas y estrechas y flores rosa.

Adiantum (fam. Adiantaceae)

Adiantos, culantrillos

La apariencia delicada de este popular género de helecho oculta el vigoroso crecimiento que puede tener en el ambiente apropiado. Comprende más de 200 especies en todo el mundo y hay adiantos resistentes adecuados para crecer en el jardín así como otros más delicados, adecuados para macetas, que se cultivan en invernaderos y viveros cálidos. Esta planta tiene un rizoma rastrero que difiere según las especies, tallos oscuros y lustrosos, y frondas erectas y colgantes.

CULTIVO El cultivo de estos helechos no es difícil a condición de que tengan sombra, humedad y protección del viento. La mayoría de las especies necesitan mayor cantidad de agua durante el verano. Crecen bien en macetas y en jardines donde se filtre la luz del sol. Les conviene abono para macetas con un alto contenido en turba. El suelo debe fertilizarse con una débil solución de fertilizante soluble. Cuidar para evitar el follaje.

CLIMA En la mayoría, cálido y húmedo; zona 10 para la mayor parte de las especies.

Este cuidado cultivar de *Adiantum aethiopicum* se muestra a la perfección en una cesta colgante.

Adiantum capillus-veneris tolera mejor el frío que la mayoría de las otras especies de adianto.

ESPECIES *A. aethiopicum*, zona 9 es una planta originaria de África y Australia. Su rizoma rastrero y fuerte tiene muchas ramas y las numerosas frondes, que crecen 30 cm o más, tienen unas pínulas en forma de cuña con los extremos ligeramente aserrados. *A. capillus-veneris*, culantrillo

Adiantum hispidulum puede cultivarse como planta de cobertura o de maceta. Su follaje es más coriáceo que la mayoría de los adiantos.

Algunos cultivares de *Adiantum raddianum* son adecuados para jardín, otros para invernadero.

de pozo, zona 8, se encuentra en las regiones tropicales y templadas de todo el mundo. El rizoma es corto. Las frondes, de más de 50 cm de longitud, tienen unos tallos lustrosos y muy oscuros y pínulas serradas que varían de tamaño y de forma. *A. formosum*, zona 9, se encuentra en Nueva Gales del Sur, Queensland y Victoria, en Australia, así como también en Nueva Zelanda. Los rizomas rastreros desarrollan muchas ramas, la mayoría de ellas erectas, frondes bífidas, por encima de los 120 cm, con pínulas verde oscuro en forma de diamante de 2 mm de longitud. *A. hispidulum*, zona 9, es originaria de Nueva Gales del Sur, Queensland, Victoria, el Territorio del Norte y Nueva Zelanda. Se trata de un rizoma corto, ramificado y fuerte, con frondes erectas, que supera los 35 cm de longitud, con pínulas que van del color verde oscuro al claro y alcanzan hasta 12 mm de diámetro. Se adapta al calor y a la sequía rizando sus frondes. Las frondes nuevas son de color rosado. Los especialistas pueden obtener una amplia variedad de cultivares de adiantos.

Aechmea (fam. Bromeliaceae)

Originarias de Centroamérica y Sudamérica, las especies de *Aechmea* se encuentran entre las más llamativas de las bromeliáceas. Aunque estas plantas son grandes y en su mayoría tienen las hojas espinosas, se utilizan a menudo como plantas de interior. Las hojas pueden crecer hasta 1 m de longitud, a veces muchos menos, y forman un recipiente central que siempre debería mantenerse lleno de agua. En ocasiones presentan bandas, rayas o bordes inusuales. Las inflorescencias nacen de un único tallo central, a veces combinando varios colores, y les siguen unas bayas muy duraderas. Las flores, bayas y las brácteas de *Aechmea* pueden mantener la planta con color durante varios meses.

CLIMA De cálido a templado, de húmedo a tropical.

ESPECIES *A. caudata* 'Variegata', un tipo de variedad, difiere de las demás por presentar una compacta inflorescencia de flores doradas. *A. chantinii*

Las flores amarillas de la *Aechmea pineliana* están rodeadas por brácteas que van del rosa vivo al escarlata, una característica y excepcional decoración.

Existe una amplia variedad de formas en las flores del género *Aechmea*. La inflorescencia de esta se parece a la de *Telopea*.

tiene unas hermosas hojas con rayas plateadas, flores de tonalidades amarillas y blancas y brácteas largas de color naranja. *A. fascista* es una excepcional especie floral con bandas plateadas en las hojas, flores azul claro y brácteas de color de rosa. Como su nombre indica, variación *purpurea* tiene las hojas de color púrpura. A. Foster's Favorite Group tiene unas hojas lustrosas rojo púrpura con una inflorescencia colgante de flores púrpura a las que siguen unas bayas rojas. *A. lueddemanniana* es una planta de gran tamaño con flores rosadas seguidas de bayas púrpura. *A. orlandiana* tiene las flores de color naranja y unas marcas en zigzag en las hermosas hojas. *A. racinae*, una bromeliácea bonita y de pequeño tamaño, con flores amarillas y bayas rojas, crece muy bien si la planta en maceta. *A. tillandsioides* produce una original inflorescencia de flores rojas, brácteas blancas y bayas de tonalidad azulada.

Aeonium (fam. Crassulaceae)

Originarias de las islas Canarias, del norte de África y del Mediterráneo, estas plantas suculentas que a veces tienen una vida breve alcanzan un tamaño que va de los 60 cm de diámetro hasta pequeñas rosetas de 3 cm de diámetro. Las hojas están dispuestas en los extremos exteriores de dichas rosetas. En ocasiones carecen de tallo, y varían mucho en cuanto a textura y grosor. Las bonitas flores en forma de estrella, amarillas, rojas o crema, emergen del centro de la roseta en primavera. En algunas especies la floración muere una vez que ha producido semillas o han crecido brotes laterales. Algunas de estas especies son autofértiles.

CULTIVO Se crían como plantas de maceta en invernaderos o viveros frescos en climas propensos a las heladas. Al aire libre estas plantas requieren estar a pleno sol o en sombra parcial, en suelos ligeros y bien drenados. Mientras que la mayoría de las especies crecen fácilmente, las más delicadas, como, por ejemplo *A. tubuliforme*, requiere protección de las lluvias excesivas en invierno. Se propaga a partir de semillas o de esquejes en primavera y verano.

La especie *Aeonium arboreum* tiene un follaje parecido a una flor. Cuando todavía es una sencilla roseta, es una elegante planta de maceta.

CLIMA Zona 9 y por encima.

ESPECIES *A. arboreum* tiene unos tallos erectos, la mayoría se ramifican en la base, rosetas verdes y flores de un tono amarillo dorado. Crece hasta 1 m. La 'Atropurpureum' tiene unas hojas planas y verdes en invierno, que en verano se vuelven de un marrón purpúreo. *A. canariense* presenta unas rosetas verdes muy grandes y casi sin tallo que alcanzan los 50 cm de diámetro. Las hojas son suaves y aterciopeladas y las flores de un verde claro. *A. haworthii* es una planta tupida que alcanza los 60 cm de altura. Tiene unos tallos finos, rosetas densas, hojas de un color verde azulado con bordes rojos y flores blancas. *A. lindleyi* es pequeña y tupida, con ramas finas y nudosas, hojas pegajosas cubiertas de vellosidades menudas y pequeñas rosetas de un verde oscuro que se cierran formando pelotitas herméticas durante el período de descanso. Las flores son de un amarillo dorado. *A. lindleyi* variedad *viscatum*, tiene unas rosetas suaves, velludas y pegajosas y flores amarillas en tallos curvados. Las ramas jóvenes son velludas y negras y pegajosas cuando maduran. Se trata de una planta bastante alta. *A. tubuliforme* es una especie notable

con forma de cresta. Carece de tallo, la roseta es plana y se eleva en el centro hasta formar un cono del que emerge un tallo florido hasta que se transforma en una pirámide de flores de un amarillo azufre. *A. tortuosum* es la menor de las especies, las rosetas sueltas forman grandes cojines de 15 cm. Las hojas son de un tono verde claro, suaves y vellosas, y las flores de un amarillo dorado.

Aerides (fam. Orchidaceae)

Es posible que el nombre orquídea signifique «niños del aire» y que fuera adoptado por la naturaleza epífita de la planta. Originaria del Asia tropical, este género comprende alrededor de 50 especies, algunas de las cuales han sido cultivadas. Las plantas tienen el tallo vertical, aunque los ramilletes de flores a menudo son colgantes. La mayoría desprende un aroma muy agradable. Las gruesas raíces aparecen a lo largo de los tallos y dichas raíces no deberían introducirse en macetas. Las hojas tienen forma de asa o disminuyen gradualmente hacia el extremo.

CULTIVO Fuera de las regiones tropicales, crecen en viveros o invernaderos templados con elevada humedad y una buena luz filtrada. Crecen en un compost apropiado para las orquídeas epífitas, en recipientes colgantes especiales para orquídeas, o se distribuyen las plantas encima de trozos de tiesto. En invierno requieren poca cantidad de agua, no así en la estación de crecimiento. Crece con relativa facilidad en las regiones tropicales, lo hacen mejor en un lugar especial para orquídeas amarradas a un trozo de madera noble. Requieren mucha luz y aire. Cuando todas las raíces están expuestas al aire, es aconsejable vaporizarlas varias veces al día. El sol de la mañana o de la última hora de la tarde es deseable, pero en verano, durante el calor del día, es oportuno filtrar la luz. Sin embargo, estas plantas pueden habituarse a resistir a pleno sol durante todo el día. Las plantas sanas tienen la punta de la raíz de color castaño o verde, 2 cm o más de longitud, que puede volverse gris a finales de otoño, anunciando la llegada de una estación de reposo, cuando deben cesar los riegos extra y los fertilizantes hasta que las raíces empiecen a crecer de nuevo. Se propaga a partir de esquejes de los

La forma original y la textura de las flores de *Aerides odorata* la convierten en la favorita de muchos entusiastas de las orquídeas.

extremos, de 30-60 cm. Cortar el tallo a unos 10 cm de un par de raíces. Trasladar los esquejes a la sombra y regarlos con frecuencia, vaporizándolos con suavidad, hasta que empiecen a crecer raíces nuevas. Entonces trasladarlos a una maceta o a una bandeja. La parte restante de la planta generalmente producirá un retoño lateral que crecerá sin problemas.

CLIMA Cálido y húmedo. Crece bajo cristal excepto en los trópicos.

ESPECIES *A. crassifolia* tiene el tallo corto con brotes de hasta diez flores malva. Las flores de *A. crispa* son alargadas, blancas y colgantes y con los bordes rosados. *A. flabellata*, una hermosa especie procedente del norte de Tailandia, se cría bien en los invernaderos de cristal. Comparada con las otras especies, es bastante pequeña, y tiene unas hojas muy espaciadas de unos 15 cm de longitud. La inflorescencia mide alrededor de 25 cm y tiene de 10

a 15 flores. Los pétalos y los sépalos son amarillentos con manchas de color castaño. El extremo está bordeado con estrías púrpura sobre el fondo blanco y la garganta es amarilla. *A. odorata* se da en muchos países del sudeste asiático. A causa de su apariencia variable, a esta especie se le dan nombres diferentes. Generalmente el tallo alcanza 1,5 m de largo y sus hojas alargadas, los 25 cm. Tiene unas inflorescencias de 40 cm colgantes de las que brotan 40 flores perfumadas. Los sépalos y los pétalos son blancos con estrías de color lavanda, y púrpura oscuro en medio del lóbulo.

Aeschynanthus (fam. Gesneriaceae)
Bejucos, plantas barra de labios

Originario de la India, Asia y Nueva Guinea, este género comprende más de 100 especies de epífitas subarbustos o enredaderas. Las flores llamativas en forma de embudo presentan varios tonos de rojo, naranja y verde cremoso. Las hojas carnosas, generalmente elípticas, en ocasiones son coriáceas al tacto y es común que aparezcan en grupos de tres o cuatro.

CULTIVO Estas plantas tropicales crecen en recipientes colgantes de compost con poca tierra en invernadero o vivero cálido, o como planta de interior. Siempre requieren humedad elevada y se evitará

En un clima cálido, los racimos de flores tubulares que van del escarlata hasta el naranja, adornan los tallos gemelos de *Aeschynanthus speciosus*.

la luz solar directa. Se propagan por esqueje de tallo o de raíz o por división. También se multiplica por semillas.

CLIMA Este género es originario de los bosques subtropicales.

ESPECIES *A. bracteatus*, originaria de India y del Himalaya, presenta racimos de flores rojas. *A. ellipticus* procede de Nueva Guinea. Las hojas son de color verde oscuro, los tallos están cubiertos por una pelusa densa y roja y las flores son de color rosa salmón, con pelusa de un rosa más oscuro. *A. lobbianus*, de Indonesia, tiene hojas trepadoras verde oscuro y flores de un rojo brillante con el cáliz púrpura. *A. pulcher*, una especie originaria de Java, tiene las hojas con ribetes de color púrpura y las flores de un rojo vivo. *A. specious*, procedente de Borneo y Malaisia, presenta unos racimos de grandes flores rojo anaranjado ubicadas en el extremo de las ramas.

Aesculus (fam. Hippocastanaceae)
Castaño de Indias, castaño loco

Este género de alrededor de 15 especies de árboles y arbustos resistentes caducifolios es originario del sudeste de Europa, nordeste de Asia y Norteamérica. Son plantas que suelen ser bastante grandes, algunas alcanzan los 30 m y se utilizan en grandes jardines, parques y avenidas. Desde finales de primavera hasta principios de otoño, su hermoso follaje proporciona una sombra excelente. Sus atractivas flores son blancas, amarillas y rojas, en ocasiones abigarradas. Es uno de los árboles caducifolios más hermosos.

CULTIVO El castaño de Indias florece en climas templados, fríos y húmedos. Crece con facilidad en suelos profundos, bien drenados con cierta protección contra los vientos fuertes. Se propaga por semillas en otoño, aunque este árbol frecuentemente proporciona sus propias semillas. Además, puede obtenerse por injerto lateral, corte de la raíz o por florecimiento.

CLIMA La mayoría de las especies crecen robustas en zona 5.

Aesculus x *carnea* es uno de los árboles más espectaculares de hoja perenne del mundo. Las flores brotan como velas de la parte superior de las ramas.

ESPECIES *A. carnea*, castaño de Indias rojo, zona 4, es excepcionalmente hermosa, con grandes racimos de flores suavemente teñidas de rosa. Alcanza una altura de 15 m. Prosperará si se le protege de los vientos cálidos del verano. *A.* x *carnea* 'Briotii' tiene unos racimos más grandes con flores de un rojo intenso. *A. hippocastanum*, el castaño de Indias común, presenta una copa grande, extensa y redondeada y racimos de flores blancas con manchas rojas. Solo crece bien en climas verdaderamente frescos, donde puede alcanzar alturas de 30 m. Hay partes de esta planta, entre ellos los frutos y el néctar, que son muy tóxicos. *A. indica*, falso castaño de Indias, alcanza los 18 m de altura. Aunque se parece al castaño de Indias común, difiere los ramilletes de flores blancas con estrías amarillas y rojas, mucho mayores en esta especie. *A. pavia* es un arbusto de pequeño tamaño procedente de Norteamérica con flores rojas de hasta 4 m.

Aethionema (fam. Brassicaceae)
Pedrosas

Este género de alrededor de 60 especies procede del Mediterráneo. La mayoría de especies son perennes, crecen bien en los jardines fríos de América como, por ejemplo, en los de rocalla y para

Un macizo de *Aethionema grandiflorum* proporcionan una alfombra de color desde finales de primavera hasta principios del verano.

Un macizo de *Agapanthus* en flor proporciona un llamativo espectáculo. Florece durante el verano en el hemisferio norte.

bordear las orillas. Tienen tallos trepadores, hojas carnosas y flores de varios tonos de rojo, rosa y púrpura que brotan a comienzos del verano en adelante.

CULTIVO *Aethionema* prospera en suelos ligeramente calcáreos con un buen drenaje y a pleno sol. Viven varios años sin que sea necesario trasplantarlas. Las perennes se multiplican por esquejes en verano o por división o semillas en primavera. Las anuales y bienales solo se propagan por semilla.

CLIMA Es adecuado para la zona 7 y por encima.

ESPECIES *A. coridifolium* y *A. grandiflorum*, muy semejante a la primera, son unas atractivas plantas perennes que alcanzan de 15-25 cm de altura. Tienen unas flores rosadas y unas hojas de un azul gris intenso y son unas bonitas plantas decorativas para las orillas de los jardines. La 'Varley Rose', muy semejante a un arbusto, con gran profusión de flores de un rosa intenso, es el cultivar más conocido.

Agapanthus (fam. Liliaceae)
Lirios africanos

Originaria del África meridional, *agapanthus* es muy popular entre los jardineros en zonas de cli-

ma benigno debido a su hermoso follaje y sus bonitas flores parecidas a los lirios. Las hojas lustrosas de esta planta, de un verde intenso, tienen forma de asa, se arquean con gracia hacia fuera, y las flores blancas o azules nacen de los tallos largos y erectos de 1 m de altura.

CULTIVO Los lirios africanos son fáciles de cultivar y crecen aunque no reciban cuidados. Lo hacen en casi todos los suelos, mientras no estén anegados de agua. Necesitan estar a pleno sol para florecer. Si por el contrario se quiere utilizar su follaje para cubrir las orillas en un jardín, deberán plantarse bajo una sombra suficiente. Plantar los nuevos ejemplares a 60 cm de distancia y regarlos bien durante los primeros seis meses. Retirar los tallos con flores marchitas y las hojas muertas. Fertilizar en primavera con un fertilizante completo. Los lirios africanos crecen bien en maceta: una maceta de 30-40 cm de diámetro es suficiente para una planta grande. Es esencial un buen suelo y drenaje. Hay que regar bien en primavera y verano cuando sea necesario, cuando las flores se están formando. Se propaga por división de matas a finales de invierno o principios de primavera. Sacar la mata y apartarla, asegurándose de que cada una tenga semillas y algunas raíces buenas. Podar las raíces carnosas y retirar las hojas si es necesario.

Este hermoso ramillete de *Agapanthus* blanco exhibe capullos que todavía no se han abierto.

Flores de color escarlata en forma de campanillas doblan las finas ramas de *Agapotes serpens.* Estas plantas están emparentadas con los rododendros y las brecinas.

CLIMA Zonas de 7-9 dependiendo de las especies.

ESPECIES *A. africanus* y *A. praecoxi* sub. *orientalis*, ambas zona 9, difieren bastante. La última, así como sus cultivares, se utiliza mucho en los jardines americanos. Se han producido muchas *Agapanthus* híbridas que son resistentes en zona 7 y por encima, y son adecuadas para los jardines de climas más fríos. Sus flores son blancas y de varios tonos de azul. Están a la venta con el nombre de sus cultivares.

Agapetes (fam. Ericaceae)

Originarios de las zonas altas de Asia central, estos arbustos leñosos de hoja perenne tienen hojas opuestas y flores de cinco pétalos cuyo color varía mucho. Se trata de especies que crecen en invernaderos y viveros frescos en las zonas propensas a las heladas.

CULTIVO Esta planta puede crecer a la intemperie en climas libres de heladas. También lo hace bien en macetas u otros recipientes y es adecuada para invernadero. Requiere suelo ácido y compost. Los cortes se hacen en un lugar templado en verano.

Trasplantarla cuando el arbusto alcanza un tamaño de 15 cm, y podarla después de la floración si se la desea pequeña y tupida.

CLIMA Estos arbustos son adecuados para zona 9 y por encima.

ESPECIES No todas estas plantas son asequibles en cualquier parte del mundo. La *A. serpens*, trepadora y de crecimiento usual, tiene unas flores tubulares de un rojo intenso y estrías más oscuras en forma de V.

Agaricus campestris
Champiñón

Hay muchas formas actualmente en cultivo. Ingredientes para muchos platos, se comen crudos, en ensaladas o cocidos en salsas, sopas y guisos. El champiñón de campo es *A. campestris*, mientras que *A. bisporus* es la variedad comercializada. Hay muchos tipos de hongos de forma similar. Muchos son comestibles, pero otros tantos vene-

Los champiñones se cultivan en grandes sacos de compost especialmente formulado, inseminado con micelios.

Melisa mexicana o toronjil morado es el nombre común que se aplica a la *Agastache mexicana* con sus flores de color rosa intenso.

nosos. No deben consumirse en estado silvestre si no hay garantía de identificación. Hoy en día se cultivan en instalaciones especiales. Pero antaño se hacía en túneles de ferrocarril fuera de uso y en bodegas. Aparte de la variedad común, existen muchas otras para los amantes de la gastronomía. Estos incluyen el hongo ostra, el chanterelle o el hongo de la paja de arroz (*Volvariella volvacea*) y el hongo shiitake (*Lentinus edodes*), muy usado en cocina.

CULTIVO Necesitan aire, alto grado de humedad y temperatura constante. En casa, es mejor cultivar a partir de ejemplares «de granja» preempaquetados disponibles en los viveros. Son de fácil manejo y muy productivos. Pueden cosecharse al alcanzar el tamaño deseado.

CLIMA Frío y humedad.

Agastache (fam. Lamiaceae)

Estas plantas de hoja perenne que duran tres o cuatro años, son una buena elección para formar orillas, arbustos y lechos de jardín porque sus flores son muy duraderas. Sus hojas tienen un agradable aroma. Algunas especies son muy atractivas y se utilizan también para infusiones.

CULTIVO Propagar por semillas o por división de las matas. Plantar en maceta o a la intemperie las plantas jóvenes a mediados de primavera. Si se planta

en un suelo rico, crecerá con fuerza. *A. mexicana* es una especie resistente, pero requiere protección ante las duras condiciones invernales y amarrarlas a una estaca debido a que los tallos se doblegan.

CLIMA La mayoría de estas plantas de hoja perenne pueden crecer en zonas 8 y por encima.

ESPECIES La *A. foeniculum* es una planta perenne originaria de la parte central de Norteamérica, crece hasta 60-120 cm y produce unas bonitas espigas de flores púrpura desde finales del verano hasta el otoño. Las hojas de aroma anisado se utilizan para sazonar alimentos y para infusiones. *A. mexicana*, melisa mexicana o toronjil morado, zona 9, es una especie muy conocida. Sus espigas alargadas de flores parecidas a la salvia, de tonos rosados que van hasta el carmesí, aparecen entre mediados y finales del verano. Alcanza los 60 cm de altura. *A. rugosa* también es de hoja perenne. Se parece a *A. foeniculum*, pero su sabor mentolado la hace bastante diferente. También se utiliza para infusiones y para sazonar.

Agathis (fam. Araucariaceae)
Kauris

Este género de unas 13 especies de coníferas de hoja perenne es originaria de la región del sur del Pacífico, con solo tres o cuatro especies cultivadas. Los árboles, altos, erectos y de crecimiento lento, en general con unos troncos enormes y en forma de columna, producen una madera relativamente lisa y libre de nudos. Las hojas de los kauris se diferencian de casi todas las demás coníferas ya que son largas, planas y coriáceas. Las piñas también son diferentes y se parecen más a pequeñas ananás. El dibujo en la piña ha inspirado el nombre del género, que deriva del vocablo griego que significa «ovillo de cordel».

CULTIVO Los kauris pueden crecer en maceta bajo cristal en zonas propensas a las heladas. Crecen bien a la intemperie en climas cálidos libres de heladas. Las dos especies que se describen más abajo pueden propagarse por semilla.

Agathis robusta es una conífera de crecimiento lento que puede cultivarse en tiestos, pero en este caso protegida bajo cristal.

CLIMA Zonas libres de heladas, de 9-10 y por encima, dependiendo de las especies.

ESPECIES *A. australis* está muy valorada en todo el mundo por su madera y su caucho. Mientras crece muy bien silvestre en las islas del norte de Nueva Zelanda, no es particularmente fácil de cultivar. De crecimiento lento, puede alcanzar los 50 m de altura. Su forma es cónica y compacta, con un tronco de unos 8 m de perímetro. Sus hojas estrechas y parcialmente verdes, de unos 5 cm de longitud, se transforman en un castaño cobrizo cuando hace frío. Para su cultivo es esencial la humedad y los suelos profundos. *A. robusta* es una especie apreciada por su madera carente de nudos. Este árbol alto, de hoja perenne y resistente a las heladas, zona 9, alcanza los 45 m, y su forma es mucho más abierta y erecta que las especies de Nueva Zelanda. Su tronco derecho alcanza diámetros de 3-4 m y sus hojas, de un verde intenso, miden de 5-10 cm de longitud. Se da naturalmente en zonas muy apartadas de Queensland y puede cultivarse en climas muy diversos. Si se hace en zonas costeras más cálidas, es capaz de adaptarse a suelos diferentes y crecer rápidamente. Sin embargo, su cultivo será más exitoso si se realiza en las regiones costeras más frías.

Agave (fam. Agavaceae)
Ágaves, pitas

Originaria del centro y del sur de América, este género incluye alrededor de 300 especies, muchas de las cuales se cultivan comercialmente por la fibra de sus hojas y el 'pulque', el ingrediente principal de una bebida alcohólica mexicana. Muy extendida en su hábitat originario, ciertas especies también se han naturalizado en otras partes del mundo. Tienen tamaños diferentes, desde rosetas gigantes de 2-3 m de diámetro, hasta otras de 2 cm. Antiguamente se creía que estas plantas solo florecían cada 100 años. Sin embargo, ahora se sabe que algunas florecen al cabo de cinco años, mientras que otras lo hacen únicamente cuando alcanzan de 30-50 años de edad. Todas las especies tienen hojas suculentas y pedúnculos floridos que emergen del centro de la planta a modo de tallos-mástil que crecen mucho y muy

El follaje sin espinas de *Agave attenuata* hacen de ella una atractiva elección tanto para un jardín como para una maceta.

Las flores de *Agave americana* son muy originales, porque poseen unos pedúnculos ramificados, fuertes y robustos, que nacen encima de las hojas.

rápido. A partir de ahí, hay especies que producen ramificaciones con inflorescencias con numerosas flores autofértiles. Ciertas especies producen, además, pequeños bulbos en las axilas de los pedúnculos de las flores, hecho que facilita enormemente su propagación.

CULTIVO En zonas propensas a las heladas, estas plantas crecen bajo cristal en invernaderos y viveros. Pueden permanecer a la intemperie durante el verano o también pueden utilizarse en la misma época del año como lechos florales en los jardines. Crecen bien en suelos arenosos o en compost muy bien drenados. Bajo cristal hay que proporcionarles luz natural, aunque deberá estar tamizada, porque el sol directo podría quemarle el follaje. Sin embargo, a la intemperie, hay que plantarla a pleno sol.

CLIMA Crece en zonas libres de heladas; zona 9 y por encima.

ESPECIES *A. americana*, que crece a la intemperie en las regiones del sudoeste de Estados Unidos, alcanza 3 m de altura y una extensión considerable. La roseta carece de tallo y sus hojas son gruesas, carnosas, lanceoladas, de color azulado, con espinas marginales muy agudas. Crece silvestre. El tallo con la floración, que aparece cuando la planta tiene unos 30 años, mide de 5-8 m de altura. Todos los cultivares tienen las hojas más cortas que las especies propiamente dichas y marcas diferentes. La 'Marginata' tiene el borde de las hojas amarillo; la 'Medio-picta', una banda amarilla central, y la 'Striata', finas estrías longitudinales de color amarillo. Las ramas de *A. attenuata* parten de la base hasta que forman un gran racimo. Se trata de una roseta más fina y apretada con hojas verde claro y sin espinas. El tallo crece 3 m y se curva sobre sí mismo para formar un arco floral. Las flores brotan durante varios meses. *A. parviflora* solo alcanza 15 cm de diámetro. Tiene unas hojas estrechas, duras y rígidas, marcadas con líneas blancas, una espina en el ápice y hebras blancas que cuelgan de los bordes de las hojas. *A. sisalana*, sisal, una de las especies más extendidas en México, se cultiva

Exhibición de un ejemplar de *Ageratum* rosa pastel y malva en un lecho de verano. Florece durante toda la estación estival.

por su fibra en diferentes partes del mundo. *A. victoriae-reginae*, noa, una especie muy llamativa procedente de Centroamérica, crece simétricamente hasta 60 cm de diámetro. Es una roseta tupida con hojas verde oscuro, estrechas y redondeadas, con bordes y manchas blancas. A los 20 años, aparecen las flores de un amarillo cremoso en primavera y verano.

Ageratum (fam. Asteraceae)

Ageratos

Algunas plantas de este género que incluye unas 40 especies de anuales, perennes y arbustos, originarias de la América tropical, se han naturalizado e invadido otras zonas tropicales y cálidas. La única especie comúnmente cultivada como anual parcialmente resistente es *A. houstonianum*, o, para ser más exactos, sus muchos cultivares que se utilizan como lechos estivales.

CULTIVO *Ageratum* prefiere pleno sol, pero también tolera un poco de sombra. Crece en suelos pobres si en la temporada seca recibe gran cantidad de agua. Se obtiene de la siembra de semillas en semilleros climatizados en invernadero cálido durante principios de primavera. De este modo producen plantas jóvenes para trasplantar a los lechos o a las macetas a finales de primavera o principios de verano, cuando han desaparecido las heladas. Su cultivo es fácil y las semillas germinan libremente en los ambientes adecuados.

Un despliegue masivo de ageratos de color rosa y malva en un arriate estival. Tienen flores durante todo el verano.

CLIMA No soporta las heladas.

ESPECIES *A. houstonianum*, originaria del México tropical, tiene unas hojas en forma de corazón, peludas y mates, y umbelas con flores de color lavanda, rosado, malva o blanco. Crece hasta unos 45 cm de altura. Se han producido muchos cultivares para formar lechos estivales con flores de varios matices de azul, desde el claro al oscuro, varios de rosa y malva, y también de blanco.

Aglaonema (fam. Araceae)

Las aglaonemas son plantas tropicales perennes que se cultivan principalmente como plantas de maceta en invernaderos y viveros cálidos o como plantas de interior. Algunas tienen unas hojas extremadamente hermosas. Las exóticas flores semejantes a los lirios por lo general son de color dorado o verde. Toleran media o poca luz. La mayoría de *Aglaonema* son originarias de Malaisia, Indonesia y Filipinas.

CULTIVO Requieren un suelo rico, buen drenaje, calor, luz moderada, humedad y abrigo. No les beneficia el sol directo. Hay que mantener el suelo húmedo, pero no mojado, y menguar el agua

Aglaonema commutatum es una planta resistente que sobrevive con poca luz con más facilidad que la mayoría de las plantas de interior.

Las exquisitas flores blancas tachonan las ramas arqueadas de *Agonis flexuosa* en primavera. El follaje es extremadamente aromático.

durante el invierno. Utilice un fertilizante líquido mientras dura el crecimiento de la planta. La propagación puede resultar difícil y solo tendrá éxito bajo cristal a partir de cortes en los extremos o por división.

CLIMA Cálido subtropical hasta tropical; en cualquier lugar como planta de interior.

ESPECIES *A. commutatum* y sus numerosos cultivares son los más comunes. El follaje tiene manchas, estrías y salpicaduras blancas, crema o plateadas. Los cultivares populares incluyen el 'Pseudobracteatum' y el 'Treubii'. Todos alcanzan los 25-30 cm de altura. *A. costatum*, perenne, es un tipo de chupón que mide cerca de 20 cm. Tiene muchos tonos de verde y blanco en las hojas.

Agonis (fam. Myrtaceae)

Este pequeño género de árboles y arbustos originarios del oeste de Australia tiene hermosas flores y follaje vistoso. Las primeras, a veces de color de rosa, aparecen agrupadas a lo largo de las ramas en primavera y verano. Los árboles crecen deprisa y son adaptables. Son muy adecuadas como plantas ornamentales y en los climas propensos a las heladas pueden crecer en invernaderos frescos.

CULTIVO En climas propensos a las heladas crecen en macetas con compost con un buen drenaje en viveros o invernaderos frescos. A la intemperie, estos árboles y arbustos requieren un paraje templado y bien drenado. Una vez arraigados, pueden sobrevivir sin demasiada agua, pero cuando son jóvenes necesitan mucha humedad. La poda solo se requiere para mejorar su forma. Se propagan a partir de semillas maduradas en primavera y sembradas en una mezcla de arena ácida y turba en una proporción de 3:1. Las semillas germinan con facilidad.

CLIMA *Agonis* es adecuada para la zona 10.

ESPECIES No todas se pueden conseguir fuera de su país de origen. *A. flexuosa* es la más conocida. Presenta una corteza rugosa y gris, follaje colgante, hojas verdes y aromáticas y unas florecitas blancas que aparecen en verano. El fruto es rojo cuando está maduro, las semillas por las que la planta se multiplica son pequeñas y negras. Es un árbol robusto que alcanza 7 m de altura. La 'Variegata' es arbustiva y crece hasta los 3 m de altura, tiene un follaje muy atractivo con manchas de color rosa y crema. Rara vez da flores. *A. juniperina*, es un arbusto que crece derecho con un denso follaje y pequeñas flores blancas que se abren en verano; alcanza los 3 m. *A. marginata* es un arbolito con hojas pequeñas, suaves y ovales, pelos sedosos y flores blancas con el centro rosa. *A. parviceps* es muy pequeña, tupida, con hojas estrechas y ramilletes de florecitas blancas. Alcanza los 2 m de altura.

Alianthus (fam. Simaroubaceae)

Este árbol «tan alto como para alcanzar el cielo», es originario de Asia y de la región del Pacífico. Sin embargo, se ha naturalizado en muchas partes del mundo y es extremadamente invasivo en algunas zonas. Tiene unas hojas pinnadas que cambian de color en otoño. De rápido crecimiento, alcanza alturas de 20-30 m, y con frecuencia forma matorrales de chupones.

CULTIVO Estos árboles crecen bien en cualquier suelo y, una vez arraigados, su crecimiento es vigoroso. Pueden tolerar niveles elevados de polución atmosférica. Se propagan por semillas y chupones.

CLIMA Fríos y templados; zona 4 y por encima.

Alianthus altíssima es una especie de planta perenne y de crecimiento rápido, se le conoce como «el árbol del cielo», es muy resistente y muy común en Estados Unidos.

ESPECIES *A. altísima* es un árbol fuerte, perenne, que crece fácilmente hasta los 20-30 m de altura. Tiene unas hojas alargadas, flores pequeñas y verdosas y un fruto alado de color naranja y rojo. Las flores masculinas desprenden un olor desagradable. *A. vilmoriniana* alcanza los 6-10 m. Se cultiva en China porque proporciona alimento a los gusanos de la seda.

Aiphanes (fam. Arecaceae)

Este género comprende de 30-40 especies de palmas originarias de la América tropical, aunque no está muy extendida fuera de sus países de origen.

CULTIVO En las zonas propensas a las heladas crece en un recipiente grande con un compost enriquecido, en invernaderos o viveros cálidos. Tardará algunos años en rebasar el tiesto. A la intemperie debe plantarse en un lugar parcialmente sombreado y protegido de los vientos. Solo se multiplica por semillas, aunque estas no se pueden conseguir fácilmente.

CLIMA Puede crecer a la intemperie únicamente en zona 10 y por encima.

Aiphanes caryotifolia es una planta tropical que tiene las hojas muy parecidas a la de la palma cola de pescado. Su cultivo es poco frecuente.

ESPECIES *A. caryotifolia* es la especie más llamativa tiene en el tronco unas agujas largas y negruzcas, pínulas y hojas apecioladas. Las hojas ornamentales, o frondes, alcanzan los 2 m de largo y de ancho, y las pínulas de un verde vivo tienen la forma de cola de pez con los extremos erizados.

Ajuga (fam, Lamiaceae)
Búgulas

Este género, en su mayor parte originario de Europa, contiene 40 especies que han sido muy utilizadas en tiempos pasados para curar heridas. La mayoría de las especies tienen tallos rastreros que las hacen ideales para cubrir suelos. Se suelen encontrar en lugares húmedos y umbríos de los jardines boscosos y han comenzado a naturalizarse en algunos jardines de Norteamérica. Las hojas son verdes, purpúreas y abigarradas. Estas plantas son decorativas y se utilizan también para prevenir la erosión del suelo.

CULTIVO Requiere sombra y frío, luz, humedad y un suelo rico. Crece bien con materia orgánica en

Ajuga reptans es ideal para bordear lechos de jardines y para cubrir suelos a la sombra.

la época de plantación, enriquecida con un fertilizante completo (45 gramos por metro cuadrado) a principios de primavera. La multiplicación es muy fácil porque estas plantas echan raíces de todos los nódulos, tanto si están en contacto con la tierra como si no lo están. Los nódulos habitualmente tienen muchas raíces debajo de las hojas. Las divisiones crecen con mucha rapidez. Antes de trasladarlas a una maceta, hay que reducirle las hojas a la mitad para evitar la pérdida de humedad. Cuando se plantan fuera, hay que hacerlo a una distancia de 20-30 cm. No es necesario podarlas porque simplemente se pueden retirar las plantas sobrantes para aligerar el suelo o contener su propagación.

CLIMA Es adecuada para zona 6 y por encima.

ESPECIES *A. reptans* es una planta perenne excelente, de lento crecimiento, que alcanza una altura de 15 cm. Sus hojas verde oscuro tienen un brillo metálico broncíneo y unos hermosos frunces. Las flores, de un azul brillante, brotan en primavera y a principios del verano. Los muchos cultivares tienen hojas de diferentes colores: el 'Multicolor', tiene las hojas verdes, rosa y crema, y la conocidísima 'Atroipurpurea' tiene un follaje púrpura y broncíneo.

Akebia (fam. Lardizabalaceae)

Originarias de China y Japón, estas dos especies de trepadoras y enredaderas resistentes se cultivan por sus flores perfumadas y sus hojas originales. Utilizadas en pilares y pérgolas, crecen rápidamente hasta los 9 m.

CULTIVO Plantar en suelos bien drenados, a pleno sol, y podar cada tres o cuatro años. Se propagan por semillas o esquejes que se hacen en verano.

CLIMA Son adecuadas para zona 5 y por encima.

ESPECIES *A. quinata*, originaria de China y Japón, es la planta más conocida de este género. Tiene unos atractivos racimos de hojas semiperennes, divididos en pecíolos de cinco hojas, y flores de color purpúreo que se abren en primavera. Las flo-

Akebia quinata tiene un hermoso follaje y unas originales flores en forma de campanilla. Es una enredadera ligera que no necesita un soporte pesado.

Las flores tubulares de color escarlata de *Alberta magna* destacan a la perfección del follaje oscuro y lustroso.

res desprenden un raro aroma que recuerda al chocolate. Es interesante observar que la femenina y la masculina aparecen en el único pecíolo y que la flor femenina es dos o tres veces mayor que la masculina. Cuando el clima es benigno, esta planta a veces da un fruto cilíndrico comestible. *A. trifoliata* es una planta trepadora perenne. Las hojas trifoliadas, cuando se abren, son de color bronce antes de pasar al verde. Los racimos de flores púrpura aparecen en primavera.

Alberta (fam. Rubiaceae)

Solo existen de tres a cinco especies de este género sudafricano que incluye arbustos y árboles ornamentales.

CULTIVO En climas propensos a las heladas puede crecer en macetas o bien en un lecho de tierra en un invernadero o en vivero fresco. La propagación se realiza mediante esquejes, aunque puede resultar bastante difícil.

CLIMA Zona 10 y por encima. Prospera en zonas cálidas costeras.

ESPECIES *A. magna*, un arbusto o arbolito perenne, no se puede conseguir fácilmente. En su mayor parte puede verse en jardines botánicos donde puede alcanzar de 2 a 5 m de altura; sin embargo, puede llegar hasta los 9 m en su hábitat natural. Se cultiva por sus hojas lustrosas de color verde oscuro y sus bonitas espigas de flores tubulares de color naranja y rojo que aparecen en invierno y en primavera.

Albizia (fam. Mimosaceae)
Árboles de la seda

Originario de las zonas tropicales y subtropicales de Asia, África y Australia, este género comprende más de 150 especies, las cuales están muy emparentadas con las acacias. Algunas especies se cultivan por su madera, sobre todo en el Sudeste asiático. Las hojas, semejantes a las de los helechos, se doblan por la noche y los haces de estambres tienen un aspecto sedoso. El árbol de la seda se cultiva por la belleza de sus flores y de su follaje. En zonas propensas a las heladas, las especies tiernas deben crecer bajo cristal. A la intemperie son adecuadas para dar sombra y abrigo de crecimiento rápido a otras plantas. En ocasiones se utilizan como árboles para dar sombra en plantaciones de té o café. También resultan unos árboles hermosos para plantar en las calles y pueden resistir sin problemas una poda regular.

Albizia julibrissin posee unas flores que crecen en el extremo superior de las ramas, por lo que aumenta la horizontalidad del árbol cuando madura.

CULTIVO Las especies tiernas pueden crecer en macetas con suelo de compost y un buen drenaje en invernaderos o viveros frescos. A la intemperie, estos árboles se benefician de la luz y de suelos bien drenados. Las semillas tienen unas vainas semejantes a las de los guisantes y son muy abundantes, lo que facilita su propagación. Las semillas que se siembran en primavera pueden producir plantas de 2,5 m en invierno.

CLIMA Depende de las especies, unas prosperan en zona 7; otras, en zona 9.

ESPECIES *A. julibrissin*, zona 7, es originaria de Asia central. Es un árbol recio, perenne, que alcanza los 6-9 m de altura. Tiene un follaje parecido al del helecho, de un verde profundo, y unos cepillos redondeados de estambres de un rosa traslúcido, que le dan un aspecto de borlas de seda. Esta apariencia cambia por la noche, cuando las hojas se doblan. *A. lebbeck*, zona 9, del área tropical de Asia, es una planta perenne y recia muy adecuada para dar sombra y para la calle. Alcanza entre 12-14 m de altura. Es sensible a las heladas, pero puede soportar el calor y las sequías. Produce unos bonitos racimos de flores de un color rosa cremoso. *A. lophantha*, zona 9, es originaria del oeste de

Australia, y en la actualidad se ha naturalizado en la costa este. Se le valora por su crecimiento rápido, su tolerancia a la sal y su idoneidad para plantarla cerca del mar. Las espigas abigarradas y cilíndricas de flores de tonos amarillo verdosos desprenden un olor extraño, por lo que debería evitarse plantarlas cerca de la casa.

Alcea (fam. Malvaceae)
Malvas locas

Género amplio de herbáceas bienales y perennes de corta vida originarias de Europa y de Asia central.

CULTIVO Estas plantas requieren un suelo bien drenado, al que se le añade material orgánico, pleno sol y protección de fuertes vientos. Se propaga por semillas que se siembran en semilleros cuando tienen de seis a ocho semanas. Hay que procurar que en este estadio no las ataquen caracoles y babosas.

Malvas locas, cultivar 'Alcea', una vez imprescindible en los jardines de las casas de campo, ahora se vuelve a cultivar para que aporte carácter a plantaciones de bajo tono.

Unas semanas después de la siembra, aplique un fertilizante equilibrado y riegue con regularidad para asegurar la salud y el crecimiento correcto de la planta. Vaporice con un fungicida cuando haya humedad para ayudar a controlar la oxidación.

CLIMA Zona 7 y por encima.

ESPECIES *A. rosea* es una planta perenne que florece en verano. Durante mucho tiempo fue muy popular entre los jardineros ingleses, quienes solían plantarlas en los jardines. El estilo jardín casa de campo se popularizó en otras partes del mundo, y esta planta de antiguas reminiscencias, se convertiría en la más cultivada. Era susceptible a enfermedades provocadas por óxidos, por lo que durante un tiempo permaneció en el olvido. Sin embargo, ahora se pueden encontrar híbridos para cultivo anual mucho más resistentes y ha recuperado su anterior popularidad. Tienen tallos como agujas, altos, de 2,5 m o más, y unas hojas redondeadas, de textura rugosa, con bordes lobulados. Las flores axiales se presentan solas o dobles en varios tonos de rosa o blanco, rojo o malva.

Alchemilla (fam. Rosaceae)
Mantos de Nuestra Señora

Incluye más de 250 especies en Europa y en las zonas templadas del norte y en las montañas tropicales de África. Una de las especies herbáceas resistentes y de lento crecimiento, *A. mollis*, crece con frecuencia en zonas frías. Sus hojas están cubiertas por un vello plateado. En verano aparecen masas de flores de color amarillo verdoso. Forman densas matas y se utilizan en orillas y rocallas.

CULTIVO Es la mejor para regiones alpinas y climas templados. Su necesidad principal es un buen drenaje. Cualquier suelo razonable es adecuado. Su propagación por semillas resulta simple. Se sitúa una pequeña bola de plástico sobre las cabezas de las flores marchitas, se recogen las semillas y y se siembran en primavera.

CLIMA Crece en zona 6 y por encima.

ESPECIES *A. mollis* es una planta perenne que crece

Las flores de color amarillo limón de *Achemilla mollis* pueden utilizarse de manera efectiva para formar un contraste con otras flores o plantas de follaje oscuro.

alrededor de 30 cm. Sirve muy bien como planta de cobertura. Sus decorativas hojas de bordes ondulados son bastante suaves y peludas. En verano aparecen masivamente las flores de color amarillo verdoso. Tanto *A. mollis* como *A. xanthochlora* poseen un largo historial como hierbas medicinales. *A. alpina* es similar, pero es más reducida y enmarañada.

Alectryon (fam. Sapindaceae)
Rambutanes

Existen cerca de 18 especies de estos árboles perennes valorados por la dureza de su madera. Algunas de sus especies dan un fruto carnoso del que se obtiene aceite. Originaria de Australia, Nueva Zelanda, Malaisia y las islas del Pacífico, varias especies se encuentran también en los bosques tropicales del nordeste de Queensland y Nueva Gales del Sur. La mayoría de las especies tienen hojas pinnadas y frutos rojos de cuatro lóbulos.

CULTIVO Estos árboles pueden cultivarse a partir de semillas y de esquejes. En zonas propensas a las heladas, las especies tiernas deben crecer bajo cristal. A la intemperie, crecerán mejor en suelos hondos, bien drenados y sombra parcial cuando son jóvenes. Todas las especies agradecen un suplemento adicional de agua en ambientes secos.

CLIMA Zona 10 para la mayoría de las especies.

ESPECIES Es poco probable que todas las especies puedan encontrarse en todas las regiones del mundo. *A. coriaceus* crece hasta 4-8 m de altura y su desarrollo es denso y tupido, por lo que es adecuada para formar setos y zonas de abrigo. A las flores verdosas les siguen unos bonitos frutos rojos que contienen unas semillas negras y relucientes. *A. excelsus*, zona 8, alcanza los 10-15 m de altura. Tiene grandes hojas compuestas y flores de color rojo apagado, a las que siguen unos frutos escarlata con semillas negras y relucientes. *A. forsythii* es un árbol bastante pequeño, a menudo retorcido, que crece hasta los 6-8 m de altura. Las flores, de color rojo oscuro, aparecen a finales de primavera y se prolongan hasta principios de verano. A continuación aparecen unos frutos similares a los de las otras especies. *A. subcinereus* crece hasta alcanzar una altura de 4-6 m y 2-4 m de ancho, con un tronco único o como un arbusto de múltiples ramas. Tolera cierta exposición costera y un cierto nivel de heladas, y es una planta muy útil para retener la arena. Los frutos que siguen a

las flores del verano son bastante coriáceos. *A. tomentosus* es mucho mayor que las otras especies, puesto que en el ambiente adecuado llega a alcanzar los 10-18 m de altura. El follaje presenta unos pelos de color teja que aparecen en los brotes jóvenes. Las flores aparecen desde el invierno hasta la primavera, y se ven continuadas por unos frutos que maduran durante el otoño y a principios de invierno. Es un buen árbol para proporcionar sombra, y tolera en cierta medida las heladas. Por su tamaño, su utilidad se limita a parques y grandes jardines.

Aleurites (fam. Euphorbiaceae)

Originaria de Asia, Hawai y de las islas del Pacífico, este género de árboles tropicales se cultiva, sobre todo, por sus semillas que, aunque son tóxicas, producen un aceite que se utiliza para confeccionar tejidos a prueba de agua. Florecen en primavera y son excelentes para dar sombra. En climas propensos a las heladas, se cultiva en invernaderos y viveros frescos.

La *Alectryon subcinereus* da unos frutos poco habituales que se rompen cuando maduran y dejan expuestas sus oscuras semillas en la reluciente pulpa roja.

Las semillas de *Aleurites moluccana* contienen un aceite pesado que los polinesios utilizan para confeccionar velas.

CULTIVO Requieren ser cultivadas en suelos ácidos o en compost para macetas. A la intemperie, plantarlas en una zona soleada. Hay que fertilizarlas cada primavera y regarlas bien si el clima es seco.

ESPECIES Lamentablemente, no se pueden encontrar fuera de sus lugares de origen. *A. cordata* tiene hojas serradas y frutos verrugosos que contienen las valiosas semillas. Alcanza los 9 m de altura. *A. moluccana* es de la especie de mayores dimensiones, puesto que alcanza los 20 m altura. Visto a distancia, parece escarchada. Las hojas son ligeramente peludas, mientras que las flores son de color blanco.

Allamanda (fam. Apocynaceae)

De las 12 especies de arbustos y trepadoras perennes originarios de la América tropical, la que más se cultiva es una trepadora vigorosa que produce abundancia de flores distintivas de color dorado y forma de trompetilla.

CULTIVO En zonas propensas a las heladas se cultiva en invernaderos y viveros cálidos y húmedos. En los trópicos crece a la intemperie a pleno sol o en sombra parcial en suelos ricos en humus. Hay que regarlas bien en el período de crecimiento. Para que adquiera una forma tupida, retirar las varas a finales de invierno y pellizcar los nuevos brotes. Las plantas colgantes requieren un soporte fuerte y

Allamanda catartica crece vigorosa, de modo que necesita un gran espacio cuando se cultiva bajo cristal.

permanecer amarradas hasta que se hayan adecuado. La propagación se hace en primavera y en verano a partir de esquejes que se arraigan al calor.

CLIMA Zona 10 y por encima.

ESPECIES *A. catartica* es la especie más cultivada en Estados Unidos. Con hojas lanceoladas y flores amarillas en verano, proporciona una tupida cubierta para las paredes. El cultivar 'Hendersonii' tiene las flores amarillas y la garganta manchada de blanco; el 'Nobils', flores de un amarillo vivo muy perfumadas; las del cultivar 'Williamsii' también son amarillas, con la garganta castaño rojizo. *A. schottii* tiene unas rayas de color amarillo vivo en la base de las flores doradas y es más arbustiva que *A. catartica*.

Allium (fam. Alliaceae)

Este abundante género de herbáceas bulbosas comprende más de 700 especies que crecen en climas templados de todo el mundo. Parientas de la cebolla común, generalmente desprenden un fuerte

Las especies del género *Allamanda* necesitan un soporte fuerte y mucho espacio para extenderse.

La cabeza floral grande y redonda de *Allium christophii* se seca bien para utilizarla en ramos de flores secas.

olor a cebolla. Las hojas pueden ser planas y anchas o bien estrechas y huecas, y las flores brotan en primavera y en verano. Sus hermosas variedades ornamentales quedan muy bien en macetas, orillas y rocallas. Las cabezas florales constituyen un complemento original en los ramos de flores secas.

CULTIVO Estas plantas requieren suelos bien drenados y pleno sol. Se adaptan a climas templados, fríos y subtropicales. Se plantan los bulbos en otoño a una profundidad igual al doble de su diámetro. Se propaga por semillas o separando los bulbos jóvenes en verano o en otoño cuando están inactivas.

CLIMA Pueden crecer en zonas de 5 a 9 dependiendo de las especies.

ESPECIES La mayoría de ellas son adecuadas para la zona 8. *A. aflautense* mide casi 1 m de altura y sus flores tienen un color púrpura liloso. *A. cyaneum* tiene unas flores azules en forma de campanilla que crecen hasta 30 cm de altura. La *A. macleanii* tiene flores de color violeta oscuro y crece hasta 1 m. La *A. moly*, zona 7, es una de las especies que crecen mejor y da unas flores de un amarillo vivo que alcanzan los 15 cm. *A. narcissiflorum* tiene unas flores de color rosa vivo, en forma de campanilla, y alcanza 30 cm. *A. neapolitanum* produce unas flores blancas, largas y atractivas adecuadas para ramos. *A. senescens*, con flores estrelladas de color de rosa y flores blanquecinas, alcanza los 30 cm de altura.

Allium cepa (fam. Alliaceae)
Cebolla

Probablemente se trata de uno de los vegetales mejor conocidos. Usada junto con el ajo por los antiguos egipcios, hoy en día se consume por separado o como potenciador del sabor. La cebolla se consume en crudo, cocida o como guarnición para carnes, guisos, currys, salsas y sopas. Se comercializan en forma redondeada, aplanada o globular, y la piel puede ser blanca, marrón, amarilla, roja o morada. Algunas variedades tienen un sabor fuerte; otras, como la roja o morada, variedades españolas, son bastante dulces. Aunque son perennes, se cultivan como anuales, y a efectos de cosecha pueden ser tempranas, intermedias o tardías. Puede haber problemas de cultivo si no se escoge la variedad estacional correcta. Algunas va-

Las puntas de los bulbos de estas cebollas ya practicamente maduras, sobresalen de la tierra. Antes de sacar los bulbos, el foliaje debe volverse amarillo.

riedades no se pueden almacenar, y debe escoger el tipo idóneo para sus necesidades.

CULTIVO Siembre las semillas en suelo de buen drenaje cubierto de estiércol o compost dos semanas antes. De no ser alcalino, aplique medio vaso de cal o dolomita por metro cuadrado. Siembre en primavera en agujeros de unos 2 cm y en hileras separadas unos 30 cm. Desespese los brotes hasta que queden a unos 5 cm de separación, y más tarde a unos 10 cm. Los restos pueden usarse para dar sabor a las sopas o ensaladas. Las cebollas pueden plantarse también por pequeños bulbos en primavera. Para el jardinero aficionado será más fácil que plantar semillas. Es esencial controlar las malas hierbas. Si el crecimiento es lento, aplique fertilizante en los márgenes de las hileras. Si el suelo está bien preparado, quizá no sea necesario. Si es para el consumo inmediato, las cebollas pueden extraerse en cualquier momento. No las almacene hasta que la parte superior adquiera un tono marrón y caiga. Extraiga las plantas para exponer los bulbos al sol, o extiéndalos en semilleros para dejarlos secar al sol o en lugar seco y aireado. Cuando la piel externa esté seca, corte los tallos unos 2-5 cm por encima del bulbo. Asegúrese de que estos están secos antes de almacenar, o se pudrirán.

CLIMA Las cebollas son muy resistentes y se adaptan a la zona 5 y superiores. Los mejores climas son los de veranos secos y calurosos, aunque no es imprescindible.

Allium cepa, grupo Aggregatum

(fam. Alliaceae)

Chalote, cebolleta

Emparentada con las chirivías, el ajo, el puerro y la cebolla, se cree que es originaria de Oriente Medio, e introducida en Europa durante las Cruzadas. Las hojas y bulbillos se comen en ensaladas, y estos dan un sabor a ajo en platos cocinados. El chalote es una planta perenne, herbácea y vertical, y se usa como anual. Crece hasta los 45 cm y tiene hojas verde oscuro, huecas y redondeadas, y flores de un blanco verdoso.

Los chalotes tienen hojas redondeadas y huecas, y los bulbos se alinean en racimos.

CULTIVO Prepare el suelo con estiércol bien fermentado o compost dos semanas antes de plantar. Llegado el momento, añada una fina capa de cal o dolomita —alrededor de medio vaso por metro cuadrado—. La cebolla común produce racimos de bulbos que deberán separarse y plantarse individualmente a unos 10 cm de distancia, en hileras de 30 cm de separación. Plante los chalotes entre principios de invierno y de primavera, con las puntas emergiendo apenas de la superficie. Riegue, pero no vuelva a hacerlo hasta que se reinicie el crecimiento. Controle las malas hierbas, puesto que compiten por el alimento y la humedad y pueden inhibir el crecimiento. Recolecte unas 16 o 20 semanas después de plantar. Extraiga los chalotes y colóquelos en lugar ventilado lejos del sol para que la piel externa se seque y sea fácil de extraer.

CLIMA Zona 5.

Allium cepa y allium fistulosum

(fam. Alliaceae)

Cebolleta

Hay cierta confusión sobre qué especies merecen la denominación de cebolleta. A veces se les llama chalotes, y viceversa. *A. cepa* engloba los cebolli-

Estas cebolletas están a punto de madurar, y ya pueden recolectarse para usos culinarios. Los puerros crecen tras ellas.

Allium porrum (fam. Alliaceae)
Puerro

El puerro ya era cultivado por los sumerios hacia el 2500 a.C., y fue introducido en Inglaterra por los romanos. Sin embargo, está comúnmente asociado a los galeses, de cuya cultura ha formado parte desde el siglo XII y es aún su símbolo nacional. Tratado como anual, se cultiva por su tallo, con un sabor suave parecido al de la cebolla. Los franceses lo han inmortalizado en platos como la vichyssoise. *A. porrum* es una planta bulbosa similar a la cebolla, pero las hojas son anchas y planas, y el bulbo tiene forma tubular. Encontrará la lista de cultivares en un catálogo de semillas.

CULTIVO Multiplique por semillas sembradas a principios de primavera, bien en un semillero exterior o en módulos en invernadero climatizado. Plante cuando los brotes alcancen los 6 u 8 cm. Para los tallos largos y blanqueados, que serán muy tiernos, intente que solo sobresalgan las puntas de las hojas. Riegue en abundancia. Espacie las plantas a unos 20 cm en hileras de 45 cm de separación. Los puerros prefieren un suelo de loam enriquecido y con mucha agua en los períodos de sequía coincidentes con la fase de crecimiento. Controle las malas hierbas y aplique un fertilizante completo a lo largo de las hileras a unos 60 gramos por metro.

nes japoneses, o variedades pequeñas de la cebolla común, con largos cuellos y bulbos diminutos. También se les conoce como cebollines chinos o cebolla verde, un término usado también para el chalote, y cebollinos. No obstante, no hay conexión válida entre estas últimas y el nombre de la región. La cebolleta, sea cual sea su origen botánico, se usa sobre todo en ensaladas y fritos. *A. fistulosum*, cultivada desde hace siglos en China, recuerda a las chirivías, con hojas huecas y una ligera hinchazón en la base. Algunas variedades cultivadas son híbridos de las dos especies.

CULTIVO Necesitan un suelo de buen drenaje, muy enriquecido con materia orgánica. Hay que remover con compost o estiércol dos semanas antes de sembrar. Añada cal o dolomita antes de la siembra a no ser que este sea alcalino, aproximadamente medio vaso por metro cuadrado. La semilla se puede sembrar directamente en primavera; desespese cuando las plantas alcancen los 10 cm. Espácielas a unos 5-10 cm. Los brotes desespesados pueden emplearse para dar sabor a ensaladas y sopas. Mantenga a raya las malas hierbas, y riegue regularmente. Fertilice con fertilizante nitrogenado para asegurar un rápido crecimiento. Amontone el suelo alrededor de la base conforme la planta crezca para blanquear las bases de los tallos. Recolecte. Tenga en cuenta que las cebolletas no aguantan más de cinco días almacenadas.

CLIMA Zona 5.

Los puerros jóvenes pueden recolectarse y consumirse en esta fase, pero mucha gente prefiere esperar a que desarrollen tallos más gruesos.

Allium sativum (fam. Alliaceae)
Ajo

Los orígenes de esta especie se remontan a la cuenca mediterránea. Esta planta herbácea y perenne se conoce desde la Antigüedad, y se considera anual en términos de cultivo. Las hojas son largas y estrechas, y las flores tienen un blanco rosado, sobre largos tallos. El bulbo, oval, tiene una cubierta membranosa que alberga un cierto número de dientes. Se cultiva por los dientes, con su sabor y olor picantes, que se utilizan en todo el mundo para dar sabor a las comidas, verduras, guarniciones, pan, salsas y ensaladas. También se utiliza en medicina desde hace siglos, y los modernos estudios confirman que tiene propiedades muy beneficiosas.

CULTIVO Puesto que las semillas fértiles son escasas, tiene que multiplicar la planta a partir de los dientes. El ajo se cultiva con extrema facilidad en aquellas zonas que son idóneas. Plante en otoño o primavera a 8 cm de profundidad y 15 cm de separación en cada hilera, y a 30 cm entre ellas. Los bulbos están listos para la recolección entre seis y ocho meses después de plantar, cuando observe que la parte superior se seca y cae. Extraiga los bulbos y séquelos en un lugar seco y ventilado.

Ristras de ajos puestas a secar en lugar aireado, condición indispensable antes de limpiar y trenzar en cuerdas para su almacenamiento.

Cuando estén listos, trence las cabezas y cuélguelas en el interior para acabar de secar y preparar para el consumo. Otros detalles de cultivo son idénticos a los que se han descrito en el caso de las cebollas. Cuando el clima es cálido, la plantación otoñal debería estar lista para el verano siguiente. En cambio, en climas fríos, el cultivo de primavera estará listo en verano, pero los bulbos quizá no sean tan grandes como los plantados en otoño.

CLIMA Zona 8.

Allium schoenoprasum (fam. Alliaceae)
Chirivías

Estas perennes resistentes pertenecen a la misma familia que la cebolla, el ajo, el chalote y el puerro. No contienen tanto sulfuro como la cebolla, y son más suaves y digestivos. Las chirivías son un componente fundamental en gastronomía: sirven para acompañar prácticamente cualquier plato y añaden un sabor parecido al de la cebolla a las tortillas, las ensaladas, las patatas y las sopas. *A. schoenoprasum* se desarrolla a partir de pequeños bulbos en grupos de tallos largos, redondos y huecos de unos 30 cm de altura. En primavera y verano produce brotes florales de color malva en forma característica de trébol. Las chirivías constituyen una atractiva planta fronteriza.

CULTIVO Las chirivías crecen bien en suelos enriquecidos, de buen drenaje y soleados. Es frecuente que mueran en invierno, especialmente en zonas de clima frío. Debe cubrirlas con paja en regiones de heladas fuertes. Cuando vuelvan a florecer en primavera y los tallos alcancen los 5 cm de altura, divida los macizos y plante las unidades a unos 15 cm de distancia. Es importante evitar la masificación, puesto que pueden morir a causa de la sobrecaptación de nutrientes. Es buena idea aplicar un *mulch* con materia orgánica bien descompuesta, como compost o estiércol. Arranque las flores y los tallos, para mejorar de este modo el desarrollo de la planta. Corte con tijeras los tallos exteriores de cada manojo, justo por encima del nivel del suelo.

CLIMA Zona 5 y superiores.

Las chirivías crecen y florecen con rapidez en primavera una vez que el suelo se calienta. Cultívelas en una maceta para su mejor recolección.

Cargado de flores a punto de expulsar el polen, esta casuarina glauca tiene una apariencia herrumbrosa. Algunas especies toleran la sequía.

Allocasuarina (fam. Casuarinaceae)
Casuarinas glaucas

Las 60 especies de este género australiano estaban incluidas en el género *Casuarina*, familia que actualmente cuenta con menos de 20 especies. Estos árboles y arbustos perennes tienen un follaje caedizo, con las hojas principales reducidas a unas escamas de pequeño tamaño donde encajan los foliolos aciculados. Las flores femeninas y masculinas crecen en árboles separados polinizados por el viento. Tras la floración aparecen conos leñosos de diversas formas y tamaños. En climas adecuados, muchos crecen con rapidez y se utilizan como cortavientos y como protección contra las inclemencias.

CULTIVO En aquellos climas que son propensos a las heladas, cultive en tiestos de compost de suelo en invernadero frío. Estos árboles y arbustos crecen mejor si se hallan a pleno sol. La mayoría se benefician de un suelo de alta calidad y mucha humedad en verano.

CLIMA Este género es adecuado para la zona 9 y superiores.

ESPECIES *A. decaisneana*, roble del desierto, crece entre 6 y 12 m de altura, tiene un tronco recto, un elegante follaje llorón de color verde grisáceo, y grandes conos leñosos y cilíndricos. Es ideal para regiones áridas y calurosas. *A littoralis*, roble negro hembra, es una especie costera que soporta perfectamente bien los suelos pobres y las condiciones adversas. Crece con rapidez, alcanza los 9 m de altura y, aunque se adapta a diversas condiciones climáticas, crece mejor en las zonas cálidas. *A. verticcillata* (sin. *A. stricta*) es un árbol pequeño y elegante de entre 7 y 10 m de altura, de tamaño algo más reducido en zonas en las que sople el viento situadas muy próximas a la costa. Una vez que se ha asentado, tolera bien las heladas y la sequía.

Alloxylon (antes *Oreocallis*, fam. Proteaceae)
Waratahs arbóreos

Este pequeño género de árboles perennes subtropicales es originario de Australia y Sudamérica. Su decorativo follaje y sus flores brillantes de color escarlata los convierten en árboles muy atractivos para cultivar en cualquier jardín que tenga las condiciones adecuadas.

Las flores brillantes y de un rojo vivo de *Alloxylon flammeum* duran varias semanas, pero no son tan prolíficas como cuando se cultivan bajo cristal.

CULTIVO En climas propensos a las heladas, el waratah arbóreo se planta en invernaderos y viveros frescos. Utilice un compost con buen drenaje. A la intemperie, se adapta bien en suelos ricos y bien drenados en un lugar cálido y al abrigo de vientos fuertes. En verano necesita riego abundante, al menos hasta que el árbol esté bien arraigado. Se propaga tanto a partir de semillas como a partir de esquejes semimaduros en verano o a principios del otoño.

CLIMA Zona 9 y por encima.

ESPECIES *A. flammeum* (sin. *Oreocallis wickhamii*) crece hasta los 25 m de altura en su hábitat, pero cuando se cultiva lo habitual es que llegue tan solo a los 6-15 m. Las hojas lustrosas varían de forma y las flores escarlata coronan los extremos de las ramas. Cuando la planta está protegida, las flores primaverales permanecen durante varias semanas. *A. pinnatum* (sin. *Oreocallis pinnata*) alcanza los 18-20 m de altura en los bosques tropicales, pero mucho menos cuando se cultiva. Las brillantes flores de color escarlata en tallos de 4 cm aparecen en el ápice de las ramas en primavera. No siempre están disponibles fuera de sus países de origen.

Alnus (fam. Betulaceae)
Alisos

Originario de las zonas frías y heladas del hemisferio norte, el aliso es un árbol erecto y esbelto que pertenece a la familia del abedul. Es caducifolio. Las flores aparecen en primavera antes que las hojas. Estos árboles se utilizan para proteger las orillas de arroyos y ríos y como protectores contra el viento en aquellas zonas próximas a la costa. Antiguamente se utilizaba para la construcción de barcos. La madera de algunas especies también se utilizaba para fabricar instrumentos musicales y zuecos, así como en la construcción de puertos. Se encuentran a menudo en la orilla de los ríos y algunos hasta tienen la capacidad de crecer en suelos salados y pantanosos.

CULTIVO Estos árboles se benefician de suelos húmedos y frescos. Se propagan por semillas secas en otoño y se siembran en primavera. También se multiplican a partir de esquejes de leña dura que se hacen en invierno y se plantan en un vivero de

Las piñas leñosas femeninas y las esbeltas inflorescencias masculinas son los rasgos decorativos del aliso negro, *Alnus glutinosa*, que agradece suelos húmedos.

Alnus jorullenis es un árbol hermoso, y es mejor plantarlo en zonas abiertas, alejadas de edificios, para evitar que las raíces causen daños.

jardín. Los especimenes más grandes requerirán una poda concienzuda y se pueden trasplantar durante el período de reposo en invierno.

CLIMA Zonas de 2 a 9, según las especies.

ESPECIES *A. cordata*, aliso italiano, zona 6, es un árbol de forma piramidal que alcanza los 9 m. Sus hojas lustrosas y en forma de corazón son como las del abedul plateado, y las semillas son como piñas pequeñas. La *A. glutinosa*, aliso negro, zona 3, puede alcanzar una altura de 20 m. Los brotes jóvenes son pegajosos y resistentes al frío. Las flores masculinas son amarillas y las femeninas, diminutas y erectas. La madera de las especies europeas se utilizaba tradicionalmente para confeccionar zuecos y para proteger las márgenes de los ríos. Se han obtenido cultivares con hojas de diferentes formas y colores. *A. incana*, aliso gris, zona 2, crece hasta los 15 m y soporta ambientes de mucha humedad. Las hojas son verdes en el haz y grisáceas en el envés. La 'Aurea' tiene unas bonitas hojas y brotes amarillos. En invierno, los tallos desnudos adquieren tonalidades naranja y

amarilla. *A. rubra*, aliso rojo, zona 5, es de crecimiento rápido y alcanza los 22 m de altura. En primavera produce unas inflorescencias rojizas colgantes. La corteza es de un tono gris blanquecino. Se trata de un buen espécimen para plantar en zonas costeras y se adapta relativamente bien a suelos infértiles y húmedos. *A. tenuifolia*, aliso de hoja fina, propio de la zona 2, es originaria de Norteamérica. Tiene hojas ovales y crece hasta los 9 m.

Alocasia (fam. Araceae)

Originaria de las regiones tropicales de Asia, el nombre procede de colocasia, o taro, el conocidísimo alimento tropical. Las alocasias tienen un espectacular follaje en forma de flecha, a veces de color plateado, con nervios verdes y prominentes. Pueden ser unas plantas de interior soberbias. La savia puede causar problemas a las personas con la piel sensible. Estas plantas se conocen con diferentes nombres comunes.

CULTIVO Fuera de los trópicos, estas plantas crecen en invernaderos o viveros cálidos. Hay que plantarlas en macetas con un compost rico en humus

Alocasia plumbea tiene un hábitat variable y unas hojas verde oliva oscuro (como las de la foto) o púrpura encendido. Es una planta alta, pues alcanza los 4-5 m.

y proporcionarles niveles de luz medianos. A la intemperie, crece en lugares en sombra y en suelos ricos en humus pero bien drenados. Se propaga por división en primavera.

CLIMA Cálido, de subtropical a tropical.

ESPECIES *A.* x *argyraea* tiene unas hojas de color verde oscuro con un brillo plateado y el envés de un castaño rojizo lustroso. Alcanza los 60 cm. *A. cuprea* tiene unas hojas largas de 45 cm púrpuras en el envés y de tonalidad verde oscuro en el haz. *A. macrorrhiza* se cultiva en muchos países tropicales por su rizoma y sus brotes comestibles. En zonas tropicales, puede alcanzar más de 4 m de altura. Su distribución es muy amplia en regiones como India, Malaisia, Papúa-Nueva Guinea y el norte de Australia. *A. odora* tiene las flores perfumadas y unas hojas largas, de un verde intenso y en forma de flecha. Crece hasta 1 m de altura. *A. zebrina* alcanza 1 m de altura y tiene unas hojas de entre 20-30 cm distribuidas en tallos largos y con manchas, semejantes a las de las cebras, en verde claro y negro.

Aloe (fam. Aloaceae)
Aloes

Este género de plantas suculentas es originario de África. Algunas especies también se han instalado en otras regiones del mundo, como en el Mediterráneo y el este de India. Desde hace más de 2.000 años muchas especies se han utilizado como plantas medicinales y todavía se siguen usando para la confección de medicinas y cosméticos. Existen unas 300 especies conocidas, así como muchos híbridos naturales y cultivares. Tienen una amplia gama de variedades, desde grandes árboles hasta trepadoras y plantas diminutas carentes de tallo. Las hojas se disponen en rosetas y la mayoría son muy carnosas. Las bonitas flores cilíndricas de color rosa y amarillo con manchas rojas aparecen en verano y otoño en ramilletes con largos tallos. Muchas son autoestériles.

CULTIVO En climas propensos a las heladas, se cultivan en invernaderos o viveros frescos o bien en el

Aloe vera crece fácilmente tanto en el suelo como en maceta. Durante siglos se ha utilizado como planta medicinal en el Mediterráneo y en Arabia.

interior, pero pueden trasladarse al exterior en el verano. Se pueden plantar a la intemperie en climas relativamente libres de heladas. En macetas bajo cristal, las plantas requieren un compost arenoso con un buen drenaje y luz directa. Hay que regarlas muy poco cuando están inactivas. A la intemperie hay que plantarlas en un suelo moderadamente rico, arenoso y con buen drenaje en un lugar que reciba el sol de la mañana y alguna sombra. Se propaga con brotes y semillas en primavera o verano.

CLIMA Zona 9 y por encima.

ESPECIES La mayoría de las especies que describimos más adelante son originarias del sur de África, en caso contrario, se especificaría. *A. arborescens*, una de las especies más conocidas y populares, se cultiva en muchos países. Arbustiva, con rosetas apretadas de hojas carnosas dentadas y con flores rojas. Estas especies son resistentes a la sal y a la sequía. *A. aristata* conforma una roseta sin tallo de hojas de color verde oscuro, con bandas de tubérculos blancos en ambas superficies, márgenes serrados y púas en los extremos. Produce unas flores de color rojo anaranjado y brotes desde la base. *A. distans* es una planta extensa

Aloe arborescens despliega unas flores en forma de vela encima de las rosetas espinosas de color verde gris.

médicas. Crece hasta los 40-50 cm de altura y sus flores son amarillas.

Alonsoa (fam. Scrophulariaceae)
Ajicillos

Es un género de arbustos y subarbustos de hoja perenne, originario de Perú. Tiene unas hojas pequeñas sobre tallos erectos y flores en forma de trompetilla en verano y en otoño. Estas son bastante curiosas, porque la trompetilla aparece retorcida lateralmente hacia abajo. En climas con heladas, se utilizan como anuales para lechos de verano.

CULTIVO Para los lechos de verano, hay que sembrar las semillas en primavera al calor y bajo cristal y trasplantar al exterior cuando las heladas hayan desaparecido. Se plantan a pleno sol.

CLIMA Zonas libres de heladas. Zona 10.

ESPECIES *A. warscewiczii* es una especie de múltiples ramas erectas, perenne, que alcanza los 30-90 cm. Las flores tienen tonos naranja o rojo y florecen en verano.

cuyas ramas, tienen, en la base, unas hojas pequeñas, triangulares, muy apuntadas en el ápice, con espinas verrugosas y dentadas de color amarillo en los bordes y flores rojas. *A. ferox* es más llamativa. La tupida roseta está formada por unas hojas lanceoladas dentadas, con espinas irregulares de un castaño rojizo en ambas superficies. Los brotes, de un vivo color escarlata anaranjado, aparecen en verano alrededor de unas espigas erectas y muy abarrotadas. *A. polyphylla* es una especie rara y muy buscada. Carente casi de tallo, las rosetas comprenden numerosas hojas dispuestas en una andadura ascendente, formando hileras en espiral. Cuando se le cultiva, la planta suele perder estas espirales y crece plana. Las flores son verdes con los extremos púrpura. *A. saponaria* forma una roseta sin tallo. Las hojas tienen manchas blancas y los bordes dentados son de color amarillo castaño. Las flores de color coral rosado aparecen en tallos altos que se bifurcan como ramas. *A. variegata* es una especie sin tallo en forma de matorral, con ramilletes terminales de brotes de color rosa tierno. Las hojas verdes están muy manchadas de blanco. Brotan desde la base. *A. vera* (sin. *A. barbadensis*), originaria del Mediterráneo, se cultiva mucho en el Caribe por el jugo de sus hojas, muy utilizado en cosmética. Este jugo también tiene aplicaciones

Las flores escarlata de *Alonsoa warscewiczii* perduran desde el verano hasta el otoño. También existe un cultivar de un bonito rosa salmón.

Aloysia triphylla (fam. Verbenaceae)
Hierba luisa

Este arbusto perenne y caducifolio tiene tallos leñosos y ramificados. Las hojas son estrechas y las espigas terminales llevan flores estivales blancas y lilas. Crece hasta los 2 m, y sus hojas, tanto frescas como secas, se usan como guarnición para bebidas de fruta, para dar sabor a los púdines de leche y para hacer té. Las hojas secas y las flores se usan como popurrí decorativo.

CULTIVO Cultive en suelo ligero o medio, moderadamente enriquecido y de buen drenaje, a pleno sol y con protección contra el viento. No tolera el exceso de frío ni las heladas fuertes. Multiplique por esquejes semimaduros en verano enraizados en invernadero.

CLIMA Zona 8.

La hierba luisa crece con facilidad, y es apreciada por la fragancia de su follaje. Pode con regularidad para mantener el vigor en el crecimiento.

Alphitonia (fam. Rhamnaceae)
Fresnos rojos

Originario de los bosques tropicales de la costa este de Australia, así como también de Filipinas y Malaisia, este género comprende cinco o seis especies, una de las cuales se cultiva ocasionalmente.

CULTIVO El fresno rojo debe cultivarse bajo cristal en climas propensos a las heladas. Si el clima es adecuado crecerá fácilmente y solo requerirá un suelo bien drenado. Es resistente a las sequías.

CLIMA Se puede cultivar en zonas libres de heladas. De la 9 a la 10.

ESPECIES *A. excelsa*, perenne, tiene unas hojas ovales, anchas y suaves de color verde oliva con el envés plateado que forman una copa bastante tupida. Las flores perfumadas son pequeñas, de color crema, y producen unas bayas de un negro azulado mate. Su altura máxima es de 15 m.

Las hojas verdes y lustrosas del fresno rojo, *Alphitonia excelsa*, tienen el envés gris. Las bayas de color verde claro se vuelven negras cuando están maduras.

Alpinia (fam. Zingiberaceae)
Lirios de jengibre

Es un género de unas 250 especies originarias de las zonas templadas y húmedas del Sudeste asiático, China, India y Australia. Son plantas perennes que crecen de rizomas que tienen un ligero aroma a jengibre. Necesitan espacio para extenderse y adquirir vigor. Sus tallos erectos como cañas varían según la especie, pero suelen superar los 3 m. Las hojas son lanceoladas y anchas.

CULTIVO En climas propensos a las heladas, estas plantas se cultivan en invernaderos y viveros cálidos con elevada humedad, luz abundante y en suelos de compost para macetas. A la intemperie, crecen en zonas cálidas y protegidas en suelos bien drenados enriquecidos concienzudamente con materia orgánica. Necesitan mucho riego durante los meses de calor. Las matas pueden dividirse desde finales de invierno hasta principios de primavera.

CLIMA Estas plantas son adecuadas para zona 10 y por encima.

ESPECIES *A. calcarata* crece hasta más de 1 m de altura. Los pétalos más bajos de las flores amarillas tienen unas bonitas manchas de color rojo o magenta. Florece en verano. *A. purpurata* alcanza 3 m o más. Las flores verdaderas son blancas, pero están completamente eclipsadas por las vistosas brácteas de un rojo brillante.

Alstroemeria (fam. Alstroemeriaceae)
Lirios del Perú

Este género de vistosas plantas perennes originarias de Sudamérica abunda sobre todo en Chile. Proporciona flores de color rojo, amarillo y púrpura, y tiene un rizoma grueso y fibroso. Se comercializa una amplia selección de híbridos de lirios del Perú.

CULTIVO Estas plantas crecen muy bien en jardines templados, en un lugar soleado, húmedo y bien drenado, mientras se las protejan de las heladas durante su primer invierno. Una vez que han arraigado, prosperarán durante años. Los lirios del Perú son las mejores si se desean plantas de maceta, porque no se dan bien si se lastiman sus raíces. Se multiplican por semillas sembradas in situ o bien rompiendo cuidadosamente los frutos para

Fácil de cultivar, *Alpinia purpurata* tiene brácteas de un rojo brillante que proporcionan gran colorido a los jardines de clima templado y bajo cristal.

Los tonos escarlata de *Alstroemeria* proporcionan colorido a los jardines. Sirven para hacer ramos.

Pink Alstroemeria es muy popular para confeccionar hermosos ramos de flores.

Esta especie de *Alternanthera* de hoja pequeña tiene un follaje en tonos bronce y rosa. Puede utilizarse para las orillas anuales o para coberturas.

evitar dañar las frágiles raíces. Plántelas a 12 cm de profundidad en un suelo rico. Las matas se pueden dividir, con cuidado, en otoño o en primavera. Estos bonitos lirios son ideales para la confección de ramos de flores.

CLIMA Pueden crecer en zonas 8 o 9, dependiendo de las especies.

ESPECIES *A. aurea* es la más común y resistente de las especies y crece hasta 1 m de altura. Las hojas son retorcidas, estrechas y lanceoladas, y las flores, amarillas, rojas y de un naranja vivo y, en ocasiones, con manchas marrones. Hay cultivares disponibles. *A. haemantha*, zona 9, tiene flores de color amarillo rojizo con rayas verdes y manchas púrpura. *A. ligtu*, procedente de Chile y Argentina, produce unas flores que van del blanco al lavanda y del rosa al rojo. Los híbridos de estas especies se encuentran entre los más populares.

Alternanthera (fam. Amaranthaceae)
Sanguinarias

Existen alrededor de 200 especies de este género de plantas anuales y perennes, originarias principalmente de las regiones tropicales y cálidas de las dos Américas. Algunas especies están consideradas malas hierbas, otras son comestibles y otras son plantas ornamentales que se cultivan por su colorido follaje. Las especies ornamentales se utilizan en lechos de verano y como plantas de orillas. Algunas de las especies perennes se cultivan como anuales en climas más fríos para dar color a los jardines de verano.

CULTIVO Todas las especies se cultivan a pleno sol en suelo bien drenado y enriquecido con materia orgánica. Plantarlas a la intemperie después de las heladas. Hay que regarlas con regularidad para que se empapen en profundidad durante los períodos de calor y de sequía. Si se plantan en suelos pobres, aplique en primavera sangre y hueso o bien pelotas de estiércol de ave de corral para estimular el crecimiento. Los tipos de crecimiento lento que se utilizan para orillas de jardín pueden podarse si crecen demasiado o en desorden. De este modo se puede mantener un crecimiento apretado y compacto.

CLIMA Zona 10 y por encima.

ESPECIES *A. dentata* 'Rubiginosa' es una planta arbustiva que crece entre 30 y 60 cm. Se le aprecia por su follaje llamativo, de un rojo púrpura oscuro, casi negro, y se le utiliza para el diseño de lechos de cobertura o para contrastes de follaje. Fue muy popular en los jardines victorianos y todavía hoy despierta interés. *A. ficoidea* es una planta perenne de hoja pequeña que crece de 20-30 cm si no se poda. El follaje es verde y los distintos cultivares presentan combinaciones con rojo, naranja, amarillo y púrpura. El 'Amoena' tiene una forma enana que raramente alcanza más de 5-8 cm. *A. philoxeroides* es una mala hierba que se encuentra en las vías fluviales, sobre todo en las zonas cálidas, donde su propagación es extremadamente rápida.

Althea (fam. Malvaceae)
Malvaviscos

El nombre deriva del vocablo griego que significa «curar» puesto que las raíces, las hojas y las flores se utilizaban antiguamente como plantas medicinales. Originaria de Europa, el malvavisco está muy extendido en todo el mundo. Considerado una vez como pasada de moda, goza ahora de una renovada popularidad a raíz del interés que existe por los jardines estilo casa de campo. Sin embargo, estas plantas son susceptibles de padecer mohos y les perjudican las abejas.

CULTIVO Esta planta agradece un lecho de jardín profundo y bien abonado, mucha agua y pleno sol. El drenaje debe ser excelente. Atar las plantas con firmeza o bien dejar que crezcan junto a una pared para protegerlas del viento. Después de la floración, cortar los tallos hasta 10 cm del suelo. Sembrar las semillas en verano en un lecho de vivero y transplantar los plantones en otoño a sus respectivos lugares. Hacer unos agujeros a 4-5 cm por debajo del nivel del suelo y plantarlas en grupos para obtener el máximo efecto.

CLIMA Muy resistente; puede crecer en zona 3 y por encima.

ESPECIES *A. officialis*, originario de los pantanos europeos, produce en verano unas flores de tonalidades rosadas. Se pueden encontrar cultivares con flores dobles o sencillas.

Alyogyne (fam. Malvaceae)

Este pequeño grupo de arbustos originario de las zonas más cálidas del oeste, del sur y de las Tierras del Norte de Australia, se encuentra a menudo en las regiones cálidas, arenosas y costeras, tiene unas hojas suaves y foliadas y flores únicas, parecidas a los hibiscos, de color blanco, amarillo, rosa, malva o púrpura, a veces con el centro rojo. Florecen en abundancia desde la primavera hasta el verano.

CULTIVO En climas propensos a las heladas, se plantan en tiestos con compost especial para macetas

Althea officialis, malvavisco, vuelve a recuperar su antigua popularidad y se recomienda para jardines campestres y de estilo inglés.

En climas propensos a las heladas, *Alyogyne huegelii* es un arbusto ideal para invernaderos y viveros.

en invernaderos o viveros frescos. Durante el verano se pueden plantar a la intemperie. Aunque es adaptable, esta planta prefiere estar en sombra parcial y en un suelo húmedo y bien drenado. Todas estas especies agradecen fertilizantes de emisión lenta. Si es posible, plantar semillas o esquejes en una mezcla de arena gruesa y turba o vermiculita en una proporción de 3:1. *A. huegelii* puede crecer con espalderas con éxito y responde bien a una ligera poda.

CLIMA Adecuadas para plantar a la intemperie en zona 10 y por encima.

ESPECIES *A. hakeifolia* crece hasta los 3 m de altura y tiene unas flores de color malva o amarillo cremoso. *A. huegelii* (sin. *Hibiscus huegelii*) es originaria del oeste de Australia. Este arbusto semicaducifolio del desierto, crece en hasta los 2-3 m y florece en verano. Las flores alargadas y únicas tienen hermosos tonos lila o rosa y el centro de un rojo oscuro y las hojas, finas y foliadas, son verdes con los bordes irregulares dentados. También se pueden encontrar especies de color púrpura. Son excelentes para formar macizos o para orillas.

Amaranthus (fam. Amaranthaceae)
Colas de zorro

Existen 60 especies de *Amaranthus*, todas anuales, procedentes de regiones tropicales y templadas. Algunas se cultivan por sus bonitos colores, por sus flores originales y por su adaptabilidad al calor. En zonas propensas a las heladas, se utilizan para lechos de verano o como plantas de maceta en invernaderos y viveros frescos. Estas plantas vistosas quedan soberbias como centros de lecho en los jardines circulares.

CULTIVO Sembrar las semillas en primavera bajo cristal, en un semillero templado, y trasplantar los plantones, cuando haya desaparecido el peligro de heladas, a 50 cm de distancia cada uno. Se benefician de un suelo fértil, bien drenado y rico en humus. Riegue las plantas con regularidad durante los períodos secos de verano. Abone con mantillo cuando haga calor. A continuación puede añadir abono líquido para asegurar un buen crecimiento.

Amaranthus caudatus es una planta alta, anual, que florece en verano. Su crecimiento es rápido.

El colorido follaje de *Amaranthus tricolor* no necesita flores para mostrarse deslumbrante.

Las variedades más altas pueden necesitar protección del viento.

CLIMA Pueden permanecer todo el año a la intemperie en zona 10 y por encima.

ESPECIES *A. caudatus* es una planta anual con ramificaciones que crece 1 m de altura, o más. Tiene unas hojas ovales verde claro y flores colgantes, como colas, de color rojo oscuro. *A. hypochondriachus* 'Erythrostachys' se parece a *A. caudatus*, aunque tiende a crecer más y las flores erectas son de un tono carmesí mate más oscuro. *A. tricolor*, es otra especie de considerable altura, con hojas jaspeadas y brillantes en púrpura, rojo, verde y amarillo. El cultivar 'Splendens', crece hasta 1 m de altura o más. Las hojas generalmente son de un tono rojo purpúreo oscuro, con una corona rojo rosado más claro en las hojas superiores.

Amaryllis (fam. Amaryllidaceae)
Azucena de San Miguel

Este género debe su nombre a Amarilis, una pastora de la mitología griega. *A. belladona*, literalmente «hermosa dama», es la única *Amaryllis* verdadera.

CULTIVO Los bulbos de *Amaryllis* se plantan generalmente a finales de verano, aunque también es aceptable hacerlo a principios de primavera. Se recomienda plantarlos en un lugar soleado en un suelo bien drenado, con la parte superior de los bulbos justo encima de la superficie del suelo. Regar bien durante el período de crecimiento. En cuanto hayan arraigado, los bulbos pueden dividirse durante la primavera, cuando la planta está en reposo. Sin embargo, no hay que dividir los bulbos con demasiada frecuencia, porque los que están más apiñados suelen florecer mejor.

CLIMA Zona 8 y por encima.

ESPECIES *A. belladona*, originaria del sur de África, no es precisamente una planta hermosa pero fácil de cultivar. En otoño produce unas flores perfumadas de color de rosa y en forma de trompetilla, y crece por encima de los 45 cm de altura. Las ho-

Las bonitas flores de *Amaryllis belladona* pueden cortarse para confeccionar ramos, pero resaltan mejor en el jardín.

jas, semejantes a asas, aparecen después de las flores. Las variedades de otros colores que van del blanco al púrpura, son híbridos o variedades selectas.

Amelanchier (fam. Rosaceae)
Cnillomos, cornijuelos

Las especies de este género son originarias de Norteamérica, Europa y Asia, y son plantas básicas de jardín. Árboles o arbustos caducifolios pequeños y muy resistentes, tienen un breve período de floración, seguido de la aparición de unas bayas comestibles, redondas y de color negro azulado y un soberbio follaje en otoño. Pueden soportar ambientes duros de sequía y frío.

CULTIVO Crecen en suelos no calizos (ácidos), fértiles y que retengan la humedad, a pleno sol o con sombra parcial. Pueden propagarse por semillas y, cuando hayan madurado, hay que trasplantarlas a un semillero a la intemperie, o por esquejes semimaduros que se hayan obtenido durante la época de verano.

CLIMA Los cnillomos prefieren los climas frescos y húmedos.

ESPECIES *A. canadensis*, zona 4, es un árbol erecto que alcanza los 8 m de altura. En primavera el fo-

El color rojo vivo en otoño es característico de las especies de *Amelanchier*, unos arbolitos decorativos originarios de Norteamérica

Quienes han visto este árbol, *Amherstia nobilis*, en flor, lo describen como uno de los más hermosos del mundo. Las flores cuelgan en graciosos racimos.

llaje es de un tono bronce mohoso y, en otoño, de un naranja amarillo muy vivo. Los racimos colgantes de un blanco diáfano cubren todo el árbol en primavera. *A.* x *grandiflora*, de la zona 4, es un árbol ramificado de unos 8 m de altura. Tiene varios cultivares notables, todos ellos con colores vivos en otoño y flores abundantes en primavera. *A. laveis*, zona 5, es similar a *A. canadensis*, pero sus flores son más grandes. El follaje nuevo tiene una tonalidad rosada y las hojas de otoño son de un rojo vivo e intenso. *A. lamarckii*, también de la zona 4, no alcanza los 10 m de altura. Estas especies han arraigado en varias zonas de Europa.

Amherstia (fam. Caesalpinaceae)
Orgullo de Birmania, árbol de las orquídeas

Género de una sola especie de árbol magnífico originario de Birmania (país que en la actualidad se denomina Myammar), aunque actualmente es muy raro encontrarlo en su hábitat natural de bosque tropical.

CULTIVO Fuera de los trópicos, este árbol se puede cultivar en una maceta o en un tiesto con un compost para macetas en un invernadero templado con gran humedad y luz abundante. En tales condiciones, raramente florece. A la intemperie, necesita suelos fértiles, bien drenados y profun-

dos, y abundante suplemento de agua durante la estación de crecimiento. También es beneficioso añadir un mantillo de materia orgánica. Se propaga habitualmente con esquejes semimaduros, con calor en el fondo y vaporizándolos, o bien por acodo. Las semillas no siempre son fértiles, pero representa el método más sencillo si se pudieran obtener de buena clase.

CLIMA Pueden crecer a la intemperie solo en climas cálidos húmedos y tropicales; de otro modo, deberían plantarse bajo cristal.

ESPECIES *A. nobilis*, orgullo de Birmania o árbol de las orquídeas, es una planta perenne de rápido crecimiento, que alcanza los 12 m de altura o más en climas húmedos tropicales. Las hojas son muy alargadas y consisten en pequeñas hojuelas que provocan un efecto grácil y diáfano. Las flores muy poco habituales son de un rojo brillante con tonalidades rosadas. Aunque parecen orquídeas, cuelgan en largos racimos.

Ammobium (fam. Asteraceae)
Margaritas de papel blancas, perpetuas aladas

Perteneciente al grupo de las margaritas de papel *Ammobium* es natural de las mesetas del sudeste de Australia. Esta planta resistente perenne, se cul-

Una de las muchas especies conocidas como margaritas de papel, *Ammobium alatum*, es esta planta perenne de crecimiento lento con hojas plateadas.

Las pequeñas bayas purpúreas de la *Ampelopsis brevipedunculata* madurarán hasta adquirir un tono azul claro.

tiva como anual y forma unas matas bastante grandes. Las flores son como las margaritas de papel, más bien pequeñas y blancas, con el centro amarillo y las hojas son de color gris plateado.

CULTIVO Esta planta sirve tanto para maceta como para jardín, aunque luce mejor si se plantan en macizos informales. Plántela en un jardín de suelo ligero y en un lugar soleado. Recolecte las plantas para sembrar las semillas en primavera in situ. También se pueden sembrar las semillas en bandejas de semilleros bajo cristal en un compost para semillas con buen drenaje, trasladar los plantones a otras bandejas y trasplantarlos al exterior a finales de primavera o principios del verano, cuando hayan desaparecido las heladas.

CLIMA Zona 9 y por encima.

ESPECIES *A. alatum* crece hasta 1 m de altura. El follaje forma una roseta basal de hojas suaves, grisáceas y peludas y las flores blancas y amarillas, por encima de los 2 cm de diámetro, brotan abundantes durante el verano. Estas flores son muy adecuadas para ramos de flores secas porque conservan sus colores si se cortan antes de que las brácteas estén completamente abiertas y se cuelgan en ramilletes cabeza abajo en un lugar oscuro bien ventilado y seco.

Ampelopsis (fam. Vitaceae)

Muchas especies de estos géneros se clasifican como *Parthenocissus* o *Vitis*. Estas dos especies de plantas trepadoras son caducifolias con hojas foliadas como las de la uva y a menudo adquieren bellos colores en otoño. A las flores pequeñas e insignificantes les siguen racimos de bayas pequeñas y redondas.

CULTIVO *Ampelopsis* es una bonita y delicada cubierta para arcos, celosías, forjados y casas pequeñas. Prospera en suelos ligeros con un buen mantillo y que contengan una buena cantidad de materia orgánica putrefacta y luz solar filtrada. Es esencial protegerlas de los vientos secos. Se multiplica a partir de esquejes lignificados en otoño o en invierno, o bien con semillas si están disponibles. Además, se acoda con facilidad.

CLIMA Zona 5 y por encima.

ESPECIES *A. aconitifolia* es originaria de Mongolia y no es muy común encontrarla cultivada. A sus florecitas verdosas les suceden unas bayas de color naranja. *A. brevipedunculata*, es originaria de Asia. Tiene unos zarcillos retorcidos, brotes nuevos de color de rosa y hojas verdes foliadas. El follaje se colorea en otoño y las bayas cambian a un azul brillante cuando maduran.

El fruto comestible del anacardo, *Anacardium occidentale*, queda encapsulado en un gran receptáculo. Los procesos de pelado y tostado son arduos.

Anacardium occidentale

(fam. Anacardiaceae)

Anacardo

Nativo de América tropical, este árbol expansivo se cultiva en los trópicos por sus deliciosos frutos. Puede crecer en zona 10, aunque no es de libre frutación. Prospera mejor en climas cálidos y semiáridos. Las nueces quedan encapsuladas en un fruto de color naranja de unos 2 cm. Tras tostarlo para eliminar el jugo ácido, el fruto queda dulce, untoso y nutritivo, y puede comerse crudo o cocinado. También se extrae un aceite similar al de oliva que en algunos países se usa para dar sabor al vino, sobre todo al de Madeira. El tallo, carnoso y en forma de pera, es conocido como «manzana de anacardo», y es jugoso y con un gusto ligeramente ácido. Es consumido por algunos pueblos nativos o fermentado para fabricar vino. El árbol produce un jugo blanco o goma utilizado como barniz en ebanistería.

CULTIVO No suele cultivarse en Norteamérica, y es difícil de encontrar disponible. Use tiesto con compost suelo de buen drenaje, y cultive como planta de hoja nueva. Multiplique por semilla.

CLIMA El anacardo crece en la zona 10, pero crece mejor en zonas superiores.

Ananas, especies de (fam. Bromeliaceae)
Piña

Nativa de Sudamérica, esta fascinante planta perenne tiene hojas rígidas en forma de espadas, que crecen sobre rosetas en cortos tallos carnosos. Cultivada por su delicioso fruto, la piña es un importante cultivo comercial en muchos países tropicales. En zonas más frías, necesita un invernadero cálido.

CULTIVO Las piñas pueden cultivarse en tiestos con compost sin suelo. Necesitan un máximo de luz y una atmósfera húmeda. Durante el período de crecimiento riegue bien las plantas y abone con fertilizante líquido una vez por semana. Reduzca el riego drásticamente en invierno. Multiplique por vástagos de raíz en verano, o por el penacho que hay en la parte superior del fruto. Córtelo y úselo como esqueje, enraizándolo en compost para esquejes en un propagador caliente.

CLIMA Solo tropical.

ESPECIES *Ananas nanus*, la más pequeña, produce un fruto comestible y decorativo de 10 cm o más. *A. bracteatus* variedad *tricolor* es una variedad me-

Una piña grande, ya casi madura, se erige sobre un nido de hojas anchas y duras.

jorada y de mayor tamaño, de hojas blancas, verdes y amarillas, con estrías rojas. Se reproduce con lentitud. *A. cosmosus*, considerada por los primeros europeos que pisaron América como el mejor de todos los frutos, alcanza los 75 cm. Tiene hojas largas y estrechas y densas cabezas de flores rojizas que se convierten en un fruto grande y carnoso con una roseta de hojas en la parte superior. Algunas de sus variedades tienen espinas en los bordes y en las puntas de las hojas. Una variedad de estrías amarilla, *A. cosmosus* variedad *variegatus*, es una atractiva planta de maceta.

Anchusa (fam. Boraginaceae)

Palomillas de tintes

En estado silvestre en Europa, Asia Occidental y el norte y el sur de África, el género comprende anuales y perennes ideales para bordes de jardín y macetas. La mayoría de especies tienen flores velludas gris verdoso y pequeñas flores azules.

CULTIVO Plantar en el jardín en suelo bien drenado a pleno sol. Las palomillas de tintes a menudo se propagan por semillas, pero pueden multiplicarse también por división o por cortar las raíces si se consigue una forma auténtica.

CLIMA Muy resistentes; adecuada para zonas de 3 e inferiores.

Pocas perennes, como la palomilla de tintes, proporcionan tal despliegue de flores azul claro a principios del verano.

ESPECIES *A. azurea* es una planta perenne muy resistente que posee unas hojas largas, gruesas y peludas con centenares de flores pequeñas y redondas, de un color azul intenso que aparecen durante el verano. Crece hasta alcanzar la altura de 1 m. Los cultivares como 'Loddon Royalist' y 'Morning Glory' producen flores en distintas tonalidades de azul, desde un azul pálido hasta un azul muy intenso.

Androsace (fam. Primulaceae)

Existen más de 100 especies de estas plantas originarias de las zonas templadas del hemisferio Norte. Estas delicadas perennes solo son apropiadas para regiones frescas. En general, se plantan en jardines rocosos porque tienen unas flores diminutas parecidas a las prímulas. También se utilizan para formar montículos y protectores de crecimiento.

CULTIVO Plantarlas en un suelo arenoso, o pedregal, con buen drenaje y a pleno sol. En invierno, el suelo puede desecarse antes del riego y el follaje debe mantenerse seco. Se propaga por esquejes que se han recogido en primavera o por división de las matas.

CLIMA Muy resistente; adecuada para zonas de 3 a 6.

ESPECIES *A. lanuginosa*, zona 6, originaria del Himalaya, es una planta rastrera con rosetas de hojas

Ideal para orillas o cubiertas, *Androsace lanuginosa* desborda el pavimento desde su lecho de jardín.

de color gris plateado y apretadas cabezas de flores rosa pálido desde mediados a finales del verano. Alcanza los 15 cm de altura. *A. pubescens*, zona 5, originaria de los Pirineos, es una especie pequeña, utilizada para formar protectores de crecimiento, que raramente crece más de 6-8 cm. Las flores blancas con un ojo verde o amarillo aparecen a finales de primavera hasta principios de verano. *A. sarmentosa*, zona 3, forma matas de rosetas peludas con cabezas de flores de color de rosa en tallos cortos. Crece unos 8 cm y tiene una envergadura de unos 25 cm.

Anemone (fam. Ranunculaceae)

Anémonas

De las 120 especies de este género, un amplio surtido se cultiva en los jardines norteamericanos. Muchas de ellas son originarias de Europa y el oeste de Asia, pero también hay especies originarias de Japón, de las dos Américas y de la mayor parte de las regiones templadas del norte. Este género comprende plantas herbáceas perennes así como plantas tuberosas.

CULTIVO Las anémonas de floración primaveral deberían plantarse a finales de verano o a principios de otoño, y las tuberosas, con sus extremos apun-

El color rosado de la floración otoñal de la *Anemone hupehensis* puede esperarse año tras año.

tados hacia abajo. Hay que plantarlas donde vayan a crecer, porque no soportan bien los trasplantes. Las anémones silvestres crecerán a la sombra, pero *A. coronaria* deberá estar a pleno sol y al abrigo del viento. *A. hupehensis* prefiere sombra parcial y protección de los vientos fuertes. Puede trasplantarse a finales de invierno o principios de primavera. Todas las anémonas gustan de suelos bien drenados que contengan abundante materia orgánica. Demasiada humedad o un suelo con un drenaje muy pobre pudrirá las raíces o los tubérculos. En cuanto haya arraigado vigorosamente, riéguela con regularidad, y aplique fertilizantes cuando empiecen a formarse los capullos.

CLIMA Pueden cultivarse en zonas de 5 a 8.

ESPECIES Probablemente, la que mejor conocen los jardineros es la que florece en primavera, *A. coronaria*, zona 8. También es conocida en las floristerías. El color de sus flores va desde el blanco, rojo, rosa, al azul y púrpura. Las variedades más conocidas son la del grupo De Caen, con flores sencillas, y St Erigid, con flores dobles. Las anémones silvestres, *A. blanda* y *A. nemorosa*, se cultivan en zonas más frías, a menudo naturalizadas bajo árboles, lo que explica su origen boscoso. Las hay también que florecen en primavera. *A. hupehensis*, anémona japonesa, es una perenne alta que a me-

Los vivos colores de las flores dobles de la *Anemone coronaria* proporcionan tanto placer en el jardín como en un jarrón.

nudo alcanza más de 1 m de altura. Florece en otoño, con flores sencillas o dobles de color blanco, rosa y rosa lavanda. Aunque algunos cultivadores las consideran invasivas, se pueden controlar con facilidad. Hay muchas especies más que se cultivan en los jardines, y vale la pena salir a buscarlas.

Anethum graveolens (fam. Apiaceae)
Eneldo

Esta fragante anual del sudoeste asiático es muy conocida como hierba culinaria. Tiene hojas azules verdosas, ásperas y finamente dibujadas, y umbelas de flores estivales de un amarillo verdoso. Produce muchas semillas, pequeñas y planas. Las hojas, tallos y semillas son apreciados por su sabor anisado. Las semillas son un ingrediente importante en la elaboración de encurtidos, y las hojas se utilizan también en ensaladas y en platos de pescado, pollo, venado y cordero. La hoja adquiere su mejor sabor justo antes del florecimiento de la planta. El eneldo añade un sabor especialmente delicioso al pepino y al pescado. Favorece también la digestión y la asimilación del alimento.

CULTIVO En lugar cálido y protegido del viento. Siembra la semilla en primavera en agujeros poco profundos, y deje una distancia entre plantas de 30 cm. Riegue bien en época de sequía. Una vez asentada, la planta se autofecunda. Las hojas deben extraerse si es necesario, porque no secan

Un prolífico despliegue de flores asegura la abundancia de semillas para recolectar en las semanas siguientes.

bien. Las semillas deben madurar en la propia planta, que alcanza un color rojo púrpura en el momento de la maduración. Recolecte las semillas para el secado y el almacenaje, puesto que la planta puede extenderse rápidamente, sobre todo, en las zonas cálidas.

CLIMA Anual de estación cálida y climas templados. Zona 8.

Angelica archangelica (fam. Apiaceae)
Angélicas

Existen más de 50 especies de angelica, algunas de las cuales se cultivan comúnmente. Estas herbáceas perennes proporcionan un marcado contraste cuando crecen en una orilla heterogénea, aunque la mayoría se cultivan para uso comercial. El aceite aromático de la raíz y las hojas se utiliza para aromatizar licores y los brotes jóvenes se confitan para decoración en repostería. Las hojas tiernas también se emplean en ensaladas. *Angelica archangelica* tiene unas hojas largas, muy divididas y de un verde lustroso, y ramilletes de flores de un

Angelica se cultiva por su follaje ornamental y su imponente inflorescencia, así como por su utilidad culinaria.

amarillo verdoso en verano. Crecen hasta 1,5 m de altura.

CULTIVO *Angelica* crecerá en cualquier suelo de jardín abonado y con buen drenaje, si se le proporciona mucha humedad y sol de mañana. Se propaga por semillas a finales de verano. También pueden multiplicarse por división.

CLIMA Crece en zona 4 y por encima.

Angiopteris (fam. Marattiaceae)
Helechos gigantes, helechos reales

Este género de grandes helechos tropicales es tan antiguo como los fósiles de frondas similares que datan de la era Paleozoica. Una de las muchas especies de este género, *A. evecta*, es originaria de la Queensland tropical de Australia, de las regiones tropicales de Asia y del oeste del Pacífico. Todas las especies tienen tallos carnosos y frondas rugosas y densas.

CULTIVO Fuera de las regiones tropicales y subtropicales, la *Angiopteris* debería cultivarse en un invernadero tropical. Este hermoso helecho es un excelente ejemplar. Normalmente es bastante fácil de cultivar a partir de los brotes inactivos que contienen las escamas carnosas que se encuentran en la base de las frondas. Ponga los brotes en una maceta con una mezcla de arena y turba. El crecimiento será visible dentro de 12 meses. El suelo deberá contener para su alimentación abundante materia orgánica en descomposición para que siempre pueda contener cierta humedad.

CLIMA Jardines en zona 10 y por encima.

ESPECIES *A. evecta* es enorme, tiene un tronco grueso y leñoso de más de 1 m de diámetro en los ejemplares más viejos y frondas arqueadas de más de 5 m de longitud. Las frondas bipinnadas son de un verde lustroso y los pedúnculos verticales tienen una hinchazón en su base. Es una planta muy hermosa cuando recibe cuidados que aseguren su correcto crecimiento.

Angophora (fam. Myrtaceae)
Mirtos manzanos

Existen unas 13 especies de angophoras, todas originarias de las tierras areniscas de la costa este de Australia. Aunque parezcan similares al eucalipto, se pueden distinguir de este último por las diferencias en sus pautas de crecimiento y en el color y la textura del tronco. Además, mientras que el

Angiopteris evecta requiere mucho espacio para extenderse y tiene una presencia imponente en un invernadero cálido y húmedo.

Las ramas retorcidas de un tono gris rosado son uno de los rasgos más característicos de la especie, la *Angophora costata*.

En verano aparecen los apretados ramilletes de flores del color crema de *Angophora hispida.*

eucalipto generalmente tiene frutos en cápsulas lisas, las de *angophora* son rugosas. Las flores son similares, excepto que la del eucalipto tiene un remate u opérculo. Cuando son jóvenes, las diferencias apenas son visibles. El hermoso y extenso follaje de las angophoras las convierte en árboles muy útiles para dar sombra en los jardines. Además, atraen a multitud de aves.

CULTIVO En climas propensos a las heladas, las *angophoras* se pueden cultivar en invernaderos frescos y con iluminación completa. Plantarlas en macetas o en tiestos con compost especial para macetas. A la intemperie, estas plantas son adaptables, pero lo mejor es que estén a la luz y en suelos bien drenados. Las semillas maduran en sus cápsulas en otoño, y son propensas a que las dañen los insectos mientras están en el árbol. Hay que recolectar las semillas antes de que caigan.

Germinarán rápidamente en una mezcla húmeda de arena gruesa y turba en una proporción de 3:1. Las plantas jóvenes deben mantenerse húmedas.

CLIMA A la intemperie en zonas 9 y 10.

ESPECIES *A. bakeri* tiene un crecimiento extensivo, a veces torcido. El tronco tiene un aspecto bastante rugoso, las hojas son estrechas, las flores de color crema brotan profusamente y las cápsulas del fruto son redondeadas. Alcanza los 8 m de altura. *A. costata* es un árbol elegante, con un soberbio tronco de un blanco rosado, racimos de flores pequeñas y color crema en primavera y en verano, y unas cápsulas bien formadas. Alcanza los 10-25 m de altura. Es la especie dominante en las zonas areniscas de Sydney y otras regiones más alejadas al sudeste de Australia. *A. floribunda* tiene un follaje de un verde brillante, flores de un blanco cremoso y finos pétalos y frutos en cápsulas ovales. Además, tiene un crecimiento extensivo, torcido y alcanza una altura de 10 m. *A. hispida*, una especie arbustiva más bien enana, alcanza los 3 m de altura. Tiene unas hojas relativamente grandes, en forma de corazón y el borde ondulado. Los brotes jóvenes están revestidos de cerdas rojas y las flores, en verano, son rojas y de un blanco cremoso. *A. subvelutina* (sin. *A. intermedia*) alcanza los 7 m de altura. Tiene unas hojas anchas, bifoliadas en la base, racimos de flores de color blanco y aterciopeladas, y cápsulas con crestas. Los brotes jóvenes están erizados.

Angraecum (fam. Orchidaceae)

Este género comprende alrededor de 200 especies, muchas de las cuales son originarias de Madagascar. Algunas tienen unas flores muy pequeñas y no están muy solicitadas en horticultura. Las restantes son originarias del África tropical y de las islas Seychelles.

CULTIVO *Angraecum* requiere una temperatura cálida bajo cristal, calor en invierno, al menos 15 °C, preferiblemente un poco más. Estas plantas necesitan mucha humedad, sombra, agua abundante y un compost con grandes trozos de carbón vegetal, tiestos rotos y corteza de abeto, para permitir que

Los sépalos o espuelas largas y de un verde muy claro, son un rasgo característico de las preciosas *Angraecum eburneum* (sin. *A. superbum*), una pieza de coleccionistas.

el agua drene y para aportar una buena aireación a las raíces. Cuanto menos se moleste a estas plantas, mucho mejor. Los tipos trepadores se pueden fijar a un helecho arborescente en el que entrarán las raíces. Como las raíces superiores alimentan a la planta, es necesario aplicarles fertilizante líquido. Sin embargo, la acumulación de las sales fertilizantes en la fibra del helecho arborescente matará a las orquídeas, por lo que deberá retirarse cuidadosamente el exceso de sales antes de añadir más fertilizante. Estas especies de *Angraecum* producen habitualmente pequeñas plantas en la base del tallo, que pueden dejarse crecer para producir plantas de muestra, o bien se pueden retirar cuando se hayan desarrollado las raíces y replantarse para aumentar las existencias.

CLIMA Son plantas originarias de climas tropicales húmedos.

ESPECIES *A. eburneum* (sin. *A. superbum*) es una especie muy popular que crece hasta 1,8 m de altura. Tiene unas flores de un tono blanco verdoso de 7-10 cm, con una espuela casi de la misma longitud. El labio es blanco. *A. eichlerianum*, especie trepadora, tiene las flores de un verde amarillento o tostado de unos 7 cm durante la primavera y el verano. La espuela mide cerca de 12 cm de longitud. *A. infundibulare* es muy similar a la anterior, pero las flores aparecen en oto-

ño y en invierno. *A. sesquipedale* es una especie de crecimiento lento de unos 90 cm. Para obtener el crecimiento máximo de estas plantas, hay que asegurarse de que tenga luz, sobre todo durante el período de desarrollo. Es importante estimular el crecimiento de las hojas cuando el número de retoños florales producidos es el mismo que el número de hojas que crecen cada primavera o verano. Esta orquídea tiene unas hojas en forma de asa, y unas flores en forma de estrella, blancas y cerosas, de 12 cm, con un espolón muy largo.

Anigozanthos (fam. Haemodoraceae)
Zarpa de canguro

Todas las especies de esta planta fascinante proceden del sudoeste de Australia. De hecho, la llamativa *A. manglesii* es el emblema floral de Australia occidental. Muchas especies se pueden encontrar en Estados Unidos, como *A. manglesii*, *A. flavidus* y algunos de los muchos híbridos que se han producido. Sus originales flores, peludas y en forma de zarpa, florecen durante un largo período varias veces al año con una amplia gama de colores que pueden ir del naranja, rosa y amarillo a varios tonos de verde y rojo. En los jardines, atraen la vida silvestre. Todas las especies pueden cultivarse como plantas de orilla o como plantas de maceta bajo cristal.

Este es el emblema floral de Australia occidental, *Anigozanthos manglesii*, con sus flores tubulares abiertas. Las flores contienen mucho néctar.

Los híbridos modernos de las zarpas de canguro resultan mejor en los jardines por su mayor resistencia a una amplia variedad de climas que las especies genuinas.

CULTIVO En los climas propensos a las heladas, las zarpas de canguro se cultivan en maceta, resguardadas de las heladas, en invernaderos o viveros. Crecen bien en un compost de marga, hojas enmohecidas y arena gruesa, y a plena luz. A la intemperie se encuentran bien formando grupos, entre rocas o combinadas con césped autóctono. Puesto que todas las especies tienen propensión a sufrir el ataque de babosas y caracoles, hay que utilizar regularmente veneno para eliminar estos animales. La enfermedad de la tinta puede ser un problema, así que no hay que empaparlas cuando el tiempo es cálido y húmedo o durante los meses de verano. En la actualidad existen híbridos que tienen cierta resistencia a la enfermedad de la tinta. Se propagan por semillas o por división de las raíces en otoño, lo cual es más fiable. Si se utilizan semillas, hay que sembrarlas en una mezcla arenosa bien drenada y cubrirlas ligeramente con tierra. Generalmente, la germinación es rápida. Si se dividen, lo mejor es poner en una maceta las nuevas divisiones hasta que estén bien arraigadas. Dividir las matas al menos una vez cada tres años. Las zarpas de canguro son plantas adecuadas para macetas y tiestos si tienen un buen drenaje, y se pueden utilizar para adornar balcones y patios.

CLIMA Se pueden plantar a la intemperie en zona 10 y por encima.

ESPECIES *A. bicolor* da en primavera unas flores de color amarillo verdoso, con tallos rojos de 45 cm y hojas estrechas en forma de asa de 30 cm de longitud. Tolera ambientes húmedos. Si las plantas no están sanas, el follaje se morirá en verano. La especie que más se cultiva es *A. flavidus* y se está llevando a cabo una hibridización extensiva, la mayoría utilizando estas especies resistentes como único progenitor. Esta especie tiene unas hojas largas, en forma de asa, de 60 cm, que forman unas matas que se extienden 1 m y flores de un color que va del amarillo verdoso al rojizo muy atractivas para los pájaros. Es una planta vigorosa. El cultivar 'Pink Joey' tiene unas flores y un follaje más pequeños de color rosa y rojo. *A. humilis* es una especie más pequeña que alcanza los 25 cm de altura. Tiene un follaje de color verde vivo y apretados ramilletes de flores terminales durante el invierno y la primavera. Los colores varían desde el naranja, naranja rojo y naranja castaño hasta varios tonos de rosa y amarillo. A menudo se combinan los colores. Estas especies pueden convertirse en herbáceas perennes que se marchitan en verano y rejuvenecen en otoño. *A. manglesii* es una planta bastante regia, con unas flores rojas agrupadas en largos tallos de hasta 1,5 m y hojas de color verde grisáceo en forma de asa que forman matas. Las flores aparecen en primavera. *A. preissii* tiene unas hermosas flores de color naranja y rojo en primavera y unas hojas estre-

Pariente cercano de la cúrcuma, hay quien afirma que el sabor de la chirimoya es como el de la piña. Este árbol dará buenas cosechas.

chas, de tonalidad verde oscuro, que caen después de la floración. *A. viridis* tiene unas flores brillantes, casi iridiscentes, de color verde bosque y unas hojas estrechas de hasta 30 cm de largo. Esta especie puede tolerar la falta de humedad mejor que la mayoría de zarpas de canguro. Tiene un período de inactividad en verano.

Annona cherimola (fam. Annonaceae)
Chirimoyo

Este pequeño árbol perenne crece de forma natural en los Andes de Perú y Ecuador, y se cultiva ampliamente por su fruto, cuya carne es blanda y blanca, y tiene un sabor delicado, y contiene semillas duras, negras parecidas a la judía. Una chirimoya de buen tamaño puede pesar 500 gramos. El sabor se considera más delicioso que el de la cúrcuma. Su tamaño es similar al pomelo. El interior de la fruta es blanco, de textura carnosa, blanda y de sabor dulce, parecido a una mezcla entre piña, mango y fresa. La chirimoya es una atractiva planta ornamental, con sus hojas verdes aterciopeladas, sus fragantes flores amarillo pálido, y su fruto de un verde también pálido.

CULTIVO Como originaria de las áreas montañosas de los trópicos, requiere condiciones especiales de temperatura y humedad, y ausencia total de heladas. Se cultiva por semillas, pero los cultivares dan mejor resultado. Si es posible, estos deberían consistir en plantas injertadas. Plante los árboles a una distancia de entre 7 y 9 m. Deberían dar fruto en tres o cuatro años. Una cosecha pobre puede significar que la polinización ha sido deficiente.

CLIMA Zona 10. No es adecuada para latitudes tropicales bajas. El chirimoyo necesita un cierto grado de humedad.

Annona reticulata, Annona
squamosa x cherimola (fam. Annonaceae)
Chirimoyo

Estos árboles semicaducos de la América tropical tienen hojas simples de gran tamaño, flores carnosas y atractivas y un delicioso fruto. Pueden su-

Las flores de *Anona reticulata* están encerradas en sépalos carnosos. Los árboles injertados dan fruto al cabo de tres a siete años, según la variedad.

perar los 5 m de altura. Los frutos pueden tener forma irregular acorazonada o redondeada, y pueden pesar hasta 2 kg. Su rica carne, parecida a la de la cúrcuma, contiene numerosas semillas, grandes, marrones o negras. Es uno de los alimentos preferidos del Trópico. El chirimoyo se cultiva también en el sur de España, en la costa de Granada, donde hay un clima propicio para su cultivo.

CULTIVO En climas propensos a las heladas, las especies de *Annona* se cultivan como plantas de follaje en invernadero intermedio, en grandes macetas de compost suelo. La siguiente información es válida para el cultivo en exteriores en climas medios libres de heladas. Los árboles de cúrcuma necesitan un suelo aluvial, rico, profundo y de buen drenaje. La ubicación ideal es en zonas protegidas con alto nivel de precipitaciones. Son sensibles al frío, a las heladas y al calor excesivo, que pueden afectar al nuevo crecimiento. La polinización y la frutación requieren un clima cálido en primavera y verano, e inviernos fríos. El control de las malas hierbas es esencial en los ejemplares jóvenes. Pode una vez que los brotes hayan crecido, para dar el volumen deseado. Pasados unos tres años solo habrá que podar circunstancialmente para estimular la formación de nuevos tallos. Estos se multiplican por injertos en los rizomas de *A. cherimola*, resistente al hongo de la fitóftora. Plante los árboles a una distancia de 4 m uno de otro y a 4-6 m entre hileras. Distribuyendo las hileras de norte a sur la planta recibirá un máximo de luz; si se plantan en terreno ondulado, deben distribuirse en el contorno. El fruto tarda unos seis meses en madurar. Corte el fruto reteniendo un pequeño tallo cuando la piel adquiera un tono crema verdoso. Solo tardará unos días en madurar y estará listo para comer. Son árboles muy longevos, y pueden producir fruto hasta pasados más de treinta años.

CLIMA Zona 10. Mejor seco que húmedo.

ESPECIES *Annona reticulata es la anona* común de zonas tropicales, en México se llama anona roja. Tiene una piel entre amarilla rojiza y amarronada, y cada segmento de la carne contiene una semilla marrón. La carne es dulce, pero granulada. *Annona squamosa* x *cherimola* es conocida a veces como anona africana. Este híbrido da fruta al tercer año, en primavera y principios de invierno, y es ligeramente más tolerante al frío que otros tipos. Considerado por muchos como la mejor cúrcuma, tiene pocas semillas y una carne deliciosa,

sin la textura granulada de otras variedades. El cultivar 'Pink's Mammoth' no da frutos hasta los seis años, pero, en su momento, produce grandes ejemplares de calidad que continúan dándose hasta mediados de invierno.

Anomatheca (fam. Iridaceae)

De estas cuatro especies de plantas con cormos del África tropical y del sur, solo una especie se cultiva ampliamente. Su desarrollo es semejante al de la *freesia*.

CULTIVO En regiones muy frías se cultiva en maceta en invernaderos de cristal frescos. Se adaptan a pleno sol o sombra parcial. Se adaptan a una amplia gama de tipos de suelo. Se autosiembran, o bien se pueden recoger los cormos y dividirlos en otoño.

CLIMA Son especies que prefieren ambientes cálidos así como subtropicales y zonas frescas templadas. Si están protegidas en invierno, resisten climas fríos.

ESPECIES *A. laxa* (sin. *Lapeirousia laxa*) puede alcanzar en ocasiones los 20 cm de altura y proporciona en primavera unas flores de color rojo coral con manchas más oscuras. Estas especies tienden a la autofecundación. El cultivar blanco 'Alba' no es muy vigoroso.

Gratificante y poco problemática, *Anomatheca laxa* tolera una amplia gama de ambientes de cultivo. Los plantones son fáciles de trasplantar.

Las flores de textura gruesa, blancas y en forma de campanilla de *Anopterus glandulosus* resaltan las oscuras hojas coriáceas.

Anopterus (fam. Escalloniaceae)

Estos atractivos arbustos perennes australianos, son originarios de los bosques de Tasmania y de las regiones montañosas de Nueva Gales del Sur y Queensland. Ambas especies resultan adecuadas para jardines ornamentales. Las hojas, suaves, gruesas y lustrosas, estrechas en ambos extremos, tienen un aspecto coriáceo. Las flores comienzan formando racimos de capullos rosa, luego se abren en ramilletes terminales de flores de textura gruesa, en forma de copa y de un rosa blanquecino, de 2 cm de diámetro.

CULTIVO En climas muy fríos, se cultivan en invernaderos de cristal frescos. Necesitan compost o suelo que no sea calcáreo. Tiene que estar a plena luz, aunque evitando la luz directa del sol. A la intemperie se cultiva en un ambiente fresco, con humedad boscosa y sombra parcial. Se propaga en verano con esquejes semimaduros. A veces les cuesta arraigar.

CLIMA Pueden crecer a la intemperie en zona 8 y por encima.

ESPECIES *A. glandulosus* es un arbusto grande, frondoso, a veces desordenado, que alcanza los 5 m de altura. Sus hojas brillantes, verde oscuro, elípticas y dentadas, de un blanco color rosado y cerosas, en forma de copa, aparecen en primavera formando racimos terminales. Requiere sombra y suelo con turba. *A. macleayanus*, una especie mucho más pequeña, tiene un bonito follaje con nervios rojos y racimos terminales de flores blancas.

Anthemis (fam. Asteraceae)

Manzanilla

Este género comprende alrededor de 100 especies originarias de Europa, del Mediterráneo y del oeste de Asia. Estas plantas perennes, herbáceas, pequeñas, proporcionan un aspecto rutilante a las rocallas y orillas. Tienen un fuerte aroma, hojas como plumas y flores únicas, parecidas a las margaritas y que duran bastante cuando se cortan. Si no se les deja florecer, se utilizan para cubrir orillas secas. Algunas son muy resistentes.

Macizo de *Anthemis*, un cultivar de flores blancas. La mayoría de las variedades tienen las flores amarillas.

CULTIVO Son plantas muy fáciles de cultivar en suelos de jardín con un buen drenaje y a pleno sol. Propagar mediante esquejes de brotes al menos una vez al año. A finales de invierno las plantas se pueden dividir.

CLIMA Zona 6 y por encima.

ESPECIES *A. cretica* sub. *cretica* es una planta de cobertura de follaje gris verdoso de 25 cm de altura, con flores blancas de 4 cm de diámetro semejantes a las margaritas. *A. marschalliana* forma una cobertura de hojas plateadas y escotadas de 20 cm de longitud y flores de un color amarillo vivo de 3 cm de diámetro sobre delicados tallos. La *A. tinctoria*, alcanza los 50 cm de altura con racimos como montículos. Masas de flores doradas aparecen en primavera en tallos rígidos encima de un follaje semejante al de los helechos. Cultivares tales como 'Margrave' dan flores de distintos tonos de amarillo.

Anthriscus cerefolium (fam. Apiaciae)

Perifollo

Se cree que procede del sudeste de Europa y del oeste de Asia. Esta herbácea anual ha sido utilizada desde muy antiguo para usos culinarios y medicinales. Ingrediente importante en la cocina francesa, las hojas se usan como potenciador del sabor en ensala-

El follaje del perifollo es decorativo y útil en la cocina. Puede incorporarse perfectamente a un jardín ornamental.

La Anthurium tiene flores de brillantes colores que parecen casi artificiales. La mayoría en tonos rojo y rosa.

das, sopas y guisos, y en pescados, aves y huevos. En cultivo, *A. cerefolium* es usado como planta de verano. Sus hojas son de color verde brillante, profundamente cortadas y de textura como de cera, y sus pequeñas flores forman en primavera racimos terminales en los tallos. Alcanza los 45 cm de altura.

CULTIVO En la parte trasera de un borde herbáceo, puesto que es bastante alto. Siembre las semillas directamente en agujeros superficiales en primavera. Coloque las plantas a 10 cm de distancia en la hilera, y a unos 20 entre cada una de ellas. Estimule el crecimiento pellizcando los brotes florales conforme aparezcan. Corte las primeras hojas entre seis y ocho semanas después de la siembra, y vaya extrayéndolas en cualquier época del año, empezando por las exteriores, para que las interiores puedan seguir creciendo. Si se necesitan plantas autofecundables o semillas, reserve algunas de ellas. Seque las hojas extendiéndolas sobre una malla metálica en un lugar frío, seco y aireado. Cuando las hojas se hayan secado y estén quebradizas, estrújelas, deshágase de los nervios centrales y almacénelas en contenedores herméticos. Las semillas también pueden almacenarse de este modo.

CLIMA Zona 7

Anthurium (fam. Araceae)
Anturios, calas

Estas plantas perennes procedentes de la América tropical tienen las hojas de forma variada, desde elípticas hasta en forma de corazón, y unas flores brillantes, parecidas a los lirios, de vivos colores. Generalmente son plantas de interior, pero en ambientes más cálidos pueden cultivarse a la intemperie. Los anturios proporcionan unas espléndidas flores de corte. Existen más de 700 especies de *Anthurium*, tanto cultivadas en jardines como epífitas, aunque pocas son las que se cultivan. Muchas especies no se han descrito todavía y se encuentran nuevas cada año.

CULTIVO Excepto en climas cálidos, estas plantas se cultivan en invernaderos cálidos y húmedos con buena luz, pero protegidas del sol directo. Hay que plantarlas en un compost de marga, hojas enmohecidas y arena gruesa. Regarlas bien, asegurándose de que la tierra no se empape, porque debe permitirse que las plantas se sequen algo entre los riegos durante el invierno. Se propagan por división a finales de invierno.

CLIMA Crece a la intemperie en zona 10 y por encima.

Antigonon leptopus trepará por una amplia zona durante la estación de crecimiento. Las flores, de un rosa vivaz, resultan muy vistosas.

ESPECIES *A. andraeanum* tiene hojas verde oscuro, de distintas formas de corazón, en largos tallos. Las flores son originales, parecen hojas anchas y como si estuvieran laqueadas. Del centro emerge un espádice amarillo. Estas especies alganzan 1 m de altura. El cultivar 'Rubrum' es de un rojo brillante; otros son rosa, blanco y rojo anaranjado. *A. crystallinum* tiene un espléndido follaje verde aterciopelado con nervios plateados. Alcanza los 60 cm de altura. *A. scherzerianum* crece 40 cm o más. Las flores son rojas con espádices en espiral de color naranja o amarillo y hojas elípticas o estrechas.

Antigonon (fam. Polygonaceae)
Rosa de montaña

Estas trepadoras de crecimiento rápido son excelentes para pérgolas, emparrados, celosías y también resultan muy bonitas cuando caen en cascada desde la parte superior de los muros. Sus hojas son simples y las delicadas flores con pétalos en forma de corazón forman racimos alargados. También sirven bien como flores de corte.

CULTIVO En climas frescos y fríos, se cultivan en un invernadero o vivero fresco, en una maceta o tiesto con compost para macetas. Requiere plena luz. A la intemperie, esta planta prospera en un lugar soleado y protegido. Cualquier suelo sirve, pero requieren un buen drenaje y abono orgánico. Regar bien en primavera y en verano. Retirar las cabezas de las flores marchitas y cortar los brotes viejos en primavera. La propagación es por semillas o por esquejes de brotes.

CLIMA Zona 10 y por encima.

ESPECIES *A. leptopus* es una caducifolia trepadora esbelta con largos racimos de flores de un rosa brillante que acaban en zarcillos enroscados por los que trepan. Alcanza los 6 m de altura. Aunque en invierno pierde la vegetación, es de utilidad para cubrir verjas y construcciones antiestéticas. El cultivar 'Album' tiene las flores blancas.

Antirrhinum (fam. Scrophulariaceae)
Bocas de dragón

Originarias de Europa y de Norteamérica, estas vistosas plantas anuales y perennes tienen unas originales flores bilabiadas, que le proporcionan su nombre común, y hojas estrechas. Existen variedad de tipos: erectas, postradas, altas o enanas. Las bocas de dragón dan lo mejor de sí mismas formando macizos u orillas y son excelentes flores de corte.

CULTIVO Gustan de un suelo fértil y bien drenado y estar a pleno sol. El corte continuado de las flores

Antirrhinum majus, bocas de dragón, tanto en su versión normal como enana, han sido las grandes favoritas para exhibiciones anuales durante muchos años.

asegurará su crecimiento posterior. Se propagan por semillas. Hay disponibles selecciones de semillas de uno o varios colores. Algunas son muy susceptibles al moho, enfermedad producida por hongos. Es mejor buscar variedades que tengan cierta resistencia.

CLIMA En los climas propensos a las heladas, se cultivan como anuales semirresistentes.

ESPECIES *A. majus* forma tupidos arbustos con muchos tallos erectos, largas hojas verdes y las flores rizadas bilabiadas. Hay híbridos disponibles de todos los tamaños y colores, excepto el azul.

Aphelandra (fam. Acanthaceae)

Aphelandra comprende cerca de 170 especies de arbustos originarios de las regiones tropicales de América y se cultivan, sobre todo, por su llamativo follaje. Tienen espigas terminales formadas por flores muy apiñadas rodeadas por brácteas de brillantes colores y hojas largas, opuestas, y a menudo muy llamativas. Algunas de estas especies son muy populares como plantas de interior.

CULTIVO Tanto si se cultiva como planta de interior o en un invernadero, *Aphelandra* necesita un ambiente cálido y húmedo y un suelo de compost para macetas que contenga hojas en descomposi-

ción. Hay que darle luz, pero protegerla del sol directo. En los meses más calurosos necesita agua abundante, y menos en invierno. Es mejor que crezca en una maceta más bien pequeña porque, al parecer, es preferible que sus raíces se enreden. Se propaga con esquejes de ramas tiernas de brotes laterales.

CLIMA Crece a la intemperie solo en zona 10 y por encima.

ESPECIES *A. squarrosa* es originaria de Sudamérica. Crece por encima de 1 m. Tiene unas hojas verde oscuro largas, lustrosas, con nervios acusados en blanco y rosa, y espigas florales de un brillante amarillo dorado en primavera.

Apium graveolans var. dulce

(fam. Apiaceae)

Apio

Esta bianual se considera anual a efectos de cultivo, y es apreciada por su tallo. Nativa del Mediterráneo, el apio se usaba con fines medicinales por los antiguos egipcios, griegos y romanos. Hoy en día se consume crudo, hervido o en guisos.

CULTIVO El apio no es fácil de cultivar, y la germinación puede ser difícil. Requiere un clima con

Con estas hojas de atrevidas rayas, la *Aphelandra squarrosa* suele cultivarse por su llamativo follaje.

Conducto cerámico de drenaje utilizado para excluir la luz del apio en maduración, por lo que los tallos se vuelven blancos.

una larga estación de días calurosos y noches frías, un suelo de buena calidad con abundante materia orgánica para asegurar el equilibrio entre la capacidad de almacenamiento de agua y el drenaje, y un pH de 5,5-6,7. Si el pH es menor de 5,5, se necesitará añadir cal, preferiblemente acompañada de dolomita, puesto que esta contiene magnesio. También necesita agua en abundancia. Siembre las semillas y plante en exterior como en el apio-rábano (véase a continuación). Tampoco tolera bien los trasplantes, así que hay que intentar no lastimar en exceso a las raíces. Trasplante en días fríos o a última hora, cuando hay menor pérdida de agua, para prevenir la deshidratación. Espacie las plantas a unos 30 cm entre sí, y las hileras a unos 50 cm de distancia. Proteja las plantas de las heladas. Es esencial controlar las malas hierbas puesto que el apio es un cultivo de raíz baja. Riegue bien durante los períodos de sequía y aplique un manto de estiércol animal y una dosis de fertilizante líquido completo. El abono avícola es muy idóneo, y habrá suficiente con una sola aplicación. Es recomendable la reducción de luz a la planta para conseguir el escaldado, que reduce el color verde. Ello se consigue cerrando la planta para que las hojas hagan de escudo protector, colocando un cilindro de cartón alrededor de cada planta o poniendo tiras de plástico, papel grueso, tablones o incluso una plancha de acero a cada lado. Tras una o dos semanas de escaldado, la planta puede recolectarse cortando los tallos a nivel del suelo.

CLIMA Zonas cálidas y frías.

VARIEDADES Hay dos grupos: las variedades de autoescaldado, plantadas unas junto a otras, y en trincheras, en que las plantas deben escaldarse individualmente.

Apium graveolens var. rapaceum

(fam. Apiaceae)

Apio-rábano

Este pariente del apio se cultiva como anual por su gruesa raíz comestible, parecida a la del nabo. Utilizado en ensaladas, sopas y guisos, también

Los tallos, parecidos a los del apio, son amargos y no suelen consumirse. La raíz, extrañamente retorcida, sabe a apio.

puede hervirse y servirse con rabo de buey, chuletas de cordero o carne asada. Muy popular en Europa, se dice que ya los antiguos egipcios se dedicaban a su cultivo.

CULTIVO El apio-rábano se cultiva como el apio, en un suelo muy enriquecido con estiércol o compost. Siembre en semilleros y en invernadero a principios de primavera. Germine a 15 °C. Plante en exterior cuando acabe el período de heladas, a unos 30 cm de distancia entre plantas. El período

La suculenta *Aptenia cordifolia* (en la página siguiente) se adapta bien al cultivo en cesta y es capaz de tolerar un grado de sequía sin morir.

de crecimiento es largo. Recolecte en otoño y proteja de las heladas con paja.

CLIMA Zona 8, pero cultivado como estacional.

Aptenia (fam. Aizoaceae)

Este género de suculentas enanas originarias del
sur de África, produce unas plantas que se extienden sin ramas. Las flores nacen en verano de unos
tallos cortos y van desde el color blanco o rosado
al púrpura.

CULTIVO En climas con heladas, sirven para formar macizos en verano o se plantan en rocallas
y se dejan invernar en invernaderos frescos. Se
plantan en suelos arenosos con un buen drenaje y a pleno sol. Se propagan por semillas o esquejes.

CLIMA Adecuadas para permanecer a la intemperie
todo el año en zonas 9 y 10.

ESPECIES *A. cordifolia* es una especie que crece
poco y sirve como planta de cobertura de hasta
5 cm, sus hojas son lustrosas, de color claro y en
forma de corazón y sus flores de un rojo púrpura.

Los híbridos modernos con largos espádices de los farolillos
Aquilegia vulgaris, pueden obtenerse en una amplia gama de colores.

Esta *Aquilegia* híbrida de doble flor se parece al gorro pasado
de moda de la abuelita.

La *A. cordifolia* 'Variegata' tiene manchas blancas
en las hojas. *A. lancifolia* crece como las otras,
pero tiene unas hojas estrechas y despuntadas y
flores del rosa al blanco.

Aquilegia (fam. ranunculaceae)
Farolillos, aguileñas

Originaria de Europa y Asia, esta planta tiene un
follaje semejante al del helecho y unas bonitas
flores en forma de estrella y con espádices en hermosos colores. El nombre común en inglés, *columbine*, procede del latín «paloma».

CULTIVO A los farolillos le sientan los suelos bien
drenados y flojos, y el sol filtrado. Se siembra libremente en el jardín, pero las plantas de semillero pueden no parecerse a la original. Si se
necesita una reserva original, propagar con semillas
frescas seleccionadas y aislarla de otras variedades. Las plantas adultas se pueden dividir en primavera. En ambientes fríos, el primer año las flores quizá defrauden, pero mejorarán al año siguiente.

CLIMA La mayoría se cultivan en zona 4 y por encima, incluida *A. vulgaris*.

ESPECIES *A. vulgaris*, aguileña común, de esta deriva la mayor parte de plantas de jardín. Tiene unas hojas verdes azuladas semejantes a las del helecho y flores en forma de estrella con espádices de distinta longitud. A partir de ella se han obtenido gran cantidad de híbridos: flores bicolores, con doble centro y largos espádices. Hay farolillos de varios tonos de azul, rosa y cobre, así como rojo y crema. También se pueden obtener plantas enanas que florecen en primavera o a principios de verano.

Arabis (fam. Brassicaceae)
Pelusillas comunes

Originarias de Europa y de Asia, estas plantas perennes o anuales resistentes y de pequeña altura son adecuadas para los jardines de rocalla, grietas de los muros, orillas y jardines de guijarros. Crecen vigorosas en ambientes fríos y húmedos y, en caso de invasión, se arrancan con facilidad. Tienen unas hojas estrechas y abundantes flores pequeñas y redondas.

CULTIVO La pelusilla común requiere un clima fresco y templado. Plantarla en un suelo bien drenado

La forma doble blanca de la pelusilla común se parece a su pariente, el original. Las flores tienen un ligero aroma.

a pleno sol y propagar a partir de plantones procedentes de la planta original en temporada cálida o a partir de esquejes a principios del verano.

CLIMA Algunas especies, entre ellas *A. alpina*, son extremadamente resistentes y toleran la zona 4.

ESPECIES *A. alpina* sub. *caucasica* (sin. *A. albina*) forma una mata baja que crece en extensión de hojas ovales de color verde grisáceo y grandes grupos de flores redondas blancas o rosa. Alcanza 15 cm de altura. El cultivar 'Flore Pleno' produce flores dobles. El 'Variegata' alcanza los 15 cm y tiene unas hojas plateadas jaspeadas.

Arachis hypogea (fam. Papilionaceae)
Cacahuete

Originario, según se dice, de las regiones tropicales de brasil, *Arachis hipogea* se cultiva con fines comerciales, como importante fuente de alimentación y aceite en muchas regiones del mundo. En los climas propensos a la sequía, deberá cultivarse en invernadero climatizado, de atmósfera húmeda, con una temperatura de 20-30 °C. El cacahuete es una planta anual de unos 30 cm de altura, pero con un hábito de crecimiento expansivo. Produce flores amarillas parecidas a las del guisante en verano. Tras la polinización y la apa-

Los cacahuetes se desarrollan en las raíces. Hay que extraerlas y dejarlas secar antes de obtener el fruto.

rición de las vainas, el estambre se alarga y se curva, presionando a las vainas nuevas a penetrar en el suelo, donde madurarán. Una vez maduras, deberán extraerse como cualquier otro cultivo de raíz. Las semillas de las vainas son los cacahuetes. Ricos en proteínas, el fruto puede comerse crudo o tostado, utilizarse en confitería y en gastronomía.

CULTIVO Los cacahuetes pueden cultivarse en jardín o invernadero. Se multiplican por semillas en primavera y necesitan un clima cálido, con un suelo ligero y desmoronable. Si es necesario, la planta se puede cultivar en cúmulos. Cuando está creciendo, hay que regar con regularidad, aunque el suelo no debe saturarse. Pueden pasar unos cinco meses entre el cultivo y la cosecha.

CLIMA Zona 9, pero también en climas más fríos, en invernadero.

Aralia (fam. Araliaceae)

Este género variable de arbustos caducifolios y pequeños árboles, es originario de Asia y de Norteamérica. Tienen unas bonitas hojas grandes, compuestas, y unos racimos terminales de flores de un color blanco verdoso.

CULTIVO Las plantas del género *Aralia* crecen bien en ambientes templados o frescos y en suelos enriquecidos con abundante abono para proteger sus raíces. Es importante proporcionarles abrigo del calor y de los vientos secos. Se propaga a partir de semillas, con calor en la base, o de raíces que se cortan en invierno, sobre todo en el caso de cultivares con hojas de diferentes colores.

CLIMA *A. elata* es muy resistente y se puede cultivar en zona 4.

ESPECIES *A. elata*, es un arbusto de ramas horizontales que puede crecer hasta un árbol de tamaño medio de 8-10 m. Suele ser espinoso, con grandes hojas compuestas y unos decorativos racimos de diminutas flores blancas seguidos de unas pequeñas bayas redondas que se vuelven negras cuando maduran. La 'Variegata' es un espécimen de árbol sumamente original con hojas bordeadas y manchadas de blanco.

Araucaria (fam. Araucariaceae)

Araucanas

Este notable género de 19 especies de coníferas siempreverdes solo crece de manera natural en el Hemisferio Sur, principalmente en Nueva Caledonia, pero también en Australia, Nueva Guinea, la

Aralia elata se cultiva por su fino y decorativo follaje. Las flores adquieren un tono rosa apagado antes de formar las bayas.

El pino de la isla de Norfolk se cultiva como planta de maceta cuando el clima hace imposible su cultivo en el jardín.

La araucania o pehuén, la *Araucaria araucana*, originaria de los bosques lluviosos de los Andes chilenos y de Argentina, es un árbol de larga vida en climas fríos.

CLIMA Adaptables a distintas zonas climáticas.

ESPECIES La *A. araucana*, araucana o pehuén, zona 7, es un árbol extraordinario, con su multitud de ramas semejantes a una maraña de cuerdas gruesas verde oscuro, que caen en curvas irregulares. Su nombre común deriva de la observación de que «para un mono sería un rompecabezas trepar por él». Sus hojas rígidas, de ápices afilados y solapadas, superan los 5 cm de longitud y los 2,5 de anchura. Los especímenes que se cultivan alcanzan más de 20 m de altura. Crecen bien en climas frescos y húmedos, pero no toleran temperaturas invernales por debajo de los –20 °C. Es la especie más resistente y su cultivo es adecuado en muchas regiones de Estados Unidos, donde crece hasta convertirse en un espécimen grande y majestuoso que domina el horizonte. La *A. bidwillii*, zona 9, es originaria de los bosques tropicales del sur de Queensland, en Australia. Estas especies toleran ambientes más fríos y secos que otras especies autralianas y en los climas mediterráneos crecen con éxito al aire libre. Las ramas largas y rígidas se extienden hacia fuera desde el tronco erecto, llenas de racimos de agujas largas, de un verde oscuro, solo en los extremos. Crece y se desarrolla en el ápice en forma de perfecta sombrilla, con unas piñas enormes que parecen de ananás. *A. columnaris*, pino de Nueva Caledonia, zona 10, es semejante a la *A. heterophylla*, pero es más bajo, tiene más ramas, que se distribuyen hasta casi la copa del árbol. El tronco está ligeramente curvado. Hoy en día no se planta mucho, posiblemente por la escasez de semillas, aunque en Australia pueden verse árboles de entre 50 y 100 años. *A. cunninghamii* zona 10, es originaria de Nueva Guinea y de los bosques lluviosos subtropicales de Australia, donde lo cultivan por su madera. Su hábitat natural va desde las profundas tierras costeras arenosas hasta escarpados riscos prácticamente sin suelo. Crece con relativa rapidez hasta 30 m de altura o más. Su tronco es recto y las ramas tienen una andadura hacia arriba. Los grupos de apretado follaje verde oscuro se distribuyen en la copa dando lugar a una silueta inequívoca. Las hojas son pequeñas y apuntadas, curvadas hacia dentro, mientras que las jóvenes son más alargadas y afiladas. *A. heterophylla*, pino

isla de Norfolk y Sudamérica. Es de Sudamérica que este género toma su nombre: de los indios araucanos del sur de Chile, hogar del fascinante pehuén (*A. araucana*). La mayoría de las araucarias tienen un tronco único alto y erecto, solo ocasionalmente bifurcado, con muchas y pequeñas ramas laterales. Las hojas de algunas especies se curvan hacia dentro y se solapan; en otras, son anchas, largas y planas. Todas tienen el ápice puntiagudo, especialmente cuando son jóvenes. Las piñas varían de tamaño, desde 5-6 cm hasta alrededor de 25 cm. Las araucarias son grandes para los jardines particulares, en general son unos hermosos árboles que adornan las calles en las regiones de clima cálido.

CULTIVO Las araucarias prosperan en suelos profundos, húmedos, con buen drenaje y razonablemente fértiles, y una posición soleada, aunque crecerán en suelos de distinto tipo. Se propagan con semillas que se han sembrado en primavera.

de la isla de Norfolk, zona 10, forma parte del paisaje familiar de la costa australiana, aunque en otros lugares del mundo se le conoce como «planta de maceta». Se puede distinguir fácilmente de las otras especies por su forma piramidal y las espiras de las ramas simétricas. Tiene las hojas triangulares, como escamas, de un verde intenso. Tanto *A. heterophylla* como *A. bidwillii* son susceptibles del ataque de la cochinilla de banda amarilla. *A. hunsteinii*, zona 10, es originaria de las tierras altas de Nueva Guinea y promete convertirse en una planta ornamental de crecimiento rápido en los climas que le sean propicios. Su follaje es muy parecido al de *A. bidwillii*.

Arbutus (fam. Ericaceae)
Madroños

Comprende cerca de 20 especies de árboles siempreverdes. Las plantas de este género tienen una corteza rojiza muy bonita, de textura gruesa, alter-

Arbutus unedo está en su momento de esplendor cuando sus flores en forma de campanilla aparecen con los frutos maduros de la estación anterior.

Ideal para pequeños jardines, *Arbutus unedo* es interesante durante todo el año debido a su hermoso follaje, sus flores, sus frutos y su corteza.

na las hojas con las flores blancas que preceden al fruto insípido.

CULTIVO A los madroños les sienta un suelo bien drenado y razonablemente fértil, pero suele adaptarse a una amplia gama de suelos. Hay que plantarlos en un lugar soleado y abierto y al abrigo de los vientos costeros. Solo se podan para darles forma. Se propagan por semillas que se siembran en primavera.

CLIMA Adecuado para zonas 7 y 8 y por encima, dependiendo de las especies.

ESPECIES *A.* x *andrachnoides*, zona 8, del sudeste de Europa al oeste de Asia, es un árbol de tamaño pequeño que crece a lo ancho y a lo alto y que puede alcanzar hasta 8 m de altura y anchura. Tiene una corteza rojiza muy bonita exfoliante y flores arracimadas blancas y de tonos rosados. Raramente produce frutos. *A. menziesii*, zona 7, de la costa oeste de Estados Unidos, alcanza 15-20 m de altura y hasta más en su hábitat, pero cuando es de cultivo se reducen sus dimensiones. Tiene unas flores blancas en forma de urna en primavera, que dejan paso a unos frutos naranja o rojo. *A. unedo*, madroño común, zona 8, del sur de Europa e Irlanda, es un árbol en forma de cúpula con una corteza rojiza muy bonita que se utiliza para fabricar bronceadores. En otoño, sus flores blancas cerosas y sus

Las coloridas bayas de *Archidendron grandiflorum* se rompen cuando maduran y se abren poniendo al descubierto sus brillantes simientes.

frutos naranja resaltan contra el verde oscuro del follaje.

Archidendron (fam. Fabaceae)

Originaria de la costa oeste de Australia, así como de algunas regiones del Sudeste asiático, estos árboles son adecuados para adornar jardines de zonas costeras y cálidas y raramente crecen fuera de sus países de origen.

CULTIVO *Archidendron* crece bien en los ambientes húmedos de la costa si tiene alguna sombra. Requiere un suelo bien abonado. Se recomienda la poda, particularmente en los especímenes maduros, a finales de invierno. Se propaga por semillas previamente plantadas en semilleros.

CLIMA Adecuado para cultivo a la intemperie en zonas 9 y 10.

ESPECIES *A. grandiflorum* tiene unas hojas grandes y compuestas, grandes flores en primavera manchadas de carmesí y unas bayas aplastadas y en espiral que contienen las semillas negras y brillantes. Tiene unas hermosas flores con una deliciosa fragancia a miel. Este bonito árbol suele crecer

Archontophoenix cunninghamiana, produce una cascada de flores que van del rosa al violeta claro en la base de la columna de la corona.

hasta los 5-9 m de altura. *A. sapindoides* (sin. *Pithecellobium pruinosum*) tiene unas hojas grandes y compuestas, pero sus flores son bolas con borlas de un blanco cremoso y las bayas de color naranja rojizo. Es característico del olor repugnante que produce su madera recién cortada. Estas especies alcanzan los 6 m en altura y anchura.

Archontophoenix (fam. Palmae)

Este pequeño género de palmas subtropicales originarias del este de Australia, suele crecer hasta alrededor de 20 m y tiene unos troncos lisos y aislados que alcanzan los 15 cm de diámetro. Las frondas se arquean graciosamente desde el «pie de la copa». Después de la floración de sus grandes ramilletes de diminutas flores perfumadas, les siguen abundantes racimos de frutos rojos en forma de uva.

CULTIVO En ambientes propensos a las heladas, cultivar bajo cristal. Las plantas jóvenes son buenas plantas de maceta. Estas especies germinan y se desarrollan más rápidamente que la mayoría de las otras palmas. Crecen en la mayoría de suelos fértiles, aunque requieren mucha humedad. Hay que cultivarlas en sombra parcial hasta que alcance 5 m. Se propaga a partir de semillas.

CLIMA Adecuadas para zona 10.

ESPECIES *A. alexandrae* es una especie tropical de las tierras bajas que crecen naturalmente en las zonas cenagosas de la costa de Queensland, al norte de Rockhampton. Esta palma se distingue por los pelos plateados y lustrosos en la parte inferior y lateral de las frondas y los racimos extensos de flores de color crema. *A. cunninghamiana* se encuentra en la costa este subtropical, al sur de Rockhampton. Crece con rapidez cuando es joven, hasta los 4-5 m y, finalmente, hasta los 20 m. Requiere sombra durante los primeros estadios de crecimiento para que adquiera fortaleza. Disfruta de un clima más frío y puede tolerar ligeras heladas. Las frondas de las especies del género *Archontophoenix* son verdes en el envés y los largos racimos de flores de color violeta claro cuelgan casi verticalmente.

Arctotis (fam. Asteraceae)

Estas coloridas plantas perennes y anuales, son originarias del sur de África y constituyen unas excelentes plantas de cubierta o de orillas. El follaje gris está profundamente hendido y las flores, semejantes a las margaritas, brotan en abundancia durante la primavera y el verano. Los colores van del amarillo cremoso al naranja intenso y tonos de rosa, clarete y ciclamen. Con frecuencia el centro de las flores tiene tonos en contraste.

CULTIVO En los ambientes propensos a las heladas, estas plantas pueden cultivarse como anuales para lechos de verano. Las plantas perennes se cultivan en lugares cálidos y soleados. Las anuales crecen bien en macetas con una mezcla rica para macetas y con arena añadida. Hay que regarlas con regularidad, menos durante el invierno. Se propagan por siembra de semillas en otoño para que florezca en primavera y, en primavera, para que florezca en verano.

CLIMA Estas plantas son adecuadas para zonas 9 y por encima.

ESPECIES *A. acaulis* es una variedad perenne con flores naranja rojizo que alcanza los 15 cm de altura. Híbridos anuales, de 30-60 cm, están disponibles en blanco y en una gama de rojos. La variedad en la que se agrupa *A.* x *hybrida* es el tipo más común.

Arctotis crece muy bien a pleno sol en bancales o en las orillas de los lechos de los jardines donde puede extenderse.

Ardisia crenata (en la página siguiente), tanto en el campo como en el interior o en maceta, tiene un hermoso follaje y unas bayas rojas persistentes.

Ardisia (fam. Myrsinaceae)

Bayas de coral

Este género de unas 250 especies es originaria de las regiones cálidas y tropicales, entre ellas Malaisia y China. Estos bonitos árboles y arbustos se encuentran con frecuencia en los jardines japoneses, pero también crecen bien en el interior. Tienen unas hojas lustrosas y coriáceas, y unas flores pequeñas y fragantes, blancas o de un rosa intenso, y unos frutos vistosos, parecidos a las bayas, que a veces sobreviven más de un año.

CULTIVO La baya de coral requiere sombra parcial y un suelo con buen drenaje y rico en humus. Crece mejor en ambientes cálidos y húmedos y, si se cultiva en el interior, en habitaciones bien iluminadas. Las semillas de las plantas se recolectan y se siembran en primavera, o bien se propagan con esquejes de madera semimadura que se han cortado en verano.

Las nueces de betel son los frutos de la palma ornamental *Areca catechu* que es originaria de las regiones tropicales de Asia.

CLIMA Zona 10.

ESPECIES *A. crenata* se cultiva con un único tallo cuando es para maceta y del tipo con múltiples tallos cuando es para jardín. Las hojas verdes y lustrosas, de bordes ondulados, forman capas circulares, y las fragantes flores blancas o de un rosa tostado intenso producen unas bayas muy duraderas de un color rojo intenso. Crece hasta 1 m esta especie, a menudo confundida con *A. crispa*, es muy conocida y se cultiva en las casas o en invernaderos. Existe además un cultivar denominado 'Alba' que da flores blancas.

Areca (fam. Palmae)

Este género de unas 50 especies de palmas es originario de las regiones de Malaisia y Melanesia. Muchas de estas especies se han reclasificado actualmente bajo otro género, aunque todas son palmas tipo pluma y todas tienen el «pie de columna» distintivo. Las frondas no crecen más de 2 m de longitud. Los pequeños racimos de flores producen unos frutos en forma de huevo de color naranja o rojo.

CULTIVO En climas con heladas, se cultiva como plantas de maceta bajo cristal cálido en compost con poca tierra. En la intemperie, crece en suelos bien drenados y muy enriquecidos con materia orgánica. Hay que protegerlas del viento fuerte y regarlas bien, sobre todo, durante la primavera y el verano. Se propagan por semillas frescas que deben germinar por espacio de tres meses con calor en el fondo.

CLIMA Zona 10 y por encima.

ESPECIES La *A. catechu*, palmera de betel, es desconocida como tal fuera de los trópicos, aunque sí es conocida por su fruto, llamado «nuez de betel», porque tiene propiedades narcóticas. Esta palma esbelta y de un único tallo crece hasta 10-15 cm, con relativa abundancia de frondas, hojuelas apiñadas y un fruto naranja de unos 5 cm de longitud. *A. triandra* tiene tallos verdes y anillados, largas frondas de 1,5 m, con hojuelas secundarias, y fruto escarlata. Es una especie ornamental que goza de gran popularidad en los trópicos.

Ideal como planta para sembrar debajo de árboles más altos, *Arenga engleri* produce unas masas densas de decorativas frondas.

Arenga (fam. Palmae)

Originario del Sudeste asiático y de las islas occidentales del Pacífico, tiene algunas especies en las regiones del norte de Queensland. Es un pariente próximo del género *Caryota* y como este produce un fruto de tres granos, raro entre las palmas. Florece de manera similar, produciendo una inflorescencia entre las frondas superiores, seguida sucesivamente por inflorescencias en las zonas más bajas a lo largo del tallo. Luego, el tallo muere. Ciertas especies de *Arenga* son de tallo único, lo que significa que muere toda la planta, pero la mayoría forma matas que van floreciendo y muriendo por turno.

CULTIVO Se cultivan en maceta bajo cristal templado y en compost con poca tierra. En la intemperie, en suelos bien drenados con abundante materia orgánica. Deben cultivarse al abrigo de vientos fuertes. Algunas semillas pueden germinar al cabo de dos meses con calor en el fondo, mientras que otras pueden tardar un año.

CLIMA Zona 10 y por encima.

ESPECIES *A. australasica*, especie originaria de Australia, solo se ha empezado a cultivar recientemente. Tiene varios tallos y frondas largas y erectas. *A. engleri* es una palma que forma matas compactas que crecen 2,5 m. Es la más resistente de las especies y se cultiva como planta ornamental. Tiene unas frondas formadas por hojuelas verdes apiñadas, oscuras y mates, y racimos de flores naranja ocultas entre las hojas. Las flores tienen un aroma muy fuerte, dulce y especiado, a las que siguen multitud de frutos de un rojo intenso, cuya carne irrita la piel. *A. pinnata*, palmera de azúcar, que crece más al sur de 35° dado que allí no hay heladas. Su nombre común, procede del jarabe azucarado que fluye de las inflorescencias jóvenes cuando se cortan. Es una palma, enorme, de tallo único con frondas gigantescas que alcanzan casi 10 m de longitud. El tronco está cubierto por unas fibras rugosas, rígidas y negruzcas. *A. tremula*, procedente de Filipinas, no tolera un ambiente frío como es el caso de *A. engleri*.

Argyranthemum (fam. Asteraceae)
Margaritas leñosas

Este arbusto es fácil de cultivar. Produce unas flores semejantes a las margaritas durante largos

Las margueritas son unas plantas perennes muy populares y florecen con tanta abundancia, que las flores ocultan el follaje.

períodos si antes se retiran las flores marchitas. También son flores de corte duraderas. Cortándolas se anima a la planta a producir nuevos brotes.

CULTIVO En ambientes propensos a las heladas, cultivarlas como plantas para lechos de verano o como planta de maceta. Plantarlas a pleno sol en suelo ordinario de jardín. Toleran un poco de sombra, pero los tallos pueden crecer excesivamente. Se propagan por esquejes de brotes que no hayan florecido, de 5-8 cm de longitud, que generalmente arraigan enseguida en cualquier estación, excepto en invierno. Podar después de la floración si las flores no se han cortado con regularidad. En los climas más cálidos estas plantas se vuelven leñosas con facilidad, así que es absolutamente recomendable podarlas regularmente y repropagarlas cada dos o tres años.

CLIMA Zonas 9 y 10.

El púrpura oscuro y las rayas blancas son características de las flores en forma de capucha de *Arisaema amurense*.

ESPECIES *A. frutescens* es un subarbusto perenne muy tupido, con hojas profundamente hendidas y flores semejantes a las daisy de más de 5 cm de un extremo a otro. Crece aproximadamente 1 m. Se han producido muchos híbridos en una amplia gama de colores y formas: blancos, rosa o amarillos, solitarias, dobles o con el centro como las anémonas.

Arisaema (fam. Araceae)

Estas tuberosas perennes procedentes de Asia, África y el este de Norteamérica son unas plantas de las regiones boscosas que no crecen tanto como sería de esperar. Tienen unas flores en forma de capucha, semejantes a los aros, y a menudo tienen vistosas rayas.

CULTIVO La mayoría de las especies se cultivan en regiones húmedas y umbrías, pero pueden requerir cristal en zonas frías. A la intemperie deben plantarse en suelos medianamente húmedos. Fertilizar de vez en cuando en verano. Las variedades cultivadas bajo cristal deberían trasladarse a la maceta en primavera, con una mezcla de turba, materia vegetal en descomposición, marga y arena. Regarlas libremente en verano, pero dejar de hacerlo a finales de otoño y mantenerlas secas durante la primavera. Se propagan por semillas sembradas en primavera o por división de los tubérculos.

CLIMA Zona 6 para las especies que se describen más abajo, y zona 8 para *A. speciosum*.

ESPECIES *A. amurense* produce capuchas verdes en verano y crece hasta 15 cm. *A. dracontium* tiene unas hojas finamente marcadas, capuchas verdes y un tallo moteado de púrpura. Alcanza los 60 cm de altura. *A. speciosum* es de un púrpura verdoso con flores violeta en primavera y alcanza los 30-60 cm de altura.

Aristolochia (fam. Aristolochiaceae)

Estos arbustos perennes y casi trepadores son de rápido crecimiento y muy útiles como plantas para enrejados, espalderas y pérgolas. Sus hojas

Con sus colores sombríos, las flores de *Aristolochia* tienen un aspecto un poco tenebroso.

Siempreverde casi siempre, *Aristotelia serrata* puede ser caducifolia en ambientes fríos. De rápido crecimiento, el follaje nuevo es de color de rosa.

son redondas o en forma de corazón lo que es poco habitual más que bonito. Algunas especies son sensibles al frío en ciertas regiones de los Estados Unidos y deberían plantarse en un invernadero o vivero fresco o templado, dependiendo de donde sean originarias.

CULTIVO Bajo cristal, estas plantas hay que cultivarlas en tiestos con compost y poca tierra y con luz intensa; aunque hay que protegerlas del sol fuerte directo. A la intemperie, se deben plantar en un suelo ordinario de jardín. Se propagan por semillas en primavera, o por esquejes semimaduros que se obtienen en verano.

CLIMA Depende de las especies.

ESPECIES *A. macrophyllya* (sin. *A. durior*), zona 6, es tupida, con zarcillos de leña, hojas lustrosas de un verde oscuro, tanto redondas como en forma de riñón. Las flores purpúreas o de un amarillo verdoso tienen una forma curiosa, como de pipa antigua. *A. littoralis* (sin. *A. elegans*), zona 9, también se cultiva extensamente en Estados Unidos. Tiene unas hojas carnosas en forma de corazón y flores de color granate con manchas blancas.

Aristotelia (fam. Elaeocarpaceae)

Así llamada por Aristóteles, el filósofo griego, este pequeño género de árboles y arbustos siempreverdes es, con la excepción de una especie, originaria de Nueva Zelanda.

CULTIVO *Aristotelia* necesita un ambiente abrigado, un suelo rico y un ambiente de templado a fresco. Se propaga por esquejes de leña madura en otoño.

CLIMA Es adecuada para zona 8 y por encima.

ESPECIES *A. serrata* (sin. *A. racemosa*), tiene unas hojas simples, flores comestibles de color de rosa y bayas de un rojo oscuro. Alcanza los 5 m de altura. Es una buena planta para la formación de setos y se adapta bien a los jardines costeros.

Una mesa de flores de color rosa encima de unos tallos delgados oculta la naturaleza resistente de *Armeria maritima.*

El rábano picante es fácil de cultivar en casi cualquier suelo suficientemente profundo como para permitir que las raíces se desarrollen.

Armeria (fam. Plumbaginaceae)
Cazones, claveles de mar

Originarias de las regiones templadas del norte, estas plantas perennes se dan de forma natural en acantilados, franjas montañosas y costeras.

CULTIVO Son esenciales una buena circulación de aire y drenaje libre, de otro modo se producirá una putrefacción basal. Plantarla en un suelo arenoso y propagar a partir de semillas en otoño o con esquejes semimaduros en verano.

CLIMA Zona 4 y por encima para *A. maritima.*

ESPECIES *A. maritima,* originaria del Mediterráneo, es una planta que se cultivaba en los jardines de las antiguas casas de campo. Sus estrechas hojas de un verde grisáceo forman macizos como bolas, y las cabezas redondeadas de sus flores que van del color blanco al rosa intenso, aparecen en unos tallos erectos de 30 cm de altura. Existen numerosos cultivares con flores de variados colores.

Armoracia rusticana (fam. Brassicaceae)
Rábano picante

Esta hierba perenne pertenece a la familia de la mostaza y tiene un largo historial como hierba medicinal. Forma una roseta con hojas largas, duras y dentadas, similares a las de la espinaca, y una raíz pivotante blanca y gruesa utilizada en cocina o en herboristería. Con su fuerte sabor, es un acompañamiento delicioso para platos con carne, como el roast beef.

CULTIVO Multiplique por esquejes de raíz plantados en primavera, a unos 30 cm de distancia entre ellos, en un suelo húmedo y moderadamente enriquecido. Excave a una profundidad de 60 cm antes de plantar. Si el subsuelo es muy duro, mézclelo con arena gruesa e incorpore materia orgánica y un suplemento de sangre, pescado y huesos. Riegue bien y tenga cuidado con los caracoles. Haga que crezca tan solo un tallo fuerte. Recolecte cada año para evitar que se haga leñoso y la planta se convierta en invasiva.

CLIMA Zona 5.

Las raíces y las flores de *Arnica montana* han sido utilizadas para preparar medicamentos.

Las bonitas bayas de color rojo que se parecen a las cerezas, brotan en *Aronia arbustifolia* en otoño. La planta resulta muy decorativa en jardines.

Arnica (fam. Asteraceae)
Árnica

Estas plantas herbáceas perennes y resistentes proceden de Norteamérica, Europa y el Este.

CULTIVO A estas plantas les favorece el sol y los suelos medianos. La *A. montana* no tolera la cal. Se propaga por división de las raíces en primavera. En la intemperie en otoño y en primavera.

CLIMA Resistente; zonas dependen de las especies.

ESPECIES *A. angustifolia* subespecie *alpina*, propia de la zona 2, alcanza los 35 cm de altura y en verano produce unas flores de un color amarillo anaranjado intenso. *A. chamissonis*, es específica de la zona 2, tiene unas flores amarillas a finales del verano que alcanzan los 60 cm de altura. *A. montana*, zona 6, crece hasta 30 cm. Esta planta proporciona unas flores amarillas sumamente vistosas a principios de verano. Todas estas especies tienen una larga y reconocida historia en cuanto a su uso como plantas medicinales.

Aronia (fam. Rosaceae)
Aronias

Estos arbustos caducifolios originarios de Norteamérica tienen hojas dentadas, flores blancas o de color de rosa y grupos de lustrosas bayas rojas y negras a finales de verano y en otoño. Las aronias resultan muy decorativos en otoño.

CULTIVO Crecerá bien en un lugar con sombra parcial; aunque los ambientes fríos y a pleno sol son las condiciones con las que producirá el mejor colorido otoñal y dará la mayor cantidad de frutos. Son plantas razonablemente adaptables siempre que se planten en suelos ligeros con gran cantidad de mantillo de verano. Se propagan a partir de semillas o chupones.

CLIMA Adecuados para zona 9 y por encima.

ESPECIES *A. arbutifolia* tiene unas hojas verde grisáceo, elípticas lustrosas y suaves en el envés, que en otoño se vuelven de un rojo intenso. Las hermosas flores blancas producen unas bayas rojas y brillantes. Este arbusto puede ser invasivo en los jardines pequeños, porque su hábito absorbente

El follaje lanudo y verde gris de la *Artemisia pontica* forma un arbusto nebuloso.

puede llevar a la formación de matas de 4 m de ancho, o más. Alcanza los 2-3 m de altura.

Artemisia (fam. Asteraceae)
Ajenjos

Originarios de las áridas regiones de Europa, Norteamérica y Asia, estos pequeños arbustos y perennes se cultivan por su agradable aroma y su follaje plateado. Se utilizan para orillas y grandes rocallas

El follaje acusadamente aromático del toronjil abrótano macho, *Artemisia abrotanum*, se utiliza en repelentes contra insectos, así como para aromatizar platos.

y también son adecuados para jardines costeros. Tienen hojas plumosas y densos racimos de florecitas. Algunas plantas tienen propiedades medicinales y otras se utilizan como hierbas para ensaladas y otros platos.

CULTIVO *Artemisia* suele ser fácil de cultivar y progresa en los suelos ligeros y bien drenados y los lugares soleados. Para mantener su forma debería podarse un tercio de la planta cada año. Se propaga mediante esquejes durante los meses cálidos.

CLIMA Amplia gama de ambientes.

ESPECIES *A. absinthium*, ajenjo o artemisia amarga, zona 4, tiene unas hojas hendidas de un tono gris plateado y gran cantidad de flores amarillas en verano. Alcanza 1 m de altura. La *A. dracunculus*, estragón, zona 3, alcanza los 50 cm, tiene hojas verdes y flores de un blanco verdoso. Hay que cortarlas con frecuencia para mantener la planta activa. El estragón se utiliza para aromatizar el vinagre, platos de carne y ensaladas. La *A. lactiflora* zona 4, es una atractiva especie procedente de China, con hojas suaves, aromáticas, semejantes a las del

El estragón tiene un delicado sabor a anís. Es un componente esencial de las finas hierbas, junto con el perifollo, las chirivías y el perejil.

helecho, plateadas en el envés, y unas flores diminutas, arracimadas, de color blanco, que brotan en verano. Alcanza los 2 m de altura. *A. ludoviciana*, zona 5, crece 1 m de altura, tiene un follaje estrecho y plateado y flores blancas. Cultivares de *Artemisia* son 'Powis Castle', zona 8, y *A. absintium* 'Lambrook Silver', zona 4.

Artemisia, especies de (fam. Compositae)
Estragón

Nativa de Europa central Europa oriental y Rusia, es quizá más conocida como el ingrediente esencial de la salsa bearnesa. Se usa en la cocina para dar sabor al pescado y al pollo, y también como ingrediente del vinagre al que añade un toque peculiar. Con su sutil sabor y su aroma parecido al anís, el estragón francés o *Artemisia dracunculus* es más popular que el ruso, *A. dracunculus dracunculoides*.

CULTIVO Es fácil de cultivar si se encuentra en un lugar soleado, con un suelo de buen drenaje y enriquecido con materia orgánica. También puede cultivarse en alféizares y macetas. Extienda un manto de abono alrededor de la planta en verano y protéjala del exceso de lluvia en invierno. Multiplique por división a principios de primavera u otoño, por esquejes obtenidos a principios de verano, o por semillas en primavera. Las hojas están listas para la recolección en verano. Cuelgue los tallos foliares en manojos o extiéndalos sobre un bastidor en lugar seco y ventilado. Almacene las hojas en contenedores herméticos, protegidas de la luz.

CLIMA Zona 3.

ESPECIES *Artemisia dracunculus* o estragón francés, es una planta perenne resistente, arbustiva, que forma macizos y alcanza 1,2 m de altura. Sus tallos son rectos y ramificados y su follaje aromático, con flores de color amarillo pálido que brotan en verano. *A. dracunculus dracunculoides*, estragón ruso, es una planta un poco más grande y vigorosa, las hojas son mucho más gruesas y la floración es menos aromática que la de su homólogo francés.

Las *Anthropodium cirrhatum* son muy decorativas en una orilla mixta o cuando se utilizan para delimitar un camino.

Arthropodium (fam. Liliaceae)
Azucena de roca de Nueva Zelanda

Este género de alrededor de 10 especies de plantas con mechón, herbáceas, es originario de Australia, Nueva Zelanda y Nueva Caledonia. Tienen unas raíces fibrosas, carnosas, hojas semejantes a la hierba y racimos de flores blancas o púrpura.

CULTIVO *A. Anthropodium* le favorecen los ambientes cálidos y templados. Crece muy bien en marga arenosa y en un lugar resguardado. Se propaga por división, o por semillas o chupones en primavera.

CLIMA Zonas 8 y 9.

ESPECIES *A. candidum*, originaria de Nueva Zelanda, tiene unas hojas estrechas y lineales, de 15 cm de largo, y flores blancas. Alcanza cerca de 35 cm. *A. cirrhatum*, zona 9, es la especie que más se cultiva. Es más grande y fuerte que *A. candidum* y es especialmente adecuada para los jardines de rocalla. Tiene

El árbol del pan es el alimento principal en las islas del Pacífico. Los árboles tienen un follaje de gran valor ornamental.

El fruto del árbol de Jack crece en las ramas principales. Se cultiva por su fruto y su excelente madera.

unas hojas carnosas de 60 cm de largo y racimos bifurcados de flores blancas, de unos 30 cm de longitud, a finales de primavera o principios del verano.

Artocarpus altilis (fam. Moraceae)
Árbol del pan

Esta fruta tropical se cultiva en las islas del Pacífico como alimento básico, generalmente horneado o hervido. Los frutos maduros son dulces y pueden convertirse en una pasta y consumirla como postre. Las hojas son grandes y polilobuladas, de bella apariencia. El follaje tiene muchos usos, entre ellos como material para la construcción de techos y como envoltorio para hornear. Puede alcanzar los 15 m de altura.

CULTIVO Invernadero cálido y en maceta con compost.

CLIMA En exteriores, tan solo en los trópicos.

Artocarpus heterophyllus (fam. Moraceae)
Árbol de Jack, yaca o panapén

Árbol tropical de rápido crecimiento que alcanza los 15 m de altura durante los tres y cinco años. Sus frutos, de gran tamaño, son comestibles, y alcanzan los 90 cm en condiciones ideales. Se consumen crudos o cocidos, pero los frutos maduros y las flores emiten un fuerte y desagradable olor, típico de las plantas polinizadas por las moscas. La madera se usa en ebanistería de calidad. Originario de India y Malaisia, se ha extendido por muchas zonas tropicales.

CULTIVO Fuera de los trópicos, cultivo en invernadero cálido y húmedo, en macetas de compost suelo. Probablemente no dará fruto. Multiplique por vástagos de raíz o esquejes semimaduros.

CLIMA Solo zonas tropicales.

Arum maculatum es una especie procedente de Bretaña. Se trata de una planta muy vigorosa y resistente.

Como la mayoría de las perennes, *Aruncus dioicus* luce su mejor aspecto cuando se planta formando macizos. En la imagen es una planta característica de un jardín de tubera.

Arum (fam. Araceae)

Originarias de Europa y de Oriente Medio, estas plantas perennes, a veces herbáceas, crecen en muchos ambientes húmedos y umbríos, tales como jardines boscosos y orillas arbustivas. Tienen raíces tuberosas y hojas largas y vistosas. Las brácteas de varios colores y los espádices de estas originales flores en forma de capucha, las hacen ideales para un uso decorativo floral.

CULTIVO Plántela en un suelo rico en humus, en un lugar en sombra o que solo reciba la luz del sol filtrada. Se propaga en otoño mediante división de tubérculos o brotes laterales. Esto último mejor en un ambiente de cálido a fresco.

CLIMA Para la mayoría es adecuada la zona 6 y por encima.

ESPECIES *A. italicum* es una planta tuberosa peren-

ne con hojas en forma de flecha que crece hasta unos 45 cm de altura. Las hojas van de un color verde medio hasta el oscuro y tienen manchas blancas. La flor de verano es verde con espádice blanco. Es una planta ideal para jardines umbríos, aunque puede ser invasiva en climas cálidos. *A. maculatum*, procedente de Bretaña, y conocida también como «aro», es una planta muy vigorosa. *A. palaestinum*, zona 9, tiene unas hojas verdes en largos tallos y flores grandes, aterciopeladas, en forma de campanilla y de un negro purpúreo cuyo interior se vuelve de un tono verde claro en primavera. Esta especie puede llegar a crecer hasta 1 m de altura.

Aruncus (fam. Rosaceae)
Barbas de chivo

Este pequeño género comprende dos o tres plantas perennes, una de las cuales se cultiva comúnmente en climas fríos. El follaje parecido al de los helechos y los racimos de flores altos y arqueados, las convierten en unas hermosas plantas de jardín.

CULTIVO Plántela en un lugar con sombra parcial y en un suelo húmedo y rico. Propáguela con semillas sembradas en primavera o verano. *Aruncus* crece bien en zona arbolada o junto a un estanque o un riachuelo.

CLIMA De frío a fresco, adecuada para zona 7 y por encima.

ESPECIES *A. diocus*, barba de chivo, produce matas de un follaje de un verde intenso con penachos graciosamente arqueados, y pequeñas flores blancas en verano. El cultivar 'Kneiffii' es similar, pero más pequeño, con un follaje suavemente hendido.

Un bambú americano, la impresionante *Arundaria gigantea*, se le conoce como «canebrake» o bambú meridional en Estados Unidos.

Arundinaria (fam. Poaceae)
Bambúes

El grupo de los bambúes es originario de Asia, Japón y Norteamérica. Desde un punto de vista climático, se puede plantar en la mayoría de las regiones de Estados Unidos, aunque puede ser muy invasivo, porque los retoños crecen a alguna distancia de las plantas originales. Por ello hay que circunscribirlas.

CULTIVO Este tipo de bambú se propaga cortando la parte superior de un brote joven, dejando varios nudos inferiores. Las especies de mayores dimensiones, córtelas de 1,5 m de longitud. Plántelas en un suelo rico y húmedo a 25 cm de distancia. Los rizomas sanos de unos 35 cm también pueden utilizarse. Deben tener un color amarillento, con brotes y abundantes raíces pequeñas y fibrosas. Plántelos a 20 cm de profundidad.

CLIMA Zonas de 6 a 8 según las especies.

ESPECIES Muchas especies se cultivan, sobre todo en Japón y en China, y algunas lo son por jardineros norteamericanos. La *A. gigantea*, zona 6, es una de las especies que a veces crecen en los jardines. Alcanza los 4-5 m de altura. La *A. pygmaea* (ahora *Pleioblastus pygmaeus*), mabú enano, zona 8, crece solo 30 cm y es ideal para cultivar en maceta y bonsái. El follaje es de un verde brillante

La atractiva siempreverde *Asarum caudatum* constituye una tupida cubierta para suelos.

y los tallos tienen unas atractivas manchas de color púrpura. Ambas especies crecen con vigor.

Asarum (fam. Aristolochiaceae)

Estas perennes pequeñas y rizomatosas son originarias principalmente de Norteamérica, aunque también del este de Asia y de Europa. Son excelentes plantas de cobertura en jardines arbolados, orillas arbustivas, aunque no se cultivan tanto en jardines, a pesar de su utilidad. Las flores que producen tienen forma de cántaro, pero a menudo las oculta el denso follaje.

CULTIVO Estas plantas son difíciles de cultivar en regiones cálidas. Requieren humedad, un suelo rico y se propagan por división del rizoma.

CLIMA Frío. Adecuadas para zona 7 y por encima, pero *A. europaeum* puede crecer en zona 5.

ESPECIES *A. canadense*, tiene unas hojas en forma de riñón, flores de un castaño púrpura en primavera y un rizoma acre. Crece unos 30 cm de alto. La *A. caudatum* crece hasta la misma altura y produce unas hojas en forma de corazón en largos tallos y, en verano, flores de color castaño rojizo. La *A. europaeum* produce flores colgantes de un púrpura verdoso o castaño y hojas lustrosas.

Asparagus (fam. Asparagaceae)
Esparragueras de floristas

Este amplio género incluye hierbas perennes, arbustos y cepas, todas erectas o trepadoras. Muchas especies se cultivan por sus cualidades decorativas, para acompañar plantas de corte o como plantas interiores de maceta. Las hojas casi siempre son como agujas o como finos pecíolos, y las flores pequeñas y poco abundantes.

CULTIVO Se planta en macetas con una mezcla normal y crece bien mientras la mezcla se mantenga con humedad. También crecen bien en el interior, si tiene la luz suficiente y se le añade ocasionalmente un fertilizante líquido o píldoras para plantas.

CLIMA Para la mayoría, en climas libres de heladas.

El asparagus fern, *Asparagus densiflorus* del grupo Sprengeri, se cultiva ampliamente como planta de invernadero o de interior.

ESPECIES *A. densiflorus* 'Myersii' (sin. *A. meyeri*) de tallos erectos o desplegados de más de 60 cm y penachos largos y estrechos y follaje verde intenso. *A. densiflorus* y sus cultivares tienen un follaje fino, tallos erectos o trepadores. La más conocida es *A. densiflorus* del grupo Sprengeri que es muy resistente y puede crecer a la intemperie en zona 9. Follaje verde claro y en forma de aguja y espinas en los tallos trepadores. Las diminutas flores blancas son escasas y les siguen unas bayas rojas. *A. officialis*, el espárrago comestible, tiene tallos erectos y herbáceos de hasta 1,5 m, y hojas bifurcadas y plumosas. Las flores blancas verdosas, son pequeñas, y las femeninas producen bayas rojas (véase Espárrago, *A. officialis*). *A. setaceus* (sin. *A. plumosus*), helecho plumoso o espuma de mar, es una trepadora vigorosa con zarcillos afilados y hojas verde oscuro. Tiene unas flores blancas muy pequeñas y bayas negras.

Asparagus officinalis (fam. Asparagaceae)

Estas plantas herbáceas de jardín, perennes, son originarias de las costas de Asia y Europa. Se cultiva por sus primeros brotes, delicados y comestibles, que crecen hacia arriba cada primavera desde los rizomas que están debajo de la tierra.

CULTIVO La esparraguera requiere un suelo razonablemente fértil y bien drenado, con un suplemento regular de agua. Una reacción del suelo de un pH 6 es la más adecuada. Antes de plantar, es importante remover bien el suelo. También es esencial controlar la humedad. Abono animal, compost y fertilizantes inorgánicos ayudarán a una producción continuada. Los espárragos se pueden propagar de dos maneras. En primer lugar, se siembran las semillas a principios de primavera en un ambiente cálido y luego en una zona más fría. Se siembran a 2,5-3 cm de distancia. La primera cosecha se dará al tercer año. En segundo lugar, se puede propagar plantando raíces de uno o dos años atrás, que se venden como «coronas». Cuanto más viejas sean las raíces, más breve será el tiempo de espera para la cosecha. Es suficiente una docena de plantas para las necesidades de una familia. En general, se tardan tres años para obtener un lecho productivo. Si reciben buenos cuidados, la producción puede dilatarse durante quince años. El primer corte de las puntas debe limitarse a entre cuatro y seis semanas; cuando las plantas maduran, el período de corte se puede incrementar poco a poco hasta un máximo de 12 semanas a partir de la cosecha. A finales de otoño o en invierno, al final de la estación de crecimiento, corte las puntas amarillentas a nivel del suelo.

CLIMA De zona 4 a 9; requiere inviernos fríos.

VARIEDADES Los cultivares incluyen la popular 'Martha Washington' y la planta macho 'Jersey Giant'. Si se adquieren coronas, hay que enterarse si se trata de plantas femeninas o masculinas. Las masculinas producen más puntas y la estación empieza antes; las femeninas producen unas puntas ligeramente más largas. Si van a sembrarse las semillas, seleccionar plantas masculinas en la segunda estación.

Asperula (fam. Rubiaceae)

Asperillas

Este género de mayoría de plantas herbáceas perennes, incluye muchas especies originarias del Mediterráneo, Europa y Turquía. Crecen bien en jardines rocosos alpinos.

CULTIVO Estas plantas necesitan suelos húmedos y bien drenados. La propagación se hace casi siempre por semillas, aunque en las perennes puede hacerse por división. Todas las especies crecen bien en las regiones frías si se plantan a la sombra.

CLIMA Amplia escala de humedad y temperaturas, pero mejor en zonas con inviernos fríos.

ESPECIES *A. orientalis*, planta anual con hojas rugosas y flores azules muy perfumadas en verano. Crece hasta 30 cm de altura. *A. tinctoria* es una planta rastrera con flores blancas también en verano. Sus raíces son la base de un tinte rojo.

El follaje semejante al del helecho de la esparraguera comestible puede crecer en altura cuando se han recolectado los espárragos.

Asperula orientalis, una planta de cobertura, forma una tupida mata de follaje salpicada con flores azules o blancas.

El follaje en forma de espada de Asphodelus cerasiferus está coronado por las graciosas agujas de las flores blancas que emergen de capullos rosados.

Asphodelus (fam. Asphodelaceae)

Asfodelos

Estas herbáceas perennes que crecen con facilidad a la intemperie, tienen unas vistosas espigas de flores tubulares que brotan durante la primavera y el verano. Las especies más cultivadas proceden del Mediterráneo y de Asia occidental.

CULTIVO Es fácil de cultivar. Plántela a la intemperie, en sombra parcial o en una orilla. Se propaga por división de las raíces en otoño o en invierno.

CLIMA para la mayoría, zonas de 6 a 8.

ESPECIES La A. acaulis, zona 9, crece hasta 25 cm y produce unas flores de color de rosa en primavera. A. albus tiene flores blancas, también en primavera, y alcanza los 60 cm. A. cerasiferus crece 1,3 m y tiene unas flores grandes, de color blanco plateado durante el verano.

Aspidistra (fam. Convallariaceae)

Hoja de lata

Una de las plantas de interior más resistentes, se hizo muy popular durante la época victoriana. Originaria de China, Japón y el Himalaya, tiene unas hojas largas, rígidas, lustrosas y de color verde oscuro que crecen agrupadas desde la base de la planta. Excelente como planta de interior, también lo es para adornar verandas en sombra y patios, así como zonas umbrías debajo de los árboles.

CULTIVO Cuando se cultiva en maceta como planta de interior o de invernadero, se utiliza un suelo con compost para macetas y se le suministra una buena luz, pero al mismo tiempo se protege con sombra del sol más fuerte. Hay que tener cuidado con el riego, ha de ser moderado en verano y reducirlo mucho en invierno. No sobrealimentarla. Se propaga por división en primavera.

CLIMA Zona 9 y por encima.

ESPECIES A. elatior crece hasta 1 m de altura. Tiene unas hojas de un verde oscuro largas y coriáceas en tallos rígidos, mientras que las hojas del cultivar 'Variegata' tienen rayas verdes y blancas. Las pequeñas flores de color crema y púrpura oscuro, crecen a ras de suelo. Sin embargo, las que son de interior rara vez florecen.

Aspidistra elatior jaspeada necesita más luz que la verde lisa para conservar su color.

El «nido» de *Asplenium australasicum* alberga las hojas que se van cayendo y poco a poco se descomponen, y suministran alimento a la planta.

Asplenium (fam. Aspleniaceae)

Asplenios, culantrillos

Se encuentra de forma natural en los bosques tropicales de todo el mundo. Este género de helechos comprende más de 650 especies. Todas las especies tienen rizomas y frondas simples pinnadas o bipinnadas.

CULTIVO La mayoría de las especies proceden de climas templados y se cultivan en invernaderos o viveros, de frescos a templados, aunque algunas son resistentes. Bajo cristal crecen en macetas con compost que consiste en marga, hojas en descomposición y tierra gruesa. Requieren una buena luz aunque también sombra contra el sol directo y una moderada humedad ambiental. Aunque necesitan agua abundante durante los

meses más cálidos, la mayoría de las especies toleran períodos secos. En particular, *A. nidus* tolera perfectamente bien los ambientes secos. *A. bulbiferum* se propaga por brotes que crecen de pequeños bulbos en el extremo de las frondas. Otras especies crecen de esporas o por división del rizoma.

CLIMA La mayoría son delicadas y crecen bajo cristal.

ESPECIES No todas están disponibles fuera de sus países de origen. *A. australasicum* y su parienta cercana *A. nidus* son probablemente las especies que más se cultivan. Muy extendidas en los bosques tropicales y en bosques más abiertos, donde crecen sobre rocas y árboles, son especies ideales para zonas umbrías o bajo los árboles, donde les

Estos especímenes maduros muestran hileras de cápsulas con esporas en el envés de las frondas.

Astartea (fam. Myrtaceae)
Astarteas

Estos bonitos arbustos floridos, originarios del oeste de Australia, son similares a sus parientes del género *Leptospermum*. Raramente se cultivan fuera de su país de origen, pero son unas excelentes plantas ornamentales de jardín, en climas libres de heladas, porque florecen profusamente durante casi todo el año. También sirven muy bien como plantas de orillas informales o como cortavientos, si se podan y riegan bien para estimular su crecimiento. Estas plantas pueden crecer hasta 1 m de altura y tienen una envergadura de 1,3 m. Las ramas largas y arqueadas, cargadas con racimos de delicadas flores, lucen muy bien en un jarrón. Las flores abiertas de cinco pétalos son de color blanco o rosa, y a menudo tienen la base de un rosa intenso. En primavera y otoño, estos arbustos están completamente cubiertos de capullos.

CULTIVO Crecen en macetas bajo cristal en climas propensos a las heladas. Se cultivan fácilmente a la intemperie y son resistentes a la sequía y al viento, aunque un sitio templado y protegido aumentará su floración. Plánela en cualquier suelo de jardín libre de cal, tanto en un sitio abierto como en sombra, y riéguela bien durante la temporada de calor. Pódela con regularidad. Se propaga con esquejes semimaduros durante el otoño. Plánelos en arena ácida y turba o vermiculita en una proporción de 3:1. también se propagan por semillas.

CLIMA Templado, libre de heladas, incluye jardines costeros.

ESPECIES *A. fascicularis* produce tupidos racimos de flores de un rosa blanquecino, en forma de estrella y de vida perdurable, casi durante todo el año. Estas especies crecen una media de 1 m de altura y florecen cuando son jóvenes. Pódelas para estimular una forma cerrada. *A. heterantha*, de crecimiento lento, es un arbusto compacto con flores pequeñas agrupadas, estrelladas, de un blanco rosado, que abren sus capullos con mayor profusión en primavera y en otoño.

llega la luz del sol tamizada. Las frondas largas, de bordes ondulados y sin divisiones, crecen desde los 50 cm hasta los 2 m de longitud. El «nido» central recoge las hojas muertas que caen y se convierten en un humus que ayuda a alimentar a la planta. *A. bulbiferum*, es una especie originaria de Australia y se cultiva extensamente. El robusto rizoma se cubre de escamas y las hermosas y erectas frondas tripinnadas, suavemente arqueadas, alcanzan 1,2 m de longitud. Los tallos son verdes en la parte superior y oscuros en la parte baja, y las finas hojuelas son de color verde oscuro. Esta planta se distingue de las otras especies por los pequeños brotes que se producen en los extremos de los tallos. *A. flabellifolium* es también una especie originaria de Australia y Nueva Zelanda. Tiene un rizoma corto, estrecho, a menudo rastrero, frondas de algo más de 30 cm de longitud y hojuelas en forma de cuña. *A. flaccidum* se encuentra en todo el este, desde Australia hasta los estados del continente y Tasmania. Tiene un rizoma corto y escamoso, con frondas colgantes bipinnadas y hojuelas gruesas, estrechas y de un verde intenso de 1 cm de longitud. *A. lyalli*, procedente de Nueva Zelanda, tiene frondas pinnadas de 1 m de longitud, con tallos escamosos grisáceos y hojuelas coriáceas de forma ovalada y 15 cm de longitud.

Las bonitas flores blancas y sus hojas pulcras, convierten a *Astartea heterantha* en un arbusto de jardín deseable.

Aster (fam. Asteraceae)
Áster perennes, septiembres

Originario del hemisferio Norte, este profuso género comprende más de 250 especies, la mayoría herbáceas perennes. El vocablo griego aster significa «estrella» y se refiere a la forma de la flor. El áster anual es *Callistephus chinensis*, y botánicamente no es un aster en absoluto. La mayoría de las áster genuinas tienen matas de hojas a nivel del suelo, de las que emergen los tallos de las flores por encima de 1,5 m de altura. Los racimos de las espectaculares flores semejantes a las margaritas se producen a finales del verano hasta el otoño y son de color azul, violeta, púrpura, malva, rosa, rojo o blanco, con un disco central amarillo o negro. Las áster son excelentes flores de corte y duran mucho si se les cambia el agua con frecuencia.

CULTIVO Plántela en un lugar abierto y soleado, en un suelo bien drenado, enriquecido con materia orgánica y aliñado con un fertilizante completo en una proporción de 4 gramos por metro cuadrado. El estiércol o el compost deben aplicarse con generosidad a los lechos como un mantillo. Poner las plantas nuevas con las coronas a nivel del suelo a una distancia de 45 cm (20 cm u 8 cm en los híbridos enanos) en cinco a siete matas de cada variedad. Regarlas bien en primavera y verano, añadiendo 4 gramos de fertilizante completo por planta a finales de primavera y verano para asegurarles un crecimiento saludable y unas flores grandes. Cuando las flores caigan de las plantas, corte los tallos largos a ras de suelo y arregle las matas.

Aster amellus es una planta perenne en forma de mata que florece a finales de verano.

A veces estas plantas florecen en menor cantidad a finales de otoño. La aplicación de un generoso mantillo alrededor de la vieja mata a finales de invierno, le ayuda a conservar la humedad. Se propagan por división de las matas establecidas a finales de invierno o principios de primavera. Una sola corona sana puede producir al menos 15 nuevas plantas en un año, con coronas y raíces absolutamente sanas.

CLIMA Las siguientes especies de *Aster* crecen en zona 2, con la excepción de *A. amellus*, que lo hace en zona 5.

ESPECIES *A. amellus* es una planta compacta que crece hasta 60 cm de altura. Tiene unas flores grandes en una gama de colores que van desde el rosa claro hasta varios tonos de azul y un distintivo disco dorado en el centro. Existen bastantes variedades. Todas florecen a finales de verano y en otoño. *A. novae-angliae* procede del este de Norteamérica. Esta especie tiene unos tallos suaves y estrechos, de un color gris verdoso, las hojas apretadas a los tallos. Crece hasta 2 m. Las grandes flores son de co-

lor de rosa, rojo o azul. Existen varios cultivares modernos. Todos florecen a finales de verano y en otoño. *A. novi-belgii*, originaria también del este de Norteamérica, es la que más se cultiva. Hay muchos cultivares disponibles, sobre todo, de plantas perennes de especialistas. Crecen de 50 cm hasta 1,5 m. Los esbeltos tallos se bifurcan cerca del ápice, las hojas son estrechas, lisas y pegadas al tallo, y las flores forman racimos de 20 a 30 de color blanco, rosa, malva, azul, púrpura o rojo, con discos de un amarillo dorado o rojizo. Florece profusamente desde finales del verano hasta el otoño. Los híbridos enanos son muy bonitos y su gama de colores es similar al de *A. novi-belgii*. Florecen desde finales del verano hasta el otoño. Las plantas enanas crecen de 15-30 cm y son ideales para la formación de hileras o en jardines de rocalla. Existen muchos cultivares de áster enanas, y todos esos sirven como planta de jardín. Los garden centers especializados en plantas perennes, deberían tener una amplia gama de cultivares de altura y colores variados.

Astilbe (fam. Saxifragaceae)

Estas herbáceas perennes en forma de mata, tienen un follaje de unos 30 cm de altura. Tiene un hermoso follaje en forma de helecho y sus ramilletes de flores vistosas, como plumas en blanco, rosa o rojo. En algunas variedades, el follaje joven tiene un bonito color rojo cobre. El tallo de las flores es vertical y crece alrededor de 1 m o más.

CULTIVO Estas plantas suelen necesitar un lugar en sombra parcial, fresco y húmedo, pero en zonas frías también se pueden plantar a la intemperie, mientras el suelo sea rico y retenga la humedad. Se recomienda un suelo con un pH con un valor de alrededor 6-7, y que contenga gran cantidad de materia orgánica. Para obtener un efecto mejor, espaciar las plantas a 30 cm de distancia, con la corona a nivel del suelo y en grupos de matas de cinco o más. También requieren un riego frecuente durante las temporadas secas, desde la primavera en adelante, durante el crecimiento y la floración. Poner un mantillo en cada planta para conservar la humedad y añadir 25 gramos de fertilizante por

Las *Aster novi-belgii* y sus cultivares son plantas perennes asequibles y fáciles de cultivar, disponibles en una amplia gama de colores.

Las flores de color de rosa, semejantes a plumas, dan un toque de luz a un diseño de plantas perennes.

Las flores de *Astilbe* 'Jo Ophrost' tienen unas ramas laterales erectas que proporcionan a este cultivar un aspecto rígido, inusual en este género.

planta desde finales de primavera y durante el verano para impulsar un crecimiento rápido y una abundante floración. Después de la floración, cortar los tallos marchitos hasta el nivel del suelo y quitar las hojas muertas. En climas extremos, un mantillo de compost suelto y generoso encima de las matas ayuda a proteger las coronas de las heladas. Para la propagación, dividir las matas a finales del invierno, asegurándose antes de que cada planta nueva tenga la corona y las raíces sanas.

CLIMA Zona 6 y por encima.

ESPECIES Por lo general las plantas modernas del género *Astilbe* son híbridos de *A. chinensis*, *A. japonica* y *A. grandis*. Todas florecen en verano en una gama de colores que va del blanco, salmón, rosa hasta el carmesí oscuro. Las que más crecen son los cultivares de *Astilbe* x *arendsii*, muchas de las cuales proceden de Europa, donde se cultivan extensamente y se encuentran entre las plantas más populares para lugares húmedos. Generalmente son enanas o de crecimiento lento, compactas, y pueden encontrarse en una amplia gama de colores y tonos de rosa, más tonos de rojo y blanco.

Astrantia (fam. Apiaceae)
Sanículas hembra

Estas plantas herbáceas perennes son las favoritas de los espacios abiertos en los jardines del hemisferio Norte. Las originales cabezas de las flores espinosas en forma de estrella, están rodeadas por unas brácteas que parecen de pergamino y las decorativas hojas están profundamente hendidas. Lucen mucho en un jarrón y se conservan bien durante bastante tiempo.

CULTIVO *Astrania* crece bien en un suelo ordinario razonablemente rico en un espacio abierto, si el lugar no es demasiado caluroso y seco. Es esencial un riego regular. La propagación se hace por semillas o por división en primavera.

CLIMA Regiones húmedas y secas; zona 6 y por encima.

ESPECIES *A. major* es la especie más cultivada. Crece hasta 1 m y se puede plantar en suelo húmedo o cenagoso. Las flores son blancas y en varios tonos de rosa. La *A. maxima* tiene unas hojas verdes lustrosas y unas bonitas flores de color de rosa.

Astrantia major rosea debe plantarse donde las intrincadas flores puedan ser contempladas de cerca.

Crece hasta los 60 cm. *A. minor* alcanza los 25 cm de altura. Esta pequeña especie tiene unas flores purpúreas con manchas verdes.

Astroloma (fam. Epacridaceae)

Brezos

Originarios de Australia, estos arbustos pequeños y densamente poblados de hojas, son unas plantas ornamentales muy bonitas y también se pueden encontrar como arbustos de baja altura y como plantas de rocalla. Tienen unos ramilletes de flores en forma de campanilla, con la punta de diferentes colores. Las bayas comestibles tienen un sabor dulce a manzana.

CULTIVO Estos arbustos requieren suelos profundos, arenosos y bien drenados. Además, necesitan estar a pleno sol o en sombra parcial. La mayoría de estas especies proceden de regiones secas, por lo que las semillas deberán sembrarse casi en arena pura. *Astroloma* se propaga a partir de esquejes en otoño, aunque puede ser que no crezcan mucho. Plántelos en arena ácida y una mezcla de turba o vermiculita en una proporción de 3:1. Algunas es-

Astroloma conostephioides crece aquí en un ambiente de desierto arenoso que es su hábitat natural.

pecies pueden conseguirse en viveros especializados en arbustos.

CLIMA La mayoría crecen en zonas 8 y por encima.

ESPECIES *A. ciliatum* es un arbusto de poca altura con unas raíces profundas que dan lugar a montículos densos. Crea unas masas de hojas amargas y de color verde oscuro y tiene unas flores tubulares de color rojo purpúreo intenso con estambres amarillos. Florece profusamente en invierno y a principios de la primavera. *A. compactum* es un arbusto de hojas abundantes, de un verde intenso, rígidas y amargas, y grupos de flores de un rojo brillante a lo largo de los extremos de las ramas, desde el invierno a la primavera. Resiste ligeras heladas. *A. conostephioides* es un arbusto rígido y enano, con un follaje amargo verde grisáceo y flores tubulares de color escarlata. *A. humifusum* tiene el follaje grisáceo y unas flores rojas, curvadas y en forma de campanilla. Tiene forma de mata y es un arbusto rastrero. *A. pallidum*, originaria del oeste de Australia, es un pequeño arbusto con flores de color rosa cremoso. *A. pinifolium*, un arbusto bajo y rastrero, tiene un follaje musgoso, como el del pino, con flores difusas de un amarillo intenso o rosa, a menudo con rayas verdes.

Astrophytum (fam. Cactaceae)
Cactos estrella, astrofitos

Estos populares cactos oriundos de México, varían en tamaño y en forma, desde las globulares y alargadas, a las que tienen forma de estrella. Su piel dura y dividida en bordes prominentes y están cubiertos con mechones de pelos cortos pequeños como lunares. Las espinas, cuando están presentes, son fuertes o apergaminadas, y las flores amarillas y diurnas, que aparecen en verano, tienen una vida bastante breve.

CULTIVO Excepto en los climas favorables, crecen en maceta o en invernaderos frescos, con un compost apropiado para los cactos. Hay que proporcionarle luz pero con un poco de sombra para protegerlo del sol más fuerte. Mantenerlo seco en la estación de descanso. A la intemperie necesitan estar a pleno sol, abundante agua en primavera y verano, y protección de la lluvia en invierno. Son fáciles de cultivar y resistentes a las heladas.

CLIMA Zona 9 y por encima.

Astrophytum myriostigma es un cacto casi sin espinas con un cuerpo desnudo finamente moteado de escamas blancas.

ESPECIES *A. asterias* se parece bastante a un erizo de mar. Esta especie tan valorada tiene el cuerpo globular dividido por unos bordes anchos verticales, cada uno de ellos con una hilera de cojines blancos. No tiene espinas. El cuerpo es de un verde grisáceo y las flores son grandes y amarillas con el centro rojo. Prefiere una sombra parcial y menos cantidad de agua que las otras especies. *A. capricorne* es una planta más grande con bordes pronunciados y redondos, espinas planas y retorcidas que alcanzan los 70 mm de longitud y grandes flores amarillas con el centro de color rojo. Los mechones blancos a veces están casi ausentes y, en otras ocasiones, son bastante tupidos. *A. myriostigma*, la más común de las especies, tiene un aspecto muy poco usual. Su cuerpo es regular, entre cinco y ocho bordes y unos mechones muy densos. Tampoco tiene espinas. Las flores, de un color amarillo intenso que brotan en verano, son más pequeñas que las de otras especies.

Athrotaxis (fam. Taxodiaceae)

Las tres especies de este género de coníferas, originarias de Tasmania y Australia, crecen ocasionalmente allí donde el clima se lo permite, sobre todo en regiones templadas carentes de heladas y con una estación más fresca como las de la costa del Pacífico. Tienen un crecimiento lento, pero tienen un follaje interesante y hábitos más bien compactos y asimétricos, no alcanza el tamaño de árbol hasta los 20 o 30 años.

CULTIVO *Athrotaxis* se beneficia de los climas húmedos y templados y frescos, y suelos ricos, bien drenados y ligeramente ácidos y está igual de bien a pleno sol o en sombra parcial. En estas condiciones es fácil cultivarlo. Se propaga por semillas o esquejes que crecen con bastante facilidad.

CLIMA En zonas 8 y 10.

ESPECIES *A. cupressoides*, un árbol pequeño, abierto, de forma irregular, crece alrededor de 10 m. Las hojas verde claro están fuertemente presionadas hasta formar gruesas y carnosas ramitas. *A. laxifolia* crece alrededor de 10 m. Tiene hojas alarga-

Athrotaxis selaginoides crece en un agreste barranco en su hábitat de Tasmania.

Una bonita selección de *Athyrium filix-femina* es el Plumosum Group, bien llamado así por sus frondas plumosas.

das, no tan cerradas como las de la variedad anterior. *A. selaginoides*, uno de los más famosos árboles madereros de Tasmania, puede alcanzar una altura de 30 m o más en su hábitat natural. Tiene un tronco recto, con ramas irregulares laterales y unas hojas muy pequeñas, estrechas, de color verde oscuro y de ápice agudo.

Athyrium (fam. Woodsiaceae)

Este gran grupo de helechos distribuidos en muchas regiones del mundo está representado, sin embargo, por el mayor número de especies en el este y el sudeste de Asia.

CULTIVO Algunos de estos helechos son resistentes y van bien como plantas de jardín en sitios húmedos y en sombra parcial o plena. El suelo debe tener un buen suplemento de humus para retener la humedad. Plántelos en primavera o en otoño.

CLIMA Muy resistente; crecerá en zona 2 y por encima.

ESPECIES *A. filix-femina* es probablemente la especie que más se cultiva. Es originaria de muchas zonas del hemisferio Norte y puede sobrevivir en ambientes bastante fríos, siendo completamente caducifolio en invierno. Existe una gama enorme de cultivares que están bien representadas en Estados Unidos. Algunos tienen unas frondas extremadamente plumosas. *A. nipponicum* 'Pictum', muy procedente de Japón, muy adecuada para la zona 4, es un helecho pequeño con rayas plateadas en el centro de cada hojuela.

Atriplex (fam. Chenopodiaceae)
Orzagas

En su entorno natural, estos arbustos se encuentran, sobre todo, en la costa, en las zonas pantanosas de agua salada de tierra adentro y cerca de los lagos. Las hojas son coriáceas y a menudo dentadas y las subdivisiones florales son caducifolias. Cuando caen, se alargan dos brácteas para encerrar el fruto. Con su original follaje de un gris blanquecino, tienen un potencial como plantas de contraste ornamentales. Se adaptan a suelos alcalinos y pueden soportar el calor y ambientes secos. Dadas sus cualidades que lo vinculan a la arena, son útiles como plantas de jardines al lado del mar.

CULTIVO Esta planta resistente a la sal crece en un ambiente soleado y bien drenado. La propagación se hace con esquejes de las puntas que se hacen en verano o en otoño. Se arraigan fácilmente en arena gruesa y una mezcla de turba o vermiculita en una proporción de 3:1. Estos arbustos también se pueden propagar de semillas maduradas, en las que se deben hacer unos cortes antes de sembrarlas. También es posible el acodo.

CLIMA Templado seco y zonas altas; zona 8.

ESPECIES La mayoría no están disponibles en Estados Unidos. *A. cinerea*, un arbusto costero gris plateado y fruto esponjoso, crece hasta 1 m de altura. *A. halimoides*, del oeste de Australia, es un arbusto enano con un follaje gris blanquecino. *A. holocarpa* tiene unas hojas pequeñas, plateadas, de un color azul blanquecino, con pocas flores y un fruto de un rosa cremoso, pequeño y redondo. Alcanza 1 m de altura y forma unos montículos extensos. *A. muelleri* es un arbusto rastrero de color gris con hojas hendidas y fru-

tos en brácteas redondas. *A. nummularia* es la especie de mayores dimensiones, pues alcanza 2,5 m. Tiene un follaje verde grisáceo y brácteas aplastadas. El hábitat natural de *A. paludosa* son las zonas pantanosas de agua salada. Es un árbol rastrero de cerca de 1 m de altura con el fruto en forma de corazón. *A. prostrata*, procedente del oeste de Australia, tiene unas hojas blancas diminutas y el fruto en brácteas planas. *A. semibaccata*, crece bien en las regiones costeras. Es un arbusto rastrero de color verde plateado con un fruto de color rojo en brácteas en forma de diamante. *A. spinibractea* procede de las tierras interiores de Australia. Son especies rastreras con un follaje plateado disperso, y las brácteas del fruto tienen unas diminutas espinas curvas. *A. spongiosa*, también originaria del oeste de Australia, es un pequeño arbusto con racimos de grandes brácteas hinchadas y un follaje gris blanquecino.

Aubrieta (fam. Brassicaceae)
Aubrecias

La mayoría originarias del sur de Europa, estas plantas perennes trepadoras de crecimiento lento, que miden cerca de 15 cm, se encuentran entre las plantas de rocalla más populares. También son adecuadas para bancales al sol o muros de piedra, sobre todo en zonas expuestas o próximas a la costa donde otras plantas fallarían. Forman unas tupidas matas de hojas de un gris verdoso, y producen abundantes flores en forma de estrella de color de rosa, lila y púrpura en primavera.

CULTIVO Crece con luz, en suelos arenosos y en sitios soleados y protegidos. Antes de plantarlas hay que añadir cal a los suelos ácidos. Cuando la planta todavía no ha florecido, no se debe regar demasiado. Florece mejor el segundo año después de haberla plantado. Se propaga con semillas o con esquejes tomados en otoño.

CLIMA Zona 7.

ESPECIES *A. deltoidea* es la especie originaria, pero dan mejores resultados las que se obtienen de las muchas variedades de cultivares que se han de-

Estructura de *Atriplex species*, una planta que tolera la sal, por lo que sobrevive en condiciones de crecimiento muy hostiles.

Uno de los híbridos más bonitos de *Aubrieta deltoidea* forma un montículo de flores de un tono rosado liloso.

Aucuba japonica 'Variegata', es un arbusto siempreverde con unas hojas grandes y lustrosas que están generosamente jaspeadas en dorado.

sarrollado. Algunos de ellos tienen flores semidobles de vivos colores que brotan en abundancia en primavera. Los cultivares 'Argenteovariegata' y 'Aureovariegata' tienen el follaje jaspeado. Hay excelentes cultivares con flores de color carmesí, rosa, malva y violeta.

Aucuba (fam. Aucubaceae)
Laureles japoneses

En este género, las flores de distinto sexo se dan en diferentes plantas, de modo que la planta macho y la hembra necesitan estar próximas para obtener las bonitas bayas.

CULTIVO Estos arbustos prosperan en suelos húmedos y bien drenados. El tipo jaspeado, en particular, necesita sombra, de otro modo las hojas se quemarían. *Aucuba* crece con vigor, sobre todo si se mantiene la humedad. Además, requiere una poda regular para mantener la forma. Se propaga por brotes medio maduros que se cortan en verano.

CLIMA Zona 8 y por encima.

ESPECIES *A. japonica* es la especie que más se cultiva. Tiene unas hojas de un verde intenso gruesas, suaves y lustrosas con pequeñas hojas de color granate. Si se poliniza, la planta hembra producirá unos racimos colgantes de bayas rojas alargadas. El cultivar 'Variegata' tiene unas hojas alargadas y lustrosas con manchas blancas y doradas; el cultivar 'Serratifolia' tiene unas hojas alargadas de un verde oscuro profundamente hendidas; el 'Picturata' tiene un follaje con máculas y manchas amarillas.

Aurinia (fam. Brassicaceae)
Canastillos de oro, cestillos de oro

Este pequeño género de bienales y perennes es originario de Europa y de Asia occidental. Las hojas, principalmente de forma lanceolada, forman rosetas ligeramente peludas y tienen flores de cuatro pétalos de color amarillo o blanco. Se utilizan en jardines de rocalla y pendientes o también en orillas de jardín.

CULTIVO Estas plantas crecen muy bien en suelos bien drenados enriquecidos con materia orgánica. Hay que regarlas con regularidad si la primavera es seca y durante el verano. Recortar la planta después de la floración para asegurar un crecimiento compacto. Propagar a partir de semillas o de es-

Las flores de un amarillo dorado de *Aurina saxatilis* caen en cascada, desde un muro bajo, al lado de una lavanda italiana.

Las bonitas flores blancas de *Austromyrtus tenuifolia* se parece mucho al mirto. Esta especie es una excelente planta de cobertura.

quejes tomados a finales de la primavera y durante el verano.

CLIMA Zona 3.

ESPECIES *Aurinia saxatilis* (sin. *Alyssum saxatile*) es la única especie común que se cultiva. Forma un pequeño montículo de 10-30 cm de altura y se extiende a lo largo de 40 cm. Las flores de un color amarillo claro aparecen en abundancia de mediados a finales de primavera. Existen cultivares con flores de color blanco, crema, limón y un dorado intenso. El follaje del cultivar 'Variegata' tiene el borde de las hojas de color crema.

Austromyrtus (fam. Myrtaceae)
Palos de hierro

Este género, que es poco probable que pueda encontrarse en Estados Unidos, comprende más de 30 especies de la familia de las mirtáceas originaria de Australia. Su hábitat natural son los bosques tropicales y subtropicales, ocasionalmente templados, y las zonas rurales de la costa este. Tiene las típicas hojas pequeñas y anchas, flores blancas y un fruto en forma de baya, como el del

mirto. Estos palos de hierro, como se les conoce comúnmente, producen una madera muy resistente y duradera.

CULTIVO Estas plantas sensibles requieren un suelo mediano y una posición soleada. Se propagan a partir de las abundantes semillas o por esquejes.

CLIMA Templado y subtropical.

ESPECIES *A. acmenioides* prospera en las zonas rurales de la costa sur de Nueva Gales del Sur a través de Queensland. Tiene una corteza suave y produce una madera extremadamente dura. *A. dulcis* es una especie que crece despacio, en extensión, adecuada para cubrir muros. Las hojas tienen unos tonos de color rojo rosado en la temporada de frío y a veces las flores blancas aparecen en abundancia. *A. tenuifolia* crece hasta 2-3 m y en otoño produce unas bayas de color azul verdoso. Se adapta muy bien a los lugares sombreados.

Averrhoa carambola (fam. Oxalidaceae)
Carambolo, tamarindo chino

Cultivado en los trópicos, su origen es incierto, y las opiniones se dividen entre Brasil y Malaisia. Introducido en Europa a finales del siglo XVIII, nunca fue tan popular como algunos de los frutos exóticos traídos en la misma época. Se trata de un perenne de tamaño reducido de 14 m de altura, con hojas compuestas y pequeñas flores moradas en pequeños racimos a lo largo de las ramas. Los frutos aparecen en profusión. De unos 8-12 cm, acaban en cinco aristas que, si se cortan en sección, parecen estrellas. El fruto externo es amarillo y contiene la carne del mismo tono. Se consume fresco o en bebidas, mermeladas y conservas. Tiene un alto contenido en vitaminas A y C. El jugo es capaz de quitar las manchas de la ropa.

CULTIVO Fuera de los trópicos y subtrópicos, cultive como una planta de hoja joven en invernadero cálido y tiestos de compost suelo. Proporcione una atmósfera húmeda y proteja la planta del exceso de sol. En exteriores, debe estar al sol y en terreno bien drenado, rico en humus. Riegue en abundancia. Multiplique por semillas sembradas en un propagador. Los árboles obtenidos por gemación proporcionan más y mejor fruto.

CLIMA Temperatura y humedad altas, son árboles adecuados para los trópicos, pero pueden crecer en microclimas específicos. Zona 10

Azara (fam. Flacourtiaceae)

Estos arbustos y pequeños árboles de la Sudamérica templada, tienen unas hojas de color verde oscuro, pequeñas y lustrosas, y unas flores más bien insignificantes con racimos en contacto con los brotes más jóvenes. Casi todas las especies tienen un aroma a vainilla muy peculiar que las distingue.

CULTIVO Las azaras suelen estar mejor en suelos húmedos, ligeramente ácidos y a pleno sol. El sistema de raíces forma unas matas fibrosas, por lo que no deberían plantarse próximas a otras plantas. Propáguelas con esquejes durante el verano.

CLIMA Es adecuada para zonas 8 y 9.

ESPECIES La *A. integrifolia* es un árbol pequeño y tiene un crecimiento de unos 8 m aproximadamente. Tiene abundantes racimos de flores de un color amarillo cremoso. La *A. lanceolada* posee una dulce fragancia, diferente de la vainilla, el perfume habitual característico de este género. Tiene unas flores muy vistosas, consistentes principalmente en estambres, a las que siguen unas bayas de un malva muy claro. Este árbol crece alrededor de 6 m y requiere suelos frescos y un lugar a pleno sol. *A. microphylla*, es una siempreverde vigorosa procedente de Chile. Tiene un follaje bastante fino, parecido al del *Buxus*, aunque de un aspecto mucho más abierto. Alcanza una altura de 7 m y resulta ideal para plantar contra los muros.

Esta abundante cosecha de carambolo se recolectará cuando el fruto ha adquirido un tono amarillo anaranjado. Las rebanadas en forma de estrella constituyen un bello adorno.

El follaje pulido y lustroso de la *Azara microphylla* es una planta resistente oriunda de Chile.

Babiana (fam. Iridaceae)

Babianas

Originarias del sur de África, estas encantadoras plantas crecen a partir de bulbos. Las bonitas flores, en forma de copa, semejantes a las fresias, son de color lila, azul, amarillo, rosa y rojo, y las hojas, esbeltas y rígidas, están ligeramente dobladas y son bastante peludas.

CULTIVO Estas plantas se cultivan a la intemperie en zonas templadas, en maceta o en invernaderos frescos cuando el clima es frío. A la intemperie requieren un lugar abierto y soleado con un suelo bien drenado. Son útiles para jardines de rocalla y orillas. En las macetas crecen bien con un compost para macetas, buena luz y resguardadas del sol directo. Los bulbos se plantan en otoño, a unos 8 cm de profundidad y entre 3 y 5 cm de distancia entre ellos. Florecen en primavera.

CLIMA Zona 9.

ESPECIES *B. plicata* da en primavera unas flores fragantes, entre los lilas y rojos y crece 20 cm. *B. rubrocyanea* tiene unas flores escarlata o azul intenso y alcanza los 15 cm de altura. *B. stricta* es la especie más cultivada, con unas flores de tonos distintos de azul, lila o blanco. La variedad *sulphurea* crece hasta 20 cm y sus flores van del amarillo claro al blanco.

Backhousia (fam. Myrtaceae)

Este pequeño género de árboles y arbustos siempreverdes es originario de Australia y Nueva Guinea. Se cultivan por su atractivo y aromático follaje y sus flores pequeñas en forma de copa, con largos tallos. Prosperan bien en climas tropicales y subtropicales. Son unos especímenes excelentes para jardín y como árboles de sombra.

CULTIVO En ambientes libres de heladas se cultiva en macetas con tierra y compost para macetas en invernaderos frescos. Proporciónele buena luz pero protéjalo del sol directo. En el exterior, gusta de suelos ricos y húmedos. Se propaga a partir de esquejes de leña semimadura recogidos en otoño e introducidos con hormona de raíz en arena gruesa y turba o vermiculita en una proporción de 3:1. Los esquejes arraigan con facilidad.

CLIMA Zona 10.

ESPECIES *B. anisata* alcanza 20 m de altura en su hábitat natural de los bosques tropicales. Cuando se aplasta, el follaje desprende un aroma anisado. Tiene unas hojas lustrosas, de 10 cm de longitud y, en primavera, abundantes racimos de flores fragantes de un rosa blanquecino. *B. citriodora* es un

El color magenta y azul imperial de las flores de las plantas de *Babiana stricta* son un ejemplo de su gama de colores.

Las flores esponjosas de color crema crecen abundantes en el extremo de las ramas de la aromática *Backhousia citriodora*.

arbolito tupido, decorativo, de entre 7 y 10 m cuando se cultiva. Sus hojas brillantes tienen el revés aterciopelado, y los vistosos racimos de flores de color crema aparecen a finales de primavera y verano. Estas especies tienen una fuerte fragancia a limón alcanforado, y de sus hojas se obtiene un aceite con el 90 por ciento de citral. Es ligeramente sensible a las heladas. *B. myrtifolia* es un arbusto tupido o un árbol pequeño que alcanza 6 m de altura. Tanto las hojas lustrosas como los racimos de flores de un amarillo blanquecino desprenden aroma. Los brotes jóvenes están cubiertos por un pelo suave, así como el revés de las hojas. Esta especie es resistente a las heladas. *B. sciadophora* es un tupido arbusto o un árbol pequeño, con unas hojas lustrosas y despuntadas y umbelas floridas de color crema. Alcanzan los 5 m de altura.

Baeckea (fam. Myrtaceae)

La mayoría de estos arbustos siempreverdes se hallan en Australia (unas 70 especies), y una minoría, en otros países, como Nueva Caledonia. Tienen un follaje pulcro y fuerte y hojas diminutas. Las flores, blancas, rosas o malvas, se parecen a las de los árboles del té y florecen en primavera o verano. Son excelentes como flores de corte. Algunas especies se usan en jardines de rocalla o como plantas de maceta. Proceden de una amplia gama de hábitats y zonas climáticas.

CULTIVO En las zonas propensas a las heladas, se plantan en invernadero, en macetas con suelo ácido de macetas y compost, requieren buena luz pero resguardadas de la luz directa del sol. Cuando se plantan a la intemperie, estas plantas prefieren una sombra parcial, aunque toleran bien el sol directo. El suelo húmedo y bien drenado es el ideal, aunque resisten cierta sequía, las heladas y los suelos pobres. *B. linifolia* y *B. virgata* hasta pueden tolerar un mal drenaje moderado. Se han de podar los arbustos ligeramente después de la floración. No les gusta que nadie moleste sus raíces, así que no es aconsejable trasplantarlas una vez hayan adquirido un nivel avanzado.

CLIMA Zona 9.

Baeckea imbricata tiene unas hojas diminutas pegadas al tallo y flores como las del *Leptospermum*, con el que está emparentada.

ESPECIES *B. behrii* crece hasta alcanzar 2 m. Tiene un follaje elegante y pequeñas flores blancas en verano. *B. crenatifolia* es un arbusto que crece en extensión, con un follaje tupido y hojas semejantes a las del helecho, y flores blancas durante el verano. La *B. linifolia*, es originaria del este de Australia. Este hermoso arbusto colgante, tiene un follaje estrecho, como enroscado, y masas de flores en forma de estrella de color blanco que aparecen en primavera. Crece hasta 2 m aproximadamente. *B. preissiana* es fácil de cultivar. Produce a principios de primavera unos delicados racimos de flores blancas que son excelentes flores de corte. *B. ramosissima* destaca por ser un arbusto bajo de 30 cm, una delicada planta de cobertura. Da unas deliciosas flores de color de rosa en primavera y en verano. *B. virgata* es la especie más común. Se trata de un arbusto tupido y erecto que crece 2,5 m. Es útil para formar cortinas y produce abundancia de preciosas flores blancas en verano.

Ballota (fam. Lamiaceae)

Estas plantas herbáceas perennes, con un bello follaje gris y blanco, se utilizan como plantas de cobertura y de orillas. Las hojas de color verde manzana gradualmente se vuelven plateadas, y su ápice es de un color blanco aterciopelado. Las poco llamativas flores, de un color entre malva y

Antiguamente utilizada en la medicina popular, *Ballota nigra* no suele cultivarse ahora debido a su crecimiento proliferante.

rojo, se pueden secar, y las hojas mantienen su tono plateado.

CULTIVO La propagación por esqueje es fácil, se hace plantando la parte basal del tallo en primavera o en otoño.

ESPECIES *B. nigra* tiene hojas ovaladas y crece aproximadamente 1 m. Es una hierba de olor desagradable que se extiende rápidamente y puede resultar invasiva.

Bambusa

(véase también *Arundinaria*, fam. Poaceae)

Bambúes

El bambú ha tenido una enorme influencia en todo el mundo. Se utiliza como alimento y como abrigo en la fabricación de muebles y utensilios, puentes y andamiajes. Un dicho taoísta advierte: «Ningún hombre puede vivir sin un bambú junto a su casa, pero puede vivir sin carne». La caligrafía china recorre la página en vertical, en lugar de atravesarla, porque el bambú fue su primer medio

Las cañas de un amarillo dorado de *Bambusa vulgaris* tienen unas rayas, aquí y allá, de color verde. Estas matas resultan muy decorativas en un jardín grande.

de escritura y los tallos acanalados facilitaban una andadura descendente. Se dice que se puede ver y oír crecer el bambú. En los días tranquilos de las regiones lagunosas de Asia y en las regiones tropicales de Estados Unidos, se oyen unos sonidos crepitantes como si algún ser vivo rasgara y arrancara algo. Es el sonido que hacen los brotes del bambú cuando desgarran sus vainas protectoras. El bambú puede vivir 150 años y aún más, depende de las especies y de las condiciones. Se dice que muere después de florecer y, de hecho, es raro verlo en flor. El nombre común deriva de la palabra india *bambos*. En China el bambú está tan considerado, que se le dan seis nombres diferentes. Todas las especies de *Bambusa* son altas, herbosas, forman matas con varias plantas y tienen unos tallos gráciles y unas hojas estriadas. Algunas especies pueden utilizarse como elegantes plantas de interior de maceta, en jardines en terraza o en pequeños patios pavimentados.

CULTIVO Hay que plantarlos en suelos ricos y arcillosos que retengan la humedad. Al bambú le gusta el agua ya que en su hábitat natural crece a lo largo de cursos de agua. No hay que podarlo. Se propaga por división de las matas a finales del invierno. Durante el primer año, la adaptación les resulta costosa; sin embargo, en cuanto han arraigado, crecen con rapidez.

CLIMA Adecuado para la zona 9, y la variedad *B. vulgaris* se adapta en la 10.

ESPECIES *B. multiplex* (sin. *B. glaucescens*) es una variedad perenne procedente de China. Crece hasta los 4-10 m. Tiene unas hojas planas y verdes en su mitad, de 12 cm de longitud. Algunas variedades tienen los tallos amarillos y las hojas de un gris azulado; otras tienen las varas jaspeadas en amarillo y verde, y las hojas moteadas con rosa y verde. *B. ventricosa* es una planta vigorosa y crece entre 5 y 25 m de altura, dependiendo de las condiciones ambientales. Puede hacerse enana, si se la cultiva en un tiesto. Cuando la planta se estresa debido a unas pobres condiciones, los internudos de las varas se acortan y se hinchan; de ahí proviene su nombre común. *B. vulgaris* tiene unos tallos a bandas amarillas y unas hojas de 20 cm de longitud. Originaria del sudeste asiático, crece más de 20 m. Los cultivares de estas especies con varas estriadas son muy atractivos. Esta especie particular también se cultiva porque sus brotes nuevos son comestibles. Los brotes en punta que emergen del suelo se cosechan y comen, especialmente en China, Japón y Corea. Hay otras especies que también se cultivan para recolectar los brotes tiernos, pero esta es la principal.

Banksia (fam. Proteaceae)

Recibe su nombre del botánico inglés Sir Joseph Banks, que recolectó el primer espécimen, *B. serrata*, en Botany Bay en 1770. Las 70 especies que existen son originarias de Australia, muchas de ellas del extremo sudoeste del oeste de Australia. Las *Banksia* se cultivan por su follaje y las vistosas espigas de flores, que quedan soberbias en un jarrón con otras del mismo lugar, y son muy duraderas. Cientos de flores están encerradas en las espigas en forma de piña, algunas formando gigantescas bellotas, otras en forma de velas o de esferas. Su tamaño puede superar los 35 cm. El color de las flores puede ser rojo, naranja, dorado, amarillo, óxido, lima y azul plateado. Algunas de ellas son multicolores. El follaje varía, desde pequeño y de un verde intenso, hasta grande, acusadamente serrado y gris plata, pero siempre es rígido. Las *Banksia* se adaptan a los ambientes secos y las semillas de las piñas son las preferidas para los adornos con plantas secas. Las flores de *Banksia*, especialmente las del oeste de Australia, se han con

Banksia spinulosa tiene un crecimiento horizontal por lo que resulta una excelente planta de cobertura.

Este 'Burgundy' es un cultivar de colorido original de *Banksia ericifolia*.

Banksia prionotes, a veces se la denominan así por la forma y el color de sus floridas espigas.

Banksia serrata desarrolla con frecuencia unas formas muy interesantes con sus troncos y ramas retorcidos.

vertido en un valorado producto de exportación para el país.

CULTIVO En las regiones propensas a las heladas, se cultivan en macetas con suelos con compost especial para macetas y un buen drenaje en invernaderos o viveros frescos, con buena luz pero protegidas del sol fuerte. En caso de que se planten a la intemperie, las del este de Australia necesitan un suelo ligeramente ácido y un buen drenaje. Si se utilizan suelos sobreenriquecidos, se aclara el verde de las hojas. Las especies del oeste de Australia requieren un buen drenaje, aunque al parecer pueden crecer en suelos enriquecidos con cal con mayor efectividad que las especies procedentes del este. Las *Banksia* suelen crecer de semillas procedentes de las piñas. Se han de introducir las piñas en un horno caliente para que expulsen las semillas, después introducir las piñas en agua fría durante 24 horas y más tarde secarlas. Las semillas se desprenderán con facilidad.

CLIMA Crece en zonas relativamente libres de heladas. Zonas 9 y 10.

ESPECIES Es difícil que todas estas especies se encuentren fuera de su región de origen. *B. asplenifolia* es una especie resistente procedente de Queensland y Nueva Gales del Sur. Alcanza 3 m de altura.

Tiene unas hojas gruesas, verde oscuro, serradas y espigas con flores de color verde limón y 15 cm de longitud, en otoño y en invierno. *B. baueri*, del oeste de Australia, crece 3 m de altura, tiene unas flores muy grandes de color amarillo grisáceo y 30 cm de longitud y 25 de anchura y hojas serradas. *B. baxteri*, del oeste de Australia, crece 3 m de altura y se adapta bien a suelos arenosos. Con sus flores amarillas en forma de cúpula y su follaje profundamente foliado, es excelente para flores de corte. *B. caleyi*, también del oeste de Australia, tiene un follaje serrado de color verde oscuro y flores colgantes de color rojo en primavera y en verano. Alcanza los 2 m de altura. *B. canei*, originaria de Nueva Gales del Sur y de Victoria, es una especie resistente de ápice aplastado que alcanza 3 m de altura. Sus capullos, de un azul verdoso, se abren en flores que forman espigas de color limón de 10 cm de longitud. *B. dryandroides*, del oeste de Australia, es una de las más decorativas de este género, con un follaje dentado y flores de color ámbar. En su entorno natural es un arbusto que crece en extensión hasta 1 m de altura. *B. ericifolia*, de Nueva Gales del Sur, es una de las especies más populares. Es una planta robusta y saludable, con flores rojizas y hojas lineales de un verde intenso, y crece rápidamente hasta alcanzar 4 m. *B. integrifolia*, de Queensland, Nueva Gales del Sur y Victoria, tiene las hojas verdes, plateadas en el revés, y flores de un amarillo limón. Es una especie de crecimiento rápido y que alcanza alturas de alrededor de 10 m. *B. marginata*, de Nueva Gales del Sur, Victoria y el sur de Australia, es adecuada para zonas costeras. Si está sana y robusta, puede hacerse enana y arbustiva si se planta en un suelo pobre. Sus flores en espiga van desde el blanco calcáreo al dorado y son bastante duraderas. Crece 5 m. *B. media*, procedente del oeste de Australia, crece 4 m y produce unas flores grandes que van del color castaño al amarillo y hojas verde oliva con los bordes ondulados. *B. petiolaris*, del oeste de Australia, tiene unos tallos rastreros gruesos con hojas serradas de 30 cm y flores erectas de color amarillo. *B. praemorsa* es una especie costera del oeste de Australia que crece hasta 3 m de altura. Tiene unas hojas onduladas y flores de color púrpura rojizo de más de 30 cm de longitud. *B. prionotes*, también del oeste de Australia, crece 7 m. Es muy apreciada por los floristas debido a sus vistosas flores de color naranja y gris. *B. robur* se encuentra a menudo en regiones pantanosas. Es una especie resistente de Queensland y Nueva Gales del Sur que alcanza los 2 m de altura y tiene unas hojas enormes y flores de color amarillo verdoso. *B. serrata*, de Queensland, Nueva Gales del Sur y Victoria, alcanza los 8 m de altura y produce unas flores de color amarillo grisáceo. Una especie muy resistente también y que tolera suelos húmedos es *B. spinulosa*, especie resistente y versátil procedente de Queensland, Nueva Gales del Sur y Victoria. Sus espigas, cuyos colores van del rojo al dorado, florecen durante largos períodos. Alcanza los 3 m de altura.

Baptisia (fam. Papilionaceae)
Añil silvestre, falso añil

Originaria de las regiones más secas de Norteamérica, estas plantas herbáceas resistentes y perennes son bastante parecidas a los lupinos. Son plantas muy útiles porque proporcionan masas de color a los jardines. Como son legumbres, pueden enriquecer el suelo.

Las flores de un azul vivo y el follaje azul verdoso hacen de *Baptista australis* una incorporación válida a una orilla de perennes.

CULTIVO *Baptisia* debe plantarse en suelos arenosos enriquecidos con compost, en sitios soleados y bien drenados y entre otras plantas herbáceas. Se propaga por semillas que se siembran en invierno o por división, a principios de primavera. Estas plantas leguminosas requieren poco fertilizante, pero debe aplicarse un poco de alimento completo para plantas durante la primavera.

CLIMA Zona 6 y por encima.

ESPECIES *B. australis* es una planta arbustiva, con hojas de color verde salvia intenso y flores azul índigo a principios del verano. Crece 1,5 m. *B. bracteata* crece 40 cm y tiene unas flores de color crema en verano. *B. leucantha* tiene flores blancas y crece hasta 1 m. *B. perfoliata* da flores amarillas en otoño y también crece hasta 1 m. *B. tinctoria* produce flores amarillas en verano y puede secarse y utilizarse como sustituto del índigo originario, *Indigofera tinctoria*. Alcanza 1 m de altura.

Barbarea (fam. Brassicaceae)
Hierbas de Santa Bárbara

Este pequeño género de hierbas bienales y perennes es originario de Asia y Europa. Tienen una andadura erecta y ramificada, racimos de florecitas amarillas, hojas en forma de plumas que a veces se utilizan en las ensaladas, y proliferación de vainas. En ocasiones resultan molestas porque pueden convertirse en malas hierbas.

CULTIVO Se ha de plantarla en cualquier suelo normal de jardín y regarla bien en verano para evitar que se seque. Se propaga por esquejes o por división de las raíces.

CLIMA Zona 6 y por encima.

ESPECIES *B. rupicola* es una hierba perenne procedente de las regiones mediterráneas que se utiliza a menudo como adorno. Crece hasta 30 cm y tiene unas flores relativamente grandes para el género. *B. verna* es una de las especies que se utiliza como hortaliza, sobre todo en Gran Bretaña y en Europa. *B. bienal*, con flores bastante grandes a principios de primavera, crece 60 cm. *B. vulgaris* se ha naturalizado en Norteamérica. Tiene unas flores brillantes y más pequeñas de color amarillo, hojas lustrosas de un verde intenso, y crece de 30-70 cm. Es la especie que más a menudo se utiliza en cocina. Puede ser invasiva.

Barbarea vulgaris se come cruda en ensaladas o ligeramente hervida como una hortaliza.

Barklya (fam. Fabaceae)

Originario de pequeñas áreas de los bosques tropicales de la zona costera de Australia, desde las centrales de Queensland a las norteñas de Nueva Gales del Sur, este hermoso árbol siempreverde alcanza los 8 m de altura. Produce unas vistosas espigas de flores de un dorado anaranjado a principios del verano y unas hojas lustrosas en forma de corazón. Es difícil encontrarla en Estados Unidos.

CULTIVO *Barklya* necesita un suelo fértil y bien drenado, pleno sol y un riego adecuado en verano. Se recomienda la poda para obtener una buena forma. Se propaga por semillas o esquejes semimaduros que se cortan en otoño. En los ambientes propensos a las heladas requeriría una protección de cristal.

CLIMA Crece en zonas tropicales y subtropicales.

ESPECIES *B. syringifolia* es la única especie de este género. Las espigas rígidas de flores de un dorado brillante resaltan claramente contra el follaje verde intenso.

Un árbol ideal para jardines de climas templados; la especie *Barklya syringifolia* tiene un follaje tupido, flores vistosas y moderadas proporciones.

Barleria (fam. Acanthaceae)

Este género extenso de arbustos siempreverdes de rápido crecimiento es es originario de las zonas tropicales de India, Asia y África.

CULTIVO Se ha de cultivar en un invernadero intermedio en climas frescos y fríos, en macetas con un compost ácido especial para macetas. Se lo ha de proteger del sol fuerte. En clima templado, se ha de plantar a la intemperie en un suelo ácido, enriquecido con abono y compost. Estos arbustos requieren calor y humedad en verano y sequedad en invierno. Se propagan por esquejes bajo cristal.

CLIMA Zona 10.

ESPECIES *B. cristata* no es una violeta y actualmente procede de la India y Burma. Tiene unas hojas de un verde intenso, estrechas y apuntadas, flores tubulares en blanco o malva con los bordes espinosos. Este arbusto es muy bonito en verano, cuando está lleno de flores. *B. obtusa* es ligeramente más pequeña, mide alrededor de 60 cm.

Tiene hojas pequeñas y ovales y racimos cortos de flores de color malva azulado, con cinco lóbulos bien marcados que se abren en invierno y en primavera. Aunque las flores de esta especie no tienen espinas.

Barringtonia (fam. Lecythidaceae)

Estos árboles siempreverdes, generalmente de un tamaño medio, proceden en su mayoría de las regiones tropicales de Asia y del Pacífico y algunos del este de África. Las grandes hojas se agrupan en el extremo de las ramas y sus flores fascinantes están formadas por pequeños pétalos y grupos de largos estambres. Habitualmente son blancas o rojizas y brotan en abundancia de rabos colgantes.

CULTIVO En la zona 10 es una buena planta estacional. En zonas más frías se puede cultivar en maceta en invernaderos templados con mucha luz. Se propaga con semillas.

CLIMA Zona 10.

ESPECIES No todas están disponibles en Estados Unidos. *B. asiatica* se da principalmente en zonas próximas al mar en las regiones de los océanos Ín-

Barleria obtusa, del sur de África, a menudo crece menos que *B. cristata*, pero es casi tan bonita.

Barringtonia acutangula raramente se ve cultivada a pesar de la espectacularidad de sus delicadas flores rojas.

dico y Pacífico. Se caracteriza por ser un árbol pequeño que crece alrededor de 5 m con unas hojas largas y lustrosas y vistosas flores blancas con largos estambres. Después de la floración aparece un fruto de cuatro lados. Este fruto tiene una extraordinaria capacidad de flotación y es capaz de recorrer grandes distancias. Los pescadores lo utilizan como flotadores para las redes. Solo se cultivan unas pocas especies de *Barringtonia*, pero debería hacerse más porque tienen un follaje muy atractivo que se vuelve de un rojo muy vivo antes de la estación otoñal, sobre todo en primavera. Los retoños crecen casi a la vez.

Bauera rubioides tiene unas flores con unos colores mucho más vivos que otras especies.

Baurea (fam. Cunoniaceae)

Este género australiano comprende cuatro especies de pequeños arbustos siempreverdes con un atractivo follaje bifurcado, parecido al brezo. Se cultiva por sus bonitas flores de seis pétalos, similares a las de *Boronia*, que van desde el blanco al rosa intenso. Con un crecimiento rezagado cuando son silvestres, pueden convertirse en hermosos arbustos si se cultivan. *B. rubioides* es la única variedad que se cultiva en Estados Unidos.

CULTIVO En climas muy helados, se han de cultivar en macetas con un compost de marga, hojas muertas y arena, en un invernadero o vivero fresco. Hay que asegurarse de que tengan buena luz, pero deben protegerse del sol fuerte. A la intemperie crecen muy bien en suelos arenosos, sueltos y con turba en una zona fresca del jardín, si bien se plantarán a pleno sol. Se les debe proporcionar abundante suministro de humedad, sobre todo en verano, porque no deben secarse. Se han de podar después de la floración y propagar con esquejes lignificados en primavera. Se los ha de poner debajo de una cubierta transparente en un suelo ligero y arenoso con una estructura de soporte. Hay que regarlos con regularidad. Echarán raíces al cabo de cuatro o seis semanas. También pueden sembrarse las semillas.

CLIMA Zona 9 y por encima.

ESPECIES *B. capitata* es un arbusto pequeño y redondeado que crece bien en zonas cálidas, generalmente hasta 30 cm. Tiene unas hojuelas características trifoliadas y racimos terminales de flores de un rosa intenso. *B. rubioides*, de Nueva Gales del Sur, se encuentra sobre todo en las riberas húmedas y umbrías de los riachuelos. Este bonito arbusto rastrero produce durante la mayor parte del año unas flores delicadas de color blanco y rosa, que parecen pequeñas rosas en forma de botón. Crece alrededor de 1 m. La variedad *alba*, la clase blanca, es originaria del sur de Australia y Tasmania. *B. sessiliflora*, la espectacular *Bauera*, está restringida a la zona de Victoria. Crece alrededor de 1,2 m. Los racimos de flores de color rosa púrpura o magenta, de pétalos abiertos, florecen en primavera. Esta especie necesita un lugar con sombra y suelos húmedos. Si recibe demasiado sol, su follaje verde intenso y sin tallo se vuelve amarillo.

Bauhinia (fam. Papilionaceae)
Árboles de las orquídeas

Originario de Sudamérica, el sur de África, Asia y Australia, este género comprende cerca de 300 especies de vistosos árboles siempreverdes, así como arbustos y trepadoras. Los árboles de las orquídeas se cultivan por sus hermosas y originales flores, a menudo semejantes a las mariposas. Son muy populares en Hawaii y en California. Sus hojas se dividen en dos lóbulos iguales que, según se dice, representan a los dos hermanos Bauhin, de los que deriva el nombre de este género.

Bauhinia variegata es una buena elección para jardines pequeños y plantas de calle.

Las flores de muchas especies de *Bauhinia* se parecen a las orquídeas en forma y color.

Bauhinia galpinii es una excelente planta de protección contra el viento o de pantalla.

CULTIVO En regiones con grandes heladas, se las ha de plantar en un invernadero intermedio, en macetas con compost especial para macetas. Se ha de proporcionar luz, pero protegerlas del sol fuerte. A la intemperie, hay que proteger las jóvenes plantas de las heladas durante los dos primeros inviernos. Estas plantas crecen de unas semillas con una variedad de colores que va del malva al púrpura y, a veces, al blanco más puro. Una semilla blanca generalmente procede de una planta original, y la clase blanca puede identificarse por la madera de color verde claro de los tallos. Las mejores clases se consiguen de esquejes semilignificados en otoño. Los árboles de las orquídeas gustan de suelos ligeros, fértiles y bien drenados y de un sitio a pleno sol.

CLIMA Zona 9 y por encima.

ESPECIES No todas están disponibles fuera de sus países de origen. *B.* x *blakeana*, conocida como el árbol de las orquídeas de Hong Kong, es el emblema floral de esta ciudad. Esta delicada especie tiene unos racimos alargados con flores de un púrpura rojizo muy duraderas. De joven, es sensible a las heladas. Crece 2,5 m. *B. carronii* es originaria de Australia y produce unas flores de color blanco, ribeteadas de púrpura, que aparecen en la estación de verano. Crece de 6-10 m y está capacitada para tolerar ambientes secos y calurosos. *B. corymbosa* (sin. *B. scan-*

dens) es una hermosa trepadora con multitud de delicadas flores rosas, de 5 cm de ancho, en primavera y en verano. Crece hasta 3 m. *B. galpinii*, del sur de África, es una especie espectacular de poca altura, excelente para arriates, con unas flores suavemente perfumadas de color rojo asalmonado y unas hojas nervadas, redondas, de color verde claro. Crece 2,5 m y florece durante todo el verano. *B. hookeri*, originaria de Australia, crece 12 m y tiene unas grandes flores blancas ribeteadas de rojo. Es adecuada para jardines costeros cálidos y húmedos. *B. variegata* es originaria de India y de China. Crece 2,5 m de alto y ancho. Las hojas coriáceas y de un verde apagado miden 20 cm y las fragantes flores, como las orquídeas, son de un púrpura rosado y miden de 4-5 cm de ancho. Florecen durante la primavera y verano; a veces, hasta en otoño si el verano ha sido lluvioso. Esta especie es semicaducifolia en las regiones más frías. La popular variedad blanca *Alba* crece hasta alcanzar entre 6 y 12 m.

Beaucarnea (sin. Nolina)
Patas de elefante

Vulgarmente conocidos como pata de elefante y originarios de México, estos árboles suculentos tienen unos troncos grandes y turgentes, racimos de hojas largas, finas y lineales en el extremo de las ramas y racimos de flores blanquecinas. Raras veces consideradas hermosas, estas plantas siempre despiertan interés.

CULTIVO Estas plantas sensibles a las heladas se cultivan generalmente en maceta e interior o en invernaderos frescos. Necesitan suelos bien drenados de compost especial para macetas y máxima luz. En invierno, hay que regarlas poco. En climas libres de heladas, resultan buenas plantas de exterior en una ubicación soleada y con un buen drenaje. La propagación se hace con semillas sembradas bajo cristal.

CLIMA Adecuadas para el cultivo a la intemperie en zona 10.

ESPECIES *B. recurvata*, una de las especies más cultivadas, es capaz de alcanzar 8 m de altura, aunque suele crecer mucho menos. Los tallos, divididos en ramas, tienen unas hojas largas y planas que brotan del ápice. Al madurar, estas plantas producen unas espigas floridas, altas y ramificadas, sus flores de color amarillo cremoso. *B. stricta* alcanza 6 m y tiene un follaje azul verdoso con bordes amarillentos.

Beaufortia (fam. Myrtaceae)

Este género de 17 arbustos siempreverdes, pariente de la *Melaleuca*, es originario del oeste de Australia. Cuando han crecido bien cuidadas, resultan unas plantas ornamentales muy bonitas y se utilizan para atraer a las aves a los jardines. Son unos arbustos preciosos, con un follaje delicado y un dibujo original. Los cepillos aparecen en el extremo de las ramas en verano y presentan una amplia gama de color que va del amarillo, el naranja, el rojo y el escarlata, hasta el malva y el púrpura.

CULTIVO En ambientes con heladas, se han de cultivar en macetas en un invernadero fresco, con un suelo base y buen drenaje, con un compost sin cal-

Beaufortia orbifolia es una especie decorativa que puede tener mucho futuro en el mercado de las flores de corte.

Este vetusto ejemplar de *Beaucarnea recurvata* tiene un tronco ancho y llamativo, y exhibe una muestra abundante de flores.

cio y no ácido, y con luz máxima. A la intemperie, excepto para *B. sparsa*, estos arbustos deben ubicarse al sol, con un buen drenaje y en un suelo seco, arenoso y ácido. Se propaga por esquejes semimaduros y por semillas. Los ambientes húmedos pueden matar o atrofiar los plantones, provocando que tarden años en madurar, y en los ambientes más fríos es preferible poner los esquejes bajo cristal.

CLIMA Puede cultivarse a la intemperie en la zona 9.

ESPECIES *B. decussata* tiene unas ramas gruesas, hojas rígidas y ovaladas, y en otoño produce unas espigas de cepillos escarlata. Alcanza 2,5 m aproximadamente. *B. orbifolia* produce unos soberbios cepillos rojos y verdes en el extremo de los tallos en verano y otoño. Alcanza 1,5 m de altura. *B. purpurea*, la especie más pequeña, alcanza 1 m. Tiene un follaje corto, rígido, de un color azul grisáceo, y unos cepillos redondeados de flores malva con estambres púrpura que brotan en primavera y verano. *B. sparsa* es la más conocida de las especies. Crece hasta los 2 m y tiene unas hojas pequeñas, ovaladas de un verde vivo y grandes racimos de flores de un suave color naranja rojizo. Prefiere la media sombra, los climas templados y tolera la humedad. *B. squarrosa* es difícil de cultivar. Crece hasta 3 m y produce unas flores naranja rojizo y beis de primavera a verano.

Beaumontia (fam. Apocynaceae)
Beaumontias, trompetas

Procedentes de Indonesia y la India, estas cepas siempreverdes se cultivan en las regiones subtropicales por sus bellas hojas verde intenso, racimos de flores grandes, vistosas, en forma de trompeta, y su suave fragancia. En climas fríos, son muy apreciadas como especímenes de invernadero.

CULTIVO En climas propensos a las heladas, cultivarlas en invernaderos intermedios o templados, en macetas con compost especial para macetas, en orillas, y asegurarles la máxima cantidad de luz. Durante el invierno hay que regarlas con muy poca cantidad de agua y proporcionarles un ambiente más fresco. Se propaga por semillas en primavera y de esquejes semimaduros en verano.

Beaumontia grandiflora requiere mucho espacio para desplegar su fino follaje y flores.

CLIMA Adecuadas para cultivar a la intemperie en la zona 10.

ESPECIES *B. grandiflora* es la única especie que se cultiva. Esta hermosa trepadora, que crece hasta 3 m, necesita un soporte sólido para sus gruesos tallos. Se pueden conseguir de tamaño mediano a grande en invernaderos y viveros.

Begonia (fam. Begoniaceae)
Begonias

Originario de las regiones tropicales y subtropicales, este género comprende más de 900 especies. También se han producido varios millares de cultivares, de tal manera que es posible disfrutar de ellas durante todo el año en ambientes muy diferentes, tanto en el interior como a la intemperie. Las begonias se dividen en tres grupos principales: plantas de raíz fibrosa, tuberosa, que son apreciadas por sus flores, y begonias rizomatosas, la mayoría cultivadas por su follaje. Sirven como plantas de interior, de jardín en los climas adecuados o como lechos estacionales.

CULTIVO *Begonia tuberosa* se puede obtener a partir de semillas, tubérculos o esquejes de los nuevos

La exquisita flor amarilla ribeteada de escarlata convierte a esta
begonia tuberosa en un triunfo para su jardinero.

Begonia scharffii es un arbusto redondeado de alrededor de 1 m
de altura. El revés rojo oscuro de sus hojas hace juego con las
flores.

brotes en los tubérculos. Los plantones requieren
un suelo estéril, con la capa de drenaje en el fondo del recipiente, seguida de una mezcla de marga
finamente tamizada, arena y turba en cantidades
iguales. Hay que sembrar las semillas sobre la superficie y presionar la tierra muy ligeramente, regar introduciendo el recipiente en una bandeja
con agua hasta que la humedad ascienda a la superficie, cubrir el recipiente con una tapadera de
cristal o de plástico y dejarlo en un sitio abrigado
y en sombra. No hay que cubrir el cristal con papel ni con ninguna otra cosa, porque la begonia
es una planta que requiere algo de luz para que
sus semillas germinen. Los plantones empezarán a
aparecer al cabo de dos o cuatro semanas. Entonces hay que levantar uno de los bordes del cristal
para que circule un poco de aire. No hay que retirar la cubierta hasta que haya aparecido la mayoría de plantones y sea evidente que crecen bien.
Hay que asegurarse de que se mantiene la sombra
y la protección. En cuanto sea posible, los plantones se trasplantan a macetitas o a bandejas de viveros. Si las begonias crecen de tubérculos, los que
estén en reposo pueden avivarse a principios de
primavera trasladándolos, con el extremo hueco
hacia arriba, a bandejas con turba húmeda, hasta
que aparezcan las nuevas raíces. Cuando se vea la
tercera hoja, hay que trasplantar los tubérculos a
macetas individuales de 13 cm llenas de una mezcla de abono que contenga un poco de turba, y
mantener las macetas húmedas y en un lugar en
sombra, protegidas de las heladas y de los vientos

fuertes. También pueden hacerse esquejes de los
tubérculos recién brotados. Se ha de reservar el
brote más fuerte que se convertirá en el tallo principal de la planta, y cortar los brotes menores en
cuanto arraiguen; practicar un corte limpio en el
tubérculo, justo por debajo del anillo basal; clavar
los esquejes en una maceta que se habrá llenado
con una mezcla de propagación y mantenerlos en
sombra y con humedad. Cuando los brotes nuevos estén vigorosos, hay que trasladarlos a recipientes de mayores dimensiones o, si se desea,
trasplantarlos en el jardín a un lugar adecuado o
utilizarlos como decoración de interior. El aspecto
de las begonias será más llamativo, si se retiran las
dos pequeñas flores femeninas a cada lado de la
masculina, más espectacular, para centrar la ener-
gía en el capullo mayor. Pero esto no debe hacerse, si se desea recolectar semillas. Hay que plantar
los tubérculos o las plantas pequeñas en un lecho
de jardín con un buen drenaje en un sitio con
sombra parcial. Gustan de un suelo rico con mucho humus. La corona de los tubérculos no deberá
estar a más de 12 mm por debajo de la superficie.
Hay que regarlas bien, pero no darles demasiada
agua, si están en una zona costera húmeda. No se

aplicará ningún nutriente hasta que los tubérculos hayan formado raíces, de otro modo se pudrirían. La begonia solo se debe nutrir con alimento orgánico para plantas. También hay que protegerlas del cálido sol del verano. Lo ideal sería que estuvieran a pleno sol hasta las 11:00, y después tuvieran un 70 por ciento de sombra. Las begonias de tubérculo se deben guardar en invierno, aunque deben regarse y nutrirse con regularidad hasta principios de otoño, porque así los tubérculos almacenan nutrientes para la próxima estación. Si están en una zona propensa a las heladas, trasplante las begonias del lecho a maceta y manténgalas en un lugar cálido y resguardado hasta mediados de otoño. Entonces reducir el riego y permita que las plantas se sequen y marchiten. Los tallos se pueden retirar con facilidad. Saque los tubérculos del suelo y límpielos cuidadosamente, cepillando la tierra y teniendo la precaución de retirar cualquier tallo restante que pudiera provocar su putrefacción. Póngalos a secar encima de una bandeja durante unos días, fuera de los rayos directos del sol, hasta que los tubérculos estén firmes y duros. Guárdelos durante el invierno en bandejas, en un sitio seco y aireado, o en macetas llenas de arena seca o turba.

Las begonias de raíz fibrosa se cultivan para lechos de verano. Crecen de semillas que se han plantado a principios de primavera. Prefieren ambientes templados o cálidos, suelos húmedos y protección del excesivo calor del sol. Las heladas las matan, así es que no hay que plantarlas a la intemperie hasta que el peligro no haya pasado.

Las begonias rizomatosas crecen con rapidez de esquejes del rizoma, aunque un método más extendido de propagación es el esqueje de hoja. Se propaga en primavera y en verano, eligiendo hojas con tallos largos. Con un cuchillo, haced un corte limpio en el tallo y ponedlo en una caja con una mezcla de arena, turba y vermiculita y dejadlo en un sitio con un ambiente cálido y húmedo. Las raíces deben brotar a las tres semanas. Los mechones de las hojas nuevas aparecerán donde el vástago se une a la begonia *rex*, y en el extremo del vástago en las otras especies. Otro método consiste en cortar varias hojas en pedacitos, esparcirlas en bandejas con un suelo de turba y mantenerlas en un ambiente húmedo. Pronto se de-

sarrollarán brotes adventicios. También se puede cortar una hoja en láminas triangulares, con uno de los nervios principales atravesando cada lámina; plantar las láminas con las puntas a 5 mm de profundidad en una mezcla de, por ejemplo, dos partes de arena por una de turba. Las begonias *rex* prefieren la luz, pero también un suelo rico con gran cantidad de humus. Es esencial que el drenaje sea perfecto porque son muy propensas a la putrefacción de las raíces. Debe evitarse regarlas en exceso. El suelo debe mantenerse húmedo, pero no empapado. En caso de que se sequen, revivirán con bastante rapidez si se sumerge el recipiente en agua, hasta el borde, y hasta que toda la raíz esté empapada. Riéguelas a primera hora de la mañana para que las hojas tengan la oportunidad de secarse durante el día. Si aparece alguna enfermedad provocada por hongos, arraque y destruya las hojas infectadas y rocíe la planta con un fungicida. Mantenga las begonias *rex* en lugares cálidos y sin corrientes de aire y alejadas de la luz directa del sol. Los especímenes antiguos se pueden volver a plantar en primavera o verano en una maceta, hacia arriba, con cuidado de no hundir demasiado el rizoma. Durante el invierno la mayoría de begonias rizomatosas, incluidas las de la variedad rex, se sumergen en una fase de inactividad y las hojas parecen estropeadas y marchitas, pero se recuperarán en primavera. Durante este período, el suelo ha de mantenerse seco y no se han de aplicar fertilizantes.

CLIMA Sensibles a las heladas, pueden cultivarse a la intemperie todo el año en zona 10 y por encima.

ESPECIES Las begonias tuberosas son apreciadas por sus flores dobles que brotan profusamente en sorprendentes colores que van del rosa, rosado, rojo, cereza, bermellón, naranja salmón, bronce, amarillo, crema, blanco, y una combinación de todos estos tonos. Las begonias tuberosas modernas que florecen en verano, las conocidas como B. x *tuberhybrida*, tienen unas flores muy grandes (algunas alcanzan 30 cm de diámetro), tallos fuertes y resisten a las enfermedades. Algunas tienen los pétalos ondulados o rizados; otras, pétalos similares a los de las malvas locas, rosas, camelias, claveles y narcisos.

Las begonias de raíz *fibrosa* tienen dos varieda-

Begonia coccinea, híbrida, con cañas como tallos. Estas begonias son unas plantas de interior espléndidas.

des: las que florecen en verano, conocidas como *B. semperflorens*, y las variedades de *B. socotrana*, que lo hacen en invierno, y son excelentes para lechos de verano o invernadero, respectivamente. Además de sus flores de vivos colores, tienen un bonito follaje lustroso. A algunas se las conoce como begonias de hojas de cera. En ocasiones moteadas o manchadas, tienen distintos tonos de verde intenso, bronce, rojo oscuro o amarillo. El nombre popular de «ala de ángel» se refiere a la graciosa forma de la hoja de algunas de estas especies. *B. acutifolia* tiene flores blancas en primavera. *B. foliosa*, blancas o de color rosa en verano. La variedad *miniata* produce flores escarlata en invierno. La *B. incarnata* tiene flores de color rosa en invierno. Las flores de color rosa claro de *B. scharffii* aparecen en invierno. Los cultivares de *B. semperflorens* producen flores rojas, rosas o blancas en los meses de verano. *B. socotrana* ha producido muchos cultivares como 'Gloire de Lorraine'. Los árboles de estas plantas son excelentes para cultivar en maceta o en jardín. Los arbustos de floración dilatada, tallos como cañas de bambú y un hermoso follaje, se encuentran muy bien en una ubicación en sombra y con mucha humedad. Dado que tienen unas raíces poco profundas, pueden crecer con éxito donde no haya mucho suelo. Las

plantas que se recomiendan incluyen la *B. coccinea* y sus cultivares.

Las begonias que se cultivan por su follaje pertenecen a los cultivares de *B. rex* y se distinguen por la inmensa variedad de los bellos colores y formas de sus hojas. Otras especies que se cultivan por sus hojas ornamentales incluyen la *B. bowerae*. Las delicadas hojas verdes están bordeadas de negro. *B.* 'Cleopatra' tiene unas estrellas de un verde dorado sobre el fondo de color chocolate. *B. heracleifolia* tiene unas hojas profundamente foliadas. *B. maculata*, hojas blancas manchadas. *B. masionana* exhibe una cruz de color púrpura oscuro en cada hoja verde intenso. El follaje de *B. metallica* tiene un brillo metálico; en la *B. sanguinea* es de un verde vivo en el haz y rojo sangre en el envés.

Belamcanda (fam. Iridaceae)

Lirio leopardo

La principal especie cultivada se parece al lirio y se hallan en China, Japón, este de Rusia y norte de India. Crece de un rizoma carnoso, tiene unas hermosas hojas en forma de espada y flores manchadas en forma de estrella generalmente en tonos naranja, rojo o amarillo, dependiendo de la variedad. A las flores les siguen unos racimos de semillas relu-

Un miembro fácil de cultivar de la familia de los iris, *Belamcanda chinensis*, produce estas flores moteadas durante toda la estación.

cientes y decorativas. Los lirios leopardos resultan una incorporación encantadora a las orillas mixtas.

CULTIVO Estas plantas son fáciles de cultivar y se adaptan a una amplia gama de ambientes y condiciones. Sin embargo, deberían plantarse a pleno sol en un suelo bien drenado y enriquecido con materia orgánica. Pueden crecer por semillas o por división de rizoma desde finales de invierno hasta principios de la primavera. También se pueden cultivar en recipientes donde se plantan varias para conseguir un buen efecto.

CLIMA Adecuadas para la zona 8.

ESPECIES *B. chinensis* puede crecer más de 1 m en buenas condiciones. Tiene un follaje muy decorativo en forma de espada y flores moteadas en rojo, naranja o amarillo. Se producen en primavera o en verano. Tras la floración aparecen unas semillas relucientes y negras, muy decorativas.

Bellis (fam. Asteraceae)
Margarita común

El nombre de este género deriva del vocablo latino *bellus*, que significa «bonito», y estas plantas perennes son ciertamente muy atractivas, aunque en muchos jardines de clima frío se la considere una

mala hierba. La planta abre y cierra las flores dependiendo de la intensidad de la luz. Se han cultivado durante siglos y a menudo se plantaban junto a ranúnculos en los jardines ingleses. Actualmente se utilizan como plantas para jardines de rocalla, orillas y lechos de primavera.

CULTIVO Se cultivan bien en climas frescos y fríos, y quedan muy bonitas en primavera entre otras flores y bulbos de variados colores. Se pueden plantar en casi cualquier tipo de suelo con un buen drenaje, a pleno sol o en sombra parcial. Cultivad las de semillas plantadas en un semillero al aire libre, a principios de la primavera. La planta deja de florecer en otoño.

CLIMA Zona 4 y por encima.

ESPECIES *B. perennis* a menudo se encuentra en el césped. Alcanza hasta los 10 cm y produce unas flores blancas desde el comienzo de la primavera en adelante. Aunque se trata de una mala hierba, esta especie es pariente de muchos cultivares que se han desarrollado para los jardines. Existen muchos cultivares con flores dobles o como un pompón, y en tonos rojos, rosados y blancos.

Bellis perennis se puede cultivar en macetas o se utiliza para formar orillas en los jardines.

Las flores de color carmesí de la planta coralina *Berberidopsis corallina*, cuelgan de finos tallos como las cerezas.

Berberidopsis (fam. Flacourtiaceae)

Estos exquisitos arbustos siempreverdes semitrepadores originarios de Chile tienen unas hojas coriáceas de un verde oscuro y racimos colgantes de flores de un carmesí intenso que aparecen en verano.

CULTIVO Este arbusto necesita un lugar cálido y un buen drenaje. Generalmente se encuentra bien en lugares boscosos, protegido y con la luz solar tamizada. Si se planta cerca de una pared, hay que asegurarse de hacerlo un poco apartado del muro, para evitar que se seque en verano y que se anegue en invierno. En ambientes templados, plántelo en un lugar en sombra pero con luz, en un suelo de turba y abundante materia orgánica. No le gusta el calcio. Se propaga por esquejes semimaduros a finales del verano o por acodado de tallos jóvenes en primavera.

CLIMA Se puede cultivar en zona 8.

ESPECIES *B. corallina* tiene unos racimos de flores pequeñas de color carmesí durante el verano y principios del otoño. Si las condiciones de cultivo son las adecuadas, el despliegue floral será muy abundante.

Berberis (fam. Berberidaceae)
Agracejos

Originario de Asia, Europa y las dos Américas, este género comprende más de 450 especies de arbustos caducifolios y atractivas siempreverdes. A menudo se utilizan para formar setos o como ejemplares porque tienen un crecimiento muy tupido y producen racimos de unas deliciosas flores amarillas y naranja, así como bayas de varios colores. Las especies más pequeñas se utilizan en jardines de rocalla.

CULTIVO Todas las especies crecen mejor en climas frescos y templados, se utilizan mucho en los jardines de Estados Unidos, aunque las de hoja perenne no resisten bien en las regiones del norte. Gustan de suelos húmedos y bien drenados y muchas de ellas, ambientes alcalinos. Los suelos ácidos se pueden abonar con calcio antes de la temporada de plantación. Hay que propagar por esquejes lignificados o semilignificados de unos 12 cm de longitud a mediados o finales de invierno, quitar las espinas más bajas e insertarlos en una mezcla ligera, y asegurarse de que la mezcla no se seque. Las berberis no dan muchos problemas, pero pueden ser atacadas por áfidos u oídios de vez en cuando. Ciertas especies de berberis son anfitriones alternativos para el moho del trigo, así que no deben plantarse en zonas próximas a su cultivo.

CLIMA Son adecuadas para varias zonas climáticas.

ESPECIES *B. darwinii*, zona 7, una siempreverde procedente de Chile, tiene unas hojas pequeñas, lustrosas, parecidas a las del acebo, de un verde intenso, flores doradas y bayas pequeñas y de un negro azulado. Crece 2-3 m y es excelente para formar se-

Las flores, de un amarillo vivo, contrastan con el follaje más oscuro de las especies y cultivares *Berberis*.

Este tupido seto de *Berberis* forma una valla llena de vida. Toleran condiciones bastante difíciles.

tos. La *B. linearifolia,* zona 6, otra siempreverde de Chile, alcanza 3 m y tiene unas flores de color albaricoque y unas bayas ovaladas de un negro azulado. *B. x rubrostilla,* zona 6, produce flores amarillas y unas bayas grandes, rojas y en forma de pera a lo largo de los tallos. Este arbusto caducifolio crece hasta 1,2 m. En otoño, sus hojas adquieren hermosas tonalidades rojizas. *B. thunbergii f. atropurpurea,* zona 4, un arbusto caducifolio de copa redondeada, se cultiva por su follaje de tonos rojos, púrpura y cobrizos y que en otoño, en las zonas frías, se vuelve carmesí. Las flores, de un amarillo claro, producen, en los climas más fríos, unas bayas pequeñas y rojas. Alcanza 1-2 m de altura. Existen otros cultivares de estas especies, entre ellos 'Aurea', con follaje amarillo, y 'Atropurpurea Nana', enano, que raramente crece más de 50 cm. *B. wilsoniae,* zona 6, es un arbusto semi siempreverde que crece en extensión y alcanza 1 m de altura y 2 m de anchura. Las pequeñas hojas redondeadas se colorean en otoño, y los ramilletes de flores producen unas bonitas bayas de un rosa rojizo.

Bergenia (fam. Saxifragaceae)

Estas perennes de cultivo fácil tienen unas hojas grandes sobre todo siempreverdes y gruesas raíces rizomatosas. En algunos países se las conoce como «orejas de elefante». El follaje es de un verde intenso y el color de las flores presenta una gran variedad de tonos que van del rosa, malva, carmesí, púrpura y al blanco. La planta florece a finales de invierno en las zonas templadas y en primavera en las frescas. Con frecuencia se la utiliza como planta para bordes y en jardines de rocalla. Ciertas plantas, en las regiones frías, tienen la particularidad de que sus hojas se vuelven rojas o con rayas rojas. En algunas zonas, mueren por completo.

CULTIVO Es fácil de cultivar en la mayor parte de los suelos. En regiones templadas, es mejor cultivarla en sombra o en semisombra, aunque puede hacerlo a pleno sol en las regiones frías. Necesita un riego regular durante las estaciones de calor. Se propaga fácilmente por división y trasplante de secciones del rizoma.

CLIMA Existen especies adecuadas a varias zonas.

A menudo florecen a finales de invierno. *Bergenia x schmidtii* proporciona una exhibición dilatada de flores de color de rosa que destacan contra el verde intenso del follaje.

ESPECIES *B. ciliata,* zona 7, originaria del Himalaya, tiene unas flores colgantes de color rosa o púrpura y crece hasta 30 cm. *B. cordifolia,* zona 3, de Siberia, tiene unas hojas grandes, lustrosas y redondeadas y, en primavera, unos racimos de delicadas flores rosadas sobre tallos erectos. Queda muy bien como planta para orillas y se utiliza como planta de corte. *B. crassifolia,* zona 3, tiene unas hojas suaves y flores color de rosa, lila o púrpura en invierno y en primavera. Crece 50 cm. *B. x schmidtii,* zona 5, tiene unas flores de color malva rosado que alcanzan los 30-45 cm y se cultiva ampliamente. La aparición de cultivares de estas plantas va en aumento en el mercado.

Beschorneria (fam. Agavaceae)

Originarias de México, estas suculentas siempreverdes tienen unas hojas grandes y carnosas que forman matas de alrededor de 1 m de altura. Los espectaculares tallos rojos producen un interesante racimo de flores verdes en forma de embudo rodeadas por brácteas rojas. Las flores son comestibles y las hojas se han utilizado como sustituto del jabón.

CULTIVO De fácil cultivo, prefiere ambientes templados y un compost arenoso con buen drenaje de mortero de cascotes y marga. Se propaga fácilmente por brotes plantados en un suelo arenoso en cualquier momento del año.

Las hojas rígidas y de un verde grisáceo, así como la espectacular espiga florida, convierten *Beschorneria yuccoides* en una buena planta de jardín.

CLIMA Puede crecer en la zona 9 y por encima.

ESPECIES *B. tubiflora* alcanza por encima de 1 m de altura, y presenta una roseta compacta basal de follaje verde gris. Los tallos de las flores, que aparecen en primavera, y que generalmente son más altos que el follaje, tienen unas brácteas rojo purpúreo que sostienen unas flores de color verde rojizo. *B. yuccoides* es bastante espectacular, con sus hojas alargadas, en forma de espada, carnosas y de un verde grisáceo, y unas flores de un verde manzana brillante con las brácteas rojas. Crece hasta 2 m.

Beta vulgaris (fam. Chenopodiaceae)
Remolacha, betarava

Esta planta anual se ha cultivado desde hace más de 2000 años. El cultivo de esta raíz es muy fácil mien-

Hay que evitar que la raíz de remolacha crezca demasiado deprisa para así asegurarse de que resulta tierna. Las hojas también resultarán más dulces.

tras se haga en condiciones razonables. La remolacha es deliciosa en ensalada, para acompañar platos calientes, y hasta frita con un ligero rebozado. La sopa de remolacha, también es muy apetitosa.

CULTIVO Suelos bien drenados y sol son los requisitos principales de esta planta. Se deben sembrar las semillas directamente en la tierra donde van a crecer las plantas, debido a que el trasplante retrasa la madurez y pueden no prosperar. Se han de poner en remojo las semillas durante toda la noche y luego se han de sembrar formando hileras a 40 cm de distancia y a una profundidad de 2 cm. Si es necesario aligerar las plantas, los ápices de la remolacha más tierna se pueden comer como una ensalada verde. En cuanto han conseguido arraigar, se ha de aplicar media copa de calcio agrícola por metro cuadrado y luego se la ha de remojar con un fertilizante soluble de fuerza mediana cada dos semanas. Regarlas con precaución. La remolacha madura en 10-12 semanas. Se ha de evitar cultivarla durante los calores extremos del verano.

CLIMA Zona 5 y por encima.

VARIEDADES En los buenos catálogos de semillas se enumeran muchas variedades. Las más difundidas son las variedades pequeñas en forma de globo, pero también se pueden conseguir raíces de remolacha de forma alargada.

Con agua y fertilizante aplicados de forma regular, el crecimiento es rápido. Quite las hojas con frecuencia para mantener la planta productiva.

Beta vulgaris subesp. Cicla

(fam. Chenopodiaceae)

Acelgas

Muy popular hace tiempo, en la actualidad ya no se consume tanto como la espinaca. No obstante, sigue siendo un vegetal delicioso. Los estambres pueden escaldarse y bañarse en aceite de oliva, o bien pueden convertirse en un suculento gratinado con queso azul. Las hojas pueden cocerse al vapor, o consumirse con mantequilla o aceite de oliva, o prepararse como base para una ensalada. Crece con facilidad y su cosecha es de larga duración.

CULTIVO Necesita un drenaje perfecto, agua en abundancia y aplicaciones regulares de fertilizante nitrogenado para favorecer el crecimiento de las hojas. Se adapta a muchos suelos, pero prefiere los de buena calidad. Multiplique por semilla cultivada *in situ*; si lo hace en tiestos, trasplante cuando las plantas tengan entre 8 y 10 cm. En zonas frías, siembre entre primavera y verano; en los climas cálidos, cualquier época del año es buena. Las plantas que han iniciado su crecimiento en primavera darán fruto hasta la siguiente estación. Cuando las plantas cultivadas directamente alcancen los 10 cm, desespéselas hasta conseguir una distancia de 30-45 cm entre ellas, y de 60-75 entre hileras. Empiece a recolectar entre ocho y diez semanas más tarde, sacando solo dos o tres hojas de cada planta. Extráigalas retorciéndolas o cortándolas cerca de la base. La especie está libre de la mayoría de enfermedades causadas por insectos, pero las manchas foliares pueden llegar a causar problemas en las zonas húmedas. En caso de que apareciesen, quite las hojas más dañadas y evite el exceso de agua. Deje que la planta crezca con rapidez y coseche a menudo.

CLIMA Zona 5.

VARIEDADES *Beta vulgaris* subespecie *Cicla* es una bienal de crecimiento vertical tratada como anual. Echa ramas desde la base, tiene tallos foliares blancos y hojas de un verde intenso. Hay varias formas con tallos de diversos colores. Son muy decorativas e incluso pueden cultivarse en un jardín floral. Pruebe el cultivar 'Ruby Chard', con tallos de un rojo brillante, a veces parecidas a las del ruibarbo de tallos rojos.

El efecto de plantar abedules en grupo está muy bien ilustrado en este jardín.

Betula (fam. Betulaceae)
Abedules

Existen alrededor de 60 especies de abedul y todas pertenecen a arbustos y árboles de hoja caduca originarios del hemisferio norte. El abedul representa un importante papel en el folclore del norte de Europa y entre los pueblos indígenas de Norteamérica, aunque las especies más hermosas son las originarias de China y del Himalaya. Algunas especies tienen una historia muy larga en cuanto a sus usos, algunos de los cuales continúan todavía. El abedul, casi siempre grácil y esbelto, es uno de los árboles de adorno más populares. Tiene unas hojas pequeñas, en forma de corazón, de un verde intenso y con finos pedúnculos. Algunas especies se plantan por la calidad y el color de su corteza, que puede tardar varios años en desarrollarse, y por sus hojas doradas en otoño. En los primeros estadios su crecimiento es rápido, alcanza alturas de 7-18 m, aunque también se puede plantar en los jardines más pequeños porque no crecen demasiado a lo ancho. De todos modos, los abedules dan lo mejor de sí cuando se plantan en grupo.

CULTIVO El abedul suele adaptarse a una amplia gama de condiciones, aunque prefiere un suelo ligero y la intemperie. La mayor parte de las variedades prosperan, si tienen abundante humedad en verano. Se benefician del mantillo que mantiene frescas a sus raíces. La especie puede crecer de semillas recolectadas a finales de verano, que deben guardarse en un refrigerador hasta principios de primavera. Sembrar las semillas en un suelo húmedo y cubrirlas ligeramente. Los cultivares deben brotar o deben ser injertos de árboles de semillero. El abedul es propenso a los áfides y, en el nordeste del Pacífico, algunas especies son atacadas por el horadador del abedul bronce.

CLIMA Existen especies adecuadas a varias zonas.

ESPECIES B. Nigra, el abedul negro o abedul de río, crece en forma piramidal hasta que alcanza 15 m. Es adecuado para la zona 4. Prospera bien a orillas de los ríos y los lagos, su hábitat natural en Norteamérica. El tronco maduro es áspero y negruzco,

mientras que los troncos jóvenes tienen un color mucho más claro. B. Papyrifera, abedul del papel o abedul blanco americano, zona 1, también norteamericano, alcanza una altura de 15 m y tiene una corteza quebradiza como el papel que se desprende y deja al descubierto otra corteza de color castaño anaranjado. B. Pendula, o abedul de plata, zona 2, es la más conocida de las especies y una de las más elegantes. Tiene una corteza muy atractiva de un blanco plateado, y hojas de un verde intenso que en otoño se vuelven doradas. B. Pendula, cultivar 'Dalecarlica', de Suecia, crece hasta los 10 m de altura y tiene unas hojas muy poco usuales profundamente foliadas. El cultivar 'Fastigiata' tiene forma de columna. 'Purpurea' es alto y esbelto con unas bonitas hojas púrpura. El cultivar 'Youngii' es un arbolito que crece hasta 4 m, si se apoya el tronco en una estaca sólida. Sus hermosas ramas se derraman hasta el suelo, lo que lo convierte en un buen espécimen para el césped. Crece bien en zonas frías. B. Populifolia, el abedul gris, zona 4, originario de Norteamérica, es similar al abedul plateado y crece 10 m de altura. Su corteza es suave, de un color gris claro mientras que sus hojas, largas y estrechas.

Bignonia capreolata es una delicada trepadora para un invernadero fresco o un vivero, o para cultivarla en el jardín, si el clima está relativamente libre de heladas.

Bignoria (fam. Bignoniaceae)
Bejuco de la cruz

Esta hermosa trepadora siempreverde cubrirá una amplia zona rápidamente con sus hojas largas, estrechas y brillantes y sus llamativos racimos de flores naranja en forma de trompeta. Sus largos zarcillos terminales trepan por las superficies mediante unos discos diminutos. Hace tiempo había muchas plantas trepadoras incluidas en este género, pero ahora esta es la única especie.

CULTIVO En climas muy fríos, hay que cultivarla en invernadero o en un vivero. Cuando está a la intemperie, necesita un enrejado o un armazón como soporte. Crece bien a pleno sol, pero resguardada de los vientos fríos. El suelo debe tener un buen drenaje y ser muy rico en materia orgánica. Durante la primavera y verano, riéguela regularmente, pero con una frecuencia mucho menor durante los meses más fríos. Se propaga por esquejes semilignificados de finales de verano a comienzos de primavera o, si están disponibles, por semillas maduras.

CLIMA Zona 9 y por encima.

ESPECIES *B. capreolata* florece a finales de primavera y verano. Las flores, muy abundantes, son de un rojo anaranjado.

Billardiera ringens, procedente de Australia, produce intermitentemente, desde el invierno al otoño, unas flores de color naranja.

Billardiera (fam. Pittosporaceae)

Este género contiene unas 30 especies, principalmente plantas que trepan en espiral, todas ellas originarias de Australia. Estas delicadas trepadoras se cultivan por sus hermosas flores en forma de campanilla o estrella y sus vistosas y suculentas bayas, una vez favoritas de los aborígenes. Cuando están en flor y dan frutos, atraen a las aves al jardín. Y como no son invasivas, pueden crecer tanto en el jardín como en maceta, o también pueden utilizarse como plantas de cobertura.

CULTIVO En los climas propensos a las heladas, lo más adecuado es cultivarlas en invernadero o en viveros. Necesitan un compost o un suelo sin calcio y luz abundante. Cuando están a la intemperie, prefieren suelos húmedos y enriquecidos, aunque *B. scadens* crece en la mayoría de los suelos, hasta en los de arcilla, y *B. cymosa* puede tolerar suelos con calcio. Sin embargo, les gusta el sol de la mañana o la luz del sol filtrada y se adaptan bien a la media sombra. Se propagan por semillas que han madurado en los frutos frescos. Hay que sembrarlas en una mezcla de arena gruesa y turba. Con la excepción de *B. scandens*, las semillas pueden no germinar fácilmente, algunas tardan hasta doce meses. Los esquejes son más fiables. Haga unos esquejes de 10-15 cm de madera semilignificada en verano o en otoño y retire aquellas hojas más bajas.

CLIMA A la intemperie, en la zona 9. *B. longiflora*, en la zona 8.

ESPECIES *B. bicolor* es un arbusto trepador que se caracteriza por sus pequeños zarcillos. Tiene unas hojas lanceoladas de bordes ondulados, de un azul gris, y unas flores muy vistosas, de pétalos abiertos, en blanco, crema o amarillo, con rayas de color violeta. *B. cymosa* es una trepadora arbustiva, esbelta, con unas hojas lanceoladas y lustrosas, y unas flores abiertas y estrelladas en una gama de colores que van del crema al blanco verdoso, al rojo, púrpura y violeta rosado. Las bayas rojas y oblongas tienen un gusto ácido agradable. Actualmente se producen

nuevos colores con flores de un verde muy vivo
y otras de un azul delicado. *B. erubescens* es una
trepadora excelente y moderadamente vigorosa,
con unas hojas ovaladas y brillantes, en un
tono verde oscuro y racimos con flores tubulares grandes, de un color rojo intenso, que florecen durante una temporada larga en verano. Si
tiene un soporte, esta especie puede alcanzar de
3-5 m. *B. longiflora* tiene unas hojas lustrosas,
estrechas y verde oscuro y flores colgantes tubulares, de un brillante amarillo verdoso, a veces con los bordes de los pétalos de color púrpura. Las bayas oblongas, lustrosas, de color
púrpura o rojo, tienen 2 cm de longitud aproximadamente. Esta es la muy apreciada por sus
frutos. *B. ringens* es excelente trepadora o enredadera, de hojas alargadas verde oscuro, que alcanza hasta 5 m. Las flores de color naranja,
apiñadas en tupidos racimos de más de veinte
capullos, se vuelven de un rojo intenso. Como
las más jóvenes se abren desde el centro, se crea
un efecto de color espléndido. A las flores del
invierno y el otoño, les siguen unos pequeños
frutos secos. *B. scandens* es una vigorosa planta
con zarcillos. La más común de las especies procedentes del este tiene unas hojas estrechas, de
bordes ondulados, y unas flores colgantes y
bien formadas de un amarillo verdoso, a menudo teñidas con rayas de color púrpura. Las bayas oblongas de un color amarillo verdoso tienen un agradable sabor ácido. La planta produce flores y frutos durante un período largo.

Billbergia (fam. Bromeliaceae)

Lágrimas de reina

Estas plantas tubulares o en forma de vaso, se
encuentran entre las más absolutamente hermosas de las bromeliáceas. En su hábitat natural de
la Sudamérica tropical, se encuentran suspendidas de los árboles, formando colonias en el suelo o sobre rocas. Sin embargo, son fáciles de cultivar. Sus flores y su follaje exóticos hacen de
ellas unas excelentes plantas de interior, aunque
las cabezas florales no duran tanto. Además, si
se le permite que se multiplique, cada tubo vertical producirá una inflorescencia de varios colores a la vez.

Billbergia nutans se cultiva fácilmente y siempre resulta deliciosa
con sus flores multicolores.

CULTIVO En las zonas sin heladas, las lágrimas de
reina pueden crecer en el exterior como plantas de
cobertura en lugares en sombra. En los climas propensos a las heladas, cultivarlas en invernaderos o
viveros intermedios, o como plantas de interior, en
ambos casos como epífitas, distribuyéndolas sobre
madera o corteza flotante, o en macetas con compost sin tierra y previamente llenas de turba o corteza triturada. Les gusta mucho la luz, pero no el
sol directo. Los vasos de las plantas se mantienen
llenos de agua, que debe cambiarse con frecuencia.
Riegue bien durante la temporada de crecimiento
y proporciónele la humedad adecuada. Se propaga
por brotes tiernos en primavera.

CLIMA Zona 10 y por encima.

ESPECIES *B. horrida* tiene unas hojas rígidas y estriadas y una inflorescencia erecta con flores ver-

des. Es una especie de tamaño mediano. *B. lepto-poda* tiene hojas de un verde grisáceo notables, con manchas plateadas y una inflorescencia roja, azul y amarilla. Crece hasta 30 cm. *B. nutans*, lágrimas de reina o avena de salón, es de menores dimensiones y más fácil de cultivar. Suele hallarse en los alféizares de las ventanas. Tiene una inflorescencia verde claro, azul marino y rosa. *B. porteana* es una especie grande con espectaculares flores manchadas, flores verdes y brácteas de un rosado llamativo. *B. pyramidalis* forma una roseta de hojas verdes lisas de entre la cual aparece la cabeza erecta del cardo de la inflorescencia, de un rojo intenso. *B. zebrina* tiene unas hojas alargadas con bandas plateadas y una inflorescencia amarilla colgante, rodeada de grandes brácteas rosadas.

Bismarckia (fam. Arecaceae)
Palmeras de Bismarck

Este género solo comprende una especie de palmera originaria de Madagascar, donde crece en la zona más seca de la isla. Las frondas se han utilizado para fabricar techumbres de paja y para tejer cestas. Del tronco se saca un tipo de sagú.

CULTIVO En los climas propensos a las heladas, se cultiva en macetas con suelo con compost especial para macetas en invernaderos o viveros cálidos intermedios. Hay que proporcionarle luz, pero no sol directo. En el exterior, los suelos deben tener un buen drenaje y deben mejorarse añadiendo materia orgánica en descomposición. Riéguela con regularidad cuando la planta sea joven; las palmeras maduras toleran muy bien períodos de largas sequías.

CLIMA Zona 10 y por encima.

ESPECIES *B. nobilis,* palmera de Bismarck, es de rápido crecimiento en buenas condiciones, hasta alcanzar una altura de 20 m. Es una palmera de hojas gruesas de un verde azulado, curvadas, que pueden crecer hasta 3 m. Los pecíolos de las hojas son también de un verde azulado y el tronco autolimpiador es bastante ancho y resistente.

Bixa (fam. Bixaceae)
Achiote

Este árbol siempreverde, originario de la América tropical, es adecuado para cultivar en invernaderos o viveros cálidos. En los climas libres de heladas se utiliza a menudo para formar setos o pantallas.

CULTIVO Bajo cristal, cultive en macetas con compost especial para macetas. Proporciónele la máxi-

Los hermosos abanicos verde azulados de *Bismarckia nobilis*, una palmera más conocida en las regiones tropicales.

Al rojo intenso de *Bixa orellana* se debe el nombre común de achiote.

ma cantidad de luz. Si se cultiva a la intemperie, plántela a pleno sol en un suelo con buen drenaje y bien enriquecido con materia orgánica. Este árbol requiere agua abundante en verano.

CLIMA Zona 10 y por encima.

ESPECIES *B. orellana* es la única de la especie. Mide alrededor de 10 m. Tiene unas hojas alargadas, ligeramente brillantes y racimos de flores cuyos colores van del rosa intenso al blanco. Los frutos que da esta planta, rojizos y con púas, contienen las semillas, de color rojo oscuro. El colorante que se obtiene de estas frutas lo utilizaban los indígenas americanos como pintura para el cuerpo. También se utilizaba como tinte para telas. Es una fruta que casi no tiene sabor y hoy en día se utiliza como colorante para alimentos y cosméticos.

Blandfordia (fam. Blandfordiaceae)
Campanas de Navidad

Las flores se producen en la estación de verano y en su Australia natal se usan como adorno de Navidad, de ahí su nombre común, y también como flores de corte.

CULTIVO En climas propensos a las heladas, crecen en macetas, en invernaderos y viveros frescos. Los

Las flores de las campanas de Navidad, *Blandfordia nobilis*, tienen una acusada textura, casi de cera.

rizomas se pueden poner en maceta en otoño, con un compost para macetas ácido y sin tierra. Asegurarse de que tenga la máxima luz mientras está en crecimiento. Mantenerla seca durante el invierno, cuando las plantas están inactivas. En el jardín, plantarlas a pleno sol en un suelo con buen drenaje y sin calcio.

CLIMA Zona 9 y por encima.

ESPECIES *B. grandiflora* tiene unas flores vistosas que varían desde el rojo intenso con las puntas amarillas hasta el amarillo puro. *B. nobilis* crece hasta 1 m, tiene unas flores de un rojo castaño con las puntas en amarillo. *B. punicea* tiene las hojas altas, rugosas, como juncos, y crece en suelos arenosos. Todas las especies están protegidas.

Blechnum (fam. Blechnaceae)
Lonchites, helechos de agua

Muy extendido desde las regiones templadas hasta las tropicales de todo el mundo, este género tiene más de 200 helechos terrestres y epífitos que crecen de rizomas. La cantidad más abundante procede del hemisferio sur. En el hemisferio norte son plantas muy sensibles y se cultivan bajo cristal. Algunas especies tienen frondas firmes, gruesas, de color verde oscuro, mientras que otras las tienen más suaves y de un color más claro. Los rizomas están cubiertos con unas escamas de un color marrón brillante y pueden ser rastreras o semirrastreras.

CULTIVO Requieren mucha humedad, sombra y protección del viento. El suelo debe ser una mezcla de turba, la habitual para los helechos. Además, debe tener abundante materia orgánica para que retenga la humedad, pero también un drenaje fácil. Hay que nutrirlos mensualmente durante los meses más calurosos con un fertilizante soluble. Pueden crecer en jardín o en invernadero según la especie, aunque unas son más fáciles de cultivar que otras.

CLIMA Las especies que enumeramos más abajo son adecuadas para la zona 9 y por encima, a menos que se indique lo contrario.

Los brotes nuevos de *Blechnum nudum* son de un rojo rosado. Es originaria de Australia.

ESPECIES *B. camfieldii* crece naturalmente cerca de saltos de agua, ensenadas y calas o zonas pantanosas. Con la edad, le crece un tronco pequeño de alrededor de 1 m de altura y las frondas superiores se vuelven verde oscuro. Las frondas jóvenes son de un bronce rosado. *B. cartilagineum* tiene un rizoma ligeramente rastrero, cubierto con unas escamas negras, las frondas son erectas o parcialmente erecatas y cambian del rosa al verde claro cuando maduran. *B. chambersii* tiene unas frondas colgantes verde oscuro, de más de 60 cm de longitud. *B. minus* tiene frondas rosadas cuando es joven y erectas, lustrosas y de un verde vivo cuando maduran. Además, con la edad, desarrolla un tronco. Puede tolerar la luz directa del sol, a condición de que reciba la adecuada humedad, que los brotes laterales incrementarán fácilmente. *B. nudum* crece naturalmente en zonas frescas, húmedas y resguardadas, donde a menudo forma densas colonias. Las frondas superiores forman una roseta abierta. *B. patersonii* tiene un rizoma erecto y frondas verde oscuro, de un rosa suave cuando son jóvenes. Crecen más de 40 cm de longitud y su forma puede variar, desde íntegras a segmentadas. Re-

quiere un buen suelo y una ubicación bien protegida, húmeda y umbría para que prospere. *B. penna-marina*, zona 8, es una especie muy pequeña que se encuentra en Australia y en el sur de Sudamérica. Tiene un rizoma rastrero, estrecho, peludo y ramificado y unas frondas cortas, verde oscuro, que solo crecen 20 cm de longitud. *B. wattsii* es una planta figorosa. En su zona natural, las regiones húmedas y montañosas de todos los estados de Australia excepto Australia occidental, se extiende mediante retoños rastreros subterráneos hasta formar una intrincada cobertura. Pueden crecer bien en una maceta grande o en un lugar protegido del jardín.

Boltonia (fam. Asteraceae)

Estas plantas herbáceas perennes y resistentes son originarias de Norteamérica y de Asia. Las flores son como las septiembres (*Aster*), normalmente blancas, púrpura o violeta, y las hojas son alternas.

CULTIVO Adecuadas para orillas o macizos, crecerán en casi cualquier tipo de suelo, tanto al sol como a la sombra. Plántelas en otoño para que florezcan a finales del verano. Se propagan

De fácil cultivo, *Boltonia* florece a finales de verano y en otoño y, como sus parientes, los astero perennes, son excelentes como flores de corte.

por semillas o por división de las raíces en primavera.

CLIMA Adecuadas para la zona 6.

ESPECIES *B. asteroides* es una especie norteamericana, alcanza entre 1,2-2 m de altura, tiene hojas lanceoladas de más de 12 cm. Las flores alargadas, sin tallo, se parecen a las septiembres, y son de color blanco, violeta o púrpura. La variedad *latisquama* produce ramilletes de flores de un violeta azulado. Crece hasta 1,2-1,5 m. La 'Nana', con rayas rosadas, alcanza hasta 1 m.

Bombax (fam. Bombacaceae)
Ceibas, árboles capoc

Estos grandes árboles caducifolios, naturales de los bosques tropicales de Asia, África y Australia, solo se cultivan bien en jardines de climas cálidos. Son árboles de madera blanda y florecen en primavera con una vistosa exhibición de escarlata o blanco. Algunos tienen el tronco o las ramas espinosos.

Bombax crece de manera natural en las regiones tropicales de Asia y se cultiva en los trópicos y subtrópicos cálidos.

CULTIVO En climas propensos a las heladas, plántela como planta de follaje en maceta, en invernadero o vivero templado. Es raro que florezcan bajo cristal. Se utiliza un compost especial para macetas y se le aporta el máximo de luz.

CLIMA Zona 10 y por encima.

ESPECIES *B. ceiba* puede crecer hasta 35 m de altura. Tiene el tronco y las ramas espinosos y hojas palmadas. Las flores rojas carnosas y llamativas, repletas de miel, que duran unas tres semanas, contrastan de manera sorprendente con las ramas desnudas. Cuando caen las flores, se forma debajo del árbol una alfombra muy bonita. Tras la floración, se dan unas vainas llenas de semillas. Las semillas, encerradas en pelos gruesos y sedosos, se han utilizado para capoc.

Borago officinalis (fam. Boraginaceae)

Originaria del Mediterráneo, esta decorativa hierba anual se cultiva por el tenue sabor a pepino de sus hojas, que se utilizan para aderezar ensaladas y bebidas frías. Las hojas de la borraja también se pueden cocinar ligeramente y comerse como espinacas. Las flores también se utilizan en las ensaladas y a veces hasta se cristalizan con una solución de agua y azúcar para utilizarlas en la decoración de tartas de repostería. *Borago officinalis* tiene las hojas de forma oblonga u ovalada y unas bonitas flores azules o blancas en forma de estrella. Alcanza los 60 cm de altura. La borraja

Aquí con cebollinos, las flores azules de la borraja añaden un toque de color a los jardines de hierbas y verduras.

tiene la tendencia a la autopropagación en los jardines.

CULTIVO Esta hierba resistente crece bien en suelos pobres y se autopropaga. De otro modo, propagar por semillas, esquejes o división de las matas en primavera.

CLIMA La borraja es adecuada para el cultivo en la zona 7 y por encima.

Boronia (fam. Rutaceae)

Este género comprende alrededor de 100 especies apreciadas por la dulzura y deliciosa fragancia de sus flores. La mayoría de las especies tienen hojas aromáticas, y en algunas, las flores también son muy perfumadas. Todas las originarias de Australia tienen hojas simples o compuestas y flores de color púrpura, rosa, blanco, marrón y amarillo.

CULTIVO Las *boronias* necesitan un suelo ácido y neutro. En los climas con abundantes heladas, crecen en macetas o en arriates en invernaderos o en viveros frescos. Utilice un compost ácido especial para macetas y proporciónele la mayor cantidad de luz que sea posible. A la intemperie, las *boronias*

Boronia pinnata, con sus vistosas flores rosa, puede cortarse para la decoración de interiores.

La 'Jack Maguire's Red' es la versión roja y poco habitual de la *Boronia* marrón, *Boronia megastigma*.

prefieren una ubicación fresca, protegida de los vientos cálidos, y una marga fresca, áspera, arenosa y profunda. Es esencial un buen drenaje y no deben secarse. Para crear especímenes arbustivos, corte las puntas de las plantas después de florecer. Propague con pequeños esquejes de las puntas de la planta en primavera o a principios de verano. Clávelos en macetas con una mezcla de turba y arena gruesa. Es aconsejable un soporte. Son plantas que no crecen bien, si se cultivan en el interior.

CLIMA Zona 9 y por encima.

ESPECIES *B. heterophylla* es una especie resistente a las heladas, con hojas plumadas y multitud de flores fragantes de color rosa y en forma de vaso que aparecen en primavera. Crece hasta unos 2 m. *B. ledifolia* es una siempreverde plenamente desarrollada que crece hasta 1 m de altura. Tiene unas flores de color de rosa y forma de estrella en invierno y en primavera. Las flores de esta especie tienen un agradable perfume, pero no sus hojas. *B. megastigma* es un arbusto esbelto al que le gusta crecer en sombra parcial. Alcanza 1 m de altura. Sus flores son de color marrón púrpura en la parte externa y de un tono amarillo claro en el interior. Son excelentes flores de corte. *B. pinnata* destaca por ser un arbusto esbelto y abierto que crece hasta 2 m, y que se adapta a muchas zonas. Sus flores arracimadas, de color rosa, son extremadamente perfumadas. *B. serrulata* tiene unas hojas pequeñas, se-

Los anchos pétalos amarillos de *Bossiaea heteriphylla* parecen brillantes mariposas nocturnas. Las flores se producen en otoño.

rradas, de un verde intenso y, en primavera, racimos de flores de un rosa muy vivo y en forma de copa. Tanto las hojas como las flores desprenden perfume.

Bossiaea (fam. Papilionaceae)

Este género comprende alrededor de 50 especies de pequeños y decorativos arbustos. Estas plantas resistentes son fáciles de cultivar. En los ambientes con muchas heladas se cultivan en invernaderos y viveros. Tienen unas hojas pequeñas y simples, a veces ausentes, y unas flores generalmente amarillas y rojas en forma de guisante.

CULTIVO Esta planta tiene unas vainas planas que guardan las semillas. La dura envoltura de las semillas necesita un tratamiento antes de la siembra. Con sumo cuidado, practique un ligero corte en la envoltura de la semilla o bien viértelas en agua hirviendo y déjelas en remojo durante 12 horas. Las semillas que se hinchan son las que van a germinar con más facilidad. Siémbrelas en una mezcla de arena gruesa y turba en una proporción de 3:1. Plántelas en un lugar a pleno sol y con buen drenaje. Bajo cristal, plántelas en macetas con un suelo de compost especial para macetas y con mucho sol.

CLIMA Zona 9.

ESPECIES *B. heterophylla* es un arbusto pequeño, erecto, que produce unas flores alargadas de co-

A esta vistosa buganvilla se le ha proporcionado un fuerte soporte y se la ha obligado a crecer en forma de árbol.

lor marrón en los meses de otoño. *B. linophylla* tiene hojas lineales, tallos erectos y flores amarillas a finales de invierno y de primavera. También puede conseguirse con follaje de color bronce.

Bougainvillea (fam. Nyctaginaceae)
Buganvilla

Aunque estas vigorosas trepadoras son naturales de la Sudamérica tropical y subtropical, sus cultivares de muchos colores se han desarrollado en otras partes del mundo. La mayoría de ellas tienen unas púas en garfio que pueden colgarse de otras plantas y soportes. La buganvilla tiene hojas alternadas y ovaladas que crecen hasta 15 cm de longitud, y produce flores de color crema que son insignificantes. Sin embargo, las persistentes brácteas de brillantes colores que rodean las flores son muy hermosas.

CULTIVO Aunque las buganvillas son sensibles a las heladas, pueden sobrevivir a ellas mientras sean ligeras. Es una planta que se cultiva en los jardines de California y del sur. En el norte son plantas excelentes de invernadero o vivero frescos. Bajo el cristal, crece en bandejas con suelo o en macetas o tiestos con un compost especial para macetas y máxima luz. Hay que regarlas bien en la estación de crecimiento y menos en invierno. En el exterior crece en lugares soleados con suelos bien drenados. Las buganvillas se hacen mejor en suelos ligeros y de marga arenosa, requieren una nutrición adicional y agua durante primavera y verano. Pode inmediatamente después de haber florecido, cortando los tallos a 6 cm de la madera más antigua. Esto impulsará el crecimiento de la nueva madera y florecerá en abundancia a la siguiente estación. De vez en cuando, retire los tallos más viejos de la base de la planta. Propague por esquejes de madera dura de primavera o de verano. Algunas especies arraigan mejor que otras. Un cultivo estándar sería clavando una estaca gruesa, de unos 80 mm, de hierro galvanizado o una madera dura de 80 × 80 mm, en un bloque de cemento. La estaca deberá superar en 2 m el nivel del suelo. Retire todos los tallos, excepto el principal, de una planta pequeña o mediana, y átelo a la estaca. Retire los brotes laterales cuando aparezcan. Cuando la planta alcance el extremo superior de la estaca, deje que siga creciendo hacia arriba y siga retirando los brotes laterales a lo largo del tronco principal. Recorte la parte superior y dele una forma globular. Las buganvillas también pueden cultivarse para formar setos. A menudo son muy densos, y son como llamaradas de color durante la primavera y el verano. Algunos de los híbridos más recientes florecen continuamente. Se las puede obligar a crecer menos con la ayuda de estructuras de madera, las más fuertes treparán rápidamente por árboles y muros. Si se plantan junto a pérgolas, necesitarán un soporte fuerte. No hay que plantarlas junto a vallas antiguas.

CLIMA Zona 9 y por encima.

ESPECIES No todos los cultivares que siguen pueden crecer en todas las zonas, pero hay muchos más de igual calidad para elegir. *B.* x *buttiana* es un

La buganvilla 'Louis Wathen' tiene un color muy original entre el oro viejo y el albaricoque vivo.

híbrido a partir del cual se han producido muchos cultivares impactantes. 'Golden Glow', conocido como 'Hawaiian Gold', tiene grandes racimos de brácteas de un amarillo dorado que se transforman en color albaricoque con la edad. Crece unos 4 m. 'Louis Wathen', de India, de un vivo color tango, y 'Mrs Butt' tienen grandes racimos de brácteas en forma de corazón, de color carmesí que adquieren diferentes tonos de magenta. Las flores de verdad tienen forma de estrella. 'Mrs McClean' también tiene las flores en forma de estrella y brácteas naranja, y 'Scarlet Queen' es de un rico carmesí como 'Mrs Butt', aunque las flores de verdad no tienen forma de estrella. 'Barbara Karst' es muy tupido y produce una multitud de brillantes flores rojas sin solución de continuidad. Florecerá casi desde el principio, aunque esté en pequeños contenedores. El cultivar 'Temple Fire' solo crece 90 cm y es muy adecuado para criarse en macetas. Las brácteas de color cereza, rosa y violeta cambian a un tono terracota rosado con la edad. *B. glabra* es una planta vigorosa con hojas suaves, de un verde brillante, ganchos débiles y brácteas de un rosa purpúreo, más pequeñas que las de otros cultivares. El cultivar 'Sanderiana' produce gran abundancia de brácteas de color de rosa. Esta trepadora puede crecer 6 m. 'Magnifica Traillii', anteriormente conocido como 'Magnifica', tiene unas brácteas de un púrpura brillante, espléndidas. Originario de las Seychelles, crece 8 m y tolera las heladas de –7 °C. *B. spectabilis* es una especie espectacular, con hojas pubescentes, espinas cortas y brácteas de 5 cm de un púrpura vivo. Los siguientes cultivares se han desarrollado de estas especies: 'Lateritia', una trepadora extremadamente vigorosa, con brácteas de un rojo terracota que con la edad se convierte en bronce dorado, y la hermosísima y prolífica «Scarlet O'Hara», cuyas brácteas de un naranja tostado, cuando envejecen pasan a un rojo anaranjado, y luego, a carmesí. El origen de algunos de los nuevos cultivares que mencionamos más abajo es desconocido. La mayoría de estos menos fuertes que los de los tipos más antiguos y son adecuados para plantar en maceta. 'Easter Parade' crece hasta 4 m, con brácteas apuntadas y de color rosa claro. 'Killie Campbell' crece con fuerza hasta los 6 m y sus brácteas, de un rojo intenso, cambian de un rojo cobre a un rojo rubí, y a veces a ciclamen. 'Orange King', de crecimiento muy vigoroso, tiene unos grandes haces de flores de color cobrizo que al envejecer son albaricoque y carne. 'Show Cap' es de nuevo cuño y presenta unas sorprendentes brácteas variables: algunas variedades tienen brácteas bicolores en blanco y púrpura, y otras son o blancas o púrpura. Todas estas variedades sirven para la plantación. El cultivar 'Surprise' (también conocido como 'Mary Palmer'), con brácteas de un blanco puro y magenta en la misma planta, es una de las buganvillas más hermosas. A veces los colores aparecen en ramas separadas, otras están en el mismo tallo. Unos cultivares muy buscados, con flores dobles, que también se han desarrollado y que son extremadamente vistoso son los siguientes: 'Klong Fire', de unos 2,5 m, tiene unas hermosas brácteas dobles de color carmín, mientras que 'Pagoda Pink' tiene las brácteas, de un delicioso color rosa, teñidas de lavanda. 'Bridal Bouquet', conocido también como 'Limberlost Beauty', tiene unas brácteas blancas dobles, ribeteadas de rosa brillante. Cuando crece en sombra parcial, las brácteas de este cultivar adquiere una tonalidad verde, dando como resultado una exhibición floral muy bonita y original.

Bouvardia (fam. Boweniaceae)

Estos arbustos perennes, siempreverdes, la mayoría son originarios de México y Centroamérica. Son apreciados por sus hermosas y fragantes flores, que a menudo se utilizan para confeccionar

Este cultivar de color rosa vivo de la *Bouvardia ternifolia*, es un hermoso arbusto de jardín. Las flores, aunque buenas para corte, duran mucho más en la planta.

ramilletes y para el adorno de mesas. Las cúspides terminales de sus flores tubulares de cuatro lóbulos pueden ser rojas, amarillas o blancas, mientras que las hojas son opuestas o en espiral. Las Bouvardias eran muy populares en la época victoriana y a principios de este siglo, aunque muchas de ellas no se cultivan.

CULTIVO estos arbustos se cultivan generalmente bajo cristal, excepto en las zonas libres de heladas. Requieren un invernadero o vivero frescos y máxima luz. Se plantan en macetas con compost especial para macetas. En el exterior, se cultivan en lugares cálidos, soleados y en suelos ricos y con buen drenaje. Hay que regarlos bien y nutrirlos con regularidad durante el período de crecimiento. A finales de verano, cortar los brotes del año anterior a 25 mm de la base. Se propaga por esquejes de los retoños jóvenes a principios de otoño.

CLIMA Zona 9 y por encima.

ESPECIES *B. jasminiflora* produce unas flores blancas fragantes y crece hasta 60 cm de altura. *B. leiantha* tiene unas hojas ovaladas, pubescentes en el envés, que forman espirales de tres o cuatro, y flores lisas de un rojo intenso. *B. longiflora* tiene hojas ovaladas, lanceoladas u opuestas y unas flo-

Bowenia serrulata crece naturalmente como planta de sotobosque en sombra manchada. Se adapta bien al cultivo en maceta y en el suelo.

res solitarias, fragantes y blancas como la nieve. Este hermoso arbusto crece 1,5 m. *B. ternifolia* tiene hojas lanceoladas u ovaladas en espirales de tres o cuatro, y flores escarlata, pubescentes en la parte externa.

Bowenia (fam. Boweniaceae)

Este género de cícadas procedentes de Australia comprende solo dos especies, con una distribución muy restringida. Estas cícadas se caracterizan por sus hojas bipinnadas, a diferencia de otros géneros de cícadas que tienen las hojas pinnadas. Tienen un tubérculo debajo de los tallos de 50 cm de longitud, frondas arqueadas y hojuelas espinosas de un verde oscuro. Las piñas se tuercen hacia el suelo, la femenina contiene las semillas que están rodeadas por una carne de color gris azulado.

CULTIVO Estas plantas de poca altura suelen producir solo una fronda nueva cada año, pero son bastante fáciles de cultivar. Quedan bien como plantas de interior y pueden cultivarse en invernaderos y viveros templados, en macetas con un compost consistente en hojas en descomposición, corteza picada y arena gruesa o gravilla a partes iguales. Hay que proporcionarles una buena luz, pero sombra del sol directo. En los climas sin he-

ladas, pueden plantarse en el jardín; cultívelas en sombra parcial en un suelo rico en humus.

CLIMA Zona 10.

ESPECIES *B. serrulata* se encuentra en una zona muy pequeña de la parte noreste de Australia. Se distingue por sus hojuelas profundamente serradas. La especie que más se cultiva es la *B. spectabilis*, que tiene un follaje muy decorativo.

Brachychiton (fam. Sterculiaceae)
Árboles de la llama, árboles botella

Estos espectaculares árboles se encuentran en su mayoría en las regiones subtropicales de Nueva Gales del Sur y Queensland. En los climas propensos a las heladas, se cultivan en macetas y tiestos bajo cristal. Los *brachychitons* tienen bonitas flores y un hermoso follaje, pero bajo cristal pueden no florecer.

CULTIVO Se cultivan en invernaderos y viveros templados en macetas con compost especial para macetas. Hay que proporcionarles la mayor cantidad de luz posible. Hay que regarlos en poca cantidad en invierno y, normalmente, en verano. A la intemperie, estas plantas son de crecimiento lento y pueden tardar varios años en florecer. Necesitan un buen suelo con un buen drenaje. Se propagan por semillas a principios de la primavera. La germinación normalmente es buena.

Multitud de campanillas como de cera escarlata, de *Brachychiton acerifolius*, brotan de las ramas desnudas.

Brachychiton populneus tiene hojas de diversas formas y un tronco robusto y estrecho.

CLIMA Zona 9 o 10.

ESPECIES *B. acerifolius* es un árbol magnífico, podría decirse que uno de los mejores del mundo. Alcanza una altura de 20 m bajo las mejores condiciones. Muda las hermosas hojas, semejantes a las del arce, todos los años, y el árbol produce

El tronco exageradamente hinchado de *Brachychiton rupestre* se considera una novedad, pero lo cierto es que puede almacenar agua para sobrevivir durante las largas sequías.

unas flores muy bonitas, de un rojo brillante y en forma de campanilla, en las ramas desnudas. Las vainas de las semillas que siguen a la floración, contienen muchas semillas peludas. La floración es errática. Por ejemplo, un árbol puede cubrirse de flores a los seis o siete años de edad, mientras que otros árboles del mismo lote de semillas pueden permanecer 15 años sin florecer, o hacerlo solamente en una parte del árbol, mientras que el resto permanece con hojas. Por esta razón, es preferible cultivar árboles de la llama a partir de injertos procedentes de jardineros de confianza, aunque esto pueda resultar mucho más caro. Hay que plantarlo en un lugar soleado para que consiga el mejor colorido. *B. discolor* es un árbol muy bien formado que crece hasta 20 m de altura. Sus flores en forma de campanilla y de un rosa intenso aparecen cuando al árbol se le han caído las hojas. En otros momentos, está completamente cubierto de un follaje verde intenso. Tiene el tronco cubierto por una corteza verdosa extremadamente arrugada. *B. populneus* es un árbol muy popular de sombra, de calle y de forraje porque resiste las sequías. Las abundantes flores de un blanco cremoso se producen entre el follaje y luego siguen unas vainas con semillas. Si se cogen las semillas peludas con las manos, puede producir irritación en la piel. *B. rupestre* procede de las zonas templadas del norte de Australia y alcanza una altura de 20 m. Tiene una forma muy curiosa, achatada, con el tronco como una botella y puede tener hasta 2 m de diámetro. Las flores son de color crema y tienen el interior manchado de rojo. Las hojas son estrechas y de color verde oscuro.

Brachyglottis (fam. Asteraceae)

Este género, que cuenta con unas 30 especies, es originario de Nueva Zelanda y Tasmania, y comprende árboles y arbustos siempreverdes, herbáceas perennes y trepadoras. También incluye plantas con distintos tipos de follaje, muy atractivo. Todos tienen flores del tipo margaritas. La mayoría se pueden cultivar en regiones costeras expuestas donde algunas especies se utilizan para hacer setos.

CULTIVO Todas las especies necesitan suelos bien drenados y pleno sol. Se propagan mejor por es-

Para mantener su forma y su follaje, es mejor podar bien *Brachyglottis repanda* a finales del invierno.

Un cultivar de *Brachyscome multifida* con profusión de pequeñas flores en forma de estrella y un atractivo, suave y plumoso follaje.

quejes de madera semidura de finales del verano a principios de otoño.

CLIMA Existen especies adecuadas a diferentes zonas climáticas.

ESPECIES *B. bidwillii*, zona 9, es un arbusto tupido de 1 m o más, con hojas coriáceas verde oscuro en el haz y gris blanco en el envés. En verano produce unas flores pequeñas y blancas. *B. Dunedin* híbrida, zona 7, cubre una gama de atractivos cultivares con brillantes flores amarillas. La mayoría crecen entre 1,5 y 2 m de altura. *B. elaeagnifolia*, zona 9, crece alrededor de 3 m. Tiene un follaje brillante muy decorativo y las flores, de crema al amarillo, aparecen en verano. *B. repanda*, zona 10, es un arbusto extensivo, de 3 por 3 m. Las hojas, de bordes ondulados, son verde oscuro en el haz y blancas y peludas en el envés. Las flores olorosas, de un blanco cremoso, aparecen en verano.

Brachyscome (fam. Asteraceae)

Estas plantas autralianas de poca altura, anuales y perennes, sirven para formar bonitas orillas, bordes o lechos y también se utilizan como plantas de cobertura. Los tallos son simples o con ramas, el follaje ligeramente dividido y una multitud de flores parecidas a las en blanco, azul o lila, a veces solitarias, otras formando racimos sueltos. De las más de 60 especies, algunas se cultivan.

CULTIVO Las especies *Brachyscome* se cultivan casi siempre como anuales semirresistentes, se siembran en primavera bajo cristal y se plantan cuando ha desaparecido el peligro de heladas. Gustan de suelos arenosos y secos, y de una ubicación soleada.

CLIMA Zona 9 y por encima.

ESPECIES *B. iberidifolia* es una planta anual ramificada, de rápido crecimiento, de unos 30 cm, con un follaje de un verde diáfano y, en verano, flores parecidas a las margaritas de color rosa o blanco. Existen numerosos cultivares de varios colores, entre ellos el azul, púrpura, rosa y blanco. *B. multifida* es una especie pulcra, con un follaje suave, dividido, y flores malva rosado.

Brachysema (fam. Papilionaceae)

Brachysema es un género pequeño de arbustos bajos o rastreros, que se encuentran sobre todo en el oeste de Australia, la mayoría de ellos adaptados a múltiples ambientes. El follaje es variable, desde las atractivas y ovales hojas verdes, plateadas y aterciopeladas en el envés, a los tallos sin hojas. Todas las especies, excepto una, tienen flores de

Las flores de un intenso rojo carmesí de *Brachysema celsianum* contrastan con el follaje verde gris.

un rojo vivo. Las especies rastreras resultan excelentes plantas de cobertura o trepadoras. Son sensibles a las heladas y crecen bajo cristal o como plantas de interior solo donde existe el riesgo de heladas.

CULTIVO Se han de plantar en macetas en un invernadero o vivero fresco con un máximo de luz. Utilice un compost para macetas sin tierra. En el exterior, plántelo en un suelo sin drenaje, bien abonado con estiércol o compost. Se propaga por las semillas de vaina dura que se encuentran en el interior del fruto. Practique un corte en la vaina de la semilla con un cuchillo, o cubra las semillas con agua hirviendo y déjelas en remojo durante 12 horas. Las fértiles se hincharán y germinarán primero. Siémbrelas en una mezcla de arena gruesa y turba, en una proporción de 3:1. También se pueden propagar por esquejes de otoño. Retire las hojas más bajas, espolvoree con polvo de hormona y plántelos en la misma mezcla de arena y turba.

CLIMA Las plantas de la especie *Brachysema* crecen bien en las zonas 9 o 10.

ESPECIES A menudo no están disponibles fuera de su país de origen. *B. aphyllum* es una planta rastrera poco habitual, con tallos gruesos, verde gris, sin hojas y con flores grandes, erectas, de un rojo brillante. Esta especie es sensible a las heladas. *B. celsianum* es la especie más común y proporciona una excelente cobertura. Esta planta tupida y frondosa, crece 1 m de altura y 2,5 m de anchura. Tolera suelos húmedos y pesados siempre y cuando esté protegida contra los fuertes calores. Tiene un follaje verde gris y las flores rojas a menudo están ocultas. *B. praemorsum* es un arbusto frondoso y rastrero, de más de 1 m de extensión, que resulta una buena planta de cobertura. Tiene unas hojas casi triangulares y flores erectas rojo purpúreo que florecen durante un largo período.

Bracteantha

(antiguamente *Helichrysum*, fam. Asteraceae)

Perpetuas australianas

Este particular género de siempre vivas australianas o margaritas de papel se clasificaba antiguamente con *Helichrysum*. Una de sus especies es la perpetua australiana la más cultivada de todas.

Algunos cultivares modernos de *Bracteantha* incluyen tonalidades del fuego. Las flores parecen casi artificiales, como de papel, en el jardín o en el jarrón.

CULTIVO La especie de más abajo se cultiva como una planta anual semirresistente, aunque se trata de una perenne de corta vida. Se trasplanta durante el verano. Plante las semillas bajo cristal en primavera y germine con calor. Transplántela cuando haya desaparecido el peligro de las heladas. En regiones más cálidas, siémbrela durante la floración a finales de primavera. Esta planta gusta de suelos con un buen drenaje, el aire libre y el sol. Aunque tolera la sequía, los mejores resultados se obtienen con un riego regular durante la temporada seca. Las flores destinadas a la decoración de interior y a secarse deben cortarse, cuando no están abiertas del todo.

CLIMA Zona 9 y por encima, aunque se cultiva como anual de verano.

ESPECIES *B. bracteata* es una perenne resistente que crece más de 1 m, conocida más a menudo como anual. El follaje es de un verde pálido, pero las flores semejantes a las margaritas son de un amarillo dorado intenso con un brillo lustroso. De los muchos cultivares disponibles, 'Dargan Hill Monarc' es de los mejores. Esta especie aporta excelentes flores de corte y para secar.

Brahea (fam. Arecaceae)
Palmeras azules

Originarias del sur de California, México y Centroamérica, en climas fríos generalmente se cultivan en maceta como plantas de interior o en invernaderos frescos o intermedios. A pesar de que tienen un crecimiento lento, son muy apreciadas por su atractivo follaje, sus medidas compactas y su tolerancia al sol y a los ambientes secos. Tienen un tronco único, grueso y pulido, copas compactas de hojas de color claro, divididas casi por completo en muchos fragmentos estrechos.

CULTIVO Excepto en las zonas libres de heladas, se ha de cultivar en macetas o tiestos bajo cristal o en el interior, en un compost especial para macetas con un buen drenaje. Hay que proporcionarle luz máxima, pero sombra del sol directo. A la intemperie, se ha de plantar en un lugar soleado en cualquier tipo de suelo que tenga buen drenaje. Se

Brahea armata ofrece una visión espectacular en plena floración de los tallos, que se arquean hacia fuera desde la copa.

propaga por semillas que se plantan en primavera a 27 °C de temperatura.

CLIMA Zona 9 o 10.

ESPECIES *B. armata* es una especie muy bonita, con sus hojas rígidas de un azul verdoso claro y las largas, esbeltas y arqueadas inflorescencias que irradian desde la copa. Desde los extremos de las docenas de inflorescencias colgantes, penden racimos de diminutas flores de un blanco grisáceo. Cuando se cultiva, crece solo alrededor de 6 m y su tronco pulido, elegante y gris alcanza alrededor de 40 cm de diámetro. Después de que las flores hayan marchitado, aparecen esparcidos unos pequeños frutos amarillentos. Esta especie es originaria del sur de California. *B. brandegeei* también del sur de California, es más alta y crece más rápido que *B. armata*, con un tronco más esbelto, revestido de hojas muertas persistentes. *B. dulcis*, cuyo hábitat natural va del oeste de México a

Guatemala, tiene unas hojas segmentadas, verdes en el haz, glaucas en el envés, más cortas que las inflorescencias. El tronco crece 3-6 m de altura y 15-20 cm de diámetro. *B. edulis*, originaria de la isla de Guadalupe, al oeste de México, es de crecimiento lento. Su tronco robusto crece 50 cm de diámetro y hasta 10 m de altura. Las grandes hojas están muy segmentadas y acaban en punta, son de un verde claro por ambos lados y las inflorescencias son más cortas que las hojas. Los frutos, grandes y negros, tienen la pulpa dulce.

Brassavola (fam. Orchidaceae)

Existen unas 17 especies de estas hermosas orquídeas epífitas de las regiones tropicales de América. La mayoría tienen pseudobulbos alargados y finos que producen una sola hoja cilíndrica. Las flores blancas o verdosas, de larga duración, suelen ser colgantes y muy fragantes por la noche.

CULTIVO Estas orquídeas se cultivan en invernaderos o viveros intermedios. Soportan temperaturas más bajas que muchas otras orquídeas, agradecen la máxima luz, sin sombra y un ambiente húmedo. Deben regarse a discreción durante el verano, pero hay que mantenerlas secas en invierno, cuando están en reposo. Se cultivan mejor en cestas para orquídeas, usando el compost especial

Brassavola nodosa, que crece feliz en el tronco del árbol, es una epífita auténtica. No tiene pseudobulbos para almacenar la humedad.

para ellas (formulado para epífitas). Como alternativa, las plantas pueden escalonarse en tablas de corteza.

CLIMA Zona 10 y por encima.

ESPECIES *B. cucullata* tiene unos pseudobulbos muy pequeños que terminan en tallos con hojas, ocultos en vainas blancas. Las hojas miden 20 cm. Las flores son blancas, con tonos verdes en las puntas, y el labio capucha tiene los bordes curvados hacia dentro y una punta larga y puntiaguda. Las flores solitarias, de unos 5 cm, se producen en otoño. *B. nodosa* no tiene pseudobulbos. Las hojas verde gris, erectas o colgantes, son más gruesas y tienen unos 20 cm de largo. Las flores, que se producen con abundancia varias veces al año, son muy aromáticas por la noche. Pueden ser blancas o de un blanco verdoso, con un labio blanco prominente y redondeado.

Brassica napus, grupo Napobrassica

(fam. Brassicaceae)

Colza, canoba o nabicol

Emparentada con las calabazas y coliflores, se cultiva por sus deliciosas raíces comestibles. Es más grande y sabrosa que el nabo, más tolerante al frío y más fácil de almacenar. La colza y el nabo se consideran a veces vegetales menores, pero pueden ser deliciosos, si se cocinan correctamente. Braseada, es un excelente acompañamiento para el pato, la ternera o el cordero. También puede cocerse, hornearse o añadirse a los guisos.

CULTIVO De clima frío e invernal en la mayoría de las zonas. La semilla se siembra a finales de primavera o principios de verano en el lugar destinado a la planta, con hendiduras de 2 cm de profundidad y las hileras a una distancia de 45 cm. Desbroce las plantas hasta conseguir una distancia de 25-30 cm. Suelo de buen drenaje, bien removido y enriquecido con materia orgánica. Riego regular durante el crecimiento. Aplique a las hileras un fertilizante completo antes

Colzas a punto de alcanzar la madurez. Se recolectan en otoño e invierno y pueden almacenarse si se desea.

Este cultivo de brócoli chino estará a punto para la recolección con la aparición de las primeras flores.

de sembrar, y aplique regularmente fertilizante líquido para estimular el crecimiento. Los corazones tienden a decolorarse y oscurecerse, si falta boro en el suelo. Asegúrese de mantener una humedad constante, pues los suelos muy secos limitan la disponibilidad de boro. Use siempre fertilizantes con trazas del compuesto para intentar evitar esto. Las plantas madurarán en cuatro o cinco meses. Extráigalas y almacénelas en arena en un lugar frío y seco, o déjelas en el suelo durante el invierno, ya que las heladas suelen mejorar el sabor.

CLIMA Zona 7.

VARIEDADES La especie es en realidad nativa de Europa, pero ya solo se usan cultivares. Hay muchos de ellos en el mercado, y aparecen en los catálogos de semillas. La carne es normalmente amarilla y la piel beis y morada.

Brassica olearacea, grupo Alboglabra

Brécol chino

De uso frecuente en China para hervir, guisar o freír, es una buena fuente de fibra, ácido fólico y potasio y mucha vitamina C. Se cultivan pocas variedades; la principal es un cultivar japonés, 'Kailaan', similar a choi sum, aunque las hojas son más redondeadas, y los tallos o pecíolos redondos y finos. Las flores son blancas. Se empieza a recolectar justo al abrirse las primeras flores.

CULTIVO Este frondoso vegetal necesita un suelo de buen drenaje y enriquecido con materia orgánica. Remueva el terreno con compost o estiércol entre cuatro y seis semanas antes de sembrar. Aplique un manto de cal o dolomita antes de sembrar, a no ser que el suelo sea ya alcalino. Espacie las plantas a una distancia 20 cm. Riegue regularmente para mantener un crecimiento rápido y asegúrese de que el terreno está libre de malas hierbas. La primera cosecha debería darse entre siete y ocho semanas después de la siembra.

CLIMA Zona 8, pero en todos los climas como anual estival.

Brassica olearacea, grupo Italica

Brécol

Vegetal de jardín de climas fríos, el brécol está emparentado con la coliflor. Las cabezas florales inmaduras, en realidad racimos de semillas, son la

El brécol es un vegetal de crecimiento lento, pero muy productivo y adecuado a los climas fríos. Las cabezas florales inmaduras son la parte realmente comestible.

Una plantación de saludables calabazas a punto para la cosecha. Si se siembran semillas durante varias semanas, se prolonga el período de cosecha.

parte comestible. Normalmente se ha consumido hervido y caliente. Hoy en día, se utiliza también en salsas para pasta, ensaladas y frituras.

CULTIVO Es un cultivo de crecimiento lento. Siembre la semilla en semillero de exterior en primavera, y trasplante las ejemplares jóvenes a sus posiciones definitivas a principios o mediados del verano. Espacie las plantas a unos 60 cm de distancia. Las plantas estarán listas para recolectar durante el siguiente invierno y primavera. Necesita suelos muy fértiles y las plantas pueden necesitar estacado en lugares muy ventosos.

CLIMA Zona 8.

VARIEDADES Hay cultivares morados y blancos. Los primeros son los más resistentes y productivos.

Brassica oleracea, grupo Capitata

(fam. Brassicaceae)

Calabaza

Nativo del sur de Europa, este frondoso vegetal se cultiva desde hace siglos y se cree que desciende de la calabaza salvaje de áreas costeras europeas. Aunque es bianual, se trata como anual en jardín. La cabeza madura del vegetal se utiliza mucho en ensaladas, como acompañamiento de segundos platos, como la ternera. Tiene vitaminas A, B y C y minerales, calcio y hierro, y los griegos creían que curaba la resaca.

CULTIVO Aunque es bastante fácil de cultivar, es muy importante sembrar y plantar en el momento adecuado, según el tipo. Las calabazas que deben recogerse en primavera se siembran a finales de verano y principios de otoño. Se plantan a unos 23 cm en hileras de unos 30 cm de separación. Las que deben recogerse a principios de verano se siembran a finales de invierno y principios de primavera. Las plantas se colocan a una distancia de 38 cm. Las calabazas de verano cultivadas para la principal cosecha estival se siembran a principios o mediados de primavera, a la misma distancia. Las otoñales se siembran a finales de primavera o principios de verano, también a 38 cm. Las de invierno, las más resistentes, se siembran entre finales de primavera y principios de verano. Necesitan más espacio, unos 45 cm. En climas cálidos se cultivan normalmente como cosechas de invierno o primavera en la estación fría. Todas las semillas pueden cultivarse en semilleros de invernadero o de exterior. Deberán plantarse en exterior cuando midan unos 8 cm. Les gustan los suelos alcalinos, lo que ayuda a protegerlas de la enfermedad de la hernia de la col Añada cal al terreno tras el invierno, en profundidad, si el suelo es ácido. Aplique un fertilizante multiuso equilibrado antes de plantar. Siempre que sea necesario, las calabazas deben mantenerse húmedas en primavera y verano. Desgraciadamente, son propensas a diversas plagas y enfermedades, como los gusanos de la semilla y la hernia de la berza. Para ayudar a prevenirlas deberá cultivarlas en rotación con otras especies, no cultivando nunca más de una vez en el mismo lugar por espacio de tres años. No retrase demasiado la cosecha; en caso contrario, las cabezas se abrirán y deteriorarán.

CLIMA Las calabazas no son demasiado resistentes y crecen mejor en zonas 8 y 9. Se cultivan como anuales o bianuales. En climas fríos las de verano y otoño son las mejores variedades.

VARIEDADES Las calabazas de primavera (tempranas) tienen cabezas redondeadas o puntiagudas. Pueden ser también caducifolias y cosecharse como «coles silvestres». Las de verano (calabazas de media temporada) tienen grandes cabezas redondeadas, como las de otoño (tardías). Estas incluyen las calabazas rojas, usadas a menudo para escabeches y ensaladas. Las de invierno (tardías) tienen también cabezas grandes y redondeadas. Hay dos tipos: las que se consumen frescas, conocidas como Savoys, de hoja arrugada, y los cultivares de hojas suaves y blancas, reservadas para el almacenaje. Todos los tipos disponen de numerosos cultivares, y los catálogos de semillas ayudan a hacer una buena selección.

Brassica oleracea, grupo Botrytis

(fam. Brassicaceae)

Coliflor

Aunque es bianual, la coliflor se suele cultivar como anual. Es más fácil hacerlo en climas fríos,

y más problemático en regiones de veranos secos o inviernos muy fríos. La cabeza floral inmadura es la parte comestible, y se consume como vegetal cocido con salsa blanca o en ensaladas. Las flores y tallos florales condensados forman la hinchazón característica. Hay variedades de coliflor adecuadas para ser cosechadas en verano, otoño o invierno.

CULTIVO Las coliflores se desarrollan mejor en un suelo de loam, bien removido y abonado con estiércol, y un pH de 6-7. También necesitan un buen drenaje y mucho sol. Prepare el suelo unas tres semanas antes de plantar los retoños añadiendo estiércol viejo o compost unos 100 g de fertilizante completo por metro cuadrado. Controle las malas hierbas y riegue a discreción. Las semillas germinadas en tiestos o semilleros deben trasplantarse, cuando miden entre 10 y 15 cm. Espacie las variedades de menor tamaño a unos 50 cm de distancia en hilera y entre hileras, y las de mayor tamaño a 60 o 75 cm. Debe sembrar en el momento adecuado. Las variedades de principios de verano se siembran en otoño en un marco frío o a mediados de invierno en invernadero calefactado, y se plantan a mediados de primavera. Las variedades para cosechar en verano y otoño se siembran en primavera en invernadero o a finales de primavera en exterior. Se trasplantan a principios de verano. Las coliflores de invierno se siembran en exterior a princi-

Una cabeza de coliflor perfectamente formada, lista para la recolección.

pios de verano y se trasplantan a mediados. La temperatura de germinación ideal es de 21 °C. Hay que empaparlas generosamente una vez por semana para estimular el movimiento de las raíces hacia el suelo. Controle el ataque de insectos y plagas. Además, una deficiencia en el molibdeno puede conducir a la aparición de la «cola de látigo», que impide la floración. Añadiendo cal al suelo antes de plantar reducirá la acidez, que impide que el molibdeno llegue hasta la planta. Una medida preventiva en suelos muy ácidos es rociar las plantas con sodio molibdeno en una dosis de 7 gramos cada 11 litros de agua. Cuando la cuajada o porción comestible madure, ate las hojas exteriores sobre ella para prevenir la decoloración y mantenerlas tiernas. Recolecte las cabezas antes de que se abran mientras aún estén firmes.

CLIMA Zona 8.

VARIEDADES Varían según la zona. Un buen catálogo de semillas será de gran ayuda para encontrar la especie y la temporada idóneas.

Brassica oleracea, grupo Acephala

(fam. Brassicaceae)

Col silvestre, brécol

La planta posee unas atractivas hojas rizadas, que suelen cocerse como vegetal o bien prepararse en ensaladas. También hay cultivares decorativos con follaje de color.

CULTIVO Cultivada como anual de estación fría, para ser cosechada en otoño e invierno, las semillas se siembran a finales de primavera en un semillero exterior. Trasplante los brotes a los lugares escogidos cuando midan entre 8 y 10 cm, espaciándolos a unos 60 cm. Arranque las hojas cuando sea necesario. Las heladas a menudo mejoran el sabor.

CLIMA La zona 8 es la mejor, pero las coles muy resistentes sobreviven a la zona 7.

Las coles ornamentales pueden colocarse en bordes de jardín o en macetas grandes para el patio.

Brassica oleracea, grupo Gongylodes (fam. Brassicaceae)

Rábano blusta

El rábano blusta es una planta bianual tratada como anual de invierno. Su tallo, hinchado y comestible, parecido al del nabo, crece y se desarrolla por debajo del nivel del suelo. Existen cultivares de tallo verde y de tallo morado. Ambos pueden cocinarse y consumirse como verdura o crudos en ensaladas. El sabor es una deliciosa combinación de calabaza y nabo.

CULTIVO Plante en un suelo moderadamente enriquecido y de buen drenaje, con materia orgánica añadida y a pleno sol. Siembre las semillas directamente donde habrá de crecer la planta entre mediados de primavera y finales de invierno, para asegurar la secuencia. Siembre en hileras separadas entre sí 30 cm, y espacie las plantas a 35 cm unas de otras. Resguarde los cultivos tempranos con campanas protectoras o borreguillo. Riegue en

Los brotes pequeños y redondeados de la col de Bruselas se ven aquí en pleno desarrollo en los ejes de las hojas.

El color morado del tallo bulboso del rábano blusta se repite en la vena central de la hoja, del mismo color.

abundancia y añada fertilizante líquido para estimular el crecimiento. Recolecte los tubérculos, cuando hayan alcanzado el tamaño de una pelota de tenis. Si les permite crecer más, se volverán fibrosos y duros. Mantenga la zona libre de malas hierbas.

CLIMA Zona 8 y por encima; cultive en cualquier clima como cosecha de verano.

Brassica oleracea, grupo Gemmifera

(fam. Brassicaceae)

Coles de Bruselas

Esta anual desarrolla brotes pequeños, verdes y compactos en los ejes de las hojas, que surgen a lo largo del tallo. Estos brotes son la parte comestible. Las coles de Bruselas se consumen hervidas o en guisos, normalmente en invierno. Se cultivan en Europa desde hace 400 años.

CULTIVO Las coles de Bruselas se siembran a principios o a finales de primavera, dependiendo de si prefiere una cosecha a finales de otoño, a mediados de invierno o a principios de primavera. Las variedades de cosecha temprana no son tan resistentes como las diseñadas para sobrevivir al invierno. La semilla puede sembrarse en semilleros en un invernadero, especialmente las más tempranas, o en una cama de semillas de exterior. Plante al aire libre cuando alcancen el tamaño adecuado, entre 45 y 60 cm de distancia según la altura de cada variedad (las enanas necesitan menos espacio).

CLIMA Zona 8 y superiores.

VARIEDADES Las hay para obtener cosechas en otoño, invierno y primavera. Las coles de Bruselas no soportan bien los veranos excesivamente cálidos. Donde pueda suponer un problema, es mejor escoger cultivares resistentes al calor.

Brassica parachinensis

(fam. Brassicaceae)

Falso pak-choi

La totalidad de la planta es comestible, incluyendo las flores amarillas. Puede consumirse hervida, guisada o frita, y es una buena fuente de calcio, fibra y vitamina A, junto con algo de potasio. Es de crecimiento vertical y tiene hojas verdes elípticas, con tallos y venas verdes. El falso pak-choi es una planta de crecimiento rápido, y florece cuando tiene siete u ocho hojas. Se cosecha cuando aparecen los primeros brotes florales.

Un cultivo comercial de falso pak-choi chino en plena recolección. Las hojas se juntan en racimos antes de ser empaquetadas para el mercado.

Ideal para jardines domésticos, bok choi madura rápidamente en suelos bien preparados. Plante pequeñas cantidades en sucesión para satisfacer las necesidades del hogar.

CULTIVO Suelo de buen drenaje y con mucha materia orgánica. Introduzca estiércol o compost entre cuatro y seis semanas cantes de plantar. A no ser que el suelo sea alcalino, aplique un ligero manto de cal en la zona antes de sembrar las semillas. Espacie las plantas a unos 20 cm de distancia. Mantenga el crecimiento activo regando con regularidad y limpie la zona de malas hierbas. Las plantas están listas para la recolección unas siete u ocho semanas después de la siembra.

CLIMA Frío. Cultive como una anual estival u otoñal en todos los climas.

Brassica rapa, grupo Chinensis

(fam. Brassicaceae)

Pak-choi

El pak-choi pertenece a la familia que cubre el grupo más importante y variado de vegetales asiáticos en cultivo. Es en realidad un tipo de col china, conocido también como bok-choi. Cultivado en China desde el siglo v, el pak-choi tiene hojas verdes y suaves, con nervaduras intermedias y tallos blancos y crujientes. Es una buena fuente de vitamina C y fibra, y se utiliza en la cocina china y vietnamita. Algunas variedades de esta planta de crecimiento rápido se comportan bien en condiciones de calor y hu-

medad, pero la mayoría se desarrollan mejor en ambientes más fríos, en primavera o en otoño. Si se cultiva en una región cálida, seleccione variedades resistentes al desarrollo prematuro de flores y semillas, y que permitan un crecimiento correcto.

CULTIVO Para asegurar un buen drenaje, cultive en una cama alzada. Introduzca mucha materia orgánica cuatro o seis semanas antes de plantar, y aplique un fino manto de cal justo antes de plantar. Espacie las plantas a una distancia de 20 o 30 cm, y mantenga el crecimiento rápido aplicando constante humedad al suelo. Es esencial controlar las malas hierbas. En condiciones ideales, las plantas pueden estar listas para la recolección en tan solo seis semanas.

CLIMA Cultive el pak-choi como vegetal de verano u otoño.

Brassica rapa, grupo Rapifera

(fam. Brassicaceae)

Nabo

Aunque despreciado por las cocinas de origen anglosajón, el nabo está bien considerado en las gastronomías francesa, japonesa y de Oriente Medio. La raíz hinchada del nabo se utiliza como vegetal cocido, normalmente hervido o guisado. También

Los nabos sobresalen del suelo una vez han madurado. Hay numerosos cultivares.

puede ser braseado, escabechado o hacerse como bolas de masa. Las hojas, verdes y tiernas, pueden saltearse o guisarse.

CULTIVO Los nabos crecen más rápidamente y saben mejor, si son recolectados justo antes de llegar a la plena madurez. Cultive a partir de semillas sembradas directamente a principios de primavera hasta el otoño. Cualquier suelo de jardín bien drenado puede ir bien, pero lo ideal es un buen terreno enriquecido con estiércol. Siembre las semillas a 1 cm de profundidad en hileras y a 30 cm de separación entre plantas, y deje los brotes a una distancia entre sí de 10 a 15 cm. Trate de regar regularmente y en profundidad. Si aplica fertilizante líquido, las plantas crecerán con rapidez. Las variedades de madurez más temprana pueden estar listas para recolectar en ocho o diez semanas. Las raíces no deberían crecer demasiado, puesto que se endurecen. Retuerza las puntas y almacene en lugar frío y seco, o guarde en la nevera en bolsas de plástico perforadas. Para obtener una cosecha continua, efectúe diversas siembras en unas pocas semanas. Los nabos son sensibles a diversas plagas y enfermedades, incluidas la del escarabajo pulga y la hernia de la berza.

CLIMA Zona 6.

VARIEDADES *Brassica rapa* es una bianual resistente de climas fríos, tratada como anual. Sus muchos cultivares incluyen los tipos más tempranos, adecuados para cosechas de primavera y verano, y tipos más resistentes y tardíos para otoño e invierno.

Breynia (fam. Euphorbiaceae)

Solo se puede cultivar a la intemperie en las zonas más cálidas, con protección contra el viento y un suelo con buen drenaje. En otros lugares se cultiva en invernaderos o viveros cálidos, o como planta de interior. También se planta en jardines cálidos junto al mar, aunque deben estar protegidas contra los vientos fuertes. *Breynia* tiene unas hojas pequeñas y ovaladas y pocas flores.

CULTIVO En Europa, *Breynia* se cultiva en invernaderos o viveros templados, o como planta de interior. Se encuentran mejor en maceta con un compost especial para macetas y máxima luz, pero protegidas del sol directo. Necesitarán podado para mantenerlas de con tamaño manejable.

Breynia nivosa (sin. *B. disticha*) es un arbusto siempreverde de complexión esbelta con un atractivo cultivar rosa y blanco.

CLIMA Subtrópicos y trópicos.

ESPECIES *B. nivosa* (sin. *B. disticha*), conocida como «arbusto de nieve», es la especie que más se cultiva. El cultivar 'Rosa Picta' es aún más buscado cuando sus hojas ovaladas tienen manchas blancas y rosadas. Las flores son insignificantes. Crece 1 m o más, y queda muy bien en invernaderos y en los alféizares de las ventanas.

Brodiaea (fam. Alliaceae)

Este género de 15 especies de bulbos resistentes se da en varios hábitats del oeste de Norteamérica. Tiene tallos esbeltos con hojas semejantes al césped, y produce pequeños racimos de flores en forma de campanilla durante la primavera y el verano. Las flores tienen sobre todo tonos violeta y azul, pero también las hay de color rosa. Muchas especies de este género se han vuelto a clasificar bajo los nombres de *Dichelostemma* y *Triteleia*.

Brodiaea, a menudo con flores azules o púrpura, es un atractivo bulbo ideal para orillas mixtas y herbáceas.

CULTIVO *Brodiaea* se puede cultivar en recipientes, como planta de orillas o en un jardín de rocalla. Toleran mucha luz, pero no directa. El suelo debe tener un buen drenaje y contener la suficiente materia orgánica para retener algo de humedad. Los bulbos se deben plantar a 5-7 cm de profundidad de principios a mediados de otoño. Estas plantas necesitan bastante humedad durante la primavera y principios del verano, pero deben mantenerse bastante secas a finales de verano y otoño. En las zonas con vientos fríos los bulbos deben protegerse con mantillo. Se propagan por semillas que se plantan a principios de primavera o por brotes laterales de los bulbos en otoño.

CLIMAS Zonas 8 y 9.

ESPECIES *B. californica* crece hasta 45 cm, tiene flores azules y púrpura de alrededor de 4 cm de longitud. *B. coronaria* mide más o menos los mismos centímetros y tiene flores violeta o púrpura. *B. elegans* da unas flores malva intenso y los tallos alcanzan hasta 50 cm. *B. minor* es la más pequeña, mide 30 cm, con flores rosa o violeta. *B. stellaris* es una variedad en miniatura, mide 15 cm, con diminutas flores púrpura.

Bromelia (fam. Bromeliaceae)

Este género de plantas pertenece a la familia de las bromeliáceas de Antillas y América tropical. Las hojas rígidas están bordeadas por unas espinas afiladas, a menudo en garfio, y forman unas rosetas basales desde las que se alzan unos ramilletes tupidos de flores carnosas con tres pétalos. Las brácteas suelen ser de un rojo brillante y el fruto es una baya de amarillo a naranja. Se han desarrollado varios cultivares de hojas jaspeadas.

CULTIVO Excepto en las zonas más cálidas, las bromelias necesitan cultivarse en invernaderos o en viveros. También son excelentes plantas de interior. Para crecer saludables, necesitan un ambiente húmedo. Plántelas en una maceta con compost para macetas (se puede conseguir uno especial para bromelias). Deben plantarse en recipientes muy pequeños porque les desagrada el espacio excesivo.

sáceo y de 1,4 m de longitud, que se vuelven de color de rosa, y una espiga de flores azul purpúreo y brácteas de un rojo brillante.

Browalia (fam. Solanaceae)

Originarias de Sudamérica, estas plantas anuales o perennes tienen unas bonitas flores tubulares de color azul, violeta o blanco de cinco pétalos y, generalmente, hojas simples. Son plantas delicadas que se cultivan en maceta para decorar invernaderos o viveros (se requieren condiciones intermedias).

CULTIVO Siembre a principios de primavera para producir plantas que florezcan durante el verano. Germine las semillas a 18 °C. Los semilleros deben ser macetas con compost. Hay que proporcionarles buena luz, pero protegidas del sol directo. Para que florezcan en primavera o en invierno, hay que sembrarlas a finales del verano.

La original inflorescencia de *Bromelia balansae* está rodeada de brácteas rígidas escarlata. Las hojas espinosas la protegen de los predadores.

Riéguelas bien en la estación de crecimiento, pero manténgalas secas en invierno. Proporcióneles buena luz, pero protéjalas de la luz directa del sol.

CLIMA Solo crecen a la intemperie en los trópicos y subtrópicos.

ESPECIES *B. balansae* tiene unas espinas muy afiladas en las hojas rígidas y gris verdoso que alcanzan 1,4 m de longitud. Algunas de estas hojas, en el centro de la planta, se vuelven rojas durante la floración. En verano se produce una espiga de flores violeta. *B. pinguin* tiene unas hojas estrechas y de un verde intenso que miden 2 m de longitud. Las flores, blancas, rosa o rojizas, nacen en una panoja corta y no muy grande. El fruto de esta especie es comestible. *B. serra* tiene las hojas de un verde gri-

La larga floración durante los meses de calor de *Browalia especiosa* de flor azul es difícil de superar.

CLIMA Por regla general, solo crecen en el exterior en climas tropicales.

ESPECIES *B. americana* es una planta lisa, anual, con hojas ovaladas de 7 cm y flores azules o violetas. Crece hasta 60 cm. El cultivar 'Caerulea' tiene unas flores azul claro, y 'Nana' es una planta enana del mismo color que la originaria. *B. speciosa* alcanza 1,5 m de altura y es arbustiva en la base. Habitualmente se cultiva como anual, tiene las hojas ovaladas y unas flores de color azul, violeta o blanco. Existen muchos cultivares de ambas especies.

Brugmansia (fam. Solanaceae)
Floripondios

Estos arbolitos o grandes arbustos son originarios de Sudamérica, la mayoría de los Andes. Todos tienen propiedades narcóticas alcaloides, pero se cultiva mucho como planta de adorno en las regiones cálidas. Tienen hojas simples y flores grandes, colgantes, en forma de trompetilla, con bocas llameantes, ciertamente vistosas.

Las blancas y elegantes trompetillas con los bordes estriados son una de las características de *Brugmansia suaveolens*.

CULTIVO En las zonas sometidas a fríos regulares, las brugmansias se cultivan en invernaderos o viveros frescos. Se plantan en macetas grandes con compost especial para macetas. Hay que aportarles la máxima luz. En invierno, manténgala solo con la humedad justa. Durante el verano se pueden trasladar al exterior. Para el cultivo a la intemperie, hágalo en un suelo moderadamente fértil, con buen drenaje, a pleno sol o sombra parcial, al abrigo de vientos muy fuertes.

CLIMA Zona 9 y por encima.

ESPECIES *B. arborea* se da desde Ecuador hasta el norte de Chile. Crece 2-4 m y produce unas flores en forma de trompetilla de un blanco puro. *B. x candida*, muy cultivada en Sudamérica, tiene las flores blancas, aunque a veces amarillas o rosa. Alcanza 3-6 m de altura. *B. sanguinea*, de 10-12 m, produce unas flores rojas que con la edad se tornan amarillas. *B. suaveolens*, de 2-4 m, es una especie de amplio cultivo con unas flores blancas en forma de trompetilla que por la noche desprenden su fragancia.

Brunfelsia (fam. Solanaceae)
Jazmines del Paraguay, galanes de noche

Estos atractivos árboles y arbustos de floración libre son originarios de Sudamérica y de Antillas. Casi todos siempreverdes, tienen unas flores bonitas y fragantes, tanto formando racimos terminales o como flores solitarias, y hojas simples, alternas y enteras. La mayoría florecen desde finales de invierno hasta primavera.

CULTIVO En los climas propensos a las heladas, cultívelas en invernaderos o viveros intermedios, en macetas o tiestos con compost especial para macetas. Hay que proporcionarles buena luz, pero que protegerlas del sol directo. A la intemperie, plántelas en un suelo rico, con buen drenaje, en un lugar soleado y con sombra durante

Brunfelsia latifolia exhibe sus bonitas flores en diversos estadios de madurez.

la parte del día más calurosa. Una poda ligera estabiliza las plantas antes de que empiecen a crecer los nuevos retoños. Se propaga por esquejes de madera blanda en primavera o a principios de verano.

CLIMA Zona 10.

ESPECIES *B. americana,* dama de noche, tiene hojas oblongas u ovaladas, flores blancas que pasan a amarillas a mediados del verano y bayas amarillas. Alcanza 2 m de altura. *B. australis* es un arbusto erecto o rastrero que solo crece 60 cm. Tiene las hojas de ovaladas a oblongas, verde oscuro en el haz y verde mucho más claro en el envés, y en verano produce unas flores púrpura oscuro que rápidamente se vuelven casi blancas. *B. latifolia,* casi un arbusto enano, tiene hojas ovaladas y flores que van desde un tono blanquecino a lavanda, con los centros más claros o de color púrpura. A veces las flores son solitarias y, en otras ocasiones, forman pequeños racimos. *B. pauciflora* es similar a *B. australis,* pero con flores mucho mayores, generalmente de un intenso color púrpura, que luego pasan a azul claro y, más tarde, a blanco. Es una especie que florece en primavera.

Brunnera (fam. Boraginaceae)

Desde Liberia y el Mediterráneo, estas plantas perennes solo crecen en climas frescos. Tienen tallos peludos, hojas ovaladas y anchos racimos de pequeñas flores azules. A menudo se cultivan como plantas de invernadero o de orillas.

CULTIVO *Brunnera* crece con éxito en suelos de jardín ordinarios, húmedos, con buen drenaje y en sombra parcial. Se propaga por esquejes de raíz durante el invierno.

Con estas flores nomeolvides azules, *Brunnera macrophylla* es una preciosa perenne para jardines de clima fresco.

CLIMA Esta planta es muy resistente y puede cultivarse en la zona 3.

ESPECIES *B. macrophylla* mide 35 cm, tiene tallos esbeltos, hojas basales y flores azules en verano que miden unos 6 mm. Existen muchos cultivares de esta especie, entre ellos 'Dawson's White', que tiene unas hojas con bordes anchos de un blanco cremoso.

Brunonia (fam. Brunoniaceae)

Originaria del interior de Australia, este género de una única especie tiene el follaje formando mechones de rosetas y flores azules protegidas. Las hojas están cubiertas por unos pilosidades largas y sedosas. Es difícil encontrar la planta fuera de su país, Australia.

CULTIVO Propague por las semillas que contienen los frutos pequeños, como nueces, que caen de la planta cuando maduran. Las semillas germinan con facilidad en arena húmeda y bien drenada, si se sitúan en un lugar cálido y soleado o en semilleros. Se plantan a principios de primavera.

Las extrañas flores de *Brunonia australis* solo pueden apreciarse de cerca.

CLIMA Adecuado a la zona 9.

ESPECIES *B. australis* es una perenne muy bonita, con tallos altos de hasta 40 cm, flores azul aciano de más de 4 cm y estambres amarillos ligeramente más largos que las flores. Estas plantas están en su plenitud desde finales de primavera hasta otoño, y sirven tanto como plantas de jardín, de maceta de cobertura en rocallas.

Brunsvigia (fam. Amaryllidaceae)

Estas delicadas plantas bulbosas son originarias del sur de África. En verano y en otoño aparece el despliegue de flores grandes, en forma de embudo, en rojo y en rosa, que irradian de la parte superior de los tallos desnudos.

CULTIVO Los bulbos, que alcanzan una longitud de 25 cm, requieren un suelo rico y con buen drenaje, y pleno sol cuando se plantan en el jardín. Riegue solo cuando empiece a crecer y, cuando las hojas se vuelvan amarillas, deje de hacerlo. En climas propensos a fuertes heladas, cultive en invernaderos o viveros frescos, en macetas con suelo con compost especial para macetas. Se plantan en otoño. El cuello del bulbo debe estar encima del nivel del compost. Asegúrele la máxima luz y riegue normalmente cuan-

También conocida como *Brunsvigia josephinae* produce estas flores rosadas en tallos robustos antes de que aparezcan las hojas.

do esté creciendo, pero muy poco cuando esté en período de descanso.

CLIMA Es adecuado para cultivar a la intemperie en la zona 9.

ESPECIES *B. josephinae* produce unas flores rojas brillantes de 6 cm de longitud. Las hojas arrugadas, de 1 m de longitud por 4 cm de ancho, surgen tras la floración. Esta especie crece hasta 45 cm de altura.

Buckinghamia (fam. Proteaceae)
Rizos de marfil

De este género australiano solo se conocía una única especie. Ahora se le ha añadido otra. Ambas especies son originarias de los bosques de la zona costera de Queensland, donde crecen en suelos bien drenados de origen volcánico. Es difícil que este género pueda encontrarse fuera de su país de origen.

CULTIVO En climas propensos a las heladas, cultive en un invernadero o vivero cálido, en macetas con suelo de compost especial para macetas y con la máxima luz. En las zonas cálidas y soleadas de la costa, estos árboles relativamente libres de plagas crecen mejor en suelos bien drenados y ricos en materia orgánica, siempre y cuando tengan la máxima humedad. Es mejor no podarlos, aunque algunos jardineros les cortan las ramas más bajas.

Multitud de flores rizadas y cremosas de *Buckinghamia celsissima* atraen a los insectos y a muchos tipos de aves.

CLIMA Zona 10.

ESPECIES *B. celsissima* es un árbol bonito, con un atractivo follaje que puede extenderse desde la copa del árbol hasta el suelo, y unas espigas largas de flores de color crema, similares a *Grevillea*. Las flores miden 20 cm y aparecen de mediados a finales de verano desde el momento en que el árbol tiene alrededor de tres años. Puede alcanzar 10 m de altura aproximadamente, aunque en estado silvestre puede llegar a los 25 m o más. *B. ferruginiflora* alcanza los 30 m de altura en su hábitat natural, pero como no se ha plantado en jardines durante muchos años, se desconoce su altura bajo cultivo. Las flores de esta planta son perfumadas y de color cremoso, pero están cubiertas por unos pelos ásperos de color marrón. Las hojas suelen estar foliadas durante algunos estadios de crecimiento, pero tienen formas simples cuando son más maduras.

Buddleja (fam. Buddlejaceae)
Arbustos de las mariposas

La mayoría de especies son originarias de Asia, aunque algunas lo son de África y de las dos Américas. Estos arbustos siempreverdes o caducifolios

Los conos con las flores diminutas y muy apiñadas de esta *Buddleja* blanca suministran néctar a las mariposas.

generalmente son plantas resistentes y fáciles de cultivar. Tienen hojas opuestas, lanceoladas, apuntadas, pero las flores varían, a veces aparecen en forma de espigas o glóbulos y, en otras ocasiones, formando ramilletes o espirales. La fragancia de las flores atrae a las mariposas, de ahí su nombre común. *Buddleja* crece rápidamente, pero su vida puede ser relativamente breve.

CULTIVO Estos arbustos prosperan en suelos ricos, bien drenados, en un lugar soleado, aunque suelen crecer en la mayoría de los suelos. Se propagan por esquejes semimaduros de verano, esquejes de madera dura de otoño o invierno, o esquejes de puntas de brotes, en primavera. Los cultivares de *B. davidii* deben podarse bien a principios de primavera para controlar el tamaño de la planta y para mantener el vigoroso crecimiento y obtener una excelente floración.

CLIMA Son especies para varios climas.

ESPECIES *B. alternifolia*, zona 5, tiene unas ramas largas y arqueadas, racimos de flores pequeñas, lilas y fragantes, y hojas alternas de color gris, peludas en el envés, de 10 cm de longitud. Es un arbusto caducifolio colgante que puede alcanzar 3 m de altura. *B. davidii*, zona 5, es la especie más conocida. Se trata de un arbusto caducifolio, resistente, de crecimiento vigoroso, hasta alcanzar una envergadura de 3 m. Si se poda con regularidad, será muy tupido. Las fragantes flores de color lila y ojos naranja crecen en largas espigas de hasta 25 cm, y las hojas lanceoladas verde oscuro tienen el envés grisáceo. El cultivar 'Ile de France' da unas flores de un intenso azul purpúreo; 'Nanho Blue' es una variedad enana de 2 m, con flores color malva y heliotropo; 'Magnifica', con flores de un rosa purpúreo, crece más de 2 m; el cultivar 'Pink Pearl' tiene unas flores de un suave rosa malva. 'Variegata' da unas espigas largas de flores color lavanda y follaje verde; 'Veitchiana' es similar a 'Variegata', pero no tiene el follaje jaspeado. El cultivar 'Black Knight' tiene flores de un púrpura intenso; 'Charming' las tiene lavanda; 'Dubonnet', flores púrpura intenso. *B. farreri*, zona 9, tiene unas flores pequeñas, de color rosa malva, hojas en forma de corazón, con pelos blancos en el

envés y 10-20 cm. Es una especie semicaducifolia de 3 m de altura. *B. officialis*, zona 9, tiene racimos de fragantes flores lila con rayas naranja en invierno, y hojas estrechas, en forma de corazón, de color gris, con pelo blanco o amarillo en el envés. Esta siempreverde crece hasta 3 m. *B. salvifolia*, zona 9, otra siempreverde, crece vigorosa y tupida hasta 2,5 m. Produce racimos terminales con unas flores muy bonitas, suavemente perfumadas, de un lila claro con gargantas naranja, a finales de otoño y principios de invierno. Las hojas alargadas, en forma de corazón, son verde gris en el haz y blanquecinas en el envés.

Bulbine (fam. Asphodelaceae)

Estas plantas suculentas y no suculentas, arracimadas, son originarias del sur y del este de África y de Australia. Sus características son muy variables. Pueden ser bulbosas, tuberosas perennes o anuales. Las hojas, largas y estrechas, a veces son estriadas en la parte superior, o redondeadas, y muchas forman rosetas. Las flores pequeñas y en forma de estrella colorean de amarillo, blanco o de un naranja intenso los abigarrados racimos terminales.

Las flores amarillas estrelladas tachonan el follaje herbáceo de *Bulbine bulbosa*, de mediados a finales de primavera.

CULTIVO En las zonas propensas a las heladas severas, requerirán invernaderos o viveros frescos. Plántelas en macetas con suelo muy bien drenado, compost especial para macetas, máxima luz y ventilación completa. Riegue normalmente durante el período de crecimiento, pero no en invierno. En el jardín, plántelas en un lugar soleado y en un suelo con buen drenaje. Propague por semillas o por división de terrones en primavera.

CLIMA La zona 9 es adecuada para *Bulbine*. La mayoría toleran heladas ligeras.

ESPECIES *B. alooides*, del sur de África, se arracima con la edad. Las rosetas son bastante grandes, de unos 25 cm de diámetro, y las hojas planas, acabadas en punta y de un verde claro, son muy carnosas. Los racimos de flores amarillas, autofértiles, brotan de los altos tallos. A veces en una sola planta se producen varios tallos. *B. bulbosa* del este de Australia, tiene un tallo bulboso del que crecen unas hojas lineales, como las de la cebolla, de 15-30 cm de longitud. El haz de la hoja es rugoso, punteado y carnoso. Las flores amarillas miden unos 25 mm. *B. frutescens* es una planta ramificada, de más de 60 cm de altura, con raíces fibrosas. Las hojas, de un verde brillante, miden 22 cm de longitud y de 4-8 cm de ancho. Esta especie produce racimos con abundantes flores de un amarillo brillante, blancas o de un naranja intenso. *B. semibarbata* (conocida como *Bulbinopsis semibarbata*) es una perenne con raíces fibrosas originaria de Australia. Las hojas forman una tupida roseta, con tallos de 30 cm coronados por racimos de flores amarillas.

Bulbinella (fam. Asphodelaceae)
Lirios vara de oro

Originario del sur de África y Nueva Zelanda, este pequeño género de perennes herbáceas resistentes son familia de *Bulbine*. Tiene rizomas tuberosos y carnosos, hojas brillantes, suculentas, parecidas a la hierba, y racimos terminales de flores blancas, amarillas y naranjas en tallos desnudos. Son excelentes como plantas de orillas en climas templados. Según la especie y la zona, pueden florecer desde finales de invierno hasta verano.

Las flores amarillas de *Bulbinella floribunda* alegran el jardín durante semanas a finales de invierno y primavera.

CULTIVO En zonas en las que se produzcan fuertes heladas se ha de cultivar en invernaderos o viveros, en macetas con un buen drenaje y compost especial para macetas. Al aire libre, estas plantas gustan de una posición soleada o parcialmente en sombra, así como de suelos ricos, ligeros, de ácidos a neutros, que estén abonados con estiércol bien mezclado en la estación primaveral. Hay que propagarlas en primavera por semillas y por división. *B. hookeri* prospera en ciertos ambientes secos. Hay que propagarlas por semillas o por división, también en primavera. Florecen mejor cuando los terrones no se han utilizado durante varios años.

CLIMA Zona 9.

ESPECIES *B. floribunda*, del sur de África, tiene unos racimos de 15 cm de longitud con brillantes flores amarillas. Crece hasta 75 cm. *B. hookeri*, de Nueva Zelanda, crece hasta poco menos de un metro; sus flores brillantes amarillo naranja forman racimos de 25 cm. Florecen en primavera y en verano. *B. rossii*, especie de Nueva Zelanda, espectacular, crece más de 1 m de altura y en primavera produce unas brillantes flores amarillas.

Bulbophyllum (fam. Orchidaceae)

Este género extenso, de entre 1000 y 1200 orquídeas, se distribuye ampliamente en los trópicos. En Nueva Guinea se encuentran muchas especies. Aquí solo podemos seleccionar algunas, para dar una idea general del género. Esta planta casi siempre tiene un pseudobulbo visible y una sola hoja, a veces dos, que crecen de la parte superior del pseudobulbo, aunque en algunos casos tiene un largo rizoma que porta una cierta cantidad de pseudobulbos bien espaciados. Es difícil plantarlas en una maceta, por lo que será mejor hacerlo en una cesta. Las hojas varían mucho de tamaño entre las especies.

Las flores delicadas, plumíferas, de color crema, de la *Bulbophyllum* se aprecian mejor vistas de cerca.

CULTIVO Cultivar *bulbophyllum* en un invernadero o vivero fresco. Crecen mejor en cestas para orquídeas o en macetas poco profundas y colgantes, en un compost especial formulado para orquídeas epífitas y que incluye corteza gruesa y carbón vegetal. Todo esto debe comprarse en un vivero de orquídeas. Si no es posible, las plantas pueden plantarse encima de láminas de corteza que puedan colgarse en el invernadero. Durante el verano, las plantas necesitan una elevada humedad y protección del sol directo. Riéguelas normalmente en esta época, pero no así en invierno, cuando el compost debe estar seco. Vaporice las plantas con agua templada varias veces al día en verano. En invierno no necesitan sombra. Puede incentivarse el crecimiento de los pseudobulbos nuevos disponiendo una capa de musgo esfagnáceo encima del compost o en la superficie de la bandeja de corteza. Estas orquídeas crecen con bastante lentitud, pero no es una excusa para nutrirlas demasiado. Aplique una solución líquida fertilizante muy débil cada una o dos semanas durante la estación de crecimiento.

CLIMA Crecen al aire libre solamente en climas tropicales y subtropicales.

ESPECIES *B. globuliforme* probablemente es una de las orquídeas más pequeñas, con pseudobulbos de 2 mm de diámetro; la hoja mide 1,5 mm y las partes de la flor varían de 1 a 3 mm. Originaria del norte de Australia, Nueva Gales del Sur y el sur de Queensland, esta planta rara vez se ve porque crece en las ramas superiores del *Araucaria cunninghamii*. *B. lobbii* es una orquídea excepcional procedente de Indonesia, Borneo y Malaisia. Esta especie es difícil de plantar en una maceta porque el pseudobulbo supera los 8 cm por encima y a intervalos a lo largo del rizoma. Sin embargo, las raíces de los nuevos pseudobulbos se adherirán a la parte externa de la maceta. El rizoma puede arrastrarse hasta varias macetas. Las hojas de esta planta pueden alcanzar los 25 cm de longitud y los 7 cm de anchura. La solitaria inflorescencia, erecta, de un amarillo tostado, mide de 7-10 cm, y se produce en cualquier nudo del rizoma. Florece en verano. Aunque en estado silvestre se da en alturas de 1200 m, fuera de los trópicos necesita estar bajo cristal. *B. longiflorum* se da en el sudeste de Asia, en Papua Nueva Guinea y en Cape York, al norte de Australia. El pseudobulbo mide de 2-3 cm y produce una única hoja de 15 cm de longitud. El racimo erecto de seis o siete flores, dispuestas en semicírculo, se eleva de la base del pseudobulbo. Las flores, de un crema verdoso, con manchas púrpura, son espectaculares. Estas especies se cultivan razonablemente bien a la intemperie en zonas libres de heladas, pero pueden necesitar un calor extra para florecer. En zonas con experiencia de heladas, necesitarán cultivarse a resguardo.

Burchellia (fam. Rubiaceae)
Palo de búfalo, granado silvestre

Este género solo tiene una especie, un arbusto siempreverde, originario del sur de África.

CULTIVO En climas propensos a fuertes heladas, cultivar en invernadero o vivero, en macetas con un compost especial para macetas y máxima luz. En el exterior, el palo de búfalo requiere un lugar cálido y resguardado en un suelo sin drenaje enriquecido con compost o estiércol. Normalmente no necesita poda. Propagar por esquejes de madera semidura de finales de verano u otoño.

El arbusto de *Burchellia bubalina* crece hasta 2-3 m de altura, tiene un follaje oscuro y lustroso, y flores tubulares rojas o naranjas que brotan en primavera y en verano.

CLIMA Zona 9.

ESPECIES *B. bubalina* es la única especie del género. Tiene unas hojas brillantes y cerosas, de 10 cm, y racimos de brillantes flores rojas de forma tubular, de 2,5 cm de longitud, durante la primavera o el verano.

Bursaria (fam. Pittosporaceae)
Bursarias, bojes espinosos

Originarios de Australia, estos arbustos y árboles son unas bonitas plantas ornamentales, aunque también se utilizan para formar setos. La mayoría son espinosas. La altura es variable: en las zonas alpinas, son rastreras; en los valles de las riberas costeras, crecen hasta más de 10 m de altura. Una multitud de fragantes flores, en crema o en blanco, aparecen en verano, seguidas de unos racimos ramificados de originales vainas de semillas en forma de corazón y de color marrón.

CULTIVO Se adaptan a la mayoría de jardines y suelos. Propague en otoño por las semillas que contienen las vainas o por esquejes de punta de 10 cm. Retire las hojas de los esquejes y espolvoree con polvo de hormona. Tanto las semillas como los esquejes deben plantarse en una mezcla de arena gruesa y turba, en una proporción de 3:1.

Nubes de flores perfumadas, llenas de néctar, cubren la espinosa *Bursaria spinosa* durante el verano. Proporciona alimento y abrigo a pequeñas aves.

CLIMA Zona 8.

ESPECIES *B. longisepala* tiene multitud de hojas cortas, con muchas espinas delgadas, racimos de hojas blancas en forma de estrella y cápsulas con semillas de color marrón. Esta especie es similar a un arbusto. *B. spinosa* se encuentra en el continente australiano tanto como arbusto como en forma de árbol de pequeñas dimensiones, dependiendo de su hábitat. Las hojas varían desde pequeñas de 3-4 cm, de frondosas a sin hojas, de ligeramente espinosas a muy espinosas. Las tupidas panojas con flores en forma de estrella, muy perfumadas, diminutas y en color crema o en blanco, son muy bonitas en verano. Es una planta de cobertura muy útil y de fácil crecimiento.

Butia (fam. Arecaceae)

Originaria de Sudamérica, solo una de las ocho especies de esta palma sudamericana se cultiva en todo el mundo. Dado que el color del follaje proporciona un buen contraste, constituye una incor-

Adaptable a toda una gama de climas y condiciones, *Butia capitata* proporciona un follaje que contrasta con sus frondas arqueadas gris verde.

poración interesante a una plantación de otras palmas y resulta un buen espécimen de árbol.

CULTIVO En zonas propensas a las heladas, plántela en un invernadero o vivero fresco. Cuando la planta es joven, es un espécimen magnífico. Plántela en una maceta con compost especial para macetas y no la someta al sol directo, aunque hay que aportarle buena luz. En el exterior, esta planta tolera pleno sol desde muy joven. Se adapta tanto a las condiciones secas de tierra adentro como a las expuestas de la costa, y también tolera una amplia gama de tipos de suelo. A condición, sin embargo, que tengan buen drenaje. Esta palma crece muy bien, si recibe un riego regular y fertilizante durante la época de crecimiento.

CLIMA Las regiones más cálidas de la zona 9 o 10.

ESPECIES *B. capitata* se denomina así por sus frutos comestibles con los que se pueden confeccionar jaleas o, si se fermentan, vino. Raramente crece más de 6-8 m de altura, y casi siempre con lentitud. Tiene un tronco sólido y limpio y frondas arqueadas gris verde que la hacen muy identificable. Es excelente para plantarla con otras palmas para formar contrastes. Existen varios nombres distintivos de las variedades de esta palma. *B. yatay*, originaria de Argentina, puede crecer hasta 10-12 m, con el tronco cubierto de las hojas viejas. Las frondas son de un verde plateado.

Buxus (fam. Buxaceae)
Boj, bujo

Estos árboles y arbustos siempreverdes se cultivan sobre todo para formar setos, pantallas, plantas de orillas, y también en macetas donde se les da forma. La variedad de madera dura se utiliza para fabricar objetos de este material. Las pequeñas hojas son rígidas y relucientes, y las flores, pequeñas e insignificantes. Existen unas 70 especies de boj, procedentes de Europa, Mediterráneo, sur de África, este de Asia y Antillas.

CULTIVO El boj prospera mejor en sombra parcial, pero tolera estar a pleno sol mientras en el suelo

El seto del boj enano, *Buxus sempervirens*, 'Suffruticosa', puede recortarse para darle forma.

quede humedad. Puede tolerar varios tipos de suelo, pero debe estar libre de drenaje. Para los setos, el suelo debe estar bien removido y muy enriquecido con materia orgánica para asegurar que las plantas prosperen. Hay que espaciarlas a una distancia de 30-50 cm, a excepción de las formas enanas que se plantarán a 15 cm de distancia. Para la poda y para darles forma pueden necesitar que se intervenga varias veces durante la época de crecimiento. Propague por esquejes semimaduros de principios del verano hasta el otoño. Esta especie también puede propagarse por semilla.

CLIMA Existen especies para varias zonas climáticas.

ESPECIES *B. balearica*, zona 8, del oeste del Mediterráneo, puede crecer hasta 8 m o más y es la más adecuada para climas cálidos. *B. microphylla*, zona 6, y especialmente la variedad *japonica*, boj japonés, crece entre 1 y 2,5 m de altura. Existen numerosos cultivares de *B. microphylla*, que es la más apreciada de las especies y la que más se planta. Las hojas son más redondas y de un verde más claro que las del boj inglés. Crece bien en zonas frescas y se adapta a las cálidas mejor que

B. sempervirens. *B. sempervirens*, boj común, zona 5, crece de 2-9 m. Están disponibles numerosos cultivares, entre ellos 'Suffruticosa', una variedad enana utilizada para bordear lechos de jardín. Estas son las especies más comunes, aunque hay otras que se cultivan normalmente en sus países de origen.

A este seto de boj se le ha dado una forma que recuerda un banco de jardín.

Caesalpinia (fam. Caesalpiniaceae)

Estos árboles, arbustos o plantas trepadoras de hoja caduca o perenne de las regiones tropicales de Asia, América y algunas partes de África se cultivan por sus exquisitas flores rojas o amarillas, que se abren todo el año en el clima apropiado. Aunque son a menudo espinosas, presentan un follaje similar al de los helechos, y son características las vainas de semillas lisas. Hay al menos 70 especies de *Caesalpinia*. Muchas se cultivan por su madera, algunas son ornamentales, pero otras se cultivan por sus tintes, taninos o uso medicinal.

CULTIVO En los climas propensos a las heladas, se cultivan en invernaderos frescos que las protejan del frío o en invernaderos soleados. Debe utilizarse compost con tierra y proporcionarles mucha luz. En exterior crecen bien en los suelos de jardín ricos en nutrientes de los climas templados, a pleno sol y con abundante agua. Se podan en invierno. Se propagan a partir de semillas en otoño o primavera, o a partir de esquejes, que se siembran o plantan en arena o arcilla vermiculita.

CLIMA Zona 10 y superior, pero *C. pulcherrima* puede crecer en la zona 9.

Caesalpinia gilliesii es un arbusto perenne que produce sus flores poco comunes durante el verano.

ESPECIES *C. coriaria*, dividivi o tara del Caribe, es un árbol sudamericano que alcanza una altura de 10 m. Produce bellas flores amarillas y vainas de color rojizo. *C. echinata* se conoce a menudo como palo de Pernambuco. El duramen de estos árboles se emplea para fabricar arcos de violín, y el propio árbol sirve de materia prima para la producción de tintes. *C. ferrea*, «palo de hierro de Brasil», es un árbol caduco que alcanza los 10-12 metros. Presenta una copa ancha en forma de jarra y la corteza jaspeada del tronco es muy decorativa. El follaje es rojo al principio y se vuelve verde cuando madura. Las flores amarillas aparecen en primavera y son seguidas de vainas lisas que alcanzan hasta 10 cm de longitud. Es una buena especie para el arbolado público y un excelente árbol pequeño para jardines domésticos. *C. gilliesii*, pájaro del paraíso, es también oriunda de Sudamérica. Es un arbusto espinoso que produce flores amarillas con forma de ave, con estambres rojos, sedosos, largos y prominentes. *C. pulcherrima*, poinciana o flor de pavo, es probablemente la especie más común y es similar a *C. gilliesii*. Este arbusto crece con rapidez hasta los 5 m y produce flores de color naranja o amarillo brillante con estambres rojos prominentes. *C. spinosa*, tara, es oriunda de Cuba y de Sudamérica. Es un árbol pequeño y espinoso que da ramilletes de flores amarillas y fragantes.

Cajanus (fam. Papilionaceae)
Guanadul

Se cree que estas plantas arbustivas, leguminosas y perennes son nativas de África tropical. Producen hojas puntiagudas, pilosas y suaves de hasta 10 cm, y ramilletes de flores de color amarillo o naranja, seguidas por vainas pilosas. Se cultivan en los trópicos por sus semillas comestibles.

CULTIVO En los climas propensos a las heladas se deben cultivar en un invernadero intermedio que las proteja del frío o en invernaderos soleados. Se siembran en macetas con compost. Se propagan a partir de semillas o esquejes.

CLIMA Zona 10.

ESPECIES *C. cajan*, guanadul o guandú, alcanza los 3 m y tiene flores amarillas con marcas de color caoba.

Cajanus cajan, guanadul, se cultiva en los trópicos como alimento básico y como planta forrajera. Es también una leguminosa que mejora los suelos.

Caladium (fam. Araceae)

Oriundas de América tropical, estas plantas perennes de hoja caduca tienen rizomas tuberosos y hojas grandes, lanceoladas o aovadas con diseños atractivos en rojo, rosa, blanco y verde. Abundan en las zonas tropicales, donde forman híbridos entre sus especies y producen millares de colores de hoja. La floración semeja a la del aros, pero es mucho más pequeña. Las especies de *Caladium* se cultivan por su follaje elegante, más que por sus flores.

Una de las características de todas las especies de *Caladium* es su rico follaje en dos o más tonos.

CULTIVO Las especies de *Caladium*, conocidas también como «oreja de elefante» se pueden cultivar de forma permanente en los jardines de los climas tropicales o subtropicales. Necesitan sombra. En otros lugares se cultivan como lechos de plantas de sombra veraniegas o como plantas para maceteros en invernaderos cálidos o soleados. Son también buenas plantas de interiores. Se cultivan en compost sin tierra, en ambientes muy húmedos y con sombra que las proteja de la luz directa del sol, aunque se recomienda una buena iluminación. Los tubérculos se siembran en las macetas en primavera para que empiecen a crecer. Las plantas se riegan bien durante los meses de verano, pero la cantidad de agua se reduce en otoño hasta que el compost se seca. Los tubérculos permanecen en estado de reposo durante el invierno, cuando se deben conservar cálidos y apenas húmedos.

CLIMA Zona 10 y superior.

ESPECIES Las especies de *Caladium* de hojas más caprichosas son los híbridos agrupados en la clasificación *C.* x *bicolor*. Las alturas varían entre los 25-45 cm.

Calamintha (fam. Lamiaceae)

Procedentes de Asia y Europa, estas hierbas perennes producen tallos leñosos en la base, hojas simples y opuestas, y racimos anchos con la parte superior lisa de flores tubulares. El follaje es intensamente aromático y semeja al de la albahaca de gatos (especie del género *Nepeta*) con el cual se relaciona este género.

CULTIVO Las especies de *Calamintha* se pueden cultivar en cualquier suelo que tenga buen drenaje, siempre que su orientación sea soleada. Se propagan en verano a partir de esquejes de los brotes tiernos o por división vegetativa a principios de la primavera.

CLIMA Prospera en la zona 6.

ESPECIES *C. grandiflora* es sinónimo de *Satureja grandiflora* y tiene hojas dentadas y aovadas, y flores

Las especies de *Calamintha* son plantas buenas para cubrir o rellenar el suelo de las zonas estacionalmente secas. La lluvia excesiva del verano entorpece su desarrollo.

Esta especie de *Calandrinia*, florecida después de la lluvia en las regiones desérticas, es una delicia con sus flores de color rosa magenta con el centro de colores claros.

de color rosa en verano. Crece hasta 45 cm. *C. nepeta*, la especie cultivada más común, alcanza hasta 60 cm. Presenta un rizoma enmarañado y hojas dentadas de color verde gris, y produce flores de color malva o rosa en verano. *C. sylvatica* tiene ramas enredadas y pilosas, hojas verdes de forma entre oval y redondeada y flores de color rosa o lila manchadas de blanco en el labelo. Crece hasta 80 cm.

Calandrinia (fam. Portulacaceae)
Patas de guanaco

Nativas de Sudamérica, California y Australia, estas plantas suculentas, anuales y perennes, medio resistentes y pequeñas son útiles para sembrar en jardines de rocalla soleados y en bordes. Producen hojas carnosas y flores efímeras de colores brillantes, en varios tonos de magenta a rosa durante períodos prolongados. Las flores brotan a veces en ramilletes y son seguidas por frutos con forma de cápsula.

CULTIVO En los climas propensos a las heladas, se cultivan como anuales para su exhibición veraniega en los jardines o en macetas bajo cristal. En exteriores, estas plantas prefieren suelos ligeros, ricos en nutrientes y desmenuzables. Se propagan a partir de semillas sembradas bajo cristal a principios de primavera. Las plantas perennes se pueden multiplicar en verano a partir de esquejes.

CLIMA Zonas 9 o 10.

ESPECIES No todas las especies están fácilmente disponibles. *C. balonensis*, se encuentra en las zonas silvestres y áridas de Australia. Planta anual, alcanza más de 1 m de diámetro y porta masas de flores de color rosa de hasta 2,5 cm de ancho. *C. burridgei* proviene de Sudamérica y crece hasta 30 cm. La variedad *menziesi* crece el doble de este tamaño, con flores que varían de color rosa a rojo o carmesí. *C. grandiflora*, de Chile, es una planta perenne, enana y rastrera que alcanza los 15 cm de altura y tiene floración carmesí. Se considera la más resistente de todas las especies.

Calanthe (fam. Orchidaceae)

Las orquídeas del género *Calanthe* se distribuyen extensamente por las zonas tropicales y templadas de Asia, Polinesia y Madagascar. Hay también una especie en Australia. Se han desarrollado muchos híbridos y cultivares. Las plantas de este género pueden ser terrestres o epífitas, caducas o perennes. Sus hojas anchas y acanaladas llegan a crecer hasta 1 m de longitud. En las ramas largas y verticales brotan ramilletes de floraciones aguijonadas en invierno, primavera o verano en colores que varían del lavanda al rosa o el blanco.

Las flores de color blanco puro de *Calanthe triplicata* brotan en invierno, en una espiga gruesa. Es una especie perenne de hojas largas.

CULTIVO Estas orquídeas se cultivan en invernaderos cálidos o soleados, según su origen. Se deben sembrar en un abono de materia natural específico para orquídeas, que se puede obtener de los cultivadores de estas plantas. Las orquídeas prosperan con máxima luz y una humedad elevada. Se deben regar abundantemente en verano. Las perennes se conservan solo ligeramente húmedas en invierno, pero las especies caducas se conservan secas cuando están en estado de reposo. Las plantas se siembran en macetas anualmente en primavera y se pueden propagar mediante la separación de los seudobulbos más viejos de la planta principal.

CLIMA Zona 10.

ESPECIES *C. triplicata*, especie australiana, presenta hojas perennes, anchas y acanaladas de 90 cm, y produce espigas altas de flores de color blanco puro en invierno. *C. veitchii* crece hasta 1 m y sus flores de color rosa brotan en invierno. Hay numerosos cultivares de este híbrido. *C. vestita*, especie caduca, produce flores blancas con una yema roja o naranja.

Calathea (fam. Marantaceae)

El nombre de este género deriva del término griego *kalathos*, cesta, y se refiere a su uso en los tejidos por los nativos amerindios. Las especies de *Calathea* se cultivan por su follaje espléndido. Las hojas, con marcas plumosas en el haz con diseños variados en verde, marrón, morado, rosa y granate, surgen de la base de la planta en ramas largas, delgadas y verticales. La intensidad del color de las hojas se ve afectada a menudo por el medio ambiente. Sus insignificantes flores amarillas o blancas brotan en ramilletes pequeños.

CULTIVO Las especies de *Calathea* crecen bien en las condiciones típicas con sombra de los helechos en las zonas subtropicales y tropicales. De otra manera, se deben cultivar en un invernadero soleado. Son también buenas plantas de interior. Las condiciones húmedas y a la sombra en sitios abiertos producen el mejor follaje. Si se siembran en macetas, estas deben contener barro o carbón vegetal, para que dispongan de un buen drenaje, además de una mezcla de marga, turba, abono preparado con hojas descompuestas y arena o una mezcla con un alto contenido de materia orgánica. Se propagan por división vegetativa.

CLIMA Crecen en la zona 10 y superior.

ESPECIES *C. argyraea*, de origen indeterminado, produce hojas de color verde intenso con franjas de color gris plateado. *C. louisae*, de Centroamérica y Sudamérica, produce hojas de color verde oscuro con marcas plumosas blancas en el centro. Crece hasta alcanzar los 2 m. *C. makoyana*, de Brasil, es una de las especies de follaje más magnífico y la elección ideal como planta de interior. Las hojas de color verde claro tienen manchas verdes intensas en el haz y bordes también de color verde intenso. *C. majestica*, 'Roseolineata', de 90 cm, proviene de Guyana, Colombia y Ecuador. Sus hojas verdes están marcadas con líneas delgadas y paralelas en rosa intenso que se decoloran a blanco. *C. mediopicta*, de Brasil, produce hojas verdes con marcas plumosas plateadas. Crece hasta los 60 cm. *C. picturata*, 'Argentea', de Brasil, tiene hojas brillantes de color verde azul claro con

Calathea makoyana presenta un follaje con un diseño elegante y colorido.

marcas plumosas blancas. Alcanza los 40 cm. *C. veitchiana* alcanza los 1,2 m. Oriunda de Sudamérica tropical, tiene hojas de color verde oscuro, manchadas de amarillo a lo largo de la nervadura principal, y franjas de color verde claro. Las zonas verde oscuro en el haz son de color morado en el envés. *C. zebrina*, «planta zebra», de Brasil, produce hojas anchas y aterciopeladas de color verde intenso con las nervaduras principal y secundaria, y los bordes, de color verde amarillo. Crece hasta 1 m.

Calceolaria (fam. Scrophulariaceae)
Chapines, zapatitos de Venus

Derivado del término en latín *calceolus*, zapatilla o zapato pequeño, el nombre de este género hace referencia a las flores curiosas, parecidas a una bolsa, de un color que varía del rojo intenso al amarillo, rosa y malva con manchas y marcas contrastantes. Las hojas grandes, arrugadas y extendidas son también atractivas. La hibridación ha dado como resultado muchas floraciones mejoradas y muchos colores magníficos.

CULTIVO Las especies híbridas de *Calceolaria* con flores grandes se cultivan principalmente como plantas anuales o bienales en invernaderos frescos o soleados. Requieren una mezcla para macetas rica en nutrientes y de drenaje fácil; luz intensa, aunque sin que el sol les dé directamente; y riego

sistemático. Sin embargo, el compost no debe humedecerse en exceso. Los cultivares del Grupo *C. Herbeohybrida* se cultivan a partir de semillas que se siembran en los meses de primavera o a finales del verano. No deben cubrirse con compost. Germinan a 18 °C.

CLIMA Zona 9 y superior.

ESPECIES Aunque el género es numeroso e incluye plantas anuales, bienales, perennes y arbustivas, las que se cultivan principalmente son los cultivares del Grupo *C. Herbeohybrida*, que son bienales. Son plantas excelentes para cultivar en macetas, y las flores en forma de bolsa brotan con colores brillantes que incluyen el rojo, el amarillo y el naranja, que contrastan a menudo con puntos brillantes.

Calendula (fam. Asteraceae)
Caléndulas

Llamadas así por su capacidad para florecer durante todo el año en su hábitat nativo en el Mediterráneo, solo una de las 20 especies conocidas se cultiva extensamente, aunque la hibridación ha producido muchos colores y tipos sorprendentes. De cultivo fácil, son plantas perfectas para lindes y bordes, y aportan buenas flores para cortar.

CULTIVO Las especies de *Calendula* crecen a pleno sol en jardines con cualquier tipo de suelo. Crecen

El amarillo y el rojo intensos son solo dos de los colores disponibles entre las especies híbridas de *Calceolaria*.

Una gran cantidad de caléndulas en tonos cálidos de amarillo, naranja y bronce forma una exposición atractiva en un jardín.

Calla palustris, que crece en las aguas poco profundas de las orillas de las charcas, forma colonias extensas y produce espatas blancas en verano.

rápido, y florecen entre 8-10 semanas después de la siembra, algo más en las zonas frías. Se propagan a partir de las semillas que se siembran directamente en el suelo donde se quiere que florezcan las plantas, en primavera para la floración del verano, y en otoño para la de primavera.

CLIMA Zona 6 y superior.

ESPECIES *C. officinalis*, caléndula, es una planta anual resistente que florece en primavera y verano, y alcanza los 60 cm. Sus flores de muchos pétalos, similares a los de la margarita, de 10 cm de ancho, tienen colores que varían de crema a albaricoque y naranja. El follaje, suave y piloso, es verde claro. La planta tiene un historial de uso como hierba medicinal, cosmética y culinaria. Hay muchos cultivares disponibles en tonos naranja, amarillo y crema. Los buenos catálogos de semillas disponen de una selección extensa.

Calla (fam. Araceae)
Aros de pantano

Estas plantas acuáticas o de tierras marginales, perennes y resistentes, crecen de forma silvestre a orillas de los arroyos, lagunas y lagos de las zonas templadas del mundo. Las hojas, de forma entre aovada y acorazonada, crecen desde la base de la planta, y las espatas anchas y blancas son seguidas por racimos de bayas rojas. En climas que les son favorables, las especies de *Calla* tienden a extenderse y, a menudo, se vuelven plantas fugitivas del jardín. De hecho, es la única planta que se conoce que fertilizan los caracoles de agua dulce. Las especies de *Calla* no se deben confundir con las calas que es el nombre común de plantas que pertenecen a otro género (véase *Zantedeschia*).

CULTIVO Las especies de *Calla* se siembran habitualmente en las aguas poco profundas de las orillas de las charcas. Necesitan pleno sol para que florezcan bien. Se propagan por división vegetativa de sus rizomas en primavera.

CLIMA Zona 4 y superior.

ESPECIES *C. palustris* es la única especie y crece hasta una altura de 20 cm.

Calliandra (fam. Mimosaceae)
Plumerillos

Este género es nativo de América tropical y subtropical, India, África y Madagascar. El nombre común se debe a las flores con forma de cepillo típi-

Las especies de *Calliandra* crecen rápido, son fáciles de atender y tienen un período de floración prolongado.

cas de estos árboles y arbustos de tamaño pequeño. Las flores tienen tonos morado, rojo y blanco, y son seguidas de vainas con semillas. El follaje está compuesto por hojas bipinnadas suaves. Estas plantas aportan coloridos acentuados entre los demás arbustos o plantadas en macizos pequeños. En las zonas subtropicales y tropicales se emplean a menudo para formar setos. En los climas propensos a las heladas se cultivan en un invernadero intermedio o soleado.

CULTIVO Bajo cristal, se cultivan en macetas con compost y con máxima luz. En exteriores, crecen en suelos fértiles con una orientación soleada. Se propagan a partir de semillas o esquejes casi maduros.

CLIMA Zona 10 y superior.

ESPECIES *C. haematocephala*, arbusto o árbol pequeño de copa desplegada que crece hasta 4 m, produce hojas finas y plumosas, y flores abundantes compuestas por estambres de color rojo a rosa. *C. selloi* es un arbusto de ramas fuertes que crece hasta 3 m o más. Sus flores brotan en cabezuelas terminales en forma de racimos de estambres de color rosa morado de hasta 4 cm de longitud. *C. tweedii* crece hasta los 3 m durante la primavera y el verano con flores de color rojo brillante, con estambres, pero sin pistilos. *C. haematocephala* y *C. tweedii* son las especies que más se cultivan.

Callicarpa (fam. Verbenaceae)

Las especies de *Callicarpa* son arbustos perfilados, caducos, de tamaño entre pequeño y grande, que habitan principalmente en regiones subtropicales y tropicales, incluidas China, Norteamérica y Sudamérica. Producen racimos de bayas coloridas que perduran durante todo el invierno. En los climas propensos a las heladas crecen en invernaderos intermedios o soleados.

CULTIVO Las especies más resistentes son buenas plantas de jardín en los climas frescos. Las más delicadas deben cultivarse bajo cristal en las regiones propensas a las heladas. En exteriores, crecen en cualquier suelo fértil, bien drenado, a pleno sol o en sombra parcial. Bajo cristal crecen en tiestos con compost y máxima luz. Si es necesario, se podan a finales del invierno para darles forma. Se propagan en verano a través de esquejes casi maduros o, en primavera, por acodo.

CLIMA Depende del origen de las especies.

ESPECIES *C. americana*, «baya bonita», de la zona 6, crece hasta 2 m y da flores de color azul malva a finales de la primavera o principios del verano. Sus bayas de color morado oscuro, que aparecen en otoño, perduran durante períodos prolongados. *C. bodinieri*, de la zona 6, procedente de China, produce cimas densas de pequeñas flores rosas, seguidas de frutos morados. Crece hasta los

Las bayas coloridas de las especies de *Callicarpa* les aportan muchos meses de efecto decorativo.

3 m. *C. americana* variedad *giraldii* es considerada la mejor especie de jardín y produce bayas brillantes moradas. Su follaje cambia de color en otoño. *C. dichotoma*, de la zona 6, es nativa de China y tiene hojas ligeramente moradas, flores pequeñas de color rosa y frutos de color lila. Crece hasta los 2 m. *C. japonica*, de la zona 8, alcanza 1,5 m. Sus flores de color rosa o blanco son seguidas por bayas moradas.

Callicoma (fam. Cunoniaceae)
Acacia negra

Este género oriundo de Australia oriental incluye una sola especie, un árbol perenne que crece 15 m en un hábitat boscoso, aunque menos en condiciones de cultivo.

CULTIVO En climas propensos a las heladas, se cultiva en invernaderos frescos. En exteriores, en suelos ricos y húmedos con protección contra el viento y el calor. Se propagan fácilmente a partir de semillas y esquejes.

CLIMA Zona 10 y superior.

ESPECIES *C. serratifolia* es un árbol de tamaño entre pequeño y mediano, de 6-12 m en condiciones de cultivo. Tiene hojas de forma elíptica a lanceolada,

Callicoma serratifolia, conocida como acacia negra, produce flores lanosas de color crema y brotes nuevos de color rosa. No tiene relación alguna con la acacia.

brillantes, dentadas, de color blanco lanoso en el haz. Las flores pequeñas, de color amarillo crema semejantes a zarzos, carecen de pétalos y brotan en cabezuelas densas de 3 cm de diámetro. Las semillas están contenidas en cápsulas pequeñas.

Callisia (fam. Commelinaceae)
Calisias

Este género incluye aproximadamente 20 especies de plantas perennes, rastreras, de enredadera o casi erguidas. Algunas producen flores fragantes. Son nativas de América tropical, México y el sudeste de Estados Unidos. En las regiones de Europa que son propensas a las heladas, se cultivan en invernaderos intermedios o soleados.

CULTIVO Bajo cristal, se cultivan en macetas con buen drenaje, compost y la garantía de una buena luz. Se propagan en primavera a partir de esquejes.

CLIMA Zona 10 y superior.

ESPECIES *C. elegans*, calisia laminada, es una trepadora del sur de México. Tiene hojas de color verde oscuro, redondeadas y lanceoladas, con franjas de color blanco plateado, y da flores blancas. Las hojas alcanzan 7,5 cm de longitud y los tallos, 60 cm. Toda la planta está cubierta con una pelusa suave y diminuta. *C. fragans* produce ramas espar-

Callisia fragans forma extensiones densas de follaje casi suculento que cubre todo el suelo. Sus masas de flores diminutas son olorosas.

cidas, tallos carnosos de 1 m, hojas redondeadas y lanceoladas de hasta 25 cm de longitud y flores blancas y fragantes. Esta especie es popular para el cultivo de macetas colgantes.

Callistemon (fam. Myrtaceae)
Limpiatubos

Las especies de *Callistemon*, oriundas de Australia, son arbustos y árboles vistosos que se cultivan en muchas partes del mundo como plantas ornamentales y en invernadero en las zonas que se cubren de escarcha. Se cultivan fácilmente y son favorecidas por las aves que se alimentan de néctar y polen. La mayor parte de las especies florecen en primavera y a principios del verano, y un poco menos en otoño.

CULTIVO En las regiones propensas a las heladas, se deben cultivar las especies más delicadas en un invernadero fresco o soleado, en macetas con compost. Necesitan luz y ventilación. En exteriores, se cultivan en suelos ácidos o neutros. Aunque las especies de *Callistemon* se adaptan bien, prefieren humedad y un buen drenaje. Los árboles adultos

no se deben trasplantar. Se propagan a partir de las semillas contenidas en las cápsulas leñosas que brotan a lo largo del tallo. Las cápsulas se colocan en una bandeja o bolsa de papel en un lugar cálido para que liberen sus semillas delicadas. Estas se siembran en suelos ligeros y arenosos sin apenas cubrirlas. Se propagan también de esquejes cortados en primavera o, más fácilmente, en otoño. Se plantan en una mezcla 3:1 de arena gruesa y turba, y se mantienen húmedos. La mayoría de las especies de *Callistemon* son resistentes a las plagas de jardín. Las flores marchitas se podan para evitar que se pongan leñosas y para garantizar una floración vigorosa en la siguiente estación.

CLIMA Zona 9 para la mayoría.

ESPECIES *C. acuminatus* es una planta resistente al viento, con espigas carmesíes en forma de cepillo, y es adecuada para los jardines en zonas costeras. Crece hasta los 3 m. *C. brachyandrus* puede tolerar condiciones secas y alcanza los 2,5 m. Produce un follaje con forma de agujas y espigas rojas con los extremos amarillos y con forma de cepillo. *C. citrinus*, de la zona 8, es una especie resistente y vigo-

Cultivar espléndido de *Callistemon citrinus* roja, una de las especies más resistentes.

Callistemon viminalis tiene una tendencia marcada a que sus ramas cuelguen hasta tocar el suelo como los sauces llorones.

Las flores de color rosa intenso de la especie *Callistemon citrinus*, 'Reeves Pink', la convierten en uno de las arbustos más llamativos.

Las puntas de color dorado brillante de los estambres de las flores regordetas de *Callistemon macropunctatus* son muy prominentes y distintivas.

rosa con espigas rojas con forma de cepillo, y fue una de las primeras del género que se cultivaron. A pesar de su taxonomía, el follaje tiene más de la fragancia del aceite de eucalipto que del aroma del cítrico. Entre los cultivares se encuentran la 'Burgundy', con espigas veraniegas en forma de cepillo de color rojo intenso; 'Mauve Mist', con espigas en forma de cepillo de color malva; 'Candy Pink', con espigas veraniegas en forma de cepillo de color rosa intenso; 'Endeavour', con espigas grandes en forma de cepillo de color rojo; 'Reeves Pink', arbusto de tamaño pequeño, de 2 m, con espigas en forma de cepillo de color rosa suave; y 'Red Clusters', que crece solo hasta 1 m, con racimos de espigas veraniegas tardías en forma de cepillo de color rojo (hay una forma de color blanco). *C. linearis*, de la zona 8, produce masas de espigas con flores delicadas de color rojo bronce, y hojas rígidas y estrechas. Crece hasta los 3 m. *C. macropunctatus* tiene flores de color escarlata con puntas doradas y llega a los 3 m. También hay una forma de color rojo intenso. *C. pallidus*, especie oriunda de Nueva Gales del Sur, Victoria, Tasmania y el sur de Australia, crece bien en zonas frías. *C. paludosus* da flores de color crema a rosa claro y crece hasta los 3 m. *C. phoeniceus*, «limpiatubos ardiente», de Australia occidental, produce espigas deslumbrantes en forma de cepillo

de color escarlata y hojas gruesas un poco satinadas. Crece hasta llega a 3 m. *C. pinifolius*, especie nativa de la región de Sidney, los 2 m y produce un follaje delicado y flores rojas. *C. salignus*, de la zona 8, tiene forma de árbol, crece hasta los 8-12 m y es capaz de soportar condiciones muy húmedas. El nuevo follaje que desarrolla presenta un rubor de color rosa, mientras que las espigas maduras en forma de cepillo son de color blanco crema. Florece en primavera. Hay también una forma de color rojo. *C. shiressii* crece hasta 4 m, con espigas en forma de cepillo de color crema en primavera. *C. sieberi*, de la zona 7, es nativa de las zonas alpinas de Australia y produce espigas en forma de cepillo de color amarillo claro y un follaje delicado. Es un arbusto de floración tardía que produce preciosas brácteas florales de color rosa y crece hasta 2 m. *C. specious* es un limpiatubos vistoso de Australia

Callistemon salignus produce masas de flores de color crema a limón en primavera y una floración más pequeña en otoño.

Las Reina Margarita ofrecen una gran exhibición masiva en el jardín veraniego. Unas pocas flores blancas resaltan la armonía de los colores rosa y violeta.

occidental que produce las espigas de color rojo oscuro más grandes de todas las especies y crece entre 2-3 m. *C. viminalis* es una especie muy resistente de la costa de Queensland y el norte de Nueva Gales del Sur con un follaje grácil que cuelga hasta tocar el suelo y espigas en forma de cepillo de color rojo. Crece hasta alcanzar los 8 m. *C. viridiflorus* produce espigas en forma de cepillo de color amarillo en verano y alcanza los 2 m.

Callistephus (fam. Asteraceae)
Reina Margarita

Nativo de China, este género incluye una sola especie que fue introducida en los jardines europeos por los misioneros jesuitas durante el siglo XVIII. Se han desarrollado muchos híbridos y vienen en una serie de tamaños y colores que incluyen casi cada tono de azul y rojo y blanco, en formas sencillas, casi dobles y dobles. La Reina Margarita es una de las especies favoritas de los jardines y una flor excelente para cortar.

CULTIVO Se propaga a partir de semillas sembradas bajo cristal a principios de la primavera o a finales, en el sitio donde las plantas deben florecer. Se siembran cuando hayan terminado las heladas, con una separación de 15-45 cm de acuerdo con el tamaño que se espera va a tener la planta adulta. Para estimular el desarrollo de flores bellas, debe protegerse de los vientos fuertes y del exceso de luz solar directa. Se debe mantener húmeda, pero no mojada, y nutrirla con un abono suave de estiércol líquido cuando aparezcan los capullos.

CLIMA Zona 10, pero se puede cultivar como planta anual de verano en los climas más frescos.

CULTIVARES Los cultivares se derivan de *Callistephus chinensis*, la única especie del género, y hay muchos. Todas son plantas anuales arbustivas que florecen en verano y otoño. Las flores pueden ser sencillas como las margaritas o completamente dobles que, en algunos casos, se parecen a los crisantemos. Algunos producen atractivos pétalos plumosos. Hay cultivares enanos y altos que vienen en tonos de color rojo, rosa, morado, azul y blanco. Las formas altas producen excelentes flores para cortar. Los hay resistentes a la deshidratación. Un buen catálogo de semillas incluirá una lista extensa de Reina Margarita.

Callitris (fam. Cupressaceae)
Pinos cipreses

Callitris es muy similar al ciprés verdadero (*Cupressus*) del hemisferio norte. Sus piñas son casi redondas y portan muchas semillas. Su follaje es también muy similar y solo se diferencia por la densidad y la disposición de las diminutas hojas

Las filas oscilantes de la especie *Callitris* forman una barrera efectiva contra el viento cuando las plantas son adultas.

Ejemplar joven de *Callitris rhomboidea*, con su follaje denso y ligeramente colgante hasta tocar el suelo.

escamadas. Las piñas de algunas especies no se abren cuando maduran las semillas. En cambio, las retienen, y a menudo estas aumentan de tamaño y se hacen más leñosas con el tiempo. Estas viejas piñas se encuentran agrupadas en racimos densos próximos al tronco principal y se abren y liberan finalmente las semillas solo cuando el árbol muere, o es dañado o muere en un incendio. Sin embargo, especies como *C. columellaris* liberan sus semillas anualmente. Los pinos cipreses son buenas plantas ornamentales, y son útiles como pantallas y cortavientos, aunque solo se han cultivado extensamente unas cuantas especies. Las especies columnares son particularmente adecuadas donde hacen falta plantas con bases estrechas. Si se quiere un efecto menos formal, *Callitris* puede ser una elección mejor que *Cupressus*, porque el follaje de estos pinos cipreses es, por lo general, más verde y menos denso. Sin embargo, no olvide que se trata de plantas muy delicadas y que se deben cultivar en un invernadero soleado en las regiones propensas a las heladas.

CULTIVO En condiciones de cultivo, los pinos cipreses parecen prosperar en suelos arcillosos o arenosos profundos y con buen drenaje, con una orientación a pleno sol. Aunque la mayoría no es recomendable para sembrar en jardines en zonas costeras, pueden tolerar el viento, pero son afectados por las perturbaciones del suelo bajo sus raíces. Se propagan a partir de semillas. En los casos de las especies que retienen sus semillas, se cortan las piñas leñosas y se dejan en un sitio cálido y seco. Las piñas se abrirán y liberarán con cierta rapidez bastantes semillas, que germinarán también con bastante rapidez, si se siembran en un suelo arenoso fino. Los brotes del semillero crecerán también rápidamente. Es bastante difícil que los esquejes produzcan retoños.

CLIMA Zona 9, si hiela relativamente poco, y 10.

ESPECIES *C. columellaris* presenta tres formas: pino ciprés blanco, pino ciprés de la costa y pino ciprés tropical. Los tres producen un follaje muy fino. Las piñas son pequeñas y redondeadas, con piñones delgados con forma de escama. Liberan su semilla anualmente. *C. endlicheri*, pino ciprés negro, es nativo de las regiones templadas de Australia oriental y es un árbol que crece generalmente con forma estrecha y piramidal de 10-20 m de altura, con una copa claramente puntiaguda y un follaje bastante basto y de color verde oscuro. Se adapta razonablemente bien a las condiciones de cultivo, pero crece de forma lenta y es menos ornamental que algunas de las demás especies. *C. oblonga*, pino ciprés de Tasmania, es similar a *C. rhomboidea*, pero crece más rígido y produce un follaje más basto. Produce piñas alargadas en lugar de las redondeadas habituales. Considerada por lo general una especie nativa de Tasmania, se distribuye de forma natural por el borde oriental de la cordillera divisoria de Nueva Gales del Sur y el sur de Queensland. Es muy apropiada para los climas frescos. *C. preissii*, un pino ciprés esbelto, tiene tres subespecies que incluyen el bien conocido pino ciprés de matas. Estos árboles pequeños, que a menudo producen ramas al nivel del suelo, crecen extensamente por la mitad meridional de Australia. Las piñas se asemejan a las de *C. columellaris*, pero son un poco más grandes. *C. rhomboidea*, al pino Port Jackson, es la especie que se cultiva con más frecuencia en el sudeste de Australia. Su forma columnar y su follaje denso, verde gris, y la típica «brocha» oscilante en la cima, hacen de él un ejemplar elegante. En condiciones adecuadas, se desarrolla bastante rápido hasta los 8-10 m y alcanza los 4-5 m a los cinco años de sembrado.

Calluna (fam. Ericaceae)

Brencina, biércol

Aunque se trata de la famosa planta de los páramos de Escocia, se puede encontrar también en Inglaterra, Europa y el noroeste de América (donde fue probablemente introducida). Especie única de su género, este arbusto perenne y resistente varía en altura de 15-90 cm según las distintas variedades. *C. vulgaris* se cubre en el verano con masas de flores pequeñas de color morado, aunque se pueden obtener otros colores en las variedades mencionadas.

CULTIVO Brencina prospera mejor en condiciones húmedas y frescas, en suelos de turba y sin cal. Las cabezuelas viejas se deben podar a principios de primavera para estimular que el follaje sea tupido. Se propaga a partir de retoños de 2,5 cm de largo, que no florecen, y que se siembran en una mezcla de arena y turba entre mediados y finales del verano.

Una de las coníferas más atractivas es *Calocedrus decurrens*, que produce un follaje suave y desarrolla una buena forma.

CLIMA Zona 4.

VARIEDADES El cultivar 'Alba' produce flores blancas que son dobles en 'Alba plena'. 'Aurea' produce hojas de color amarillo dorado y 'Cuptea' es notable por su follaje de color cobre. Los diversos cultivares, que incluyen 'Blazeaway', 'Golden Feather', 'Red Haze', 'Robert Chapman' y 'Searlei Aurea', aportan tanto una gama de flores, como de follajes, de distintos colores, que cambian a menudo a tonos más intensos en invierno.

Calocedrus

(sin. *Libocedrus*, fam. Cupressaceae)

Cedros blancos

El nombre de este género de coníferas significa cedro bello, y resulta acertado. Incluye solo tres especies. Una procede de las regiones occidentales de Estados Unidos. Las otras dos son oriundas de Asia oriental. Su distribución es típica de los otros géneros de la familia Cupressaceae, como *Thuja* y *Thujopsis*, y se cree que es un indicador de las zonas a las que se retiraron estas plantas durante las glaciaciones. *Calocedrus* produce ramilletes de ramitas lisas, y cuatro filas de escamas foliáceas.

CULTIVO Para alcanzar máximo desarrollo, estas coníferas necesitan un clima fresco, abundancia de

Los montes de brencina, especie única del género *Calluna*, son buenos lechos herbáceos para las zonas expuestas en las regiones frescas.

lluvia y suelo profundo y razonablemente fértil, aunque se pueden lograr bellos ejemplares más pequeños en zonas costeras más cálidas, si hay un microclima adecuado. *C. formosana* es la especie con mayores posibilidades de adaptarse a las regiones más cálidas. Se propaga a partir de semillas, porque es difícil que los esquejes produzcan retoños, y, por lo general, no producen buenas plantas o árboles con buenas formas.

CLIMA Hay especies adecuadas para distintas zonas climáticas.

ESPECIES *C. decurrens* (sin. *Libocedrus decurrens*, cedro blanco de California, de la zona 6, es la especie de Norteamérica. Presenta la forma de una columna ancha o estrecha, algo que depende de su situación y del clima en el que crece. Es un árbol espléndido, con un follaje de color verde intenso satinado, que suele alcanzar los 10 m en condiciones de cultivo, aunque llega a los 35 m en condiciones silvestres. Su madera suave y aromática se usa en ebanistería. El bello *C. formosana*, de la zona 9, procedente de Taiwan, y *C. macrole-*

pis, de la zona 9, oriundo de Myanmar y del sudoeste de China, se conocen poco fuera del sudeste asiático.

Calocephalus (fam. Asteraceae)
Arbustos cojín

Nativos de Australia, estos arbustos anuales, perennes y de tamaño pequeño crecen hasta los 30-90 cm y son muy adecuados para lindes y lechos herbáceos. Sus flores con forma esférica brotan en racimos en el extremo de los tallos.

CULTIVO En las regiones propensas a las heladas, se cultivan en invernaderos frescos, iluminados y ventilados. En exteriores, *Calocephalus* prospera en espacios abiertos orientados al sol, en marga arenosa. Se propagan a partir de esquejes de 5 cm de longitud, de los que se debe retirar la pelusa blanca de la parte inferior. Se siembran a finales del verano en una mezcla de arena y turba.

CLIMA Zona 9.

ESPECIES *C. brownii* produce ramas grisáceas y hojas diminutas, delgadas y de color blanco argentino que forman un conjunto plateado de aproximadamente 45 cm, decorado con flores esféricas blancas en verano. Por ser resistente al salitre y al viento, es una especie particularmente adecuada para los jardines en zonas costeras.

En un clima adecuado, *Calocephalus brownii* es una excelente planta de cobertura que retiene la tierra o la arena.

Calochortus (fam. Liliaceae)

Lirios mariposa, tulipanes globo, tulipanes estrella

Nativas del oeste de Norteamérica y México, estas hierbas bulbosas producen flores exquisitas de color amarillo, blanco o malva a menudo con pétalos de diseños fascinantes. Florecen en primavera e invierno, individualmente o en racimos.

CULTIVO Los bulbos se siembran en el otoño a una profundidad de 10-15 cm en suelos con buen drenaje y a pleno sol. En los climas húmedos se cultivan mejor en macetas compost en un invernadero sin calefacción. Los bulbos deben mantenerse secos una vez que se han marchitado las hojas. Se propagan a través de semillas, bulbos reproductores o bulbillos desarrollados en las axilas de las hojas de algunas especies.

CLIMA Prosperan mejor en climas secos; zona 9.

ESPECIES *C. amabilis*, «tulipanes globo dorados», produce flores pedunculadas de color amarillo dorado. *C. luteus* da flores de colores que varían de amarillo a naranja, con rayas rojas o marrones, y crece hasta alcanzar los 60 cm. *C. macrocarpus*, lirios mariposa verdes, tiene flores de color lavanda con una franja verde en el medio de los pétalos. Crece hasta alcanzar los 60 cm. *C. nitidus* crece hasta 50 cm. Produce flores de color blanco, lila o morado, marcadas en cada pétalo con un punto de co-

lor morado intenso. *C. uniflorus* produce flores de color lila mucho más largas y con nervaduras carmesíes. Crece hasta 25 cm. *C. venustus*, lirios mariposa blancos, alcanza los 25 cm, tiene flores de color lila claro, con puntos de un rojo marrón. Las variedades de *C. venustus* son a veces más altas que las especies, y producen flores de color amarillo crema, carmesí o blanco, con pintas moradas o rosas.

Calodendrum (fam. Rutaceae)

Castaño del Cabo

Esta planta perenne del sur de África debería cultivarse más extensamente por su exhibición floral. Las masas de cabezuelas grandes con flores de color rosa brotan en los extremos de las ramas a finales de la primavera y principios del verano. Produce hojas ovales, de color verde intenso o grisáceo, cubiertas de glándulas de aceite que producen una fragancia perceptible. *Calodendrum* es un árbol propicio para las vías públicas, siempre que no se plante debajo de los cables eléctricos.

CULTIVO Este bello árbol requiere suelos ricos en nutrientes, riego sistemático y condiciones cálidas, soleadas o subtropicales. Crecen lentamente

Un castaño del Cabo, *Calodendrum capense*, en plena floración resulta ser uno de los árboles florecientes más bonitos.

Una hilera de pétalos forma la copa y hace de marco para el centro vistoso de esta especie de *Calochortus*.

Detalle exquisito de las flores similares a orquídeas de castaño del Cabo.

Calostemma purpureum, que florece desde el verano hasta el otoño, produce flores de colores que varían del rosa al morado, aunque se han registrado flores amarillas silvestres.

cuando son jóvenes y al madurar desarrollan alturas, formas y capacidades de floración variables. Se propagan a partir de esquejes de madera tierna en condiciones cálidas.

CLIMA Regiones más cálidas de las zonas 9 y 10.

ESPECIES *C. capense* es la única especie que se cultiva. Produce hojas ovales brillantes de 13 cm de longitud, y flores de color rosa carne marcadas con puntos morados. Los árboles presentan una copa con una forma bastante abovedada y crecen hasta alcanzar los 10-15 cm de altura.

Calostemma (fam. Amaryllidaceae)
Lirio girlanda

Nativo australiano de las llanuras de Queensland, Nueva Gales del Sur, Victoria y sur de Australia, este género de una sola especie de planta bulbosa produce racimos terminales de flores similares al lirio, con forma de trompeta en sus tallos rectos. Produce hojas estrechas, con forma de correa y carnosas, similares a las de campanillas de invierno. El follaje se marchita anualmente y reaparece cuando se ha completado la floración.

CULTIVO En los climas propensos a las heladas intensas, se cultiva en macetas, en un invernadero fresco, y en compost. En exteriores, *Calostemma*

prospera en condiciones húmedas, pero asimismo crece bien en jardines de rocalla. Se propaga a partir de las semillas carnosas contenidas dentro de sus frutos capsulares. Hasta las plantas bien desarrolladas se pueden trasplantar con facilidad, o se pueden separar a principios de la primavera.

CLIMA Zona 9.

ESPECIES *C. purpureum*, lirio girlanda, es una especie muy llamativa, con sus masas de flores pequeñas, con forma de trompeta y de color morado rojo a rosa balanceándose en sus tallos robustos y erguidos de 80 cm de longitud. Produce hojas carnosas de 30 cm, con forma de correa y de color verde oscuro, que brotan después de la floración.

Calothamnus (fam. Myrtaceae)
Arbustos red, limpiatubos asimétricos

Relacionado con *Callistemon*, las 25 especies de *Calothamus* se encuentran principalmente en la región sudoeste de Australia. Designadas, generalmente, por su nombre común —limpiatubos asimétricos—, porque sus flores brotan en un solo lado del tallo, se emplean extensamente como

Las flores de *Calothamnus quadrifidus* se abren y muestran el polen amarillo en la punta plumosa del ápice.

plantas individuales o setos. En primavera y verano producen un follaje suave, parecido al del pino, y flores en diversos tonos de rojo o crema.

CULTIVO En las regiones propensas a heladas intensas, se cultiva en macetas con compost y en invernaderos frescos, iluminados y ventilados o en invernaderos soleados. En exteriores, *Calothamus* es un género muy resistente a la sequía. Aunque tolera las heladas, necesita protección cuando son intensas. Prospera mejor en condiciones de cálidas a calurosas. Se poda después de la floración.

CLIMA Zona 9.

ESPECIES *C. gilesii*, resulta una elección muy adecuada como planta para setos y es una especie que tolera situaciones expuestas. Produce hojas rígidas y puntiagudas, y flores de color carmesí brillante. Puede crecer hasta alcanzar los 2 m. *C. quadrifidus*, es la especie que se cultiva más extensamente. Produce tallos muy esbeltos, el follaje es de una tonalidad verde intenso y haces de estambres de color carmesí vivo. Crece hasta alcanzar los 2-3 m. *C. sanguineus* produce un follaje sedoso y flores de color rojo similares a borlas. De ramas cortas, alcanza los 2,5 m. *C. villosus* es posiblemente la especie que resulta más atractiva de todas, con masas de hojas vistosas y plateadas, y flores profundas de color rojo vivo. Puede crecer hasta los 2 m.

Caltha (fam. Ranunculaceae)
Hierbas centella

Estas plantas se encuentran en Europa, Norteamérica, México y regiones de Asia, en ciénagas y pantanos, y en las márgenes de lagos y arroyos. Por lo general producen hojas sencillas y acorazonadas, y flores amarillas o blancas. Se siembran alrededor de los estanques de los jardines.

CULTIVO Las *Caltha* prosperan en situaciones abiertas y soleadas, y en suelos húmedos. El agua del riego no debe estancarse. Se propaga por división de las raíces en primavera después de la floración.

CLIMA Zona 3.

ESPECIES *C. leptosepala* produce hojas largas de 10 cm y flores pequeñas de color blanco plateado. Alcanza los 30 cm. *C. palustris*, hierbas centella, es una planta caduca o perenne, muy resistente, que alcanza 30-60 cm. Tiene hojas redondeadas de color verde oscuro y bellas flores amarillas y brillantes de 5 cm de ancho, que aportan un colorido excelente en primavera. El

Caltha palustris, que florece a principios de la primavera, progresa en los suelos permanentemente cenagosos.

cultivar 'Flore Pleno' es asombroso, con sus flores amarillas dobles y brillantes. Es la más popular de las hierbas centella.

Calycanthus (fam. Calycanthaceae)
Calicantos

Las características más notables de estos arbustos caducos y resistentes de Norteamérica son su madera, sus hojas, su corteza y sus flores sumamente aromáticas. *Calycanthus* produce hojas ovales ásperas, y flores veraniegas que, por su forma, semejan magnolias pequeñas y brotan en varios tonos de rojo o rojo marrón. Se cultivan en forma de conjunto arbustivo o linde mixto.

CULTIVO Se siembra a finales del invierno o a principios de la primavera a pleno sol o en sombra parcial, en suelos húmedos y fértiles que contengan mucha materia orgánica. Se propagan a partir de semillas en otoño, por acodo en primavera o con la separación de los renuevos en primavera.

CLIMA Zona 5 para *C. floridus*; zona 8 para *C. occidentalis*.

ESPECIES *C. floridus*, calicanto de Carolina, produce hojas anchas de hasta 12 cm, ovales, satinadas, de color verde claro, y flores marrón rojizo. Alcanza los 2-3 m. Esta especie tiene un patrón de desarrollo desordenado y es, por lo tanto, muy adecuada para sembrarla cerca de un enrejado, una cerca o un muro. *C. occidentalis*, calicanto de California, es la especie más apropiada para los climas cálidos. Es muy fragante y produce hojas más grandes, ásperas y puntiagudas que *C. floridus*, y flores de color marrón claro. Alcanza los 3,5 m.

Calytrix (fam. Myrtaceae)

De las cerca de 70 especies que tiene este género, la mayoría crece de forma natural en Australia occidental. Las hojas son pequeñas y de olor acre cuando se maceran, y las flores estrelladas, con varios estambres delicados, son poco comunes. Florecen en masas de color blanco, amarillo, rosa o morado desde la primavera y durante el verano.

Calytrix microphylla produce flores de color rosa brillante y hojas diminutas.

Todas las partes de calicanto de Carolina *Calycanthus floridus*, son sumamente aromáticas. Se siembran próximas a los senderos para poder disfrutar de su fragancia.

CULTIVO En los climas propensos a las heladas, se cultivan en invernaderos frescos, iluminados y ventilados, en macetas con compost ácido. En exteriores, crecen a pleno sol o en la media luz, en suelos de ácidos a neutros con buen drenaje. Se propagan durante el verano a partir de esquejes casi maduros.

CLIMA Zona 9.

ESPECIES *C. alpestris* es un arbusto erguido o esparcido que crece hasta alcanzar los 1,5 m de altura. Produce un follaje oscuro y delicado, y capullos de color rosa que se abren en forma de flores estrelladas blancas en los meses de primavera. *C. terragona* crece en muchas regiones del continente australiano. Produce hojas estrechas con la forma del brezo y que son a veces pilosas, y flores estrelladas de color rosa o blanco. Crece hasta alcanzar entre 90 cm y 1,2 m de altura. Es la especie que se cultiva más a menudo en los jardines.

El azul sutil de las flores de *Camassia cusickii* se despliega mejor cuando la planta se cultiva en sombra parcial.

Camassia (fam. Hyacinthaceae)

En su hábitat natural de Norteamérica, estos bulbos resistentes se encuentran por lo general en los bosques; en los jardines son bonitos como plantas de linde. Son buenas plantas para cortar flores a principios del verano. Sus hojas son largas y sus espigas varían del morado al azul y al blanco.

CULTIVO Los bulbos se siembran a principios de otoño, a 10 cm de profundidad y a 7-10 cm de separación, en suelos húmedos y de marga con una orientación soleada o de media luz. Se riegan bien después de sembrados, pero no se deben volver a regar hasta que broten las hojas, a menos que las condiciones sean excepcionalmente secas. Los bulbos se pueden extraer y dividir cada tres años. Si las plantas producen semillas, estas se siembran en un sitio cálido en primavera.

CLIMA Zona 5; o zona 3 para *C. leichtlinii*.

ESPECIES *C. cusickii* se cultiva fácilmente y produce bulbos grandes. Masas de flores estrelladas, de color lavanda y de 2 cm de longitud, brotan en cada tallo erguido. Crecen hasta alcanzar los 60-90 cm. *C. leichtlinii* alcanza la misma altura y produce flores de color blanco crema o de azul a morado en las subespecies. *C. quamash* produce también bulbos grandes, que se ingerían como alimento en el pasado por las poblaciones indígenas de Norteamérica. Las espigas florales varían de azul oscuro a casi blanco, y brotan en tallos de 60 cm.

Camellia (fam. Theaceae)

Las camelias originales llegaron de diversas regiones de China y el sudeste asiático, pero se han hibridado extensamente para producir una cantidad enorme de cultivares. Se encuentran entre los arbustos más estimados y populares. La planta de la que se obtiene el té, *C. sinensis*, es, sin duda, el tipo más conocido. Su follaje verde satinado y sus vistosas flores son una gran primacía para un jardín; en particular, porque las distintas especies pueden florecer desde el otoño hasta la primavera. Las flores son de color blanco, rosa, rosa intenso o rojo intenso, con combinaciones de estos colores. Estos arbustos perennes varían en altura de 1 m a 5-6 m, según la variedad. En sus hábitats nativos, algunos crecen hasta la talla de un árbol de 8-10 m. La mayoría florece después de dos o tres años y alcanza la madurez a los 10 o 20 años. Son muy longevos. Se pueden sembrar en setos, en espaldares, como

La flor de color sonrosado de *Camellia japonica* tiene una preciosa forma de copa en la medida en que se abren sus muchas capas de pétalos.

Hay numerosos cultivares de *Camellia vernalis* que se encuentran entre las camelias más resistentes.

plantas individuales en céspedes, o en macetas o en lindes arbustivos mixtos. Es preferible seleccionar las camelias cuando están en flor.

CULTIVO Las camelias necesitan suelos ligeramente ácidos, bien ventilados y ricos en materia orgánica descompuesta. Los suelos pesados y con drenaje escaso pueden provocar pudrición de la raíz y la muerte frecuente de la planta. Necesitan también protección del frío, de la sequedad por el viento y del sol de las primeras horas de la mañana. La mayoría se desarrolla bien bajo un sol filtrado en una sombra parcial, aunque algunas variedades toleran orientaciones a pleno sol. *C. sasanqua* puede recibir más sol que las demás camelias, y *C. reticulata* necesita estar a pleno sol una parte del día. Algunos cultivares de *C. japonica*, como 'The Czar', 'Great Eastern', 'Moshio' y 'Emperor of Russia', prosperan a pleno sol. Es necesario un riego sistemático en los meses más cálidos. Bien abonadas con mantillo, las plantas desarrolladas necesitan empaparse a fondo solo una vez a la semana, pero, en un tiempo cálido y seco, las plantas más tiernas necesitan riego dos veces por semana. A principios de primavera se debe aplicar un fertilizante de liberación lenta. Las plantas se deben abonar bien a principios de primavera con un mantillo de estiércol descompuesto de vacuno, compost o abono preparado con hojas descompuestas, aunque se

debe impedir que el mantillo se acumule alrededor de los tallos de las plantas. No hace falta podar mucho. Cortar flores para los floreros es suficiente por lo general para mantener compactas las plantas de camelia. Sin embargo, cualquier brote delgado, alargado e improductivo se debe podar del centro del arbusto en casi cualquier momento. Las camelias viejas y crecidas excesivamente se pueden rejuvenecer con una poda a fondo, pero siempre que los cortes se hagan directamente encima de una hoja o de la yema de una hoja. Si hace falta una poda extrema, se hace por etapas. Se propagan a partir de esquejes casi maduros que se obtienen a finales del verano, aunque pueden demorar para enraizarse. Se debe asegurar que se mantiene la humedad del compost de los esquejes y que se proporcionan las condiciones cálidas y húmedas que requieren para enraizar. Algunas variedades son difíciles de cultivar con sus propias raíces y se pueden injertar en patrones de *C. sasanqua*.

CLIMA Zona 8 para la mayoría de las especies.

VARIEDADES Se cultivan cuatro tipos principales de camelias: *C. sasanqua, C. japonica, C. reticulata* y *C. x williamsii*. Entre estas, *C. japonica* es la especie en la que la gente piensa cuando se mencionan las camelias. Hay una cantidad asombrosa de variedades para escoger, con colores que varían del blanco a los tonos más claros y oscuros del rosa a rojos intensos, y en combinaciones de estos colores. Se clasifican habitualmente por el tipo de flor que producen:

Hay numerosos cultivares de *Camellia vernalis* que se encuentran entre las camelias más resistentes.

ARRIBA *Camellia sasanqua* 'Shishigashira' cultivada en un espaldar fijo a la pared de un patio.

DEBAJO Los cultivares de *C. reticulata* producen floraciones típicas con pétalos ondulantes de color rosa o rojo. Las flores son grandes, de aproximadamente 10 cm de ancho.

sencillas, semidobles, formal doble, con forma de peonía y con forma de anémona. Algunas de las camelias con flores más oscuras toleran las condiciones muy soleadas, pero las blancas y de color claro no se deben sembrar donde reciban el sol temprano de la mañana. *C. japonica* se comporta bien como planta individual o en un borde como planta de fondo. Algunas variedades son también adecuadas para tiestos. Si se seleccionan variedades diferentes, es posible tener flores desde finales de otoño hasta la primavera. *C. reticulata* produce las floraciones más grandes y espectaculares entre las camelias, pero los arbustos son más ralos y de follaje más abierto. Muchos de los híbridos desarrollados más recientemente son cruzamientos entre *C. japonica* y *C. reticulata*, que aportan al arbusto una frondosidad más densa y una floración más prolongada, además de flores más vistosas y grandes. Por lo general, *C. reticulata* prospera en suelos más ligeros o arenosos con mejor drenaje y con una orientación con luz solar más directa que las demás camelias. Esta especie y sus variedades son ideales como plantas individuales y para sembrar en tiestos. *C. sasanqua* produce flores frágiles que aportan una exhibición maravillosa en el jardín desde el otoño hasta mediados del invierno, según la variedad. Brotan con formas sencillas, semidobles o dobles, en color blanco, rosa claro, rosáceo, cereza o escarlata, y se encuentran también disponibles en varios tamaños y formas, desde la 'Shishigashira', de tamaño pequeño y ra-

maje desplegado, hasta los arbustos altos y vigorosos de 'Plantation Pink' y 'Jennifer Susan', que crecen hasta alcanzar los 5 m. Las especies de *C. sasanqua* son plantas excelentes para setos y algunos cultivares con desarrollo pendular del ramaje se pueden adaptar como plantas para espaldares. Los tipos más compactos de tamaño pequeño son buenas plantas de tiesto. Las especies de *C. sasanqua* toleran una gama más variada de condiciones que los otros tipos. La mayoría crece al sol o a la sombra, aunque no se desarrollan con éxito a pleno sol en zonas calurosas y secas. Las especies de *C. x williamsii* forman un grupo de camelias reproducidas mediante el cruzamiento de *C. japonica* y *C. saluensis*. El cruzamiento original se hizo en Cornwall, Inglaterra, por J. C. Williams, que les dio nombre. Las flores brotan en la misma gama de colores que las demás camelias, pero la mayoría es de forma semidoble. Algunos de los cultivares más populares son 'Donation', 'Elsie Jury', 'E. G. Waterhouse' y 'Water Lily'. No se debe olvidar que hay centenares de cultivares de camelias, y que no todas las mencionadas están disponibles en todas las regiones.

Campanula (fam. Campanulaceae)
Farolillos

La palabra latina *campanula* significa campanita y hace referencia a las flores delicadas y con forma de campana que produce este género numeroso de aproximadamente 300 especies de plantas anuales, bienales y perennes oriundas de Norteamérica, Europa y Asia. Son extremadamente bonitas en los bordes, las rocallas y las macetas colgantes. Una de sus especies, *C. rapunculus*, tiene raíces y hojas comestibles, y se usa a veces como hortaliza en ensaladas.

Campanula isophylla es una planta popular para cultivar en macetas colgantes en invernaderos frescos.

CULTIVO Según la especie, se pueden cultivar en los bordes y jardines de rocalla y en maceta. Se siembran en primavera u otoño en suelos ricos en nutrientes, con una orientación soleada o de sombra parcial. Las especies altas pueden necesitar apoyo de tutores. Se propagan a partir de semillas, por división vegetativa de manojos durante los meses de primavera o por esquejes cortados después de la floración. Las semillas se siembran en primavera, en compost y se dejan a la sombra hasta que aparezcan las plántulas. Las especies para bordes con raíces rastreras se pueden propagar en otoño por división vegetativa. Las especies para jardines de rocalla se siembran en suelos de gravilla con buen drenaje. *C. isophylla* es una de las especies más delicadas y, por su tendencia rastrera y trepadora, se cultiva en macetas colgantes en invernaderos frescos. Es también una buena planta de interior, si la habitación es fresca.

'Alba', la forma de color blanco de *Campanula persicifolia*, ilumina el follaje más oscuro de las zonas de sombra del jardín.

CLIMA Hay especies de *Campanula* disponibles para varias regiones climáticas.

ESPECIES ALTAS *C. glomerata*, de la zona 2, es una planta perenne erguida que crece hasta los 45 cm. Produce hojas aovadas y pilosas, y flores terminales de color azul morado intenso que miden aproximadamente 7,5 cm de ancho. *C. latifolia*, de la zona 3, crece hasta alcanzar 1 m, con flores de desarrollo pendular de un tanto morado. *C. medium*, de la zona 8, es muy sorprendente con sus agujas de flores acampanadas de color morado, azul, rosa o blanco. Es una planta anual o bienal, erguida, ramificada y pilosa, atestada de hojas basales. El cultivar 'Calycanthema', presenta un cáliz aumentado que hace juego con el color de los pétalos. *C. persicifolia*, de la zona 3, es una especie común y también muy atractiva. Produce un rizoma ramificado y rastrero, hojas lanceoladas y correosas de color verde brillante, y flores azules, grandes y acampanadas. Crece hasta los 30-100 cm. El cultivar 'Alba' crece hasta 1 m, tiene flores sencillas de color blanco puro. 'Moerheimii', alcanza 1 m, con flores blancas, grandes y semidobles que brotan en un tallo delgado. 'Blue gardenia' alcanza los 60 cm, tiene flores grandes, dobles y de color azul brillante. 'Telham beauty' alcanza 1 m y produce floraciones grandes, sencillas y de color verde azul brillante. *C. rotundifolia*, de la zona 3, es una planta perenne que crece hasta los 45 cm. Es muy ramificada, da flores azules, elegantes y encorvadas.

ESPECIES RASTRERAS Y ENANAS *C. cochleariifolia*, de la zona 6, es una planta perenne, que tiene tallos rastreros enterrados y preciosas flores de desarrollo pendular, acampanadas y de color azul claro, que crecen hasta alcanzar los 10 cm. El cultivar 'Alba' es una planta excelente para rocallas y muros, solo crece hasta los 10 cm. Produce masas de campanas blancas que brotan en tallos delgados. *C. x haylodgensis*, cultivar 'Warley White', de la zona 5, es una planta perenne esparcida en manojos, con flores dobles blancas. Crece hasta alcanzar los 22 cm de altura. *C. isophylla*, de la zona 9, es una planta de hoja perenne y rastrera nativa de las regiones montañosas de Italia septentrional, y crece hasta los 10 cm. Produce hojas aovadas, y flores veraniegas azu-

les y estrelladas. El cultivar 'Alba', con sus flores blancas, luce mucho en macetas colgantes. Crece unos 10 cm. *C. portenschlagiana*, de la zona 4, oriunda de las regiones montañosas de Europa meridional, es una especie rastrera de 15 cm y adecuada para los jardines de rocalla. Produce flores acampanadas de color morado intenso y masas de hojas pequeñas similares a las de la hiedra. *C. poscharskyana*, de la zona 3, es adecuada para la siembra en márgenes o muros. Produce ramitas largas con flores estrelladas de color azul lavanda.

Campsis (fam. Bignoniaceae)
Enredaderas de trompeta

Originarias de China y Norteamérica, estas plantas trepadoras, caducas y leñosas producen flores vistosas con forma de trompeta y color rojo naranja en verano. Atractivas y resistentes, son adecuadas para cultivar próximas a muros o cercas.

CULTIVO Las *Campsis* se cultivan mejor sobre un muro cálido y soleado. Cualquier suelo con buen drenaje, pero que conserve la humedad es adecuado. Necesita una poda sistemática a finales del invierno, hasta dejar tres o cuatro yemas en la estructura leñosa del brote principal. Las plantas se fijan a los muros por medio de raíces aéreas, pero pueden necesitar apoyo adicional, en particular cuando son tiernas. Se propagan a partir de trozos de la raíz en verano o por acodo en primavera.

Grandes flores con forma de trompeta y de color rojo naranja de un híbrido de *Campsis*.

CLIMA Zona 4 para la mayoría y zona 7 para *C. grandiflora*.

ESPECIES *C. grandiflora*, enredaderas de trompeta chinas, es la especie más común, tiene flores de color naranja oscuro chillón que puede llegar a medir hasta 8 cm de ancho. Crece por lo general hasta alcanzar una altura de 6 m, pero en las regiones subtropicales puede llegar a los 15 m. La más vigorosa de la especie, puede llegar a ser invasora. *C. radicans*, es similar, pero produce flores ligeramente más pequeñas. *C. x tagliabuana* es un grupo híbrido de las dos especies que se han descrito antes. El cultivar más popular de este híbrido es 'Madame Galen', que es una planta muy vigorosa y produce flores de color albaricoque oscuro y un follaje de hojas pinnadas de una tonalidad verde intensa.

Canavalia (fam. Papilionaceae)

Este grupo de plantas está distribuido extensamente por tropicales, en especial de América. Varias especies han sido cosechadas como cultivos para abono, para la alimentación del ganado o por sus judías comestibles.

CULTIVO Se cultivan bajo cristal en climas propensos a las heladas. En exteriores, las especies de *Canavalia* se deben cultivar en suelos con buen drenaje, y con una orientación soleada y abierta. Se propagan a partir de semillas que se dejan en remojo durante la noche previa a la siembra.

Canavalia rosea (sin. *C. maritima*), produce flores de color rosáceo a malva en verano.

CLIMA Zona 10.

ESPECIES *C. ensiformis* es una planta anual originaria de América tropical. Crece de 1,5 a 2 m de altura y produce flores de colores que varían del rosa al morado. Las semillas inmaduras contienen alcaloides y son venenosas. Se dice que sus vainas y sus semillas maduras son comestibles. *C. rosea* (sin. *C. maritima*), es nativa de varias regiones del mundo. Esta planta rastrera o trepadora es un buen compactador de la arena por su tendencia a formar alfombras extensas. Las flores pueden variar de color rosáceo a malva, y brotan durante los meses estivales. Las semillas son tóxicas si se ingieren crudas, pero se pueden tratar para hacerlas comestibles.

Canna (fam. Cannaceae)

Originarias de América tropical, estas plantas perennes y robustas son muy apropiadas para las temperaturas cálidas de las regiones subtropicales. En los climas propensos a las heladas, las especies de *Canna* se cultivan por su manifestación veraniega en los jardines y sobreviven al invierno bajo cristal en estado de reposo. En su hábitat natural crecen hasta los 75 cm-3 m de altura. Con sus ra-

La mancha brillante de color de las masas de *Canna* produce una manifestación briosa en un jardín extenso.

Flores amarillas moteadas de rojo en un híbrido de *Canna*.

cimos terminales productores de flores vistosas y coloridas, y su follaje llamativo, son muy útiles para sembrar en grandes macizos florales.

CULTIVO Las especies de *Canna* crecen a partir de rizomas gruesos. En los climas propensos a las heladas se comienzan a cultivar en un invernadero cálido a principios de la primavera. Se depositan en macetas de compost sin tierra y protegidas se siembran cuando haya pasado el peligro de las heladas, a principios del verano. Se extraen en otoño, se cortan los tallos y el follaje, y los rizomas se conservan durante el invierno en turba ligeramente húmeda de la congelación. En los climas sin heladas, las plantas pueden permanecer sembradas todo el año. Se riegan de forma moderada y abundantemente en verano, y se nutren con un fertilizante líquido. Los grupos grandes se pueden dividir en primavera cuando se vayan a sembrar.

CLIMA Zona 10.

ESPECIES Hay muchos cultivares de *Canna*, que se prefieren generalmente a las especies naturales. Se encuentran disponibles en una gama de alturas y colores, desde enanos hasta altos, y en di-versos tonos de rojo, rosa, salmón, amarillo, naranja y blanco. Hay también cultivares con flores bicolores. Entre otras buenas especies de *Canna* se encuentra *C. flaccida*, que alcanza 1,5 m, y tiene hojas largas de 60 cm y flores amarillas. Esta es la especie progenitora principal de más de 200 variedades modernas. Una especie de *Canna* bien conocida es *C. indica*, que se conoce popularmente como cañas americanas. Crece hasta alcanzar 1 m de altura y produce hojas de 45 cm de largo. Las flores son de color rojo brillante.

Cantua (fam. Polemoniaceae)

Desde finales del invierno hasta el verano, estos arbustos perennes de Sudamérica producen racimos de desarrollo pendular con atractivas flores de color rojo satín, blanco o morado, similar a la fucsia.

CLIMA Zona 9.

ESPECIES *C. bicolor*, crece aproximadamente hasta alcanzar 1,25 m y produce flores amarillas y rojas. *C. buxifolia*, la flor sagrada de los incas, produce

Las flores largas y tubulares de *Cantua buxifolia* tienen un lustre sedoso y su color es iridiscente.

flores muy bellas de color rosa y 7,5 cm de longitud. Sin embargo, esta especie es un tanto desordenada a menos que se pongan estacas o se fijen a
un muro o cerca. Alcanza 2 m o más en los climas
más cálidos.

Capparis (fam. Capparaceae)
Alcaparreras

Estos arbustos y árboles perennes se encuentran
en la mayoría de zonas de interior tropicales y
subtropicales. El género incluye unas 250 especies,
que producen flores blancas o amarillas, hojas
ovales y frutos comestibles. Solo una especie, *C.
espinosa*, se cultiva regularmente.

CULTIVO Esta planta necesita un clima libre de heladas y un buen drenaje. Multiplicar por esquejes
semileñosos a finales de verano.

CLIMA Zona 10 para la mayoría.

ESPECIES *C. Mitchellii* es una especie espinosa nativa que pertenece a las regiones interiores de la
zona oriental del continente australiano, útil por
su sombra en zonas secas y calurosas. Llega a alcanzar entre 3 y 9 m de altura y tiene grandes flores color crema, y bayas velludas que mueden
medir 5 cm de diámetro. *C. Spinosa* o alcaparre-
ras, de la zona 9, es un arbusto espinoso y retorcido ideal para las áreas rocosas y secas del Mediterráneo. Sin un atractivo especial, se cultiva por

Las formaciones de largos tallos son el signo de identidad de las
flores blanco rosáceas de *Capparis spinosa*, cultivada por sus
brotes florales inmaduros.

sus flores, usadas como condimento durante muchos siglos. Alcanza entre 90 cm y 1,5 m de altura y produce grandes flores blancas sobre largos
tallos muy característicos. La variedad *Inermis*
está desprovista de espinas y tiene flores de un
blanco rojizo.

Capsicum annuum (fam. Solanaceae)
Pimientos, chiles, guindillas

Estos pimientos de las zonas tropicales de Sudamérica son muy diferentes de las especies de *Piper*
(blanca y negra) utilizadas como condimentos. Se
cultivan como anuales de forma parecida a los tomates y las berenjenas. Los *Capsicum* se cultivan
por su fruto, de diversas formas, tamaños y desde
los sabores dulces o moderados hasta los muy
fuertes. Se utilizan en ensaladas o asados. También
se usan en estofados, sazonados, salsas y escabeches. Los pimientos picantes se utilizan frecuentemente en las cocinas mexicana y asiática. Paprika,

Los *Capsicum* ornamentales se suelen cultivar como plantas de
invernadero; son también buenas plantas de interior.

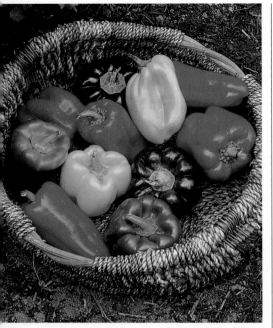

Un cesto de llamativos *Capsicum* listos para añadir color y sabor a toda una variedad de platos.

nombre húngaro para la pimienta roja, se obtiene de la variedad menos picante, y la pimienta de Cayena, o pimienta roja, es la base de las variedades más pequeñas y fuertes. Muchas especies pueden cultivarse como ornamentales anuales en tiestos o en bordes de jardín.

CULTIVO Las pimientas comestibles se cultivan como anuales estivales, tanto en invernadero intermedio si los veranos son fríos, como exterior en zonas con veranos cálidos o calurosos, plantadas al aire libre cuando ya no hay riesgos de heladas. Las semillas se plantan a mediados de primavera en semilleros o tiestos, y germinan a una temperatura de 20 °C. Plantar los brotes separados a 45-60 cm en un borde de jardín, o en tiestos de 25 cm. Pellizque las plantas jóvenes para estimular su crecimiento arbustivo. Las variedades altas

Este cultivar de chile aún está lejos de madurar. Los frutos adquirirán un tono rojo vivo cuando estén en sazón.

pueden necesitar estacado. Se deben regar moderadamente, y abonar en verano con fertilizante para tomates, una vez cada dos semanas. Necesitan una atmósfera húmeda en invernadero. Los frutos pueden recogerse aún verdes, dejarlos que maduren y cambien de color. Los *Capsicum* ornamentales se cultivan de igual modo, y se colocan en tiestos de 12,5 cm hasta que están maduros. Pueden crecer en invernadero intermedio, y son buenas plantas de interior.

CLIMA Zona 10, pero se cultivan en todos los climas como anuales estivales.

VARIEDADES Los catálogos de semillas tienen listas de variedades culinarias y ornamentales. Las pimientas de cocina derivan de *Capsicum annuum*, una perenne anual efímera; los ornamentales son de esta especie, y también de *C. frutescens*.

Cardamine (fam. Brassicaceae)

Mastuerzos de prado, berros de prado

Estas plantas herbáceas anuales, bienales o perennes resistentes se usaron antiguamente como sedantes medicinales. Nativo de Europa y de buena parte del hemisferio norte, algunas de las especies de este género se han convertido en malas hierbas.

CULTIVO Las especies de *Cardamine* se desarrollan bien en jardines húmedos y un tanto cenagosos. Se propagan por semillas sembradas en la primavera o división del rizoma en otoño.

CLIMA Zona 4.

ESPECIES *C. pratensis* es una planta perenne distribuida extensamente por Europa. Produce flores pequeñas de color malva claro o lila en primavera y verano, y hojas de forma lanceolada a oblonga. Se adapta bien a los jardines de rocalla y en los bordes frescos que varían de húmedos a cenagosos. La propagación habitual es a partir de vástagos, aunque se pueden propagar también a partir de semillas. Se consume como berro en algunas regiones de Europa.

Cardamine pratensis se desarrolla bien en suelos mojados y, por lo general, no es una planta invasora.

Cardiocrinum (fam. Liliaceae)

Estos lirios gigantes de Asia oriental y de la cordillera del Himalaya se incluyeron antiguamente dentro del género *Lilium*.

CULTIVO La mayoría de las especies son bastante raras y difíciles de cultivar, a menos que las condiciones climáticas sean propicias. Los bulbos se siembran en otoño muy cerca de la superficie del suelo y con espacio suficiente entre sí para obtener los mejores resultados. Prosperan en sombra parcial y suelos frescos. Las semillas, que se siembran en otoño, deben ser de recolección reciente. Las plantas pueden tardar hasta cinco años en florecer. El bulbo principal muere después de que su brote florezca y esparza las semillas, pero la planta sobrevive gracias a los rizomas que se desarrollaron a partir de aquel.

CLIMA Zona 7.

ESPECIES *C. giganteum* crece como una torre majestuosa hasta los 2-3 m de altura. Sus flores grandes, fragantes y con forma de embudo son de color

Cardiocrinum giganteum, que solo prospera en jardines de climas frescos, es ciertamente llamativa.

Las masas de las especies de *Carex* aportan un follaje interesante y contrastan con otras plantas arbustivas.

blanco y brotan casi horizontalmente. Las flores con forma de trompeta muestran rayas rosa intenso en su interior.

Carex (fam. Cyperaceae)
Juncias

Muchas especies de *Carex* son nativas de Nueva Zelanda. Se distribuyen principalmente en hábitats empapados o húmedos. Las juncias se diferencian de las hierbas y de los juncos en que presentan tallos sólidos y vainas en las axilas de las hojas. Estas son lisas y herbáceas, y las flores diminutas de color verde o marrón, parecidas a veces a semillas, forman racimos o espigas que resultan apropiados para arreglos con flores secas. Las especies de *Carex* son adecuadas para jardines de rocalla, de guijarros o acuáticos, o para sembrar alrededor de un estanque. Algunas especies pueden ser invasoras, pero la mayoría son plantas atractivas que dan un buen aspecto al jardín.

CULTIVO Necesitan condiciones de humedad y suelos ricos en humus, sol o sombra parcial. Se propagan por división vegetativa en primavera.

CLIMA Zona 9 para la mayoría de las especies.

ESPECIES Entre las especies más resistentes se encuentran *C. comans*, con conjuntos de hojas muy delgadas y de color bronce en algunas de formas; *C. elata* 'Aurea', de hojas amarillas y *C. morrowii* 'Variegata', con franjas blancas y verdes. Todas son apropiadas para la zona 7. *C. secta*, frecuente a lo largo de los cursos de agua de Nueva Zelanda, forma montecillos de hierba espesos y resulta útil para estabilizar la erosión de sus márgenes. Produce hojas gris verde claro y alcanza a veces 1 m de altura. Es también adecuada para la zona 7.

Carica papaya (fam. Caricaceae)
Pawpaw, papaya

Mientras que el nombre «pawpaw» se usa en todo el mundo, tanto este como el de «papaya» son denominaciones comunes para la misma especie, *Carica papaya*. Nativa de Sudamérica, el árbol se cultiva en la mayoría de regiones tropicales y subtropicales del mundo por su delicioso fruto, que varía sustancialmente en tamaño. Su gruesa carne varía del amarillo al naranja, y contiene numerosas semillas no comestibles. Se come crudo, pero también en mermeladas, escabeches y conservas

Las papayas dan buena cosecha cuando se han plantado varios árboles juntos para asegurar una buena polinización.

agridulces. Su jugo es delicioso. *C. papaya* crece rápidamente hasta alcanzar los 6 m. Sus tallos tiernos no contienen tejido leñoso, y la corona consta de un racimo de hojas palmeadas y lobuladas, con flores amarillas.

CULTIVO Fuera de los trópicos y de las zonas cálidas subtropicales, se cultiva como planta de follaje en invernadero cálido. Se desarrollará bien en una maceta grande, con buen drenaje y con compost con tierra. Necesita mucha luz y protección de la radiación directa. Se multiplica por semillas o esquejes. Los árboles cultivados por su fruto proceden normalmente de injertos. Los jardineros que cultiven esta especie en exterior deben tener en cuenta que los árboles son en su mayoría caducos, así que se necesita una planta masculina para polinizar la femenina,

aunque a veces las flores son bisexuales. En los trópicos, las plantas caducas pueden florecer al cabo de cinco meses tras la siembra, y dan fruto ocho meses más tarde, entre 20 y 50 piezas por cosecha.

CLIMA Tropical, pero también en las regiones más cálidas de la zona 10.

Carissa (fam. Apocynaceae)

Cultivado extensamente en las regiones tropicales de todo el mundo, el género *Carissa* se suele cultivar en invernaderos frescos o soleados en la mayor parte de Norteamérica. En climas apropiados es posible cultivarlo en bordes arbustivos o mixtos, o se puede utilizar también para formar setos.

CULTIVO Se cultiva bajo cristal en macetas con compost y con el máximo de luz, pero siempre a la sombra, fuera de la exposición directa a los rayos del sol. Se poda, si es necesario, para limitar su tamaño después de la floración. En exteriores, los setos se recortan cuando se termina la floración. Se propaga en verano a partir de esquejes casi maduros.

CLIMA Zona 10 y superior.

Aunque se emplea a menudo simplemente como seto, *Carissa macrocarpa* produce frutos largos que se venden en los mercados del sur de África.

ESPECIES *C. bispinosa*, produce flores blancas en primavera y bayas rojas. Esta especie crece hasta alcanzar los 2 m. *C. macrocarpa* crece hasta alcanzar aproximadamente 5 m de altura. Cultivada como planta de setos, especialmente en el sur de África, de donde procede, el fruto se ha hecho muy popular en la confección de deliciosas mermeladas y conservas.

Carmichaelia (fam. Papilionacea)

Nativo de Nueva Zelanda, este género de arbustos tiene una variedad de tipos. Algunas especies son procumbentes. Otras son erguidas. La mayoría produce tallos verdes, aplastados o cilíndricos, que cumplen la misma función que las hojas, que caen muy pronto y dejan las ramitas desnudas. Las hojas son simples o pinnadas. Las flores son pequeñas, fragantes, presentan forma de guisante y brotan en ramilletes laterales. El fruto es una vaina pequeña y correosa. Son adecuados para bordes abrigados.

CULTIVO En las regiones propensas a las heladas, las especies más delicadas se deben cultivar en invernaderos frescos. En exteriores, las especies de *Carmichaelia* prosperan mejor en climas benignos y crecen en distintos tipos de suelo, excepto en los arcillosos. Se siembran en primavera o en oto-ño y se deben proteger de las heladas el primer invierno. Se podan solo si es necesario para mejorar la forma de la planta. Se propagan a partir de esquejes de madera casi madura, que se conservan en un recipiente de polietileno en un sitio fresco.

CLIMA Zona 9 para la mayoría de las especies.

ESPECIES *C. flagelliformis*, de la zona 8, es un arbusto muy ramificado, con ramilletes de flores diminutas. Crece aproximadamente 2 m. *C. odorata* es una especie ancha, de 2 m o más, con ramas que cuelgan hasta el suelo. Sus flores fragantes, blancas con vetas de color morado, se abren desde finales de la primavera hasta mediados del verano. *C. williamsii*, de la zona 8, es también un planta muy ramificada, con flores grandes y de color crema o amarillo claro de 25 mm de longitud, que brotan solitarias o en ramilletes de dos o seis. La planta crece hasta los 3,5 m o más, y necesita un clima benigno y costero.

Carnegiea (fam. Cactaceae)
Saguaro

Distribuido de forma natural en México, Arizona y el sur de California, este cacto en su hábitat na-

Floración gigantesca de la *Carmichaelia williamsii* neozelandesa, que produce tallos de forma curiosa y flores de color crema o amarillo claro.

Flores de color blanco crema del cacto saguaro, brotan rectas de sus ramas gruesas.

tural crece a veces hasta los 15-20 m de altura. Es el más grande de todos los cactos.

CULTIVO Este cacto se cultiva generalmente en invernaderos intermedios, en macetas con compost alcalino para cactos que drenen bien. Necesita luz y buena ventilación.

CLIMA Zona 9.

ESPECIES *C. gigantea*, la única especie de este género, es de crecimiento lento, pero sus flores grandes, blancas y dulcemente olorosas, que abren de noche, son muy atractivas.

Carpentaria (fam. Arecaceae)

Este género de palmeras incluye una sola especie, que prospera principalmente en los alrededores de Darwin, en el norte de Australia, y en la costa e islas septentrionales cercanas. Es una palma de hojas plumosas y de crecimiento rápido, con capitel, se diferencia por sus frutos de otros géneros relacionados como *Archontophoenix*, *Normanbya* y *Ptychosperma*.

El capitel de *Carpentaria acuminata* produce frutos rojos e inflorescencias muy ramificadas.

CULTIVO En los climas propensos a las heladas, se cultiva como planta joven en invernaderos cálidos o soleados, o como planta de interiores. Se siembra en compost. Se le debe proporcionar el máximo de luz sin exposición directa a los rayos del sol, y humedad. Se propagan en primavera a partir de semillas. Estas germinan a 27 °C.

CLIMA Zona 10 y superior.

ESPECIES *C. acuminata* es una palma alta que posee un solo tallo, muy parecida al *Archontophoenix cunninghamiana* en cuanto a su altura y estructura general. Las inflorescencias brotan en sucesión continua en la base del capitel y con flores pequeñas de color verde amarillo. Masas de frutos de color escarlata brillante y del tamaño de una cereza nacen durante el final de la primavera y el verano.

Carpenteria (fam. Hydrangeaceae)
Anémona arbórea

Este arbusto perenne de California, con sus hojas verde intenso y flores fragantes de color blanco puro, puede ser extremadamente bello, si la planta crece en las condiciones adecuadas.

CULTIVO Aunque no es muy conocida, la anémona arbórea es una planta ideal tanto para los climas cálidos como para los más frescos. Se siembra en la primavera o en el otoño en suelos de jardín con buen drenaje que sean ligeramente arenosos, y en orientación soleada. Se debe regar sistemática y

Las flores de color blanco puro de *Carpenteria californica* son una delicia en un jardín.

abundantemente, aunque no demasiado a menudo durante la temporada de crecimiento. Se abona con un fertilizante de uso general en la primavera y se poda cualquier vástago demasiado largo cuando termina la floración. Se propaga en verano a partir de esquejes medio maduros.

CLIMA Zona 7.

ESPECIES *C. californica* es la única especie del género. Tiene hojas estrechas, suaves, de color verde intenso que se vuelven gris verde en el envés, y flores fragantes y blancas con el centro dorado que brotan en racimos de cinco o seis.

Carpinus (fam. Corylaceae)
Carpes

Estos árboles y arbustos de tamaños pequeño a mediano presentan una corteza gris suavemente acanalada, hojas alternas y dentadas, amentos de flores diminutas y unisexuales, y racimos de frutos secos y alados. Producen una madera dura y de grano fino que es muy buena para mangos de herramientas y carpintería. También se siembran en setos y para ejemplares individuales.

CULTIVO Los carpes prosperan en un clima fresco y se adaptan bien a la mayoría de los suelos. Sus especies se propagan a partir de semillas sembradas en otoño, aunque no germinan habitualmente hasta la primavera. Los cultivares se deben reproducir por medio de injerto o gemación en patrones de plántulas de *C. betulus*.

CLIMA Zona 5.

ESPECIES *C. betulus*, carpes europeo o común, es un árbol de 10-15 m de altura, pero que se recorta con frecuencia. Produce brotes y hojas similares a los de la haya, y presenta un tronco estriado y áspero. Las hojas cambian a un color marrón dorado en otoño que dura todo el invierno, lo que lo convierte en un seto muy atractivo. Prospera bien en suelos cretáceos. 'Columnaris', desarrolla una forma delgada y piramidal. 'Fastigiata' presenta también una forma piramidal, aunque más ancha que 'Columnaris', y resulta útil para sembrar jun-

El carpes, *Carpinus betulus*, se adapta bien a la modificación de su forma y a las podas. En la foto, tiene la forma de una cúpula piramidal ancha.

to a las vías urbanas. 'Incisa' produce hojas estrechas y muy dentadas. 'Pendula' produce ramas que cuelgan hacia el suelo. 'Purpurea' produce hojas tiernas de color morado. *C. caroliniana*, carpes americano, crece lentamente y no sobrepasa los 12 m. Produce flores aovadas, de color verde azul que se vuelven amarillas en otoño.

Carpobrotus (fam. Aizoaceae)
Uñas de león

Este género, que incluye unas 30 especies de suculentas, es nativo del sur de África, Australia, y Norteamérica y Sudamérica. Todas las especies son plantas procumbentes que forman grandes alfombras. Producen hojas trilaterales y carnosas que las hacen muy útiles para compactar los suelos arenosos. Se cultivan también por su fruto comestible y por sus flores, abundantes, grandes y de colores brillantes en primavera y verano. Por lo general moradas, pueden ser también de color rosa brillante y, ocasionalmente, amarillas.

CULTIVO En las regiones propensas a las heladas, se cultivan en macetas en invernaderos frescos o

Ideal como lecho para cubrir los suelos costeros, *Carpobrotus glaucescens* produce flores de color rosa malva.

Racimos verticales de frutos inmaduros de alcaravea, *Carum carvim*, antes de estallar y esparcir sus aromáticas semillas.

se siembran en exteriores como plantas de floración veraniega o para lechos florales. En exteriores, estas suculentas crecen casi en cualquier suelo arenoso y pobre. Necesitan orientación a pleno sol para que las flores puedan abrir. Se propagan en verano a partir de esquejes.

CLIMA Zona 9.

ESPECIES *C. acinaciformis*, nativa de las regiones sudafricanas de Natal y El Cabo. Produce hojas grandes, de color verde gris, con forma de sable, y flores enormes de color carmesí morado de 12 cm de ancho. Esta especie se ha aclimatado a varias regiones costeras cálidas del mundo y se muestra espléndida en plena floración. *C. edulis*, también de las regiones de Natal y El Cabo, se ha aclimatado en California y en regiones de Australia. Esta especie expansiva es excelente para compactar los suelos arenosos. Produce un follaje verde apagado, y flores grandes y amarillas que se tornan de color rosa. La especie produce un fruto comestible. *C. glaucescens*, nativa de Australia oriental y de la isla Norfolk, es también una planta expansiva, de tallos rojizos, hojas azuladas y flores de color morado claro.

Carum carvi (fam. Apiaceae)

Alcaravea

La alcaravea ha sido utilizada desde tiempos bíblicos, tanto para potenciar el sabor como en medicina. Procedente de Europa Central y Septentrional y de Asia, más tarde se naturalizó en Norteamérica. Es una bianual de raíces gruesas, de hojas plumosas, como las del perejil, y racimos de flores estivales blancas. Alcanza los 60 cm. Al madurar, el fruto de la alcaravea estalla en dos semillas aromáticas de color marrón y en forma de media luna. La mayor parte de la planta es comestible. Sus semillas tienen un sabor agradable y especiado, y se utilizan para la confección de pasteles, panes, quesos, currys, escabeches y platos de carne y pescado. El aceite aromático contenido en la semilla contribuye a la digestión, y a veces se utiliza para purificar el aliento, así como para saborizante en licores. Las raíces pueden hervirse y servirse con salsa blanca o mantequilla, y las hojas jóvenes se utilizan en las ensaladas verdes y como guarnición para verduras como la calabaza de tuétano, el calabacín y la espinaca.

CULTIVO Cualquier suelo de jardín con buen drenaje servirá, aunque en lugar protegido y soleado. Se cultiva a poca profundidad y a 15 cm de separación entre plantas, dejando otros 20 cm entre hilera e hilera. Se siembra en primavera para recolectar la semilla el verano siguiente. Para estimular un crecimiento constante, se riega en abundancia durante los períodos de sequía y se aplica un fertilizante completo en los márgenes de las plantas. Es importante controlar las malas hierbas. Antes de que las semillas caigan de las cabezas florales, se cortan y se secan en un lugar a la sombra. Cuando las semillas empiezan a caer fácilmente, se agitan y separan de los restos de la flor, y se almacenan en un contenedor hermético lejos de la luz.

CLIMA Zona 3.

Carya (fam. Juglandaceae)
Nogales americanos

El nombre de este género deriva de la palabra griega *karya*, que significa nogal. Se distribuye en su mayor parte por Norteamérica y Asia, y se cultiva por su madera dura y su valor ornamental, aunque muchas especies se siembran también por sus nueces comestibles. Las especies de *Carya* son árboles grandes y caducos, con hojas pinnadas que se tornan amarillas, naranja o doradas en otoño. Produce flores diminutas masculinas en amentos que brotan en la base de los brotes nuevos, y flores femeninas que crecen en racimos, en la punta. El fruto se aloja dentro de una envoltura gruesa, verde y carnosa, similar a la del nogal.

CULTIVO Las especies de *Carya* prosperan en suelos ordinarios de jardín. Su crecimiento es lento y no son fáciles de trasplantar. Se propagan a partir de semillas que se siembran en primavera o a partir de retoños de las raíces. Las variedades comestibles se propagan a partir de injertos.

CLIMA Hay especies adecuadas para varias zonas climáticas.

ESPECIES *C. aquatica*, de la zona 7, produce hojas lanceoladas, que son de color amarillo leonado cuando son tiernas, y un fruto anguloso con forma de huevo y de color rojo marrón. Puede llegar a crecer más de 20 m. *C. cordiformis*, de la zona 5, crece también hasta alcanzar los 27 m. El fruto brota generalmente en pares de tres y contiene almendras amargas. Sus capullos amarillos de invierno son muy distintivos. *C. glabra*, de la zona 5, es un árbol de tamaño mediano que crece hasta aproximadamente 15 m. La nuez pequeña y arrugada está cubierta por una cáscara y contiene una almendra desabrida. *Canya illinoinensis*, de la zona 6, es un árbol caduco que crece aproximadamente 10 m de altura y 6-7 m de ancho. Produce capu-

El pecan o *Carya illinoinensis* es decorativo y productivo.

llos invernales de una tonalidad amarilla leonada y nueces de piel lisa, oblongas, de color marrón claro con una raya negra. Las almendras son comestibles, y tienen un sabor dulce y agradable. Hay cantidad de cultivares que se deben seleccionar de acuerdo con el clima.

Carya illinoinensis sin. C. pecan
(fam. Juglandaceae)
Pecán o pacana

Nativa de Centroamérica y América meridional hasta México, se cultiva en muchas zonas, puesto que es muy resistente. Se cultiva comercialmente en muchos países por el pecán, consumible crudo o como saborizante para helados. También es vistoso en el jardín como espécimen.

CULTIVO Necesita suelo profundo, de buen drenaje, ligeramente ácido y mucho riego durante el crecimiento. Se multiplica por injerto y se planta en el período de dormancia. Los ejemplares injertados producirán fruto a partir del décimo año. Se cosecha por estratificación para recolectar los frutos caídos, o

Borlas de flores masculinas producen grandes cantidades de polen. Las flores femeninas aparecen en la parte superior de los racimos de borlas.

agitando las ramas. Pueden sufrir el ataque de determinados insectos y aves, ácaros y cochinillas.

CLIMA Zona 6.

VARIEDADES *Carya Illinoinensis* (sin. *Carya pecan*) es un árbol caduco y longevo que puede alcanzar los 30 m en su hábitat, y los 10 en cultivo. Tiene flores de ambos sexos que producen racimos de frutos encapsulados en grandes husos. Al madurar, el huso estalla en cuatro partes, dejando ver un fruto suave que madura en otoño. Hay numerosos cultivares autofecundables, aunque algunos necesitan polinizador. Hay que escogerlos en función del clima.

Caryopteris (fam. Verbenaceae)
Espireas azules, carriópteras

Estos arbustos caducos y perennes, de tamaño pequeño son oriundos de Asia oriental. Producen hojas opuestas, dentadas y aromáticas, y flores generalmente de color azul, que se abren a finales del verano y en otoño. Se cultivan habitualmente en bordes arbustivos y mixtos, y se valoran por sus flores tardías. La plantación masiva produce el mejor efecto.

CULTIVO Estas plantas prosperan al sol, y en un suelo que drene libremente y que no sea demasiado pesado. Se siembran en primavera y se protegen de la helada del primer invierno. Una vez que se han desarrollado, son resistentes a las heladas. Se deben podar de una manera razonablemente extensa en primavera, cuando los retoños viejos se cortan a dos brotes de distancia de la base. Después de la poda, se abonan generosamente para estimular el crecimiento y la floración abundante. Las especies se propagan a partir de semillas sembradas en otoño y germinadas en un semillero modular del tipo Cold Frame, mientras que tanto especies como cultivares se pueden propagar en primavera a partir de esquejes de madera blanda, arraigados en un invernadero. A principios del verano, se pueden cortar esquejes de madera verde, que son más fáciles de arraigar, también a cubierto.

CLIMA Zona 6 para *C. incana*; zona 7 para *C. clandonesis*.

ESPECIES *C. incana*, carrióptera, es un arbusto que se trata a menudo como si fuera una planta perenne. Crece hasta alcanzar 1,5 m y produce hojas aovadas de color gris suave en el envés, y flores de un color que varía de azul a morado en otoño. 'Candida' produce flores blancas. *C. x clandonensis*, híbrido de *C. incana* x *C. mongholica*, produce un

Caryopteris incana produce hojas con nervaduras distintivas y verticilos de flores de color morado intenso, situados a intervalos en el tallo.

follaje vigoroso verde gris y flores de color azul lavanda. Esta planta arbustiva crece hasta alcanzar 1 m. Hay varios cultivares atractivos disponibles.

Caryota (fam. Arecacea)
Colas de pescado

Este género, que incluye aproximadamente una docena de especies de palmas, es nativo de los trópicos de Asia y Malaisia, y de la península de Cape York, en Australia. A diferencia de otros géneros de palmas, produce hojas bipinnadas y los segmentos de estas tienen una forma más o menos triangular, de ahí su nombre común de colas de pescado. De los frutos, que no se deben comer, se extrae un zumo bastante irritante. Las plantas de colas de pescado se valoran como especies ornamentales —en particular, en los trópicos—, y son también plantas atractivas para interiores. En condiciones adecuadas, pueden crecer muy rápido. Por ejemplo, si se cultivan en el trópico, las especies de tallo único pueden completar todo su ciclo vital en solo 15-20 años.

CULTIVO En la mayoría de las regiones de Norteamérica, las plantas de colas de pescado se cultivan en invernaderos intermedios o soleados, o como plantas interiores en habitaciones cálidas. Se cultivan en macetas o tiestos con compost, pero, aunque necesitan luz, no se deben exponer a los rayos directos del sol. Las plantas de colas de pescado se propagan a partir de semillas que germinan fácilmente si son frescas, aunque necesitan una temperatura de 27 °C. Los manojos de *C. ureas* se pueden dividir, pero las partes divididas pueden tardar en volver a desarrollarse.

CLIMA Zona 10 y superior.

ESPECIES *C. mitis*, es una planta originaria del sudeste asiático y Filipinas. Es la más tolerante al frío entre las especies que se cultivan. Produce hojas gráciles de 2 m de longitud, con hojuelas asimétricas muy espaciadas entre sí. Forma conjuntos, con masas de tallos densamente apretados, que se extienden 1,5 m de diámetro alrededor de su base. Los tallos varían considerable-

Grandes racimos de tallos florales semejantes a unas borlas brotan en todas las especies de *Caryota*.

mente en altura. Los más altos llegan a alcanzar los 6-8 m. *C. rumphiana* se distribuye extensamente por Malaisia y se extiende también hasta Queensland septentrional. Se trata de una palma de tallo único, con hojas de gran tamaño, que crece hasta alturas de 20 m o más, aunque no se cultiva tanto como las otras especies mencionadas. *C. urens*, es nativa de India y de regiones del sudeste asiático. Es también una planta de tallo único y se trata de una especie que se cultiva extensamente en los trópicos por su valor ornamental, además de para la producción de azúcar y alcohol en su hábitat natural. Presenta un tronco liso y sólido, que rebasa en raras ocasiones los 10 m de altura. Tiene una copa grande, de aspecto un tanto pesado debido a sus segmentos de hojas, con desarrollo casi pendular, y apretados densamente. Los ejemplares maduros producen inflorescencias enormes, que incluyen una envoltura de ramas verdes cargadas de flores, a veces, de hasta 5 m de longitud. Las inflorescencias se producen sucesivamente hacia la base del tronco hasta que el árbol muere.

Cassia (fam. Caesalpiniaceae)

Este género de árboles y de plantas subarbustivas y arbustivas anuales se divide ahora en varios grupos. De hecho, gran cantidad de especies de *Cassia* que nos son familiares han sido clasificadas ahora dentro del género *Senna*. Nativas de las regiones templadas y tropicales de todo el mundo, incluidas Norteamérica y Sudamérica, algunas son caducas, otras son perennes. Por lo general, producen hojas pinnadas y racimos vistosos de flores. Las vainas de las semillas son por lo general planas o cilíndricas y, a veces, aladas.

CULTIVO En los climas propensos a las heladas, se cultivan en invernaderos intermedios o cálidos, en macetas con compost. Necesitan mucha luz. En exteriores, la mayor parte de las especies prosperan en suelos con drenaje moderado que contenga materia orgánica abundante. Algunas toleran un poco de sombra. Se propagan a partir de semillas sembradas en primavera. Las semillas más duras pueden necesitar raspar un poco con

Ramos de flores de color amarillo claro de *Cassia fistula* brotan profusos en los ejemplares cultivados en el verdadero trópico.

papel de lija antes de remojarlas durante la noche en agua fría. Se podan después de la floración para estimular un crecimiento frondoso o para evitar la producción de semillas. Las especies arbóreas son demasiado altas para podarlas.

CLIMA Zona 10 y superior para las especies siguientes:

ESPECIES *C. brewsteri* se distribuye por la selva tropical del continente australiano. Es un árbol que alcanza aproximadamente los 9 m, con ramos largos de flores de tonalidades amarillas y rojas. La vaina, de hasta 30 cm de longitud, tiene la forma de un puro largo. *C. fistula* es un árbol delgado que crece hasta alcanzar los 9 m de altura. Produce flores fragantes de color amarillo claro en ramos de 30-45 cm de longitud y vainas cilíndricas que alcanzan a menudo una longitud de 60 cm. *C. grandis*, produce ramos laterales de flores grandes y de color rosa, y vainas con formas un tanto achatadas de 60 cm de longitud. El árbol crece hasta alcanzar los 15 m. *C. javanica* es un árbol que se extiende con amplitud y puede crecer hasta los 10 m de altura en condiciones de cultivo. Produce ramos vistosos de flores rosáceas por encima de las hojas y vainas cilíndricas que pueden alcanzar longitudes de hasta 60 cm.

Incluso desde la distancia, *Cassia fistula* impacta en el paisaje. En el clima adecuado, los árboles pueden crecer hasta alcanzar un gran tamaño.

Cassinia (fam. Asteraceae)

Nativos de Australia, Nueva Zelanda y el sur de África, estos arbustos perennes pertenecen a la extensa familia de las margaritas. Producen un follaje similar al del brezo, que tiene a veces un aspecto muy desaliñado. Las hojas son por lo general muy pequeñas y produce masas de cabezuelas de flores pequeñas de color amarillo o blanco en los extremos de los tallos. La mayor parte de las especies producen un follaje aromático, y algunas son adecuadas para secar.

CULTIVO Se cultivan a pleno sol en suelos fértiles, con buen drenaje, y que contengan bastante humus. Se podan en primavera, cuando se cortan los vástagos florecidos viejos dentro de un rango aproximado de 2,5 cm de la madera vieja. Se propagan en verano a partir de esquejes casi maduros bajo cristal o cortados en invierno de la madera dura, que arraigan también bajo cristal.

CLIMA Zona 9 para la mayoría de las especies.

ESPECIES C. aculeata, cassinia común, es nativa de Australia. Alcanza los 3 m. Presenta hojas pequeñas, pilosas y pegajosas, y produce en verano racimos pequeños y densos de flores de color blanco grisáceo o crema, con brácteas parecidas al papel.

C. arcuata crece hasta alcanzar aproximadamente los 2 m de altura. Nativa del continente australiano, produce hojas diminutas y aromáticas, y cabezuelas de desarrollo pendular con flores de color leonado. C. denticulata, de Nueva Gales del Sur, es un arbusto de crecimiento erguido que crece hasta los 2-3 m, y se desarrolla enano en las regiones alpinas. Produce hojas rígidas, lanceoladas y verde claro, y flores de color crema. C. fulvida (sin. C. leptophylla subesp. fulvida), de la zona 8, procede de Nueva Zelanda y crece hasta los 2 m. Produce hojas verde oscuro amarillentas en el envés, y racimos de flores pequeñas, también amarillentas. C. quinquefaria, es un arbusto australiano abierto y redondeado de 2-3 m de altura, con hojas aciculares que brotan en ramillas pegajosas y racimos plumosos de flores veraniegas, acampanadas y satinadas de color blanco o marrón claro. C. uncata, también nativa de Australia, es un arbusto rígido y erguido que crece hasta 2 m. Sus hojas curvadas resultan un tanto ásperas. Sus cabezuelas brillantes y de colores que varían del amarillo claro al marrón florecen prácticamente todo el año.

Cassiope (fam. Ericaceae)

Estos arbustos de tamaño pequeño, perennes y resistentes, se distribuyen en regiones árticas y montañosas. Emparentados con el brezo, produ-

Cassinia fulvida, es una de las especies más resistentes, las hojas son de color verde oscuro y las flores, de color amarillo, aparecen en racimos.

Cassiope mertensiana, de poca altura, produce flores blancas y acampanadas que tienen un cáliz rojo distintivo.

cen hojas escamosas o aciculares y flores de color blanco o casi rosa, seguidas por frutos de forma capsular.

CULTIVO Las especies de *Cassiope* prosperan en suelos frescos, húmedos y sin cal, con una orientación de sombra parcial. Se propagan en verano a partir de esquejes casi maduros. Si se dispone de una unidad nebulizadora para la propagación de esquejes, se proporcionarían las mejores condiciones para que estos arraiguen. Por otra parte, se podrían sembrar tallos en primavera por acodo.

CLIMA Zona 3 para muchas especies; zona 5 para *C. mertensiana*.

ESPECIES *C. lycopodioides* es una especie procumbente cuyas ramillas pequeñas y hebrosas forman una alfombra densa. Produce flores blancas y acampanadas. *C. mertensiana* es una planta casi erguida que alcanza los 15-25 cm. Los retoños brotan cubiertos espontáneamente de hojas en cuatro filas y produce flores de color blanco crema. *C. tetragona* produce retoños erguidos con hojas superpuestas de color verde intenso y con forma de aguja que se amontonan alrededor de los tallos, y flores blancas solitarias.

Castanea sativa (fam. Fagaceae)
Castaño

C. sativa, castaño, es una especie nativa del sur de Europa, el norte de África y Asia occidental. Es un árbol elegante con hojas dentadas que se valora por su madera y sus frutos, comestibles. Alcanza una altura de 30 m. En climas adecuados, es muy longevo.

CULTIVO El castaño prospera en suelos ácidos, ligeros, profundos, con buen drenaje, y una orientación al sol o de sombra parcial. Se recomienda sembrar dos o más árboles de los cultivares que se han desarrollado por sus frutos para garantizar que se produzca una polinización cruzada.

CLIMA Zona 6.

Castanospermum (fam. Papilionaceae)

Este género de especie única es originario de las selvas tropicales del noreste de Australia. *Castanospermum australe* se cultiva por su madera elegante y su follaje perenne y atractivo que hace de él un árbol útil para dar sombra.

CULTIVO En los climas donde se producen heladas intensas, se cultiva como planta de macetero en invernaderos intermedios o soleados, donde crece como ejemplar frondoso agradable. Se emplea compost y se le debe proporcionar mucha luz, pero protegerlo de la exposición directa a los ra-

Las castañas comestibles de *Castanea sativa* están envueltas en una piel espinosa y de color verde.

Este ejemplar joven de *Castanospermum australe* presenta una copa perfecta con forma de cúpula.

yos del sol. En exteriores, se siembra en un suelo ligero con una orientación soleada.

CLIMA Zona 9 y superior.

ESPECIES *C. australe* crece hasta alcanzar aproximadamente los 18 m. Produce hojas de gran tamaño, satinadas y pinnadas; ramos de flores similares a la del guisante y de color amarillo llamativo a rojo naranja con estambres largos, y vainas grandes parecidas a las de las judías. El fruto de este árbol es tóxico, si se ingiere crudo, aunque actualmente es objeto de muchas investigaciones relacionadas con su posible uso en fármacos para el tratamiento del sida.

Casuarina (fam. Casuarinaceae)

Casuarinas

Este género incluye actualmente solo 12 especies. El resto ha pasado a formar parte del género *Allocasuarina*. Muchas especies son australianas, aunque algunas se distribuyen por el Pacífico Sur y las islas al norte de Australia. Estas plantas perennes producen ramillas con forma de aguja que cuelgan hacia abajo. Las hojas verdaderas son estructuras escamosas diminutas situadas en los nudos de las ramillas. Las flores son inconspicuas y van seguidas por piñas leñosas de formas y tamaños variables. Se trata de especies que crecen con rapidez, y son útiles como cortavientos y como árboles para proporcionar sombra y prestar servicios. Algunos son excelentes para compactar los suelos. Especies diferentes son útiles en suelos y condiciones climáticas diferentes, que incluyen los promontorios costeros, las ciénagas y las riberas.

CULTIVO En las regiones afectadas por las heladas, las especies de *Casuarina* se cultivan como plantas jóvenes en invernaderos frescos o soleados, en macetas con compost y máxima luz. En exteriores, prosperan con orientaciones abiertas y soleadas. Todas las especies, excepto *C. glauca*, que progresa en suelos pantanosos, crecen bien en suelos con buen drenaje. Se propagan a partir de semillas sembradas en primavera.

CLIMA Las zonas 9 y 10 son adecuadas.

ESPECIES *C. cristata*, que se cultiva extensamente en regiones cálidas, crece hasta los 12 m, es resis-

Ejemplares de especies de *Casuarina* de follaje escaso sobreviven en una región de aridez extrema.

Follaje grácil en forma de aguja de la especie *Casuarina cunninghamiana*, con un racimo de capullos a punto de abrir.

tente a la sequía y resulta un árbol ideal como cortavientos o planta decorativa para las regiones áridas. Presenta un follaje verde gris. *C. cunninghamiana*, es la mayor de las especies y crece hasta alcanzar los 20-30 m en condiciones favorables. De crecimiento rápido, es útil como árbol para proporcionar sombra y refugio, pero es particularmente ventajoso para la estabilización de los suelos de las riberas. Debe tener acceso al agua abundante durante el verano, pero tolera varios grados de helada. *C. equisetifolia*, puede crecer hasta los 5-10 m, según las condiciones que prevalezcan. Tolera vientos fuertes y salitrosos, y suelos pobres, aunque su crecimiento puede ser raquítico en sitios expuestos. No tolera las heladas. En las regiones costeras de China su madera se emplea de maneras diversas. *C. glauca*, se extiende de forma natural a los largo de los estuarios provocados por las mareas en las desembocaduras de los ríos de Australia oriental. Tiene un patrón de crecimiento muy vertical, de 15-20 m, y puede extenderse hasta los 5-6 m de ancho en condiciones de cultivo protegido. Prospera mejor en suelos profundos de buena calidad y con agua abundante.

Catalpa (fam. Bignoniaceae)

Nativos de Asia oriental y de Norteamérica, estos árboles caducos crecen rápido y son útiles como árboles de sombra u ornamentales, porque son muy atractivos cuando florecen. Presentan copas redondeadas; hojas grandes, simples, de tallo largo; ramos terminales de flores acampanadas —principalmente, con tonos de color blanco o rosa marcados de morado y amarillo—, y frutos largos y estrechos similares a los de las judías.

CULTIVO Se pueden plantar en cualquier suelo moderadamente rico en nutrientes y con buen drenaje, pero prosperarán mejor en suelos ligeros desmenuzables, siempre que se rieguen bien en verano. Por sus hojas largas, necesitan alguna protección contra el viento. Se propagan semillas sembradas en el otoño; en primavera o principios del verano, a partir de esquejes cortados de la madera blanda; o en invierno, a partir de trozos de la raíz. Los cultivares se pueden reproducir por medio de injerto en invierno o por gemación en verano.

Este ejemplar joven de *Catalpa fargesii*, oriundo de China occidental (zona 6), ha sido sembrado como árbol de césped.

CLIMA Zona 5 para la mayoría de las especies.

ESPECIES *C. bignonioides*, catalpa común, produce hojas grandes y aovadas, pilosas por el envés, y ramos de flores blancas, similares a la dedalera, que tienen franjas amarillas y manchas de color marrón morado en su interior. Se trata de un árbol ancho, extendido y de 12-15 m de altura. 'Aurea' crece en raras ocasiones más de 10 m. Su atractivo follaje dorado perdura durante todo el año de crecimiento. 'Nana' es una variedad enana, raras veces alcanza más de 2 m de altura, que se injerta con frecuencia en patrones para formar estándares de cultivo con copas densas con forma de sombrilla.

Catananche (fam. Asteraceae)
Flechas de cupido

Derivado de la palabra griega *katanangke*, el nombre de este género de anuales y perennes hace referencia al empleo de esta planta como filtro de amor en la antigüedad. Las hojas estrechas brotan cerca de la base del tallo, y las cabezuelas azules y amarillas de tallo largo están rodeadas por brácteas plateadas parecidas al papel. *C. caerulea* es una única especie que se cultiva generalmente. La

Las bonitas flores de *Catananche caerulea* son de color azul o azul lila con centros más oscuros.

Catharanthus roseus se siembra mejor masivamente para que produzca una exhibición perdurable de color.

planta se ve muy bonita en los bordes y las flores son excelentes para cortar o secar.

CULTIVO *Catananche* prospera mejor en suelos de jardín corrientes, con buen drenaje y con orientación abierta y soleada. Sin embargo, *Catananche caerulea*, que es la que se cultiva con frecuencia, puede tener una vida breve; especialmente, si el suelo es arcilloso. Se cultiva a menudo como anual o bienal. Se propaga a partir de semillas que se siembran a principios de la primavera en un semillero de hortalizas o, por otra parte, se pueden sembrar más tarde en la estación, en el sitio donde se quiere que florezcan.

CLIMA *Catananche* se desarrollará en la zona 7.

ESPECIES *C. caerulea*, que es una perenne de vida breve, es similar al aciano en cuanto a crecimiento y modo de desarrollo. Crece hasta los 60 cm. 'Alba' tiene estrías blancas. 'Bicolor' es blanco con el centro de color azul intenso.

Catharanthus (fam. Apocynaceae)

Pervincas tropicales

Este género, que incluye aproximadamente ocho plantas anuales o perennes, procede en su mayor parte de Madagascar. Solo se cultiva habitualmente una de sus especies.

CULTIVO Cultivada como planta anual estacional en climas frescos, se siembra por su exhibición masiva o por su colorido perdurable en macetas. Necesita suelos con buen drenaje y con humus adicional, agua abundante durante los meses más cálidos y abono ocasional con fertilizantes, y se riega escasamente en invierno. Se propaga a partir de semillas o esquejes.

CLIMA Zona 10, pero cultivada como planta anual veraniega en los climas frescos.

ESPECIES *Catharanthus roseus*, pervincas tropicales, es una planta ligeramente suculenta, perenne y que crece hasta los alcanzar 30-50 cm de altura. Produce flores algo planas y de color típicamente rosáceo, rojo, blanco o malva, que brotan durante varios meses durante la primavera y el verano. Hay varios cultivares. Todas las partes de la planta pueden provocar úlceras e irritación graves cuando se consumen. Sin embargo, contiene también varios alcaloides que se han usado en la producción de fármacos para tratar la leucemia infantil. Estos alcaloides pueden provocar también reacciones.

Cattleya (fam. Orchidaceae)

Nativo de Centroamérica y Sudamérica, este género comprende más de 40 especies de orquídeas en su mayoría epífitas, además de incontables híbridos, lo que lo convierte en uno de los grupos de orquídeas más cultivados. El género se divide en dos grupos principales: las unifoliadas (con una hoja encima del pseudobulbo) y las bifoliadas (con dos hojas). Se cultivan en invernaderos frescos, intermedios o soleados, o como plantas de interiores. Muchas especies florecen entre el otoño y la primavera, pocas en verano. *Cattleya* se relaciona con *Laelia*, *Sophronitis*, *Epidendrum* y *Brassavola*, y hay híbridos disponibles en muchos colores a partir de los cruzamientos con estos géneros, en los que a veces tres o cuatro de ellos son progenitores de una sola planta.

CULTIVO Estas orquídeas se cultivan bajo cristal o en exteriores, en macetas o cestas de tablillas. Se usa compost formulado especialmente para ellas con cortezas astilladas y carbón vegetal, que debe de estar disponible en los comercios de los cultivadores

ARRIBA Esta flor grande y vistosa es típica de los híbridos populares de *Cattleya*.

ABAJO La sencillez del color blanco puro de esta *Cattleya* es muy atrayente.

Un cruzamiento entre *Laelia* y *Cattleya* produjo esta flor compleja y poco común.

especializados en estas plantas. Prosperan en la luz intensa, pero se debe proteger de la luz directa del sol. Una humedad elevada, unida a una ventilación abundante, asegurará las condiciones propicias para su crecimiento. Normalmente, se requiere riego en verano, pero se debe reducir considerablemente en invierno. Se añade un abono líquido semanal en verano. Se propaga a partir de la división vegetativa de las plantas congestionadas cuando se vuelven a sembrar en macetas, en primavera.

CLIMA Zona 10 y superior.

ESPECIES *C. amethystoglossa*, bifoliada originaria de Brasil, es una planta espléndida cuando florece, y produce hasta 12 flores de aproximadamente 8 cm de ancho cada una. Los sépalos y pétalos están punteados y manchados con un color más intenso, y el labelo está coloreado de morado intenso. *C. bowringiana*, bifoliada procedente de Centroamérica, es muy popular porque crece con rapidez y florece de manera exuberante. Sus tallos se desarrollan hasta alcanzar 50 cm de altura y produce 5-10 flores terminales de color rosa lila, con el labelo de color más intenso y la garganta floral marcada por rayas moradas. El labelo, ancho y con forma de lengua, tiene bordes con florituras. *C. labiata*, nativa de Brasil, es una especie soberbia y progenitora de muchísimos híbridos. De tipo unifoliado, produce entre 2-5 flores, de aproximadamente 15 cm de ancho. Presenta pétalos anchos con florituras de color rosa lavanda, un labelo del mismo color, una parte frontal carmesí intenso y una garganta floral amarilla. Se cultivan pocas especies, excepto por los coleccionistas. La mayor parte de los cultivadores prefieren los híbridos, que son más vistosos.

Ceanothus (fam. Rhamnaceae)

Lirios de California

Estos arbustos bonitos, decorativos y perennes se originan en su mayor parte en California y otras regiones de Norteamérica occidental, donde se cultivan mucho. Crecen rápido, pero pueden vivir poco en algunos climas. Ciertas especies son caducas y muchas florecen tanto en primavera como en otoño. Se han desarrollado también muchos híbridos y cultivares, particularmente, en Francia e Inglaterra.

CULTIVO Las especies de *Ceanothus* necesitan suelos con buen drenaje y orientación a pleno sol. Por lo general, prosperan mejor en una situación

La exuberancia de las flores de un color azul propio del género *Jacaranda* casi oculta el follaje de este bello ejemplar de *Ceanothus*.

abierta, aunque pueden necesitar tutores. Se pueden fijar a una pared soleada en las regiones frescas. Se podan después de la floración para que conserven su forma y su estabilidad. Se propagan a partir de esquejes cortados en otoño de los nudos de ramas laterales. Enraízan en marga ligeramente arenosa, sin calor, y se trasplantan a los maceteros tan pronto tienen raíz. Las especies de *Ceanothus* no resisten que se perturben sus raíces y no se recomienda el trasplante de ejemplares desarrollados.

CLIMA Prospera en climas frescos o regiones donde haya veranos calientes y secos, e inviernos fríos y húmedos.

ESPECIES *C. cyaneus* crece hasta alcanzar los 2 m de altura y produce flores azules como el aciano. *C. dentatus*, con flores azul intenso, es una de las especies más resistentes y más invulnerables a las heladas. Crece hasta los 3 m. *C. impressus*, de la zona 7, es una planta de tamaño pequeño o procumbente, con modo de desarrollo denso y expansivo. Durante la primavera, produce racimos profusos de bonitas flores de color azul intenso. *C. thyrsiflorus* es una especie muy resistente, con flores tempranas azul brillante, que crece 4 m. Los cultivares e híbridos incluyen 'A. T. Johnson', hasta 4 m, con exquisitas flores azules en primavera y otoño; 'Burkwoodii', con flores azul brillante; 'Marie Simon', hasta 2 m, con racimos grandes de flores de color rosa; *C. x veitchianus*, híbrido muy resistente de hasta 4 m, con hermosas flores de un azul intenso y brillante.

Cedrela (sin. *Toona*)

Hay seis especies en este género —que ahora se llama correctamente *Toona*— y es nativo de América tropical y Asia.

CULTIVO Estos árboles se cultivan normalmente en los trópicos, aunque el resistente *C. sinensis* se cultiva en Estados Unidos como espécimen. Se cultivan en suelos con buen drenaje y a pleno sol.

CLIMA La mayoría de las especies necesita un clima tropical.

Las cápsulas leñosas de *Cedrela odorata* contienen sus semillas aladas. Las hojas largas y compuestas están formadas por varias hojuelas delgadas.

ESPECIES *C. odorata*, oriunda de las Antillas, crece hasta alcanzar entre 15-25 m de altura y produce una madera muy aromática que se usa para fabricar cofres a prueba de polillas y cajas para puros.

Cedronella (fam. Lamiaceae)
Algaritofe

Hay una sola especie en este género, procedente de las islas Canarias.

CULTIVO En las regiones propensas a las heladas, se cultiva en un invernadero fresco y soleado o en exteriores como anual veraniega. Las semillas se siembran bajo cristal a principios de la primavera. En exteriores, se cultiva a pleno sol.

CLIMA Zona 9.

ESPECIES *C. canariensis*, planta arbustiva perenne, produce hojas aromáticas con la forma de las de la

Las hojas aromáticas de *Cedronella canariensis* se emplean a veces para preparar infusiones mixtas o herbales.

ortiga y, en verano, flores de color lila, rosa o blanco. Crece hasta alcanzar los 1,2 m.

Cedrus (fam. Pinaceae)

Cedros

Nativo del norte de África, la cuenca del Mediterráneo y el Himalaya occidental, tres de las cuatro especies relacionadas de este género se encuentran entre las grandes plantas perennes ornamentales más conocidas. Típicas del género son las hojas en forma de agujas que brotan densamente apiñadas en vástagos cortos, excepto en los vástagos principales de las ramas; las piñas solitarias, erguidas, casi lisas, y cubiertas de piñones anchos, planos y bien apretados, y las grandes piñas de polen de unos 10 cm de longitud, que brotan solas en las ramillas cortas. Los piñones alados se liberan con la desintegración de la piña. Se caracterizan por su simetría, color, textura, dureza y resistencia relativa a plagas y enfermedades. Como toleran más los climas cálidos, donde crecen más rápido que otras coníferas grandes, se encuentran con más frecuencia en estas regiones.

CULTIVO Los cedros prosperan en suelos profundos, con buen drenaje y contenido elevado de materia orgánica. Es mejor sembrarlos con una orientación abierta, a pleno sol y alejados de otras plantas. Las especies se propagan mejor a partir de semillas, que germinan con facilidad. Los cultivares

El follaje rígido, de color azul acero, de *C. atlantica*, del grupo Glauca, brota en sus ramas casi horizontales.

se propagan a partir de injertos. Las variantes de color en el follaje se pueden propagar a partir de semillas, y las plántulas del color deseado se pueden seleccionar cuando alcancen una etapa de crecimiento bien desarrollada. Estos árboles elegantes requieren pocos cuidados posteriores.

CLIMA Hay especies para distintas zonas climáticas.

ESPECIES *C. atlantica*, «cedro del Atlas», de la zona 6, se distribuye aún por las montañas del Atlas marroquí, Argelia y Túnez, de donde es originario. En condiciones de cultivo es un árbol de copa ancha que alcanza hasta 25 m en un ambiente adecuado de cultivo en regiones frescas, aunque crece mucho menos en las regiones costeras más cálidas. Produce ramas rígidas, ascendentes, con hojas cortas de 1,5-2,5 cm de longitud y piñas con forma de barril, de 7 cm de largo. Entre las variantes de color en el follaje, el grupo Glauca —de follaje azul acero— y 'Aurea' —con follaje verde amarillo— son los que se cultivan más extensamente. *C. deodara*, de la zona 7, procedente del Himalaya occidental, es la especie de crecimiento más rápido y la mejor para cultivar en condiciones costeras más cálidas, aunque también resulta adecuado para regiones más frías. Produce agujas y piñas más grandes que las demás especies y los extremos de las ramas y los vástagos principales tienen un desarrollo pendular. Como árbol joven *C. deodara* crece simétricamente con sus ramas bajas extendidas hasta barrer el suelo, pero terminadas en punta hacia arriba con un vástago principal oscilante. Con la madurez, sin embargo, estos árboles adquieren una copa ancha y las ramas se extienden de forma más horizontal. El cultivar 'Aurea', con la punta de las ramas de color amarillo, crece tan vigorosamente como *C. deodara* y es muy popular. *C. libani*, cedro del Líbano, de la zona 5, crece silvestre en las montañas de Líbano, Siria y Turquía septentrional. Desarrolla una forma ancha, con la cima aplanada y ramas bajas enormes. No se cultiva tan extensamente como otras especies. Sus ejemplares se pueden ver especialmente en viejos jardines extensos.

Celastrus (fam. Celastraceae)
Falsas dulcamaras, celastros

Estas plantas trepadoras, resistentes, caducas, similares a la vid, se cultivan por sus frutos de colores rojo y dorado brillantes que perduran durante el invierno. Necesitan bastante espacio para trepar porque llegan a alcanzar por lo menos 6 m.

CULTIVO Las especies de *Celastrus* crecen en el suelo de cualquier jardín corriente. Se propagan a partir de retoños sembrados en otoño por acodo, a partir de semillas sembradas en primavera o de trozos de raíz en otoño. Los esquejes casi maduros se ponen a enraizar durante el verano y se siembran durante su período de reposo en invierno. No hace falta podar. Las plantas masculinas y femeninas se deben cultivar juntas para obtener frutos.

CLIMA Hay especies para distintas zonas climáticas.

ESPECIES *C. angulatus*, de la zona 5 y oriunda de China, produce hojas de 20 cm de longitud que se tornan amarillas en otoño, y frutos de color naranja o rojo. *C. orbiculatus*, celastros orientales, de la zona 4 y procedente de Asia, crece hasta los 10-12 m. Sus hojas se tornan también amarillas en otoño y los frutos son naranja o amarillos. *C. scandens*, celastros americanos, de la zona 4 y nativa de Norteamérica, crece 8 m o más.

Celastrus orbiculatus, que se cultiva por los efectos otoñales de su follaje y frutos dorados, puede extenderse a lugares donde no se desea porque a los pájaros les encantan sus bayas.

Celmisia (fam. Asteraceae)
Margaritas de Nueva Zelanda

Nativas en su mayor parte de Nueva Zelanda, estas plantas perennes y subarbustivas se pueden cultivar en jardines de rocalla de climas frescos, donde resultan plantas de follaje hermosas y poco comunes. Tienen hojas plateadas a menudo y producen flores similares a la margarita en verano.

CULTIVO Estas margaritas deben crecer en suelos arenosos, ácidos, húmedos, con buen drenaje y con una orientación que les permita recibir la luz a pleno sol o a sombra parcial, preferiblemente en un clima con inviernos fríos. Cuando maduran, las semillas secas de la planta liberan grandes cantidades de semillas; por lo general, a mediados o finales del verano. Germinan y crecen muy lentamente. Los penachos de plantas bien arraigadas se

Las especies de *Celmisia*, margaritas de Nueva Zelanda, producen flores pequeñas y estrelladas como la margarita.

pueden dividir en primavera o se pueden tomar esquejes de los rizomas perennes y rastreros de algunas especies.

CLIMA Zona 7.

ESPECIES *C. argentea*, de las regiones alpinas de Nueva Zelanda, produce un follaje estrecho y similar a las agujas, y flores grandes y blancas. *C. coriacea* produce hojas alargadas, plateadas, un tanto rígidas y correosas, y un tallo floral que a veces alcanza 1 m, con flores veraniegas muy grandes y blancas de 8 cm de diámetro. Muchas variedades se han producido en Nueva Zelanda. *C. gracilenta*, de Nueva Zelanda, produce hojas estrechas, plateadas, similares a unas correas y flores suaves y blancas parecidas a la margarita, en verano. Crece hasta 40 cm. *C. lyallii* es una especie alpina de Nueva Zelanda con hojas estrechas y aciculares que parecen hierba, y flores blancas entre pequeñas y alargadas parecidas a la margarita. Crece hasta 45 cm. *C. sessiliflora*, de Nueva Zelanda, es una planta de tamaño pequeño y empenachada de 10 cm, con flores grandes y blancas parecidas a las del género *Gazania*. La que se cultiva con más frecuencia entre las especies alpinas neozelandesas es probablemente *C. spectabilis*. Produce un follaje blanco marrón y flores veraniegas blancas. Alcanza los 20 cm.

Celosia (fam. Amaranthaceae)

Nativas de Asia tropical, estas anuales producen flores plumosas similares a las hierbas o a una cresta de gallo. El resultado es una exhibición atractiva en los jardines veraniegos y sus flores perdurables son excelentes para cortar. Se cultivan también en verano como plantas de tiesto para invernaderos intermedios o soleados.

CULTIVO Las semillas se siembran en primavera. Germinan a 18 °C. Las plántulas se siembran cuando ha pasado el peligro de las heladas. En exteriores, se cultivan con una orientación a pleno sol, en suelos húmedos y con buen drenaje.

CLIMA Zona 10, pero se cultivan con plantas anuales veraniegas.

ESPECIES La especie es *Celosia argentea* variedad *cristata*, pero se divide en dos grupos. El grupo *Cristata*, produce flores que brotan apretadas y forman una cabezuela crestada o similar a un coral. Hay muchos cultivares en una gama de colores

Las flores plumosas de color dorado brillante y rojo intenso son características de las plantas anuales de *Celosia*.

que incluyen tonos de rojo y amarillo. Los cultivares del grupo *Plumosa*, conocidos popularmente como celosías, producen cabezuelas plumosas de forma piramidal, y son por lo general las más populares para cultivar como plantas de tiesto y lechos de verano. Tienen también una gama variada de colores brillantes que incluyen tonos de rojo y amarillo.

Celtis (fam. Ulmaceae)
Almeces, latoneros, lodaños

Este género incluye unas 100 especies de árboles o arbustos perennes o caducos de las regiones templadas y tropicales de Europa, Asia y América. Varias especies de estos árboles de crecimiento rápido se emplean como arbolado público. Las bayas maduras son comestibles y atraen a los pájaros, que transportan las semillas y crean un problema de malas hierbas en algunas regiones.

CULTIVO Se siembran en suelos corrientes, con buen drenaje y orientados a pleno sol. Se podan durante el invierno, solo cuando son plantas jóvenes para que tengan una buena forma. El mejor método de propagación es a partir de las semillas en un semillero de hortalizas o en un vivero exterior, en otoño. La germinación es variable.

CLIMA Hay especies para distintas zonas climáticas.

ESPECIES *C. australis*, latoneros, de la zona 6, oriundo de la cuenca del Mediterráneo y de Oriente Medio, alcanza los 20 m y tiene hojas de color verde intenso que se tornan amarillas en otoño antes de caer. *C. occidentalis*, almeces, de la zona 4, es nativo de Norteamérica y llega a los 25 m. Presenta una corteza acorchada, áspera y seccionada, hojas de 12 cm de longitud y bayas de colores que pasan del rojo naranja al morado cuando están plenamente desarrolladas. *C. sinensis*, almeces japonés, de la zona 7, es nativo de China, Japón y Corea. Alcanza los 20 m y produce hojas de 10 cm de longitud y frutos de color naranja oscuro.

Centaurea (fam. Asteraceae)

Estas plantas se han cultivado durante muchos siglos y se dice que curaron la herida en el pie de Quirón, uno de los centauros de la mitología griega. En su mayor parte de origen europeo, pero cultivadas por todo el mundo, estas plantas anuales y perennes son útiles como lechos y bordes, y como plantas de tiesto y de fondo. Las flores se parecen a las del cardo. Algunas especies se han convertido en un problema grave de malas hierbas.

El follaje de *Celtis occidentales*, de Norteamérica, se vuelve dorado claro durante el otoño en las regiones con inviernos fríos.

El color de las flores de *Centaurea cyanus* varía del azul intenso y brillante a tonos más claros hasta llegar a blanco.

CULTIVO Prosperan en suelos ricos en nutrientes y con un mínimo de medio día de sol. Es vital que dispongan de un drenaje efectivo y de buena circulación de aire, porque son susceptibles a las infecciones por mohos. Las anuales se propagan a partir de semillas sembradas en primavera en el sitio donde se quiere que florezcan. Las perennes se propagan a principios de la primavera a partir de la división de los conjuntos de plantas desarrolladas.

CLIMA Hay especies para distintas zonas climáticas.

ESPECIES *C. cyanus*, aciano, de la zona 7, es una planta anual de 40-50 cm de altura que produce muy buenas flores para cortar. Tiene hojas estrechas y algodonosas, y las cabezuelas varían del blanco al azul, al rosa. *C. dealbata*, de la zona 3, alcanza 1 m, con flores de color rosáceo morado y hojas lobuladas de color blanco plateado. *C. macrocephala*, de la zona 3, de 1,5 m, es una buena planta para bordes. Produce flores grandes y veraniegas, de 10 cm de diámetro y color amarillo. *C. montana*, de la zona 3, es de las más fáciles de cultivar. Produce flores azul intenso a finales de la primavera y en verano, y alcanza los 50 cm. La variedad *alba* produce flores blancas, y la variedad *rosea*, flores de color rosa. *C. moschata* (ahora se conoce como *Amberboa moschata*), de la zona 8, es una planta arbustiva anual con hojas lisas y lobuladas, y flores fragantes de color blanco, amarillo o morado.

Centella (fam. Apiaceae)

Este género de plantas perennes de tamaño pequeño es en su mayoría nativo del sur de África, con una de sus especies extendida por las regiones tropicales y subtropicales del mundo.

CULTIVO El género *Centella*, que no se cultiva mucho, necesita invernaderos frescos en los climas propensos a las heladas. Se propaga a partir de esquejes o de entrenudos con raíces. Requiere riego abundante durante los meses cálidos y, por lo menos, medio día de sol.

CLIMA Estas plantas crecen en la zona 9 si, relativamente, no se producen heladas.

Centella asiatica crece en un suelo húmedo o pantanoso, pero está muy extendido en América.

ESPECIES *C. asiatica* (sin. *Hydrocotyle asiatica*, *C. cordifolia*) se distribuye por muchas partes del mundo y se dice que alivia los efectos de la artritis. Tiene también muchos usos en la medicina popular como sustancia curativa. Se trata de una planta procumbente, extendida, de 1-2 m, con hojas redondeadas o arriñonadas, que habita las márgenes de las ciénagas u otros humedales. Aunque es un tanto invasora, las condiciones en que prospera la convierten en una buena cobertora para los lugares pantanosos y los sitios próximos a las piscinas con orientación tanto sombreada como abierta.

Cephalocereus (fam. Cactaceae)
Cabezas de viejo, viejitos

Nativo de México, este género de cactos incluye tres especies. Una de ellas se cultiva habitualmente en macetas u otros tiestos, aunque más a menudo como curiosidad.

CULTIVO Se cultiva en un invernadero intermedio, en macetas con compost para cactos con buen drenaje y mucha luz. Se riega regularmente durante el período de crecimiento, pero se conserva seco en invierno.

CLIMA Zona 10.

Cabezas de viejo, *Cephalocereus senilis*, que se cultiva a menudo como curiosidad, puede permanecer en un tiesto durante muchos años.

Este ejemplar maduro de *Cephalotaxus fortunei* es portador de una cosecha abundante de frutos. El follaje, separado elegantemente, es también visible.

ESPECIES *C. senilis*, está cubierto por espinas largas y blancas, y desarrolla una areola floral a un lado del ápice del tallo, donde brotan flores nocturnas de color crema. Crece hasta alcanzar 45 cm.

Cephalotaxus (fam. Cephalotaxaceae)
Cefaletejos

Todas las especies de las coníferas similares al tejo son nativas de Asia oriental. En su mayoría, son arbustos —aunque, ocasionalmente, son árboles de tamaño pequeño—, y sus ramas se extienden horizontales a ras del suelo y sus hojas de color verde oscuro son similares a las del tejo. Son plantas dioicas, con anteras en la planta masculina y escamas portadoras de semillas en la planta femenina. Después de la polinización, se forman semillas grandes que tienen el tamaño y la forma de las olivas, y son de color verde o marrón, según la especie. Toleran los climas más cálidos mejor que el tejo, y son muy resistentes y habitualmente invulnerables a las enfermedades.

CULTIVO Necesitan suelo húmedo y una orientación soleada. Sin embargo, donde los veranos son muy calientes, se cultivan en sombra parcial. Solo es necesario hacer algunos recortes de las ramas, si se quiere un efecto más formal. Se propagan a partir de las semillas o de esquejes, que enraízan fácilmente.

CLIMA Zona 7.

ESPECIES *C. fortunei*, tejos de ciruelas chinos, es originario de China. Este arbusto, o árbol pequeño, alto y elegante, produce ramas irregulares y extendidas que alcanzan a veces los 10 m de altura en la madurez. Sus hojas curvadas delicadamente, de alrededor de 5-8 cm, son las más largas entre todas las especies. Los frutos de forma ovalada son de color marrón brillante cuando maduran. *C. harringtonia*, tejos de ciruelas japoneses, procedente de China, Japón y Corea, es un arbusto espeso o árbol, que crece aproximadamente 6 m. Produce ramas largas y horizontales, está poblado de ramillas, hojas inclinadas hacia arriba de 2-3 cm de longitud y semillas marrones, cuando maduran. El mejor conocido y más interesante de todos los que se cultivan es el cultivar 'Fastigiata'. Es distinto de las demás especies porque produce ramas verticales muy pobladas y en raras ocasiones crece más de 5 m de altura y más de 2 m de ancho. Las hojas pequeñas están dispuestas de forma radial en verticilos densamente arracimados. Es, por lo general, estéril.

Cerastium (fam. Caryophyllaceae)

Nativas de Europa y América, estas plantas de creadoras de alfombras, hojas grises y flores blancas, son adecuadas para rocallas o márgenes. La mayor parte de las especies necesitan podas anuales porque pueden ser invasoras. Unas pocas especies, como *C. glomeratum*, son malas hierbas corrientes en los jardines.

CULTIVO Las especies de *Cerastium* se deben cultivar con una orientación abierta y a pleno sol. Los suelos deben tener buen drenaje, aunque no tienen que ser ricos en nutrientes. Se propagan a partir de semillas, de entrenudos pequeños o de esquejes que enraízan muy fácilmente. Se siembran a principios de la primavera.

CLIMA Zona 4.

ESPECIES *C. alpinum*, de 12 cm, es adecuado para los jardines de rocalla, pero necesita un buen drenaje. Esta planta perenne produce penachos de hojas plateadas y flores blancas de primavera. La variedad *lanatum* es muy algodonosa y con follaje blanco. *C. tormentosum*, la especie más cultivada, crece vigorosamente con un modo de desarrollo procumbente y rastrero. Produce hojas diminutas y grises, y una exuberancia de flores blancas estrelladas a finales de la primavera y en verano. Hay varias variedades y cultivares, pero la especie misma se cultiva habitualmente.

Cerastium tormentosum forma coberturas densas y decorativas, como en este lecho circular formal.

Ceratonia (fam. Caesalpiniaceae)

Algarrobo, pan de San Juan, garrofero

Este género de una sola especie procede del Mediterráneo, donde crece hasta los 15 m de altura. Las vainas contienen una pulpa dulce y comestible llamada algarroba, que se ha hecho popular como sustituta del chocolate. Las vainas se han usado también como forraje de emergencia para animales. Las semillas, comestibles, pero muy duras, tienen fama de haber sido el patrón del peso del quilate de los comerciantes de piedras preciosas.

CULTIVO El algarrobo crece en cualquier suelo con buen drenaje, pero prospera el mismo clima moderado que los cítricos. Se propaga a partir de semillas puestas en remojo durante la noche anterior de su siembra a 2 cm de profundidad en suelos ligeros. Las plántulas trasplantan en primavera. Los esquejes se pueden cortar en otoño.

CLIMA Zona 9.

ESPECIES *C. siliqua* produce hojas pinnadas compuestas de hojuelas redondeadas y brillantes, y ramos de flores rojas seguidas por vainas aplanadas y correosas de hasta 25 cm. Alcanza los 10-12 m de altura en condiciones generales de cultivo.

Racimo de vainas maduras y verdes en una *Ceratonia siliqua* adulta.

Ceratopetalum (fam. Cunoniaceae)

En su Australia natal, algunas especies se cultivan por su madera delicada y fragante. Se cultiva en exteriores en el sur, y bajo cristal en otras partes.

CULTIVO Estas plantas prosperan bien en los suelos con buen drenaje en regiones donde, relativamente, no se producen heladas. Se deben proteger de los vientos fuertes. Se propagan a partir de semillas frescas o de esquejes obtenidos en otoño y enraizados bajo cristal. Se siembran en primavera y se debe seleccionar un buen tipo de color, aunque este se puede mejorar si se esparce un puñado pequeño de sulfato ferroso alrededor de las raíces a principios de la primavera, y con riego cuantioso.

CLIMA Zona 10.

ESPECIES *C. apetalum*, es un árbol de gran tamaño que necesita suelos ricos en nutrientes y agua abundante especialmente en verano. Produce hojas grandes y madera fragante, y crece hasta los 20 m. La madera ligera y olorosa se usa en enchapados y muebles. *C. gummiferum*, es un arbusto de tamaño grande o árbol pequeño con hojas verde oscuro y una exuberancia de bonitas flores pequeñas de color crema que brotan en primavera. Cuando las flores se marchitan, los cálices detrás de los pétalos se vuelven rojos y aumentan de tamaño, lo que da la impresión de que son flores rojas. Necesita mucha humedad, pero buen drenaje.

Ceratostigma (fam. Plumbaginaceae)

Este género poco numeroso de hierbas o arbustos perennes y atractivos es nativo de África, India y China.

CULTIVO Las especies de *Ceratostigma* prosperan mejor en suelos ligeros, aunque pueden crecer en casi cualquier tipo de sustrato. Se siembran en primavera con una orientación soleada. Se propaga a partir de los serpollos que se separan de la planta en primavera u otoño. Algunas especies pueden verse truncadas por las heladas intensas, pero retoñarán desde la base en primavera. Los vástagos marchitos no se deben podar hasta la primavera porque protegen los renuevos.

CLIMA Hay especies adecuadas para varias zonas climáticas.

ESPECIES *C. plumbaginoides*, de la zona 5, es una planta herbácea perenne procedente de China. Sus hojas ovales medio verdes se coloran de naranja y rojo en el otoño, y sus flores de color azul intenso abren a finales del verano. *C. willmottianum*, de la zona 7, es un arbusto, resistente, cadu-

Ceratopetalum gummiferum ofrece un espectáculo hermoso en los jardines donde no hay heladas cuando se cubren con los cálices de color rojo rosáceo de sus flores.

Ceratostigma willmottianum es una planta de relleno decorativo que es además resistente y fácil de atender.

co y extendido de 1 m, con hojas medio verdes que se tornan moradas o rojas en otoño y de flores de color azul celeste desde el verano hasta el otoño. Es una planta, decorativa y resistente.

Cercidiphyllum (fam. Cerdidiphyllaceae)

Hay una sola especie, nativa de China y Japón. Este árbol caduco y resistente se cultiva por la belleza de su follaje. Se siembra generalmente como planta individual.

CULTIVO *Cercidiphyllum* prospera en suelos ricos en nutrientes, húmedos y con una orientación abierta. Tolera la cal, pero el mejor color en otoño se produce en suelos ácidos o neutros. Crece mejor en climas variables entre frescos y templados. Se fertilizan cada 3-4 años. Se propagan a partir de semillas sembradas en primavera.

CLIMA Zona 5.

ESPECIES *C. japonicum*, crece rápido hasta unos 12 m en condiciones de cultivo, aunque en su hábitat natural puede alcanzar hasta 40 m. Las ramas se curvan hacia arriba. Las hojas cambian de un color bronce morado carmesí a principios de primavera a verde claro y finalmente a dorado brillante y escarlata en otoño.

Aunque se cultiva principalmente como planta ornamental *Cercidiphyllum japonicum* se siembra en su Japón natal por su madera dura.

Cercis (fam. Caesalpiniaceae)

Oriundos de Europa meridional, Norteamérica occidental y Asia, estos árboles caducos y resistentes, de 5-15 m de altura, producen cuantiosas flores con forma de guisante en tonos de morado, rosa o rosáceo y, a veces, blanco. Por lo general, las flores brotan en racimos o ramos a lo largo de las ramas desnudas antes que las hojas, seguidas de bellas vainas que perduran en el árbol durante mucho tiempo. Las hojas de la mayoría de las especies son similares a las del género *Bauhinia*, pero más acorazonadas. Se puede confiar en que las especies produzcan floraciones en condiciones secas.

CULTIVO Las especies prosperan en suelos de marga profundos y con buen drenaje, pero crecen en la mayoría de los suelos. Se podan ligeramente y se propagan a partir de esquejes, acodos o semillas. Los esquejes de madera dura en reposo son fiables, pero pueden demorar para enraizar.

CLIMA Hay especies adecuadas para distintas zonas climáticas.

ESPECIES *C. canadensis*, de la zona 4, es un árbol espléndido cuando se halla en plena floración.

Este ejemplar grande de *Cercis siliquastrum* resulta prodigioso en plena floración.

Crece hasta alcanzar los 7-12 m, con flores de color rosa de 1 cm de longitud. 'Alba' produce flores sencillas y blancas, y 'Plena', flores dobles. C. *chinensis* (sin. *japonica*), de la zona 6, crece hasta los 15-17 m y produce flores de color morado rosa de 2 cm de longitud y vainas de 12 cm. C. *occidentalis*, de la zona 7, prospera de forma arbustiva y crece aproximadamente 5 m. Produce flores rojas y vainas de 6 cm. C. *siliquastrum*, «árbol de Judas», de la zona 6, alcanza los 12 m y es una preciosa planta de jardín, con racimos exuberantes de flores de colores que varían del morado rosáceo al rosa, y vainas de 10 cm. El follaje se colorea en otoño. Estas especies prosperan en veranos secos y calientes, e inviernos helados. C. *f. albida* produce flores blancas.

Cereus (fam. Cactaceae)

Este género de cactos altos y de floración nocturna que se distribuye por Sudamérica, incluye 25 especies.

Cereus peruvianus (sin. *uruguayanus*) es una planta prominente y llamativa.

CULTIVO Se cultivan generalmente en macetas con compost para cactos en invernaderos intermedios o soleados. Necesitan el máximo de luz. Se riegan en primavera y verano, pero se conservan secos en invierno. En las regiones sin heladas, se pueden cultivar en exteriores.

CLIMA Zona 10.

ESPECIES C. *peruvianus* es un cacto popular que alcanza unos 5 m. Tiene tallos fibrosos de color verde de azul y areolas marrones y vellosas con espinas amarillas. Las flores veraniegas, nocturnas, fragantes y verde marrones son seguidas por frutos rojos globosos. Se comercializa también como C. *uruguayanus*.

Ceropegia (fam. Asclepiadaceae)

Este género numeroso de suculentas se distribuye por la mayor parte de los trópicos, incluidas las islas Canarias, África tropical, Madagascar, Asia tropical, Nueva Guinea y Australia septentrional. La mayoría está formada por plantas trepadoras, aunque hay algunos arbustos enanos que tienen a

La característica ornamental de *Ceropegia linearis* subespecie *woodii* son sus hojas acorazonadas con bonitos diseños. Sus flores, pequeñas y tubulares, son bastante insignificantes.

menudo raíces engrosadas. Las hojas son general- mente opuestas y en su mayor parte caducas, pero algunas especies las tienen acorazonadas, acicula- res o elípticas. Las flores brotan en tonos de mora- do, verde o marrón. Todas tienen un tubo largo, habitualmente inflamado en la base, y algunas producen un tallo que nace de la base de la hoja.

CULTIVO En los climas propensos a las heladas, estas plantas se cultivan en invernaderos cálidos o solea- dos, o como plantas de interiores. Se cultivan en macetas (colgantes, en el caso de las especies ras- treras) con compost para cactos. Necesitan mucha luz, pero no directa del sol. Se riegan en la tempo- rada del crecimiento, pero se conservan secas en invierno. Se propagan en primavera a partir de se- millas, o en verano a partir de esquejes.

CLIMA Zona 10.

ESPECIES No todas están disponibles. *C. dichotoma*, oriunda de las islas Canarias, es una especie de cre- cimiento erguido, con tallos gruesos de color verde gris que forman conjuntos gruesos de hasta 1 m. Las hojas, espaciadas y estrechas, brotan solo en los tallos nuevos. Las flores, muy delgadas y de color amarillo claro, brotan en racimos, con lóbu- los florales expandidos que se unen en las puntas y se separan cuando la flor se marchita. Esta espe- cie se debe conservar muy seca en invierno. *C. haygarthii*, nativa de África meridional, produce ta- llos sólidos y enroscados, y hojas muy carnosas, con muchas nervaduras. La flor tiene una base en- grosada arriba que el tubo manchado de morado curva claramente y que se expande de manera gra- dual para formar un embudo, con los cinco lóbu- los florales inclinados para formar una cubierta morada de cinco partes. *C. sandersonii*, «planta pa- racaídas», procedente de Mozambique, es otra es- pecie vigorosa, con pares de hojas acorazonadas que brotan en sus tallos enroscados, y flores distin- tivas que semejan paracaídas moteados de verde. *C. linearis*, subespecie *woodii*, de Zimbabue y pro- vincia de El Cabo, produce muchas hojas acorazo- nadas de color plateado y morado, y flores mora- das pequeñas. Los tallos, delgados y enroscados, brotan de un caudex tuberoso. Estos tubérculos se forman también en los nudos de los tallos.

Cestrum (fam. Solanaceae)

Estos arbustos perennes adaptados al calor de América tropical y subtropical producen flores vis- tosas que incluyen racimos de desarrollo pendular de tubos largos, en su mayor parte rojos, naranja o amarillos, seguidos de bayas moradas, rojas o blan- cas. Las hojas son simples y estrechas, caducas en algunas de las especies menos cultivadas. Algunas especies producen una fragancia penetrante.

CULTIVO En las regiones propensas a las heladas, se cultivan en macetas o en bordes, en invernaderos frescos, intermedios o soleados. Se debe garantizar mucha luz. En exteriores, se cultivan en un sitio soleado, pero protegido, en suelos con buen dre- naje. Se propagan a partir de esquejes en primave- ra, o esquejes en primavera o verano.

CLIMA Zona 10 para la mayoría.

ESPECIES *C. elegans* es una especie atractiva con flores y bayas rojas. La variedad *smithii* produce inflorescencias de color rojo rosa durante períodos prolongados. *C. fasciculatum*, de la zona 9, crece hasta alcanzar los 3 m y produce flores rojo mora- do. La variedad *coccineum*, produce flores escarla- tas. *C. 'Newellii'*, de la zona 9, produce flores de

Cestrum parqui es una de las especies más resistentes y con un modo de desarrollo más vigoroso.

color carmesí con exuberancia. *C. nocturnum* crece hasta alcanzar los 4 m y produce hojas brillantes y lisas de 20 cm de longitud. Los racimos nutridos de flores pequeñas, tubulares y de color blanco verdoso se abren por las noches para liberar un olor intenso. *C. parqui*, de la zona 9, produce hojas verde azules de 15 cm, flores fragantes de color amarillo verdoso y bayas moradas. Se ha convertido en una mala hierba nociva en muchas regiones y es tóxica para el ganado de las granjas.

Chaenomeles (fam. Rosaceae)
Membrillos de flor

Nativos de China y Japón, estos arbustos resistentes, caducos y expansivos están cubiertos de púas. Son plantas ornamentales atractivas; en particular, en invierno y en primavera, cuando las ramas desnudas se cubren con exuberancia de flores en tonos que varían del rojo al blanco. Son también útiles como setos decorativos e informales.

CULTIVO Estos membrillos prosperan en las regiones más frescas, pero se pueden cultivar en distritos relativamente cálidos. Se siembran en cualquier suelo relativamente bien drenado y con una orientación soleada. Una vez que han arraigado, estos arbustos toleran la sequedad y el viento. Los tallos muy viejos se pueden podar desde la base. Se propagan en verano a partir de esquejes casi maduros o por acodos, en primavera.

CLIMA Zona 5.

ESPECIES *C. japonica*, membrillero japonés, produce con exuberancia flores de color rojo naranja, seguidas por un fruto muy pequeño que se usa para preparar jalea. Crece hasta 1 m, y a veces más. *C. speciosa*, oriunda de China, se cultiva más por sus bellas floraciones de color escarlata brillante —que producen flores excelentes para cortar—, que por sus frutos, aunque estos se pueden preparar también como jalea. Esta especie ha dado lugar a muchos cultivares, incluidos 'Alba', con flores sencillas blancas pintadas de rosa; 'Cardinalis', que produce flores sencillas y dobles de color rojo brillante; 'Moerloosei', con flores sencillas y blancas con franjas rosáceas y rosa; 'Nivalis', con flores sencillas de color blanco puro y apropiadas

La floración colorida en las ramas desnudas de las especies de *Chaenomeles* indica el final del invierno.

para cortar; 'Rosea Plena', con flores rosa semidobles; 'Rubra Grandiflora', con flores grandes, sencillas, de color carmesí intenso; y 'Simonii', que tiene un modo de desarrollo extendido y flores grandes, dobles y de color carmesí intenso. *C. x superba*, híbrido de *C. japonica* y *C. speciosa*, es una planta espinosa y ramificada que crece hasta alcanzar 1,2-1,5 m, y que produce flores de color blanco, rosa, naranja o rojo. Tiene muchos cultivares, pero el más conocido es 'Crimson and Gold', cuyas flores grandes de color rojo intenso tienen un racimo de anteras de color amarillo intenso en el centro.

Chamaecyparis (fam. Curpressaceae)
Falsos cipreses

Este género oriundo de Norteamérica y Asia oriental incluye solo siete especies silvestres de estos árboles de bosque, aunque ha producido más cultivares ornamentales que cualquier otro grupo de coníferas. Los falsos cipreses son plantas de jardín muy útiles debido a la gran diversidad de formas y colores que aportan sus numerosos cultivares, e incluyen a muchas de las coníferas enanas preferidas para los jardi-

Esta planta dorada de la especie *Chamaecyparis lawsoniana* se ha sembrado en hileras para bordear un paseo.

Chamaecyparis lawsoniana adquiere una forma piramidal definida, con un follaje denso hasta el suelo.

nes de rocalla y tiestos o como ejemplares para bonsái. Los tipos silvestres de desarrollo alto no se cultivan tan a menudo como los cultivares, tal vez con la excepción de *C. lawsoniana*. Sin embargo, si se les proporciona espacio suficiente y las condiciones adecuadas, llegan a ser árboles muy elegantes.

CULTIVO Las especies son relativamente fáciles de cultivar. Solo necesitan suelos ligeros con buen drenaje y lo bastante profundos. La mayoría de los cultivares de follaje coloreado necesitan mucho sol, para que el color pueda desarrollarse con verdadera intensidad. A casi todos se les puede dar forma según los requisitos de una poda juiciosa o recortando trozos de la raíz, aunque no se regeneran normalmente si las ramas madre han sido cortadas. Si es necesario hacer una poda a fondo, hay que asegurar que los tocones queden cubiertos por el follaje circundante. La propagación, tanto de las especies como de los cultivares, es posible a partir de esquejes, aunque algunos son difíciles de enrai-

zar. Los esquejes casi maduros se entierran a finales del verano en un semillero de hortalizas. Deben tener una parte de madera seca o madura en la base para garantizar la producción de raíces. Las especies se pueden cultivar a partir de semillas sembradas en primavera en un semillero en exteriores.

CLIMA Zona 6 para la mayoría de las especies.

ESPECIES *C. lawsoniana*, «ciprés Lawson», se distribuye de forma natural en los bosques húmedos de la costa del noroeste de Norteamérica. Este majestuoso árbol de bosque ha alcanzado alturas de hasta 60 m en estado silvestre, y puede llegar a los 30 m condiciones de cultivo propicias. Adquiere una forma piramidal estrecha, con una cortina densa de follaje verde gris. Actualmente, hay millares de cultivares disponibles en distintas formas; entre ellas, enanas, de follaje juvenil, doradas, variegadas y azul gris. El cultivar 'Allumii' desarrolla una forma piramidal estrecha con un follaje azul gris intenso en ramos erguidos, tupidos y aplanados. Alcanza los 2-5 m de altura. 'Ellwoodii' adquiere una forma columnar u oval, densa y compacta, de aproximadamente 3 m, con un follaje juvenil de color verde azul intenso. 'Erecta' alcanza normalmente los 2-3 m de altura, aunque puede llegar a los 6 m o más cuando madura. Adquiere una forma piramidal, con un follaje verde y grueso. 'Erecta Aurea' es similar a 'Erecta', pero de tamaño más pequeño y de crecimiento más lento, con un follaje de color amarillo dorado por fuera y verde hacia el centro. 'Fletcheri' adquiere forma piramidal y alcanza de 2-5 m de altura, con un follaje casi juvenil de color verde azulado. 'Minima' es una planta enana con forma globular que crece hasta una altura de 30-50 cm, con grupos de ramillas de color verde puro, en forma de abanico y muy tupidas. 'Minima Aurea' y 'Minima Glauca' producen, respectivamente, follajes amarillo dorado y verde azul. 'Nana' es similar a 'Minima', pero con un tallo más centrado y un desarrollo más erguido, que produce además una cima ligeramente puntiaguda. 'Silver Queen' es una forma ancha y piramidal, con una cima extendida que alcanza una altura de 3-6 m. El follaje brota en ramos grandes y lisos, y las ramillas tiernas de color verde muy claro —casi blanco— se tornan un verde más oscuro hacia el centro de la planta. 'Wisselii' adquiere una forma piramidal abierta con una altura de 2-5 m, y produce muchos capiteles estrechos y erguidos que apuntan hacia fuera con un follaje de color azul gris. *C. obtusa*, «ciprés hinoki», crece hasta convertirse en un árbol alto y hermoso, que se valora por su madera en su Japón natal y en Taiwan. Produce conjuntos de ramillas lisas. Las hojas de la parte inferior de los ramos tienen bordes distintivos de color blanco azulado y brillante. Es una especie de cultivo casi desconocida, pero hay muchos cultivares disponibles: 'Crippsii' es muy popular y crece bien en las regiones costeras expuestas, y en suelos arenosos y pobres en nutrientes. De base ancha, adquiere una forma piramidal de hasta 6-8 m con la madurez. Produce un follaje tupido, que se curva hacia fuera, de color amarillo dorado brillante, que contrasta con el verde del interior. 'Fernspray Gold' es una planta de crecimiento lento hasta los 1-2 m de altura. Produce ramas largas y plumosas inclinadas hacia abajo en las puntas, y un follaje verde y fresco similar al de los helechos. Las ramillas laterales cortas no son aplanadas como ocurre en la mayoría de las especies y cultivares. *C. pisifera*, «ciprés sawara», de Japón, es árbol alto en su hábitat natal. Se identifica por las puntas largas y puntiagudas de sus hojas adultas. Sus varios cultivares son excelentes plantas de jardín, puesto que son más tolerantes al sol intenso y a las condiciones de sequedad del suelo. 'Boulevard', planta casi enana, adquiere una

forma columnar hasta los 2 m y es uno de los cultivares que muestran el follaje azul más atractivo de este género, con ramillas cortas y tupidas con hojas similares a agujas que son de color verde azul opaco en el haz y blanco azulado en el envés. 'Filifera Aurea' tiene un modo de desarrollo extendido, con ramas laterales pendulares que se inclinan por debajo de la base del tallo. Crece hasta alcanzar 1,5-3 m de altura y es muy apropiada para rocallas y tiestos. El follaje presenta puntas doradas en primavera y verano, que se vuelven de color amarillo limón claro en otoño e invierno. 'Plumosa Compressa' no suele superar los 20 cm de altura. Produce un follaje juvenil, denso, de forma globular, espinoso y de color verde amarillo, y con ramillas densamente tupidas. 'Squarrosa' se conoce en Japón desde finales del siglo XVIII. Con un modo de desarrollo de forma columnar a cónica, alcanza de 8-10 m con la madurez. El follaje juvenil, de color azul grisáceo claro, con ramos plumosos muy poco densos, produce tonos rosáceos en invierno. *C. thyoides*, de la zona 5, es nativo de Norteamérica, donde crece habitualmente como un árbol un tanto enano en suelos pantanosos y pobres en nutrientes. En condiciones de cultivo, sin embargo, esta especie puede crecer hasta convertirse en un árbol columnar de 7-15 m. Las ramillas finas se agrupan en muchos ramos diminutos y aplanados que brotan en ángulos diferentes y dan una apariencia irregular al follaje verde opaco. Los cultivares incluyen 'Andelyensis', de forma columnar y compacta, que crece hasta los 3 m, con un follaje de color azul grisáceo; y 'Ericoides', que crece hasta 1-2 m, con un modo de desarrollo que puede variar de oval erguido a piramidal. El follaje juvenil de color verde bronce se vuelve bronce morado opaco en invierno.

Chamaedorea (fam. Arecaceae)

Palmas bambú, palmas de salón

Chamaedorea, uno de los géneros de palmas más extensos, es también quizá uno de los más cultivados. La mayoría de las especies proceden de la selva tropical, crecen como plantas de sotobosque y se caracterizan por su tamaño pequeño y sus tallos delgados. Muchas son nativas de México y Centroamérica, y algunas proceden de las regiones sep-

Chamaedorea costaricana produce tallos florales espectaculares de color rojo coral.

Chamaedorea seifrizii, palmas de salón del tipo que forma racimos, prospera bien en interiores y en exteriores.

tentrionales de Sudamérica. Hay una gran variedad en cuanto a tamaños de tallo y hoja. Algunas especies tienen un solo tallo. Otras forman conjuntos que incluyen centenares de tallos. En la mayoría, los tallos presentan nudos atractivos similares a los del bambú, con entrenudos lisos y de color verde oscuro. En unas pocas especies, las hojas carecen de divisiones, tienen solo un corte en forma de uve en el ápice foliar. Las flores son dioicas y brotan en tallos con inflorescencias con relativamente pocos pedúnculos cortos portadores de flores. En las plantas femeninas, las flores amarillas, pequeñas y carnosas, son seguidas por frutos lisos de color negro o rojo. Los tallos con las inflorescencias se vuelven por lo general carnosos y adquieren coloraciones brillantes (amarillo naranja o rojo) a medida que se forman los frutos. Casi todas las especies se adaptan bien a las condiciones de interior y se combinan satisfactoriamente con los helechos y otras plantas de follaje en los exteriores donde no se producen heladas. Algunas de las especies más grandes pueden tolerar el sol y son perfectas para los efectos masivos en la jardinería paisajista.

CULTIVO Son fáciles de cultivar como plantas de interior y pueden vivir durante años en el mismo tiesto. Las especies que se agrupan en conjuntos requieren generalmente tiestos más grandes. Se deben mantener alejadas de los rayos directos del sol porque causan que las hojas se quemen y marchiten. Si se siembran en exteriores, necesitan sombra y suelos ácidos, desmenuzables y con buen drenaje, y espacio fresco para enraizar. Se necesitan plantas de ambos sexos si se quiere una producción de frutos. Se recomienda que las flores femeninas se polinicen manualmente con un pincel. Se propagan a partir de semillas, que germinan en 6-8 semanas, en condiciones cálidas. Las plántulas de la mayoría de las especies crecen rápidamente. Las especies que forman conjuntos se pueden propagar por división vegetativa. Se deben usar los manojos más grandes con muchas raíces.

CLIMA Zona 10.

ESPECIES *C. costaricana*, palmas bambú, oriunda de Costa Rica, tiene un modo de desarrollo que la agrupa densamente y alcanza los 2,5-4 m de altura. Los tallos tienen un diámetro de 1,5-2,5 cm, y las hojas, de un color verde claro, tienen entre 60-80 cm de longitud con hasta 40 segmentos capilares de ancho medio. Las inflorescencias brotan de vainas de hojas colgantes y alcanzan los 80 cm. Producen tallos florales relativamente largos que adquieren un color rojo coral intenso cuando fructifican. Los frutos, redondos y brillantes, son negros. No tolera bien la exposición directa al sol. *C. elegans*, palmas de salón, oriunda de México y Guatemala, es la especie más popular, y muchas se venden como plantas para interiores. Crece hasta los 30-100 cm de altura, aunque puede alcanzar los 2 m en la madurez. Los tallos únicos con nudos muy próximos entre sí alcanzan 1-2 cm de diámetro. Las hojas, un tanto tupidas, crecen hasta los 20-40 cm de longitud, con entre 12-16 segmentos capilares estrechos y de color verde intenso a cada lado de la nervadura principal. Las inflorescencias producen frutos pequeños, redondos, de color rojo naranja que se tornan negros cuando maduran. *C. erumpens*, palmas de bambú, procedente de Guatemala y Honduras, es similar a *C. costaricana*, pero produce hojas más cortas con muy pocas hojuelas, a menudo con un par muy ancho de hojuelas terminales fusionadas. *C. microspadix*, palmas bambú, es una palma que forma racimos y exige poco esfuerzo, que se puede cultivar en interiores o en un sitio sombreado del jardín. Raras veces rebasa los 3 m de altura con sus tallos de nudos similares a los del bambú rematados por un follaje verde oscuro. Es una planta muy atractiva cuando fructifica, lo que suele hacer en abundancia. Los frutos, de color naranja brillante se tornan rojo intenso cuando maduran. Germina con rapidez y se cultiva fácilmente.

Chamaerops (fam. Arecaceae)

Palmito

Distribuida a lo largo de la costa mediterránea, esta es la única palma nativa de Europa, aunque se distribuye también por el noroeste de África. Pueden tener troncos únicos o múltiples. Producen hojas pequeñas con forma de abanico, y muy estructuradas, con segmentos capilares estrechos, rígidos y de color verde gris, tallos delgados y bordes con espinas. Las vainas en las axilas de las hojas se abren pronto y dejan al descubierto una masa de fibras grises que recubren densamente los tallos, incluso después que las hojas se hayan caído. Son unisexuales. Las flores masculinas no se aprecian fácil-

Chamaerops humilis tarda muchos años en formar un penacho tan impresionante.

mente, mientras que las femeninas brotan en inflorescencias muy cortas, rígidas y ramificadas. Los frutos, satinados y de color naranja marrón, tienen unos 2 cm de diámetro y contienen una sola semilla. *Chamaerops* es una palma muy atractiva, útil para cultivar con orientaciones abiertas y soleadas entre otros tipos de plantas altas y delgadas.

CULTIVO Se cultivan a menudo como plantas de macetas en interiores o en invernaderos frescos o soleados. Progresan mejor en compost y con luz intensa, pero protegidas de los rayos directos del sol. En exteriores, crece en gran variedad de condiciones, pero no tolera los malos drenajes. Prospera en una orientación cálida y soleada, pero se puede cultivar en sombra parcial. Es una planta resistente tanto a heladas moderadas como condiciones calientes y secas. *Chamaerops* crece muy lentamente y un penacho de buen tamaño puede tardar hasta 50 años en desarrollarse. Los ejemplares grandes se trasplantan fácilmente, aunque hará falta utilizar equipos pesados. Son plantas perfectas para usar en la jardinería paisajista. Se propaga a partir de semillas, que germinan con facilidad.

CLIMA Zona 9.

ESPECIES *C. humilis*, la especie única del género, es un penacho formado por varios tallos de alturas diferentes, de los cuales, el más alto mide aproximadamente 4-5 m. Cada uno de ellos presenta una copa redondeada compuesta de varias hojas. Su forma de crecer es muy variable.

Chamelaucium (fam. Myrtaceae)

Flor de cera de Geraldton

Solo una de las 20 especies de este género oriundo de Australia occidental se cultiva extensamente. La bonita flor de cera de Geraldton es ideal para cultivar en las márgenes soleadas con suelos secos o en otros sitios del jardín. Es también una buena planta para macetas en invernaderos frescos o soleados. Produce flores excelentes para cortar.

CULTIVO En las regiones propensas a las heladas, se cultivan bajo cristal en macetas con compost sin tierra y sin cal, y se les proporcionan luz y condiciones ventiladas. En exteriores, flor de cera de Geraldton se cultiva en suelos neutrales o ácidos con buen drenaje. Un suelo arenoso o de rocalla, pobre en nutrientes o moderadamente fértil, da buenos resultados. Las plantas deben tener una orientación soleada. Se podan después de la floración para estimular una forma compacta y evitar el desarrollo feo de la madera vieja. Llevar los cortes hasta el antiguo duramen puede matar a este arbusto. Se propagan a partir de esquejes casi maduros que se cortan a finales

del verano. Se puede probar con las semillas bajo cristal en primavera, pero la germinación puede ser difícil. Las semillas no se cubren con el compost. Germinan a 18 °C.

CLIMA Zona 10.

ESPECIES *C. uncinatum*, flor de cera de Geraldton, alcanza los 3 m. Las hojas son delgadas y similares a agujas, y produce masas de preciosas flores cerosas, de color blanco, rosa o rosáceo que brotan en invierno y primavera. Se han producido un número de cultivares de varios tipos de color, y flores muy grandes o diminutas.

Chasmanthe (fam. Iridaceae)

Nativo del sur de África, este género incluye aproximadamente tres especies bulbosas similares al gladiolo, excepto que el tallo floral termina en una espiga de tubos largos y encapuchados con lóbulos extendidos. Los colores que varían del amarillo al rojo y producen hojas en forma de espada. Pueden florecer durante la primavera o el verano.

Las flores cerosas y de color claro de *Chamelaucium uncinatum*, 'Blond', se abren en sus capullos carmesí oscuro.

Chasmanthe floribunda es muy adaptable en cuanto a sus requisitos de crecimiento y, por lo general, no es tan invasora como las especies relacionadas del género *Crocosmia*.

CULTIVO Estas plantas toleran la mayoría de los suelos, siempre que tengan un buen drenaje. Se pueden cultivar a pleno sol o en sombra parcial. Cuando empiezan a salir los nuevos brotes, se poda cualquier follaje viejo. Se propagan en primavera por división vegetativa de los conjuntos de plantas.

CLIMA Zona 9.

ESPECIES *C. aethiopica* no alcanza 1 m de altura y produce flores de color rojo amarillo con forma de tubo y gargantas florales granates. *C. floribunda*, la especie de jardín más popular, tiene hojas más anchas y flores similares, aunque más abundantes, de color rojo naranja o amarillo. Puede alcanzar 1,5 m en buenas condiciones de cultivo.

Cheilanthes (fam. Adiantaceae)

Este género numeroso, de unas 180 especies de helechos, se distribuye por todo el mundo, a menudo en condiciones rocosas o desérticas. Son perennes en su mayor parte y toleran muy bien la sequía. Crecen a partir de rizomas, que pueden ser verticales u horizontales, y producen frondas pinnadas en tallos negros. Son helechos ideales para jardines de rocalla o para sembrar en muros, en los climas secos. Las especies delicadas se cultivan en invernaderos frescos o soleados.

CULTIVO Las especies de *Cheilanthes* necesitan suelos con buen drenaje, enriquecidos con materia orgánica y orientados al sol. Bajo cristal, se cultivan en macetas con compost, buen drenaje y mucha luz y mucha ventilación. La humedad se debe mantener baja.

CLIMA Hay especies adecuadas para distintas zonas climáticas.

ESPECIES *C. distans*, de la zona 10, se distribuye por muchas regiones de Australia y Nueva Zelanda. Aunque prospera en condiciones secas, se encuentra a menudo en las áreas húmedas de las crestas de piedra arenisca. Es un helecho de tamaño pequeño, erizado y un tanto piloso de aproximadamente 12 cm, con un rizoma corto, rastrero y ramificado que produce una fronda erguida con pinnas muy espaciadas. *C. tenuifolia*, de la zona 10, se

Cheilanthes tenuifolia necesita cultivo bajo cristal en los climas propensos a las heladas, pero es una planta atractiva para maceteros.

distribuye también extensamente por toda Australia y Nueva Zelanda, y crece tanto en sitios húmedos como secos, aunque siempre con una orientación con la que recibe una cantidad razonable de sol. Tiene también un rizoma corto, rastrero y ramificado. Los tallos son negros, como la mayoría de los helechos de esta familia. Las frondas son erguidas y varían entre 12-70 cm de altura, según el lugar donde crezcan. Las pinnas son brillantes, sin filo y de forma en general triangular.

Chelone (fam. Scrophulariaceae)
Galanas, cabezas de tortuga

El nombre de este género deriva de la palabra griega *kelone*, tortuga, y hace referencia a sus flores encapuchadas y muy abiertas. La mayoría de estas plantas perennes oriundas de Norteamérica producen hojas aovadas, dentadas y brillantes.

CULTIVO Estas plantas prosperan en suelos ricos en nutrientes, al sol o en sombra parcial y con riego sistemático. Se propagan a partir de semillas o por división vegetativa a principios de la primavera.

CLIMA Hay especies adecuadas para distintas zonas climáticas.

Chelone obliqua es útil en los bordes de jardín porque florece entre el final del verano y el otoño, cuando el colorido es escaso.

Chenopodium bonus-henricus se ha usado durante siglos como sustituto de la espinaca. Las hojas se usaban también antiguamente con fines medicinales.

ESPECIES *C. glabra*, de la zona 3, tiene hojas lanceoladas de hasta 15 cm y flores blancas o rosáceas con el labelo barbado. Crece hasta alcanzar 1 m. *C. lyonii*, de la zona 8, tiene hojas aovadas, flores de color morado y crece hasta 1 m. *C. obliqua*, de la zona 7, llega a los 60 cm. Produce flores rosa con el labelo inferior barbado y de color amarillo claro.

Chenopodium (fam. Chenopodiaceae)

Una de las especies de este género es una planta perenne comestible, que se cultiva por sus brotes y hojas. Otras especies se han utilizado en la medicina popular y como hierbas culinarias. Este género pertenece a la misma familia que la remolacha y la espinaca.

CULTIVO Crecen en suelos ligeros que drenen fácilmente y con una orientación soleada. Las semillas se siembran en primavera y las plántulas se entresacan en dos etapas con una distancia de 45 cm de separación. Si se deben cortar los retoños, abone la superficie del suelo donde están sembradas con aproximadamente 12 cm de un buen compost o abono preparado con hojas descompuestas al final de la temporada. Los brotes de cortan justo por debajo del nivel del suelo. Las hojas se cosechan durante la primavera. Se cortan unas pocas cada vez.

CLIMA Rango variado de humedad y temperatura. Zona 5.

ESPECIES *C. bonus-henricus* es una planta perenne y resistente, apropiada para regiones de templadas a frías. Se dice que las hojas tienen el mismo sabor que la espinaca y que los brotes son similares a los espárragos.

Chimonanthus (fam. Calycanthaceae)
Macasares

Solo una de las especies de este género pequeño de arbustos de flores oriundos de China y Japón se cultiva generalmente.

CULTIVO Macasares prospera en climas frescos, suelos ricos en nutrientes, con una orientación soleada y abrigada, y riego abundante cuando el tiempo es seco. Se siembra en primavera u otoño. La poda sistemática no es necesaria. Se propaga en primavera por acodos o de esquejes de madera blanda que hayan sido enraizados bajo cristal.

Capaz de tolerar el frío intenso, este ejemplar de *Chimonanthus praecox*, crece de forma extendida.

CLIMA Zona 7.

ESPECIES *C. praecox* es un arbusto caduco e intensamente aromático que crece hasta alcanzar los 3 m. Las flores, amarillas y rojas, brotan en sus ramas desnudas durante el verano. Las flores secas son aromáticas.

Chionanthus (fam. Oleaceae)

Este género incluye aproximadamente un centenar de especies de árboles y arbustos perennes y caducos oriundos de las regiones tropicales y subtropicales de Asia oriental y de las regiones templadas de la costa este de Estados Unidos. Se distribuye por varios hábitats, desde los bosques y montes altos hasta los montes bajos y las márgenes de los cursos de agua. Varias especies se cultivan como plantas ornamentales.

CULTIVO Las especies de *Chionanthus* prosperan en climas de frescos a fríos, y en suelos fértiles y húmedos. Deben protegerse de los vientos fuertes, aunque necesitan quedar expuestas a pleno sol. Se propagan a partir de semillas, por acodos, injertos y gemación.

CLIMA Hay especies adecuadas para distintas zonas climáticas.

ESPECIES *C. retusus*, de la zona 6, procedente de China, crece hasta alcanzar los 3 m de altura. Pro-

Una nube de flores de color blanco crema oculta el ramaje de *Chionanthus retusus*.

duce hojas elípticas, sin filo, de hasta 10 cm, cuya parte superior presenta una umbela de flores pequeñas y blancas en verano. *C. virginicus* de la zona 4, originaria de América, produce ramos de desarrollo pendular con flores blancas entre las hojas, mucho más grandes que las de *C. retusus*. Crece aproximadamente unos 3 m.

Chionodoxa (fam. Hyacinthacea)
Glorias de las nieves

Oriundo de Creta, Turquía y Chipre, las flores delicadas y estrelladas de este género de pocas especies de plantas bulbosas enanas brotan a principios de la primavera. Suelen ser azules y blancas, o también rosas y blancas. Son ideales para jardines de rocalla o para bordes arbustivos.

CULTIVO Los bulbos se siembran en otoño a una profundidad de unos 8 cm en cualquier tipo de suelo que tenga buen drenaje. Las mejores floraciones se producen a pleno sol. Se propaga en la temporada de siembra a partir de vástagos o de semillas en primavera. Se reproducen a menudo por sí solos.

Chionodoxa luciliae, encantadora planta bulbosa de tamaño pequeño, solo es apropiada para los climas frescos, donde florece a principios de la primavera.

Las flores de color amarillo claro de la especie Chlidanthus fragans brotan en verano y producen un olor intenso.

CLIMA Zona 4.

ESPECIES *C. luciliae* produce racimos de flores azules y blancas. Alcanza aproximadamente 15 cm de altura. *C. nana* (sin. *C. cretica*) produce varias flores delicadas, de color azul y blanco, en cada tallo. Crece hasta los 15 cm. La encantadora *C. sandensis*, oriunda de Turquía occidental, produce racimos grandes de flores de color azul intenso e inclinadas hacia abajo. A veces alcanza hasta 20 cm.

Chlidanthus (fam. Amaryllidaceae)

Se cultiva una sola de las pocas especies de este género de plantas bulbosas nativas de Sudamérica. Produce hojas similares a unas correas e inflorescencias con desarrollo un tanto pendular.

CULTIVO En climas propensos a las heladas, se cultivan en invernaderos frescos. Se siembran superficialmente en primavera, en macetas con compost. En exteriores, se cultivan con orientación soleada y protegida, en suelos con buen drenaje ricos en humus.

CLIMA Zona 9.

ESPECIES *C. fragans*, nativa de los Andes peruanos, produce flores fragantes y amarillas con un tubo de 8 cm de longitud que termina en lóbulos estrellados. Brotan en verano, antes que las hojas. Alcanza aproximadamente 30 cm de altura.

Chlorophytum (fam. Anthericaceae)

Nativas de África, estas plantas tropicales se cultivan extensamente. Producen hojas abundantes y estrechas, similares a las de la hierba, y se cultivan como plantas de maceteros en los climas propensos a las heladas. Son buenas plantas para interiores. También son muy buenas para los lechos veraniegos y van bien con las plantas de flores coloridas. Producen plántulas con tallos largos y arqueados que echan raíces fácilmente cuando se siembran en los suelos.

CULTIVO Se cultivan en macetas con compost en invernaderos frescos, intermedios o soleados, con un máximo de luz, pero protegida de los rayos directos del sol. Necesitan mucho riego en verano, y menos en invierno. En exteriores, se pueden cultivar con una orientación al sol o en sombra parcial. Se propagan a partir de plántulas o por división vegetativa.

La especie variegada *Chlorophytum comosum* forma preciosos bordes en un paseo salpicado por la luz del sol.

CLIMA Zona 10.

ESPECIES *C. capense* tiene hojas verdes simples de unos 60 cm, y flores pequeñas y blancas. Esta especie no produce plántulas. *C. comosum*, conocida como «planta araña», es la especie más cultivada; especialmente su cultivar 'Variegatum', que tiene hojas con franjas verdes y blancas. Origina plántulas abundantes, que siguen a la aparición de sus flores blancas.

Choisya (fam. Rutaceae)
Naranjos de México

Estos arbustos resistentes y perennes procedentes de México producen masas de flores estrelladas de olor dulzón que se destacan contra sus hojas satinadas de color verde oscuro. Una sola de las especies de este género se cultiva con frecuencia.

CULTIVO *Choisya* se cultiva en cualquier suelo razonablemente fértil. Tolera las condiciones a orillas del mar, pero no la exposición directa a los vientos cargados de salitre. Se poda para darle forma después de la floración. Se propaga en verano a partir de esquejes casi maduros.

CLIMA Zona 7.

Choisya ternata, en plena floración, deleita por su aspecto y olor.

ESPECIES *Choisya ternata* crece hasta los 3 m para formar un arbusto redondo con hojas fragantes y flores blancas semejantes al azahar durante varios meses del año. El cultivar 'Sundance' produce un follaje amarillo dorado a pleno sol.

Chorisia (fam. Bombaceae)

Nativos de Sudamérica, estos árboles tropicales excepcionalmente bellos presentan troncos muy espinosos, flores grandes similares al hibisco, hojas alternas y compuestas, y frutos capsulares con forma de pera.

CULTIVO En climas propensos a las heladas, se cultivan en invernaderos cálidos o soleados, en macetas con compost. Necesitan mucha luz, pero deben protegerse de los rayos directos del sol. Se riegan con abundancia en verano y moderadamente el resto del año. En exteriores, necesitan un sitio soleado y suelos ácidos o neutros con buen drenaje bien abonado con materia orgánica. Se propaga a partir de semillas sembradas en primavera.

CLIMA Zona 10.

ESPECIES *C. insignis*, oriunda de Perú y Argentina, produce flores blancas o rayadas de blanco y de amarillo en otoño e invierno. Crece hasta alcanzar aproximadamente 15 m de altura. *C. speciosa*, de Brasil, crece muy alta en su hábitat natal, pero solo

Chorisia speciosa, crece rápido en los climas templados. Los árboles florecen también a edades tempranas.

Chorizema cordatum produce flores de olores vibrantes, que ofrecen una exhibición impresionante.

hasta los 20 m cuando se cultiva en otros lugares. Produce flores sencillas de color rosa, morado, crema o amarillo con puntos marrones en la base. Nunca reproduce dos árboles exactamente iguales. Las flores, similares a orquídeas, brotan en otoño. Tiene la ventaja de que produce sus flores a edades tempranas. Las semillas se encuentran alojadas en unas fibras sedosas dentro de los frutos.

Chorizema (fam. Papilionaceae)

Este género de aproximadamente 18 especies de arbustos decorativos, nativos en su mayor parte de Australia occidental, son resistentes y muy fáciles de cultivar en el clima y condiciones adecuados. Presenta hojas sencillas, alternas, y produce ramos abundantes de flores de color naranja y rojo similares a la del guisante.

CULTIVO Se cultiva en invernaderos frescos o soleados en regiones donde hay heladas. Se siembra en macetas con compost ácido con o sin tierra; con buena luz, pero protegida de los rayos directos del sol, y con mucha ventilación. En exteriores, se cultiva en suelos ácidos o neutros ricos en humus y con buen drenaje, y orientada a pleno sol. Se propaga a partir de semillas después que han sido remojadas en agua caliente.

CLIMA Zona 8.

ESPECIES *Chorizema cordatum*, es la especie que se cultiva más extensamente. Produce tallos delgados y frágiles, y ramos prolíficos y sueltos de flores de color amarillo, naranja, rojo y cereza que brotan a finales del invierno y en primavera. Crece hasta alcanzar 1,5 m.

Chrysalidocarpus (fam. Arecaceae)

Solo se cultivan tres especies de este género de palmas nativas de Madagascar y su vecina islas Comores, y dos de ellas son poco frecuentes. *Chrysalidocarpus lutescens* es la que se cultiva más extensamente en los trópicos y se emplea a menudo en la jardinería paisajista debido a su modo de desarrollo de tallos múltiples, el color del follaje y los tallos, y por su crecimiento rápido y cultivo fácil. Es también una planta hermosa para interiores o invernaderos en las regiones más frescas.

CULTIVO En los climas propensos a las heladas, se cultivan en macetas o tiestos en invernaderos intermedios, cálidos o soleados, o como plantas para interiores, en compost. Se les debe proporcionar

Este racimo de estípites anillados de *Chrysalidocarpus lutescens* presenta una masa de serpollos nuevos que brotan de su base.

luz intensa, pero no directa del sol. En exteriores, *C. lutescens* necesita suelos ricos en nutrientes, con buen drenaje, pero capaces de retener la humedad, y orientación a pleno sol. Prospera también en sombra parcial y tolera el viento, aunque este puede causar quemaduras en las puntas de las hojas. Se propaga en primavera a partir de semillas que germinan a 26 °C o a partir de serpollos.

CLIMA Zona 10.

ESPECIES *C. lutescens*, oriunda de Madagascar, es una especie de tallos múltiples. Las plantas más viejas suelen presentar alrededor de unos 50 tallos densamente poblados que llegan a los 6-8 m de altura y 8-12 cm de diámetro. La cantidad de los tallos aumenta a partir de los serpollos que brotan ramificados desde las bases de los tallos anteriores, en su mayor parte al nivel del suelo o justo por encima y que crecen casi verticalmente. Sus características incluyen el color verde amarillento de sus vainas y de los pecíolos de las hojas. Las hojas son también de color verde amarillento, de aproximadamente 2 cm de longitud, ligeramente ar-

queadas y se curvan hacia arriba, con hojuelas espaciadas regularmente y que apuntan hacia arriba. Las flores, pequeñas y amarillas, se amontonan en las ramas rígidas y carnosas de la inflorescencia, y los frutos, de 2 cm de longitud y color verde amarillento claro, se tornan morados cuando maduran. *C. madagascariensis*, otra especie malgache, presenta también tallos múltiples y alcanza los 10 m de altura, pero con tallos más gruesos que la especie *C. lutescens*. No se cultiva a menudo.

Chrysanthemum (fam. Asteraceae)

El crisantemo es probablemente originario de China, pero se introdujo en Japón hace mucho tiempo. Aparece representado extensamente en el arte de ambas naciones y algunos de los tipos sencillos, amarillos, similares a la margarita que se pueden apreciar en ilustraciones chinas antiguas son sin duda los antepasados de las flores magníficas que conocemos hoy. El crisantemo de la jardinería o de la floristería (*C.* x *morifolium*) es la planta prominente de exhibición en los jardines de otoño (que es cuando la planta florece de modo natural) y se encuentra disponible en la actualidad durante todo el año como planta florecida en macetas. Se valora también como flor perdurable para cortar.

Crisantemo espectacular de tipo araña con su centro conspicuo de color verde claro. Este tipo necesita protección contra las condiciones del tiempo cuando llega la floración.

Los pétalos plumosos son característicos del crisantemo abierto tipo araña. Los tonos de color son atractivos.

Grandes haces de crisantemo de color rosa bermejo aportan al jardín los tonos tradicionales del otoño.

El crisantemo es una «planta de días cortos» y no florece si se expone a demasiadas horas de luz. Los cultivadores profesionales manipulan sus condiciones de crecimiento y especialmente las horas de luz a la que exponen sus plantas.

CULTIVO El crisantemo de floristería necesita cultivarse a pleno sol y protegido de los vientos fuertes. Los suelos deben tener buen drenaje, pero estar enriquecidos con estiércol o compost antes de sembrarlo. Estas plantas producen raíces bastante superficiales, por lo que las beneficia mucho rodearlas con materia orgánica. Se riegan con abundancia por lo menos una vez a la semana —más a menudo, si el suelo es arenoso— durante toda la estación de crecimiento, y menos a medida que las plantas empiezan a declinar en invierno. Se abona aproximadamente una vez al mes con fertilizante completo durante todo el período de crecimiento. A medida que se forman los capullos, se dejan como están o se quitan los laterales más pequeños, si se desea obtener menos flores, pero más grandes. Para su exhibición en los jardines, la mayoría de los cultivadores tiende a dejar todos, o la mayoría, de los capullos. Después de la floración, las plantas se podan a 10-15 cm por encima del nivel del suelo y se retira todo el follaje viejo y la hojarasca. Se propaga en primavera levantando y dividiendo los conjuntos

de plantas, y se usan los serpollos más nuevos para fomentar nuevas plantaciones, o se propaga a partir de esquejes de los brotes nuevos. Las plantas cultivadas en macetas que han terminado de florecer se pueden podar y sembrar en el jardín, donde deben florecer en la época normal del año, aunque las flores nunca serán tan selectas como cuando se compró la planta. Según el tamaño final, las plantas se espacian con 40-50 cm de separación. Estas son susceptibles a las micosis como la mancha foliar, el oídio, la roya, la roya blanca, y también a las plagas de pulgones y de la mosca del crisantemo. *Chrysanthemum carinatum* necesita una orientación a pleno sol y suelos con buen drenaje. En las regiones cálidas, las semillas se siembran en otoño, pero, en las regiones frescas, se siembran en primavera. Las plantas se espacian con 30-40 cm de separación.

CLIMA Climas que varían de frescos a cálidos templados; la zona 5 para las más resistentes.

ESPECIES *C. carinatum* es una especie anual que llega a alcanzar los 60 cm. Florece en primavera o verano y las flores vistosas, similares a la margarita, muestran franjas concéntricas de color blanco, rojo, amarillo o morado, que contrastan notablemente. *Chrysanthemum* x *morifolium* produce un follaje verde opaco y muy aromático, y puede crecer entre 20 cm-2 m de altura, según la variedad. Las asociaciones de especialistas han clasificado numerosos tipos de flor. Algunos se conocen como flores decorativas, anémonas, araña, pompones, plumosas, de exhibición y recurvadas. Esta clasificación de formas varía aún más con los colores, que incluyen blanco, crema, amarillo, rosa, lila, burdeos, albaricoque y caoba, con una diversificación sorprendente de tonos. Muchas de las flores sencillas que se cultivan para cortar tienen centros contrastantes de color verde lima. Chrysanthemum produce una flor para cortar duradera, siempre que el tallo se despoje de todas las hojas por debajo de la línea límite del agua y esta se cambie con frecuencia.

Chrysocoma (fam. Asteraceae)

Relacionados con el género *Aster*, estos arbustos oriundos de Sudamérica crecen 60 cm o menos. Producen hojas pequeñas, rectas y alternas, y cabezuelas redondas, amarillas y de tallo corto.

CULTIVO Las especies de *Chrysocoma* prosperan mejor en las regiones donde la temperatura mínima en invierno no cae por debajo de los 7 °C. En las regiones propensas a las heladas, se cultivan en invernaderos frescos o soleados. Necesitan suelos con buen drenaje, y una orientación soleada y abrigada. Si se cultivan en macetas, se deben sembrar en un compost preparado con proporciones iguales de turba, arena y marga. Se riegan bien en la primavera y el verano, pero solo moderadamente en las otras estaciones. Se propagan a partir de esquejes cortados en primavera.

CLIMA Zona 10.

ESPECIES *Chrysocoma coma-aurea* es un arbusto perenne de hasta 45 cm con flores amarillas, tallos rectos, y hojas lisas, aplanadas y enteras.

Chrysophyllum (fam. Sapotaceae)

Este género está compuesto por cerca de 80 especies de árboles tropicales perennes, en su mayor parte oriundos de América, aunque algunas especies se distribuyen también por África occidental y Australia. Muchas producen frutos comestibles, otras se cultivan por su madera fina.

CULTIVO En los climas propensos a las heladas, se cultivan como plantas de maceteros en invernaderos cálidos. Prosperan en suelos fértiles y profundos con abundante materia orgánica. Se riegan

Chrysocoma coma-aurea se puede cultivar en tiestos o en suelos. Se poda después de la floración para conservar un crecimiento compacto.

Chrysophyllum imperiale es un árbol grande e imponente que produce mucha sombra con sus racimos densos de follaje verticilado.

sistemáticamente durante los meses más cálidos del año. Se propagan a partir de semillas o de esquejes.

CLIMA Regiones más cálidas de la zona 10.

ESPECIES *Chrysophyllum cainito*, caimito, en castellano, alcanza los 12-15 m en buenas condiciones de cultivo. Este árbol de formas elegantes produce un follaje satinado y frutos lisos que varían de un color morado a verde claro y contienen una pulpa blanca comestible. Su forma estrellada se hace evidente cuando los frutos se cortan transversalmente. *C. oliviforme*, es nativo de América tropical. Crece hasta los 10 m, y produce un fruto pequeño y algo morado.

El fruto del caimito debe madurar hasta adquirir un intenso color rojo púrpura antes de consumirse. Su sabor es muy refrescante, solo o mezclado con otros frutos.

Chrysophyllum cainito (fam. Sapotaceae)
Caimito

Originario de las Antillas y Centroamérica, se trata de un gran árbol que alcanza entre 9 y 15 m de altura y entre 6 y 8 de envergadura. Sus hojas son grandes y elípticas, de un verde brillante en el haz y cubiertas de vellosidades doradas en el envés. Las flores son blancas e insignificantes. Los frutos no aparecen hasta el séptimo año, y a partir del décimo la cosecha es ya abundante. Los frutos son redondeados y, según la variedad, la piel puede ser verde con toques rosas o amarillos, o marrón oscuro. Su nombre común en inglés se debe al hecho de que cuando el fruto se corta por la mitad, la sección aparece en forma de estrella. El fruto se divide en segmentos de carne blanca rodeada por otra capa más seca. Es comestible. No obstante, es mejor no morderlo, porque la piel exuda un látex que puede causar irritaciones en la boca. Debe cortarse, y su carne, dulce y gelatinosa, extraída con cuchara. Aunque puede consumirse solo, suele mezclarse con naranjas trituradas o cortadas; también crudo o en forma de bebida.

CULTIVO Fuera de los trópicos, se cultiva como planta de follaje joven en conservatorio cálido, en contenedores de compost. Necesita una atmósfera húmeda. Hay que regar bien cuando está en pleno crecimiento. Se multiplica por semilla germinada durante unas seis semanas en un pro-pagador de base caliente. Si se hace en exterior, se planta sobre suelo muy fértil y de buen drenaje. No debe dejarse madurar el fruto en el árbol, y hay que recogerlo cuando la piel es aún suave y de un púrpura intenso. Se deja madurar entonces en un espacio interior cálido.

CLIMA Adecuado para los trópicos solo como árbol. Necesita temperaturas altas y mucha humedad durante todo el año.

Cichorium endivia (fam. Asteraceae)
Endibia

Esta planta anual o bianual, aunque nativa del Mediterráneo, ha dado lugar a algunos cultivares magníficos, muy extendidos hoy en día. Lleva muchos siglos cultivándose, y es conocida como una de las «hierbas amargas» de la Pascua Judía. La endibia puede cultivarse en zonas más cálidas que la lechuga, y tolera las altas temperaturas. Apreciada por sus hojas, es ligeramente amarga, y deliciosa en ensaladas, con bacon y guarnición de crema o mostaza. En climas fríos, es un cultivo de otoño e invierno.

CULTIVO Las mejores condiciones de cultivo se dan entre los 10 °C y los 20 °C. Soportará bien una ligera helada, y los cultivares, muy resistentes y de

La achicoria roja se utiliza en ensaladas como la lechuga, y se cultiva de forma similar. Normalmente se cosecha en otoño o invierno.

Las hojas rizadas de la endibia son extremadamente amargas si no se cosechan siendo aún jóvenes. La mayoría de los especialistas prefieren el método del blanqueado de las hojas.

hojas gruesas, llegan a soportar temperaturas de hasta –10 °C. Los cultivares de hoja rizada no dan semilla con tanta facilidad en climas cálidos como los de hoja gruesa. El suelo debe ser fértil, de buen drenaje y retener la humedad, y debe plantarse en lugar soleado. Las semillas se siembran en hilera desde finales de primavera hasta mediados de verano, al exterior y en su ubicación definitiva. Los retoños se espacian unos 30 cm y se cosechan pasados entre dos y tres meses. La endibia puede cultivarse mediante el método conocido como «cortar y dejar crecer». Los cultivares de hoja gruesa suelen blanquearse para que el sabor no sea tan amargo, pero también puede hacerse con las de hoja rizada. Se cubre simplemente la planta con una maceta invertida, como un cubo, durante unas dos semanas.

CLIMA Zona 8.

Cichorium intybus (fam. Asteraceae)

Radicha, achicoria roja

La achicoria roja es una verdura perenne y resistente cultivada normalmente como anual. Su hábito de crecimiento es bajo, y forma un corazón de hojas rígido alrededor de las cuales se disponen las hojas externas, verdes y rojas y de sabor muy amargo. Las hojas internas, blanquecinas, no son tan llamativas. Son crujientes y no tan amargas. Se utilizan como las de la lechuga, en ensaladas, y normalmente se cortan en tiras o en juliana. También pueden cocerse.

CULTIVO La radicha o achicoria roja se adapta a muchos modelos climáticos, y es muy resistente. Hay numerosos cultivares con diversos grados de tolerancia a las heladas, y algunos son increíblemente resistentes. También hay híbridos F1, con un hábito de crecimiento muy uniforme, y sus corazones son más duros que los antiguos cultivares no híbridos. La radicha crece bien en cualquier suelo fértil y de buen drenaje. Debe removerse bien el terreno antes de sembrar e incorporar abundante materia orgánica. La radicha se cultiva para cosecharla en otoño o invierno. La semilla se siembra en exterior desde principios hasta mediados de verano, en su ubicación definitiva. Debe dejarse un espacio entre plantas de unos 35 cm. Puede cosecharse las hojas individualmente, o la planta entera. En zonas muy frías, cubrir las plantas a mediados de otoño con campanas protectoras. También pueden extraer cuidadosamente las plantas con algo de tierra alrededor de las raíces, y reubicarlas en invernadero.

CLIMA Zona 3.

Cimicifuga (fam. Ranunculaceae)

Cimicífuga, yerba de la chinche

Supuestamente usadas en Europa para erradicar las chinches, estas plantas herbáceas, perennes y resistentes del hemisferio norte alcanzan 1-2 m de altura, y crean un buen efecto en la parte posterior de los bordes. Tienen hojas grandes y compuestas, y espigas de flores blancas y pequeñas. Se cree que son un repelente efectivo contra los insectos.

CULTIVO Necesitan mucha humedad. Se propagan en otoño a partir de semillas sembradas a 6 mm de profundidad, en cajones de siembra o en primavera, a partir de trozos de raíz.

CLIMA Zona 5 para la mayoría de las especies.

ESPECIES *Cimicifuga americana* alcanza 1-1,5 m de altura y produce flores de color blanco crema en verano. *Cimicifuga racemosa*, crece hasta los alcanzar 2-3 m y produce espigas anchas de flores blancas. *Cimicifuga rubifolia* produce hojas grandes y acorazonadas en la base, y crece hasta los 2 m. *Cimicifuga simplex*, oriunda de Rusia, China y Japón, es una planta perenne que forma conjuntos que crecen hasta en más de 1 m. Produce espigas de flores blancas que brotan en otoño. Los cultivares incluyen 'Brunette', con un follaje oscuro de una tonalidad marrón morado.

Cultivada hoy como planta ornamental, *Cimicifuga racemosa* tiene un historial extenso de uso medicinal por los pueblos nativos de Estados Unidos, que aprovechaban sus raíces.

Cinnamomum (fam. Lauraceae)

Alcanforeros

Estos árboles y arbustos aromáticos del género *Cinnamomum* tienen un valor comercial considerable. *Cinnamomum camphora* produce el aceite de alcanfor y la corteza de *C. zeylanicum* se usa para extraer la canela. Se trata en su mayor parte de plantas perennes bien proporcionadas que producen un follaje denso y curtido, ramos de flores bisexuadas o unisexuales, y bayas de color azul negro.

CULTIVO En climas propensos a las heladas, se cultivan en invernaderos intermedios o soleados como plantas de follaje. Se siembran en compost. En exteriores —en el clima adecuado—, son fáciles de cultivar. Se propagan a partir de semillas sembradas en primavera, o en verano, a partir de esquejes.

CLIMA Zona 10 y superior.

ESPECIES *C. camphora*, alcanforero, es originario de Asia tropical y es la especie más cultivada. Produce hojas de 12 cm de longitud de color blancuzco en el envés, y flores amarillas. Puede crecer hasta alcanzar los 30 m de altura. La madera fina se usa en ebanistería porque es fácil de tallar. *C. zeylani-*

Cinnamomum camphora, alcanforero, es un árbol ancho, con copa en forma de cúpula, que resulta una buena planta de follaje bajo cristal en los climas helados.

cum, canelo, nativo de India y Sri Lanka, crece hasta los 9 m y produce flores de color blanco amarillento. La canela se produce a partir de la corteza molida de este árbol.

Cissus (fam. Vitaceae)

Este género numeroso incluye unas 350 especies. Se trata en su mayor parte de plantas trepadoras y enredaderas nativas de las regiones tropicales y cálidas de todo el mundo. Muchas de las especies tropicales producen hojas y bayas comestibles, con un historial de uso en la medicina popular. Sembradas principalmente por su follaje elegante, varias especies se cultivan en interiores como plantas de maceteros o en macetas colgantes.

CULTIVO Todas las especies de *Cissus* son sensibles al frío, por lo que, en los climas frescos y fríos, se deben cultivar en macetas, en invernaderos frescos, intermedios o soleados o como plantas de interiores. Crecen mejor en compost y son plantas adecuadas para la sombra y la luz tenue, aunque prosperan igual con una orientación luminosa, siempre que se protejan de la exposición directa al sol. Se pueden cultivar en macetas colgantes. La mayoría de las especies se puede propagar con facilidad a partir de esquejes casi maduros que se cortan en verano y se ponen a enraizar en camas calientes.

CLIMA Zona 10 y superior.

ESPECIES *Cissus antartica*, oriunda de los estados australianos de Queensland y Nueva Gales de Sur, es una de las especies que se cultiva con más frecuencia. Planta trepadora, se emplea a menudo como cobertora. Produce hojas casi ovales de color verde brillante con bordes dentados, flores insignificantes y frutos redondos de color morado oscuro que miden aproximadamente 1 cm de diámetro. *C. discolor*, originaria de Indonesia, se cultiva generalmente en interiores por su follaje atractivo. Las hojas, grandes y aterciopeladas, son de color verde metálico con pintas blancas, moradas y rosa en el haz, y carmesí intenso en el envés. Esta especie es muy sensible al frío, y necesita calor y humedad en invierno. *C. hypoglauca*, es una enredadera vigorosa y leñosa, nativa de regiones

Aunque se cultiva a menudo en interiores, *Cissus rhombifolia* luce preciosa en una pérgola blanca.

de Australia oriental. Produce umbelas con hojas de color azul gris. Cada una de ellas está compuesta por cinco hojuelas. Las hojas tiernas y los retoños adquieren un color verde óxido, y las flores, pequeñas y amarillas, miden 4 mm de ancho. Los frutos son grandes, de color morado negro y comestibles, aunque ácidos. *C. quadrangularis*, de África oriental, sur de Asia y Malaisia, es una planta trepadora provista de zarcillos. Produce tallos suculentos cuadrangulares dispuestos en segmentos con hojas caducas, escasas y acorazonadas; flores pequeñas y verdes, y racimos de frutos similares a la zarzamora. *C. rhombifolia* es la especie que más se cultiva en interiores. Se siembran también muchos cultivares, como por ejemplo el llamado 'Ellen Danica'.

Cistus (fam. Cistaceae)
Jaras

Estos arbustos encantadores de la cuenca del Mediterráneo producen hojas sencillas, opuestas, y flores lisas y parecidas al papel, de color blanco, rosa o morado, con una mancha amarilla en la base de los pétalos. Están bien adaptados a las regiones costeras, pero son también resistentes a las heladas, y las especies más pequeñas son excelentes plantas para los jardines de rocalla. A menudo, son efímeras.

Cistus x *purpureus*, con sus flores brillantes de color rosa cereza, es uno de los híbridos de este grupo que se desarrollaron primero.

CULTIVO Son fáciles de cultivar, pero crecen mejor en suelos ligeros, con buen drenaje y en sitios protegidos. No hace falta podarlas, excepto quitarles las flores secas con las semillas. Se propagan en verano u otoño a partir de esquejes casi maduros.

CLIMA La zona 8 para la mayoría de las especies e híbridos.

ESPECIES *Cistus* x *cyprius* produce hojas estrechas y fragantes, y racimos grandes de tallos largos con flores blancas con marcas rojas en su interior. Alcanza los 2 m. 'Albiflorus' produce flores claras de color blanco. *C. incanus*, «rosa mediterránea», crece hasta 1 m con flores de color rosa morado, y hojas anchas y sin filo. Hay muchos cultivares de *Cistus*. 'Doris Hibberson' crece hasta 1 m, y produce hojas de color verde gris y flores arrugadas de color rosa puro. 'Peggy Sammons' produce una floración rosa-morado y crece hasta 1 m, mientras que 'Silver pink' produce una floración rosa plateado y alcanza los 75 cm de altura. La especie *C. ladanifer* produce una resina que se emplea en perfumería. Las flores blancas puras tienen una mancha de color rojo intenso en la base de cada pétalo.

Citharexylum (fam. Verbenaceae)

Citaroxilos

Conocidos comúnmente como «fiddlewood» porque su madera se usa para la fabricación de instrumentos musicales, estos árboles y arbustos son perennes cuando son nativos de América, pero semicaducos en los climas más frescos. El follaje de las especies que se relacionan a continuación se torna naranja intenso antes de caer. Las hojas son sencillas, opuestas, más o menos elípticas y, por lo general, enteras, aunque, a veces, bastante dentadas. Los ramos espinosos de flores pequeñas, amarillas o blancas, son deliciosamente fragantes.

CULTIVO En los climas fríos y helados, se cultivan en invernaderos frescos o soleados. En exteriores, citaroxilos crece mejor en suelos ricos en nutrientes y en un sitio cálido del jardín. Se desarrolla rápidamente hasta convertirse en un árbol tupido o un arbusto grande, pero no consigue la altura que alcanza en su hábitat natural. Se poda, si lo necesita, a finales del invierno o a principios de la primavera, antes de que comience a retoñar. Se propaga a partir de esquejes.

CLIMA Zona 9.

ESPECIES *Citharexylum fruticosum*, procedente de las Antillas, crece hasta convertirse en un árbol de aproximadamente 9 m de altura. Produce hojas enteras de 10-15 cm de longitud y ramos de flores blancas de 10-12 cm de longitud, que bro-

Las hojas de *Citharexylum spinosum*, citaroxilos, cambian de color antes de caer.

tan en cualquier época del año. *C. spinosum* es un árbol más grande y también de las Antillas, donde alcanza los 15 m. Produce hojas ovales, dentadas y de color verde intenso de hasta 20 cm y ramos de flores blancas, de 30 cm de longitud, que brotan en cualquier momento entre el invierno y principios del verano.

Citrus (fam. Rutaceae)
Naranjo

La naranja está considerada como uno de los frutos más antiguos, y su cultivo está documentado desde hace al menos 3.000 años. Originaria probablemente del Asia tropical, se cultivaba en China antes de llegar a Europa. La primera especie que llegó al continente fue *Citrus aurantium*, introducida por los cruzados y aún muy cultivada, especialmente en España. Colón la llevó al Nuevo Mundo, y fue introducida en Florida hacia el siglo XVII. Hoy en día se cultiva en zonas cálidas de los cinco continentes, y es un producto de exportación de primer orden. Se cultiva sobre todo por su jugo y su pulpa, fuente importante de Vitamina C, y puede consumirse fresca, en mermelada o en conserva, y también en pasteles, ensaladas, carnes y verduras. También se utiliza para la fabricación de perfumes. El delicioso aroma de sus flores es parte importante del ambiente en las ceremonias nupciales.

CULTIVO En zonas climáticas inferiores a la 9, el naranjo debe cultivarse en invernadero frío o intermedio, en macetas de compost con tierra para tiestos, protegiéndolo de la radiación directa. En verano puede permanecer en el exterior. En las zonas donde cultivarse en jardín, plante los árboles en suelo normal de buen drenaje y a pleno sol. En zonas de mucho viento o heladas necesitarán algo de protección. Se riegan de forma regular durante la floración y el crecimiento de los frutos para asegurar una cosecha de buena calidad. Los naranjos tienen muchas raíces superficiales, así que deben evitarse las plantas que puedan competir, como la hierba. Se aplica un buen manto para añadir un mayor grado de humedad, pero hay que mantenerlo alejado del tronco. Abone a finales de invierno, y de nuevo a principios y me-

Naranja amarga cultivada en un jardín doméstico, ideal para la fabricación de mermeladas.

diados de verano. La floración se produce en primavera y verano, y los frutos pueden tardar varios meses en madurar. Las flores y los frutos pueden permanecer en el árbol simultáneamente. Una vez enraizado, no será necesario podar en exceso. La corteza es muy sensible al sol, así que es mejor no podar en verano. El fruto aparece sobre los tallos del año anterior, y cualquier daño causado por heladas, enfermedades o negligencias puede suponer la pérdida de la cosecha del año siguiente. El fruto se recoge a mano dejando un fragmento del tallo adherido, con cuidado de no erosionar la piel, puesto que afectará a su apariencia y favorecerá la aparición de moho e incluso la podredumbre del fruto.

CLIMA Zonas 9 o 10. El clima ideal debe ser cálido, libre de heladas y de escasa humedad.

ESPECIES *Citrus aurantium*, o naranjo amargo, está naturalizado en muchas partes del mundo. Procede originariamente del sudeste de Asia, y fue introducido en Europa por los españoles. Se usan sobre todo para la confección de mermeladas y conservas. Es un árbol urbano en muchas zonas de la España meridional. *C. sinensis,* naranjo dulce o de la China, es un árbol perenne de entre 8 y 12 m de altura, con un fruto redondeado de color naranja. Su pulpa, dulce y jugosa, está encerrada bajo una piel externa. La pulpa y el jugo se consumen, y el aceite esencial se extrae de la piel. De las muchas variedades y cultivares disponibles, la naranja ombligo o 'Washington' sigue siendo probablemente la favorita, seguida de la variedad 'Valencia'. Hay muchos otros cultivares, pero lo mejor es adquirir los más idóneos para cada zona geográfica. La naranja sanguina es muy popular en los países mediterráneos, y tiene numerosos cultivares.

Citrus aurantiifolia (fam. Rutaceae)
Limero

El limero es un árbol frutal de origen tropical, procedente de India y del sudeste de Asia, e introducido en muchas regiones tropicales del mundo. Cultivado por su fruto, ácido y muy aromático, rico en vitamina C y ácido cítrico, es muy utilizado en la cocina tailandesa. Es una bebida deliciosa en época de calor. Tiene hojas aovado-elípticas de unos 7 cm de largo, flores blancas y un fruto ovoide amarillo verdoso de piel suave y fina, parecida a la de un limón sin madurar. Posee numerosos cultivares.

Estos limeros están a punto de madurar. El fruto debe recolectarse antes de que amarillee para evitar la putrefacción en los extremos de los tallos.

CULTIVO Los requisitos son similares a los del limonero (véase limón, *Citrus limon*), pero la lima es muy sensible al frío prefiere los climas tropicales, cálidos y lluviosos. Excepto en zonas tropicales y subtropicales, se cultiva en maceta, en invernadero frío o intermedio. Se utiliza compost con tierra para tiestos y debe proporcionarse un máximo de luz, a la vez que protege de las radiaciones fuertes. En exteriores, el limero crece mejor en un lugar soleado y protegido, con suelo de buen drenaje.

CLIMA Solo tropical y subtropical; zonas más cálidas de zona 10 y superiores.

Citrus limon (fam. Rutaceae)
Limonero

Originario probablemente de India, *Citrus limon* es un cultivo relativamente reciente comparado con otras plantas. Fue introducido en España hacia el siglo XII por los árabes, y desde allí fue difundido a través del Mediterráneo para recalar en la mayoría de zonas tropicales y subtropicales. Aunque de aspecto atractivo, con sus fragantes flores blancas, se cultiva sobre todo por su fruto ácido y jugoso, rico en Vitamina C y usado frecuentemente para el tratamiento del catarro. Es delicioso como bebida refrescante. El jugo de limón se utiliza como aliño para ensaladas y en pasteles, helados y bizcochos, y es imprescindible con los pescados. De la piel se extrae un aceite comercial, y de la pulpa se extrae el ácido cítrico. El limón puede usarse también para eliminar el óxido o las manchas de tinta, y es un ingrediente esencial en perfumes, cosmética y pulimentos para muebles.

CULTIVO En zonas propensas a las heladas, se cultiva en macetas en un invernadero frío o intermedio bien ventilado. Se utiliza compost suelo para tiestos. Necesita mucha luz, protegiendo de la radiación solar. En el exterior, el limonero crece mejor en ambientes cálidos. Necesita suelos de buen drenaje y pleno sol. Deberá mantenerse la zona libre de malas hierbas, y abonar regularmente con estiércol animal o fertilizantes quí-

Los limones de Meyer tienen una piel muy suave. La piel es difícil de rallar, pero la pulpa es muy jugosa.

micos. El limonero suele injertarse en un rizoma resistente a las plagas. Se retiran los brotes que aparezcan por debajo del injerto. No es necesario podar en exceso. El fruto aparece sobre los tallos del año anterior. Si las ramas son débiles o demasiado largas, se cortan. Los limones están listos para la recolección cuando adquieren un tono amarillo; si van a ser almacenados, se recogen tan pronto como empiecen a cambiar de color, normalmente en invierno. Se conserva la hinchazón terminal del tallo y se almacena en un lugar seco, frío y oscuro, con buena ventilación. Los limones se conservan mejor que otros cítricos.

CLIMA Zona 10 y regiones más cálidas de zona 9.

ESPECIES *C. limon* es un pequeño árbol perenne con ramas espinosas cortas, que puede alcanzar entre 4 y 5 m de altura. Las hojas son oblongas, coriáceas, en punta y de un verde intenso. Las flores, cerosas, fragantes y de color blanco. El fruto es ovoide, con una piel finamente horadada. El cultivar 'Eureka' es un árbol casi desprovisto de espinas, con hojas de color verde oscuro, redondeadas o en punta, y su frutación es prácticamente constante. 'Lisbon' es un árbol más vertical, y el verde de sus hojas es más claro. *C.* x *meyeri*, 'Meyer', conocido también como 'limón Meyer', se considera un híbrido de *C. limon* y *C. cinensis*. Es la especie más resistente, dotada de un hábito compacto, y sus frutos son redondeados, suaves y de piel fina, muy jugosos y menos ácidos que los de 'Eureka'.

Citrus maxima (fam. Rutaceae)
Pomelo

Considerado como originario del sur de China, Malasia y Polinesia, *Citrus maxima* (sin. *C. grandis*) es un árbol tropical que crece entre 5 y 9 m. Tiene espinas finas y escasas, tallos característicos con hojas de ala grande, y flores grandes y blancas. El fruto, redondo y algo aplanado, de gran tamaño, puede llegar a pesar hasta 9 kg, y es de color amarillo anaranjado. Su carne es gruesa, ácida y segmentada, y en India y otras zonas de Asia se utiliza básicamente para la producción de conservas. Un buen cultivar es el 'Chandler', de piel rosada.

CULTIVO Fuera de las zonas tropicales y subtropicales, se cultiva en invernadero intermedio, en maceta grande de compost para tiestos ligeramente ácido. Necesita humedad en verano. En exteriores, se usa un suelo enriquecido y debe ubicarse la planta en un lugar soleado.

CLIMA Es una especie muy delicada. Requiere zona 10.

El pomelo, cuyo fruto es el de mayor tamaño entre los cítricos, requiere altas dosis de calor y humedad.

Citrus reticulata (fam. Rutaceae)

Mandarino

Los mandarinos son excelentes árboles de jardín, de menor tamaño que el resto de los cítricos, y con un follaje que llega casi hasta el suelo. Producen un fruto naranja con pulpa dulce y piel fina.

CULTIVO Los mandarinos son sensibles a las heladas, pero más resistentes que otros cítricos. No obstante, si las heladas son fuertes, es mejor cultivar en invernadero, en macetas de compost suelo para tiestos, con buena luz y protección contra la radiación solar. Las plantas pueden permanecer en el exterior en verano. En el jardín, los mandarinos necesitan un lugar soleado a pleno sol, con un suelo de buen drenaje y ligera acidez.

CLIMA Regiones más cálidas de zona 9.

VARIEDADES *Citrus reticulata* es un pequeño árbol de unos 3 m de altura, con hojas bastante estre-

chas y tallos de hojas ligeramente aladas. La naranja 'Satsuma' es un cultivar japonés que se cultiva con fines comerciales. Hay muchos otros cultivares para escoger. El aroma del fruto y el tiempo de maduración pueden variar enormemente. Los cultivares 'Clementina', 'Dancy', 'Kara' y 'Kinnow' son muy conocidos.

Citrus x paradisi (fam. Rutaceae)

Pomelo

Aunque el pomelo es originario probablemente del sudeste asiático, es posible que el fruto que conocemos hoy en día se desarrollara a partir de un híbrido de las Antillas. Durante mucho tiempo ha sido un producto con elevado valor comercial, y ha sido mejorado mediante la cría y la selección, de manera que actualmente es de sabor menos ácido. *Citrus x paradisi* es un árbol perenne que alcanza los 5 m de altura. Su fruto, grande y redondo, tiene un pulpa carnosa de color blanco o rosa y puede pesar hasta 2 kg. Los cultivares más recomendados incluyen 'Marsh', 'Ruby', 'Wheeney' y 'Star Ruby'.

Los mandarinos son más resistentes que otros cítricos y pueden cultivarse en el exterior en jardines libres de heladas, o en invernadero frío si las heladas son un problema.

Aunque la tendencia es a cultivarlo como bianual, el cultivar 'Wheeney' produce cosechas extraordinarias prácticamente todos los años.

CULTIVO El pomelo tolera el frío peor que el naranjo, pero puede cultivarse en exteriores en las regiones más cálidas de la zona 9. En zonas más bajas puede hacerse en invernadero intermedio. Se cultiva en grandes macetas con compost con tierra para tiestos, con buena luz y protección contra la insolación directa. En verano, la planta puede permanecer en el exterior. Necesitará un suelo normal, pero de buen drenaje. De hecho, ningún cítrico soporta bien los «pies mojados», pero se necesita mucha agua para alimentar el fruto y mantener el follaje en buenas condiciones. El pomelo requiere mucho sol y protección contra el frío y los vientos invernales. Se multiplica por gemación de injertos ya experimentados sobre rizomas resistentes a las enfermedades del suelo. Los árboles cultivados en maceta pueden sacarse al exterior en cualquier momento, pero es mejor evitar el invierno. Los ejemplares enraizados se plantan en maceta, puesto que crecen con mayor rapidez, tienen mejor silueta y no suelen verse afectados por el trasplante. Prácticamente no es necesario podar, excepto para necesitan estimular el crecimiento de hojas que puedan dar sombra al fruto. Los cítricos abono completo en invierno y finales de primavera. No es aconsejable hacerlo a finales de verano y en otoño, puesto que el nuevo crecimiento será más vulnerable a los ataques del minador de los cítricos. Debe aplicarse un manto orgánico, separado del tronco. Se aplica fertilizante entre las hojas, en la zona donde el vello de la raíz absorbe los nutrientes. En jardín doméstico, se deja un área de 2 a 3 m de diámetro alrededor de cada árbol; si el terreno es ondulado, los árboles se espacian a lo largo del contorno para prevenir la erosión del suelo. El fruto se deja madurar en el árbol y se recolecta con cuidado para no rasgar la piel. Deben usarse tijeras de podar para cortar el tallo, reteniendo siempre un pedúnculo en el fruto. Las plagas de insectos se controlan con sprays; en climas húmedos, los hongos son el principal problema. La fitóftora puede minimizarse tratando de no dañar el injerto y plantando los árboles de manera que la parte injertada sobresalga claramente del nivel del suelo.

CLIMA Zona 9 (regiones más cálidas) y zona 10.

Citrus x tangelo (fam. Rutaceae)
Tangelo

El tangelo es un cruce entre mandarina y pomelo. El fruto es de un naranja brillante, y la piel es suave. Muchas variedades tienen un cuello pronunciado. Es muy jugoso, y los sabores son distintos según la variedad. El cultivar 'Minneola' fue creado en Estados Unidos en 1931. Madura entre mediados y finales de invierno y tiene un distintivo y ligero sabor a pomelo. 'Seminole' tiene el mismo origen que 'Minneola', pero madura más tarde, en primavera. En el fruto pueden detectarse los sabores a mandarina y a pomelo. Otras variedades son 'Orlando' y 'Sampson'.

CULTIVO Como todos los cítricos, los tangelos requieren un suelo de drenaje perfecto, preferiblemente enriquecido con materia orgánica, y una exposición permanente al sol. Deben quedar protegidos de los fuertes vientos. No crecen sobre sus propias raíces, sino que germinan sobre rizomas seleccionados, resistentes a la podredumbre por hongos y otras enfermedades. En época de crecimiento, deben regarse con regularidad y en abundancia, y fertilizarse con abono completo a finales de invierno y primavera, o a principios de verano. Raramente hay que podar; simplemente recortar la copa y extraer las ramas cruzadas. Deben hacerse durante los meses de más

El tangelo 'Minneola' es una buena variedad para jardín doméstico. El fruto es muy jugoso, con un sabor distintivo.

frío, puesto que el calor puede provocar que el sol queme las ramas expuestas. El tangelo puede cultivarse en zona 9, pero en zonas más frías se cultiva en invernadero frío o intermedio, en macetas de compost con tierra para tiestos. La planta necesitará un máximo de luz y protección contra la radiación directa. En verano pueden permanecer en el exterior, siempre que haga sol y calor. El suelo debe tener buen drenaje enriquecerse con materia orgánica, y orientación al sol.

CLIMA Zona 9. Estos árboles toleran una ligera helada, pero las plantas jóvenes deben protegerse.

Clarkia (fam. Onagraceae)
Azaleas de verano

Nativas del oeste de Norteamérica, estas vistosas plantas anuales producen flores muy atractivas para cortar, aunque las hojas causan un olor desagradable cuando se ponen en agua.

CULTIVO Las especies de *Clarkia* prosperan en suelos ligeros con una orientación soleada. Las semillas se siembran en otoño o a principios de la primavera en el sitio donde deben crecer, porque no son fáciles de trasplantar. Una vez que alcanzan los 5-8 cm de altura se entresacan con una separación aproximada de 30-40 cm.

CLIMA Zona 8.

ESPECIES *Clarkia amoena*, especie que se cultiva con más frecuencia, es una bonita planta anual con hojas lanceoladas, medio verdes y alternas. Las flores brotan individuales o en ramos. Las alturas varían entre 45-75 cm. Florecen a finales de la primavera, si se siembran en otoño, y producen flores en verano a partir de la siembra de primavera.

Cleistocactus (fam. Cactaceae)
Antorchas de plata

Estos cactos originarios de Sudamérica presentan un modo de desarrollo columnar y densamente espinoso. Producen flores tubulares. En los climas propensos a las heladas, se cultivan en invernaderos intermedios o soleados y, en los climas cálidos, en un jardín exterior para cactos.

CULTIVO Bajo cristal, se cultivan en macetas con compost para cactos y se le proporciona un máximo de luz. Se riegan sistemáticamente durante la estación de crecimiento, pero se conservan secos en invierno. En exteriores, se siembran a pleno sol, en suelos arenosos con buen drenaje.

Los rayos del sol, ya bajo sobre el horizonte, destacan la silueta de forma columnar vertical de *Cleistocactus strausii*. Sus flores tubulares brotan lateralmente del tallo.

Esta selección de híbridos agrupados de *Clarkia amoena*, forma una preciosa exhibición de flores cortadas.

CLIMA Zonas 9 o 10.

ESPECIES *C. strausii*, oriunda de Bolivia, es la especie que más se cultiva. Cuando madura a finales del verano, produce abundantes flores rojas. En su hábitat natural, la polinizan los colibríes.

Clematis (fam. Ranunculaceae)
Alegrías de viajero, clemátides

Hay, por lo menos, 200 especies e incontables híbridos del género *Clematis*, en su mayor parte procedentes del hemisferio norte, con algunas pocas que son nativas del hemisferio sur, e incluyen Australia y la región del Pacífico. Las especies de *Clematis* trepan a menudo hasta la copa de los árboles, lo que las hace útiles para cubrir arcos o muros. Si se siembran en las condiciones adecuadas, crecen rápido y son longevas. La mayoría producen floraciones dentro de los dos primeros años después de su siembra. Algunas florecen solo en primavera, otras en primavera y verano, o en verano y principios de otoño. Las formas caducas de flores grandes conocidas como híbridos 'Jackmanii' —desarrollados a partir de varias especies— producen algunas de las flores más espectaculares, con una gran variedad de colores únicos (blanco, azul, morado, carmesí y cereza), y bicolores.

CULTIVO Todas las especies de *Clematis* prosperan en suelos con buen drenaje y enriquecidos con materia orgánica descompuesta. Requieren suelos que permanezcan frescos y húmedos todo el tiempo. Es importante que reciban riego sistemático y a fondo durante la primavera y el verano. *C. aristata* y *C. pubescens* prosperan mejor cuando solo son salpicadas por manchas de luz solar. La mayoría de las demás prosperan a pleno sol, pero toleran la media luz en los climas frescos. Se abonan en primavera, cuando comienzan a crecer, con fertilizante completo y una capa de abono de estiércol bien descompuesto. Estas plantas trepadoras enroscadas se afianzan en cualquier tipo de apoyo; por ejemplo, un árbol, una pérgola o un enrejado. El momento y el método de la poda dependen de la especie o del cultivar que se haya sembrado. Puede que alguna poda sea necesaria para adaptar estas trepadoras a sus estructuras o apoyos. Muchos de los híbridos 'Jackmanii' se deben podar a finales del invierno, justo antes de que comiencen a retoñar. Sin embargo, a veces es preferible dejarlos crecer hasta que ocupen todo el espacio que se les ha destinado. Algunas se deben podar solo muy superficialmente. *C. montana* florece en los retoños de la estación precedente, de modo que la poda se debe limitar a quitar las flo-

Clematis aristata es una masa de delicadas flores estrelladas que brotan en primavera y a principios del verano.

Clematis montana, variedad *rubens*, muestra sus ventajas cuando cae sobre una arcada.

res marchitas y a restringirla al tamaño necesario. Las enredaderas muy viejas pueden necesitar que se poden los viejos tallos al nivel del suelo para dar espacio al desarrollo de brotes más jóvenes y vigorosos. Las especies se propagan a partir de semillas y cultivares cortados de la madera blanda en primavera y que enraízan bajo cristal. Todas se pueden cultivar a partir de tallos sembrados en primavera en suelo por acodos, y preparados para cortarles las raíces y extraerlos a finales del invierno siguiente. Algunos híbridos se pueden injertar en patrones de especies apropiadas. Por lo general, esta opción no está al alcance de los jardineros aficionados.

CLIMA Una gran cantidad de especies de *Clematis*, incluidos los híbridos de flores grandes, son apropiadas para la zona 6.

ESPECIES *C. alpina*, de la zona 5 y nativa de Europa y Asia, crece vigorosamente hasta alcanzar los 2 m, y produce en primavera flores pequeñas de color morado y con forma de farol. Los cultivares incluyen 'Columbine', de flores de color azul claro; 'Pamela Jackman', de flores de color azul intenso; 'White Moth', de flores blancas. *C. aristata*, de la zona 7, es una especie australiana que se distribuye por regiones húmedas y protegidas, donde crece sobre los árboles y los viejos tocones, sobre los cuales se exhiben mejor sus flores fragantes y estrelladas de color blanco. Las flores de primavera y verano son seguidas por inflorescencias lanosas, secas y blancas, con semillas que perduran durante varios meses y se hacen más lanosas al madurar. Esta especie es variable y hay muchos tipos. *C. armandii*, oriunda de China, crece hasta los 5 m con un follaje perenne y flores pequeñas, fragantes y blancuzcas. *C. fammula* crece entre 2-3 m y tiene flores fragantes y blancas que brotan a finales de estación. *C. foetida*, de la zona 8 y procedente de Nueva Zelanda, produce, desde la primavera hasta principios del verano, ramos largos de flores abundantes, fragantes y de color amarillo verdoso. 'Jackmanii' y otros híbridos de flores grandes alcanzan a veces los 3 m de altura y producen las flores más grandes entre las especies cultivadas del género *Clematis*. 'Barbara Jackman', produce flores de color azul malva; 'Comtesse de Bouchard', flo-

res de color malva rosa; 'Gipsy Queen', flores moradas; 'Lady Betty Balfour', flores de color azul morado; 'Jackmanii Superba', flores moradas; 'Lincoln Star', flores de color rosa frambuesa; 'Nellie Moser', flores de colores malva y carmín; y 'Perle d'Azur', flores de color azul muy claro. Hay muchas otras disponibles. *C. macropetala*, de la zona 5 y oriunda de Asia, alcanza los 3 m de altura y produce en primavera flores pequeñas y dobles de color morado similares a faroles. Hay cultivares de esta especie disponibles. *C. montana* una de las especies más conocidas, es una enredadera caduca oriunda del Himalaya, que produce flores pequeñas y blancas. La variedad *rubens* se cultiva también extensamente. *C. recta*, europea de la zona 3, es una planta herbácea de hasta 2 m que produce profusamente flores blancas y fragantes. 'Purpurea' produce flores moradas. *C. rehderiana*, de China, crece hasta alcanzar 6 m de altura con flores fragantes de color amarillo pajizo. *C. stans*, de la zona 4 y Japón, es un tipo herbáceo de floración tardía con flores azules que alcanza 3 m. *C. tangutica*, nativa de Asia, produce flores acampanadas, brillantes y amarillas a finales de la estación y alcanza los 3 m.

Cleome (fam. Capparidaceae)
Patas de vaca

Se trata de un género de plantas anuales y perennes que, en su mayor parte, proceden de América tropical. Una de sus especies florece prolongadamente en verano y se cultiva a menudo para añadir altura y color a los bordes. Tienen hojas simples o palmeadas y flores bonitas con variedad de colores, pétalos estrechos, y estambres largos y salientes. Las flores brotan sencillas o en ramos.

CULTIVO Estas plantas prosperan en climas templados con mucho sol y alguna protección del viento. En los climas propensos a las heladas, se cultivan bajo cristal. Se siembran en primavera, justo bajo la superficie de suelos ligeros y ricos en nutrientes. Se riegan escasamente.

CLIMA No es esencial, se cultiva como anual estacionaria.

Cleome hassleriana tiene un período de floración muy prolongado durante el verano.

Clerodendrum ugandense produce flores de color azul claro en verano y otoño.

ESPECIES *Cleome hassleriana*, crece erguida hasta 1,5 m. Presenta glándulas intensamente olorosas, hojas palmeadas y compuestas, tallos espinosos y flores solitarias de color rosa oscuro que se decoloran y se vuelven blancas durante el día. Hay varios cultivares disponibles en blanco puro y en varios tonos de rosa. *C. lutea* crece hasta 1,5 m y produce flores de color amarillo naranja.

Clerodendrum (fam. Verbenaceae)
Clerodendros

Se trata de un género numeroso de árboles, arbustos y plantas trepadoras de las regiones tropicales y cálidas del mundo. Muchas de sus especies tienen su origen en China y Japón o en África tropical. Estos bellos arbustos caducos y perennes, con su abundancia de flores de colores brillantes, son las joyas de muchos jardines. Presentan hojas sencillas, opuestas o verticiladas, de hasta 30 cm de longitud, y ramos terminales de flores blancas, moradas o rojas.

CULTIVO En los climas propensos a las heladas, las especies más delicadas se cultivan en invernaderos cálidos o soleados. En exteriores, las especies de *Clerodendrum* prosperan en suelos bien enriquecidos de climas cálidos y soleados y con abundancia de agua en verano. Se siembran en otoño. Se propagan a partir de semillas sembradas en primavera o a partir de esquejes casi maduros en verano. En ambos casos, se usan camas calientes.

CLIMA Zona 10 para muchas especies.

ESPECIES *C. bungei* de la zona 8, crece hasta alcanzar los 2 m, con hojas largas, aovadas, bastamente dentadas, y racimos largos de flores de color rosa intenso. Es una especie dulcemente olorosa. *C. speciosissimum* produce floraciones de color carmesí y escarlata en verano. *C. splendens* es una planta arbustiva, con hojas similares a las de kalanchoe y flores escarlatas veraniegas. *C. thomsoniae* abunda en los trópicos y se puede cultivar en un sitio cálido de los exteriores en otras regiones. Esta trepadora se puede cultivar también en invernaderos o como planta para interiores en regiones más frescas. Produce racimos de flores rojas con cálices blancos en verano. *C. ugandense* crece hasta alcanzar 2,5 m y produce flores delicadas de color azul claro con estambres largos durante un período prolongado del verano.

Clethra (fam. Clethraceae)

Saúco blanco

Nativos de Norteamérica, Europa y Asia oriental, estos árboles y arbustos perennes o caducos de elegantes hojas ovales, producen en verano ramos largos de flores pequeñas y olorosas.

CULTIVO Las especies de *Clethra* prosperan bien en suelos con buen drenaje y sin cal, y con abundancia de agua. Es esencial un clima estable, sin vientos. Son plantas ideales para un jardín boscoso. Se siembran en primavera y se propagan a partir de semillas en otoño o primavera, de esquejes casi maduros en verano o por acodos en primavera.

CLIMA Hay especies para distintas zonas climáticas.

ESPECIES *C. alnifolia*, de la zona 3 y oriunda de Norteamérica, crece hasta alcanzar los 2,5 m, con espigas largas de flores blancas con olor a especia, y hojas pequeñas que se tornan amarillas en otoño. 'Rosea' produce capullos y flores con un matiz rosa. *C. arborea*, de la zona 9 y procedente de Madeira, necesita crecer en invernaderos frescos cuan-do se cultiva en climas propensos a las heladas. Produce flores estrechas y elípticas, y muchas flores blancas y olorosas, parecidas a *C. arborea*. *C. barbinervis*, de la zona 5 y nativa de Japón, es un árbol o arbusto caduco que alcanza los 6-9 m de altura y produce flores blancas.

Clianthus (fam. Papilionaceae)

Clianto, pico de loro

Este arbusto excepcionalmente bello es nativo de Nueva Zelanda. Aunque resulta apropiado para una variedad de condiciones, no se cultiva muy extensamente. Presenta un crecimiento entre pequeño y mediano, con un modo de desarrollo extendido. Produce un follaje blando, suculento y similar al de los helechos. Sus flores llamativas brotan abundantemente durante el verano. Este género incluía antes a *Clianthus formosus*, clasificada en la actualidad como *Swainsona formosa*.

CULTIVO *C. puniceus* nace a partir de semillas, que es su forma natural de propagación. Como estas tienen una cáscara dura y cerosa, es necesario hacerles primero una incisión cuidadosa en su borde externo y por el lado contrario al hipocotilo, o se desgastan cuidadosamente con papel de lija. Des-

Clethra arborea es un arbusto de tamaño pequeño, perfilado y muy oloroso durante la floración.

Las preciosas flores curvadas de *Clianthus puniceus* varían de color. Este tipo rojo rosáceo es particularmente bonito.

pués, se remojan en agua fría, nunca hirviendo. Las plántulas se siembran en una mezcla de arena gruesa y turba. Los tipos de color se pueden aumentar a veces a partir de esquejes tiernos cultivados bajo cristal. Las plantas se deben renovar cada 3-4 años. Estas crecen de forma natural en regiones donde los suelos son ricos en minerales, de modo que en condiciones de cultivo se les debe añadir fertilizante durante el período de crecimiento. Se pueden utilizar fertilizantes del tipo de liberación lenta o del tipo diluido. Una vez desarrolladas, estas especies son resistentes a la sequía. En los climas con heladas intensas, se cultivan en invernaderos soleados frescos o corrientes.

CLIMA Zonas 8 y 9.

ESPECIES *C. puniceus*, pico de loro, es un arbusto extensivo y un tanto efímero oriundo de Nueva Zelanda que alcanza 1,5-2 m de altura. Los tallos florales con desarrollo pendular son portadores de cantidades variables de flores escarlatas de 5 cm de longitud y con forma de pico de ave. La quilla de las flores está cargada de miel, que atrae los pájaros al jardín. Actualmente, casi extinta en su Nueva Zelanda natal, donde fue cultivada primero por los maoríes, se ha puesto a disposición de la horticultura en varios tipos interesantes de color.

Clitoria (fam. Papilionaceae)
Conchitas

Este género de arbustos y perennes de las regiones tropicales, tienen por lo general un modo de desarrollo de planta trepadora. En los climas frescos y fríos propensos a las heladas se cultivan en invernaderos cálidos o soleados. Las flores vistosas son características de la familia del guisante. Las hojas pequeñas, alternas y pinnadas son verdes en el haz y grises o verde claro en el envés.

CULTIVO Bajo cristal, se cultiva en macetas con compost y se le proporciona el máximo de luz. Las plantas trepadoras necesitan algún tipo de apoyo. En exteriores, se cultiva a pleno sol y en suelos húmedos, pero con buen drenaje. Se propaga a partir de semillas sembradas en condiciones cálidas.

Clitoria ternatea produce flores de color azul morado intenso durante los meses más cálidos.

CLIMA Zona 10 y superior.

ESPECIES *C. cajanifolia* (sin. *C. laurifolia*), hierba de aproximadamente 60 cm, se cultiva a veces en las regiones tropicales como planta cobertora. Produce hojas oblongas, hendidas en el ápice foliar, pilosas y de color claro en el envés, y flores de color lila morado. *C. ternatea*, la especie que se cultiva con más frecuencia, es una especie enroscada de 4,5 m. Produce hojas oblongas-aovadas, flores de color azul brillante con centros de color amarillo verdoso, y vainas lisas similares a las del guisante. También hay tipos blancos y de flor doble.

Clivia (fam. Amaryllidaceae)
Lirios cafres

Las especies del género *Clivia* son apropiadas para cultivar en un rincón sombreado o debajo de un árbol en jardines donde no haya heladas, o en invernaderos intermedios o soleados donde hiele. Estas plantas de colores brillantes, nativas del sur de África, producen racimos de flores tubulares en invierno, primavera o verano. Crecen a partir de raíces carnosas similares a bulbos y producen hojas atractivas, perennes, con forma de correa.

CULTIVO Bajo cristal, se cultivan en macetas con compost y se dejan crecer en una maceta pequeña por-

Clivia nobilis, con sus flores estrechas y tubulares, se cultiva menos que *Clivia miniata*.

que eso estimula su floración. Prosperan en la luz intensa y se riegan sistemáticamente en verano, pero el riego se reduce considerablemente en invierno. Se propagan en primavera por división vegetativa.

CLIMA Zona 10.

ESPECIES *C. miniata*, de hasta 45 cm, se puede cultivar en interiores y florece mejor cuando se desarrolla en una maceta pequeña. Sin embargo, es más útil como planta de sotobosque cultivada bajo los árboles, donde los suelos son a menudo secos y llenos de raíces. Una vez se ha desarrollado, se extiende a pesar de las condiciones difíciles. Produce flores de color rojo naranja en umbelas de 12-20.

Clytostoma (fam. Bignoniaceae)
Damas del monte, trompetas argentinas

Clasificadas previamente dentro del género *Bignonia*, estas plantas atractivas originarias de Su-

damérica, con hojas perennes y flores vistosas con forma de trompeta, trepan por medio de zarcillos en espiral. Lejos de los trópicos, pueden ser caducas.

CULTIVO En los climas propensos a las heladas, se cultivan en invernaderos cálidos o soleados. Se siembran en compost para macetas o tiestos grandes. Se les debe proporcionar un máximo de luz, protección contra los rayos directos del sol y un ambiente húmedo. Los tallos necesitan algún tipo de apoyo o tutor. Algunos de los brotes más viejos se entresacan al final de la temporada de la floración. En los climas sin heladas, se cultivan en exteriores, en sitios soleados con suelos fértiles de buen drenaje. Se propagan durante el verano a partir de esquejes casi maduros y, en primavera, a partir de semillas. Ambos casos requieren camas calientes.

CLIMA Zona 10 y superior.

ESPECIES *Clytostoma callistegioides* crece rápidamente y produce en verano una exhuberancia de flores de color morado claro, con franjas más oscuras en la garganta floral. En condiciones cálidas, se desarrolla y llega a alcanzar hasta los 10 m en una temporada.

El crecimiento vigoroso de *Clytostoma callistegioides* cubre una zona extensa en una sola temporada de desarrollo.

Cobaea (fam. Cobaeaceae)
Campana morada

Se cultiva una sola especie de este género poco numeroso de plantas perennes trepadoras, nativas de México, a menudo como anual. Cuando la flor se invierte, su cáliz grande y verde forma un plato para la flor en forma de taza. Se emplean para cubrir pérgolas y otras estructuras en los jardines y florecen a finales del verano.

CULTIVO En climas propensos a las heladas, se cultiva como planta anual de verano en exteriores, o en invernaderos frescos o soleados. En exteriores, se cultiva en suelos enriquecidos con compost o estiércol, y se riega sistemáticamente, en particular, cuando la planta es joven. Esta enredadera prospera con una orientación soleada. Las puntas se recortan para obtener una planta más tupida. A principios de invierno, muestra un aspecto desagradable. A menudo, es más fácil arrancarla que podarla. Como se propaga con facilidad, se puede plantar una nueva para la temporada siguiente. Se propaga a partir de las semillas, que se hienden antes de sembrarlas superficialmente.

CLIMA Zona 9.

ESPECIES *Cobaea scandens*, enredadera muy extendida de crecimiento rápido, es la especie que se cultiva más a menudo. Produce flores llamativas verde crema de 5 cm de diámetro, que se tornan de color lila y morado. *C. scandens alba* produce flores blancas. Alcanza los 10 m de altura y se cuelga de sus zarcillos.

Coccoloba (fam. Polygonaceae)
Uva de playa, papaturro

Este género numeroso de árboles y arbustos perennes es originario de América tropical y subtropical. No se cultivan a menudo fuera de sus países natales.

CULTIVO En los climas propensos a las heladas, se cultivan en invernaderos cálidos o soleados, en macetas compost. En exteriores, crecen mejor en suelos fértiles y arenosos, orientados a pleno sol. Se propagan a partir de semillas, esquejes casi maduros y por acodos.

CLIMA Zona 10.

ESPECIES *Coccoloba diversifolia* es un arbusto alto, de hasta 3 m, con hojas radiantes de color verde brillante. Produce espigas de flores de color verde amarillo claro en verano, seguidas por frutos de color morado rojizo. *C. uvifera*, crece unos 6 m. Produce hojas acorazonadas, y ramos largos de flores blancas y fragantes, seguidas por ramos de frutos comestibles de color morado que semejan uvas. Es una planta resistente al salitre y al viento.

Las flores recién abiertas de *Cobaea scandens* maduran hasta tornarse de color malva o lila.

La uva de playa, *Coccoloba uvifera*, produce filamentos largos cargados de bayas pequeñas que maduran hasta tornarse de color morado intenso o rojo.

Cochlospermum (fam. Bixaceae)

Este género incluye aproximadamente 12 especies de árboles y arbustos tropicales, la mayoría de los cuales son xerófitos, plantas que se han adaptado a condiciones secas en extremo. Muchas disponen de tubérculos de almacenamiento subterráneo, que les permiten sobrevivir en condiciones rigurosas. Se transforman también en caducas durante la estación seca normal. Muchas florecen cuando están sin hojas en la estación seca. No se cultivan a menudo fuera de sus países natales.

CULTIVO En climas propensos a las heladas, se cultivan en invernaderos cálidos o soleados como plantas de follaje. Se siembran en compost para macetas y se les proporciona un máximo de luz, muy poca humedad y se conservan más bien secas en invierno. Si se cultivan en exteriores, necesitan una orientación a pleno sol y suelos moderadamente ricos en nutrientes con buen drenaje.

CLIMA Zona 10 y superior.

ESPECIES *Cochlospermum religiosum* (sin. *C. gossypium*), es nativo de India y Myanmar (Birmania),

y alcanza 7-10 m de altura. Se cultiva en esos países como fuente de una goma de uso comercial y por los tomentos sedosos de los frutos, que se emplean para rellenar almohadas. Se cultiva también en países tropicales como planta ornamental. Sus flores de color amarillo brillante suelen brotar en el árbol sin hojas durante la estación seca.

Cocos nucifera (fam. Arecaceae)

Cocotero, palma de coco

El cocotero ha sido aclimatado y se cultiva en todas las regiones tropicales del planeta. Desde el punto de vista económico, es una de las plantas más importantes del mundo, y muchas culturas dependen de ella por sus múltiples usos: construcción de viviendas, ropas, cestas, alfombrillas, cuerdas y, por supuesto, pulpa comestible, leche, aceite y azúcar. Se cultiva en plantaciones, aunque crece particularmente bien en las regiones costeras, pues es m uy persistente a los vientos fuertes cargados de salitre. *Cocos nucifera* es una palma solitaria, cuyo tronco puede sobrepasar los 20 m de altura. El tronco crece ligeramente curvado y terminado en una fronda de hojas pinnadas divididas. Hay numerosas variedades seleccionadas para que fructifiquen abundantemente y para que resistan las enfermedades. Una enfermedad llamada amarillamiento letal es muy grave y hasta la fecha no hay modo de controlarla.

Cochlospermum gillivraei, con flores de color amarillo brillante, es una especie rara en condiciones de cultivo. Las flores son similares a las de *C. religiosum*.

Este racimo de cocos coloridos ha brotado muy alto en un cocotero. Todas las partes de esta planta y de sus frutos tienen utilidad práctica.

Este palmeral de cocoteros, *Cocos nucifera*, se desarrolla en un jardín tropical.

Un lecho mixto de cultivares del croton, *Codiaeum variegatum* variedad *pictum*, es tan colorido como un lecho floral.

CULTIVO En los climas propensos a las heladas, cocotero se cultiva en macetas como ejemplar individual pequeño, en invernaderos cálidos o soleados, o se emplea como planta para interiores. Se cultiva en compost y se le proporciona luz intensa, aunque se protege de los rayos directos del sol, y una humedad moderada. En exteriores, se cultiva en suelos ricos en humus con buen drenaje y a pleno sol. Se propaga a partir de la semilla, que es el mismo coco. Germina a 30 °C. Puede tardar varios meses en germinar.

CLIMA Zona 10 y superior.

Codiaeum (fam. Euphorbiaceae)
Croton

Nativa de Malasia y Polinesia, el croton se cultiva por su follaje decorativo. Prospera bien en los exteriores de las regiones tropicales y subtropicales, aunque también en interiores y en los invernaderos de las regiones más frescas. Es una buena planta individual para maceteros. Sus flores son insignificantes.

CULTIVO En interior se cultivan en macetas con compost. Se les proporciona luz intensa, aunque se protegen de los rayos directos del sol, y una humedad atmosférica elevada. Si las plantas crecen demasiado altas, se pueden podar porque retoñan a partir de sus tallos más viejos. Se propagan a partir de esquejes veraniegos o por acodo aéreo. Todas las lesiones producidas por la poda o por la propagación se deben espolvorear con carbón vegetal molido para evitar que segreguen savia.

CLIMA Zona 10 y superior.

ESPECIES *Codiaeum variegatum* variedad *pictum*, la única especie que se cultiva, ha sido progenitora de muchos cultivares con una miríada de colores y diseños. El color de las hojas puede ser una combinación de rojo, amarillo, bronce y verde, y brotan en diferentes formas y tamaños. Algunas son estrechas; otras, anchas y lobuladas. No resulta siempre fácil comprar cultivares con nombre.

Coelogyne (fam. Orchidaceae)

Este género de orquídeas epífitas, que incluye un centenar de especies, se distribuye por el sudeste de Asia, India y Nueva Guinea. La mayoría de las especies produce ramos largos y densos, ya sea de desarrollo pendular o erguido, de color crema, amarillo o verde, con pintas marrones. Las especies cultivadas más conocidas producen flores blancas y olorosas.

CULTIVO *Coelogyne cristata* es una buena planta para interiores. Las otras se cultivan mejor en invernaderos intermedios o soleados. Los mejores tiestos son cestas de tablillas específicos para orquídeas. Las plantas se cultivan en compost formulado especialmente para ellas, que puede encontrarse en los viveros de orquídeas. Estas plantas necesitan luz intensa, aunque se deben proteger de los rayos directos del sol, y un ambiente húmedo en verano, cuando se deber regar abundantemente. Se abonan semanalmente y se mantienen secas en invierno. Las especies procedentes de los climas tropicales, como *C. massangeana* y *C. pandurata*, necesitan invernaderos cálidos y se deben mantener húmedas todo el año.

CLIMA Zona 10 y superior.

ESPECIES *C. cristata*, la especie que se cultiva con más frecuencia, produce ramos inclinados hacia

Las flores blancas y olorosas de *Coelogyne cristata* se disfrutan mejor en macetas colgantes, que permiten que caigan en forma de cascada.

abajo de flores grandes, fragantes y de color blanco puro desde el invierno y durante la primavera. Se recomienda colgar las macetas para realzar la exhibición espléndida de las flores. *C. flaccida* florece también desde el invierno y durante la primavera con floraciones más pequeñas de color crema o blanco intensos. *C. massangeana*, nativa de Tailandia, Java y Borneo, produce ramos largos de flores fragantes y amarillas de 5 cm de diámetro. Los labelos son amarillos con tramas oscuras de color marrón. *C. pandurata*, orquídea negra oriunda de Borneo, produce ramos arqueados de flores verdes y fragantes cuyos labelos presentan numerosísimas nervaduras de color negro.

Coffea (fam. Rubiaceae)
Cafetos

Se trata de un género de aproximadamente 40 especies de árboles y arbustos nativos de África tropical y las islas Mascareñas. Estas bonitas plantas perennes producen flores olorosas de color crema o blanco, y bayas pequeñas y rojas con dos semillas. Aunque *C. arabica* y *C. liberica* se cultivan masivamente por sus semillas o «granos de café», los jardineros las siembran generalmente solo como plantas ornamentales.

CULTIVO En los climas propensos a las heladas, el cafeto se cultiva como planta de follaje para maceteros en invernaderos cálidos o soleados. Se cultivan con facilidad en compost para macetas y requieren mucha humedad. Se propaga a partir de semillas sembradas en primavera o a partir de esquejes casi maduros, en verano. Ambos casos necesitan cama caliente.

CLIMA Zona 10.

ESPECIES *C. arabica*, cafeto arábigo, es la fuente principal del café de calidad. Es además una planta decorativa para jardines. Este arbusto crece hasta los 4,5 m y produce hojas lustrosas, ovales y de color verde oscuro; frutos rojos y fragantes, y flores blancas a finales del verano. *C. canephora* se usa en la producción del café instantáneo. *C. liberica*, Cafeto de Liberia, produce un café de calidad inferior de sabor amargo. Presenta un modo de desarrollo

Las flores del género *Colchicum* brotan en masas, en otoño, aunque las hojas esperan para nacer en primavera.

Coffea arabica es un arbusto ornamental atractivo; especialmente, en plena floración.

arbustivo hasta los 6 m, y produce flores veraniegas blancas y frutos negros.

Colchicum (fam. Cochicaceae)
Quitameriendas

Este género, mayoritariamente de Europa y Asia, no está relacionado con el género *Crocus*, a pesar del nombre común de sus plantas (*fall crocus*) en inglés, aunque las flores son un tanto similares. Estas plantas bulbosas y resistentes, que alcanzan hasta 30 cm de altura, producen flores con tonos de rosa, lila y morado desde finales del verano hasta el otoño, antes de que brote el follaje en primavera. Se encuentran a menudo en jardines de rocalla y en bordes de jardines en climas frescos. Son también buenas plantas para tiestos.

CULTIVO *Colchicum* necesita suelos de marga con buen drenaje y mucho sol. Florece tan pronto el tiempo empieza a enfriar. Los bulbos se siembran durante el verano a 7 cm de profundidad y aproximadamente a 15 cm de separación. Se riegan abundantemente en el tiempo seco tan pronto comienzan a retoñar y se abonan a principios de primavera. El follaje se deja madurar y marchitar en verano, no importa lo desaliñado que parezca.

CLIMA Hay especies adecuadas para distintas zonas climáticas.

ESPECIES *Colchicum agrippinum*, de la zona 5, produce flores lilas con un diseño distintivo a cuadros en granate morado. *C. autumnale*, de la zona 5, produce masas de flores de color lavanda rosa. 'Album' produce flores de color blanco puro. *C. byzantinum*, de la zona 6, produce sus flores en colores rosa rosáceo o morado. *C. speciosum*, de la zona 6, produce flores de color lila morado. Una cantidad de buenos cultivares con nombre se encuentran disponibles, incluidos 'Waterlily', 'The Giant' y 'Autumn Queen'.

Coleonema (fam. Rutaceae)

Cultivado extensamente en regiones templadas, este género poco numeroso de ocho arbustos perennes de flores es originario del sur de África. El follaje es pequeño y similar al brezo, con flores con una fragancia similar. Son buenas plantas para setos y bordes, aunque requieren podas. Se pueden cultivar también en macetas y tiestos.

Coleonema pulchrum es una buena planta para setos, en el clima apropiado, siempre que se pode poco aunque a menudo. En las regiones con heladas, se cultiva bajo cristal.

CULTIVO En los climas propensos a heladas intensas y sistemáticas, se cultivan en invernaderos frescos o soleados. Necesitan compost ácido para macetas, además de un máximo de luz y buena ventilación. Para cultivarlos en exteriores, se siembran en suelos ácidos o neutros de sitios soleados con un buen drenaje. Las puntas de las plantas se recortan regularmente a partir de sus etapas más tempranas de crecimiento. De otro modo, se desarrollan delgadas y desordenadamente. Sin embargo, no se deben podar en exceso porque las mata. Se podan ligeramente después de la floración, aproximadamente a finales de primavera. Las puntas tiernas se recortan varias veces durante el verano.

CLIMA Zona 9.

ESPECIES *Coleonema albus* (sin. *Diosma alba*), es un arbusto muy compacto que crece hasta alcanzar 1 m. Produce masas de ramas pequeñas, con hojas muy pequeñas y estrechas, y flores blancas, estrelladas y diminutas, que brotan generalmente en primavera, aunque pueden aparecer en cualquier época del año. *C. pulchrum* es un arbusto de crecimiento un poco más vertical que alcanza hasta 1,5 m, vástagos largos, delgados y muy ramificados, y masas de flores pequeñas y rosa que brotan en primavera y en verano. Hay una forma de floración roja disponible

y una forma enana, 'Sunset Gold', que produce follaje dorado cuando se cultiva a pleno sol.

Colocasia esculenta (fam. Araceae)
Taro, ñame

El taro es una fruta de consumo muy extendido en los trópicos, y es cultivado de forma intensiva en las islas del Pacífico y en muchos países asiáticos. En Canarias se llama ñame. Cultivado por sus bulbos comestibles, las hojas jóvenes también se comen. Las plantas crecen a partir de un rizoma tuberoso y alcanzan entre 1 y 2 m de altura. Las hojas son grandes, de 40 a 50 cm, y las flores parecidas a las del género *Arum*, con un espádice amarillento. En climas fríos y propensos a las heladas, cultive en invernadero cálido, en cama caliente o en una maceta grande, con mucha humedad.

CULTIVO Los tubérculos se plantan a principios de primavera, a una profundidad de entre 5 y 8 cm. El suelo debe estar bien drenado y enriquecido con compost o estiércol. Se riega en abundancia en época de crecimiento. Los tubérculos estarán listos para la recolección al cabo de seis o siete

La raíz del taro aparece aquí con su planta de grandes y características hojas, *Colocasia esculenta*. Es fácil de cultivar en condiciones de calor y humedad.

meses. Se mutiplica por pequeños tubérculos secundarios o por división del rizoma.

CLIMA Regiones más cálidas de zona 10 a tropicales.

Columnea (fam. Gesneriaceae)

Oriundos de América tropical y las Antillas, estos espléndidos arbustos rastreros del trópico son adecuados para los climas cálidos o invernaderos. De naturaleza epífita, se cultivan mejor en macetas colgantes, de modo que sus tallos rastreros de flores tubulares y vistosas se puedan exhibir ventajosamente. Las hojas, pequeñas y ordenadas, presentan una textura aterciopelada. En su hábitat natural, las polinizan los colibríes.

CULTIVO Se cultivan en invernaderos cálidos. Se siembran en macetas colgantes con compost sin tierra. Requieren buena luz, pero protección de los

'Early Bird' es un cultivar excepcional de la especie *Columnea scandens*. Crece de manera compacta y tiene un período de floración prolongado.

rayos directos del sol, y un ambiente húmedo. Se evita el riego. Se propagan en primavera a partir de esquejes tomados de las puntas de los tallos.

CLIMA Zona 10 y superior.

ESPECIES *C. gloriosa*, alcanza más de 1 m. El haz de las hojas está cubierto de vello morado o rojo, y el envés de vello rojo morado. En primavera, produce flores escarlatas con dos labelos y gargantas florales amarillo brillante. *C. hirta*, que crece hasta 1 m, produce tallos rojizos y pilosos y flores de color rojo naranja. *C. microphylla*, de hasta 1 m, produce tallos pilosos de color rojo marrón y hojas redondeadas con vellos verdes o rojizos. Las flores, amarillas o escarlata, brotan en primavera y verano.

Colutea (fam. Papilionaceae)
Espanta lobos, fresnillo loco

Mayoritariamente oriundos del sur de Europa, estos arbustos o árboles de tamaño pequeño, caducos y productores de flores, desarrollan vainas abultadas similares a unas vejigas. Las flores son atractivas, similares a las del guisante, y las hojas son pinnadas. Deben prosperar bien en los climas templados y cálidos, y toleran la exposición a las condiciones costeras, los suelos secos y la contaminación.

CULTIVO Se siembran en suelo con buen drenaje y

Colutea x *media* tiene vainas abultadas. Las hojas se usan a veces para adulterar los verdaderos preparados farmacéuticos basados en el sen.

orientado a pleno sol. Se propagan por semillas en primavera en un semillero de hortalizas o, en verano, a partir de esquejes casi maduros.

CLIMA Zona 6.

ESPECIES *Colutea arborescens* alcanza los 4,5 m. Produce flores de color amarillo brillante durante el verano. *C.* x *media* crece hasta los 3 m de alto y ancho, y produce flores de color rojizo en verano.

Colvillea (fam. Caesalpiniaceae)

Este árbol perenne nativo de Madagascar se cultiva en las regiones tropicales para exhibir sus flores vistosas.

CULTIVO En exteriores, se cultiva a pleno sol en suelos ricos en humus que drenen con facilidad. Se riegan sistemáticamente durante la estación de crecimiento, y solo en forma ocasional en invierno.

CLIMA Las regiones más cálidas de la zona 10.

ESPECIES *C. racemosa* es un árbol de desarrollo vertical que alcanza los 8-15 m de altura. Presenta un follaje plumoso. Produce flores de color naranja-escarlata en ramos largos durante otoño e invierno.

Combretum (fam. Combretaceae)

Dentro de este género variado de árboles y arbustos perennes tropicales, muchas especies son trepado-

Haces grandes y vistosos con flores de color variado entre rojo naranja y oro viejo cubren la copa de *Colvillea racemosa* en otoño o principios del invierno.

ras. Las flores brotan a partir de espigas aglomeradas de capullos redondos y se abren en forma de brocha, de cierto modo similar a limpiabotas, subespecie *Callistemon*. Las hojas, de tamaño mediano, tienen forma oval y pueden ser muy decorativas.

CULTIVO En los climas propensos a las heladas, se cultivan en macetas grandes con compost sin tierra, en invernaderos soleados y cálidos, o corrientes. Necesitan luz intensa y un ambiente moderadamente húmedo. Una vez que han florecido, se podan los retoños laterales hasta dejar 3-4 capullos. Las ramas necesitan tutores.

CLIMA Zona 10.

ESPECIES *Combretum erythrophyllum* es un árbol proporcionado que alcanza hasta 12 m. Las hojas se tornan de color rojo o naranja en otoño e invierno y las flores son de un blanco verdoso. *C. loeflengi* es una planta arbustiva trepadora de hasta 1,5 m con flores de color naranja y verde. *C. paniculatum* es una enredadera alta y espinosa con ramos grandes de flores de color rojo coral, que brotan a menudo antes de las hojas, y frutos rosa o naranja.

Congea (fam. Verbenaceae)

Este género poco numeroso de plantas trepadoras es nativo del sudeste asiático y su cultivo no es común fuera de los trópicos. Una especie se

Las flores de *Combretum* abren sus capullos para formar llamaradas de estambres con forma de brocha.

cultiva ocasionalmente en invernaderos soleados de las grandes propiedades o de los jardines botánicos.

CULTIVO En los climas propensos a las heladas, se cultiva en invernaderos cálidos o soleados. Se emplea compost y se le proporciona el máximo de luz, aunque se protege de los rayos directos del sol. Se proporcionan tutores a los tallos. Se poda después de la floración para contener el crecimiento de la planta. En exteriores, se cultiva en suelos fértiles capaces de retener la humedad y orientados a pleno sol. Se propaga a partir de semillas o esquejes casi maduros. En ambos casos, se les proporciona cama caliente.

CLIMA Zona 10.

ESPECIES *C. tormentosa* es una planta trepadora de Myanmar y Tailandia, que no guarda ninguna relación con las orquídeas, a pesar de su nombre común en inglés. Desde finales del invierno hasta la primavera, produce ramos de flores blancas, de cuyo pedúnculo brotan brácteas de colores que varían del morado-púrpura al blanco. Los tallos, hojas y brácteas están recubiertos por vellos finos y tupidos. Esta enredadera puede crecer hasta alcanzar 3-5 m en condiciones de cultivo, pero mucho más en su estado natural.

Las brácteas de color rosa a lila de *Congea tormentosa* perduran después de que las flores han muerto. Esta enredadera espectacular sofoca la copa de un árbol grande.

Conophytum (fam. Aizoaceae)
Plantas guijarro

Hay más de 80 especies de estas plantas enanas, perennes y suculentas, conocidas como «plantas miméticas». Todas son nativas del sur de África. Sus estructuras pequeñas y carnosas se desarrollan con una variedad de formas —cónica, globosa, aovada, acorazonada, o casi cilíndrica— y están compuestas por dos hojas unidas muy gruesas. El haz de las hojas puede ser convexo, cóncavo, liso y con hendiduras o con dos lóbulos. Las flores, de tallo corto, brotan de color blanco, crema, amarillo, cobre, rosa, naranja o morado, y su tamaño varía entre 8-30 mm de diámetro. Algunas especies abren de noche sus flores fragantes de color blanco o crema. Se forman nuevas estructuras en el interior de las viejas, que se marchitan hasta convertirse en una vaina protectora parecida al papel durante el período de reposo.

CULTIVO Se cultivan en invernaderos intermedios o soleados, en macetas poco profundas con compost específico para maceteros o para cactos, que contengan gravilla y arena abundantes. Las plantas necesitan un máximo de luz y un ambiente seco, y deben permanecer completamente secas desde finales de la primavera hasta mediados del verano. En las otras estaciones, se riegan solo moderadamente. Se propagan a partir de semillas sembradas en primavera o después de separar y enraizar las estructuras de las plantas a finales del verano.

De aspecto extraño, *Conophytum bilobum* produce en verano sus floraciones de color amarillo, similares a las de la margarita. Las flores brotan entre los dos lóbulos.

CLIMA Zona 10.

ESPECIES *C. biloum*, especie de dos lóbulos con una estructura un tanto lisa, se ramifica con la madurez, y crece hasta alcanzar los 5 cm de altura y un grosor de aproximadamente 2 cm. Los lóbulos son redondeados y de color verde gris con un borde rojo. Las flores amarillas alcanzan hasta 3 cm de ancho. *C. calculus* presenta una estructura pequeña y redonda, con una superficie lisa y áspera de color verde gris, y una hendidura pequeña y redondeada desde donde brotan flores amarillas de 12 mm con las puntas de color marrón. Esta especie forma alfombras con el paso del tiempo. *C. fenestratum* forma también alfombras. Su estructura presenta una hendidura profunda que la divide en dos secciones que se encuentran unidas solo cerca de la base. La superficie del haz es satinada, lisa y está marcada por puntos traslúcidos. Las flores son de color morado rosáceo. *C. pictum* es de color rojizo, con un haz verde y liso cubierto por puntos de color marrón rojizo y líneas que semejan nervaduras secundarias. Sus flores de color crema abren de noche.

Conospermum (fam. Proteaceae)
Fustetes australianos

Este género incluye aproximadamente 40 especies de arbustos de flores, en su mayoría procedentes de Australia occidental. Cuando florecen en pri-

Conospermum stoechadis, en su hábitat natural, muestra los penachos de flores de los cuales se deriva su nombre común.

mavera, las masas de flores de color lavanda claro, gris ceniza, azul o blanco de estos arbustos hacen que parezcan nubes de humo, de ahí su nombre común arbusto de humo. Tienen potencial para los jardineros, pero son difíciles de cultivar. Los ramos —con floraciones suaves, lanosas y densas, y cabezuelas ramificadas de forma intrincada—, son ideales para preparar arreglos con flores secas o cortadas. Los propios arbustos aportan contrastes al paisaje y se pueden podar también para formar un seto informal. Algunas especies pequeñas son buenas plantas para los jardines de rocalla. Son perfectas para los jardines costeros porque toleran el salitre y son resistentes al viento. En los climas propensos a las heladas, es preferible cultivarlas en invernaderos frescos o soleados.

CULTIVO Bajo cristal, se cultivan en macetas con compost, luz intensa y ventilación. En los jardines, se siembran en un sitio soleado con buen drenaje. La mayoría de las especies no tolera los climas húmedos. Se propagan a partir de semillas frescas, que maduran en verano y se siembran en una mezcla 3:1 de arena gruesa y turba. También se pueden propagar a partir de esquejes de 10 cm cortados de las puntas de los tallos a principios de la primavera o el otoño. Pueden tardar en echar raíces. Se recomienda administrar un tratamiento antimicótico antes de la siembra para evitar enfermedades de origen fúngico. No se riegan demasiado los meses de verano.

CLIMA Zona 9.

ESPECIES Pocas están disponibles fuera de su país natal. *C. brownii* es un arbusto muy bonito, con hojas casi ovales y umbelas ordenadas de flores blancas con centros de color azul zafiro. Crece solo 30 cm. *C. ephedroides*, otro arbusto pequeño, presenta un follaje similar al de los juncos, con tallos delgados y ramos de flores de color azul brillante excelentes para cortar. *C. mitchellii* alcanza los 3 m y da flores de color blanco crema en primavera. *C. triplinervium*, es fácil de cultivar y forma un arbusto alto o un árbol pequeño de hasta 3-4 m. Los penachos verticales con floraciones de color blanco gris claro, son buenas flores para cortar a principios de la primavera.

Conostylis (fam. Haemodoraceae)

Nativas de Australia occidental, estas herbáceas, en su mayoría perennes y empenachadas, están relacionadas con el género *Anigozanthos* y tienen un modo de desarrollo similar al de los iris japoneses. Producen cabezuelas terminales densas con flores estrelladas, y hojas estrechas, lisas y con forma de correa, que crean conjuntos tupidos cuando maduran. Prosperan bien en los jardines de rocalla soleados y con buen drenaje, y son plantas excelentes para maceteros. No se cultivan a menudo fuera de Australia.

CULTIVO En los climas propensos a las heladas, se deben cultivar en invernaderos frescos o soleados. Se propagan por división vegetativa de los conjuntos extendidos a principios de la primavera. Las nuevas plantas se cultivan en macetas hasta que se desarrollan y, después, se siembran en el jardín, en un sitio abierto, soleado y con buen drenaje. Algunas especies, en particular, *Conostylis setigera*, son tolerantes a los suelos salinos. Esta especie se propaga a partir de raíces aéreas, que son una adaptación a los hábitats de llanuras y cuencas salinas.

CLIMA Zona 9, si no hiela a menudo.

ESPECIES *C. aculeata*, presenta hojas grisáceas, lanosas y ligeramente espinosas, y cabezuelas densas de flores amarillas en primavera y verano. Alcanza los 10-30 cm y es una buena planta para

jardines de rocalla. *C. bealiana*, arbusto de tamaño pequeño que crece hasta los 5-15 cm, presenta hojas estrechas y aciculares, y produce flores de colores que varían de amarillo intenso a naranja a finales del invierno. *C. setigera*, produce hojas resistentes y aciculares con bordes ásperos, y abundantes cabezuelas de color crema amarillo en primavera. Crece hasta 15-30 cm. *C. stylidioides* se diferencia de las demás especies, forma alfombras y se extiende a partir de sus raíces aéreas. Crece hasta 5-10 cm y produce masas de flores primaverales, estrelladas y amarillas de 10-12 cm.

Consolida (fam. Ranunculaceae)
Espuelas de caballero

Las 40 especies de plantas anuales de este género, distribuidas desde la región oriental de la cuenca del Mediterráneo hasta Asia central, se clasificaron durante una época dentro del género *Delphinium*, pero se distinguen por sus diferencias botánicas.

CULTIVO En las regiones de clima moderado, las plantas se siembran en otoño en el sitio donde se quiere que crezcan, para que florezcan en primavera. En las regiones frescas, si se quiere que flo-

Un montecillo de *Conostylis setigera*, visto desde arriba, muestra sus flores amarillas y estrelladas.

Espuelas de caballero, especie del género *Consolida*, es una planta preciosa para cultivar en jardines o para cortar.

rezcan en verano, se siembran en primavera. Se siembran a pleno sol, aunque protegidas de los vientos fuertes. El suelo requiere buen drenaje y estar enriquecido con materia orgánica. Las plantas se riegan en abundancia.

CLIMA Zona 7.

ESPECIES *C. ajacis* y *C. orientalis* son las especies progenitoras de las muchas cepas de espuelas de caballero disponibles hoy. Son plantas de desarrollo vertical que alcanzan hasta 60 cm de altura. El follaje es decorativo. Las flores pueden brotar de color azul, blanco o con tonos de rosa hasta casi rojas. Muchas son dobles. Son excelentes flores para cortar.

Convallaria (fam. Convallariaceae)
Lirios de los valles, muquetes

Convallaria es una planta reconocida por sus preciosas flores acampanadas, y su fragancia delicada y evocadora. Es una planta difícil de cultivar en regiones donde los inviernos no son suficientemente fríos. Alcanza los 15 cm y produce hojas anchas de forma acuchillada.

CULTIVO Las especies de *Convallaria* prosperan mejor en condiciones boscosas, en suelos ricos en nutrientes, en penumbra y con humedad abundante. Los bulbos o «pepitas» se siembran a principios del invierno y se abona la superficie del

Las flores delicadas y acampanadas de *Convallaria majalis* asoman sus pétalos entre las hojas anchas y verdes.

suelo todos los años con turba o con abono preparado con hojas descompuestas. En condiciones adecuadas, estas plantas se multiplican rápidamente. En interiores, *Convallaria* se puede cultivar a partir de las «pepitas» obtenidas cuando se obliga a la planta a una floración temprana. Las «pepitas» se siembran con las puntas apenas visibles sobre la superficie de un lecho de musgo del género *Sphagnum*. Se conservan en un sitio oscuro y húmedo durante una semana, y se riegan sistemáticamente. Se exponen gradualmente a más luz hasta que se sitúan en condiciones de iluminación normal, aproximadamente dos semanas después de la siembra, aunque no se exponen a los rayos directos del sol. Comienzan a florecer aproximadamente una semana después. Se propagan a partir de semillas o por división vegetativa de los conjuntos disponibles en primavera u otoño.

CLIMA Zona 3.

ESPECIES *C. majalis*, la especie más cultivada, tiene flores diminutas, colgantes y blancas. Las bayas rojas que siguen a las flores son tóxicas y peligrosas, pues son dulces y pueden ser tentadoras; especialmente, para los niños. El cultivar 'Fortin's Giant' produce flores más grandes, mientras que la variedad *rosea* produce flores de color rosa.

Convolvulus (fam. Convolvulaceae)

Este género numeroso de herbáceas anuales o perennes, enredadas o rastreras, presentan a veces un modo de desarrollo arbustivo. Muchas variedades pueden ser tan invasoras como 'Morning glory' (género *Ipomoea*), a la cual se asemejan, aunque *Convolvulus* es más delicada, las flores acampanadas no se abren tanto, y las hojas son más sencillas y pequeñas. Varias especies de floración prolongados se cultivan como cobertoras para los suelos.

CULTIVO Las especies de *Convolvulus* prosperan en suelos ligeros, con buen drenaje y con orientación a pleno sol o sombra parcial. Las rastreras necesitan tutores y una posición elevado. Se podan en invierno. Las semillas se siembran en primavera. Las perennes y los arbustos se propagan en primavera o verano por esquejes.

Convolvulus sabatius, sin. *C. mauritanicus*, florece durante muchos meses, lo que la hace una excelente planta cobertora o colgante.

Coprosma x *kirkii* es una cobertora ideal para áreas verdes o patios porque tolera condiciones difíciles.

CLIMA Depende de cada especie. Por lo general, climas entre cálidos a fríos moderados. Hay especies sensibles a las heladas, y otras resistentes.

ESPECIES *C. cneorum*, de la zona 8, es una planta cobertora expansiva que produce hojas sedosas de color verde gris y flores de color blanco y rosa. *C. incanus*, de la zona 4, es una perenne rastrera que alcanza los 15 cm, con hojas plateadas y flores veraniegas de color blanco azulado. *C. sabatius* (sin. *C. mauritanicus*), de la zona 9, es una cobertora útil y fácil de atender, que produce hojas de color verde gris y flores azul lavanda en primavera y verano. *C. tricolor*, de la zona 8, es una planta anual que crece hasta los 30 cm. Produce flores de color azul intenso con filamentos plumosos blancos y un centro amarillo.

Coprosma (fam. Rubiaceae)
Plantas espejo

Cultivados por su atractivo follaje satinado, estos arbustos o árboles pequeños perennes son nativos del sudeste de Asia, Australia y Nueva Zelanda. Sus hojas ovales son muy brillantes y, a menudo, variegadas. Las flores son insignificantes y los frutos, pequeños y coloridos, son bonitos. Muchas especies alcanzan 3 m, aunque se desarrollan menos en las regiones moderadamente frescas.

CULTIVO En los climas propensos a las heladas, se cultivan en macetas con compost, en invernaderos frescos y ventilados con un máximo de luz. Toleran el viento fuerte cargado de salitre, y perfectas para los jardines costeros. Prosperan bien en cualquier tipo de suelo, incluida la arena. Se riegan bien en verano y se podan anualmente para estimular la ramificación. Se propagan a partir de esquejes cortados en primavera. Enraízan en compost.

CLIMA Zona 9, si no hay heladas en la región.

ESPECIES *C.* x *kirkii* es una cobertora que requiere poca atención y puede alcanzar los 30-50 cm de altura, aunque a veces crece menos y se desarrolla horizontalmente por un área extensa. Sus hojas pequeñas, brillantes y verdes brotan densas en tallos algo rígidos. Hay también una forma con hojas de color crema y verde. *C. repens* produce hojas satinadas de color verde intenso, flores pequeñas y blancas, y racimos de bayas que cambian de color verde a naranja. Este arbusto, que crece hasta los 3 m, es excelente para setos. Se puede podar para darle forma. El cultivar 'Argentea', produce hojas variegadas plateadas; las hojas de 'Marble Queen' son de diseño veteado amarillo y verdelima; 'Picturata' presenta una mancha amarilla en el centro de las hojas; y 'Variegata' un margen ancho y amarillo.

Cordyline (fam. Agabaceae)
Árboles repollo

Este género incluye unas 15 especies que se distribuyen por Australia, Nueva Zelanda y el Pacífico, aunque una especie se encuentra en América tropical. Presentan hojas rígidas, palmeadas, a veces variegadas, y panículas de flores principalmente blancas, aunque pueden ser de color lila, azul, amarillo o rojizo. En los climas con heladas, se cultivan como plantas de maceteros en invernaderos frescos, cálidos o soleados, o como plantas de interiores.

CULTIVO Bajo cristal, se cultivan en macetas con compost. Las plantas variegadas o con hojas coloridas prosperan mejor con luz intensa, aunque protegidas de los rayos directos del sol. Sin embargo, las plantas de color verde puro necesitan un máximo de luz. En exteriores, estas plantas necesitan suelos ricos en nutrientes con una orientación

Este cultivar de color rojo morado oscuro de *Cordyline fruticosa* es una buena planta para maceteros.

en sombra parcial o a pleno sol. Se propagan a partir de semillas en primavera bajo cristal o quitándole los serpollos con raíces en primavera para sembrarlos en macetas.

CLIMA Zona 10.

ESPECIES *C. australis* es la especie más resistente y se desarrolla bien en exteriores de la zona 9. En climas propensos a heladas intensas, se emplea en combinaciones veraniegas para lechos florales. Se trata de una planta atractiva —especialmente, cuando es joven—, que forma un rosetón de hojas de hasta 90 cm, y que crece hasta alcanzar los 3-4 m en las condiciones adecuadas y ramifica en varias pellas. Ramos de flores de color blanco crema brotan en verano, seguidos por bayas de color blanco azulado. 'Veitchii' produce hojas con nervaduras principales y bases de color carmesí brillante. *C. stricta*, alcanza los 3 m y produce ramos largos de flores blancas, azules o lila. *C. fruticosa* (sin. *C. terminalis*), procedente de Asia oriental, crece hasta 3 m y produce flores blancas, amarillas y rojizas. Sin embargo, se cultiva principalmente por su follaje ricamente colorido. Es una especie muy popular para maceteros y para interiores.

Coreopsis (fam. Asteraceae)
Coreopsis, bellas Dianas

Estas plantas resistentes, anuales y perennes se cultivan por sus flores vistosas, similares a la margarita. No prosperan bien en sitios calientes y secos del jardín, pero son excelentes para bordes y crecen a menudo bajo unas condiciones que serían intolerables para otras anuales y perennes.

CULTIVO Las especies de *Coreopsis* prosperan a pleno sol, pero se deben regar solo periódicamente. Las anuales se propagan a partir de semillas sembradas en primavera y principios del verano. Las perennes se propagan a partir de semillas sembradas en exteriores en primavera o bajo cristal a finales del invierno. Las semillas sencillamente se esparcen por los rincones libres del jardín después de haber removido el suelo. Si se conservan húmedas, germinan fácilmente. Los brotes se entre-

Coreopsis tinctoia, con flores contrastantes en el centro del capítulo, se cultiva menos que las demás especies de su género.

sacan en su fase de plántulas con 20 cm de separación. Las perennes se pueden propagar también a partir de esquejes en primavera o a principios del verano, o a partir de la división vegetativa de los conjuntos en otoño.

CLIMA Hay especies adecuadas para distintas zonas climáticas.

ESPECIES *C. gigantea*, de la zona 8, es la única especie suculenta. Presenta un tallo alto, grueso y carnoso que alcanza los 2 m de altura, hojas similares a las de los helechos apiñadas en el ápice y produce racimos con la parte superior lisa de flores de color amarillo brillante. *C. grandiflora*, de la zona 7, es una planta perenne que crea conjuntos y crece hasta los 50-90 cm de altura. Florece desde la primavera hasta finales del verano con florecillas mucho más oscuras que las lígulas o los pétalos; especialmente en los cultivares como 'Early Sunrise'. *C. lanceolata*, de la zona 3, es perenne, de hasta 50 cm, y produce flores de color amarillo brillante en verano y otoño. Esta especie se ha aclimatado a muchas regiones del mundo. *C. tinctoria*, de la zona 3, se ha aclimatado también a algunos lugares. Se trata de una planta anual que produce flores amarillas o carmesíes y cultivares de colores que varían del amarillo al bronce, y desde el carmesí al granate. *C. verticillata*, de la zona 6, presenta un follaje fino y plumoso, y produce flores a principios del verano. Alcanza los 50-80 cm de altura.

Coriandrum sativum (fam. Apiaceae)
Cilantro

Esta hierba picante es conocida desde hace muchísimos siglos y se cree que es endémica del sur de Europa, aunque tiende a crecer silvestre en los países donde ha sido introducida. Se cultiva tanto por sus semillas como por sus hojas, que se emplean en la preparación de gran variedad de platos. Se le atribuyen propiedades afrodisíacas y medicinales. Produce uno de los aromas más gratos entre todas las especias, aunque, no obstante, sus frutos y hojas tiernas emanan un olor desagradable. Las hojas, semejantes a las del perejil, presentan un color verde brillante y las semillas pequeñas son ovales y desiguales. Las cabezuelas, de color blanco rosáceo, brotan desde principios hasta finales del verano. La planta crece hasta alcanzar entre 40-90 cm de altura.

Además de sus méritos culinarios, una planta florecida de cilantro es un aporte decorativo para los lechos herbáceos.

CULTIVO El cilantro crece rápido si se siembra en suelos ricos en nutrientes, con buen drenaje, a pleno sol y con riego abundante. Las semillas se siembran en otoño o primavera directamente en un surco poco profundo y se entresacan con una separación de 40 cm entre plantas y entre las hileras. Es esencial controlar las malas hierbas, especialmente, cuando las plántulas son muy tiernas. Las semillas se dejan madurar en la planta antes de la cosecha y deben estar bien secas antes de recogerlas. Estas se pueden secar al sol, pero no así las hojas. Algunas cepas de cilantro se agostan rápidamente en los climas cálidos.

CLIMA Zona 7.

Cornus (fam. Cornaceae)
Cornejos

Estos arbustos y árboles resistentes y caducos son originarios de las regiones templadas del hemisferio norte, en particular, de Norteamérica. Con el paso de los siglos, casi todas las partes de estas plantas se ha usado de algún modo: la corteza y las ramillas como medicamento y polvo dentífrico; la corteza, para preparar tinta; la madera para fabricar herramientas; las raíces para elaborar un tinte rojo, y el fruto como sustituto de las aceitunas.

CULTIVO Los cornejos crecen de modo natural en ambientes boscosos, por lo que prosperan donde las raíces estén frescas. Se deben cubrir abundantemente con mantillo o cultivarse entre arbustos de crecimiento lento. Se propagan a partir de semillas o de esquejes, o por división vegetativa en el caso de las especies expansivas. Algunas variedades se obtienen por gemación o se injertan en plántulas que sirvan de patrón para garantizar que se consigan plantas variegadas doradas y plateadas, o una coloración particular de los frutos. Todas las especies se pueden trasplantar, incluso cuando son muy grandes, excepto la especie perenne *Cornus capitata*, cuando rebasa 1,5 m. Todas se benefician con la poda, especialmente aquellas que tienen los tallos coloreados, que se deben podar a fondo a finales del invierno o a principios de primavera.

CLIMA Hay especies adecuadas para distintas zonas climáticas.

ESPECIES *C. alba*, de la zona 3, presenta un modo de desarrollo ampliamente extensivo y crece hasta alcanzar los 3 m de altura. Sus atractivos retoños invernales de color rojo intenso y sus ramas rojas pobladas de ramillas son las características principales de esta especie llamativa. Las hojas presentan una forma oval y las flores pequeñas son de color blanco amarillento. *C. capitata*, de la zona 8 y oriunda del Himalaya, es un árbol perenne de hasta 16 m, que produce brácteas de color blanco crema seguidas por frutos grandes y rojos. *C. florida*, de la zona 5, es un árbol muy hermoso en cualquier estación del año, que produce abundancia de brácteas (las

En los climas frescos, cornejos con flores, especie del género *Cornus*, es uno de los puntos culminantes del otoño.

Unas bonitas brácteas de color rosa rodean las flores pequeñas de *Cornus florida* f. *rubra*.

flores) grandes y blancas en primavera. Presenta un modo de desarrollo extensivo alcanza los 12 m en su hábitat natural, y 6-8 m en condiciones de cultivo. La variedad *pluribracteata* produce flores dobles de color rosa; mientras que las de *rubra* son rojas. *C. kousa*, cornejo de Japón de la zona 5 crece hasta los 6 m y presenta un follaje denso, de color verde intenso, y produce brácteas blancas a principios del verano, y frutos de 2 m de diámetro que son similares a la fresa. *C. mas*, de la zona 5, es un árbol europeo que crece hasta 6 m de altura. Las flores, pequeñas y amarillas, brotan en primavera sobre sus ramas desnudas y son seguidas por frutos rojos y comestibles. *C. nuttallii*, de la zona 7, es un árbol precioso y delgado que crece hasta alcanzar una altura de 20 m en su hábitat, aunque en condiciones de cultivo es por lo general un arbusto alto. Produce flores de color crema que se vuelve rosa, rojo o naranja, y presenta un follaje otoñal rojo y dorado. Puede florecer en primavera o en otoño.

Corokia (fam. Escalloniaceae)

Nativos de Nueva Zelanda, estos arbustos resistentes y perennes producen racimos de flores pequeñas, estrelladas, dulcemente perfumadas y amarillas, seguidas por bayas amarillas o rojas. Toleran las condiciones expuestas y el frío intenso, se cultivan principalmente como plantas de setos costeros y cobertoras, aunque son también arbustos atractivos para los jardines.

CULTIVO Estos arbustos aguantan cualquier tipo de condición, incluida una sombra considerable, pero son de crecimiento lento. Se propagan a partir de esquejes o de sus semillas abundantes.

CLIMA Zona 8.

ESPECIES *C.* x *virgata* 'Cheesemanii', desarrollada a partir de las progenitoras. *C. buddlejoides* y *C. cotoneaster*, alcanza 3 m y es un arbusto excelente para la orilla del mar. Produce racimos terminales de flores estrelladas y amarillas, y frutos ovales y rojos, en otoño. *Corokia* x *virgata* 'Red Wonder' produce bayas rojas en invierno, mientras que las de 'Yellow Wonder' son amarillas. *C. cotoneaster* es un arbusto redondeado con follaje disperso y ramas pobladas

Corokia cotoneaster es una masa abarrotada de tallos finos y enmarañados con los extremos cubiertos por flores amarillas.

de ramillas, que alcanza los 2,5 m. Las flores estrelladas de color amarillo brillante brotan en racimos y son seguidas por bayas de color naranja o rojo. Este arbusto, muy resistente al salitre y a las heladas, se puede podar para formar setos. *C. macrocarpa*, que alcanza los 6 m, presenta ramas y hojas blanquecinas, flores amarillas y bayas rojas en invierno.

Coronilla (fam. Papilionaceae)
Coronillas, coletuyes

Nativos de Europa, la cuenca del Mediterráneo y Asia, estos arbustos densos y resistentes son útiles como plantas cobertoras y para controlar la erosión. Las flores perfumadas, con la forma de las del guisante, brotan en umbelas y las hojuelas pequeñas son suaves y plumosas.

CULTIVO Las especies de *Coronilla* prosperan bien en cualquier suelo con buen drenaje y soleado. Se propagan a partir de semillas sembradas en primavera —en otoño en las regiones de clima moderado— o a partir de esquejes cortados a finales del otoño. Los esquejes enraízan muy bien en la marga arenosa. Se pueden podar a fondo entre finales del invierno y principios de la primavera.

CLIMA Hay especies adecuadas para distintas zonas climáticas.

Las coronillas europeas, *Coronilla varia*, es una de las plantas más bonitas entre las especies de este género. Se ha aclimatado en regiones de Estados Unidos.

Correa reflexa produce campanas pequeñas, tubulares y de color rojo que perduran durante muchos meses.

ESPECIES *C. emerus*, de la zona 6, es la especie más popular. El atributo de *scorpion* en el nombre común en inglés, se deriva de la vaina delgada y articulada que semeja la cola de un escorpión. Este arbusto caduco crece hasta alcanzar los 2,5 m, y produce hojas similares a los helechos y flores amarillas con marcas rojas. *C. valentina*, de la zona 9, es también muy popular y crece hasta 1,5 m. Produce un follaje gris azulado y flores de color amarillo brillante a finales del invierno y principios de la primavera.

Correa (fam. Rutaceae)
Fucsias australianas

Estos arbustos densos y perennes, en su mayor parte procedentes del sudeste de Australia, tienen flores acampanadas ricas en miel. Hay muchos tipos nuevos disponibles, con campanas rojas y verdes que florecen durante un tiempo prolongado.

CULTIVO En los climas que son propensos a las heladas, se cultivan en macetas, en invernaderos soleados o frescos y ventilados. Necesitan compost ácido para macetas y mucha luz. En exteriores, se cultivan en suelos entre ácidos y neutros, con buen drenaje, aunque capaces de retener la humedad, y con una orientación a pleno sol o de sombra parcial. Se propagan en verano a partir de esquejes casi maduros. Se les debe proporcionar cama caliente.

CLIMA Adecuados para la zona 9, siempre que, relativamente, no haya heladas.

ESPECIES *C. alba* es una buena planta para estabilizar los suelos arenosos y apropiada para las condiciones costeras expuestas. Este arbusto de tamaño pequeño y compacto crece hasta alcanzar 1,5 m y produce flores veraniegas y otoñales estrelladas y de color blanco, y hojas redondeadas y vellosas. *C. backhousiana* crece hasta 1 m y presenta un follaje verde oscuro y campanas de color verde crema que florecen en invierno. *C. glabra* es un arbusto redondeado de hasta 2 m que produce campanas verdes que florecen en invierno, y hojas lisas y redondeadas. *C. pulchella* es un arbusto pequeño y delicado de 60 cm. En el interior, crece hasta convertirse en un arbusto erguido, mientras que, en las costas, forma una cobertora extensiva. Produce campanas pequeñas de colores que varían del rosa brillante al rojo, y florecen en invierno. *C. reflexa* crece hasta los 2 m y produce campanas rojas con puntas amarillas que florecen en invierno.

Corydalis ochroleuca produce flores de color crema con marcas amarillas y un follaje encantador con aspecto de helecho.

Corydalis (fam. Papaveraceae)
Fumarias

Originario de las regiones templadas del hemisferio norte, este grupo muy numeroso de plantas incluye tanto anuales como perennes, en su mayoría con raíces en forma de tubérculo. El follaje se presenta liso y similar al de los helechos, y las flores son tubulares, con el cáliz prolongado en forma de espolón y pueden ser de color amarillo, azul, morado o rosa. Las de color azul intenso son muy valoradas. Se ven muy bonitas en las rocallas y bordes. Algunas especies tienden a crecer a partir de semillas propagadas de forma natural, si las condiciones son favorables.

CULTIVO Son fáciles de cultivar en suelos corrientes de jardín con buen drenaje y con orientación soleada o de sombra parcial. Las anuales se propagan en primavera a partir de semillas sembradas directamente en el suelo del jardín. Las perennes se multiplican a finales del invierno o muy a principios de la primavera, por división vegetativa de los conjuntos o de los vástagos de los tubérculos.

CLIMA Muchas de las especies que se relacionan a continuación son adecuadas para la zona 6.

ESPECIES *C. cava* es una planta perenne con tubérculo, que alcanza hasta 20 cm y produce flores que varían de color rosa intenso a morado. *C. lutea* es perenne y produce flores amarillas durante un período prolongado. Crece hasta los 48 cm. *C. nobilis* es una perenne con tubérculo, de hasta 60 cm, que produce flores de color amarillo claro, con puntas de amarillo más oscuro y puntos morados. *C. ochroleuca*, de la zona 5, es perenne, alcanza hasta 35 cm y produce flores de color blanco amarillento. *C. sempervirens* es anual y crece hasta 50 cm. Produce flores de colores que varían del rosa al morado con puntas amarillas. El cultivar 'Rosea' produce flores rojas.

Corylopsis (fam. Hamamelidaceae)
Avellano de invierno

Nativos de China y Japón, estos arbustos resistentes y caducos abren sus flores fragantes y amarillas acampanadas en tallos rastreros que crecen a partir de los retoños de la estación anterior. Las hojas dentadas brotan en primavera tras la floración.

CULTIVO Se propagan a partir de acodos o de semillas, aunque los esquejes cortados desde finales de

Cascadas de flores amarillas brotan en *Corylopsis sinensis* antes de que salgan las hojas, lo que convierte esta especie en un árbol individual escogido para cultivar en jardines frescos.

primavera hasta el verano pueden prosperar. Los arbustos desarrollados se pueden trasplantar fácilmente durante su período de reposo.

CLIMA Adecuados para la zona 6.

ESPECIES *C. glabrenses*, procedente de Japón, es un arbusto de tamaño grande que alcanza hasta 6 m, y produce hojas pilosas y flores pequeñas de color amarillo limón en primavera. *C. pauciflora* es un arbusto ramificado de hasta 2 m que florece a principios de la primavera. *C. sinensis*, oriundo de China, crece hasta 5 m y produce hojas ovales, pilosas y con muchas nervaduras, y flores de color amarillo limón. *C. spicata*, originaria de Japón, es uno de los mejores tipos de estas plantas para sembrar en los jardines. Este arbusto tupido y de tamaño pequeño crece por lo general menos de 2 m, y produce hojas acorazonadas y grisáceas, y flores fragantes y colgantes contenidas en brácteas verdosas.

Corylus (fam. Corylaceae)
Avellano de invierno espigado

Aunque se cultivan principalmente por sus frutos, estos árboles y arbustos caducos de las regiones templadas del hemisferio norte son también buenas plantas con fines ornamentales, y para pantallas y cortavientos. Los amentos que producen las

El invierno es la estación escogida para disfrutar de *Corylus avellana*, avellano común, que es cuando sus ramas nudosas y retorcidas no se esconden detrás del follaje.

flores masculinas y las ramas enmarañadas de algunas de sus especies se emplean en el arte floral. Los avellanos retorcidos son también ejemplares interesantes para cultivar bonsáis.

CULTIVO Hacen falta dos árboles para la polinización y la producción de frutos. Los avellanos se polinizan con el viento, de modo que hay que sembrarlos en bloques. La siembra de varios tipos diferentes de cultivares debe garantizar unas cosechas productivas. Se propagan a partir de la siembra de las semillas o acodos, serpollos o esquejes. Se considera que el acodo es el método mejor.

CLIMA Hay especies adecuadas para distintas zonas climáticas.

ESPECIES *C. avellana*, avellano común, de la zona 4, crece hasta alcanzar los 5 m. El cultivar 'Aurea' produce hojas doradas; 'Contorta', sinónimo 'Harry Lauder's Walking Stick' o 'Crazy Filbert', produce ramas retorcidas. *C. chinensis*, avellano chino, de la zona 6, alcanza alturas de hasta 40 m. *C. colurna*, avellano turco, de la zona 4, crece hasta los 25 m. *C. maxima*, de la zona 5, es la especie que se cultiva con fines comerciales.

Corymbia (fam. Myrtaceae)
Maderas de sangre, gomeros fantasmas

De las 113 especies de árboles australianos clasificados dentro de este género, muchos habían sido incluidos antes en el género *Eucalyptus* y 33 son especies nuevas. El género *Corymbia* incluye árboles conocidos como maderas de sangre, que son unos de los mayores componentes de la flora del norte de Australia y elementos significativos de las floras de los montes y bosques de algunas de las regiones meridionales de ese continente. Los árboles dentro del grupo de los maderas de sangre, se distinguen de algunos otros eucaliptos por sus inflorescencias compuestas, que incluyen numerosas flores individuales agrupadas en forma de cúpula. Los frutos —cápsulas leñosas o nuez gometa— presentan por lo general forma de urna y son a veces bastante grandes. La corteza se desprende de los árboles en forma de escamas pequeñas y poligonales que producen una apariencia de mo-

Corymbia citriodora se cultiva extensamente por la bella estructura de su ramaje y su tronco blanco. Presenta una copa ligera y abierta.

saico donde persisten. Las especies que se escriben más adelante son solo unos pocos de los miembros más cultivados de este género.

CULTIVO Se cultivan por lo general a partir de semillas, aunque algunas especies se obtienen actualmente con éxito a partir de esquejes tomados del lignotubérculo, órgano de almacenamiento justo debajo del nivel del suelo. Sus requisitos en cuanto al tipo de suelo y de clima varían entre las especies, pero siempre habrá una que se adecue a cada sitio y región. En las zonas climáticas por debajo de 9-10, se cultivan en invernaderos frescos y ventilados, o soleados, como plantas jóvenes de follaje para maceteros o tiestos.

CLIMA Zona 9-10.

ESPECIES No todas estas especies se encuentran disponibles fácilmente fuera de su Australia natal. *Corymbia calophylla* (sin. *Eucalyptus calophylla* de Australia occidental), es un árbol variable que alcanza entre 12-25 m y presenta una copa densa. Por lo general, florece con abundancia a finales del verano y en otoño con flores conspicuas que son habitualmente de color blanco o crema y, en ocasiones, rosa. Resulta muy atractivo para los pájaros y las abejas cuando florece, por lo que resulta útil para la producción de miel. La gomera roja se emplea en jardines grandes, parques y como cortavientos en su estado natal. *C. citriodora* (sin. *E. citriodora*) es uno de los árboles australianos que se cultivan con más frecuencia. Alcanza alturas de hasta 15-30 m. Las características de este árbol son sus troncos rectos, de color blanco gris, y sus copas extendidas, aunque poco densas. Es nativo de las regiones más septentrionales de Queensland, pero se adapta al cultivo en una gama muy variada de suelos y climas. El follaje despide un olor muy fuerte porque contiene aceite esencial de citronela, que se produce comercialmente. *C. ficifolia* (sin. *E. ficifolia* de Australia occidental), se aprecia por lo general como un árbol bastante pequeño de aproximadamente 7-8 m lejos de su hábitat, donde crece hasta alcanzar alturas entre 6-15 m. Los buenos ejemplares florecen con abundancia en verano, con varios tonos de rojo, naranja, rosa o blanco, aunque resulta casi imposible pronosticar el color en las fases inmaduras de su desarrollo. Sin embargo, las semillas guardadas de los ejemplares con flores de colores fuertes serán a menudo predecibles según su tipo. Prospera muy bien en regiones con poca humedad y poca, o ninguna, lluvia en verano. Es un árbol encantador para los jardines domésticos y para el arbolado urbano. *C. maculata* (sin. *E. maculata*) es nativo de Queensland, Nueva Gales del Sur y Victoria. Se trata de un árbol alto, de 20-30 m de altura con un tronco hermoso moteado de color crema, azul y gris. Generalmente demasiado grande para jardines domésticos, es ideal para parques espaciosos y terrenos extensos. La copa suele ser a menudo bastante ligera, lo que permite que se puedan cultivar plantas de sotobosque debajo de ella. Si se siembra en sitios bien abiertos, la copa se hace más extensa y también da más sombra. La madera es dura y pesada, con una variedad de usos comerciales. *C. papuana* (sin. *E. papuana*) es nativo de regiones vastas de Australia tropical. Se conoce bien en Australia central, donde su tronco en extremo blanco contrasta sorprendentemente con sus alrededores. La altura varía entre 10 m y más de 15 m. Entre sus distintos hábitat, se pueden encontrar tanto en una cresta rocosa como en suelos llanos, a veces hasta pantanosos. En la estación seca, puede ser completamente caduco. Este árbol no se adapta al cultivo en regiones templadas o costeras. La variedad de hábitat es tan diversa que las semillas se deben recolectar de árboles de las mismas regiones donde se va a realizar el cultivo para garantizar que sean las adecuadas. *C. ptychocarpa* (sin. *E. ptychocarpa* de Australia occidental y del Territorio Norte), puede crecer en cualquier sitio, hasta alcanzar entre 8-15 m de altura, e incluso más. Aunque la forma de crecer de este árbol pueda ser desordenada, su manifestación floral resulta excepcional. Los conjuntos florales pueden alcanzar 30-40 cm de ancho y su peso inclina a veces las ramas hacia abajo. Las flores pueden brotar de color rosa, rojo o blanco, pero todas resultan atractivas para los pájaros que se alimentan de miel. Los frutos con nervaduras que siguen a las flores son también muy atractivos. Las hojas de esta especie son muy grandes.

Corynocarpus (fam. Corynocarpaceae)

Las especies de este género son nativas de Nueva Guinea, del nordeste de Australia y de Nueva Caledonia. Los árboles fueron introducidos probablemente en Nueva Zelanda desde Vanuatu o Nueva Caledonia. En épocas pasadas, los maoríes usaron los granos con forma de nuez de algunas de sus especies como alimento y emplearon los troncos para construir canoas.

CULTIVO En los climas propensos a las heladas, se cultivan en invernaderos cálidos o soleados. Los tipos de crecimiento más lento son adecuados. Se propagan en primavera a partir de semillas y se hacen germinar con cama caliente. En exteriores, se cultivan al sol o en sombra parcial.

CLIMA Este género requiere, como mínimo, zona 10.

La forma variegada 'Albovariegatus' es una de las perennes populares de *Corynocarpus laevigatus*. Se trata una buena planta para cultivar en tiestos bajo cristal.

ESPECIES *C. laevigatus* es un árbol perenne de Nueva Zelanda que alcanza unos 10 m. Presenta hojas ovales y brillantes, y ramos largos y rígidos de flores blancas desde finales del invierno hasta principios del verano. En otoño, produce frutos carnosos de color naranja, de 2 cm de diámetro similares a las ciruelas. El cultivar 'Albovariegatus' es una forma variegada plateada. Estos tipos de árboles de crecimiento lento crecen raras veces superan los 2 m y son apropiados para los cultivos en tiestos.

Cosmos (fam. Asteraceae)
Cosmos

Desde México hasta Centroamérica, estas plantas flexibles, perennes y anuales producen un follaje delicado similar al de los helechos, y flores sencillas o dobles que semejan margaritas. Hay aproximadamente 12 especies incluidas en este género. Como algunas de ellas son considerablemente altas, son plantas excelentes para cultivar en la par-

Si las flores marchitas se quitan periódicamente, las especies de *Cosmos* aportan su color al jardín durante varios meses.

te trasera de los bordes, además de producir flores para cortar con una variedad atractiva de colores. Con ese propósito, se escogen flores frescas recién abiertas, se escalda el extremo del tallo con agua hirviendo durante 15 segundos y después de sumergen en agua fría.

CULTIVO En los climas propensos a las heladas, las semillas se siembran bajo cristal a mediados de la primavera, germinan con cama caliente y se siembran en exteriores cuando han pasado las heladas. Por otra parte, se pueden sembrar donde se quiere que las plantas florezcan a finales de la primavera. Las especies de *Cosmos* prosperan en suelos con buen drenaje, aunque capaces de retener la humedad, no demasiado ricos en nutrientes y con una orientación a pleno sol. Es importante quitarles periódicamente las cabezuelas marchitas porque estimula que broten más flores. En las regiones propensas a las heladas, los tubérculos de *Cosmos astrosanguineus* se deben extraer en otoño para conservarlos en turba un poco húmeda y protegidos de las heladas en invernaderos durante todo el invierno. Se propagan en primavera a partir de esquejes cortados de la base.

CLIMA Zona 9 para la mayoría de las especies.

ESPECIES *C. atrosanguineus*, flor de chocolate o cosmos, es una planta perenne que crece hasta 1 m. Este arbusto produce flores oscuras de color rojo marrón y un olor distintivo a chocolate. *C. pinnatus* es una planta anual, arbustiva, que crece hasta 1 m y produce flores de color blanco, rosa o morado a finales del verano. Los cultivares populares de esta especie incluyen 'Candystripe', 'Sea Shells' y la Serie 'Sensation'. *C. sulphureus* crece 1 m y produce flores amarillas claras.

Cotinus (fam. Anacardiaceae)

Fustetes, árboles de las pelucas

Este género incluye dos o tres especies de arbustos o árboles caducos de madera amarilla y savia lechosa, que se cultivan por su color elegante en otoño. Los ramos sueltos de flores amarillas maduran hasta adquirir un color grisáceo tenue que produce el efecto de unos penachos de humo.

CULTIVO Se propagan a partir de semillas. Los cultivares se propagan por acodo en primavera. Si los tallos largos se cortan cada 10 cm y se entierran doblados en una zanja semicircular, una planta nueva brota por lo general de cada segmento. Las plantas crecidas se pueden trasplantar en invierno y se podan en la estación de reposo.

El follaje de color morado rojizo y oscuro de este cultivar de *Cotinus coggygria* se torna escarlata brillante en otoño.

CLIMA Zona 5.

ESPECIE *C. coggygria* es un arbusto tupido y extensivo que crece hasta alcanzar 3-5 m. Los brotes ramificados y pilosos de flores de color rosa claro de finales del verano adquieren un color morado ahumado a medida que maduran. El Grupo 'Purpureus' presenta hojas verdes que adquieren un color otoñal brillante y un «humo» morado. 'Royal Purple' se recubre con hojas de color morado muy intenso, y 'Velvet Cloak' produce un follaje morado intenso que se torna rojo morado en otoño. *C. obovatus* se encuentra entre los árboles de follaje otoñal más hermoso. Sus hojas ovales se vuelven de color naranja, escarlata, amarillo y morado, y permanecen adheridas al árbol por algún tiempo, si se protegen del viento. Crece hasta alcanzar aproximadamente 10 m de altura.

Cotoneaster (fam. Rosaceae)

Este género comprende unas 200 especies de arbustos y árboles caducos y perennes de las regiones templadas del hemisferio norte. Sus tipos diferentes de plantas son útiles como ejemplares individuales y para cultivar en jardines de rocalla, macizos, setos y espaldares. Producen flores bastante bonitas, mayoritariamente blancas, y frutos de colores brillantes durante el otoño y avanzado el invierno.

CULTIVO Se cultivan a partir de semillas sembradas en exteriores en otoño, pero los cultivares y los híbridos se propagan en verano a partir de esquejes casi maduros. Todas se cultivan fácilmente en la mayoría de los suelos con buen drenaje y a pleno sol o sombra parcial. Algunas de las especies caducas pueden ser semiperennes en climas moderados.

CLIMA Hay especies adecuadas para distintas zonas climáticas.

ESPECIES *C. conspicuus*, de la zona 6, es un arbusto perenne poblado de ramillas que alcanza entre 1-2 m de altura, y presenta ramas arqueadas y extensivas. Produce flores blancas con anteras rojas y masas de frutos de color rojo brillante desde finales del verano y durante el otoño. *C. franchetti*, de la zona 6, es un bonito arbusto perenne de 3 m

Cotoneaster horizontalis se puede observar en su mejor momento cuando se extiende sobre márgenes o muros.

con hojas de color gris plateado. Produce flores que varían de blanco a rosa a principios del verano y frutos de color rojo naranja brillante que perduran hasta que ha avanzado el invierno. *C. frigidus* de la zona 7, es un árbol caduco o semiperenne muy hermoso que alcanza de 6-8 m y produce racimos abundantes de frutos rojos. *C. glaucophyllus*, de la zona 7, es un arbusto perenne de ramificación escasa de 3 m o más, con frutos de color naranja. *Cotoneaster horizontalis*, de la zona 4, es un arbusto caduco de hasta 1 m que resulta útil para cubrir muros que dispongan de pocos puntos de apoyo. Sus ramas tienen una estructura distintiva con diseño en espiga, su follaje delicado adquiere una variedad de colores otoñales y sus bayas son rojas. *C. lacteus*, de la zona 6, es un arbusto perenne alto, que alcanza unos 4 m, y produce hojas grandes y racimos de frutos rojos al final de la estación. *C. microphyllus*, de la zona 7, es una planta perenne de hasta 1 m de altura 3 m de ancho. Produce frutos rojos desde finales del verano y durante el invierno. *C. pannosus*, de la zona 7, es una perenne o semiperenne que crece hasta 3 m. Presenta ramas enmarañadas, enjutas y fuertes, y frutos de color rojo opaco que se tornan de un rojo más intenso. *C. salicifolius*, de la zona 6, es una especie perenne o semiperenne de hasta 4 m. Es una planta atractiva para setos y se puede podar para darle forma. Produce frutos de color rojo brillante que perduran hasta avanzado el invierno.

Cotyledon (fam. Crassulaceae)

Nativo de África, este género dispar de suculentas incluye, en su mayoría, arbustos enanos que crean conjuntos con el paso del tiempo. Presenta ramas repletas, de desarrollo en espiral, un follaje grueso y carnoso e inflorescencias terminales que caracterizan el género. Las hojas brotan dispuestas en pares y las flores son acampanadas, con pétalos reflejos de color amarillento, naranja o rojo, o, en ocasiones, morado. El follaje es a veces caduco durante lo que se considera la estación de reposo.

CULTIVO En climas propensos a las heladas se cultivan en macetas, en invernaderos intermedios o soleados, o como plantas de interiores, en compost para cactos. Se les proporciona el máximo de luz, pero protegidos de la exposición directa al sol. El follaje no se moja y deben permanecer secas en invierno. Se propagan a partir de semillas o de esquejes.

CLIMA Zona 10.

ESPECIES *C. buchholziana*, de la provincia del Cabo. Es una especie crecimiento escaso que presenta tallos de color verde gris y escamas rojas en las ramillas más tiernas. Las hojas caducas son aciculares, engrosadas y acanaladas, y las flores son de color rojo marrón por fuera. *C. macrantha* alcanza 30-80 cm. Se trata de una planta robusta y ramificada, con hojas grandes, gruesas, casi redondas y de color verde satinado con bordes rojos. Las flores son pendulares, acampanadas y de color rojo brillante, y brotan en abundancia en verano y otoño, cuando perduran una semana. *C. orbiculata*, que crece hasta alcanzar los 80 cm, produce una floración blanca y cerosa. La variedad *oblonga* presenta hojas gruesas con bordes ondulados y bañadas de blanco, mientras que la *oophylla*, miniatura encantadora, presenta hojas gruesas, aovadas y vellosas.

Couroupita (fam. Lecythidaceae)
Maracos

La mayoría de las especies de este género poco numeroso es nativa de América tropical y se cultiva en raras ocasiones fuera de sus países de origen. Se

Cotyledon orbiculata, con sus hojas de color gris plateado, se debe proteger de la lluvia.

El maracos, *Couroupita guianensis*, es un espectáculo extraordinario con su carga de frutos pesados, redondos y aterciopelados.

cultiva una especie de Guyana, aunque principalmente en jardines botánicos y parques.

CULTIVO En exteriores, prospera mejor en suelos con buen drenaje enriquecidos considerablemente con materia orgánica y orientados a pleno sol o en sombra parcial. Se propaga a partir de semillas.

CLIMA Las regiones más cálidas de la zona 10.

ESPECIES El maracos, *C. guianensis*, es, por lo menos, parcialmente caduco y puede crecer hasta alcanzar más de 35 m. Es un espectáculo extraordinario cuando florece, con el tronco cubierto de flores con colores que varían del naranja escarlata hasta el rosa, y con estambres prominentes, poco comunes y torcidos. Las flores emanan una fragancia penetrante. Los frutos o balas de cañón, que siguen a la floración, están dispuestos también de arriba abajo por el tronco y exhalan mal olor, además de ser un verdadero peligro, puesto que se despenden una vez han madurado.

Craspedia (fam. Asteraceae)
Botones de soltero

Nativas de Australia y Nueva Zelanda, estas plantas herbáceas anuales y perennes, con sus cabezuelas amarillas, se ven muy bonitas cuando crecen masivamente en el jardín. Son también plantas poco comunes para maceteros. El follaje blanco y lanoso de la especie alpina aporta una característica atractiva al paisaje. El cultivo de esta especie puede plantear requisitos muy rigurosos.

CULTIVO La mayoría de las especies del género prosperan en un sitio húmedo —aunque con buen drenaje— y soleado del jardín. Producen semillas abundantes que se pueden sembrar en primavera bajo cristal con cama caliente. Las especies perennes se pueden dividir en primavera.

CLIMA Zona 8 para la mayoría de las especies.

ESPECIES *C. chrysantha* presenta un follaje blanco y cabezuelas redondas, aterciopeladas y amarillas con brácteas de color algo marrón. *C. globosa* es una planta perenne y arbustiva que presenta un follaje gris plateado, y cabezuelas redondas y amarillas.

Crassula (fam. Crassulaceae)

Este género numeroso de suculentas incluye aproximadamente 300 especies, en su mayor parte procedentes de África tropical y meridional, aunque algunas de ellas se encuentran en América tropical y en Madagascar. Sus especies varían de tamaño, desde suculentas diminutas a arbustivas grandes. Las hojas carecen mayormente de tallo y

La botones de soltero, *Craspedia uniflora*, es una planta pequeña y exuberante para alegrar el jardín. Florece abundantemente en verano.

Las flores de color rosa claro de *Crassula arborescens* se ven delicadas sobre un fondo de hojas largas y carnosas.

están a menudo unidas por la base. A veces, se cierran alrededor del pecíolo. Habitualmente muy pequeñas, las flores brotan en un racimo terminal liso, y varían de color desde el blanco y el rosa hasta el amarillo, el verdoso y el rojo brillante. Las raíces de algunas especies son tubérculos.

CULTIVO En los climas propensos a las heladas, estas suculentas se cultivan en invernaderos intermedios o soleados, o como plantas de interiores. Se siembran en macetas con compost para cactos, con buen drenaje, un máximo de luz y un ambiente seco. El compost se conserva solo ligeramente húmedo en invierno. Se riegan normalmente el resto del tiempo. Se propagan en primavera a partir de semillas, de esquejes o de hojas.

CLIMA Zona 10.

ESPECIES *C. arborescens* es una buena planta para maceteros. Crece hasta alcanzar los 3 m de altura con hojas lisas, carnosas, redondeadas y de color verde grisáceo con bordes rojos. Las flores estrelladas son de color rosa claro, pero no perduran mucho tiempo. *C. ovata* es una planta similar a *C. arborescens*, aunque más pequeña. Sus hojas son brillantes, de color verde intenso, y un tanto oblicuas. Las flores son de color rosa blancuzco. *C. schmidtii* es una especie pequeña, pilosa y creadora de alfombras, que forma un rosetón de hojas aciculares, carnosas y verdes con puntos rojos. Las hojas son rojas por el envés y las flores son de color rojo rosáceo.

Crataegus (fam. Rosaceae)
Espinas

Nativo de las regiones templadas de Europa, Asia y Norteamérica, este género numeroso incluye aproximadamente 200 especies de árboles o arbustos caducos y un más bien pequeños, que producen habitualmente racimos con bonitas floraciones blancas, frutos rojos y un follaje otoñal de colores brillantes. La mayor parte de las especies tienen hojas largas y puntiagudas. Se trata de árboles populares con fines ornamentales y para el arbolado público, y son muy atractivos para los pájaros. Se emplean en setos y cercas vivas porque toleran los sitios muy expuestos.

'Paul's Scarlet', cultivar de *Crataegus laevigata*, florece a mediados o finales de la primavera.

CULTIVO Los espinos son árboles muy resistentes, que se adaptan mejor a los climas frescos, y a los sitios abiertos y soleados. Se propagan a partir de semillas que pueden demorar 18 meses para germinar. Los frutos maduros, o las semillas, se deben estratificar en el exterior, en arena, para dejarlos expuestos a la acción de los elementos. Las semillas se deben despojar de la pulpa y de la cáscara. Después, se siembran normalmente. Los cultivares se deben implantar por injerto o gemación en plántulas que les sirvan de patrón. Los ejemplares bastante grandes se pueden trasplantar en invierno. Las especies de *Crataegus* son particularmente apropiadas para suelos superficiales y gredosos, aunque se desarrollan en cualquiera, siempre que tenga buen drenaje.

CLIMA Todas las especies que se mencionan a continuación son apropiadas para la zona 5.

ESPECIES *C. cruz-galli* es un árbol muy resistente, de tamaño pequeño y con la cima aplanada, que alcanza hasta los 10 m. Presenta espinas largas y curvas, y produce frutos que permanecen adheridos hasta mucho después que las hojas se han vuelto rojas en otoño. *C. x lavallei* se cultiva por su bello color otoñal. Presenta espinas de 5 cm de longitud, hojas verdes y satinadas de bordes dentados parcialmente, y produce flores blancas con estambres rojos. Crece hasta los 6 m. *C. laevigata* es un árbol pequeño y tupido, nativo de Europa, que crece hasta alcanzar 8 m. Ha sido progenitor de muchos cultivares, que incluyen 'Paul's Scarlet', con flores dobles de color carmesí; 'Plena', con flores dobles de color blanco; y 'Rosea Flore Pleno', con flores dobles de color rosa. *C. phaenopyrun* es un árbol llamativo de hasta 10 m, con espinas puntiagudas y hojas semejantes a las del arce que se tornan de color naranja y escarlata en otoño. Produce frutos persistentes y racimos de flores fragantes y blancas en pleno verano.

Cruciferae (fam.)

Berro mastuerzo

Hay varios tipos de berro, y todos se cultivan por sus hojas comestibles, que se emplean en la preparación de ensaladas, bocadillos, sopas y cocidos. Algunos tienen un sabor a picante o a especia.

CULTIVO *Barbarea verna* se propaga a partir de semillas sembradas directamente en el suelo a principios

Más conocida en su fase de producción de semilla, si *Lepidum sativum* no se corta, crece hasta alcanzar los 25–40 cm de altura.

de primavera y otoño. Los penachos de hojas se deben cosechar 4-5 semanas después. Si se dejan, la planta retoña de nuevo al año siguiente. Para cultivar *Lepidum sativum*, las semillas se siembran directamente en surcos poco profundos, en cualquier época del año, excepto en las regiones frescas, donde se deben cultivar en exteriores solo en los meses más cálidos. Antes de la siembra, se aplica un fertilizante completo. Las plantas se siembran con 30 cm de separación y con una orientación de sombra parcial. Se riegan bien durante los períodos secos y se cosechan cuando las plantas alcanzan unos cuantos centímetros de altura. Si se cultivan junto con plantas de mostaza, el berro se siembra unos días antes para permitirle un tiempo de desarrollo más prolongado. Las semillas de *Nasturtium officinale* se deben sembrar en primavera u otoño, en carriles o en zanjas llenas de una mezcla rica en nutrientes para maceteros o en suelos ricos en humus. El berro de agua requiere un sitio con orientación de sombra parcial. Se deben remojar antes de la siembra y regar con abundancia, según sea necesario. No se debe permitir nunca que el agua quede estancada. Por otra parte, se puede propagar a partir de la división vegetativa de las raíces. Las hojas se cortan según sea necesario.

CLIMA Zona 6.

ESPECIES *B. verna*, berro de invierno, se confunde a veces con el berro de agua. Se trata de una bienal que se cultiva sobre todo como anual y se siembra por sus hojas y tallos comestibles, que tienen un sabor picante y a especia. *L. sativum*, conocida como berro de jardín, es originaria de África septentrional y Asia occidental, pero se ha aclimatado en Norteamérica. Se trata de una planta anual resistente y de crecimiento rápido, con un modo de desarrollo vertical. Las hojas, comestibles y con un sabor similar al del perejil, son ricas en contenido de hierro y vitaminas, y se emplean en la preparación de ensaladas, bocadillos, sopas y cocidos. Crece hasta alcanzar los 30 cm. *N. officinale*, berro de agua, es una planta herbácea perenne que se distribuye a lo largo de las márgenes de corrientes de agua fresca, poco profundas y de curso lento. Sus hojas tienen un gusto picante, que aporta un sabor más fuerte a los rellenos, sopas y cocidos.

Algo parecida a un árbol de Navidad, las ramas rígidas de *Crinodendron hookerianum* aparecen cubiertas de bonitas flores rojas semejantes a faroles.

Crinodendron (fam. Elaeocarpaceae)
Crinodendros

Originario de las regiones templadas de Sudamérica, este género poco numeroso de atractivos árboles y arbustos perennes necesita las condiciones protegidas propias de los montes para crecer. Presenta hojas satinadas, de color verde oscuro, y produce flores llamativas con forma de urna, que pueden ser rojas o blancas.

CULTIVO Estos árboles prosperan mejor en climas frescos y en suelos ligeramente ácidos. Se pueden cultivar a pleno sol o en sombra parcial. Las especies de *Crinodendron* crecen bien en las mismas condiciones que son propicias para el cultivo de las azaleas y los rododendros. Como prosperan donde las raíces estén frescas, estas deben disponer de la sombra de otras plantas o se deben cubrir con pajote. Se propagan a partir de esquejes cortados a finales del verano o en otoño, o a partir de semillas.

CLIMA Zona 8.

ESPECIES *Crinodendron* es un arbusto alto o árbol de tamaño pequeño que crece hasta alcanzar

Crinum x powellii, que se puede ver con más frecuencia en su forma de color rosa, produce flores olorosas que son muy duraderas cuando se cortan.

aproximadamente 8 m. Produce hojas estrechas, brillantes, lanceoladas, dentadas, con muchas nervaduras y de color verde oscuro, y flores pequeñas, pendulares de color carmesí intenso. En los climas frescos, estas deben brotar desde finales de la primavera y durante el verano. *C. patagua*, de hasta 14 m, es fácil de cultivar y puede tolerar condiciones más secas. Presenta hojas estrechas y aovadas, y flores blancas con forma de copa.

Crinum (fam. Amaryllidaceae)

Nativas de las regiones tropicales y cálidas de todo el mundo, estas plantas bulbosas son similares a las especies de los géneros *Amaryllis* e *Hippeastrum*. Aunque se les conoce con el nombre de lirios, no pertenecen a la familia de las liliáceas. Crean conjuntos, son muy fáciles de cultivar y producen flores bonitas que brotan en colores blanco, rosa o rojo.

CULTIVO Las especies de *Crinum* prosperan en suelos ricos en nutrientes y humedad durante su período de crecimiento, pero no necesitan agua durante su período invernal casi latente. Los bulbos se pueden sembrar con, al menos, dos de sus terceras partes por encima del nivel de la superficie del suelo. En los climas propensos a las heladas intensas, se cultivan en macetas, en invernaderos frescos o soleados. Se propagan a partir de los retoños de los bulbos o de la división vegetativa de los conjuntos.

CLIMA Zona 9 para la mayoría de las especies.

ESPECIES *C. asiaticum* variedad *sinica*, procedente de China, presenta hojas gruesas y correosas, y produce flores formadas por un tubo verde con segmentos blancos. Crece hasta alcanzar 1 m. *C. bulbispermum*, especie oriunda del sur de África, presenta hojas satinadas y flores de color blanco o rosa y forma de embudo en verano. *C. moorei*, especie popular, es más grande que *C. bulbispermum* y produce flores de color rosa o blanco.

Crocosmia (fam. Iridaceae)

Este género de plantas bulbosas del sur de África presenta hojas altas, herbáceas, arqueadas o erguidas, y produce espigas de flores que, como norma, son brillantemente coloridas en verano.

Son plantas populares para cultivar en bordes mixtos.

CULTIVO Todas las especies de *Crocosmia* son resistentes. Los bulbos se siembran a principios de la primavera, con unos 8 cm de separación y a 6 cm de profundidad, en marga arenosa con una orientación soleada.

CLIMA Todas las especies que se incluyen a continuación son apropiadas para la zona 7.

ESPECIES *Crocosmia aurea* que crece hasta alcanzar 1,2 m, presenta hojas con forma de espada y flores amarillas que se tornan de un color rojizo. *C. x crocosmiiflora* crece hasta 1 m o más, y produce espigas de flores grandes de colores que varían del rojo naranja brillante al amarillo. No obstante, se ha transformado en mala hierba en algunas regiones —en particular, en los climas cálidos y templados— y se debe controlar donde pueda causar problemas. El cultivar 'Emily McKenzie' produce flores grandes, de color rojo naranja con pintas marrones; 'Jackanapes' es un cultivar popular de flores bicolores rojo naranja y amarillo; 'Golden Fleece', sinónimo 'Gerbe d'Or', produce flores de color amarillo limón; el vigoroso 'Lucifer' crece hasta alcanzar más de 1 m de altura y produce flores de color rojo tomate intenso, y 'Rheingold',

Las flores de color naranja escarlata de un híbrido del género *Crocosmia* ofrecen una exhibición prolongada.

Vale la pena cultivar la especie española *Crocus serotinus* subesp. *salzmannii*, que florece en otoño.

sinónimo 'Golden Glory', produce flores de color amarillo puro. Se pueden consultar en buenos catálogos de bulbosas o perennes. *C. masoniorum*, que crece hasta una altura de 1 m, produce flores del color de la mandarina.

Crocus (fam. Iridaceae)

Estas bulbosas bonitas florecen tanto en otoño como en invierno o primavera, con una gran variedad de colores que incluyen el blanco, el amarillo y el lila. Las flores tienen forma de copa y las hojas son semejantes a las herbáceas, con una sola raya blanca en el centro. También se han desarrollado muchos híbridos de jardinería, en su mayor parte, de origen neerlandés. El azafrán comercial que se usa para colorear y dar sabor se obtiene de los estigmas secos de color rojo, amarillo o naranja de *Crocus sativus*. El azafrán es la especie más cara del mundo, porque hacen falta 75.000 flores para producir 30 g puros.

CULTIVO Las especies de *Crocus* crecen en suelos ligeros, ricos en nutrientes, con buen drenaje y con orientación a pleno sol, aunque se desarrollan también en la mayoría de los suelos y con sombra parcial. Son adecuadas para sembrar entre las herbáceas, en jardines de rocalla o en maceteros. Los bulbos se siembran aproximadamente a 8 cm de profundidad, con una distancia similar entre las plantas. Los tipos de *Crocus* que florecen en otoño se siembran a finales del verano, mientras que los tipos que florecen en invierno y primavera se siembran en otoño. No se deben perturbar a menos que se amontonen. Los bulbos se pueden extraer cuando el follaje se marchita. Se pueden cultivar a partir de semillas sembradas en otoño, pero necesitan 2-3 años para producir flores.

CLIMA Hay especies de *Crocus* apropiadas para distintas zonas climáticas.

ESPECIES (que florecen en otoño). *C. kotschyanus*, de la zona 5 y alcanza hasta 8 cm, produce flores de color rosáceo morado. *C. serotinus* subesp. *salzmannii*, de la zona 6 y de hasta 6 cm, produce flores de color lila plateado. *C. sativus*, azafrán, de la zona 6 y de hasta 12 cm, produce flores de color lila con la base morada y estigmas de colores brillantes. Vale la pena intentar su cultivo en regiones más cálidas. *C. speciosus*, de la zona 4, crece hasta los 12 cm con flores de color lila brillante y diseños plumosos morados. El cultivar 'Albus' produce flores blancas con estigmas escarlatas; 'Cassiope', flores azules con la base del pétalo amarilla, y 'Oxonian', flores de color azul morado oscuro.

ESPECIES (que florecen a finales del invierno). *C. biflorus*, de la zona 4, crece hasta alcanzar 10 cm y produce flores con colores que varían del blanco al lila. En algunas regiones, esta especie particular florece en primavera. *C. chrysanthus*, de la zona 4, crece hasta los 5-8 cm y produce generalmente flores amarillas, aunque pueden variar del blanco al lila. Hay numerosos cultivares escogidos disponibles, incluidos 'E. A. Bowles', con flores de color amarillo intenso; 'Show Bunting', con flores blancas, y 'Blue pearl' y 'Cream Beauty'. *C. imperati*, de la zona 7, crece hasta alcanzar los 8 cm. Sus flores son de color morado por dentro y leonado por fuera, con diseños plumosos morados.

ESPECIES (que florecen en primavera). *C. vernus*, de la zona 4, es una especie variable que crece hasta alcanzar los 8 cm. Produce flores de colores que varían del blanco al morado y que tienen, a veces, diseños plumosos. Prospera particularmente bien en jardines de rocalla y bajo los árboles caducos. Los cultivares de *C. vernus* grandes crecen hasta los 12 cm y florecen a principios de la estación. Estos incluyen 'Jeanne d'Arc', con flores blancas y base morada; 'Little Dorrit', con flores de color azul plateado; 'Pickwick', con flores de color azul plateado con franjas de color lila intenso; 'Queen of the Blues', con flores de color lavanda y base morada; y 'Remembrance', que produce flores moradas.

Crocus sativus (fam. Iridaceae)

Azafrán

El azafrán es la más costosa de todas las hierbas y especias, y se extrae del estigma de su flor; se necesitan unas 150.000 flores para conseguir un kilo de azafrán puro. Se ha venido utilizando desde época clásica como especia y cosmético, y también como tinte y producto medicinal. Aparece ya mencionado en el Cantar de los Cantares, y se cree que pro-

Flores del azafrán en otoño. Se necesitan miles de ejemplares para producir una cierta cantidad de azafrán.

cede de Asia Menor. Hoy en día, la mayoría del azafrán es producido en España, aunque se cultiva en el sur de Europa y en zonas de Asia e India. Es una planta pequeña que crece a partir de un tallo subterráneo del que surgen tanto las hojas como las bellas flores lilas que aparecen en otoño. El azafrán es muy apreciado en gastronomía y como colorante alimentario, y se utiliza en pasteles y panes, en paellas, bullabesas y muchos platos indios.

CULTIVO Los tallos se plantan a finales de verano y principios de otoño, en un suelo arenoso de libre drenaje. Las flores aparecen a principios de otoño, y los estigmas se recogen a mano. Se secan después al sol o en hornos a temperaturas muy bajas antes de ser almacenados en contenedores herméticos. Las plantas no deben cortarse hasta que el follaje haya caído de forma natural. Si el suelo es de drenaje óptimo, los tallos pueden permanecer en el subsuelo hasta la temporada siguiente. Si no es así, habrá que recogerlos y almacenarlos en lugar seco y ventilado.

CLIMA Zona 6.

Crossandra (fam. Acanthaceae)

Las hojas de este género tropical son tanto opuestas como verticiladas, y las flores grandes, tubulares y de color rojo o amarillo brotan abundantemente de espigas con brácteas. En los climas frescos y fríos, se cultiva en macetas o tiestos, en invernaderos cálidos o soleados.

Las flores de *Crossandra infundibuliformis*, con colores que varían de albaricoque claro a naranja, son muy atractivas. Antes popular como planta para maceteros, se ve actualmente con menos frecuencia.

CULTIVO Bajo cristal, se cultiva en macetas con compost con o sin tierra. Se le proporciona un máximo de luz, aunque se protege del sol intenso y se le garantiza un ambiente húmedo. Se propaga en verano a partir de esquejes casi maduros. Las puntas en desarrollo de las plantas jóvenes se recortan para garantizar la obtención de ejemplares tupidos.

CLIMA Al menos, la zona 10.

ESPECIES *C. infundibuliformis* es una planta arbustiva que crece hasta alcanzar 1 m y produce espigas de flores en forma de abanico, de color naranja o naranja rosa y que pueden brotar en cualquier época del año.

Crotalaria (fam. Papilionaceae)
Sonajero, crotalarias

El nombre común en inglés, sonajero, que se ha dado a este género de plantas proviene de la palabra griega *crotalum*, castañuela o sonaja, y hace referencia al golpeteo de las semillas cuando se sacuden sus vainas infladas. Oriundo en su mayor

Crotalaria agatiflora se conoce en algunas partes de mundo con el nombre común de pajarito.

parte de las regiones tropicales, este género numeroso incluye anuales, perennes y arbustos de África y Madagascar, aunque se extiende por otras muchas regiones del mundo. Presenta hojas sencillas o pinnadas y flores con forma similar a las del guisante, que brotan por lo general en racimos cuyas flores semejan pájaros posados en ramas. Su período prolongado de floración e inflorescencias poco comunes hacen de ellas una elección muy popular para invernaderos corrientes o soleados.

CULTIVO En los climas propensos a las heladas, las plantas se cultivan en maceteros, en invernaderos intermedios o soleados ventilados. Se siembran en compost y se les proporciona un máximo de luz, aunque se protegen de los rayos directos del sol. Se podan ligeramente después de la floración para limitar el tamaño y para que conserven una buena forma. Se propagan a partir de semillas sembradas en primavera o a partir de esquejes casi maduros, en verano. En ambos casos, con cama caliente.

CLIMA Como mínimo, zona 10.

ESPECIES *C. agatiflora* es un arbusto abierto y perenne que alcanza 2-3 m de altura y produce en verano ramos terminales de flores de color verde amarillento con puntas de color morado y marrón. *C. cunninghamii*, arbusto nativo de Australia, crece hasta alcanzar los 90 cm y presenta hojas pilosas y grisáceas, y flores verdes semejantes a pájaros. *C. laburniflora* crece hasta los 3 m. Las flores de color verde amarillento brotan en ramos terminales y semejan pájaros agarrados a los tallos con sus picos. *C. spectabilis* es una planta anual que crece hasta 1 m de altura. Presenta ramas gruesas, hojas enteras, y ramos terminales de abundantes flores de color morado.

Algunos híbridos de *Crowea*, como esta forma con flores de color rosa intenso, crecen de modo más vertical que las especies.

Crowea (fam. Rutaceae)

Este género incluye tres especies de arbustos perennes y compactos, todos nativos de Australia,
que producen a menudo flores aisladas durante la
mayor parte del año, aunque con mayor abundancia durante su período principal de floración,
que se presenta habitualmente durante el verano
hasta el otoño.

CULTIVO En los climas propensos a las heladas, se
cultiva en maceteros, en invernaderos intermedios o soleados ventilados. Se siembra en compost
y se le proporciona un máximo de luz, aunque se
protege de los rayos directos del sol. Después de la
floración, los viejos vástagos florecidos se podan
bastante a fondo. Las plantas cultivadas en exteriores necesitan suelos con buen drenaje y orientados a pleno sol. En el caso de las regiones calientes, orientados con sombra parcial. Se propaga en
verano a partir de esquejes casi maduros o a partir
de semillas en primavera. A ambas formas de propagación se les proporciona cama caliente.

CLIMA Zona 10.

ESPECIES *C. exalata*, que alcanza entre 30-60 cm,
produce flores estrelladas de color rosa a lo largo
del tallo durante el verano y el otoño. Las hojas
son lanceoladas. *C. saligna*, que crece hasta los 30-
60 cm, produce flores de color rosa más intenso,
con anteras amarillas. Esta especie produce las flores más grandes. El follaje de todas las especies es
aromático.

Cryptanthus (fam. Bromeliaceae)
Estrellas de tierra

Estas plantas enanas de Sudamérica —en su mayoría de Brasil— se cultivan por sus rosetones
atractivos de hojas rígidas y bordes espinosos que
se presentan con una variedad de rayas y franjas.
Sus flores blancas e insignificantes brotan en un
racimo pequeño situado en la profundidad del
centro del rosetón.

CULTIVO *Cryptanthus* es un género de bromeliáceas
terrestres excelentes para cultivar en invernaderos

Estrellas de tierra especie del género *Cryptanthus*, se ve mejor
desde arriba para poder apreciar su colorido sutil.

cálidos o soleados, o en un terrario en interiores.
Prosperan en condiciones cálidas y húmedas con
luz intensa, aunque protegidas de los rayos directos del sol, y en compost abierto y que drene libremente. Se propagan en verano a partir de retoños
enraizados. Se siembran en macetas pequeñas.

CLIMA Como mínimo, zona 10.

ESPECIES *C.* acaulis presenta hojas de bordes ondulados en varios tonos de verde. 'Ruber' produce
hojas rojizas. *C. fosterianus* es de hojas de color verde, rojo y gris con franjas marrones. *C. zonatus*,
«planta cebra», tiene ese nombre común en inglés
porque su follaje es similar a la piel de las cebras.
Sus hojas verdes grisáceas presentan franjas horizontales de color marfil y marrón. Las hojas del
cultivar 'Zebrinus' son de color verde gris intenso
con franjas blancas transversales.

Cryptomeria (fam. Taxodiaceae)
Cedro japonés

Este género de coníferas incluye una única especie
nativa de China y Japón, que se conoce mejor por
sus cultivares numerosos. Los cultivares juveniles
y enanos se encuentran entre las coníferas más

Aunque sus cultivares se siembran con más frecuencia, la especie *Cryptomeria japonica* es una conífera atractiva y adaptable.

atractivas y fiables para uso general en jardinería. La especie es un árbol alto y de tronco recto, con una corteza fibrosa marrón, hojas que se curvan hacia adentro y están dispuestas en espiral en las ramillas, y piñas pequeñas y redondeadas de aproximadamente 2 cm de diámetro. Se siembra en raras ocasiones fuera de su región natal, donde se cultiva por su madera.

CULTIVO Las plantas del género *Cryptomeria* se adecuan mejor a los climas frescos y húmedos, y no se desarrollan bien en regiones con escasez de lluvia o en condiciones costeras expuestas. Prosperan en sitios protegidos con sombra parcial o a pleno sol. Crecen bien en cualquier suelo razonablemente apropiado para jardín e incluso parece que toleran un drenaje ligeramente insuficiente. Los tipos más altos exhiben penachos de follaje marchito de una tonalidad marrón, que no deben ser motivo de alarma. Las especies se propagan a partir de semillas; los cultivares, sin embargo, a partir de esquejes, que parecen producir raíces con facilidad.

CLIMA Zona 6.

ESPECIES *Cryptomeria japonica*, cedro japonés, puede alcanzar en su Japón natal más de 40 m de altura después de muchos años. En condiciones de cultivo, sobrepasa raras veces los 20 m y se desarrolla como un árbol piramidal con la base ancha, que se afina en una copa larga y estrecha. El follaje de los árboles jóvenes es a veces muy denso, pero se torna más abierto en la medida en que maduran. Su color varía del verde oscuro al verde oliva. Los cultivares populares incluyen en muy enano 'Compressa', que crece ocasionalmente hasta 1 m con la madurez. Presenta una forma redondeada, por lo general con un tronco bajo con la base visible. Las ramillas son muy cortas y densas, y las hojas son cortas y espinosas. En las regiones más frescas, adquiere un color bronce rojizo intenso en invierno. 'Elegans', el cultivar más antiguo y mejor conocido, puede crecer hasta 4-5 m en 10 años y alcanzar finalmente los 8-10 m. Tiene un modo de desarrollo ancho, columnar o ligeramente cónico. El follaje es del tipo juvenil, pero muy diferente del follaje juvenil cubierto de espinas de algunos de los cultivares enanos. En primavera y verano, adquiere un verde ligeramente bronceado y opaco, que se torna en invierno de un color intenso semejante al de la ciruela, mucho más acentuado en los climas más frescos. Este cultivar es propenso a recibir daños durante las tormentas puesto que sus ramas son débiles y quebradizas, por lo que es mejor sembrarlo entre otros árboles o arbustos grandes.

Ctenanthe (fam. Marantaceae)

Estas plantas perennes, en su mayoría brasileñas, se cultivan por el efecto de su follaje. Las hojas pueden presentar diseños en plata, amarillo, gris o rosa crema. Tienen un modo de desarrollo compacto y, por ser sensibles a las temperaturas muy bajas, en los climas propensos a las heladas se cultivan en invernaderos cálidos o soleados, y son también populares como plantas de interiores.

Las hojas de color verde oscuro de *Ctenanthe oppenheimiana* son anchas y tienen rayas plateadas.

El kiwano puede tener un color naranja brillante cuando ha madurado completamente. La pulpa es acuosa y con un sabor relativamente soso.

CULTIVO Estas plantas crecen bien en macetas con compost. Se les proporciona un máximo de luz, pero se protegen de los rayos directos del sol. Se recomienda una humedad elevada para que se desarrollen mejor. En su estación de crecimiento, se deben nebulizar con un atomizador con agua corriente. En exteriores, son buenas plantas coberturas para sitios húmedos con sombra parcial. Se propagan en primavera por división vegetativa de las plantas.

CLIMA Estas plantas requieren, como mínimo, la zona 10.

ESPECIES *C. lubbersiana*, que crece hasta alcanzar los 60 cm, es la especie que se cultiva con más frecuencia. Presenta tallos delgados y bifurcados. Las hojas son lanceoladas, con pecíolos largos, y de color verde variegado de amarillo por el haz y abigarrado de verde claro por el envés. *C. oppenheimiana*, de hasta 1 m, es una especie vigorosa que crea conjuntos. Presenta hojas anchas de color verde claro por el haz y morado por el envés. El cultivar 'Tricolor' es variegado, de color crema, y de tonos claros y oscuros de verde.

Cucumis metuliferus

(fam. Cucurbitaceae)

Kiwano

Cucumis metuliferus presenta hojas de tres lóbulos, más o menos acorazonadas, bordes dentados, y frutos espinosos y oblongos que se tornan de color amarillo dorado cuando maduran. Los tallos están cubiertos con vellos erizados. Este fruto comestible es nativo de África tropical y meridional. Se come habitualmente con una cuchara directamente de la piel.

CULTIVO El kiwano se puede cultivar con el mismo método que pepino. Necesitan condiciones cálidas para crecer y no toleran las heladas. Como las plantas tienen tanto flores masculinas como femeninas, la fecundación debe ser manual, si no hay polinizadores naturales como las abejas. La base engrosada (receptáculo) de la flor femenina desarrolla el fruto tan pronto se fecunda.

CLIMA Zona 10, aunque se cultiva en todos los climas para cosechar en verano.

Algunos cultivares de pepino producen cosechas abundantes de frutos pequeños, lisos y con forma de manzana.

Cucumis sativus (fam. Cucurbitaceae)
Pepino

Originalmente nativos de India, estos frutos suculentos se producen en cantidad de tamaños y formas por una enredadera con zarcillos. Son muy populares para la preparación de ensaladas y como acompañantes.

CULTIVO Esta planta necesita mucho espacio para alcanzar su potencial máximo. Prospera en suelos razonablemente fértiles, con una capa de materia orgánica bien profunda. A la vez, se les debe añadir algún fertilizante completo. Después, el suelo se amontona en montículos pequeños con 1 m de separación, en cuya cúspide se siembran entre 4-6 semillas. Cuando estas han germinado, se entresacan para dejar las tres mejores plantas. Las semillas se deben sembrar en primavera, tan pronto como el suelo se haya comenzado a calentar. En la medida en que los tallos comienzan a extenderse, se deben regar con abundancia y controlar las malas hierbas. Como estas plantas tienen flores masculinas y femeninas separadas, una mala polinización puede causar una mala cosecha. Para contrarrestar este problema, puede ser útil la polinización manual, que se realiza mejor en horas de la mañana. Los extremos del tallo se cortan para estimular la floración y la maduración de los frutos. En los climas propensos a las heladas, las plantas se pueden desarrollar en macetas bajo cristal en primavera para sembrarlas después en el exterior. Se siembra una semilla por maceta. Se pueden sembrar tanto en el suelo de un borde como en macetas grandes, o en bolsas de cultivo. Bajo cristal o en exteriores, estas plantas necesitan algún tipo de apoyo para fijarlas verticalmente. La temperatura óptima varía entre 18-30 °C y nunca debe ser inferior a 10 °C. Las semillas necesitan una temperatura de 20 °C para germinar.

CLIMA Es apropiado para la zona 10, aunque se cultiva en todos los climas para cosechar en verano.

VARIEDADES *Cucumis sativus* ha producido muchos cultivares. Algunos se han desarrollado para resistir los mohos y otras enfermedades. Los cultivares desarrollados especialmente para cultivos bajo cristal —que se conocen como «pepinos de invernaderos», producen por lo general solo flores femeninas, por lo que los vástagos laterales se recortan cuando tienen dos hojas. En los climas frescos, los «pepinos de cresta», mucho más resistentes, son adecuados para cultivar en exteriores o en semilleros de hortalizas. Algunos cultivares producen frutos con forma de manzana.

Cucurbita pepo (fam. Cucurbitaceae)
Cucúrbita, calabaza de verano

Es una de las primeras plantas domesticadas, y se viene cultivando en México desde hace varios mi-

Las grandes hojas de la cucúrbita sirven de protección para las flores amarillas. Las parras necesitan mucho espacio para expandirse.

Las flores del calabacín pueden utilizarse como delicatessen, o permanecer en la planta para que maduren y den fruto.

les de años. Incluida a menudo en las listas de semillas como arbustiva o trepadora, es una planta de grandes hojas lobuladas, rugosas y muy ásperas al tacto. Los frutos pueden ser verdes, blancos o estriados, cilíndricos o redondos. Aunque su sabor no es fuerte, suelen consumirse hervidos, pero saben mejor horneados, rellenos de una sabrosa carne o de una mezcla de verduras.

CULTIVO Estas plantas suelen necesitar mucho espacio para crecer. El suelo debe tener un buen drenaje y contener abundante materia orgánica. Las semillas se siembran en primavera una vez que el suelo se haya caldeado. Es mejor sembrar tres semillas en un mismo lugar para seleccionar después la planta más fuerte y descartar el resto. En climas propensos a las heladas, se cultiva en invernadero a mediados de primavera, con una semilla por maceta, y plante en el exterior una vez suban las temperaturas. Se añade un abono universal cuando las plantas esten en pleno crecimiento y se riega en abundancia durante esta etapa. Todas las verduras requieren un crecimiento rápido para ofrecer los mejores resultados. Una vez se inicie la floración y aparezca el fruto, se comprueba cada día y se recolectan. En zonas cálidas, el desarrollo puede ser muy rápido.

CLIMA Zona 10, cultivada como anual estival en todos los climas.

Cucurbita, especies de (fam. Cucurbitaceae)
Calabaza

Originaria de México y Centroamérica, las calabazas son parras o arbustos anuales cultivados por su fruto comestible. Pueden consumirse una vez que la piel externa empieza a endurecerse; los frutos inmaduros tienen escaso sabor, y son muy perecederos. Si son para almacenar, el fruto deberá estar maduro, lo cual sucede cuando el tallo adquiere un tono marrón y empieza a marchitarse. Se dejan unos 8 cm de tallo unidos al fruto para manejarlo mejor y prevenir la entrada de organismos perjudiciales.

CULTIVO En lugar cálido y soleado, a resguardo del viento. La mayoría de las variedades necesitan al menos cinco meses de clima libre de heladas. Si el espacio es limitado, las variedades arbustivas son más recomendables. Tan pronto como el suelo se caliente en primavera, se siembran las semillas directamente en hendiduras o montículos. En zonas

Esta calabaza naranja de suave piel no deberá recolectarse hasta que el tallo se seque y se vuelva marrón.

con una estación de crecimiento limitada, se siembran en tiestos, se mantienen en lugar cálido y se trasplantan cuando el suelo se haya calentado. El terreno debe ser húmedo, de buen drenaje y enriquecido con materia orgánica. Cuando las parras midan entre 1,5 y 2 m, se pellizcan las puntas para producir más segmentos laterales e incrementar el número de flores femeninas. Es esencial controlar las malas hierbas. La polinización debe producirse antes de que el fruto se desarrolle. Las abejas son los mejores agentes polinizadores, aunque si se realiza a mano los resultados son excelentes. Hay que cortar la flor masculina y frotar el polen sobre el estigma de la flor femenina (justo por encima del ovario). También puede hacerse con un pequeño cepillo. Cuando esta porción empiece a expandirse, la polinización y la fertilización se darán por terminadas. Las flores femeninas tienen una hinchazón circular característica bajo la base de los pétalos. Los áfidos, las arañas rojas y el oidio pueden ser un problema.

CLIMA Zona 9, pero también se cultiva como anual estival en todas las zonas climáticas.

ESPECIES *C. maxima*, *C. moschata*, *C. pepo* y *C. pepo* variedad *Pepo* son las especies de las que derivan todos los cultivares en uso. Las calabazas suelen presentar un fruto redondo y aplanado con corteza dura, y los tonos incluyen el verde, el amarillo y el naranja. La carne suele ser de color naranja o amarillo. La planta suele ser trepadora, pero se han desarrollado variedades arbustivas menos necesitadas de espacio. Hay numerosos cultivares, pero su disponibilidad varía según la zona. La mayoría de comercios de semillas al por menor incluyen unas cuantas en sus catálogos de venta por correspondencia.

Cunninghamia (fam. Taxodiaceae)
Abetos chinos

Este género incluye dos especies de coníferas semejantes al abeto. Uno procede de China y el otro de Taiwan. El género *Cunninghamia* está relacionado estrechamente con *Cryptomeria*, pero presenta hojas más largas, más anchas y curvadas, que se afinan en una punta aguzada. Las piñas son similares

Cunninghamia konishii, de Taiwan, mucho más rara en condiciones de cultivo que *C. lanceolata*, es una conífera especial para ocupar un sitio prominente en los jardines de las regiones frescas.

a las de *Cryptomeria*. Estos árboles poco comunes se siembran principalmente en parques y jardines extensos, aunque debieran cultivarse más.

CULTIVO Las dos especies de *Cunninghamia* prosperan en suelos profundos y capaces de retener la humedad aunque con buen drenaje. Crecen a pleno sol o en sombra parcial, pero necesitan protección de la sequedad de los vientos calientes o fríos. Son apropiadas para los climas húmedos. Se propagan a partir de semillas en primavera o de esquejes casi maduros sembrados en verano en un semillero de hortalizas.

CLIMA Zona 7.

ESPECIES *C. lanceolata,* originaria de China central, crece lentamente hasta que alcanza aproximadamente 1,5 m. Al final, llega a tener una altura entre 10-20 m, aunque en su hábitat natural crece

mucho más alta. El follaje satinado de color verde o verde-marrón es muy decorativo. Produce a veces piñas portadoras de semillas fértiles durante su fase juvenil.

Cunonia (fam. Cunoniaceae)
Aliso rojo, árboles de las cucharas

Originalmente procedente de Nueva Caledonia y el sur de África, estos arbustos o árboles perennes presentan hojas opuestas o verticiladas, ya sea enteras o pinnadas, flores pequeñas con 4-5 sépalos o pétalos, y frutos con forma de cápsula.

CULTIVO En las regiones propensas a las heladas, se cultivan en invernaderos intermedios o soleados como plantas de follaje. Es mejor sembrarlas en macetas con compost, con un máximo de luz, aunque protegidas de los rayos directos del sol. Pueden necesitar una poda ligera en primavera para limitar su tamaño. En exteriores, se cultivan en sitios soleados y con buen drenaje. Se propagan a partir de semillas en primavera o de esquejes casi maduros en verano. En ambos casos, se necesita cama caliente.

CLIMA Zona 10.

El follaje oscuro y curtido de *Cunonia capensis* es atractivo en sí, incluso sin sus espigas de flores otoñales blancas.

ESPECIES *C. capensis*, árboles de las cucarachas, procedente del sur de África, es la única especie en cultivo generalizado. A menudo, es solo un árbol de tamaño pequeño o arbusto, que alcanza hasta 4 m, pero puede llegar a tener la talla propia de un árbol y crecer hasta los 12-15 m en condiciones ideales. Produce espigas de 15 cm de longitud con flores blancas a finales del otoño. Los capullos, largos y lisos, en sus pedúnculos florales largos semejan cuchillos para untar la mantequilla, de ahí su nombre común en inglés. Su madera tiene uso comercial.

Cuphea (fam. Lythraceae)

Mayoritariamente procedentes de México y América tropical, estos subarbustos y plantas perennes sensibles a las heladas se cultivan por su abundancia de flores vistosas. Son excelentes para sembrar en maceteros, en invernaderos intermedios o soleados. A veces se cultivan como anuales, y se siembran en lechos para el verano.

CULTIVO Bajo cristal, se cultivan en macetas con compost. Las plantas necesitan luz intensa, aunque

En los climas propensos a las heladas, las especies de *Cuphea* se pueden sembrar en lechos para el verano. *Cuphea hyssopifolia* ha sido usada aquí en el borde de un jardín formal.

protegidas de los rayos directos del sol, y un ambiente húmedo moderado. En exteriores, se siembran a pleno sol o en sombra parcial. Se propagan a partir de semillas a principios de la primavera o de esquejes de madera blanda a finales de esa misma estación. En ambos casos, necesitan cama caliente.

CLIMA Zona 10.

ESPECIES *C. hyssopifolia* crece hasta alcanzar los 60 cm, y presenta hojas abarrotadas y estrechas, y flores axilares con el cáliz verde y seis pétalos de color morado, rosa o blanco. *C. ignea* que crece hasta 1 m, es la especie que más se cultiva. Presenta un modo de desarrollo arbustivo, que se hace más tupido con la poda sistemática. Las hojas son lanceoladas y las flores, numerosas y solitarias, presentan un cáliz delgado y rojo brillante, con una boca blanca y un anillo oscuro al final. Florecen durante casi todo el año, aunque son más abundantes en verano y otoño.

x Cupressocyparis (fam. Cupressaceae)
Ciprés de Leyland

Se cree generalmente que los progenitores de este híbrido intergenérico son *Chamaecyparis nootka-*

En este seto de ciprés de Leyland se ha recortado una abertura para incluir una puerta.

tensis, y *Cupressus macrocarpa*. Originario de Reino Unido, se cultiva extensamente allí como pantalla o seto alto, y se ha sembrado también para la producción de madera, debido a su crecimiento extremadamente vigoroso. Combina los fuertes tallos primarios de *C. macrocarpa* con los ramos de ramillas lisas de las especies de *Chamaecyparis*.

CULTIVO La combinación de las especies progenitoras sugiere que el ciprés de Leyland se desarrolla mejor en climas frescos, húmedos y marinos. Prospera en suelos profundos, razonablemente fértiles y con buen drenaje. Puede necesitar protección del viento cuando es una planta muy tierna, pero tolera los sitios expuestos una vez que se ha desarrollado. Se riega sistemáticamente y a fondo durante los primeros 2-3 veranos. Se propaga a partir de esquejes casi maduros cortados a finales del verano y enraizados en un semillero para hortalizas.

CLIMA Zona 7. Prosperan mejor en condiciones frescas y húmedas.

ESPECIES Numerosos cultivares de x *Cupressocyparis leylandii* han recibido nombres según las variaciones de su modo de desarrollo y el color de su follaje. Todos son árboles altos que alcanzan cotas superiores a los 30 m. Sin embargo, en algunas regiones donde x *Cupressocyparis leylandii* se ha cultivado durante años, las alturas exceden en raras ocasiones los 10 m. Para ser conífera, crece rápido. Los cultivares incluyen 'Castlewellan', que presenta un follaje amarillo, estructura columnar ancha y que se usa como seto cuando se mantiene aproximadamente con 4 m; 'Leighton Green', de estructura columnar y los ramos con ramillas lisas típicos de las especies de *Chamaecyparis*, y 'Naylor's Blue', de estructura columnar estrecha y follaje con un tono de color azul gris.

Cupressus (fam. Cupressaceae)
Ciprés

Este género, que incluye aproximadamente 20 especies de coníferas, se distribuye por las regiones cálidas y templadas del hemisferio norte. La mayoría crece en el sudoeste de Norteamérica. Algunas especies se encuentran en el Himalaya, mien-

Cupressus macrocarpa, podado ampliamente, aporta privacidad completa y protección contra el viento.

tras que *Cupressus sempervirens* es nativa de la región cuenca del Mediterráneo y de Asia occidental. Por lo general, muy aisladas geográficamente entre sí, son muy próximas en cuanto a naturaleza. Los cipreses son árboles llamativos, notables por su crecimiento rápido y aspecto robusto en condiciones tan adversas como los climas calientes y secos, los suelos compactos y la exposición a los vientos fuertes. Presentan variedad de estructuras, colores y texturas de follaje. A diferencia de las especies de *Chamaecyparis*, estrechamente relacionadas con él, han aportado pocos, si es que ha habido alguno, cultivares enanos.

CULTIVO Los cipreses son notablemente resistentes y adaptables. Por eso, es difícil generalizar acerca de su adecuación a los suelos. Como la mayoría de las coníferas, no prosperan bien en suelos muy poco profundos y con escasez de nutrientes. Estos suelos se deben mejorar con la adición de materia orgánica y la aplicación de fertilizantes. La mayoría de las especies se adaptan mejor a los climas con inviernos fríos y veranos calientes, y ambientes relativamente secos. Crecen hasta convertirse en árboles bien proporcionados cuando se siembran en espacios abiertos. Los cipreses se desarrollan también expuestos a los vientos —aunque para la mayoría de las especies no deben ser vientos cargados de salitre— y por lo general no necesitan tutores si se siembran en exteriores cuando son jóvenes. Normalmente, no es necesario podarlos, aunque se pueden recortar para darles formas decorativas o formar arcos. Se pueden propagar con facilidad a partir de semillas. Las plántulas crecen extremadamente rápido y se deben sembrar cuando son tiernas. Se propagan también a partir de esquejes, método necesario para los cultivares con nombres o cuando se requiere una forma particular de desarrollo. No arraigan fácilmente a partir de los esquejes; por lo tanto, se recomienda usar una hormona en polvo para estimular el desarrollo de las raíces y cubrirlas con cristal o plástico para retener la humedad.

CLIMA Hay especies adecuadas para distintas zonas climáticas.

ESPECIES *C. cashmeriana*, ciprés de Cachemire, de la zona 9, es una de las coníferas más bellas. Presenta una estructura piramidal, de 30 m, con follaje semejante al encaje, de desarrollo pendular y de color azul gris. Esta especie tolera solo heladas muy leves y prospera en sitios abrigados. *C. glabra*, sinónimo *C. arizonica* variedad *glabra*, ciprés de Arizona, de la zona 7, es un árbol denso, de estructura columnar, de aproximadamente 15 m, y que se ensancha con la madurez. Su característica más notable es el color azul gris de su follaje. Presenta ramillas abarrotadas, similares a cuerdas, que crecen muy tupidas, hojas dispuestas apretadamente y una corteza rojiza y escamosa. Esta especie resistente a las heladas prospera muy bien en las regiones secas, aunque puede tolerar las condiciones costeras. *C. funebris*, de la zona 8 y nativo de China, es un árbol atractivo, que no presenta problemas para su cultivo y crece por lo general hasta aproximadamente 15 m de altura, con un tronco más bien corto y una copa ancha y piramidal. Las ramas más bajas se extienden cerca del suelo con sus ramillas pequeñas dispuestas en ramos pendulares. El árbol maduro presenta abundancia de piñas pequeñas y marrones. *C. lusitanica*, ciprés portugués, de la zona 9, fue introducido en Europa en el siglo XVI. Aunque muy variable, puede crecer hasta convertirse en un árbol de copa ancha que alcanza hasta 20 m de altura, con follaje de color verde gris y extremos ligeramente pendulares en las ramas. Las ramillas cortas y lisas, las hojas puntiagudas, y las piñas algo pequeñas y globulares son características de este árbol atractivo. Crece relativamente rápido y puede tolerar condiciones cálidas. El cultivar 'Glauca Pendula', árbol más pequeño y que presenta un modo de crecimiento extendido con ramas grandes e inclinadas hacia abajo, es muy popular. *C. macrocarpa*, de la zona 8, está casi extinto en su hábitat natural por los alrededores de Monterrey, en la costa de California, pero es conocido por su vigor y su tamaño de hasta 25 m en condiciones de cultivo. Se desarrolla bien como cortavientos o planta de refugio en las regiones entre moderadas y cálidas, aunque puede ser propenso a los ataques de plagas de insectos y a las enfermedades en algunas de ellas. El follaje es de color verde opaco y desprende un olor característico cuando se flota. Sus piñas brillantes y marrones varían también en longitud. A veces, este árbol produce un tronco central recto, con una rama madre en el centro. En otras ocasiones, se ramifica desde abajo en varias ramas madres grandes que ascienden en ángulo hasta que los vástagos de sus ramas primarias dominan finalmente la copa del árbol y le otorgan su contorno erizado característico. Hay varios cultivares de *C. macrocarpa* con follaje dorado, que son más populares que la propia especie. El más conocido es 'Goldcrest', que desarrolla una estructura estrecha y cónica cubierta con un follaje denso y de color dorado brillante. Crece hasta alcanzar aproximadamente 5 m de altura y es una planta individual llamativa en los jardines. Otros buenos cultivares dorados incluyen 'Donard Gold', con un modo de desarrollo alto y cónico; 'Golden Pillar', que desarrolla también una estructura cónica y estrecha; 'Horizontalis Aurea', que crece hasta un tamaño bajo, y con un desarrollo ancho y plano, y 'Lutea', que desarrolla una estructura columnar ancha que alcanza hasta 28 m de altura y produce un follaje tierno de color amarillo. *C. sempervirens*, ciprés común o del Mediterráneo, de la zona 8, es un elemento prominente y destacado en el paisaje de la cuenca del Mediterráneo, donde crece desde la Antigüedad. Alcanza hasta 30 m de altura, incluso en condiciones de cultivo, y se puede identificar por sus piñas muy grandes de color marrón claro —que brotan incluso en los árboles jóvenes—, su follaje denso y verde gris oscuro, sus ramillas delicadas dispuestas en ramos pequeños y lisos, y sus hojas densas, pequeñas y con las puntas romas. Presenta un desarrollo columnar durante el cual la estructura muy delgada adquiere una silueta más ancha con la madurez, mientras que *C. sempervirens*, 'Stricta', presenta una estructura estrecha y columnar con follaje denso y verde oscuro. Sin embargo, *C. sempervirens* ha sido especie progenitora de pocos cultivares, aunque 'Swanes Gold' se ha hecho popular en muchos jardines. Desarrolla una columna densa y estrecha terminada en punta con hojas de color amarillo claro o verde amarillo.

Cussonia (fam. Araliaceae)
Árboles repollo sudafricanos

Valorado principalmente por la elegancia de sus hojas lobuladas y pinnadas, este género de arbus-

En los climas propensos a las heladas, *Cussonia spicata* se puede cultivar bajo cristal como planta de follaje para maceteros.

tos y árboles perennes de tamaño pequeño es originario de África tropical y meridional, y de las islas Mascareñas. Un racimo grande de espigas con flores verdosas sobresale por encima de su copa.

CULTIVO En los climas propensos a las heladas, se cultiva por su follaje como planta para maceteros o tiestos en invernaderos intermedios, cálidos o soleados. En el clima apropiado en exteriores, las especies de *Cussonia* prosperan en suelos húmedos de marga.

CLIMA Zona 10, como mínimo.

ESPECIES *C. paniculata*, árbol repollo, que alcanza entre 3 y 4,5 m, presenta hojas grandes y atractivas de color verdeazulado y compuestas hasta por 12 hojuelas de 30 cm de longitud cada una. Las panículas largas de flores amarillas brotan a finales del verano. *C. spicata* es la especie que más se cultiva. Crece hasta los 6 m con menos hojuelas más cortas y espigas con flores de color amarillo verdoso que brotan en otoño.

Cyathea (fam. Cyatheaceae)
Helechos arborescentes

Hay más de 600 especies de este género de elegantes helechos arborescentes que se distribuyen de modo natural por barrancos frescos y húmedos de regiones tropicales y subtropicales del mundo. Algunas especies son nativas de regiones montañosas con nieblas y neblinas frecuentes y cubiertas de nubes casi permanentes. Otras se encuentran en regiones más cálidas, pero a menudo en cotas más altas. El tronco varía entre grueso y delgado, según la especie, pero es siempre erguido. Las frondas grandes se extienden y curvan, y están variablemente divididas. Todas son portadoras de escamas, pero de tipos variados. Las frondas productivas presentan esporangios a lo largo de las hojuelas a cada lado de las nervaduras principales. Los troncos de estos helechos arborescentes muestran las cicatrices foliares de las viejas frondas.

CULTIVO En las regiones propensas a las heladas, se cultivan en invernaderos entre frescos y cálidos o soleados. Necesitan macetas o tiestos grandes con

Es una delicia poder contemplar desde arriba la preciosa fronda que corona a *Cyathea cooperi.*

compost al que se añade abono preparado con hojas descompuestas. Necesitan buena luz, aunque deben estar protegidos de los rayos directos del sol, y un ambiente húmedo. Durante la estación del crecimiento, el tronco y la fronda se rocían con agua corriente. En exteriores, estos helechos se cultivan del mismo modo que los otros helechos arborescentes, pero las especies individuales pueden tener requisitos específicos. Por lo general, prosperan en climas entre moderados y cálidos, con mucha humedad, y protegidos del sol intenso y de los vientos fuertes. Se propagan a partir de esporas.

CLIMA Zona 9, siempre que, relativamente, no haya heladas en la región.

ESPECIES *C. australis* presenta un tronco delgado, alto y áspero que se torna negro con el paso del tiempo. Tanto el tronco como los tallos están cubiertos con escamas de color marrón brillante. Las frondas grandes de color verde claro se oscurecen cuando se exponen al aumento de la luz solar. Cuando esta especie se siembra o se trasplanta, las raíces deben quedar intactas. El agujero donde se va a sembrar el helecho arborescente debe ser razonablemente grande y el suelo se debe enriquecer con abono preparado con hojas descompuestas. Puede tolerar el sol, siempre que las raíces estén húmedas. *C. cooperi*, oriundo de las regiones del noreste y este de Australia, presenta un tronco grande que alcanza con frecuencia 9 m en su madurez y muestra las cicatrices foliares ovales de los tallos viejos. Las frondas son grandes y de crecimiento rápido, y los tallos están cubiertos con escamas de color crema, bordeadas con «espinas» de color rojo marrón. *C. cunninghamii* se distribuye de modo natural por las regiones más frescas de Australia meridional. Presenta un tronco delgado de hasta 6 m, tallos delgados, altos y escamosos y hojuelas (pinnas) que se curvan hacia arriba. Este helecho arborescentes débil necesita protección de las heladas, del viento y del sol intenso, pero prospera bien en los barrancos húmedos. *C. dealbata* es el emblema nacional de Nueva Zelanda. El tronco, de hasta 10 m, produce una masa de frondas extendidas, de color gris plateado en el envés. Los tallos delgados están cubiertos con escamas largas, marrones y brillantes. Esta especie elegante puede producir retoños desde su base. *C. mdedullaris*, de Nueva Zelanda, es una especie alta, que alcanza los 10 m. El tronco muestra el diseño característico de cicatrices foliares, y las frondas son grandes y extendidas.

Cycas (fam. Cycadaceae)
Palmas del Sagú

Este género importante de cicadáceas se distribuye extensamente por toda Australia, África y Asia tropicales, además de por las islas de la costa de India y del Pacífico occidental. Los nombres comunes que se dan a las cicadáceas incluyen el término «palma», pero no tienen ninguna relación con ellas. Entre sus aproximadamente 20 especies, solo *Cycas revoluta* se cultiva extensamente. *C. media* está también disponible a veces. En los climas propensos a las heladas, se cultivan como plantas para maceteros en invernaderos intermedios o soleados. Son también buenas plantas para interiores.

CULTIVO Bajo cristal, se cultivan en macetas con compost con buen drenaje al que se añade corteza

Este elegante ejemplar de *Cycas revoluta* presenta un cono masculino que madura en su centro.

astillada; con luz intensa, aunque protegidas de los rayos directos del sol, y un ambiente moderadamente húmedo. En exteriores, las plantas se desarrollan bien en suelos con buen drenaje, pero que retengan la humedad, y con una orientación a pleno sol. Se propagan en primavera a partir de retoños o de semillas sembradas en cama de propagación calientes.

CLIMA Zona 10 y las regiones más cálidas de la zona 9 para *C. resoluta*.

ESPECIES *C. media*, nativa de Australia, es por lo general una planta de tallo único, de entre 1,5-3 m de altura. El tallo está coronado por un círculo de hojas con ramas largas, cada una de aproximadamente 1,5 m de longitud, y hojuelas delgadas y lisas de hasta 20 cm de longitud y aproximadamente 1 cm de ancho. *C. revoluta* oriunda de Japón

meridional y China, es una planta ornamental popular, que es muy utilizada también como ejemplar para bonsáis en Japón, donde se ha cultivado durante siglos. Aunque se conoce que alcanza 8 m de altura, las plantas en condiciones de cultivo en raras ocasiones alcanzan alturas superiores a los 2,5 m. Estas especies relativamente resistentes al frío producen a veces un tallo ramificado, ya sea al nivel del suelo o un poco más arriba, y densamente poblado de hojuelas estrechas que le proporcionan un aspecto sólido a las hojas rectas, brillantes, de color verde marrón y orientadas hacia arriba.

Cyclamen (fam. Primulaceae)
Ciclamen, violeta persa

El género *Cyclamen* agrupa plantas encantadoras que son admiradas por su atractivo follaje, casi siempre veteado, y por sus flores distintivas con pétalos curvados hacia atrás y ligeramente enroscados. Algunas, como el ciclamen de floristería, producen flores grandes y vistosas, mientras que muchas especies presentan flores pequeñas que crecen solo 8 cm de altura. Algunas especies de

Los tipos compactos de *Cyclamen* se pueden sembrar como plantas prominentes estacionales en sitios protegidos del jardín.

Cyclamen florecen en otoño o en invierno. Otras, a finales de invierno y en primavera. Nativas de regiones de Europa y de los países de la cuenca del Mediterráneo, todas comparten la necesidad de conservarlas un tanto secas durante su período de reposo. Las variedades más pequeñas producen un gran efecto cuando se siembran en masas o en macizos. La manifestación floral es muy duradera y, aun sin flores, las hojas veteadas son buenas cobertoras durante muchos meses del año.

CULTIVO Las especies de *Cyclamen* prosperan en suelos con buen drenaje y con un contenido orgánico elevado, y se desarrollan mejor debajo de árboles caducos donde reciben un poco de sol invernal, pero solo sin salpicados por sus rayos durante el resto del año. Si los suelos son pobres en nutrientes, se les aplica fertilizante orgánico o fertilizante completo cuando comienzan a crecer. Se les puede aplicar fertilizante después de la floración. Se riegan bien cuando el tiempo trae viento o es muy seco, pero se debe comprobar si el suelo solo está seco superficialmente, puesto que el exceso de agua pudre los tubérculos con rapidez.

CLIMA Hay especies adecuadas para distintas zonas.

ESPECIES *C. coum*, de la zona 6, florece desde finales del invierno hasta avanzada la primavera y produce flores alargadas de color rosa intenso en pedúnculos cortos. Hay una forma blanca de esta especie disponible. *C. hederifolium*, de la zona 6 y que florece en otoño, produce un follaje bellamente veteado de 8-10 cm de longitud. Las flores de color rosa claro sobresalen por encima de las hojas. Esta especie dispone también de una forma blanca. *C. persicum*, de la zona 9, presenta un follaje elegantemente veteado, y flores espectaculares con pétalos curvados hacia atrás y en todos los tonos de rosa, rojo, morado, cereza y blanco, además de bicolores. Algunas emanan un perfume delicado. Esta es ciclamen de floristería, que se cultiva bajo cristal como planta para maceteros en el interior de la casa. Florece durante todo el período otoñal e invernal. *C. repandum*, de la zona 7, es una especie que florece en primavera. El follaje es rojizo en el envés.

Los membrilleros están maduros cuando su piel es de un amarillo pálido, normalmente a mediados de otoño.

Cydonia oblonga (fam. Rosaceae)
Membrilleros

Originario del oeste de Asia, el membrillero viene cultivándose desde la Antigüedad y hace mucho tiempo que se naturalizó en el Mediterráneo. Era un símbolo de felicidad, amor y fertilidad en las antiguas Grecia y Roma. En la actualidad, se cultiva por su fruto, con el que se elaboran conservas, mermeladas y gelatinas. El membrillo crudo es prácticamente incomestible. El membrillero común es un árbol caducifolio de crecimiento lento que alcanza unos 6 m de altura, con ramas flexuosas, y su visión es magnífica cuando las flores rosas brotan en primavera. El fruto, duro y en forma de manzana, es de un olor delicioso, de una amarillo verdoso y cubierto de una fina piel marrón y aterciopelada. Los cultivares más recomendados son 'Apple', 'Cooke's Jumbo', 'Pineapple' y 'Smyrna'.

CULTIVO El membrillero da mejor fruto cuando el verano es largo y cálido. En climas fríos, es mejor cultivarlo junto a un muro bien resguardado. El suelo debe ser húmedo, siempre que el drenaje sea adecuado. Se multiplica por largos esquejes leñosos, o por las variedades mencionadas germinadas en vástagos de membrillero. A menudo es utilizado como rizoma enano para otros árboles frutales, especialmente el peral. Se planta a la intemperie al cabo de un o dos años. El fruto aparecerá a partir del segundo o tercer año. Se recolecta a mano con cuidado cuando madura y adquiere la tonalidad adecuada, puesto que se daña con facilidad. Se poda en invierno en plena dormancia. Si se cultiva junto a un muro puede fijarse mediante tutores, y deberá podarse cada año. Los antiguos tallos laterales donde se produce el fruto se cortarán a entre uno y cuatro brotes del armazón principal. Los frutos aparecerán en estos «espolones». El membrillero puede sufrir diversas enfermedades, incluido el fuego bacteriano, la mancha ocular del membrillero o el mildiú.

CLIMA Zona 5.

Cymbalaria (fam. Scrophulariaceae)

Originarias de Europa occidental, estas planta herbáceas perennes se pueden cultivar como cobertoras, pero son invariablemente efímeras. A veces, se cultivan como plantas para maceteros en interiores. Presentan hojas pequeñas y lobuladas, y producen en verano flores con el cáliz prolongado en forma de espolón.

CULTIVO Se siembran en un sitio sombreado y se les proporciona humedad abundante. Las semillas se siembran en primavera en una mezcla corriente para macetas y se abonan cada tres meses durante su período de crecimiento. Es esencial que dispongan de un buen drenaje. Aunque se cultiven en exteriores o en maceteros, las especies de *Cymbalaria* son más apropiadas para los climas templados. El follaje de las plantas en interiores se rocía con agua durante la estación de crecimiento. *Cymbalaria muralis* crece a menudo espontáneamente; en especial, en las grietas de los muros y del pavimento.

CLIMA Hay especies adecuadas para distintas zonas climáticas.

ESPECIES *C. hepaticifloria*, especie rastrera de hasta 2,5 cm, produce flores de color lila morado en verano. *C. muralis*, que se conoce con el nombre de palomilla del muro y que es nativa del sudoeste de Europa, de la zona 3, crece hasta alcanzar 1 m y, según la variedad, produce flores veraniegas de color lila, rosa, blanco o azul. Se trata de una

Cymbalaria muralis, planta delicada y un poco trepadora, luce bonita en macetas colgantes. Se puede usar también como cobertora.

Dorado, bermejo y carmesí son algunos de los colores más intensos disponibles en los híbridos de las especies de *Cymbidium*.

Este híbrido grande y blanco de una especie de *Cymbidium* es el tipo preferido a menudo para los ramos de novia.

planta bonita, pero que algunos consideran mala hierba.

Cymbidium (fam. Orchidaceae)

Las especies de *Cymbidium* se encuentran entre las orquídeas con más híbridos, con millares de cultivares. Se distribuyen extensamente desde el sudeste de Asia y China hasta el bajo Himalaya y Australia. Son terrestres o epífitas y varían desde plantas con flores grandes que crecen en regiones frescas hasta las que producen flores pequeñas y crecen en regiones cálidas, y las miniaturas. Las especies presentan penachos de hojas estrechas y verdes con seudobulbos gruesos o tallos alargados. Producen racimos de flores preciosas, que raras veces alcanzan más de 3 cm de ancho y cuyos colores varían del blanco a muchos tonos de crema, amarillo, rosa, marrón y verde, o combinaciones de estos. Los pétalos con forma de copa son casi iguales de tamaño. Las raíces de algunas especies tienden a penetrar la corteza o la madera carcomida de las ramas huecas y a menudo pueden crecer muy largas. Los híbridos, que son los que se cultivan con más frecuencia, presentan hojas largas con forma de espada y floraciones grandes en una gama enorme de colores.

CULTIVO Las especies de *Cymbidium* se cultivan como plantas para maceteros bajo cristal en los climas propensos a las heladas y son también buenas plantas para interiores; en particular, los híbridos en miniatura. Estas orquídeas florecen principalmente durante el invierno y la primavera. Las especies de *Cymbidium* son primordialmente orquídeas que crecen en regiones frescas y, por lo tanto, se pueden cultivar en invernaderos entre frescos e intermedios, o soleados. En interiores, se cultivan mejor en el alféizar de la ventana de una habitación fresca. Las plantas se cultivan en macetas compost específico para orquídeas, que se encuentra disponible en los viveros especializados. Un compost para plantas terrestres o epífitas es apropiado, aunque se debe comprobar que contenga algunos trozos de carbón vegetal. No se deben usar macetas muy grandes para garantizar que el compost compacte bien. Durante el verano, las plantas necesitan un máximo de luz, pero deben estar protegidas de los rayos directos del sol, que pueden producir ulceraciones en el follaje. El invernadero o habitación deben estar bien ventilados. Las plantas necesitan un riego moderado en verano, además de abonarlas con fertilizante líquido con intervalos aproximados de una semana o 10 días. Se han de nebulizar con un atomizador, con agua corriente, una o dos veces al día. Durante el invierno, se les debe garantizar un máximo de luz y reducir el riego para mantener el *compost* solo ligeramente húmedo. Cuando las plantas crezcan por encima de la capacidad de sus macetas —porque se han dejado crecer en una maceta demasiado pequeña que no permite el desarrollo adecuado de su tallo y de sus hojas—, se siembran en nuevas macetas a principios o mediados de la primavera. En esa época, las plantas grandes se pueden dividir, si se quiere multiplicarlas. Otro método de propagación es eliminar los seudobulbos viejos y sin hojas aunque aún capaces de propagar una planta nueva y sembrarlos en macetas individuales. En los climas mediterráneos, las orquídeas del género *Cymbidium* se cultivan a veces en umbráculos como, por ejemplo, una estructura construida con listones de madera. Algunos cultivadores sitúan sus plantas en exteriores durante el verano, si el tiempo es cálido,

bajo la sombra salpicada de manchas de sol de un árbol. Es importante vigilar las plagas, porque estas orquídeas son propensas a los ataques de varios tipos, incluidas la araña roja, las cochinillas, la mosca blanca y los pulgones.

CLIMA Zonas 9 o 10.

ESPECIES *Cymbidium canaliculatum*, del norte de Australia y de las regiones del norte de Nueva Gales del Sur, es una especie versátil con distintas variedades reconocidas. Presenta seudobulbos duros; hojas ásperas, acanaladas y puntiagudas, y flores fragantes que varían de un color amarillo verdoso a morado rojizo, y que están a menudo punteadas. Es esencial que disponga de un buen drenaje y buena luz. Se debe tener cuidado de no regar esta especie en exceso, especialmente, en invierno. *C. finlaysonianum*, que se cultiva extensamente en Tailandia, es del tipo epífito y se desarrolla bien en condiciones cálidas. Produce muchas flores de color amarillo marrón teñido de morado en un tallo inclinado hacia abajo de hasta 60 cm de longitud.

Cymbopogon citratus (fam. Poaceae)
Hierba limón, pasto de limón

Nativo de las regiones tropicales del Viejo Mundo, este género incluye unas 50 especies de hierbas

Los híbridos de *Cymbidium* son orquídeas populares para cultivarlos al lado de la ventana.

La hierba limón crece vigorosamente en pleno verano, pero se marchita cuando se aproximan los primeros fríos.

perennes tendentes a formar macizos. La especie hierba limón se cultiva comercialmente por su aceite aromático, usado en perfumería y en aromaterapia. Sus hojas suelen utilizarse en la cocina tailandesa.

CULTIVO La hierba limón crece mejor en un suelo de buen drenaje, enriquecido con estiércol o compost, y a pleno sol. Se riega en abundancia durante la época de crecimiento. Se multiplica por división de los macizos a finales de invierno o en primavera. También puede hacerse a partir de semillas. En climas fríos se cultiva en contenedores de compost para tiestos, en invernadero cálido. Necesita mucha luz y un ambiente razonablemente húmedo.

CLIMA Zona 10

ESPECIES *C. citratus*, hierba limón, forma densos macizos de 1,5 m de altura. Las hojas, lanceoladas, miden casi 1 m, y el follaje es muy aromático. *C. exaltatus* es una atractiva hierba nativa de muchas zonas de Australia. No llega a 1 m de altura, y su follaje tiene un intenso aroma a limón. *C. nardus*, pasto citronella, es similar a *C. citratus*, y de ella se extrae el aceite de citronella.

Cynara scolymus (fam. Asteraceae)
Alcachofera

En el pasado, esta planta mediterránea se consideraba un afrodisíaco. Se trata en realidad de la alcachofa auténtica. Planta alta y perenne relacionada con el cardo, presenta delicadas hojas de un gris verdoso, y cabezas florales inmaduras. Da cosecha un año tras otro en verano.

CULTIVO Las alcachofas prefieren un suelo ligero y rico en nutrientes, y una posición soleada protegida de las heladas. También es deseable algo de protección contra el viento. Debe regarse bien durante la época de crecimiento, y usar un fertilizante completo con abundante potasio. También hay que controlar las malas hierbas. La semilla debe cultivarse en camas calientes en primavera, y los brotes se trasplantan a una cama permanente a unos 60 cm de distancia entre brote y brote. Las

Los brotes florales redondeados de la alcachofa, *Cynara scolymus*, están listos para la recolección cuando aún son jóvenes y tiernos.

alcachofas se multiplican también por los chupones de plantas más antiguas que han dado buenos frutos. Los chupones se plantan a unos 90 cm de distancia a principios de primavera. La continuidad de la producción se asegura plantando chupones cada dos o tres años.

CLIMA Zona 6 y superiores.

Cynoglossum (fam. Boraginaceae)
Lenguas de perro

Oriundas de las zonas templadas, estas plantas bienales de tallos ásperos, y perennes efímeras, presentan hojas sencillas y ramos terminales unilaterales de flores pequeñas de color azul, morado o blanco. El follaje y los tallos son pilosos, y los frutos portadores de semillas forman un erizo espinoso que se puede enganchar de la ropa o de la piel de los animales.

CULTIVO Las especies de *Cynoglossum* prosperan con buen drenaje y sol, y toleran suelos de baja calidad. Se propagan a partir de semillas sembradas en otoño en un semillero de hortalizas, en el caso de las perennes, y, en primavera, en el sitio donde se quiere que florezcan, en el caso de las

Lenguas de perro, *Cynoglossum amabile*, aporta un parche azul claro a los jardines, a finales del verano.

Los tallos gráciles del papiro, *Cyperus papyrus*, se arquean sobre una charca poco profunda. La cabezuela empenachada es ligera y liviana.

anuales y bienales. Las perennes también se pueden dividir en primavera.

CLIMA Hay especies adecuadas para distintas zonas climáticas.

ESPECIES *Cynoglossum amabile*, de la zona 7, es una bienal que crece hasta alcanzar los 60 cm y presenta hojas lanceoladas u oblongas, y ramos pequeños de flores de color rosa, azul o blanco. Las flores vistas más a menudo son de color azul cielo claro. *C. nervosum*, de la zona 5, planta perenne de hasta 1 m, presenta hojas lanceoladas u oblongas y flores de color azul brillante.

Cyperus (fam. Cyperaceae)
Papiro

Una especie de esta familia de plantas ornamentales, semiacuáticas y semejantes al junco era usada por los egipcios de la Antigüedad para fabricar papel. Este género incluye aproximadamente 600 especies de plantas anuales y perennes. Las perennes son las que se cultivan con más frecuencia. Forman rosetones de hojas similares a la hierba, con ramos terminales de flores bisexuales que brotan en espigas, lo que las convierte en flores interesantes para cortar. Se desarrollan bien como plantas de interiores o en maceteros en un estanque soleado.

CULTIVO En los climas propensos a las heladas, las especies delicadas se cultivan en invernaderos intermedios o soleados. Las macetas se colocan en bandejas con agua para conservar el compost constantemente húmedo. En exteriores, se cultivan en los suelos húmedos de las márgenes de una charca. Se propagan en primavera por división vegetativa.

CLIMA Zona 10.

ESPECIES *C. involucratus*, sinónimo *C. alternifolius*, desarrolla un rosetón de hojas semejantes a la hierba, coronado por verticilos de hojas más cortas que semejan las varillas de un paraguas. Las espigas de flores verdes brotan en verano. Esta especie requiere que las raíces estén muy húmedas. *C. papyrus*, es el papiro o planta papelera de Egipto antiguo. Los tallos de esta planta elegante, apropiada para los estanques poco profundos, crecen hasta alcanzar 2,5 m, y sus hojas adquieren forma de vainas.

El tomate de árbol, *Cyphomandra betacea*, puede cultivarse en invernadero intermedio en áreas de frecuentes heladas. El fruto es comestible.

Cyphomandra betacea (fam. Solanaceae)
Tamarillo, tomate de árbol

Esta planta sudamericana, emparentada con *Solanum melongena* (berenjena), se cultiva tanto por su fruto comestible como por sus cualidades ornamentales. Es un arbusto perenne y leñoso que alcanza los 3 m de altura. El fruto, ovoide y de unos 8 cm de largo, tiene una piel suave de color rojo mate.

CULTIVO En áreas proclives a las heladas se cultiva en invernadero intermedio en macetas de compost suelo para tiestos. Requiere buena iluminación y protección contra el sol directo, así como un ambiente húmedo. Debe añadirse un fertilizante líquido una vez al mes en verano. Quizá deba podarse a finales de invierno para controlar el volumen. En exteriores, se cultiva en un lugar protegido a pleno sol y con un suelo enriquecido y de buen drenaje. Se multiplica en primavera por semillas germinadas a 18 °C, o por esquejes semimaduros en verano, con calor basal.

CLIMA Regiones más cálidas de zona 10 a tropical.

El labelo enormemente inflado de este híbrido del género *Cypripedium* aporta un aspecto raro a esta flor. Estas orquídeas son populares entre los coleccionistas.

Cypripedium (fam. Orchidaceae)
Chapines

Se trata de un género de aproximadamente 40 especies de orquídeas terrestres nativas de las regiones septentrionales templadas. Muchas de sus especies son actualmente raras y en peligro de extinción en su estado silvestre. Crecen a partir de un rizoma delgado, y presentan hojas plegadas y flores que lucen una bolsa prominente. Las flores, que brotan solitarias o en racimos, son, por lo general, de color rojo, rosa, blanco o amarillo.

CULTIVO Estas orquídeas necesitan un sitio abrigado bajo una sombra salpicada por la luz solar, condiciones propias del monte y suelos ricos en humus que drenen bien, pero que retengan la humedad todo el tiempo. Se riegan sistemáticamente durante el tiempo cálido y seco. Se pueden propagar por división vegetativa cuidadosa en primavera, pero las plantas separadas se deben sembrar de inmediato para evitar que se desequen.

CLIMA Depende de la especie que se cultiva; algunas son muy resistentes a las heladas.

ESPECIES *C. calceolus* de la zona 5, presenta hojas ovales y medio verdes, y produce flores veraniegas de color morado marrón con un labelo ahuecado amarillo. Puede crecer hasta alcanzar aproximadamente 40 cm de altura y ancho. *C. reginae* de la zona 4, puede crecer hasta más de 70 cm de altura. Sus flores blancas, con el labelo ahuecado de color rosa brillante, brotan también en verano.

Cyrtanthus (fam. Amaryllidaceae)

Este género del sur de África, con aproximadamente 50 especies de hierbas bulbosas, produce bellas floraciones tubulares y fragantes en sus tallos altos. Las flores brotan en primavera y verano, en umbelas que se inclinan hacia abajo y en colores rojo, blanco, salmón o amarillo claro. Estas bulbosas se desarrollan bien en macetas y las floraciones se emplean como flores duraderas para cortar.

CULTIVO En los climas propensos a las heladas, las especies de *Cyrtanthus* se cultivan en macetas, en invernaderos entre frescos e intermedios, o soleados. Los bulbos se siembran en las macetas durante su período de reposo, en compost. El cuello del bulbo debe sobresalir por encima del nivel del compost. Se les debe proporcionar el máximo de luz, pero protegerlas de la luz directa del sol. Las plantas se deben conservar apenas húmedas durante el reposo, pero se deben regar bien durante su período de crecimiento. En exteriores, se siembran en un sitio soleado, en suelos ricos en humus con buen drenaje. La profundidad en la que se siembran duplica la longitud del bulbo.

CLIMA Zona 10.

ESPECIES *C. brachycyphus* es una especie bastante bien conocida que merece que se cultive más extensamente. Presenta hojas de 30 cm de longitud, de color verde brillante, y produce racimos de flores tubulares rojas en primavera y verano, que brotan en tallos de hasta 30 cm de altura. Es una de las especies más resistentes y se puede cultivar en exteriores en un clima mediterráneo. *C. elatus* —la ex *Vallota speciosa*—, presenta hojas anchas y con forma de correa que alcanzan los 50 cm, y produce flores grandes, de color rojo brillante y con forma de trompeta a finales del verano hasta entrado el otoño.

Cyrtomium (fam. Dryopteridaceae)

Este género de 20 especies de helechos terrestres se distribuye desde Asia oriental hasta el sur de África, y por toda Centroamérica y Sudamérica. Una especie en particular se ha aclimatado en muchas regiones y se cultiva extensamente. Estos helechos presentan por lo general follajes gruesos con abundancia de escamas, y frondas pinnadas, firmes, de color verde oscuro, satinadas por el haz y cuyo desarrollo varía de erguido a pendular.

CULTIVO Estos helechos resistentes se pueden cultivar en casi cualesquiera condiciones. Aunque prosperan mejor bajo la sombra, toleran un poco de sol, a diferencia de otros helechos. Si bien son resistentes a las heladas, las frondas expuestas a la congelación se pueden quemar por el frío. Cuan-

Cyrtanthus elatus produce varias flores de color escarlata brillante y con forma de trompeta en cada tallo.

Cyrtomium falcatum, es una planta perenne con hojuelas (pinnas) un poco duras y de color verde oscuro. Es la especie más popular que se cultiva.

do ocurre, se podan, porque vuelven a crecer cuando el tiempo se torna más cálido.

CLIMA Zona 9.

ESPECIES *C. falcatum*, presenta un rizoma corto y rastrero; frondas oblongas o lanceoladas y hojuelas (pinnas) satinadas de color verde oscuro, que se aclara en el envés, y con un aspecto espinoso semejante a las hojas del acebo. El tallo se presenta recargado de escamas grandes y marrones. Los dos cultivares disponibles, 'Butterfieldii' y 'Rochfordianum', producen hojuelas más intrincadas que la especie.

Cytisus (Papilionaceae)
Escobas

Nativas de la cuenca del Mediterráneo y de las islas del Atlántico, muchas especies de este género numeroso de arbustos perennes o caducos productores de flores se cultivan con frecuencia. Resistentes y de crecimiento rápido, aunque por lo general efímeras, son plantas apropiadas para bordes arbustivos y jardines de rocalla. Su adaptabilidad, incluso a suelos pobres en nutrientes, condujo a que se consideraran en la edad media como emblema de la buena suerte. Presentan un aspecto similar al del brezo, con hojas sencillas o compuestas y ramos terminales de bonitas flores similares a las del gui-

sante que brotan con abundancia desde principios de la primavera hasta el verano.

CULTIVO Estos arbustos prosperan en suelos ligeramente ácidos y con buen drenaje, con orientación soleada y en climas templados. Si es necesario, se riegan en abundancia en verano. Se propagan a partir de semillas sembradas en primavera u otoño en un semillero de hortalizas, o a partir de esquejes casi maduros entre mediados y finales del verano.

CLIMA Hay especies adecuadas para distintas zonas climáticas.

ESPECIES *C. multiforus*, de la zona 6, crece hasta alcanzar los 3 m y produce flores axilares blancas en primavera. *C. x praecox*, de la zona 5, es una planta del tipo caduco, [con las ramas] casi inclinadas hacia abajo, de 1,3 m, que produce numerosas flores de color amarillo crema a lo largo de sus tallos en primavera, y presenta hojas muy pequeñas, sedosas y de color verde-gris. 'Albus' es una variedad de tamaño pequeño, con ramas un tanto inclinadas hacia abajo y flores blancas. *C. scoparus*, de la zona 5, ha sido declarada mala hierba dañina en algunas regiones. Crece hasta 2 m y tiene un modo de desarrollo arqueado y ramificado.

En primavera, esta especie de *Cytisus* queda casi sofocada por sus flores de color amarillo brillante.

Daboecia (fam. Ericaceae)

Estos arbustos pequeños, erectos o postrados, siempreverdes, que deben su nombre a un santo irlandés, gustan mucho para dar colorido a rocallas y márgenes de senderos. Las bonitas flores en forma de urna florecen durante casi todo el año, sobre todo desde el verano hasta el otoño.

CULTIVO A estos arbustos les gustan los suelos sin calcio, con turba y pleno sol. Deben podarse para retirar las flores ya marchitas. Se propaga por semillas o por esquejes de madera semimadura.

CLIMA De templados a frescos.

ESPECIES *D. azorica*, zona 8, hasta 20 cm, produce unas espigas con brillantes flores de un rojo rosado en verano. *D. cantabrica*, brezo de Vizcaya, zona 6, con un crecimiento en altura y extensión, mide 60 cm. Las hojas verdes son blancas en el envés y las flores, de un rojo purpúreo, nacen en espigas de unos 10 cm de largo. La variedad 'Alba' tiene las flores blancas; la 'Atropurpurea' produce unas flores de un rosa purpúreo muy intenso; la 'Bicolor', las tiene púrpura y blanco, y la 'Praegerae' rosa.

Las especies *Daboecia* son parientes próximos de los brezos. *Daboecia cantabrica* 'Atropurpurea' es una variedad selecta.

Dacrydium (fam. Podocarpaceae)

Endémicas del hemisferio sur, la mayoría de estas coníferas se encuentran en Nueva Zelanda; una es originaria de la Tasmania australiana y las otras, del sudeste asiático y las islas del Pacífico. Las hojas jóvenes son suaves y en forma de aguja, mientras que las maduras son escamosas y están abigarradas. En las especies altas, las ramillas externas caen produciendo una graciosa silueta. Las flores femeninas y masculinas nacen en árboles separados; las masculinas, como espigas cortas en la parte axial de las hojas superiores, y las femeninas, próximas al extremo de las ramillas. Las semillas están encajadas en una base carnosa, en forma de copa, generalmente de color escarlata.

CULTIVO Estos árboles necesitan un suelo rico y la humedad adecuada. La conífera de Huon tolera un poco las heladas y las nevadas ligeras. Se propaga por semillas o por esquejes en otoño. Si se cultiva a partir de semilleros de autosiembra, hay que asegurarse de que no tengan más de 15 cm cuando se trasplanten, de otro modo podrían tener dificultades para arraigar.

CLIMA Adecuados para climas con temperaturas entre frescas y templadas.

ESPECIES *D. cupressinum*, conífera de Nueva Zelanda, zona 9, tiene un atractivo follaje entre verde y

El follaje delicado y colgante de *D. cupressinum* es un activo en cualquier jardín.

bronce oscuro. No crece demasiado, aunque puede alcanzar alturas de 60 m en estado silvestre, y algo más de 10 m cuando se cultiva. Cuando el árbol es joven, es muy bonito debido a que la caída de las ramas es más pronunciada. La madera se utiliza en la construcción y para la fabricación de armarios. *D. franklinii*, conífera de Huon, la especie de Tasmania, zona 8, es un árbol espectacular, aunque no es tan alto como *D. cupressinum*, con ramas pendulares y hojas verde oscuro como escamas. En la actualidad es muy escaso. Ahora esta especie se ha vuelto a clasificar como *Lagarostrobus franklinii*.

Dahlia (fam. Asteraceae)
Dalias

Este género lo descubrió un médico español en el siglo XVII en las montañas de México. En el siglo XX se desarrollaron muchos tipos florales y se produjeron también muchos cultivares. En la actualidad existe una amplia gama, desde dalias decorativas, cactos, pompones, dalias de agua, con flores singulares o en forma de collar. El tamaño de las flores va desde los diminutos pompones de menos de 5 cm hasta las grandes flores de 30 cm o más, y pueden ser únicas, dobles o semidobles. Esta planta puede alcanzar una altura de casi 2 m, mientras que el «árbol de dalias» puede llegar a los 5 m de altura. Los arbustos tienen un período de floración muy dilatado, desde principios del verano hasta finales de otoño. Los árboles florecen desde mediados hasta finales de otoño.

CULTIVO La dalia requiere un suelo rico, con buen drenaje, muy bien nutrido con abono o compost. Necesita pleno sol todo el día y protección contra los vientos fuertes. Plante los tubérculos inactivos a mediados de primavera, a 10-15 cm de profundidad, con el cuello que contiene los brotes inactivos hacia arriba. El espacio entre las plantas depende de la variedad. Las pequeñas deben mantener una distancia entre ellas de 30 cm, mientras que las más grandes, de 70-100 cm. Al plantarlas se deberían poner rodrigones y etiquetas para evitar la posibilidad de dañar posteriormente los tubérculos. Riegue bien después del trasplante, aunque luego será innecesario hacer-

ARRIBA Los lechos de dalias que se plantan como anuales proporcionan muchas semanas de color, desde el verano hasta el otoño.

DEBAJO Ejemplo de una dalia de collar con su anillo central de florecillas: el collar.

lo hasta que comience el crecimiento. Una técnica alternativa consiste en iniciar el crecimiento de los tubérculos de dalia antes de que empiece la primavera en un invernadero con calor, en cajas con turba húmeda, y recoger unos esquejes basales cuando las raíces midan alrededor de 5 cm. Plante los esquejes individualmente, con calor en el fondo, y trasplante las plantas jóvenes cuando hayan desaparecido las heladas. Los lechos de dalias se obtienen de semillas que se han plantado a principios de primavera bajo cristal. Se trasplantan al exterior cuando han desaparecido las heladas. En cuanto comienza la floración, nutrirlas mensualmente con sangre, pescado y huesos, o con un alimento para plantas completo. Un mantillo de estiércol animal en descomposición le proporcionará nutrientes extra y también le ayudará a retener la humedad del suelo. Durante el crecimiento y la floración, cada semana habrá que regar la planta en profundidad. Las flores y las cabezas marchitas deben cortarse con regularidad para prolongar el nacimiento de capullos. Los árboles no son adecuados para esquejes. Los lechos de dalias se desechan cuando finaliza la estación.

CLIMA Zona 10.

VARIEDADES Existe una amplia gama de variedades procedentes de cultivadores especializados y que se pueden encontrar en tiendas de jardinería. La mayoría tienen un pequeño surtido en primavera.

Dais (fam. Thymelaeaceae)

Natural del sur de África y Madagascar, este género solo tiene dos especies, una de las cuales se cultiva en jardines.

CULTIVO Plante en un lugar soleado, con buen drenaje y al abrigo del viento. Se propaga por esquejes desde mediados del verano.

CLIMA Zona 9, siempre que la zona esté relativamente libre de heladas.

D. cotinifolia es un arbusto de tamaño medio-alto adecuado para los jardines templados.

ESPECIES *D. cotinifolia* es un árbol recto, parcialmente caducifolio, que en zonas muy cálidas puede ser siempreverde. Crece rápidamente hasta los 5 m, y tiene unas hojas ovales y cabezas en sombrilla con flores color rosa malva en verano. No es resistente a las heladas, aunque soporta temperaturas bastante bajas.

Dampiera (fam. Goodeniaceae)

Este género, cuyo nombre procede del explorador William Dampier, comprende alrededor de 70 especies de plantas y arbustos, incluidas muchas plantas de rocalla, la mayoría de las cuales son originarias del oeste de Australia. Las abundantes flores en forma de abanico y de cinco pétalos proporcionan un bonito espectáculo en primavera y en verano. El color de las flores va desde el azul claro hasta el púrpura, y el atractivo follaje, entre el verde claro y el gris plateado, varía en forma y en tamaño.

CULTIVO En los climas fríos se cultivan en invernaderos y viveros intermedios. Se utiliza un suelo de compost especial para macetas y hay que proporcionarles la máxima luz, aunque protegidas del sol directo. A la intemperie, estas plantas necesitan suelos con buen drenaje, ácidos o neutros y sol. Las perennes se propagan por división en primavera, y los arbustos, por esquejes semimaduros en verano, ambos bajo cristal.

CLIMA Zona 10.

ESPECIES Algunas están disponibles fuera de Australia. *D. diversifolia*, del oeste de Australia, es una rastrera, perenne trepadora o de cobertura, con unas ramas pequeñas, densas y frondosas, e infinidad de pequeñas florecitas azul purpúreo en primavera y en verano. Esta especie es fuerte y resistente a las heladas, y se le forman chupones fácilmente. *D. linearis* es una especie con chupones, de crecimiento lento, que alcanza los 15 cm de altura. *D. purpurea*, del este de Australia, es un arbusto recto y piloso, de hasta 1 m, con flores púrpura, la mayoría de ellas en la parte superior de la planta. *D. rosmarinifolia*, procedente en su mayor parte de las regiones del eucalipto del sur de Australia, Vic-

Dampiera diversifolia es la especie más fácil de encontrar.
En el clima adecuado, resulta una planta de cobertura
excelente.

En invierno, *Daphne odora* se carga de ramilletes de pálidas flores
de un perfume inolvidable.

toria y Nueva Gales del Sur, forma extensas matas
y produce un brillante despliegue de vivas flores
azules en primavera. *D. stricta*, del este de Australia, es una especie rastrera y perenne, con tallos de
hasta 1 m de largo y una altura de 30 cm. Las flores de un azul claro son escasas y no tan espectacu-
culares como las de muchas otras especies. *D. well-
siana*, del oeste de Australia, es una planta muy
atractiva, de crecimiento lento, en extensión, perenne, con hojas en forma de cuchara y abundancia de flores azules con la garganta amarilla en primavera y en verano.

Daphne (fam. Thymelaeaceae)

Estos arbustos caducifolios y siempreverdes, de
una fragancia deliciosa, llamados como la ninfa
de la mitología griega, se cultivan en todo el mundo excepto en los trópicos. Sus bonitas y cerosas
flores, de primavera o de verano, aparecen en
unas cabezas terminales cortas sobre unas hojas
estrechas u oblongas. Algunas especies son altas y
arbustivas; otras, bajas y semirrastreras. Todas las
partes de estas plantas son tóxicas a la ingesta.

CULTIVO Las *Daphnes* requieren suelos con buen
drenaje, ricos en humus, y raíces frescas. Plántelas
en sombra parcial, o a pleno sol en climas frescos.
No hay que regarlas en exceso, sobre todo en invierno. Como es una planta de raíces poco pro-

fundas, la *Daphne* es sensible a alteraciones en las
raíces, por ello esta zona debe mantenerse con un
buen mantillo. Se propaga por esquejes o por semillas. Los ramilletes de flores se pueden cortar
sin dañar la planta. Normalmente no requiere
más poda que cortar ramitos para la casa.

CLIMA Existen especies adecuadas para varias zonas climáticas.

ESPECIES *D.* x *burkwoodii*, zona 5, es un arbusto resistente de andadura vertical y hasta 1 m de altura, con tupidos racimos de flores de un blanco rosado. Existen varios cultivares de esta especie, algunos de los cuales con el follaje jaspeado en
crema o dorado. *D. cneorum*, zona 4, es un arbusto
siempreverde de hasta 30 cm, suele crecer poco y
en extensión, y tiene abundantes flores de color
rosa. *D. genkwa*, zona 5, es una especie caducifolia, de hasta 1 m, con ramas erectas y esbeltas y ramilletes de flores de un lila azulado y de un aroma
delicado. Es adecuada para cultivarla en zonas
frías. *D. odora*, zona 7, originaria de China y una
de las especies que más se cultivan en las regiones

templadas, es siempreverde mide hasta 1,5 m con un hábito de crecimiento arbustivo y extensivo. Sus capullos, de un rosa rojizo, se abren en flores muy fragantes de un blanco rosado. La forma alba tiene unas flores de un blanco puro, mientras que las hojas de la «Auriomarginata» presentan los bordes amarillos.

Darwinia (fam. Myrtaceae)
Mirtos de olor

Así llamada por el abuelo de Charles Darwin, este género comprende 60 especies de arbustos con flor procedentes, en su mayoría, del oeste de Australia. Estas especies se caracterizan por su follaje rígido y sus floraciones únicas, formadas por racimos de flores diminutas, generalmente rojizas, perfumadas y encerradas a menudo en unas brácteas grandes y coloridas, en forma de campanilla.

CULTIVO En las regiones con clima propenso a las heladas, cultívelas en invernaderos o viveros aireados y frescos, en macetas sin suelo y con compost especial para macetas, con luz máxima, pero protegidas de la luz directa del sol. Si las cultiva en el jardín, plántelas en un lugar soleado y protegido, en suelo arenoso y con un buen drenaje. Se propagan por esquejes semimaduros bajo cristal en verano o bien por acodo en primavera.

CLIMA Necesita un lugar libre de heladas; por lo menos zona 9.

El cultivo de *Darwinia rhadinophylla* puede resultar más difícil que el de otras especies. De poca altura y rastrera, raramente excede los 20-30 cm de altura.

ESPECIES Algunas de estas especies están disponibles fuera de Australia. *D. citriodora*, mirto de limón, del oeste de Australia, alcanza 1 m y tiene flores rojizas y un follaje verde grisáceo. La especie *D. fascicularis*, originaria de Nueva Gales del Sur, presenta un follaje más tupido y suave que muchas otras especies y crece hasta 1 m.

Daucus (fam. Apiaceae)

De este género de más de 25 especies herbáceas de Europa, oeste de Asia y norte de África, solo una tiene importancia en horticultura. Su follaje está finamente diseccionado y compuesto de pequeñas flores blancas en sombrilla rodeadas de brácteas.

CULTIVO Siembre las semillas en primavera a la intemperie en un suelo con buen drenaje.

CLIMA *Daucus* se cultiva como una bienal en todos los climas.

ESPECIES La *D. carota*, zanahoria, es una bienal de raíz gruesa que crece hasta 1 m. Produce unas sombrillas atractivas, como de encaje, en verano, y se pueden incluir en una orilla mixta o en un jardín silvestre. La subespecie *sativus* ha producido muchos cultivares. Se trata de la zanahoria, que se planta generalmente en los jardines de hortalizas.

Las flores de la zanahoria aportan un toque despreocupado al jardín.

Daucus carota subesp. Sativus

(fam. Apiaceae)

Zanahoria

Originaria de Afganistán, la zanahoria se cultiva desde hace 2000 años. Es una herbácea bienal, aunque se cultiva como anual. Esta popular raíz es deliciosa tanto cruda como cocinada, además de ser muy nutritiva, dado que contiene azúcar, sales minerales, vitaminas y caroteno.

CULTIVO A la zanahoria le gusta el sol y prefiere suelos ligeros o arenosos que sean razonablemente fértiles, aunque con bajo contenido en nitrógeno. No las plante en suelos recién abonados porque eso provoca la deformación de las raíces. El pH del suelo debería ser de 6-6,5. Pueden hacerse siembras sucesivas para tener un suministro de raíces más largo. Las zanahorias tardan de nueve a doce semanas en madurar, y las raíces inmaduras pueden cosecharse como zanahorias baby. Siémbrelas siempre agrupadas porque a las zanahorias no les gusta que las trasplanten. La siembra empieza en primavera, pero hay que esperar hasta que la temperatura del suelo exceda los 7 °C. A principios de estación las zanahorias se pueden sembrar bajo campana, lo que ayuda a calentar el suelo. Siembre las semillas a 1 cm de profundidad en hileras de 15 cm de distancia. Ralear a 4-8 cm, dependiendo del tamaño. La mosca de la zanahoria puede ser un problema serio. Para evitarlo, rodee el cultivo con una pantalla de 90 cm de altura de una malla muy fina o con una lámina de plástico. Como alternativa, siembre las semillas al principio del verano, cuando la actividad de las moscas ha cesado. Si es posible, escoja variedades resistentes. Durante la estación seca, manténgalas bien regadas. La cosecha principal y las variedades tardías se pueden almacenar en un sitio fresco y seco para usarlas durante el invierno.

CLIMA Las zanahorias se cultivan en todos los climas como anuales de primavera y de verano, aunque en las regiones con inviernos severos no hay que dejar las raíces en la tierra durante el invierno, sino que deben arrancarse y guardarse en otoño.

El plumoso follaje de las zanahorias añade un toque decorativo al jardín de hortalizas.

VARIEDADES Existen variedades propias en cada zona. Están agrupadas según la época en que maduran, la variedad y el tamaño de la raíz. Las zanahorias tempranas tienen raíces pequeñas y cilíndricas; las de media temporada son de tamaño mediano, con raíces más largas y cilíndricas; las de la cosecha principal tienen un tamaño medio y raíces claramente cónicas, y las tardías tienen las raíces muy largas y cilíndricas.

Davallia (fam. Davalliaceae)

Helechos de pata de liebre

Este género de helechos comprende unas 40 especies, la mayoría procedentes del sudeste asiático, y algunas de Australia y Nueva Zelanda. En su mayoría epífitas, crecen en lugares elevados en bosques tropicales y otros ambientes muy húmedos. Tienen unos rizomas sólidos, alargados y trepadores cubiertos de escamas de color gris, castaño, plateado o negro. Normalmente las frondes son largas y triangulares, mientras que las hojuelas varían desde muy finas a gruesas y anchas. Estos helechos, excepcionalmente hermosos, son ideales para cestas colgantes.

CULTIVO Las especies de *Davallias* se cultivan en invernaderos o viveros intermedios, o como plantas de interior cuando el ambiente es propenso a las heladas. Pueden cultivarse en cestas

Davallia pyxidata coloniza el suelo con sus rizomas trepadores coronados con frondes de encaje.

colgantes con una mezcla de turba o un sustituto de la misma, arena gruesa y astillas de corteza putrefacta, con un toque de carbonato cálcico y magnesio y unos cuantos terrones de carbón vegetal. Les gusta la luz, pero no el sol directo, y un ambiente húmedo. Las hojas deben vaporizarse a diario durante el verano con agua pura. Los rizomas se pueden dividir en primavera para propagar una planta. El trozo de rizoma debe tener algunas raíces.

CLIMA Zona 10.

ESPECIES *D. denticulata*, helechos con bordes dentados, uno de los especímenes que se cultivan, es originaria de Asia, pero también se encuentra en el nordeste de Queensland. El rizoma tiene escamas castañas y las frondes están finamente divididas. *D. fejeensis*, de Fiji y otras regiones tropicales, es quizá la especie más bonita. Es muy delicada, con hojuelas finas y plumosas, y requiere protección de las heladas y del frío en invierno. *D. pyxidata*, originaria del este de Australia, es una de las especies que más se cultivan. El rizoma está cubierto por escamas de color castaño y las frondes largas y gruesas son de un verde oscuro lustroso.

Davidia (fam. Davidiaceae)

Árbol de las palomas o de los pañuelos

Árbol de las palomas, el nombre común de este género de especie única procedente del oeste de China, deriva de las originales brácteas blancas semejantes a pájaros que rodean sus flores. A estos árboles se les debería dar un lugar preferente en el jardín como un espécimen de árbol destacado.

CULTIVO Prospera en ambientes boscosos, con suelos húmedos y, sin embargo, con buen drenaje, sombra parcial o sol y al abrigo de los vientos fríos. Se propagan por semillas que se siembran en el jardín solo en otoño.

CLIMA Zona 6. De climas frescos y húmedos.

ESPECIES *D. involucrata* es un árbol resistente y caducifolio de 15 m, con hojas gruesas y ovales, con una suave andadura hacia abajo, flores de un castaño rojizo, insignificantes, y las características grandes brácteas. La variedad *vilmoriniana* es similar, pero el revés de la hoja no es peludo.

Un gran espécimen de *Davidia involucrata* en plena floración es un espectáculo inolvidable. Las brácteas blancas de las flores se distinguen aun desde la distancia.

Daviesia (fam. Papilionaceae)
Guisantes amargos, huevos con panceta

Estos arbustos son originarios de todos los estados de Australia, aunque la mayoría proceden del oeste. Estas plantas reciben el nombre común de huevos con panceta. No se cultivan muchas especies, pero son unos especímenes interesantes tanto como arbustos de arriate como de invernadero. Una de las características de las 100 especies son las vainas triangulares con una única semilla. Algunas carecen de hojas, otras son espinosas, pero todas producen la flor del guisante durante el verano.

CULTIVO Donde las heladas son probables, se cultivan en invernaderos o en viveros frescos. A la intemperie, *Daviesia* necesita luz, un suelo arenoso y suelto, y pleno sol. Se propaga por semillas.

CLIMA Zona 9.

ESPECIES Es difícil encontrarlas fuera de Australia. *D. brevifolia*, de 1 m, tiene los tallos en zig zag, carentes de hojas, pequeñas espinas y flores de color rojo intenso. *D. cordata*, hasta 1 m, de hojas grandes, en forma de corazón, produce unos racimos de flores amarillas y rojas. *D. horrida* tiene unos racimos de flores pequeñas, amarillas y castañas y supera los 2 m de altura. *D. mimosoides* es un arbusto abierto, a menudo péndulo, que crece hasta 1,5 m, con hojas lanceoladas y racimos con pequeñas y abundantes flores amarillas.

Daviesia ulicifolia es una especie que se encuentra en zonas de precipitaciones muy bajas.

Delonix (fam. Caesalpiniaceae)
Árbol de fuego, flamboyán

Este magnífico árbol, originario de Madagascar, es uno de los árboles floridos más hermosos del mundo. Solo se cultiva una especie. En los trópicos se utiliza como árbol de calle, y es un espécimen destacado en los jardines particulares y en los parques.

CULTIVO En los climas propensos a las heladas, el árbol de fuego se cultiva en invernaderos o viveros intermedios, pero solo como planta de follaje porque no florece en maceta. Utilice un compost especial para macetas y proporciónele cuanta luz sea posible. Se propaga por semillas que se siembran en primavera. Germina a una temperatura de 21 °C.

CLIMA Por lo menos, zona 10.

ESPECIES *D. regia* es un árbol parcialmente caducifolio que solo crece unos 12 m de altura, pero en ocasiones su copa, semejante a una sombrilla, es ancha, o más ancha al través. Es un árbol muy espectacular cuando la multitud de flores de color entre escarlata y anaranjado estallan en verano entre el hermoso follaje plumoso. A las flores les siguen unas vainas planas y leñosas, de unos 50 cm de longitud.

El árbol de fuego tiene unas flores espectaculares, pero no las produce si crece de la vaina.

Delphinium (fam. Ranunculaceae)

Procedentes en su mayoría del hemisferio norte, estas plantas resistentes anuales, bienales y perennes, son muy atractivas con sus altas espigas de vistosas flores. Son muy populares en Europa y en el Reino Unido porque dan lo mejor de sí en climas fríos. Algunas especies se cultivan en climas cálidos y, si es así, es preferible tratarlas como anuales. En las regiones frías florecen libremente y durante largo tiempo y es mejor que se las trate como perennes. A la *Delphinium* se la conoce sobre todo por su hermoso color azul, aunque actualmente existen híbridos en rojo, rosa, blanco y amarillo. En Estados Unidos, el grupo *Elatum* es el más popular de *Delphinium* perennes, con tupidas espigas floridas desde principios hasta mediados del verano. En este grupo hay cultivares de tamaño alto, medio y pequeño. Las *Delphinium* son útiles para formar orillas y proporcionan excelentes flores de corte.

CULTIVO Las especies de *Delphinium* requieren un suelo rico, con calcio añadido y un drenaje muy efectivo. Propague el grupo *Delphinium* por esquejes robustos basales en primavera. Es mejor

que enraícen bajo cristal con calor en el fondo. Las semillas de *Delphinium* anuales se pueden sembrar bajo cristal a principios de primavera y trasplantar al exterior a finales de primavera. Las variedades híbridas altas deben espaciarlas a 50 cm de distancia, con 50 cm entre las hileras, y los tipos más pequeños, a 30 cm de distancia, con 40 cm entre las hileras. Una vez arraigadas, apliqueles con regularidad un fertilizante líquido porque les gusta alimentarse bien y, durante la estación de floración, un generoso aporte fertilizante completo. En los meses cálidos del verano es aconsejable aplicar un mantillo a la superficie del suelo para que las raíces se mantengan frescas. La mayor parte de las variedades más altas necesitan rodrigones protectores para mantenerlas a salvo de la acción dañina del viento. Las nuevas raíces son susceptibles del ataque de caracoles y babosas que deberían quitarse.

ESPECIES *D. elatum* crece hasta 2 m, con espigas de flores de variado colorido que se dilatan desde finales de primavera y durante todo el otoño. La

Las vistosas flores púrpura y azul de *Delphinium* proporcionan un gran colorido a los jardines en verano.

El lila más pálido es uno de los colores que se han obtenido de los híbridos de *Delphinium*.

mayoría de *Delphinium* de jardín y muchos cultivares se han obtenido de esta especie. *D. grandiflorum*, delphinium de las mariposas, es anual o perenne, de 45 cm, con flores tempranas de verano en blanco o violeta azulado. En los viveros especializados se encuentran docenas de cultivares de *Delphinium*.

Dendrobium (fam. Orchidaceae)

Este género comprende más de 900 especies de orquídeas que se cultivan profusamente en el hemisferio sur, particularmente en la India, Nueva Guinea y Australia. Son muy diferentes en cuanto a tamaño y forma de las flores y, dada la cantidad de híbridos que se han obtenido, también en colorido. La gama de colores va desde el casi blanco al amarillo, malva y púrpura intenso. Algunas flores presentan colores puros, pero la mayoría son bicolores o jaspeadas.

CULTIVO Estas orquídeas se cultivan en invernaderos y viveros intermedios en los climas propensos a las heladas. La mayoría son epífitas y el modo más habitual de plantarlas es en tablas de corteza colgando en el invernadero, rodeando las raíces con musgo esfagnáceo. Otra alternativa es plantarlas en macetas con un compost especial para orquídeas epífitas que se puede conseguir en viveros especializados en orquídeas. En lugar de macetas, pueden plantarse en cestas para orquídeas de

La encantadora *Dendrobium bigibbum*, es el emblema floral de Queensland (Australia).

rejilla de madera colgadas en el invernadero. Necesitan pequeñas macetas si van a florecer libremente. Durante la primavera y el verano a estas plantas les gusta un ambiente húmedo y sombra parcial, además de un riego generoso. Vaporizar las plantas todos los días y con un líquido nutriente una vez a la semana. En otoño y en invierno necesitan la máxima luz, mientras que deben mantenerse secas. Se propagan por división en primavera, cuando a la planta le ha quedado pequeño su recipiente.

CLIMA Por lo menos, zona 10.

ESPECIES Las especies *D. falcorostrum*, *D. kingianum* y *D. speciosum* son todas originarias del continente australiano. De estas especies, sobre todo *D. kingianum*, se han obtenido multitud de híbridos para producir cultivares encantadores y originales. *D. bigibbum* es muy apreciada sobre todo por sus flores de color rosa y púrpura intensos. *D. speciosum* alcanza 1 m o más de diámetro cuando llega a la madurez. Sin embargo,

De un color y forma poco habituales, este cultivar de *Dendrobium* causaría las delicias de cualquier jardinero.

D. nobile y sus numerosos cultivares es probablemente la *Dendrobium* de caña blanda más cultivada. Estas especies tienen flores blancas marcadas con rosa y magenta, con la garganta en rojo purpúreo. Los cultivares tienen una gama de color enorme. Cincuenta y dos especies del total son originarias de Australia. Tres especies de *Dendrobium* de un colorido extremo son muy valiosas: *D. chrysotoxum*, *D. densiflorum* y *D. fimbriatum*, todas procedentes de las tierras bajas del Himalaya y de Burma. Un buen vivero de orquídeas debería ser capaz de suministrar muchas especies e híbridos de *Dendrobium*.

Dendrocalamus (fam. Poaceae)
Bambúes gigantes

Estos bambúes, adecuados para climas tropicales y subtropicales, en las regiones propensas a las heladas se cultivan en macetas o en tiestos en invernaderos o viveros cálidos. Este género incluye los de mayor tamaño del mundo. Crecen formando matas y las nuevas raíces proceden de la plan-

Las robustas cañas de *Dendrocalamus giganteus* forman una barrera impenetrable. Se usa para fabricar pasta de papel en el sudeste asiático.

ta originaria. El tallo y el rizoma son una sola cosa. La parte superior del breve rizoma produce los brotes, uno de los cuales crece hacia arriba para formar la nueva planta. La mayoría de estos bambúes tiene un uso comercial en sus países de origen, y se utilizan para la construcción, la fabricación de balsas y cubos, así como por sus brotes comestibles.

CULTIVO Para propagar bambúes de mata, excave un tallo de un año, sin ramas, de unos 50 cm de longitud; córtelo cuanto sea posible hasta la planta originaria y mantenga dos o tres nódulos. Entiérrelo en posición horizontal a 20 cm de profundidad. Otro modo de hacerlo es enterrándolo en posición diagonal, dos tercios por debajo del suelo y un tercio por encima.

CLIMA Por lo menos, zona 10.

ESPECIES *D. giganteus*, bambú gigante, procedente de la India, es el bambú más grande del mundo, alcanza los 35 m de altura y tiene unos tallos gruesos de más de 25 cm de diámetro. *D. strictus*, bambú de Calcuta, crece hasta una altura de aproximadamente 20 m, con paredes de gruesos tallos y ramas superiores curvadas. Es el más conocido de los bambúes indios y se utiliza para fabricar pasta de papel.

Derris (fam. Papilionaceae)
Derris, árboles de la llama

Originarios del sudeste asiático y Australia, algunos de estos árboles y trepadoras leñosas se cultivan, sobre todo en Malaisia e Indonesia, para la producción de rotenone (derris), un insecticida de baja toxicidad para los seres humanos y los animales, aunque afecta a los peces. Los aborígenes australianos han utilizado desde hace mucho tiempo las raíces de algunas especies de *Derris* para envenenar peces.

CULTIVO En los climas propensos a las heladas se cultiva en invernaderos cálidos, pero en Estados Unidos no se cultiva mucho.

CLIMA Zona 10.

El rotenone que se extrae de la *vine Derris elliptica* se utiliza sobre todo para la fabricación de insecticidas.

Deutzia gracilis, a veces llamada «campanas de boda», exhibe multitud de flores blancas en cascada.

ESPECIES *D. elliptica*, derris, de Malaisia e Indonesia, es la principal fuente comercial de rotenona, un insecticida vegetal. Es una trepadora grande, con hojuelas divididas, castañas y sedosas en el revés, y flores blancas en forma de guisante con tintes de un rosa lila. *D. microphylla*, originaria de Malaisia y la India, es un árbol de hasta 5 m de altura o más, con racimos de flores en forma de guisante que van del rojo al púrpura. El revés de las hojuelas es blanquecino. *D. robusta*, de la India y Sri Lanka, es un árbol de hasta 12 m, con follaje grisáceo y racimos de flores blancas. *D. scandens*, árboles de la llama de Malay, se encuentra sobre todo en las regiones tropicales de Asia como en Queensland. Esta trepadora produce abundantes racimos de flores de color rosa.

Deutzia (fam. Hydrangeaceae)

Estos arbustos resistentes, caducifolios, de floración libre, en su mayoría son originarios de Japón, China, las regiones templadas de Centroamérica y de Filipinas. Las hojas son de un verde mate, apuntadas y ligeramente rugosas. La corteza de las especies maduras es marrón y desconchada. Las flores en forma de estrella, del blanco al rosa, aparecen en primavera o a principios del verano. La mayoría son olorosas. Se han creado híbridos que se adaptan a distintos ambientes.

CULTIVO La especie *Deutzia* se puede cultivar en la mayoría de suelos y tolera sombra parcial y fríos severos. Se propaga por esquejes de otoño o invierno. Estos arbustos se trasplantan con facilidad mientras permanecen inactivos en invierno

CLIMA Existen especies adecuadas a distintas zonas climáticas.

ESPECIES *D. gracilis*, «copito de nieve japonés», zona 4, es una de las especies más conocidas, crece hasta cerca de 1 m de altura. Los apretados racimos de flores «papery» de un blanco inmaculado cubren toda la planta cuando está en flor. *D. longifolia*, 'Veitchii', zona 6, alcanza hasta 2 m, tiene las hojas apuntadas, blanquecinas en el revés, y capullos de un rosa purpúreo que se abren en flores de color de rosa. *D.* x *magnifica*, zona 5, un híbrido, crece hasta los 2 m, y produce flores dobles de un blanco inmaculado. *D. scabra*, zona 5, crece erecta hasta los 3 m y da flores de color blanco rosado.

Dianella (fam. Phormiaceae)
Lirios de lino

Estas plantas perennes de vida dilatada son originarias de Australia, Nueva Zelanda, las islas del Pacífico, las regiones tropicales de Asia y el este de África. Son plantas que forman matas, rizomatosas, con mechones de hojas largas, fibrosas y en forma de asa en unos tallos gruesos. Los lirios de lino tienen un período largo de floración, que comienza en primavera y es seguido por la aparición de unas bayas azules. Aportan textura a los arriates mixtos y también sirven para jardines de rocalla y como plantas de orilla.

CULTIVO Se propagan por semillas maduras o por brotes laterales en suelos ligeros en sitios umbríos y húmedos durante los meses más fríos del año. La mayoría de las especies requieren abundante humedad cuando son jóvenes. Una vez han arraigado bien, resisten fríos y sequías.

CLIMA Zona 9.

ESPECIES *D. caerulea*, del este de Australia y Nueva Guinea, produce unas flores azules pequeñas y luego bayas azules. *D. ensifolia*, lirios de paraguas, es una especie tropical de hasta 2 m. El color de sus flores va desde el blanquecino hasta el azul con anteras amarillas. La especie *D. intermedia*, originaria de Nueva Zelanda, tiene un rizoma rastrero y pequeño, flores de un blanco verdoso a blanco purpúreo con anteras amarillas. *D. laevis*, que se produce en muchos estados de Australia, la utilizaban los aborígenes para tejer cestas. Tiene unas flores azules con anteras amarillas. *D. revoluta*, originaria de Nueva Gales del Sur y Tasmania, presenta flores pequeñas, de un azul intenso, con anteras amarillas o marrones y bayas azules.

Dianthus (fam. Caryophyllaceae)
Claveles, clavellinas

Este abundante género de plantas anuales, bienales o perennes, es originario en su mayor parte de Europa y del Mediterráneo. En la Antigüedad se consideraba el *Dianthus* la flor divina, la flor de Júpiter o Zeus. Se cultiva desde hace muchos siglos, especialmente como fuente de aceites para jabones y perfumes. Muchas de las especies tienen fragancia y son muy atractivas para las mariposas. A menudo se denominan clavo perfumado. Son fáciles de cultivar, porque resisten la mayoría de los climas. El clavel es considerado como la flor de corte más popular en el mundo. Las especies *Alpine* son adecuadas para rocallas.

CULTIVO La mayoría de *Dianthus* gustan de suelos ligeramente alcalinos con marcado drenaje, aunque ciertas especies *Alpine* también toleran suelos ácidos. Crecen bien en marga arenosa. Propague

Dianella revoluta es una especie de lirio del lino que tolera ambientes bastante fríos.

Las variedades de color rosa de la *Dianthus plumarius*, se cultivan por su fragancia especial así como por la apariencia de sus flores.

El cultivar anual de *Dianthus chinensis* aporta un deslumbrante colorido a los lechos de verano.

las especies anuales y bienales por siembra de la semilla en primavera; las perennes, por esquejes de verano, inmediatamente después de la floración. Arraigarlos en arena gruesa.

CLIMA Existen *Dianthus* adecuados a diferentes zonas climáticas.

ESPECIES *D. alpinus*, zona 3, es perenne, crece 8 cm, adecuada para rocallas. Tiene unas flores de pétalos largos, ribeteados de púrpura rojizo, y moteados con blanco. La especie *D. barbatus*, clavel William, zona 4, es una anual de vida breve, bienal o perenne, de 60 cm, a veces con flores dobles, generalmente rojas, rosa o púrpura que florecen a finales de primavera y principios de verano. Es una flor de jardín muy popular. *D. caryophyllus*, clavel rosa, zona 8, es una planta de corta vida, con hojas lanceoladas de un gris plateado y a menudo flores dobles, grandes y fragantes en blanco, rosa, rojo, púrpura, amarillo, albaricoque-naranja y blanco, manchadas con rojo. *D. chinensis*, clavellinas Indian (a menudo llamada simplemente *Dianthus*), zona 7, de China, crece sobre todo como anual, con alturas que alcanzan de los 15 a los 70 cm. Sus flores son de

un rosa lila con ojos púrpura. Hay cultivares disponibles de uno o de varios colores mixtos. *D. deltoides*, 'Maiden pink', zona 3, es una perenne enana en forma de mata. Sus flores individuales son de un rosa intenso, con flecos, se producen en primavera y a principios de verano. *D. gratianopolitanus*, 'Cheddar pink', zona 3, es una perenne en forma de mata de hasta 15 cm, con flores rosadas muy fragantes. *D. plumarius*, 'Cottage pink' o 'Grass pink', zona 3, es una planta péndula, perenne y siempreverde, de hasta 40 cm, con hojas estrechas y a menudo flores con bordes en rosa, púrpura, blanco o multicolores. La especie *D. subacaulis*, zona 5, una *Alpine* perenne, es una planta tupida de base leñosa y flores de un rosa intenso.

Dicentra (fam. Fumariaceae)
Corazones sangrantes, dicentras

Estas anuales y perennes procedentes de las regiones más frías de Norteamérica y del norte de Asia son, en su mayor parte, plantas leñosas originarias a menudo de las zonas frías montañosas. Tienen raíces fibrosas, rizomatosas o tuberosas, y unas flores colgantes muy bonitas, parecidas a farolillos, que se producen en tallos arqueados desde la primavera y durante todo el verano.

CULTIVO Cuando la dicentra se cultiva en las zonas más cálidas, debe situarse en un lugar umbrío; en las zonas más frías, puede crecer tanto en sombra como a pleno sol, a condición de que el suelo no se seque en la zona de las raíces. Estas plantas deben abonarse bien para ayudarlas a retener la humedad. Prefieren suelos ricos y arcillosos y cierta protección del viento. Propague por semilla o por división cuidadosa de las quebradizas raíces en primavera. Para impulsar una buena floración, aplique un fertilizante ligero líquido antes de que broten las flores.

CLIMA Existen especies adecuadas para las distintas zonas climáticas.

ESPECIES *D. cucullaria*, dicentra, es una especie tuberosa, con flores péndulas blancas con las puntas amarillas y largos pistilos. *D. formosa*, corazones

Las flores en forma de corazón y de un rosa intenso de *Dicentra spectabilis* parecen diminutos relicarios.

Con sus flores azul rey, *Dichorisandra thyrsiflora* es una planta excepcional para un jardín de clima cálido.

sangrantes silvestres, zona 6, alcanza 45 cm. Tiene un rizoma carnoso y flores delicadas, con grandes pistilos y de un rosa purpúreo. La especie *D. spectabilis*, corazón sangrante del oeste, originaria de Japón, es una de las favoritas. Tiene unas delicadas flores de un tono rojo rosado. La variedad 'Alba' da flores blancas.

Dichorisandra (fam. Commelinaceae)

Se cultivan solo algunas especies de este género de alrededor de 25 siempreverdes perennes procedentes de las regiones tropicales de América, aunque podrían conocerse mejor, porque son ideales para invernaderos cálidos. Crecen de raíces carnosas, producen unas hojas grandes y lustrosas, y vistosas espigas de flores.

CULTIVO Como son plantas tropicales, deben cultivarse en invernaderos o viveros cálidos en las zonas de clima fresco o frío. Use un suelo de compost especial para macetas, y plántelas en un lugar con buena luz pero protegidas del sol directo. Les gusta un ambiente húmedo. En invierno, mantener el compost solo ligeramente húmedo, pero regarlo en abundancia durante el verano. Se propagan por división en primavera o por esquejes todo el año.

CLIMA Zonas cálidas libres de heladas.

ESPECIES *D. thyrsiflora* mide 1,5 m de altura o más. El follaje es de un verde intenso y lustroso y las flores, de un azul vivo hasta el púrpura, aparecen desde el verano hasta el otoño. *Dichorisandra* es una perenne excelente para plantarla debajo de árboles grandes.

Dicksonia (fam. Dicksoniaceae)

Originario de las regiones tropicales y subtropicales, entre ellas Australia, Nueva Zelanda y el sur del Pacífico, este género de helechos arbóreos siempreverdes y semisiempreverdes, comprende alrededor de 25 especies. Los troncos varían de grandes a pequeños, las extensas frondes están finamente divididas, los pecíolos son velludos y más gruesos hacia la base. Las cápsulas de las esporas en las fértiles frondes están protegidas por una envoltura en forma de bolsa que se rompe cuando madura y derrama las esporas. Estos helechos arbóreos son unos especímenes muy hermosos, y si se pueden plantar agrupados, el efecto será mucho mejor.

Dicksonia antarctica es la especie más resistente de este género de helechos.

CULTIVO Plántela en suelo ácido en sombra total o parcial. Riegue bien la base y el tronco y vaporice la copa para mantener el follaje saludable. Un abono formado por hojas podridas y estiércol de vaca resulta un buen acondicionador del suelo. Se propaga por esporas. Cuando se trasplanta un helecho arbóreo, hay que levantar cuanto sea posible la estructura de las raíces para evitar un retraso en el crecimiento, o bien cortar el tronco, asegurándose de que en la nueva ubicación se planta a unos 30 cm de profundidad. Hay que quitar todas las frondes, excepto las del punto central de crecimiento, si el tronco se ha separado de sus raíces. Solo deberían moverse en verano, durante el período de crecimiento.

CLIMA Amplia gama de humedad y temperaturas, dependiendo de la especie.

ESPECIES *D. antarctica*, zona 8, se distribuye por las áreas montañosas del este de Australia y Nueva Zelanda. Resistente y adaptable, es una especie de jardín popular, y necesita cierta protección. Tiene un tronco sólido de 10 m de altura, frondes grandes y desplegadas, que le proporcionan un aspecto muy bonito, y tallos cubiertos por multitud de pelos de color marrón rojizo. La especie *D. fibrosa*, zona 9, es originaria de Nueva Zelanda. Su tronco alcanza

7 m de altura y es de un tono marrón rojizo debido a la multitud de pequeñas raíces aéreas. Las frondes, verde oscuro, crecen profusamente y los tallos están cubiertos de un pelo marrón cuando son jóvenes que se oscurece con la edad. *D. squarrosa*, zona 9, también de Nueva Zelanda, tiene un tronco negro, esbelto, a menudo ramificado, debido a las plantas jóvenes que se forman a intervalos en su parte superior. La multitud de frondes verdes y lustrosas, que son menos frondosas en la parte inferior, forman una copa casi plana, característica única de este hermoso helecho arbóreo.

Dictamnus (fam. Rutaceae)

Arbusto ardiente, dictamno, planta del gas

Originaria del sur de Europa y extendida hasta el norte de China, esta planta herbácea perenne produce un aceite inflamable, de ahí su nombre común. Se cultiva por sus fragantes flores de color rosa y blanco que aparecen en ramilletes terminales a principios del verano. Las hojas, también fragantes, originan, al frotarlas, un aroma a bálsamo y a limón.

CULTIVO *Dictamnus* gusta de un suelo ligero y con buen drenaje y posición soleada. Se propaga fácilmente por semillas.

Planta conocida por sus propiedades poco habituales y curiosas, *Dictamnus albus* produce unas bonitas flores rosa claro, semejantes a mariposas.

CLIMA Zona 3.

ESPECIES *D. albus* es la única especie; crece alrededor de 45 cm. La variedad *purpureus* se cultiva mucho y sus flores son de un púrpura claro. Los tallos de las flores y los frutos sin madurar contienen un aceite volátil que se puede inflamar cuando el tiempo es muy caluroso. Sorprendentemente, este hecho no daña a la planta.

Dictyosperma (fam. Arecaceae)
Palmera princesa, palma de huracán

Este género de palmeras, actualmente difíciles de encontrar en su hábitat natural de Mauricio y de las islas Mascareñas, comprende tan solo una especie que se encuentra tanto en jardines tropicales como en subtropicales. En el sudeste de Florida la cultivan a la intemperie, aunque en el resto de Estados Unidos lo hacen en invernaderos y viveros cálidos.

Dictyosperma album requiere un invernadero cálido en los climas propensos a las heladas.

CULTIVO Esta palmera es ideal como planta de maceta bajo cristal cuando es joven. Debe plantarse en un suelo con compost para macetas y tener la mayor cantidad de luz posible (pero protegiéndola del sol directo), y un ambiente húmedo. A la intemperie necesita protección del viento. Las semillas se siembran en primavera. Proporciónele una temperatura de 30 °C.

CLIMA Zona 10.

ESPECIES *D. album*, palmera princesa, es una palmera grácil y esbelta que crece 10 m o más. Las hojas pinnadas tienen una longitud de 3-4 m y las hojuelas marcadamente apuntadas están divididas con regularidad a lo largo del nervio central. La base de las hojas forma una corona hueca en la parte superior del tronco delgado y de color gris, marcado con anillos muy próximos. Las inflorescencias, en tallos muy cortos, están encerradas por dos brácteas efímeras, y las flores, de un amarillo rojizo, generalmente agrupadas en grupos de tres, dan unos frutos pequeños y en forma de huevo negro púrpura cuando maduran.

Dieffenbachia (fam. Araceae)
Cañas mudas

Originarias de la América tropical, estas plantas perennes siempreverdes, valoradas por su decorativo follaje, se cultivan como plantas de maceta en invernaderos y viveros cálidos, allí donde el clima es propenso a las heladas, o como plantas de interior. Las hojas grandes y ovales irradian hacia fuera y hacia abajo desde el tallo central, y presentan diferentes rayas, líneas y manchas en verde, blanco, amarillo o crema. Toda la planta es tóxica, y la savia provoca hinchazón en la boca y en la lengua.

CULTIVO Deben tener un entorno húmedo, pero poca cantidad de agua durante el invierno. Se propagan por esquejes de los tallos de primavera y otoño, que se plantan a la sombra en una mezcla de arena cortante. Quite las hojas de los esquejes para evitar pérdida de humedad. Algunas especies también se propagan a partir de chupones basales.

CLIMA Zona 10.

El follaje de los cultivares de *Dieffenbachia* presenta variadas manchas en crema, amarillo, blanco o plateado.

Las sedosas flores en dos tonos de rosa penden de esbeltos tallos en *Dierama pulcherrimum*.

ESPECIES *D. amoena* es una especie robusta, de hasta 2 m o más, con hojas de 1 m, manchadas de color crema. *D. maculata* es muy variable, aunque lo más común es que tenga unas hojas de 20 cm, con multitud de manchas en crema. El cultivar 'Rudolph Roehrs' tiene unas hojas de un verde claro amarillento con la nervadura central y los bordes y los nervios de color marfil. Muchas especies, entre ellas *D. amoena* y *D. maculata*, se agrupan ahora en *D. seguine*. Están a la venta algunas especies lisas. Muchos jardineros cultivan alguno de los numerosos cultivares que existen.

Dierama (fam. Iridaceae)
Cañas de pescar, dierama

Miembros de la familia de los iris, estas plantas, en su mayor parte tolerantes al frío, que habitan desde los trópicos al sur de África, tienen unas hojas bulbosas, largas y en forma de espada, y tallos gráciles y arqueados con borlas de bonitas flores en forma de embudo. La mayoría florece en verano, aunque en las regiones cálidas puede hacerlo en primavera. Suelen plantarse en suelos húmedos.

CULTIVO Las dieramas prefieren un suelo rico, bien drenado y húmedo, con cierta protección contra el viento. Se propagan por semillas o por brotes laterales de los bulbos que producen en primavera. Divida las matas grandes y congestionadas en otoño o a finales de invierno. Las divisiones probablemente no florecerán la primera estación.

CLIMA Sobre todo, zona 9.

ESPECIES *D. pendulum*, dierama, zona 7, alcanza 1 m o más, tiene unos tallos largos y nudosos con flores que van del rosa al lila. *D. pulcherrimum*, hasta 1 m, produce flores rosa péndulas. La variedad *album*, con flores blancas, es otra de las muchas variedades.

Dietes (fam. Iridaceae)

De las seis especies de este género de perennes siempreverdes rizomatosas, cinco son originarias del sur de África y los trópicos, y una de la isla de Lord Howe, Australia. Florecen cuando llega el calor y producen unas flores muy bonitas semejantes a iris. El follaje rígido, en forma de espada, convierte a estas plantas en un tema ideal en el diseño de un jardín. En los climas con heladas hay que cultivarlas en un invernadero fresco.

CULTIVO Estas plantas que toleran la sequía crecerán bien en cualquier suelo regular con buen dre-

Las delicadas flores de *Dietes grandiflora* son un perfecto complemento para su follaje en forma de espada.

Las floridas espigas de la digital, el híbrido *Digitalis purpurea*, mezcladas con las cabezas púrpura de una *Buddleja*.

naje y a pleno sol. También pueden estar en sombra parcial, aunque florecerán menos. Una vez han arraigado, se autosiembran, y las matas pueden dividirse cuando están superpobladas.

CLIMA Por lo menos, zona 9.

ESPECIES *D. bicolor* crece hasta 1 m y tiene un follaje semejante a una espada y de un tono medianamente verde. Los racimos de flores achatadas, de tres pétalos y de un amarillo claro, con una mancha basal bien visible, en negro marrón, aparecen en verano en tallos hirsutos. La especie *D. grandiflora*, que alcanza hasta 1 m, tiene un follaje similar, pero las flores son de mayor tamaño, en blanco, con manchas naranja amarillento, marrón y azul malva. *D. robinsoniana*, de la isla de Lord Howe, es muy olorosa, tiene flores blancas de 10 cm de diámetro, con manchas rojas y amarillas cerca de la base. Las hojas y los tallos pueden superar los 2 m de altura.

Digitalis (fam. Scrophulariaceae)
Digitales

Estas plantas resistentes, bienales y perennes, crecen en su mayor parte en las regiones boscosas europeas, aunque algunas especies son originarias de Asia central. Son excelentes plantas de orilla y de fondo. A la digital se la conoce por sus propiedades medicinales, y todavía se sigue utilizando para tratar ciertas disfunciones del corazón. Sin embargo, toda la planta puede ser tóxica si se ingiere y la savia provoca irritación en la piel.

CULTIVO La digital gusta de suelos ricos y con humedad, y una posición protegida del viento. Resulta muy atractiva plantada a diferentes alturas. Se autosiembra. Todas las especies se propagan por siembra de semillas en la superficie del compost durante la primavera.

CLIMA Zona 8.

ESPECIES *D. ferruginea*, digitales, es una bienal con flores color óxido en verano. *D. grandiflora*, digital amarilla, alcanza 1 m y sus flores son de un amarillo claro con manchas marrones. *D. lanata*, digital griega, es bienal y sus flores son de un blanco cremoso. La especie *D. lutea*, perenne, produce flores desde el amarillo al blanco. *D. purpurea*, digital común, es una perenne de vida corta que se cultiva como bienal. Tiene flores púrpura con manchas más oscuras. Se pueden conseguir buenas variedades, con bonitas flores de suaves colores, que van del crema y el amarillo al rosa y el púrpura, y florecen alrededor de los tallos. No son péndulas. Estas flores aguantan bien cuando se cortan.

Dillwynia (fam. Papilionaceae)
Guisantes de loros

Las flores de un brillante amarillo, rojo y naranja de estos arbustos originarios de Australia aportan gran colorido a jardines e invernaderos. En climas propensos a las heladas se cultivan en invernaderos o viveros frescos.

CULTIVO Cuando se cultiva a la intemperie, la *Dillwynia* gusta de suelos arenosos con un buen drenaje y lugares en sombra parcial. Bajo cristal, plante en maceta con compost para macetas, con la máxima luz.

CLIMA Zona 9.

ESPECIES *D. glaberrima*, guisante de loro, es un arbusto extenso, de hasta 1 m, con flores amarillas y marrón púrpura en el centro. *D. hispida*, guisante de loro roja, es un arbusto con abundantes ramillas, de hasta 2 m de altura, un follaje fino, como

Las brillantes flores rojas y amarillas tipo guisante de *Dillwynia glaberrima* aparecen en primavera.

agujas, y racimos de flores amarillas y marrones. La especie *D. retorta*, huevos y panceta, es un arbusto redondeado o erecto, de hasta 1 m, con follaje retorcido y flores amarillas con el centro rojo. Es extremadamente colorido cuando está en floración. La especie *D. sericea* crece hasta 1 m, tiene unas hojas pequeñas y densas espigas terminales con flores rojas y amarillas.

Dionaea (fam. Droseraceae)
Atrapamoscas

Esta atractiva planta procedente de Norteamérica probablemente es una de las más conocidas del mundo debido a sus hábitos carnívoros. Numerosos libros y películas de terror han inmortalizado a la atrapamoscas.

CULTIVO *Dionaea* se puede cultivar a la intemperie en climas templados, aunque la mayoría prefiere hacerlo en una maceta poco profunda en un invernadero o vivero. Necesita un compost ácido que tenga turba y arena de horticultura sin cal a partes iguales. Hay que proporcionarle buena luz, pero protegerla del sol directo. Coloque la maceta encima de un plato con agua para mantener húmedo el compost. La planta descansa en otoño y en invierno, y apenas hay que mantener la humedad. En el jardín agradece un lugar a pleno sol y un suelo ácido y húmedo.

CLIMA Por lo menos, zona 8.

Dionaea muscipula, atrapamoscas, es una curiosidad popular. Un mantillo de piedra triturada encima de la superficie mantiene la «trampa» sin pudrirse en el suelo húmedo.

ESPECIES *D. muscipula*, atrapamoscas, es la única especie, crece unos 10-15 cm. Tiene una roseta de hojas bifoliadas, con pelos sensitivos y pegajosos en la superficie superior y bordes dentados, y espigas con flores blancas muy pequeñas encima de la roseta durante el verano. Sin embargo, a esta planta se la conoce por su habilidad para atrapar insectos, cuando rozan las hojas y quedan encerrados entre los dos lóbulos, y digerirlos.

Dioscorea (fam. Dioscoreaceae)
Ñame

Este género tropical y tuberoso presenta un tronco largo y grueso, o tubérculo, a veces encima del suelo, cubierto por una corteza gruesa y acorchada que alcanza 1 m de diámetro y, a veces, hasta 50 cm de altura. Este caudex carnoso produce brotes gemelos anuales que se transforman en leñosos. Las hojas brillantes, verdes y nervadas son triangulares, en forma de corazón y, en ocasiones, foliadas. Las flores son poco vistosas. Algunas especies de *Dioscorea* se cultivan en zonas tropicales como alimento básico.

CULTIVO En climas propensos a las heladas, cultívelos en un invernadero o vivero intermedio o tem-

Dioscorea transversa, originario de Australia, produce unos frutos poco usuales, trialados y de un color marrón plateado, después de la floración.

plado, en macetas con compost especial para macetas y con la máxima luz pero sin sol directo. Los tallos necesitarán apoyo. Cuando esté inactiva, mantenga la planta apenas húmeda, pero en las demás estaciones riéguela normalmente. Plántela a la intemperie en un suelo profundo, con buen drenaje y a pleno sol. Propagar por semillas y germinar a 24 °C.

CLIMA Zona 10 para la mayoría de las especies.

ESPECIES *D. elephantipes* es la especie más conocida en Europa. Las otras no están disponibles. *D. alata*, ñame blanco o ñame de agua, se cultiva como alimento básico en su Asia natal. Puede producir unos tubérculos enormes. *D. elephantipes*, ñame de pata de elefante, tiene un tronco de base hemisférica, crece hasta 1 m de diámetro y está cubierta por una corteza dividida en segmentos simétricos redondeados y rugosos. Las hojas son brillantes, en forma de corazón y tienen nervios teselados. *D. trifida*, originaria de la América tropical, produce varios tubérculos individuales.

Dioscorea alata (fam. Dioscoreaceae)
Ñame de agua

En el amplio género de la *Dioscorea* existen varias especies que se utilizan como alimento, pero ninguna de ellas es tan conocida como *D. alata*, también llamada ñame blanco o ñame de agua. Originaria del Asia tropical, esta enredadera perenne produce unas raíces tuberosas gruesas y comestibles, alimento básico en muchas regiones tropicales. Estos tubérculos pueden alcanzar 2 m de longitud y pesar 40 kg o más. Existen muchos cultivares en los países donde se cultiva el ñame. Los ñame se pelan y se cocinan de distinta manera, se hierven, se machacan y también se asan. Estos tubérculos tienen un alto contenido en almidón, pero pocos nutrientes. Se almacenan mejor que muchas otras raíces tropicales. Muchas especies de *Dioscorea* son tóxicas, contienen alcaloides que, en algunos casos, tienen aplicaciones medicinales.

CULTIVO Los ñame deben plantarse a pleno sol, en un suelo fértil y profundo que tenga un buen drenaje. Necesitan agua abundante durante el creci-

Dioscorea alata, ñame de agua, es una planta trepadora resistente que produce un tubérculo único, enorme.

Los frutos de Diospyros virginiana son muy similares a los de la Persimmon, con los que está emparentada.

miento. Las plantas se propagan generalmente por secciones de los tubérculos que contengan un buen ojo, a partir del cual emergerán los retoños.

CLIMA Zona 10 y tropical.

Diospyros (fam. Ebenaceae)
Ébano

Este amplio género está muy extendido en diferentes partes del mundo. Hay varias especies originarias de Asia, África, Madagascar y América. Los árboles y arbustos caducifolios o siempreverdes albergan varias especies que producen frutos comestibles, otras se cultivan por su valor ornamental y algunas, sobre todo *D. ebenum*, ébano, se cultiva por su madera. Las hojas son alternas, simples y enteras. La mayoría de estos árboles y arbustos tienen un follaje espectacular en otoño.

CULTIVO Las especies resistentes necesitan un lugar abrigado a pleno sol, con suelo fértil y buen drenaje. La 'Persimmon' se puede cultivar como espaldera en una pared caliente. Plante plantas masculinas y femeninas para obtener la máxima producción de fruta. Las especies sensibles se cultivan en invernaderos frescos o intermedios en macetas con suelo especial para macetas.

CLIMA Existen especies adecuadas a varias zonas climáticas.

ESPECIES *D. digyna*, 'Black Sapote', zona 10, de México y Centroamérica, es una siempreverde tropical que puede tener 18-20 m en su hábitat, pero es mucho más reducida cuando se cultiva. Los frutos comestibles, de 8-10 cm de diámetro, casi negros cuando están maduros, tienen una carne blanda de color marrón, famosa porque su sabor recuerda al del budín de chocolate. *D. ebenum*, ébano, zona 10, produce la famosa madera llamada como su nombre común. Se trata de un árbol de grandes dimensiones procedente de la India y de Sri Lanka. Los retoños de este siempreverde son de un rosa brillante. *D. kaki*, Persimmon, zona 8, originaria de China, es un árbol caducifolio de 6-12 m de altura, con hojas ovales de un verde lustroso, peludas en el revés, de hasta 20 cm de longitud, y flores de un blanco amarillento y frutos comestibles. *D. virginiana*, conocida como Persimmon en Estados Unidos, de donde es originaria, zona 4, alcanza alrededor de 20 m de altura en su hábitat, pero cuando es de cultivo, solo aproximadamente 10 m. La fruta comestible es amarilla o naranja cuando madura y la madera se utiliza comercialmente.

Diospyros digyna (fam. Ebenaceae)
Zapote negro

Emparentada con la Persimmon o caqui, el zapote negro produce unos frutos redondos, de unos 5-12 cm de diámetro. Estos frutos son de color verde oliva que se vuelve casi negro cuando maduran, tienen una carne muy dulce del color oscuro del chocolate, que puede comerse a cucharadas directamente de la fruta fresca. El árbol es una siempreverde de hasta 8-15 m de altura, con hojas elípticas de unos 20 cm de longitud y unas flores pequeñas, blancas y fragantes. El zapote negro es originario de México y Centroamérica, aunque actualmente se ha naturalizado en muchas regiones tropicales de Asia.

CULTIVO En climas propensos a las heladas, plántelos en un invernadero o vivero templados con una planta de follaje joven. Utilice macetas con suelo rico en compost especial para macetas. Riéguelos bien durante la época de crecimiento. A la intemperie, este árbol crece muy bien en suelos con un buen drenaje y muy fértiles. Propague por semillas en primavera o por injertos de yema en verano.

CLIMA Las zonas más cálidad de zona 10 a tropical.

Los frutos negros del zapote negro deben recolectarse cuando son mucho más oscuros que la fruta verde de la fotografía. Deben ser de marrón oscuro a negro antes de la cosecha para disfrutar su deliciosa pulpa cremosa.

Diospyros kaki (fam. Ebenaceae)
Caqui, Persimmon

Diospyros kaki tiene su origen en China, aunque se sabe que se cultivaba en Japón desde el siglo XVIII. Es un árbol pequeño, caducifolio, ornamental, ramificado, que crece unos 10 m. Es célebre por su brillante despliegue de color en otoño. Los frutos maduros pueden ser redondos o aplastados, tanto de color rojo como anaranjado. Tienen un elevado contenido en vitamina C y normalmente se comen crudos, aunque también se pueden cocinar. Algunos son muy astringentes, pero existen distintas variedades que no lo son. Los mayores productores comerciales de Persimmons se encuentran en China, Brasil, Japón y Corea.

CULTIVO Para dar buena fruta, el Persimmon necesita veranos largos y cálidos, ya que no da buenos resultados en regiones más frías, donde se puede cultivar en invernaderos frescos para intensificar la oportunidad de dar fruto. Cualquier suelo con buen drenaje servirá. Es importante regarlo bien, sobre todo durante las estaciones secas en la época de crecimiento. Fertilizar con un nutriente completo para plantas, comenzando con unos 450 g por árbol y por año, hasta los cinco años, y luego alrededor de 2 kg por árbol y por año. La fruta madura desde mediados de verano hasta principios de otoño. Puede cogerse del árbol cuando todavía está dura y de color amarillo naranja y dejarla al sol para que madure. Esto ayuda a evitar a la mosca de la fruta, a la que es susceptible. Si se congelan los Persimmons, desaparece la astringencia al descongelarlos. En los viveros normales y en los especializados se pueden encontrar las distintas variedades.

CLIMA Zona de 8 a 9.

VARIEDADES Existen muchos cultivares de Persimmon disponibles, entre ellos el 'Chocolate', que es muy dulce; el 'Fuyu' de carne muy firme; el 'Goshu' (también conocido como 'Giant Fuyu'), muy similar al anterior; el popular 'Hachiya', con fruta muy grande que es astringente hasta que está completamente madura, y el cultivar 'Tamopan', que también es astringente hasta que está comple-

Llaman la atención los colores de otoño del follaje de los Persimmons madurando, de la especie *Diospyros kaki.*

Diploglottis australis tiene unas hermosas hojas compuestas. Sus frutos se pueden comer crudos.

tamente maduro. Los cultivares se cultivan como árboles de injerto.

Diploglottis (fam. Sapindaceae)
Tamarindos nativos

Este siempreverde originario de Australia puede alcanzar los 25 m o más en su hábitat, pero solo 10-12 m cuando se cultiva. Sus brotes presentan unos tonos ligeramente oxidados, capullos y grandes racimos con abundantes flores blancas y hojas pinnadas alargadas. El fruto es comestible, aunque más bien ácido. Hay otras especies de este género originarias de Australia, Nueva Caledonia y Malaisia, pero es difícil encontrarlas fuera de sus países de origen.

CULTIVO Las especies *Diploglottis* son frágiles y en los climas propensos a las heladas es necesario cultivar en invernaderos y viveros intermedios, en macetas con suelo de compost especial para macetas. Cuando se cultivan a la intemperie, *Diploglottis* agradecen los suelos profundos y fértiles en lugares soleados y riego abundante en verano. Se propagan por semillas germinadas en un semillero caliente.

CLIMA Zona 9.

ESPECIES *D. australis* se encuentra cultivada en las zonas costeras y en las proximidades de las regiones de las mesetas de Queensland y Nueva Gales del Sur (Australia). Tiene hojas compuestas, lustrosas y ligeramente coriáceas. En su hábitat natural es un buen espécimen y árbol de sombra.

Diplolaena (fam. Rutaceae)
Rosales occidentales

Las seis especies de este género de arbustos pequeños y medianos siempreverdes, originarias del oeste de Australia, son unas plantas ornamentales excelentes para los jardines. Sus hojas son suaves y pilosas, las flores son péndulas y sus estambres sobresalen de las brácteas verdes que las rodean. Es difícil encontrar este género fuera de Australia.

CULTIVO En climas propensos a heladas regulares, cultívelos en un invernadero o en un vivero en macetas con un suelo de compost especial para macetas. Estos arbustos crecen bien a la intemperie, en un suelo calizo o marga arenosa, en un lugar cálido y soleado. Propagar por semillas o por esquejes en otoño.

CLIMA Zona 9.

Las flores péndulas de *Diplolaena grandiflora* son bastante originales. Pódese después de la floración para asegurar un buen crecimiento y floración posterior.

Este precioso híbrido de *Disa* tiene un período largo de floración como planta de maceta y también es una excelente y muy apreciada flor de corte.

ESPECIES *D. angustifolia* crece hasta 1 m. Tiene flores rojas, péndulas, encajadas de brácteas verdes solapadas. *D. grandiflora*, rosa occidental grande, es un arbusto erecto de hasta 2,5 m, con hojas lanudas en forma de huevo. Las flores, grandes y de color de rosa, enmarcadas por brácteas verdes, aparecen en invierno y en primavera.

Disa (fam. Orchidaceae)

Este género de orquídeas terrestres comprende alrededor de 100 especies naturales de las regiones tropicales y del sur de África y de Madagascar. Cultivada en el pasado solo por especialistas, actualmente empiezan a ser asequibles. Aunque supuestamente son originarias de regiones cálidas, a estas orquídeas no les gusta ni el calor ni el frío extremos.

CULTIVO A este género no es fácil proporcionarle las condiciones que requiere. Deben cultivarse en una mezcla de musgo esfagnáceo, fibra de turba y corteza, y mantenerlas en un invernadero intermedio, fresco, en un lugar umbrío, y con humedad elevada. Riéguelas bien en verano, pero evite que el agua caiga por encima porque el follaje es propenso a quebrarse. En invierno, mantenga el compost casi seco.

CLIMA Por lo menos, zona 10.

ESPECIES *D. uniflora* es la especie que más se cultiva, produce entre tres y siete flores grandes de un escarlata muy vivo con nervios amarillos, generalmente a mediados de verano.

Disanthus (fam. Hamamelidaceae)

Es un género de una especie de arbusto caducifolio de Japón muy valorado por su hermoso follaje.

Mientras avanza el otoño, el precioso follaje granulado de *Disanthus cercidifolius* adquiere unos cálidos y ricos matices.

CULTIVO Los arbustos *Disanthus* se pueden cultivar en condiciones similares a las del rododendro y las azaleas. Gustan de suelos frescos, húmedos, ácidos y con turba, y de una posición abrigada. Se pueden trasplantar fácilmente en invierno, durante su período de letargo. Propague por acodo o por semillas que se siembran en otoño o en primavera.

CLIMA Zona 8. Prefiere los climas frescos y húmedos.

ESPECIES *D. cercidifolius* alcanza los 4 m en su hábitat natural. Sus hojas en forma de corazón y de un azul verdoso adquieren tintes anaranjados, escarlata y carmesí durante el otoño. A contraluz, el follaje tiene un brillo luminoso. Las flores, pequeñas y rojas, y ligeramente aromáticas, aparecen en otoño.

Dischidia (fam. Asclepiadeceae)

Endémico del sur de la India, Malaisia, las Filipinas, Nueva Guinea y Australia, este género de epífitas, trepadoras semisuculentas, comprende alrededor de 80 especies. Son plantas únicas en cuanto a que algunas de sus hojas se transforman en grandes receptáculos, carnosos y en forma de pera, que almacenan el agua de la lluvia para que las raíces aéreas aprovechen la humedad y los nutrientes. Estos originales recipientes también son el albergue de hormigas que se cree que ayudan a polinizar las pequeñas flores en forma de urna. Es posible que no estén disponibles en Estados Unidos.

CULTIVO *Dischidia* necesita calor, humedad y las ramas de un árbol del que colgarse. Pueden crecer en troncos y en trozos de madera, o se pueden colgar de cestas confeccionadas con corteza muy áspera. No requieren suelo. Fuera de los trópicos, es necesaria la protección de cristal. Se propaga por semillas o esquejes.

CLIMA Por lo menos, zona 10.

ESPECIES *D. nummularia* es una planta con un hermoso follaje originaria de Australia y Papua Nueva

Las hojas pequeñas y carnosas en forma de moneda de *D. nummularia* se distribuyen a lo largo de tallos péndulos finos como cordeles.

Guinea, donde generalmente crece en pequeños árboles. En los primeros estadios de crecimiento tiene unas hojas pequeñas, redondas, carnosas, algunas de las cuales desarrollarán más tarde la característica forma de pera. *D. rafflesiana*, originaria de Malaisia, Papua Nueva Guinea y Australia, tiene hojas ovales y las flores son de un amarillo cremoso.

Diuris (fam. Orchidaceae)
Orquídeas de burro, diuris de doble cola

Este género de unas 37 especies de orquídeas terrestres es originario de Australia. Normalmente estas orquídeas son naturales de extensas zonas cubiertas de hierba. Forman uno o dos tubérculos subterráneos cada año. Con una gama de color que va del blanco al amarillo, con manchas naranja, rojo, púrpura o marrón, las flores que nacen en los largos tallos son muy originales, con los dos pétalos superiores en forma de oreja y dos pétalos más inferiores como rabos, de ahí su nombre común «de doble cola». Las hojas, semejantes a la hierba, se caen después de la floración.

CULTIVO En los climas propensos a las heladas, plántelas en un invernadero o vivero fresco, en macetas con un compuesto especial para orquídeas terrestres al que se habrán añadido hojas en-

Diuris longifolia, que florece a finales de primavera, es una orquídea terrestre australiana preciosa.

Estas bonitas plantas de las zonas boscosas de América, de la especie *Dodecatheon*, con flores de un rosa ciclamen muy vivo, colonizan el suelo bajo árboles de hoja caduca.

mohecidas. Necesitan mucha luz, pero no sol directo. A la intemperie, plántelas en un suelo fértil con hojas enmohecidas y una ligera sombra. Se propaga por división.

CLIMA Zona 9.

ESPECIES *D. aurea*, que crece hasta 60 cm, produce flores únicas amarillas. *D. longifolia* da flores amarillas y marrón púrpura, y el tallo de la flor mide 40 cm. La especie *D. punctata* produce flores manchadas que van del blanco al púrpura y sus tallos miden 40 cm.

Dodecatheon (fam. Primulaceae)
Prímulas americanas, estrellas fugaces

La mayoría de estas hermosas herbáceas perennes son originarias de Norteamérica. Las flores, que nacen de unos tallos carentes de hojas de hasta 30 cm de altura, tienen unos pétalos doblados parecidos a los del ciclamen. Las suaves hojas, semejantes a asas, forman una mata en la base de la planta.

CULTIVO *Dodecatheon* prefiere un suelo ligero y arcilloso, rico en hojas enmohecidas, y un lugar protegido y parcialmente en sombra. Debe mantener la humedad pero también debe tener un buen drenaje. Cuando se propaga por semillas, crece despacio. Se siembra en otoño y se trasplanta en primavera.

CLIMA Zona 6. La *Dodecatheon* no se hace bien en climas frescos.

ESPECIES *D. alpinum* produce flores de color magenta, amarillo y blanco a finales de primavera. La especie *D. clevelandii* da flores de un azul violeta, amarillo o blanco. *D. hendersonii* produce flores violeta y amarillo a finales de primavera. La variedad *D. meadia*, flores en forma de estrella, zona 3, se adapta muy bien a los jardines de montaña. Produce unas flores rosa púrpura, con una base blanca y anteras prominentes de color amarillo. *D. pulchellum* tiene flores de un lila claro y amarillo que aparecen desde mediados hasta finales de primavera.

Dodonaea (fam. Sapindaceae)
Lúpulos cimarrones

La mayoría procedentes de Australia y Nueva Zelanda, algunas especies de este género fueron utilizadas como sustituto del lúpulo por los primeros colonos, de ahí su nombre común. En la actualidad, estos arbustos leñosos se cultivan sobre todo por su follaje decorativo y por sus frutos triangulares y coloridos.

CULTIVO La mayoría de las especies gustan de suelos con buen drenaje a pleno sol o sombra parcial. En climas donde son frecuentes las heladas, plán-

En el clima adecuado, *Dolichos triquetra* es un arbusto fácil de cultivar, adecuado para plantaciones mixtas.

Dolichos lignosus (ahora *Dipogon lignosus*), tiene un hábito desenfrenado de crecimiento y debería recortarse antes de que las flores den paso a las semillas.

telos en macetas con suelo de compost en un invernadero o vivero frescos. Se propaga por esquejes laterales o de las puntas, de 8-15 cm de longitud. Pode ligeramente para estimular la obtención de una forma compacta, si es posible varias veces al año cuando se van a utilizar como setos. *Dodonaea* es propensa al ataque de insectos que debe controlarse vaporizándola con aceite blanco.

CLIMA Zona 9.

ESPECIES En Estados Unidos existe una amplia gama de especies disponibles. *D. adenophora* es un arbusto resistente, erecto y decorativo, de hasta 2 m de altura, con un follaje pegajoso, verde oscuro, parecido al de los helechos, y frutos rojos y alados en otoño y en invierno. *D. boroniifolia*, lúpulo cimarrón hoja de helecho, es un arbusto tupido, de hasta 2 m, que prefiere una ubicación en sombra. Su follaje es verde, parecido al del helecho, y da unos frutos que van del verde claro al púrpura. *D. cuneata*, lúpulo cimarrón común, tiene unas hojas en forma de cuña y frutos alados de color rojo. *D. lobulata*, lúpulo cimarrón lobulado, es un arbusto muy hermoso, con hojas como las del helecho y frutos rojos y alados la mayor parte del año. Alcanza los 2 m de altura. *D. viscosa*, lúpulo cimarrón gigante, es la especie que más se cultiva. Es una planta muy adecuada para la formación de setos en el clima adecuado. Las hojas son lustrosas y pegajosas, y los frutos de verano no tienen tanto colorido.

El cultivar 'Purpurea', lúpulo cimarrón púrpura, de Nueva Zelanda, tiene un bonito follaje de color púrpura que se vuelve rojizo en invierno.

Dolichos (fam. Papilionaceae)

Judías, poroto

Estas plantas siempreverdes o anuales y trepadoras se distribuyen a través del sur de África hasta la India, el este de Asia y Australia. La especie *Dolichos* se cultiva como forraje o abono verde en algunas partes del mundo. Como es una planta de crecimiento rápido, se utiliza para ocultar vallas y verjas antiestéticas. Las distintas especies no han sido transferidas a otro género.

CULTIVO En climas con heladas, plántelas en un invernadero fresco o a la intemperie como anual de verano. Les gusta la luz, los suelos arcillosos y agua abundante en verano. Dejar madurar algunas vainas y secar en la enredadera para guardar las semillas. Sembrarlas a principios del verano o propagar por esquejes de primavera.

CLIMA Zona 9.

ESPECIES *D. lablab*, ahora *Lablab purpureus*, se llama con distintos nombres comunes: judías, poroto o frijol de Egipto. Es una planta perenne que alcanza aproximadamente 30-60 cm de altura, con unas flores rosa purpúreo o blancas durante el verano y unas vainas planas de unos 8 cm longitud. *D. lignosus*, ahora *Dipogon lignosus*, judías de Australia, es una siempreverde perenne medianamente resistente, de unos 4,5 m, adecuada para proporcionar una cobertura rápida, sobre todo en las regiones secas y desérticas. Produce unos ramilletes de flores como guisantes de color rosa a malva, manchadas con blanco. Cuando hace bastante calor, las largas vainas se abren y las semillas se dispersan por una amplia zona.

Dombeya (fam. Sterculiaceae)

Este género comprende más de 200 especies de árboles y arbustos siempreverdes de carácter ornamental, originarias en su mayoría de Madagascar, aunque algunas de ellas proceden del continente africano. Proceden de hábitats diferentes, incluidos los márgenes de los bosques y matorrales, y se cultivan por sus preciosas flores de color blanco, rosa y rojo.

CULTIVO En climas con heladas, necesitan de invernadero o vivero templado, en macetas con suelo de compost especial para macetas. Requieren mucha luz, pero protegidas del sol directo. Pode ligeramente después de la floración para controlar su crecimiento. Crece a la intemperie a pleno sol o sombra parcial en suelos húmedos pero con un buen drenaje. Se propaga por siembra de semillas en primavera, a 21 °C o por esquejes semimaduros en un semillero con calor.

CLIMA Zona 10.

ESPECIES *D. burgessiae*, generalmente de 2-4 m, presenta racimos de flores blancas con tonalidades rosadas, similares a las hortensias, y hojas apuntadas, trifoliadas y ligeramente peludas, de un color verde grisáceo. *D. tiliacea* es una especie de crecimiento rápido que alcanza 8 m cuando madura. Unos racimos péndulos, con dos o cuatro flores, aparecen en los extremos de las ramas principales y laterales entre el verano y el otoño.

Doodia (fam. Blechnaceae)
Doodias

Estos pequeños helechos con rizomas trepadores y frondes erectas proceden de distintos hábitats de Australasia y el Pacífico.

CULTIVO Es uno de los helechos más fáciles de cultivar. Se propaga por esporas. Póngalas cuidadosamente en una mezcla estándar para helechos y en un lugar protegido y en sombra. Es adecuado para cultivar a la intemperie, sobre todo en rocallas. En los climas propensos a las heladas, las especies delicadas se pueden cultivar en invernaderos frescos.

Este delicado cultivar de la especie *Dombeya* tiene unas cabezas florales con flores de un rosa cremoso que caen por su propio peso.

Los brotes nuevos con las puntas rosadas de *Doodia aspera* la convierten en una planta muy atractiva.

CLIMA Zona 9.

ESPECIES *D. aspera*, doodia espinosa, prolifera en los lugares templados de los bosques tropicales del este de Australia. Tiene un rizoma corto, rastrero, con escamas negras, tallos de color cremoso, frondes verde claro y erectas, y hojuelas serradas. *D. media*, doodia común, natural del este de Australia, Nueva Zelanda y Hawai, es un helecho pequeño y resistente que prospera en grietas y rocallas. Tiene un rizoma corto y rastrero y frondes ásperas y erectas.

Doronicum (fam. Asteraceae)
Matalobos

Natural de Europa y Asia, este género comprende alrededor de 30 especies de hierbas perennes, con flores de color amarillo parecidas a las margaritas en primavera o en verano. Son excelentes plantas de orilla y flores de corte muy duraderas.

CULTIVO A las *Doronicum* les gustan los suelos ricos y húmedos y los lugares soleados o en sombra parcial. Se propagan por división de la corona cada varios años en primavera. También se propagan por semillas que se siembran desde finales de la primavera hasta principios del verano.

Los cogollitos como rayos de la especie *Doronicum* son finos y están espaciados.

CLIMA Existen especies adecuadas a varias zonas climáticas.

ESPECIES *D. austriacum*, zona 5, es una planta pilosa que produce flores de un amarillo dorado en primavera. *D. columnae* (sin. *D. cordatum*), crece de los rizomas fibrosos hasta 60 cm y producen flores individuales de color amarillo. *D. plantagineum*, hasta 80 cm, produce unas flores de un amarillo intenso a finales de la primavera.

Dorotheanthus (fam. Aizoaceae)
Margaritas de Livingstone

Estas rastreras y suculentas anuales procedentes del sur de África producen muchas flores de brillantes colores que se cierran cuando no están expuestas a pleno sol.

CULTIVO Siembre las semillas bajo cristal a principios de la primavera, y trasplante las plantas jóve-

Las margaritas de Livingstone, *Dorotheanthus bellidiformis*, proporcionan una gran exhibición de color en primavera.

nes cuando ha pasado el peligro de las heladas. Elija un lugar a pleno sol.

CLIMA Zona 10.

ESPECIES *D. bellidiformis*, margarita de Livingstone, produce flores de color blanco, rosa, rojo, naranja y con manchas rojas. Las matas que se extienden por las rocallas, los lechos y las macetas son muy llamativas.

La belleza de las flores de *Doryanthes excelsa* no se aprecia cuando están en la parte superior de los tallos.

Las blancas y delicadas flores de *Doryphora sassafras* aparecen principalmente desde finales de invierno hasta la primavera, aunque pueden florecer en otras épocas del año.

Doryanthes (fam. Agavaceae)

Este magnífico género natural de Australia y de dos especies ha ganado popularidad recientemente. Plantas originales y llamativas, en apariencia son mitad lirios mitad palmera. Su follaje es rígido, semejante a una espada, y sus flores de un rojo vivo, de 4-5 m de altura, las convierten en preciosas plantas protagonistas.

CULTIVO *Doryanthes* se cultivan en invernaderos y viveros frescos en climas que son propensos a las heladas. Pueden permanecer a la intemperie en verano, por ejemplo en un patio soleado. Plántelas en macetas o tiestos con suelo de compost especial para macetas y proporcióneles siempre la máxima luz.

CLIMA Zona 10.

ESPECIES *D. excelsa* se encuentra generalmente en las zonas húmedas costeras de Queensland y Nueva Gales del Sur, en Australia; tiene un aspecto imponente, con hojas de color verde claro, anchas y lanceoladas, de más de 2 m de longitud, y grandes cabezas florales de color escarlata en espigas alargadas y erectas de 4-5 m de altura. *D. palmeri* es originaria de Queensland, con flores rojas en forma de embudo en tallos que tienden a curvarse hacia abajo. Alcanza aproximadamente 5 m o incluso más.

Doryphora (fam. Monimiaceae)
Sasafrás de Australia

Las dos especies de este género son originarias de Australia; árboles altos y hermosos que crecen bien en las regiones templadas, de follaje verde oscuro, satinado y aromático, y flores blancas en forma de estrella.

CULTIVO En zonas de las heladas, podrían cultivarse en un invernadero o vivero cálido como planta de follaje joven. Cultívelas en macetas o tiestos con suelos de compost especial para macetas. Son de crecimiento lento.

CLIMA Zona 10.

ESPECIES *D. aromatica*, sasafrás de Australia gris, forma un dosel de hojas opuestas y lustrosas, con los bordes serrados. El tronco es gris, las flores blancas aparecen en racimos y los frutos tienen forma de palo. El árbol desprende un fuerte aroma. *D. sassafras*, sasafrás de Australia amarillo, tiene la corteza gris, el follaje brillante, y el fruto es oval. Este fino espécimen de árbol desprende una fragancia deliciosa. La madera es muy apreciada para fabricar muebles y cajas a prueba de insectos.

Dracaena marginata proporciona un efecto escultórico sorprendente contra una pared de color terracota.

Dracaena (fam. Agavaceae)

Este género comprende alrededor de 40 especies de plantas siempreverdes tropicales que se cultivan tanto para interior como a la intemperie por su follaje y por su forma arquitectónica. Varían bastante entre ellas: unas son esbeltas y espigadas, mientras que otras son suaves y arbustivas. Son muy populares como plantas de interior porque crecen muy bien y también se utilizan para decorar invernaderos. Sus hábitats originarios son tan diversos como los bosques, los matorrales y los espacios abiertos. Sobre todo proceden del África occidental y tropical y las islas Canarias.

CULTIVO En las zonas con heladas, cultívelas en invernadero o vivero intermedio, en macetas sin suelo o con un suelo de compost especial para macetas. Las plantas, especialmente las clases de diferentes colores, requieren una buena luz pero protección del sol directo y un ambiente húmedo. Se propagan por sección del tallo sin hojas, o por esquejes semimaduros, en verano. Requieren calor basal en las raíces.

CLIMA Por lo menos, zona 10.

ESPECIES *D. draco*, árbol dragón, alcanza los 10 m de altura, tiene unas hojas de un verde gris apagado de hasta 60 cm de longitud. Es un árbol de larga vida, de copa ancha y en forma de sombrilla a medida que envejece si crece al aire libre. Los árboles maduros producen unas flores blancas a las que siguen unos frutos de un naranja muy vivo. La resina de los tallos se utiliza para barnices y fotograbado. *D. fragrans*, dracaena compacta o planta de maíz, de al menos 4 m, tiene unas hojas largas y apuntadas. Están disponibles muchos cultivares de hojas de distintos colores, como el 'Deremensis Group' (sin. *D. deremensis*), de diverso colorido, y el 'Mas sangeana', que tiene unas hojas con rayas amarillas muy características. *D. marginata* es una planta esbelta y robusta de hasta 5 m de altura, con hojas estrechas y de punta afilada de hasta 60 cm de longitud. Se cultiva bien como planta de interior en una ubicación con poca luz. *D. Surculosa* (sin. *D. godseffiana*), dracaena manchada o dracaena polvo dorado, es una planta atractiva, con hojas verdes con manchas irregulares, en blanco, dorado claro o crema. Alcanza 1-1,5 m.

Dracophyllum (fam. Epacridaceae)
Árboles de hierba

Originario de Australia y Nueva Zelanda, este género tiene unas 48 especies de árboles y arbustos, generalmente de hojas muy apuntadas y pegadas al tallo y densas espigas de flores tubulares a un lado del mismo.

Las flores de un rosa pálido emergen del follaje espigado en *Dracophyllum secundum*. Crece de forma natural en crestas húmedas de arenisca.

CULTIVO A la *Dracophyllum* le gusta un ambiente fresco, húmedo y sombrío. Se propaga por esquejes de raíz en primavera. Clávelos en arena dura y moléstelos lo mínimo. Tolera la poda. En climas con heladas, cultívela en un invernadero fresco.

CLIMA Zonas 9 y 10.

ESPECIES *D. longifolium*, de Nueva Zelanda, es un arbusto grande o un árbol de 10 m. Tiene unas hojas verde oscuro, coriáceas, a veces con tonos rojizos, y ramilletes de flores blancas. *D. paludosum*, de hasta 2 m, tiene unas espigas de flores blancas en verano. La especie *D. secundum*, de Nueva Gales del Sur, es una planta trepadora, con espigas de flores blancas.

Drimys (fam. Winteraceae)
Canelo

Este pequeño género de árboles y arbustos siempreverdes solo tiene una especie. Procedente sobre todo de Sudamérica, es de cultivo común.

CULTIVO La especie *Drimys* requiere humedad pero unas condiciones buenas de drenaje, así como protección contra los fuertes vientos. Se propaga por semillas y esquejes de brotes a medio madurar en verano.

CLIMA Zona 8.

Semejante a un árbol en su hábitat, la fragante *Drimys winteri* suele ser arbustiva y con tallos cuando se cultiva.

ESPECIES *D. winteri*, canelo, alcanza hasta 15 m de altura en su hábitat, pero es mucho más pequeña cuando se cultiva. Las hojas y la corteza tienen un aroma a pimienta y sus flores de un blanco marfileño desprenden una fragancia semejante a la del jazmín.

Drosera (fam. Droseraceae)
Rosolíes, atrapamoscas

Este género de plantas insectívoras está bastante extendido e incluye muchas especies naturales del sudoeste de Australia. Las pequeñas vellosidades pegajosas en la punta de las hojas atrapan pequeños insectos. Cuando un insecto se posa en ellas, los pelos se doblan hacia dentro y atrapan a la criatura. Los glóbulos pegajosos parecen gotas de rocío, de ahí su nombre común. Las bonitas flores como botones de oro aparecen en primavera, generalmente de color blanco o rosa.

CULTIVO Las rosolíes o atrapamoscas se cultivan generalmente en macetas en invernaderos frescos, excepto en los climas sin heladas, donde se pueden cultivar en jardines acuáticos. En el invernadero, plántelas en una mezcla de turba y arena (a partes iguales), suministrándole la máxima luz pero sombra del sol directo, y ponga las macetas encima de platos con agua para que el compost se mantenga húmedo. En invierno, mantenga la planta seca.

Las rosolíes, de la especie *Drosera*, tienen multitud de pelillos pegajosos en el follaje para atrapar insectos.

CLIMA Zona 9 para la mayoría de las especies.

ESPECIES *D. binata*, rosolíes horquilla, de Nueva Gales del Sur, Victoria y el sur de Australia y Tasmania, crece hasta 35 cm. Tiene hojas ahorquilladas y unas flores llamativas de color blanco cremoso desde la primavera hasta principios de verano. *D. capensis*, del sur de África, es una especie delicada y llamativa, que crece hasta 15 cm, que en primavera produce flores púrpura en los tallos sin hojas.

Dryandra (fam. Proteaceae)

Las 65 especies de arbusto de este género son endémicas de Australia. Con sus espectaculares flores en forma de cúpula y el atractivo follaje siempreverde, estos tupidos arbustos son parientes de la *Banksia*. Sus hábitats naturales incluyen las zonas secas, rocosas o arenosas de la costa y los matorrales.

CULTIVO En climas propensos a las heladas, cultívela en invernaderos o viveros frescos, en macetas con un suelo de compost ácido especial para macetas, enriquecido con turba extra y arena ácida, y con la máxima luz. Riegue en poca canti-

Las flores de la *Dryandra* son amarillas en la mayoría de las especies, aunque pueden tener tonos naranja y castaño.

dad en invierno y normalmente en la estación de crecimiento. Al aire libre, estas plantas necesitan un lugar soleado y un suelo pobre, de ácido a neutro, y con buen drenaje. No les gusta que molesten a sus raíces. Se propaga por semillas que se siembran bajo cristal en primavera. Germina a 18 °C.

CLIMA Zona 10.

ESPECIES *D. floribunda* es una de las especies que más se cultivan y crece hasta alcanzar una altura de 2,5 m. Sus flores tienen un hermoso color crema, con las brácteas de colores más claros y su follaje rígido, semejante al del acebo, tiene los bordes dentados. *D. formosa* es un bonito arbusto erecto de hasta 3 m, que se cultiva por sus flores naranja de gran fragancia. *D. polycephala* tiene unas hojas pequeñas, estrechas y finamente serradas y profusión de florecillas amarillas. La especie *D. praemorsa* es un bonito arbusto muy tupido, de hasta 3 m, con hojas anchas y espinosas y flores amarillas. *D. speciosa* es una de las especies más hermosas, con capullos de un gris plateado y flores sedosas de color rosa salmón.

Duranta (fam. Verbenaceae)

Flores celestes

Este género de alrededor de 30 especies de árboles y arbustos siempreverdes, con grandes racimos o panojas de pequeñas flores y frutos muy atractivos, es originaria sobre todo de Sudamérica y el Caribe.

CULTIVO En climas propensos a las heladas, cultívelas en invernaderos o viveros intermedios, o en macetas con compost de suelo especial para macetas, buena luz y protección del sol más fuerte. Las plantas se pueden podar en invierno para contener el crecimiento. A la intemperie, crecen a pleno sol. Algunas especies resultan muy bien como pantallas y setos. Se propagan por esquejes semimaduros en verano, proporcionándoles calor basal.

CLIMA Zona 10, pero zona 9 para *D. erecta*.

Ideal para crear pantallas, *Duranta erecta* también es muy decorativa cuando en verano la cubren las flores de color azul lavanda.

El fruto pesado y espinoso del durián crece en árboles muy grandes con troncos apuntalados. Caen cuando maduran.

ESPECIES *D. erecta* (sin. *D. repens*), es la especie que más se cultiva. Este arbusto atractivo, péndulo y abierto, con unas hojas ovales, verdes y lustrosas, llega a alcanzar los 3 m de altura, y a menudo se utiliza como planta de cortina. Los abundantes ramilletes de flores aparecen durante los meses de verano y les siguen multitud de bayas de una tonalidad amarillo brillante durante un largo período. Todas las variedades de *D. erecta* crecen bien en ambientes secos una vez han arraigado. Forman unos setos muy bonitos y se pueden guiar como estándar.

Durio zibethinus (fam. Bombacaceae)
Durián

Los árboles durián se cultivan en los trópicos por sus frutos verdes y espinosos, que tienen el tamaño de una pelota de fútbol y pueden pesar más de 2 kg; tienen un aroma desagradable, pero su pulpa cremosa es comestible y muy valorada por los pobladores del sudeste asiático. Los chinos la llaman «El rey de las frutas» y miles de turistas se detienen a probarla cuando visitan Malaisia, Tailandia y los países cercanos. El árbol siempreverde de rápido crecimiento que produce estos frutos tan interesantes puede alcanzar más de 20 m de altura. Raramente se cultiva en Estados Unidos, a excepción de Hawai, aunque ocasionalmente, y en jardines botánicos.

CULTIVO El durián se propaga por semillas, aunque las selecciones superiores se consiguen con injertos.

CLIMA Este árbol solo prospera en ambientes tropicales.

Dyckia (fam. Bromeliaceae)

Estas bromeliáceas de las regiones tropicales de Sudamérica tienen unas hojas suculentas, acusadamente dentadas y barbadas, y forman las típicas rosetas de las que emergen los tallos altos y laterales de las flores de color naranja y amarillo. Se han encontrado en diferentes hábitats, desde la costa hasta en montañas bastante elevadas.

CULTIVO Muy fáciles de cultivar, se pueden plantar en jardines al aire libre y en sombra parcial. Si están bien drenadas, colonizarán suelos pobres y rocosos. Pueden tolerar ligeras heladas. Se propagan por brotes laterales o semillas. Se adaptan mejor si se plantan con otras suculentas. En las regiones propensas a fuertes heladas cultívelas en invernadero o en vivero intermedio, en compost sin suelo especial para macetas. Requieren la máxima luz. En invierno mantenga el compost casi seco.

CLIMA Zona 9. Tolera ligeras heladas.

Muchas especies de *Dyckia* tienen un follaje gris plateado muy bien armado. Las espigas floridas están lejos de las hojas.

ESPECIES *D. brevifolia*, del Brasil, tiene una roseta verde oscuro de hojas espinosas y acabadas en punta de 25 cm de longitud, con rayas en el revés y gran cantidad de flores amarillas. La especie *D. fosteriana* es verdaderamente atractiva. Las hojas, muy bien armadas, plateadas y curvadas, están teñidas de rojo y las flores son de color naranja. *D. remotiflora* forma una tupida roseta de hojas arqueadas de un tono verde oscuro, con un tallo esbelto con flores de un naranja intenso que aparecen a finales de primavera.

Dysoxylum (fam. Meliaceae)

De estas 80 especies de árboles, la mayoría procede de Australia y una sola de Nueva Zelanda. Prosperan de manera natural en los bosques tropicales húmedos y tienen unas hojas grandes y lustrosas. Los racimos de flores blancas nacen a menudo de ramas desnudas y les siguen unos frutos grandes, de 3 cm de diámetro, que contienen unas semillas de gran tamaño y de un rojo brillante.

CULTIVO A la *Dysoxylum* le gustan suelos profundos y húmedos y el clima subtropical. Se propagan por semilla madura (la cobertura rojo brillante es la piel externa de la verdadera semilla).

CLIMA Zona 10.

ESPECIES *D. fraserianum*, mahogany de Australia o palo de rosa, alcanza 40 m de altura en su hábitat, pero es mucho más pequeña cuando se cultiva. Tiene hojas pinnadas, racimos de flores blancas suavemente perfumadas y unos frutos redondos y coriáceos de 3 cm, que albergan unas semillas de un rojo brillante. La madera tiene un aroma a rosas. *D. muelleri* es un árbol entre mediano y grande en su hábitat, con la corteza de color amarillo oscuro, hojas divididas y racimos de florecitas blancas y frutos redondos con semillas escarlata. La madera roja no es aromática. *D. oppositifolium* es un árbol mediano o pequeño, con la corteza gris y cortada y la madera rosada. Produce racimos de flores blancas en forma de campanilla y unos frutos ovales y coriáceos con las semillas rojas. *D. spectabile*, o cedro de Nueva Zelanda, es uno de los árboles más hermosos de Nueva Zelanda y es muy valorado como planta ornamental. Es de tamaño medio, muy decorativo, alcanza los 15 m, y tiene unas hojas grandes y lustrosas y flores blancas similares a las del lirio de los valles.

Dysoxylum muelleri desarrolla una forma en cúpula en espacios abiertos, pero en el bosque es más alta y recta.

Eccremocarpus (fam. Bignoniaceae)

Chupa-chupas

Solo una de estas bonitas trepadoras siempreverdes se cultiva comúnmente. Estas plantas tienen hojas opuestas, con zarcillos rama, y racimos terminales de flores tubulares amarillas o naranja desde la primavera hasta el otoño.

CULTIVO En las zonas propensas a las heladas, cultívelas en invernaderos o viveros, o bien como anuales de verano a la intemperie. En los climas propensos a las heladas estas plantas se cultivan como perennes, aunque tienen una vida breve. Siembre las semillas a principios de la primavera bajo cristal para que germinen a 16 °C. Bajo cristal, cultívelas en macetas con un suelo de compost especial para macetas y proporcióneles la máxima luz. En el exterior, crecen al sol con suelos que tengan un buen drejane. Necesitarán un soporte para los tallos.

CLIMA Zona 9.

ESPECIES *E. scaber*, chupa-chupas, es una trepadora esbelta y leñosa, de 3-4 m de longitud, con hojas delicadas, que se cultiva por sus flores tubulares ladeadas de color amarillo, naranja o escarlata. Las vainas de los frutos albergan semillas aladas. El tipo 'Aureus' produce flores de un amarillo dorado, mientras que el *Carmineus* las produce de un rojo carmín.

Las flores escarlata de *Eccremocarpus scaber* y las de color amarillo dorado de una de sus variedades se complementan cuando se cultivan juntas.

Echeveria (fam. Crassulaceae)

Originario sobre todo de México y de Centroamérica, este género comprende alrededor de 150 especies de plantas muy bonitas, perennes y suculentas, todas las cuales forman las típicas rosetas. Algunas especies se propagan libremente desde la base y forman extensas matas; otras lo hacen en altos tallos. Tienen unas hojas muy suculentas, algunas lisas, otras vellosas, y otras pulverulentas, y unas flores en forma de campanilla. Los tallos portan unos pocos o abundantes capullos que caen desde el ápice. Se producen muchos cultivares muy bonitos.

CULTIVO En los climas propensos a las heladas, cultívelas en invernaderos o viveros intermedios, en macetas con un compost para cactos con buen drenaje, que se puede adquirir en los centros de jardinería. Hay que asegurarles la máxima luz. Riéguelas normalmente durante el período de crecimiento, pero durante el invierno manténgalas apenas húmedas. Las plantas de maceta pueden permanecer a la intemperie durante el verano. Alguna especie se utiliza como lecho de verano. Si desea cultivarlas permanentemente, hágalo con drenaje libre y suelo pobre. Propague por esquejes de hoja o esquejes de tallo en verano y, en primavera, por brotes laterales.

CLIMA Zona 10.

Las rosetas de un azul plateado claro de *Echeveria elegans* se multiplican rápidamente y son muy adecuadas para adornar una maceta o como planta de jardín.

ESPECIES *E. agavoides*, de México, tiene unas hojas gruesas, casi triangulares, de un tono verde claro, con las puntas duras de un marrón rojizo que parecen espinas. Produce numerosas flores en un rosa intenso en los largos tallos. *E. derenbergii*, una roseta pequeña y carente de tallo, de unos 6-8 cm de un extremo a otro, procede de México y tiene unas hojas de un verde claro con los bordes rojos y los extremos afilados. Las flores, de un amarillo rojizo, aparecen en unos tallos que miden unos 8 cm de altura. *E. elegans*, alcachofera de gatos, forma matas de rosetas apretadas, basales, de 10 cm de envergadura, a partir de unas hojas de un azul glaseado, en ocasiones ribeteadas de rojo. Las flores son de color rosa con las puntas en amarillo. *E. gibbiflora* es una roseta bastante ancha y holgada. Las flores rojas nacen en un tallo de 60 cm. *E. leucotricha* forma unas rosetas holgadas de hojas bastante gruesas y despuntadas, cubiertas de una pelusa blanca y salpicadas de pelos afelpados. Las grandes flores de color escarlata brotan en los altos tallos. *E. pulvinata* tiene unas rosetas abiertas formadas por hojas velludas, blancas y sedosas, de un rojo brillante en otoño. Produce unas flores rojizas desde el invierno hasta la primavera. *E. secunda* es una roseta sin tallo y en forma de platillo, con hojas de un blanco azulado y en forma de cuña, con los extremos muy afilados, y flores rojas con las puntas amarillas.

Echinacea (fam. Asteraceae)

Equináceas

Estas espectaculares plantas perennes producen unas flores grandes, semejantes a las margaritas, desde mediados hasta finales de verano. Las flores son prominentes, unos discos globulares o cónicos rodeados por cogollitos radiales ligeramente curvados. Estas plantas, usadas tradicionalmente como hierbas medicinales, al parecer, aumentan la resistencia del cuerpo a las infecciones.

CULTIVO Es fácil de cultivar, pero requiere una marga profunda y rica y una ubicación soleada. Mientras en verano prospera con un riego regular, una vez arraigada puede tolerar períodos de sequía. Es posible que necesite una sujeción. Propague por semillas, por división en otoño o a principios de invierno, o por esquejes de raíz.

Las matas de *Echinacea purpurea* aumentan anualmente y requieren una división cada tres o cuatro años.

CLIMA Las siguientes especies prosperan en zona 3.

ESPECIES *E. angustifolia* tiene hojas enteras lanceoladas y flores del blanco al rosa púrpura en verano. *E. purpurea*, equinácea púrpura, presenta unas hojas generalmente lanceoladas, dentadas, y flores rosa purpúreo con el centro en forma de cono de color naranja. Crece hasta 1-2 m. El cultivar 'Alba' tiene unas flores radiales con discos centrales verdosos. En las condiciones adecuadas, las matas se multiplican bastante cada estación.

Echinocactus (fam. Cactaceae)

Originarias de Norteamérica y de México, estos cactos grandes, en forma de barril y crecimiento lento, tienen unas fuertes espinas en las costillas agudas, el ápice aplastado, y pelo allí donde aparecen las flores. Las flores cortas, en forma de embudo, a veces autofértiles, se abren durante el día y se cierran al caer la noche. El tubo, el ovario y el fruto son velludos y escamosos.

CULTIVO En los climas propensos a las heladas, cultívelas en invernaderos o viveros intermedios, en macetas con compost para cactos que se puede conseguir en centro de jardinería. Proporcióneles la máxima luz y no riegue las plantas en invierno. En el exterior, plántelas en un lugar soleado en un suelo con buen drenaje. Propague por semillas en primavera, en un semillero con calor.

Este gran cacto barril de oro, *Echinocactus grusonii*, es el foco de este jardín de clima seco.

CLIMA Crecerá en zonas relativamente libres de heladas. Por lo menos zona 9.

ESPECIES *E. grusonii*, barril de oro, de México, es un cacto enorme, con forma de globo, de hasta 1 m de altura y más de 80 cm de diámetro. Tiene unas espinas largas, fuertes y doradas, costillas bastante finas y flores amarillas de más de 6 cm de longitud, que crecen en círculo desde las areolas pilosas en la parte superior de la planta. *E. platyacanthus* (sin. *E. ingens*) es una planta de un verde grisáceo, de hasta 1,5 m de altura y cerca de 1 m de diámetro, con hasta 50 costillas pronunciadas y redondeadas y espinas muy agudas, de 3-4 cm de longitud. De su ápice piloso emergen unas flores amarillas de 20 mm diámetro.

Echinocereus (fam. Cactaceae)

Cactos arco iris

Se trata de un género muy amplio de cactos, originario de Norteamérica y México. El tamaño de estas plantas va desde el de un diminuto dedal hasta matas de 1 m de diámetro. La mayor parte son densas, suaves y carnosas, con costillas con nódulos y protuberancias. Las espinas varían, desde suaves y quebradizas hasta rígidas y afiladas. Las flores en forma de embudo, muy duraderas, se producen en el tallo lateral en primavera y en verano. De colores muy brillantes, la mayoría con estigmas lobulados de un verde muy vivo, se abren durante el día y se cierran al caer la noche. El fruto, el tubo y el ovario tienen pelo y están cubiertos por infinidad de espinas.

CULTIVO En los climas propensos a las heladas, cultívelas en invernadero o vivero intermedios y aireados, en macetas con un compost para cactos que se puede conseguir en cualquier centro de jardinería. Proporcióneles máxima luz, y riéguelas en invierno. En el exterior, plántelas en un lugar soleado y en un suelo con buen drenaje. Propague por semillas en primavera, en un semillero con calor o por esquejes de vástagos en verano.

CLIMA Crecerá en zonas relativamente libres de heladas. Por lo menos en zona 9.

ESPECIES Se cultivan la mayoría de las especies, aunque aquí solo citaremos algunas. *E. chloranthus* produce en primavera unas flores de un amarillo verdoso. Los vástagos alcanzan los 25 cm de altura y miden 5 cm o más de grosor. *E. enneacanthus* produce unas flores de un rojo púrpura, seguidas de frutos comestibles redondeados y de color verde o púrpura. Los vástagos crecen hasta 30 cm de altura y superan los 10 cm de grosor.

Semejante a una joya, la flor satinada emerge de las espinas densas y compactas de un cacto arco iris, de la especie *Echinocereus*.

E. knippelianus es un cacto pequeño, suave, de color verde oscuro, con cinco costillas y unas pocas espinas cortas. Las flores son de un rosa pálido. *E. pectinatus* tiene bandas de espinas como peines del blanco al rosa, y flores de un rosa intenso. *E. reichenbachii*, cacto de encaje, crece unos 30 cm de altura y unos 8 cm de grosor. Las flores van del rosa al púrpura. Se cultivan muchos tipos de esta especie. *E. triglochidiatus* es del tipo achaparrado, de unos 30 cm de altura y 20-25 cm de grosor. Produce unas flores duraderas, blancas, escarlata o carmesí.

Echinops (fam. Asteraceae)
Cardos yesqueros

Estas herbáceas perennes y vigorosas están muy extendidas desde Europa y el Mediterráneo hasta el África tropical y Asia. Miembros de la familia de las margaritas, se adaptan muy bien como plantas de orilla y también resultan muy atractivas cultivadas en grupo. Las hojas apuntadas y de un verde grisáceo forman unas rosetas de las que emerge la cabeza floral en los altos vástagos. Las flores individuales son de un azul acero o blancas. Son excelentes para formar ramos de flores secas, sobre todo para adornos de invierno, porque el brillo metálico de las cabezas florales permanece durante algún tiempo después de haberlas secado.

Los cardos yesqueros, de la especie *Echinops*, aportan contraste de formas y colores a las orillas de un jardín.

CULTIVO *Echinops* crece muy bien en cualquier suelo de jardín y a pleno sol. Propague por semillas en un lugar soleado, por esquejes de raíz o por división.

CLIMA Zona 3 para las especies que se enumeran más abajo.

ESPECIES *E. bannaticus*, del sudeste de Europa, tiene unas hojas espinosas de un verde gris y flores azul gris en los meses de verano. Las flores del cultivar 'Blue Globe' son de un azul intenso. Si los vástagos se cortan tras la primera floración, volverá a florecer. El 'Taplow Blue' tiene unas cabezas florales de un azul brillante. *E. ritro*, cardo yesquero pequeño, alcanza los 60 cm, tiene unas hojas espinosas muy divididas, de un verde lustroso en el haz y mates en el envés, y en verano produce unas cabezas florales de un azul brillante. *E. sphaeroc ephalus*, gran cardo yesquero, forma unas matas grandes, de hasta 2 m, produce unas cabezas florales de un gris plateado en verano y un follaje espinoso de color gris verdoso.

Echinopsis (fam. Cactaceae)

Los brillantes y lustrosos cactos de 50 a más de 100 especies que componen este género son todos similares y originarios de Sudamérica. Sin embargo, se han conseguido gran cantidad de híbridos del cruce de las especies *Echinopsis*, *Lobivia*, *Echinopsis* y *Chamaecereus*. Estos híbridos están disponibles en distintos colores. Solo se producen de retoños laterales. La mayoría tienen una forma globular, a veces cilíndrica, con afiladas costillas y terribles espinas. Las flores grandes, generalmente blancas y diurnas, tienen una vida breve. A veces fragantes, florecen durante toda la primavera hasta el verano. Son flores estériles.

CULTIVO En los climas propensos a las heladas, cultívelos en invernadero o vivero intermedio, aireado, en un compost especial para cactos. Proporcióneles la máxima luz y no los riegue en invierno. A la intemperie, crecen en un lugar soleado con suelo con buen drenaje. Propague por semillas en primavera, en un semillero con calor, o por retoños laterales en primavera.

Echinopsis pueden tener una forma globular, cilíndrica o de columna, y algunas forman densas colonias.

CLIMA Crecerán en zonas relativamente libres de heladas. Por lo menos zona 9.

ESPECIES *E. backebergii* es un cacto que forma matas, esférico y verde oscuro, con costillas con nódulos. Las areolas pilosas llevan unas espinas rojizas que cambian a gris con la edad. Las espinas pueden ser curvas o en gancho. Las flores de verano son diurnas y pueden ser de color escarlata o violeta. *E. chamaecereus*, un cacto trepador o que forma matas, tiene vástagos cilíndricos y espinas blancas o parduzcos. Las flores escarlata o de un naranja brillante son diurnas. *E. cinnabarina*, de tipo arracimado, redonda y achaparrada, produce flores de un escarlata intenso. *E. huascha* desarrolla vástagos cilíndricos y produce flores amarillas o rojas. *E. lageniformis* es como un árbol, alcanza hasta 2 m de altura, y tiene vástagos en forma de columna. Las espinas son bastante finas y amarillentas y las flores blancas son nocturnas. *E. spachiana* es un cacto arbustivo, con vástagos ribeteados de un verde intenso que se ramifican desde la base. Puede alcanzar 1-2 m de altura. Las flores nocturnas, de verano, son blancas con los pétalos externos verdes.

Echium (fam. Boraginaceae)
Vivoreras, taginastes

Originarias del Mediterráneo y de las islas Canarias, estas llamativas anuales y perennes se culti-

Los altísimos conos de flores de un intenso azul púrpura de *Echium candicans* atraen a las abejas y otros insectos.

van por sus altas agujas de flores azules, púrpura, rojo, rosa o blanco apiñadas en cabezas simples o bifurcadas. Las hojas son de un tono verde gris y ligeramente onduladas. *Echium* tiene un aspecto encantador, pero necesita que su ubicación sea muy cuidadosa. Algunas especies toleran las heladas, mientras que a otras las bajas temperaturas las dañan rápidamente.

CULTIVO Estas plantas crecen bien en zonas costeras donde tolerarán un suelo pobre y arenoso, a condición de que tengan un buen drenaje y pleno sol. Plante las especies sensibles a las heladas en un invernadero aireado y fresco con la máxima luz, en macetas con suelo de compost. Propague por esquejes de las puntas en verano. A menudo presentan dificultades a la hora de plantarlos. Como alternativa, propague por semillas.

CLIMA Zonas 9 o 10; lo ideal es en un clima mediterráneo.

ESPECIES *E. candicans* (sin. *E. fastuosum*), orgullo de Madeira, es una bienal sensible a las heladas, de 2,5 m, que crece en extensión. Las hojas grisáceas, con nervios y con pilosidades, forman unas rosetas, y las espigas alargadas de las flores de un azul intenso aparecen en los altos vástagos a finales de primavera o verano.

Edgeworthia (fam. Thymelaeceae)

Este género comprende dos o tres especies de siempreverdes o caducifolias de arbustos floridos, de corteza semejante al papel. Originarias de China y Japón, tienen hojas simples y alternas que se abigarran en el extremo de las ramas. Las cabezas de las flores pequeñas, amarillas y perfumadas nacen desnudas en primavera.

CULTIVO A estas plantas les disgustan los extremos, requieren ambientes templados, un buen drenaje y agua abundante en la estación de crecimiento. Propague por esquejes semimaduros en verano, o por semillas que se siembran en otoño, para que germinen en un semillero.

CLIMA Zona 8; hay que proporcionarle un lugar cálido y abrigado.

ESPECIES *E. chrysantha* (sin. *E. Papyrifera*) es un arbusto caducifolio con raíces fuertes y flexibles y hojas oblongas. Los grandes racimos de flores fragantes son de un amarillo intenso.

La fragante *Edgeworthia chrysantha* cortada llenará con su fragancia la habitación. Esta especie se cultiva mucho en Japón para fabricar papel de artesanía.

Elaeagnus (fam. Elaeagnaceae)

Originarios del sur de Europa, Norteamérica y Asia, estos arbustos siempreverdes o caducifolios se cultivan por su atractivo follaje, a menudo de diferentes tonos. Tienen hojas simples y alternas cubiertas por unas escamas pardas o plateadas, flores discretas y ocasionales frutos, pequeños y rojos. Muchas especies tienen espinas. Se cultivan a menudo para formar cortinas y setos, y también van muy bien para orillas mixtas.

CULTIVO *Elaeagnus* crece bien en cualquier suelo seco de jardín si se le proporciona el drenaje adecuado. Prefiere una ubicación a pleno sol, pero puede tolerar un ambiente templado y fresco. Pódela ligeramente en primavera. Propague por esquejes semimaduros en verano o en otoño, por acodo en primavera, o por semillas cuya germinación puede ser muy lenta.

CLIMA Existen especies adecuadas a las distintas zonas climáticas.

ESPECIES *E. angustifolia*, zona 2, es un árbol caducifolio que crece en extensión hasta los 6 m de altura, con ramas espinosas, hojas como las del sauce y flores fragantes. Es una de las especies que da fruto, grande y de color amarillo plateado. *E. pun-*

Tolerantes al viento y a cierto grado de polución, los cultivares de *Elaeagnus pungens* resultan unas excelentes plantas de separación.

gens, zona 7, es la más conocida y con ella se forman setos excelentes. Tiene unas ramas largas y espinosas y racimos de flores diminutas y fragantes de color crema. Las hojas verdes, lustrosas y ovaladas, tienen los bordes ondulados, el revés de color plateado y están salpicadas de escamas pardas. Las variedades incluyen a la 'Maculata', un arbusto atractivo, de crecimiento lento, hasta 2-3 m, con hojas grandes y lustrosas, salpicadas de amarillo en el centro, y la 'Marginata', una buena planta para setos o pantallas, con las hojas ribeteadas en plata.

Elaeis (fam. Arecaceae)
Palmas de aceite

Este género de palmas comprende solo dos especies, una africana y la otra americana, y es pariente del cocotero o palma de coco. Su fruto es una reminiscencia del coco, porque tiene una capa interior dura que rodea a la semilla, con tres 'ojos' en la base. La carne de esta fruta produce un aceite comestible, utilizado también para la fabricación de lubricantes. La palma africana se cultiva extensamente en los trópicos con fines comerciales. También constituye un bonito adorno.

CULTIVO En los climas propensos a las heladas, cultívelas en un invernadero o vivero templado como planta joven de follaje, en macetas o tiestos con suelo con compost especial para macetas. Pro-porcióneles mucha luz, pero evíteles el sol directo. Propague por semillas después de mantenerlas una semana en remojo en agua. Germinan a una temperatura de 24 °C.

CLIMA Por lo menos zona 10.

ESPECIES *E. guineensis*, palma de aceite africana, es una palma de un solo vástago que crece 20 m o más cuando madura, aunque menos cuando es cultivada. Tiene un tronco grueso, erecto y rugoso, coronado por una copa de hojas grandes, semejantes a plumas. Las hojuelas, alargadas y estrechas, son de un verde intenso y lustroso, y los frutos negruzcos, de 3-4 cm, aparecen en densos racimos entre la base de las hojas. El aceite se extrae de la nuez de las semillas y de la pulpa.

Elaeocarpus (fam. Elaeocarpaceae)

Originario de los trópicos y de las regiones templadas, este numeroso género comprende alrededor de 60 especies de árboles y arbustos siempreverdes, aunque solo algunas se cultivan habitualmente. Tienen hojas alternas y simples y racimos de flores axilares. Las especies ornamentales son muy atractivas, tienen unas bonitas flores a las que siguen los decorativos frutos. No son asequibles fuera de sus países de origen.

CULTIVO Estos excelentes árboles de sombra son muy adecuados para parques y grandes jardines. *E. cyaneus*, sin embargo, se puede cultivar en jardines particulares. Crecen bien en suelos profundos, con un buen drenaje, moderadamente fértiles y entre ácidos y neutros, con un mantillo añadido de materia orgánica. Requieren agua abundante en climas cálidos y secos. Solo toleran ligeras heladas. En los climas propensos a las heladas, plántelas en un invernadero o en un vivero, en macetas con suelo de compost especial para macetas, y máxima luz.

CLIMA Zona 9.

ESPECIES *E. cyaneus* crece hasta 10-15 m de altura, y es la especie que se cultiva habitualmente en los jardines particulares, donde a menudo sus

Los frutos de la palma de aceite, *Elaeis guineensis*, se acumulan abigarrados en la base de las frondes de la palma.

Las flores delicadas, con flecos y forma de campanilla de *Elaeocarpus cyaneus* dan paso a unos bonitos frutos azules.

En este jardín particular, se ha reciclado una vieja bañera que resulta ideal para plantar castañas de agua.

dimensiones son más reducidas. Originaria de la costa este de Australia, produce unas bonitas flores con flecos, de color blanco o rosa pálido, a las que siguen unos frutos de un azul intenso. *E. grandis*, quandong plateado, es un árbol grande, de hasta 35 m, procedente de las selvas tropicales del este de Australia. Produce unas flores de color blanco verdoso durante los meses de invierno, a las que siguen unas bayas grandes, de color azul. El nombre común de quandong se aplica en otras áreas a la especie *Santalum. E. kirtonii* es un árbol grande, de copa redonda, que alcanza 20 m de altura en su hábitat, pero mucho menos cuando se cultiva. Produce flores de un blanco cremoso durante el verano, seguidas de frutos de color azul.

Eleocharis dulcis (fam. Cyperaceae)
Castañas de agua

Las castañas de agua, originarias de China y del sudeste de Asia, son una parte importante de la dieta de estos países, por ello su cultivo es muy extenso. Los tubérculos dulces y crujientes se comen crudos o cocinados, aunque en algunos países este producto se comercializa en conserva.

CULTIVO Las castañas de agua se cultivan en aguas poco profundas y en suelos muy ricos a los que se ha añadido un poco de cal. Requieren pleno sol y altas temperaturas. Cuando se cultivan en climas frescos o fríos, hay que hacerlo en un invernadero cálido. Desde la siembra hasta la madurez transcurren alrededor de siete meses, y durante este período necesitan un ambiente libre de heladas. Los tubérculos deben plantarse en primavera, a una distancia de 50 cm, y hay que mantener bastante humedad hasta que las plantas alcancen 10-15 cm de altura. En este estadio, el área debe inundarse y mantener el agua a ese nivel. En otoño, dicha área se drena hasta que los tubérculos se endurecen. Entonces es el momento de recolectarlos y almacenarlos.

CLIMA Zona 9.

Elettaria cardamomum (fam. Zingiberaceae)
Cardamomo

El cardamomo es una perenne rizomatosa, de hasta 3 m, con un vástago alto y frondoso y vástagos florales más cortos. Después de la floración, pro-

En climas frescos y fríos, el cardamomo, *Elettaria cardamomum*, es una excelente planta de follaje en invernaderos y viveros cálidos.

Embothrium coccineum ilumina el jardín con sus espectaculares flores de un rojo brillante, que atraen a las aves que se alimentan de néctar.

duce unas cápsulas pequeñas, de forma irregular, de color gris verdoso claro, que contienen varias semillas pardas. Se cultiva extensamente en los países asiáticos y ha sido importada a Europa desde la época de los romanos. Las semillas de la planta del cardamomo se utilizan como especia en la cocina, sobre todo en los curries de los países asiáticos, como la India. También se utiliza para condimentar pasteles, dulces y pan, y en algunos lugares, para aromatizar el café. El aceite esencial de las semillas se utiliza en perfumería.

CULTIVO El cardamomo es originario de la India y de otros países tropicales, y se cultiva por sus semillas solo en climas tropicales. En climas propensos a las heladas, se cultiva por su bonito follaje en invernadero o vivero. Cultívelo en macetas con un suelo de compost especial para macetas al que hay que añadir corteza picada. Mantenga la planta protegida del sol directo y proporciónele un ambiente húmedo. Riéguelo bien durante la estación de crecimiento, y mucho menos en invierno. Propague por división de los rizomas en primavera.

CLIMA Zona 10 y por encima.

Embothrium (fam. Proteaceae)

Estos árboles siempreverdes de crecimiento lento procedentes del centro y sur de los Andes de Sudamérica son espectaculares en plena floración, aun-

que esta puede tardar en presentarse alrededor de diez años. Sus flores son similares a las del árbol waratah *(Alloxylon flammeum)*.

CULTIVO Es mejor plantarlos en jardines boscosos o en otras zonas protegidas, en sombra parcial o a pleno sol, en un suelo húmedo, entre ácido y neutro y rico en humus. Se propagan por esquejes semimaduros en verano, proporcionándoles calor basal.

CLIMA Zona 8.

ESPECIES *E. coccineum*, notro o ciruelillo, alcanza los 3-9 m de altura, y tiene unas hojas estrechas, lustrosas y de color verde oscuro, de hasta 5 cm de longitud. Las espectaculares flores, de un rojo brillante, miden 5 cm de longitud y aparecen a mediados de primavera hasta principios de verano. La variedad *lanceolatum* 'Norquinco' es un tipo especialmente robusto, que se cultiva por sus graciosas ramas arqueadas y su excelente floración. Las hojas son más alargadas y estrechas.

Emmenosperma (fam. Rhamnaceae)

Fresno rojo, palo de hueso

Este género comprende tres especies de árboles altos y hermosos, dos de las cuales son procedentes de Australia y otra de Nueva Caledonia. Es difícil encontrarlas fuera de sus países de origen.

Los suculentos frutos amarillos de *Emmenosperma Alphitonioides* a menudo persisten en el árbol durante varios meses.

CULTIVO En los climas propensos a las heladas, estos árboles deberían cultivarse en invernaderos o viveros cálidos. Como crecen muy despacio cuando son jóvenes, deberían considerarse como especímenes de maceta. A la intemperie, en climas templados, se cultivan en suelos húmedos y ricos. Propague por semillas cuando maduran.

CLIMA Por lo menos zona 10.

ESPECIES *E. alphitonioides* es un árbol alto y erecto, con un tronco esbelto, que se cultiva desde el extremo norte de Australia hasta la costa este de Nueva Gales del Sur. Tiene hojas lustrosas, de un verde vivo, y densos racimos terminales de pequeñas flores de color crema, a las que siguen unas atractivas bayas de un amarillo brillante que permanecen en el árbol durante los meses de verano y otoño. Alcanza los 15 m cuando se cultiva, aunque su crecimiento puede ser muy lento. Esta especie proporciona una madera excelente.

Ensete (fam. Musaceae)
Bananero de Abisinia

Naturales de las zonas tropicales de África y de Asia, estas plantas tienen unas hojas grandes semejantes a las del banano y brácteas desmayadas en las flores. Proporcionan un acento excepcional y característico a los jardines grandes.

El follaje exuberante de *Ensete ventricosum*, bananero de Abisinia, domina un jardín subtropical.

CULTIVO En climas propensos a las heladas, plántelas en macetas o tiestos en un invernadero intermedio. Sáquela al exterior durante el verano. Hay que cultivarla en un suelo de compost especial para macetas.

CLIMA Zone 10.

ESPECIES *E. ventricosum*, bananero de Abisinia, es un excelente espécimen de jardín. Crece hasta los 12 m en estado silvestre, pero mucho menos cuando se cultiva. Generalmente el pedúnculo es de color púrpura y las hojas crecen a veces hasta 5 m de longitud y 1,5 m ancho, con un nervio central ancho de un rosa rojizo brillante en el revés de la hoja. Las flores blancas están ocultas por brácteas de un tono bronce rojizo.

Entelea (fam. Tiliaceae)
Whau

Este pequeño árbol o arbusto siempreverde de Nueva Zelanda se puede conseguir, aunque no es muy conocido fuera de su país de origen. Tiene una madera muy ligera que los maorís utilizan como corcho de pesca y para construir balsas.

Entelea arborescens es conocida con el nombre de morera de Nueva Zelanda. Las flores son mucho más bonitas que las de la morera.

Las flores alargadas y tubulares de *Epacris longiflora* aparecen en la planta durante muchos meses.

CULTIVO *Entelea* crece muy bien en las zonas costeras y templadas. Debe tener un buen drenaje, y el suelo deberá enriquecerse con compost o abono. Riegue en abundancia durante la estación seca de verano. En los climas con heladas, cultívelas en un invernadero fresco. Propague por semillas sembradas en primavera o por esquejes en verano.

CLIMA Zona 9.

ESPECIES *E. arborescens* crece hasta 6 m y se la reconoce por su madera, extremadamente ligera. El follaje joven y blanquecino, cuando madura, se vuelve dentado y piloso, de 25 cm de longitud, como las hojas de la morera, y con bonitos nervios. Las flores blancas, de hasta 2,5 cm de ancho, tienen peciolos amarillos.

Epacris (fam. Epacridaceae)
Brezos nativos

Originarios del este de Australia y Nueva Zelanda, estos arbustos siempreverdes semejantes al brezo son adecuados para formar orillas o, en los climas propensos a las heladas, para cultivar en invernaderos y viveros. Tienen unas ramas largas y finas, hojas diminutas y espinosas y racimos colgantes de flores tubulares en el extremo de los tallos. Algunas especies florecen casi continuamente, aunque normalmente lo hacen en primavera y en verano.

CULTIVO Bajo cristal, plántelas en macetas con un compost ácido y sin suelo, especial para macetas, con máxima luz aunque protegidas del sol fuerte. En el exterior estos arbustos prefieren un suelo con buen drenaje, fibroso y de turba, y pueden tolerar condiciones bastante ácidas. Casi todas las especies se plantan en un lugar fresco, húmedo y protegido; no hay que regarlas demasiado en verano y, si es posible, no debe remover el suelo. Cada primavera, aplique un poco de sangre y huesos. Pódelas cada año, después de la floración. Propague por esquejes a finales de pimavera durante el verano o por semillas en cuanto estén maduras.

CLIMA Zona 9 si está relativamente libre de heladas.

ESPECIES *E. impressa*, brezo común, es un arbusto erecto, de hasta 1 m, con hojas muy estrechas y espinosas, y densos racimos de flores blancas, rosa o rojas. *E. longifalor*, brezo nativo fucsia, es un arbusto desaliñado, de hasta 1 m. Se trata de una planta excelente para rocallas que produce unas flores de un rico color carmesí de hasta 25 mm, con las puntas blancas, desde la primavera hasta el verano. *E. microphylla*, brezo coral, es un arbusto erecto de hasta 1 m. Las hojas son diminutas, y produce unos racimos densos de 6 mm de flores blancas en forma de campanilla. Es una especie que se cultiva con bastante frecuencia y se utiliza para jardines de rocalla.

Epidendrum (fam. Orchidaceae)
Orquídea crucifijo

Muchas especies de este género de orquídeas epífitas se clasifican ahora en otro género. *Epidendrum* incluye ahora solo las orquídeas esbeltas como juncos con el vástago floral completamente unido al labio. Existen muchos híbridos excelentes, aunque el de color blanco es raro.

CULTIVO: Estas orquídeas se cultivan en invernaderos y viveros frescos, en macetas con compost para orquídeas, una mezcla para epífitas o trepadoras. Algunas plantas pueden necesitar algún soporte para sus largos tallos. Durante el período de crecimiento, proporcióneles buena luz aunque protegidas del sol directo, asegúreles una elevada humedad ambiental, vaporice las plantas diariamente, riéguelas bien y aliméntelas cada semana. En invierno, proporcióneles máxima luz y mantenga el compost ligeramente húmedo o completamente seco cuando se trata de especies semibulbosas. Propague por división cuando la maceta se les quede pequeña.

CLIMA Por lo menos zona 10.

La variedad rojo rosada de la orquídea crucifijo, especie *Epidendrum*, se exhibirá durante mucho tiempo en el invernadero. Es una planta fácil de cultivar.

ESPECIES Las orquídeas más conocidas son las llamadas orquídeas crucifijo. La variedad de color naranja intenso de *E. ibaguense* es la que se ve con mayor frecuencia. Otras que se cultivan a menudo son las variedades con flores de color carmesí claro y lila.

Epimedium (fam. Berberidaceae)

Estas plantas siempreverdes perennes o caducifolias de poca altura proporcionan unas bonitas coberturas en zonas húmedas y umbrías. Tienen las hojas en forma de flecha o de corazón, con atractivas manchas de diferentes colores durante el año y unas flores delicadas a principios de primavera y verano. Las flores son bonitas, pero pequeñas.

CULTIVO Se puede cultivar en cualquier suelo, aunque prefiere arcilla arenosa y hojas enmohecidas. Plántelas en otoño o en primavera y pódelas justo antes de que los nuevos brotes aparezcan en primavera. Proporcióneles agua abundante durante la primavera o el verano secos. *Epimedium* ayuda a controlar las malas hierbas cubriendo el suelo. Propague por división de los rizomas en otoño o por semillas.

CLIMA Fresco, húmedo templado y suave en las zonas del interior.

Los brotes nuevos de la especie *Epimedium* pueden ser de color rosa o bronce. Las hojas más viejas son de un verde liso.

ESPECIES *E. diphyllum*, de hasta 20 cm, tiene unas flores blancas, pequeñas y péndulas. *E. grandiflorum*, de 30 cm, produce flores blancas, rosa, púrpura o amarillas. El follaje cambia desde el verde intenso en verano al rojo y el dorado en otoño, hasta el rosa claro y a los tintes amarillos en primavera. *E. pinnatum*, zona 6, de hasta 30 cm, tiene flores amarillas y púrpura. *E.* x *rubrum*, hasta 30 cm, tiene un follaje extremadamente colorido y flores rojas y amarillas. *E.* x *versicolor* produce flores amarillas con sépalos de color rosa. Las hojas jóvenes presentan manchas rojas. *E.* x *youngianum*, hasta 30 cm, tiene unas flores colgantes de color blanco o rosa. El 'Niveum' produce unas flores de un blanco inmaculado; el 'Roseum' las tiene de un malva rosado.

Epiphyllum (fam. Cactaceae)

Epifilos

Originarios de los bosques tropicales de México y Sudamérica, estos cactos epífitos tienen unos vástagos anchos y péndulos, a veces extremadamente lobulados, y unas flores que van del blanco al color crema y casi siempre son aromáticas.

CULTIVO En los climas tropicales y subtropicales se cultivan en invernaderos y viveros cálidos o como plantas de interior, en macetas o en cestas en compost especial para cactos y sin suelo. Necesitan mucha luz, pero protegidas del sol directo, y un ambiente bastante húmedo. Riéguelas normalmente durante la estación de crecimiento y nútralas cada dos semanas; manténgalas solo húmedas en invierno. Propague en verano por sección de los vástagos.

CLIMA Zona 10, por lo menos.

ESPECIES *E. crenatum* es una planta erecta, con múltiples ramas, y unas bonitas flores de día, de un blanco cremoso. *E. hookeri* es una planta bonita, grande, con ramas estrechas, chatas y con nódulos, y flores nocturnas con pétalos estrechos. *E. oxypetalum* es alta, con ramas péndulas, chatas, con ligeros nódulos y tallos cilíndricos. Las flores, muy grandes, blancas y nocturnas, aparecen abundantes en primavera y verano.

Epipremnum (fam. Araceae)

Este género de ocho especies de enredaderas tropicales es originario del sudeste de Asia y el oeste del Pacífico. En general, pueden cultivarse a la intemperie en los trópicos solo donde puedan ser dirigidos para que trepen por el tronco de un árbol. Sin embargo, también pueden resultar unas atractivas plantas de maceta de interior si las circunstancias lo permiten.

Las flores grandes, de un escarlata brillante, de esta *Epiphyllum* híbrida son un magnífico espectáculo.

Epipremnum aureum, hiedra del demonio, es una planta de interior muy común que tiene varios cultivares.

CULTIVO Excepto en los trópicos, cultívelas en invernadero o vivero cálido, o como planta de interior, en suelos con compost para macetas o bien sin suelo y con compost para macetas. Las plantas necesitan buena luz (pero sombra de la luz directa del sol), ambiente húmedo, y soportes para los tallos, a menos que se reserve trepar. Un palo cubierto con musgo esfagnáceo es un buen soporte. Propague por esquejes de la punta de los tallos, por esquejes de los brotes de las hojas, en verano, en un cajón semillero con calor. También se puede propagar por acodo de un tallo en primavera o verano.

CLIMA Por lo menos zona 10.

ESPECIES *E. aureum*, poto dorado o hiedra del demonio, tiene unos vástagos esbeltos, hojas de un verde intenso y lustroso, en forma de corazón, de más de 30 cm de longitud, con manchas de color crema dorado. Si se cultivan a la intemperie, pueden alcanzar 12 m. El cultivar 'Marble Queen' tiene las hojas de un blanco cremoso, con motas verdes, y vástagos con rayas verdes; el 'Tricolor' tiene hojas verdes, con manchas y rayas doradas, verde claro y crema. *E. pictum* 'Argyraeum' es un cultivar más pequeño, con hojas verde mate en forma de corazón y manchas plateadas.

Episcia (fam. Gesneriaceae)
Violetas de fuego

Cultivadas sobre todo por sus atractivas y ornamentales hojas, estas trepadoras perennes procedentes de las regiones tropicales de América y de las Antillas también producen unas flores con mucho colorido y de larga duración si se dan las condiciones adecuadas. Las hojas son ovales y velludas, y con delicadas vetas en tonos bronce, amarillo y verde. Son ideales en invernaderos o en cestas colgantes.

CULTIVO La violeta de fuego requiere un compost especial para macetas sin suelo, luz y abundante humedad en primavera y en verano. Sin embargo, al regarla, no hay que mojar las hojas. Propague por esquejes con varios nudos, en una mezcla de arena y turba, a principios del verano.

Las flores rojas realzan las hojas aterciopeladas y estampadas de *Episcia cupreata*. Se cultivan muchas especies de *Episcia* sobre todo por su follaje.

CLIMA Por lo menos, zona 10.

ESPECIES *E. cupreata*, violeta de fuego, tiene unas hermosas hojas de más de 12 cm de longitud y 7 cm de ancho, veteadas de cobre, rojo o plata. Las flores, de 2,5 cm de longitud, son rojas con manchas amarillas. Están disponibles distintas variedades, entre ellas la 'Metallica', con hojas veteadas de verde claro, y con los bordes de un rosa brillante. La especie *E. dianthiflora*, vid de Laceflower, produce unas pequeñas hojuelas, de 2,5 cm de longitud, a menudo manchadas de rojo, así como sus hojas normales, y flores de un blanco inmaculado, de 5 cm, con manchas púrpura. Las hojas de *E. lilacina* son verdes o de un rojo verdoso en la parte superior y púrpura en la inferior. Las flores, de hasta 4 cm, son lilas.

Eranthemum (fam. Acanthaceae)

Se trata de un género de alrededor de 30 especies principalmente de plantas arbustivas, originarias de las regiones tropicales de Asia. Pocas especies se cultivan, pero la de cultivo más común es una buena planta para invernaderos y viveros templados.

CULTIVO Bajo cristal, se cultiva en macetas con un suelo de compost especial para macetas. Proporció-

Eranthemum pulchellum es una buena planta de maceta para invernadero o vivero. Florece en invierno.

Eranthis hyemalis es una planta excelente para jardines de clima fresco. En zonas boscosas forma grandes colonias.

nele buena luz, pero sombra del sol directo. Riéguela muy poco en invierno y con moderación en la estación de crecimiento. Estas plantas pueden necesitar un recorte después de la floración para contener su crecimiento. Propague por esquejes de madera blanca en primavera en una caja vivero con calor.

CLIMA Por lo menos, zona 10.

ESPECIES *E. pulchellum*, originario de la India, es un arbusto de rápido crecimiento. El follaje verde oscuro tiene unos nervios prominentes, y las espigas de flores azul claro aparecen a finales de invierno o a principios de la primavera.

Eranthis (fam. Ranunculaceae)
Acónitos de invierno

Originarias de Europa y Asia, estas plantas tuberosas muy resistentes a las heladas, producen unas flores en forma de copa y de color amarillo a principios de la primavera encima de una gorguera de pequeñas hojas partidas. Son tóxicas si se ingieren y la savia puede causar irritación en la piel.

CULTIVO Estas plantas se pueden naturalizar debajo y alrededor de árboles y arbustos caducifolios para formar alfombras de flores. Plante el tubérculo en otoño, a 5 cm de profundidad, en un suelo húmedo que contenga abundante humus. Crecen con

luz o media luz, y también a pleno sol. Propague en primavera por división de matas o por semillas.

CLIMA Zona 5. Estas plantas solo se adaptan a climas frescos.

ESPECIES *E. hyemalis*, con flores amarillo limón, se utiliza para plantar debajo de árboles y arbustos caducifolios. Crece hasta 8-12 cm de altura y es una de las primeras que florecen a finales del invierno o los primeros días de la primavera. La especie *E. x tubergenii*, un híbrido procedente de Holanda, produce unas flores amarillas más grandes y duraderas. Estas especies enseguida forman colonias si las condiciones son las adecuadas. El cultivar 'Guinea Gold' produce unas flores amarillas, perfumadas, de unos 10 cm.

Eremocitrus (fam. Rutaceae)
Lima del desierto

Este género natural de Australia comprende tan solo una especie, un arbusto o arbolito pequeño y espinoso, que se cultiva sobre todo como planta ornamental en maceta.

CULTIVO Resistente al frío y a las sequías, esta planta del desierto se puede cultivar en las mismas zo-

La tupida y espinosa *Eremocitrus glauca* es muy adecuada para regiones áridas con noches heladas.

Esta variedad de arbusto de los emús, *Eremophila maculata*, tiene unas flores de un rojo intenso.

nas que otros árboles y arbustos cítricos. Tolera suelos pobres a condición de que tengan un buen drenaje y responden bien a un riego regular en verano. Debe cultivarse a pleno sol. En los lugares donde se producen heladas fuertes, cultívela en un invernadero o vivero frescos.

CLIMA Zona 9.

ESPECIES *E. glauca* alcanza 1-3 m de altura, tiene hojas coriáceas alternas y simples, unas flores blancas, pequeñas, y unos frutos que parecen naranjas diminutas. Aunque tiene un gusto amargo, esta fruta se utiliza para confeccionar mermeladas y bebidas, entre ellas un licor. Se puede utilizar como reserva para el cultivo de otros cítricos.

Eremophila (fam. Myoporaceae)
Arbustos de la pobreza, arbustos de los emús

Este género comprende más de 200 especies de arbustos siempreverdes y se encuentra en las zonas áridas de Australia, sobre todo en las regiones occidentales. Su follaje varía mucho. Algunas especies tienen hojas ligeramente coriáceas, lisas y verdes, mientras que en otras el follaje es de un gris plateado, pegajoso y cubierto por un vello fino y suave. Las bonitas flores, en forma de campanilla, tienen pétalos abarquillados y gran variedad de colorido, siendo el rojo, el rosa, el crema y el púr-

pura los más comunes. Las variedades rastreras de algunas especies son muy adecuadas como plantas de cobertura para jardines secos interiores.

CULTIVO En las zonas con heladas fuertes, cultívelas en un invernadero o vivero fresco y aireado, en maceta con un compost de suelo especial para macetas y máxima luz. *Eremophila* prefiere un suelo alcalino con muy buen drenaje y ubicación soleada. La mayoría de estas especies se propagan por esquejes de finales de la primavera. Las semillas tienen una germinación errática. La poda después de la floración da vigor a la planta.

CLIMA Zona 9.

ESPECIES *E. alternifolia* es un arbusto redondeado, de 1-4 m de alto, con flores tubulares de color de rosa con manchas rojas desde la primavera al otoño. Las hojas son pequeñas y estrechas. *E. bignoniiflora* es un arbusto alto, decaído, de hasta 4 m, con hojas largas, apuntadas y ligeramente pegajosas, y flores péndulas de color crema. Es una excelente planta de pantalla en las zonas secas. *E. longifolia*, el alimento favorito del emú, es un arbusto grande y redondeado, de 3-7 m de altura, con flores aterciopeladas de color rosa, con manchas en el interior, y hojas largas, estrechas y péndulas. *E. maculata*, arbusto de los emús manchado, es la especie que más se cultiva. Este hermoso arbusto, de 1-3 m de altura, produce flores rojas, naranjas, rosas o blancos, con la garganta manchada, durante la mayor parte del año, aunque con mayor abundancia en invierno y en primavera. *E. oppositifolia* es un arbusto grande, redondeado, que con frecuencia alcanza los 4 m, con flores rosa, amarillo o blanco, y un hermoso follaje gris. *E. scoparia* es un arbusto erecto y esbelto, de 1 m, con flores violeta en primavera y hojas pequeñas y en gancho.

Eremurus (fam. Asphodelaceae)

Candelabros del desierto, colas de zorro

Estas espléndidas perennes de las regiones occidentales y centrales de Asia son unas plantas de jardín excelentes. Los tallos altos y rectos se elevan desde unas rosetas formadas por unas hojas en forma de asa, y cada una de ellas está coronada por una espiga floral que contiene más de 100 flores diminutas en forma de estrella. La planta muere tras florecer. Algunas especies crecen más de 3 m, y todas tienen raíces carnosas y quebradizas.

CULTIVO Estas plantas son bastante resistentes a las heladas, pueden resistir los inviernos más fríos y

Las altas espigas de flores blancas de *Eremurus himalaicus* producen un gran impacto en los jardines frescos durante finales de primavera o principios de verano.

permanecen en reposo desde finales de verano hasta principios de primavera. Plántelas en otoño en un suelo con buen drenaje, al sol, con protección de vientos fuertes. En cuanto se ha plantado, no debe ser molestada en varios años. Las especies *Eremurus* pueden crecer a partir de semillas, aunque si es así, tardarán tres años en dar flor. Es mejor que se propaguen por división, aunque esto debe hacerse con suma precaución, porque las raíces se rompen con facilidad. Si se rompen cuando se levantan del suelo, limpie las raíces dañadas y espolvoréelas con azufre antes de volver a plantarlas a una profundidad de 8-10 cm.

CLIMA Mejor en climas frescos; estas plantas necesitan inviernos fríos para florecer.

ESPECIES *E. olgae*, zona 6, crece hasta 1,5 m y produce unas flores de suave fragancia, blancas teñidas de rosa. La especie *E. robustus*, cola de zorro, zona 6, produce en verano unas flores de color rosa y crece hasta 3 m. *E. spectabilis*, zona 6, alcanza 1,5 m de altura y tiene unas flores amarillo claro salpicadas de naranja. La especie *E. stenophyllus*, zona 5, crece hasta 1 m, tiene unas hojas estrechas y lineales y en verano produce unas flores de color amarillo. Los híbridos de esta especie y *E. olgae* tienen flores espectaculares, con tonos que van desde el blanco inmaculado y una amplia gama de rosa hasta el rojo anaranjado.

Erica (fam. Ericaceae)

Brezos

Este género espectacular de arbustos floridos siempreverdes, procedente del sur de África y Europa, comprende más de 700 especies, aunque muchas de sus hermosas variedades no se cultivan. Una cuidada elección de la especie asegurará que dé flor todo el año. Los brezos alcanzan alturas que van desde las enanas hasta los 4,5 m. Todos producen racimos de flores en forma de campanilla o tubulares que permanecen en la planta durante mucho tiempo. Los colores más comunes son el blanco, el crema, el rosa, el malva y el rojo. Se adapta muy bien a los climas frescos, y se utilizan en todas sus variedades como plantas de cobertura, mezclados con arbustos y ejemplares.

Un jardín de brezos de clima fresco con los arbustos característicos de *Erica lusitanica*.

CULTIVO El brezo es una planta bastante exigente. Requiere un buen drenaje y pleno sol, no le gusta la cal ni el abono animal, y prefiere suelos pobres. A veces se cultiva en un lecho aparte o «jardín caliente» donde sus necesidades especiales se pueden cubrir más adecuadamente si las condiciones naturales no son las mejores. Propague por semillas en primavera, por acodo o por esquejes semimaduros, de unos 3 cm de largo, cogidos por la parte basal.

CLIMA Hay especies de brezos adecuados a varias zonas climáticas.

ESPECIES *E. arborea*, brezo blanco o castellano, zona 7, procedente de Europa y el norte de África, produce infinidad de pequeñas flores blancas, fragantes, con anteras negras, en primavera. Crece hasta 3-5 m. Los tallos y las raíces de esta planta se utilizan para fabricar pipas de brezo. *E. baccans*, zona 10, del sur de África, tiene flores de color rosa asalmonado en invierno y en primavera, y un crecimiento erecto hasta 2,5 m. Cuando se sacuden, las flores emiten un sonido de cascabel. La especie *E. carnea*, brezo vizcaíno, zona 5, procedente de Europa, es excelente para las rocallas en climas frescos. Produce unas flores rosadas en invierno y en verano. Los cultivares recomendados incluyen el 'Springwood Pink' y el 'Springwood

White'. *E. cinerea*, argaño o brezo monral, zona 5, originario de Europa, es una de las especies más bonitas: desde principios del verano produce infinidad de campanas de color púrpura. Se trata de un brezo pequeño de hasta 60 cm. *E. x darleyensis*, brezo Darley Dale, zona 6, hasta 60 cm, es una planta de jardín fuerte, que tolera, en cierta medida, un suelo calcáreo. En otoño y en invierno, este arbusto se cubre con pequeñas espigas con flores cilíndricas de color rosado. *E. erigena* (sin. *E. mediterranea*), brezo de Irlanda, zona 8, hasta 3 m, es una de las que mejor florecen en invierno y en primavera, con profusión de brotes con anteras negras. Puede tolerar el frío y cierto grado de suelo calcáreo y es extremadamente resistente a las sequías. *E. hiemalis*, zona 9, con flores rosadas o blancas en invierno en espigas acabadas en punta, es adecuada para cultivar en maceta. *E. lusitanica*, brezo español o portugués, zona 8, es una de las especies más bonitas. Esta planta resistente, de 2-3 m de altura, de siembra libre, con frecuencia se encuentra naturalizada en las condiciones adecuadas. Produce unos capullos rosados que se abren en flores pequeñas, blancas, fragantes, en forma de campanilla, a finales de invierno y en primavera.

Erigeron (fam. Asteraceae)
Pascuetas

Este dilatado género de margaritas perennes procede, sobre todo, de Norteamérica. Tiene hojas diminutas y basales generalmente en vástagos erectos, y produce infinidad de flores semejantes a las margaritas en distintos colores y con el centro amarillo. Se diferencian de las otras margaritas porque tienen dos o más hileras de pétalos finos y como ensartados.

CULTIVO A todas las especies les gusta un suelo moderadamente fértil y con buen drenaje, estar al resguardo de vientos fuertes y en una ubicación soleada, con excepción de *E. karvinskianus*, que tolera algo de sombra. Necesitan que se las corte con frecuencia porque se extienden rápidamente, y deben cortarse los tallos después de la floración. Propague por semillas en otoño o por división de las matas en otoño o en primavera.

Las matas de *Erigeron karvinskianus* subrayan un lecho de lavanda italiana que bordea un sendero.

Eriobotrya japonica (fam. Rosaceae)
Loquat

Originaria de China y ampliamente cultivada en Japón y otras regiones subtropicales, estos árboles siempreverdes crecen hasta 6-8 m de altura. En las zonas más frías, se cultiva como planta de follaje. Tiene unas hojas verde oscuro, lustrosas, de hasta 30 cm de longitud, con vello color teja en el envés y racimos de flores fragantes de color crema en otoño, seguidas desde el invierno hasta la primavera de un fruto comestible en forma de pera, de piel fina y de un amarillo intenso.

CLIMA Existen especies adecuadas a varias zonas climáticas.

ESPECIES *E. alpinus*, zona 5, es una perenne con vello, de hasta 30 cm, con flores púrpura, que normalmente crecen por separado en verano y en otoño. *E. aureus*, zona 5, produce unas flores amarillas brillantes a partir de la primavera. *E. glaucus*, hierba de burro, zona 3, es una planta resistente, que crece en extensión, más bien suculenta, de hasta 15 cm, con hojas vellosas y flores rosadas y púrpura en verano. *E.* x *hybridus*, zona 6, ha aportado atractivos cultivares como 'Quakeress', 'Dignity', 'Pink Triumph', 'Vanity' y 'Wuppertal'. La mayoría crecen alrededor de 30-45 cm de altura. *E. karvinskianus*, zona 7, es una planta muy utilizada para jardines de rocalla, útil también para zonas pavimentadas porque se autosiembra entre las grietas. Tiene ramas trepadoras de hasta 1 m de longitud y tiende a extenderse, por lo que requiere un recorte después de la floración de verano y de otoño. Las flores cambian de color desde el blanco al rosado y púrpura y, en los climas templados, florecen en abundancia durante todo el año. Crece hasta 45 cm. Esta planta se considera una mala hierba nociva en distintas partes del mundo. *E. speciosus*, zona 3, hasta 45 cm, tiene unos vástagos con hojuelas y racimos de flores violeta espectaculares en verano y en otoño.

CULTIVO El loquat requiere calor para que prospere y dé fruta. Una vez arraigado, tolerará un ambiente seco ocasional, que se superará con riego abundante en los meses más cálidos. Estos árboles se pueden plantar en cualquier suelo de jardín con drenaje libre, y prefieren una ubicación a pleno sol. Se pueden podar en primavera para quitar las ramas secas. No se recomienda el loquat como árbol de jardín, excepto en zonas con inviernos fríos, porque la fruta se convierte en huésped de la mosca de la fruta cuando todavía no puede colonizar a otras. En el exterior, plántela contra una pared cálida y soleada; pero, en climas propensos a fuertes heladas, hágalo en un invernadero fres-

El loquat, *Eriobotrya japonica*, solo dará fruta en un ambiente cálido, pero es una excelente planta de follaje en climas más fríos.

co, con luz y aireado, en una maceta con un suelo de compost especial para macetas. Propague por esquejes semimaduros en verano.

CLIMA Zona 8.

VARIEDADES Además de la especie, existen varios cultivares que dan fruta, entre ellos el 'Champagne', producido para las regiones cálidas, el 'Gold Nugget' y el 'MacBeth'.

Eriostemon (fam. Rutaceae)
Flor de cera

Aparte de una especie procedente de Nueva Caledonia, este género siempreverde de arbustos floridos es originario de Australia. Estos tupidos arbustos, sensibles a las heladas, de crecimiento lento y en extensión, tienen hojas pequeñas y generalmente aromáticas. Las flores en forma de estrella tienen cinco pétalos, son cerosas y aparecen con abundancia durante un largo período.

CULTIVO En los climas con heladas, plántela en macetas con un suelo de compost ácido especial para macetas, en un invernadero o vivero fres-

Una buena elección para un invernadero fresco en climas con heladas, *Eriostemon australasius* se adorna de flores rosadas, en forma de estrella, durante un largo período.

cos. Proporciónele la máxima luz. Esta especie gusta de suelos sueltos, ligeramente ácidos y con un buen drenaje, y sombra parcial. Responde a una ligera poda después de la floración. Propague por esquejes semimaduros de verano o de otoño.

CLIMA Zona 10.

ESPECIES *E. australasius*, flor de cera rosada, es un arbusto elegante y erecto, de 1-2 m de altura, espectacular cuando está en flor. Las grandes flores rosadas nacen en ramas péndulas desde la primavera hasta el otoño, y el follaje es de un tono verde grisáceo. *E. buxifolius* es un arbusto redondeado, de 1-2 m de altura, con capullos de un rosa intenso que se transforman en flores blancas en forma de estrella, reunidas en el extremo de las ramas. Las hojas son escamosas. *E. myoporoides*, flor de cera de hoja larga, es la especie que más se cultiva. Puede alcanzar 2 m de altura y anchura, aunque a menudo es más pequeño. El cultivar 'Clearview Pink' tiene flores teñidas de rosa y capullos rojos. *E. verrucosus* tiene unas ramas esbeltas, con capullos rosados que se abren en flores blancas en los meses de la primavera.

Erodium (fam. Geraniaceae)
Pico de cigüeña

Comprende alrededor de 60 especies de subarbustos anuales y perennes originarios de Europa, incluido el Mediterráneo, las regiones templadas de Asia y Australia, y Sudamérica. Estas plantas son excelentes para utilizarlas en orillas y jardines de rocalla. Producen unas flores pequeñas y un atractivo follaje. Expulsa la semilla de la vaina mediante una acción en espiral, que invierte cuando la semilla alcanza el suelo. Generalmente son plantas fáciles de cuidar y muy valoradas por su largo período de floración.

CULTIVO Plántela en primavera en un suelo neutro o alcalino, con muy buen drenaje y en un lugar soleado. Las especies pequeñas agradecen que se las proteja de las lluvias invernales. Propague por siembra de semillas en otoño en un semillero de jardín o por división en primavera.

Excelente como planta de cobertura de grandes extensiones de suelo, *Erodium chamaedryoides* 'Roseum' tiene unas bonitas hojas lobuladas y flores rosadas pequeñas.

Las hojas de la rúcula añaden un sabor fuerte a las ensaladas mixtas. Resulta fácil cultivarla en un jardín particular.

CLIMA Existen especies adecuadas a varias zonas climáticas.

ESPECIES *E. manescavii*, zona 6, una perenne procedente de los Pirineos, crece hasta 40 cm, con flores grandes de un púrpura rosado. *E. reichardii*, zona 7, una perenne originaria de Europa, y flores blancas veteadas de rosa, de hasta 7 cm. *E. trifolium*, zona 8, es una delicada perenne o bienal, de hasta 30 cm, con un follaje suave y con vello y multitud de flores exquisitas que van del blanco al rosado en los meses de primavera y verano. La semilla se produce libremente, y las plantas de semillero jóvenes aparecerán anualmente.

Eruca vesicaria subesp. sativa

(fam. Brassicaceae)

Oruga, rúcula

La rúcula es un aditivo muy popular a las ensaladas verdes por su sabor a pimienta, que durante siglos se ha cultivado en Europa. Las semillas se procesan y se convierten en un aceite que es un buen sustituto del aceite de colza. La planta puede crecer hasta 60 cm de altura, aunque normalmente se cosecha para las ensaladas cuando las hojas son jóvenes y tiernas. Las hojas tienen lóbulos profundos y, si se permite la floración, las flores son cremosas y veteadas de púrpura. Se cultiva como planta anual.

CULTIVO Siembre las semillas en primavera o en otoño, las primeras hojas estarán listas para recoger después de cinco o seis semanas. Las semillas tienden a secarse si se plantan en verano. Plántelas en un suelo con buen drenaje enriquecido con materia orgánica. Si el suelo es muy ácido, deberá añadirse una capa ligera de tierra calcárea, justo antes de la siembra. Mantenga las plantas sanas y vigorosas mediante un riego regular y con la aplicación de nutrientes solubles para plantas. Corte o pinche el capullo de las flores cuando se empiecen a formar para mantener el crecimiento vegetativo de la planta.

CLIMA Zona 7.

Eryngium (fam. Apiaceae)

Cardos marítimos

Este género de herbáceas anuales, bienales y siempreverdes perennes es originario sobre todo de Europa y Sudamérica. Se cultivan principalmente por sus cabezuelas espinosas muy originales, que habitualmente tienen un lustre azulado, metálico. Una vez secas, mantienen el color y se utilizan para decoraciones de invierno.

Las cabezuelas florales maduras de *Eryngium planum* son de un original azul acerado.

CULTIVO Estas plantas crecerán en la mayoría de suelos con un buen drenaje. Necesitan pleno sol. *E. maritimum* se suele cultivar en jardines próximos al mar, pero el suelo debe cavarse bien debido a que tienen unas raíces largas semejantes a correas. Propague por semillas a finales de primavera o por esquejes de raíz en invierno. Hay que sembrarlas donde vayan a crecer, porque no se trasplantan bien.

CLIMA Existen especies adecuadas a distintas zonas climáticas.

ESPECIES *E. agavifolium*, zona 7, de Argentina, es una planta perenne que forma matas de hasta 1,5 m, con hojas verdes, estrechas y espinosas, y flores de un blanco verdoso claro. *E. amethystinum*, zona 7, crece hasta 75 cm, tiene unos tallos superiores de un azul intenso brillante y cabezuelas florales también de un azul intenso a finales de verano. *E. maritimum*, zona 5, el cardo marítimo, de Europa, es una planta perenne muy ramificada, con hojas basales de color verde plateado y flores azul claro a partir del verano y hasta los meses de otoño. Crece hasta 30 cm de altura. La especie *E. planum*, zona 4, alcanza más de 1 m, tiene tallos ramificados de color azul y pequeñas cabezas florales de un tono azul metálico.

Erysimum (fam. Brassicaceae)
Callejones

Estas plantas resistentes, anuales, bienales y perennes, se encuentran silvestres solo en el hemisferio norte. Quedan muy bonitas en las rocallas y en las orillas de los jardines, y también quedan muy bien en bordes y terraplenes. Generalmente las hojas son enteras y las flores presentan varios tonos de amarillo hasta el naranja, rosado y púrpura.

CULTIVO Estas plantas crecen en cualquier suelo de jardín, pero requieren una ubicación soleada. Pode ligeramente las perennes después de la floración para mantener una forma compacta. Propague por la siembra de semillas en primavera, y las perennes por esquejes de madera blanda en verano.

CLIMA Zonas 6 la mayoría de las especies.

ESPECIES *E. asperum*, zona 4, es una bienal o perenne de corta vida, con flores de color naranja en primavera y principios del verano. *E. kotschyanum*, perenne, produce flores de un amarillo brillante, y con frecuencia se utiliza como planta de cobertura porque solo crece 15 cm. *E. linifolium*, también perenne, crece 45 cm y produce flores de un tono rosado liloso desde mediados de la primavera hasta principios de otoño.

La perenne *Erysimum linifolium* tiene un período de floración largo, desde mediados de primavera hasta comienzos de otoño.

Erythrina (fam. Papilionaceae)
Árboles del coral

Apreciado por el brillante colorido rojo o naranja de sus flores, este género de árboles y arbustos caducifolios o semisiempreverdes perennes es originario de las regiones templadas de Asia, África y América, y dos de sus especies, de Australia. Utilizado como árbol ornamental o de sombra, en algunos de sus entornos naturales las flores se cocinan y se comen, aunque las de otras especies son tóxicas. En los climas con heladas, se cultiva en invernaderos. Florecen en verano o en otoño.

CULTIVO En el invernadero, plántela en maceta con compost y proporciónele la máxima luz. En el exterior, plántela a pleno sol en un suelo con buen drenaje. Propague por siembra de semillas en primavera. Germinar a 24 °C. Prepare esquejes semimaduros en verano.

CLIMA Zona 10 para la mayoría de las especies.

ESPECIES E. acanthocarpa, del sur de África, es una de las especies más pequeñas, puesto que crece algo más de 2,5 m. Las ramas rígidas y las cápsulas de las semillas son muy espinosas, pero los espectaculares racimos de flores rojas y amarillas hacen que su cultivo sea muy popular. Este arbusto caducifolio crece bastante bien en jardines fríos. E. caffra, árbol de coral sudafricano, es un árbol alto, semisiempreverde, de 18 m de altura. Tiene las hojas compuestas, con tres hojuelas en forma de trébol, y racimos de flores de un escarlata brillante a partir del invierno y durante la primavera. E. crista-galli, ceibo o árbol de coral, zona 9, de Sudamérica, es la mejor para cultivar en regiones con temperaturas cálidas. Tiene vástagos y hojas espinosos y flores de un rojo oscuro en verano y en otoño. E. x sykesii, árbol de coral de la India, crece de manera natural desde el este de África hasta la India. Este árbol caducifolio alcanza 6-15 m de altura y en invierno produce unos densos ramilletes de flores de un escarlata intenso en sus ramas espinosas. Tiene hojas compuestas con hojuelas grandes, ovales. E. vespertilio, árbol de coral ala de murciélago, es originaria de las tie-

La especie *Erythrina crista-galli*, ceibo o árbol de coral, produce sus brillantes flores en verano y en otoño.

rras del interior de Australia, de los bosques abiertos subtropicales, y alcanza alturas de 6 a 20 m. Tiene un tronco grueso, ramas espinosas y hojas esbeltas y con peciolos, y hojuelas triangulares semejantes a las alas abiertas de un murciélago. Adecuado para las zonas de tierra adentro y costeras, produce unos ramilletes grandes y péndulos de flores rojas.

Erythronium (fam. Liliaceae)
Dientes de perro, lirios trucheros

Originarias de Norteamérica, Asia y Europa, estas plantas bulbosas quedan muy bonitas en los jardines de rocalla o en jardines boscosos. Cada planta tiene dos hojas finas, basales y elípticas, de unos 15 cm de longitud, y unas delicadas flores péndulas que pueden presentarse en el vástago tanto en solitario como junto con otras. Los capullos aparecen en primavera en los vástagos que miden entre 10-35 cm.

Los pétalos curvados de las flores péndulas son
característicos de las especies *Erythronium*. El follaje
jaspeado les añade atractivo.

CULTIVO Estos bulbos crecerán muy bien bajo un
árbol o en un suelo rico en hojas enmohecidas,
siempre que se mantengan húmedas. Una vez al
año hay que añadir una capa de compost o abono. Necesitan sombra parcial o semisombra. Plante los bulbos en otoño en el lugar donde van a
crecer, a 8 cm de profundidad y a 10 cm de distancia entre ellos. Propague por división, muy cuidadosa, del bulbo después de la floración. Las semillas germinan muy despacio.

CLIMA De fresco húmedo a frío. Zona 5 en la mayor parte de las especies.

ESPECIES *E. americanum*, lirio truchero, zona 3, tiene las flores amarillas moteadas de rojo y hojas
manchadas. *E. dens-canis*, diente de perro violeta,
zona 3, crece hasta 20 cm y es la especie que más
se cultiva de todas ellas. Tiene unas hojas atractivas, con manchas pardas y verdes, y flores blancas, rosadas o lilas. El nombre común se refiere al
pequeño bulbo en forma de diente. Existen bastantes cultivares de esta especie, entre ellos el
'Pink Perfection', con flores rosadas, el 'Snowfla-
ke', cuyas flores son de un blanco inmaculado, y
el cultivar 'Purple King', que es de color burdeos.
E. grandiflorum, lirio avalancha, tiene unas flores
de un amarillo vivo y crece mejor en zonas de

gran altura. *E. hendersonii* tiene unas hojas extremadamente jaspeadas y unas flores de color lila
claro con manchas de un púrpura oscuro. *E. orego-
num* produce flores que van del blanco al rosado
con el interior amarillo.

Escallonia (fam. Escalloniaceae)

Este género comprende más de 50 especies de árboles y arbustos resistentes y siempreverdes, la
mayoría de los cuales proceden de los Andes, en
Sudamérica. Son plantas costeras muy útiles, y los
tipos arbustivos forman buenos setos, siempre que
los recorten para animar su crecimiento. Tienen
unas hojas dentadas, lustrosas, suculentas y tupidos ramilletes de flores blancas o rosadas.

CULTIVO Crecen rápido incluso en suelos pobres.
Algunas especies son bastante resistentes, y las
más sensibles pueden soportar alguna helada. Todas necesitan una ubicación a pleno sol. Propague
por semillas semimaduras en verano o en otoño.
Pode ligeramente a mediados de la primavera para
evitar que las plantas crezcan desordenadamente.

CLIMA Existen especies adecuadas a distintas zonas
climáticas.

Escallonia rubra forma un tupido cortavientos o pantalla.
Cuando está en floración, es un recurso muy decorativo
para el jardín.

ESPECIES *E. bifida*, zona 9, es un arbusto o arbolito muy atractivo, de hasta 5 m, con hojas lustrosas, ovales, finamente dentadas y densos ramilletes de flores blancas en verano. Si se cultiva en un clima templado adecuado, tiene una vida larga. *E. xexoniensis*, zona 8, es una planta muy adecuada para setos, crece generalmente alrededor de 3 m, y tiene un hábito de ramificación abierta. Produce ramilletes sueltos de flores bancas teñidas de rosa durante el verano. *E. iveyi*, un híbrido natural de *E. x exoniensis* y *E. bifida*, zona 8, es un arbusto fuerte y redondeado que crece hasta 3 m, con ramilletes tupidos y terminales de flores blancas de suave fragancia, teñidas de rosa, desde finales del verano hasta el otoño. *E. rubra*, variedad *macrantha*, zona 8, es un arbusto vigoroso y tupido, de hasta 3,5 m, que resulta excelente como seto. Sus hojas son de un verde intenso, lustrosas, y produce unos racimos apretados de flores rosa carmesí a finales de primavera y verano. El cultivar 'C. F. Ball', zona 7, también es una planta vigorosa, de hasta 2 m de altura, con un hábito abierto en el crecimiento de las ramas y flores rojo carmín. El cultivar 'Apple Blossom', zona 8, es una planta enana que en verano produce unas flores grandes de un rosa suave en verano; el cultivar 'Donard Brilliance', zona 7, es una atractiva planta con flores grandes de color rosado carmesí en verano; y el 'Donard Seedling', zona 7, tiene capullos rosados y flores blancas.

Eschscholzia (fam. Papaveraceae)
Amapolas de California

Estas plantas de floración anual, atractivas y vistosas, forman espléndidos macizos en orillas y arriates. Tienen un follaje suave, parecido al del helecho, de un tono verde azulado, y flores de cuatro pétalos en forma de platillo.

CULTIVO Estas plantas crecen bien en la mayoría de los suelos; sin embargo, deben ubicarse a pleno sol, para que las flores no se cierren. Propague por semillas que deben sembrarse, en primavera o a principios de otoño, en el lugar donde vayan a crecer y a una distancia de 15 cm. En cuanto hayan arraigado, se regeneran fácilmente por semilla. Si no se requieren plantas que se autosiembren, corte las flores marchitas para prolongar la floración.

Las flores de un naranja dorado de la amapola de California, *Eschscholzia californica*, resplandecen a la luz del sol.

CLIMA Zona 6.

ESPECIES *E. californica* crece de 30-45 cm y produce muchas flores de color naranja o crema de 5 cm. La variedad 'Ballerina' da flores dobles o semidobles de color rojo, rosado, naranja y amarillo. Otras excelentes variedades son las Sunset Series de una flor y las Silk Series de flor semidoble. También existen cultivares de un único color.

Eucalyptus (fam. Myrtaceae)
Eucaliptos, gomeros

Los eucaliptos son árboles que se encuentran en todas las regiones de Australia, con más de 600 especies, así como muchos híbridos. Solo algunas de estas especies se encuentran en estado silvestre fuera de este continente, en Filipinas, Nueva Guinea e islas próximas. Este género fue descrito científicamente por primera vez en 1788, aunque William Dampier ya había anotado estos árboles alrededor de un siglo antes. Se cree que fue el gobernador Phillip, de Australia, el primero en dejar constancia de su nombre común árbol gomero.

Los eucaliptos se encuentran en una amplia gama de hábitats en su Australia natural, desde las frías y ventosas tierras altas, hasta el interior

Las flores de *Eucalyptus sideroxylon* a menudo son de color crema o blanco, aunque la clase de color rosa brillante es la favorita de los jardineros.

El intenso color de la corteza desprendida de *Eucalyptus curtisii* de múltiples ramas añade otra dimensión al atractivo de este árbol.

semiárido y los suelos fértiles de los bosques. Además, también varían según su hábitat, desde los arbustos retorcidos a los árboles de los bosques y a los tipos enanos, o a los arbustos siempreverdes, en las tierras del interior casi sin lluvias, que producen plantas de tallos esbeltos, de 1-6 m de altura, o los de raíz de madera o de tubérculo leñoso que se encuentran bajo el suelo o en la base de los troncos. Mientras la mayoría de los eucaliptos tienen tubérculos leñosos, solo los arbustos siempreverdes desarrollan esas grandes raíces de madera. En las condiciones más favorables de las llanuras y tierras boscosas abiertas, los típicos eucaliptos tienen troncos cortos y rectos con copas extensas y redondeadas. En las regiones fértiles y lluviosas, el eucalipto es muy alto y erecto, con una copa pequeña, y a veces alcanza alturas de 90 m.

La mayoría de las especies tiene dos tipos de follaje, el joven y el adulto, que difiere en forma y en color. Las hojas más jóvenes son anchas y a menudo están cubiertas por una pelusa cerosa, lo que les proporciona un matiz azulado. En algunas especies, prevalece el tipo de follaje joven. Las flores del eucalipto no tienen sépalos ni pétalos: están fundidos en una cápsula que cubre los estambres y que se pierde cuando la flor se abre. Las flo-res tienen numerosos estambres de color blanco, amarillo, rosado o rojo y, en algunos casos, son muy grandes y llamativos. Cuando la flor se marchita, el tubo floral o receptáculo que contiene las semillas sigue creciendo, luego cambia de color, se endurece y se transforma en una cápsula, la nuez gomera, que finalmente se abre para que las semillas se dispersen.

Las especies *Eucalyptus* son extremadamente difíciles de identificar. La forma del árbol puede cambiar mucho según sean las condiciones de crecimiento. Cuando se intenta identificar un eucalipto, es necesario considerar sus hojas, tanto las jóvenes como las adultas, la corteza, las flores, sobre todo la forma de la cápsula, y las cápsulas de las semillas. Cuando no se trata de un espécimen cultivado, sino que crece en su hábitat natural, puede ayudar a distinguirlo su ubicación geográfica.

Los eucaliptos «ironbarks» tienen una corteza oscura, con surcos profundos y persistentes en el tronco y en las ramas principales. La corteza es muy dura y no se desprende con facilidad. La madera fuerte y duradera del «ironbark» se utiliza en la construcción de puentes y muelles.

Los «stringybarks» tienen una corteza persistente, pero es fuerte y fibrosa, aunque no demasiado dura. El «peppermint» también la tiene fibrosa y persistente, pero las fibras son más cortas y la corteza más clara. Su follaje es fuente de un aceite aromático que se utiliza en perfumería y aromaterapia.

Similares a los «peppermints» en cuanto al aspecto de la corteza, pero sin la riqueza de su aceite, son los «boxes». Los primeros colonos adoptaron el nombre de «boxes» debido a que la madera les recordaba la del boj europeo (*Buxus sempervirens*). Los «boxes» suministran una de las mejores maderas para trabajos de construcción. Los «boxes» y los «ironbarks» se hibridizan libremente los unos con los otros.

El grupo «ash» comprende un pequeño número de especies, entre ellas una de las maderas du-

En verano, la fina corteza de *Eucalyptus Mannifera* se desprende, y descubre el tronco glauco de debajo.

ras más altas del mundo, como *E. regnans*, ceniza de montaña o eucalipto de pantano, con una corteza persistente, más o menos fibrosa, en cantidad variable en el tronco, y que a veces se extiende hasta las ramas.

Los «bloodwoods» deben su nombre a la gran cantidad de kino en sus nervios y madera. Sin embargo, ahora se han separado de la especie *Eucalyptus* y se han vuelto a clasificar en *Corymbia*.

El último del grupo es el gomero, que habitualmente tiene un tronco liso, cubierto en la base por una corteza rugosa que se desprende creando una diversidad de formas en las diferentes épocas. Sin embargo, la caoba, incluida en este grupo, está cubierta por una corteza rugosa y persistente.

Desde un punto de vista comercial, los eucaliptos proporcionan una gran variedad de madera dura de gran calidad. El follaje aporta aceites esenciales, y de la corteza se extraen taninos. Las flores del eucalipto proporcionan grandes cantidades de miel de alta calidad. Los eucaliptos también ayudan a prevenir la erosión producida por el viento y el agua. Son efectivos cortavientos y se han utilizado para recuperar tierras pantanosas. Es un árbol que se cultiva en muchos países, hasta tal punto que, en algunas partes, se lo considera como árbol nativo. En el sur de África se ha convertido en una planta invasiva.

La amplia gama de especies disponibles significa que puede seleccionarse un árbol para ade-

Las flores de la especie *Eucalyptus sideroxylon* a menudo son de color crema o blanco, pero estas, de color rosa brillante, son las favoritas de los jardineros.

cuarse a cualquier tipo de suelo o de clima. Sin embargo, debería recordarse, antes de plantar un eucalipto, que muchos se convierten en árboles demasiado grandes para los jardines urbanos. Pueden no ser caducifolios, pero las hojas y las ramillas caen durante todo el año. Ocasionalmente, hasta pueden caer ramas grandes. Muchos tienen un sistema de raíces muy extenso, por lo que no es aconsejable plantarlos cerca de una casa. Si no se está seguro de qué especie elegir, siempre hay que buscar el consejo de un profesional.

CULTIVO Muchas especies de *Eucalyptus* se pueden cultivar a la intemperie en la zona 8. En las regiones más frías se pueden cultivar como especímenes jóvenes en macetas, con suelo de compost especial para macetas, en invernaderos o viveros frescos y aireados. Proporcione la máxima luz. En verano, pueden sacarse al exterior. Tanto fuera como dentro, necesitan un suelo neutro o ligeramente ácido. En el jardín, ubíquelos en un lugar soleado y con protección del viento. Para cultivar *Eucalyptus* como arbusto, corte anualmente, a principios de primavera, los vástagos que contengan algunos brotes de la base (la llamada poda selectiva). Propague por semilla en primavera. Germinar a 18 °C.

CLIMA Zona 10, a menos que se especifique de otro modo más abajo.

ESPECIES *E. caesia*, zona 9, es un eucalipto arbustivo muy decorativo procedente de la Australia occidental. Es raro y en vías de extinción en estado silvestre, pero se cultiva mucho. La corteza del tronco, de un rojo parduzco, se pela durante el verano para exponer la nueva corteza verde que hay debajo. A menudo las ramas son péndulas y las hojas, los brotes y los vástagos están cubiertos por una pelusa de un tono blanco grisáceo. Las flores, bastante grandes, son de color de rosa o carmesí, con unas anteras doradas y prominentes. La 'Sil-

El tronco retorcido y con rayas grises del gomero de nieve, *Eucalyptus pauciflora*, es una visión imponente cuando se acerca al final de su vida.

La pelusa plateada de los vástagos y cápsulas de la especie *Eucalyptus caesia* hace destacar el fleco dorado y escarlata de las flores.

ver Princess' o subespecie magna es la variedad que más se cultiva. Este árbol pequeño y grácil, alcanza 6-10 m de altura. *E. camaldulensis*, eucalipto rojo, zona 9, es el eucalipto de más amplia distribución, en casi todos los estados de Australia. Se adapta a una amplia gama de climas y condiciones y puede crecer hasta alturas entre 15 y 50 m, dependiendo de ciertas condiciones. La madera es resistente al ataque de las termitas y muy adecuada para la construcción y los trabajos de decoración fina. Las flores aportan gran cantidad de néctar, lo que hace de él un árbol que proporciona una miel y un polen excelentes. Demasiado grande para un jardín particular, en cambio es ideal para las zonas rurales. *E. cinerea*, eucalipto plateado, alcanza 8-15 m de altura y es apreciado por su follaje de un gris plateado en su estadio juvenil. A este árbol se le practica a menudo una poda selectiva o bien una poda en profundidad para que mantenga su suministro de follaje joven. Es un excelente eucalipto para jardines particulares por el contraste que proporciona el follaje extendiéndose casi hasta el suelo. Este árbol tan adaptable tolerará cierto grado de heladas. *E. cladocalyx*, gomero de azúcar, zona 9, se utiliza mucho como cortina contra el viento y como zona de abrigo en muchas regiones. El tipo más pequeño, 'Nana', es ideal para este propósito. La altura de esta especie varía desde los 8 m hasta más de 30 m. Este árbol tolerante a las heladas también tolera la sequía una vez arraigado. *E. curtisii* mide entre 3-10 m de altura y tiene múltiples troncos. Es un árbol de crecimiento rápido, adecuado para jardines particulares y para plantarlo en la calle, florece profusamente desde primeros de año y durante todo el invierno y la primavera. Es especialmente atractivo para los pájaros y los insectos. *E. deglupta*, eucalipto de arco iris, es uno de los pocos eucaliptos que no son originarios de Australia. Se da de manera natural en algunas zonas de Nueva Guinea,

ARRIBA, A LA DERECHA *Eucalyptus haemastoma* tiene un tronco ligeramente retorcido y se llama así por los característicos garabatos que forman los insectos cuando hacen sus madrigueras en la corteza.

A LA DERECHA El eucalipto rojo, *Eucalyptus sideroxylon*, tiene un tronco oscuro, muy dibujado, y un follaje grácil azul verdoso.

Indonesia y las Filipinas. Natural de los bosques tropicales con una muy elevada pluviosidad, crece muy rápido y puede alcanzar 60-70 m. Es una especie que coloniza sus hábitats y se cultiva tanto por la madera como por la pulpa de madera. Este árbol tiene un tronco con mucho colorido cuando se desprende la corteza y deja al descubierto tonos verde, azul, púrpura, y del rojo hasta el naranja. *E. erythrocorys* es uno de los eucaliptos más espectaculares que se cultivan. Los brotes son de un rojo brillante, cerosos, y tienen una cápsula de cuatro lados que se abre con las flores del más brillante y llamativo de los amarillos. Crece entre los 4-10 m de altura y hasta se puede cultivar en una maceta grande. Es mejor cultivarlo en zonas cálidas o templadas donde llueve en verano y la humedad es baja. El suelo debe tener un drenaje perfecto. *E. globulus*, gomero azul de Tasmania o gomero azul del sur, puede alcanzar más de 50 m de altura si las condiciones son las ideales, aunque también puede crecer solo 15 m. Existen muchas subespecies, aunque todas son árboles altos. Las hojas jóvenes son bastante redondeadas y están cubiertas por una pelusa azul gris, mientras que las hojas del árbol adulto tienen forma de hoz, color verde oscuro y alcanzan más de 30 cm de longitud. *E. haemastoma* es bastante más pequeña, 10-15 m, a menudo tiene un tronco ligeramente inclinado o retorcido, con los característicos garabatos que forman los insectos que anidan en la corteza. Es un gomero pequeño y atractivo, ideal para jardines particulares y parques. La copa es más bien abierta, lo que permite florecer a las plantas que crecen bajo su sombra. *E. macrocarpa* tiene las flores más grandes de todos los eucaliptos. Son de un rosa intenso o carmesí y aparecen en la cúspide de este eucalipto de crecimiento desordenado y extenso. El follaje es gris plateado. Esta especie se adapta bastante bien a las zonas áridas y es incapaz de tolerar las lluvias o la humedad en verano. El drenaje debe ser perfecto. La especie *E. melliodora* da uno de los mejores eucaliptos productores de miel. También se cultiva por su madera duradera. Aunque habitualmente es demasiado grande para los jardines urbanos, resulta ideal en los jardines grandes, en los parques y en las zonas rurales. Alcanza entre 10 y 30 m de altura y se adapta a una amplia gama de suelos. *E. mi-*

El gomero de coral, *Eucalyptus torquata*, florece desde una edad muy temprana. Se utiliza a veces como árbol de calle.

crocorys es un árbol grande, de 20-40 m de altura, pero la amplitud de su ramaje lo convierte en un árbol de sombra y de abrigo excelente. El tronco está cubierto por una corteza fibrosa de un tono pardo rojizo, y las flores blancas se mantienen durante un largo período que va desde la primavera hasta principios del verano. La madera dura es una de las mejores, y tiene una amplia gama de aplicaciones. *E. nicholii*, zona 8, alcanza entre 12 y 20 m de altura. El tronco es fibroso, gris pardo, y las hojas son muy estrechas y de un tono azul verdoso. Tolera las heladas, así como la exposición al viento. A *E. pauciflora*, subespecie *niphophila*, gomero de nieve, zona 8, algunos botánicos lo clasifican ahora dentro de la especie *E. niphophila*. *E. pauciflora* se da en varios tipos de hábitats, desde las regiones costeras a zonas por encima de los 1.500 m. La subespecie se da solo por encima de los 1.500 m, en las zonas alpinas. El gomero de nieve puede tener uno o varios troncos, a menudo inclinados o retorcidos. En las alturas más elevadas, los troncos lisos muestran unas rayas y manchas muy decorativas de color rosa, pardo, blanco y verde. Alcanza un tamaño de 8 a 20 m y florece en abundancia desde mediados de primavera hasta mediado el verano. *E. pilularis*, crece de 25 a 40 m. Es de crecimiento rápido en los suelos buenos de las zonas templadas y lluviosas. La corteza es fibrosa y oscura en la mayoría de los troncos, y solo es lisa en las ramas superiores. *E. pyriformis*, zona 9, es un árbol pequeño y decorativo, de 2-6 m de alto, con múltiples troncos. Es excelente para los jardines particulares y responde bien a la poda intensiva y selectiva. Es mejor plantarlo en zonas áridas con baja pluviosidad en verano, y cuando arraiga, tolera las sequías. Los brotes, las flores y las cápsulas acanaladas son muy ornamentales y se utilizan en la artesanía floral. Las flores pueden ser de color crema, amarillo, rosado o rojo. *E. robusta*, eucalipto robusto, alcanza 20-25 m de altura, crece de manera natural en los suelos salinos de los estuarios costeros o en otras zonas de tierras anegadas. *E. scoparia*, gomero blanco de Wallangarra, es una buena elección para jardines particulares, porque crece de 8 a 12 m. Tiene un tronco liso, de color claro y un follaje grácil, estrecho y colgante. La copa es alta, lo que permite que otras plantas crezcan debajo. Es de crecimiento bastante rápido. *E. sideroxylon*, zona 9, alcanza 10-30 m de altura. Se lo reconoce por su corteza extremadamente surcada y muy oscura, y su follaje de un azul verdoso. La floración se produce desde mediados de invierno hasta la primavera, y las flores pueden ser de color rosado, rojo, blanco o amarillo. La madera, muy dura, se utiliza en la construcción, y de su follaje se puede destilar aceite. *E. torquata*, gomero o eucalipto de coral, es uno de los eucaliptos más ornamentales. Florece desde muy joven, y los bonitos brotes van del rosa coral hasta el rojo, y a veces blanco o crema. Alcanza de 6-12 m de altura y puede plantarse tanto en jardines particulares como en parques o como árbol de calle. Se utiliza mucho en zonas áridas porque puede tolerar tanto los suelos ácidos como los alcalinos. Muy bien adaptado a la aridez de las tierras del interior, también puede crecer en zonas subtropicales y más frías, pero no en las regiones que tengan una humedad elevada o mucha lluvia en verano. En España, el eucalipto fue introducido en Galicia por el padre Rosendo Salvado a mediados del siglo XIX. Actualmente, hay plantaciones importantes en el sudoeste y nordoeste del país.

Eucharis (fam. Amaryllidaceae)
Lirio del Amazonas

Este género procedente de la América tropical comprende 20 especies de plantas bulbosas siempreverdes. Son de las más hermosas plantas bulbosas y pueden cultivarse en invernadero, en jardines exteriores o en maceta.

CULTIVO En los climas con heladas, plántela en un invernadero o vivero intermedio o cálido. Estos bulbos necesitan una tierra mixta de buena calidad para macetas, que drene libremente, y riego abundante durante la época de crecimiento. Nútralas con un fertilizante líquido soluble. Proporcióneles un período forzado de descanso después de la floración reteniendo el alimento y el agua, para estimular la formación de las nuevas espigas de flores. Aunque es posible que tenga una floración en verano y otra en invierno, es muy difícil conseguirlo. Propague por brotes laterales recogidos de los bulbos después de la floración.

CLIMA Por lo menos zona 10.

ESPECIES *E. x grandiflora*, de Colombia, es la especie más conocida, produce unas flores deliciosas, fragantes, de color blanco y de unos 10 cm, con pétalos cerosos y abiertos, y con la corola vagamente teñida de verde. Normalmente aparecen de

Eucharis x *grandiflora* requiere un ambiente tropical para producir sus exquisitas y fragantes flores.

dos a cuatro en cada tallo. Las hojas, de un verde intenso, miden 50 cm, y la planta propiamente dicha alcanza 1 m.

Eucomis (fam. Liliaceae)
Lirios apiñados

Las 10 especies de este pequeño género de plantas bulbosas, procedentes en su mayoría del sur de África, son excelentes como plantas de jardín. Las espigas en flor son bastante características, con hojas apiñadas en la cúspide, de tal manera que se asemejan a una piña. De cada roseta de gruesas hojas se eleva una espiga florida, densamente cubierta de pequeñas florecitas de seis pétalos cuyos colores van del crema y el verde hasta el rosado púrpura. Duran mucho tiempo y son excelentes flores de corte.

CULTIVO Estos lirios son fáciles de cultivar tanto en el jardín como en maceta. En el jardín, plante los bulbos a 15 cm de profundidad en un suelo con buen drenaje, en un lugar cálido y protegido y a pleno sol. Durante la primavera se pueden trasladar a una maceta con una mezcla de tierra para

Un tupido tallo florido de lirio apiñado, *Eucomis comosa*, puede pesar tanto como para doblarse.

macetas de buena calidad. Riéguelos generosamente durante el verano, pero muy poco durante el invierno. En cuanto aparezcan las espigas, se puede alimentar la planta con abono líquido o soluble y alimento orgánico para plantas. Propague por brotes laterales que se desarrollan alrededor del bulbo principal. En las zonas muy frías, plante los bulbos en invernadero o vivero frescos.

CLIMA Zona 8.

ESPECIES *E. autumnalis* tiene unas hojas alargadas, en forma de asa, de las que se elevan unas espigas alargadas que alcanzan 50-60 cm de longitud, con flores péndulas en forma de campana y de color verdoso, que aparecen a finales de verano y en otoño. *E. bicolor*, de hasta 75 cm, produce flores verdes con los bordes púrpura a finales de verano, y un gran manojo de hojas en la sumidad. *E. comosa*, lirio apiñado, tiene unas hojas largas, lanceoladas, rugosas, con manchas púrpura en el revés, y espigas con infinidad de flores blancas en forma de estrella. Las variedades producen flores de color rosado púrpura. *E. pole-evansii*, la más alta de las especies, alcanza los 2 m, con el extremo de 60 cm rodeado por flores abiertas de un verde claro y con el centro de color crema.

Eucryphia (fam. Eucryphiaceae)

Este pequeño género de seis especies de árboles o arbustos siempreverdes procedentes de Chile y Australia se cultiva por sus hermosas y grandes flores de color blanco, similares a las camelias. En general los árboles tienen forma de columna y se pueden podar tras la floración. Cuando se cultivan, algunas de estas especies pueden ser caducifolias, dependiendo de las condiciones.

CULTIVO Crecen mejor en climas con inviernos entre frescos y templados y veranos húmedos. La mayoría prefieren suelos sin calcio, y todas gustan de humedad constante y un buen drenaje. Cuando sea posible, deberán protegerse de los vientos fuertes y secos. Elija un lugar soleado. Propague por semillas o esquejes semimaduros.

CLIMA Existen especies adecuadas a varias zonas.

'Ballerina' es un cultivar muy bonito de la especie *Eucryphia lucida*.

Los frutos carnosos y rojos de *Eugenia uniflora* tienen la forma de calabazas diminutas. Se comen crudos o en mermelada.

ESPECIES *E. lucida*, originaria de la zona 8, es una bonita siempreverde que produce una madera de color rosado, pero es más conocida por su miel excelente, de una fragancia inusual. Tiene unas hojas brillantes, verdes y oblongas, plateadas en el revés, y unas flores abiertas, de cuatro pétalos y de un blanco inmaculado, de 2,5 cm. Esta especie solo crece 10 m cuando es cultivada, pero puede ser más alta si es silvestre. *E. moorei*, zona 9, también tiene una madera rosada que se utiliza en construcción y para fabricar armarios. Es un árbol desigual, de 5-10 m de altura, con hojas pinnadas y flores de 2,5 cm a finales de verano, que proporcionan un adorno muy bonito. *E. x nymansensis* 'Nymansay', zona 7, un híbrido natural, es un árbol encantador, pequeño y compacto, de crecimiento rápido, que a veces alcanza entre 10-15 m, y flores tempranas. Las hojas, que pueden ser simples o compuestas en la misma planta, son elípticas, de bordes dentados y de un verde intenso en el haz y verde claro en el revés. Las flores, de 6 cm, tienen estambres dorados. Tolera un poco de calcio.

Eugenia (fam. Myrtaceae)

Comprende más de 500 especies, la mayoría procedentes de la América tropical. Estos árboles y arbustos siempreverdes, de atractivo follaje y bonitas flores y bayas, se cultivan también como plantas ornamentales, aunque generalmente por sus frutos comestibles.

CULTIVO En los climas propensos a las heladas, plántelos en un invernadero o vivero cálido en macetas con buen drenaje y con un suelo de compost especial para macetas. Protéjalos del sol fuerte y directo. Riéguelos con regularidad en verano, y con menos frecuencia en invierno. A la intemperie, plántelos en un suelo con buen drenaje, rico en humus y a pleno sol. Propague por semillas.

CLIMA Por lo menos zona 10.

ESPECIES *E. aggregata*, cerezo del Río Grande, de Brasil, crece unos 5 m. Las bayas, de un rojo anaranjado, cuando están maduras, se vuelven de un púrpura intenso. La fruta puede comerse cruda o se puede utilizar para confeccionar tartas. *E. brasiliensis*, cerezo de Brasil, crece hasta 15 m, tiene flores blancas a las que siguen los frutos rojos, casi negros cuando están maduros. La fruta se come cruda o se utiliza para confeccionar mermelada, jalea y tartas. *E. pitanga*, pitanga, es un arbusto de crecimiento lento procedente de Brasil y Argentina, y frutos comestibles redondos, de color rojo. *E. reinwardtiana* es la única especie australiana de este género. Se trata de un arbusto de unos 5 m, que se da en la costa nordeste de dicho país. Su cultivo es muy adecuado en los jardines costeros tropicales y subtropicales. Los frutos son comestibles. *E. uniflora*, cerezo de Surinam o cerezo de Barbados, es un arbusto o arbolito que se cultiva mucho en las regiones tropicales por su fruta y como planta para formar setos. Tras las flores blancas aparecen los frutos comestibles del amarillo al rojo. En sus regiones de origen, las hojas se trituran y se utilizan como repelente de insectos.

Euonymus (fam. Celastraceae)
Bonetero rastrero

Este género del hemisferio norte comprende alrededor de 170 especies de arbustos y arbolitos caducifolios, la mayoría procedentes del este de Asia y del Himalaya. Las especies siempreverdes se cultivan para formar setos, arriates y orillas y responden bien a una poda selectiva regular. Las especies caducifolias tienen un hermoso follaje que adquiere un colorido precioso en otoño, y atractivos frutos de cuatro lóbulos que se abren en otoño y dejan al descubierto unas semillas de brillantes colores. Las flores son pequeñas y pueden ser de un blanco verdoso o, a veces, de un pardo rojizo.

CULTIVO Estas plantas resistentes se adaptan a la mayoría de suelos y climas, incluidos los ambientes costeros, aunque las especies caducifolias producen mejores colores en otoño en las zonas que tienen otoños secos e inviernos fríos. El suelo debe tener un buen drenaje. Los mejores resultados se obtienen de suelos enriquecidos con materia orgánica. Propague por la siembra estratificada de la semilla en primavera, o por esquejes semimaduros en verano y otoño, o por acodo.

CLIMA Existen especies adecuadas a diferentes zonas climáticas.

ESPECIES *E. alatus*, zona 3, así llamado por sus ramas «aladas» y de corcho características, es un arbusto caducifolio atractivo y compacto procedente de China y Japón. De crecimiento lento, solo alcanza alrededor de 2,5 m. En otoño, las hojas finamente dentadas y de un verde oscuro, apuntadas en el ápice, se vuelven de un rojo intenso extremadamente vivo, mientras que las bayas púrpura se abren y dejan al descubierto las semillas de un rojo anaranjado. *E. europaeus*, bonetero rastrero común, zona 3, procedente de Europa y Reino Unido, es un arbusto o arbolito bastante corriente hasta el otoño, cuando se tiñe de brillantes colores amarillo y escarlata y las cápsulas de las semillas, de un rojo rosado, ponen al descubierto las grandes semillas de color naranja. *E. japonicus*, bonetero rastrero japonés, zona 7, es un arbusto resistente siempreverde procedente de China y Japón, con un follaje lustroso, de un verde intenso, que se utiliza para formar setos y bordes. Los frutos cuadrangulares, de un rosa apagado, contienen semillas de color naranja. *E. latifolius*, zona 5, originaria del sur de Europa y Asia occidental, es un arbusto y arbolito atractivo, caducifolio, de hasta 5 m, con hojas apuntadas, lustrosas, finamente dentadas y de un verde intenso, que se tiñen de naranja, rojo y púrpura carmesí en los meses de otoño. Los frutos grandes, rosa carmesí, permanecen en el árbol después de que las hojas hayan caído.

Eupatorium (fam. Asteraceae)
Canabinas

Hace tiempo existían centenares de especies en este género, pero después de la reclasificación, solo quedan alrededor de 40. Originarias sobre todo del nordeste de América, solo algunas especies son adecuadas para el jardín. Aunque son miembros de la familia de las margaritas, las flores tubulares forman cabezuelas velludas en lugar de los característicos cogollitos de la margarita. Las

El tipo jaspeado dorado de *Euonymus japonicus* se puede utilizar como planta espécimen o para formar setos.

Eupatorium megalophyllum incorpora peso y volumen al fondo de una orilla. También tolera sombra parcial.

especies que se cultivan como plantas ornamentales son excelentes plantas de fondo en las orillas perennes, porque su forma es sólida y el color de las flores es inusual.

CULTIVO Se cultiva en invernadero o vivero intermedio, aireado y fresco con la máxima luz. Utilice un suelo de compost especial para macetas. A la intemperie, elija un suelo con buen drenaje pero que retenga la humedad y pleno sol o sombra parcial. Propague por división, por semilla o por esqueje de madera blanda, según la especie.

CLIMA Existen especies adecuadas a distintas zonas climáticas.

ESPECIES *E. cannabinum*, carabina, zona 5, de Europa, es una planta herbácea resistente a las heladas, de hasta 1,5 m, con flores de color lila purpúreo a finales del verano. *E. megalophyllum*, zona 10, natural de México, produce varias ramas erectas y de color púrpura rojizo. Este arbusto crece hasta 2 m de altura y anchura y tiene las hojas ovadas de color verde grisáceo y, durante el otoño, racimos aplastados de flores vellosas de un azul violeta. *E. purpureum*, eupatoria púrpura, zona 4, es una especie herbácea de Norteamérica, con hojas con un aroma a vainilla y cabezuelas aplastadas de flores púrpura claro encima de una espiral

de hojas. Crece hasta alcanzar una altura de 2 m aproximadamente. Esta especie, que crece en pantanos o lugares húmedos, tiene una larga historia como hierba medicinal.

Euphorbia (fam. Euphorbiaceae)

Este género extremadamente extenso tiene alrededor de 2000 especies cuya forma varía mucho, aunque las flores de las distintas especies son muy similares. De hecho, tienen una inflorescencia característica, muy compacta, llamada ciatio, y el color de algunas especies, tales como *Euphorbia pulcherrima* (poinsettia), que es un grupo de brácteas; la flor es el centro insignificante. Estas plantas varían en tamaño y en forma, desde las gigantes, tipo candelabro, a las pequeñas plantas casi subterráneas del tamaño de una pelota de tenis. La mayoría forman racimos de pequeñas cabezuelas, pero otras presentan brazos que irradian de la cabezuela central. Algunas llegan a confundirse con especies de cactos. Muchas especies carecen de hojas; otras son caducifolias. Cuando las cápsulas de las semillas se secan y se abren, dispersan unas semillas más bien duras en los días de calor. Son originarias de distintos hábitats, entre ellos muchas regiones de África, Madagascar, Europa, Asia occidental, el este de la India, Canarias y América. Todas las especies pueden producir malestar si se ingieren, y la savia cáustica produce quemazón e irritación en la piel.

Euphorbia marginata, «nieve en la montaña», es una planta anual que proporciona abundante frescor verde y blanco.

La poinsettia, *Euphorbia pulcherrima*, es una planta de maceta que florece en Navidad. Está disponible en varios colores y es muy vistosa.

CULTIVO La mayoría de las especies no suculentas requieren un ambiente exterior libre de heladas, aunque se pueden cultivar con éxito en invernadero cuando sea necesario. Normalmente se cultivan en maceta como plantas de interior o para trasplantar. Los especímenes más vetustos deberían podarse bien después de trasplantados. Pode las especies caducifolias cada año después de la floración. Propague por esquejes, dejando que se seque la superficie del corte. En los climas con heladas, la mayoría de las especies suculentas se cultivan en invernaderos y viveros de frescos a intermedios. Plántelas en macetas con suelo de compost o especial para cactos y con un buen drenaje, con máxima luz y un ambiente aireado. Manténgalas secas en invierno, pero riéguelas normalmente durante el período de crecimiento. Las plantas herbáceas y los arbustos resistentes y perennes requieren una ubicación soleada o en sombra parcial en el jardín, con un suelo fértil y bien drenado. Propáguelas por división a principios de primavera o por esquejes de la punta de los tallos.

Las agudas inflorescencias verde lima de *Euphorbia characias*, subespecie *wulfenii*, alegran el jardín desde el inicio de la primavera hasta principios del verano.

CLIMA Depende de las especies; algunas requieren ambientes cálidos y tropicales, mientras que otras toleran las heladas.

ESPECIES *E. candelabrum*, zona 9, del sur de África y Somalia, es un arbusto arbóreo que mide hasta 10 m de altura. Las numerosas ramas tienen unos márgenes ondulados y alados con parejas de espinas cortas y afiladas y hojas diminutas y rudimentarias en los brotes jóvenes. *E. caputmedusae*, «cabeza de medusa», zona 9, es una suculenta procedente del sur de África, con un tronco grueso del que irradian ramas como serpientes, la mitad superior cubierta con hojas lisas caducifolias, de más de 15 mm de longitud. Las bonitas inflorescencias amarillas aparecen en los ápices de las ramas jóvenes durante el verano. *E. characias*, zona 7, de Portugal y el Mediterráneo occidental, es una especie arbustiva siempreverde muy popular tanto por su follaje como por las inflorescencias que proporcionan reflejos y contrastes. Crecen por encima de 1 m, tienen hojas de un azul grisáceo y verde lima y sus inflorescencias duran mucho. La subespecie *wulfenii* es la variedad que más se cultiva. *E. fulgens*, zona 10, es un arbusto no suculento procedente de México, de hasta 1 m, con ramas esbeltas

Euphorbia tirucalli, es una planta elegante con sus finos y cilíndricos vástagos ramificados.

y flores amarillas encerradas en brácteas pequeñas, fragantes y de color rojo naranja, que aparecen después de la caída del follaje que se parece al del sauce. *E. griffithii*, zona 5, es una especie herbácea perenne de hasta 90 cm, con hojas lineales verde intenso u oscuro, e inflorescencias del naranja al escarlata. Florece a finales del verano. *E. marginata*, «nieve en la montaña», zona 4, es una no suculenta anual, originaria de Norteamérica, que crece hasta 60 cm. Tiene unas brácteas blancas y hojas blandas con los bordes blancos. *E. milii*, variedad *splendens*, 'Crown of thorns', zona 10, es una planta trepadora o rastrera originaria de Madagascar. Casi sin hojas, tiene unas brácteas de un brillante escarlata en primavera o en verano. Las flores persisten durante meses. *E. obesa* es una suculenta del sur de África, que forma una esfera sin ramas, de un verde parduzco, de 12 cm de un extremo a otro, con costillas patentes y superficie arrugada. *E. pulcherrima*, zona 10, de México, es la popular poinsettia, una visión familiar en las Navidades de ambos hemisferios. Se trata de un arbusto caducifolio que crece hasta los 3 m tanto en altura como casi en anchura. Los largos vástagos sin ramificaciones tienen unas hojas anchas, aovadas, puntiagudas y dentadas, aunque sobre todo se cultiva por sus grandes y visto-

sas brácteas, que aparecen en otoño y se dilatan durante todo el invierno. Las inflorescencias pueden alcanzar los 15-30 cm de un extremo al otro. Se pueden encontrar variedades de flores individuales o dobles. *E. tirucalli*, zona 10, es una planta suculenta, de hasta 5 m de altura, del este y del sur de África y de la península de Arabia. Tiene tallos en ramillas y unas hojas diminutas, caducifolias, que caen enseguida. Antiguamente era utilizada para obtener látex, su savia es cáustica y venenosa.

Eupomatia (fam. Eupomatiaceae)
Laurel cobrizo, bolwarras

El follaje, las flores y los frutos de este género de solo dos especies, de la costa este de Australia y Nueva Guinea, son muy bonitos, pero las plantas raramente se encuentran en otros lugares.

CULTIVO En los climas propensos a las heladas, plántelas en invernadero o vivero entre intermedio y cálido, en un compost para macetas sin suelo. Protéjalas del sol directo fuerte. Riéguelas con regularidad en verano y reduzca el riego en invierno. Propague por esquejes en otoño o por semillas cuando maduren.

CLIMA Zona 10.

Una planta sin podar de la especie *Eupomatia laurina* despliega sus brotes nuevos de un bonito color rosado.

ESPECIES *E. laurina* es un arbusto o arbolito bien proporcionado, de 3-6 m de altura, con hojas verdes y lustrosas, hojas ovales, con las hojas jóvenes y las ramas teñidas de un color cobre rosado, y racimos de flores fragantes de un amarillo verdoso. Los frutos pequeños, semejantes al higo, son comestibles.

Euryops (fam. Asteraceae)

Este género de más de 90 especies de arbustos siempreverdes, en su mayor parte del sur de África, se cultiva por sus grandes flores amarillas semejantes a las margaritas. Tiene un follaje suave, de un verde grisáceo y finamente dividido.

CULTIVO Gustan de un ambiente templado o cálido, libres de heladas, suelos bien drenados y pleno sol. Si se retiran con frecuencia las flores marchitas, se prolonga el período de floración. Pode después de la floración. Propague por esquejes semimaduros y por semillas en primavera y bajo cristal.

CLIMA Zona 9 en la mayoría de las especies.

ESPECIES *E. pectinatus* es un arbusto vigoroso y fácil de cuidar que se suele utilizar para dar color en verano y en otoño a jardines de rocalla y orillas, y que crece bien en jardines próximos al mar y en ambientes ventosos. Alcanza 1 m de altura y de anchura, produce unas margaritas de un amarillo brillante, de 5 cm, y un follaje grisáceo y plumífero. *E. speciosissimus* (sin. *E. athanasiae*) crece rápidamente hasta 1,5 m y en verano se cubre de brillantes flores amarillas. Pode bien y propague por semillas.

Eutaxia (fam. Papilionaceae)
Eutaxia de hoja pequeña

En su mayoría originario del oeste de Australia, este género comprende ocho especies de arbustos pequeños, siempreverdes, espectaculares, parientes próximos de *Pultenaea* y de *Dillwynia*. Producen unas flores de guisante de color amarillo o rojo en verano o en otoño.

Eutaxia myrtifolia (sin. *E. obovata*) crece bien en ambientes cálidos, veranos secos e inviernos húmedos, pero también puede cultivarse bajo cristal.

Euryops pectinatus proporciona una viva mancha de color en el jardín durante la primavera y el otoño.

CULTIVO Estos arbustos deben tener un drenaje perfecto y pleno sol. Las plantas crecidas son difíciles de trasplantar. Propague por abundantes semillas o por esquejes de otoño en bandeja fresca o bajo cristal en una mezcla con una proporción de 3:1 de arena gruesa y turba. Donde se produzcan heladas fuertes, cultívelos en un invernadero fresco y aireado.

CLIMA Zona 9.

ESPECIES *E. micophylla*, originaria de Australia, es un arbusto pequeño, resistente, limpio, de hasta 1 m de altura, con hojas pequeñas y opuestas, que a finales de verano y principios de otoño se cubre con unas flores de guisante diminutas, de un bonito color amarillo. *E. myrtifolia* (sin. *E. obovata*) es un arbusto redondeado y tupido, de hasta 1 m, con unas hojas de ápices afilados y flores guisante de un amarillo naranja. Fácil de cultivar, puede podarse.

Evolvulus (fam. Convolvulaceae)

Comprende unas 100 especies de subarbustos anuales y perennes, originarios de las regiones cálidas de Norteamérica y Sudamérica, y algunos de los géneros se cultivan. Algunas especies se cultiva a menudo como planta de cobertura en las regiones cálidas y libres de heladas, y otras se utilizan como plantas de orilla y arriate.

CULTIVO Crecen bien en suelos bien drenados y a pleno sol, y toleran suelos pobres aunque no florecen si no crecen en suelos enriquecidos. Riéguelas con regularidad durante los veranos secos, y manténgalas secas en invierno. Las plantas arraigadas toleran cierta sequedad. En las zonas con heladas, cultívelas en un invernadero aireado intermedio con la máxima luz, en macetas con suelo de compost.

CLIMA Zona 9.

ESPECIES *E. pilosus* (sin. *E. glomeratus*) es una planta rastrera que crece menos de 50 cm. Las pequeñas hojas de color verde grisáceo están cubiertas de pelos sedosos. Tiene un largo período de floración du-

Utilizada como planta de cobertura o rastrera, *Evolvulus pilosus* (sin. *E. glomeratus*), de flor azul, tolera unas condiciones bastante severas.

rante el verano. Las flores tienen forma de embudo y son de un azul brillante, o también de un malva rosado o azul claro con un ojo blanco.

Exocarpos (fam. Santalaceae)

Este género de arbustos y arbolitos se extiende desde el sudeste asiático hasta Hawai. A menudo las hojas se reducen a pequeñas escamas y las raíces suelen adherirse a otras plantas. Las breves espigas de flores muy pequeñas, de color crema hasta el amarillo, aparecen desde el verano hasta el otoño, y les siguen unas nueces pequeñas como semillas en tallos carnosos. Estas plantas raramente se encuentran fuera de sus países de origen.

CULTIVO Debido a su naturaleza semiparasitaria, los Exocarpos no son fáciles de cultivar y es difícil que arraiguen. Las semillas no germinan con facilidad. Estas plantas se disfrutan mejor en los jardines botánicos.

Con sus ramas esbeltas y péndulas, *Exocarpos cupressiformis* se puede desarrollar hasta un arbusto pequeño o un arbolito.

CLIMA Por lo menos zona 9.

ESPECIES *E. cupressiformis*, «cerezo nativo», está ampliamente distribuido en las regiones templadas de Australia. Se trata de un arbolito atractivo, con follaje fino y caído y flores de color crema. Los frutos aparecen en unos vástagos rojos y carnosos.

Exochorda (fam. Rosaceae)
Exocorda

Este género consiste en cuatro arbustos caducifolios y resistentes, procedentes de Asia central y de China, que en primavera y en verano se transforman con las delicadas flores blancas arracimadas en el ápice de las ramas. Tanto su forma arbustiva como la abundante floración los convierten en plantas muy atractivas para adornar los jardines.

CULTIVO Relacionados con la *Spiraea*, estos arbustos prefieren suelos bien drenados, una ubicación so-leada y un clima fresco y templado. Propague por esquejes de madera blanda a principios del verano y bajo cristal.

CLIMA La mayoría son adecuadas para la zona 5.

ESPECIES *E. giraldi*, con un crecimiento arqueado, crece hasta 3 m, y tiene un follaje joven y redondeado, teñido de rosa, y flores blancas de 2,5 cm. *E. macrantha* 'The Bride', es un arbusto compacto y, sin embargo, de crecimiento arqueado, de hasta 2 m, que produce unos brotes florales blancos en el ápice de las ramas a partir de la primavera y durante todo el verano. Es la exocorda más conocida. *E. racemosa*, zona 4, es otra de las especies conocidas. Cuando se la cultiva y cuida apropiadamente, tiene un aspecto muy hermoso, con sus racimos arqueados de flores redondas y blancas, de 2-3 cm. A menudo crece en extensión y puede alcanzar 3-4 m de altura. Pode ligeramente tras la floración.

Las flores simples y blancas de *Exochorda racemosa* son muy llamativas, los brotes son reminiscencias de otros miembros de la familia de las rosáceas.

F

Fagus (fam. Fagaceae)

Hayas

Ampliamente distribuida a través de las áreas templadas del hemisferio norte, el haya se valora por su precioso follaje y su bello colorido en otoño. También es muy apreciada su madera. Estos árboles de gran tamaño, caducifolios, se cultivan en jardines y parques boscosos mixtos y como árboles espécimen. En Reino Unido, el haya común se utiliza mucho para la formación de setos.

CULTIVO Aunque se adapta a una amplia gama de suelos y condiciones, el haya prefiere suelos con un buen drenaje y de fertilidad moderada. Estos árboles se pueden plantar a pleno sol o sombra parcial, aunque el haya roja necesita una ubicación a pleno sol para producir un follaje de intenso colorido. Las variedades de hoja amarilla prefieren la sombra parcial.

CLIMA Climas frescos y fríos.

ESPECIES *F. grandifolia*, haya americana, zona 4, es un árbol de envergadura, de hasta 10 m, que en ocasiones es tan alto como ancho. La especie *F. sylvatica*, conocida como haya común, zona 5, puede alcanzar 25 m de altura y 15 m de ancho. El follaje verde oscuro es sedoso cuando es joven y, cuando llega el otoño, se transforma hasta adquirir un intenso color pardo dorado. Los frutos contienen unas semillas triangulares que también se derraman en otoño. La variedad purpúrea es la denominada haya roja, que se reconoce por el intenso colorido de su follaje, del burdeos al púrpura, que se transforma en cobrizo brillante durante los meses de otoño. La variedad 'Aspleniifolia', haya de hoja de helecho, tiene unas hojas estrechas, profundamente divididas en lóbulos delgados; la 'Dawyck' es una variedad muy vertical, de 7-8 m de altura; la 'Riversii', con hojas de un púrpura muy intenso, debe ser injertada para mantener su color. La especie *F. sylvatica f. pendula*, es un espécimen de árbol fuera de lo común con ramas péndulas de las que caen espesas cortinas de follaje.

Faradaya (fam. Verbenaceae)

Originarias del norte de Australia, Nueva Guinea y regiones próximas, estas plantas, parientes de la *Clerodendrum*, son muy adecuadas para los climas templados. Es difícil encontrarlas fuera de sus países de origen.

CULTIVO A estas plantas les gusta el calor, el agua, los ambientes húmedos y fértiles, los suelos bien drenados enriquecidos con un compost de humus de hojas o un abono bien descompuesto. En climas frescos y fríos, cultivar en invernadero o vivero con ambiente húmedo.

CLIMA Solo en climas subtropicales y tropicales.

Las hayas esculpidas por el viento, *Fagus sylvatica*, crecen en emplazamientos muy expuestos.

Faradaya splendida es una liana o una trepadora de las selvas tropicales que produce unas flores fragantes.

ESPECIES *F. splendida* es una especie resistente que se encuentra en los bosques tropicales del norte de Queensland donde se impulsa hacia arriba hasta la copa de los árboles hasta alcanzar la luz. Las hojas anchas, de un verde lustroso y brillante pueden superar los 30 cm de longitud y las flores fragantes, tubulares y blancas brotan profusamente en unos racimos terminales. A las flores de corta vida les siguen los frutos grandes y brillantes, en forma de huevo, que contienen cada uno una semilla única.

Farfugium (fam. Asteraceae)

Tan solo se cultiva una de las dos especies de este género de plantas procedentes del este de Asia.

CULTIVO Plantar en un suelo con buen drenaje pero con humedad, enriquecido en profundidad con abono o compost, preferiblemente en sombra parcial o sombra ligera. Aplicar un mantillo de materia orgánica. Regar con regularidad durante la primavera y el verano, pero hacerlo solo ocasionalmente en invierno para evitar que las raíces se sequen por completo. Propagar por división de las matas a finales de invierno o en primavera. Estas plantas son susceptibles al ataque de babosas, por tanto hay que tomar las precauciones adecuadas.

Farfugium japonicum es una buena planta de cobertura en suelos húmedos y con sombra parcial.

CLIMA En climas frescos, húmedos y solo con heladas ligeras. Zona 8.

ESPECIES *F. japonicum* (sin. *F. tussilagineum, Ligularia tussilaginea*) y su cultivar dorado 'Aureo-maculatum', o planta leopardo, son las que más se cultivan en Estados Unidos. Son plantas que alcanzan 50 cm de altura y producen unas flores semejantes a las margaritas entre las grandes hojas.

x Fatshedera (fam. Araliaceae)
Hiedra arbórea

El híbrido bigenérico de *Fatsia* y *Hedera* (hiedra), la llamada x *Fatshedera*, es una planta atractiva y de fácil cultivo, que produce unas hojas verde oscuro, coriáceas, en forma de hiedra, de hasta 25 cm de un extremo a otro, y que crece entre 1 y 2 m. El follaje, pesado y granulado, se asemeja más a una hoja grande de hiedra que a *Fatsia*.

CULTIVO En interiores, requiere luz y calor y la aplicación regular de un fertilizante líquido. Propagar por pequeños esquejes que se enraizarán en agua o en un suelo arenoso. En el jardín, plantar en sombra parcial en un suelo drenado y abonado. Regar generosamente en veranos secos.

CLIMA Buena para climas frescos y húmedos. Zona 7.

El follaje grande y lustroso de x *Fatshedera lizei* es verdaderamente hermoso. Las flores que se ven aquí raramente aparecen en las plantas de interior.

ESPECIES x *F. lizei* tiene hojas de un color verde oscuro, mientras que el follaje del cultivar 'Variegata' presenta los bordes en un tono blanco crema. El cultivar denominado 'Annemieke' (sin. 'Lemon and Lime') tiene las hojas jaspeadas de un tono amarillo.

Fatsia (fam. Araliaceae)
Aralias japonesas

Las dos o tres especies de este género son originarias del este de Asia. Se trata de unas plantas atractivas, siempreverdes, que se cultivan en todo el mundo como especímenes de interior y son muy valoradas por sus hojas verde oscuro, lustrosas, de lóbulos profundos y sus enormes racimos de diminutas flores del color de la leche. Alcanzan hasta 2-4 m de altura.

CULTIVO En los climas frescos, *Fatsia* se puede cultivar a la intemperie, siempre y cuando se la ubique a plena o media sombra y se la proteja del viento. En el interior, plantarla en una mezcla para macetas de buena calidad y regarla regularmente durante los meses de verano. Propagar por esquejes o semillas.

CLIMA Zona 8.

ESPECIES *F. japonica* produce unas flores blanquecinas en otoño, seguidas de unos frutos negros. Las hojas miden alrededor de 40 cm de un extremo a otro. El cultivar 'Variegata' tiene los bordes de los márgenes de color crema. Existen otras variedades con las hojas más grandes, diferentes jaspeados o un crecimiento algo más compacto.

Faucaria (fam. Aizoaceae)
Fauces de tigre

Estas plantas suculentas sin tallo, en forma de mata y cubiertas por manchas blancas irregulares, son originarias del sur de África. Tienen hojas de color verde grisáceo, gruesas y carnosas, aquilladas hacia el ápice y con los bordes dentados. Desde finales de otoño, las flores grandes, sin tallo, de un amarillo dorado, a veces rojizas en su parte externa, raramente blancas, se abren por la tarde. Son unas plantas de maceta que resultan extremadamente atractivas para adornar el alféizar de una ventana soleada.

CULTIVO Plantar en macetas con compost especial para cactos en un invernadero intermedio y con máxima luz. Regar poco en invierno y moderada-

La aralia japonesa se cultiva por su hermoso follaje. En las regiones frías a veces se cultiva a la intemperie junto con lechos de plantas anuales.

Las hojas carnosas, verde gris, de *Faucaria tigrina* se agrupan en pequeños montículos. Las flores se encuentran entre las hojas.

mente en la estación de crecimiento. Propagar por semilla o por esqueje de tallo.

CLIMA Zona 9.

ESPECIES *F. felina*, fauces de gato, tiene las hojas rojizas o de un verde muy vivo con manchas blancas poco definidas y flores de un amarillo dorado de 5 cm de diámetro. *F. tigrina*, fauces de tigre, tiene unas hojas triangulares de color verde gris con manchas blancas, con los bordes blancos, y están cubiertas de dientes.

Felicia (fam. Asteraceae)
Margaritas azules

Este género procedente del sur de África comprende alrededor de 80 especies de plantas anuales y perennes de amplio cultivo por sus margaritas azules que florecen casi todo el año siempre y cuando se corten regularmente las cabezuelas marchitas. Algunas especies son plantas excelentes para orillas y rocallas porque son rastreras y caen en cascada. Las especies que siguen más abajo se utilizan para lechos de verano. (*F. amelloides* se puede cultivar como planta anual.)

CULTIVO La mayoría de las especies no toleran las heladas y en los climas más fríos hay que cultivarlas en el interior o en invernaderos. Crecen bien en suelos con un buen drenaje, aunque deben estar a pleno sol para que florezcan plenamente. A pesar de que toleran los ambientes secos, en los períodos de sequía necesitan abundantes riegos. Podar después de la floración de primavera y de otoño para estimular la producción de nuevos brotes. Propagar por semillas o por esquejes.

CLIMA Zona 9.

ESPECIES *F. amelloides*, margarita azul, es un arbusto espeso y siempreverde con un hábito de crecimiento extensivo. Crece algo más de 60 cm, y produce unas margaritas azules entre unas hojas ovales de un verde brillante. En los climas más fríos es una planta de interior. *F. bergeriana*, es una planta anual en forma de mata, con margaritas delicadas de color azul que solo se abren a la luz del sol, por ello necesita una ubicación soleada. Florece en verano y crece hasta 20 cm.

Fenestraria (fam. Aizoaceae)
Fenestrarias, planta de ventana

Las dos especies de este género de plantas suculentas son originarias de Namibia. Son plantas en forma de mata cuyos retoños brotan desde la base y producen unas hojas verticales y casi cilíndricas, cada una de ellas con una ventana transparente en el ápice. Esta ventana permite que la luz penetre en la hoja para que produzca clorofila.

CULTIVO En los climas propensos a las heladas, plantar en maceta con un compost especial para cactos en un invernadero o en un vivero aireado e intermedio y con la máxima luz. Mantener las plantas secas durante el invierno y regarlas moderadamente durante la época de crecimiento. A la intemperie, estas plantas necesitan una ubicación a pleno sol y un suelo pobre y con un buen drenaje. Propagar por semillas o por brotes laterales.

Felicia amelloides, como seto bajo, se cubre de flores durante un largo período. Si se corta después de florecer, producirá nuevas margaritas.

Las hojas sin tallo de *Fenestraria aurantiaca* tienen ventanas en el ápice que permiten la penetración de la luz.

Ferocactus glaucescens se puede cultivar en un bol de terracota. La terracota le sienta bien al cacto y a las plantas suculentas.

CLIMA Zona 10.

ESPECIES *F. aurantiaca* alcanza 3-5 cm de altura, y forma matas por encima de 15 cm de un extremo a otro. Las flores se parecen a las margaritas y habitualmente son de un amarillo brillante. El tiempo de floración varía de verano a otoño.

Ferocactus (fam. Cactaceae)
Cactos de barril

Originarios de México y de las regiones del sur de Norteamérica, estos cactos de tamaño mediano o hasta del tamaño y la forma de un barril muy grande, tienen unas espinas exageradas y unas costillas gruesas y prominentes. Las flores son grandes, de color rojo, púrpura o amarillo.

CULTIVO En las regiones con fuertes heladas, cultivar en un invernadero o vivero y proporcionarle la máxima luz. En las zonas con fuertes heladas, cultivar en un invernadero o vivero intermedios y aireados, en macetas con compost especial para cactos, y proporcionarle la máxima luz. No hay que regar en invierno, pero sí hay que hacerlo con regularidad durante el período de crecimiento. Propagar por semillas y germinar a 20 °C. En el exterior, las plantas necesitan pleno sol y drenaje.

CLIMA Zona 9.

ESPECIES *F. cylindraceus* tiene un tallo solitario, de más de 3 m, y flores cuyos colores van del amarillo al naranja. Las espinas, largas y curvadas, generalmente son de un tono amarillento, aunque a veces son rojas. La especie *F. glaucescens* es una planta redonda y plana, de 30 cm de un extremo al otro, y brotes azules. Tiene seis o siete costillas afiladas, espinas amarillas y flores también amarillas.

Ferraria (fam. Iridaceae)
Lirios negros

Este género del sur de África de diez especies tiene las hojas en forma de espada habituales en los lirios, aunque las flores son de un pardo verdoso con manchas de color púrpura. Desprenden un olor acre, hasta ofensivo, pero son decorativas. Las flores duran poco tiempo, pero la planta florece durante varios meses.

CULTIVO Los lirios negros son sensibles a las heladas y habitualmente se cultivan en invernaderos intermedios. Utilizar macetas hondas con un suelo de compost especial para macetas. Proporcionarle la máxima luz. No hay que regarlos en el período de

Las exóticas flores de *Ferraria crispa* brotarán aunque la planta esté en sombra, pero será más prolífica con algo de sol.

Las matas plantadas muy próximas de la festuca azul, *Festuca glauca*, forman una orilla a prueba de malas hierbas para un lecho de jardín.

descanso del verano, pero sí hay que hacerlo con moderación durante el período de crecimiento. En el exterior, plantarlos en un suelo con un buen drenaje al sol o en sombra parcial. Propagar por brotes laterales mientras está en el período de descanso.

CLIMA Zona 10.

ESPECIES *F. crispa* presenta profundas marcas sobre el fondo café y amarillo en la parte superior externa de las flores que miden de 7-10 cm de un extremo al otro, y aparecen en primavera y a principios de verano. Crece a una altura de 45 cm. Las hojas adheridas al tallo se van haciendo progresivamente más pequeñas a medida que se extienden hacia la parte superior del mismo.

Festuca (fam. Poaceae)
Festuca

Originarias en principio de las regiones templadas de Europa y de Asia y de las tierras altas tropicales, estas plantas crasas y muy resistentes tienen unas hojas finas y peludas. Duras y bastante resistentes a las heladas, son ideales para céspedes en zonas más frescas y templadas. Algunas especies son ornamentales.

CULTIVO Para el cuidado de las especies cespitosas de festuca, véase la sección dedicada a los céspedes. La festuca azul es una popular planta de hoja larga que se utiliza para orillas y rocallas. Necesita una ubicación a pleno sol, un suelo con buen drenaje. Recortarla después de la floración o cuando crezca desordenada. Las matas pueden dividirse y estas divisiones se pueden volver a plantar.

CLIMA Zona 5.

ESPECIES *F. glauca*, festuca azul, con hojas de un azul grisáceo, es una enana tupida y de hojas como cintas muy útil para plantar en rocallas. Las matas pueden crecer hasta 25 cm de ancho por 30 cm de altura. Las espigas con las flores de un azul verdoso aparecen a mediados de verano. Entre los cultivares destacan el 'Blue Fox' y el 'Sea Urchin'.

Ficus (fam. Moraceae)
Higueras

Este género extenso y diverso de alrededor de 800 especies incluye árboles, arbustos y trepadoras, tanto siempreverdes como caducifolios, está muy extendido, desde las regiones más cálidas de Australia, el sudeste de Asia, la India y las islas del Pacífico, hasta el Mediterráneo y África. Algunos comienzan su vida como epífitas, a veces estrangulando a su anfitrión con sus fuertes raíces aéreas; en otras ocasiones se utilizan como plantas de in-

El follaje de *Ficus elastica* 'Decora', con su gran textura, es la atracción principal de este gran árbol, a menudo cultivado en maceta como planta de interior.

La higuera australiana, *Ficus macrophylla*, tiene una estructura maciza y amplia envergadura.

terior; y, en otras, se cultivan por sus frutos. En todas las especies las flores monoclamídeas son muy poco habituales puesto que se encuentran encerradas en un receptáculo que luego se convertirá en el fruto. Su follaje y sus hábitos varían mucho, pero todas las especies tienen una savia lechosa. La mayoría de las higueras crecen mucho, aunque en los climas frescos y fríos resultan unas buenas plantas de interior, de invernadero o de vivero.

CULTIVO En los climas propensos a las heladas, cultivar la higuera como planta de interior. Utilizar un compost sin suelo o con suelo especial para macetas y proporcionarle buena luz, aunque sombra del sol directo y fuerte. Gustan de una atmósfera húmeda. *F. carica*, la higuera común, se cultiva por sus frutos, puede cultivarse en zona 8 aunque necesita sol, un lugar abrigado y un suelo con un buen drenaje. La mayoría de las higueras se propagan por esquejes semimaduros en verano y enraizan con un fondo de calor. La especie *F. carica* puede crecer de esquejes de madera dura en invierno. Algunas especies, como *F. elastica*, se pueden propagar mediante acodos aéreos.

CLIMA Zona 10 en la mayor parte de las especies.

ESPECIES *F. aspera* 'Parcelli', es un arbusto verdaderamente espectacular, con hojas finas, de color verde oscuro manchadas de blanco. Los frutos tienen rayas en crema y rosado. *F. benjamina*, ficus de hoja pequeña o árbol benjamín, es un árbol siempreverde tropical originario de la India y del sudeste de Asia, donde a menudo se utiliza como planta de interior, aunque también se cría a la intemperie y alcanza 15 m o más de altura. *F. carica*, higuera común o higuera, zona 8, originaria del Mediterráneo, se ha cultivado durante siglos por sus deliciosos frutos comestibles que produce en una amplia variedad de formas y colores. Generalmente mide entre 3-5 m. (Véase la entrada de *Ficus carica*, higuera.) La especie *F. elastica*, árbol de la goma, de las regiones tropicales de Asia, se cultiva mucho como árbol de sombra en los países tropicales, aunque generalmente como planta de interior fuera de los trópicos. Sus brotes nuevos contenidos en receptáculos rojizos resultan muy atractivos porque resaltan entre las hojas maduras lustrosas y de color verde oscuro. El cultivar 'Decora' tiene una hojas verde oscuro brillantes con el nervio central de color marfil y rojo en la parte inferior; el 'Doescheri', con las hojas marcadamente jaspeadas en crema, blanco y verde grisáceo, y los nervios centrales y los tallos de las hojas rosados; el cultivar 'Variegata' tiene las hojas verde claro con los bordes blancos o

La copa redondeada y el follaje grácil y caído del árbol benjamín, hace de él un espécimen encantador y un excelente árbol para adornar las calles.

amarillos. La especie *F. lyrata*, ficus lirado o higuera de hojas de violín, de las regiones tropicales de África, alcanza a la intemperie 12 m de altura, aunque con frecuencia se cultiva como planta de maceta o de interior. Las hojas, grandes y en forma de violín, son de un verde lustroso y brillante. La especie *F. macrophylla*, higuera australiana o ficus de hoja grande, se da en los bosques tropicales de la costa este de Australia, donde alcanza alturas de hasta 60 m con una amplia envergadura. Demasiado grande para la mayoría de los jardines, se planta como árbol de sombra y de parque en zonas con temperaturas entre cálidas y templadas. *F. microcarpa* variedad *hillii*, de hasta 20 m o más, resulta un árbol de calle, así como para plantarlo en parques como árbol de sombra. Además, también se cultiva como estándar, tanto en jardines como en macetas. Tiene unas ramas gráciles, caídas, y unas hojas pequeñas y pulcras. Esta variedad tolera temperaturas templadas. La especie *F. obliqua*, se hace enorme en los ambientes de bosques tropicales, y tiene un tronco en contrafuerte y raíces aéreas. *F. pumila*, zona 9, es una trepadora siempreverde procedente de Asia, las hojas en forma de corazón y raíces aéreas. Resulta muy bonita trepando en los muros. El cultivar 'Mínima' tiene unas hojas pequeñas y delgadas. La especie *F. religiosa*, higuera sagrada o hi-

guera de las pagodas, se da en la India y en todo el sudeste de Asia. Bastante parecida al banyan, aunque no tan alta, es un árbol caducifolio, de rápido crecimiento que se cultiva mucho en los trópicos. La higuera de las pagodas es sagrada para los hindúes y sobre todo para los budistas, porque Buda recibió la iluminación bajo la sombra de este interesante árbol. La especie *F. rubiginosa*, ficus oxidado o higuera herrumbrosa, de Nueva Gales del Sur, alcanza 30 m de altura. Tiene una copa ancha, el tronco más ancho en la base y las ramas péndulas. Las pequeñas hojas son de color teja cuando son jóvenes y los frutos brotan de dos en dos en primavera y en verano. Demasiado grandes para los jardines particulares, estos árboles son excelentes para plantarlos en la calle, en los parques y para dar sombra en las zonas costeras. La especie *F. superba*, originaria de Asia y Australia, crece hasta convertirse en un árbol de gran tamaño con hojas muy grandes y frutos de un púrpura apagado. La variedad *henneana*, es un árbol caducifolio que se da desde Egipto hasta el norte de Australia. La especie *F. sycomorus*, ficus sicomoro o sicomoro egipcio, originario del África hasta el Líbano, es el sicomoro de la Biblia. Alcanza los 18 m de altura, y tiene las hojas y los frutos redondeados.

Ficus carica (fam. Moraceae)

Higueras

La higuera común, una visión familiar en las regiones mediterráneas de Europa, se cultiva por sus frutos en Estados Unidos en zona 8 y por encima, y en California, Texas y Louisiana se cultiva comercialmente. Es una de las plantas de cultivo más antiguas y aparece con frecuencia en la mitología egipcia, romana y griega. Se sabe que se cultivaba en el Mediterráneo desde la antigüedad, tanto por su belleza ornamental como por sus frutos, que contienen la flor en su interior. El fruto es oblongo o en forma de pera y, cuando madura, es pulposo. Los higos son deliciosos crudos, acompañados con jamón o con un queso blanco tierno, o cocidos y servidos con crema.

CULTIVO La higuera común se puede cultivar en un jardín particular en una amplia gama de cli-

El higo comestible, *Ficus carica*, da excelentes cosechas en una temporada buena.

Filipendula (fam. Rosaceae)
Reinas de los prados

Este grupito de perennes es originario de las regiones del norte de las zonas templadas. Algunas especies se cultivan por sus propiedades ornamentales, otras por sus aceites aromáticos y algunas por sus propiedades medicinales.

CULTIVO A estas plantas les gusta la humedad y los lugares abiertos del jardín, sobre todo cerca del agua. Propagar por división en primavera, o por semilla cuando maduran, en un suelo de arcilla arenosa. La mayoría prefieren sombra parcial y necesitan protección del sol en las horas más calurosas del día.

CLIMA Existen especies adecuadas a distintas zonas climáticas. La mayoría toleran temperaturas muy bajas aunque crecen mejor en los climas frescos y húmedos.

ESPECIES *F. kamtschatica*, zona 3, crece hasta 2 m, tiene hojas grandes y lobuladas y unas flores fragantes de color blanco o rosado. La especie *F. pur-*

mas, siempre y cuando el suelo sea lo bastante suelto como para que permita que las raíces poco profundas penetren y encuentren humedad. En los meses de verano requiere agua abundante. Propagar por esquejes de madera dura en invierno. Espaciar los plantones entre 5-7 m para que puedan extender bien el follaje. Los frutos se producen entre dos a cuatro años después. Los higos se producen en la madera nueva y la cosecha principal madura en verano y en otoño. Algunas veces los árboles producen dos cosechas al año, y hasta tres, aunque es raro.

CLIMA Zona 8.

ESPECIES *F. carica* es un árbol caducifolio, de 7-9 m de altura, aunque cuando se cultiva no suele crecer tanto. Existen muchos cultivares, la mayoría partenocarpios, pero que difieren según su adaptabilidad al clima. Existen cultivares para climas frescos próximos a la costa, mientras que otros se adaptan a veranos largos y cálidos. El 'Brown Turkey' es muy dúctil; el cultivar 'Kadota' es excelente para las zonas cálidas; y el 'Mission', para aquellas regiones desérticas.

La reinas de los prados, de la especie *Filipendula*, tiene muchas aplicaciones medicinales, aunque principalmente se cultiva como planta ornamental.

purea, zona 6, alcanza 1 m de altura, tiene un follaje semejante al del helecho, vástagos rojos y cabezuelas vellosas de las flores rosa carmín que se producen en verano. Se trata de una planta útil para formar orillas y excelente como planta de corte. La variedad albiflora tiene flores blancas; 'Elegans' tiene flores blancas y estambres rojos. La especie *F. rubra*, reinas de las praderas, zona 2, es una especie muy atractiva, de alrededor de 3 m, con penachos de flores de color rosa melocotón. El cultivar 'Venusta' es de menor tamaño, con flores de un rosa intenso hasta un púrpura rojizo.

Firmiana (fam. Sterculiaceae)
Parasoles chinos

Este pequeño género de árboles caducifolios son naturales de Asia y de África. Algunos se cultivan por su madera ligera, pero a una de las especies se la conoce como planta ornamental.

CULTIVO Estos árboles crecen bien en suelos normales, aunque deben tener cierta protección del viento. En las regiones propensas a heladas fuertes se aconseja plantarlos en un invernadero o vivero frescos, en grandes macetas con un suelo de compost especial para macetas. Pueden sacarse al exterior en verano. Propagar por semillas cuando están maduras y poner a germinar con una temperatura de 13 °C.

CLIMA Zona 9.

ESPECIES *F. simplex*, natural del este de Asia, crece hasta alcanzar 20 m de altura. Tiene unas hojas muy bonitas, de tres a cinco lóbulos y de 25-30 cm de un extremo al otro, y además tiene unos frutos poco comunes, como de papel, en los meses de otoño. En estos mismos meses, el follaje adquiere una tonalidad amarilla. Las flores amarillentas o verdosas se producen en ramilletes en las finas ramas del árbol.

Fittonia (fam. Acanthaceae)
Cucarachitas

Naturales del Perú, estas dos especies de bonitas rastreras se cultivan mucho como plantas de interior. Los nervios de las hojas son blancos, rojos o de otros colores.

CULTIVO Cultivar en un invernadero o vivero templado, o en una habitación templada en el interior de la casa. Son excelentes para terrarios. Las plantas se pueden cultivar en macetas poco pro-

Las hojas grandes y lobuladas de *Firmiana simplex* adquieren una textura de papel mientras se colorean antes de caer en otoño.

Fittonia verschaffeltii variedad *argyroneura*, requiere mucha humedad y calor para desarrollarse bien.

fundas o en recipientes colgantes y prefiere un compost para macetas sin suelo. Hay que proporcionarle una buena luz, aunque siempre protegida del sol directo. Es esencial un ambiente húmedo. No hay que regar demasiado, especialmente en invierno. Mantener el compost solo ligeramente húmedo. Propagar por esquejes de las puntas en primavera, en un semillero cerrado. Los tallos se pueden acodar en cualquier momento.

CLIMA Solo en climas tropicales.

ESPECIES *F. verschaffeltii*, conocida como cucarachitas, es la especie que más se cultiva. Las hojas son de color verde oscuro con nerviaciones rosa carmín. La variedad *argyroneura*, tiene unos nervios blancos muy marcados.

Flindersia (fam. Rutaceae)

Este género de árboles tropicales siempreverdes, que recibió su nombre tras la primera circunvalación de Australia de Matthew Flinders, procede en su mayor parte del continente australiano. Estos árboles tienen las hojas pinnadas, con las glándulas de aceite que son características de la familia de las rutáceas, y la mayoría tienen unos racimos terminales espectaculares más bien pequeños. Las flores son muy interesantes y varían desde las grandes en forma de bote, hasta las de la variedad de la *F. australis*. Este género es difícil de encontrar en otros países que no sean el de su origen.

CULTIVO Excepto en los trópicos y en los subtrópicos, este género debería cultivarse en invernaderos y viveros cálidos y húmedos, en grandes macetas. La propagación se hace por las grandes semillas que se plantan en cuanto maduran, y necesitan un fondo de calor para germinar.

CLIMA Tropical y subtropical.

ESPECIES *F. australis*, la mayoría naturales de Queensland, pueden alcanzar hasta los 40 m de altura, aunque mucho menos cuando se cultiva. Esta especie, muy valorada por su madera duradera, también se utiliza mucho como árbol de calle o de parques. Los frutos leñosos ornamentales y en forma de estrella, se utilizan para decoraciones florales secas. La especie *F. brayleyana*, arce de Queensland, es un árbol de bosque muy alto, que da una de las maderas de mejor calidad para la fabricación de armarios. *F. maculosa*, de las regiones del interior de Queensland y del norte de Nueva Gales del Sur, en su fase juvenil es un arbusto retorcido, espinoso y poblado que al madurar se transforma en un árbol pequeño y simétrico, con un tronco fino, recto y esbelto. Tiene una corteza característica moteada y un delicado follaje que forma una copa bastante abierta.

El tronco extremadamente moteado de *Flindersia maculosa* lo convierte en un rasgo característico allí donde se plante.

Foeniculum vulgare (fam. Apiaceae)
Hinojo

El hinojo tiene un fuerte aroma anisado que a menudo tiene un sabor característico. Todas las partes del hinojo se utilizan en la preparación de alimentos, sobre todo en la región mediterránea, aunque estos ingredientes se utilizan ahora en la cocina de otras partes del mundo. Las semillas, las hojas y los tallos se utilizan para aromatizar pescado al vapor o relleno, y las semillas añaden un sabor especialmente delicioso al pan. Las hojas frescas picadas se pueden añadir a la ensalada de patata, ensaladas verdes, salsas de carne y platos de queso.

CULTIVO Sembrar las semillas directamente en agujeros poco profundos entre la primavera y finales del verano, dejando 45 cm de distancia entre las hileras. Las plantas de semillero a 30 cm de distancia entre cada hilera. Utilizar un suelo con un buen drenaje, con aportación de abono o materia orgánica, y en una ubicación soleada. Regar en abundancia para impulsar el crecimiento y nutrir con un fertilizante completo. El control de las malas hierbas es esencial. Si se cultiva por la parte hinchada de la base del tallo, sembrar a finales de primavera o a principios del verano. La siembra de estos cultivares bulbosos, especialmente la variedad resistente, también puede hacerse bajo cristal en bandejas con celdas en primavera y trasplantadas en el exterior a principios de verano. Las hojas ya se pueden utilizar alrededor de tres meses después de la siembra y se recolectan a medida que se necesitan. Cuando la base del tallo haya adquirido el tamaño de una pelota de tenis, rodearla con un montoncito de tierra para blanquear la base bulbosa y cortar las cabezuelas de las flores. Alrededor de dos semanas después, cortar las raíces de la base, colgar en la cocina y utilizarlo

El follaje del hinojo añade un toque ornamental al jardín de hierbas. Además, se puede cultivar tanto entre arbustos floridos como perennes.

inmediatamente. Las semillas se cosechan en otoño, cuando las cabezuelas de las flores han madurado. Cortar las cabezuelas y secarlas al sol durante unos días, sacudirlas para que suelten todas las semillas, tamizar para retirar los residuos y guardar las semillas limpias en recipientes herméticos.

CLIMA Zona 5, pero el hinojo de Florencia se cultiva en todos los climas como planta anual de verano y otoño.

ESPECIES *F. vulgare*, natural de Europa, es una herbácea perenne que alcanza 90 cm de altura. Tiene unos tallos huecos y carnosos, verde claro, hojas plumosas, racimos planos de flores amarillas en verano y semillas de un verde claro que cuando maduran en otoño se vuelven de color amarillo pardo. La variedad *azoricum*, o hinojo de Florencia, es más pequeña que la especie y se cultiva por su tallo hinchado como un bulbo en la base.

Forsythia (fam. Oleaceae)

Este pequeño género de arbustos caducifolios, cuyas especies proceden todas de China y Corea, excepto una, se cultiva sobre todo por sus abundantes flores amarillas que aparecen en primavera antes de que lo hagan las hojas.

La aparición de las flores de un amarillo claro en *Forsythia suspensa* marca el final del invierno.

CULTIVO *Forsythia* es fácil de cultivar en un suelo corriente de jardín, a pleno sol o sombra parcial. Podar bien después de la floración, cortar la madera vieja que ha florecido hasta el comienzo, más abajo de los brotes jóvenes. No podar nunca en invierno, o se perderá la floración. Propagar por esquejes de madera blanda en primavera o a principios de verano, por esquejes semimaduros a finales de verano, o por esquejes de madera dura en otoño o en invierno.

CLIMA Zona 5. Mejor en climas frescos y húmedos. La floración tiende a ser pobre o nula en climas demasiado cálidos.

ESPECIES El conocido híbrido *F.* 'Beatrix Farrand' es de hábito arbustivo, de 2 m de alto y ancho, y flores grandes de un amarillo intenso que brotan al comienzo de la primavera. La especie *F.* x *intermedia* es un arbusto compacto, de hasta 1,5 m de altura y anchura con unas flores grandes y amarillas que aparecen a principios de la primavera. De él proceden los principales cultivares.

Fortunella, especies de (fam. Rutaceae)
Kumquat

Originario de China y del este de Asia, el kumquat es el cítrico más pequeño que se cultiva, tanto el árbol como el fruto. Se cultiva por su valor decorativo así como por sus frutos comestibles. Es un arbusto siempreverde de 3,5 m, con hojas pequeñas, a veces jaspeadas, y flores blancas, suavemente perfumadas, y un fruto amarillo naranja, aromático y algo mayor que una cereza.

CULTIVO Los kumquats son sensibles a las heladas y en los climas propensos a las mismas deberían cultivarse en maceta en invernaderos o viveros frescos. Se recomienda un suelo de compost especial para macetas. Proporcionarles plena luz (pero sombra del sol directo fuerte) y ambiente aireado. Donde las plantas puedan cultivarse al aire libre, necesitarán un lugar a pleno sol y un suelo muy rico, con un buen drenaje al mismo tiempo que retenga la humedad. La propagación es por la siembra de la semilla bajo cristal en primavera, o por esquejes semimaduros en verano. Requerirán calor basal para enraizar.

Nagami kumquats maduros. Son lo bastante dulces para comerlos crudos.

CLIMA Por lo menos zona 9.

ESPECIES *F. japonica*, marumi o kumquat redondo, tiene la corteza dulce. La especie *F. margarita*, nagami kumquat u oval, se puede comer fresco.

Fouquieria (fam. Fouquieriaceae)
Ocotillos

Natural de las zonas desérticas de México y del sudoeste de Estados Unidos, este género comprende alrededor de cien especies de árboles y arbustos espinosos y suculentos. Todas las especies tienen tallos gruesos, multitud de ramas espinosas y hojas caducas pequeñas, ovales y de un verde brillante, que aparecen después de la lluvia. Las flores, espectaculares y en forma de campanilla, a menudo con las puntas enrolladas hacia atrás, aparecen en racimos en el extremo de las ramas en verano o en otoño, también después de la lluvia. Pueden ser rojas, de color crema, amarillas, blancas o de un púrpura claro. En su estado natural, algunas especies son polinizadas por picaflores.

CULTIVO En climas propensos a las heladas, cultivar en invernadero o vivero intermedio, en macetas con compost especial para cactos. Asegurar máxima luz. No regar en invierno y hacerlo moderadamente durante el período de crecimiento. A la intemperie, esta planta requiere pleno sol y un suelo que tenga muy buen drenaje, pero que no sea demasiado rico. Propagar por semillas o esquejes de madera blanda en primavera.

CLIMA Zona 9.

ESPECIES *F. columnaris* (sin. *Idria columnaris*), cirio, es un árbol espinoso que en su hábitat natural alcanza 20 m de altura, con un tronco grueso y blanquecino. Las ramas forman ángulos de 90 grados con el tronco y las hojas, pequeñas y redondeadas, son caducas. Las flores cremosas y en forma de campana, con una fragancia que huele a miel, se producen desde el verano hasta el otoño. La especie *F. splendens* tiene un tronco corto e hinchado, ramas espinosas y arqueadas y numerosas flores de un rojo brillante y lóbulos enrollados.

Fouquieria diguetii es un arbusto original y espinoso procedente del sur de California y de México.

Fragaria, especies de (fam. Rosaceae)
Fresas

Fragaria chiloensis, que se cree procedente de Chile, se introdujo en Francia a principios del siglo XVIII. Se cruzó con *F. virginiana*, obteniéndose el primero de los cultivares modernos con flores y frutos de mayor tamaño. *F. x ananassa*, de crecimiento lento, no solo proporciona la suculenta fruta roja que tanto gusta, sino que también resulta muy decorativa como planta de cobertura en los jardines de rocalla. La fresa silvestre, *F. vesca*, se ha cultivado en Europa durante siglos y se ha extendido a otros lugares del mundo al aumentar de tamaño y de calidad. La fresa se come fresca, acompañada de nata, y una mermelada casera de fresas es el complemento ideal para un desayuno con tostadas. Además, resultan deliciosas cuando se utilizan para decorar tartas y pasteles. Son muy populares porque son fáciles de cultivar y no requieren mucho espacio. Con la cantidad de cultivares que hay disponibles, es posible tener fresas durante todo el verano y el otoño.

CULTIVO Las fresas necesitan un suelo con buen drenaje, preferiblemente de arcilla arenosa, y un lugar a pleno sol. Antes de plantarlas preparar bien el lecho. Remover bien y fertilizar con media copa de sangre y huesos por metro cuadrado. In-

Las plantas de la fresa, de aspecto saludable, están empezando a florecer, señalando de este modo el comienzo de la estación de la fruta.

corporar un poco de abono bien descompuesto o compost a la parte superior del suelo. Levantar el lecho asegura un perfecto drenaje. La fresa puede crecer a partir de vástagos, aunque es mejor plantarla con la garantía de un vivero especializado para que esté libre de enfermedades. El mejor momento es a finales de verano. Sin embargo, existen variedades para plantar en verano, en otoño y en primavera. Extraer las hojas externas de las plantas nuevas y recortarlas. Extender las raíces y plantar de manera que la base de la corona quede justo encima del nivel del suelo. Disponer las plantas en hileras, dejando un espacio de aproximadamente 30 cm entre ellas y 40 cm entre las hileras. En climas propensos a las heladas, los fríos de finales de la primavera pueden matar las flores, así que es aconsejable cubrir las hileras de las plantas con un acolchado de material plástico durante la floración. Si se mantiene cubierta una vez se ha producido el fruto, la fresa madurará antes. En control de la humedad es esencial en todo momento. Para facilitarlo, se extiende sobre el lecho una lámina de polietileno negro, que se puede conseguir en los viveros, y se practican unos agujeros para las plantas. La lámina de polietileno actúa como un mantillo, evita que crezcan las malas hierbas y mantiene el fruto limpio y alejado de la tierra. Sin embargo, hay que asegurarse de que el suelo está perfectamente empapado antes de extender el acolchado de plástico. Mientras se desarrolla, eliminar los estolones para evitar que las plantas se debiliten y para prevenir un crecimiento no deseado. Mantenerlas bien regadas, cuidando que el agua vaya directamente a los agujeros perforados. A la hora de cosechar la fresa, cortar justo detrás del cáliz en forma de estrella. Cada dos o tres años, reemplazar la planta en lugar de volver a plantar los estolones antiguos. La fresa es más propensa a las plagas y a las enfermedades que la mayoría de las frutas. Las aves son uno de los principales predadores porque la picotean antes de que esté completamente madura. Para prevenirlo, extender una malla de alambre sobre el lecho de fresas antes de que comience la floración. Los ácaros, los thrips, la podedumbre gris, el oidio y las manchas en las hojas pueden causar problemas. La podedumbre gris no solo ataca la fruta, sino también las flores y

los tallos, y puede ser la causa de que la planta dé poca fruta.

CLIMA Zona 4. Elegir variedades adecuadas a cada clima.

ESPECIES *Fragaria* x *ananasa* es una herbácea de cobertura, perenne y siempreverde, que se extiende a través de estolones. Tiene hojas compuestas que comprenden tres hojuelas con los bordes dentados y flores pequeñas y blancas. El fruto rojo es carnoso. Algunos cultivares producen de 5 cm o más de longitud. Las fresas se clasifican según diferentes tipos. El cultivar de junio produce una cosecha por año, a finales de primavera, principios de verano o finales de verano. Estas son las fresas más populares. Los cultivares de cosecha permanente producen cosecha durante un período largo, en verano y durante los meses de otoño. Las plantas de estos cultivares suelen reemplazarse anualmente y también suele cortarse la primera floración. Los cultivares de junio y de cosecha permanente se desarrollan y mejoran constantemente, así que hay que estudiar los catálogos de los especialistas en frutas para conocer los detalles de los últimos cultivares y solicitar aquellos que mejor se adecúen a la zona de cada uno. *F. vesca*, la fresa silvestre, que incluye la fresa alpina, es originaria de Europa y existen disponibles varios cultivares. La fruta, de un rojo intenso, es más pequeña que la fresa cultivada para el mercado comercial y se produce durante un largo período en verano y en otoño.

Frankenia (fam. Frankeniaceae)

Natural de las regiones costeras de clima templado y subtropical, estos subarbustos siempreverdes y perennes, de poca altura o rastreros, en ocasiones tienen la apariencia del brezo, con tallos finos y también delicadas hojas. Además, en el clima adecuado pueden cultivarse en jardines costeros, particularmente como plantas de cobertura.

CULTIVO En las zonas con heladas, cultivar en un invernadero o vivero fresco. Estos arbustos toleran el aire salino y los suelos arenosos. Propagar por

Frankenia pauciflora tolera los suelos salinos y la exposición a la costa.

El follaje dorado de otoño de un magnífico fresno, el género *Fraxinus*, destaca contra el cielo azul.

división en otoño o por semillas sembradas bajo cristal, o en semilleros a principios de primavera. Trasplantar en otoño.

CLIMA Zona 9.

ESPECIES *F. laevis* es una especie rastrera, como una alfombra, con follaje de un gris verdoso que se vuelve pardo rojizo en otoño. En los meses de primavera, produce unas flores sin tallo, rosadas y con textura de papel. *F. pauciflorais*, una mata rastrera, extensa, originaria de Australia, con algunas ramillas erectas, hojas verde grisáceo y flores pequeñas, rosadas o blancas, puede tolerar condiciones de salinidad. *F. thymifolia*, de hasta 4 cm, de hábito rastrero, tiene flores más grandes y rosadas.

Fraxinus (fam. Oleaceae)

Fresnos

Este género, que se encuentra en todo el hemisferio norte a excepción de las regiones más frías y los trópicos, comprende unas 65 especies de árboles caducifolios, muy decorativos en general, que quedan muy bien como árboles de jardín y de calle. Algunas especies se valoran por su madera clara y dura. Todas tienen las hojas pinnadas, la ma-

yoría adquieren un hermoso colorido antes de caer y unos frutos alados denominados sámaras. Antes de que se abran las hojas, aparecen masas de flores diminutas. La estructura de las flores divide el género en dos partes, aunque esto último no concierne al jardinero.

CULTIVO *Fraxinus* se puede cultivar en la mayoría de los suelos, hasta en los de piedra caliza, gusta de un buen drenaje y una ubicación soleada, aunque tolerará una sombra parcial. Como es caducifolio, es mejor plantarlo a finales de otoño o a principios de invierno. Propagar por siembra estratificada en primavera, a excepción de *F. excelsior* 'Aurea' y de *F. angustifolia* 'Flame', que deberá brotar en los semilleros de *F. angustifolia* o *F. americana* a principios del verano.

CLIMA Existen especies adecuadas a varias zonas climáticas.

ESPECIES *F. americana*, fresno blanco, zona 3, es un árbol majestuoso altamente valorado en su hábitat natural de Norteamérica. Alcanza alturas de 15-30 m y tiene un tronco largo y recto. Las hojas comprenden de siete a nueve folíolos, son largas y lanceoladas, de color verde oscuro, más claras en el revés, que antes de la caída se vuelven de color púrpura. Útil como árbol espécimen, produce una valiosa madera dura que se utiliza para diversos fines. *F. angustifolia*, fresno de hoja estrecha, zona 6, es un árbol popular en climas más secos, porque tolera muy bien los ambientes secos, casi desérticos. Es un árbol hrmoso, de hasta 25 m de altura. El cultivar 'Flame', es un árbol resistente, de 6-10 m de altura. Su atractivo follaje adquiere soberbios colores en otoño hasta el rojo cobrizo, hasta en las regiones de las tierras más bajas. *F. excelsior*, fresno común o fresno europeo, zona 4, crece hasta 30-40 m de altura en su hábitat, aunque solo alcanza la mitad de este tamaño cuando se cultiva. Tiene una copa redondeada y es un árbol de sombra o de espécimen para jardines grandes. Tiene unos brotes característicos de color negro de los que nacen las hojas opuestas, que comprenden entre nueve a once folíolos, y de donde emergen las flores. La madera es muy apreciada. Como decorativo, es difícil mejorar el fresno dorado, *F. excelsior* 'Aurea'. Las ramillas y pequeñas ramas son amarillas y el follaje, que varía del color lima al amarillo, se transforma en un dorado intenso en otoño. *F. ornus*, árbol de manna o fresno de flor, zona 6, alcanza de 7-15 m de altura, tiene unos brotes grises y folíolos alargados, ligeramente dentados y marcadamente apuntados. A finales de primavera se cubre de ramilletes de flores muy perfumadas, de un blanco apagado, que nacen en los extremos de las ramas. La savia dulce, o «manna» (no es el maná citado en la Biblia) se utilizaba antaño como laxante.

Freesia (fam. Iridaceae)

Son unas plantas bulbosas originarias del sur de África estimadas por sus bellos colores y su delicioso perfume. Hay muchos híbridos con colores que van del blanco cremoso, al amarillo, naranja, rojo, púrpura, pardo, lavanda y azul. Son resistentes y de crecimiento lento, tienen hojas delgadas y espigas con flores erectas que se extienden por en-

Las flores de *Fresia* de color amarillo cremoso resultan deliciosas en el jardín o como flores de corte.

cima de las hojas a finales de invierno y principios de primavera, según el clima. Las flores en forma de embudo alcanzan los 5 cm. Resultan excelentes flores de corte.

CULTIVO Excepto en los climas libres de heladas, se cultivan en invernadero o vivero frescos y aireados como plantas de maceta. Utilizar macetas con un suelo de compost para los bulbos, que se pueden plantar a finales de verano o principios de otoño. Cuando llega la floración, debe reducirse el riego hasta que el compost esté casi seco. Entonces los bulbos se almacenan en un lugar fresco y seco hasta que llegue el momento de replantarlos. Las que se cultivan en el jardín deben plantarse en otoño, a 8 cm de profundidad, en un lugar soleado y en un suelo con buen drenaje. También pueden cultivarse por semillas que se plantan en otoño y hacerlas germinar a 18 °C.

CLIMA Zona 9.

ESPECIES *F. refracta* es una planta baja y copetuda, de unos 30 cm, con unas flores muy fragantes de color amarillo cremoso que brotan a un lado de las espigas a finales de invierno y en primavera. Los híbridos modernos presentan una amplia gama de colores. La mayoría de ellos no tienen aroma.

Fremontodendron (fam. Sterculiaceae)
Arbusto de franela

Este pequeño género de dos o tres especies de árboles y arbustos es originario de las regiones del sudoeste de Norteamérica, en los cañones secos o en las tierras boscosas o en las laderas de las montañas. Los tallos y las hojas están cubiertos por un vello pardo sedoso que puede causar irritación en la piel. Las flores amarillas, muy decorativas, aparecen desde finales de primavera a finales de verano.

CULTIVO Cultivar en un suelo con muy buen drenaje, neutro o alcalino y no especialmente rico. Crece mejor a pleno sol y requiere protección de los vientos fuertes y fríos. La mejor ubicación es contra un muro soleado y cálido. Una vez estabilizado, tolera ambientes secos. Las plantas que se cultivan contra una pared pueden podarse para impulsar el crecimiento a finales de invierno, cortando las cabezuelas viejas de las flores hasta tres o cuatro yemas de la estructura principal de las ramas. Propagar a finales de verano por esquejes semimaduros.

CLIMA Zona 8.

ESPECIES *F. californicum* es un arbusto siempreverde que crece tanto en altura como en anchura entre 5-6 m. Alcanza unos 6 m en California, de donde es originario. Tiene unas hojas oscuras y lobuladas y produce multitud de flores en forma de platillo, de un amarillo dorado desde finales de primavera hasta otoño. Se puede cultivar como arbusto de orilla o dirigirlo contra una pared.

Freycinetia (fam. Pandanaceae)

Procedente del sudeste de Asia hasta las islas del Pacífico, las variedades de este amplio género presentan hojas lanceoladas o lineales, pequeñas flores de hermosos colores y brácteas fragantes. La fruta oblonga es leñosa o también carnosa y tiene muchas semillas. No se encuentra fácilmente fuera de sus países de origen.

CULTIVO En los climas propensos a las heladas, cultivar en un invernadero o vivero cálido y húme-

Las flores de un amarillo claro de *Fremontodendron californicum* son muy llamativas; sin embargo, el follaje puede provocar irritación en la piel.

Freycinetia excelsa necesita algún soporte, es parecida a *F. australiensis*, pero las brácteas de las flores son de un naranja intenso.

do. También son excelentes plantas de interior. Protegerlas del sol directo. Regarlas bien en verano. Propagar por chupones que se retiran en primavera e introducirlos en compost para esquejes hasta que hayan enraizado.

CLIMA Por lo menos zona 10.

ESPECIES *F. australiensis* es una trepadora vigorosa de los bosques tropicales del norte de Queensland, de hojas largas y curvadas y brácteas rojas rodeando las flores. Se puede cultivar sobre árboles en las regiones tropicales y subtropicales y en cualquier lugar como planta de interior. *F. banksii*, de Nueva Zelanda, puede trepar hasta 30 m. Es una planta hojas estrechas de hasta 1 m de largo y unos 25 mm de ancho. Las flores están encerradas en brácteas fragantes, cuya parte interna es gruesa y blanca o lila claro en la base. De sabor dulce, son comestibles.

Fritillaria (fam. Liliaceae)

Fritilarias

El nombre de este género de plantas bulbosas procedentes del este de Europa, del Mediterráneo y de Norteamérica deriva del latín *fritillus*, «caja de dados», por las formas cuadradas de algunas de estas especies. Algunas se cultivan comúnmente y otras que solo se encuentran en los climas más frescos. Hay quien las considera bonitas, pero lo cierto es que resultan fascinadoras. Algunas especies desprenden un olor desagradable. Estas plantas, como la corona imperial, resultan muy bien en un jardín de bulbos variados o mezcladas con plantas perennes o anuales. Deben plantarse agrupadas para conseguir el mejor efecto. Las flores brotan en primavera o a principios de verano.

CULTIVO Las necesidades difieren según la especie, pero las más fáciles de cultivar se plantan en un suelo fértil, con un buen drenaje que al mismo tiempo retenga la humedad, y a pleno sol. Las pequeñas se pueden plantar en rocallas y las más altas, en orillas mixtas o arbustivas. La propagación es por semillas en otoño que germinan en un semillero de jardín. Dejarlas que se congelen en invierno o retirar los brotes laterales de los bulbos maduros.

Las flores características de la corona imperial, *Fritillaria imperiales*, siempre son objeto de interés.

CLIMA Existen especies adecuadas a distintas zonas climáticas.

ESPECIES La más conocida es la corona imperial, *F. imperialis*, zona 4, con un racimo de flores de color naranja, amarillo o rojo, en forma de campana, que cuelga debajo de una corona de hojas verdes, en tallos de 50-90 cm de altura. *F. meleagris*, zona 4, crece en los prados en Inglaterra y en Europa, es fácil de cultivar. Las flores son de color púrpura o rosado purpúreo. *F. pallidiflora*, zona 3, crece hasta unos 40 cm de altura y produce unas flores de color crema con la base verde. *F. pudica*, fritilaria amarilla, zona 3, es pequeña, de unos 15 cm, y procede del oeste del norte de América. Las flores pueden presentar tintes de color rojo o también naranja.

Fuchsia (fam. Onagraceae)

Fucsias

Originaria de los bosques tropicales de Centroamérica y Sudamérica, con algunas especies de Nueva Zelanda y Tahití. Los árboles y arbustos producen unas flores hermosas y exóticas desde el verano hasta finales de otoño. Normalmente péndulas, las flores tienen un cáliz tubular alargado, con cuatro lóbulos o sépalos y cuatro pétalos, y estambres que sobresalen de los pétalos. Los híbridos de color como *F. fulgens* y *F. magellanica* y sus variedades son las más populares y las flores híbridas se pueden dividir en tres clases: únicas, semidobles y dobles. Estos híbridos también pueden ser plantas rastreras, que resultan muy bonitas cultivadas en cestas colgantes. Algunas fucsias se cultivan por sus hojas jaspeadas de bellos colores más que por sus flores, que no son tan abundantes como las plantas con follaje liso y verde. Las hojas son simples y alternas, opuestas o en espiral. El fruto es una baya. Las fucsias, sensibles a las heladas, se cultivan en invernaderos y viveros en zonas propensas a las heladas, y los híbridos se utilizan como lechos de verano.

CULTIVO Son fáciles de propagar por esquejes de la punta de la planta, que se cortan desde finales de

Las flores escarlata y magenta intenso de esta fucsia híbrida le proporcionan muchas semanas de color.

primavera hasta principios de otoño. Las semillas de las bayas maduras se pueden utilizar para propagar las especies erectas que necesitan un suelo con buen drenaje enriquecido con materia orgánica y un riego regular durante los meses de primavera y verano. Nutrir con sangre, pescado y huesos o con un fertilizante de emisión lenta en la época de crecimiento. La poda regular de las puntas produce arbustos con una floración más abundante. Podar bien a finales de invierno. Los veranos frescos con suelo húmedo y una ubicación abrigada con sombra parcial, son las mejores condiciones para cultivar esta planta en el jardín. Proporcionarle un mantillo profundo en invierno para proteger las raíces de las heladas.

CLIMA Zona 10 para las siguientes especies, a menos que se indique otra cosa.

ESPECIES *F. arborescens*, fucsia arbórea, es un arbusto grande o un árbol pequeño y arbustivo, con hojas carnosas, brillantes de color verde oscuro. Los hermosos racimos de flores rosa lavanda aparecen en los extremos de las ramas en verano. *F. fulgens* es un arbusto muy popular, de tamaño mediano, con tallos ligeramente suculentos y hojas grandes y dentadas, casi en forma de corazón. Las abundantes flores péndulas de color escarlata, con largos cálices tubulares, aparecen en racimos terminales. *F. magellanica*, pendientes de la reina, zona 6, la más resistente, es un arbusto grande, siempreverde, de hasta 5 m. Las flores péndulas tienen sépalos rojos, pétalos cortos, purpúreos y estambres muy prominentes. *F. procumbens*, fucsia rastrera, zona 9, es una de las especies originarias de Nueva Zelanda. Es una rastrera siempreverde, con hojas pequeñas, en forma de corazón en tallos delgados. Las flores pequeñas muy erectas, tienen lóbulos púrpura y verde y cálices tubulares de color rojo. Las bayas, de un rojo brillante, de más de 2 cm, persisten durante el otoño y el invierno. *F. triphylla* es un pequeño arbusto con hojas suaves, de color púrpura en el revés, y racimos terminales con flores péndulas de color escarlata. El cultivar 'Gartenmeister Bonstedt', un arbusto que florece la mayor parte del año, prefiere más sol que las fucsias híbridas. Existen centenares de híbridos en combinación de blanco, rojo y púrpura y varias tonalidades de estos colores.

Gaillardia (fam. Asteraceae)

Gallardias

Género endémico de las regiones central y occidental de Estados Unidos, y de regiones de Sudamérica, incluye aproximadamente 28 especies de plantas anuales y perennes de flores duraderas. Presenta hojas ásperas, dentadas o muy divididas, y produce brotes continuos de flores semejantes a rayos en tallos solitarios para cortar durante los meses de verano.

CULTIVO Estas plantas resistentes son fáciles de cultivar, y toleran el calor y la sequía. Solo necesitan suelos ligeros con buen drenaje y bastante sol. Las anuales se propagan a partir de semillas, y las perennes a partir de división vegetativa o de esquejes.

CLIMA Zona 8, aunque la zona 5 para *Gaillardia* x *grandiflora*.

ESPECIES *Gaillardia amblyodon* es una planta anual de hasta 1 m, con flores veraniegas granates, y hojas entre oblongas y lanceoladas, mayormente enteras, de hasta 8 cm. La *G.* x *grandiflora* es una perenne que florece a partir de semillas durante su primer año de vida. El cultivar 'Burgundy' produce flores de color rojo vino con una franja amarilla a lo largo de sus bordes externos, y 'Goblin', si-

nónimo 'Gobolin', es una planta enana de 30 cm con floraciones amarillas y rojas. La *G. pulchella* es una anual vertical que crece hasta alcanzar entre 45-60 cm, produce flores esféricas de color carmesí o amarillo, y presenta hojas pilosas, lanceoladas y de color verde grisáceo.

Galanthus (fam. Amaryllidaceae)

Campanillas de invierno

En las regiones frescas y frías de Estados Unidos, las primeras campanillas anuncian la llegada de la primavera porque brotan a veces cuando aún hay nieve en el suelo. Sus flores delicadas, pequeñas, blancas e inclinadas hacia abajo brotan, sencillas o dobles, en tallos delgados por encima de las hojas lisas, estrechas y con forma de correas. Son diferentes a las llamadas «lágrimas de la Virgen», especie *Leucojum*, en que algunos de sus pétalos blancos presentan marcas verdes con forma de herradura sobre ellos. La campanilla de invierno es nativa de Europa y Asia occidental, donde se distribuye tanto por los montes como por los afloramientos rocosos.

CULTIVO Necesita un sitio fresco y sombreado, y suelos ligeros. Los bulbos se siembran a 8 cm de profundidad y a 5 cm de separación, a finales del verano. Se pueden extraer, dividir y trasplantar cuando tienen hojas y tan pronto ha terminado la floración.

Los colores intensos de un híbrido del género *Gaillardia* soportan el calor del verano sin perder el color.

Las campanillas de invierno se deben sembrar muy juntas para lograr el mayor impacto.

CLIMA Zona 6, a menos que se indique lo contrario a continuación.

ESPECIES *Galanthus caucasicus*, zona 5, que crece hasta 15 cm, florece a menudo desde finales de otoño hasta principios de primavera. La *G. elwesii*, florece temprano y crece vigorosa hasta los 20 cm. *G. nivalis*, de la zona 4, que crece hasta alcanzar unos 10 cm, produce flores sencillas con pétalos de puntas verdes y hojas de color verde azulado. El cultivar 'Flore Pleno', de entre 10-15 cm, produce flores dobles. *G. plicatus*, de 20 cm, produce flores más bien grandes con pintas verdes. *G. plicatus* subespecie *byzantinus*, de entre 20-30 cm, presenta hojas anchas de color verde oscuro y de 12 cm de longitud, y produce algunas de las flores más grandes de la especie, con pintas verdes en la base de los segmentos capilares interiores.

Galtonia (fam. Hyacinthaceae)

Similares al jacinto, pero mucho más altas, estas plantas bulbosas del sur de África se cultivan por sus espigas encantadoras con flores acampanadas de color blanco verdoso que abren en verano. Son excelentes para la parte trasera de los bordes. Solo dos especies se encuentran regularmente bajo condiciones de cultivo.

CULTIVO Las especies de *Galtonia* se siembran en otoño, a una profundidad de 8-10 cm. Después no se deben perturbar. Se cultivan en suelos que retengan la humedad, aunque con buen drenaje, y a pleno sol. Si se cultivan en regiones más frescas, se cubren con pajote para protegerlas de las heladas invernales. Se propagan a partir de retoños o de semillas, pero tardan unos tres años hasta alcanzar el tamaño para la floración.

CLIMA Hay especies adecuadas para distintas zonas climáticas.

ESPECIES *Galtonia candicans*, de la zona 5, crece hasta alcanzar 1,2 m. Las flores veraniegas, dulcemente perfumadas, son de color blanco puro. Un cultivar de color blanco, llamado 'Moonbeam', apareció por azar en un jardín de Nueva Zelanda entre un grupo de plantas de *G. candicans*. Produ-

Esta exposición copiosa de flores y capullos en esta *Galtonia candicans* garantiza que habrá una exhibición floral prolongada.

ce treinta o más flores simultáneas en tallos de 1,5 m. Este cultivar no se encuentra disponible fuera de su país de origen. *G. viridiflora*, de la zona 8, florece también en verano. Produce flores de color verde más claro con forma de trompeta.

Garcinia mangostana (fam. Guttiferae)
Mangostán

La fruta del mangostán ha sido descrita como una de las mejores frutas tropicales. No obstante, hasta hace poco tiempo, apenas se cultivaba fuera de su Malaisia e Indonesia natales. Es poco probable que se encuentre disponible fuera de los trópicos. Se trata de un árbol perenne decorativo, que crece hasta alcanzar aproximadamente 8-10 m de altura, con hojas oscuras y curtidas, y bonitas flores de color rosa. Los frutos lisos presentan la piel de color morado y contienen unas pocas semillas en una pulpa blanca y jugosa.

CULTIVO El árbol del mangostán no se cultiva fuera de los trópicos, porque, en cualquier caso, no fructi-

Los frutos del mangostán deben adquirir un color morado rojizo intenso antes de estar completamente maduros.

Las flores blancas y de textura fuerte de las gardenias crean una fragancia intensa en los invernaderos cálidos o soleados.

ficaría bien. En otros climas, se tendría que cultivar como planta joven de follaje en invernaderos cálidos y húmedos, o soleados. Las plantas se cultivan a partir de semillas, que se deben sembrar en semilleros individuales para evitar perturbar las raíces cuando se trasladen a las macetas o se trasplanten. Las semillas son viables solo durante un tiempo breve después que se extraen de los frutos. En los climas adecuados, los árboles jóvenes comienzan habitualmente a producir fruto a los ocho años.

CLIMA Solo apropiada para los trópicos.

Gardenia (fam. Rubiaceae)
Gardenias

Las gardenias son plantas muy populares en los jardines de los climas cálidos de todo el mundo por sus flores exquisitas, blancas, agradablemente perfumadas, que contrastan a la perfección con su atractivo follaje de color verde oscuro. Originarias en su mayoría de Asia y África tropicales, hay aproximadamente 200 especies de gardenias. Se pueden cultivar en exteriores en la zona 10 y en las regiones más cálidas de la zona 9.

CULTIVO Estos arbustos delicados y perennes se cultivan mejor en invernaderos cálidos o soleados, en macetas o tiestos grandes con abono ácido y compost. Necesitan un máximo de luz, pero protegidos de los rayos directos del sol. Proporcionándoles una humedad moderada; riéguelos normalmente durante el período de crecimiento con agua sin cal, aunque muy escasamente en invierno. Añada abono líquido una vez al mes en primavera y verano. Se propagan a finales del verano a partir de esquejes casi maduros.

CLIMA Las regiones más cálidas de la zona 9, la zona 10 y las regiones tropicales.

ESPECIES *Gardenia augusta*, jazmín del Cabo, de China meridional, es la especie que se cultiva con más frecuencia. Crece hasta alcanzar los 2 m de altura, y produce flores de pétalos gruesos que se abren en verano. Hay numerosos cultivares, incluido 'August Beauty', que produce abundantes flores dobles y grandes desde la primavera hasta el otoño. Se trata de una planta bastante alta. El cultivar 'Mystery' es más compacto, con flores semidobles blancas. Las flores dobles, de color blanco puro, aportan elegancia a 'Veitchii', planta de desarrollo vertical. *G. thunbergia*, jazmín trepador, procedente de los bosques de África meridional, es particularmente bella, aunque es una especie que crece lentamente hasta los 3,5 m. Presenta hojas anchas y satinadas, y flores sencillas, fragantes y blancas.

Garrya (fam. Garryaceae)
Arbustos de las borlas

Nativo del oeste de Norteamérica, este género poco numeroso de arbustos que florecen en invierno se cultiva principalmente por los amentos poco comunes y muy atractivos de la planta masculina. Los amentos de las flores femeninas son cortos y abiertos, y ni remotamente tan llamativos, por lo que vale la pena buscar una planta masculina. Los amentos largos, de desarrollo pendular, son sedosos y de color verde claro, y duran varias semanas en invierno. Las especies de *Garrya* son plantas ideales para fondos o pantallas porque se trata de arbustos altos.

CULTIVO Las especies de *Garrya* crecen en cualquier suelo y no requieren mucho sol. Se propagan a partir de esquejes casi maduros en verano.

CLIMA Zona 8.

ESPECIES *Garrya elliptica* es un arbusto o árbol pequeño que puede alcanzar 5-6 m, pero que crece a menudo hasta solo los 3-4 m de altura. Las hojas son entre elípticas y ovaladas, y de aproximadamente 7 cm de longitud. Los amentos plateados de la planta masculina crecen hasta 30 cm. La planta femenina produce racimos largos de frutos negros en otoño.

Gasteria (fam. Liliaceae)

El nombre de este género del sur de África se deriva del término griego *aster*, barriga o panza, con lo que se hace referencia a la parte inferior abultada de su flor. El género *Gasteria* incluye, en su mayor parte, plantas suculentas sin tallo que varían de tamaño desde la diminuta *G. bicolor* variante *liliputana*, con hojas de solo 2-3 cm de longitud, hasta la grande *G. acinacifolia*, cuyo follaje alcanza un diámetro de 70 cm, y que crecen bajo el amparo de arbustos que los protegen del sol ardiente. Algunas especies sin tallo forman un rosetón en espiral, pero la mayoría de sus hojas gruesas, ásperas y curtidas son dísticas. Todas las especies desarrollan fácilmente retoños, que se agrupan en conjuntos con rapidez. Las hojas tienen mayoritariamente forma de lengua y son de color verde intenso, con una superficie áspera como el papel de lija. El color de las flores varía del rosa a rojo y los pétalos presentan bordes de color verde claro.

Las flores borladas de *Garrya elliptica* caen como una cascada para formar una bella cortina que aporta una vista interesante al jardín en invierno.

Las hojas carnosas y con forma de espada de *Gasteria acinacifolia* presentan fajas transversales de manchas pequeñas de color blanco verdoso.

CULTIVO En los climas frescos y fríos, se cultivan en invernaderos intermedios o soleados ventilados, con un máximo de luz, pero protegidas de los rayos directos del sol. Se cultivan en macetas con compost especial para cactos. Las plantas se deben conservar secas cuando permanecen en reposo durante el invierno. Riéguelas moderadamente el resto del tiempo.

CLIMA Zona 10.

ESPECIES *G. acinacifolia*, la especie más grande, desarrolla un rosetón en forma de espiral con hojas gruesas, brillantes, con quilla y manchadas de color verde más claro. Las inflorescencias son ramificadas y muy altas. Dos o tres tallos brotan a la vez. *G. bicolor*, planta un poco más erguida, presenta hojas maculadas y con quilla, que ascienden en espiral. No produce retoños fácilmente, pero presenta en ocasiones brotes de plántulas pequeñas en los tallos florales. *G. bicolor*, variedad *liliputana*, con hojas diminutas y punteadas de blanco forma muy fácilmente conjuntos de vástagos. Esta especie produce flores de color verde anaranjado en primavera y verano. *G. carinata*, variedad *verrucosa*, planta dística, presenta hojas largas, terminadas en punta y cubiertas por protuberancias blancas.

Gaultheria (fam. Ericaceae)

Muchos de estos arbustos perennes se encuentran en Centroamérica y Sudamérica. Algunas especies son oriundas de Asia y Norteamérica, y unas pocas son nativas de Australia y Nueva Zelanda. Presentan hojas brillantes y atractivas, y frutos en forma de baya, de los cuales algunos producen aceites aromáticos. Las flores son de color rosa y blanco, y semejantes a las del brezo.

CULTIVO Estas plantas prosperan en suelos con buen drenaje, arenosos y sin cal, y en sombra parcial. Deben permanecer húmedas todo el tiempo. Se siembran en otoño o primavera, en el sitio donde deben crecer. Se propagan a partir de semillas, serpollos, esquejes o división vegetativa.

CLIMA Hay especies adecuadas para distintas zonas climáticas.

Gaultheria shallon, produce flores de color rosa claro con forma de urna, que brotan en sus tallos arqueados.

ESPECIES *G. antipoda*, de la zona 9, es una de las especies de Nueva Zelanda. Crece hasta alcanzar cerca de 1,5 m; en ocasiones, como planta rastrera. Presenta hojas pequeñas y oblongas, y produce flores sencillas, persistentes, fragantes y de color blanco o rosa en verano. Las bayas son rojas o blancas. *G. procumbens*, ebúrnea o gaulteria, de la zona 4, es un arbusto rastrero, de entre 5-15 cm de altura, que produce flores blancas o rosa y bayas de color rojo brillante de las que se extrae un aceite aromático que se aprovecha en las industrias del tabaco y farmacéutica. Es útil para cultivar en jardines de rocalla. *G. rupestris*, de la zona 7, procedente de Nueva Zelanda, presenta hojas oblongas y curtidas, y racimos de flores blancas. Crece hasta alcanzar una altura y una extensión de 2 m. *G. shallon*, de la zona 6, oriunda de la región noroeste de Estados Unidos y Canadá occidental, crece hasta los 2 m y produce bonitas flores de color rosa o blanco.

Gaura (fam. Onagraceae)

Nativo de Norteamérica, este género incluye unas 20 especies de plantas herbáceas perennes. Florecen desde la primavera hasta el otoño. Por esta razón, se están volviendo muy populares.

CULTIVO Estas plantas son fáciles de cultivar, y prosperan en suelos ligeros y arenosos. Se propa-

Gazania tomentosa presenta un follaje de color gris plateado y flores amarillas.

Las flores de *Gaura lindheimeri* parecen flotar sobre sus tallos largos y delgados.

gan a principios de primavera a partir de semillas o en invierno por división vegetativa de sus conjuntos después de que el follaje se ha marchitado. Una vez que se han desarrollado, toleran la sequía, pero conviene regarlas ocasionalmente a fondo en verano.

CLIMA Zona 8.

ESPECIES *G. lindheimeri*, la especie que se cultiva con más frecuencia, es una planta arbustiva que crece hasta alcanzar 1 m. Presenta un ramaje poco denso, tallos delgados, hojas lanceoladas y medio verdes, y flores pequeñas, delicadas y blancas con un cáliz tubular rosa que le aporta a la planta un aspecto mate rosáceo. Actualmente, hay una forma de flores rosa disponible que se conoce con el nombre de 'Siskiyou Pink'.

Gazania (fam. Asteraceae)

Estas plantas perennes semejantes a la margarita y oriundas del sur de África presentan raíces muy fuertes que son excelentes para estabilizar los suelos de las pendientes empinadas. En los jardines de rocalla, aportan parches veraniegos y otoñales de color cuando se abren con sol de la mañana y se cierran a mediodía. También se ven atractivas en macetas o tiestos. Las flores de las especies brotan en su mayor parte en tonos de color amarillo con pintas marrones o negras distintivas, y presentan hojas enteras o sumamente lobuladas, largas y estrechas, que forman rosetones en la base. Hay híbridos disponibles en varios tonos.

CULTIVO Las especies de *Gazania* son plantas relativamente resistentes que crecen bien en un sitio soleado en la mayoría de los suelos. Se les añade un fertilizante de liberación lenta antes de la floración. Para rejuvenecerlas, se poda el follaje, y se cortan los retoños exteriores y los brotes marchitos. Si se cultiva una cantidad de variedades diferentes, no es raro que crezcan híbridos nuevos junto al conjunto progenitor. En los climas con heladas, estas plantas sensibles a la congelación se cultivan como anuales veraniegas y los brotes tiernos se siembran a principios de esa estación. Se desarrollan a partir de semillas sembradas bajo cristal en camas de propagación a finales del invierno o a principios de la primavera.

CLIMA Zona 9.

ESPECIES *G.* x *hybrida*, la «flor del tesoro», de hasta 30 cm, se encuentra disponible en muchos colores, incluidos rosa, castaño claro, blanco y naranja, a menudo con pintas atractivas. *G. rigens*, que crece hasta alcanzar los 30 cm, es probablemente la más ostentosa de la especie, con flores de varios tonos de naranja o amarillo, con pintas negras o blancas. *G. rigens*, variedad *uniflora* produce flores amarillas más pequeñas.

Geijera (fam. Rutaceae)

Este género incluye ocho especies de árboles y arbustos perennes nativos de Nueva Guinea, Australia y Nueva Caledonia, que presentan a menudo un modo de desarrollo inclinado hacia abajo y que se cultivan por su forma atractiva. Producen racimos densos de flores pequeñas de color marfil, que brotan entre sus hojas largas, lanceoladas y de color verde oscuro en primavera.

CULTIVO En los climas con heladas, se cultivan en invernaderos frescos o soleados, con compost especial para macetas. Proporcióneles un máximo de luz y riéguelas solo moderadamente durante su estación de crecimiento y escasamente en invierno. En exteriores, un sitio seco a pleno sol es apropiado. Se propagan a partir de semillas sembradas en otoño.

CLIMA Zona 10.

ESPECIES *G. parviflora*, originaria de Australia, adquiere una forma piramidal atractiva y crece hasta alcanzar los 5-6 m de altura. Se valora por su madera dura y aromática. Su follaje, de desarrollo pendular, es muy elegante, con hojas estrechas y fragantes que crecen hasta los 15 cm de longitud. Produce racimos abiertos de flores pequeñas y blanquecinas que brotan con abundancia en primavera, seguidas por semillas negras. Se ha usado como árbol de forraje para el ganado ovino en condiciones de sequía.

Geissorhiza (fam. Iridaceae)

El género *Geissorhiza* incluye más de 80 especies oriundas de las regiones de lluvia invernal del sur de África. Se propagan a partir de bulbos muy pequeños y se multiplican lentamente. Crecen vigorosamente durante el invierno y reposan en verano. Las hojas pueden ser largas, con forma de espada y muy estrechas o semejantes a hebras. Las flores con forma de embudo brotan dispuestas en los tallos como las *Freesias* e *Ixias*.

CULTIVO Se cultivan en exteriores en las regiones cálidas, en sitios con buen drenaje y orientados a pleno sol. Se deben proteger del exceso de lluvia cuando se encuentran en reposo. En las regiones

Estos árboles se pueden reconocer por el fuerte olor a menta de su follaje. Las flores pequeñas de *Geijera parviflora* brotan en el dorso de las ramas.

Las flores bellamente coloreadas de *Geissorhiza radians*, sinónimo *G. rochensis*, presentan diseños verdaderamente intrincados.

propensas a las heladas, se cultivan en invernade-ros frescos o soleados, con un máximo de luz, en macetas con compost y con buen drenaje. No se riegan cuando están en reposo. Se propagan entonces por división vegetativa.

CLIMA Zona 9.

ESPECIES *G. imbricata* produce floraciones blancas coloreadas con rayas por el exterior en primavera. Los tallos florales crecen hasta alcanzar aproximadamente los 30 cm de altura. *G. radians*, conocida como «copas de vino», produce flores que varían de color azul intenso a morado desde finales del invierno hasta principios de primavera. *G. splendidissima* es una especie bella que crece hasta los 20 cm de altura y produce flores de color azul violáceo brillante.

Gelsemium (fam. Loganiaceae)
Madreselvas mexicanas

Este género está compuesto por tres especies de plantas perennes trepadoras. Una de ellas se cultiva extensamente. La madreselva mexicana se valora por su manifestación brillante de flores desde el invierno hasta la primavera, y por la facilidad de su cultivo. Es una atractiva planta prominente en el jardín y se puede usar también como planta para tiestos en los patios y en las terrazas. En los climas gélidos, es mejor cultivarlas en invernaderos frescos o soleados.

Gelsemium sempervirens, jazmín de Carolina, produce flores lozanas y amarillas en invierno y primavera.

CULTIVO Las especies de *Gelsemium* necesitan estar a pleno sol para producir la mejor floración. Se cultivan en suelos con buen drenaje al que se añade materia orgánica, o en compost para macetas. Riéguelas sistemáticamente durante los veranos secos. Proporcióneles emparrados, alambre hortícola o mallas plásticas de apoyo. Se propagan a partir de esquejes casi maduros en verano.

CLIMA Zona 9 como mínimo.

ESPECIES *G. sempervirens*, madreselva mexicana, presenta hojas satinadas y lanceoladas, y racimos de flores grandes, fragantes y amarillas. Puede crecer muy vigorosamente en las regiones cálidas y húmedas.

Genista (fam. Papilionaceae)
Escobas

Endémica de las islas Canarias, el norte de África, Europa meridional y Asia occidental, las escobas se cultivan principalmente por sus flores bonitas y fragantes semejantes a las del guisante, aunque, en el pasado, varias de sus especies se usaban para la preparación de tintes. Son plantas caducas y casi desprovistas de hojas. Estos arbustos resistentes, apropiados para los climas más secos, varían considerablemente en su modo de desarrollo.

CULTIVO Se desarrollan en suelos ligeros y sitios soleados del jardín. La mayor parte necesita una poda ligera para mejorar su forma y para estimular una buena floración. No se poda la madera vieja. Se propaga a partir de esquejes casi maduros en verano y de semillas en primavera.

CLIMA Hay especies adecuadas para distintas zonas climáticas.

ESPECIES *G. aetnensis*, escobas del monte Etna, de la zona 8, oriunda de las islas de Sicilia y Cerdeña, presenta un modo de desarrollo redondeado e inclinado hacia abajo. Este arbusto crece hasta alcanzar los 6-8 m de altura. Carece casi de hojas, y produce flores fragantes y amarillas en verano. *G. hispanica*, de la zona 6, es un arbusto de creci-

Los jardineros de los climas frescos son envidiados por su habilidad para cultivar la encantadora planta alpina *Gentiana acaulis*, genciana azul.

Las flores muy fragantes de *Genista monosperma*, sinónimo *Retama monosperma*, brotan en sus ramas desnudas a principios de la primavera.

miento lento de hasta 1 m que resulta muy adecuado para sembrar en jardines de rocalla o en macizos secos y soleados. Las ramas, escasamente pobladas, son espinosas y las flores de color amarillo dorado brotan en racimos densos, durante los meses de primavera. *G. tinctoria*, de la zona 3, oriunda de Europa meridional y Asia occidental, se ha utilizado desde la Antigüedad para elaborar un tinte amarillo y con fines medicinales. Se trata de un arbusto caduco, de hasta 1 m, con ramas sin espinas, hojas de color verde brillante y ramos de flores amarillas en verano.

Gentiana (fam. Gentianaceae)

Genciana

Cultivadas por sus flores de color azul intenso y por las propiedades medicinales de sus raíces amargas, estas plantas perennes crecen silvestres en regiones templadas, árticas o tropicales más tórridas; principalmente, en Europa y Asia. La cantidad mayor se encuentra en China.

CULTIVO Las semillas se deben sembrar frescas o pueden tardar un año para germinar. Las que se siembran en la primavera del año anterior deben conservarse húmedas si no han producido las primeras hojas. La mayor parte de las especies requiere suelos de gravilla con buen drenaje, al que se añade abono preparado con hojas descompuestas o turba, aunque tienen a veces requisitos especiales, como casi todas las plantas alpinas. La mayoría necesita un sitio soleado con mucha humedad en verano, pero se deben conservar secas en invierno. Todas las especies necesitan estar enraizadas firmemente en el suelo para evitar que el viento las dañe.

CLIMA Hay especies adecuadas para distintas zonas climáticas.

ESPECIES *G. acaulis*, de la zona 3, es una especie alpina que crece hasta alcanzar los 10 cm. Probablemente sea la más cultivada de todas. Desarrolla rosetones de hojas satinadas, estrechas y verdes. El cultivar 'Alba' produce flores blancas. *G. asclepiadea* es originaria de la zona 6, crece hasta 1 m, con flores de color azul oscuro. La variedad *alba* las produce blancas. *G. farreri*, es una planta procumbente, de flores azules con rayas blancas. *G. lutea*, genciana grande amarilla, de la zona 5, es una de las especies más grandes y crece hasta 2 m. Produce flores poco comunes de color amarillo claro. Prospera en condiciones húmedas y es la fuente principal de raíz de genciana. *G. makinoi*, de la zona 6 y oriunda de Japón, de unos 60 cm, tiene flores acampanadas y de color azul claro. *G. saxosa*, de la zona 8 y oriunda de Nueva Zelanda, es una planta procumbente, de hasta 15 cm, con rosetones poco densos de hojas, y flores lobuladas, blancas y con nervaduras algo marrones. *G. septemfida* originaria de la zona 3, crece hasta los 20 cm y produce flores de color azul brillante. *G. sino-ornata*, de la zona 6, desarrolla rosetones de hojas entre las cuales sobresalen flores de color azul intenso. Crece hasta alcanzar 18 cm.

Geranium (fam. Geraniaceae)
Agujas de pastor, geranios

El nombre de este género de unas 300 especies mayormente perennes que se distribuyen por las regiones templadas y alpinas del mundo se deriva de la palabra griega *geranos*, que significa cigüeña, porque la forma de su vaina semeja el pico de esta ave. No se trata de las plantas que se conocen con el nombre común de geranios de jardín y botánicamente como pelargonios. El geranio verdadero es una adición adaptable para los jardines de rocalla y la parte frontal de los bordes. Las flores brotan desde la primavera hasta el verano en gamas de color que varían del blanco al rosa claro, malva, magenta y azul.

La planta perenne expansiva geranio 'Johnson's Blue' produce sus flores de color azul real durante todo el verano.

CULTIVO Es fácil de cultivar en casi cualquier suelo con buen drenaje. Se propagan a partir de la división vegetativa o de semillas. Algunas especies producen semillas abundantemente, que se esparcen cuando las vainas maduras se abren. La mayor parte se pueden cultivar a pleno sol, aunque toleran la sombra parcial. Riéguelas bien en la estación de crecimiento y muy poco en invierno.

CLIMA Hay especies adecuadas para distintas zonas climáticas.

ESPECIES *G. endressii*, de la zona 5, es una planta arbustiva que crece hasta alcanzar los 45 cm y produce flores de color rosa. El cultivar 'Wargrave Pink', con flores de color más intenso, es muy popular. *G. incanum*, de la zona 9, proviene de regiones cálidas del sur de África. Sus hojas muy lobuladas y de color verde grisáceo son aromáticas, y sus flores de cinco pétalos son habitualmente rojas con nervaduras de color más intenso. *G. maderense*, de la zona 9, crece hasta 1 m y produce masas de flores magentas que abren en sucesión. *G. nepalense*, de la zona 7, que florece en otoño, es útil cuando otras especies han pasado ya su período de floración. *G. phaeum*, de la zona 5, tiene flores negras marronáceas. *G. pratense*, de la zona 5, presenta un follaje delicado y flores de color azul intenso o morado. *G. robertianum*, geranio de san Roberto, de la zona 6, es una bonita planta anual con hojas elegantes que, en condiciones secas, se tornan de color rojo brillante en otoño. *G. sanguineum*, geranio sanguíneo, de la zona 5, produce flores de color rojo sangre y hojas de color verde oscuro muy divididas. La variedad *striatum* produce flores de color rosa con nervaduras de color rojo intenso.

Gerbera (fam. Asteraceae)
Gerberas, margaritas africanas

El género *Gerbera* incluye aproximadamente 30 especies de plantas perennes y resistentes oriundas de África, Madagascar y Asia. Estas plantas son muy populares por sus flores para cortar y han ido ganando notoriedad renovada en los últimos años. Las flores semejantes a las margaritas brotan en tallos largos de una roseta que extiende sus hojas largas y de bordes ásperos.

Gerbera jamesonii produce flores de color naranja escarlata, aunque hay híbridos de varios colores.

CULTIVO En las zonas con heladas, se cultivan como plantas para maceteros en invernaderos intermedios o soleados. Se siembran en compost para suelos y se les proporciona una buena cantidad de luz. En exteriores, estas especies necesitan calor y orientación a pleno sol. Las plantas se siembran con un mínimo de 50 cm de separación porque sus hojas largas se extienden mucho y con los cuellos por encima del nivel del suelo. Este debe tener buen drenaje y, si hay alguna duda, se siembran en lechos elevados.

CLIMA Zona 9.

ESPECIES *G. jamesonii*, margarita de Barbeton, produce flores de color naranja de aproximadamente 8 cm de diámetro, en tallos de 30 cm de longitud. Es la especie progenitora de muchos híbridos que se encuentran disponibles en una gama deslumbrante de colores y tipos de flores sencillas y dobles que son más grandes que las de las especies originales.

Geum (fam. Rosaceae)
Cariofiladas

Este género, que se distribuye por las zonas templadas del hemisferio norte, agrupa aproximadamente 40 especies de plantas perennes y resistentes que se valoran por sus atractivas floraciones de período prolongado desde finales de la primavera hasta principios del otoño.

CULTIVO Se desarrollan en suelos moderadamente ricos en nutrientes con una orientación que les permita recibir el sol de la mañana, pero que las mantenga a la sombra durante el mediodía. Las semillas se siembran desde el otoño hasta principios del invierno en los climas moderados. Las plántulas se trasplantan con facilidad y deben tener 30 cm de separación. La división vegetativa de un conjunto desarrollado a finales del verano es el método de propagación más fácil. Riéguelas bien durante la estación de crecimiento. Aunque son plantas perennes, se pueden tratar como anuales en los climas más cálidos. Las que se destinan para nuevas floraciones se deben podar a finales del invierno o principios de la primavera.

CLIMA Hay especies adecuadas para distintas zonas climáticas.

ESPECIES *G. chiloense*, de la zona 7, de entre 30-60 cm, presenta hojas más grandes y flores erguidas de color escarlata. Sus cultivares son: 'Dolly North', que produce flores de color naranja; 'Fire Opal', con flores sencillas de color naranja recubiertas con diseños rojos; 'Prince of Orange', con

El cultivar del género *Geum*, 'Mrs J. Bradsahw', es una variedad muy popular que produce flores dobles y rojas.

flores de color naranja brillante; 'Red Wings', con flores semidobles de color escarlata brillante; 'Mrs. J. Bradshaw', con ramos pequeños de flores escarlatas dobles; y 'Lady Stratheden', con flores dobles de color amarillo anaranjado. *G. coccineum*, de la zona 5, de hasta 1 m, produce flores sencillas y rojas con filamentos amarillos. *G. rivale*, cariofiladas de chocolate o púrpura, de la zona 3, de hasta 60 cm, produce flores inclinadas hacia abajo de color naranja rosado, con cálices morados. *G. urbanum*, conocida como hierba de san Benito, de la zona 6, crece hasta alcanzar 1 m y presenta hojuelas erguidas y dentadas, y produce flores amarillas con cálices verdes.

Ginkgo (fam. Ginkgoaceae)
Árbol de los escudos

Ginkgo biloba es la única especie superviviente de este género extraordinario que tiene unos 300 millones de años. Es incluso más antigua que las coníferas y cicadáceas que pertenecen al mismo grupo. Las hojas fósiles de *Ginkgo* son prácticamente idénticas a las especies modernas, que han sobrevivido solo porque se han cultivado alrededor de los templos budistas de China y Japón. Se trata realmente de un árbol bello, que se planta en las calles y zona urbanas de los climas templados por su resistencia a la contaminación ambiental y a su inmunidad casi total a enfermedades y plagas.

CULTIVO *Ginkgo biloba* se desarrolla bien en regiones con índices elevados de lluvia, inviernos fríos, y veranos húmedos y cálidos. Crece en casi cualquier tipo de suelo, siempre que sean profundos y que el subsuelo sea lo suficientemente húmedo. Necesitan protección de los vientos calientes y secos. Se propagan a partir de semillas o de injertos en patrones para obtener plántulas.

CLIMA Zona 4.

ESPECIES *G. biloba*, nativa del sudoeste de China, es un árbol caduco, de tamaño variable entre mediano y grande, que alcanza alturas de hasta 25 m en condiciones ideales, aunque crecen en raras ocasiones por encima de los 15 m en una

Ginkgo biloba tiene las ramas ligeramente ascendentes y las hojas estriadas con forma de abanico.

gama de situaciones. Su corteza es acorchada. Su follaje tierno verde se colorea de amarillo dorado en otoño, incluso en las regiones costeras de climas moderados. Las semillas grandes de los frutos, conocidas como nuez de ginkgo, son comestibles y nutritivas, aunque emiten un olor desagradable una vez que se han desprendido del árbol. El cultivar 'Fastigiata' presenta un modo de desarrollo delgado y cónico con ramas que apuntan hacia arriba.

Gladiolus (fam. Iridaceae)
Gladiolos

Hay aproximadamente 180 especies incluidas en el género *Gladiolus*, provenientes originalmente de varias regiones de África, Europa y Oriente Medio. Su nombre se deriva del término latino *gladius*, espada, que hace referencia a la forma de sus hojas. Estas especies se cultivan a partir de bulbos, la base comprimida de los tallos, que producen 2-3 hojas y habitualmente una espiga floral unilateral. Sin embargo, se han desarrollado muchos híbridos que varían considerablemente en tamaño, en color y en la disposición de las floraciones en la espiga floral. Los mejor conocidos son los tipos de flores grandes. No son fáciles de cultivar y de atender como otras plantas con flores porque pueden necesitar riego por aspersión sistemático.

CULTIVO Se pueden cultivar con una orientación a pleno sol. En las regiones más moderadas, los bulbos se siembran a finales del invierno, y en las más frescas, entre la primavera y principios del verano. Necesitan muy buen drenaje. Por lo tanto, si los suelos son pesados, prepare un lecho de unos 15 cm por encima del nivel normal del suelo. Este lecho se hace más ligero con la adición de arena. Si el suelo es muy ácido, añádale una capa de cal o de dolomita con una proporción de 60-120 g por cada metro cuadrado. Se puede añadir compost para suelo o estiércol de ganado vacuno descompuesto, además de fertilizante comercial para rosas u otro abono completo para plantas. Los bulbos se siembran agrupados, a unos 8-10 cm de profundidad y con 15 cm de separación. Varios bulbos de la misma variedad lucen impresionantes cuando se siembran juntos. Riéguelos a fondo y cúbralos con pajote después de sembrados. Puede ser necesaria la fumigación con una marca registrada de pesticida para combatir plagas. Las flores deben estar listas para cortar a las 11-14 semanas después de la siembra, aunque el tiempo frío puede retrasar el crecimiento, y hay algunas variedades que maduran más lentas que otras. Las flores se cortan justo cuando el segundo capullo de la espiga comienza a abrir. Deje la mayor cantidad de hojas posibles cuando corte los tallos. Después de cortar las flores, se continúa proporcionando el mismo cuidado a las plantas. Cuando el follaje se torne amarillo y muera, extraiga las plantas con cuidado y corte las hojas marchitas restantes a 2 cm del nuevo bulbo que se debe de haber formado por encima del viejo. Los bulbos se secan en un lugar cálido y ventilado. Después, limpie los restos de los bulbos viejos, espolvoree con rotenona y otro insecticida en polvo y consérvelos en bolsas de papel rotuladas con los colores de las flores. Cuando se aproxime la nueva estación de la siembra, cualquier bulbillo que haya brotado alrededor de la base de los bulbos nuevos se debe sembrar con aproximadamente 5 cm de separación en un sitio aparte. Al año siguiente, después de extraer los bulbillos y conservarlos durante el invierno, se pueden sembrar de nuevo con un espacio de separación de aproximadamente 10 cm. Casi siempre germinan según color y tipo.

CLIMA Zona 9 para la mayoría de las especies.

ESPECIES *G. communis*, subespecie *byzantinus*, de la zona 7 y originaria de la cuenca del Mediterráneo produce flores de color rojo o morado rojizo con pintas blancas muy tenues. Las hojas alcanzan aproximadamente 30 cm de longitud y las espigas florales son casi tres veces más largas. Hay disponible también una forma blanca. *G. x colvillei*, florece con colores blanco, rosa intenso o amarillo, y ha sido progenitora de muchas formas que florecen también en primavera. *G. tristis* produce flores muy perfumadas de color amarillo claro que presentan a veces franjas moradas en los pétalos superiores.

Los híbridos de flores grandes del género *Gladiolus* producen una gama enorme de colores. El escarlata brillante y el morado bicolor son solo dos de ellos.

Glaucium (fam. Paraveraceae)
Adormideras cornudas, adormideras marinas

Este género incluye aproximadamente 25 especies de herbáceas anuales, bianuales y perennes originarias de Asia y de los países de la cuenca del Mediterráneo. Presenta tallos largos que brotan de rosetones de hojas en la base y portan una sola flor, en su mayor parte, en tonos de rojo, naranja o amarillo. Algunas presentan manchas oscuras en la base de los pétalos.

CULTIVO Se propagan fácilmente a partir de semillas sembradas donde se quiere que crezcan. Las flores brotan mejor en una orientación abierta y soleada. Los suelos deben estar bien drenados, pero no tienen que ser ricos en nutrientes. De hecho, estas plantas se desarrollan bien en suelos pobres, bajos en nutrientes. No toleran los trasplantes ni los cambios.

CLIMA Zona 8.

ESPECIES *G. corniculatum* es una bienal que produce flores de color rojo o naranja con una mancha negra en la base de cada pétalo, y frutos espinosos. *G. flavum*, planta perenne y efímera de las regiones mediterráneas, crece hasta alcanzar 1 m y produce flores de 5 cm de ancho que varían de color amarillo dorado a naranja. De las semillas se extrae un aceite de uso comercial. *C. grandiflorum* es una atractiva especie ornamental que produce flores grandes con colores que varían del naranja intenso al carmesí intenso y que presentan una mancha oscura en la base de los pétalos. Las flores abundan en verano.

Glechoma (fam. Lamiaceae)
Rompepiedras, hiedras terrestres

Este género agrupa aproximadamente una docena de especies, pero solo se cultiva una. Se trata de una planta perenne y rastrera de Europa, excelente para sembrar como cobertora o en macetas colgantes.

CULTIVO Estas plantas rastreras resistentes se pueden sembrar en las márgenes secas o en las pendientes, o como arbustos bajos cobertores. Se propagan en primavera a partir de su división vegetativa, o a partir de esquejes a finales de esa estación. Se cultivan a pleno sol o en sombra parcial. Proporcióneles riego abundante durante los veranos secos.

Glaucium flavum, de flores amarillas, crece silvestre en las costas de la cuenca del Mediterráneo.

La hiedra terrestre, *Glechoma hederacea*, crece silvestre en los montes de toda Europa.

CLIMA Zona 7.

ESPECIES *G. hederacea* es una planta robusta que crece silvestre en los montes húmedos. En algunas regiones, se considera mala hierba porque puede ser invasora. Presenta hojas acorazonadas y produce en verano espigas cortas de flores de color azul liláceo, que pueden ser ocasionalmente rosa. El cultivar 'Variegata' tiene pintas de color blanco plateado.

Gleditsia (fam. Caesalpiniaceae)
Acacias de tres espinas

Nativos de Norteamérica y de Asia, estos árboles caducos y resistentes, con su follaje atractivo y extendido, son plantas útiles para dar sombra, y para las vías y parques urbanos. Su mayor inconveniente son sus espinas dolorosas.

CULTIVO Aunque prosperan mejor en suelos de buena calidad, las especies de *Gleditsia* se adaptan a varias condiciones. Las especies se propagan a partir de semillas, que se deben remojar en agua caliente antes de la siembra. Los cultivares con características especiales se injertan por lo general en patrones para obtener plántulas. Aunque crecen mejor donde dispongan de irrigación complementaria, toleran las sequías una vez que se han desarrollado. Muchas especies son muy resistentes y toleran climas con heladas muy intensas.

Gleditsia triacanthos. Se puede apreciar en esta foto a mediados de la primavera, cuando se cubre de retoños tiernos. Sus ramas carecen de espinas.

CLIMA Hay especies adecuadas para distintas zonas climáticas.

ESPECIES *G. aquatica*, de la zona 6, crece hasta alcanzar los 18 m y produce flores insignificantes de color blanco. Las espinas tienen una longitud aproximada de 10 cm, aunque no abundan tanto como en las otras especies. *G. japonica*, de la zona 6, es un árbol espinoso de hasta 20 m, con ramas un tanto moradas cuando es joven, y vainas muy largas y retorcidas. *G. sinensis*, de la zona 5 y oriundo de China, presenta espinas cilíndricas y ramificadas. *G. triacanthos*, de la zona 3, puede llegar a alcanzar hasta 30 m. Tiene una copa abierta y su follaje se colorea de amarillo dorado en otoño. En invierno, persisten sus flores blancas e insignificantes. La variedad *inermis* es una planta sin espinas y resistente a las sequías. El cultivar 'Rubylace' presenta un follaje rojo rubí intenso, mientras que 'Sunburst' crece de un modo moderadamente lento y presenta un follaje de color amarillo dorado brillante.

Gleichenia (fam. Gleicheniaceae)

Este género de helechos se distribuye por regiones pantanosas y húmedas desde África y Asia tropical hasta Australia y Nueva Zelanda. Presenta rizomas largos, rastreros y entrelazados, y frondas erguidas y bifurcadas.

CULTIVO Se propagan habitualmente a partir de la división vegetativa del rizoma y, a veces, a partir de esporas. Las plantas se deben mantener húmedas todo el tiempo y abonar en ocasiones con fertilizante líquido.

CLIMA Zona 10.

ESPECIES *G. dicarpa*, oriunda de Australia oriental y Nueva Zelanda, tiene hojas con forma de bolsa y todo el helecho se asemeja a los corales. Las frondas, muy divididas y erguidas, producen un diseño atractivo y poco común. Esta especie evita la erosión en los lechos de los riachuelos, donde forma parches de suelo y filtra el agua. *G. microphylla*, helecho de paraguas, se distribuye por toda Australia y Nueva Zelanda. La estructura de

La *Gleichenia dicarpa* forma extensiones espesas de maleza en sitios mojados y expuestos como los acantilados.

La *Globularia cordifolia* forma una bonita faja de color con sus flores pequeñas de color azul lavanda.

su fronda es similar a la de *G. dicarpa*, pero se trata de una especie más delicada, aunque todavía ambientalmente efectiva en su hábitat.

Globularia (fam. Globulariaceae)
Globularias

Estas plantas perennes, formadoras de alfombras y fáciles de cultivar se encuentran principalmente en la cuenca del Mediterráneo. Producen flores bonitas, semejantes a la margarita, en verano. Son ideales para maceteros situados en el alféizar de una ventana, y para macetas y jardines de rocalla.

CULTIVO Se desarrollan bien al sol y con buen drenaje. Se propagan en primavera a partir de semillas o división vegetativa, o en verano a partir de esquejes que arraigan con facilidad en marga con arena gruesa.

CLIMA La mayor parte en zonas 5 o 6.

ESPECIES *G. cordifolia*, de la zona 6, es un subarbusto perenne y procumbente que presenta hojas diminutas con forma de cuchara, y cabezuelas lanosas de color azul lavanda. La variedad *alba* produce flores blancas. *G. meridonalis*, de la zona 5, produce flores azules en sus tallos largos. El cultivar 'Alba' produce flores blancas. *G. re-*

pens, de la zona 5, la especie más pequeña, de hasta 2 cm, es un arbusto rastrero y de crecimiento lento con flores azules diminutas. *G. trichosantha*, de la zona 6, es una planta perenne que crece hasta alcanzar 20 cm. Desarrolla conjuntos de rosetones frondosos con flores azules en primavera y verano.

Gloriosa (fam. Colchicaceae)
Gloriosas

Nativo de África tropical e India, este género poco numeroso de enredaderas trepadoras produce flores llamativamente bellas. Son plantas herbáceas que se marchitan hasta las raíces carnosas en otoño y permanecen en reposo hasta la primavera.

CULTIVO Se propagan a partir de semillas o de retoños, o de la división cuidadosa de sus tubérculos frágiles. Estos se siembran en macetas con suelo de marga con muy buen drenaje, entre finales del invierno y principios de la primavera, y en invernaderos intermedios en los climas más fríos. Se les proporciona riego abundante hasta la época de la floración. Los tubérculos se extraen en otoño y se conservan secos durante el invierno.

CLIMA Zona 10.

Sus pétalos acanalados y recurvados aportan un efecto flotante a las flores de esta *Gloriosa*.

Las grandes flores amarillo dorado de *Glottiphyllum linguiforme* emergen entre gruesas hojas con forma de lengua.

ESPECIES *G. rothschildiana*, de hasta 2 m, produce flores de color escarlata brillante y amarillo. Es la mejor entre las que se cultivan y produce las flores más grandes. *G. superba*, de hasta 2 m, produce flores rojas o moradas con los bordes ondulados y amarillos, en verano y otoño. Las flores tienen estambres largos y prominentes. Se siembran también varios cultivares, incluidos el muy conocido 'Rothschildiana', con flores de color rojo brillante y amarillo. El cultivar 'Citrina' produce flores de color amarillo quinolina o «ácido» con pintas de color rojo amoratado.

Glottiphyllum (fam. Aizoaceae)

Las aproximadamente 50 especies de este género de plantas suculentas del sur de África son tan parecidas que muchas pudieran ser híbridas. Se trata de plantas procumbentes, casi sin tallo, con vástagos ramificados de hojas muy carnosas, satinadas, con forma de lengua y de color verde oscuro. Las flores, amarillas o blancas, son grandes, semejantes a margaritas y de 8 cm de ancho y brotan desde el verano hasta muy avanzado el invierno.

CULTIVO En las regiones propensas a las heladas, se cultivan en invernaderos intermedios o soleados, en macetas con compost especial para cactos. Proporcióneles un máximo de luz. Riéguelas moderadamente desde mediados del verano hasta finales del invierno. Conserve el compost casi seco mientras las plantas están en reposo. Se propagan en primavera a partir de semillas con cama caliente. Se pueden usar esquejes cortados a finales del verano.

CLIMA Zona 10.

ESPECIES *G. fragans* presenta hojas gruesas con forma de lengua y produce flores grandes, fragantes y de color amarillo dorado. *G. linguiforme*, presenta hojas satinadas con forma de lengua y flores de color amarillo dorado. Las hojas de *G. semycylindricum* se proyectan hacia fuera ligeramente curvadas y son de color verde claro.

Glycyrrhiza (fam. Papilionaceae)

Regaliz

Nativo de Europa, Asia, Australia y América, este género agrupa 20 especies de herbáceas perennes de regiones templadas y subtropicales que se cultivan por el zumo de sus raíces, que se emplea en la producción de pasta de regaliz.

CULTIVO Siémbrelas con una orientación soleada en suelos ricos en nutrientes y lo bastante profundas para acomodar su sistema radicular extenso. Se podan anualmente después de la floración. Las

Glycyrrhiza acanthocarpa es similar en apariencia a *G. glabra*, cultivada por el regaliz que se obtiene de sus raíces.

Gompholobium grandiflorum crece silvestre en el bosque raso o en las regiones del interior.

raíces están listas para cosechar después de tres años. Se propagan a principios de primavera a partir de división vegetativa, o de semillas sembradas en macetas en otoño o primavera.

CLIMA Zona 8.

ESPECIES *G. glabra*, planta de regaliz, tiene un modo de desarrollo un tanto desordenado. Presenta hojas grandes y semiverdes, y produce, en verano, flores azules o moradas, similares a las del guisante, en espigas cortas y erguidas.

Gompholobium (fam. Papilionaceae)
Guisantes cuña

Procedente en su mayor parte de Australia occidental, este género incluye aproximadamente 25 especies de arbustos leñosos con hojas pinnadas que producen en primavera preciosas flores rojas o amarillas semejantes a las del guisante.

CULTIVO Son muy apropiadas para jardines de rocalla cálidos y prosperan mejor en sitios soleados con buen drenaje. Se propagan a partir de semillas tratadas con calor que se hayan obtenido de los frutos. Estas semillas pueden ser difíciles de conseguir. En exteriores, se cultivan en sitios con buen drenaje y una orientación soleada.

CLIMA Zona 9.

ESPECIES *G. capitatum*, de hasta 1 m, presenta nuevos brotes blancos y pilosos, hojuelas estrechas y plumosas, y racimos terminales densos de flores amarillas. *G. grandiflorum* es un arbusto erguido, largo y muy delgado, de hasta 1 m; con hojuelas estrechas y lisas; y flores grandes, sencillas y amarillas. *G. latifolium* produce las flores más grandes de este género y de color amarillo brillante.

Goodenia (fam. Goodeniaceae)

Originario de Australia, el género *Goodenia* agrupa más de 170 especies de subarbustos y plantas procumbentes que producen bonitas flores amarillas, blancas o azules. Se cultivan pocas de sus especies, aunque la mayoría tiene un buen potencial ornamental por ser pequeñas, ostentosas y relativamente fáciles de multiplicar. Es difícil que estas plantas estén disponibles fuera del continente australiano.

CULTIVO En las regiones propensas a las heladas, estas plantas originarias de Australia necesitan cultivos en invernaderos frescos y ventilados, o soleados. Se siembran en macetas con abono compost especial para suelos con buen drenaje o en lechos preparados en el terreno. En exteriores, se cultivan en sitios soleados de suelos húmedos, aunque deben tener un buen drenaje. Proporcióneles un máximo de luz. Se propagan a partir de esquejes, preferiblemente cortados en otoño.

CLIMA Zona 9.

ESPECIES G. *affinis*, del sur y del oeste de Australia, presenta hojas lanosas y grises que forman rosetones de 8-10 cm de altura y produce flores amarillas. G. *hederacea* es una planta rastrera que da buenos resultados como cobertora y produce raíces en los nudos. Sus flores amarillas brotan en primavera y verano. G. *heteromera*, planta procumbente que es también apropiada como cobertora, se extiende por medio de tallos rastreros, y produce flores pequeñas y amarillas durante el verano y el otoño. G. *ovata* es un arbusto de crecimiento rápido que puede llegar a alcanzar hasta los 2 m de altura y se distribuye extensamente. Produce flores amarillas en primavera y verano. G. *pinnatifida* es una planta de tamaño pequeño, con una altura inferior a los 30 cm, que presenta rosetones de hojas. Asimismo, dicha planta produce flores amarillas durante la primavera y el verano.

Goodia (fam. Papilionaceae)
Pinta dorada, trébol arbustivo, guisante amarillo

Este género de tres especies de arbustos nativos de Australia es de crecimiento rápido. Produce flores de color amarillo o naranja semejantes a las del guisante y un follaje suave.

CULTIVO En los climas propensos a las heladas, estas plantas necesitan cultivos en invernaderos frescos y ventilados, o soleados. Siémbrelas en macetas con compost y con buen drenaje, o en lechos preparados en los suelos, y con un máximo de luz.

CLIMA Zona 9.

ESPECIES G. *lotifolia* es una planta alta, vigorosa y productora de serpollos de hasta 2,5 m, que se puede podar para crear setos. Su floración primaveral produce flores atractivas para cortar, pero no son duraderas. El follaje, de color verde claro, puede ser tóxico para el ganado. Después de algunos años de cultivo, G. *lotifolia* desarrolla una espesura de unos metros de ancho y necesita poda para que produzca floraciones y estructuras buenas. Se recupera rápido de la poda. G. *pubescens* es un arbusto pequeño y redondeado, de hasta 1 m, que produce flores amarillas en primavera y verano, y un follaje delicado y piloso.

En su hábitat natural, *Goodenia bellidifolia* crece ferazmente en los suelos húmedos de sitios abiertos y soleados.

Goodia pubescens es un arbusto que crece compacto con flores de color amarillo claro del tipo de las del guisante.

Gordonia (fam. Theaceae)

Procedentes del sudeste de Asia, excepto una especie de Norteamérica, estos árboles y arbustos perennes de regiones cálidas y templadas presentan hojas curtidas, y producen, en otoño, invierno y principios de la primavera, flores bellas y fragantes semejantes a la camelia sencilla.

CULTIVO En climas sin heladas, se cultivan en jardines boscosos con suelos entre ácidos y neutros, con capacidad para retener la humedad y orientados con sombra alterna de sol o a pleno sol. Protéjalas de los vientos fríos. En los climas gélidos, se cultivan en macetas con compost en invernaderos frescos.

CLIMA Zona 9 para la mayoría de las especies.

ESPECIES *G. axillaris*, de la zona 8 y procedente de China meridional y Hong Kong, es una especie perenne que crece hasta alcanzar unos 4-6 m. Produce flores de color blanco puro o blanco crema con estambres dorados. Los pétalos presentan a veces bordes adornados con florituras. Se trata de un árbol pequeño y encantador para los jardines domésticos. Se emplea también en las vías urbanas.

Gordonia axillaris es un árbol ideal para jardines domésticos que aporta flores estacionales y sombra tenue.

Gossypium (fam. Malvaceae)
Algodoneros

Estos arbustos se distribuyen por las regiones más cálidas del mundo. Una de sus especies es el algodón, que se cultiva comercialmente para obtener fibra y aceite de sus semillas. Las hojas presentan glándulas oleaginosas con puntos. Las flores abiertas son semejantes a pequeños «hibiscus» y tienen colores que varían del blanco, al amarillo y al rojo morado, y que están punteadas a veces de rojo morado hacia la base. Las semillas están habitualmente recubiertas por pelusas o hilos sueltos.

CULTIVO En los climas propensos a las heladas, el algodón se cultiva por el valor de su novedad en invernaderos entre frescos a intermedios, o soleados. Necesita condiciones húmedas y agua abundante durante la estación de crecimiento, y prospera mejor en abono de marga y compost. Se propaga a partir de semillas sembradas en los meses de primavera a una temperatura que no sea inferior a 16 °C. Las plantas tiernas se pueden sembrar en macetas según se requiera durante el verano. El algodón comercial se puede cosechar durante el tiempo seco.

CLIMA Zona 10, pero se cultiva como planta veraniega anual.

El algodonero Sturt's, *Gossypium sturtianum*, flor emblemática del norte de Australia, es un arbusto decorativo para las regiones calientes y áridas.

ESPECIES *G. arboreum*, conocida como árbol del algodón, de hasta 4 m, se cultiva extensamente en todo el continente asiático. Las flores son amarillas con una base de color rojo morado. *G. barbadense*, algodón criollo, de hasta 3 m, produce flores de color morado amarillento. La variedad *brasiliense* produce flores más grandes y cápsulas frutales. *G. herbaceum* es una planta perenne o anual pilosa de hasta 2 m, con flores de color morado amarillento. *G. hirsutum* es un arbusto que puede crecer hasta alcanzar los 2 m de altura, con flores de color amarillo crema que se torna morado con la madurez. *G. sturtianum*, algodonero Sturt's, es un arbusto erguido y redondeado de hasta 2 m, con flores veraniegas de color malva con el centro rojo. *G. thurberi*, algodón silvestre, es un arbusto produce flores de color blanco amarillento y morado por debajo.

Cucurbitaceae (fam.)

Calabazas

La calabaza es el fruto de las distintas especies de la familia *Cucurbitaceae*, cuyo nombre se da en particular a aquellas que se emplean como plantas ornamentales, tal como los cultivares desarrollados a partir de *Cucurbita pepo*, calabacín, variedad *ovifera*. Varían considerablemente de forma, color, pintas y tamaño, y son plantas atractivas para la decoración de interiores.

La calabaza ornamental aparece en una gama desconcertante de formas, tamaños, colores y pintas que la hace una planta popular para la decoración del hogar.

CULTIVO Estas plantas anuales se siembran a finales de la primavera en suelos ricos en nutrientes del sitio donde han de crecer, con una orientación soleada, donde se deja espacio suficiente para su modo de desarrollo rastrero. También, se pueden cultivar bajo cristal a mediados de la primavera y sembrar a finales de esa estación o a principios del verano. Para contribuir a que fructifique riéguelas con estiércol líquido hasta que los frutos estén listos para la cosecha a principios de otoño. Para emplear los frutos como ornamentos, córtelas con un fragmento del tallo y déjelas secar en un sitio cálido y sin humedad.

CLIMA Zona 10, pero se cultiva como planta veraniega anual.

ESPECIES *C. anguria*, llamado pepinillo de Antillas, que produce frutos verdes y espinosos, presenta un modo de desarrollo como el del pepino común. *C. dipsaceus* produce frutos semejantes a los del erizo y su desarrollo es también similar al del pepino. *C. pepo*, variedad *ovifera*, calabacín o zapallito, es una enredadera que produce una gama interesante de calabazas decorativas. *Lageraria sicearia* es una enredadera que se extiende ampliamente hasta alcanzar los 10 m y semeja la de la calabaza. Produce frutos de muchas formas poco comunes. *Luffa cylindrica* es una enredadera trepadora y de tallos rastreros. Produce frutos alargados, reticulados, fibrosos y secos por dentro. La especie *Tricosanthes cucumeria* es una enredadera trepadora que se extiende ampliamente y que produce frutos torcidos o rectos, de hasta 2 m.

Graptopetalum (fam. Crassulaceae)

Estas suculentas carnosas, endémicas de Norteamérica y México, desarrollan alfombras de rosetones con hojas tupidas en sus plantas diminutas de hasta 80 cm de altura. Aunque son similares al género relacionado *Echeveria*, sus flores acampanadas, que brotan en tallos delgados e inclinados hacia abajo, son de color menos deslumbrante. Desarrollan híbridos con las especies de *Echeveria*, y hay varios cultivares atractivos y populares que se conocen como *Graptoveria*.

Graptopetalum paraguayense presenta rosetones bonitos de hojas suculentas con un lustre perlado.

Cultivada a veces en interiores en sitios con luz muy intensa, la Graptophyllum pictum presenta un follaje variado.

CULTIVO En las regiones propensas a las heladas, se cultivan en invernaderos intermedios ventilados, o soleados, en macetas con compost específico para cactos y con un máximo de luz. Se riegan escasamente en otoño y en primavera. En exteriores, se cultivan en suelos con buen drenaje y a pleno sol, aunque toleran la sombra parcial.

CLIMA Regiones más cálidas de la zona 9.

ESPECIES *G. fileferun*, oriunda de México, apenas tiene tallos y produce vástagos en la base de sus rosetones densos y de color verde claro. Esta especie es la progenitora de un híbrido encantador que se conoce como 'Silver Star'. *G. pachyphyllum*, es una especie de tamaño muy pequeño, que produce alfombras de rosetones densos de hojas diminutas, gruesas, frágiles y de color verde azulado. *G. paraguayense*, presenta tallos gruesos y procumbentes con flores blancas punteadas de rojo.

Graptophyllum (fam. Acanthaceae)
Plantas caricatura

Estas 10 especies de arbustos perennes son nativas del sudoeste del Pacífico y Australia. Se cultivan como plantas de follaje, y son buenas opciones para cultivar en interiores y en inverna-

deros soleados. Las hojas pueden ser abigarradas, rayadas o punteadas en varios colores. Algunas pintas semejan bocetos, de ahí su nombre común.

CULTIVO Se cultivan en invernaderos intermedios o soleados, o en una habitación cálida en interiores. Se siembran en compost para macetas y se les garantiza buena luz, aunque protegidas de los rayos directos del sol. Estas plantas necesitan poca agua en invierno, cuando el compost se debe conservar apenas húmedo. Se propagan en verano a partir de esquejes casi maduros, que requieren cama caliente para enraizar.

CLIMA Regiones más cálidas de la zona 10.

ESPECIES *G. pictum*, llamada también planta caricatura, crece hasta alcanzar 1-2 m de altura, y produce un follaje satinado con nervaduras y pintas de color amarillo, verde más claro, rosa o rojo. Produce flores de color morado carmesí en verano, pero estas no son nada espectaculares. El cultivar 'Tricolor' presenta hojas de color verde morado con manchas de color amarillo crema o rosa. Los pecíolos y las nervaduras principales de las hojas son rojos.

Grevillea (fam. Proteaceae)
Roble sedoso o roble australiano

Hay más de 250 especies de estas plantas perennes y decorativas oriundas de Australia, que se encuentran incluidas dentro del género *Grevillea*, el más numeroso de la familia *Proteaceae*. Varían considerablemente de forma, modo de desarrollo, configuración de las hojas, estructura floral y tamaño, que incluye desde árboles altos propios de la selva tropical, como la *Grevillea robusta*, hasta plantas procumbentes de suelos de rocalla, como *G. lavandulacea*. Hay especies con racimos de flores, llamadas «roble de flor de araña»; y otras con flores alargadas, espigadas y unilaterales, llamadas «pino de oro». Las flores de estas plantas carecen de pétalos separados y sus estilos largos forman la mayor parte de sus racimos florales de colores brillantes, a menudo durante la primavera y el verano en el hemisferio norte, y un follaje atractivo, lo que las hace bellas plantas ornamentales. Muchas de las especies de tamaño pequeño se pueden utilizar como plantas para maceteros. Estas plantas pequeñas son particularmente apropiadas para sembrar en las márgenes o en la parte superior de los muros. Hay varios grupos de cultivares disponibles, entre ellos 'Poorinda' y 'Clearview'. Estos cultivares se siembran en las regiones cálidas de Estados Unidos, sur de África y Nueva Zelanda. Las especies de *Grevillea* son fáciles de cultivar, siempre que los suelos drenen bien, y son benéficas desde el punto de vista ecológico.

CULTIVO Se propagan a partir de las semillas contenidas en sus pequeñas cápsulas curvas. La planta desprende las semillas maduras con rapidez, por lo que se debe atar suavemente una bolsa alrededor de las cápsulas casi maduras para recolectarlas. Estas pueden germinar erráticamente. Algunas tardan más que otras. En condiciones favorables, las especies de *Grevillea* desarrollan híbridos de forma natural, pero las plantas que se reproducen así pueden resultar estériles. Estas formas se deben propagar a partir de esquejes de unos 6-8 cm de longitud, que se cortan en verano u otoño por las puntas sanas, justo por debajo de los nudos de las hojas. Estas se eliminan con cuidado de las dos terceras partes inferiores. Los esquejes se ponen a enraizar en una mezcla de dos partes de arena gruesa por una de musgo del género *Sphagnum*. Se deben mantener húmedos y a la sombra. Cuando las plantas pequeñas ya desarrolladas se van a sembrar en macetas, las raíces se deben sumergir primero en agua para evitar dañarlas. Se siembran en una composición de marga arenosa, abono preparado con hojas descompuestas o musgo del género *Sphagnum*, con la adición de una cucharadita de fertilizante por cada maceta pequeña. Las plantas se pueden sembrar en macetas por segunda vez, antes de sembrarlas en exteriores. Las especies de *Grevillea* necesitan buen drenaje, suelos li-

Las flores doradas del roble australiano o pino de oro, *Grevillea robusta*, brotan abundantes y cubren casi todo el follaje de color verde oscuro.

Probablemente, el cultivar del género *Grevillea* que más se siembra sea el 'Robyn Gordon'. Casi siempre está florecido.

Grevillea banksii es una de las especies de floración más prolongada.

geramente ácidos y un sitio cálido. La mayor parte de ellas es relativamente inmune a las enfermedades, pero no a las plagas de cochinillas, que se pueden controlar fácilmente con insecticida de aceite blanco en espray. En los climas fríos y frescos, se cultivan en invernaderos frescos y ventilados, o soleados, en macetas con compost, y con un máximo de luz. Las especies de *Grevillea* no prosperan bien en suelos con contenido elevado de fósforo.

CLIMA Regiones más cálidas de la zona 9, a menos que se indique lo contrario a continuación.

ESPECIES *G. acanthifolia* nace silvestre en Australia y es una de las pocas especies de *Grevillea* que puede tolerar suelos más húmedos y alguna sombra. Su estructura varía de un arbusto erguido, de aproximadamente 3 m, a uno bajo y extendido. Presenta hojas rígidas sumamente divididas con lóbulos puntiagudos y produce flores del tipo pino de oro, que varían de color malva a rosa. *G. alpina* varía considerablemente en estructura, configuración de las hojas y color de las flores. Puede tolerar condiciones muy frías. Por lo general, presenta hojas pequeñas, de color verde grisáceo y produce flores de color rojo, amarillo, rosa o blanco. *G. banksii* es una planta de crecimiento vertical que produce cabezuelas grandes de flores

ARRIBA Las flores de *Grevillea bitemata* brotan en la parte superior de un follaje delicadamente dividido.

DEBAJO Las flores de color crema claro del cultivar 'Moonlight' del género *Grevillea* se destacan contra el follaje oscuro.

rojas durante todo el año y presenta hojas sumamente lobuladas de color verde oscuro o blancas. *G. biternata*, sin. *G. curviloba* presenta por lo general una estructura procumbente. Se ha convertido en una planta cobertora popular. Presenta un follaje delicado, verde y semejante a la fronda de los helechos. Produce flores blancas en primavera. *G. buxifolia* es un arbusto tendido hacia fuera, redondeado y tupido de hasta 1,5 m. Las hojas, dispuestas muy próximas entre sí, son de forma oblonga y pilosas. Las hojas, de color marrón rojizo y que brotan en racimos, son también pilosas, lo que les confiere un matiz grisáceo. *G.* x *gaudichaudii*, híbrido natural de *G. acanthifolia* y *G. laurifolia*, es una planta muy útil como cobertora. Crece vigorosamente, con hojas burdamente lobuladas y puntiagudas, y flores de color morado rojizo del tipo pino de oro, en primavera y a principios del verano. Esta especie ha sido injertada en *G. robusta* y el resultado, una planta estándar de *Grevillea* inclinada hacia abajo, pone un acento llamativo en el jardín. *G. juniperina*, flor de araña, de la zona 8, es una planta muy resistente, de hojas brillantes y espigadas, que produce flores rojas o amarillas en primavera y en verano. Se trata por lo general de un arbusto alto, aunque hay una forma procumbente que produce flores amarillas opacas durante la mayor parte del año. *G. lavandulacea*, de la zona 8, varía también de estructura, pero se desarrolla generalmente con un tamaño pequeño, y produce un follaje grisáceo y flores de color rojo brillante. Los híbridos del rango Poorinda incluyen 'Beauty', con flores escarlatas a finales del invierno; 'Constance', con flores de color rojo anaranjado durante la mayor parte del año; 'Elegance', con flores de color naranja y rosa; 'Firebird', que crece hasta alcanzar 1-2 m y produce flores de color rojo brillante; 'Pink Coral', con flores de color rosa; 'Queen', con flores de color albaricoque; 'Signet', con flores de color rosa intenso; y 'Splendor', que produce un follaje plateado y flores rojas. *G. robusta* crece hasta alcanzar los 30 m de altura. Sus flores, de color amarillo dorado y del tipo pino de oro, brotan abundantes en verano y casi cubren el follaje verde oscuro semejante al de los helechos. Las flores son ricas en néctar y la bella madera que proporcionan sus troncos se usa en carpintería. Es un árbol popular para los jardines extensos y los parques en los climas templados. *G. rosmarinifolia*, roble de romero o flor de araña, de la zona 8, es un arbusto atractivo y útil que se puede podar para formar un seto formal. Produce racimos de flores rojas tipo araña con hojas estrechas y puntiagudas. *G. thelemanniana* presenta estructuras tanto verticales como procumbentes. *G. tridentifera*, de hasta 2 m, presenta hojas atractivas, trifoliadas y puntiagudas, y produce flores blancas, suaves y plumosas. Muchos cultivares del género *Grevillea*, se comercializan solo con su nombre como, por ejemplo, *Grevillea* 'Poorinda Constance' y *Grevillea* 'Canberra Gem'. La etiqueta que acompaña a la planta debe describir su tamaño definitivo y el color de sus flores. 'Robyn Gordon', es probablemente el cultivar que se siembra con más frecuencia. Produce flores rojas durante muchos meses. Otros cultivares arbustivos populares incluyen 'Honey Gem', de hasta 3 m de altura, 2,5 m de expansión y flores de color dorado intenso; 'Moonlight', de hasta 2 m de altura y 3 m de expansión, con flores de color blanco crema; 'Misty Pink', que alcanza los 3-4 m de altura; y 'Bronze Rambler', que es un cultivar útil de *Grevillea* que se emplea como cobertora o como planta colgante.

Griselinia (fam. Griseliniaceae)

La especie que se describe a continuación es la única que se cultiva generalmente entre las seis agrupadas en este género de arbustos o árboles perennes nativos de Nueva Zelanda y de regiones de Chile. Presentan un modo de desarrollo arbustivo y forman setos atractivos cuando se podan. Su follaje es satinado y curtido, las flores son inconspicuas y los frutos son unas bayas negras que solo brotan en las plantas femeninas.

CULTIVO Las especies de *Griselinia* se adaptan a los suelos pobres en nutrientes, siempre que el clima sea cálido y dispongan de mucho sol. Se siembran a principios de primavera u otoño y se podan una vez que haya terminado la floración. Se propagan en verano a partir de esquejes o de semillas.

El follaje denso y ordenado de la *Griselinia litoralis* es ideal para pantallas, setos y cortavientos.

CLIMA Hay especies adecuadas para distintas zonas climáticas.

ESPECIES *G. littoralis*, de la zona 7, es un árbol pequeño de Nueva Zelanda que puede tolerar los vientos cargados de salitre, lo que lo hace útil para los jardines costeros. Presenta hojas oblongas, de color verde brillante y de 8 cm. Las flores son insignificantes. El cultivar 'Variegata' presenta un follaje con rayas blancas. *G. lucida*, de la zona 7 y oriunda de Nueva Zelanda, presenta un follaje más oscuro. Las hojas de la variedad *macrophylla* son mucho más grandes.

Guichenotia (fam. Sterculiaceae)

Hay cinco especies agrupadas en este género de arbustos perennes y pequeños. Todos son nativos de Australia occidental. El follaje presenta una envoltura suave y pilosa, y las flores pequeñas, abiertas y acampanadas son en su mayor parte de color malva.

CULTIVO En los climas propensos a las heladas, se cultivan en invernaderos intermedios o soleados, en macetas con compost y un buen drenaje. Se les debe garantizar una luz intensa. En exteriores, prosperan mejor en sitios abiertos y soleados. Se propagan durante los meses de verano a partir de esquejes casi maduros.

CLIMA Zona 10.

ESPECIES *G. ledifolia*, de hasta aproximadamente 70 cm, produce flores pequeñas de color malva. *G. macrantha* es similar a *G. ledifolia*, pero crece un poco más alta, con flores más grandes y también de color malva.

Guzmania (fam. Bormeliaceae)

Parientas cercanas del género *Vriesia* en cuanto a apariencia y requisitos de cultivo, estas bromeliáceas se siembran por las franjas y pintas llamativas de sus hojas, y por sus brácteas duraderas y coloridas. Las hojas presentan bordes lisos y carecen de espinas. En su hábitat natural en Sudamérica, crecen como epífitas, pero se pueden cultivar en maceteros o fijas a la rama de un árbol. Necesitan cultivo en un invernadero cálido o soleado y son buenas plantas para interiores.

CULTIVO Para cultivarlas en macetas, se debe tratar de obtener un compost específico para bromeliáceas epífitas. Por otra parte, se puede utilizar un abono de materia natural sin suelo. Para cultivarlas en la rama de un árbol, prense las raíces en musgo del género *Sphagnum*. Estas plantas necesitan humedad y buena luz, pero protéjalas de los rayos directos del sol. Nebulice bien a diario con el agua de un atomizador durante la estación de crecimiento,

Guichenotia macrantha tiene flores muy pequeñas y acampanadas de color malva.

Este híbrido de *Guzmania sanguinea* muestra un rosetón de follaje rayado perfectamente formado, que queda acentuado por un centro de color rojo rosado.

pero no en invierno. Se propagan en primavera a partir de sus vástagos grandes y enraizados.

CLIMA Zona 10.

ESPECIES *G. lundenii* es una planta individual espléndida que crece hasta 1 m con barras en zigzag sobre sus hojas largas, que desarrollan un rosetón perfecto. *G. lingulata* presenta un rosetón verde puro de aproximadamente 45 cm de diámetro, y produce inflorescencias rojas y amarillas. La variedad *cardinalis* es más bella que su progenitora, mientras que la variedad *minor* presenta un rosetón pequeño y verde oscuro con brácteas de color rojo brillante en las flores. *G. musaica*, especie delicada, presenta hojas prominentes con barras, e inflorescencias de color rojo brillante o rosa. *G. sanguinea* es una planta pequeña y sin tallo, de hojas abigarradas matizadas de rojo y amarillo durante la floración. *G. zahnii* crece 50 cm. El color matizado de cobre de sus hojas es una característica muy atractiva que se destaca contra las inflorescencias amarillas.

El tallo de *Gymnocalycium denudatum* aparece coronado por una flor grande, blanca y con una garganta floral roja.

Gymnocalycium (fam. Cactaceae)
Cactos chin

Este grupo numeroso de cactos de Sudamérica es muy popular y fácil de cultivar. Todas las especies son de tamaño pequeño y se caracterizan por tener una protuberancia semejante a un mentón debajo de las aréolas. Las nervaduras bien definidas se encuentran hendidas en tubérculos. Las espinas varían de blandas a muy duras. Las flores diurnas, con forma de embudo, son autoestériles y sus colores varían de blanco a amarillo y de verde a rojo.

CULTIVO En los climas frescos y fríos, estos cactos se cultivan en invernaderos intermedios o soleados, en macetas con compost para cactos. Necesitan un máximo de luz, aunque se deben proteger de los rayos directos e intensos del sol. Riéguelas durante su período de crecimiento, pero deje de hacerlo durante su período invernal de reposo.

CLIMA Zona 10.

ESPECIES *G. andreae* es una planta aplanada, globu-

lar y de color verde brillante, con nervaduras abultadas. Produce flores grandes de color amarillo azufre en la cima, en primavera y verano. *G. baldianum* es un cacto pequeño, solitario, globular y gris, con un ápice aplastado y nervaduras redondeadas. Las flores, de color rojo vino, tienen un diámetro de 25 cm. *G. mihanovichii* presenta un tallo rayado, y produce varias flores verdosas. *G. multiflorum* es una planta ancha, globular y nervuda de color verde azulado, con espinas semejantes a peinetas y flores cortas y de color rosa. *G. quehlianum*, planta aplanada y de color verde azulado, produce flores blancas con la garganta floral roja. *G. saglionis* es la más grande de la especie y también una de las más atractivas. Presenta tubérculos gruesos y redondeados, espinas curvas y rojizas, y flores acampanadas que varían del color rosa al blanco.

Gynura (fam. Asteraceae)
Ginura

Oriundo de África tropical, India y Asia, este género incluye unas 40 especies de subarbustos semitrepadores y perennes que se cultivan en esencia por su follaje decorativo. Sus flores, de olor desagradable, brotan en su mayor parte en racimos planos, aunque nacen a veces solitarias. Su color predominante es el naranja, pero en ocasiones son moradas.

CULTIVO Las especies de *Gynura* son plantas de interiores muy atractivas, que se pueden cultivar

'Purple Passion', forma mejorada de *Gynura aurantiaca*, se desarrolla bien como planta para tiestos, tanto en interiores como en exteriores.

también en invernaderos cálidos. Se siembran en compost para macetas y protegidas de los rayos directos del sol. Se propagan en verano a partir de esquejes casi maduros.

CLIMA Zona 10.

ESPECIES La *G. aurantiaca* oriunda de Java, presenta un crecimiento arbustivo al principio, pero cuando madura adquiere un modo de desarrollo rastrero o trepador. Los tallos y las hojas se encuentran recubiertos de tomentos aterciopelados y morados. Las flores son de una tonalidad naranja brillante. *G. procumbens*, es otra planta trepadora o rastrera. Nativa de Malaisia y de Filipinas, crece hasta aproximadamente 3 m, con tallos y hojas cubiertas por tomentos de color rojo morado intenso.

Gypsophila (fam. Caryophyllaceae)

Mayoritariamente nativo de la cuenca del Mediterráneo y de regiones de Asia, este género agrupa unas 125 especies de plantas anuales y perennes. Las perennes son más apropiadas para los climas frescos que las anuales. *Gypsophila paniculata* y sus cultivares son particularmente populares. Con la siembra continua de las semillas de las anuales en los suelos donde se quiere que florezcan, es muy posible obtener una exhibición de estas plantas atractivas durante todos los meses, excepto los más fríos del año.

CULTIVO Prosperan en sitios orientados a pleno sol y protegidos de los vientos fuertes; mejor en suelos calizos, siempre que dispongan de buen drenaje. Las especies anuales se propagan a partir de semillas sembradas en primavera. Las perennes se cultivan a partir de semillas sembradas en invierno bajo cristal.

CLIMA Zona 4, a menos que se señale lo contrario a continuación.

ESPECIES *G. elegans*, de la zona 7, es una arbustiva anual de 40 cm que produce racimos de flores pequeñas y blancas. El cultivar 'Grandiflora Alba' produce flores grandes y blancas; 'Rosea' produce flores de color rosa; y 'Purpurea' produce flores pequeñas y algo moradas. *G. muralis* es una planta anual pequeña, con flores que varían de color rosa a blanco. *G. paniculata* es una perenne de hasta 1 m, con flores cuyo color varía del blanco al rosáceo. El cultivar 'Compacta Plena' produce flores dobles de colores que varían del blanco al rosa más claro, mientras que 'Flore-pleno' presenta flores dobles. La mejor de las formas dobles de *G. paniculata* es 'Bristol Fairy', que es muy popular como flor para cortar y se emplea a menudo para preparar ramos de novia. *G. repens* crece hasta los 15 cm y produce flores blancas. El cultivar 'Rosea' produce flores de color rosa intenso.

Gypsophila paniculata 'Bristol Fairy', florece durante un período prolongado y produce flores duraderas para cortar.

Habranthus (fam. Amaryllidaceae)

Lirios de lluvia

Estos bulbos productores de flores de las regiones templadas de Sudamérica se pueden confundir con algunas especies del género *Hippeastrum*.

CULTIVO En regiones donde hay heladas intensas, se cultivan en invernaderos frescos y soleados, o en macetas con compost. Siémbrelos en primavera, a una profundidad de 10 cm, y proporcióneles el máximo de luz. En exteriores, se cultivan en suelos con buen drenaje, a pleno sol, donde los bulbos se siembran superficialmente para que sus cuellos sean visibles por encima del nivel del suelo. Se propaga a partir de vástagos.

CLIMA Regiones más cálidas de la zona 9.

ESPECIES *H. brachyandrus*, de hasta 30 cm, produce flores solitarias y delicadas de color rosa con nervaduras de color morado intenso. *H. robustus* produce flores sumamente fulgurantes, con forma de embudo, y de color rosa claro que brotan junto con las hojas o después. Nace una flor en cada tallo. Esta especie, oriunda de Brasil, crece hasta alcanzar unos 30 cm de altura. *H. tubispathus*, procedente de Sudamérica, crece hasta los 20 cm. Sus flores con forma de embudo, y de color rojo y marrón, son de un color amarillo intenso por dentro.

Las flores bonitas y de color rosa de *Habranthus robustus* brotan junto con las hojas, o inmediatamente después.

Haemanthus (fam. Amaryllidaceae)

Lirios de sangre

Estos bulbos espléndidos y productores de flores oriundos de África tropical y meridional presentan por lo general hojas anchas y racimos de flores muy poco corrientes. Muchas plantas de este género se clasifican actualmente dentro del género *Scadoxus*.

CULTIVO En las regiones propensas a las heladas, se cultivan en invernaderos intermedios o soleados, o en macetas con compost. Se siembran en otoño. El cuello del bulbo debe sobresalir por encima de nivel del compost. Se les debe garantizar un máximo de luz. En estado de reposo mantenga secas las especies herbáceas y conserve ligeramente húmedas las perennes.

CLIMA Zona 10.

ESPECIES *H. albiflos*, de hasta 30 cm presenta hojas carnosas y flores de color blanco grisáceo. Es la especie que se cultiva con más frecuencia. *H. coccineus*, de hasta 25 cm, es muy espectacular con sus tallos punteados de morado y flores de color rojo brillante con estambres amarillos rodeados de brácteas de colores que varían del escarlata al rosa. *H. magnificus*, actualmente, *Scadoxus puniceus*, presenta hojas de unos 30-40 cm y flores de color escarlata brillante.

Las cabezuelas grandes y redondeadas de flores escarlatas de *Haemanthus coccineus* brotan en tallos robustos antes que la planta produzca su follaje.

Hakea (fam. Proteaceae)

Arbustos de agujas, alfileteros, erizos de mar

Hay unas 140 especies de árboles y arbustos perennes agrupados en este género oriundo de Australia. Las hojas varían considerablemente, pero son por lo general simples, alternas, o con forma de aguja, lanceoladas o reniformes. Pueden ser enteras o lobuladas, pero son siempre rígidas y curtidas. Las flores, pequeñas y tubulares, se encuentran por lo general arracimadas en las axilas de las hojas. A veces, forman cabezuelas globulares. Las vainas, mayormente grandes y duras, se dividen en dos secciones con los extremos terminados en picos. Algunas de las especies espinosas son buenas plantas para setos, y toleran las podas para darles forma. Las especies de crecimiento rápido, como *Hakea salicifolia*, se usan como plantas de refugio y de sombra.

CULTIVO Se propagan por lo general a partir de sus semillas aladas y el color con que las plantas germinan depende de estas. Las mejores proceden de las cápsulas leñosas y maduras de un año, que se conservan en bolsas de papel, en sitios cálidos. Dos semanas después, liberan las semillas, que se deben sembrar en macetas compost con buen drenaje, y germinar con una temperatura de 18 °C. La germinación puede tardar hasta 10 semanas. Las plántulas se deben sembrar rápidamente en sus macetas para resembrarlas cuando alcancen los 20 cm. Las especies de *Hakea* se pueden propagar también a través de esquejes de vástagos casi maduros cortados en otoño y enraizados en una mezcla de arena gruesa y turba en una proporción de 3:1 y tratada con fungicida, porque son susceptibles a las enfermedades de origen fúngico. Son plantas que desarrollan las raíces cerca de la superficie del suelo y deben responder bien a una poda ligera después de la floración. La mayor parte de las especies asimila bien los fertilizantes de liberación lenta.

CLIMA Regiones más cálidas de la zona 9.

ESPECIES *H. francisiana*, sinónimo *H. multilineata*, arbustos de agujas, es un arbusto alto y elegante que presenta hojas largas, estrechas, pilosas y de

ARRIBA *Hakea myrtoides*, produce en primavera un espectáculo prolífico de flores de color rosa intenso o rojo.

DEBAJO *Hakea bucculenta* es un árbol con hojas muy estrechas y flores de color rojo rosáceo.

color verde-gris. Sus flores varían del color rosa al rojo intenso, y brotan en espigas cilíndricas. *H. laurina* con hojas estrechas, lanceoladas y de color verde grisáceo. Este árbol produce cabezuelas esféricas, de olor dulzón y color carmesí. *H. salicifolia*, sinónimo *H. saligna*, es un árbol pequeño y bien formado con hojas largas, estrechas y terminadas en punta. Las flores son fragantes, de color crema y brotan en tallos largos.

H. sericea, sinónimo *H. lissosperma*, es un arbusto grande y tupido, que crece hasta alcanzar una altura de 3-5 m, con hojas de puntas muy aguzadas y similares a agujas, y produce racimos de flores ligeramente perfumadas, de color blanco o rosa claro en primavera. *H. suaveolens* es un arbusto vigoroso y redondeado que crece hasta los 3 m y es útil como cortavientos en las regiones costeras. *H. victoreae*, arbusto erguido, produce un maravilloso follaje muy recargado, pero es difícil de cultivar, excepto en regiones de poca humedad. Las hojas, reniformes o redondeadas, son de color verde grisáceo, presentan muchas nervaduras de color dorado y tienen bordes finamente dentados. El verde se torna dorado y rojo en la base de las hojas.

Aunque las flores no son duraderas, vale la pena cultivar la encantadora *Halesia carolina*. Se conoce popularmente como árbol de campanillas de invierno.

Halesia (fam. Styraceae)
Campanillas de invierno

Nativas de la región oriental de Norteamérica y de China, estas cinco especies de arbustos o árboles pequeños caducos se cultivan principalmente por sus racimos de flores atractivas, blancas y acampanadas, que brotan durante la primavera. Se trata de plantas magníficas para jardines boscosos o bordes arbustivos.

CULTIVO Las especies de *Halesia* necesitan suelos ricos en nutrientes que contengan mucho humus y que retengan la humedad, aunque con buen drenaje, y que sean ácidos o neutrales. La orientación debe ser de sombra parcial o pleno sol y protegida del viento. Se propagan con calor a partir de semillas en otoño, seguido, ocho semanas después, por un período de frío; o a partir de acodos durante los meses de primavera.

CLIMA Zona 5.

ESPECIES *H. carolina*, es un árbol extendido, de hasta 6-8 m, que presenta hojas delgadas y puntiagudas. Son pilosas y de color gris en el envés, que se torna amarillo en otoño. Entre mediados y finales de la primavera se cubre con masas de flores blancas, inclinadas hacia abajo y acampanadas, seguidas en otoño por frutos pequeños y alados. *H. monticola* es un árbol de crecimiento rápi-

do hasta los 12 m, con abundancia de flores blancas mucho más grandes. La forma 'Rosea', produce flores de color rosa.

Hamamelis (fam. Hamamelidaceae)
Hamamelis, avellano de bruja

Originarias de Asia oriental y de Norteamérica, estas cinco o seis especies de arbustos o árboles pequeños caducos crecen hasta alcanzar 2-3 m de altura, con flores fragantes y amarillas que abren en los meses de verano o a principios de la primavera en sus ramas desnudas, antes de que brote el follaje.

CULTIVO Prosperan en condiciones frescas y se desarrollan bien en la mayor parte de los suelos, siempre que estén protegidas de los vientos fuertes y dispongan de bastante humedad. Se propagan a partir de semillas, que tardan hasta dos años en germinar, o a partir del acodo, que también es lento, a finales del verano. La mayor parte de las especies crece muy despacio.

CLIMA Crecen mejor en los climas frescos y húmedos. Zona 5 para la mayoría de las especies.

ESPECIES Los cultivares de *H. x intermedia* son arbustos de 4 m de altura con la forma de un volante de bádminton que produce follaje ama-

A finales del invierno, las flores que brotan con abundancia en las ramas desnudas de este cultivar de *Hamamelis* x *intermedia* llenan el aire con su fragancia.

Este cultivar de la especie *Hardenbergia violacea*, ligeramente trepador, produce masas de flores similares a las del guisante a finales del invierno y en primavera.

rillo en otoño y flores olorosas de color amarillo, naranja, cobre o rojo en invierno. Un cultivar popular es 'Arnold Promise', que produce flores olorosas y amarillas. *H. japonica*, avellano de bruja de Japón, alcanza los 3 m de altura, y presenta ramas largas y extendidas. Produce flores pequeñas, amarillas, dulcemente perfumadas, y con los pétalos torcidos. *H. mollis*, avellano de bruja de China, apropiada para la zona 6, es una especie que crece hasta alcanzar los 4 m y produce flores sumamente fragantes de color amarillo dorado a mediados y finales del invierno. Las hojas gruesas, medio verdes y pilosas en el envés, adquieren un color amarillo en otoño.

Hardenbergia (fam. Papilionaceae)

Se trata de un género poco numeroso de arbustos retorcidos o enredaderas oriundos de Australia que son plantas ornamentales o cobertoras muy atractivas para jardines en macetas grandes, o fijos en enrejados o cercas.

CULTIVO En los climas propensos a las heladas, se cultivan mejor en invernaderos frescos y ventilados, o soleados, en macetas con compost sin cal y con buen drenaje. Se les debe garantizar un máximo de luz, aunque proporcionándoles sombra que las proteja de los rayos directos del sol intenso. En exteriores, se siembran en suelos ácidos o neutros con una orientación soleada o de sombra

parcial. Se propagan en primavera a partir de semillas que se han remojado antes en agua caliente durante un día. Germinan a 20 °C.

CLIMA Regiones cálidas de la zona 9 o zona 10.

ESPECIES *H. comptoniana*, es una planta encantadora que presenta hojas compuestas y de color verde oscuro, y produce ramos muy bellos de flores primaverales, brillantes y de color malva. *H. violacea*, es también muy bella y se puede emplear como arbusto o planta cobertora, trepadora o enredadera. Las hojas varían entre sumamente aovadas a muy estrechas, con nervaduras conspicuas. Produce en primavera masas de flores pequeñas. El cultivar 'Alba' produce flores blancas, mientras que las de 'Rosea' son de color rosa.

Harpephyllum (fam. Anacardiaceae)

Ciruelo cafre, ciruelo silvestre africano

Hay una sola especie incluida en este género oriundo del sur de África. Se trata de un árbol perenne atractivo que se emplea como planta individual en los céspedes o para sembrar en las vías urbanas.

CULTIVO 'Kaffir plum' prospera en los climas cálidos; por lo tanto, si las heladas son un problema, se debe cultivar como planta pequeña de follaje

Con su copa ancha y extendida, *Harpephyllum caffrum* es un árbol encantador para sembrar en climas moderados.

Harpullia pendula es célebre por sus grandes rendimientos de frutos ornamentales. Se cultiva como planta de follaje para maceteros en los climas fríos.

en invernaderos entre frescos e intermedios, o soleados. Se propaga a partir de semillas.

CLIMA Debe crecer con éxito en regiones cálidas y abrigadas de la zona 9, además de en la zona 10.

ESPECIES *H. caffrum*, ciruelo cafre, es un árbol cuya copa en forma de cúpula es densa y extendida. Crece hasta alcanzar una altura y un ancho de 10-15 m. El tronco es corto y recto, presenta hojas satinadas de color verde oscuro, y flores pequeñas y blancas. Con sus frutos, pequeños y rojos, se prepara una sabrosa mermelada.

Harpullia (fam. Sapindaceae)

Este género incluye aproximadamente 26 especies de árboles dioicos y polígamos procedentes de India, Asia y Australia. Crecen hasta alcanzar 10-15 m de altura.

CULTIVO En los climas helados y fríos, estos árboles se tendrían que cultivar como planta pequeña individual en invernaderos entre intermedios a cálidos, o soleados. Se propagan a partir de semillas o esquejes.

CLIMA Como mínimo, la zona 10.

ESPECIES *H. arborea*, oriunda de Malaisia y de Filipinas, crece hasta alcanzar los 10 m, y produce ramos de flores pendulares y frutos de color na-

ranja intenso. *H. pendula* produce una madera bella que se emplea en trabajos de carpintería. Crece 10-15 m de altura. Sus flores, insignificantes y amarillas, son seguidas por frutos de color rojo y amarillo.

Hatiora (fam. Cactaceae)
Sueños del borracho

Este género poco común de cactos epífitos es nativo de Brasil.

CULTIVO Se cultivan en invernaderos cálidos o soleados, en macetas colgantes, o fijas a la rama de

Los capullos cerrados de esta *Hatiora salicornioides* semejan pequeñas antorchas encendidas.

un árbol. Lleve las macetas con compost específico para orquídeas o cactos y formulado para plantas epífitas. Proporcióneles luz, pero protéjalas de los rayos directos del sol. Nebulice diariamente con un atomizador. En invierno, el compost se mantiene solo apenas húmedo. Se propagan en verano a partir de esquejes.

CLIMA Regiones tropicales y subtropicales.

ESPECIES *H. salicornioides* tiene un modo de desarrollo arbustivo y crece hasta alcanzar aproximadamente 40 cm de altura. Presenta tallos delgados y produce flores pequeñas, amarillas y autoestériles que brotan desde finales del invierno hasta principios de primavera.

Haworthia (fam. Aloaceae)

Este género comprende aproximadamente 70 especies suculentas nativas del sur de África. Se trata de plantas ordenadas y de crecimiento lento, que desarrollan rosetones densos o extendidos hacia fuera, aunque, en algunas especies, crecen más alargados. El follaje carece de filo o es muy puntiagudo. Las flores son duraderas, insignificantes, de color verde blancuzco, y brotan en ramos poco densos en tallos altos, delgados y de desarrollo pendular.

CULTIVO En los climas con heladas, se cultivan en

En condiciones propicias, *Haworthia attenuata* puede desarrollar grandes colonias de rosetones. El envés de las hojas, moteado de blanco, es decorativo.

invernaderos ventilados, intermedios o soleados, en macetas con compost para cactos. Garantíceles una buena cantidad de luz, aunque protegidas de los rayos directos del sol. Riéguelas normalmente durante su período de desarrollo, pero deje que el compost se seque en invierno. Se propagan en primavera a partir de retoños o de hojas.

CLIMA Zona 10.

ESPECIES *H. attenuata* produce un rosetón frondoso, sin tallo y de color verde oscuro, de unos 6 cm de ancho. También produce numerosos retoños. *H. cymbiformis* desarrolla alfombras de rosetones muy carnosos, de color verde claro y hojas con forma de barca. *H. marginata* crece hasta alcanzar los 12 cm de ancho, y presenta hojas lisas, rígidas, puntiagudas, medio verdes, con quilla y con bordes blancos. *H. pumila*, sinónimo *H. margaritifera*, es similar a *H. attenuata*, pero produce rosetones más grandes, de 15 cm de ancho, y protuberancias prominentes dispersas por el haz y el envés de las hojas. *H. tessellata* presenta hojas lisas, brillantes, curvadas y de color verde oscuro o verde azulado, que están cuadriculadas con líneas traslúcidas que forman teselas pequeñas. *H. truncata*, presenta hojas poco comunes, ásperas, erguidas y de color verde oscuro, que crecen en filas muy juntas como peldaños irregulares. En su hábitat, solo las puntas de las hojas sobresalen por encima del suelo.

Hebe (fam. Scrophulariaceae)
Verónica

Estos arbustos populares, perennes y productores de flores son en su mayor parte nativos de Nueva Zelanda y de las islas aledañas. Muchos miembros de este género estuvieron clasificados antes en los géneros *Veronica* o *Parahebe*. Las especies de *Hebe* son bonitas plantas ornamentales para jardines o setos, con un follaje atractivo y pequeños conjuntos florales con forma de cepillo y de color blanco, azul, carmesí, rosa o lila. Algunas especies presentan hojas anchas, mientras que el follaje de otras es pequeño y similar al de las coníferas. La mayoría de las especies de *Hebe* tiene un período de floración prolongado.

CULTIVO Prosperan mejor en los climas menos intensos o más moderados. Toleran casi cualquier tipo de suelo, incluidos los alcalinos. Muchos son arbustos excelentes para los jardines costeros porque toleran los suelos arenosos y el aire cargado de salitre. Se propagan a partir de esquejes cortados cuando esta ha terminado.

CLIMA Zona 8 para las especies siguientes, a menos que se especifique lo contrario.

ESPECIES *H. albicans* es una especie distintiva. Presenta hojas densamente apretujadas de color azul grisáceo y flores veraniegas blancas. Crece hasta alcanzar 1 m y apenas necesita poda. *H. andersonii* crece hasta los 2 m y produce flores blancas con las puntas moradas. El cultivar 'Variegata', de hasta 2 m, presenta el follaje con los bordes de color crema y espigas largas de flores de color azul lavanda. *H. buxifolia*, de la zona 7, es un arbusto ordenado y redondeado de hasta 1 m, con follaje satinado y flores veraniegas blancas. *H. colensoi*, de la zona 6, es un arbusto enano de hasta 45 cm que es muy útil para sembrar en rocallas. Presenta hojas de color verde claro y racimos de flores blancas. *H. cupressoides*, de la zona 6 y de hasta 2 m, produce un follaje similar al del ciprés y se adapta a las condiciones secas. *H. diosmifolia*, de la zona 7, puede alcanzar hasta 6 m. Tiene hojas estrechas, satinadas y de color verde brillante. Produce, durante la mayor parte del año, masas de flores de color rosa o, con más frecuencia, azul lavanda. *H. elliptica*, de la zona 7, crece hasta los 2 m, con flores grandes y de color lila. El cultivar 'Variegata', actualmente clasificado como *H. franciscana* 'Variegata', presenta bordes de color crema. *H. hulkeana*, verónica de Nueva Zelanda, presenta hojas ovales, satinadas y con los bordes rojos, y produce abundantes flores pequeñas de color lila en primavera y a principios del verano. *H. macrantha*, de la zona 6, es de crecimiento lento hasta los 60 cm y apropiado para los jardines de rocalla. Sus flores blancas son las más grandes del género. *H. parviflora*, variedad *angustifolia*, de la zona 7 y de hasta 2 m, produce flores de color lila claro en verano. *H. pimeleoides* variedad *glaucocaerulea*, de la zona 7, crece hasta los 45 cm con hojas de color azul ceniciento y masas de flores

Las especies de *Hebe* son arbustos fáciles de atender en los jardines de muchas regiones. Hay una gran variedad de colores florales, que incluyen este morado carmesí intenso.

de color azul intenso. *H. salicifolia*, de la zona 7, es una especie variable de hasta 4 m. Produce flores blancas matizadas de morado. *H. speciosa*, de la zona 7, es una especie atractiva que crece hasta los 2 m, con hojas grandes, satinadas, de color verde oscuro, y flores moradas. Muchos híbridos se han desarrollado a partir de esta especie, incluidos el cultivar 'Blue Gem', que crece muy bien hasta 1 m en las regiones costeras y produce flores de color azul marino; 'La Seduisante', con flores de color carmesí; y 'Midsummer Beauty', de hasta 2 m, con espigas largas de flores de color lavanda. *H. vernicosa*, de la zona 7, crece hasta 1 m, con hojas pequeñas y flores veraniegas de color lavanda.

Hedera (fam. Araliaceae)

Hiedras

Este género poco numeroso de trepadoras perennes se ha aclimatado en muchas regiones del mundo, aunque es originario de Europa, África del Norte y Asia. La mayor parte de las especies se afianza a sus puntos de apoyo por medio de raíces aéreas diminutas. Otras especies tienen un modo de desarrollo rastrero y se cultivan extensamente como cobertoras tanto en los sitios soleados como sombreados donde la hierba no crece. Es también una planta popular para maceteros en interiores y requiere algún tipo de apoyo.

La forma variegada de *Hedera canariensis* crea una alfombra cobertora densa. Tolera las sombras secas bajo un árbol grande.

CULTIVO Crece en cualquier tipo de suelo si el drenaje es eficiente, y se adapta al sol o a la sombra. Tolera condiciones secas una vez que las plantas se han desarrollado. *Hedera canariensis* no tolera el frío intenso. No se debe permitir que trepe sobre los árboles vivos porque los daña y finalmente los mata. Para propagar el tipo de planta trepadora, se obtienen esquejes de aquellas partes que tengan raíces aéreas y follaje juvenil. Cuando se propagan las que presentan hojas adornadas, los esquejes se cortan justo debajo de sus nudos. Deben medir unos 20 cm y es preferible cortar varios de un solo tallo. Se les quitan las hojas inferiores y se introducen en polvo de hormonas para enraizar madera blanda, después se colocan en una mezcla de vermiculita y arena gruesa. Se riegan minuciosamente, y se dejan enraizar en un sitio abrigado y cálido.

CLIMA Hay especies adecuadas para distintas zonas climáticas.

ESPECIES *H. canariensis*, hiedra de las islas Canarias, de la zona 8, es una especie trepadora vigorosa que presenta hojas grandes, curtidas y lobuladas de unos 20 cm de ancho, que se tornan de color verde bronce en invierno. El cultivar 'Gloire de Marengo' presenta tallos rojos y hojas satinadas muy ostentosas con pintas de color gris, verde oscuro y crema. *H. helix*, hiedra común o hiedra inglés, de la zona 5, es una especie popular que presenta hojas de cinco puntas de color verde oscuro. Los cultivares populares de 'English ivy' incluyen 'Glacier', 'Luzii', 'Oro di Bogliasco' y 'Parsley Crested'. La variedad *hibernica*, 'Atlantic ivy', de la zona 7, es una planta cobertora robusta, apropiada para los sitios sombreados bajo los árboles. Presenta hojas pequeñas de cinco lóbulos y de color verde brillante.

Hedycarya (fam. Monimiaceae)

Moreras nativas

Estos pequeños árboles y arbustos perennes son nativos de Australia y Nueva Zelanda.

CULTIVO En exteriores, estos árboles necesitan suelos húmedos y protección del viento. Cuando son jóvenes, requieren sombra parcial. En los climas propensos a las heladas, se cultivan en invernaderos frescos y ventilados, o soleados.

CLIMA Zona 10.

ESPECIES *Hedycarya angustifolia*, morera australiana, es nativa de Australia oriental y crece entre 3-6 m de altura. Presenta hojas delgadas, brillantes y de color verde claro. Produce flores insignificantes de colores claros y frutos pequeños, atracti-

Aunque las flores son insignificantes, los frutos de *Hedycarya angustifolia* son muy decorativos. La madera se usa en carpintería.

vos, rojos o amarillos, que semejan moras. La *H. arborea*, oriunda de Nueva Zelanda, es una planta similar que produce bayas de color rojo brillante. Crece hasta alcanzar los 5-10 m de altura.

Hedychium (fam. Zingiberaceae)
Lirios de jengibre

Nativas de Asia tropical, el Himalaya y Madagascar, estas aproximadamente 40 especies de perennes con rizoma se cultivan por su follaje grande y elegante, y por sus flores vistosas y poco comunes.

CULTIVO Se cultivan en invernaderos entre frescos e intermedios, en macetas con compost, protegidas de los rayos directos del sol y en un ambiente húmedo. Reduzca el riego en invierno. En exteriores, necesitan suelos húmedos y ricos en humus, abrigados y orientados con sombra parcial o a pleno sol. Se propagan a partir de su división vegetativa en primavera.

CLIMA Zonas 9 o 10.

ESPECIES *H. coccineum*, lirio de jengibre rojo o escarlata, crece hasta alcanzar los 2 m, y produce flores ostentosas y escarlatas durante todo el verano. *H. coronarium*, lirio de jengibre blanco o mariposa, crece hasta los 1,5 m. Presenta hojas suculentas, grandes, satinadas y de color verde oscuro. Las flores, lustrosas y blancas brotan en espigas de 30 cm de longitud y llenan el aire con su olor dulzón en verano. *H. gardnerianum* crece hasta 2,5 m, y produce espigas de 45 cm de longitud con floraciones de color amarillo y escarlata que duran todo el verano. Las flores son sumamente olorosas.

Helenium (fam. Asteraceae)
Enula, helenio

Según la leyenda griega, las flores de estas especies nacieron de las lágrimas de Helena de Troya, de ahí el nombre de su género. Se trata de plantas perennes resistentes que, verano y otoño, producen flores semejantes a las de la margarita con centros muy prominentes. Son excelentes para cortar y brotan en una variedad de tonos otoñales.

CULTIVO Las especies de *Helenium* prosperan en suelos ricos en nutrientes y con orientación soleada. Son muy resistentes, lo que las hace plantas muy útiles para las segundas residencias. Se propagan en otoño a partir de semillas o de la división vegetativa de las plantas que ya se tienen. Riéguelas bien mientras son jóvenes.

CLIMA Zona 3 para *H. autumnale*; zona 7 para *H. bigelovii*.

Las flores llamativas de color amarillo de *Hedychium gardnerianum* desprenden un perfume intenso. Se trata de una planta de crecimiento vigoroso.

Flores de colores que varían del bermejo al carmesí brotan en *Helenium* 'Bruno'. La floración, desde finales del verano hasta el otoño, cierra una brecha estacional.

ESPECIES *H. autumnale* crece hasta alcanzar 1,5 m de altura y produce flores amarillas con el centro marrón. El 'Moerheim Beauty' y el 'Wyndley' son dos cultivares populares. El primero produce flores con tonos bermejos. *H. bigelovii*, de hasta 1 m, produce también flores marrones y amarillas.

Helianthemum (fam. Cistaceae)
Tamarillas, jarillas

Estos arbustos perennes o semiperennes, procumbentes o de tamaño pequeño, son nativos principalmente de Europa; en particular, de la cuenca del Mediterráneo. Son plantas populares para jardines de rocalla, lechos elevados, y como coberturas; en especial, de las márgenes.

CULTIVO Estas especies necesitan crecer a pleno sol y prosperan mejor en los suelos alcalinos. Son por lo general plantas efímeras, pero se pueden podar para estimular nuevos vástagos y más flores. Se propagan a partir de esquejes cortados en verano y sembrados en compost.

CLIMA Zona 6 para la mayoría de las especies.

ESPECIES *H. appenninum*, de hasta 45 cm, presenta un modo de desarrollo expansivo. Se trata de una especie efímera, con hojas grises y flores veraniegas

Helianthemum 'Supreme', con sus flores de color rojo intenso, forma un monte de color extendido por el jardín.

blancas. *H. nummularium*, de la zona 5, presenta flores de color naranja, rojo, rosa o amarillo, brotan a finales de la primavera durante un solo día. Esta especie ha producido muchos híbridos bien conocidos. *H. oelandicum*, subespecie *alpestre*, de hasta 12 cm, produce alfombras de hojas de color verde grisáceo y, a finales de la primavera y del verano, una secuencia de flores amarillas.

Helianthus (fam. Asteraceae)
Girasoles

Este género agrupa muchas plantas anuales y perennes con flores semejantes a la margarita; por lo general, de color amarillo, pero también con una variedad de tonos de naranja y marrón.

CULTIVO Las especies anuales se cultivan a partir de semillas sembradas en primavera, mientras que las perennes se deben extraer del suelo y dividir en otoño o primavera. Prospera en suelos con buen drenaje y enriquecidos con materia orgánica, aunque puede tolerar suelos más pobres en nutrientes. Necesita riego sistemático en su estación de crecimiento, pero tolera las condiciones secas.

Los girasoles son plantas de desarrollo alto que necesitan protección contra los vientos fuertes.

CLIMA Hay especies adecuadas para distintas zonas climáticas.

ESPECIES *H. annus*, planta anual de la zona 6, es uno de los cultivos comerciales destinados a obtener semillas oleaginosas más importantes del mundo, con una gran variedad de usos en la alimentación y en la industria. Puede crecer hasta alcanzar los 3 m, aunque hay muchos cultivares disponibles de varios tamaños, formaciones florales y colores. *H. decapetalus*, de la zona 5, es una planta perenne fácil de cuidar, de 1,5-2 m de altura, que produce flores de color amarillo brillante entre finales del verano y el otoño. *H. x laetiflorus*, de la zona 4, crece hasta más de 2 m y es muy apropiada para las regiones con precipitaciones escasas. *H. tuberosus*, tupinambo, de la zona 4 y nativa de Norteamérica, se consumía por los pueblos autóctonos norteamericanos mucho antes de la llegada de los europeos.

Helianthus tuberosus (fam. Asteraceae)
Tupinambo, papa de Jerusalén, agnaturma

Relacionada con el girasol, esta planta ¡nada tiene que ver con Jerusalén! De hecho, es originaria de Norteamérica, donde se cultivó por primera vez por los pueblos autóctonos norteamericanos en el siglo XVIII. Después, pasó a Europa, donde adqui-

La agnaturma semeja un girasol. Desde que se siembra hasta que se cosechan sus tubérculos, tarda unos cinco meses.

rió el atributo «Jerusalén» de la interpretación inglesa del nombre italiano de la planta, *girasole*. Tampoco es un *artichoke*, una alcachofa, como indica su nombre en inglés, aunque su tubérculo, semejante a una patata, tiene un sabor similar. Estos tubérculos se pueden asar al horno, cocer en agua o simplemente asar a la parrilla.

CULTIVO Crece bien en los suelos corrientes de jardín, pero a estos se les debe añadir unos 115 g de fertilizante completo enriquecido con potasa alrededor de cada planta. Los suelos se deben remover profundamente. Estas plantas pueden crecer al sol o a la sombra, pero necesitan mucho riego durante su estación de crecimiento. Las malas hierbas se deben escardar. Los tubérculos se cosechan las 4-5 semanas después de la floración o cuando el follaje se marchita. Se pueden sembrar en otoño o en primavera, a una profundidad de 10-15 cm y con una separación entre 30-75 cm.

CLIMA Muy resistente, crece en la zona 4 y superior.

Helichrysum (fam. Asteraceae)
Perpetuas, inmortales

Helichrysum era antiguamente un género muy numeroso de varios centenares de especies, muchas de las cuales han sido reclasificadas actualmente en otros géneros.

CULTIVO Se propaga a partir de semillas o esquejes, que enraízan fácilmente en casi cualquier época del año. Sus plantas requieren un drenaje perfecto porque se pudren con facilidad. Crecen al sol o en sombra parcial, pero necesitan buena circulación del aire. Las especies más sensibles se cultivan en invernaderos frescos.

CLIMA Hay especies adecuadas para distintas zonas climáticas. Es preferible un clima seco.

ESPECIES *H. bellidiodes*, de la zona 7, es una planta perenne de Nueva Zelanda, que crece hasta alcanzar los 30-40 cm, y presenta un follaje de color verde plateado y flores blancas. *H. petiolare*, de la

El cultivar 'Limelight' de *Helichrysum petiolare*, produce hojas de color verde lima claro con una textura similar al fieltro. Es una buena planta para iluminar los rincones sombreados del jardín.

Esta bella especie de *Heliconia* produce flores blancas que asoman sus pétalos entre sus brácteas de color escarlata.

zona 10, es una planta arbustiva perenne que se cultiva por su follaje atractivo. *H. sibthorpii*, de la zona y oriunda de Grecia, es una planta diminuta, de 5-8 cm de altura, que produce un follaje blanco y lanoso, y flores pequeñas, satinadas y de color crema.

Heliconia (fam. Heliconiaceae)

Bijaos, platanillos

Hay entre 100-200 especies agrupadas en este género de plantas ostentosas de América tropical, del sur del Pacífico y de las islas Molucas. Estas plantas crecen a partir de rizomas y presentan un follaje grande, con forma de pala o de cuchara, en su mayor parte similar al del banano. Unas brácteas de colores brillantes envuelven las flores verdaderas. Los tallos florales se pueden presentar erguidos o pendulares. La mayor parte de las especies florecen en primavera o verano. Se pueden emplear como plantas individuales o en bordes mixtos de plantas de follaje. En los climas propensos a las heladas, se cultivan en invernaderos cálidos o soleados.

CULTIVO Se cultivan en macetas o tiestos grandes con compost. Necesitan buena luz y un ambiente húmedo. Los maceteros se pueden situar en exteriores durante el verano en un lugar muy protegido y parcialmente sombreado. Se propagan en primavera a partir de su división vegetativa.

CLIMA Sin heladas. Zona 10 como mínimo.

ESPECIES *H. bihai* varía en altura de 1-5 m. El follaje es de color verde oscuro y la inflorescencia erguida es blanca, con las puntas verdes, y está rodeada por brácteas anchas y rojas, con una base amarilla. *H. nutans*, de entre 1-2 m de altura, produce flores con sépalos amarillos. *H. psittacorum*, conocida como platanillos, crece hasta alcanzar los 2 m de altura, con hojas con forma de cuchara o aciculares. Las brácteas florales son de color rojo anaranjado, mientras que las flores son de ese mismo color, pero con las puntas con franjas verdes.

Heliopsis (fam. Asteraceae)

Estas plantas perennes oriundas de Norteamérica son ideales para los bordes de los jardines y producen excelentes flores para cortar.

CULTIVO Se siembran al sol en suelos corrientes de jardín, aunque les beneficia que se les añada humus. Riéguelas en el tiempo seco y abone en primavera. Se pueden dividir para propagarlas cada tres años.

CLIMA Zona 4.

ESPECIES *H. helianthoides*, de hasta 1,5 m, produce flores de color dorado intenso en verano. Se clasi-

Heliopsis helianthoides, planta que desarrolla conjuntos arbustivos, aporta una mancha de oro a los jardines. Las flores son también estupendas para la decoración de interiores.

Las flores de *Heliotropium arborescens* tienen un olor delicioso a vainilla. Esta especie crece mejor en jardines cálidos.

fica como perenne, pero a menudo es efímera. La subespecie *scabra* crece hasta alcanzar 1 m, con floraciones de color amarillo dorado. El cultivar 'Patula' produce flores grandes, semidobles y de color naranja dorado.

Heliotropium (fam. Boraginaceae)
Vainillas de jardín

Este grupo numeroso de plantas, en su mayor parte perenne y arbustivo, se cultiva poco y es originario de América, la región del Pacífico e islas Canarias. En los climas propensos a las heladas, se emplean como plantas para lechos veraniegos y se cultivan cada año a partir de semillas o esquejes.

CULTIVO Prosperan en sitios protegidos con suelos ricos en nutrientes y buen drenaje, y con una orientación soleada. Necesitan una temperatura invernal mínima de 7 °C, agua abundante y abono antes de la floración. Se podan después que florecen para estimular nuevos brotes florales y para evitar su desarrollo desordenado. Se propagan a partir de semillas sembradas en primavera, que germinan a 18 °C.

CLIMA Zona 10 y superior.

ESPECIES *H. arborescens* es una planta encantadora desde finales de la primavera hasta el otoño, y produce racimos de flores fragantes de color lila.

Tiene hojas pequeñas, ovales, arrugadas, y crece hasta 1 m. Hay numerosos cultivares de esta especie, algunos con floraciones de color morado oscuro como 'Black Beauty' y 'Iowa'.

Helipterum (véase Rodante)

Helleborus (fam. Ranunculaceae)
Rosas de Navidad o de Pascua

Nativas de Europa central, oriental y meridional, y de Asia occidental, estas plantas perennes, en su mayor parte con hojas verdes todo el año, son populares por sus flores invernales o de principios de la primavera. Se ven mejor cuando se siembran en masas; por ejemplo, en un jardín boscoso o en un borde arbustivo. Presentan un follaje dividido, a veces sumamente dentado, y flores con forma de cuenco con tonos de color blanco, crema, amarillo, verde, rosa, rojo y morado.

CULTIVO Necesitan suelos ricos en nutrientes, la adición de mucha materia orgánica y por lo menos sombra parcial. Se abonan en primavera y se dejan desarrollar durante un año. Las especies se propagan a partir de semillas sembradas en otoño en un semillero de hortalizas o a partir de la división vegetativa de los conjuntos desarrollados de especies e híbridos a finales del verano o a principios del otoño. Desarrollan híbridos y producen colores de flores interesantes.

Esta variedad muy selecta del género *Helleborus* produce masas de flores de color rosa intenso. Hay disponibles en la actualidad muchos híbridos encantadores.

Muchos híbridos hermosos de lirios de día brotan con color amarillo crema o con tonos de color naranja.

CLIMA Hay especies adecuadas para distintas zonas climáticas.

ESPECIES *H. argutifolius*, de la zona 7 y originaria de Córcega y Cerdeña, crece hasta alcanzar 1,2 m del altura. Produce espigas más altas, con flores verdes que brotan sobre las hojas bastamente dentadas. *H. foetidus*, de la zona 6, de hasta 80 cm, produce flores de color verde claro con las puntas moradas. *H. lividus*, de la zona 7, es una especie caduca, de hasta 45 cm, con flores moradas o marrones, aunque verdes cuando son tiernas. *H. niger*, rosa de Navidad, de la zona 3, produce flores blancas con forma de platillos, a veces matizadas de color rosa. *H. orientalis*, de la zona 6, crece hasta los 45-60 cm, pero lo que se siembra es su gama variada de cultivares, con flores en tonos de color blanco, crema, amarillo, rosa, rojo y morado. *H. viridis*, de la zona 6, es otra especie caduca que crece hasta 30-45 cm y produce flores poco corrientes de color verde claro.

Hemerocallis (fam. Hemerocallidaceae)
Lirios de día

Estas plantas perennes de Asia oriental, China y Japón son muy populares por su abundancia de flores veraniegas, ostentosas, con forma de embudo y similares al lirio. Mientras que las flores individuales duran solo un día, un racimo puede permanecer florecido semanas en verano. Las hojas largas y estrechas son de color verde claro. Se han desarrollado muchos híbridos de lirios de día. Algunos cultivares son perennes; otros, completamente caducos en invierno.

CULTIVO Son bastante resistentes y la mayoría se puede cultivar a pleno sol durante todo el día. Las variedades de colores brillantes se deben sembrar en sombra parcial para evitar que las flores se decoloren. Sin embargo, ninguna se debe cultivar en la sombra total. Se siembran en otoño o primavera en suelos enriquecidos con estiércol. Las plantas desarrolladas son bastante resistentes a las sequías, pero se encuentran mejor con cierto riego sistemático. Se propagan a partir de la división vegetativa de las plantas que se tengan o de semillas.

CLIMA Hay especies adecuadas para distintas zonas climáticas.

ESPECIES *H. aurantiaca*, de la zona 6, de hasta 1 m, produce conjuntos de follaje, por encima de los cuales se alzan tallos largos con flores de color amarillo naranja. *H. citrina*, de la zona 4, alcanza justo más de 1 m y produce floraciones fragantes de color amarillo limón. *H. fulva*, de la zona 4, se ha cultivado durante siglos y ha sido la progenitora de muchos cultivares, incluido 'Flore Pleno', que crece hasta 1 m y produce flores dobles, de color naranja brillante con pintas de color marrón oscuro. *H. middendorffi*, de la zona 5, de hasta 30-45 cm, produce flores de olor dulzón y color amarillo intenso. *H. minor*, de la zona 4, es una especie enana con flores fragantes de color marrón rojizo, coloreadas por dentro de amarillo. *H. thumbergii*, de hasta 1 m, produce flores fragantes de color amarillo brillante. Muchos cultivares con nombre de *Hemerocallis* se encuentran disponibles con flores en numerosos tonos.

Hemiandra (fam. Lamiaceae)
Arbustos rastreadores

Este género poco numeroso nativo de Australia incluye una especie particularmente encantadora, que es un ejemplar individual bonito para cultivar en jardines de rocalla o en maceteros.

CULTIVO Se propaga a partir de semillas o esquejes de brotes tiernos medio maduros que se enraízan en una mezcla de arena gruesa y turba con una proporción aproximada de 3 a 1. Se siembra en macetas con una mezcla de arena y marga, y buen drenaje. Se siembra en exteriores con una orientación soleada y protegida del viento.

Hemiandra pungens es a veces difícil de cultivar, pero vale la pena intentarlo por sus delicadas flores.

CLIMA Se cultiva en las regiones más cálidas de la zona 9.

ESPECIES *H. pungens* es a menudo una planta procumbente o que cae en forma de cascada, con hojas pequeñas, estrechas y de color verde brillante, y encantadoras flores grandes, de color malva rosáceo con puntos de color rosa brillante en la garganta floral.

Hepatica (fam. Ranunculaceae)
Hepáticas

Estas plantas enanas, perennes y resistentes se encuentran distribuidas por los montes de las regiones templadas septentrionales. Florecen a principios de la primavera y son recomendables para aclimatarlas en los jardines boscosos.

CULTIVO Prosperan en suelos húmedos, incluso alcalinos, y con sombra parcial. Se propagan a partir de la división vegetativa de las raíces y de semillas sembradas en bandejas con compost durante el otoño.

CLIMA Climas frescos y húmedos.

ESPECIES *H. americana*, de la zona 4, es una planta casi desprovista de tallo, de hasta 15 cm, que produce flores de color azul lavanda intenso, rosa o

Hepatica transsilvanica es una encantadora planta de los montes, que crece bien en suelos húmedos y ricos en humus. Las flores brotan a principios de la primavera.

blanco. *H.* x *media* cultivar 'Ballardi', de la zona 5, crece hasta alcanzar los 25 cm, con flores grandes, atractivas y de color azul brillante. *H. transsilvanica*, de la zona 5, de 10 cm de altura, produce floraciones de color azul lavanda, aunque hay también una forma de color rosa.

Hesperis (fam. Brassicaceae)

Este género de plantas bienales y perennes fragantes es apropiado para los climas templados. Su follaje estrecho es muy poco notable, aunque sus floraciones fragantes son muy bonitas.

CULTIVO Necesitan suelos ricos en humus y con buen drenaje, con sol o sombra parcial. Se siembran en primavera u otoño, se riegan bien en el tiempo seco y se abonan a principios de la primavera. Los tallos con las flores marchitas se quitan en otoño. Se multiplican a partir de semillas propagadas de forma natural.

CLIMA Crecen mejor en las regiones entre moderadas y frescas.

ESPECIES *H. matronalis*, originaria de la zona 3, es una planta perenne erguida que crece hasta

La *Hesperis matronalis* es una bonita planta de los montes que se ha aclimatado en varias regiones del mundo.

1 m de altura. Sus flores, de color blanco o lila, son muy fragantes durante las noches veraniegas. *H. tristis*, de la zona 6, es una bienal que crece hasta alcanzar los 60 cm. Las flores pueden brotar de color blanco, verde amarillento, rojo o morado.

Heterocentron (fam. Melastomataceae)

Originarios de las regiones montañosas de México y Centroamérica, estos arbustos pequeños y ostentosos se pueden desarrollar procumbentes o verticales. Sus hojas de color verde brillante son ovales y las flores tienen colores radiantes.

CULTIVO En los climas propensos a las heladas, se cultivan en invernaderos intermedios o soleados, o como plantas para interiores. Se siembran en compost para macetas y un máximo de luz, aunque protegidas de los rayos directos del sol. A las plantas arbustivas, se les cortan las puntas en desarrollo. Se propagan en primavera a partir de su división vegetativa.

CLIMA Zona 10 como mínimo.

ESPECIES *H. elegans* es de tamaño pequeño, de hasta 10 cm, con hojas ovales medio verdes y flores magentas en verano y otoño. Es una buena planta para cultivar en macetas colgantes. Bajo cristal o en los jardines sin heladas, es una buena cobertora.

Una vez desarrollada, *Heterocentron elegans* se extiende por el suelo como una alfombra densa y hunde sus raíces dentro de las grietas del pavimento de ladrillo.

Heuchera (fam. Saxifragaceae)

Campanillas de coral

Hay 55 especies de plantas perennes de tamaño pequeño agrupadas en este género oriundo de Norteamérica. Muchas de ellas se cultivan como cobertoras. Son también apropiadas para cultivar en rocallas o para la parte delantera de los lechos en los jardines. Muchas forman rosetones de brotes con follaje, que es un poco similar al del geranio verdadero. Flores delicadas y acampanadas brotan en tallos largos que crecen por encima de las hojas.

CULTIVO Se cultivan a pleno sol o con sombra parcial en suelos ligeros enriquecidos con materia orgánica. Riéguelas en abundancia durante el tiempo seco de la primavera y el verano. Las especies se pueden cultivar a partir de semillas. Los rosetones se pueden extraer y dividirlos cada tres o cuatro años para incrementar la variedad. Los cultivares se deben propagar por división vegetativa.

CLIMA Hay especies adecuadas para distintas zonas climáticas.

ESPECIES *H. americana*, de la zona 4, crece hasta alcanzar los 40-80 cm de altura, y produce follaje de color verde cobrizo y flores de color verde marronáceo. *H. micrantha*, de la zona 5, crece hasta los 60 cm y produce flores blancas coloreadas de rosa.

H. sanguinea, campanillas de coral, de la zona 3, es la que se cultiva con más frecuencia. Produce flores carmesíes y crece unos 60 cm. Esta especie es progenitora de una extensa cantidad de híbridos y de cultivares con flores de color blanco, rosa y rojo intenso, algunos con follaje veteado muy bonito.

Hibbertia (fam. Dilleniaceae)

Flores de Guinea

Estas plantas perennes, decorativas y resistentes se encuentran entre los géneros nativos mejor conocidos de la costa oriental de Australia. Aunque son en su mayor parte arbustivas, hay algunas especies trepadoras. Presentan un follaje lustroso de color verde oscuro y flores estrelladas extendidas hacia fuera, que varían de color del amarillo dorado al albaricoque. Un racimo de estambres amarillos brota desde el centro de sus cinco pétalos poco densos.

CULTIVO En los climas propensos a las heladas, cultívelos en invernaderos frescos o soleados. Siémbrelas en compost para macetas y buena luz, aunque protegidas de los rayos directos del sol. Estas plantas prosperan en ambientes razonablemente húmedos. Pódelas ligeramente después de la floración. En exteriores, cultívelas en suelos con buen drenaje orientados a pleno sol o con sombra parcial. Se propagan a finales del verano a partir de esquejes casi maduros y se enraízan con cama caliente.

CLIMA Zona 10.

Las flores de campanillas de coral se muestran por encima del follaje. En este caso, en el borde de un lecho de rosas.

Enredada alrededor de la rama muerta de un árbol, la *Hibbertia dentata* es una trepadora con flores amarillo claro.

ESPECIES No todas las especies que se mencionan a continuación se encuentran disponibles fuera de sus países de origen. *H. astrotricha* tiene un modo de desarrollo extendido o rastrero. Presenta hojas delgadas, distribuidas densamente y produce flores primaverales de color amarillo brillante. Crece hasta alcanzar una altura de 1 m y una expansión de 2 m. *H. bracteata* es un arbusto de tamaño pequeño y ramificado de hasta 35 cm, con flores amarillas. *H. dentata* es una especie de tamaño pequeño que desarrolla tallos rastreros y retorcidos, y produce flores amarillas de 2 cm de ancho. *H. montana*, es otro arbusto pequeño que produce flores amarillas en primavera. *H. obtusifolia*, de entre 30-90 cm, presenta hojas pequeñas, lustrosas, de color verde grisáceo, y flores grandes, amarillas, con forma de copa. *H. procumbens* tiene un modo de desarrollo que produce alfombras de follaje y flores de color amarillo brillante. *H. scandens* es una planta trepadora vigorosa que crece a veces hasta los 4 m de altura, aunque se puede adaptar igualmente bien como cobertora. Presenta un follaje liso, de color verde oscuro, y flores de color amarillo dorado brillante que son a veces fragantes. Sus frutos, con forma de cápsula, producen semillas escarlatas. *H. stellaris*, de Australia occidental, es relativamente rara en estado silvestre y resulta muy difícil de cultivar. Se trata de una de las especies más bellas en su género. *H. stricta* tiene un modo de desarrollo procumbente y crece hasta 30 cm. Sus flores amarillas tienen brácteas marrones y pilosas.

Hibiscus (fam. Malvaceae)

Hibiscos

Hay aproximadamente 200 especies de este género, que varían desde herbáceas pequeñas, anuales y perennes, hasta arbustos leñosos y árboles. La mayoría es oriunda de los trópicos, aunque unas pocas tienen su origen en regiones templadas del planeta. El hibisco asiático perenne *Hibiscus rosa-sinensis* es una de las flores tropicales mejor conocidas. *H. syriacus*, es de un tipo caduco más resistente que tolera condiciones más adversas que las especies perennes. Las flores de hibisco son en su mayor parte solitarias y axilares, aunque en algunas especies brotan en ramos. La mayor parte de

Los cultivares de *Hibiscus syriacus* se siembran en los jardines europeos, y crecen con tonos rosa, rojo, azul y blanco.

las floraciones duran solo un día, pero las flores de los híbridos modernos de *H. rosa-sinensis* duran mucho más, incluso cuando han sido cortadas. Las flores son habitualmente grandes y ostentosas, con un solo estambre y, en su mayor parte, pintadas con un color más intenso en la base. Muchas brotan en formas dobles de modo natural y tienen varios estambres. De hecho, las variedades más antiguas descritas de *H. rosa-sinensis* producían flores dobles, de ahí su nombre común de rosa de China. Los frutos de hibisco son unas cápsulas secas; a menudo, muy pilosas y espinosas. Las hojas varían considerablemente, según la especie, de las lustrosas, obtusas y enteras de *H. rosa-sinensis*, a las profundamente hendidas y pilosas de *H. diversifolius*.

CULTIVO Prospera en suelos de marga arenosa ricos en nutrientes, con buen drenaje y al que se haya añadido estiércol. Se desarrollan bien a pleno sol y protegidas de los vientos fríos; en particular, en las regiones más frescas. Durante su estación de crecimiento, necesitan riego abundante y fertilizantes para garantizar flores grandes y numerosas. La poda sistemática es necesaria para estimular brotes nuevos y sanos que produzcan a su vez las mejores floraciones. *H. rosa-sinensis* se debe podar a principios de la primavera hasta reducirla a un tercio; sin embargo, la poda se realiza a finales de esta estación en las regiones más frescas; *H. syria-*

cus y *H. mutabilis* se pueden podar muy a fondo en invierno; *H. moscheutos* necesita que le corten los tallos viejos; mientras que otras especies se deben recortar después de la floración. Estas especies no se deben sembrar en suelos húmedos con escaso drenaje, puesto que es propenso a la podredumbre de la raíz y del cuello del tallo debida a la infección por hongos *Phytophthora*. Pueden ser atacadas por plagas de insectos como el pulgón, la mosca blanca, el chanchito blanco y la cochinilla y ser particularmente problemáticas bajo cristal. Antes de fumigar, compruebe que el plaguicida es el apropiado. Este se propaga a partir de semillas o de esquejes. Muchas especies anuales y perennes se cultivan a partir de semillas frescas y viables sembradas en primavera. Se ha hallado que algunos hibiscos germinan más fácilmente si a sus semillas se les hace una muesca con una cuchilla de afeitar. Las semillas se siembran en una mezcla comercial de germinación, o en arena y turba. *H. mutabilis* se multiplica a partir de esquejes de madera dura cortados en invierno; *H. syriacus*, de esquejes de madera dura cortados en invierno o de esquejes cortados de las puntas firmes de los tallos en verano; y *H. rosa-sinensis*, de esquejes de madera dura, de unos 15 cm de longitud, cortados a finales del invierno o a principios de la primavera, o de esquejes de madera casi dura en verano u otoño. La cama caliente moderada puede mejorar los resultados. Algunos híbridos de *H. rosa-sinensis* se desarrollan mejor si se multiplican por medio de injertos de cuña o de hendidura en rizomas como *H. arnottianus* o *H. rosa-sinensis*, cultivar 'Ruth Wilcox', en primavera. Los esquejes se enraízan en una mezcla de arena gruesa de río lavada y bonote, o fonolita y bonote. El polvo de hormonas para enraizar ayuda a la formación de las raíces.

CLIMA Hay especies adecuadas para distintas zonas climáticas.

ESPECIES Es poco probable que algunas de las especies que se mencionan a continuación estén disponibles fuera de sus países de origen. *H. arnottianus*, de la zona 10 y Hawai, es un arbusto o árbol de tamaño pequeño de hasta 6 m, con hojas aovadas, enteras, medio verdes, y flores delicadas, blancas y fragantes con una columna estaminal roja en el centro. *H. diversifolius*, de la zona 10, y de África, Australia y las islas del Pacífico, es un arbusto de hasta 3 m, con hojas lobuladas y espinosas, que produce flores de color amarillo muy claro, de hasta 18 cm de ancho, con los centros morados. *H. heterophylus* es oriunda de Australia y florece exuberante. Se trata de un arbusto alto y perenne de hasta 6 m con hojas simples o hendidas que produce flores que varían de color blanco a rosa claro, de 12 cm de ancho, con centros granates. Se dan también variedades amarillas con el centro rojo. *H. insularis*, de la zona 10 y la isla de Norfolk, es un arbusto alto, perenne y expansivo de hasta 4 m, que desarrolla una maraña de tallos leñosos en su base. Presenta que varían de color crema claro a amarillo limón claro, de 10 cm de ancho, que se decoloran hasta un rosa opaco. El centro de estas flores es granate. *H. moscheutos* de la zona 5, y de Estados Unidos, es una perenne que crece unos 2,5 m. Presenta hojas aovadas y flores de color rosa o rosáceo. Los extravagantes híbridos 'Southern Belle' producen flores enormes, de hasta 35 cm de ancho, en varios colores, incluidos rojo, blanco, lavanda y rosa. *H. mutabilis*, rosa de mayo, de la zona 8 y China, se puede desarrollar como arbusto muy ramificado o como árbol pequeño y caduco de hasta 4 m, con hojas grandes y lobuladas, pilosas en el envés, y flores otoñales, dobles o sencillas, blancas, de 18 cm de ancho, que se tornan de color rosa intenso. *H. rosa-sinensis*, rosa de China, hibisco de China, papo o cayena, de la zona 9, es un arbusto perenne o árbol pequeño muy valorado por sus flores coloridas que brotan durante un período muy prolongado. Los numerosos híbridos de esta especie han aumentado la gama de colores, de tamaños y de calidades de sus floraciones. Los colores varían en la actualidad de rojo a naranja, a amarillo, a blanco, a rosa, a marrón y a lavanda, además de multicolores, en flores que brotan sencillas, semidobles y dobles, de hasta 30 cm de ancho. En las regiones con temperaturas cálidas, florecen desde finales de la primavera hasta finales del otoño. En los trópicos, producen floraciones durante todo el año. Cuando el tiempo es más fresco, las flores son más pequeñas, de color más intenso y, a veces, las dobles se transforman en sencillas. De las flores rojas de *H. rosa-sinensis* se extrae un tinte. *H. rosa-sinensis*, rosa de China, planta que se adapta muy bien, puede tolerar el aire cargado de salitre, pero no la exposición a las condiciones en la línea de la costa. *H. sabdariffa*, hibisco de Jamaica, de la zona 10, es una planta tropical anual o bienal de hasta 2 m, de hojas trilobuladas, y flores pequeñas y amarillas. Una parte del fruto se usa en la preparación de mermeladas y jaleas. *H. schizopetalus*, de la zona 10 y África oriental tropical, es un arbusto perenne, de hasta 4 m, con hojas redondeadas, dentadas, de color verde intenso, y flores delicadas de color rojo o rojo anaranjado, suspendidas de los tallos largos. Los pétalos están delicadamente formados y curvados, y la columna estaminal cuelga bastante por debajo de la flor. *H. syriacus*, rosa de Siria o Althea, de la zona 5 y originaria de China, es un bello arbusto o árbol pequeño, caduco y de floración exuberante, de 3-5 m de altura. Se trata de una especie resistente, útil para los jardines de los climas templados porque florece con abundancia desde finales del verano hasta el otoño. Sus hojas adquieren varias formas, pero son habitualmente trilobuladas o

Hay muchos cultivares de *Hibiscus rosa-sinensis*, rosa de China, papo o cayena, que necesitan cultivo bajo cristal en los climas helados.

dentadas. Sus cultivares tienen colores más frescos como el azul, rosa, morado y blanco. Pueden ser sencillas o dobles y de hasta 16 cm de ancho. La base del pétalo está por lo general manchada de rojo o granate. *H. tiliaceus*, de la zona 10, es un árbol tropical, extendido y perenne, de hasta 10 m, que presenta hojas grandes, acorazonadas, de color verde claro, y flores amarillas de hasta 10 cm de ancho, con centros carmesí, durante todo el año.

Hibiscus sabdariffa (fam. Malvaceae)

Rosa de Jamaica, rosa de Abisinia

La porción carnosa del fruto de esta planta se usa para preparar mermeladas y conservas, que son sumamente deliciosas, aunque no se consumen extensamente. Se cree que *Hibiscus sabdariffa* es una especie originaria de África. Se trata de una planta anual o bienal de crecimiento rápido que alcanza 1-2 m de altura. Presenta hojas grandes y trilobuladas con pecíolos rojos. Las flores son amarillas y similares a las de hibisco, seguidas por los frutos, que pueden ser rojos o amarillos.

CULTIVO En los climas propensos a las heladas, esta planta sensible se puede cultivar como las del tomate, ya sea bajo cristal o en el jardín. Las semi-

El fruto de la rosa de Jamaica está listo para la cosecha tres semanas después de la floración. Para preparar conservas, solo se usan las escamas rojas y carnosas.

llas se siembran en primavera. Las plántulas se siembran en macetas y se trasplantan cuando alcanzan los 15 cm de altura. Para sembrarlas en el jardín, espere a que terminen las heladas, entonces sitúelas en filas con 1 m de separación. Las primeras cabezuelas se pueden empezar a cosechar unas tres semanas después de la floración de modo que los frutos no estén del todo maduros y leñosos. La rosa de Jamaica es relativamente inmune a las plagas.

CLIMA De la zona 10 a las regiones tropicales, aunque crece como planta veraniega anual en todas las zonas.

Hicksbeachia (fam. Proteaceae)
Nueces de mono

De las dos especies de árboles nativos del norte y este de Australia incluidos en este género, solo una se cultiva.

CULTIVO En los climas con heladas, se cultiva como planta joven de follaje en invernaderos intermedios o soleados. Se adapta bien al cultivo en maceteros. Se siembra en compost y se riega bien durante su período de desarrollo. En exteriores necesita suelos ricos en humus y con buen drenaje en sitios soleados.

CLIMA Zona 10.

Las nueces rojas de la *Hicksbeachia pinnatifolia* son comestibles, pero es poco probable que se produzcan en las plantas pequeñas que se cultivan en maceteros bajo cristal.

ESPECIES *H. pinnatifolia*, nueces de mono, es nativa de los bosques tropicales de Australia oriental. Crece unos 10 m y presenta hojas elegantes, grandes y lobuladas. Produce ramos de flores de color crema en verano. Estas son seguidas por «nueces» rojas, ovaladas y comestibles.

Hippeastrum (fam. Amaryllidaceae)

Estas magníficas plantas bulbosas oriundas de América tropical tienen flores individuales con forma de trompeta de hasta 20 cm de ancho. Brotan en tallos altos y rectos, de 30-60 cm de longitud, en invierno y primavera.

CULTIVO Se cultivan en invernaderos cálidos o soleados, o en una habitación cálida en el interior de la casa. Los bulbos se siembran en otoño, con la tercera parte superior expuesta, en compost. Necesitan un máximo de luz, aunque protegidos de los rayos directos del sol. Riéguelos normalmente mientras se encuentran en desarrollo, pero reduzca el agua después de la floración y suspenda el riego cuando las plantas entran en reposo. No se deben trasplantar a otras macetas más grandes hasta que no sea indispensable. Se propagan en otoño a partir de retoños.

CLIMA Zona 10.

En esta plantación masiva de híbridos ostentosos del género *Hippeastrum*, el cultivar rojo y blanco rompe el efecto compacto de las flores de color rojo puro.

ESPECIES *H. aulicum*, de hasta 60 cm, produce flores carmesíes y moradas con las gargantas florales verdes. *H. pratense*, que se llama en la actualidad *Rhodophiala pratensis*, crece hasta 40 cm y produce flores de color rojo brillante o morado violeta. *H. psittacinum* produce flores de color verde y con rayas escarlatas. *H. puniceum* crece hasta alcanzar una altura de hasta 45 cm, produce flores de color rojo brillante con la base verde. *H. reginae*, de hasta 60 cm, produce flores rojas y blancas con gargantas florales de color blanco verdoso. *H. reticulatum*, que alcanza hasta 30 cm de altura, produce flores de color malva rojizo brillante con pintas más intensas. *H. striatum*, con una altura de hasta 30 cm, produce flores verdes y carmesíes.

Hoheria (fam. Malvaceae)

Originario de Nueva Zelanda, este género poco numeroso incluye arbustos y árboles caducos y perennes con modos de desarrollo delgado y vertical. La población maorí ha utilizado algunas especies con fines medicinales.

CULTIVO Prosperan en lugares abrigados con suelo profundo, con buen drenaje y enriquecido con materia orgánica. Se propaga en verano a partir de esquejes de vástagos casi maduros.

Hoheria lyallii, con hojas arracimadas, se considera uno de los árboles más bellos de Nueva Zelanda. Las flores brotan con abundancia en verano.

CLIMA Zona 8.

ESPECIES *H. angustifolia* crece hasta desarrollarse como un árbol de unos 9 m de altura, con hojas arracimadas, entre ovales y puntiagudas, y ramos de flores blancas. Es perenne. *H. lyallii* es un arbusto grande o árbol pequeño, caduco, de 7-9 m de altura. Las hojas son juveniles y ovales, y las ramas son pilosas y fragantes. Las flores brotan individuales o en racimos. *H. populnea*, árbol en su mayor parte perenne, que alcanza hasta 9 m, es muy liso y presenta hojas satinadas, dentadas y curtidas. Las flores blancas brotan en racimos a finales de invierno y a principios de otoño. *H. sexstylosa* es un árbol pequeño, de hasta 7 m, con hojas estrechas, entre ovales y lanceoladas. Produce racimos pequeños de flores blancas de olor dulzón.

Holmskioldia (fam. Verbenaceae)
Sombreros chinos

Nativos de las regiones costeras cálidas de India, Madagascar y África, estos hermosos arbustos se valoran por sus exóticas flores rojas y su crecimiento rápido.

CULTIVO Excepto en los climas tropicales, se cultivan en invernaderos cálidos o soleados. Siémbrelos en tiestos con compost para macetas y protéjalos de los rayos directos del sol. Proporcióneles apoyo a los tallos y pode después de la floración para mantener la planta dentro de sus límites. Se propagan a finales del verano a partir de esquejes casi maduros. Necesitan cama caliente para conseguir enraizar.

CLIMA Solo climas tropicales.

ESPECIES *H. sanguinea* es un arbusto perenne, vigoroso, de desarrollo irregular, que crece hasta 3,5 m o más, y que se cultiva principalmente por sus racimos de flores muy peculiares que se desarrollan a partir de un tubo rojo y estrecho que se apoya en un cáliz rojo extendido. Sus tallos largos y arqueados la hacen una planta ideal para cultivar con espaldares. Hay disponible también una forma con flores amarillas.

La poda sistemática de *Holmskioldia sanguinea* después de la floración es necesaria para que la planta se mantenga compacta y florezca con todo su potencial.

Homalocladium platycladum es un arbusto tropical de aspecto muy curioso que se puede cultivar como planta para interiores.

Homalocladium (fam. Polygonaceae)

Este arbusto perenne, tropical y de las islas Salomón florece habitualmente sin hojas. Presenta racimos de flores pequeñas, verdosas, sin tallo, y frutos duros, secos y de forma triangular, envueltos por un cáliz grande de color morado rojizo intenso.

CULTIVO En los climas propensos a las heladas, se cultiva en invernaderos cálidos o soleados, o como planta para interiores. No es probable que florezca si se cultiva en maceteros. Siémbrela en compost para macetas y proporciónele buena luz, aunque protegida de los rayos directos intensos del sol. Se propaga en verano a partir de esquejes en una cama de propagación caliente.

CLIMA Zona 10 como mínimo.

ESPECIES *H. platycladum*, llamado helecho basto, crece hasta alcanzar 2-3 m en condiciones de cultivo, aunque el doble de esa altura en su hábitat. Presenta tallos nudosos y planos, y flores diminutas y verdosas.

Hosta (fam. Hostaceae)
Bellas de día

Hay unas 40 especies agrupadas en este género de plantas herbáceas y perennes, en su mayor parte nativas de Japón, con algunas especies originarias de China y Corea. Se cultivan principalmente por sus conjuntos de hojas grandes y decorativas que brotan en una variedad de colores verde y verde azulado a veces con pintas verdes, plateadas o doradas. Los ramos de flores inclinadas hacia abajo, con forma de embudo, similares al lirio y de color azul, lila, morado o blanco, brotan en verano en tallos largos, cuya mayoría sobrepasa muy por encima de las hojas. Se ven muy bonitas cuando se siembran alrededor de elementos acuáticos prominentes o debajo de los árboles. Hay una gama extensa de cultivares encantadores.

CULTIVO Esta planta es fácil de cultivar, siempre que disponga de un sitio húmedo y sombreado en suelos ricos en nutrientes. Se puede cultivar también en tiestos o macetas, si se riega bien. Si se cultiva en conjuntos, ayuda a impedir el desarrollo de las malas hierbas. Añádale estiércol bien descompuesto y turba al suelo, y rodee la planta con compost o estiércol cada primavera. Se siembra en otoño o primavera, y se riega bien durante el tiempo seco. Se propaga a partir de la división de los conjuntos a finales del invierno o a principios de la primavera. Las especies se pueden cultivar a partir de semillas; los cultivares, a partir de división vegetativa.

CLIMA Zonas 6 o 5, si se aporca cuantiosamente el área sobre las raíces.

ESPECIES *H. fortunei* presenta hojas anchas y verdes, y flores de color lila claro. La variedad *albopicta* produce flores de color blanco amarillento con los bordes verdes y se oscurece cuando madura; la forma aurea presenta hojas amarillas que se tornan de color verde claro en verano, y la variedad *aureomarginata*, hojas acorazonadas de color verde intenso con los bordes amarillos. *H. lancifolia* crece hasta alcanzar los 60 cm, con hojas estrechas de color verde oscuro y flores moradas, que se decoloran con el tiempo. En raras ocasiones, produce semillas. *H. plantaginea*, de hasta 65 cm, presenta hojas grandes, lustrosas y verdes, y flores blancas y fragantes en otoño. *H. plantaginea*, variedad *japonica* presenta hojas y flores más alargadas. *H. rectifolia*, de aproximadamente 1 m, presenta

Aunque se cultivan principalmente por su follaje, las especies de *Hosta* también producen flores muy bonitas.

hojas largas de 30 cm y produce flores acampanadas de color azul cobalto o morado. *H. sieboldiana*, variedad *elegans* de hasta 75 cm, presenta hojas de color azul grisáceo y ramos densos de flores de color lila claro que brotan en tallos habitualmente más cortos que el follaje. *H. sieboldii*, de hasta 30 cm de altura, presenta hojas con los bordes de color blanco o blanco amarillento, y flores de color violeta. *H. undulata*, variedad *undulata*, de hasta 90 cm, presenta hojas con los bordes ondulados y una franja central blanca. Produce flores de color lavanda que brotan en racimos densos. La variedad *univitatta* presenta también hojas con la franja central blanca. *H. ventricosa*, de hasta 1 m, presenta hojas largas, acorazonadas y verdes, y flores de color violeta intenso con nervaduras más oscuras.

Hovea (fam. Papilionaceae)
Guisantes azules o morados, vainas ferruginosas

Este género, que se distribuye por Australia occidental y oriental, incluye unas 12 especies de arbustos recubiertos en primavera por masas de flores azules semejantes a las del guisante. Se encuentra a menudo en los bosques como arbusto bajo. Pocas especies se cultivan hasta ahora en jardines domésticos. Presenta hojas ovaladas, que son a veces pilosas en el envés.

CULTIVO Las especies de *Hovea* se desarrollan mejor en sitios abrigados, húmedos y parcialmente sombreados. Prosperan en suelos de marga arenosa relativamente profundos, ricos en nutrientes, que han sido cubiertos con pajote. En las regiones con heladas intensas, se cultivan en invernaderos frescos o soleados, en macetas compost. Proporcióneles condiciones ventiladas, ligeramente húmedas y buena luz. Se propagan a partir de semillas que germinan con facilidad, remojadas en agua caliente durante la noche y cortándoles una muesca con una cuchilla a lo largo del costado. Siémbralas en una mezcla de arena gruesa y turba con una proporción de 3 a 1.

CLIMA Zona 9.

A principios de la primavera, *Hovea longifolia* presenta un espectáculo maravilloso de color.

El fruto de *Hovenia dulcis*, de forma curiosa, es dulce y sabroso. La copa del árbol es ligera y relativamente extendida hacia fuera.

ESPECIES *Hovea acutifolia* es un arbusto erguido y tupido que presenta hojas ovales, de color verde claro, aterciopeladas en el envés, y que produce racimos de flores de color morado intenso desde finales del invierno hasta principios de la primavera. *H. elliptica* es una especie resistente de hasta 2,5 m, con un modo de desarrollo arqueado y ramificado. Se trata de una planta atractiva en primavera, cuando se cubre de bonitas flores azules. *H. heterophylla* es una especie enana de hasta 30 cm. Tiene un modo de desarrollo rastrero y produce racimos de flores en su mayor parte de color lila. *H. lanceolata* es un arbusto encantador y muy resistente de hasta 2 m, que se encuentra mayormente en los valles abrigados. Las flores varían de color lila a morado. *H. pungens*, de aproximadamente 1 m, es un arbusto con hojas espinosas y flores de color violeta pintadas de blanco en la base.

Hovenia (fam. Rhamnaceae)
Árboles japoneses de las pasas

Hay solo dos especies de árboles incluidas en este género de China y Japón. Ambas son caducas. Una se cultiva por su follaje elegante y sus frutos dulces y comestibles, que brotan en la base del ta-

llo floral. Estos frutos tienen también usos medicinales y la madera tiene valor comercial.

CULTIVO Estos árboles se cultivan mejor en sitios abrigados con suelos ricos en materia orgánica y buen drenaje. No es necesario podarlos. Se propagan a partir de semillas sembradas en primavera o a partir de esquejes casi maduros sembrados entre finales del verano y principios del otoño.

CLIMA Zona 6.

ESPECIES *H. dulcis*, árbol japonés de las pasas, es caduco y crece entre 10-15 m de altura. Las ramas producen un efecto extendido hacia fuera y parecido al encaje. Sus hojas anchas presentan bordes delicadamente dentados. Se colorean de amarillo en otoño. Las flores, de color crema, brotan desde principios hasta mediados del verano. Sus frutos de color marrón caramelo maduran entre el otoño y el principio del invierno.

Howea (fam. Arecaceae)
Palmeras centinela, kentias

Este género agrupa solo dos especies. Ambas son oriundas de la isla Lord Howe, en el Pacífico. Las dos especies fueron nombradas originalmente *Kentia* y, desde entonces, se han conocido comúnmente con ese nombre. Se trata de palmas gráciles, con hojas arqueadas y plumosas, y tallos largos y lisos muy distintivos. Las inflorescencias consisten de espigas sencillas, no ramificadas, con flores de color marrón claro o verde, según la planta sea masculina o femenina, o espigas ramificadas. Las flores son seguidas por frutos que contienen una semilla grande y muy dura recubierta con una pulpa delgada y fibrosa.

CULTIVO En los climas con heladas, estas palmas se cultivan en invernaderos cálidos o soleados, o como plantas para interiores. Prosperan mejor en compost para macetas enriquecido con corteza astillada. Proporcióneles un máximo de luz, aunque protegidas de los rayos directos del sol, y un ambiente húmedo. Cámbielas de maceta solo cada pocos años y, en los años intermedios, aplique compost fresco en primavera sobre la superficie. Añada fertilizante líquido mensualmente durante la estación de crecimiento. Son propensas a las infestaciones por cochinillas y arañas rojas, que se deben mantener bajo control. En exteriores, se cultivan en suelos con buen drenaje y orientados con sombra parcial o a pleno sol. Se propagan a partir de semillas sembradas tan pronto han madurado. Germinan a una temperatura de 26 °C.

En su nativa isla Lord Howe, *Howea belmoreana* crece en colonias grandes y densas.

CLIMA Regiones más cálidas de las zonas 9 o 10.

ESPECIES *H. belmoreana*, conocida como palma rizada, es la especie que menos se cultiva. Su tronco, con los anillos muy próximos entre sí, sobrepasa en raras ocasiones los 6 m de altura y los 15 cm de diámetro. La inflorescencia es una sola espiga, y sus frutos lustrosos y verdes maduran con un color verde grisáceo. La especie *H. fosteriana* se cultiva extensamente tanto en interiores como en exteriores en Australasia, Europa y Estados Unidos. Presenta un tronco delgado, de unos 12 m. Las inflorescencias son espigas ramificadas y los frutos maduran de color amarillo a naranja, a rojo intenso opaco.

Hoya (fam. Asclepiadaceae)

La mayor parte de las cerca de 200 especies de este género de plantas suculentas son trepadoras. Se distribuyen desde China e India, a través de Malaisia y Australia, hasta las islas del sur del Pacífico. Presentan hojas carnosas y producen racimos de flores fragantes, estrelladas, de color blanco, crema, amarillo, rosa o rojo entre la primavera y el verano.

CULTIVO En los climas con heladas, se cultivan en invernaderos cálidos o soleados; excepto *H. carnosa*, que crece mejor en condiciones frescas. Cultívelas en macetas con compost enriquecido con corteza astillada y abono preparado con hojas descompuestas. Proporcióneles buena luz, pero protéjalas de los rayos directos del sol, y ambiente húmedo. Las especies trepadoras necesitan algún tipo de apoyo y se pueden podar ligeramente después de la floración. Se propagan en verano a partir de esquejes casi maduros que se ponen a enraizar en una cama de propagación caliente, o a partir de acodos en primavera.

CLIMA Regiones subtropicales a tropicales; zona 10 como mínimo.

ESPECIES *H. australis*, flor de cera australiana, oriunda de Australia y Fiji, presenta tallos delgados y retorcidos; pares de hojas gruesas, lustrosas, ovales y de color verde oscuro, de 5-8 cm de longitud; y flores pequeñas y blancas con los centros rojos.

Los capullos cerosos y de color rosa de *Hoya carnosa* parecen muy artificiales. Las plantas prosperan cuando sus raíces están confinadas.

La forma dorada de la especie *Humulus lupulus* es una trepadora muy vigorosa en los climas frescos. Necesita apoyarse en una pérgola o un arco sólidos.

H. carnosa, es nativa de China e India. Se trata de una especie de enredadera que presenta hojas gruesas y carnosas de hasta 9 cm de longitud, y racimos densos de flores duraderas de color blanco o rosa claro con centros de color rojo rosáceo. Hay disponibles formas de hojas variegadas. *H. lanceolada*, subespecie *bella*, procedente de India, es una arbustiva con ramas delgadas e inclinadas hacia abajo, con racimos de flores pequeñas, cerosas y blancas con los centros de color rosa morado que duran una semana. *H. macgillivrayi*, oriunda del extremo norte de Australia oriental, produce grandes floraciones llamativas y rojas. *H. rubida*, tiene hojas aovadas de color verde brillante y flores cerosas de color rojo oscuro. El fruto es largo y grueso.

Humulus (fam. Cannabaceae)
Lúpulos

Las dos o tres especies de este género de plantas perennes, resistentes y retorcidas, se distribuyen por las regiones templadas del hemisferio norte. Son de crecimiento rápido y presentan tallos fuertes, hojas anchas, pequeñas flores unisexuales y frutos secos de una sola semilla. Se asocian principalmente con la producción de cerveza, que se elabora a partir de la resina amarga de la flor femenina madura de *Humulus lupulus*.

CULTIVO Esta planta crece bien en casi cualquier tipo de suelo, pero se desarrolla mejor en los suelos muy ricos en nutrientes. Prospera en los climas templados y necesita riego frecuente durante los veranos secos. Se propaga en primavera a partir de semillas germinadas a 18 °C, o de esquejes casi maduros en verano, con cama caliente.

CLIMA Zona 5.

ESPECIES *H. japonicus*, lúpulo de Japón, oriunda de Asia, se trata como planta anual y se cultiva a partir de sus semillas. Es una planta decorativa, que crece hasta los 4 m con hojas largas, dentadas y de color verde claro. El cultivar 'Variegata' presenta un follaje rayado y manchado de blanco. *H. lupulus*, proveniente de las regiones templadas de Europa, ha sido introducido en otras, donde se emplea para la producción de cerveza. Crece hasta alcanzar los 6-9 m de altura, presenta hojas largas y dentadas, y frutos muy espinosos. El cultivar 'Aureus' es muy popular y se cultiva por su atractivo follaje dorado.

Hyacinthoides (fam. Hyacinthaceae)
Campanillas

Estas plantas bulbosas de Europa y el noroeste de África se cultivan por todo el mundo y se ven muy bonitas en los bordes o los jardines de rocalla. Se pueden observar probablemente en su mejor momento cuando se le deja aclimatar debajo de árboles caducos. Presentan hojas largas que brotan de la base y producen atractivas flores acampanadas, perfumadas, y de color azul, blanco y rosa en primavera. Las plantas de flores azules son las que se cultivan con más frecuencia y las que crecen más vigorosas.

CULTIVO Las plantas de las campanillas crecen mejor con sombra parcial, en suelos con buen drenaje y en un marco natural. Los bulbos se siembran en otoño a 10 cm de profundidad. Se propagan a partir de la división de los bulbos cuando los conjuntos se hacen más grandes. Riéguelas durante el período de crecimiento.

CLIMA Húmedo y fresco. Zona 5.

ESPECIES *H. hispanicus*, sinónimo *Endymion hispanicus*, campanilla española, se cultiva en las regiones entre cálidas y moderadas. Presenta hojas con forma de correa que pueden alcanzar hasta 50 cm de longitud y flores azules. Hay cultivares con flores de color blanco o rosa, mientras que 'Excelsior' las produce de color violeta claro con rayas azules. *H. non-scripta*, sinónimo *Endymion nonscriptus*, campanilla inglesa, florece durante toda la primavera y, en los climas frescos, hasta avanzado el verano. Presenta el mismo follaje verde con forma de correa, de hasta 40 cm de longitud, y produce flores inclinadas hacia abajo de color azul violeta. Hay cultivares con flores de color rosa y blanco.

Las plantas de campanilla son muy atractivas cuando se dejan aclimatar, pero puede ser algo difícil de lograr en los jardines pequeños.

Hyacinthus (fam. Hyacinthaceae)
Jacintos

Nativo de Asia occidental y central, este género de plantas bulbosas agrupa solo tres especies, pero las que siembran los jardineros son los cultivares de *Hyacinthus orientalis*. Son valoradas por sus flores a menudo fragantes, que brotan en primavera.

CULTIVO En los jardines, necesita suelos profundos, razonablemente fértiles y con buen drenaje, con una orientación expuesta a pleno sol o en sombra parcial. Los bulbos se siembran en otoño, a 10 cm de profundidad y a 10 cm de separación. Para obtener floraciones invernales en interiores, se siembran, también en otoño, en vasijas con compost y con la parte superior de los bulbos apenas visible sobre su superficie. Es posible comprar bulbos especialmente preparados para que florezcan a principios del invierno, por lo general cerca de las fiestas de la Navidad. Después de sembrados, conserve las vasijas en un sitio fresco y oscuro, y pasadas 6-8 semanas, cuando los bulbos han producido raíces, manténgalas en la habitación a una temperatura ambiente de unos 10 °C. Una vez que las plantas hayan florecido, los bulbos se pueden sembrar en el exterior, en los lechos del jardín.

Los jacintos son plantas perennes muy cultivadas por su bonito aspecto y por su perfume suave y agradable.

Los bulbos se pueden enraizar también en agua o en mantillo de fibra para bulbos húmedo, en vasijas de cristal diseñadas especialmente. Se pueden colocar en un lugar razonablemente iluminado de un invernadero o de una habitación cálida a una temperatura aproximada entre 18-21 °C. Después que han florecido, los bulbos se pueden sembrar en exteriores. No es probable que el jacinto bajo cultivo forzado en interiores florezca al año siguiente. Las especies se propagan a partir de semillas esparcidas en cajones de siembra con suelos ligeros, que se deben conservar en un semillero módulo tipo Cold Frame. Tardan unos tres años en florecer. El jacinto se puede propagar también a partir de los bulbillos o vástagos separados de los bulbos viejos. Es mejor sembrarlos en lechos exteriores en otoño. Tardan 2-3 años para florecer. La producción de bulbillos se puede inducir si se corta una porción con forma de platillo de la parte inferior de los bulbos maduros, de modo que les extraiga una tercera parte, o más. Los bulbos cortados se ponen en un sitio seco y sombreado para desecar la parte dañada antes de sembrarlos en el exterior. Se siembran en suelos de marga arenosa que drenen fácilmente. No se deben regar con demasiada frecuencia.

CLIMA Zona 7.

ESPECIES *H. orientalis*, «common hyacinth», originaria de Turquía, Siria y Líbano, es una de las plantas favoritas de los jardineros. Crece hasta alcanzar los 15-30 cm de altura, con espigas densas de flores muy fragantes con forma de embudo que varían de color. Presenta un follaje satinado, verde con forma de correa. Los cultivares de *H. orientalis* están disponibles con flores de color blanco, azul claro, azul oscuro, rosa, rojo y amarillo.

Hydrangea (fam. Hydrangeaceae)

Hay unas 20 especies de este género de arbustos exuberantes, ostentosos, perennes o caducos de las regiones templadas de Asia y Norteamérica. Se cultivan por sus espectaculares racimos florales abovedados o lisos compuestos por flores diminutas rodeadas de brácteas coloreadas que, en la especie progenitora original, eran de color rojo,

rosa, blanco o azul. La mayoría florece a mediados del verano. Hay disponibles actualmente muchos híbridos en color rojo intenso, rosa claro e intenso y azul morado. Son por lo general menos vigorosos que la especie progenitora original. Las plantas de *Hydrangea* varían de altura entre arbustos de 1 m hasta trepadoras que alcanzan los 18 m. La mayoría presenta hojas grandes y ovales con los bordes dentados. Algunas son productoras prolíficas de flores. En una misma cabezuela se encuentran a veces florecillas tanto estériles como fértiles, mientras que las cabezuelas de muchas de las formas de cultivo están compuestas en su mayor parte por florecillas estériles. Las especies de *Hydrangea* producen brácteas dobles, semidobles o dentadas. Se pueden cultivar en interiores y exteriores.

CULTIVO Necesitan suelos ricos en nutrientes con buen drenaje, pero que retengan la humedad. A estos se añade abono preparado con hojas descompuestas, estiércol de vacuno, musgo del género *Sphagnum* o compost. Se pueden cultivar a pleno sol o en sombra parcial, pero se deben proteger de los vientos fríos. Se pueden cultivar durante muchos años, siempre que se poden sistemáticamente y se cuiden. Para producir brácteas azules o moradas a partir de las variedades de color rosa, añádales cada mes sulfato de aluminio u otro pre-

Un solo arbusto de *Hydrangea macrophylla* muestra una gama de colores. Las flores cambian de bonitos tonos mientras maduran.

parado comercial para acidificar el suelo. Una adición anual de cal a los suelos tiende a favorecer la producción de tonos rosa o rojo. La mayoría de los híbridos más recientes producen colores más estables que los tipos más viejos. Se propagan a partir de esquejes de madera dura, de 25 cm de longitud, que se siembran individualmente a finales de otoño en suelos arenosos de sitios abrigados. Habrán enraizado bien para el otoño del año siguiente. Algunas especies se pueden propagar también a partir de acodos o de serpollos. Se pueden arraigar a partir de esquejes cortados que procedan de las puntas de los tallos durante la estación de crecimiento.

ESPECIES *H. anomala*, subespecie *petiolaris*, hydrangea trepadora, de la zona 5, es una planta caduca que alcanza como mínimo los 15 m y se fija a las superficies planas por medio de raíces aéreas. Produce cabezuelas lisas de flores blancas en verano. *H. arborescens*, de la zona 3, es un arbusto redondeado, de hasta 2,5 m, con flores abovedadas y blancas. El cultivar 'Grandiflora' produce flores arracimadas y estériles. *H. aspera*, de la zona 7, oriunda de Asia meridional y oriental, es un arbusto caduco muy ramificado, de hasta 2 m, con flores estériles y blancas. La subespecie *sargentiana* es un bello arbusto caduco y erguido que crece hasta una altura de 3 m. Presenta hojas aterciopeladas, oblongas y puntiagudas, y flores tardías que varían de color azul a morado. *H. heteromalla*, de la zona 6, es un arbusto ramificado, de hasta 2 m o más, que produce flores blancas tanto fértiles como estériles. *H. macrophylla*, hydrangea común, de la zona 5 y Japón, es un arbusto caduco que tiene un modo de desarrollo ordenado y redondeado de hasta 2 m de altura. Produce cabezuelas lisas con flores de color azul o rosa entre mediados y finales del verano. Sin embargo, lo que siembran los jardineros son los numerosos cultivares. Hay dos grupos: 'Hortensias' o 'mophead hydrangeas', con cabezuelas grandes y esféricas compuestas por flores estériles; y 'Lacecaps', con cabezuelas lisas de flores fértiles rodeadas por flores estériles. Hay muchas para escoger en cada grupo. Los colores de las flores pueden ser azul, rosa, rojo o blanco, o sus combinaciones. *H. paniculata*, de la zona 3,

y China y Japón, produce flores cónicas de color blanco amarillento. El cultivar 'Grandiflora', con flores grandes, ostentosas y blancas, es el que se cultiva con más frecuencia. *H. quercifolia*, de la zona 5 y Norteamérica, es un arbusto caduco y tupido de hasta 2 m que produce conos florales blancos.

Hymenocallis (fam. Amaryllidaceae)
Lirios araña

Este género de plantas bulbosas de floración veraniega se conocía antes como *Ismene*. Produce maravillosas flores exóticas del tipo araña en tallos muy altos. Hay unas 40 especies, todas oriundas de las Antillas y de la región de los Andes, en Sudamérica.

CULTIVO En los climas propensos a las heladas, las especies más sensibles se cultivan en invernaderos cálidos, pero las más resistentes —como *Hymenocallis narcissiflora*—, en invernaderos frescos. Los bulbos se siembran en otoño con la tercera parte superior expuesta. Se cultivan en macetas con compost con buen drenaje. Mientras se encuentran en reposo, las especies perennes se deben conservar solo húmedas; pero las caducas, completamente secas. En exteriores, se cultivan en suelos con buen drenaje y protegidas de las lluvias invernales. Se propagan a partir de semillas o retoños.

Los conjuntos masivos de las especies de *Hymenocallis* son encantadores cuando florecen, pero su follaje, brillante y vivaz, es también un rasgo significativo.

CLIMA Zona 10 para la mayoría de las especies.

ESPECIES *H. caribaea*, oriunda de las Antillas, crece hasta alcanzar los 70 cm y produce flores blancas y fragantes. *H.* x *festalis*, es un híbrido encantador con flores de color blanco puro deliciosamente perfumadas. *H. littoralis* crece hasta los 75 cm con numerosas hojas largas y flores poco comunes de color blanco puro. *H.* x *macrostephana*, de la zona 9, produce hasta ocho flores blancas con los tubos del cáliz verdes en cada tallo. *H. narcissiflora* «lirio sagrado de los incas», de la zona 9, tolera las heladas leves. Crece hasta alcanzar 60 cm, y produce hasta cinco flores blancas y olorosas. La especie *H. speciosa*, de las Antillas, produce flores blancas muy fragantes.

Hymenosporum (fam. Pittosporaceae)
Fiangipani australiano

La única especie de este género procedente de los bosques tropicales de Australia se cultiva por sus atractivas flores grandes de color amarillo cremoso y por su modo de desarrollo con los tallos acodados.

CULTIVO Bajo cristal, 'Australian frangipani' se cultiva en compost para macetas, con un máximo de luz, aunque protegido de los rayos directos del sol, y condiciones ventiladas. En exteriores, necesita una orientación a pleno sol, además de suelos con buen drenaje que contengan mucho humus. Se

Las flores olorosas de *Hymenosporum flavum* varían del color crema al crema intenso, al amarillo, con la madurez.

propaga en primavera a partir de semillas, o de esquejes casi maduros en verano. Ambos requieren cama caliente.

CLIMA Regiones más calidas de la zona 9.

ESPECIES *H. flavum*, de hasta 15 m, es un árbol perenne de crecimiento rápido que presenta hojas satinadas de color verde brillante. Se trata de un árbol espléndido a principios del verano, cuando produce racimos de flores fragantes, tubulares, de color crema que se tornan amarillo intenso con la madurez. Estas son seguidas por vainas lisas.

Hyophorbe (fam. Arecaceae)
Palma botella

Este género de palmas con hojas pinnadas compuestas está casi extinto en su archipiélago natal de las islas Mascareñas, pero dos de sus especies se han cultivado bastante extensamente en las regiones tropicales del mundo. Se emplean para sembrarlas en las costas porque toleran los vientos cargados de salitre. Se trata de plantas poco comunes que presentan troncos cortos y corpulentos, y penachos ordenados con solo unas pocas hojas arqueadas. Las inflorescencias brotan en varios momentos del año.

Los troncos abultados de *Hyophorbe lagenicaulis* producen un impacto en el paisaje tropical y se verían igualmente impresionantes bajo cristal.

CULTIVO En los climas con heladas se cultivan en invernaderos soleados cálidos o comunes, en macetas o tiestos con compost. Se les proporciona un máximo de luz, aunque protegidas de los rayos directos del sol, y un ambiente húmedo. Se propagan a partir de semillas que germinan a 27 °C.

CLIMA Zona 10 como mínimo.

ESPECIES *H. lagenicaulis*, palma botella, presenta un tronco abultado y gris, de hasta 70 cm de diámetro, pero su altura total excede en raras ocasiones los 3 m. El penacho presenta solo unas pocas hojas de hasta 1,5 m de longitud con dos filas regulares de hojuelas inclinadas hacia arriba. Las frondas oscuras presentan un doblez hacia la mitad de su longitud. *H. verschaffeltii*, palma de huso, crece hasta los 6 m. El tronco, con un diámetro de 40 cm en su punto medio, se afina hacia arriba. El penacho presenta 5-10 hojas de 1,5 m de longitud, con hojuelas largas, más suaves y situadas con menos regularidad.

Hypericum (fam. Clusiaceae)

Hipéricos

Hay más de 400 especies de arbustos anuales y perennes de este género que es endémico de las regiones templadas del hemisferio norte. Se han desarrollado también muchos híbridos. Varían desde arbustos grandes, extendidos o arqueados, a subarbustos compactos y plantas coberteras. El follaje de los arbustos y subarbustos es habitualmente perenne y, a menudo, con nervaduras o moteados de color negro. Las atractivas flores de cinco pétalos producen masas de estambres en el centro y brotan en varios tonos de amarillo. Estas plantas florecen la mayor parte del año.

CULTIVO Las especies de *Hypericum* se siembran en suelos con buen drenaje y con una orientación soleada, aunque algunas, como *Hypericum calycinum*, prosperan mejor a la sombra. Algunas necesitan la protección de un muro o de una cerca. La mayoría requiere poca poda, mientras que otras se benefician de una poda a principios de la primavera. El método de propagación depende de cada especie y puede variar desde las semillas, a los esquejes división vegetativa.

Las flores, doradas y con forma de copa, de este cultivar de *Hypericum patulum* se ven muy claras contra el follaje oscuro.

CLIMA Hay especies adecuadas para distintas zonas climáticas.

ESPECIES *H. calycinum*, hipérico rastrero o hierba de san Juan, de la zona 6, es un arbusto de hasta 60 cm, y presenta tallos rastreros y flores de color amarillo dorado de 5 cm de ancho. *H. forresti*, sinónimo *H. patulum* variedad *forresti*, de la zona 5, es un arbusto de cerca de 1 m de altura, adecuado para las regiones muy frías. *H. x inodorum*, de la zona 8, es un arbusto arqueado de 1,5 m, que presenta hojas y flores fragantes. *H. monogynum*, de la zona 9, es un arbusto extendido, semiperenne, que crece hasta alcanzar 1 m de altura. *H. x moseranum* (*H. calycinum* x *H. patulum*), de la zona 7, es un arbusto perenne que crece 30-60 cm de altura y presenta flores anchas, con forma de platillo. *H. olympicum*, de la zona 6, es un arbusto tanto erguido como rastrero de hasta 24 cm. *H. patulum*, de la zona 6, es un arbusto perenne y erguido que produce flores de color amarillo dorado y crece hasta alcanzar una altura de 1,5 m. *H. perforatum*, que se conoce como hierba de san Juan o corazoncillo, de la zona 3, es una mala hierba problemática que ha sido declarada dañina en algunos países. *H. prolificum*, de la zona 4, es un arbusto perenne de hasta 2 m, con flores pequeñas.

Hypocalymma (fam. Myrtaceae)

Estos arbustos procedentes de Australia, sumamente bellos, son plantas ornamentales para los climas cálidos, o ejemplares individuales para las regiones más frescas. Florecen con abundancia en colores que varían del blanco a tonos desde el rosa al crema y amarillo.

CULTIVO Todas las especies se deben cultivar en suelos con buen drenaje. La mayoría prospera mejor a la sombra durante el período más caluroso del día y bajo una sombra salpicada de manchas de sol el resto del tiempo. Bajo cristal, se cultivan en condiciones frescas y ventiladas, en macetas con compost, al que se añade gravilla complementaria. Garantíceles un máximo de luz, pero protegidas de los rayos directos del sol. Se propagan en primavera a partir de semillas, que no se cubren con el compost, o de esquejes casi maduros a finales del verano.

CLIMA Regiones más cálidas de la zona 9.

ESPECIES *H. angustifolium* es un arbusto resistente y expansivo de hasta 1 m de altura. Presenta un follaje delicado, produce flores de color rosa intenso en primavera y verano, y tolera condiciones húmedas y pantanosas. *H. cordifolium* es un arbusto expansivo de hasta 1 m que produce flores primaverales blancas. Los brotes nuevos son rojizos y se tornan de color verde claro en la medida en que maduran. Tolera el drenaje insuficiente, pero necesita riego abundante en verano. La mejor orientación es la semipenumbra. *H. robustum*, mirto de Swan River, de hasta 60 cm, produce masas de flores de color rosa intenso con las puntas doradas en primavera. Prospera mejor en una sombra leve.

Hypoestes (fam. Acanthaceae)

Se trata de un género muy numeroso de plantas herbáceas perennes oriundo de las regiones tropicales y subtropicales del sudeste de Asia, África meridional y Madagascar, pero solo se cultivan habitualmente dos de sus especies. Estas se siembran por su follaje atractivo. En los climas propensos a las heladas, se cultivan en invernaderos cálidos o soleados, como plantas para interiores, o como plantas anuales para lechos veraniegos.

CULTIVO Bajo cristal o en interiores, se cultivan en macetas con compost. Es necesario proporcionarles buena luz, aunque protegidas de los rayos directos del sol. Se recomienda un ambiente húmedo. Se propagan en primavera a partir de semillas germinadas a 18 °C, o de esquejes de madera blanda o casi madura.

Los tallos arqueados de la *Hypocalymma angustifolium* son portadores de sus flores pequeñas y espaciadas ordenadamente. Esta especie florece en primavera y verano.

La *Hypoestes phyllostachya* es una buena planta doméstica que se emplea también para sembrar en lechos veraniegos de sitios soleados o con poca sombra.

CLIMA De subtropical a tropical. Zona 10 o superior.

ESPECIES *H. aristata*, procedente del sur de África, es una planta semejante a las arbustivas, de hasta 1 m, que produce, desde el verano hasta el invierno, espigas terminales de flores pequeñas y tubulares con colores que varían del rosa al morado. *H. phyllostachya* conocida también como «planta del flamenco», de Madagascar, crece hasta una altura de 1 m y presenta hojas atractivas, aovadas, con manchas de color rosa. Las flores, pequeñas y de color malva, son bastante insignificantes.

Hypoxis (fam. Hypoxidaceae)
Hierbas estrelladas

En su mayor parte nativas del sur de África, estas plantas se distribuyen también por Norteamérica y del Sur, Australia y el sudeste de Asia.

CULTIVO Los bulbos se siembran en otoño con la parte lisa hacia abajo en suelos con buen drenaje y enriquecidos con compost o estiércol. Necesitan una orientación soleada y protección contra las lluvias invernales excesivas y las heladas. En maceteros en invernaderos, siémbrelas en compost enriquecido con abono preparado con hojas descompuestas y gravilla. Garantíceles buena luz. No se riegan en invierno. Se propagan a partir de retoños cuando están en reposo, o a partir se semillas en primavera.

CLIMA Zona 9.

ESPECIES *H. hirsuta*, procedente de Norteamérica, de hasta 20 cm, produce flores amarillas a finales de la primavera. *H. hygrometrica*, «hierba del buen tiempo», es una especie de Australia con hojas largas y estrechas, y flores amarillas que tienden a cerrarse cuando el tiempo se nubla. *H. stellata*, del sur de África, produce flores de color amarillo o blanco puro con rayas verdosas y un centro distintivo de color negro morado, y hojas largas y lisas. La variedad *elegans* produce flores blancas con franjas de color azul oscuro o rayas moradas.

Hyssopus officinalis (fam. Lamiaceae)
Hisopo

Símbolo de la humildad en la pintura religiosa, el hisopo es una planta bien conocida desde la Antigüedad en las regiones meridionales de Europa y Asia central. Sus hojas aromáticas se emplean para preparar infusiones con fines terapéuticos o para condimentar sopas y ensaladas. El aceite esencial que se extrae de sus raíces, se utiliza en la elaboración de algunos licores y colonias. *Hyssopus officinalis* es una planta herbácea, arbustiva, que alcanza entre 45-60 cm de altura y presenta hojas estrechas de color verde oscuro, y flores pequeñas y azules. Hay variedades ornamentales, cuyas flores brotan de color blanco, rosa o rojo.

CULTIVO Se siembra en suelos razonablemente fértiles, con buen drenaje, idealmente alcalinos y en un sitio soleado. Se propaga en verano a partir de esquejes cortados de los tallos blandos, o de semillas germinadas en otoño en un semillero de hortalizas.

CLIMA Zona 3.

Esta forma de hisopo con flores de color rosa es una bonita planta decorativa. Sus flores atraen mariposas y abejas.

IJ

Iberis (fam. Brassicaceae)
Carraspiques

Nativo de Europa meridional y Asia occidental, este género de unas 30 plantas anuales, perennes y subarbustivas ha adoptado el nombre antiguo de España.

CULTIVO Crecen bien en cualquier tipo de suelo corriente de jardín, siempre que disponga de un drenaje adecuado. Toleran una orientación tanto a pleno sol como en sombra parcial. Las plantas anuales se cultivan in situ a partir de semillas. Las plántulas se entresacan a unos 30 cm de separación. Las flores se abren unos dos meses después de la siembra y las cabezuelas marchitas se quitan para estimular nuevas floraciones y evitar que las plantas se agosten. Las especies perennes se propagan a partir de la división vegetativa de las raíces, o de esquejes cortados en el verano después de la floración.

CLIMA Zona 7

ESPECIES *I. amara* es una planta arbustiva anual erguida, de unos 30 cm, que presenta hojas lanceoladas, semiverdes, y cabezuelas abovedadas de flo-

El carraspique blanco o zarzara, *Iberis amara* 'Iceberg', es un cultivar veraniego anual popular. En el marco de este jardín, se asocia con pensamientos.

res pequeñas de color blanco puro. Prosperan en sombra parcial y con riego sistemático. Algunas de sus cepas producen floraciones semejantes a las del jacinto. *I. sempervirens*, carraspique o cestillo de plata, es un subarbusto perenne, pequeño, compacto, de unos 30 cm, adecuado para bordes y jardines de rocalla. Sus cabezuelas densas y redondeadas de flores blancas complementan el follaje tupido de color verde oscuro. La floración dura varias semanas. *I. umbellata*, carraspique común, de hasta 30 cm, es la planta anual común con flores de color rosa, violeta, morado, rojo, lila o carmesí.

Ilex (fam. Aquifoliaceae)
Acebos

Hay 400 especies de este género de árboles resistentes, perennes y caducos en su mayor parte, que se distribuyen sobre todo por los climas templados del hemisferio norte. Se cultivan por sus hojas atractivas, gruesas y curtidas de color verde oscuro, y por sus bayas coloridas que brotan principalmente en verano. Las flores pequeñas, insignificantes y de color blanco verdoso son habitualmente unisexuales y las bayas, por lo general rojas, también pueden ser amarillas o negras. Aunque los acebos crecen en las regiones cálidas, la mayoría de las especies necesita climas más frescos para desarrollarse bien y producir buenas cosechas de bayas.

CULTIVO Se propagan a partir de semillas, esquejes o injertos. Las semillas pueden tardar hasta un año en germinar y el sexo de las plantas no se conoce hasta que florecen algunos años después. Sin embargo, esto no es importante si se cultivan grandes cantidades de ejemplares para formar setos o pantallas. Los métodos de propagación a partir de esquejes, injertos, con el empleo de patrones para obtener plántulas, se emplean para la multiplicación de variedades y cultivares. Los esquejes, de unos 5-6 cm, se cortan en otoño de la madera madura de la estación en curso. Los acebos crecen en la mayoría de los suelos de jardín, pero necesitan riego sistemático en verano, cuando las plantas son jóvenes. Pódelos a finales del invierno para estimular su desarrollo denso.

Entre el follaje oscuro y satinado de *Ilex aquifolium* se destaca un racimo de bayas rojas y algunas flores blancas.

CLIMA Zona 6 para la especies que se describen a continuación.

ESPECIES *I. aquifolium*, acebo común, es una especie popular en Europa y Norteamérica por el color que aporta en invierno. Ha sido usada extensamente como progenitora de híbridos. Es el acebo que asociamos con la Navidad. Se trata de un árbol perenne muy resistente y de crecimiento un tanto lento, de unos 25 m, que desarrolla una estructura aproximadamente piramidal. Las hojas, espinosas y de color verde oscuro, se hacen más lisas con la madurez. Como las flores son unisexuales, las bayas brotan solo en los árboles femeninos cuando hay un ejemplar masculino cerca que les aporte su polen. Es un bello ejemplar de árbol individual, que se puede emplear también para setos. Tolera inviernos muy fríos y, una vez que se ha desarrollado, tolera también la sequía. Algunos cultivares solo producen flores masculinas; otros, solo femeninas. Por lo tanto, si se quiere obtener una cosecha de bayas, es necesario cultivar una combinación de variedades. 'Silver Queen' es la mejor de las formas variegadas de color crema plateado y produce solo flores masculinas. Las hojas presentan bordes de color blanco cremoso. Se puede seleccionar un cultivar variegado plateado, como 'Argentea Marginata', con flores femeninas, para cultivarlos juntos. Otros cultivares

populares incluyen: 'Golden Queen', que es un acebo masculino, que presenta hojas espinosas elegantemente bordeadas de dorado y poliniza los cultivares femeninos 'Ferox', conocido como 'hedgehog holly', con la superficie del haz de las hojas espinosa, es un acebo compacto, con la corteza morada, que no produce bayas. 'Ferox Argentea' es una forma variegada de crecimiento lento que presenta pintas de color blanco plateado; 'Ferox Aurea' es de crecimiento lento hasta unos 2 m con diseños variegados de color dorado; 'J. C. van Tol' es un acebo femenino autofecundado que produce grandes cosechas de bayas. Los racimos de bayas brillantes, satinadas y rojas, que perduran en el ramaje durante todo el invierno, y su follaje de color verde intenso, lo convierten en un ejemplar individual elegante para jardines. *I. cornuta*, acebo chino, es un arbusto o árbol pequeño perenne, muy ramificado, que se autofecunda. Tolera un clima más cálido y produce bayas más grandes que el acebo común. *I. crenata*, acebo japonés, es un arbusto perenne compacto, con ramas rígidas y hojas pequeñas, estrechas, de color verde intenso, y bayas pequeñas y negras. En Japón, es un favorito para el cultivo de bonsáis. Se emplea también para setos o para podarlos con formas de animales. Hay una gama amplia de cultivares de las especies *I. cornuta* e *I. crenata*. Existen numerosas formas enanas de *I. crenata* que incluyen 'Compacta', 'Helleri', 'Hetzii' y 'Morris Dwarf'. Se trata de buenas coberturas tupidas, si se siembran masivamente en grupos o macizos.

Illicium (fam. Illiciaceae)
Anís

Nativo de Norteamérica y el sudeste de Asia, este género agrupa aproximadamente 40 especies de arbustos perennes que se cultivan por sus llamativas flores fragantes de muchos pétalos y su follaje elegante.

CULTIVO Las especies de *Illicium* se cultivan en sombra parcial o a pleno sol, y se garantiza que el sitio donde se siembran esté protegido de los vientos fríos. Los suelos deben ser ácidos o sin cal, con buen drenaje, aunque capaces de retener la humedad, y con mucho humus. Se propagan en verano a partir de esquejes casi maduros o de acodos en primavera.

CLIMA Zona 8 para la mayoría de las especies.

ESPECIES *Illicium anisatum*, anís estrellado japonés o badiana de Japón, es un arbusto o árbol pequeño aromático que crece lentamente hasta alcanzar los 8 m. Las hojas ovales, gruesas, carnosas y puntiagudas son satinadas y de color verde oscuro, y las flores, de color amarillo claro, brotan en primavera, incluso cuando las plantas son jóvenes. La corteza de esta especie se seca y se usa para elaborar incienso en sus países originarios. Las ramas florecidas se usan a menudo para decorar las tumbas budistas en Japón. *I. floridanum*, de la zona 9 y el sur de Norteamérica, produce bellas flores estrelladas de color morado intenso a principios del verano. Se trata de un arbusto tupido y aromático, de aproximadamente 3 m, que presenta hojas lanceoladas, curtidas y de color verde intenso. *I. verum*, anís estrellado, es un árbol de crecimiento lento, que alcanza aproximadamente los 20 m, con hojas largas, de unos 15 cm de longitud, y flores primaverales de color rosa blanquecino que se tornan moradas. El fruto inmaduro es la fuente de una especia que los chinos emplean para cocinar, y su aceite esencial destilado tiene un historial extenso de usos medicinales con excelentes resultados.

Illicium verum (fam. Illiciaceae)
Anís estrellado

Nativo del sudeste de China y del nordeste de Vietnam, se trata de un árbol de crecimiento lento que puede alcanzar hasta 15 m en condiciones ideales. Presenta bonitas flores estrelladas. El género *Illicium* estuvo incluido antes en la familia *Magnoliaceae*. Los frutos inmaduros se emplean como especia culinaria y el aceite esencial que se destila de los frutos se usa para dar sabor a ciertos licores. También ofrece algunos usos medicinales.

CULTIVO Estos árboles necesitan suelos ácidos con buen drenaje y ricos en materia orgánica. Se pueden cultivar a pleno sol o en sombra parcial, y se deben proteger de los vientos fuertes. En las zonas climáticas por debajo de la 9, se cultivan en invernaderos frescos o soleados, en macetas con compost.

CLIMA Zona 9. Tolera heladas leves.

Illicium anisatum, sumamente aromática, es una especie que produce bonitas flores de color crema o amarillo. Se cultiva en sitios abrigados para concentrar su fragancia.

Los frutos inmaduros de anís estrellado se cosechan como especia culinaria.

Impatiens (fam. Balsaminaceae)
Balsaminas

El género *Impatiens* recibe ese nombre debido a la «impaciencia» que parece mostrar con su crecimiento. Incluye unas 800 especies de anuales y perennes, y arbustos pequeños oriundos de Asia y África. Estas plantas, en su mayor parte suculentas o de madera blanda, aportan una manifestación colorida desde primavera hasta principios de otoño.

CULTIVO En los climas con heladas, se cultivan en invernaderos entre intermedios y cálidos, o soleados, o como plantas para interiores. Los cultivares de la especie *I. walleriana* y las especies de *Impatiens* procedentes de Nueva Guinea se cultivan principalmente como plantas para lechos veraniegos, y se siembran cuando han terminado las heladas. Bajo cristal, cultívelas en compost y protéjalas de los rayos directos del sol. Proporciónelas un ambiente húmedo. En exteriores, las plantas crecen mejor en sombra parcial. Se propagan a principios de la primavera a partir de semillas o de esquejes de madera blanda en primavera. En ambos casos en cama de propagación caliente.

Las cepas de *Impatiens balsamina*, de la serie 'Camellia-flowered', son las más populares.

CLIMA Se deben cultivar en condiciones sin heladas. Zona 10 y superior.

ESPECIES *I. balsamina*, balsaminas, es una planta anual arbustiva de unos 50 cm, que produce en verano flores de colores diferentes que varían del rosa, escarlata y blanco, al rosa y amarillo. La serie 'Camellia-flowered', produce flores dobles y es muy popular entre los jardineros, al igual que las cepas enanas. *I. hawkeri*, balsaminas de Nueva Guinea, y sus híbridos, presentan una gran variedad de follaje y tipos de flores, y son plantas populares para tiestos. *I. mirabilis*, de hasta 2 m, presenta tallos muy carnosos y un lignotubérculo engrosado. Las hojas brotan en racimos terminales, y las flores son grandes y amarillas. *I. repens* es una planta rastrera cuyas flores son de color amarillo brillante y ligeramente pilosas en el exterior. *I. sodenii*, es una planta perenne que crece 1-2,5 m y resulta muy adecuada para sembrar en sitios secos, sin heladas y sombreados. Sus flores, de color lila claro, brotan en tallos gruesos y con mucha savia. *I. walleriana*, alegría de la casa o miramelindo, es la especie que se ve con más frecuencia en los jardines domésticos, ya sea como planta para lechos o para interiores. Crece alrededor de 60 cm y sus flores pueden ser de tonos carmín, naranja, escarlata, rosa, lila, morado, rosáceo o blanco, con algunos diseños variegados.

Incarvillea (fam. Bignoniaceae)

Originarias de Asia, estas plantas anuales o perennes herbáceas se introdujeron en Europa a mediados del siglo XIX. Las perennes son las que se cultivan mayoritariamente.

CULTIVO Estas plantas prosperan con una orientación soleada en suelos profundos y ricos en nutrientes. Aunque son muy resistentes, no toleran las raíces húmedas; por lo tanto, se les debe proporcionar un drenaje perfecto. Sus coronas carnosas y enraizadas se siembran en primavera a 10 cm de profundidad. En los climas sometidos a heladas intensas, rodéelas con pajote. Se propagan a partir de semillas en otoño o primavera, y se germinan en un semillero de hortalizas. Se pueden

Las flores arracimadas, con forma de trompeta y de color rosa de *Incarvillea delavayi* producen en primavera una mancha de color en los jardines.

Indigofera australis, que florece por igual al sol o a la sombra, es una planta muy adaptable.

dividir o se puede obtener un esqueje a partir de un vástago fuerte cortado justo a ras de suelo.

CLIMA Hay especies adecuadas para distintas zonas climáticas.

ESPECIES *I. delavayi*, de la zona 6, es una planta perenne de hasta 45 cm, de raíces carnosas, presenta hojas sin tallos semejantes a las de los helechos, tallos florales altos y floraciones primaverales de colores que varían del rosa intenso al morado. *I. mairei*, variedad *grandiflora*, de la zona 4, de hasta 15 cm, produce a principios del verano floraciones grandes, de color rojo rosáceo intenso, con un tubo naranja y una garganta floral manchada de blanco. *I. olgae*, de la zona 7, es una planta un tanto arbustiva, de entre 60-90 cm de altura, que produce racimos de flores de color rosa claro a principios del verano.

Indigofera (fam. Papilionaceae)

Añiles

Este género numeroso, que se distribuye por las regiones tropicales y subtropicales del mundo, incluye unas 700 especies de plantas anuales y perennes, además de arbustos y árboles pequeños con hojas verdes todo el año y caducos. Muchas de las especies que se cultivan son arbustos que producen un follaje oscuro de color verde azulado y ramos de flores semejantes a las del guisante, que producen una manifestación atractiva durante la primavera. Los colores de las flores varían del morado al lila rosáceo. *I. tinctoria* es la fuente del tinte azul oscuro, llamado añil, sumamente valorado en el pasado.

CULTIVO Crecen en cualquier suelo de jardín, siempre que sea húmedo y disponga de un buen drenaje. Las plantas florecen con más facilidad si se riegan sistemáticamente. Se propagan a partir de semillas, que germinan más rápido si se remojan la noche anterior a la siembra en agua caliente, porque la cáscara de la semilla es dura y cerosa. Se pueden propagar también a partir de esquejes y, a menudo, a partir de serpollos.

CLIMA Hay especies adecuadas para distintas zonas climáticas.

ESPECIES *I. amblyantha*, de la zona 5 y Asia, es un arbusto de hasta 2 m que produce flores de color rosa. *I. australis*, añiles de Australia, de la zona 9, es una de las especies más delicadas. Crece hasta alcanzar 1,5 m de altura con flores de color verde azulado, hojas pinnadas y ramos de flores de color rosa, morado o, muy ocasionalmente, blanco. *I. decora*, de la zona 5 y de China y Japón, es un arbusto pequeño de hasta 60 cm que produce retoños rojizos, hojas pinnadas de color verde claro, y ramos abundantes con floraciones de color blanco rosáceo durante los meses más cálidos del año. Tiende a expandirse bajo tierra por medio de raíces rastreras que se pueden arrancar fácilmente cuando son tiernas. *I. heterantha*, de la zona 7, es un arbusto resistente y alto, con un modo de desarrollo expansivo, que produce encantadoras flores de color rosa.

Iochroma (fam. Solanaceae)

Este género agrupa 15 arbustos y árboles de América tropical, algunos de los cuales tienen usos medicinales locales. Se cultivan por su follaje atractivo y sus racimos de flores tubulares que pueden ser azules, moradas, rojas, amarillas o blancas. La mayoría tiene largos períodos de floración durante el verano. Los frutos son bayas con un cáliz.

Lochroma cyaneum, arbusto fácil de atender en un invernadero soleado, no se cultiva actualmente con frecuencia.
Las flores, de color azul añil intenso, duran varios meses.

CULTIVO En los climas con heladas, se cultivan en invernaderos intermedios o soleados, en macetas con compost. Necesitan buena luz, pero protegidas de los rayos directos del sol. Se propagan en primavera a partir de semillas que se germinan a 18 °C, o en verano a partir de esquejes casi maduros que se enraízan con cama caliente.

CLIMA Las regiones más cálidas de la zona 10 y superior.

ESPECIES *I. cyaneum*, es un arbusto perenne expansivo que crece hasta alcanzar 3-4 m. Las hojas son de color verde lustroso en el haz y grisáceas en el envés. Produce durante todo el verano haces inclinados hacia abajo con flores tubulares del color azul violeta muy intenso, con posibles floraciones ocasionales hasta el invierno. Los frutos son raros en condiciones de cultivo.

Ipheion (fam. Alliaceae)

Nativo de Sudamérica, este género poco numeroso de plantas bulbosas de tamaño pequeño incluye unas 10 especies. Produce en primavera flores azules o blancas, a menudo con olor dulzón, entre sus hojas herbáceas.

Ipheion uniflorum es una de las primeras bulbosas que florecen a finales del invierno. Se puede cultivar en maceteros, rocallas o bordes.

CULTIVO Estas bulbosas necesitan una orientación cálida y abrigada a pleno sol en suelos que contengan humus, con buen drenaje, pero capaces de retener la humedad. En los climas con heladas intensas, se debe garantizar que las plantas queden rodeadas con pajote en invierno. Se siembran en otoño, a 8 cm de profundidad y a 5 cm de separación. En los climas con períodos prolongados con heladas muy intensas, cultívelas en macetas con compost, en invernaderos sin calefacción o soleados. Necesitan un máximo de luz. Cuando se encuentran en reposo, en verano, el compost se debe conservar ligeramente húmedo. Se propagan a partir de semillas sembradas en otoño o primavera, que se germinan en un semillero de hortalizas. Por otra parte, se pueden multiplicar a partir de la división vegetativa de los conjuntos en verano.

CLIMA Zona 8.

ESPECIES *I. uniflorum*, originaria de Argentina, es la única especie que se conoce en condiciones de cultivo. Produce masas de flores estrelladas de color blanco azulado y se ve maravillosa cuando se siembra en lechos, bordes, rocallas o tiestos. Crece hasta alcanzar los 20 cm, y presenta un follaje delgado y de color verde gris.

Ipomoea (fam. Convolvulaceae)
Campanillas

Originario de las regiones tropicales y templadas cálidas de mundo, este género numeroso incluye aproximadamente 500 especies de plantas herbáceas y subarbustivas, con hojas verdes todo el año o caducas, anuales o perennes, y unas cuantas suculentas. La mayoría de las especies tiene el modo de desarrollo de las enredaderas, pero las hay también de desarrollo procumbente o vertical. Estas plantas son particularmente útiles para cubrir cercas, enrejados y márgenes. Se pueden cultivar también en maceteros. Aunque son muy atractivas y producen flores asombrosas, algunas especies se han convertido en malas hierbas invasoras y algunas otras son muy tóxicas para el ganado. Se deben mantener fuera del alcance de los niños. *Ipomoea tricolor*, por ejemplo, puede provocar alucinaciones.

Las flores grandes y blancas de la enredadera *Ipomoea alba* presentan pétalos estriados y emanan un olor delicioso.

CULTIVO Se cultivan por lo general a partir de sus semillas duras, a las que se les debe limar delicadamente el hilo para romperles la cáscara antes de sembrarlas y facilitar la germinación. Algunas especies perennes se pueden propagar a partir de esquejes o acodos. Abónelas a principios de la primavera con compost enriquecido de estiércol descompuesto o preparado con hojas descompuestas; en particular, si las hojas se han marchitado. En los climas con heladas, se cultivan en invernaderos entre intermedios a cálidos, o soleados, en compost para macetas. Proporcióneles un máximo de luz, aunque protegidas de los rayos directos del sol. Las especies anuales se pueden cultivar en exteriores en verano, en un sitio soleado, abrigado y con buen drenaje.

CLIMA Zonas 9 y 10.

ESPECIES *I. alba*, de la zona 10 y las regiones tropicales, invierte la fase de floración habitual al abrir sus flores al ocaso y cerrarlas al amanecer. Esta bella enredadera perenne, que se cultiva a menudo como planta anual, produce flores redondas, muy perfumadas, de 15 cm de ancho, blancas y con rayas de color verde lima. Crece rápido hasta aproximadamente 4 m. *I. horsfalliae*, de la zona 10, es muy apropiada para cultivar en interiores de los climas templados. Esta encantadora enredadera perenne produce flores largas, tubulares y de color rojo rosáceo durante casi todo el año. Requiere suelos húmedos con bastante materia orgánica. *I. indica*, sinónimo *I. acuminata*, de la zona 10, es una de las especies más populares y se muestra particularmente atractiva en horas tempranas de la mañana cuando abre sus abundantes flores con forma de trompeta y de color azul brillante. En algunos países cálidos, se considera mala hierba. *I. pandurata*, de la zona 9, es una enredadera o rastrera perenne con tubérculos grandes en las raíces, y flores blancas y moradas de unos 10 cm de ancho. *I. purpurea*, de la zona 9, puede ser una planta invasora en las regiones cálidas.

Ipomoea batatas (fam. Convolvulaceae)
Batata

Esa especie indígena de América tropical y las Indias Orientales, se cultiva extensamente en las regiones cálidas y templadas del mundo por los tubérculos comestibles de sus raíces. Es una fuente muy valiosa de vitamina A. Contiene, además, vitamina C.

CULTIVO Es una planta perenne herbácea, pero se cultiva como anual veraniega. Se trata de una trepadora de crecimiento rápido. En los climas frescos, este vegetal se cultiva generalmente en invernaderos cálidos y húmedos. Lo ideal es sembrarlo en los suelos de un borde o en un lecho, pero se puede sembrar también en bolsas de cultivo o en macetas y tiestos grandes. Los tubérculos se deben sembrar en primavera, aproximadamente a 7 cm de profundidad y a 30 cm de separación. Si se cultiva en bordes o lechos, se siembran por lo general en los suelos de caballones elevados. Por otra parte, en los climas más frescos, se pueden desarrollar a partir de semillas sembradas en primavera y germinadas a 24 °C. Las plántulas se pueden sembrar en exteriores cuando han alcanzado los 15 cm de altura. Los cultivados a partir de sus tubérculos se pueden cosechar dentro de un plazo de 3-4 meses. Los que se cultivan a partir de semillas están listos

Estos tubérculos grandes de las raíces de la batata (o boniato) han sido extraídos y lavados. Sus variedades pueden producir pulpas de color blanco, crema o naranja.

para la recolección en aproximadamente cinco meses.

CLIMA Se cultivan en exteriores, en las regiones más cálidas de la zona 9.

Iresine (fam. Amaranthaceae)
Iresine

Hay aproximadamente 80 especies de estas plantas perennes, originarias de Sudamérica y de crecimiento rápido, pero solo se cultivan unas pocas. Se siembran por su follaje de colores brillantes y se ven muy atractivas en los bordes mixtos. En los climas frescos, se tratan como anuales porque se marchitan en invierno, y se siembran en los conjuntos de los lechos veraniegos.

CULTIVO Las plantas destinadas a los lechos veraniegos se propagan a partir de esquejes cortados de las puntas de los tallos a finales del verano y enraizados bajo cristal. Se ponen a hibernar en invernaderos cálidos y se propagan de nuevo a principios de la primavera para aportar las plantas nuevas que se deben sembrar en exteriores cuando han pasado las heladas. Para obtener mejores colores, siémbrelas con orientación bien soleada.

'Aureoreticulata' es el cultivar de la especie *Iresine herbstii* que se cultiva con más frecuencia. Ambos se cultivan a menudo juntos.

El encantador lirio de Louisiana prospera en los suelos húmedos a pleno sol, aunque es fácil de cultivar.

CLIMA Zona 10 y superior.

ESPECIES *I. herbstii*, es una planta anual o perenne efímera que crece hasta alcanzar los 2 m y presenta bellas hojas de color rojo y violeta. Las espigas florales se cortan en la medida en que brotan para que la planta no invierta sus energías en la producción de semillas y siga desarrollando su follaje decorativo. El cultivar 'Aureoreticulata' presenta hojas verdosas con nervaduras amarillas y tallos rojos. *I. lindenii*, presenta hojas más delicadas, lanceoladas y satinadas que son por lo general de color rojo sangre intenso, pero que se aclara hacia la nervadura principal.

Iris (fam. Iridaceae)
Lirios

Las flores del género *Iris* brotan en todos los colores de la descomposición de la luz y en muchas combinaciones de esos colores. Se conocen desde la Antigüedad y han ocupado un lugar en los mitos, las leyendas, la medicina y la religión además de en la heráldica y la magia. Este género consta de más de 300 especies con varios cientos de cultivares. Algunos como los lirios holandeses, crecen a partir de bulbos. Otros como los lirios de Louisiana —híbrido de varias especies—, lirios de Japón —*I. ensata*, sinónimo *I. kaempferi* y

lirios de Siberia —*I. sibirica*—, crecen a partir de rizomas. Las especies de *Iris* presentan por lo general hojas rígidas con forma de espadas de 40-80 cm mientras que las flores sobresalen en tallos rectos por encima del follaje. La mayoría de las especies florecen en primavera o a principios del verano. Generalmente, precisan un buen drenaje.

CULTIVO Los cuatro tipos de plantas que se describen a continuación prosperan mejor a pleno sol, con alguna protección contra los vientos fuertes. Los suelos deben estar bien enriquecidos con materia orgánica. En el caso de 'Bearded iris' puede ser necesario añadir una ligera capa de cal a los suelos. Requiere que estos dispongan de buen drenaje, mientras que otras prosperan mejor en suelos con una buena retención de humedad y se pueden cultivar con éxito en los suelos húmedos de las márgenes de los estanques. El cultivo de los lirios de Japón plantea requisitos más rigurosos y se debe sembrar en suelos muy ácidos porque no tolera la cal en ninguna de sus proporciones. Los rizomas de 'Bearded iris' se deben sembrar con unos 20 cm de separación y con solo las raíces enterradas. Los conjuntos de las plantas disponibles se dividen inmediatamente después de la floración entre finales de la primavera y principios del verano, y las hojas se recortan con la forma

Los lirios se ven maravillosos en plantaciones masivas. Las flores individuales tienen un aspecto muy delicado.

de un abanico pequeño. Los lirios de Japón y los lirios de Siberia se siembran mejor a finales del invierno o a principios de la primavera con aproximadamente 15-20 cm de separación, con las coronas de las plantas al nivel del suelo. Su extracción y división se realiza mejor a finales del otoño o en invierno. Los lirios de Louisiana se deben sembrar también a finales del invierno o en primavera. Abónela con fertilizante completo cuando los vástagos comiencen a brotar en primavera. Los lirios de Japón, los lirios de Siberia y los lirios de Louisiana, en particular, necesitan estiércol adicional, compost en primavera, además del fertilizante. Todas las especies de *Iris* se benefician del riego profundo y sistemático durante sus períodos de crecimiento y floración. Los lirios de Japón, los lirios de Siberia y los lirios de Louisiana, en especial, necesitan agua abundante que les conserve el suelo húmedo durante todo su período de crecimiento desde la primavera hasta el otoño. Una vez terminada la floración, corte los tallos florales mustios y elimine cualquier follaje marchito; especialmente, al final de la estación de crecimiento. Les pueden afectar la mancha foliar de origen fúngico —que se puede tratar con oxicloruro de cobre— y la roya. Esta última se trata con la eliminación de las hojas afectadas y la fumigación, si es necesario, con un fungicida apropiado.

CLIMA Zona 7 para la mayoría de la especies.

TIPOS Las plantas del tipo 'Bearded iris' son híbridos que se desarrollan con una gama sorprendente de un solo color y bicolores. Sus flores, elegantes y gráciles, abren una o dos a la vez en tallos que se sostienen muy por encima de los abanicos de hojas rígidas. Sembradas en masa, pueden ser una visión imponente. Vale la pena cultivar hasta un grupo pequeño de este tipo de iris. Hay dos especies del género *Iris* que se cultivan para la extracción de su rizoma fragante, que se usa en perfumería. Se trata de *I. germanica*, especialmente su variedad *florentina*, e *I. pallida*. *I. germanica* es la *fleur-de-lis* —literalmente, flor del lirio— conocida por la historia de Francia. Las plantas del tipo Lirios de Louisiana se desarrollan a partir de iris nativos de Louisiana y Florida, en Estados Unidos, y presentan una forma un tanto lisa. Los híbridos disponibles en la actualidad incluyen una gama asombrosa de colores de una riqueza e intensidad extraordinarias. Los colores varían del blanco puro al morado más oscuro. Estas plantas prosperan en suelos húmedos a pleno sol. Las plantas del tipo Lirios de Japón se han cultivado en Japón durante siglos, aunque su origen preciso es oscuro. Son conocidas por sus bellas flores planas, algunas con bordes ondulados o florituras. Muchas producen flores con nervaduras o retículas de colores intensos. La gama de colores abarca todos los tonos de azul, rojo y morado. Las plantas del tipo Lirios de Siberia se multiplican bien, si se les proporcionan las condiciones propicias; especialmente, humedad abundante. El follaje de este grupo es más estrecho que el de algunos otros, y su gama de colores se limita principalmente al blanco, y a tonos de azul y morado. Hay variedades disponibles actualmente en tonos de colores rosa y rojo.

Iris xiphium, híbridos de (fam. Iridaceae)
Lirios, lirios holandeses

Aunque se conocen por el nombre común de lirios holandeses, estos híbridos se desarrollaron a partir de *Iris xiphium*, lirios españoles y otras especies. Es un encantador ejemplar para jardines. Es también una buena planta para maceteros. El color azul violeta intenso es probablemente el más popular, pero también produce flores de color amarillo dorado, blanco, y otros tonos de azul y violeta. Todas tienen una mancha de color amarillo o naranja en los pétalos. Los tallos florales pueden tener alturas superiores a los 50 cm. Florece en primavera y verano. Hay una variedad de formas y colores encantadores.

CULTIVO Necesita una orientación a pleno sol, con alguna protección contra los vientos fuertes. Los suelos deben disponer de buen drenaje. A estos se les mezcla compost o estiércol descompuestos aproximadamente un mes antes de sembrar las plantas. Los bulbos se siembran en otoño, con 8-10 cm de separación y a una profundidad de 5 cm. La superficie del suelo se abona con estiércol o compost descompuestos después de sembrados. Si el suelo ha sido preparado para la siembra, hará falta añadir poco, o ningún, fertilizante. Después de la siembra, riegue bien los suelos. Más tarde, suspenda el agua hasta que el follaje haya brotado. Riéguelas en abundancia una vez a la semana durante los períodos de crecimiento y floración. Suspenda el riego tan pronto el follaje comience a marchitarse. Los bulbos se pueden dejar sin perturbar durante varios años o hasta que la manifestación floral comience a deteriorarse.

CLIMA Zona 7.

Isopogon (fam. Proteaceae)
Muslos de pollo

Hay unas 30 especies incluidas en este género de arbustos perennes oriundo de Australia. Las hojas varían de largas y estrechas a más anchas y divididas. La cabezuelas, redondeadas y poco comunes, brotan en su mayor parte de color amarillo o rosa, y son seguidas por piñas grandes y esféricas.

CULTIVO En los climas con heladas sistemáticas, se cultivan en invernaderos intermedios ventilados o soleados, en macetas con compost enriquecido con gravilla y abono preparado con hojas descompuestas. Las plantas necesitan un máximo de luz, aunque protegidas de los rayos directos del sol. Necesitan solo riego moderado. En los jardines, se cultivan en suelos entre neutros y ácidos, con una orientación soleada y abrigada. Se propagan en primavera a partir de semillas, después de mantenerlas un día en remojo. Germinan a 24 °C.

CLIMA Regiones más cálidas de la zona 9.

ESPECIES *I. anemonifolius*, oriundo de Australia oriental, es un arbusto erguido de unos 2 m de altura. Produce en primavera cabezuelas compactas, redondas y amarillas en tallos rectos. Las hojas, estrechas, muy divididas y de color verde cla-

El color más popular de los lirios holandeses para mostrar en los jardines o para hacer ramos es probablemente este azul real intenso.

Conocida en Australia por el nombre común de «baquetas» *Isopogon anemonifolius* produce bonitas flores amarillas que se abren lentamente a partir de sus bases.

ro, crecen hasta alcanzar 10 cm. *I. anethifolius*, de Nueva Gales del Sur, presenta un follaje atractivo y suave que se colorea de marrón bronceado en invierno. Produce cabezuelas terminales amarillas en primavera y a principios del verano. Crece hasta alcanzar cerca de 1 m. *I. dubious*, sinónimo *I. roseus*, oriundo de Australia occidental, es un arbusto pequeño, erguido y espinoso, que presenta hojas muy divididas y cabezuelas de color rosa intenso. *I. trilobus* presenta hojas divididas poco comunes y masas de cabezuelas de color amarillo.

Isotoma

(sin. *Laurentia*, fam. Campanulaceae)

Solo se cultivan una o dos especies de este género poco numeroso de plantas anuales y perennes procedentes de Australia y América tropical.

CULTIVO Se cultivan como plantas para lechos veraniegos o para maceteros en invernaderos soleados intermedios. Se propagan en primavera a partir de semillas, que germinan a 18 °C. Las plántulas se siembran en macetas con compost. Por otra parte, se obtienen esquejes en verano, que se siembran cuando han pasado las heladas y con una orientación soleada.

Isotoma fluviatillis, una especie que forma alfombras, es un buen sustituto del césped en sitios por donde no se pisa.

CLIMA Estas delicadas plantas anuales y perennes requieren cultivos en la zona 10.

ESPECIES *Isotoma axillaris*, sinónimo *Laurentia axillaris*, es una planta perenne, arbustiva y pequeña con una base leñosa, que produce masas de flores estrelladas azules sobre un fondo de hojas de lóbulos estrechos de color verde claro desde primavera hasta otoño. Se cultiva invariablemente como anual y es popular como planta para obtener manifestaciones veraniegas. Hay en la actualidad varios cultivares con flores en varios colores: rosa y tonos de azul, o blanco.

Itea (fam. Escalloniaceae)

Entre las 10 especies de este género de arbustos o árboles caducos o perennes, la mayoría procede de las regiones más frescas de Asia oriental, con una especie oriunda de Norteamérica. Las hojas de algunas especies de *Itea* son similares a las del sauce, mientras que otras se parecen a las del acebo.

CULTIVO Las especies de *Itea* prosperan en suelos ligeramente ácidos o de turba, aunque no cenagosos, en un sitio protegido del jardín. Se siembran a finales de otoño o principios de primavera, y se propagan a partir de esquejes cortados en otoño y puestos a enraizar en una mezcla arenosa con cama caliente. Se propagan también a partir de serpollos enraizados a principios de otoño o de semillas sembradas en primavera.

CLIMA Hay especies adecuadas para distintas zonas climáticas.

ESPECIES *I. ilicifolia*, de la zona 7, es un atractivo arbusto perenne, que alcanza los 4-5 m de altura, con hojas parecidas a las del acebo y tallos similares a borlas de flores de color blanco verdoso, que brotan en verano u otoño. *I. virginica*, de la zona 6 y Norteamérica, es un arbusto erguido y delgado, que mide aproximadamente 3 m, y adquiere un color rojo intenso en otoño. Produce en verano espigas delgadas de flores fragantes de color blanco verdoso. Es la especie de *Itea* que se cultiva con más frecuencia y resulta muy apropiada para plantaciones masivas o mixtas; en

Las borlas gráciles de flores ligeramente olorosas convierten a *Itea ilicifolia* en un arbusto poco común que vale la pena buscar.

Ixia viridiflora es apreciada por los jardineros por sus flores de tonos exquisitos, que varían del azul de los huevos de pata a verde claro.

particular, para lugares que se hallan en zonas bajas y húmedas.

Ixia (fam. Iriaceae)
Ixias

Nativo del sur de África, este género agrupa aproximadamente 45 especies de plantas bulbosas que producen en primavera y principios del verano abundantes flores bonitas, fragantes y estrelladas, de unos 5 cm de ancho, en sus tallos largos. Hay híbridos disponibles en una gama de colores encantadores, que incluyen tonos de rojo, rosa, naranja, amarillo y crema, con centros oscuros. Las floraciones abren por completo solo al sol, adquieren una forma atractiva de copa cuando están abiertas parcialmente y se cierran al anochecer y en los días nublados. Las hojas, largas y delgadas, se marchitan hasta el suelo a mediados del verano. Las especies de *Ixia* se ven mejores cuando se cultivan masivamente agrupadas en los jardines, pero son también buenas plantas para cortar.

CULTIVO Donde las temperaturas caen por debajo del punto de congelación, se cultivan en maceteros, en invernaderos frescos. Los bulbos se siembran en otoño en macetas con compost. Proporcióneles un máximo de luz y condiciones ventiladas. El compost debe conservarse completamente seco cuando los bulbos están en reposo. Todos los años tienen que volver a sembrarse en macetas con compost fresco. En exteriores, los bulbos se siembran a 15 cm de profundidad en bordes cálidos, soleados y con buen drenaje.

CLIMA Regiones más cálidas de la zona 9.

ESPECIES *I. campanulata* crece unos 30 cm y produce flores de color morado oscuro o carmesí de primavera a principios del verano. *I. maculata*, de hasta 60 cm, es la especie que se cultiva con más frecuencia. A lo largo de los extremos de sus tallos produce en primavera flores de color amarillo anaranjado, punteadas de negro y con los centros marrones. *I. patens* crece unos 45 cm y produce flores de color rosa con gargantas florales verdes en primavera. *I. viridiflora*, de hasta 30 cm, produce en primavera flores de color verde azulado claro con centros de color morado negruzco.

Ixiolirion (fam. Amaryllidaceae)
Azucenas del Altai

Hay cuatro especies en este género de plantas bulbosas perennes oriundas de Asia occidental y central, que producen ramos encantadores de flores delicadas, fragantes, estrelladas y de color azul lavanda a finales de primavera o principios del verano. Son plantas con flores para cortar.

CULTIVO Los bulbos de estas plantas se siembran a 15 cm de profundidad y 10 cm de separación en otoño, en bordes cálidos y soleados con suelos con buen drenaje. Proporcióneles pajote orgánico para protegerlos del exceso de lluvia en invierno. Se propagan a partir de semillas sembradas en semilleros de hortalizas cuando han madurado, o a partir de retoños cuando los bulbos están en reposo. Las especies de *Ixiolirion* se pueden cultivar también en maceteros en un invernadero sin calefacción.

CLIMA Zona 7.

ESPECIES *I. tataricum*, que es la única especie que se cultiva de este género, produce flores duraderas de color azul en primavera o bien principios del verano.

Ixora (fam. Rubiaceae)
Cruz de Malta

En su mayor parte nativas de Asia y África, con algunas especies distribuidas por Australia, las islas del Pacífico y América, este género incluye aproximadamente 400 especies de arbustos o árboles perennes tropicales con espectaculares cabezuelas fragantes de color blanco, amarillo, naranja, rosa y rojo. En los climas que son propensos a las heladas, son ejemplares ideales para cultivar en invernaderos cálidos o soleados.

CULTIVO Bajo cristal, las especies de *Ixora* se cultivan en macetas con compost con gravilla. Añádales abono preparado con hojas descompuestas. Necesitan buena luz, pero protéjalas de los rayos directos del sol. Requieren además un ambiente húmedo. Riéguelas en invierno, pero normalmente en la estación de crecimiento. Una poda ligera puede ser necesaria en primavera para limitar el crecimiento. En exteriores, cultívelas en sitios abrigados y soleados, o con sombra parcial, en suelos con buen drenaje.

CLIMA Zona 10 o superior.

ESPECIES *I. chinensis* es un arbusto que crece ordenado y compacto hasta 2 m. Sus hojas de color verde intenso son estrechas y puntiagudas, y las cabezuelas de flores tubulares brotan, en primavera y verano, con abundancia en la cima del arbusto. Hay formas florales de color blanco, amarillo, rosa, naranja y rojo. *I. coccinea*, oriunda de Asia tropical, crece 2-3 m en su hábitat, pero solo hasta 1 m en condiciones de cultivo. Produce racimos densos de flores de color rojo anaranjado brillante durante todo el verano y presenta hojas anchas, satinadas y sin filo. Se han producido cantidad de cultivares en varios colores.

Los bulbos de *Ixiolirion tataricum* necesitan una buena intensidad de sol veraniego para florecer. Aunque produce bonitas flores, esta planta no es conocida.

Ixora chinensis produce flores con colores intensos que varían del rojo al naranja durante períodos prolongados en los meses más cálidos. Es una buena planta para invernaderos corrientes o soleados.

Jacaranda (fam. Bignoniaceae)

Jacarandás

Hay unas 45 especies de árboles en este género procedente de América tropical. Una de sus especies, *Jacaranda mimosifolia*, se considera con justicia uno de los árboles productores de flores más bellos del mundo. Caduco solo a finales del invierno, cuando pierde su follaje, queda en reposo hasta la primavera o principios del verano cuando se convierte en una nube de flores de color azul malva.

CULTIVO En los climas con heladas, se cultivan en invernaderos soleados frescos o corrientes como plantas de follaje, porque es poco probable que florezcan cuando se cultivan en maceteros. Se siembran en compost para macetas rico en nutrientes. Proporcióneles un máximo de luz y condiciones ventiladas. Riéguelos bien durante el período de crecimiento, pero reduzca el agua. En exteriores, en los climas apropiados, se cultivan a pleno sol en suelos con buen drenaje. Se propagan en primavera a partir de semillas o en verano a partir de esquejes casi maduros, con cama caliente para ambos casos.

La copa espléndida con flores de color azul lavanda de *Jacaranda mimosifolia* es aún más extraordinaria si las hojas han caído antes de comenzar la floración.

CLIMA Regiones más cálidas de la zona 9.

ESPECIES *Jacaranda mimosifolia*, de Argentina y Bolivia, es un árbol muy extendido, de 10 m, produce un follaje similar al de los helechos; racimos densos de flores con forma de embudo y de color azul malva; y vainas lisas y redondas que brotan en otoño.

Jasione (fam. Campanulaceae)

Botones azules

Estas plantas anuales, perennes y resistentes, originarias de la cuenca del Mediterráneo, presentan hojas sencillas, y flores densas y abovedadas en varios tonos de azul.

CULTIVO Se cultivan en sitios soleados de suelos con buen drenaje. Se propagan en otoño a partir de semillas sembradas en semilleros de hortalizas o, en el caso de las perennes, por división vegetativa en primavera.

CLIMA Zona 5 para la mayoría de las especies.

ESPECIES *J. humilis*, es una planta perenne que produce flores azules. *J. laevis*, sinónimo *J. perennis*, es una perenne pilosa con flores esféricas de color azul claro que brotan en tallos no ramificados que sobresalen muy por encima de un rosetón de follaje empenachado. *J. montana*, de la zona 6, es una anual que produce flores que varían de color azul claro a lila.

Las flores de botones azules, *Jasione laevis*, semejan las de las especies de *Scabiosa*, aunque no están relacionadas.

Jasminum (fam. Arecaceae)
Jazmines

Este género numeroso agrupa tanto plantas trepadoras como arbustos que pueden ser perennes o caducos. Las trepadoras son las que producen mayormente una fragancia agradable y dulce. Son las que se han convertido en una de las preferidas de muchos jardineros. Los pétalos de algunas de las especies olorosas se usan en la elaboración de perfumes y en la preparación de infusiones. Las flores estrelladas brotan con tonos de color rosa, amarillo y blanco. Las hojas son sencillas, trifoliadas o pinnadas y pueden brotar opuestas o alternas.

CULTIVO Estas plantas de crecimiento rápido necesitan una poda anual para controlarlas. En los climas fríos y frescos, las especies resistentes se cultivan en exteriores a pleno sol o en sombra parcial, mientras que las especies delicadas se pueden cultivar en invernaderos entre frescos e intermedios, o soleados.

CLIMA Hay especies de distintas zonas climáticas.

ESPECIES *J. azoricum*, de la zona 9, es una planta trepadora perenne, originaria de la isla de Madeira, que presenta hojas opuestas, y flores blancas y fragantes a finales del verano. Crece hasta alcanzar los 4-5 m. *J. lauriflium*, forma *nitidum*, de la zona 10 y del Pacífico Sur, es una trepadora de tallos delgado, de 2-3 m de altura, que presenta hojas solitarias y ramos de flores blancas. *J. mesnyi*, de la zona 9 y China, es un arbusto perenne, semitrepador con encantadoras flores semidobles amarillas. Presenta ramas largas y arqueadas, por lo que necesita mucho espacio para que se pueda apreciar plenamente su mejor efecto, y hojas trifoliadas de color verde oscuro. Esta especie crece hasta alcanzar los 3 m y prefiere las regiones sin heladas. *J. nudiflorum*, de la zona 6, es un arbusto caduco y trepador originario de China que crece hasta una altura de 3,5 m, y produce flores solitarias y amarillas en invierno. *J. officinale*, jazmín común, de la zona 7 y China, es una planta trepadora, arbustiva, caduca o semiperenne que puede crecer hasta alcanzar una altura de 9 m. Los racimos de capullos de color rosa intenso son seguidos por flores blancas deliciosamente fra-

A finales de invierno y primavera, el perfume intenso de *Jasminum polyanthum* impregna el aire. Su floración es abundante.

gantes en verano y otoño. *J. polyanthum*, de la zona 9, es otra trepadora alta procedente de China, de hasta 3 m. *J. rex*, de la zona 10 y Tailandia, crece hasta alcanzar 2,5 m y produce flores veraniegas de color blanco. *J. sambac*, de la zona 10, es una trepadora perenne con flores blancas muy fragantes. El cultivar doble 'Grand Duke of Tuscany' se ha venido cultivando durante siglos. Las flores de la especie y del cultivar se usan para dar sabor al té.

Jubacea (fam. Arecaceae)
Coquito, palma chilena del vino

Este género de una sola especie de palma, oriundo de las regiones costeras de Chile, es el más tolerante al frío entre todas las palmas del hemisferio sur, aunque se desarrolla en su mejor forma en los climas templados. Es una planta que se ha vuelto rara en su patria, donde se ha derribado constantemente para cosechar su savia dulce que se emplea para producir miel de palma.

CULTIVO La palma chilena del vino o coquito crece lenta y prospera en sitios soleados y en suelos relativamente profundos y húmedos. Se propaga a partir de semillas frescas. La germinación puede tardar varios meses.

Jubacea chilensis, palma chilena del vino, presenta un tronco sólido y un penacho plumoso. Esta palma peculiar se cultiva como ejemplar individual en los jardines públicos o en las avenidas.

CLIMA Zona 9.

ESPECIES *Jubacea chilensis* es una palma de imponente tamaño con hojas pinnadas compuestas que puede llegar a alcanzar los 20 m de altura. Crece lenta en sus primeros años, pero acelera su crecimiento tan pronto su tronco se ha desarrollado. Este es enorme, a menudo de más de 1 m de diámetro, y se afina justo debajo del penacho en los ejemplares viejos. Es liso, de color pardo grisáceo y presenta diseños claros con forma de diamantes. Su penacho grande está compuesto por una masa densa de hojas largas, arqueadas y de color verde oscuro con una nervadura principal gruesa. Produce muchas inflorescencias interfoliares cortas y amarillas, y frutos grandes, cuya pulpa tiene un sabor semejante al del coco.

Juglans nigra y Juglans regia

(fam. Juglandaceae)

Nogales

Los nogales son árboles caducos y grandes que producen nueces comestibles. Sus frutos esféricos son lisos y verdes, que contienen las nueces, las cuales presentan una cáscara de color marrón oscuro y es, por lo general, delgada y arrugada. Las nueces se consumen crudas o se emplean en repostería y pastelería. Algunas especies de nogal se cultivan por su bella madera.

CULTIVO Los nogales se deben sembrar en invierno, mientras están en reposo. Se deben espaciar a no menos de 5 m; preferiblemente, a 7 m de otros. Necesitan suelos profundos, desmenuzables y con buen drenaje, con un suministro de humedad abundante durante la estación de crecimiento, ya sea procedente del agua de las profundidades del subsuelo o del riego sistemático. Estos árboles deben ser abonados a principios de la primavera con fertilizante completo. La poda, cuando es necesaria, se debe realizar durante el reposo invernal.

Este venerable nogal es el centro indiscutible de este extenso jardín. Proporciona sombra en verano y una cosecha abundante de nueces.

Los nogales necesitan por lo general poca poda, excepto para adaptar los árboles a que desarrollen un único tronco o para elevar su copa mediante la eliminación de algunas de las ramas inferiores. En la medida en que estos árboles crecen y comienzan a producir cosechas, es preferible mantener el tronco limpio de ramas hasta una altura mínima de 1,5-2 m, para poder acceder a las nueces cuando caen. Se puede propagar a partir de semillas, aunque la calidad de los árboles es variable. Para conservar buenas cepas, los árboles se multiplican por gemación o injerto en patrones para obtener plántulas.

CLIMA Zona 4 para *J. nigra*; zona 5 para *J. regia*.

ESPECIES *J. nigra*, nogal negro o nogal americano, de la zona 4, crece hasta alcanzar los 30 m en su territorio natal, pero es mucho más pequeño en condiciones de cultivo. Como *J. regia*, esta especie produce nueces comestibles. La madera fina de *J. nigra* se usa en carpintería. Los árboles de nogal crecen lentamente, pero son elegantes. *J. regia*, nogal común, de la zona 5, es un árbol caduco de 30 m de altura, con hojuelas oblongas de hasta 15 cm de longitud y racimos de desarrollo pendular con flores pequeñas que brotan en la madera del año anterior. Hay disponibles muchos cultivares productores de frutos como 'Concorde', 'Eureka', 'Franquette' y 'Payne', pero se deben seleccionar según el clima.

Juncus (fam. Juncaceae)
Juncos

Estas plantas, principalmente rizomatosas, crecen en las regiones frescas y pantanosas de todo el mundo y pueden tener poco valor ornamental. Sin embargo, unas cuantas especies son lo bastante atractivas como para sembrarlas en el borde del estanque de un jardín o en suelos permanentemente cenagosos.

CULTIVO Se desarrollan mejor en suelos arcillosos que retengan la humedad. Se siembran desde finales del invierno hasta la primavera, y se propagan por división vegetativa. Si cultiva ejemplares variegados, elimine cualquier tallo verde tan

Juncus effusus, cuando se cultiva en aguas poco profundas o en suelos cenagosos, es una planta que pone un acento efectivo como especie acuática prominente.

pronto brote, porque toda la planta se puede transformar en verde. Los juncos adquieren mejor aspecto, si el follaje viejo se poda a finales del invierno.

CLIMA Zona 4.

ESPECIES *Juncus effusus*, llamados también juncos japoneses, procedente de Eurasia, Norteamérica, el continente australiano y Nueva Zelanda, es una planta perenne que crece hasta alcanzar los 2 m de altura, aunque, en algunas ocasiones, crece menos. Presenta tallos suaves y verdes, y flores de color marrón amarillento. Esta especie se cultiva en Japón para manufacturar esteras tradicionales. El cultivar 'Vittatus', tiene hojas con rayas amarillas o blancas. La forma popular 'Spiralis', presenta tallos en forma de espiral.

Juniperus (fam. Cupressaceae)
Enebros, sabinas

Este género se distribuye en su mayor parte por las regiones templadas y subárticas del hemisferio norte, aunque se extiende hasta las montañas tropicales del sudeste de Asia, África oriental y Centroamérica. Agrupa unas 60 especies de coníferas que varían desde árboles muy altos hasta arbustos procumbentes. Todas son longevas y se vuelven leñosas con la madurez. Las piñas, llamadas comúnmente bayas, distinguen al enebro de los otros miembros de la familia *Cupressaceae*. Se trata de frutos de color negro azulado o rojizo con las escamas portadoras de semillas fusionadas hasta formar una estructura carnosa. Las hojas juveniles son semejantes a agujas y se convierten a menudo, con la madurez, en hojas de un tipo similar a las del ciprés: cortas, parecidas a escamas y comprimidas fuertemente contra las ramillas. El olor desagradable que emana de las hojas adultas de algunas especies cuando se estrujan ayuda a distinguir este género del *Cupressus*. Las especies de enebro son plantas extremadamente útiles. Además de su aspecto estético, son probablemente las más resistentes y las menos problemáticas entre las coníferas.

CULTIVO Se cultivan mejor con una orientación a pleno sol, aunque se desarrollan bien con sombra parcial. También crecen bien a la sombra de los árboles salpicada por las manchas de sol. En realidad, los enebros cobertores se siembran a menudo bajo árboles y arbustos grandes. Los suelos deben tener buen drenaje. Los suelos gredosos son particularmente apropiados, aunque no esenciales, para el bienestar de estas plantas, que asimilan también suelos secos y arenosos o de rocalla. La poda no es indispensable, pero se pueden recortar anualmente, si se quiere tener plantas ordenadas, tupidas y compactas. Toleran la poda mejor que la mayoría de las coníferas y muchas retoñan en los extremos cortados de las ramas muy grandes. Casi todos los enebros se pueden emplear como ejemplares para bonsáis. Se propagan en verano o a principios del otoño a partir de esquejes cortados de los brotes del año en curso, con un extremo basal de la madera del año precedente. Los esquejes se sumergen en polvo de hormonas para enraizar, se siembran en una mezcla de propagación de arena y turba, y se cubren con un vaso invertido o una bolsa de plástico para garantizarles condiciones de humedad. Se pueden emplear semillas, pero requieren estratificación en frío para garantizar una buena germinación. Los cultivares se deben propagar a partir de esquejes para que conserven sus caracteres.

CLIMA Hay especies adecuadas para distintas zonas climáticas.

El follaje ondulante de *Juniperus conferta* se desborda sobre un muro. Es una planta cobertora densa.

ESPECIES *J. bermudiana*, enebro de las Bermudas, de la zona 9, y Bermuda, es un árbol grande y expandido, que se puede ver raras veces fuera de los jardines botánicos. Los bellos bosques de su hábitat natal han sido despojados hace tiempo. *J. chinensis*, enebro chino, de la zona 4, China, Japón y Mongolia, es por lo general un árbol tupido de hasta 20 m de altura con un follaje delicado de color verde oscuro semejante al del ciprés. Las piñas duras y de color un tanto marrón, de aproximadamente 1 cm de diámetro, presentan una floración cerosa. El cultivar 'Aurea' es un arbusto erguido, de hasta 10 m o más, con un follaje amarillo dorado en invierno y primavera que se torna más verde en verano; 'Kaizuka', sinónimo 'Torulosa', es un árbol delgado, de 5-6 m de altura, con un tronco estrecho, follaje de color verde intenso del tipo adulto, semejante a un sacacorchos, y ramas laterales ascendentes muy empinadas y sumamente puntiagudas; 'Keteleeri' tiene un modo de desarrollo estrecho y piramidal, crece hasta alcanzar los 10 m de altura, y presenta un follaje del tipo adulto de color verde oscuro, y masas de piñas; 'Stricta', tiene un modo de desarrollo delgado y columnar, con un follaje azulado y menos espinoso, y algún follaje del tipo

El cultivar 'Blue Star', de la especie *Juniperus squamata*, presenta un follaje denso y teñido de azul. Esta planta, de desarrollo compacto, crece mejor en las regiones frescas.

adulto. *J. communis*, enebro común, de la zona 3 y Europa septentrional, Asia y Norteamérica, puede ser un árbol erguido y esbelto de hasta 10 m, o un arbusto expandido con una altura y un diámetro de entre 3-5 m. Presenta un follaje del tipo juvenil, con franjas de estomas de color blanco azulado en el envés de las hojas. Esta especie es la fuente de las carnosas bayas de enebro que se usan para aromatizar la ginebra. El cultivar 'Depressa Aurea' es un arbusto enano de hasta 50 cm de altura y 1,5 m de ancho, con las puntas de las ramas con un desarrollo grácil y completamente pendular que se coloran de dorado bronceado en invierno, amarillo en primavera y se tornan más verdes en verano. 'Compressa' es una planta en miniatura, de forma columnar, que sobrepasa en raras ocasiones los 50 cm de altura y produce hojas pequeñas, espinosas, distribuidas densamente y de color verde oscuro. 'Hibernica', 'Irish juniper', es el cultivar más antiguo y mejor conocido. Crece hasta los 5 m y desarrolla una columna densa de follaje verde azulado opaco cuando es joven, pero adquiere una forma cónica más en-sanchada con la madurez. *J. conferta*, enebro de Japón, de la zona 5, es nativo de las zonas costeras desoladas de Japón septentrional y Siberia oriental. Se trata de una especie procumbente que se extiende 2,5 m o más, y se convierte con el tiempo en una alfombra sólida de hasta 30 cm de altura. Su follaje juvenil es de color verde tierno. Crece vigorosamente, pero su desarrollo se puede limitar con la poda. *J. deppeana*, de la zona 8, México y Norteamérica meridional, crece hasta alcanzar 15 m o más en su hábitat, pero raras veces supera alturas superiores a los 6 m en condiciones de cultivo. Adquiere forma cónica, con una copa puntiaguda y un follaje semejante al del ciprés, de un bello color gris azulado plateado. Prospera en los climas relativamente fríos y secos. *J. horizontalis*, enebro horizontal, de la zona 4 y Norteamérica septentrional, es una excelente planta cobertora porque es muy resistente y se expande rápidamente. Hay cultivares disponibles en una gama de colores atractivos, que incluyen 'Bar Harbor', que es una planta pequeña, erguida, con las ramas distribuidas densamente, y un follaje que se torna de un color malva intenso y opaco en invierno; y 'Douglasii', que es un tipo de planta muy vigorosa, que presenta un matorral de tallos primarios y un follaje de color azul grisáceo en verano, que se torna de un color algo morado opaco en invierno. *J.* x *pfitzeriana*, de la zona 3, agrupa un conjunto de cultivares cuyos progenitores son probablemente *J. chinensis* y *J. sabina*. Todos son arbustos expansivos y uno o dos son semiprocumbentes. Los mejores cultivares incluyen a 'Gold Coast', 'Kuriwao Gold', 'Old Gold' y 'Pfitzeriana Aurea'. Todos producen un follaje dorado o amarillo y se encuentran entre los cultivares más populares del enebro 'Pfitzer'. Se cultivan a pleno sol para obtener el mejor color de follaje. *J. procumbens*, enebro de jardines japoneses, de la zona 8 y Japón, es una especie arbustiva procumbente, de hasta 60 cm de altura, cuyas ramas principales brotan paralelas y un poco por encima del suelo. Estas están cubiertas por una corteza gruesa, escamosa y de color marrón claro. Presenta penachos de un follaje espinoso y de color verde claro, y produce bayas marrones o negras. *J. sabina*, sabina, es un arbusto de las montañas de Europa y Asia, que crece hasta

'Kaizuka' es un cultivar popular de *J. chinensis*. Los extremos puntiagudos de las ramas son un rasgo muy distintivo.

alcanzar 3-4 m de altura. *J. scopulorum*, enebro de las Montañas Rocosas, de la zona 3, es una especie nativa de las montañas de Norteamérica occidental. En su hábitat, se desarrolla como un árbol de hasta 12 m, similar a *J. virginiana*. *J. squamata*, de la zona 5 y el Himalaya oriental, se conoce principalmente por su cultivar juvenil 'Meyeri', que se cultiva desde hace mucho tiempo en los jardines de China y se introdujo en Occidente hace aproximadamente un siglo. Se trata de un bello ejemplar, con un modo de desarrollo vertical y

extendido hacia afuera, de ramas fuertes y puntas pendulares, cubiertas por hojas semejantes a agujas y de color azul acero. Crece por lo general hasta alcanzar 1,5 m, pero puede llegar hasta los 10 m con la madurez. *J. virginiana*, de la zona 4 y Norteamérica oriental, crece hasta los 20 m en su hábitat, pero normalmente, por debajo de 10 m en condiciones de cultivo. Es un árbol de estructura piramidal que presenta un follaje verde grisáceo opaco. Los cultivares que vale la pena sembrar incluyen al 'Gray Owl', arbusto de tamaño considerable, de hasta 3 m de altura, con una expansión de 3-4 m. Las ramas horizontales están recubiertas con un follaje de color gris plateado. El cultivar 'Hetzii' presenta un ramaje escalonado con las puntas hacia arriba y alcanza una altura de 5 m con una expansión similar.

Juniperus communis (fam. Cupressaceae)
Bayas de enebro

Este árbol se ha cultivado durante siglos como especia culinaria y planta medicinal. Las ramas de este enebro se quemaban en hogares y calles durante las epidemias de peste, porque se creía que así se purificaba el aire. Las bayas exprimidas se usan para condimentar las carnes de los animales

Las bayas inmaduras de 'Juniper berry' presentan un bonito color azul antes de tornarse negras maduras.

domésticos y de las piezas de caza, y también para preparar salsas para adobar fiambres. Estos frutos o su aceite esencial destilado se han empleado durante mucho tiempo para aromatizar la ginebra y otras bebidas alcohólicas. Las bayas se desarrollan en los árboles femeninos de *J. communis*, que es un árbol erguido que crece hasta 5-10 m de altura en condiciones adecuadas. Presenta hojas espinosas, de color verde-gris y plateado en el envés.

CULTIVO Se puede cultivar en casi cualquier tipo de suelo, pero su crecimiento es más vigoroso en suelos de buena calidad. Se propagan generalmente a partir de semillas, pero se pueden multiplicar también a partir de esquejes cortados de las puntas de los tallos desde el otoño hasta principios del invierno. Necesitan riego sistemático durante los 2-3 primeros años, y durante los veranos muy cálidos y secos.

CLIMA Zona 3.

Justicia (fam. Acanthaceae)

Nativo de las regiones tropicales y subtropicales del mundo, y de las regiones templadas de Norteamérica, este género de arbustos perennes pequeños incluye muchas especies del género *Jacobinia* y todas las especies de *Beloperone*. La mayor parte produce flores llamativamente bellas que brotan durante largos períodos.

CULTIVO Excepto en climas tropicales y subtropicales, se deben cultivar en invernaderos intermedios o soleados, en macetas con compost. Proporcióneles buena luz, aunque protegidas de los rayos directos del sol, y garantíceles un ambiente húmedo. Recorte las plantas jóvenes para que se desarrollen tupidas. A finales del invierno, pode las plantas más viejas ligeramente para conservarlas compactas y bien formadas. En exteriores, se cultivan en suelos con buen drenaje, pero húmedos, y con sombra parcial. Se propagan en verano a partir de esquejes casi maduros, que se enraízan en cama de propagación caliente.

CLIMA Regiones tropical y subtropical. Regiones más cálidas de la zona 10.

Justicia carnea es un arbusto fácil de atender y adecuado para invernaderos intermedios o soleados. Produce sus flores vistosas durante períodos prolongados en verano y otoño.

ESPECIES *J. adhatodoides*, sinónimo *Duvernoia adhatodoides*, presenta hojas elípticas de hasta 20 cm de longitud y produce flores fragantes, acampanadas y de color blanco con pintas moradas en la garganta floral. Crece hasta alcanzar los 3 m de altura y es una buena planta de relleno para sembrar en la parte posterior de los bordes. *J. brandegeana*, sinónimo *Beloperone guttata*, es una de las especies más extensamente cultivadas del género. Se trata de un arbusto perenne, que crece hasta 1 m, y presenta hojas aovadas y espigas florales de desarrollo pendular de 15 cm de longitud. Las brácteas son rojas o marrones, y sus flores, pequeñas y tubulares, son blancas con puntos rojos. El cultivar 'Yellow Queen' presenta brácteas de color verde claro con un matiz amarillento. *J. carnea* es un arbusto perenne muy elegante, que crece hasta los 3 m, produce flores maravillosas con forma de capucha y de color rosa intenso, y presenta hojas de color verde intenso que son moradas en el envés. Hay también un tipo de flores blancas. *J. rizzinii*, de hasta 60 cm, produce flores escarlatas con las puntas amarillas e inclinadas hacia abajo, y hojas pequeñas y estrechas. Florece desde el otoño hasta finales de la primavera. Se trata de una especie perenne con follaje y tallos suaves.

K

Kaempferia (fam. Zingiberaceae)

Las 50 especies de plantas perennes y rizomatosas agrupadas en este género son nativas de la India, China meridional y el sudeste de Asia. Crecen en las superficies forestales como plantas de sotobosque. Algunas se emplean como condimentos y especias, además de por su olor y propiedades medicinales. El follaje es atractivo y pintado o veteado con colores contrastantes.

CULTIVO Estas plantas se cultivan mejor en macetas o tiestos grandes con compost. Necesitan buena luz, pero se deben proteger de los rayos directos del sol. Se propagan en primavera a partir de su división vegetativa.

CLIMA Regiones tropicales.

ESPECIES *K. galanga* presenta un follaje un tanto horizontal, de hasta 15 cm de longitud, y produce flores fragantes y blancas punteadas de violeta en la base. Se cultiva por su rizoma, que se usa como condimento en la cocina asiática además de por su olor. *K. pulchra* crece hasta alcanzar los 15 cm, con un follaje denso pintado bonito, y flores sencillas de color lila en verano. *K. rotunda*, tiene hojas de color verde plateado en el haz y moradas en el envés. Produce espigas pequeñas de flores blancas con puntas de color lila en verano.

Kaempferia pulchra produce flores pequeñas, sencillas y de color lila entre sus hojas sumamente nervudas.

Kaempferia galanga,

Alpinia galanga (fam. Zingiberaceae)

Galangal

Estas dos plantas presentan rizomas que se emplean como fuentes de sabor y aroma. Las dos se emplean extensamente en la preparación de platos de la cocina asiática; especialmente, en la tailandesa. *Kaempferia galanga* presenta un follaje atractivo, redondeado y sumamente nervudo, y produce flores pequeñas, sencillas y blancas. Se trata de una planta de tamaño pequeño y los rizomas, o raíces, se mutiplican con rapidez en la regiones tropicales. En otras regiones, esta planta se marchita completamente con la llegada del tiempo frío. *Alpinia galanga* crece alta, erguida, similar al desarrollo de las cañas, que es típico de todas las especies del género *Alpinia*. Se extiende a partir de rizomas rastreros, que desarrolan rápidamente grandes conjuntos masivos en condiciones cálidas y húmedas constantes.

CULTIVO En los climas propensos a las heladas, estas plantas se cultivan en invernaderos cálidos y húmedos, o soleados, en macetas con compost. Se garantiza buena luz, aunque protegidas de los rayos directos del sol. Se riegan normalmente durante la estación de crecimiento, pero las plantas de *Kaempferia* se deben conservar secas en invierno durante el reposo. Las plantas de *Alpinia* se riegan solo moderadamente. Se propagan en primavera a partir de su división vegetativa.

CLIMA Zona 10.

Kalanchoe (fam. Crassulaceae)

Este género de aproximadamente 125 especies se distribuye extensamente por las regiones tropicales; especialmente, por África tropical y Madagascar. En la actualidad, incluye plantas que antes estuvieron clasificadas en el género *Bryophyllum*. Muchas especies se cultivan en Estados Unidos, ya sea bajo cristal o en interiores. Presentan hojas opuestas, carnosas, sumamente lobuladas o pinnadas y producen racimos florales terminales que brotan a finales del invierno o primavera.

Hay varios híbridos del género *Kalanchoe* entre los cuales este cultivar carmesí sirve de ejemplo. Son buenas plantas para maceteros, mientras que las del tipo con ramas «lloronas» son efectivas en macetas colgantes.

CULTIVO Excepto en los climas cálidos sin heladas, se cultivan en invernaderos intermedios o soleados, en macetas con compost. Necesitan luz, aunque protegidas de los rayos intensos y directos del sol. Cuando están en desarrollo, se riegan moderadamente. En invierno, el compost se conserva apenas húmedo. Se propagan a partir de esquejes, de las plántulas que se desarrollan en sus hojas o de retoños. Las semillas se siembran en primavera.

CLIMA Regiones más cálidas de la zona 10.

ESPECIES *K. beharensis*, es probable que sea la especie de mayor tamaño. Se trata de un arbusto expansivo que presenta hojas carnosas y acorazonadas, con los bordes ondulados y recubiertas con una especie de fieltro marrón que se decolora a verde con la madurez. Las cicatrices foliares en los

tallos gruesos se endurecen y se vuelven puntiagudos como las grandes espinas del rosal. Esta especie florece raras veces en condiciones de cultivo. *K. blossflediana*, oriunda de la isla de Madagascar, es una planta perenne, arbustiva y pequeña, de hasta 30 cm, que presenta hojas de color verde intenso con los bordes rojos, y que produce ramos densos de flores pequeñas, de color rojo brillante, que pueden durar varias semanas. *K. delagoensis*, sinónimo *K. tubiflora*, también de Madagascar, se ha aclimatado en algunas regiones del mundo. Presenta hojas cilíndricas, punteadas, acanaladas en el haz y de color marrón rojizo. Produce flores acampanadas de color rojo anaranjado brillante. *K. fedtschenkoi* es una planta con muchas ramas y tallos rastreros. Presenta hojas lobuladas y satinadas de color verde azulado, y ramos de encantadoras flores tubulares moradas o rojas. La especie *K. manginii* resulta atractiva en macetas colgantes porque presenta tallos inclinados hacia abajo, con hojas pequeñas y verdes con los bordes rojos, y produce abundantes flores acampanadas de color rojo o rosa. *K. pinnata*, llamada también claveles del aire, procedente de África tropical y las islas adyacentes, se ha aclimatado en muchas regiones del mundo. Presenta hojas grandes y carnosas en un tallo sólido, un tanto rayado y de color verde morado, y produce flores pendulares y acampanadas verdes con las puntas moradas. *K. pumila* es igualmente de Madagascar. Se trata de una planta muy bella, con hojas aovadas y grises cubiertas con un polvo blanco. Las flores son de color rosa violeta y tienen los pétalos enrollados hacia atrás. Crece hasta alcanzar solo 20 cm. *K. tomentosa*, de hasta 50 cm, presenta tallos y hojas semejantes al fieltro, con pintas marrones en los bordes. Las flores, de color amarillo claro, se ven raras veces en condiciones de cultivo.

Kalmia (fam. Ericaceae)
Laureles de ovejas

Nativas de Norteamérica y Cuba, donde crecen en los montes y prados húmedos, estos bellos arbustos perennes producen flores poco comunes en primavera y principios del verano. Sus capullos semejan gotas amorfas de azúcar glaseado cuando son capullos.

Uno de los arbustos más encantadores de los montes de Norteamérica es *Kalmia lattifolia.*

CULTIVO Las especies de *Kalmia* son ideales para jardines boscosos y bordes arbustivos. Prosperan en las sombras salpicadas de manchas de sol, y necesitan suelos ácidos, ricos en humus y capaces de retener la humedad. Se deben mantener aporcados con corteza astillada o triturada. Se propagan a partir de acodos en primavera o de esquejes casi maduros en verano.

CLIMA Fresco y húmedo. Hay especies adecuadas para distintas zonas climáticas.

ESPECIES *K. angustiflora*, laurel de ovejas, de la zona 2, es un arbusto extendido hacia fuera, muy productor de ramillas, de hasta 1 m, con flores con forma de platillo de color rosa, y hojas ovales. Esta especie es tóxica para los animales. La forma 'Rubra' es muy popular y produce floraciones de color rojo oscuro. *K. lattifolia*, laurel de montaña, de la zona 5, crece hasta alcanzar unos 3 m de altura. Es la especie más popular en Estados Unidos, y se cultiva principalmente por sus flores encantadoras. Estas, de color rosa claro, presentan estambres dispuestos de un modo poco común, y sus hojas ovales y de color verde intenso son muy curtidas.

Kennedia (fam. Papilionaceae)

Las 15 especies trepadoras o de desarrollo irregular de este género proceden de Australia. Producen flores semejantes a las del guisante, de color rosa brillante o escarlata, y hojas compuestas por tres hojuelas. En los climas propensos a las heladas, las especies de *Kennedia* son plantas muy buenas y poco comunes, apropiadas para las condiciones particulares de los invernaderos frescos y soleados, y se adaptan bien al cultivo en macetas o tiestos.

CULTIVO Bajo cristal, se cultivan en suelo de compost especial para macetas con gravilla y buen drenaje. Las plantas necesitan un máximo de luz, aunque protegidas de los rayos directos del sol. Riéguelas con mesura en invierno, pero se hace normalmente durante el período de crecimiento. Se les proporciona apoyo a los tallos de las trepadoras. A finales del invierno, las ramas laterales se podan hasta dejar cuatro yemas en los tallos principales. Se propagan en primavera a partir de semillas, después de remojarlas durante la noche.

Las flores, grandes y coloridas, de *Kennedia coccinea* se destacan sobre el follaje curtido de esta planta de desarrollo irregular.

CLIMA Zona 10.

ESPECIES *K. coccinea*, rosa de montaña, es una trepadora vigorosa que produce abundantes flores
brillantes de color rojo naranja o escarlata en primavera y a principios del verano. Los brotes tiernos son un tanto pilosos. *K. macrophylla* es una
enredadera que presenta hojas grandes y trifoliadas de color verde claro, y produce en primavera
ramos largos con flores grandes y escarlatas,
amarillas en la base. *K. microphylla* es una planta
cobertora que desarrolla alfombras densas de hojas pequeñas y lustrosas de color verde oscuro, y
flores de color rosa intenso en primavera. *K. ni-
gricans*, trepadora de coral, es otra trepadora vigorosa que presenta hojas grandes y lustrosas, y
produce en primavera flores poco comunes, semejantes a las del guisante, de color negro y
amarillo. *K. prostrata* es una especie rastrera que
se extiende hasta 1,5 m. Produce flores grandes y
escarlatas en primavera y verano. *K. rubicunda* es
una especie extremadamente vigorosa que se extiende rápidamente. Presenta hojas ovales y pilosas, y produce flores llamativas de color rojo marrón opaco a finales de la primavera y principios
del verano.

Kerria (fam. Rosaceae)

Hay una única especie en este género de arbustos
de floración primaveral oriundos de China y Japón. Produce encantadoras flores amarillas que
son perfectas para colorear una esquina sombreada del jardín o para corte.

CULTIVO Estos arbustos resistentes se desarrollan
bien en suelos húmedos con buen drenaje, ya sea
a pleno sol o en sombra parcial, aunque requieren
podas a fondo después de la floración para evitar
su crecimiento desordenado.

CLIMA Zona 4.

ESPECIES *K. japonica* es un arbusto de tallos muy
numerosos de hasta 2,5 m, que produce flores
sencillas, redondas y doradas agrupadas a lo largo
de aquellos. Presenta hojas aovadas, delicadamente dentadas y de color verde brillante. Su cultivar

El cultivar 'Peniflora', de la especie *Kerria japonica*, es un arbusto
grande, ideal para formar pantallas.

se siembra a menudo. Produce flores dobles de color amarillo brillante.

Keteleeria (fam. Pinaceae)

Nativo de China central y meridional, este género
de árboles perennes, altos y semejantes al abeto
presenta hojas rígidas y estrechas, y piñas grandes.

CULTIVO Las especies de *Keteleeria* prosperan mejor
en los climas moderados porque toleran solo las
heladas muy leves. Requieren suelos de turba, húmedos y con buen drenaje. No se deben podar
sino dejar que desarrollen sus propias formas
atractivas. Se propagan a partir de semillas.

CLIMA Regiones más cálidas de la zona 9.

ESPECIES *K. fortunei* es un árbol elegante, que crece
hasta alcanzar 12-24 m de altura. Presenta ramas

Igual que los abetos, *Keteleeria fortunei* produce piñas de desarrollo vertical. Estas, delicadas y de color verde azulado, son una de sus características.

Los frutos leñosos de *Kigelia pinnata* permanecen durante meses en el árbol.

horizontales y hojas muy puntiagudas. Produce piñas de 10-18 cm de longitud, que brotan en sus ramillas de color rojizo.

Kigelia (fam. Bignoniaceae)
Árbol de las salchichas

Este género incluye una única especie de árboles perennes, nativos de los montes y de los espacios más abiertos de África tropical. Se cultiva a menudo como una curiosidad, ya sea como planta individual o como árbol para proporcionar sombra en los jardines tropicales. En Estados Unidos se cultiva a veces bajo cristal solo por su follaje.

CULTIVO Se cultiva en invernaderos cálidos o en tiestos grandes en suelos de compost especial para macetas, protegido de los rayos directos del sol. Puede que necesite una poda ligera a finales del invierno. Se propaga a partir de semillas sembradas en primavera y germinadas a 22 °C.

CLIMA Regiones más cálidas de la zona 10 y superior.

ESPECIES *K. pinnata*, árbol de las salchichas, alcanza 10-15 m de altura. Sus hojas, pinnadas y curtidas, son de color verde oscuro. Las flores, de color rojo morado muy oscuro, brotan colgadas de tallos largos a partir de capullos amarillentos. Su olor poco común atrae los murciélagos, sus polinizadores naturales.

Kingia (fam. Xanthorrhoeaceae)
Cabeza de tambor, árbol de hierba

Este género tiene una única especie, oriunda de Australia, que es quizá una de las especies más antiguas que aun existen. Es difícil de cultivar. Crece lento y es arduo de trasplantar, pero cuando se tiene éxito, añade una cualidad apasionante a la estructura de un jardín.

CULTIVO Esta planta se debe cultivar en invernaderos cálidos o soleados, o en tiestos grandes con compost y con muy buen drenaje. Necesita un máximo de luz, aunque protegida de los rayos directos e intensos del sol.

CLIMA Zona 10.

Kingia australis crece muy lentamente y produce un anillo de cabezuelas semejantes a los palillos de un tambor entre sus hojas superiores.

ESPECIES *Kingia australis* crece unos 6 m. Con la madurez desarrolla un tronco cilíndrico, terminado en un penacho de hojas largas semejantes a agujas, de 60 cm de longitud, que parecen una falda *hula* hawaiana. Las cabezuelas esféricas, con flores de color crema, brotan solitarias en tallos cortos y erguidos, que forman un círculo entre las hojas.

Knightia (fam. Proteaceae)
Madreselva maorí, rewarewa

Nativo de Nueva Zelanda, este árbol alto y columnar crece hasta alcanzar 12-20 m de altura. Produce una madera fina y parece tener alguna propiedad resistente al fuego.

CULTIVO La única especie que se cultiva, *Knightia excelsa*, prospera en suelos con buen drenaje y tolera condiciones relativamente secas. En los climas propensos a las heladas se cultiva en invernaderos frescos. Se propaga a partir de semillas sembradas en primavera.

Knightia excelsa es un árbol delgado que puede desarrollar varios troncos. Las hojas tiernas y los vástagos están cubiertos con vellosidades marrones y afelpadas.

CLIMA Regiones más cálidas de la zona 9.

ESPECIES *K. excelsa* presenta hojas largas, curtidas y dentadas; ramos densos de flores veraniegas bisexuales de color marrón rojizo intenso que atraen a los pájaros, y semillas aladas. Se cultiva por su madera, que se emplea en carpintería, y por sus bellas flores, que, por lo general, demoran varios años para brotar.

Kniphofia (fam. Asphodelaceae)
Tritomas

Estas llamativas plantas perennes de crecimiento erguido oriundas de África meridional producen espigas florales elegantes que brotan en tallos largos y desnudos. Son especies muy atractivas en los jardines; en particular, como plantas para formar fondos. Muchos cultivares son mejores ejemplares que las especies naturales. La mayoría produce flores en tonos escarlata, amarillo, crema y verde. Algunos son de dos tonos.

CULTIVO Las especies de *Kniphofia* prosperan en suelos ligeros con buen drenaje y necesitan riego abundante durante el tiempo caluroso. Una vez

Las especies de *Kniphofia*, que se conocen también como tritomas, son imponentes por su color y su talla.

que se han desarrollado, toleran bien la sequía. Se propagan a partir de semillas o división vegetativa en primavera. Las nuevas plantas tardan hasta tres años en florecer. Los cultivares se deben multiplicar a partir de la división.

CLIMA Hay especies adecuadas para distintas zonas climáticas.

ESPECIES *K. caulescens*, de la zona 7, crece hasta 1,2 m, presenta rosetones de hojas largas en tallos leñosos y produce espigas densas de 1,2 m de longitud con flores que se tornan del rojo al amarillo. *K. foliosa*, de la zona 9 y Etiopía, presenta hojas largas con forma de espada. *K. northiae*, de la zona 7, se reconoce por sus hojas muy largas y azuladas y produce espigas con flores amarillas cuyos capullos son rojos. *K. pumila*, de la zona 9, produce flores de color naranja y un follaje azulado. *K. uvaria*, de la zona 5, es una de las especies más populares, con flores de color rojo coral, crece hasta 1,2 m de altura. Hay disponibles muchos híbridos de *Kniphofia* con flores de varios colores.

Koelreuteria (fam. Sapindaceae)
Jabonero de China

Estos árboles caducos y gráciles de Asia oriental se cultivan por su follaje encantador, sus flores y sus frutos decorativos.

CULTIVO Las especies de *Koelreuteria* prosperan en condiciones cálidas y secas, en suelos razonablemente ricos en nutrientes, y necesitan siembra a pleno sol. Se pueden propagar a partir de semillas sembradas en otoño y germinadas en semilleros de hortalizas, o bajo cristal, en invierno, a partir de esquejes de raíz.

CLIMA Hay especies adecuadas para distintas zonas climáticas.

ESPECIES *K. paniculata*, de la zona 5, crece hasta alcanzar 10-12 m de altura. Son unos árboles muy decorativos en los jardines, con sus ramos largos y ostentosos de flores veraniegas de color amarillo intenso. Las hojas, compuestas y grandes, se colorean de dorado en otoño. Es la especie que más se cultiva.

Koelreuteria paniculata adquiere un color dorado leonado intenso y naranja en los días soleados de otoño.

Kohleria (fam. Gesnerlaceae)

Este género poco numeroso de plantas y arbustos perennes rizomatosos procede de América tropical.

CULTIVO Se siembran para macetas en compost especial y se les debe garantizar un ambiente húmedo durante su período de crecimiento y protección de los rayos directos del sol. Estas plantas se marchitan en otoño, cuando se deben podar los tallos y conservar los rizomas prácticamente secos durante el invierno. Se propagan en primavera a partir de división vegetativa.

CLIMA Exclusivamente tropical.

ESPECIES Se cultivan varias especies e híbridos. *K. eriantha* es muy estimada y se encuentra disponible fácilmente. Presenta hojas ovales de color verde oscuro con vellosidades rojas a lo largo de sus bordes, y racimos de flores tubulares de color naranja rojizo con puntos amarillos. Esta planta crece hasta alcanzar una altura de 1,2 m.

Las flores de color escarlata anaranjado de *Kohleria eriantha* contrastan con las hojas de bordes rojos. Estas presentan una textura aterciopelada.

Kolkwitzia (fam. Caprifoliaceae)
Arbusto bello

Este género de una sola especie oriunda de China es muy similar al género *Abelia*, aunque es caduco. Se trata de un arbusto encantador; en particular, cuando se encuentra plenamente florecido en primavera o a principios del verano.

CULTIVO Se siembra en otoño o primavera, en suelos ricos en nutrientes y a pleno sol. Después de la floración, los tallos florales se podan hasta los retoños más tiernos, más abajo.

CLIMA Zona 4.

ESPECIES *K. amabilis* crece hasta alcanzar 3-3,5 m de altura. Presenta tallos gráciles y arqueados, y racimos con abundancia de flores con forma de trompeta de color rosa, seguidas por frutos secos y espinosos.

Por la belleza que presenta *Kolkwitzia amabilis*, es una buena elección para la parte posterior de los bordes o para sembrar como ejemplar individual.

Kopsia (fam. Apocynaceae)

Este género agrupa 25 especies de árboles y arbustos perennes. La mayoría es nativa del sudeste de Asia y Malaisia. Son plantas que crecen relativamente rápido y sus flores son similares a las del frangipanis, con la que están relacionadas.

CULTIVO En los climas propensos a las heladas, estas plantas tropicales se cultivan en invernaderos cálidos o soleados. Debe proporcionarles buena luz y protegerlas de los rayos directos del sol. Puede sembrarlos en tiestos grandes en compost especial para macetas, y con buen drenaje. Riéguelas bien en verano, pero se conservan solo ligeramente húmedas en invierno. En exteriores, se cultivan a pleno sol en suelos ricos en humus con buen drenaje. Se propagan en otoño a partir de semillas o en primavera a partir de esquejes casi maduros. En ambos casos, con cama caliente.

CLIMA Regiones subtropicales y tropicales. Zona 10 y superior.

ESPECIES *K. flavida*, originaria de Nueva Guinea y Java, crece hasta alcanzar entre 10 y 12 m de altura. Presenta hojas largas y ovales de color verde intenso en el haz y amarillento en el envés. Sus flores primaverales, fragantes y blancas, tienen gargantas florales amarillas. *K. fruticosa* es una planta arbustiva que presenta hojas delgadas, lustrosas y rugosas, y produce en primavera racimos de flores fragantes de color rosa claro con gargantas florales rojas.

Kreysigia (fam. Liliaceae)

La única especie de este género es un lirio con floraciones de color rosa originario de Australia.

CULTIVO En los climas propensos a las heladas se cultiva en invernaderos cálidos, húmedos o soleados.

CLIMA Exclusivamente de subtropical a tropical.

Las flores de *Kopsia fruticosa* presentan apenas un toque de color rosa y brotan en primavera. Es un buen arbusto para cultivar en invernaderos soleados cálidos.

Kreysigia multiflora necesita cultivo bajo cristal en los climas propensos a las heladas, pero entonces podría florecer mal.

ESPECIES *K. multiflora* es una planta pequeña productora de serpollos y de cantidad de tallos delgados a partir de un rizoma fibroso. Presenta hojas anchas y sin tallo, espigas largas de flores primaverales y, después, frutos de forma capsular que contienen semillas amarillas.

Kunzea (fam. Myrtaceae)

Distribuido en su mayor parte en los eriales de las regiones templadas de Australia, este género de aproximadamente 24 especies de atractivos arbustos perennes produce flores semejantes a cepillos, erróneamente llamadas limpiatubos, nombre común que se corresponde a las especies del género *Callistemon*. Las flores de todas las especies son lanosas y pueden ser de color rosa, rojo, amarillo o blanco. Sus pequeñas hojas son deliciosamente aromáticas. En los climas frescos, las especies de *Kunzea* se cultivan en invernaderos también frescos o soleados y se adaptan bien al cultivo en macetas. Estas plantas se pueden trasladar al exterior durante el verano y son ideales para sembrar en los bordes arbustivos, en los climas cálidos.

CULTIVO Bajo cristal, se cultivan en macetas con compost. Se proporciona un máximo de luz y condiciones ventiladas. Se riegan normalmente durante su período de crecimiento, pero el compost se conserva solo ligeramente húmedo en invierno. En los jardines, en climas favorables, crecen a pleno sol en suelos arenosos entre neutros y ácidos, con buen drenaje. Pódelos ligeramente después de la floración para conservar su forma. Se propagan a partir de semillas sembradas en la primavera —que no se cubren con el compost— o de esquejes casi maduros en el verano. En ambos casos, con cama caliente.

CLIMA Zona 10, aunque vale la pena cultivarlas en las regiones más cálidas de la zona 9.

ESPECIES *K. affinis*, procedente de Australia occidental, crece hasta alcanzar los 2 m. Produce racimos terminales de bellas flores de color rosa brillante con anteras pequeñas y de color verdoso. *K. ambigua*, de Australia oriental, presenta un follaje rígido y flores blancas —en ocasiones, de color rosa— con una fragancia semejante a la miel. Crece bien en las costas, donde alcanza hasta los 3 m de altura. *K. baxteri*, es un arbusto ornamental espléndido de hasta 3 m de altura con flores de color carmesí intenso casi todo el año. En condiciones de cultivo, esta planta puede estar sin florecer durante años. *K. capitata* es una planta adaptable, de hasta 1 m, con follaje delicado y lanoso, y flores terminales de color variable de rosa malva a morado. *K. recurva*, oriunda del sudeste de Australia, produce masas de esferas lanosas de color rosa liláceo a finales de primavera o principios del verano. La variedad *montana* presenta un follaje delicado y flores primaverales amarillas.

Kunzea recurva, variedad *montana*, produce flores de color amarillo. Se desarrolla a pleno sol como un arbusto denso y redondeado.

L

Laburnum (fam. Papilionaceae)
Bornes, lluvia de oro

Originario de las regiones templadas de Europa y el oeste de Asia, este género incluye dos especies de árboles caducifolios ornamentales que se cultivan por su atractivo follaje. Sus abundantes racimos de flores amarillas en primavera vienen seguidos de vainas marrones.

CULTIVO Le vale casi cualquier terreno, pero prefiere estar a pleno sol. Se puede guiar sobre pérgolas y arcos o sobre muros, y responde bien a la poda en invierno. Puede multiplicar las especies a partir de semillas, y las variedades y cultivares, mediante injertos sobre las especies o mediante acodados.

CLIMA Zona 5 para las siguientes.

ESPECIES *L. anagyroides* alcanza los 5 m, y tiene racimos de flores doradas a finales de la primavera y hasta comienzos del verano. El cultivar 'Pendulum' es una forma llorona. Es un árbol de larga vida, que se suele guiar sobre arcos o pérgolas. Su madera se usa a veces como sustituto de la caoba en incrustaciones. Todas las partes de la planta son venenosas. *L.* x *watereri*, o lluvia de oro, es un híbrido de *Laburnum alpinum* y de *L. anagyroides*, y produce largos racimos colgantes de flores doradas. El cultivar 'Vossii' tiene racimos todavía más largos.

Laccospadix (fam. Arecaceae)
Palmera de Atherton

Es originaria de los bosques húmedos del norte de Queensland, en Australia. *Laccospadix* es una palmera plumosa emparentada con *Howea*. Los ejemplares jóvenes son muy similares en aspecto y condiciones de cultivo. En su medio natural se suele encontrar como planta del sotobosque. Debido a que se origina en zonas de una cierta altitud, es más tolerante al frío que muchas de las palmeras tropicales y puede darse mejor en regiones templadas. No obstante, no siempre está disponible fuera de su Australia natal.

CULTIVO Si el clima es propenso a las heladas, cultívela en un invernadero de temperatura entre media y templada o en una terraza acristalada en un tiesto con compost y sustrato. Expóngala al máximo de luz, pero no al sol directo. Multiplíquela a partir de semillas frescas. Germina a 27 °C. Su germinación es rápida (para ser una palmera), de tan solo seis semanas en condiciones idóneas. Suele ser de crecimiento lento.

Laburnum anagyroides se usa con buenos resultados sobre pérgolas o arcos donde se pueden apreciar sus brillantes flores desde abajo.

Laccospadix australasica no es muy conocida fuera de su Australia natal, pero es una buena planta para terrazas acristaladas en zonas propensas a las heladas.

CLIMA Zona 10 o más.

ESPECIES *L. australasica*, la única especie, normalmente forma agrupaciones de hasta 5 tallos, de unos 5 cm de diámetro y de ente 2 y 3 m de alto. Pero a veces solo tiene un único tallo de 15 m de alto y 15 cm de diámetro. Las hojas pueden alcanzar los 2 m de largo y subir con mucho ángulo con dos claras filas de hojillas de color verde oscuro. A las espigas erectas de flores que nacen entre las bases de las hojas, les siguen frutos que pasan del amarillo al escarlata al madurar.

Lachenalia (fam. Hyacinthaceae)
Prímulas de El Cabo

Es originaria del sur de África, las *Lachenalia* son bulbos pequeños que se plantan por su exhibición de otoño a primavera. Cuando se planta en macizos, las espigas verticales de pequeñas flores tubulares blancas, amarillas o rojas recuerdan a los soldados en formación. Aunque estamos familiarizados con las flores rojas, amarillas y blancas, existe una sorprendente gama de colores entre las numerosas especies. Los nuevos tipos que se están cultivando incluyen rosa, morado y crema. A veces, sus hojas en forma de cinta están moteadas en la base. En zonas propensas a heladas, estos bulbos son ideales como plantas para tiestos en el invernadero. Las flores conservan su color después de muertas y son buenas como flor de corte.

CULTIVO Cultive los bulbos en tiestos con compost y sustrato bajo cristal, plantándolos a finales del verano o comienzos del otoño a 10 cm de profundidad. Deles el máximo de luz. Riegue normalmente durante el crecimiento, pero reduzca el riego conforme van muriendo las hojas. Y no riegue cuando los bulbos estén inactivos. Vuelva a regar cuando comience el crecimiento en el otoño. Multiplíquela separando los hijuelos al cambiarla de tiesto.

CLIMA Zona 10.

ESPECIES *L. aloides* crece aproximadamente 30 cm. Las hojas son moteadas a veces y las espigas de flores están formadas de campanillas colgantes

Lachenalia aloides es una especie muy extendida y una buena planta para una terraza acristalada, donde florecerá en el invierno y a comienzos de la primavera.

amarillas con puntas rojas. La variedad *aurea* tiene flores naranja; la *conspicua* tiene flores naranja con venas moradas y puntas amarillentas; 'Nelsonii' produce flores amarillas con tonos verdes; la *quadricolor* tiene flores rojas que se difuminan gradualmente hacia sus puntas verdosas y su interior es amoratado. *L. bulbifera* produce flores naranja de interior morado y crece hasta los 25 cm. *L. liliiflora* alcanza los 30 cm, y tiene flores cilíndricas blancas. *L. mutabilis* produce flores verdes azuladas que se vuelven marrones al envejecer. Esta especie crece hasta los 30 cm. *L. orchioides* crece hasta los 40 cm de altura. Las hojas suelen estar moteadas de morado y las flores son de color azul claro tendiendo a amarillo verdoso. La especie de *L. glaucina* tiene flores con tonos entre azules y morados.

Lactuca sativa (fam. Asteraceae)
Lechuga

Es una de las verduras más apreciadas para ensaladas. La lechuga también se utiliza en algunos países europeos para la elaboración de sopas. Es originaria del Medio Oriente y del Mediterráneo, y hoy día existen muchos cultivares. Los más apreciados se pueden dividir en tres grupos según su forma:

La lechuga romana con hojas lanceoladas es una lechuga abierta que se usa en ensaladas tanto por su aspecto como por su sabor.

abiertas, de hojas sueltas; redondas, cuyas hojas se pliegan hacia dentro, y las rectas y verticales, con hojas en forma acucharada (como la lechuga romana). En el mercado se puede encontrar una amplia gama de lechugas abiertas, la mayoría de cultivos hidropónicos. Aunque es una planta para tiempo fresco, sus cultivares han sido desarrollados para cultivarlos en climas más cálidos, y hoy día hay tipos que se adaptan a cualquier clima. Es mejor comprar los cultivares que se comercialicen en su zona del país, ya que así estará seguro de que se adaptan bien a su clima.

CULTIVO Las lechugas son plantas que se pueden cultivar en una amplia gama de suelos moderadamente ricos, y con buen drenaje. Preferiblemente con un pH de 6 o superior. Siembre las semillas directamente en agujeros a 30 cm de distancia y cúbralas con 1 cm de tierra suelta y mantenga el suelo húmedo. Aclare las plantas a 15-30 cm de separación, dependiendo del tipo, y aporte abundante humedad, pero evite mojar las hojas dentro de lo posible. Si utiliza un fertilizante líquido, deberá ser rico en nitrógeno. Debido a su rápido crecimiento, conviene plantarlas sucesivamente cada dos semanas. Comience a plantarlas a principios

de la primavera y siga todo el verano e incluso hasta comienzos del otoño eligiendo los cultivares adecuados para la temporada.

CLIMA Zona 6. La lechuga se cultiva como anual de temporada en todos los climas. El rango ideal de temperatura es de 10 a 20 °C, pero no por encima de 25 °C.

ESPECIES *L. sativa* es una planta anual con grandes hojas redondeadas que forman un cogollo cerrado. El tallo erecto crece hasta 1 m y produce flores pequeñas amarillo pálido. Los catálogos de semillas incluyen numerosos cultivares de lechuga. Existen cultivares específicos para su recolección en verano, otoño, invierno o primavera. En climas más frescos o incluso fríos se suele cultivar en invierno en invernaderos bien frescos o calefactados, dependiendo del cultivar en particular. No obstante, existen cultivares que soportan las condiciones del invierno en el exterior.

Laelia (fam. Orchidaceae)

Está emparentada con las *Cattleya*, las *Encyclia*, las *Sophronitis* y con otros grupos de orquídeas; este extenso género americano ha sido hibridado en numerosas ocasiones. La contribución de la *Laelia* a dichos híbridos son sus deslumbrantes colores: amarillo, escarlata, naranja rojizo y cobre.

Laelia anceps es originaria de México. Es fácil de cultivar y las formas rosa y morada son las más habituales, pero las hay de otros colores.

CULTIVO En climas propensos a las heladas, deberá cultivarlas en un invernadero fresco o de temperatura media o en una terraza acristalada. Estas orquídeas son principalmente epífitas, por lo que se pueden cultivar en cestos de madera especiales para orquídeas rellenos de compost específico y colgados del techo del invernadero; las especies pequeñas se pueden montar sobre trozos de corteza y colgarlas en el invernadero. Durante el verano, proteja las plantas del sol directo y riegue regularmente, abonando con fertilizante líquido cada siete o diez días. Pulverice las plantas con agua cada día. Durante el invierno, las plantas necesitarán el máximo de luz y muchísima menos agua. Multiplíquelas mediante su división cuando las plantas llenen el tiesto y necesiten un trasplante.

CLIMA Debe estar totalmente a salvo de heladas.

ESPECIES *L. anceps* es fácil de cultivar y produce flores llamativas verticales de color rosa a morado a finales de otoño y hasta el invierno. Sus tallos crecen hasta los 60 cm y las flores son de unos 10 cm de ancho. *L. autumnalis*, de México, crece bien en clima fresco, ya que se da naturalmente en altitud. Sus tallos alcanzan hasta 1 m de longitud, y cada uno soporta entre cinco y diez grandes flores moradas. *L. cinnabarina*, de Brasil, produce racimos de flores rojo anaranjado brillante en invierno. *L. lundii*, una variedad enana originaria de Brasil, solo crece 12 cm y se da bien en tiestos pequeños. Sus flores son de color lila. *L. tenebrosa*, también originaria de Brasil, produce grandes flores en verano.

Lagenaria (fam. Cucurbitaceae)
Calabazas vinateras

Naturales de la zona tropical de Sudamérica y África, este género comprende seis especies de enredaderas. Muchos de sus frutos o calabacines tienen formas inusuales y se usan como elementos decorativos en seco como utensilios o macetas.

CULTIVO Se cultiva fácilmente como anual. Necesitan un emplazamiento cálido y resguardado y al-

Una *Lagenaria siceraria* en tiesto muestra algunos calabacines bien formados que tendrán una piel muy dura cuando estén totalmente maduros.

gún tipo de soporte. Riegue y abone bien mientras se están formando los calabacines. Puede multiplicarla mediante semillas maduras recolectadas en primavera. No la exponga a las heladas.

CLIMA Zona 10; cultívela en el exterior como anual de verano en cualquier clima.

ESPECIES *L. siceraria*, también conocida como la calabaza del peregrino, tiene zarcillos y flores blancas en verano, seguida de sus decorativas calabazas de variados colores, formas y tamaños, incluyendo las redondas, rayadas, ovaladas, barrigonas y cilíndricas. El cultivar 'Hercules Club' produce calabazas largas en forma de porra.

Lagerstroemia (fam. Lythraceae)
Árboles de Júpiter, mirtos de crepé

Originaria del este y sudeste asiático, y de algunas de las islas del oeste del Pacífico, estos encantadores arbustos y árboles caducifolios se cultivan por sus llamativas agrupaciones de decorativas flores que nacen a finales del verano o en otoño. Su nombre común se debe al aspecto arrugado de sus flores. En climas propensos a las heladas, deberá cultivarlo en un invernadero fresco o de temperatura media. En climas más cálidos, cultívela como

Los grandes y decorativos grupos de flores de un rosa brillante, permanecen sobre el mirto de crepé varias semanas.

planta individual en el jardín o como seto. *Lagerstroemia indica* es una especie que tolera las heladas y es adecuada para la zona 7.

CULTIVO Bajo cristal, cultívela en tiestos con compost para tiestos y tierra en un lugar muy iluminado. Se pueden sacar al exterior en verano. En el jardín, prefiere los terrenos bien drenados y fértiles enriquecidos con materia orgánica. Pueden soportar períodos secos, aunque lo recomendable es regarlas durante toda la primavera y el verano para garantizar una buena floración. Pódela en invierno si fuera necesario. En climas húmedos, el mildiú polvoriento puede ser un problema. Multiplíquela mediante esquejes de verano o mediante grandes esquejes leñosos de unos 15-25 cm cortados en invierno.

CLIMA Existen especies adecuadas para diferentes zonas climáticas.

ESPECIES *L. fauriei*, zona 9, es una especie caducifolia de flores blancas originaria de Japón. *L. floribunda*, zona 10, es un árbol pequeño de flores rosadas o blancas. *L. indica*, mirtos de crepé, zona 7, es un arbusto caducifolio o árbol pequeño de hojas redondeadas y profusos racimos de flores blancas, rosas, lilas o moradas que nacen a finales del verano y en otoño. Merece la pena buscar varieda-

des tales como la 'Catawba', de flores moradas, o el cultivar rojo intenso 'Dallas Red'; el de flores rosa oscuro 'Miami', que tiene un prolongado período de floración en verano y otoño; la 'Sioux', de flores color rosa y particularmente grandes, y la 'White Dwarf', cuyo nombre la describe a la perfección. Este cultivar forma un arbusto bajo de alrededor de 1 m de alto. La serie 'Petite' de arbustos enanos de diferentes colores suele tener mucha aceptación entre los jardineros. *L. speciosa*, árboles de Júpiter, zona 10, alcanza los 25 m en su hábitat natural, y es muy apreciada en su India natal, Sri Lanka y Myanmar (antigua Birmania) por su madera. Tiene hojas largas y coriáceas con reverso marrón rojizo y llamativas agrupaciones de flores grandes moradas, rosas o blancas en verano y otoño.

Lagunaria (fam. Malvaceae)

Hibisco de la isla de Norfolk

Este género de una sola especie es originario de Australia. Si las condiciones son correctas, es un buen árbol para las calles o para jardines.

CULTIVO En climas propensos a las heladas, cultívela en tiestos con compost para tiestos y base de tierra en un invernadero fresco. Deles una

Las flores rosa pálido de *Lagunaria patersonii* se ven hermosas contra su follaje gris verdoso.

buena iluminación. En el jardín, la *Lagunaria* necesita un suelo bien drenado y pleno sol. Las plantas jóvenes necesitan protección contra las heladas, pero una vez establecidas, pueden tolerar las heladas ligeras. Multiplíquela desde semillas (cuidado con las pilosidades de la vaina de las semillas, pueden ser irritantes), o a partir de esquejes de otoño.

CLIMA Zona 10, y en lo más cálido de la zona 9.

ESPECIES *L. patersonii* crece 10-15 m de alto, tomando una forma alta y estrecha o haciéndose más ancha y abierta en función de las condiciones. Tiene hojas verdes grisáceas ovales y flores normalmente rosas como las del hibisco que se abren mucho tiempo.

Lambertia (fam. Proteaceae)
Flores de miel

Estos arbustos australianos producen flores rojas, naranjas o amarillas y néctar abundante que atrae a los pájaros. El follaje es muy rígido y a veces termina en punta afilada. Las *Lambertia* tienen un crecimiento bastante lento, pero florecen durante mucho tiempo en primavera y verano. En climas propensos a las heladas, se pueden cultivar como plantas en tiesto en un invernadero fresco o de temperatura intermedia.

Las flores de *Lambertia formosa* atraen a los pájaros con su néctar.

CULTIVO Bajo cristal, cultívela en tiestos con compost para tiestos y tierra ácida en un lugar muy iluminado. En el jardín, cultívela en terreno ligero, ácido o neutro y con buen drenaje. Elija un emplazamiento protegido y a pleno sol. Multiplíquela mediante semillas en primavera o mediante esquejes semimaduros de verano, ambos en propagadores calefactados.

CLIMA Zona 10, y también en lo más cálido de la zona 9.

ESPECIES *L. ericifolia* crece 3 m de alto, con flores rojas anaranjadas y hojas rígidas. Esta especie, originaria del oeste del continente australiano, no es adecuada para climas húmedos. *L. formosa* es originaria del este de Australia y la especie más extendida de todas. Produce grupos de flores grandes rojo brillante prácticamente todo el año. El aspecto de sus vainas en forma de cabeza de zorro permite fabricar juguetes para los niños. *L. ilicifolia* tiene un follaje gris verdoso rígido y flores amarillas. *L. multiflora* produce flores de tonalidades amarillas o rojas durante una gran parte del año.

Lamium (fam. Lamiaceae)
Ortigas muertas

Estos rizomas perennes, procedentes de Europa y Asia, son muy buenos como tapizantes en las zonas sombreadas del jardín. Las hojas en forma de riñón suelen ser variegadas en plata, y las flores bilabiadas aparecen a finales de la primavera y en verano.

CULTIVO La mayoría de las especies prefieren emplazamientos frescos y húmedos y se dan bien a la sombra de los árboles. Multiplíquela mediante divisiones a comienzos de la primavera o del otoño, o tome esquejes a comienzos del verano.

CLIMA Existen especies adecuadas para diferentes zonas climáticas.

ESPECIES *L. galeobdolon*, zona 6, de flores de color amarillo, procede de Europa. Es bastante corriente el cultivo de formas con hojas variegadas en plata.

Algunos cultivares de *Lamium maculatum* tienen hojas con atractivas marcas plateadas y pueden ser unas tapizantes muy densas.

Sus abundantes flores naranjas y amarillas hacen de esta especie de *Lampranthus* un brillante cuadro de color.

Puede ser invasiva si se encuentra en zonas cálidas. La especie *L. maculatum*, zona 4, hasta 30 cm, tiene flores moradas, rosadas o blancas. Las hojas tienen el nervio central blanco. El cultivar 'Aureum' produce hojas manchadas de amarillo y el follaje de la 'Beacon Silver' y de la 'White Nancy' está muy marcado en plata.

Lampranthus (fam. Aizoaceae)

Es originaria de la Provincia del Cabo en el sur de África. Este género se compone de 200 especies de rastreras, perennes crasas, que se cultivan por sus abundantes y vivaces flores de verano y otoño. Estas plantas ramificadas tienen hojas redondeadas o de tres caras, brillantes, verdes y cónicas o romas. Las flores se parecen a las margaritas, son de 5 cm de ancho y van del blanco puro, pasando por el amarillo, el naranja, el rojo y el rosa hasta el morado. En climas propensos a las heladas, cultívela en un invernadero de temperatura intermedia o plántela en el exterior para el verano.

CULTIVO Estas plantas crasas son fáciles de cultivar, solo necesitan estar a pleno sol para que se abran sus flores. Son útiles como tapizantes y para sujetar el terreno. Recórtela ocasionalmente tras la floración ya que se pueden volver algo dispersas.

Bajo cristal, cultívela en tiestos con compost para cactos y con el máximo de luz. En invierno mantenga las plantas solo ligeramente húmedas. Multiplíquela a partir de semillas o de esquejes de primavera con calor basal.

CLIMA Las áreas más cálidas de la zona 9.

ESPECIES *L. amoenus* tiene hojas semicilíndricas que se vuelven de un color rojizo a pleno sol, y flores moradas. *L. aureus* crece hasta los 40 cm aproximadamente y tiene flores naranja dorado muy vivo y hojas de tres caras en ángulo verde azuladas. *L. candidus* tiene flores blancas que se vuelven rosadas con el tiempo. *L. coccineus* es una visión sorprendente en verano, con sus iridiscentes flores rojas. Sus hojas verde grisáceas tienen forma de tubo. *L. purpureus* tiene hojas redondas y brillantes y abundantes flores de color rosa amoratado. *L. roseus* produce numerosas flores rosa pálido, y *L. spectabilis,* flores muy grandes de un tono rojo amoratado.

Lantana (fam. Verbenaceae)

Este es un gran género de arbustos muy conocidos, originarios de las franjas tropicales del sur de África y Sudamérica, muchas de cuyas especies tienen flores brillantes y muy atractivas. Algunas son espinosas y la mayoría tienen un follaje ligeramente basto.

La rastrera *Lantana montevidensis* es una planta fácil de cuidar para cubrir muros y bancos.

CULTIVO En climas propensos a las heladas, cultívela en un invernadero de temperatura intermedia o plántela en el exterior para el verano. Bajo cristal, cultívela en tiestos con compost para tiestos y tierra en un lugar muy iluminado. Si se planta en parterres en el exterior, deberá estar en un lugar soleado. Pode ligeramente a finales del invierno para compactarla. Multiplíquela a partir de esquejes semimaduros de verano.

CLIMA Zona 10, y en lo más cálido de la zona 9.

ESPECIES *L. camara* es un arbusto denso que crece hasta los 3 m de alto. En muchas partes cálidas del mundo ha sido declarado especie nociva, por lo que debe ser controlado. Sus característicos tallos de cuatro ángulos están cubiertos de espinas curvadas. Los grupos de pequeñas flores son de un color crema claro con centros amarillos oscuros que cambian a lila, y los frutos verdes se vuelven negros al madurar. Los pájaros suelen esparcir las semillas de estos frutos. En lugar de las especies, se pueden cultivar algunos cultivares enanos y estériles muy coloridos. Estos suelen crecer hasta unos 50 cm y tienen flores blancas, amarillas, naranjas, rosas, rojas o malvas. *L. montevidensis* es una rastrera resistente cuyas hojas se oscurecen con tiempo frío. Tiene flores moradas de gran duración y resulta muy adecuada para bancadas o para guiarla sobre un muro.

Lapageria (fam. Philesiaceae)
Campanilla chilena, copihue

Esta encantadora trepadora es originaria de Chile y es su flor nacional.

CULTIVO En zonas con probabilidad de heladas, cultívela en un invernadero o terraza acristalada. Cultívela en un tiesto con compost para tiestos sin sustrato y añadiendo gravilla. Necesita buena luz, pero protéjala del sol directo. En el exterior, cultívela contra un muro protegido con algo de sombra. El suelo debe tener un buen drenaje y ser neutro o ácido con abundante humus. Multiplíquela mediante acodos en primavera o a partir de esquejes semimaduros en verano.

CLIMA Las áreas más cálidas de la zona 9.

ESPECIES *L. rosea* puede llegar a alcanzar los 3-5 m si se guía, y produce abundantes flores acampanadas entre rosa oscuro y rojo con aspecto ceroso y traslúcido. Tiene un largo período de floración en verano y otoño. Las hojas son de color verde brillante satinado. La variedad *albiflora* tiene flores blancas.

Lapageria rosea es una encantadora especie que tiene flores de un intenso rojo rosado. En la parte inferior se puede ver una flor blanca.

Larix (fam. Pinaceae)
Alerce

Es originaria de las zonas más frías del hemisferio norte. Este género comprende diez especies de coníferas caducifolias de crecimiento rápido, que se pueden distinguir del *Cedrus*, de aspecto similar, por sus hojas pequeñas y lineales, mayormente en rosetas densas y por sus pequeñas piñas de numerosas escamas. Estos árboles de considerable tamaño se cultivan por su forma graciosa y atractiva, y por su madera fuerte y duradera. Las hojas se vuelven amarillas antes de caer en otoño. Los alerces no se adaptan a los climas templados. Son demasiado grandes para los jardines privados normales.

CULTIVO Si el clima es el adecuado, estos árboles no tienen necesidades específicas. Prefieren el sol directo y un suelo con buen drenaje. Multiplíquelo a partir de semillas, que germinan con facilidad.

CLIMA La mayoría en la zona 4. La zona 2 para *Larix laricina*.

La silueta de las hojas de aguja caídas del alerce japonés, *Larix kaempferi*, se dibujan contra un cielo despejado.

ESPECIES *L. decidua* (sin. de *Larix europaea*), alerce europeo, procede de las zonas montañosas del centro de Europa, crece hasta los 30 m o más, tiene una copa piramidal y hojas verde claro. *L. kaempferi*, alerce japonés, es grande y vigoroso, tiene hojas suaves como de aguja en color gris verdoso o verde azulado y está muy extendido en zonas de clima adecuado. *L. laricina*, de Norteamérica, es una conífera entre pequeña y mediana, de 18-25 m, con hojas de color verde brillante.

Latania (fam. Arecaceae)
Latanias

De las tres especies de palmeras sexuadas con hojas en abanico originarias de las islas Mascareñas, dos son muy cultivadas en los trópicos. Todas son de tamaño medio y de un solo tronco. El tronco alcanza los 15 m de alto y los 20-25 cm de diámetro. La amplia base del tallo de estas palmeras se divide en dos mitades y sus pesadas y rígidas hojas palmeadas forman una corona considerable. Sus tallos florales son grandes y escasos y en ellos se desarrollan unos frutos ligeramente carnosos si se polinizan las flores. Las latanias son espectaculares pero de crecimiento bastante lento. En las primeras etapas de su crecimiento, los nervios rojizos o anaranjados contrastan con el verde oscuro de las hojas.

Los frondosos abanicos de la palmera latania azul, *Latania loddigesii*, se extienden rígidos desde el centro de la corona.

CULTIVO En climas propensos a las heladas, cultívela en un invernadero cálido o en una terraza acristalada. Cultívela en tiestos con compost y tierra arenosa y añada algo de mantillo de hojas si es posible. Expóngala al máximo de luz, pero protéjala del sol directo. En el exterior, cultívela a pleno sol con suelo bastante rico y bien drenado. Multiplíquela a partir de semillas frescas. Siembre una semilla por tiesto y hágala germinar a 26 °C. Suele germinar rápidamente (para una palmera), en un período de dos a cuatro meses.

CLIMA Las áreas más cálidas de la zona 10.

ESPECIES L. *loddigesii*, latania azul, de isla Mauricio, tiene hojas adultas bastante polvorientas, de 1,5 m de largo. L. *lontaroides*, latania roja, de isla Reunión, tiene hojas gris verdosas con pedúnculos rojizos. Las palmeras jóvenes tienen hojas rojas y pedúnculos de un rojo brillante. L. *verschaffeltii*, latania amarilla, de las islas Rodrigues, tiene hojas ligeramente amarillentas y con bordes de color amarillo.

Lathyrus (fam. Papilionaceae)

Guijas

Estas plantas anuales y perennes, muchas de las cuales son trepadoras, son originarias de Europa, Asia, Norteamérica y Sudamérica, y el este de África. Las flores, con forma de guisante, son abundantes durante la primavera y el verano, y su gama de colores va del morado rojizo hasta los diferentes tonos de rosa, malva y blanco.

CULTIVO Las perennes se cultivan fácilmente en casi cualquier suelo. Les gusta el sol y toleran condiciones bastante secas. Multiplíquelas a partir de semillas o esquejes o dividiendo las plantas en primavera. Las especies trepadoras necesitan un muro o reja de apoyo. A las anuales les gusta el sol, pero se mantienen mejor en suelos húmedos y profundos. Multiplíquelas sembrando semillas en otoño para que florezcan en primavera y principios del verano. Todas responden bien al abonado regular con un fertilizante líquido equilibrado cuando se están formando los capullos.

Lathyrus odoratus es una de las favoritas del jardinero casero, tanto para el jardín como para flor de corte.

CLIMA Existen especies adecuadas para diferentes zonas climáticas.

ESPECIES L. *grandiflorus*, zona 6, procedente del sur de Europa es una rastrera perenne de unos 2 m, y grandes flores rosa púrpura. L. *japonicus*, zona 3, es una planta perenne trepadora con racimos de flores moradas, que se suele ver por las costas de los mares y lagos de Europa, Norteamérica y partes de Asia. L. *laetiflorus*, zona 8, es una trepadora perenne de unos 3 m que produce flores lavanda claro con venas moradas. L. *latifolius*, zona 5, originaria de Europa, se ha hecho natural en muchas zonas. Es una trepadora perenne de 3 m y da grupos de fragantes flores rosa pálido a moradas. El cultivar 'Albus' tiene flores de un blanco puro. L. *odoratus*, zona 7, procedente de Italia, es una trepadora anual vigorosa con bonitas flores aromáticas de muchos colores. Crece hasta unos 3 m de alto y sus flores son excelentes para corte. Existen cultivares resistentes al calor. L. *splendens*, zona

8, es un subarbusto perenne de unos 3 m, que en verano tiene grupos de flores rosa, violeta o magenta.

Laurelia (fam. Monimiaceae)
Laurel, trihue

De estas tres especies de árboles siempreverdes, uno es originario de Nueva Zelanda, y los otros dos lo son de Chile. Todos tienen hojas coriáceas y aromáticas, de olor parecido al laurel.

CULTIVO Cultívelos en terrenos bien drenados pero con capacidad de retención de la humedad, al sol o a media sombra, y protegidos de los vientos. Multiplíquelos a partir de esquejes semimaduros de verano.

CLIMA Zona 9.

ESPECIES *L. novaezelandiae*, de hojas oblongas y claramente dentadas, puede llegar a alcanzar hasta 35 m de alto en su medio natural de Nueva Zelanda. *L. sempervirens*, originaria de Chile, crece unos 25 m. El viento transporta sus semillas con penachos a largas distancias. Su fruto se utiliza como especia.

Los penachos de las semillas de *Laurelia novaezelandiae* contribuyen a su amplia dispersión.

Laurus (fam. Lauraceae)
Laureles, laureles reales

Los antiguos griegos utilizaban las hojas de este árbol para hacer las coronas con las que adornaban a los héroes en la guerra o en los deportes y también para aquellos que alcanzaban la excelencia en el conocimiento de las artes. Las dos especies son árboles siempreverdes de tamaño medio.

CULTIVO Multiplíquelo a partir de semillas o de esquejes leñosos. El laurel se da mejor en suelos ricos y húmedos y en lugares soleados, aunque puede tolerar las heladas y algo de sombra. Utilice un insecticida sistémico para controlar los insectos cocoidea, que suelen atacar al laurel.

CLIMA Zona 9 para *Laurus azorica*, zona 8 para *Laurus nobilis*.

ESPECIES *L. azorica*, laurel de las islas Canarias, crece hasta los 10 m. Sus hojas son de 12 cm de largo y sus flores son diminutas, de un color crema verdoso. *L. nobilis*, laureles reales, procedente del Mediterráneo, tiene un follaje denso verde oscuro que se usa para cocinar, y pequeñas y fragantes flores amarillas en forma de estrella en primavera. Después de las flores aparecen las pequeñas y redondas bayas verdes, que se vuelven morado casi negro al madurar en otoño. Puede alcanzar los 12-15 m de alto en su medio natural, y suele ser más pequeño si se cultiva. Se suele cultivar en tiestos.

Un seto de laurel que sirve de fondo a este elegante motivo ornamental. El laurel es una planta versátil.

Laurus nobilis (fam. Lauraceae)
Laurel común

Este árbol se ha cultivado en el Mediterráneo desde la época de las antiguas civilizaciones. Los antiguos griegos hacían coronas con las hojas de laurel para premiar a los héroes de la guerra o del deporte y para aquellos que habían alcanzado la excelencia en el conocimiento de las artes. Esta tradición ha dado lugar a la expresión «dormirse en los laureles», que se emplea para referirse a aquellos que toman una actitud pasiva después de alcanzar un éxito notable. Sus hojas oscuras, coriáceas y de aroma penetrante tienen muchos usos culinarios tanto frescas como secas. Son una parte fundamental de un *bouquet garni* además del perejil, la mejorana y el tomillo. Atados en ramillete, este se añade a las sopas, guisos y estofados y se retira después de la cocción. Las hojas de laurel también se emplean para dar sabor al pescado, la carne, el pollo y los adobos. Para secarlo, quite las hojas de los tallos y extiéndalas sobre rejillas de alambre o cuélguelas en puñados en un lugar seco y aireado. El laurel se puede cultivar en tierra o en tiestos. En la tierra, se convierten en árboles de 10-12 m de alto si el clima

Aunque se cultiva principalmente como especia culinaria, el laurel es muy decorativo si se le da forma con un solo tronco.

es el adecuado, pero es más probable que crezca como arbusto de muchos o de un solo tallo, de entre 6 y 8 m de alto. El laurel que se cultiva en tiestos se suele podar para darle forma o se deja natural.

CULTIVO Multiplíquelo a partir de esquejes semileñosos de mediados del verano hasta finales del otoño. Se deben colocar a pleno sol en terrenos bien drenados. Utilice un fertilizante de liberación lenta en primavera si el suelo es pobre, y las plantas en tiesto abónelas de forma regular. Normalmente no necesita poda. Puede verse atacado por plagas de insectos cocoidea. Los casos leves se pueden solucionar eliminando los insectos con un paño húmedo, mientras que en casos peores se deberá pulverizar con aceite blanco.

CLIMA Se da mejor en regiones de veranos calurosos e inviernos fríos y húmedos; zonas 8 y 9.

Lavandula (fam. Lamiaceae)
Lavandas

Existen unas 28 especies de estos arbustos deliciosamente aromáticos y que suelen cultivarse como setos bajos. Procedentes del Mediterráneo, las islas Canarias, el norte de África y la India, sus diminutas flores moradas y lavanda están agrupadas sobre espigas erectas que sobresalen sobre las aromáticas hojas gris verdosas. Las espigas de flores secas se usan para aromatizar. El aceite de lavanda, usado en perfumería, se obtiene de *Lavandula angustifolia* y de *Lavandula stoechas*.

CULTIVO La lavanda se da bien al sol y con buen drenaje. Les va mejor el suelo ligeramente alcalino. Pódelas tan pronto como finalice la temporada de floración. Es preferible renovar estas plantas a partir de esquejes cada pocos años, aunque pueden obtenerse de semillas. Algunas especies se pueden multiplicar mediante divisiones.

CLIMA Prefiere un clima seco. Existen especies adecuadas para diferentes zonas climáticas.

ESPECIES *L. angustifolia* (sin. de *L. spica*), lavanda común, zona 5, originaria del Mediterráneo, flore-

Un estrecho sendero entre macizos de lavanda permite acariciar el follaje para liberar su encantadora fragancia.

ce a mediados y finales del verano, dependiendo del clima. Entre los cultivares buenos para el jardín se encuentra la 'Hidcote', un tipo compacto de unos 50 cm, de flores moradas oscuras; la 'Loddon Pink', que crece unos 40 cm, con flores rosa suave; la 'Munstead', de hasta 40 cm, y flores de un color morado azulado y la 'Nana Alba', un arbusto pequeño y redondeado de flores blancas. *L. dentata*, zona 9, crece aproximadamente 1 m, y tiene hojas grises dentadas y flores pequeñas que nacen a mediados y finales del verano. *L. lanata*, zona 8, originaria de España, tiene flores violetas. Las hojas y los tallos están cubiertos de pilosidades blancas. *L. stoechas*, lavanda francesa, zona 8, tiene flores de verano de color morado oscuro y hojas suaves. Es originaria del Mediterráneo y crece hasta los 60 cm. La subespecie *pedunculata* tiene hojas anchas y plateadas, y largas espigas de flores azul pálido en verano. Los nombres comunes de las diferentes especies de lavanda varían de un lugar a otro.

Lavatera (fam. Malvaceae)

Las 25 especies de esta planta herbácea o subarbusto anual, bianual o perenne, producen flores parecidas a la malva en tonos blancos, rosas o morados. Se encuentran en muchas partes del mundo, incluyendo el Mediterráneo, la Macronesia, Asia, Australia y California.

Lavatera trimestris produce suaves y bonitas flores durante muchas semanas. Existen numerosos y encantadores cultivares.

CULTIVO Las *Lavatera* son fáciles de cultivar, pero prefieren un ambiente cálido y seco. Multiplique las anuales mediante semillas sembradas a mediados o finales de la primavera directamente donde vayan a crecer las plantas. Cultive las perennes a partir de esquejes de verano o de semillas sembradas en semilleros a finales del invierno o comienzos de la primavera.

CLIMA Existen especies adecuadas para diferentes zonas climáticas.

ESPECIES *L. arborea*, malvavisco, zona 8, originaria del Mediterráneo, es bianual o perenne de vida corta y crece hasta los 3 m. Tiene hojas alargadas y flores moradas rojizas que pueden aparecer el primer año. *L. assurgentiflora*, zona 9, es un arbusto caduco o semicaduco originario de California, de 2 m de alto y con hojas largas de 15 cm y flores rosa moradas. *L. trimestris* (sin. de *L. rosea*), zona 7, es anual y alcanza 1,5 m con flores rosa en verano. Se pueden encontrar diferentes cultivares, como el 'Loveliness', de flores rosas oscuro; el de flores blancas 'Mont Blanc'; o el 'Pink Beauty', de flores rosa pálido, o el 'Silver Cup', de flores rosadas. Existen numerosos híbridos arbustivos siempreverdes como el 'Rosea', de flores rosadas; el 'Barnsley', de flores blancas con ojos rojos todo el verano; el 'Bredon Springs' rosado intenso, y el 'Burgundy Wine', de un rosa muy oscuro.

Leonotis (fam. Lamiaceae)

Este género procede principalmente del sur de África y se compone de 30 especies de arbustos siempreverdes y plantas herbáceas con flores, pero solamente una se cultiva ampliamente y tuvo gran aceptación en los jardines de la época Victoriana.

CULTIVO En los climas propensos a las heladas, cultívelos en un invernadero fresco o en una terraza acristalada en tiestos con compost para tiestos con base de tierra. Asegúreles el máximo de luz. Realice podas drásticas, casi a nivel del suelo a comienzos de la primavera. En el exterior, cultívelos en un lugar soleado y con suelo bien drenado y pode los tallos viejos de las flores en primavera. Multiplíquelos a partir de esquejes semimaduros de verano.

CLIMA Zona 9 si está relativamente a salvo de las heladas; en caso contrario, zona 10.

Leonotis leonurus produce sus coloridas y encapuchadas flores en otoño e invierno. No es resistente pero se da bien bajo cristal sin calefacción.

ESPECIES *L. leonurus* recibe su nombre común por el color tostado de sus flores encapuchadas, que forman una espiral sobre el tallo. Se da también en naranja rojizo y florece durante mucho tiempo desde el otoño hasta principios del invierno. De tallos cuadrangulares, crece hasta los 2 m.

Leontopodium (fam. Asteraceae)

Ampliamente distribuida por todas las regiones montañosas del mundo, desde Europa hasta China y Sudamérica, estas plantas perennes de crecimiento lento, y de penachos lanosos, incluyen a la flor de las nieves. Existen unas 30 especies.

CULTIVO Las *Leontopodium*, y especialmente la flor de las nieves, 'Edelweiss' suiza, se cultiva como planta alpina en los jardines de roca del norte. Necesitan un terreno bien drenado, entre alcalino y neutral y pleno sol. Coloque un cristal sobre las plantas en inviernos para protegerlas del exceso de lluvia. Multiplíquelas mediante las semillas recolectadas maduras.

CLIMA La mayoría en la zona 5.

ESPECIES *L. alpinum*, flor de las nieves 'Edelweiss', de las zonas montañosas europeas, crece unos 30 cm, y tiene hojas grisáceas cubiertas de pelusilla blanca, con flores en forma de estrella de color

La encantadora flor de las nieves solo se puede cultivar en las regiones frías. Tanto las flores como las hojas tienen una textura lanuda.

crema rodeadas de brácteas blancas. Parecen flores en embudo de pétalos cortos. *L. haplophylloides*, zona 6, procedente de China, es una planta con aroma de limón que crece unos 35 cm. Tiene un follaje blanco grisáceo y las flores son similares a las de la flor de las nieves. *L. japonicum* es originaria de China, Corea y Japón. Tiene hojas verde oscuro y flores con capítulos gris claro. Crece unos 50 cm.

Lepidozamia (fam. Zamiaceae)

Australia es el hogar de solamente cuatro géneros de cicados, uno de los cuales es la *Lepidozamia*, que incluye los tipos más altos del mundo. También producen las piñas más grandes. Solo existen dos especies, y las dos se encuentran en los bosques tropicales de la costa este. Bastante parecidos a las palmeras, tienen troncos finos, rectos y normalmente sin ramas, con hojas largas pinadas que irradian desde lo alto del tronco. Las hojas suelen tener pedúnculos relativamente largos

La *Lepidozamia peroffskyana* tiene un crecimiento más rápido que otros cicados, pero aun así tarda varios años en formar un tronco claro.

y pelados. Al igual que todos los cicados, son sexuados y ambos sexos tienen un único cono terminal de al menos 60 cm de largo. Resultan atractivas como plantas de interior por sus hojas verde oscuro, brillantes y coriáceas distribuidas en elegante simetría.

CULTIVO En las zonas propensas a las heladas, cultívela en tiestos en un invernadero de temperatura intermedia o en una habitación cálida de la casa. Utilice compost para tiestos con base de tierra y gravilla enriquecido con corteza picada. En invierno manténgala solamente algo húmeda. Protéjala del sol directo, pero asegúrese de que esté bien iluminada. Las plantas en el exterior necesitan algo de sombra y protección contra las heladas y los vientos. Multiplíquela a partir de semillas recolectadas en primavera y germinadas a 24 °C. Tanto la germinación como el crecimiento son muy lentos.

CLIMA Zona 10.

ESPECIES *L. hopei*, originaria de Queensland (Australia), puede alcanzar los 10 m o más. Las plantas maduras forman un tronco y una gran corona. Las hojas pueden llegar a los 3 m de largo y las hojillas pueden ser de 20-30 cm de largo y acampanadas en la base. *L. peroffskyana* puede alcanzar los 12 m de altura, aunque es mucho más pequeña si se cultiva, con solo 2-4 m. La corona se renueva cada año y puede llegar a los 3 m de ancho. Las hojas nuevas aparecen a la vez y las hojillas son más cortas que las de la especie *L. hopei*.

Leptospermum (fam. Myrtaceae)
Árboles del té

Existen unas 80 especies de este género de atractivos arbustos y árboles siempreverdes. La mayoría procedentes de Australia y Nueva Zelanda y unos pocos de Malasia. En las regiones más cálidas se cultiva en el jardín, pero en climas más frescos es mejor tenerlos bajo cristal. En Australia, las hojas de la Manuka (*Leptospermum scoparium*) fueron utilizadas para infusiones por parte de los marineros del *Endeavour* y los primeros pobladores, de

Leptospermum scoparium es de crecimiento bajo e idóneo para pequeños jardines e invernaderos.

ahí su nombre común de «árbol del té». Estos árboles de fino follaje producen flores abiertas de cinco pétalos muy hermosas con colores que van desde el blanco, pasando por los rosados pálidos, a los rojos oscuros, que vienen seguidas de cápsulas leñosas redondas que pueden permanecer en sus ramas durante años antes de liberar cientos de finísimas semillas. Las flores producen néctar abundante que atrae tanto a las abejas como a los pájaros. La Manuka aporta brillantes colores en primavera y en verano, y refugio para los pájaros. Las formas más compactas se pueden plantar próximas para formar atractivos setos o cortavientos. Se han desarrollado muchos cultivares de gran atractivo. La Manuka también se cultiva para fines comerciales por sus aceites y madera, que es muy valorada por su resistencia. Se utiliza sobre todo para mobiliario rústico de jardín y para vallados tipo cañizo.

CULTIVO En los climas propensos a las heladas, las especies sensibles o menos resistentes se deberán cultivar en invernaderos o en terrazas acristaladas. Utilice compost con base de tierra y asegúrese de que reciban la máxima luz posible, aunque con protección contra el sol fuerte directo. Es posible

que necesite algo de poda después de la floración para conservar una forma compacta. Las especies resistentes se pueden plantar junto a un muro protegido donde dé el sol la mayor parte del día. En el exterior, cualquier terreno bien drenado es adecuado, excepto los suelos alcalinos. Abónelo con fertilizante de sangre, pescado y hueso anualmente en primavera. En algunas zonas geográficas, los insectos cocoidea pueden ser un problema tanto en el exterior como bajo cristal. Multiplíquelo a partir de semillas en primavera o en otoño, y germínelas a 15 °C. Tome esquejes semimaduros a finales del verano y colóquelos en un propagador calefactado.

CLIMA Las partes más cálidas de la zona 9 para la mayoría de las especies, a menos que se especifique de otra forma más adelante.

ESPECIES Es posible que no se encuentren todas estas especies fuera de su país de origen. *L. juniperinum*, es una especie muy atractiva, de hojas verde claro afiladas y pequeñas flores blancas a comienzos de la primavera. *L. laevigatum* se puede encontrar en las dunas arenosas a lo largo de las costas de Australia. Crece como arbusto tupido y de hasta 6 m de alto. Su tronco suele ser retorcido. Las hojas son grisáceas y las flores, blancas. En zonas costeras forma un seto de crecimiento rápido muy resistente al aire salino y al viento. *L. nitidum* que puede alcanzar unos 2 m, es muy atractivo con sus hojas brillantes y ovaladas, sus flores blancas y sus brotes rojizos. El cultivar 'Copper Sheen' es un arbusto más bajo de follaje entre cobrizo y rojo oscuro que contrasta con las flores color crema de comienzos de la primavera. *L. petersonii*, es un arbusto o árbol de crecimiento rápido procedente de los estados del este de Australia. Sus hojas lanceoladas son muy fragantes y produce en primavera y principios del verano flores blancas como la nieve. Crece hasta los 5 m de altura, con un ancho de aproximadamente 2,5 m. Esta especie tan atractiva está muy extendida. También se cultiva comercialmente por su aceite y por su esencia de limón. *L. scoparium*, Manuka, zona 8, procede de Nueva Zelanda y Australia, donde se encuentra en suelos pobres a la orilla de los ríos. De esta especie se obtiene el aceite de Manuka. Se han obtenido muchos y hermosos híbridos de este arbusto de flores blancas, tanto simples como dobles, y que son muy valoradas como flores de corte. Los híbridos del *Leptospermum* se cultivan hoy en día en muchas partes del mundo, incluyendo el sur de África, Europa y Estados Unidos. El cultivar 'Nicholsii', el primero de flores rojas que se conoció a comienzos del siglo xx, todavía está muy extendido. El 'Chapmanii', de flores de color rosa, fue la primera forma de *L. scoparium* que no producía flores blancas. La variedad *rotundifolium* es un atractivo arbusto abierto de hojas redondas y flores blancas, rosadas o lila. *L. squarrosum* tiene hojas puntiagudas y flores grandes y rosadas en otoño. Suele crecer en forma abierta y alcanza unos 4 m de altura.

Leschenaultia (fam. Goodeniaceae)

Estos pequeños arbustos excepcionalmente hermosos son todos originarios del oeste de Australia. Sus flores tubulares con lóbulos abiertos florecen durante un largo tiempo, normalmente a finales de la primavera y en verano. El azul brillante de *Leschenaultia biloba* es inolvidable; otros tienen sorprendentes flores rojas. En lugares con heladas, cultive estas plantas bajas o rastreras en invernaderos frescos o intermedios. En los climas donde se pueda cultivar en el exterior, utilícela como tapizante.

CULTIVO En el invernadero, cultívela en tiestos con compost específico con base de tierra y gravilla y añádale fibra de coco. Estas plantas necesitan el máximo de luz y aireación, pero hay que protegerlas del sol directo fuerte. Recórtela ligeramente después de la floración para conservar la forma. En el exterior, crece bien en terreno bien drenado y a pleno sol. Multiplíquela mediante esquejes blandos de primavera plantándolos en un propagador calefactado.

CLIMA Zona 10.

ESPECIES *L. acutiloba* crece hasta 25 cm de alto, con flores crema manchadas de azul. *L. biloba*, es una planta tapizante que crece unos 50 cm y

Las relucientes flores naranja de *Leschenaultia formosa* constituyen una distinguida exhibición en primavera y verano.

tiene fama por sus brillantes flores azules. El cultivar 'Blue Flash' tiene flores blancas y azules. *L. formosa*, puede ser rastrera o semirrastrera y posiblemente sea el más fácil de cultivar. Produce abundantes flores escarlata. *L. macrantha* es una especie rara pero hermosa, con flores amarillas y rojas alrededor de una masa de hojas azul grisáceas que forma una corona a finales de la primavera y en verano. *L. tubiflora* es una especie de flores pequeñas y verticales crema, rosadas o rojas, o a veces una combinación de estos colores.

Leucadendron (fam. Proteaceae)

Este género comprende unas 80 especies de árboles y arbustos sexuados y siempreverdes procedentes del sur de África. Todos tienen hojas rígidas, coriáceas y verticales y los capítulos de flores están rodeados de brácteas (hojas modificadas) que suelen ser muy coloridas.

CULTIVO En los climas propensos a las heladas, cultívelos en un invernadero de temperatura intermedia y bien ventilado. Si los cultiva en tiestos,

Las flores de las especies de *Leucadendron* duran mucho tiempo en la planta y son excelentes como flor de corte. Florecen abundantemente cuando las condiciones son las correctas.

utilice compost específico ácido y añada gravilla y turba o sustituto. Proporcióneles el máximo de luz solar. Mantenga el aire seco. En el exterior crece a pleno sol en terrenos ácidos con buen drenaje y bajos en nutrientes, especialmente en fósforo. Multiplíquelo mediante esquejes semimaduros de primavera plantándolos en un propagador calefactado.

CLIMA Zona 10.

ESPECIES *L. argenteum* puede alcanzar hasta 9 m de altura y tiene hojas largas plateadas y aterciopeladas. *L. grandiflorum*, que solo crece unos 2 m, tiene capítulos rojizos rodeados de brácteas rosadas a finales del verano. *L. salignum* es un arbusto de 1 m de alto con capítulos de flores doradas en los árboles machos y de flores verdosas en los árboles hembra, rodeados de brácteas amarillas en verano. Muchas de las especies y cultivares de este género se cultivan para el mercado de la flor cortada.

Leucanthemum (fam. Asteraceae)
Margaritas de Shasta

Las 25 especies de este género son originarias de Europa y de las montañas del norte de Asia. Este grupo incluye una gran variedad de plantas anuales y perennes. Su hábitat comprende regiones alpinas, humedales y estepas. Las más conocidas son las perennes herbáceas, que son buenas plantas de jardín y como flor de corte.

CULTIVO Cultívelas en terreno con buen drenaje y a pleno sol, aunque protegidas de los vientos fuertes. Entierre compost o estiércol abundante tres o cuatro semanas antes de plantarlas. Manténgalas bien regadas en primavera y verano para garantizar un buen tamaño de las plantas y las flores. Utilice abono completo durante el crecimiento de primavera y fertilizante líquido a finales de la primavera y comienzos del verano para fomentar la floración. Multiplíquelas mediante la división de cepellones a finales del invierno o en primavera. Deseche la parte central y vieja y vuelva a plantar las partes más jóvenes.

CLIMA Zona 5.

ESPECIES *L.* x *superbum*, margaritas de Shasta, es una perenne que forma cepellones de hojas basa-

Un cultivar inusualmente alto de margaritas de Shasta, se eleva por encima de una *Achillea* de flores rojas.

les, dentadas, de color verde oscuro y 15-25 cm de longitud. Las flores, grandes y del tipo de la margarita, son blancas y pueden ser individuales o dobles. Nacen durante el verano sobre tallos de 50 cm o más y son excelentes como flor de corte. Entre las formas de flores dobles están 'Esther Read', 'Wirral Supreme' y 'Horace Read'. 'Everest' o 'Mount Everest' es la más grande de las de flores individuales. Una forma enana interesante es la 'Silberprinzesschen' (sin. de 'Little Princess'), adecuada para el borde de los parterres con sus tallos de flores de 25-30 cm de alto.

Leucojum (fam. Amaryllidaceae)
Lágrimas de la virgen

Este pequeño género de plantas bulbosas es nativo del oeste de Europa, el Medio Oriente y el norte de África. Estas delicadas, acampanadas y colgantes flores parecen copos de nieve y suelen aparecer en primavera. Son ideales para macizos en jardines boscosos y para parterres de arbustos.

CULTIVO Plante los bulbos a 8 cm de profundidad y no los moleste durante algunos años. Prefieren un suelo profundo con buen drenaje, cálido y en semisombra. Las especies que florecen en otoño se deben plantar en mitad del verano, mientras que las especies que florecen en primavera y a comienzos del verano se deben plantar en otoño. Una vez nacen las hojas, riegue regularmente y siga así hasta que el follaje comience a morir.

Los grupos de *Lencojum aestivum* forman una bella estampa a finales del invierno. Lo ideal es encontrarle un sitio bajo árboles caducifolios.

CLIMA Zona 5 para la mayoría de las especies, zona 4 para *Leucojum aestivum*.

ESPECIES *L. aestivum*, lágrimas de la virgen de verano, procedente del sur de Europa, crece unos 60 cm de alto y tiene flores ligeramente fragantes, blancas con puntas verdes. Las flores aparecen a finales de la primavera. A esta especie le gusta el suelo permanentemente húmedo y rico en humus. *L. autumnale* crece hasta los 20 cm y tiene flores blancas con matices rosados en otoño. Las hojas aparecen después de las flores. *L. vernum*, originaria de Europa, alcanza los 30 cm, y tiene flores blancas con pétalos de puntas verdes.

Leucopogon (fam. Epacridaceae)
Brezos de barba blanca, groselleros nativos

Muchos de estos pequeños arbustos son difíciles de cultivar, pero a veces se dan bien en rocallas o tiestos. Existen unas 15 especies, la mayoría originarias de Australia, y algunas de Malaisia y Nueva Caledonia. Tienen un follaje decorativo y rígido y flores pilosas, generalmente blancas o rosadas. La mayoría florece en verano. Los frutos naranja o rojo de algunas especies son comestibles.

Leucopogon microphyllus tiene hojas diminutas y flores pequeñas agrupadas en los extremos de los tallos. Algunas de las especies producen frutos que pueden comerse. Es difícil de cultivar.

CULTIVO En los sitios con heladas, cultívelo en un invernadero fresco en tiestos con compost ácido para tiestos, sin sustrato. Asegúrese de que reciben buena luz. En el exterior, cultívelo en suelo ácido y húmedo con abundante humus en sombra parcial o a pleno sol. Multiplíquela a partir de esquejes semimaduros de verano.

CLIMA Zona 10, y en lo más cálido de la zona 9.

ESPECIES No todos se pueden encontrar fuera de sus países nativos. *L. ericoides* es un arbusto pequeño del este de Australia y que alcanza 1 m de alto. Es bastante común en las dunas costeras y brezales, tiene un follaje grisáceo, capullos rosados y flores entre blancas y rosadas. *L. fraseri* es un arbusto entre bajo y rastrero de 30-60 cm de alto, con flores rosadas y bayas comestibles amarillo anaranjadas. *L. juniperinus* crece hasta 60-90 cm, con un follaje espinoso y flores blancas. *L. linifolius* es un arbusto encantador y frondoso, con grupos de flores blancas cubiertas de pelusa. *L. milliganii* es una especie rastrera alpina procedente de Tasmania, con bayas brillantes rojas. La especie *L. strictus* es un arbusto pequeño originario del oeste de Australia, con flores rosadas rojizas muy atractivas.

Leucospermum (fam. Proteaceae)

Alfileteros

Estos arbustos leñosos y siempreverdes se cultivan por sus capítulos de flores rojas, naranja o amarillas, y también por sus frutos de colores suaves. Este género del sur de África, de unas 40 especies, está emparentado con el *Leucadendron*. Algunas especies se cultivan para el mercado de flor cortada por su larga vida en jarrón.

CULTIVO En climas propensos a las heladas, cultívelos en un invernadero entre fresco e intermedio o en una terraza acristalada en tiestos con compost ácido y sin sustrato, al que habrá añadido algo de gravilla y turba. En el exterior cultívelo en suelo ácido y bien drenado, bajo en fósforo y en un emplazamiento soleado y cálido. Asegúreles el máximo de luz. Multiplíquelos a partir de esquejes semimaduros de verano con calor basal.

Si el clima es el correcto, las flores de *Leucospermum tottum* constituyen una exhibición majestuosa.

CLIMA Las áreas cálidas de la zona 10 o superiores.

ESPECIES No todos estos se pueden encontrar fuera de sus lugares de origen. *L. bolusi* que alcanza aproximadamente los 2 m de alto, tiene hojas densas, cortas y coriáceas y capítulos de flores que nacen en los extremos de sus ramas. Se componen de numerosos estambres prominentes, de color naranja; los capítulos de flores crecen unos 10 cm de diámetro. *L. cordifolium* es un arbusto que alcanza los 2 m de alto, y en buenas condiciones, los 2-3 m de ancho. Florece durante un período largo, desde el comienzo de la primavera hasta mediados del verano. Los grandes capítulos de flores pueden ser de color naranja, escarlata o amarillo. Esta especie es probablemente la más cultivada para el mercado de la flor cortada. *L. reflexum* tiene hojas pequeñas grisáceas y coriáceas y grandes capítulos de flores de un rojo intenso con puntas amarillas. Crece hasta los 4 m de alto. *L. tottum* alcanza los

60 cm de alto, con capítulos de flores rojas o rojas rosadas, espinosas y en forma de cúpula que aparecen desde mediados de la primavera hasta finales del verano.

Leucothoe (fam. Ericaceae)

Comprende unas 50 especies de arbustos caducifolios o siempreverdes. Este pequeño género tiene una amplia distribución, desde el este de Asia hasta Madagascar, además de Norteamérica y Sudamérica. Sus hojas sencillas son satinadas y verdes. Las flores varían entre el blanco y el rosado y sus frutos se guardan en cápsulas de múltiples semillas. Su follaje es elegante y sus flores de formas bonitas. Son hermosos bajo los árboles altos.

CULTIVO Le vale cualquier suelo que esté húmedo y sin caliza, a la sombra y protegidos de vientos fuertes. Multiplíquelos a partir de semillas en primavera en un propagador o a partir de esquejes semimaduros de verano con calor basal.

CLIMA La mayoría en la zona 5. La zona 6 para *Leucothoe grayana*.

ESPECIES *L. davisiae* crece de forma natural en las regiones montañosas del centro de California. Es un arbusto siempreverde de racimos de flores bastante largos que aparecen a principios del verano. *L. fontanesiana* es un arbusto rastrero siempreverde procedente de Norteamérica, de unos 2 m de alto, con hojas alargadas y racimos de flores blancas que brotan durante la primavera. *L. grayana*, originario de Japón, es una especie caducifolia de alrededor de 1 m de alto, con grupos de flores de un solo lado durante el verano y principios del otoño.

Levisticum officinale (fam. Apiaceae)
Apio de monte o levístico

El levístico es una de las plantas herbáceas más altas, capaz de superar los 2 m. Tiene grupos de flores amarillas y hojas compuestas de color verde oscuro. De una fragancia deliciosa, sus tallos y hojas se emplean en ensaladas, sopas y guisos. También se puede cultivar con fines medicinales.

CULTIVO Esta planta herbácea crece en la mayoría de los suelos de jardín siempre que tengan un buen drenaje y estén enriquecidos con fertilizantes orgánicos, ya sea al sol o en semisombra. Prefiere algo de sombra si el clima es muy cálido. Multiplíquelo a partir de semillas sembradas en primavera o en otoño.

CLIMA Zona 4.

Los tallos arqueados de delicadas flores blancas adornan el follaje satinado y estriado de *Leucothoe fontanesiana* en primavera.

Se dice que el apio de monte sabe a apio y a perejil pero con un toque de pimienta.

Lewisia (fam. Portulacaceae)

Originaria de Norteamérica, este género se compone de 20 especies de plantas siempreverdes o herbáceas perennes que forman rosetas o penachos de hojas carnosas. Crecen a partir de gruesas raíces y se utilizan en rocallas o grietas en los muros, son pequeñas y decorativas y tienen flores rosadas, rojas, moradas, amarillas, blancas o anaranjadas en primavera y principios del verano.

CULTIVO A las *Lewisia* les gusta el suelo entre ácido y neutro, profundo, suelto y con gravilla y un drenaje perfecto. Las especies herbáceas necesitan estar a pleno sol; las siempreverdes, un poco de sombra. Son más fáciles de cultivar en los huecos de las piedras secas de un muro, para que nunca estén rodeadas de demasiada agua. Multiplíquelas a partir de semillas sembradas en primavera o en otoño o dividiendo las raíces. Algunas especies se pueden reproducir a partir de hijuelos.

CLIMA Solo para climas frescos o fríos.

ESPECIES *L. brachycalyx*, zona 5, crece hasta los 8 cm de alto, con rosetas de hojas carnosas y delicadas, y flores blancas o rosado pálido. *L. columbiana*, zona 5, de hasta 25 cm de alto, tiene flores de un rosa magenta brillante y a veces de un

rosado más pálido con venas de un rojo intenso. *L. cotyledon*, zona 6, es una siempreverde de hojas oscuras y pequeños racimos de flores ralladas entre rosado y morado, y que también pueden ser crema, amarillas o color albaricoque. Existen también algunos híbridos muy hermosos de estas especies. *L. rediviva*, zona 4, es una especie caducifolia que produce hojas bastante herbáceas que mueren antes o durante la floración. La flores son de color rosado o blanco. *L. tweedyi*, zona 5, es una planta siempreverde, de unos 15-20 cm de alto, que forma rosetas de follaje verde medio.

Liatris (fam. Asteraceae)

Estrellas brillantes, estrellas aserradas

Estas plantas resistentes y perennes proceden de Norteamérica y forman parterres muy atractivos con sus espigas ligeras de flores blancas, lavanda o moradas. Extrañamente, las flores de abren de arriba hacia abajo en la espiga. Existen más de 40 especies, la mayoría de las cuales se dan en praderas o bosques poco densos.

Lewisia cotyledon es la especie más cultivada. A pesar de los numerosos cultivares que hay en el mercado, es difícil superar a la especie original.

El contraluz nos muestra el extraño hábito de *Liatris spicata*, cuyos capullos se abren desde la punta de la espiga hacia abajo.

CULTIVO Estas plantas necesitan un suelo con buen drenaje pero con capacidad para retener humedad, ligero y arenoso si es posible y a pleno sol. Puede reproducirla por división a comienzos de la primavera o a partir de semillas plantadas en otoño en un propagador.

CLIMA La mayoría en la zona 3. La zona 5 para *Liatris aspera*.

ESPECIES *L. aspera*, de 2 m, tiene un follaje satinado y espigas de flores moradas. *L. pychnostachya* crece hasta 1,5 m de alto y produce flores violeta en espigas gruesas. Tiene un largo período de floración, desde mediados del verano hasta comienzos del otoño. *L. spicata*, de hasta 1,5 m, se cultiva por su flor de corte. Tiene hojas como la hierba, erectas y de un verde medio, y abundantes espigas de flores moradas.

Libocedrus (fam. Cupressaceae)

Este género comprende seis especies de coníferas siempreverdes de Nueva Zelanda, Nueva Caledonia y el sudoeste de Sudamérica. Las hojas jóvenes son cortas y en forma de aguja, y las maduras son como escamas. Las piñas masculinas y femeninas se producen en el mismo árbol. Una de las características de este género es la forma de pluma de las ramificaciones aplanadas.

Este *Libocedrus plumosa* muestra hojas adultas en forma de escamas en sus ramillas y piñas madurando de un color morado azulado.

CULTIVO Estos árboles gustan de unas condiciones húmedas y frescas y un suelo razonablemente profundo, fértil y bien drenado. Los árboles jóvenes prefieren la semisombra y algo de protección. Multiplíquelo a partir de semillas o esquejes, que enraizarán con bastante facilidad.

CLIMA Zona 8 para las especies de la lista.

ESPECIES *L. bidwillii*, kaikawaka, a veces alcanza los 20 m o más en su hábitat montañoso de Nueva Zelanda, mientras que los ejemplares cultivados suelen ser arbustos redondeados o pequeños árboles en forma de columna. Las ramillas son menos planas que en las otras especies. *L. plumosa*, kawaka, se encuentra en los bosques abrigados y menos elevados de Nueva Zelanda, donde alcanza los 30 m. Si se cultiva suele tener un crecimiento vertical y estrecho de unos 10 m, con ramillas largas y hermosas como helechos de un color verde oliva satinado. Se cultiva con fines comerciales por su madera roja oscura de un grano muy atractivo. En el jardín es una planta excelente para jardinera o como planta individual.

Licuala (fam. Arecaceae)

Este gran género de más de 100 especies de palmeras se extiende desde el sudeste asiático hasta Vanuatu y Australia. Aunque muchas son pequeñas palmeras del sotobosque, algunas alcanzan un buen tamaño. La característica más conocida de algunas de las especies más cultivadas son sus grandes hojas plegadas y casi circulares. No obstante, muchas de las especies tienen nervios centrales profundamente marcados y extremos ligeramente dentados y romos. Pueden ser de uno o de varios troncos y las inflorescencias nacen generalmente sobre tallos largos y arqueados. Los frutos naranja o rojos, que se forman después de la floración tiene un efecto muy decorativo. Todas las especies necesitan un ambiente cálido para un crecimiento óptimo.

CULTIVO Si la cultiva bajo cristal, en tiestos o jardineras, utilice compost para tiestos con sustrato y añádale turba y gravilla. Asegúrese de darles una buena iluminación (pero protéjalas del sol direc-

Los nuevos brotes de *Licuala ramsayi* son completamente circulares, pero se van abriendo conforme maduran.

Ligularia (fam. Asteraceae)

Planta herbácea perenne resistente de las zonas templadas de Europa y Asia, da flores en verano del tipo de las margaritas, normalmente amarillas o naranja.

CULTIVO Cultívela en un lugar protegido, con suelo húmedo y a pleno sol. Multiplíquela mediante divisiones en primavera o a partir de semillas sembradas en el exterior en otoño o primavera.

CLIMA Solo para climas frescos o fríos.

ESPECIES *L. dentata*, zona 4, procedente de China y Japón, se cultiva bien junto al borde de un estanque. Alcanza alrededor de 1 m de alto. El cultivar 'Desdemona' tiene grandes hojas con tintes morados y flores naranja; 'Othello' tiene hojas grandes y flores naranja. *L. hodgsonii*, zona 5, originaria de Japón, es una especie más pequeña con solo 90 cm de alto, y hojas redondeadas características. *L. japonica*, zona 5, es también nativa de Japón, se da bien en los bordes de los estanques y crece entre 1 y 1,5 m. La *L. przewalskii*, zona 4, crece hasta los 2 m y produce espigas de pequeñas flores amarillas y tallos manchados de morado.

to) y un ambiente húmedo. En el exterior, cultívela bajo sombra parcial. Multiplíquela en primavera a partir de semillas o brotes basales.

CLIMA Zona 10, y las áreas cálidas de la zona 9.

ESPECIES *L. grandis* es originario de Nuevas Hébridas y solo crece unos 3 m de alto. Tiene hojas grandes, plegadas y sin dividir dispuestas en varias hileras y frutos carmesí. Es una de las palmeras más hermosas y un elemento destacado de los jardines tropicales. *L. ramsayi*, la especie australiana, se encuentra en bosques tropicales lluviosos de las tierras bajas y puede crecer 15 m de alto. Tiene un tronco marrón grisáceo pálido de unos 15 cm de diámetro y hojas de un verde fresco traslúcidas sobre delicados tallos. Las hojas dispuestas circularmente tienen 1 m de ancho, y las inflorescencias delicadas y arqueadas son de color crema, mientras que los frutos son naranja rojizo. De joven crece muy lentamente y es difícil de cultivar. *L. spinosa*, del sudeste asiático, forma densas agrupaciones de tallos de 6-8 cm de diámetro y con una altura de 3-5 m. Las espirales de hojas se dividen en segmentos estrechos en forma de cuña. Sus frutos, de color naranja brillante, nacen sobre tallos de flores delicados y arqueados de hasta 3 m de largo. Esta especie es fácil de cultivar y es una buena planta para tiesto.

En verano aparecen altos tallos de abundantes flores amarillas como margaritas sobre los cepellones que forma la *Ligularia stenocephala*.

Ligustrum (fam. Oleaceae)
Aligustres

Originario de Europa, Asia, norte de África y Australia, este género comprende unas 50 especies de arbustos y árboles siempreverdes, semicaducos y caducifolios. Debido a su densidad, el aligustre siempre se ha utilizado y se sigue utilizando como seto, pero muchas de sus especies se merecen su cultivo como especímenes individuales. Incluso las especies que se suelen utilizar para seto son de aspecto agradable si se cultivan como individuos. El aligustre normalmente tiene hojas ovaladas y verdes y racimos de flores blancas, pequeñas y de fuerte olor en verano, seguidas de bayas negras.

CULTIVO El aligustre se da bien casi en cualquier circunstancia y tiene un crecimiento muy rápido. Sus raíces son invasivas y se extienden por todo el jardín provocando daños en tuberías y estructuras de los edificios. Multiplíquelos a partir de semillas en primavera o en otoño en un propagador o a partir de esquejes semimaduros o leñosos de verano o invierno, respectivamente.

CLIMA En la mayoría de los climas excepto en los trópicos cálidos.

ESPECIES *L. japonicum*, zona 7, originario de Japón, crece 3-4 m y tiene grandes hojas y largos racimos

El aligustre dorado forma un seto elegante y fácil de cuidar. Tolera una amplia variedad de suelos y condiciones de cultivo.

de flores muy poblados. El cultivar 'Rotundifolium' tiene hojas casi redondas. Se suele utilizar para seto. *L. ovalifolium*, zona 6, nativo de Japón, tiene hojas ovaladas. El cultivar 'Aureum', crece hasta una altura de 4 m y se puede utilizar como planta de fondo de otras plantas anuales pequeñas o se le puede recortar para darle forma. Sus hojas satinadas, verdes y ovaladas tienen márgenes amarillos y se ven mejor a pleno sol. Corte cualquier brote verde conforme aparezca. Si no lo hace así, volverá a la forma verde normal. *L. vulgare*, aligustre común, zona 5, crece unos 4,5 m y se suele utilizar como seto. El perfume y polen de esta planta puede producir reacciones alérgicas, por lo que es recomendable recortarlo regularmente para evitar su floración.

Lilium (fam. Liliaceae)
Azucenas o lirios

El género *Lilium* incluye a las auténticas azucenas, que se distinguen de otras plantas bulbosas por las carnosas escamas del bulbo, que no están recubiertas de una piel protectora. La mayoría de las azucenas que se cultivan hoy en día son híbridos. Las primeras ilustraciones de azucenas fueron realizadas en la cerámica de Creta, unos 2.000 años antes de Cristo, mientras que se han encontrado bulbos en sarcófagos de momias egipcias, probablemente por el uso alimentario y medicinal que los bulbos tenían en esa época. El primer tipo conocido es banderas blancas (*Lilium candidum*), originario del Mediterráneo y que representa la pureza. Hoy en día, las asociaciones de criadores de azucenas de todo el mundo distribuyen las últimas noticias sobre su cultivo y sus miembros intercambian ideas y especímenes.

CULTIVO Las azucenas se pueden cultivar en suelos ácidos o ligeramente alcalinos, pero todos necesitan un buen drenaje, algo de sol y sombra y una buena raíz. La últimas variedades necesitan más sombra, ya que florecen en la época del año cuando el sol está más alto. Si se ha añadido estiércol a la tierra, no suele ser necesario más abono; si no es así, añada una generosa cantidad de compost y un puñado de fertilizante completo por cada metro cuadrado. Si los está cultivando en tiestos, utilice

Esta vívida azucena asiática, de color anaranjado escarlata, aporta verdadero sabor al jardín en verano.

Fácil de cultivar, *Lilium longiflorum* muestra varias flores atrompetadas, blancas y perfumadas por cada tallo. Es encantadora tanto en el jardín como en el jarrón.

un sustrato de calidad y añada turba de coco o estiércol de vaca maduro. No deje que los bulbos de las azucenas se sequen del todo. Antes de plantar, colóquelos en una bolsa de red y riéguelos profusamente para eliminar la suciedad y las escamas. Excepto en el caso de *L. candidum*, que se debe plantar con el bulbo cerca de la superficie, plante los bulbos a unos 10 cm de profundidad, y un poco más profundos en el caso de bulbos especialmente grandes. Después de plantarlos, riéguelos hasta empaparlos del todo. Los bulbos pueden permanecer en el mismo sitio del jardín durante años siempre que se abone bien el suelo y se mantenga fresco en la época más calurosa del verano. Incluso los suelos mejores necesitan que añada abundante materia orgánica periódicamente; en caso contrario, se producirán menos flores cada año. Las azucenas se pueden reproducir por diferentes métodos. Por sí mismo, los bulbos suelen dividirse y formar dos o más bulbos. Algunas especies producirán bulbos con tallos, pero permanecerán enterrados. Si los separa al final de la temporada de crecimiento y los planta por separado, normalmente

crecen y producen una flor única durante la temporada de floración. Algunas azucenas producen bulbilos entre el pedúnculo y el tallo; cuando estén a punto de caer en otoño, se pueden colocar en bandejas propagadoras y suelen producir hojas antes del invierno. La floración se debería producir en dos años. Otro método es la multiplicación mediante las escamas tomadas de los bulbos. Después de extraer los bulbos, elimine las escamas y colóquelas en una bolsa de plástico con turba húmeda y con aire para que se desarrolle los bulbilos. Ate la abertura de la bolsa para mantener la humedad y colóquela en un lugar cálido y oscuro; en unas tres semanas se deberán formar los pequeños bulbilos. Estos pueden ser tratados como pequeñas plantas. Serán idénticos al bulbo madre de donde se tomaron las escamas y pueden florecer en dos años. Las azucenas también se pueden cultivar a partir de semillas. Siembre las semillas en tiestos o en bandejas semilleros tan pronto como estén maduras. Utilice compost para semillas y hágalas germinar en un propagador. Rellene el propagador con la mezcla de compost, siembre las semillas y aplaste la tierra. Espolvoree una fina capa de vermiculita por encima de las semillas. Riegue suavemente. Los tipos asiáticos (los que producen una hoja al germinar) aparecen en unas tres semanas. Las variedades orientales (los que forman un bulbito antes de que aparezca la primera hoja) mostrarán la primera hoja en primavera si se sembraron en otoño. Las variedades asiáticas suelen florecer a los dos años; las variedades orientales tardan tres años. Las azucenas sufren el ataque de babosas, caracoles y áfidos.

CLIMA Existen especies adecuadas para diferentes zonas climáticas.

ESPECIES *L. auratum*, lirios de aro, zona 6, procedente de Japón, fue introducida en Inglaterra a mediados del siglo XIX y desde entonces ha sido muy cultivada. Esta majestuosa especie tiene flores grandes, blancas e intensamente perfumadas. Tienen manchas moradas rojizas y una raya dorada que corre por la garganta hasta el borde de cada pétalo. El tallo crece hasta 1-2 m de alto y puede soportar hasta 20 flores. *L. candidum*, banderas blancas, zona 6, tiene gloriosas flores aromáticas de un blanco puro en forma de trompeta que nacen en mitad del verano. Ha sido una de las últimas especies en registrarse, muy apreciada, pero difícil de cultivar por su propensión a sufrir el ataque de hongos. *L. henryi*, zona 5, procedente del centro de China, es de crecimiento vigoroso, con flores color naranja pequeñas pendulantes y reflejas. Sus tallos crecen hasta unos 2 m y llegan a soportar hasta 40 flores. *L. longiflorum*, originaria de Japón, zona 9, crece vigorosamente y produce flores atrompetadas hermosas, blancas y muy aromáticas muy empleadas en el mercado de la flor cortada. Esta azucena no es muy resistente y se suele cultivar en tiestos bajo cristal. Crece hasta 1 m de alto. *L. regale*, zona 5, procedente de China, fue introducida en Europa a comienzos del siglo XIX. Razonablemente fácil de cultivar, alcanza una altura superior a los 2 m. Sus flores nacen en verano, son grandes, en forma de trompeta, con el exterior de color rosa pálido y el interior blanco. *L. rubellum*, zona 6, es una de las especies orientales, de floración temprana, alcanzan hasta los 50 cm de alto y da hermosas flores rosadas. Los criaderos generalistas pueden tener una gama limitada de bulbos de azucena, pero si quiere una buena selección, póngase en contacto con un cultivador especializado. Muchos de estos especialistas se anuncian en revistas sobre jardinería muy conocidas.

Limonium (fam. Plumbaginaceae)
Estátices, siemprevivas azules

Son principalmente perennes y subarbustos, a veces se tratan como anuales, y solo un puñado de ellas son de cultivo general. Es un gran género de plantas con una amplia distribución geográfica que abarca regiones secas, áridas y marítimas de ambos hemisferios. Sus flores, como de papel, nacen en tallos fuertes y aplastados, de muchos colores y frecuentemente se utilizan en arreglos de flor seca. Las *Limonium* son buenas para parterres mezclados y también para jardines costeros, ya que toleran bien los ambientes salinos.

CULTIVO Cultívela en un lugar soleado y en terreno bien drenado. Los tipos más delicados (los recomendados para la zona 9) se pueden cultivar en un invernadero fresco bien ventilado. Las perennes que se traten como anuales se pueden conseguir a partir de semillas sembradas en primavera bajo cristal. Las semillas germinan a 18 °C. Plántela en el exterior cuando hayan pasado las heladas.

CLIMA Zona 9 para la mayoría de las especies de la lista. Zona 5 para *Limonium latifolium*.

ESPECIES *L. latifolium* es una planta perenne de 60 cm de alto, que forma grupos de flores azul marino intenso durante una gran parte del verano

Las flores moradas de *Limonium latifolium* sobresalen por encima de una roseta de hojas redondeadas y carnosas.

y rosetas de grandes hojas basales. *L. macrophy-llum* es perenne y de unos 70 cm, con flores blancas o amarillas. *L. perezii* es un subarbusto perenne de 60 cm de alto, con flores amarillas de cálices azules. *L. sinuatum*, una planta perenne que se suele tratar como anual, produce densas rosetas de hojas verde oscuro y flores azules o crema en verano y a comienzos del otoño. Los híbridos nos ofrecen una amplia gama de colores.

Linaria (fam. Scrophulariaceae)
Linarias

Este gran género de plantas anuales y perennes proceden mayormente del hemisferio norte y se cultivan por sus coloridas flores de gran duración y que recuerdan a la dragonaria o boca de dragón. Se usa con frecuencia como planta para parterres en parques y jardines y suele tener hojas estrechas como las del lino. Algunas tienen un largo historial como plantas medicinales.

CULTIVO Son plantas fáciles de cultivar y crecen casi en cualquier suelo, siempre que no esté muy compactado. Si el suelo es ácido, añada caliza en una proporción de unos 225 g por metro cuadrado y un poco de fertilizante completo. Multiplíquela a partir de semillas sembradas directamente sobre el terreno y apenas cubiertas con una fina capa de tierra. Aclare las plántulas hasta dejarlas con una separación de 50-75 mm. Riegue generosamente en las primeras fases del crecimiento y emplee un fertilizante completo una vez al mes desde que las plantas estén bien establecidas. Después de la floración, pode drásticamente para conseguir una segunda cosecha de flores.

CLIMA Existen especies adecuadas para diferentes zonas climáticas.

ESPECIES *L. dalmatica*, zona 5, es perenne, de 1 m y con flores amarillas. El cultivar 'Canary Bird' tiene flores de un amarillo más intenso. *L. maroc-cana*, zona 6, una planta anual, es la especie más cultivada. Sus gráciles tallos alcanzan los 45 cm y es necesario plantarlas abundantemente para conseguir un buen efecto. La misma planta produce flores de varios colores. El cultivar 'Excelsior' de

Las largas y delicadas espigas de *Linaria purpurea* muestran flores todo el verano y a comienzos del otoño.

45 cm, con flores azules, naranja, rosadas, moradas o amarillas, tiene un atractivo aspecto en los parterres y macizos. 'Diadem' tiene flores violeta con marcas blancas. 'Fairy Bouquet' es una planta compacta de unos 20 cm y flores más grandes que los híbridos de 'Excelsior'. 'Northern Lights' crece hasta los 40 cm, con flores de color similar a las que produce 'Excelsior', además de rojo y bronce. La anual *L. reticulata*, «Aureopurpurea», zona 7, crece hasta 45 cm y produce flores moradas y amarillas. *L. vulgaris*, linaria común, zona 4, crece hasta 1 m, y tiene flores de color amarillo brillante. Esta especie tiende a volverse invasiva en zonas templadas.

Linospadix (fam. Arecaceae)
Palmeras bastón

En las selvas tropicales de Australia y Nueva Guinea, crecen diez especies de esta delicada palmera como parte del sotobosque. Una única especie

Linospadix monostachya es una palmera pequeña y delicada cultivable en tiesto o jardinera bajo cristal.

procede del sur de Queensland y de Nueva Gales del Sur, en Australia. Son palmeras plumosas, pero no producen tronco y sus flores, sencillas, aparecen en racimos sin tallo. Rara vez supera los 3 m ni un diámetro de 4 cm. Excepto en una de las especies, que tiene un único tallo, el resto tiende a formar cepellones de varios tallos. Las hojas estriadas rara vez superan el metro de longitud y el ancho de las hojillas suelen ser variable. Las espigas de flores son delgadas y firmes y soportan diminutas flores verdosas seguidas de pequeños frutos comestibles de color escarlata brillante y carne crujiente y jugosa alrededor de una semilla pequeña y blanda. Los frutos pueden poblar densamente las espigas y llegar a curvarlas con su peso.

CULTIVO Al ser de climas tropicales y subtropicales, la tendrá que cultivar en un invernadero cálido y húmedo en tiestos o jardineras con compost con sustrato para tiestos. Necesita buena luz, pero protéjala del sol directo. Abónela con líquido regularmente durante la temporada de crecimiento. Procúrele un lugar sombreado y con un suelo bien drenado y rico en humus, que retenga algo de humedad. Multiplíquela a partir de semillas

frescas germinadas a 24 °C. Puede que tarde varios meses en germinar. Las especies que producen brotes basales se pueden multiplicar dividiendo los cepellones.

CLIMA Solo para climas tropicales y subtropicales; las áreas más cálidas de la zona 10.

ESPECIES *L. minor* crece principalmente a poca altitud en el norte de Queensland, en Australia. Los tallos son de unos 2 m de alto y tienen un diámetro de 2,5 cm. Las hojas son de unos 60 cm de largo, y con pocas hojillas. *L. monostachya*, la especie del sur, tiene un solo tallo de 3 y a veces 4 m de alto y 2,5-4 cm de diámetro. Las hojas de 1 m de longitud varían en ancho y número. Las espigas que sustentan los frutos maduros a finales del verano y en otoño cuelgan muy por debajo de las hojas de forma muy decorativa. *L. palmerana* se da en la base de las montañas más altas de Queensland. Las hojas de la planta joven solo tienen 20-30 cm de largo, y cada una de ellas solo tiene dos pares de hojillas anchas que la hacen muy atractiva. Cuando madura, alcanza 1,5 m de alto, y tiene varios tallos estrechos y pequeñas hojillas de ancho variable.

Linum (fam. Linaceae)
Linos

Son plantas resistentes perennes, anuales y arbustivas y se encuentran en las regiones templadas del hemisferio norte. La mayoría son nativas de Europa, y sobre todo de la zona mediterránea. Aparte de *Linum usitatissimum*, de donde se obtiene el aceite de linaza y las fibras de lino para la fabricación de tejidos, existen variedades ornamentales adecuadas para rocallas y parterres. Las abundantes flores pueden ser azules, rojas, blancas o amarillas.

CULTIVO Cultívela en terreno bien drenado y protegida de los vientos fuertes. Riéguela regularmente en verano y manténgala bastante seca en invierno. Multiplíquela a partir de semillas o esquejes.

CLIMA Existen especies adecuadas para diferentes zonas climáticas.

Aunque cada una de sus flores tiene una corta vida, el *Linum perenne* sigue floreciendo durante gran parte del verano.

ESPECIES *L. flavum*, zona 5, es una planta perenne de hasta 15 cm con densos capítulos de flores doradas durante el verano. En zonas frescas, protéjalo del exceso de lluvia en invierno. *L. grandiflorum*, zona 7, es la especie anual más extendida y produce flores rosadas rojizas en verano. Existen varios cultivares de esta especie. *L. monogynum*, zona 8, procedente de Nueva Zelanda, tiene flores blancas de hasta 60 cm de alto. *L. narbonense*, zona 5, es una planta perenne que crece hasta 60 cm, con grandes flores color celeste y con un ojo blanco en primavera y en verano. El cultivar 'Heavenly Blue' es ligeramente más pequeño y se da bien en las rocallas. *L. perenne*, zona 7, es una planta perenne vigorosa y vertical de hasta 30 cm, con flores en mitad del verano en forma de embudo y azul oscuro.

Liquidambar (fam. Hamamelidaceae)
Ocozol

Estos grandes árboles de forma piramidal son famosos por su hermoso follaje de otoño, que va cambiando desde tonos amarillos y ocres a naranja, rosado, rojo y morado antes de que sus hojas, de similar forma a las del arce, caigan finalmente al suelo. El *Liquidambar* es, de hecho, uno de los pocos árboles caducifolios que producen colores brillantes en otoño en zonas templadas. La aromática resina de algunas especies se emplea en perfumería y medicina y su madera también es de gran calidad. Alcanza unos 10 m de alto.

CULTIVO El *Liquidambar* se da bien en la mayoría de los terrenos de zonas templadas, siempre que tenga abundante agua en verano. Multiplíquelo a partir de semillas, que podrían no germinar hasta el segundo año.

CLIMA Existen especies adecuadas para diferentes zonas climáticas.

ESPECIES *L. formosana*, zona 7, procedente de Taiwán, crece hasta 12 m en condiciones ideales y tiene grandes hojas de tres lóbulos y puntas color bronce cuando son jóvenes. *L. orientalis*, zona 8,

Los *Liquidambar* muestran una variada gama de colores otoñales, a menudo en un único árbol.

es nativo del sudeste asiático y tiene hojas de cinco lóbulos y un dentado tosco que se llenan de color en otoño. Este árbol es la fuente del bálsamo conocido como estoraque. *L. styraciflua*, zona 5, originario de Estados Unidos, tiene forma cónica o dispersa y crece hasta los 30 m. Sus hojas son de entre cinco y siete lóbulos y conserva su follaje más tiempo que otras especies.

Liriodendron (fam. Magnoliaceae)
Tulipero

Solo hay dos especies de este género de árboles grandes, elegantes y caducifolios. Sus inusuales hojas de cuatro lóbulos los distinguen del resto de los árboles, y sus hermosas flores son también algo único, de color amarillo verdoso, con naranja o amarillo en la base de los pétalos y estambres prominentes. Florecen en mitad del verano y tienen un follaje de otoño oro brillante.

CULTIVO Los tuliperos se dan mejor en suelos ricos y húmedos en climas templados, pero su gran tamaño hace que solo sean adecuados para jardines amplios. Multiplíquelos a partir de semillas.

CLIMA Climas frescos y húmedos.

ESPECIES *L. chinense*, «tulipero chino», zona 8, suele crece en forma de columna ancha y hasta los

25 m. Sus sorprendentes flores de color verde oliva tienen la base de color amarillo suave. *L. tulipifera*, zona 4, procedente del este de Norteamérica, crece hasta 30 m en su medio natural y tiene fragantes flores color lima pálido con una ancha franja color naranja en la base y normalmente situadas cerca de la copa del árbol; alcanza los 20-30 m en estas condiciones. La madera de esta especie se emplea en la fabricación de armarios.

Liriope (fam. Convallariaceae)
Serpentinas

Nativas de Japón y China, estas pequeñas plantas perennes, siempreverdes y herbáceas forman cepellones con hojas como hierba y flores pequeñas que van del morado al blanco. Componen elegantes parterres y son adecuadas para rocallas.

CULTIVO Las serpentinas crecen bien al sol, pero prefieren la semisombra, un terreno bien drenado y moderadamente fértil. Multiplíquela mediante la división de la planta a finales del invierno o comienzos de la primavera.

CLIMA Existen especies adaptadas para las diferentes zonas climáticas.

ESPECIES *L. exiliflora*, zona 7, de hasta 45 cm, tiene hojas verde oscuro y flores violeta. *L. muscari*,

Un banco rojo rodeando a un gran *Liriodendron tulipifera* crea un punto de atención en este encantador jardín.

La forma variegada de *Liriope muscari* muestra sus flores de finales del verano. Mejor plántelas en grupos.

zona 6, 30-45 cm de alto, tiene densos penachos de hojas verde oscuro y flores de un color morado intenso. El cultivar 'Variegata' tiene hojas rayadas en amarillo. *L. spicata*, zona 4, que suele ser rastrera, solo crece hasta los 25 cm de alto. Sus flores son de color lila o blanco.

Litchi chinensis (fam. Sapindaceae)
Litchi

Los frutos del litchi se pueden encontrar frescos, en lata, congelados o desecados, son arrugados y rojos, contienen una pulpa dulce, blanca y comestible y una gran semilla. Los litchis son originarios del sur de China y son plantas siempreverdes de crecimiento lento. Alcanzan los 10-12 m de alto y de ancho en condiciones idóneas. Son árboles subtropicales que exigen veranos templados y húmedos e inviernos frescos y sin heladas. La producción de frutos depende mucho de las condiciones atmosféricas, ya que aunque los árboles necesitan una gran humedad del suelo, sobre todo durante la época de floración, la lluvia durante este período podría destruir las flores antes de que hayan sido polinizadas. Por otra parte, la actividad de las abejas y de otros insectos se reduce en gran medida con la lluvia. Aunque son muchas las variedades conocidas para su comercialización, los jardineros aficionados probablemente solo podrán conseguir algunas como 'Brewster', 'Groff', 'Kwai Mi' o 'Mauritius'. Los litchis pueden comenzar a dar frutos después de unos seis años, pero es posible que necesiten hasta 20 años para producir una verdadera cosecha.

CULTIVO Excepto en los climas libres de heladas, el litchi tiene que cultivarse bajo cristal; normalmente por su follaje, ya que lo es improbable que llegue a producir frutos. Lo adecuado sería un invernadero de temperatura intermedia o una terraza acristalada, con grandes tiestos o jardineras rellenos de compost para tiestos y base de sustrato. Asegúrele una buena iluminación, pero protéjalo del sol directo. En el exterior crece en terreno bien drenado, soleado y protegido. Multiplíquelo a partir de semillas que necesitarán un aporte de calor para germinar.

CLIMA Zona 10.

Lithodora (fam. Boraginaceae)

Este género se compone de siete especies de pequeños arbustos o trepadoras que proceden del sudoeste de Europa y de Asia Menor y se cultivan por sus brillantes flores azules, principalmente como planta tapizante o dispersa.

CULTIVO *Lithodora* necesita un suelo bien drenado, ligeramente alcalino, aunque ácido en el caso de *Lithodora diffusa*, y sol directo. Multiplíquela a partir de esquejes semimaduros de primavera.

CLIMA Zona 7.

Esta gran cosecha de litchis está semimadura. Es un fruto muy gratificante de cultivar si las condiciones son las adecuadas.

Las brillantes flores azules de *Lithodora diffusa* decoran y suavizan un muro de piedra.

ESPECIES La *Lithodora* más cultivada es *L. diffusa* 'Heavenly Blue'. Es una planta rastrera que sirve como tapizante y produce ricas flores de un azul marino intenso a finales de primavera y en verano. *L. oleifolia*, procedente de los Pirineos franceses, es un arbusto pequeño de hasta 25 cm, y con flores de un azul suave en verano.

Lithops (fam. Aizoaceae)

Piedras vivas, plantas piedra, cactos piedra

Originarias del sur de África y Namibia, estas fascinantes plantas consisten en un cuerpo en forma de sombrero de copa compuesto de un par de hojas opuestas carnosas y unidas en la base, con una estrecha fisura entre ambas a lo largo de la mitad de su longitud. El ápice aplanado de estas hojas es lo que le da un aspecto de piedra. A veces es traslúcido y a veces tiene pequeños puntos traslúcidos. Las manchas y patrones de puntos se repiten de generación en generación. Lentamente van formando cepellones, que incorporan uno o dos nuevos cuerpos cada año. Las flores, tipo margarita, blancas o amarillas, nacen de la fisura a finales del verano o en otoño y son bastante grandes, llegando a cubrir toda la planta cuando están totalmente abiertas. Durante varios días, se abren a mediodía y se cierran con la puesta del sol.

Es fácil que estas interesantes suculentas pasen desapercibidas si no están en flor. La flor amarilla de *Lithops turbiniformis* es llamativa sobre un fondo tan anodino.

CULTIVO Estas delicadas suculentas se cultivan en invernaderos de temperatura intermedia o en terrazas acristaladas. Téngalas en tiestos profundos con compost para cactos que podrá encontrar en invernaderos comerciales. Si dispone de él, añada algo de mantillo de hojas al compost. Las plantas necesitan el máximo de luz y ventilación. Riegue normalmente desde el comienzo del verano hasta el final del otoño, pero no vuelva a regar las plantas el resto del año, cuando están inactivas. Puede multiplicarlas mediante semillas sembradas en primavera. Las semillas germinan a 24 °C. Separe y plante los hijuelos en verano.

CLIMA Debe estar a salvo de heladas. Las áreas más cálidas de la zona 10 o superiores.

ESPECIES *L. aucampiae* tiene un cuerpo marrón rojizo y ventanas más oscuras que cubren casi toda la parte plana superior. Sus flores son amarillas. *L. divergens* tiene una fisura muy ancha entre las hojas, un cuerpo rosado verdoso y ligeramente arrugado, una forma cónica invertida, ventanas verdes en la parte superior inclinada hacia el centro y flores amarillas. *L. fulviceps* es de color café, con manchas azul oscuro y naranja y flores amarillas. *L. julii* tiene un cuerpo verde grisáceo con venas más oscuras, una línea de puntos a lo largo del borde de la fisura y flores blancas. *L. karasmontana* es gris, con ventanas y líneas marrones y flores blancas. *L. olivacea* es verde con una ventana verde oliva en cada hoja y flores amarillas. *L. turbiniformis* tiene un cuerpo marrón oscuro con márgenes más oscuros y flores amarillas.

Littonia (fam. Colchicaceae)

Comprende ocho especies de inusuales plantas trepadoras que en verano producen flores naranja en forma de campana y que cuelgan invertidas. La vena central de las hojas se extiende para formar un zarcillo con el que esta trepadora se sujeta a otras plantas u objetos.

CULTIVO En los climas propensos a las heladas, cultívelo en un invernadero de temperatura intermedia en tiestos con compost para tiestos con base de tierra y gravilla. Plante los tubérculos en otoño.

De cultivo poco común, la trepadora *Littonia modesta* se da bien en tiestos o jardineras de los jardines de climas cálidos.

Asegúreles el máximo de luz. Riegue normalmente durante el período de crecimiento, y manténgalas casi secas en invierno. En el exterior, prefieren el sol directo y un suelo con buen drenaje. Plántelas a 15 cm de profundidad. Multiplíquela a partir de semillas o mediante la división de los cepellones en invierno.

CLIMA Las áreas más cálidas de la zona 9.

ESPECIES *L. modesta*, originaria del sur de África, es la única especie que se cultiva. Esta planta herbácea perenne en verano produce numerosísimas y atractivas flores de color amarillo anaranjado.

Livistona (fam. Arecaceae)
Palmas repollo

Existen una 30 especies de este género de palmas en forma de abanico, nativas de Australia, Nueva Guinea y el sudeste asiático. Las especies son muy variables en tamaño, desde las enanas y palmas del sotobosque de 2 m de alto y tallos de 5 cm de diámetro, hasta las que alcanzan los 30 m y tienen enormes copas. La mayoría son de un solo

tronco, a veces cubierto con los restos de hojas antiguas, aunque los ejemplares maduros pueden llegar a tener troncos grises o marrones con algunas marcas ligeras. Las hojas suelen estar divididas profundamente en segmentos estrechos y largos. Las inflorescencias se desarrollan de entre la base de las hojas. Produce racimos colgantes de pequeñas flores color crema o amarillo rodeadas de brácteas de color marrón o marrón rojizo. Las flores tienen partes tanto masculinas como femeninas, aunque algunas especies nunca llegan a producir frutos. Los frutos, de color morado ennegrecido, pueden ser redondos u ovalados con una semilla dura en su interior.

CULTIVO En los climas propensos a las heladas, cultívelas en un invernadero intermedio o cálido o como planta de interior en un cuarto cálido, en tiestos con compost para tiestos y base de sustrato. Necesita buena luz, pero protéjala del sol directo. Riéguela normalmente durante el período de crecimiento, pero mucho menos en invierno. En

Los grandes racimos de flores color crema intenso se arquean sobre la copa de la palma repollo *Livistona australis*.

el exterior, crece en terrenos bien drenados pero húmedos, a pleno sol o bajo una sombra ligera. Multiplíquela a partir de semillas sembradas en primavera y germinadas a 24 °C. La germinación puede ser rápida, normalmente en menos de dos meses, aunque algunas especies tardan hasta seis meses. Las plántulas tienen raíces muy profundas, por lo que solo deberá colocar una planta por tiesto para evitar que se molesten.

CLIMA Zona 10.

ESPECIES No todas estas especies se pueden encontrar fuera de su país de origen. *L. alfredii* solamente se da en el oeste de Australia. Tiene un lento crecimiento hasta unos 12 m y rara vez se ve fuera de colecciones de especialistas. Esta elegante y decorativa palmera se da bien en regiones muy cálidas y secas, aunque debe contar con agua permanentemente en su base. *L. australis*, palma repollo, se encuentra a lo largo de la costa este de Australia. Las partes carnosas de las hojas de esta palma fueron consumidas como sustituto de las verduras por los primeros exploradores, y las hojas se entrelazaban para formar cestos y sombreros para los primeros colonos. Es fácil de cultivar, y una de las especies más altas, creciendo hasta 25 m. Sus hojas satinadas de color verde oliva y forma de abanico están muy profundamente divididas y tienen puntas colgantes. Sus frutos son entre marrón y negro, redondos anodinos y de unos 2 cm de diámetro. *L. benthamii*, procedente de Australia y de Papúa Nueva Guinea, es tropical de las tierras bajas y se da en riachuelos y pantanos del margen de las junglas cercanas al mar. Crece hasta 10-15 m y tiene hojas plegadas y profundamente divididas; es muy decorativa. *L. chinensis*, que se piensa es originaria del sur de China, es una de las plantas ornamentales más populares en regiones tropicales y templadas. Tiene un tronco rugoso y una copa pesada y redonda de hojas muy grandes de color verde pálido con largas puntas colgantes. Sus frutos, de forma alargada, son de un hermoso color gris azulado. En zonas templadas cálidas alcanza los 6-8 m de alto después de muchos años, mientras que en zonas tropicales crece más rápido hasta unos 15 m. *L. decipiens*, procedente de la zona costera y central de Queensland, en Austra-

lia, es similar a *L. australis* en tamaño y color, pero sus hojas se dividen hasta el nervio central en muchos segmentos estrechos, parte de los cuales cuelga verticalmente. Este efecto cortina tan delicado hace de esta la más hermosa de todas las especies. *L. mariae*, nativa de Australia central, es otra de las especies que se encuentra en los oasis de las zonas más áridas del país. Aunque se parece a *L. alfredii*, recuerda a *L. australis* en tamaño y hábitos de crecimiento. Su característica más sorprendente es el color rojizo morado intenso de las plantas jóvenes, que se desarrollan mejor a pleno sol, en condiciones de calor y sequedad y que se va volviendo verde conforme va alcanzando una altura de 1-2 m. Esta especie es fácil de cultivar cuando es joven y crece más rápido que las otras. *L. rotundifolia*, procedente de Indonesia y Filipinas, es una especie tropical alta, muy atractiva de joven. Las hojas toman una forma casi circular y las puntas de la mayoría de los segmentos son solo ligeramente pendulares. La variedad *L. luzonensis* tiene un tronco muy atractivo, suave y brillante, de un color marrón rojizo entre las prominencias blancas o grises que forman las cicatrices de las hojas.

Lobelia (fam. Campanulaceae)

Existen más de 300 especies de plantas anuales y perennes herbáceas en este género. La mayoría se encuentran en las regiones tropicales y templadas de todo el mundo. Su rango de hábitats es de lo más variado, desde los pantanos hasta los bosques, desde las laderas de las montañas hasta los semidesiertos. La forma de la hoja y la formación de las flores también es variable, pero las hojas suelen ser de color verde oscuro. Las flores pueden ser azules, rojas, blancas o amarillas. Debido a la intensidad de su color, se ven mejor plantadas en macizos o en parterres y rocallas. Algunas de las especies tienen uso medicinal.

CULTIVO La mayoría de las anuales son sensibles a las heladas, mientras que las perennes son bastante resistentes y progresan en regiones más frías. Todas prefieren el suelo rico y húmedo. La mayoría de las especies prefieren un emplazamiento soleado, pero se dan bien en sombra parcial. Una aplicación de fertilizante líquido antes de la flora-

Lobelia cardinalis tiene altas espigas de flores del color de la túnica de un cardenal.

3, es una planta anual que se cultiva por los alcaloides de sus hojas, que se emplean en la conservación de alimentos. *L. laxiflora*, zona 9, es un arbusto de cultivo muy sencillo y que alcanza 1 m de alto, con flores tubulares amarillas de lóbulos amarillos. *L. siphilitica*, zona 5, es una perenne de 1 m, con racimos repletos de flores azules en verano. *L. x speciosa*, zona 3, incluye un grupo de híbridos perennes, todos de 1 m de alto.

Lobularia (fam. Brassicaceae)
Mastuerzos marítimos, alisos de mar

Este pequeño género de anuales y perennes son nativas de las islas Canarias y del Mediterráneo. Solamente una de las especies se cultiva normalmente. Se emplea mucho en parterres de verano, donde se suele usar en los bordes y también en jardineras de patios y cestos colgantes en combinación con otras plantas de verano. Es una especie resistente, que también se puede cultivar en rocallas, y es especialmente recomendable para jardines costeros.

CULTIVO El aliso de mar se suele cultivar desde semillas sembradas a finales de la primavera en el lugar donde las plantas vayan a florecer. Otra posibilidad es tratarla como una planta sensible a las heladas y sembrarla bajo cristal en mitad de la pri-

ción hará que las flores sean de color más intenso. Multiplique las plantas anuales mediante semillas sembradas en primavera bajo cristal y plántelas en el exterior cuando hayan pasado las heladas. Las perennes se pueden extraer para dividirlas a finales de invierno o en primavera.

CLIMA Existen especies adecuadas para diferentes zonas climáticas.

ESPECIES *L. cardinalis*, zona 3, es originaria de Norteamérica. Esta planta herbácea perenne crece hasta 1 m de alto, con flores de color rojo brillante en verano y comienzos de la primavera. Progresa bien en terrenos húmedos. *L. erinus*, zona 10, es una pequeña planta anual de hasta 15 cm, que se emplea en el borde de los arriates y también para tiestos y cestos colgantes. Se pueden conseguir muchos de sus cultivares, incluyendo 'Cambridge Blue' y 'Crystal Palace' de flores azules sobre plantas compactas. Algunos cultivares rastreros son ideales para cestos colgantes, como el 'Blue Cascade', el 'Hamburgia' y el 'Sapphire'. *L. inflata*, zona

Los alisos de mar, *Lobularia marítima*, se combinan con pensamientos morados y perejil para conseguir fantásticos despliegues.

mavera. Las plantas jóvenes se plantan en el exterior cuando finalizan las heladas. El aliso de mar prefiere suelos ligeros con buen drenaje y un lugar soleado. Necesita pocos cuidados, pero es conveniente recortar las flores muertas para fomentar el nacimiento de nuevas flores. Lo mejor es recortar las plantas inmediatamente después de la primera tanda de flores.

CLIMA Zona 7.

ESPECIES *L. maritima* es una planta compacta en forma de montículo que crece entre 5 y 20 cm de alto. Sus estrechas hojas verde medio quedan ocultas tras enjambres de diminutas flores en capítulos redondeados. Las flores están ligeramente perfumadas y principalmente blancas en las especies, pero también se pueden encontrar algunos cultivares con flores en tonos rosados, lavanda y morado como 'Oriental Night', 'Rosie O'Day' y 'Violet Queen'. El blanco puro parece ser el color más extendido y algunos de sus cultivares más aceptados son 'Carpet of Snow', 'Little Gem' y uno de grandes flores conocido como 'Tetra Snowdrift'.

Lomandra (fam. Lomandraceae)
Juncos de cabeza espinosa

Natural de Australia, este género de plantas pequeñas como de penachos de hierba tiene una amplia distribución geográfica, aunque son pocas las especies que se cultivan. Sus hojas son como hierba, largas como espadas. Las flores, mayormente color crema sobre largas espigas, tienen una vida corta, pero los grupos de frutos redondos y amarillos permanecen decorando la planta mucho tiempo. Sus brácteas, que suelen ser espinosas, son una de las características de sus flores.

CULTIVO Para cultivarla bajo cristal, utilice compost especial para tiestos con base de sustrato y buen drenaje. En el exterior, sitúela en un lugar soleado con un terreno bien drenado. Multiplíquela a partir de semillas sembradas tan pronto como estén maduras y germinándolas a una temperatura de 18 °C. También puede dividir en primavera los cepellones maduros.

Lomandra longifolia produce abundantes semillas después de la caída de las flores.

CLIMA Zona 9.

ESPECIES No se encuentran todas estas especies fuera de Australia. *L. longifolia* es la más conocida. *L. effusa*, juncos de olor, se parece al junco, con 1 m de alto y hojas estrechas, retorcidas, verde azuladas y elegantes racimos de flores blancas o amarillas. *L. filiformis*, de hasta 25 cm, tiene penachos de hojas azules rígidas y flores en forma de bola, como de cáñamo. La *L. gracilis* crece hasta 25 cm, con hojas estrechas y retorcidas que se deshilachan cerca de la base. *L. leucocephala* tiene penachos de hojas grisáceas y grandes flores globulares de color blanco alojadas en las brácteas deshilachadas. Las flores, muy perfumadas, suelen nacer en capítulos terminales. *L. longifolia* forma matas de 70 cm de alto y 1 m de ancho. Esta útil y robusta planta de inflorescencias muy decorativas tiene muchas aplicaciones en el jardín casero y en los grandes paisajes. Las largas y finas hojas suelen arquearse. Es la más cultivada de las especies. *L. multiflora*, juncos de cabeza espinosa multiflores, crece formando estrechos penachos, con delicados y abiertos racimos de flores colgantes, amarillas, blancas o marrones.

Lomatia (fam. Proteaceae)
Radal, nogal silvestre

Estas plantas leñosas son originarias de Australia y Sudamérica y varían desde arbustos bajos hasta altos árboles. Suelen tener hojas finamente divididas y pequeñas flores que atraen a los pájaros. Son pocas las especies que se cultivan extensamente, pero algunas son muy decorativas.

CULTIVO Las *Lomatia* prefieren la luz, un suelo ligeramente ácido y arcilloso, aunque se pueden cultivar al sol o con algo de sombra. Riéguela bien en verano, y disminuya sustancialmente la cantidad de agua en invierno. Multiplíquela mediante las semillas que nacen en las cápsulas o a partir de esquejes cortados a finales del verano o en otoño y colocados en una mezcla de tres partes de arena gruesa y una parte de turba o vermiculita. En los climas propensos a las heladas, asegúrese de que las plantas estén bien protegidas de estas en un bosque abrigado o en un invernadero.

CLIMA Zona 9 y, posiblemente, zona 8.

Idónea para cultivarla bajo la sombra ligera de árboles altos, *Lomatia myricoides* se adapta a muchos climas.

ESPECIES *L. fraxinifolia* crece hasta 20 m en su medio natural, pero solo alcanza la mitad de esta altura cuando se la cultiva. Su follaje satinado es muy atractivo y sus grupos de flores color crema aparecen a finales del verano o en otoño. *L. ilicifolia* es una buena especie de jardín, con hojas con la forma de las del acebo y flores blancas. *L. myricoides* es un arbusto elegante de 3-5 m de alto, de estrechas hojas dentadas y flores de verano color crema. Es una buena planta de sotobosque y también se utiliza para formar pantallas. *L. silaifolia* es un arbusto rígido de crecimiento vertical hasta 1-2 m de alto, con hojas como de encaje. Se cultiva para emplearlas en arreglos florales de flor seca. *L. tinctoria* crece hasta 1 m o más, y tiene hojas de un verde suave, divididas y como de encaje.

Lonicera (fam. Caprifoliaceae)
Madreselvas

Este género comprende unas 180 especies de arbustos caducifolios y siempreverdes y trepadores del hemisferio norte. Se cultiva por sus numerosas flores delicadas y aromáticas. Las trepadoras son perfectas para cubrir vallas, arcos, pérgolas y muros, mientras que las variedades arbustivas pueden formar graciosos setos. Suelen florecer en invierno, primavera y verano. La mayor parte de las especies son resistentes a las heladas y se pueden convertir en invasivas en climas cálidos.

CULTIVO La madreselva se puede cultivar en la mayoría de los terrenos, pero la mayoría prefiere un riego regular en verano y el sol directo. Si se va a formar un seto, las plantas no deberían estar a más de 50 cm de distancia. Pódela a comienzos de la primavera. Las variedades trepadoras necesitan guías o tutores. Multiplique las siempreverdes a partir de esquejes semimaduros de verano; las especies caducifolias, mediante esquejes leñosos de invierno o mediante acodos de primavera.

CLIMA Zona 5, si no se indica otra cosa.

ESPECIES *L.* x *brownii*, madreselvas escarlatas, tiene flores de un rojo coral con amarillo en el interior. Florece durante el verano. *L. caerulea*, zona

Vigorosa y, a veces, invasiva, *Lonicera japonica* produce abundantes flores amarillas en primavera y verano.

2, es un arbusto caducifolio de 1,5 m de alto, flores amarillas y bayas azules. *L. caprifolium*, madreselva italiana, crece hasta 5 m, con fragantes flores amarillas manchadas de morado en el exterior de los pétalos. Florece en verano y otoño. *L. flava*, madreselvas amarillas, es una trepadora caducifolia de 3 m, con flores amarillas y aromáticas. *L. fragrantissima*, procedente de China, es un arbusto semicaduco de flores dulcemente perfumadas color crema y que aparecen en invierno. *L. x heckrottii* florece en verano, y sus flores son rosadas o rojas en el exterior y amarillas en el interior. *L. hildebrandiana*, madreselvas gigantes, zona 9, es una siempreverde o semicaduca trepadora originaria de Myanmar (la antigua Birmania) y China que alcanza los 20-25 m de altura, con flores color crema que se vuelven naranja con el tiempo. *L. japonica*, madreselvas japonesas, zona 4, es una siempreverde o semicaduca trepadora del este de Asia, con flores blancas y fragantes a veces manchadas de morado en primavera y en verano. Muy vigorosa, puede crecer hasta los 10 m de alto. *L. nitida*, zona 7, una especie siempreverde de unos 2 m de alto y espeso follaje, se poda para formar setos topiarios o pe-

queños setos formales. *L. periclymenum*, zona 4, es caducifolia y produce abundantes racimos de aromáticas flores de tonalidades blancas o amarillas manchadas de morado en mitad del verano. *L. sempervirens*, madreselva trompeta, zona 3, es una trepadora siempreverde de hasta 5 m, con flores amarillas y rojas.

Lophomyrtus (fam. Myrtaceae)

Naturales de Nueva Zelanda, estas dos especies de pequeños árboles siempreverdes son de crecimiento lento y solo alcanzan los 6 m de alto. Se cultivan por su follaje coriáceo y ornamental. Tienen pequeñas flores blancas y bayas rojo oscuro.

CULTIVO En los climas propensos a las heladas, cultívelos en un invernadero fresco en tiestos con compost para tiestos con base de tierra. En el exterior, elija un lugar con sombra parcial y suelo bien drenado pero húmedo, ligeramente ácido y con abundante humus. Multiplíquela a partir de esquejes semimaduros de verano.

CLIMA Zona 9.

ESPECIES *L. bullata*, de hojas largas y fruncidas de color cobrizo con flores diminutas y blancas que se parecen a las del mirto y bayas de color morado rojizo, crece hasta 6 m. *L. x ralphii*, normalmente de 2-5 m de alto, tiene hojas más verdes, flores blancas en verano y bayas rojas.

Las pequeñas y redondeadas hojas de *Lophomyrtus* x *ralphii* 'Variegata' tienen atractivas franjas crema y verde.

Lophostemon (fam. Myrtaceae)
Bojes de matorral

Solo existen cuatro especies de este género, y la más conocida es el boje de matorral, antes conocido como *Tristania conferta*. El boje de matorral es un elegante árbol, pero es demasiado delicado para cultivarlo en el exterior en zonas con propensión a las heladas.

CULTIVO En el invernadero o en la terraza acristalada, cultívelo en tiestos con compost específico ácido y bien drenado y asegúrese de que recibe el máximo de luz, pero no el sol directo. En invierno, mantenga el compost solo ligeramente húmedo. En el exterior, cultívelo en suelos bien drenados, ácidos a pleno sol o con algo de sombra. Multiplíquelo a partir de semillas en primavera o mediante esquejes semimaduros de verano con calentamiento basal en ambos casos.

CLIMA Zona 10.

ESPECIES *L. confertus* (sin. de *Tristania conferta*), boje de matorral, es natural de los bosques de la costa este de Australia. En la naturaleza, es un árbol majestuoso, que suele alcanzar los 40 m de alto, pero cultivado rara vez supera los 15-20 m.

Esta hilera de bojes de matorral muestra los troncos marrón rojizo que aparecen al mudar la corteza vieja a comienzos del verano.

Su follaje es verde oscuro, satinado y produce un gran número de flores color crema desde mediados hasta finales de la primavera y comienzos del verano. El tronco es marrón grisáceo cuando madura, pero la muda de corteza de cada año revela un tronco marrón rojizo y suave. Su madera es de gran calidad y se suele utilizar para parquet y frisos. Los cultivares 'Perth Gold' y 'Variegata', variegados en crema y amarillo, son árboles mucho más pequeños y son idóneos para su cultivo bajo cristal.

Loropetalum (fam. Hamamelidaceae)

Este género de una sola especie es originario de China y Japón.

CULTIVO Es un arbusto idóneo para un jardín boscoso bien protegido o para un parterre de matorrales. Necesita sombra parcial y suelos bien drenados pero con capacidad de retención de la humedad y abundante humus. Multiplíquelo a partir de esquejes semimaduros de verano en un propagador calefactado, o hágalo mediante semillas sembradas, cuando maduren en un propagador.

CLIMA Zona 8.

ESPECIES *L. chinense* crece hasta 4 m, con follaje siempreverde muy atractivo y profusión de racimos de flores color crema, similares a las del hamamelis en invierno o primavera.

Las delicadas flores como flecos de *Loropetalum chinense* contrastan con las pequeñas y coriáceas hojas.

Lotus (fam. Papilionaceae)

Este género comprende unas 100 especies de plantas anuales, perennes y subarbustos, la mayoría naturales de Europa, incluido el Mediterráneo, pero también de otras partes del mundo, incluyendo África, Asia y América. Tienen flores como las del guisante y crecimiento bajo y a veces rastrero, lo que las hace adecuadas como tapizantes o para rocallas o cestos colgantes. Algunas se utilizan como pasto para el ganado, mientras que otras son bastante tóxicas.

CULTIVO Prefieren el sol directo y un suelo arenoso con buen drenaje. Riéguelas regularmente durante los meses más cálidos y manténgalas mucho más secas durante el invierno. Multiplíquela a partir de semillas o esquejes.

CLIMA Existen especies adecuadas para diferentes zonas climáticas.

ESPECIES *L. australis*, zona 9, es un arbusto nativo de Australia de flores de color rosado pálido y que crece hasta 60 cm de alto. *L. berthelotii*, pico paloma, zona 10, procede de las islas Canarias, tiene ramas plateadas, con hojas finas como agujas y flores escarlata en primavera y comienzos del verano. *L. corniculatus*, loto de los prados o cuernecillo, zona 5, está muy extendida por diferentes partes del mundo. Es de crecimiento bajo y sus flores amarillas tienen la punta roja. 'Plenus' es una forma de flor doble y planta compacta, más adecuada para la decoración. *L. jacobaeus*, zona 9, crece hasta 1 m, con flores rayadas en amarillo y morado pardusco.

Luculia (fam. Rubiaceae)

Estos arbustos caducifolios o siempreverdes florecen principalmente en otoño e invierno y proceden del Himalaya y China. Sus hojas son ovaladas con punta y de color bronce, y sus fragantes hojas se reúnen en capítulos rosados o blancos. Son admirados por los jardineros y suelen ser difíciles de cultivar, ya que a veces mueren de repente sin razón aparente.

CULTIVO En los climas propensos a las heladas, cultívelos en un invernadero intermedio o en una terraza acristalada, en tiestos con compost para tiestos con base de tierra. Expóngalos al máximo de luz, pero no al sol directo. Es posible que tenga que podarlos ligeramente después de la floración para mantener su forma compacta. En el exterior, cultívelos en terreno bien drenado, soleado y protegido. Multiplíquela mediante semillas en primavera o mediante esquejes semimaduros de verano, ambos en propagadores calefactados.

De comportamiento a veces algo temperamental, *Luculia gratissima* es uno de los arbustos más hermosos con sus bonitas flores y dulce aroma.

Lotus berthelotii queda mejor sobre un muro o en un cesto colgante, donde su fino follaje puede caer en cascada.

CLIMA Zona 10.

ESPECIES *L. grandifolia*, de hasta 5 m de alto, es caducifolio y puede ser abierto o vertical. Tiene hojas mucho más grandes y grupos de aromáticas flores en verano. *L. gratissima*, natural del Himalaya, es generalmente verde y crece hasta los 5 m. Tiene un dulce aroma, y flores rosadas durante el otoño y a principios del invierno.

Luffa (fam. Cucurbitaceae)
Esponjas vegetales

Una fascinante parra trepadora que se encuentra en muchas zonas tropicales. Sus grandes frutos, con forma de porra, cuando maduran se convierten en esponjas vegetales.

CULTIVO Esta planta exige calor y humedad y se multiplica mediante semillas.

CLIMA Zona 10 o superior, pero crece como anual de verano en otros climas.

ESPECIES *L. acutangula* tiene frutos en forma de porra de hasta 30 cm de longitud y que se consumen como alimento en algunos países asiáticos. *L. cylindrica* crece hasta 3 m, tiene un follaje verde atractivo, flores amarillas y grandes frutos comestibles cuando son inmaduros.

Luffa cylindrica tiene grandes flores amarillas típicas de las familias de las cucurbitáceas. Los frutos jóvenes alcanzan un gran tamaño antes de madurar.

Lunaria (fam. Brassicaceae)
Lunarias, hierbas de plata

Este género comprende tres especies de perennes y bianuales, que se suelen cultivar como anuales. Se cultivan por sus bonitas flores moradas o malva y por las curiosas vainas traslúcidas que se suelen incluir secas en arreglos florales. Estas plantas tienden a propagar sus propias semillas.

CULTIVO Es una planta resistente y crece en la mayoría de las condiciones, pero necesita espacio para extenderse. Prefiere algo de sombra, especialmente en zonas más cálidas. Multiplíquela mediante semillas a finales de la primavera, o, en el caso de *Lunaria redeviva*, mediante su división.

CLIMA Zona 8.

ESPECIES *L. annua*, nativa del Mediterráneo, suele crecer erecta hasta alcanzar los 80 cm, con flores moradas, blancas o rosas. *L. redeviva* es una perenne de hasta unos 90 cm y flores aromáticas color lila suave.

Cultivar anual de color morado de *Lunaria annua*. Puede convertirse en una mala hierba al propagar sus semillas.

Lupinus (fam. Papilionaceae)

Altramuces

Originario de una gran variedad de hábitats de Norteamérica y del Mediterráneo, este gran género se compone de más de 200 especies anuales, herbáceas perennes y arbustos. Las anuales se cultivan por su follaje verde oscuro y sus tallos altos soportan llamativas flores de una maravillosa gama de colores, incluyendo el rosa, el amarillo, el blanco y el azul. La perenne altramuz Russell, que se consigue mediante el cruce de *Lupinus arboreus* con *Lupinus polyphyllus*, es también muy hermosa y se cultiva frecuentemente en jardines de climas más fríos.

CULTIVO Las altramuces se dan mejor si se cultivan en suelos ácidos ligeros o arenosos, bien drenados y razonablemente fértiles. Además, prefieren el sol o una sombra ligera. No obstante, si el suelo es demasiado rico, las *Lupinus* producirán demasiado follaje y pocas flores. Multiplique las plantas anuales desde semillas y las perennes mediante la división de cepellones establecidos o plantando esquejes. Coloque un mantillo de compost durante la primavera y recorte los tallos de las flores viejas cuando marchiten. Las *Lupinus* también se cultivan como fertilizante natural, para lo que se extraen cuando comienza la floración.

Los altramuces Russell son muy apropiados para parterres perennes en climas frescos, ya que añaden una nota vertical y de color al jardín.

CLIMA Existen especies adecuadas para diferentes zonas climáticas.

ESPECIES *L. albus*, altramuz silvestre o blanco, zona 9, es una anual de flores blancas y que se cultiva como fertilizante natural. *L. arboreus*, árbol de altramuz, zona 8, es tipo arbustiva, de 2 m o más, con flores aromáticas color amarillo, blanco o morado. *L. hartwegii*, zona 10, es una anual ligeramente pilosa de 1 m, con flores azules, blancas o verdes de verano y otoño. Se da mejor en las zonas más cálidas y secas. *L. luteus*, altramuz amarillo, zona 6, es una planta anual natural de las regiones mediterráneas, crece hasta unos 50 cm y florece a principios del verano. *L. nootkatensis*, zona 4, de Estados Unidos, es una planta perenne de 1 m, con flores azules o rosadas. *L. perennis*, zona 4, también procedente de Estados Unidos, florece a finales de primavera con tonos azules, rosados o blancos. Crece hasta unos 50 cm. *L. polyphyllus*, zona 3, de flores azules, rosadas o blancas, crece hasta 1,5 m. *L. subcarnosus* y *L. texensis*, zona 8, son ambas plantas anuales naturales de Texas (Estados Unidos) y tienen flores azules.

Lycaste (fam. Orchidaceae)

Orquídeas muy extendidas por las zonas tropicales de América y las Antillas, son mayormente epífitas, y algunas terrestres. Sus flores, atractivas y de gran duración, nacen sobre tallos que surgen de la base del seudobulbo.

Lycaste deppei, de Centroamérica, es fácil de cultivar y florece mejor si se mantiene muy seca durante todo el invierno.

CULTIVO Cultívela en un invernadero fresco o intermedio o en una terraza acristalada en tiestos con su propio compost para orquídeas con base de corteza de árbol o como epífitas, sobre trozos de corteza colgados del techo. En verano necesitan riego regular, una atmósfera húmeda y una sombra que la proteja del sol directo. En invierno, mantenga el compost casi seco y garantícele una buena iluminación. Multiplíquela mediante divisiones en primavera.

CLIMA Solamente climas tropicales.

ESPECIES *L. aromatica* da unas flores aromáticas de 7-8 cm de ancho, amarillas y con tonos verdes en primavera y verano. Su labio es naranja. *L. deppei* florece en primavera y en verano. Sus flores, también de 7-8 cm de ancho, tiene sépalos verdes moteados de marrón rojizo, pétalos blancos y un labio amarillo intenso con marcas rojas. *L. skinneri* es la flor nacional de Guatemala y tiene numerosos cultivares. Produce hermosas flores de hasta 15 cm de ancho de un blanco ceroso con tintes rosados.

Lychnis (fam. Caryophyllaceae)

Collejas, atrapamoscas

Existen unas 20 especies de estas plantas bianuales y perennes herbáceas, con flores de cinco pétalos mayormente de color rojo. Se cultivan en parterres mezclados y rocallas.

CULTIVO Se cultiva sin dificultad en la mayoría de los terrenos de jardín bien drenados. La *Lychnis* es más resistente que muchas otras herbáceas perennes y tolera tanto la sequedad como las heladas. Multiplíquela mediante semillas, o divida el cepellón de las especies perennes.

CLIMA Zona 4.

ESPECIES *L. chalcedonica*, cruz de Malta, una encantadora planta perenne, produce grupos de flores escarlata y alcanza hasta 90 cm. *L. coronaria*, procedente del sudeste europeo, crece hasta la altura de aproximadamente 1 m, y tiene flores magenta. También hay una forma 'Alba', de flores

Lychnis chalcedonica es una planta perenne de crecimiento algo lento que aporta color al jardín en verano.

blancas. *L. flos-jovis* es una planta perenne de crecimiento erecto de hasta 1 m, con flores rojas y rosadas. *L. viscaria*, atrapamoscas, alcanza unos 45 cm y tiene hojas verde intenso con tallos pegajosos rematados con flores de un morado rosado. Se pueden encontrar numerosos cultivares.

Lycopersiconesculentum

(fam. Solanaceae)

Tomate

Al igual que muchos otros alimentos, el tomate fue introducido en Europa por los exploradores españoles a principios del siglo XVI. Sin embargo, excepto en Italia y el sur de Francia, no fue muy utilizado hasta principios del siglo XIX, lo que significa que es una de las verduras más recientes en ser cultivada y consumida a gran escala. El tomate es un fruto jugoso, redondeado u ovalado, y una valiosa aportación a nuestra dieta, ya que es rico en vitamina C (que no se destruye con el calor) y contiene caroteno, almidón, agua y fibra. Varía en color desde el amarillo hasta el rojo oscuro. Los tomates son deliciosos en ensaladas, especialmente con aceite, albahaca y queso fresco, y cocinados en sopas, salsas y guisos.

Un tomate de arbusto maduro tendrá un sabor exquisito, comparado con los que se cultivan para el mercado de masas.

CULTIVO Los tomates son perennes, pero en los climas propensos a las heladas se cultivan como anuales de verano en jardines caseros, o bien en invernaderos de temperatura intermedia o en el jardín. Las plantas se obtienen de semillas sembradas a comienzos de la primavera, bajo cristal y germinadas a 18 °C. Coloque las plántulas en tiestos pequeños. Plántelas en el exterior cuando hayan terminado las heladas, o bajo cristal en parterres o tiestos de 25 cm. Las plantas deberán tener unos 15 cm de alto en el momento de la plantación. Si se cultiva en hileras, deje una separación de 60 cm entre ellas. La separación entre plantas deberá ser de 45 cm para los cultivares altos o de 60 cm para los cultivares arbustivos. En el exterior, los tomates necesitan un terreno fértil y que retenga la humedad, en un lugar protegido y a pleno sol. Bajo cristal, los tiestos se pueden llenar de compost rico para tiestos sin sustrato o con base de tierra. Asegúreles el máximo de luz. Los tipos arbustivos no necesitan tutores, pero los cultivares altos necesitan cañas o cualquier otro sistema de soporte y se deberán atar regularmente con cordel de pita. Se deben capar regularmente los brotes laterales de los tipos altos. Riegue regular y generosamente y abone con fertilizante líquido para tomates tan pronto como aparezcan los frutos. Se puede conseguir la polinización, especialmente bajo cristal, agitando suavemente los grupos de flores. Bajo cristal, se suele detener el crecimiento de los cultivares altos después de que se hayan formado unos cuatro grupos de flores. En el invernadero, ventile y coloque sombra para

mantener una temperatura constante de unos 21 °C. Evite las fluctuaciones de temperatura.

CLIMA Zona 10; pero puede cultivarla como anual de verano en cualquier clima.

VARIEDADES Los tomates arbustivos se dan mejor en el exterior, mientras que los cultivares altos suelen preferirse para su cultivo en invernaderos. Existen muchos cultivares de tomate, y son muy variables de un sitio a otro. Elija los cultivares que mejor se adapten a sus condiciones locales (consulte los catálogos de los minoristas locales y de los invernaderos comerciales). Los colores pueden variar del rojo y naranja hasta el amarillo, y los tamaños van desde los diminutos tomates cherry hasta los tipos gigantes. Cuando pueda, elija cultivares resistentes a las plagas, ya que los tomates suelen ser propensos a sufrir algunos problemas.

Lycopodium (fam. Lycopodiaceae)
Helechos de flecos, licopodios

Este género de siempreverdes aliados de los helechos incluye al helecho de flecos, de crecimiento epífito.

El helecho de flecos, de la especie *Lycopodium*, produce cortinas de flores pendulantes. Para que se vean bien estas bellezas, hay que cultivarlas en cestos colgantes.

CULTIVO En climas con heladas, cultívelos en un invernadero templado o en una terraza acristalada. Colóquelos en cestos para orquídeas colgados del techo. Rellénelos de compost para tiestos sin sustrato y con base de turba, añadiendo musgo esfagnáceo picado y trozos de carbón vegetal. Asegúreles una buena iluminación, pero protéjalos del sol directo. Durante la temporada de crecimiento, pulverice con agua a diario y riegue normalmente. En invierno mantenga el compost solo ligeramente húmedo.

CLIMA Áreas cálidas de la zona 10 o superiores.

ESPECIES *L. dalhousieanum*, helechos de flecos azules, es una hermosa especie australiana, de grandes tallos colgantes de color azul verdoso. Tiene fama de ser difícil de cultivar. *L. phlegmaria*, el helecho de flecos común, del norte y del este de Queensland, es uno de los más fáciles de cultivar por su tolerancia a las temperaturas más bajas. *L. squarrosum*, helecho de agua, es natural de India y Australia, con tallos colgantes de un verde muy claro.

Lycoris (fam. Amaryllidaceae)
Azucena araña

Hay 11 especies en este género de atractivas plantas bulbosas procedentes de China, Japón y Myanmar. Los grupos de flores nacen sobre tallos altos y son rojas, amarillas, rosadas y blancas. Todas las especies tienen estambres largos, curvados y salientes que explican el porqué de su nombre común. Sus hojas en forma de cinta son de unos 2 cm de ancho y entre 30 y 40 cm de largo.

CULTIVO La mayoría de las especies prefieren un clima sin heladas con inviernos húmedos y veranos secos, aunque algunas se dan bien en zonas más frías. Plántela en otoño a pleno sol o con una sombra ligera en un terreno bien drenado con materia orgánica. Necesitan riego regular durante la floración y durante todo el invierno cuando el follaje está en crecimiento. Multiplíquelo a partir de hijuelos o bulbos en otoño, después de la floración. Plántela con el cuello del bulbo al nivel de la tierra. Si los veranos suelen ser lluviosos, es mejor cultivarlas en un invernadero fresco.

Los largos estambres de *Lycoris aurea* le dan un aspecto etéreo. Necesita estar protegida adecuadamente para crecer bien.

CLIMA Las especies que se nombran más adelante son adecuadas para la zona 8.

ESPECIES *L. aurea* crece entre 30 y 40 cm de alto, con flores doradas brillantes en primavera y en verano. Es muy cultivada para el mercado de flor cortada. *L. radiata*, de 40-50 cm y un buen elemento para el jardín, produce brillantes flores rojas en otoño. *L. squamigera*, lirio de sorpresa, crece hasta 60 cm y en verano produce flores aromáticas rosadas.

Lygodium (fam. Shizaeaceae)

Naturales de las junglas tropicales y subtropicales, estos helechos comprenden unas 45 especies. Aunque los *Lygodiums* tienen rizomas bajo tierra, se les conoce como helechos trepadores, ya que sus delgados tallos pueden llegar a trepar a una altura considerable. Sus hojillas son muy variables.

CULTIVO En climas propensos a las heladas, cultívelo en un invernadero templado en tiestos con compost para tiestos con base de tierra y añadiendo turba y musgo esfagnáceo picado y algunos trozos de carbón vegetal. Asegúreles una buena iluminación, pero protéjalos del sol directo. Pulverice las plantas con agua a diario mientras estén en pleno crecimiento. Multiplíquela mediante divisiones en primavera.

Un grupo de *Lysichiton americanus* muy apreciada para jardines húmedos y para el contorno de los estanques.

Este inusual ejemplar de *Lygodium japonicum* es trepador y necesita algo de soporte.

CLIMA Zona 6.

CLIMA Zona 10 y superior. Subtropical y tropical.

ESPECIES *L. americanus*, denominada también aro de agua o lisiquitón, tiene hojas verde oscuro y flores amarillas como las del género *Arum*. Su olor es terriblemente desagradable. *L. camtschatcense*, procedente de Japón, no tiene olor y sus elegantes espatas, de un blanco puro, envuelven pequeñas flores amarillas.

ESPECIES *L. japonicum*, muy extendido en Asia y en algunas zonas de Australia, es una especie muy atractiva que se retuerce y trepa hasta una altura de varios metros. Tiene folíolos lobulados y profundamente divididos. *L. microphyllum* (sin. de *L. scandens*), tiene folíolos triangulares sencillos espaciados alternativamente en los tallos gemelos. Con su amplia distribución, son bastante fáciles de cultivar.

Lysimachia (fam. Primulaceae)
Lisimaquias, hierbas de la moneda

Existen unas 150 especies de estas plantas herbáceas y siempreverdes. Son nativas de Europa, Asia, Norteamérica y Sudamérica. Muchas son verticales y elegantes, pero el género también incluye a las muy conocidas hierbas de la moneda, que son perfectas para cestos colgantes y como plantas tapizantes. Algunas especies tienen usos medicinales, otras se usan en infusiones.

Lysichiton (fam. Araceae)

Estas dos especies de plantas herbáceas de los pantanos o marismas se cultivan por sus hermosas flores, que tienen llamativas espatas que se caen cuando las flores maduran y un follaje sugerente. Cuando estas plantas se han establecido del todo, tienden a suprimir la aparición de malas hierbas.

CULTIVO Plántelas en zonas pantanosas o junto a un estanque. Multiplíquela a partir de semillas o tome los hijuelos de los cepellones principales en primavera o en verano.

CULTIVO Estas plantas prefieren un suelo rico y húmedo. Algunas crecen bien en lugares sombreados y húmedos junto al agua. Multiplíquelas mediante su división en primavera o en otoño, o hágalo a partir de semillas.

Lysimachia nummularia, conocida como hierbas de la moneda, es una bonita planta tapizante. Esta forma dorada necesita sol para conservar el color de sus hojas.

CLIMA Existen especies adecuadas para diferentes zonas climáticas; todas resistentes a las heladas.

ESPECIES *L. atropurpurea*, zona 6, originaria de Grecia y Asia Menor, crece hasta 60 cm, con flores moradas en verano. *L. clethroides*, zona 4, natural de China y Japón, tiene espigas curvadas de flores de hasta 1 m de alto. *L. nummularia*, hierbas de la moneda, zona 4, es una rastrera perenne de flores amarillas. El cultivar 'Aurea' tiene hojas doradas en forma de moneda. *L. punctata*, zona 5, es una perenne que se agrupa en cepellones y crece hasta alrededor de 1 m de alto. Tiene hojas de un verde medio y, en verano, muestra abundantes flores amarillas en forma de estrella. Luce mejor plantada en regueros o grupos y también se puede cultivar junto a estanques. *L. vulgaris*, zona 5, de Europa y Asia, crece 1-1,5 m, y tiene flores amarillas en verano.

Lythrum (fam. Lythraceae)
Lisimaquias

Este género comprende unas 30 especies de plantas anuales y perennes herbáceas resistentes. Se encuentran en la mayoría de las regiones templadas del planeta. Son plantas arbustivas, muy útiles para la parte trasera de los parterres, donde el sue-lo es húmedo y rico. Sus flores, mayormente de tonos rosados o morados, aparecen en verano.

CULTIVO Tanto las anuales como las perennes exigen un suelo húmedo y rico, por ello se emplean con frecuencia alrededor de estanques y arroyos. Algunas especies propagan sus propias semillas, por lo que los tallos de las flores se deberán cortar conforme estas marchitan. Multiplíquelas mediante la división del cepellón.

CLIMA Zona 3. Estas plantas son muy resistentes.

ESPECIES *L. alatum* crece hasta 1 m o más, y produce bellas flores morado carmesí. *L. salicaria*, lisimaquia púrpura, se puede encontrar creciendo junto a lagos, estanques y pasos de agua por toda Europa y por las áreas templadas de Asia. Crece hasta 1 m, y toda la planta se vuelve de un morado llameante en verano, y luego muere en invierno. Algunas formas seleccionadas de flores con ricos matices de rosa son más aceptadas y se cultivan con más frecuencia que las especies puras. *L. virgatum*, de 1 m de alto, suele encontrarse más como alguno de sus cultivares: 'Morden Gleam' (rosado), 'Morden Pink' (magenta), y 'Morden Rose' (rojo rosado).

Lythrum salicaria es una planta perenne que florece en verano, fácil de cultivar y adecuada para suelos húmedos.

Macadamia (fam. Proteaceae)

Varias de las 11 especies de este género de árboles, siempreverdes y productores de frutos secos, proceden de las cálidas costas occidentales de Australia. Sus hojas densas, verde oscuras y coriáceas se dispones en espirales, y sus espigas largas y pendulantes de pequeñas flores vienen seguidas de frutos redondeados que contienen frutos secos de cáscara dura. Estos árboles se cultivan con fines comerciales en Australia, no solo por sus sabrosos frutos, sino también por la alta calidad del aceite y las sustancias que contiene la cáscara, que se emplea para el curtido del cuero. La producción de los árboles es variable, y los períodos secos anormales durante la primavera y principios del verano reducen el tamaño de la cosecha y afectan al tamaño y a la calidad del fruto. Estos árboles son difíciles de propagar por métodos vegetativos, y actualmente suele emplearse el acodo.

Macadamia se cultiva actualmente en diferentes lugares del planeta por el valor comercial de sus frutos comestibles. Pero solo se puede hacer en climas sin heladas.

CULTIVO Son árboles sensibles a las heladas, por lo que en climas propensos a sufrirlas se deberían cultivar como plantas jóvenes, por su follaje, en invernaderos de temperatura intermedia o en terrazas acristaladas. Es improbable que llegue a producir frutos en estas condiciones. Cultívelo en tiestos con compost para tiestos con base de tierra y apórtele buena iluminación, pero protéjalo del sol directo. Son árboles de raíces profundas y están mejor en tiesto altos o incluso plantado en parterres. En el exterior, cultívelo en suelo profundo con alto contenido de materia orgánica y a pleno sol.

CLIMA Áreas cálidas de la zona 10 o superiores.

ESPECIES *M. integrifolia* es un árbol grande de copa redondeada que crece hasta 18 m. De jóvenes, las hojas tienen un dentado tosco, que se completa cuando llega a la madurez y crece 10-30 cm. El fruto, de cáscara suave, es de 1-3 cm de diámetro. *M. ternifolia* crece 5 m, con frutos pequeños, amargos, no comestibles. *M. tetraphylla* es un elegante árbol grande de copa redondeada, que se distingue por sus hojas finamente serradas de 10-50 cm de longitud. Alcanza unos 18 m de altura. Sus frutos, de cáscara áspera, son de 1-4 cm de diámetro.

Macfadyena (fam. Bignoniaceae)

Natural de la América tropical, se trata de un pequeño grupo de enredaderas leñosas que se cultivan por sus hermosas flores acampanadas de color amarillo brillante. Sus hojas son bastante peculiares, con dos hojillas además de una hojilla terminal con un zarcillo como una garra.

CULTIVO Estas trepadoras son sensibles a las heladas, por lo que tendrá que cultivarlas en invernaderos de temperatura intermedia o terrazas acristaladas si las heladas son un problema. Utilice compost para tiestos con sustrato de tierra. Asegúrele una buena iluminación, pero protéjala del sol directo. Después de la floración, recórtela ligeramente para mantener a la planta dentro de los límites asignados. Multiplíquela mediante esquejes semimaduros de verano en un propagador calefactado.

Macfadyena unguis-cati es una trepadora vigorosa de deslumbrantes flores en primavera y verano.

Las flores de un lila suave de *Mackaya bella* son bonitas, pero merece la pena su cultivo tan solo por su follaje.

CLIMA Áreas cálidas de la zona 10 o superiores.

ESPECIES *M. unguis-cati* es una trepadora vigorosa que alcanza 10 m de alto, y debe cultivarse en grandes terrazas acristaladas. Florece profusamente en primavera y verano. Las flores son de unos 10 cm de largo; el fruto, que recuerda mucho a la vaina de los guisantes, puede crecer hasta alcanzar los 30 cm o más de longitud; y las hojas son lanceoladas u ovaladas.

Mackaya (fam. Acanthaceae)

Este hermoso arbusto siempreverde del sur de África, es muy apreciado por sus grupos de flores acampanadas que aparecen desde la primavera hasta el otoño y tienen delicados tonos de lila claro, con venas de un rojo oscuro en cada lóbulo. Las hojas, ovaladas, son satinadas de color verde oscuro.

CULTIVO En climas propensos a las heladas, cultívela en invernaderos de temperatura intermedia o en terrazas acristaladas, en tiestos con compost para tiestos con base de sustrato, con la máxima iluminación, pero protegida del sol directo. En el exterior, elija un lugar soleado o con sombra parcial, con suelo ligeramente ácido o neutro (también vale un suelo ligeramente alcalino). Pódela ligeramente en primavera para mantener la forma

de la planta. Multiplíquela mediante semillas en primavera o mediante esquejes semimaduros de verano, ambos en propagadores calefactados.

CLIMA Zonas más cálidas de la zona 9, o zona 10.

ESPECIES *M. bella* es la única de las especies que crece hasta una altura de 2 m. De crecimiento vertical al principio, más tarde se abre hasta 1,5 m o más. Es una buena planta para terraza acristalada o para invernadero.

Macleaya (fam. Papaveraceae)

Se cultivan principalmente por sus atractivas hojas lobuladas y venosas. Son excelentes como plantas individuales o para parterres. Pueden ser extremadamente vigorosas y extenderse mediante rizomas subterráneos. Sus flores, plumosas, nacen sobre graciosas ramas en racimos terminales.

CULTIVO Le gusta el suelo rico, húmedo y el sol directo o ligeramente filtrado. Puede multiplicarla mediante sus brotes basales a finales del otoño o en primavera. Si trasplanta un cepellón completo, asegúrese de eliminar todos los restos de raíces del suelo, o volverá a crecer una planta nueva, incluso a partir de trozos muy pequeños.

El curioso aspecto del fruto de *Maclura pomifera* huele bien, pero contiene una savia lechosa irritante.

Aunque muere hasta desaparecer en la tierra, *Macleaya cordata* crece rápidamente en primavera. Sus hojas lobuladas son muy decorativas.

CLIMA Existen especies adaptadas para las diferentes zonas climáticas, pero todas muy resistentes.

ESPECIES *M. cordata*, originaria de la zona 3, es natural de China y Japón. Esta planta perenne crece hasta unos 3 m, y exuda una savia de color anaranjado al cortarla. Sus hojas son blancas en el reverso, y sus flores, cubiertas de pelusa, son de color crema suave. *M. microcarpa*, zona 5, es similar a *M. cordata*, pero no crece tanto. El cultivar 'Kelway's Coral Plume' produce capullos de un rosado coral del que emergen flores entre amarillo y rosado.

Maclura (fam. Moraceae)

Este género lo componen 12 especies de árboles y arbustos naturales de Asia, África y América. Pueden ser siempreverdes o caducifolios y normalmente son espinosos. Se pueden cultivar en parterres de arbustos, o, en el caso de *M. pomifera*, se puede cultivar como seto. Solo produce frutos en climas con veranos largos y cálidos.

CULTIVO Cultívelas en cualquier tipo de suelo con buen drenaje. Prefieren un emplazamiento a pleno sol. Aunque les viene bien un riego regular en verano, son bastante duras y fáciles de cultivar.

Normalmente no necesitan poda. Multiplíquelas a partir de semillas en un propagador o a partir de esquejes semimaduros de verano enraizados con calor basal.

CLIMA Zona 5.

ESPECIES *M. pomifera*, naranjo de los Osages, es natural de Estados Unidos. Este árbol caducifolio crece 10-15 m. Su madera se dobla con facilidad, y con ella fabricaban sus arcos los indios Osage. Su madera también se ha empleado en la fabricación de traviesas para el ferrocarril. Sus hojas, anchas y ovaladas, son brillantes en el anverso, más pálidas en el reverso y se vuelven de un amarillo brillante en otoño. Las ramas y tallos son espinosos. En primavera, muestra racimos colgantes de flores amarillo verdosas que pasan bastante desapercibidas. El fruto que se desarrolla a continuación es grande, de 10-12 cm de ancho y de color verde que se va volviendo amarillo al madurar. Aunque el fruto tiene un olor agradable, no se debe comer.

Macropidia (fam. Haemodoraceae)
Zarpa de canguro negra

Esta inusual planta del oeste australiano está estrechamente emparentada con la zarpa de canguro, *Anigozanthos*, que difiere principalmente en el color de las flores, que son una combinación de negro y amarillo verdoso.

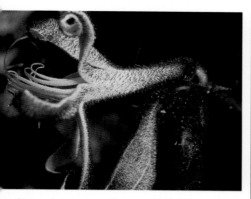

La zarpa de canguro negra tiene una extraña textura como de fieltro de las flores, que contienen un néctar muy atractivo para los pájaros.

La hojas, de venas muy marcadas de *Macropiper excelsum* son casi circulares. Esta es una importante planta de uso medicinal para los maoríes de Nueva Zelanda.

CULTIVO *Macropidia* es sensible a las heladas, por lo que se debería cultivar en una terraza acristalada o un invernadero entre fresco y templado y con buena ventilación, en tiestos de compost con sustrato y gravilla y sin caliza. Expóngalos al máximo de luz, pero no al sol directo. A esta planta no le gusta el ambiente húmedo. En invierno mantenga el compost solo ligeramente húmedo. Multiplíquela a partir de semillas maduras germinadas a 10 °C o mediante divisiones en primavera.

CLIMA Zona 10.

ESPECIES *M. fuliginosa* es la única especie. Esta planta en forma de penachos crece hasta 50 cm de alto, con hojas como cintas o espadas.

Macropiper (fam. Piperaceae)

Estos arbustos o árboles pequeños son originarios de Nueva Zelanda y del Pacífico Sur y recuerdan al árbol de la pimienta. Tienen hojas alternas y espigas axilares de pequeñas flores de un único sexo que sobresalen sobre el follaje. Su fruto es entre amarillo y naranja brillante.

CULTIVO Son sensibles a las heladas y se deben cultivar en invernaderos de temperatura intermedia o en terrazas acristaladas. Les gusta el sue-lo rico, bien drenado y el compost para tiesto con base de sustrato y buena iluminación, pero protéjalos del sol directo. Mantenga el suelo con una humedad constante. En el exterior, cultívelos bajo una sombra parcial en un terreno rico y bien drenado. Multiplíquelos o bien a partir de semillas en primavera o mediante esquejes semimaduros de verano con calentamiento basal en ambos casos.

CLIMA Zona 10.

ESPECIES *M. excelsum*, o «árbol de la pimienta», procede de Nueva Zelanda y es un atractivo y frondoso arbusto o árbol pequeño. Tiene hojas verde oscuro, aromáticas y en forma de corazón, y diminutas flores entre amarillo y naranja, además de racimos de frutos pequeños, redondos y anaranjados.

Macrozamia (fam. Zamiaceae)
Burrawang, palma zamia

Este género comprende 14 especies de cicados, todos oriundos de Australia, y varía desde plantas muy grandes a tipos enanos sin tronco y solo unas pocas hojas que salen del suelo. Estos tienen grandes y anchos tallos subterráneos que se convierten en amplias raíces. Sus nervios centrales son retorcidos, y sus hojillas suelen estar divididas y apuntando en diferentes direcciones. Las piñas nacen entre las hojas, y las escamas de la piña terminan en una única piña fuerte y puntiaguda. Las semillas, que se encuentran bajo las escamas de la piña femenina, se producen al madurar y deshacerse toda la piña. Ninguna de las especies es muy cultivada, pero *M. communis* es probablemente la más común. El resto solamente se suelen encontrar en jardines botánicos o en colecciones de especialistas. Algunas especies son bastante inusuales y están amenazadas de extinción en su medio natural.

CULTIVO Estos cicados son sensibles a las heladas, por lo que, en climas propensos, se deberían cultivar en invernaderos intermedios o templados o en terrazas acristaladas. Cultívelos en tiestos hondos de compost para tiestos con base de sustrato y gravilla y apórteles el máximo de luz, pero protegidos del sol directo. La humedad ambiente deberá ser entre baja y moderada. En invierno mantenga el compost solo ligeramente húmedo. En el exterior, cultívelos en terreno profundo, ligero y bien drenado bajo una sombra parcial. Multiplíquelo a

Este burrawang, *Macrozamia communis*, muestra varias piñas masculinas en su copa. Su follaje brillante y oscuro se confunde a veces con el de una palmera.

partir de semillas germinadas a 25°-30 °C. Los brotes nuevos tienen un crecimiento muy lento.

CLIMA Zona 10.

ESPECIES *M. burrawang* es una especie variable; a veces casi sin tronco, y otras con un pequeño tronco de unos 30 cm de altura, y ocasionalmente algo más alto y cubierto de hojas viejas. Las de color verde oscuro brillante se arquean graciosamente y crecen 1,5 m de longitud o más. Sus numerosas hojillas, rectas y puntiagudas, nacen en dos filas regulares. Las piñas masculinas de hasta 45 cm de longitud se curvan hacia fuera. *M. miquelii* es como *M. communis* pero con menos hojas y piñas más pequeñas y cortas. *M. moorei* es, con diferencia, la más grande de las especies, con un enorme tronco de hasta 7 m de alto en su medio natural, aunque se queda en unos 2-4 m si se cultiva. Tiene una espesa copa elegantemente arqueada, con hojas de un verde intenso de hasta 3 m de longitud. Sus piñas son similares a las de *M. communis*. Es fácil confundirlas a primera vista. *M. pauli-guilielmi* es bastante variable, aunque no suele tener tronco, y solamente algunas hojas erectas de hasta 1 m de largo, con nervios centrales retorcidos y hojillas como arañas de hasta 30 cm de longitud y 5 mm de ancho. Sus piñas son pequeñas y normalmente solitarias. Es interesante como motivo ornamental.

Magnolia (fam. Magnoliaceae)
Magnolias

Este género tan popular se compone de más de 100 especies de, sobre todo, árboles y arbustos caducifolios que se cultivan por sus grandes y bellas flores. Las magnolias se cultivan como individuos aislados o entre otros árboles; las especies más pequeñas son muy aceptadas como plantas para tiesto.

CULTIVO Se deben proteger de los vientos fuertes para garantizar un buen aspecto cuando llegue la época de floración. Prefieren loam ligeramente ácido. Necesitan abundante agua en verano, y un mantillo espeso de hojas y estiércol maduro de vaca o paja para ayudar a controlar la evaporación. Si trasplanta, hágalo antes de que aparezcan los brotes nuevos. Multiplique las especies a partir de semillas en el otoño sembradas en el exterior. Se pueden reproducir los cultivares y las especies caducifolias y siempreverdes a partir de esquejes semimaduros de finales del verano, mientras que todos los cultivares conocidos se pueden reproducir mediante acodos o injertos.

CLIMA Existen especies adecuadas para diferentes zonas climáticas.

ESPECIES *M. campbellii*, zonas 8-9, originaria del Himalaya, es un árbol caducifolio que crece hasta los 25 m en su medio natural. Le gusta un emplazamiento protegido. Sus elegantes y aromáticas flores aparecen sobre ramas sin hojas desde finales del invierno hasta mediados de la primavera. Las flores son rosadas y blancas en el interior, y rosadas en el exterior de los pétalos. La subespecie *mollicomata*, zona 8, es similar, pero más resistente y florece antes. Crece 15-25 m de alto. *M. delavayi*, zona 9, es un árbol abierto siempreverde, de 9 m de alto, y menos resistente que otras especies. Tiene grandes hojas de 25 cm de longitud, y fragantes flores de color blanco cremoso. *M. denudata* (sin. *M. heptapeta*), zona 6, se ha cultivado en China durante siglos. Es un arbusto o árbol caducifolio que crece unos 15 m. En primavera produce flores blancas, erectas y aromáticas sobre ramas sin hojas. La *M. grandiflora*, zona 6, es un atractivo siempreverde del sur de Estados Unidos, que alcanza alturas de 30 m. Tiene un crecimiento bastante lento y desarrolla una copa ancha con el tiempo. Sus grandes flores suavemente perfumadas, que tienen forma de taza y estambres de color morado, aparecen en verano; las hojas son de un color verde satinado en el anverso y de un color óxido y pilosas en el reverso. A las flores le siguen los frutos en forma de piña. *M. hypoleuca*, zona 6, es un árbol resistente y caducifolio que crece 15 m. Sus fragantes flores, color crema o marfil, aparecen al mismo tiempo que las hojas. *M. kobus*, zona 5, es un árbol caducifolio de 10-20 m de alto, con pequeñas y normalmente erectas flores blanco cremosas, que nacen sobre las ramas sin hojas. *M. lilii-*

Las flores grandes, blancas y en forma de copa de la *Magnolia grandiflora* tienen una textura espesa. Este primer plano muestra los detalles de la estructura de la flor.

flora (sin. *M. quinquepeta*), magnolia de flor de azucena, zona 6, es un arbusto caducifolio de 3,5 m de alto y ancho. Estrechas y fragantes flores moradas por fuera y blancas por dentro, que nacen entre las hojas ovales verde oscuro desde mediados de la primavera hasta mediados del verano. El cultivar 'Nigra' tiene flores grandes de un color morado oscuro en el exterior y de un morado suave o rosado en el interior. *M. x loebneri* (*M. kobus* x *M. stellata*), zona 5, es similar a *M. stellata*, pero sus hojas son más grandes y sus flores tienen 12 pétalos. Este árbol caducifolio crece unos 10 m y suele tener una copa abierta. *M. sieboldii*, zona 7, es un arbusto o árbol resistente de hasta 9 m con una copa abierta. Sus flores blancas, en forma de taza, aparecen a mediados del verano y vienen seguidas de frutos carmesí. *M. x soulangeana* (*M. denudata* x *liliiflora*), zona 5, es un árbol resistente y caducifolio de hasta 4,5 m, de grandes flores moradas en el exterior y blancas en el interior y que aparecen antes y después de que lo hagan las hojas. El cultivar 'Alba' tiene flores de un blanco puro; 'Alexandrina' produce grandes flores manchadas de morado en la base; 'Lennei' tiene flores morado rosadas, con el interior de color blanco; 'Rustica

Magnolia x *soulangeana* es un espectáculo cuando está en plena floración. Bajo este se han plantado helechos.

Rubra' tiene un crecimiento más vigoroso y flores moradas rosadas en forma de cáliz; *M. stellata*, zona 4, procedente de Japón es un arbusto caducifolio que crece 3-8 m. Sus flores, aromáticas, blancas y de muchos pétalos, aparecen desde principios hasta mediados de la primavera, antes que las hojas de forma ovalada y sin gran atractivo. Florece cuando todavía es bastante joven. El cultivar 'Rosea' tiene flores rosadas; 'Waterlily' es una forma de múltiples pétalos.

Mahonia (fam. Berberidaceae)

Existen 70 especies de este género de arbustos siempreverdes de elegante follaje, racimos de aromáticas flores amarillas y frutos negroazulados que suelen estar cubiertos de una película blancuzca o azul grisácea. Con los frutos se elabora una gelatina deliciosa. Estas plantas son buenas como setos y cortavientos, o como tapizantes.

CULTIVO Necesita un suelo bien drenado y un lugar soleado. *M. aquifolium* es la más fácil de cultivar y se adapta a la mayoría de los terrenos. Multiplíquela a partir de semillas sembradas en otoño, brotes basales separados de la planta madre en primavera o en otoño, o mediante esquejes colocados en turba arenosa a finales de verano o en otoño.

CLIMA Zona 6, a menos que se indique otra cosa más adelante.

ESPECIES *M. aquifolium*, vido o uvas de Oregón, zona 5, es natural del oeste de Norteamérica, y es un arbusto denso que crece hasta 1 m de alto. Sus hojas ovaladas se dividen en pares de hojillas de un verde intenso satinado, que toman un tono morado durante los meses más frescos. Los apretados racimos de pequeñas flores amarillas aparecen en primavera y vienen seguidos de atractivos frutos en forma de globo. *M. japonica*, zona 7, es un arbusto vertical abierto de unos 2 m, de hojas verde intenso, estrechas y espinosas. Sus aromáticas flores aparecen en invierno sobre racimos largos y colgantes. *M. japonica* crece hasta 2 m, y tiene hojas pinadas divididas en pares de anodinas hojillas verde grisáceas y amarillas verdosas en el reverso y de bordes espinosos. Sus flores amarillas nacen sobre espigas verticales en invierno. *M. lomariifolia*,

Mahonia aquifolium tiene hojas como las del acebo y en primavera está coronado de espigas de flores amarillas seguidas de frutos negro azulados.

zona 8, procede del oeste y el centro de China, y es algo más alta que la mayoría de las especies, llegando a los 3-5 m de alto. Las hojas de este vistoso arbusto se dividen en numerosas hojillas estrechas y rígidas de color verde oscuro. Los racimos compactos de flores amarillas aparecen durante el final del otoño y en invierno. *M. repens*, zona 5, nativa del oeste de Estados Unidos, suele ser rastrera y no supera los 30 cm. Tiene hojillas espinosas y grupos de flores pequeñas y fragantes amarillas en primavera. El cultivar de *M. lomariifolia* 'Rotundifolia' tiene hojillas redondas algo serradas y 1,5 m.

Malcolmia (fam. Brassicaceae)

Alhelíes de mar

Este género de más de 30 anuales y perennes es natural de la región mediterránea, extendiéndose hasta el este de Afganistán. Solamente una de las especies anuales se cultiva normalmente. Es una planta muy apreciada como relleno en los parterres, ya que se puede sembrar entre otras anuales, bulbos o arbustos. También es una buena planta para jardineras.

CULTIVO Cultívela a pleno sol bajo una sombra parcial en un terreno bien drenado. Antes de sembrar las semillas, añada caliza si el terreno es muy ácido. Siembre directamente sobre el terreno donde vaya a crecer, desde finales de la primavera en adelante, y repita la siembra cada pocas semanas para garantizar una sucesión de flores. Suelen propagar sus propias semillas por lo que, una vez sembradas, suelen permanecer en el jardín para siempre. Si desea algo diferente, pruebe a sembrar las semillas en las grietas y huecos del pavimento o incluso en un camino o una zona de gravilla.

CLIMA Zona 8; pero puede cultivarla como anual de verano en cualquier clima. No es adecuada para climas húmedos.

ESPECIES *M. maritima*, alhelí de mar, es natural del Mediterráneo. Es una planta anual de crecimiento bajo que no pasa de los 20-30 cm de alto, con hojas pequeñas, ovaladas, gris verdosas y multitud

Para cubrir el terreno rápidamente, nada mejor que el alhelí de mar, que solo tarda unas pocas semanas desde que se siembra hasta que florece.

de pequeñas flores de cuatro pétalos de color malva, rosado y blanco. No es adecuada como flor de corte, y las plantas se desechan una vez las flores han marchitado.

Malpighia (fam. Malpighiaceae)

Existen unas 45 especies de este género de, mayormente, arbustos siempreverdes muy decorativos y principalmente originarios de la América tropical. Se cultivan por sus racimos de inusuales flores, de cinco elegantes pétalos de color blanco, rosa o rojo y un follaje espinoso dentado muy atractivo. Los frutos tienen tonos naranja, rojo o morado.

CULTIVO Excepto en los climas sin heladas, cultívelas en invernaderos intermedios o templados o en terrazas acristaladas, en tiestos con compost para tiestos con base de tierra. Las plantas necesitan la máxima iluminación, pero protéjalas del sol directo, y riéguelas normalmente durante el verano y mucho menos en invierno. En el exterior, cultívelas en un lugar abierto y soleado, con buen drenaje y en un terreno rico en humus. Pódelas ligeramente en primavera para mantener su forma. Multiplíquelas a partir de semillas o esquejes.

Los pétalos aflequillados de *Malpighia coccigera* se separan del centro de la flor. Las pequeñas hojas de este arbusto lo hacen ideal para su recorte.

CLIMA Áreas cálidas de la zona 10 o superiores.

ESPECIES *M. coccigera*, procedente de las Antillas, es un encantador arbusto ornamental de 1 m, con hojas brillantes y como las del acebo y multitud de flores rosadas, seguidas de bayas rojas comestibles. *M. glabra*, acerola o semeruco, crece hasta 2 m de alto, con flores rojas o rosadas en forma de estrella seguidas de frutos rojos comestibles del tamaño aproximado de una cereza, con alto contenido de vitamina C. Las hojas de un color verde oscuro son suaves en los bordes.

Malus (fam. Rosaceae)
Manzano silvestre

Este género comprende unas 35 especies de pequeños árboles o arbustos grandes resistentes y caducifolios, que se cultivan por sus flores de primavera. Hay una gran gama de cultivares que se cultivan exclusivamente por sus flores, aunque también tienen hermosos colores de otoño. Su llamativo y decorativo fruto es mayormente comestible y se utiliza para la elaboración de mermeladas y gelatinas. Muchas de las variedades que se cultivan por su fruto proceden de *Malus pumila*, la manzana silvestre original, uno de los primeros frutos conocidos. Se han producido numerosas hibridaciones para mejorar el sabor y el tamaño del fruto y se cultivan mejor en climas frescos o templados. El manzano silvestre es un hermoso árbol por sí mismo.

CULTIVO Le gusta el terreno bien drenado y razonablemente rico en humus. Crece mejor a pleno sol y protegido de los vientos fuertes. Las especies se pueden conseguir a partir de semillas, pero normalmente se realizan acodos o injertos en plántulas menos valoradas. La mayoría de los jardineros aficionados no se molestan en producir sus propias plantas, sino que compran árboles de cuatro años de un criadero, y estos ya producirán flores y frutos el primer año de su plantación. El mejor momento para plantar es el otoño o el invierno. El *Malus* que se cultiva por motivos ornamentales no necesita poda, excepto la eliminación de la madera muerta o enferma.

CLIMA Existen especies adaptadas para las diferentes zonas climáticas, pero todas son muy resistentes o moderadamente resistentes.

ESPECIES *M.* x *arnoldiana*, zona 4, es un elegante híbrido de Nueva Zelanda, que crece hasta unos 2 m de alto, con encantadoras flores rosadas y frutos amarillos en otoño. *M. baccata*, manzano silvestre de Siberia, zona 2, originario de Asia, cre-

Malus floribunda, siempre entre las favoritas, abre sus suaves y bonitas flores a partir de capullos de un carmesí intenso.

ce hasta 5 m, con flores blancas. La variedad *mandschurica* tiene flores blancas aromáticas y frutos rojos como cerezas. *M. floribunda*, manzano floribundo de Japón, zona 4, crece unos 5-8 m de alto, y al madurar, tiene una copa amplia en forma de paraguas. Los capullos, de color rojo brillante, se abren en flores de un rosado suave. Los frutos son pequeños. Esta especie se da bien en zonas más cálidas. *M.* x *zumi*, variedad *calocarpa*, zona 5, crece hasta 7 m y suele tomar forma piramidal, produce flores blancas y brillantes, y frutos rojos brillantes que se mantienen una vez comenzado el invierno. *M. ioensis*, zona 2, es un árbol frondoso que suele tomar forma de arbusto. Tiene un bello aspecto a finales de la primavera con multitud de flores rosadas de una deliciosa fragancia. Produce una de las manzanas silvestres más finas, de color amarillento. El cultivar 'Plena', tiene flores rosadas dobles. *M.* x *magdeburgensis*, zona 4, es un híbrido pequeño con grupos densos de flores semidobles de color rosa. *M.* x *purpurea* 'Eleyi', zona 4, crece 6-8 m de alto, con flores morado rosadas, seguidas de frutos morado rojizos del tamaño de las cerezas. Se da bastante bien en zonas más templadas. *M. spectabilis*, manzano de China, zona 4, crece hasta 8 m, con flores semidobles rosadas y frutos amarillos. El cultivar 'Flore Pleno' produce grupos de flores dobles de color rosa. *M. tschonoskii*, zona 6, procedente de Japón, es un árbol de forma piramidal, de 12 m, con flores blancorosadas, frutos marrón amarillento y un brillante follaje de otoño. *M. yunnanensis*, zona 6, de hasta 9 m, tiene flores blanco rosadas suave y pequeños frutos rojos. El híbrido *Malus* 'Dorothea', zona 4, de hasta 7 m, tiene flores semidobles rosadas seguidas de pequeños frutos amarillos. *Malus* 'John Downie', zona 2, de hasta 6 m, produce flores blancas seguidas de grandes frutos rojos.

Malus domestica (fam. Rosaceae)
Manzanos

La manzana es la fruta más cultivada de las regiones templadas. También son árboles muy decorativos para el jardín, por sus flores y por su sombra en verano, por sus deliciosos y ornamentales frutos y por su sugestivo cambio de color en otoño.

Un manzano le da valor a un jardín por su atractivo y por sus frutos. Los frutos solo se deben recoger cuando estén totalmente maduros.

Los manzanos se han cultivado al menos durante 3.000 años. Los primeros manzanos domésticos fueron introducidos en Reino Unido por los romanos, quienes eran diestros en el injerto y en la poda, y capaces de conseguir frutos de gran calidad. Los manzanos silvestres son originarios de Europa y Asia. A lo largo de los siglos, se ha producido una enorme variedad de semillas, y se han seleccionado y multiplicado las mejores, aunque no existen registros de esto. Desde aproximadamente el siglo XVII, se dio nombre a las variedades que identifican a cada fruto en particular con precisión. Hoy en día existen más de 2.000 variedades de manzanas, que se cultivan en la Apple Collection of the Brogdale Horticultural Trust en Kent, Inglaterra, donde la investigación sobre portainjertos de manzana ha conducido a la popularización del uso de portainjertos enanos en todo el mundo. Las manzanas estaban muy extendidas antes de la aparición del frigorífico, ya que se conservan bien. Con frecuencia eran la única fruta disponible durante el invierno.

CULTIVO Los manzanos de los jardines domésticos se suelen multiplicar mediante injertos sobre portainjertos enanos como el 'Northern Spy', el 'MM 106' y el 'M 9'. La nomenclatura a base de 'M' y números es originaria de East Malling. Sin las investigaciones realizadas allí, los manzanos y sus variedades serían demasiado grandes tanto para los jardines domésticos como para los cultivadores profesionales, que necesitan árboles de un tamaño manejable. Los manzanos necesitan polinización cruzada para conseguir una cosecha fiable, por lo que se debe plantar más de una variedad. Los manzanos silvestres suelen polinizar variedades de manzanos comestibles. Plante los árboles con menos de 10 m de separación para garantizar una correcta polinización. La variedad 'Northern Spy' o la 'MM 106' solo se debe plantar a 3-4 m de distancia, y la variedad 'M 9' solo con 2 m de separación. Las etiquetas de las plantas deberán indicar qué portainjerto se ha empleado en el injerto. Si se resguardan contra vientos fuertes, se protegerá a los insectos polinizantes, se protegerá también a las flores para evitar que se caigan antes de tiempo, y se evitarán daños a los frutos en desarrollo. Los árboles se deben plantar en terreno profundo y con buen drenaje, enriquecido con estiércol o con compost. Evite los terrenos bajos, que pudieran ser más propensos a sufrir heladas tardías que arruinarían las flores y la producción de frutos. Los árboles con raíces desnudas se deberán plantar a finales del otoño o en invierno, mientras que los árboles que se hayan cultivado en tiestos se pueden plantar en el exterior en cualquier época del año. Riegue bien los árboles después de plantarlos en el terreno si este está seco, pero no añada fertilizantes en ese momento. La primera aplicación de fertilizante se deberá realizar la primavera siguiente a la plantación. En cualquier momento puede colocar un mantillo de compost o estiércol bien maduro. Durante el período de floración y de producción de fruto, riegue los árboles regular y abundantemente.

PODA Y GUÍA La poda y guía se realizan en verano y en invierno, y puede suponer bastante trabajo los primeros años. Es posible que sea necesario retirar algo de madera vieja de los árboles viejos; así

Esta es la 'Granny Smith', muy conocida. Las bonitas flores blancas vendrán seguidas de la aparición del fruto.

se facilita la aparición de brotes jóvenes, más productivos en cuanto a frutos. La temporada principal de poda para los manzanos es el invierno. La mayor parte de los frutos nace en ramas de dos años o más. Las yemas de frutos son redondas y chatas, mientras que las yemas de hojas son más alargadas. No obstante, en los árboles jóvenes, pueden aparecer yemas terminales en brotes cortos. Antiguamente se podaban los manzanos en forma de vaso, pero hoy en día se prefiere el sistema de eje central, que produce una forma piramidal, ya que se consigue un árbol de fuerte estructura y fomenta la aparición temprana de los frutos. A largo plazo, la poda también se ve reducida, aunque durante los años de formación, sí que supone bastante trabajo. Los árboles de múltiples variedades sobre un solo portainjerto se deben podar en forma de jarrón, como antiguamente. El objetivo de la poda en eje central es el de desarrollar un árbol con tres o cuatro capas de ramas creciendo del tallo central o tronco hacia fuera y hacia arriba con un ángulo de unos 30-40 grados desde la horizontal. Lo ideal es tener unas cuatro ramas por nivel, con un espacio de unos 50 cm entre niveles. Este es un método sencillo de guía y poda. Si tiene alguna duda, consulte las publicaciones especializadas para cultivadores de fruta. Los manzanos deberían producir fruto en su tercer año y deberían seguir produciendo una buena cosecha durante unos 40 años, e incluso más tiempo si se trata de climas frescos o fríos. Un aclarado a mano cuando los frutos tienen el tamaño de canicas o cerezas ayuda a conseguir cosechas más regulares y fiables. No se deben cosechar todos los frutos al mismo tiempo. Los frutos que se recojan demasiado pronto tendrán poco sabor y se encogerán de tamaño; los frutos que se recojan demasiado maduros no se conservarán bien. Los frutos que estén totalmente maduros se pueden recoger levantándolos y haciendo un ligero giro, y deberían separarse del árbol con el pedúnculo intacto.

PLAGAS Y ENFERMEDADES Los manzanos son susceptibles de ser atacados por plagas de insectos y enfermedades. Dos de las enfermedades más comunes son la sarna y el mildiú, mientras que la fisiopatía conocida como picado amargo es corriente en algunos tipos durante determinadas estaciones. Entre las plagas de insectos se incluyen el gorgojo de la flor, el arañuelo del manzano, el pulgón lanígero, la zeucera, la arañuela roja, los bordadores, la cochinilla, el piojo y la mosca de la fruta. Los portainjertos semienanos tienen algo de resistencia al pulgón lanígero. Hay regiones donde se emplea mucho tiempo y esfuerzo en el control de estas plagas y enfermedades.

CLIMA Los manzanos se dan mejor en zonas de veranos suaves e inviernos entre frescos y fríos. Si el invierno es demasiado suave, se produce menos floración y la cosecha será pobre. Si el verano es excesivamente caluroso, el sol quemará el fruto y su calidad se verá afectada.

VARIEDADES Es importante elegir los cultivares de manzano que mejor se adapten a su clima. No olvide que los manzanos necesitan inviernos entre frescos y fríos. Si no es así, se pueden volver inactivos. Por lo tanto, en las regiones donde los inviernos sean suaves, no realizarán un verdadero descanso, ya que no están sometidos a un frío suficientemente intenso, y como consecuencia de esto, no producirán buenas cosechas. Entre los mejores cultivares de manzano, se encuentra 'Delicious', que resultó destacado en 1893 al ganar un premio por la gran calidad de sus manzanas rojas, y que actualmente es la manzana más cultivada, especialmente en zonas más cálidas. Se puede polinizar cruzada con diferentes variedades, entre ellas 'Golden Delicious', 'Spartan' y 'Granny Smith'. 'Golden Delicious' produce grandes cosechas y se introdujo en 1916; 'Granny Smith' se cultiva en todas las zonas productoras más templadas, se consiguió por azar y se produjo por primera vez en 1868 en Ryde, Nueva Gales del Sur, Australia, y se utiliza para polinizar diferentes variedades. 'Cox's Orange Pippin', que se creó en el Reino Unido en 1825, tiene un sabor dulce e intenso. 'McIntosh' se seleccionó por primera vez en Canadá en 1811 y se ha venido distribuyendo desde 1870 en adelante. 'McIntosh' cuenta con numerosos cultivares y es una variedad muy aceptada en las regiones frescas y frías. 'Gravenstein' se supone que se produjo a partir de semillas en Europa en el siglo XVII. Entre algunos de los cultivares modernos se encuentran 'Idared', una manzana muy adecuada para su almacenaje; 'Suntan', otro cultivar reciente, que recuerda a 'Cox's Orange Pippin'; y 'Discovery', que madura muy pronto, y produce flores bastante tolerantes a las heladas, además de frutos dulces y crujientes.

Malva (fam. Malvaceae)
Malvas

Existen una 30 especies de plantas anuales, bianuales y perennes de este género originario de Europa, norte de África y de las zonas templadas de Asia. Estas plantas resistentes y de floración estival pueden ser de textura suave o pilosa, postradas o erectas. La mayoría de ellas tienen hojas están divididas, lobuladas y flores llamativas que pueden tener forma de platillo o de embudo.

CULTIVO Crecen en la mayoría de los terrenos de jardín, aunque las anuales necesitan un lugar soleado. Multiplíquelas mediante semillas sembradas directamente donde las plantas vayan a desarrollarse. Las perennes se pueden multiplicar empleando esquejes basales de primavera, ya que la división del cepellón no da buen resultado.

Malva alcea, florece durante todo el verano, y muestra abundantes flores acanaladas color pastel.

En los jardines templados, *Malvaviscus arboreus*, variedad *mexicanus*, destaca por sus duraderas y brillantes flores de color escarlata.

CLIMA Existen especies adaptadas para las diferentes zonas climáticas, pero todas son resistentes.

ESPECIES *M. alcea*, zona 4, es una planta perenne resistente a las heladas y que se suele cultivar como anual. Tiene flores rosado moradas. *M. moschata*, zona 3, originaria de Europa, es una bonita planta perenne. Tanto las hojas como los tallos abiertos son pilosos, y las flores de comienzos del verano son blancas o rosa malva. Todas las partes de la planta tienen un olor almizclado. La forma *alba*, de flores blancas, suele formar arbusto con ramas. *M. sylvestris*, malva silvestre, zona 5, es una planta bianual que se cultiva como anual. En algunas regiones es una mala hierba problemática, al igual que otras especies de *Malva*. Su follaje es característico por sus pelos abiertos y escasos, y las flores de un color rosado morado y de venas oscuras aparecen desde principios de primavera hasta finales del verano.

Malvaviscus (fam. Malvaceae)

Natural de Centroamérica y Sudamérica, estos arbustos siempreverdes, que a veces crecen como parras, se cultivan por sus flores hermosas y rojas, que pueden ser solitarias o aparecer como racimos terminales. A veces las hojas se dividen con forma de palmera.

CULTIVO Donde se produzcan heladas, cultívelas en un invernadero entre intermedio y templado en tiestos con compost para tiestos con base de tierra. Aunque son plantas que necesitan buena iluminación, se las debe proteger del sol directo. En el exterior, donde el clima sea el adecuado, cultívela en un terreno bien drenado y en un lugar soleado o con algo de sombra. Recórtela ligeramente después de la floración para conservar la forma. Multiplíquela mediante semillas en primavera o mediante esquejes semimaduros de verano, ambos en propagadores calefactados.

CLIMA Las áreas más cálidas de la zona 9 o superiores.

ESPECIES *M. arboreus*, malvavisco o falso hibisco, es un arbusto redondeado y siempreverde de hasta 3 m de alto, con hojas ovaladas y lobuladas de pilosidad suave, bordes dentados y color verde brillante. Sus flores solitarias y erectas muestran estambres prominentes. *M. arboreus*, de la variedad *mexicanus*, crece 2-3 m de alto y produce, a lo largo de muchos meses, flores escarlatas en forma de trompeta que recuerdan a las del hibisco a medio abrir.

Mammillaria (fam. Cactaceae)

Mamilarias

Este género de más de 150 especies de cactos de floración libre es originario de las zonas tropicales de América y del Caribe. Normalmente pequeños y formando montones, tienen una amplia gama de colores. Todos tienen un anillo de flores alrededor de la corona de la planta. La fruta es como una baya alargada y, generalmente, roja.

CULTIVO En las zonas propensas a las heladas, cultívelo en tiestos en terrazas o invernaderos aireados y de temperatura intermedia. Utilice compost para cactos y asegúrese de que reciban la máxima luz posible, aunque con protección contra el sol directo. Riéguelos normalmente desde la primavera hasta el verano y manténgalos prácticamente secos durante el invierno. Multiplíquelos en primavera a partir de semillas germinadas a 20 °C o a partir de los hijuelos de primavera.

CLIMA Zona 10.

ESPECIES *M. bocasana*, es una especie sedosa y pilosa, que forma montones con espinas ganchudas y flores pequeñas y cremosas. *M. camptotricha* suele agruparse en montones. Las espinas son amarillentas, largas y retorcidas, y las pequeñas flores blancas son perfumadas. *M. elongata* tiene el cuerpo en forma de dedos agrupados, con espinas de diferentes colores. Produce flores color crema. *M. hahniana* está cubierta de pelos largos color blanco y produce flores moradas rojizas en un anillo perfecto. *M. longiflora* tiene un cuerpo pequeño, pero flores grandes y rosadas en forma de tubo largo. *M. prolifera* forma montones con tallos diminutos, flores color crema y bayas rojas. *M. senilis* crece lentamente, aunque termina produciendo montones, se cubre de espinas blancas y produce flores en forma de tubo largo de color escarlata en primavera.

Mandevilla (fam. Apocynaceae)

Son arbustos trepadores y de crecimiento rápido procedentes de los trópicos americanos. Se cultivan por sus numerosas flores en forma de trompeta, llamativas y bellas además de perfumadas de jazmín en pequeños o grandes grupos. Sus hojas, de bordes suaves, crecen en círculo alrededor del tallo. Existen unas 100 especies. Las más fáciles de encontrar son sensibles a las heladas.

Los frutos maduros de *Mammillaria prolifera* están alrededor de cada tallo redondeado. Esta especie tiende a formar grandes colonias.

Mandevilla laxa, es sugestiva tanto por su aspecto como por su encantadora fragancia.

CULTIVO Si las cultiva en tiestos bajo cristal, utilice un compost para tiestos con base de sustrato. Expóngalas al máximo de luz, pero protéjalas del sol directo. Pódelas a finales de invierno cortando los brotes laterales hasta cuatro yemas del tallo principal. En el exterior, cultívelas en terreno bien drenado, soleado y protegido. Multiplíquelas en primavera a partir de semillas germinadas a 20 °C o mediante esquejes semimaduros de verano con calefactor basal.

CLIMA Zona 10.

ESPECIES *M.* x *amabilis*, una trepadora leñosa, tiene flores llamativas de un rosado suave hasta un rosa intenso. *M.* x *amabilis* 'Alice du Pont' es el más conocido y produce abundantes flores rosadas en verano. Crece hasta 6 m de alto. *M. laxa* (sin. *M. suaveolens*), jazmín de Chile, procedente de Argentina, es una trepadora caducifolia, con hojas elegantes, puntiagudas, verde oscuro y flores blancas en forma de trompeta intensamente perfumadas. *M. sanderi* (sin. *Dipladeniasanderi*) es suave, leñosa y retorcida con hojas coriáceas opuestas y flores en forma de embudo de color rosa. Se pueden encontrar diferentes cultivares con flores de color rosa intenso o rojo. *M. splendens*, una planta leñosa y retorcida de Brasil, trepa hasta los 3 m de alto, tiene tallos sedosos y pequeños grupos de flores rosadas en forma de embudo.

Manettia (fam. Rubiaceae)

Este género de unas 80 plantas siempreverdes trepadoras, originarias de la América tropical, suele tener hojas sencillas opuestas, a veces dentadas o aflecadas, y flores tubulares que nacen individualmente o en grupos. Las flores suelen ser rojas, rosadas o amarillas, pero a veces son bicolor.

CULTIVO Si las cultiva en tiestos bajo cristal, utilice un compost para tiestos con base de sustrato. Expóngalas al máximo de luz, pero protéjalas del sol directo. Pódelas a finales de invierno cortando los brotes laterales hasta cuatro yemas del tallo principal. En el exterior cultívelas en suelos ricos, bien

Manettia luteorubra es una trepadora ligera y trenzada de flores pequeñas, rojas y amarillas, cultivable en tiestos.

drenados, a pleno sol o con algo de sombra. Multiplíquelas en primavera a partir de semillas germinadas a 18 °C o mediante esquejes semimaduros de verano con calefactor basal.

CLIMA Al menos zona 10.

ESPECIES *M. cordifolia*, es una parra ligera siempreverde con hojas en forma de corazón y flores solitarias de color rojo brillante, que normalmente crece desde la axila de la hoja. La especie *M. luteorubra* (sin. *Manettia bicolor*) es una atractiva trepadora siempreverde que puede alcanzar unos 2 m. Tiene hojas opuestas y ahusadas y flores rojas tubulares de puntas amarillas.

Mangifera indica (fam. Anacardiaceae)
Mango

Aunque existen más de 40 especies del género *Mangifera*, solo una de ellas es conocida en climas tropicales. El mango es natural de Asia, desde el norte de la India hasta toda Malaisia. Se cultiva por su fruto en muchas regiones tropicales y subtropicales como Sudamérica, las Antillas y Austra-

En climas húmedos y templados, los árboles de mango producen importantes cosechas de deliciosos frutos. Este árbol repleto de frutos pertenece a un jardín.

lia. Son grandes y pueden llegar a alcanzar los 20 m de alto y a los 12 m de envergadura en los trópicos. A veces se plantan como árbol de sombra y el fruto es un aliciente más. Se han producido algunos cultivares, pero no todos se pueden encontrar fuera de las regiones tropicales.

CULTIVO Excepto en las regiones tropicales y subtropicales, el mango se debe cultivar en un gran tiesto en un invernadero templado o en una terraza acristalada. En dichas condiciones, lo interesante sería su follaje, ya que es improbable que produzca fruto. Utilice un compost para tiestos rico y con base de sustrato. Ofrézcale el máximo de luz, pero protéjalo del sol fuerte y conserve un ambiente húmedo. Los mangos, y especialmente los cultivares de fruto, se multiplican con fines comerciales mediante injertos. Las especies se pueden obtener a partir de semillas sembradas tan pronto como están disponibles en un propagador calefactado. En los lugares donde las condiciones atmosféricas permiten su cultivo en el exterior, el suelo debe estar bien drenado y contener abundante humus. Abone los árboles jóvenes con fertilizante de alto contenido en nitrógeno. Abone los árboles ya establecidos con un fertilizante equili-

brado en primavera, verano y otoño. Los árboles suelen comenzar a producir frutos el tercer año, pero no comienzan a producir frutos regularmente, al menos, hasta los diez años. Es difícil juzgar la madurez del fruto, pero el color de la piel cambia de verde oscuro a un verde amarillento; se debe cortar, no arrancar tirando. Los mangos son susceptibles de sufrir plagas y enfermedades locales, incluido el mildiú polvoriento.

CLIMA Las áreas más cálidas de la zona 10 y los climas tropicales.

Manihot (fam. Euphorbiaceae)

Estos arbustos y árboles, mayormente de las zonas tropicales de América, se cultivan extensamente como plantas ornamentales en muchos lugares tropicales, pero en la mayor parte de Estados Unidos se tienen que cultivar como plantas jóvenes por su follaje bajo cristal. En determinadas partes del mundo, algunas especies, mayormente *M. esculenta*, se cultivan comercialmente por el almidón de sus raíces, con el que se produce la tapioca. Sin embargo, otras especies son venenosas. Todas las especies son hermafroditas y todas producen una savia leñosa. Las hojas alternas tienen normalmente forma de palma y están profundamente divididas. Las flores no tienen pétalos y nacen en grupos desde las axilas.

Conocida como tapioca, casaba o mandioca, *Manihot esculenta* es uno de los pilares de la alimentación humana en varias regiones tropicales.

CULTIVO Se cultiva en un invernadero templado o en una terraza acristalada en un gran tiesto de compost para tiestos con base de sustrato y arena. Asegúrele una buena iluminación, pero protéjala del sol directo. Multiplíquela a partir de esquejes o mediante la división del cepellón.

CLIMA Zona 10 y superior.

ESPECIES *M. dulcis*, mandioca dulce, es un arbusto con hojas en forma de violín y raíces tuberosas, dulces y comestibles. *M. esculenta*, tapioca o yuca, es un arbusto que alcanza los 3 m, y se cultiva principalmente por su interés comercial. Sus raíces contienen grandes cantidades de ácido prúsico, de poder tóxico, pero que se destruye durante la cocción. *M. dulcis* contiene muy pocas cantidades de ácido prúsico.

Manihot esculenta sin. Manihot utilissima (fam. Euphorbiaceae)

Casabe, yuca, mandioca

Planta arbustiva de unos 3 m, la yuca tiene tallos leñosos, hojas palmeadas y raíces de tubérculos hinchados, que forman la parte comestible. Es uno de los cultivos más importantes de las zonas

La yuca solamente se cultiva en los trópicos, donde es uno de los cultivos más importantes para consumo humano.

tropicales húmedas. La yuca se conoce como tapioca en algunos países asiáticos, mientras que en la mayoría de los países occidentales, tapioca es el nombre que se le da al producto manufacturado obtenido de las raíces. La tapioca se sirve sola, hervida o triturada, o se usa en sopas o repostería. La yuca también se fermenta para fabricar una bebida alcohólica, y también se obtienen otros productos secundarios de los jugos extraídos de la planta. Sus numerosos cultivares se clasifican en amargos o dulces, dependiendo de la cantidad de cianuro que haya en las raíces. Estas se deben preparar con mucho cuidado antes de consumirlas, ya que pueden ser extremadamente venenosas para las personas y los animales si se comen crudas. Estas plantas son casi inmunes al ataque de los insectos, gracias a la presencia de esta sustancia.

CULTIVO En la mayoría de las zonas geográficas se tendría que cultivar en un invernadero cálido o en una terraza acristalada, donde su valor principal sería su follaje. Se cultiva a partir de los tubérculos o de esquejes del tallo de primavera. Plántela en suelo rico en humus y riéguela bien durante la temporada de crecimiento.

CLIMA Solamente climas tropicales.

Manilkara zapota (fam. Sapotaceae)
Árbol del chicle

Natural de las Antillas y de Centroamérica, el árbol del chicle tiene una gran importancia comercial por el látex o goma de mascar de su corteza, que se sangra como el caucho. Es la base del chicle o goma de mascar. Se cultiva para este fin en varios países de Centroamérica, pero también se cultiva por su fruto en muchos países tropicales. El fruto se trocea y se usa en platos dulces, o se sirve con zumo de lima y otras verduras en ensaladas. Es un árbol siempreverde de crecimiento lento, que puede llegar a 5-15 m de alto. Sus hojas son oscuras y coriáceas, y las flores, pequeñas, verdes y marrones, aparecen en grupos desde las áxilas de las hojas. Los árboles comienzan a dar fruto después de unos cinco años. El fruto maduro es de unos 5-8 cm de ancho y tiene una piel basta, acorchada y de un marrón óxido cuando está total-

El aspecto basto y como oxidado de la piel del fruto de *Manilkara zapota* no nos hace sospechar de su sabrosa pulpa.

Maranta leuconeura, variedad *kerchoveana*, es una planta muy extendida como planta de interior o de invernadero, pero necesita abundante calor y humedad.

mente maduro. Debe estar perfectamente maduro para comerlo, si se quieren evitar unos desagradables taninos y un jugo lechoso. El fruto maduro tiene pulpa del color de la miel, traslúcida, dulce y aromática. En el centro del fruto están las semillas, duras y brillantes.

CULTIVO En climas con heladas, cultívela como planta joven por su follaje en un invernadero templado o en una terraza acristalada, en tiestos de compost para tiestos con base de sustrato, rico y arenoso. En el exterior, tolera los terrenos pobres, pero se dará mejor en suelos bien drenados y ricos en materia orgánica. Los árboles establecidos toleran la sequedad y son muy resistentes al viento, por lo que se suelen cultivar en zonas costeras bastante expuestas. Se pueden multiplicar mediante semillas, pero no son muy fiables, por lo que es mejor utilizar las plántulas como base de injerto de las variedades más fiables.

CLIMA Áreas cálidas de la zona 10 o zonas tropicales.

Maranta (fam. Marantaceae)

Este género originario de América comprende unas 30 especies de plantas perennes, siempreverdes y con tendencia a agruparse. Se cultiva principalmente por sus decorativas hojas, aunque algunas especies son sorprendentes cuando florecen.

CULTIVO Fuera de los climas tropicales, cultívelas en un invernadero templado o en una terraza acristalada o en una habitación cálida de la casa. Utilice un compost con o sin sustrato, ya que las plantas solo tienen un sistema de raíces superficial, y cultívelas en tiestos de profundidad media o en bandejas. Necesitan buena iluminación (pero protéjalas del sol directo) y un ambiente húmedo todo el año. Se deben pulverizar con agua a diario durante el período de crecimiento. Multiplíquelas en primavera, bien mediante la división del cepellón o mediante esquejes basales colocados en un propagador calefactado.

CLIMA Solamente climas tropicales.

ESPECIES M. *arundinacea*, arrurruz, crece hasta 2 m de alto, con hojas verdes ahusadas y flores blancas. El cultivar 'Variegata' tiene hojas de color verde oscuro, verde claro y amarillo. M. *bicolor*, de hasta 40 cm, tiene hojas verde oliva de forma ovalada y con puntos marrones, una tira central más clara y morado claro en el reverso. Las flores, de color blanco, están marcadas de morado y los tubérculos nacen desde la base. M. *leuconeura* crece hasta una altura de 30 cm. Su follaje es verde oscuro satinado con venas plateadas y morado en el reverso. Las flores blancas de esta especie están moteadas de morado. La variedad *erythroneura* tiene hojas de un verde muy oscuro y rojo intenso en el reverso, brillantes venas rojas y nervios centrales de un verde suave y una banda central en zigzag. La variedad *kerchoveana* tiene hojas de color verde claro, que se vuelve gris azulado en el reverso, claramente marcadas de marrón, pero que al final se vuelven verdes.

Marattia (fam. Marattiaceae)

Distribuido por todas las regiones tropicales, este género comprende unas 60 especies de helechos. Tienen rizomas grandes y carnosos, que recuerdan a los de *Monstera*, y tallos anchos y cerosos. Sus grandes hojas con bipinadas o tripinadas y las hojillas, fuertes, carnosas y cerosas son brillantes en la cara superior y más apagadas en el reverso.

CULTIVO Fuera de los trópicos, este helecho solo crece en invernaderos cálidos y húmedos. Multiplique *M. salicina* a partir de tubérculos maduros de la base de una planta adulta. Colóquelo en un tiesto con la parte superior del tubérculo justo por debajo de la superficie. Manténgalo razonablemente húmedo. El tubérculo puede tardar unos dos años en crecer. Si está bien protegido, el ritmo

Las largas y gráciles hojas de *Marattia salicina* son un elemento ornamental de gran encanto. En la imagen, la variedad *howeana*, natural de la isla de Lord Howe.

de crecimiento será razonable después de la aparición de las primeras hojas. Trasládelo a una posición permanente cuando el tiesto se le quede pequeño. Este helecho necesita bastante espacio para desarrollarse. Aunque produce esporas, la reproducción mediante dichas esporas es muy difícil, si no imposible.

CLIMA Solamente climas tropicales.

ESPECIES *M. salicina* es natural del nordeste de Queensland en Australia, de la isla de Norfolk, de Nueva Zelanda y del Pacífico Sur. Se da bien en junglas muy húmedas y sombrías. Los rizomas producen muchas raíces anchas y cerosas y tallos anchos y erectos y pendulantes que se hinchan en la base. Sus hojas son verdes, arqueadas y satinadas, resultan muy atractivas y alcanzan hasta 4 m de longitud.

Marsilea (fam. Marsileaceae)
Tréboles de cuatro hojas, tréboles de agua

Existen unas 65 especies de estos helechos acuáticos o pantanosos, algunos de los cuales son plantas flotantes, y guardan una gran semejanza con los tréboles. No producen flores y se reproducen mediante esporas. La mayor parte son naturales de regiones tropicales, sobre todo de África, pero algunas de las especies son originarias de Australia. Un número pequeño de ellos se dan de forma natural en Europa. Aunque la mayoría se cultivan en tiestos, algunas especies se pueden cultivar en terreno constantemente mojado.

CULTIVO En climas propensos a las heladas, cultívela en un invernadero cálido o en una terraza acristalada. Se puede cultivar en agua casi de cualquier profundidad, pero se da mejor en estaques someros. Se puede plantar directamente en el sedimento del fondo de un estanque o en un tiesto dentro del estanque. También se puede cultivar en terrenos que estén permanentemente empantanados. El color y aspecto de la planta variará en función de las condiciones de cultivo. Se cultiva tanto al sol como a la sombra. *Marsilea* se suele multiplicar mediante su división, pero en la naturaleza lo hace mediante esporas.

Las pequeñas hojas como de trébol de *Marsilea angustifolia* forman una densa cubierta sobre la superficie de un estanque.

La forma triangular de este híbrido rosado de orquídea *Masdevallia* se destaca gracias a sus largos y elegantes sépalos con colas.

CLIMA Las zonas más cálidas de la zona 9, o zona 10.

ESPECIES *M. angustifolia* es una especie pequeña que se tiene que cultivar en aguas someras. *M. drummondii*, trébol de cuatro hojas, tiene hojas bonitas que pueden ser de color marrón rojizo cuando se cultiva en aguas someras, más verdes y cubiertas de pilosidades plateadas si se cultiva en terreno empantanado. Esta y otras especies se pueden cultivar en tiestos, siempre y cuando se coloquen sobre un plato con agua para mantenerlas bastante húmedas. *M. mutica*, trébol de arco iris, tiene el follaje más colorido de todas. Es de un verde intenso, con marcas de carmesí y ocre oscuro. Esta especie se puede cultivar en agua casi de cualquier profundidad, pero no se adapta a su cultivo en tierra.

Masdevallia (fam. Orchidaceae)

En la naturaleza, estas orquídeas epífitas se encuentran mayormente en grandes altitudes de Norteamérica o Sudamérica, en zonas con mucha luz. Existen unas 300 especies, y muchas variedades dentro del mismo género. Sus encantadoras flores suelen caracterizarse por su forma inusual, que les hace parecer más bien un triángulo en equilibrio sobre un tallo delicado. Suelen tener colas largas y delicadas en cada ápice. Lo más llamativo son los pétalos iridiscentes que cambian de color según el ángulo de visión.

CULTIVO En climas con heladas, cultívelas en invernaderos o terrazas de temperatura intermedia y bien ventilados, sobre compost propio para orquídeas con base de corteza picada formulada para epífitas. Los tiestos pequeños son los mejores. Necesitan buena iluminación (pero protéjalas del sol directo) y un ambiente húmedo en verano. Riéguelas bien en verano, pero en invierno mantenga el compost solo ligeramente húmedo. Multiplíquelas a partir de esquejes de brotes laterales.

CLIMA Zonas sin heladas, zona 10 o superior.

ESPECIES *M. coccinea* produce hermosas y brillantes flores de color rojo y morado sobre tallos erectos de 40 cm en verano. El efecto iridiscente está muy pronunciado en esta gama de colores. *M. trochilus* es más tolerante a las condiciones más cálidas que otras plantas de este mismo género. Las flores son marrón rojizo y amarillo. Entre muchos de los encantadores híbridos que se cultivan hoy día se incluyen algunos bicolores o de flores moteadas.

Matricaria (fam. Asteraceae)

Hay unas cinco especies de plantas anuales en este género, ya que la mayoría de ellas han sido asignadas a otros géneros. Algunas son bastante invasivas y muchas son aromáticas. Tienen hojas pinadas, y los capítulos de flores sencillas nacen en el extremo de las ramas. *Matricaria* fue utilizada antiguamente para tratar los desórdenes del aparato reproductor femenino, y para los trastornos digestivos, la fiebre y el insomnio.

CULTIVO Fácil de cultivar, estas plantas se dan mejor en suelos poco profundos enriquecidos con compost y fertilizante completo antes de plantarlas. Las semillas se siembran en primavera directamente donde vayan a florecer las plantas. Al tratarse de plantas anuales, al final de la estación, se desechan. Si se capan los capítulos marchitos regularmente, se fomenta la producción de más flores durante más tiempo.

CLIMA Zona 8 o 9.

ESPECIES *M. africana* (sin. *Oncosiphon africanum*) es una planta anual erecta de hasta 30 cm, con flores como las margaritas. *M. aurea* es una planta anual de múltiples ramas y crecimiento erecto o postrado de unos 30 cm, con capítulos amarillos sin pétalos. *M. matricarioides* es una planta anual aromática de crecimiento erecto de hasta una altura de 30 cm, con capítulos entre amarillos y verdes. Estas especies se consideran mala hierba en muchas partes del mundo. *M. suffruticosa* (sin. *Oncosiphon suffruticosum*) es una planta anual erecta muy aromática de hasta 45 cm y capítulos amarillos brillantes. *M. recutita*, es una planta anual de flores pequeñas como las margaritas.

Matricaria recutita (fam. Asteraceae)
Manzanilla

El nombre común se refiere a dos hierbas que, aunque son muy parecidas, tienen diferente utilidad. La manzanilla romana o camomila (*Chamaemelum nobile*, sin. *Anthemis nobilis*) se usa como tapizante o para praderas. Pero es *Matricaria recutita*, conocida como manzanilla alemana, dulce o cimarrona, la que conocemos tan bien, y cuyos capítulos de flores se secan para usarlos como infusiones de hierbas. Aparte de la infusión calmante que producen, también se han utilizado durante siglos para vaporizaciones y cataplasmas por sus propiedades antiinflamatorias. También se utiliza en arreglos florales mixtos o popurríes.

Matricaria inodora (sin. *Tripleurospermum inodorum*) carece de olor, y tiene flores pequeñas y blancas como las de la margarita y las de la conocida *Matricaria recutita*.

La manzanilla cimarrona, alemana o dulce, *Matricaria recutita*, es una planta anual dulcemente fragante.

CULTIVO A la manzanilla cimarrona le gusta el suelo rico y normalmente se cultiva en hileras para aumentar el número de capítulos de flores que produce. Multiplíquela a partir de semillas, que germinan con facilidad. Recoja las flores con cuidado, séquelas en el horno y guárdelas en un lugar oscuro hasta que vayan a ser utilizadas.

CLIMA Adecuada para la zona 9.

ESPECIES *M. recutita*, dulce, alemana o cimarrona, se diferencia de *Chamaemelum nobile* principalmente en la cantidad de aceite que producen sus capítulos de flores. Florece desde finales de la primavera y durante todo el verano.

Matthiola (fam. Brassicaceae)
Alhelíes

Natural de la región mediterránea, este género de plantas anuales, bianuales y perennes pertenece a la misma familia de plantas que las coles y las coliflores. Originariamente, eran plantas arbustivas bianuales de poca calidad y flores moradas, pero hoy día se pueden encontrar numerosos híbridos mejorados en una gran gama de colores. Algunos son muy aromáticos y se cultivan como flor de corte. Los cultivares de alhelíes se dividen en los del tipo columna, que producen las flores más grandes y solamente un tallo, y los del tipo de flores dobles. Estos no siempre producen flores dobles. Los alhelíes se ven mejor plantados en grupos o como plantas en parterres. Se combinan bien con los pensamientos, las violetas y los alisos. Tienen un follaje suave gris verdoso y flores densamente agrupadas con tonos de blanco, rosado, lila, morado y rojo intenso. Las semillas que se pueden encontrar hoy día contienen una mezcla de muchos de los colores posibles.

CULTIVO Plántelas en cualquier terreno de jardín regular y bien drenado, pero no donde se hayan plantado alhelíes el año anterior. Remueva bien el terreno y añádale caliza y un fertilizante completo, además de estiércol maduro o compost. Obtenga las plantas mediante semillas sembradas en primavera. El alhelí nocturno se siembra in situ. Las siembras sucesivas con pocas semanas de sepa-

Tanto los alhelíes sencillos como los dobles se pueden encontrar en la misma gama de colores. Las flores sencillas suelen ser de fragancia intensa.

ración durante el verano garantizarán una larga temporada de flores. Los alhelíes que se van a plantar en parterres en verano se siembran bajo cristal a comienzos de la primavera y se trasplantan al exterior cuando las heladas han pasado. Los alhelíes tipo columna se siembran en el exterior a mediados del verano y se plantan en los parterres la primavera siguiente. En zonas frías, protéjalas con campanas de cristal. Los alhelíes se pueden plantar en parterres formales junto con otras plantas para parterre, o se pueden cultivar en grupos más informales o regueros en parterres herbáceos o mezclados. Necesitan un emplazamiento soleado y protección contra el viento. Los alhelíes altos necesitan tutores de soporte. Todos los alhelíes necesitan riego abundante durante la temporada de crecimiento si el tiempo es poco lluvioso. Elimine las flores marchitas para fomentar nuevas floraciones. Los alhelíes son excelentes flores para corte, y los tallos se deben cortar tan pronto como unas pocas de sus flores se hayan abierto. En el interior, duran mucho tiempo.

CLIMA Los alhelíes son bastante resistentes y adecuados para la zona 6.

ESPECIES Dependiendo de la variedad, *M. incana* y sus cultivares suelen crecen 30-60 cm o más de alto. Las flores presentan varios tonos: lavanda, morado, rosa o blanco. Los cultivares se clasifican por el tipo de flor. *M. longipetala*, subespecie *bicornis*, es un alhelí nocturno que produce flores simples perfumadas en diferentes tonos de rosa y morado y que emite su aroma principalmente por la noche. Prefiere un emplazamiento fresco en semisombra.

Maurandya (sin. Asarina, fam. Scrophulariaceae)

Solo se suele cultivar una de las dos especies de las plantas trepadoras de este género natural de México. Esta trepadora debe contar con un entramado de alambre o un enrejado que la soporte.

CULTIVO En los lugares donde se produzcan heladas regularmente, cultívela en un invernadero fresco o en una terraza acristalada o en el exterior como anual de verano. *Maurandya* se cultiva en cualquier tipo de terreno bien drenado, pero su crecimiento será más vigoroso si el suelo se enriquece con materia orgánica. Se puede cultivar a pleno sol o en sombra parcial. Riegue abundante-

Maurandya barclayana produce flores de un intenso morado o magenta incluso en sombra parcial.

mente durante los períodos secos de primavera y verano, pero deje que se seque entre riegos durante los meses más frescos. Solo se deberá podar para guiarla o para limitar el crecimiento de los brotes más vigorosos. La multiplicación se realiza mediante semillas o a partir de esquejes del tallo cortados a finales de la primavera o durante el verano.

CLIMA Zona 10, y también en lo más cálido de la zona 9.

ESPECIES *M. barclayana* (sin. *Asarina barclaiana*) es una trepadora trenzada que puede crecer 2-5 m de alto, dependiendo de las condiciones. Sus hojas lobuladas son vagamente triangulares o en forma de corazón. Sus flores son tubulares y de color rosado o morado y aparecen principalmente en verano y otoño.

Mazus (fam. Scrophulariaceae)

Naturales de China, Malaisia, Australia y Nueva Zelanda, estas plantas perennes rastreras están estrechamente emparentadas con la verónica, y son útiles como tapizantes y en rocallas. La mayoría de las especies son tapizantes, y producen raíces en cuanto los tallos tocan suelo húmedo.

CULTIVO Prefieren un terreno arenoso y húmedo y toleran muchos tipos de ambientes, pero no mucho calor y sequedad. Puede reproducirla por división en primavera o a partir de semillas plantadas en primavera u otoño en un propagador.

CLIMA Zona 6, a menos que se indique otra cosa más adelante.

ESPECIES *M. japonicus* es una herbácea trepadora perenne con tallos de hasta 30 cm de longitud. Tiene hojas dentadas y ovaladas y flores azules. El labio inferior de las flores es barbado y con puntos marrones. *M. pumilio*, zona 7, procedente de Australia y Nueva Zelanda, es del tipo enana rastrera que forma una densa alfombra con flores rosadas y azules de gargantas amarillas en primavera y en verano. *M. radicans*, originaria de Nueva Zelanda, tiene tallos fuertes, anchos y erectos y hojas ovala-

Mazus pumilio es una planta tapizante que se usa para cubrir y sujetar el suelo. No admite que se la pise demasiado.

Meconopsis betonicifolia, que despliega el azul más azul de todas las flores azules, es muy cultivada.

das. Sus encantadoras flores blancas tienen gargantas amarillas. *M. reptans*, zona 3, produce flores entre rosa y lavanda y el labio inferior con puntos blancos, amarillos o morados.

Meconopsis (fam. Papaveraceae)
Amapolas asiáticas

Este género, procedente del Himalaya, oeste de China y Europa, produce amapolas de brillantes colores. La mayoría de las especies son bastante complicadas de cultivar y necesitan un clima fresco y húmedo para progresar. Normalmente se cultivan en jardines boscosos o en parterres de arbustos.

CULTIVO Cultívelas en terreno ligeramente ácido o neutro, bien drenado pero con capacidad para la retención de la humedad, y con abundante materia orgánica como mantillo de hojas. Elija un emplazamiento protegido con sombra parcial y montones o regueros. Coloque un mantillo de materia orgánica. Multiplíquelas mediante semillas sembradas tan pronto como maduren en un propagador.

CLIMA Existen especies adaptadas para las diferentes zonas climáticas, pero todas necesitan un clima fresco y húmedo.

ESPECIES *M. aculeata*, zona 7, procedente del Himalaya, crece hasta una altura de 60 cm, con

encantadoras flores azules y a veces malva en verano. *M. betonicifolia*, zona 7, puede crecer hasta casi los 2 m de alto. Es una de las especies más exquisitas, con flores satinadas, de color azul celeste puro y estambres amarillos en verano. *M. cambrica*, zona 6, tiene hojas oblongas, pilosas de color verde medio, que crece desde rosetas basales. Es natural de Europa occidental y tiene flores alegres de color amarillo o naranja y surge en lugares inesperados, como entre dos ladrillos de un muro. La variedad *aurantiaca* tiene flores naranja; 'Flore Pleno' tiene flores dobles amarillas y naranja. *M. delavayi*, zona 8, procedente de China, crece hasta 25 cm, y sus flores son de un morado intenso. Es una buena elección para las rocallas. *M. grandis*, zona 5, de hasta alrededor de 1 m, produce flores de color azul intenso en mitad del verano. *M. quintuplinervia*, zona 8, procedente del Tíbet y del oeste de China, es una planta perenne de hasta 45 cm, y de flores moradas. Se pueden multiplicar mediante divisiones.

Medinilla (fam. Melastomataceae)

Aunque existen unas 150 especies de este género de plantas tropicales, son pocas las que se suelen cultivar. Se dan en las regiones tropicales, desde África hasta las regiones del Pacífico, pasando por las Filipinas y Borneo. La mayoría son arbustos,

Las rosadas flores de *Medinilla magnifica* aparecen en primavera y verano y vienen seguidas de los frutos negros que les mostramos aquí.

pero también hay algunas trepadoras desordenadas en el grupo.

CULTIVO Fuera de las regiones tropicales, cultívela como planta en tiesto en un invernadero templado o en una terraza acristalada. Utilice un compost para tiestos con base de sustrato. Esta planta necesita luz intensa, pero protéjala del sol directo. Es fundamental mantenerla en un ambiente muy húmedo. Riéguela normalmente durante la temporada de crecimiento, y bastante menos en invierno. Multiplíquela mediante esquejes semimaduros de verano plantándolos en un propagador calefactado. Un método más sencillo son los acodos de verano.

CLIMA Estrictamente en zonas tropicales, ya que estas plantas prefieren temperaturas superiores a los 20 °C, incluso por la noche y en invierno.

ESPECIES *M. magnifica* es la única de las especies que se suele cultivar. Produce largos racimos de bellas flores de color rosa o coral a lo largo de muchos meses. Los racimos de flores están corona-

dos por varias brácteas de color rosado. Es un arbusto de unos 2 m de alto, con hojas satinadas verde oscuro y que pueden llegar a los 30 cm de longitud. Sus tallos, bastante angulares, son nervudos o alados.

Megaskepasma (fam. Acanthaceae)
Capa roja del Brasil

Solo hay una especie de este género, un arbusto siempreverde de Venezuela. A veces se cultiva en regiones templadas.

CULTIVO Fuera de las regiones tropicales o subtropicales, cultívela en un invernadero templado en tiestos con compost específico y base de sustrato. La planta necesita el máximo de luz, pero deberá estar a la sombra del sol fuerte directo. Es fundamental que el ambiente sea muy húmedo. Riéguela escasamente durante el invierno, pero durante la temporada de crecimiento, hágalo regularmente. Recórtela ligeramente después de la floración para conservar la forma. En el exterior, cultívela bajo una sombra parcial en un terreno rico en humus y bien drenado. Multiplíquela en primavera

Aunque es frecuente cultivarlo por sus frutos comestibles, el níspolero es muy decorativo en jardines de clima fresco.

mediante semillas germinadas a 21 °C, o a partir de esquejes semimaduros del verano, enraizándolos en un propagador calefactado.

CLIMA Tropical, pero también debería florecer en las áreas más cálidas de las zona 10.

ESPECIES *M. erythrochlamys* es un arbusto siempreverde que crece 2-3 m de alto. Tiene hojas opuestas y marcadamente venadas y desde comienzos del otoño y hasta el invierno produce espigas de flores entre blanco y rosado pálido rodeadas de brácteas de un carmesí, las cuales duran hasta muchas semanas después de que las flores hayan caído.

Melaleuca (fam. Myrtaceae)
Melaleucas, árboles de corteza de papel

Estos árboles y arbustos siempreverdes son mayormente nativos de Australia, aunque algunas de las especies se encuentran en Nueva Guinea, las costas del sudeste asiático y Nueva Caledonia. Hay unas 140 especies en el género, que está estrechamente emparentado con el género *Callistemon* (limpiatubos), pero se distinguen por los puñados de coloridos estambres de las flores del limpiatu-

bos. *Melaleuca* son muy decorativas por su atractivo y ordenado follaje, su crecimiento compacto y sus sorprendentes exhibiciones de flores en primavera y en verano. Son muy utilizadas en paisajismo por su tolerancia a la contaminación, a los vientos salinos y a los suelos cargados de sal. También son capaces de soportar el frío y los suelos empantanados. Ninguna de estas especies se da bien en condiciones calurosas y secas. Todas las especies responden bien a la poda y los recortes. *M. alternifolia* y *M. linariifolia* producen aceites fragantes con propiedades antisépticas que se emplean en diferentes productos. Los vástagos de algunas especies, como *M. ericifolia* y *M. squarrosa*, se emplean en la fabricación de muebles rústicos de jardín y vallados tipo cañizo. La madera de las especies de tamaño de árbol no se ve afectada por la humedad y es muy apreciada para fabricar postes o embarcaciones. La corteza de estos árboles se usa en las pinturas de corteza y para recubrir los cestos colgantes. Las flores atraen a los pájaros al jardín y duran mucho después de cortadas. Son de muchos colores y aparecen en grupos o individualmente, bien en el extremo del tallo o a lo largo de él. Los frutos en forma de cápsulas contienen numerosas semillas diminutas. Sus hojas son muy variables y pueden ser de aguja, planas o en escamas.

Cultivado en una posición abierta y soleada, *Melaleuca armillaris* forma un arbusto denso o un pequeño árbol.

Melaleuca son como *Callistemon* pero tienen puñados de estambres de variados y brillantes colores durante la primavera y el verano.

CULTIVO Bajo cristal, cultívela en tiestos con compost específico y base de sustrato. Asegúrele una buena ventilación y el máximo de luz, pero protéjala del sol fuerte directo. No la riegue demasiado durante la temporada de crecimiento, ya que un compost húmedo no le va bien, y riegue incluso menos en invierno. En el exterior, cultívelas en terreno bien drenado, soleado y protegido. Le viene bien un poco de sombra durante las horas más calurosas del día. Si fuera necesario, pódela después de la floración para limitar su tamaño. Multiplíquela mediante semillas en primavera o mediante esquejes semimaduros de verano, ambos en propagadores calefactados.

CLIMA Zonas más cálidas de la zona 9, o zona 10.

ESPECIES No todas las especies se pueden encontrar fuera de su país de origen. *M. armillaris*, árbol de corteza de papel o brazalete, es un árbol abierto de tamaño entre pequeño y mediano y que alcanza los 10 m de alto y los 3-6 m de envergadura. Tiene hojas verde oscuro en forma de aguja y penachos pequeños color blanco cremoso. Es una especie de crecimiento rápido y muy útil como planta para setos. *M. bracteata*, melaleucas de té negro, tiene atractivas hojas y flores terminales color crema. Es una buena opción para jardines costeros y muy adecuada para condiciones lluviosas. El cultivar 'Golden Gem' crece hasta 2 m, con follaje amarillo variegado; 'Revolution Green', con follaje fino de un verde claro, es una buena planta para formar barreras. *M. decussata* es una especie muy resistente que crece 2-5 m de alto, con hojas pequeñas y erectas y penachos morados en primavera. *M. ericifolia* se puede utilizar para mejorar el drenaje de terrenos difíciles. Tolera bien la sal y los terrenos empantanados y tiene un follaje verde oscuro con penachos en primavera. *M. fulgens* es un arbusto de hasta 2 m de alto, de crecimiento abierto y erecto. En primavera y en verano se cubre de hermosos penachos escarlata con puntas doradas. *M. hypericifolia* es un arbusto redondeado de unos 3 m de alto, con ramas colgantes, hojas ovaladas y flores de color rojo anaranjado brillante. *M. incana* es un arbusto sorprendente que se cultiva por sus suaves y grisáceas hojas colgantes y por sus elegantes flores de

primavera de color amarillo cremoso. *M. laterita* crece 2-3 m de alto, con un follaje espeso y penachos rojo anaranjado brillante desde el verano hasta el otoño. *M. nesophila*, una de las especies procedentes del oeste de Australia, es un arbusto resistente, erecto, de unos 5 m, que produce flores encantadoras color malva rosado con estambres de puntas doradas y hojas ovaladas verde grisáceas. *M. pulchella* es una arbusto pequeño y resistente con hojas suaves y flores de color morado rosado brillante en forma de garra desde el verano hasta el otoño. *M. steedmanii* es un arbusto de gran atractivo, de hasta 2 m de alto, de follaje grisáceo y flores grandes rojo brillante con puntas doradas. *M. styphelioides* crece hasta unos 9 m de alto, con un tronco blanco como de papel y penachos pequeños de color crema. En los climas adecuados es un buen árbol de sombra.

Melastoma (fam. Melastomataceae)

Este género de unas 70 especies de arbustos tropicales siempreverdes es natural del sudeste asiático, Filipinas, India y Sudamérica. Se cultivan por su hermoso follaje, por sus flores y por sus bayas.

CULTIVO Fuera de las zonas tropicales, cultívelo en un invernadero templado o en una terraza acrista-

Melastoma denticulatum florece principalmente en verano, pero a veces lo hace de forma esporádica todo el año. Tiene gran parecido con las especies de Tibouchina.

lada, en tiestos llenos de compost específico para tiestos. Asegúreles una buena iluminación, pero protéjalos del sol fuerte directo. Mantenga el ambiente moderadamente húmedo. Después de la floración, pódelos ligeramente para limitar su tamaño. Multiplíquelos mediante semillas en primavera o mediante esquejes semimaduros de verano, ambos en propagadores calefactados.

CLIMA Solamente climas tropicales.

ESPECIES *M. denticulatum*, procedente de Australia, concretamente de Queensland, es un arbusto frondoso y suave de venas marcadas y hojas verde rojizas y flores grandes de color rosado. *M. malabathricum* es originario de India, Asia, Nueva Guinea y Australia. Crece hasta unos 2 m de alto, tiene flores moradas o rosado pálido, y follaje elegante y frutos rojizos. *M. polyanthum* crece hasta alcanzar una altura de 3 m, con hojas suaves de venas marcadas y grupos terminales de flores de color lila rosado o morado rojizo y frutos redondos.

Melia (fam. Meliaceae)

Solamente el cultivo de una de las especies de este género de arbustos y árboles de las junglas de Asia, India y Australia está ampliamente extendido. Se cultiva en la mayoría de los países templados del mundo como árbol de sombra u ornamental. Su madera se emplea en la fabricación de muebles, mientras que la corteza tiene uso medicinal en algunos países.

CULTIVO En climas con heladas, cultívela en un invernadero o terraza acristalada de temperatura intermedia y solo por su follaje, ya que es probable que no florezca en estas condiciones. Utilice un compost para tiestos con base de sustrato. Expóngala al máximo de luz, pero protéjala del sol fuerte directo. Recórtela a finales del invierno para limitar su tamaño. En el exterior, plántela en un terreno húmedo y bien drenado y en un sitio soleado. Multiplíquela mediante semillas en primavera o mediante esquejes semileñosos de verano, ambos en propagadores calefactados.

CLIMA Zona 10.

Las cadenas de bayas amarillas permanecen todo el otoño y el invierno en *Melia azedarach*.

ESPECIES *M. azedarach*, conocido también con el nombre paraíso sombrilla, es un árbol caducifolio que crece hasta 12-20 m de alto. A los racimos de fragantes flores lila de finales de la primavera le siguen las grandes hojas pinadas de un verde intenso y las bayas amarillas. Las bayas son extremadamente tóxicas si se ingieren. La variedad *australasica*, un árbol natural de Australia, alcanza una altura de 12 m, y es muy cultivado en zonas más templadas de Australia como árbol urbano. Es muy adaptable y soporta las sequías cuando es adulto. Su cultivar 'Umbraculiformis', produce hojas pedunculadas en forma de paraguas.

Melianthus (fam. Melianthaceae)
Meleros

Estos grandes e inusuales arbustos originarios de Sudamérica se cultivan por su exuberante follaje, aunque las hojas emiten un olor desagradable si se las daña. Suelen producir chupones, por lo que es posible que sea necesario controlarlos. Las flores, cuyos cálices están llenos de néctar, nacen sobre largas espigas en primavera y en verano. El fruto nace dentro de una bolsa de semillas que explota al apretarla.

CULTIVO En climas con heladas severas, cultívela en tiestos con compost para tiestos con base de tierra en un invernadero fresco. Se pueden sacar

Las sorprendentes hojas grisverdosas de *Melianthus major* crean un potente efecto arquitectónico en el jardín.

Una multitud de bayas azulvioláceas adornan las ramas del *Melicytus ramiflorus* durante todo el otoño.

al exterior en verano. En el exterior, cultívela en un lugar protegido y soleado. Multiplíquela mediante semillas o mediante esquejes semileñosos de primavera, ambos en propagadores calefactados.

CLIMA Zona 9.

ESPECIES *M. major* es un arbusto desordenado con una altura y envergadura de 2-3 m, que conforma una sorprendente planta principal. Su exuberante follaje es verde grisáceo, y las flores tubulares son de color marrón rojizo. Las flores, ricas en néctar, son muy atractivas para los pájaros.

Melicytus (fam. Violaceae)

Naturales de Nueva Zelanda y de algunas regiones del Pacífico, estos pequeños árboles y arbustos se cultivan por su hermosos follaje dentado y por sus atractivas bayas de color azul brillante que nacen a lo largo de sus ramas. Para conseguir fruto, es necesario contar con árboles de los dos sexos.

CULTIVO Crece en cualquier suelo razonablemente rico y bien drenado y se puede plantar o bien en un lugar soleado o a la sombra. Aunque se encuentran mejor a resguardo, algunas de las especies toleran los vientos fuertes. Multiplíquelas a partir de semillas sembradas en primavera bajo cristal o a partir de esquejes semimaduros de verano. En climas propensos a las heladas, cultívelas en un invernadero fresco.

CLIMA Las áreas más cálidas de la zona 9.

ESPECIES *M. lanceolatus*, que crece hasta 5-6 m de alto, tiene hojas verde brillantes como las del sauce. Puede tolerar el frío. *M. macrophyllus* tiene hojas dentadas muy atractivas. *M. ramiflorus* crece hasta 10 m y su tronco está revestido de corteza blanca. Sus verdes flores vienen seguidas de abundantes bayas de color azul violeta.

Melissa officinalis (fam. Lamiaceae)

Melisa, toronjil de limón

Natural del sur de Europa y de algunas regiones de Asia, esta planta perenne resistente se cultiva por la fragancia fresca a limón de sus hojas, que se utilizan en infusiones de hierbas por sus poderes calmantes, aunque también se añaden a guisos, salsas y sopas como sustituto del zumo de limón. Solo se cultiva una de las tres especies. *M. officinalis* tiene flores blancas verdosas y hojas que recuerdan a las de la ortiga. Crece hasta unos 70 cm. Su cultivar 'Aurea' tiene hojas doradas aflequilladas.

CULTIVO Adecuada para climas templados y frescos, pero no para zonas tropicales, se cultiva en cualquier suelo de jardín, aunque le gustan los sitios soleados. Se extiende rápidamente, muere en invierno y vuelve a brotar en primavera. Multiplíquela a partir de semillas sembradas a principios de la primavera o mediante la división de sus raíces al final del verano o comienzos del otoño.

CLIMA Zona 4.

Melocactus (fam. Cactaceae)
Gorro de turco

Originarios de las zonas costeras del norte de Sudamérica, México y las Antillas, estos cactos tienen forma de barril, con nervios agudos, fuertes y espinas de color verde intenso, además de una corona espinosa de la que nacen las flores y los frutos. Las flores son pequeñas, entre violeta y rojo, diurnas y se abren en el centro de la corona. El fruto rosado suele ser más visible. Todos estos cactos tienen un aspecto muy parecido cuando son jóvenes. Una

Melocactus bahiensis, procedente de Brasil, tiene una corona roja aplastada muy curiosa sobre su cuerpo espinoso.

vez se ha producido el gorro espinoso (cefalio), deja de crecer en altura.

CULTIVO Cultívelos en un invernadero templado o en una terraza acristalada en tiestos con compost específico para cactos y un buen drenaje. Asegúreles el máximo de luz. Riéguelos moderadamente durante la temporada de crecimiento, y muy poco en invierno. Si las riega demasiado, las plantas se pudrirán. Puede multiplicarla mediante semillas sembradas en primavera, que germinan a 21 °C.

CLIMA Las áreas más cálidas de la zona 10.

ESPECIES *M. bahiensis*, una planta pequeña de floración libre, es la más extendida de todas las especies cultivadas. *M. communis* (sin. *M. intortus*) crece hasta 1 m en condiciones ideales. *M. matanzanus*, crece hasta 30 cm, tiene un cefalio rojo anaranjado y flores entre rosadas y rojas, seguidas de vainas de semillas rosadas.

Melon (fam. Cucurbitaceae)
Melón

No todos los melones y sandías pertenecen al mismo género *Cucumis*, pero las plantas son muy similares. Se cultivan como anuales con tallos de hasta 2 metros o más, hojas ásperas lobuladas y flores separadas femeninas y masculinas. Los can-

El melón es muy consumido en el desayuno o en platos de frutas combinadas. Su pulpa es de color verde claro y tiene un sabor delicado.

talupos son redondeados con pulpa naranja, mientras que el melón es también redondo, pero de pulpa verdosa. Las semillas se encuentra en el centro hueco de la fruta. Las sandías pueden ser redondas u ovaladas, su pulpa roja contiene embutidas las semillas negras o variegadas. El cultivar 'Red Seeded Citron' tiene una pulpa dura y blanca con la que se fabrica mermelada.

CULTIVO Todos estos melones se obtienen a partir de semillas y necesitan mucho sol, una temporada de crecimiento cálida y libre de heladas durante al menos cinco meses. No obstante, 'Red Seeded Citron' tolera condiciones algo más frescas. Aunque los melones necesitan suelos bastante ricos, evite fertilizante con alto contenido en nitrógeno, ya que puede provocar un crecimiento excesivo del follaje a expensas del fruto. El suelo debería ser solo ligeramente ácido. Las semillas no germinan en suelos fríos, por lo que debe evitar plantar a principios de la primavera. Normalmente se siembra en grupos de entre seis y ocho semillas y con una separación de 1,5-3 m, dependiendo de la variedad. Las semillas se deben plantar con la punta hacia abajo, a 2-3 cm de profundidad y aclarando las plántulas para conservar solo las dos o tres más fuertes a unos 20 cm de distancia. Estas plantas requieren riego abundante durante la temporada de crecimiento. Cape las puntas de los tallos cuando estos hayan alcanzado los 2 m para fomentar la aparición del fruto. Si no hubiera suficientes abejas en el jardín, es posible que sea necesario polinizar a mano. Las flores femeninas se pueden reconocer por el fruto inmaduro de detrás de los pétalos. El polen de las flores masculinas es fácil de transferir con un pincel. Se puede colocar un colchón de hierbas o de heno para la fruta, que también actuará como mantillo para el control de las malas hierbas. En los lugares donde la temporada de crecimiento sea breve, siembre las semillas individualmente en tiestos con turba en un invernadero calefactado a mediados de la primavera y plántelas en el exterior cuando hayan pasado las heladas. O siembre directamente en el terreno en ese momento y cubra con campanas de cristal. Muchas de estas plantas son propensas a sufrir el ataque del mildiú polvoriento, y las sandías son susceptibles al ataque de hongos. Seleccione las variedades resistentes a estos males. A veces es difícil saber si los melones están maduros. Los melones del tipo cantalupos estarán listos cuando se separan de la planta al menor toque y tienen un aroma característico. Las sandías producen un sonido sordo al golpearlas ligeramente. Se deben recolectar antes de que los zarcillos adyacentes estén muy marchitos.

CLIMA Zona 10; pero puede cultivarla como anual de verano en cualquier clima.

ESPECIES *Cucumis melo* es una parra postrada de hojas redondeadas y flores pequeñas y amarillas. El grupo *Cantalupensis* produce frutos redondeados con una piel dura y áspera; el grupo *Inodorus*, melón, incluye frutos grandes y redondos con una piel suave y pulpa verde o blanca; *Reticulatus*, melón escrito, también tiene frutos de forma redonda, piel reticulada y pulpa naranja. Elija los cultivares resistentes al mildiú polvoriento. *Citrullus lanatus*, sandía, es una vigorosa parra anual. Sensible a las heladas y amante del sol, produce frutos grandes, que varían en tamaño y forma, pero que normalmente tienen la pulpa roja. Si es posible, elija los cultivares resistentes a los hongos. La variedad *citroides*, 'Red Seeded Citron', tiene frutos pequeños de pulpa blanca y dura que se utilizan para hacer mermelada.

Mentha, especies de (fam. Lamiaceae)
Mentas

Estas plantas herbáceas perennes y desordenadas se extienden mediante rizomas y son fáciles de cultivar en casi cualquier tipo de suelo y condiciones climáticas, excepto las extremadamente calurosas y secas. Tienen tallos postrados o erectos, tallos con ramas y espigas terminales de flores pequeñas blancas o moradas. Sus aceites aromáticos y volátiles se almacenan principalmente en sus hojas ovaladas. Existe un amplio número de especies cultivadas, cada una de ellas con su característico sabor y aroma. Las mentas le añaden un delicioso sabor a las bebidas frescas en verano.

CULTIVO La menta prefiere un suelo moderadamente rico y húmedo y algo de sombra. Se cultiva

Mentha spicata es la más conocida y utilizada de las especies de menta para usos culinarios.

en tiestos en una esquina del jardín, ya que puede ser muy invasiva. Riéguela regularmente durante el verano. Multiplíquela a partir de esquejes o divisiones de las raíces, y obtenga plantas nuevas cada pocos años. Poleo, una tapizante muy útil, se puede recortar con un cortacésped después de florecer, y mantenerla a unos 2,5 cm de altura. Corte la menta por la mañana antes de que se haya secado el rocío. Para secarla, átela en ramilletes y cuélguela en un lugar con una temperatura máxima de 30 °C. Una vez seca, separe las hojas de los tallos y guárdelas en recipientes.

CLIMA Existen especies adecuadas para diferentes zonas climáticas.

ESPECIES *M.* x *piperita*, menta, zona 3, es una planta erecta de hasta 60 cm, con tallos ligeramente rojizos y que se cultiva principalmente por su aceite. Sus hojas ovales, dentadas y puntiagudas son a veces pilosas en el reverso. Las flores pequeñas y moradas nacen en espigas terminales. *M. pulegium*, poleo, zona 7, suele crecer postrada con hojas pequeñas de 1 cm de longitud y grupos de flores malva. Poleo menta puede ser invasiva, en cuyo caso, se debe tratar como una mala hierba. *M. spicata*, menta común, zona 3, tiene tallos erectos de hasta 60 cm, hojas ovaladas, dentadas y casi sin pedúnculo y de unos 5 cm de longitud. Las flores aparecen en racimos poco densos de flores moradas. *M. suaveolens*, mentastro, zona 6, tiene

tallos verticales y resistentes de hasta 60 cm, con hojas redondeadas y pilosas y densas espigas de flores blancas y amoratadas.

Mertensia (fam. Boraginaceae)
Campanillas azules

Este género comprende unas 50 especies de plantas perennes procedentes de países de clima templado del hemisferio norte. Estas pueden crecer postradas o formando montones, y algunas especies llegan a formar claros montículos. Sus hojas son sencillas, de bordes suaves y de un color azul verdoso, y las flores tienen forma acampanada, son azules y forman racimos colgantes.

CULTIVO Combina bien con las azaleas, los brezos y los rododendros, y añaden una nota de color a las zonas semisombreadas del jardín o a las rocallas. Se cultivan bien en el exterior, pero el suelo debe estar libre de caliza y con abundante agua en primavera. Las flores duran más tiempo si se cultivan en emplazamientos frescos y sombríos. Multiplíquela a partir de semillas o mediante la división de los cepellones en otoño.

CLIMA Existen especies para las diferentes zonas climáticas, pero todas son muy resistentes.

Las campanillas azules, *Mertensia pulmonarioides*, constituyen una bonita planta para jardines boscosos y son ideales para plantarlas bajo árboles caducos.

ESPECIES *M. ciliata*, zona 4, originaria de Estados Unidos, es una especie de los bosques, que crece hasta 60 cm de altura, con capullos de flores de color rosa, seguidos de racimos de brillantes flores azules sobre tallos verticales. *M. primuloides*, zona 5, es una planta enana nativa del Himalaya, que solo crece 15 cm de altura y produce flores de un azul índigo intenso. *M. pulmonarioides*, zona 3, natural de Estados Unidos, es probablemente la especie más conocida. Crece hasta unos 45 cm de altura y produce flores de un azul intenso a mediados y finales de la primavera.

Meryta (fam. Araliaceae)

Solo una de las 30 especies tropicales y subtropicales de estos árboles originarios de Nueva Zelanda, Polinesia, Melanesia y Australia se cultiva normalmente.

CULTIVO En climas con heladas, se deberían cultivar en invernaderos intermedios o templados o en terrazas acristaladas en tiestos con compost específico y sustrato. Que tengan una buena iluminación, pero con protección contra el sol directo; si no es así, las hojas se quemarán. Manténgalo bien regado durante toda la temporada de crecimiento. En el exterior, cultívelos en terreno sombreado, protegido y bien drenado, aunque húmedo. Mul-

Meryta sinclairii es una buena planta para tiesto bajo cristal con sus hojas satinadas de venas prominentes.

tiplíquelos usando sus semillas negras y carnosas o mediante esquejes semimaduros de verano, ambos en propagadores calefactados.

CLIMA Zona 10.

ESPECIES *M. sinclairii* puede llegar a los 8 m, aunque a veces se cultiva como planta en tiesto. Sus grandes, satinadas y atractivas hojas nacen en espiral desde un solo tallo. Crece hasta 30-50 cm de largo y tienen venas prominentes de un color pálido. Sus flores y pedúnculos amarillos tienen marcas marrones. Después de florecer, aparecen los frutos, que tienen el tamaño de uvas. Tardan mucho tiempo en madurar. Merece la pena intentar encontrar una variedad conocida como 'Moonlight', que tiene hojas variegadas en blanco y oro.

Mesembryanthemum (fam. Aizoaceae)
Patas de conejo

Se puede encontrar en la naturaleza en muchas regiones secas y calurosas del planeta. Es un género que incluye plantas suculentas anuales y bianuales. La mayoría son de crecimiento postrado y están cubiertas de suaves protuberancias que le hacen parecer cubierta de rocío. Sus flores varían de color desde el blanco y el amarillo cremoso hasta el rosado y el rojo.

CULTIVO Estas plantas son fáciles de cultivar y se dan bien en rocallas y como tapizantes. Multiplíquelas a partir de esquejes o semillas. Cultívelas a pleno sol y en cualquier suelo con buen drenaje. Riéguelas regularmente hasta que se establezcan, y luego solo ocasionalmente, ya que son muy tolerantes a la sequedad. En climas propensos a las heladas se pueden plantar en parterres durante el verano.

CLIMA Zona 9.

ESPECIES *M. crystallinum*, una planta crasa bianual originaria del sur de África, se ha extendido por otras partes del mundo, entre ellas las costas mediterráneas y las costas del sudoeste de Norteamérica. Suele crecer como tapizante, densa, con ho-

Mesembryanthemum es ideal como tapizante y para sujetar el suelo en lugares calurosos y secos, y florece tan profusamente, que las flores llegan a cubrir el follaje.

jas en forma de cuchara y flores color crema que se autopolinizan. *M. nodiflorum* se da en muchos países, entre ellos el sur de Europa, norte de África y Centro y Norteamérica. Tiene hojas y tallos color gris verdoso y flores blancas.

Mespilus germanica (fam. Rosaceae)
Níspolero

El níspolero se ha venido cultivando por su fruto en su Europa nativa durante siglos, aunque nunca ha tenido gran aceptación. Se puede comer fresco solo cuando está muy maduro, eliminando las semillas o cocinado para hacer pasteles, gelatinas o mermeladas. Este árbol caducifolio se suele cultivar como árbol ornamental por la belleza de sus flores. Estas, de color blanco, recuerdan a las rosas, y las hojas son oblongas y dentadas, mientras que el fruto, redondo y marrón, es de unos 5 cm de ancho. Los colores del otoño son atractivos en zonas frías.

CULTIVO Plántelo en un lugar soleado, en suelo bueno. Pódelo solamente para mantener la forma y eliminar los brotes muertos o delgados. Multiplíquelo a partir de semillas, aunque su germinación es lenta, o mediante injertos sobre peral, membrillo, espino o un plantón de níspolero.

CLIMA Zona 6.

Metasequoia (fam. Taxodiaceae)
Leño rojo oriental

La única especie de este género de coníferas es extraordinaria, ya que fue conocida primero como restos de un fósil antes de ser descubierta en un valle de China central en 1945. El hecho de que este género, antes tan extendido, sobreviva en un pequeño territorio lo convierte en un verdadero «fósil viviente». El leño rojo oriental es ahora una de las coníferas más aceptadas por sus cualidades ornamentales, su rápido crecimiento y su tolerancia a amplias condiciones ambientales.

CULTIVO Para conseguir una forma atractiva, plántelo en suelo profundo y razonablemente fértil y protéjalo de los vientos fuertes. Si le suministra agua abundante a las raíces, crecerá vigorosamente, aunque también lo hará bien en un terreno con un buen drenaje. Le gustan los climas fríos, pero no tolera las heladas primaverales tardías. Puede multiplicarlo mediante semillas sembradas en otoño. También se puede multiplicar mediante esquejes semimaduros de verano o esquejes leñosos de invierno, bajo cristal y con calor basal.

El leño rojo oriental, *Metasequoia glyptostroboides*, produciendo los nuevos brotes de hojas en primavera.

CLIMA Zona 5.

ESPECIES *M. glyptostroboides*, la única especie conocida, tiene follaje verde fresco parecido al helecho, como el de la secuoya. En climas más frescos, las hojas se vuelven de color bronceamarillento en otoño. Es un árbol caducifolio que produce ramillas más que hojas. La corteza de los árboles jóvenes es de color marrón rojizo intenso y, con el paso de los años, se va pelando en tiras finas hasta descubrir una corteza fibrosa marrón grisácea. *Metasequoia* suele crecer verticalmente y de forma cónica, con un gran número de pequeñas ramas laterales bastante retorcidas. Crece entre 20 y 40 m, dependiendo de las condiciones climáticas, y produce piñas a los 15 años.

Metrosideros (fam. Myrtaceae)

Árboles de Navidad neozelandeses,

Pohutukawa

Mayormente naturales de Nueva Zelanda y las islas del Pacífico, este género se compone de unas 60 especies de árboles y arbustos siempreverdes, que se cultivan por su follaje verde oscuro y por sus flores escarlatas en forma de penachos, algunas de las cuales aparecen en Navidades en sus países de origen. En climas con heladas, cultívelas en un invernadero fresco.

Las flores rojo brillante en forma como de penachos de *Metrosideros excelsus* emergen de capullos cubiertos de una capa gris.

CULTIVO Para cultivarla bajo cristal, utilice compost ácido especial para tiestos con base de sustrato. Asegúreles una buena iluminación, pero protéjalos del sol directo. Riéguelos normalmente durante la temporada de crecimiento, pero reduzca los riegos en invierno. En el exterior, cultívelos en un lugar soleado y protegido en terreno bien drenado, ácido o neutro. Multiplíquelo mediante semillas en primavera (no las cubra con compost) o mediante esquejes semimaduros de verano, ambos con calefacción basal.

CLIMA Zonas más cálidas de la zona 9, o zona 10.

ESPECIES *M. carmineus* es un arbusto trepador de hojas redondas y grupos de flores rojas brillantes. *M. excelus*, árbol de Navidad neozelandés, es muy hermoso, con su amplia copa abierta y abundantes flores escarlata en verano. Las hojas son brillantes, de color verde intenso y con un vello blanco en el reverso. Crece hasta unos 15 m. El cultivar 'Aureus' es una hermosa forma de flores amarillas. *M. fulgens* es también un tipo trepador, pero sus flores son rojo anaranjadas y nacen en racimos terminales. El cultivar 'Aurata' produce flores amarillas. *M. kermadecensis* crece hasta unos 12 m, con flores rojas la mayor parte del año. El cultivar 'Variegatus' tiene hojas verde grisáceas con márgenes color blanco cremoso. El cultivar 'Sunninghill' es otra forma variegada con marcas de color amarillo doradas sobre sus hojas. Existe, principalmente en Nueva Zelanda, una amplia gama de cultivares tanto de *M. excelsus* como de *M. kermadecensis*.

Michelia (fam. Magnoliaceae)

Este género de unas 45 especies de arbustos y árboles siempreverdes y floridos vienen de las zonas tropicales y subtropicales de Asia y está estrechamente emparentado con la magnolia. La madera de varias de sus especies se emplea en tallas y ebanistería, y los aceites esenciales de las flores de *Michelia champaca* se emplean en perfumería. Esta especie se suele cultivar alrededor de los templos hinduistas y jainistas.

CULTIVO Cultívelas en un invernadero fresco o en una terraza acristalada en climas propensos a las

De estos capullos de *Michelia doltsopa* nacerán flores grandes de un blanco puro.

Microcoelum

(sin. de Lytocaryum, fam. Arecaceae)

Originario de Brasil, este género solamente incluye dos especies de palmeras de hojas pequeñas. Son palmeras pequeñas con troncos elegantes.

CULTIVO Aunque este género se cultiva más como planta de interior debido a su crecimiento tan lento, es posible cultivarlo fuera si se le protege del sol intenso. La mejor opción es cultivarlo como planta de sotobosque entre otras palmeras o árboles altos.

CLIMA Las áreas más cálidas de la zona 9.

ESPECIES *M. weddellianum* (sin. *Lytocaryum weddellianum*), palmera de Weddell, tiene un único tallo suave y gris de 2-3 m de alto y 5 cm de diámetro. No obstante, puede tardar más de 10 años en alcanzar estas medidas. Es una de las palmeras más elegantes, y sus gráciles hojas arqueadas de alrededor de 1 m de longitud tienen numerosas hojillas regularmente distanciadas con un anverso brillante y blanquecinas en el reverso. Las inflorescencias, muy pequeñas, se encierran en una estrecha bráctea cubierta de pilosidades de color marrón óxido. Los frutos, ovalados, son de color verdeamarillento.

La pequeña y grácil *Microcoelum weddellianum* (sin. *Lytocaryum weddellianum*) es muy versátil, y una palmera excelente para jardines sombreados o para cultivar en tiestos.

heladas, y en compost con sustrato ácido. En el exterior, cultívelas en suelo bien drenado pero húmedo, entre ácido y neutro y con alto contenido de humus, en un emplazamiento protegido con parte de sol directo y parte de sombra. Multiplíquela mediante acodos en primavera o a partir de esquejes semimaduros en verano.

CLIMA Zona 9.

ESPECIES *M. champaca* es un árbol vertical de hasta 25 m en su medio, y que rara vez supera los 10 m al cultivarlo. Sus flores de color amarillocremoso, muy aromáticas, aparecen desde mediados del verano hasta el otoño. *M. doltsopa* crece hasta 10 m cultivado, con flores de color crema aromáticas en primavera y principios del verano y follaje verde satinado brillante. *M. figo* suele crecer en forma de arbusto. Sus hojas tienen un aspecto satinado y son muy pequeñas, y las flores son de color crema con tonalidades moradas y muy perfumadas. Crece hasta 5 m.

Micromyrtus (fam. Myrtaceae)

Mirtos brezos desflecados

Hay 16 especies de este género australiano de pequeños arbustos que recuerdan al brezo y que tienen diminutas hojas y encantadoras flores de pequeño tamaño. Es ampliamente utilizado por floristas, ya que la flor cortada permanece fresca hasta dos semanas. Su fruto es pequeño y está rodeado por el cáliz, que cae del arbusto cuando madura. Fáciles de cultivar, estos arbustos tienen una forma ordenada y compacta, con una altura de 1 m y una envergadura de 2 m. Es improbable que lo encuentre fuera de su lugar de origen.

CULTIVO Aunque suele tolerar las heladas, estas plantas prefieren estar a pleno sol en loam arenoso y bien drenado. En lugares donde se produzcan heladas intensas, cultívelas en un invernadero fresco y bien aireado en tiestos con compost para tiestos con base de sustrato. Multiplíquelas a partir de esquejes semimaduros de verano con calor basal.

CLIMA Las áreas más cálidas de la zona 9.

ESPECIES *M. ciliata*, mirtos brezos desflecados, es la especie que suele cultivarse. Este pequeño arbusto abierto crece de forma erecta en el exterior en zonas secas. En primavera aparecen numerosas flores blanco rosadas que se vuelven rojas con el tiempo. *M. rosea* es una especie muy atractiva, con 1-2 m de alto y flores de color rosado intenso.

Micromyrtus ciliata tiene diminutas flores blancas que enrojecen con el tiempo. Es un buen arbusto para parterres.

Microsorum

(sin. de Polypodium, fam. Polypodiaceae)

Este género bastante grande de helechos comprende unas 40 especies, de las que varias son originarias de Australia y Nueva Zelanda. Tienen rizomas rastreros mayormente cubiertos de escamas oscuras y suaves y sólidos tallos. Su ramaje de textura fina es variable, y puede ser vertical o colgante, entero o dividido. En climas propensos a las heladas, cultive estos helechos en un invernadero templado o en una terraza acristalada.

CULTIVO Bajo cristal, cultívela en tiestos con turba, con compost sin sustrato y un buen drenaje. Riegue regularmente. Multiplíquela mediante la división de los rizomas, conservando un par de ramas y parte de la raíz. Sujétela o ánclela firmemente al suelo para evitar cualquier movimiento. También se pueden cultivar a partir de esporas, pero este es un proceso mucho más lento.

CLIMA Zona 10.

ESPECIES *M. diversifolium* «helecho de canguro» se distribuye por una gran parte del sudeste Australiano, Nueva Zelanda y la isla de Norfolk. El ramaje, tan variable, suele estar profundamente lobulado y puede crecer 40-50 cm de alto. Este helecho suele crecer postrado, y se da bien entre rocas y en condiciones húmedas. También se puede dar en el tronco de helechos arbóreos. *M. membranifolium* procede de las junglas tropicales del nordeste de Queensland. La mayor de las especies australianas tiene ramas pinadas, sólidas y mayormente erectas, de alrededor de 1 m de longitud cuando están maduras, y lóbulos anchos y venas características. De jóvenes, su ramaje es verde pálido, aunque se vuelve más oscuro con el tiempo. *M. punctatum*, procedente del nordeste de Queensland y de otras zonas tropicales, tiene ramaje sencillo, erecto, verde pálido que se estrecha en la base y se redondea en los extremos. Estas especies tropicales necesitan abundante calor para florecer. *M. scandens* «helecho perfumado», nativo del este de Australia y de la isla de Norfolk, tiene finos tallos verdes y ramaje

El ramaje de *Microsorum diversifolium* es variable en forma y textura. El ramaje maduro muestra soros de esporas.

vertical o colgante, algunos enteros, otros dividi-dos, de muchos lóbulos y márgenes rizados. Esta especie es de las que se dan bien en rocallas o so-bre el tronco de helechos arbóreos, y es una bue-na trepadora.

Millettia (fam. Papilionaceae)

Estas 90 especies de árboles, arbustos, lianas y tre-padoras tropicales, mayormente de África y Asia, incluyen tres especies australianas, y entre ellas la encantadora *Millettia megasperma*. En los climas con heladas, cultívelas en una terraza acristalada o un invernadero entre fresco y templado.

CULTIVO En el invernadero, cultívela en tiestos con compost para tiestos con base de sustrato. Expón-gala al máximo de luz, pero protéjala del sol fuer-te directo. Si fuera necesario, pódela después de la floración para limitar su tamaño. En el exterior, cultívela en terreno rico, húmedo, bien drenado y soleado. Multiplíquela a partir de esquejes semi-maduros de verano o a partir de semillas si las en-cuentra, ambos con calefacción.

CLIMA Zona 10.

Millettia megasperma es una trepadora vigorosa en la naturaleza, y aunque se adapta bien a su cultivo en jardineras bajo cristal, no es fácil encontrarla.

ESPECIES No todas las especies se pueden encon-trar fuera de sus países de origen. *M. caffra*, del sur de África, es un árbol que llega a los 9 m, de hojas sedosas y pilos y penachos de flores entre moradas y rojos. *M. megasperma* es una trepadora vigorosa, que produce racimos de flores tipo guisante en primavera, seguidas de vainas grandes y cilíndri-cas de hasta 15 cm de longitud y con semillas ro-jas en el interior. *M. ovalifolia*, natural de Myan-mar, la antigua Birmania, es un árbol pequeño de hasta 5 m, con hojas brillantes y flores entre mo-radas y azules.

Miltonia (fam. Orchidaceae)
Orquídeas pensamiento

Hay 20 especies de este género de vibrantes y co-loridas orquídeas sudamericanas. Las flores suelen ser bastante impresionantes y tienen un labio muy grande. En algunas especies, las flores son so-litarias, pero en la mayoría de ellas se dan varias por tallo. Se pueden encontrar muchos y hermo-sos híbridos.

CULTIVO Cultívelas en invernaderos de tempera-tura intermedia o en terrazas acristaladas en tiestos con compost epífítico para orquídeas, que debería poder encontrar en viveros especia-lizados. Otra alternativa, al ser epífitas, es culti-

Este híbrido de *Miltonia* tiene flores grandes, rojas, aterciopeladas con una mancha central muy llamativa.

Mimosa pudica pliega rápidamente sus hojas si se las toca, lo que supone un interesante experimento para los niños.

varlas en cestos de madera para orquídeas colgados del techo del invernadero. También se pueden cultivar enteramente como epífitas colocándolas sobre trozos de corteza y rodeando las raíces con musgo esfagnáceo. En verano, estas orquídeas necesitan un ambiente húmedo, sombra que las proteja del sol directo y riego regular. En invierno, provéale el máximo de luz, pero reduzca los riegos.

CLIMA Solamente climas tropicales.

ESPECIES *M. phalaenopsis* (sin. *M. phalaenopsis*), originaria de Colombia y Ecuador, produce inflorescencias de entre tres y cinco flores blancas con rayas moradas en el labio en otoño. *M. regnellii*, de Brasil, tiene inflorescencias similares en otoño. Sus sépalos y pétalos son blancos y el labio es rosa pálido con vetas moradas y márgenes blancos. *M. spectabilis*, también originaria de Brasil, florece en otoño. Sus flores, solitarias, erectas y de larga duración, tienen sépalos y pétalos rojizos y un labio rosa con marcas moradas.

Mimosa (fam. Mimosaceae)

La mayoría de las alrededor de 400 especies de arbustos, árboles y parras leñosas de este género son de origen tropical, y la mayoría son naturales de zonas tropicales americanas. Su follaje es como plumoso y producen capítulos esféricos de pequeñas flores con largos estambres.

CULTIVO La mimosa se debe cultivar en un emplazamiento soleado. No toleran las heladas. Multiplíquelas a partir de semillas sembradas a finales del invierno o principios de la primavera o mediante esquejes de los brotes jóvenes. En los lugares donde las heladas puedan suponer un problema, cultívelas en invernaderos de temperatura intermedia o en terrazas acristaladas

CLIMA Zonas más cálidas de la zona 9, o zona 10.

ESPECIES *M. pudica*, mimosa sensitiva, crece hasta alcanzar unos 30-45 cm de alto, y tiene un follaje sensible y flores que se caen si se manipulan. Las flores lilarrosadas aparecen en verano. Esta especie puede llegar a ser invasiva y una mala hierba problemática en algunos países tropicales.

Mimulus (fam. Schrophulariaceae)

Bufones, almizcles

Existen unas 150 especies de este género de plantas anuales o perennes y arbustos que se encuentran en la mayoría de las zonas templadas del globo, y que están especialmente extendidos por Norteamérica. Las flores, en forma de trompeta, se dan de muchos colores, incluidos el amarillo, el naranja, el rojo, el morado vino, el cobre y el blanco, con manchas de otros colores en fuerte contraste. Los tipos más pequeños son útiles como plantas para parterres y también quedan bien en

Los híbridos de bufones, que normalmente se cultivan como anuales, muestran una sorprendente gama de colores.

jardineras o cestos colgantes. Algunas de las especies progresan bien en suelos empantanados o permanentemente mojados.

CULTIVO La mayoría de los bufones prefieren suelo con capacidad para retener la humedad y con abundante contenido en humus. No deje que se seque el suelo en ningún momento. Crecen igual de bien a pleno sol como bajo una sombra ligera. Multiplíquelas a partir de semillas sembradas bajo cristal, especialmente en el caso de los tipos para parterres de verano. Germinan a 13 °C. Las plantas perennes se pueden dividir en primavera o se pueden propagar mediante esquejes de verano.

CLIMA Existen especies para diferentes zonas.

ESPECIES *M. aurantiacus*, zona 8, originario de Norteamérica, es un arbusto compacto, perenne. Se cultiva por sus flores amarilloanaranjadas con prominentes labios color albaricoque. *M. cupreus*, zona 8, una planta anual de 20-30 cm de alto, tiene flores color cobre brillante. *M. fremontii*, zona 9, es una planta anual de hasta 20 cm, que produce flores entre carmesí y morado. *M. guttatus*, zona 6, es una planta perenne de 30-45 cm de alto y flores amarillas con manchas rojas. *M. moschatus*, almizcles de mono, zona 7, es una perenne pilosa y espinosa de hasta 30 cm y flores amarillas.

M. ringens, zona 3, es una planta perenne que crece hasta 1 m y tiene flores entre violeta y blanco. Se pueden encontrar numerosos híbridos de un gran número de especies (*M.* x *hybridus*, zona 6).

Mina (sin. Ipomoea, fam. Convolvulaceae)

Nativas de Sudamérica y Centroamérica, estas plantas herbáceas, trenzadas o trepadoras tienen hojas lobuladas brillantes. Algunos botánicos la incluyen en el género *Ipomoea*.

CULTIVO Cultívela como planta anual y multiplíquela a partir de semillas sembradas en primavera. Siembre las semillas y hágalas germinar a 18°C, con una semilla por tiesto. Plántelas después de las heladas en un lugar cálido, soleado y protegido con algún tipo de soporte o guía.

CLIMA Zona 9; pero puede cultivarla como anual de verano en cualquier clima.

ESPECIES *M. lobata* (sin. *Ipomoea lobata*), la única de las especies que se suele cultivar, es una trepadora llamativa que produce largos racimos de flores rojoanaranjado con puntas doradas y que aparecen en verano y en otoño.

Mina lobata es una trepadora de crecimiento rápido que se puede guiar mediante alambres o celosías. Sus flores forman un tubo curvado irregular.

Miscanthus (fam. Poaceae)

Estas hierbas perennes ornamentales son naturales del este de Asia, el sur de África y las zonas tropicales de Europa. Son cada vez más aceptadas por los jardineros de diferentes zonas templadas del planeta y se cultivan varias especies y cultivares en parterres o como plantas principales. Los capítulos de flores, sedosos y en forma de abanico son muy decorativos.

CULTIVO *Misanthus* crece en cualquier terreno, en lugares soleados y bien regados. Los mejores resultados se consiguen con terrenos enriquecidos con materia orgánica. Multiplíquela a partir de semillas sembradas a finales de invierno o primavera o mediante divisiones a finales de invierno o principios de la primavera. Las formas variegadas tienen que reproducirse mediante división. Córtela a nivel del suelo cuando comience a morir a finales del otoño. En zonas de clima suave, pueden permanecer siempreverdes, pero les viene bien un recorte de otoño o finales de invierno.

CLIMA Existen especies para diferentes zonas.

ESPECIES *M. sacchariflorus*, o «pasto de elefante», zona 8, es sedosa y muy decorativa y alcanza los 2-3 m de alto. El cultivar 'Aureus' tiene hojas con rayas doradas. *M. sinensis* 'Variegatus', zona 4, crece hasta 2 m, con follaje variegado en plata y capítulos de flores plumosos y largos. El cultivar 'Gracillimus' es más pequeño, con follaje estrecho y arqueado; 'Zebrinus', «pasto de zebra», crece hasta 1,2 m y tiene un follaje verde con bandas horizontales de color amarillo.

Molucella (fam. Labiatae)

Se piensa que una de sus cuatro especies procede de las Molucas; de ahí el nombre del género. Estas plantas leñosas blandas, atractivas y anuales producen espigas de 60 cm de longitud con flores diminutas dentro de cálices acampanados de un color verde claro. Las flores duran mucho tiempo y se emplean en arreglos florales secos.

CULTIVO Se dan bien en cualquier tipo de suelo siempre y cuando estén en un sitio cálido y bien regadas. Siembre las semillas a comienzos de la primavera bajo cristal o a finales de la primavera en el lugar donde vayan florecer. Separe las plantas unos 30 cm.

Miscanthus sinensis 'Variegatus' formando un copioso montón de hojas. Las espigas de las flores se elevan por encima de las hojas a finales del verano y hasta el otoño.

Las inusuales flores acampanadas de *Molucella laevis* son igual de decorativas en el jardín o en el jarrón.

CLIMA Zona 8.

ESPECIES *M. laevis* crece hasta alcanzar 1 m, y tiene unos característicos cálices en forma de concha. *M. spinosa* crece hasta 1 m y tiene unos cálices espinosos.

Momordica charantia (fam. Cucurbitaceae)
Melón amargo

Este fruto tiene la forma de un pepino, pero es verde pálido y tiene una superficie con bultos o protuberancias. Crece unos 20-25 cm de longitud. Es una parte integral de la dieta de varios países asiáticos. En India y en Sri Lanka es un extendido aditivo para los curries. El fruto se come cuando es joven y tiene un sabor extremadamente amargo, aunque la pulpa se vuelve dulce al madurar. Al zumo se le atribuye un valor medicinal. Esta planta anual trepadora y elegante se cultiva sobre todo sobre celosías para mantener los frutos separados de la tierra. Crece entre 3 y 4 m de alto.

CULTIVO *M. charantia* necesita un ambiente muy cálido. El suelo debe tener un buen drenaje y estar enriquecido con materia orgánica. Riegue regularmente y añada fertilizante; crece vigorosamente. Las semillas se deben plantar en primavera cuando el suelo se haya calentado.

CLIMA Cultívela como anual de verano.

Los extraños frutos con piel rugosa de *Momordica charantia* son muy empleados culinariamente en algunos países asiáticos, como India y Sri Lanka.

Monarda didyma (fam. Lamiaceae)
Bergamota silvestre

El té que bebieron los colonizadores de Norteamérica en la Fiesta del Té de Boston de 1773 después de negarse a comprarle el té a Gran Bretaña se hizo con las hojas de la bergamota. En la actualidad todavía se hacen infusiones de bergamota, pero también se utiliza para aderezar ensaladas y otros platos con cerdo y ternera. Toda la planta tiene una deliciosa fragancia, y sus flores son ricas en néctar, que suele atraer a las abejas. Las flores y hojas se secan bien y se emplean en popurríes. El aceite de bergamota es muy aceptado en aromaterapia, pero no procede de esta planta, sino de *Citrus bergamia*.

CULTIVO A la bergamota le gusta el suelo rico, húmedo y el sol directo o una sombra parcial. En primavera, utilice estiércol de ave bien maduro para abonarla. En otoño muere, por lo que se debe cortar a nivel del suelo en ese momento. Riéguela abundantemente o morirá completamente. Se multiplica fácilmente a partir de estolones o mediante semillas o divisiones.

CLIMA Zona 4 y superior.

La bergamota crece rápidamente con tiempo cálido, y se funde fácilmente en jardines ornamentales, así como en jardines de hierbas. Con ella se hacen infusiones.

VARIEDADES *M. didyma* tiene hojas toscas y pilosas y flores rojas llamativas, similares a las de las madreselvas en verano. Además de cultivarse por su uso culinario, la bergamota también se emplea en parterres perennes. Se han producido varios cultivares, con flores rosadas, malva y escarlata. Los cultivares 'Cambridge Scarlet' y 'Croftway Pink' son probablemente los más conocidos.

Monstera (fam. Araceae)

Natural de las zonas tropicales de América y de las Antillas, este género de fuertes trepadoras siempreverdes tiene hojas satinadas de color verde y textura coriácea, divididas irregularmente y con frecuencia perforadas. Sus flores son grandes, como la de los aros y con forma de embarcación. Su inusual fruto madura desde el centro de la estructura de la flor. Sus raíces aéreas, que nacen a lo largo del tallo, se agarran a cualquier soporte resistente.

CULTIVO Es una planta muy extendida como planta de interior o para terrazas acristaladas y necesita

El alargado fruto de *Monstera deliciosa* irá madurando lentamente durante muchas semanas. El fruto no se debe comer hasta que esté completamente maduro.

un ambiente cálido. Cultívela en tiestos con compost para tiestos con base de sustrato. Protéjala del sol directo, pero asegúrese de que esté bien iluminada. Apórtele un ambiente húmedo. Si fuera necesario, pódela en primavera para limitar su tamaño. Multiplíquela a partir de esquejes de hojas de verano con calor basal. Se puede acodar en primavera o en verano.

CLIMA Se da mejor en climas tropicales, pero también en zonas subtropicales.

ESPECIES *M. acuminata* procede de Centroamérica. Tiene tallos aplanados y hojas de 25 cm de longitud. *M. adansonii* produce hojas de 90 cm de longitud, y frutos más delgados. *M. deliciosa*, costilla de Adán o filodendron, tiene hojas verde oscuro muy divididas de 45-60 cm de ancho y frutos comestibles de sabor a macedonia. Las hojas tienen agujeros ovalados o elípticos entre algunas de sus venas laterales. En su medio natural, es una trepadora robusta. Tanto si se cultiva en el interior como en el exterior, estas plantas suelen desarrollar raíces aéreas. Estas se deberán guiar hacia el suelo o el sustrato del tiesto.

Moraea (fam. Iridaceae)
Lirio de las mariposas, morea

Estas plantas perennes que nacen de un cormo son de origen tropical sudafricano. Las hojas y flores son muy parecidas a las del lirio, con el que está estrechamente emparentada. Crecen a partir de cormos, aunque algunas especies lo hacen a partir de rizomas. Es de floración libre durante la primavera y los primeros meses del verano, las flores varían de color entre el blanco puro y los diferentes tonos de lila.

CULTIVO En los climas con heladas, las especies más sensibles se cultivan en tiestos en un invernadero fresco, mientras que las más resistentes crecen en el jardín en un lugar protegido, soleado y bien drenado. Plántela en otoño o en primavera a unos 8 cm de profundidad. Bajo cristal, no las riegue desde mediados del verano hasta el otoño, mientras están inactivas. Multiplíquelas a partir de hijuelos durante el período de inactividad.

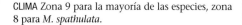

Las flores de *Moraea aristata* parecen flotar sobre su follaje herbáceo. El ojo azul de pavo real de la flor es iridiscente.

Este árbol de la morera ha sido guiado para formar un adorno. Debajo crece *Cerastium tomentosum*, o nieve de verano.

CLIMA Zona 9 para la mayoría de las especies, zona 8 para *M. spathulata*.

ESPECIES *M. angusta*, procedente del sur de África, crece hasta 30 cm, y tiene flores marrón amarillento sin ningún interés. *M. fugax*, también procedente del sur de África, tiene flores fragantes de color malva o blanco y crece hasta 60 cm. *M. spathulata*, natural del sur de África, crece hasta 60 cm y tiene flores amarillo brillante con bordes morados. *M. villosa* es variable, pero las flores son mayormente moradas con un profundo ojo de pavo real en azul.

Morus (fam. Moraceae)
Moreras

Probablemente se hayan cultivado los árboles de morera durante muchos miles de años. La morera negra, *Morus nigra*, que puede haber sido originaria del occidente asiático, fue sin duda conocida por los griegos y romanos, quienes la cultivaban por sus deliciosos y jugosos frutos negros. La morera blanca, *Morus alba*, procedente de China, se cultivó principalmente por sus hojas, que se empleaban en alimentar a las larvas del gusano de seda. La morera roja, *Morus rubra*, es natural de Norteamérica, y su fruto rojo madura hasta tomar un color morado oscuro. Estos son árboles caducos, con hojas dentadas enteras o lobuladas y flores pequeñas. Las moras se comen frescas o se elabora mermelada con ellas.

CULTIVO Plántela en un terreno bien drenado y que esté soleado. Procure no cultivarlo cerca de los caminos o donde vaya a tender ropa, ya que los frutos son muy jugosos y sus manchas son muy difíciles de eliminar. Multiplíquelos mediante esquejes leñosos cortados durante el período de inactividad.

CLIMA Zona 5.

ESPECIES *M. alba*, morera blanca, es un árbol grande de 12-18 m de alto, con grupos de frutos blancos, cilíndricos de hasta 2,5 cm de longitud, que primero se vuelven rosados y más tarde rojos. El árbol de la morera común o morera negra, *M. nigra*, es un árbol grande y abierto de 15 m de alto, con hojas bastas de un verde oscuro. Su fruto, de color rojo oscuro, es delicioso, pero mancha las manos y la ropa. Existen varios cultivares buenos para fruto, incluyendo la variedad semienana 'Black Beauty' que no pasa de los 4,5 m de alto. *M. rubra* es muy decorativo, pero su fruto puede ser algo pobre.

Mucuna (fam. Papilionaceae)
Trepadoras de jade escarlata, judías aterciopeladas

Este género tropical de unas 100 especies se compone de plantas o lianas trepadoras, muchas de ellas naturales de las zonas tropicales de Asia y de las islas

La espectacular cascada de flores escarlata distingue a *Mucuna bennettii*, una liana trepadora tropical vigorosa.

del Pacífico. Son pocas las especies que se cultivan en general, pero aquellas que se cultivan tienen flores espectaculares. Los tallos de estas plantas están con frecuencia cubiertos de pelos irritantes. Las semillas de algunas de las especies se utilizan con fines medicinales, y otras se plantan para forraje.

CULTIVO Fuera de las zonas tropicales o subtropicales, tiene que cultivarse en un invernadero templado o en una terraza acristalada, en tiestos con compost específico y sustrato. Asegúreles una buena iluminación, pero protéjalas del sol directo. Después de la floración, pódelas cortando los brotes laterales hasta cuatro yemas del tallo principal. Multiplíquelas a partir de semillas recolectadas en primavera y germinadas a 21 °C.

CLIMA Exclusivamente para zonas tropicales.

ESPECIES *M. bennettii*, natural de Nueva Guinea, es una trepadora de crecimiento rápido que puede alcanzar los 20 m. Tiene hojas compuestas, con hojillas ovaladas. Los grupos cortos y densos de flores se componen de una gran cantidad de flores de color escarlata brillante en forma de embarcación, que produce un llamativo despliegue principalmente durante los meses de verano. *M. pruriens*, natural de las zonas tropicales de Asia, se ha extendido por los trópicos. Sus tallos están cubier-

tos de pelos toscos cuando es joven, que se vuelven suaves con el tiempo. Sus flores son de color morado intenso o lila pálido y hasta blanco, y se pueden producir durante toda la primavera y el verano. Es anual o vive unos pocos años.

Muehlenbeckia (fam. Polygonaceae)
Enredaderas de alambre

Natural de Australia, Nueva Zelanda y Sudamérica, este género comprende unas 15 especies de trepadoras y postreras semileñosas. Tienen hojas pequeñas de 1-2 cm de longitud y pequeñas e insignificantes flores de un blanco verdoso. La mayoría tiene un crecimiento vigoroso.

CULTIVO Son resistentes y crecen en cualquier terreno siempre y cuando se encuentren en una posición soleada. Hay que multiplicarlas mediante semillas germinadas a 21 °C y sembrarlas tan pronto como estén disponibles o a partir de esquejes semimaduros de verano.

CLIMA Zona 8.

ESPECIES *M. australis*, procedente de Nueva Zelanda, tiene un aspecto enredado y crece unos 8 m de alto. Las flores, pequeñas y verdosas, vienen seguidas de frutos negros satinados. *M. axillaris* suele crecer postrada como tapizante con tallos como alambres y hojas pequeñas y redondeadas. Sus pe-

En las axilas de las hojas de *Muehlenbeckia axillaris* crecen pequeñas flores amarilloverdosas. Su crecimiento es bastante postrado.

queñas flores son de color verdeamarillento. *M. complexa*, procedente de Nueva Zelanda, es un arbusto desordenado de unos 3 m, con tallos delgados como alambre y flores diminutas.

Murraya (fam. Rutaceae)

Hay cuatro especies en este género de pequeños árboles y arbustos originarios de la India, sudeste asiático y Australia. Tienen hojas satinadas de color verde y flores blancas, y son unas buenas plantas para formar setos y pantallas. En climas con heladas, son unas buenas plantas para tiesto en invernaderos entre intermedios y templados o en terrazas acristaladas.

CULTIVO Si desea cultivarla bajo cristal, utilice compost especial para tiestos con base de sustrato y un buen drenaje. Asegúreles una buena iluminación, pero protegiéndolas del sol fuerte directo. Riéguelas normalmente durante el período de crecimiento, pero mucho menos en invierno. En el exterior, cultívelas en suelos ricos, bien drenados, a pleno sol o con algo de sombra. Multiplíquelas utilizando sus semillas o mediante esquejes semimaduros de verano, ambos en propagadores calefactables.

CLIMA Zona 10.

ESPECIES *M. koenigii*, árbol del curry, es un árbol pequeño originario de India y Sri Lanka. En los lugares donde esta planta crece naturalmente, las hojas se usan en curries. *M. paniculata*, naranjo jazmín, es un arbusto atractivo de 5-7 m de alto, con follaje satinado y fuertemente perfumado. Sus flores blancas pueden aparecer varias veces al año. Su época normal para florecer es el verano.

Murraya koenigii (fam. Rutaceae)
Árbol del curry

Natural de India y Sri Lanka, esta hoja de aroma muy intenso siempre se ha utilizado en los platos de curry. *Murraya koenigii* forma un pequeño árbol o un arbusto alto, con hojas compuestas, grupos de pequeñas flores blancas y frutos como zarzamoras. Excepto en algunas zonas tropicales, no es de cultivo muy común.

CULTIVO En climas propensos a las heladas, cultívela en un tiesto en un invernadero de temperatura intermedia o en una terraza acristalada, utilizando compost específico con base de sustrato. En el exterior, plántela en un lugar soleado y con buen drenaje. Multiplíquela a partir de raíces sembradas en primavera y germinadas en un propagador calefactable.

CLIMA Al menos zona 10.

Murraya koenigii forma un pequeño árbol que tiene un follaje atractivo y muy aromático. Se puede cultivar como planta en tiesto bajo cristal.

Las flores de *Murraya paniculata* pueden aparecer varias veces al año y sobre todo en verano, pero no duran mucho tiempo.

Musa, especies de (fam. Musaceae)

Bananeros

Natural de las zonas tropicales de Asia, son muchas las variedades que se cultivan. Esta gran herbácea perenne parece más bien una palmera. Tiene flores exóticas rojas o amarilloanaranjadas, hojas largas y anchas y racimos de la fruta que todos conocemos tan bien. Su fruto es un alimento básico por su alto contenido en hidratos de carbono.

CULTIVO En climas con heladas, cultívelas en grandes tiestos o jardineras o en parterres en el suelo en invernaderos de temperatura intermedia. Utilice compost específico para tiestos con base de sustrato y apórteles una buena iluminación, pero protéjalas del sol intenso. Se pueden sacar al exterior en verano. En el exterior, lo ideal sería una la-

dera de una colina cálida, orientada hacia el sur y abundante lluvia. El suelo deberá ser húmedo y profundo, fértil y bien drenado. Es fundamental controlar las malas hierbas, sobre todo hay que mantener a raya la grama y el kikuyu. Multiplíquelas mediante los brotes basales. Un tallo único produce un racimo o piña de plátanos y luego muere. Los brotes basales crecen junto al tronco a partir de los rizomas subterráneos. Para asegurar la continuidad de la producción, seleccione uno de los brotes basales más vigorosos y destruya el resto. Este dará fruto en un año.

CLIMA Zona 10.

ESPECIES *M. acuminata* es una variedad muy extendida en algunas zonas tropicales. *M.* x *paradisiaca*, conocida como bananero, crece hasta unos 5 m y se adapta bien a los jardines domésticos.

Una planta de follaje atrevido para jardines templados, *Musa velutina* produce decorativos racimos de bananas rosadas.

Esta variedad conocida como bananero tiene un pequeño racimo de frutos muy verdes sobre un fuerte tallo entre las grandes hojas.

Muscari (fam. Hyacinthaceae)

Nazarenos

Estas 30 especies de plantas bulbosas que florecen principalmente en primavera son originarias del Mediterráneo y del sudoeste asiático. Las espigas de pequeñas flores redondeadas y acampanadas oscilan entre el azul cielo y el lavanda azulado, aunque ocasionalmente se las ve de color amarillo. El follaje es como la hierba.

CULTIVO Hay que plantar los bulbos en un terreno bien drenado a finales del verano o comienzos del otoño. Crecen casi en cualquier lugar, pero prefieren estar bajo una sombra parcial. Se multiplican rápidamente, razón por la cual deberán extraer y replantar periódicamente para evitar una superpoblación. No hay que extraer los bulbos hasta que el follaje haya muerto del todo de forma natural.

CLIMA Existen especies para diferentes zonas.

ESPECIES *M. armeniacum*, zona 4, crece hasta 25 cm de altura, y tiene flores de un violenta intenso. Se pueden encontrar varios cultivares. *M. azureum*, zona 8, crece 15-20 cm de alto, con flores tubulares azul brillante. Su cultivar 'Album' tiene flores blancas; 'Amphibolis' produce flores azul claro. *M. comosum*, zona 4, crece hasta 45 cm, con flores marrón verdoso en la base del tallo y una gran cantidad de flores de color azul morado más pequeñas en la parte superior. El cultivar 'Plumosum' tiene flores plumosas moradorrojizas. *M. macrocarpum*, zona 7, de hasta 15 cm de altura, tiene flores amarillas con lóbulos morados. *M. neglectum*, zona 4, de hasta 15 cm, tiene fragantes flores de color azul oscuro en espigas muy pobladas.

Mussaenda (fam. Rubiaceae)

Natural de las zonas tropicales de África, Asia y las islas del Pacífico, este género se compone de unas 100 especies de arbustos y trepadoras. Aunque las flores son insignificantes, sus grandes y, con frecuencia, coloridos sépalos consiguen una exhibición atractiva en contraste con el verde de las hojas. Sus frutos son bayas.

CULTIVO Fuera de las regiones tropicales o subtropicales, cultívelas en un invernadero templado en tiestos con compost específico y base de sustrato. Asegúreles una buena iluminación, pero protéja-

Los nazarenos azul marino intenso consiguen un hermoso contraste de color con los narcisos amarillo brillante de detrás.

Este inusual cultivar de *Mussaenda* aparenta ser totalmente blanco. En realidad, las grandes brácteas blancas ocultan las diminutas flores.

las del sol directo. Pódelas a finales de invierno cortando los brotes laterales hasta cuatro yemas del tallo principal. Multiplíquelas mediante esquejes semimaduros de verano en un propagador calefactable.

CLIMA Al menos zona 10.

ESPECIES *M. erythrophylla* procedente del África tropical, es un arbusto de crecimiento postrado que en su hábitat natural crece como trepadora hasta casi 10 m de alto. Si se cultiva, puede llegar a convertirse en un arbusto de 2-3 m de alto. Sus grandes hojas, ovaladas y verdebrillantes son pilosas en el reverso, y sus flores amarillas de grandes sépalos aparecen en verano. También se dan en forma enana. *M. frondosa,* originario de la India, es un arbusto erecto que crece hasta una altura y envergadura de unos 3 m. Sus flores estivales amarillo anaranjadas se ven ensombrecidas por sus grandes sépalos blancos. Sus hojas son ovaladas y de color verde suave.

Myoporum (fam. Myoporaceae)

Hay 32 especies de este género de árboles, arbustos y tapizantes, muchos de las cuales son naturales de Australia, y otras, originarias de Nueva Zelanda, China y Japón. Se utilizan como plantas ornamentales y como pantallas para el sol y el viento.

CULTIVO En zonas con heladas, deberá cultivarlas en invernaderos de temperatura intermedia. En el exterior, se da mejor a pleno sol con terreno bien drenado pero con algo de retención de la humedad. Multiplíquela a partir de esquejes semimaduros de verano con calor basal.

CLIMA Zona 9.

ESPECIES No todas se pueden encontrar fuera de sus países de origen. *M. debile* es una planta postrada con tallos y hojas caídos y grandes frutos comestibles de color verde, morado o rojo. *M. insulare* es un arbusto o árbol frondoso con hojas suaves, flores blancas con puntos morados y frutos redondos y morados. Esta especie tolera los

Los tallos grácilmente curvados de *Myoporum floribundum* están cargados de flores blancas en forma de estrella. Es raro encontrar este encantador arbusto en la naturaleza.

climas costeros. *M. laetum*, una planta natural de Nueva Zelanda, crece hasta 5 m de alto. Produce grandes flores blancas con puntos morados en verano y seguida de frutos morado rojizos. Las hojas jóvenes son marrón verdoso. *M. montanum* crece hasta 3 m con flores blancas manchadas de morado y frutos redondos entre blancos y morados. *M. parvifolium*, procedente del sur y del oeste de Australia, es una especie postrada que solo alcanza los 15 cm de altura y se extiende unos 80 cm. Tiene hojas estrechas de color verde oscuro y grupos de flores blancas tubulares en verano, seguidas de bayas redondas de color morado rojizo. *M. platycarpum*, crece entre 2 y 10 m de alto y produce flores blancas, seguidas de frutos entre blanco y morado. La corteza exuda a veces una materia azucarada. Su madera es bastante aromática.

Myosotidium (fam. Boraginaceae)
Nomeolvides de las islas Chatham

Solo existe una especie de este género endémico de las islas Chatham, frente a las costas de Nueva Zelanda.

CULTIVO Esta encantadora planta puede ser difícil de cultivar en caso de que las condiciones no sean las correctas. Se debe cultivar en suelo rico en humus y con un buen drenaje, pero con capacidad de retener algo de humedad en todo momento. Al tener raíces poco profundas, les viene bien un

La encantadora *Myosotidium hortensia* es bastante exigente en cuanto a sus cuidados, pero bien merece la pena.

mantillo de compost o de estiércol maduro. Prefiere la semisombra y se debe regar bien durante la temporada de crecimiento. Hay que abonarla con soluciones de emulsiones de pescado o extracto de algas. Se puede multiplicar mediante semillas sembradas en otoño. Los cepellones propagan sus propias semillas.

CLIMA Zona 8 . Se da mejor en climas frescos y húmedos.

ESPECIES *M. hortensia* tiene hojas grandes, satinadas, redondas o en forma de corazón y con venas muy marcadas. Las plantas crecen unos 40 cm, mientras que los fuertes tallos de las flores llegan a los 60 cm. A finales de la primavera y principios del verano, produce grandes capítulos de flores de color azul intenso que se suaviza en los bordes. Una vez finalizado el período de la floración, se desarrollan semillas aladas. Esta planta siempreverde y perenne forma cepellones que acostumbran a producir espesos rizomas por la superficie del suelo. No debe molestar a estos rizomas.

Myosotis (fam. Boraginaceae)
Nomeolvides

Este género comprende unas 50 especies de anuales, bianuales y perennes. Las más comúnmente cultivadas proceden de las zonas templadas de Europa, Asia y América. También hay especies australianas. Las delicadas flores pueden ser azules, rosadas o blancas.

La muy apreciada nomeolvides, *Myosotis sylvatica*, consigue el mejor de los efectos bajo los árboles caducifolios.

CULTIVO Las nomeolvides se dan bien en suelos fértiles con buen drenaje y en semisombra. Siembre a comienzos del verano las semillas de las anuales y bianuales que vaya a plantar en los parterres en primavera. Las plantas perennes se siembran en primavera in situ. Una vez establecidas, tienden a reproducirse por sí mismas mediante semillas.

CLIMA Existen especies para diferentes zonas. Se da mejor en climas frescos y húmedos.

ESPECIES *M. australis*, zona 8, procedente de Nueva Zelanda, de flores de verano amarillas o blancas, crece hasta 45 cm. *M. azorica*, zona 9, de hasta 45 cm, tiene flores azules con ojos blancos en verano. La variedad *alba* produce flores blancas. *M. scorpioides* (sin. *M. palustris*), zona 5, tiene flores de color azul brillante en verano con centros rosados, blancos o amarillos. Crece entre 15 y 30 cm de alto. Esta es una especie ideal para los márgenes de zonas acuáticas y crece mediante rizomas rastreros que hacen de ella una buena planta para sujetar el suelo. *M. sylvatica*, zona 5, crece 30-60 cm de alto y tiene flores azules con ojos amarillos en primavera. Es la especie más conocida y utilizada en los parterres de primavera. Sus cultivares producen flores blancas, rosadas o azules.

Myristica fragrans (fam. Myristicaceae)
Nuez moscada

Hay más de 100 especies de este género, que se extienden por diferentes zonas del sudeste asiático y de Australia. *Myristica fragrans* es la única que se suele cultivar, tanto por la nuez moscada como por el macis que se obtienen de este gran árbol autóctono de las islas Molucas. Puede crecer 15-18 m de alto. Las flores masculinas y las femeninas se dan en árboles separados, el árbol masculino se planta en las plantaciones comerciales en proporción de uno a diez respecto a los árboles femeninos. El fruto maduro es carnoso y de color amarillo suave y se abre para mostrar el macis rojizo que cubre la semilla leñosa, que es la nuez moscada. La nuez moscada se seca y se utiliza para dar sabor tanto a platos dulces como salados. La producción más comercial se da en Indonesia y en algunas zonas de las Antillas.

CULTIVO Los árboles de la nuez moscada solo se pueden cultivar en el exterior en climas tropicales. En el resto del planeta se pueden cultivar como plantas jóvenes por su follaje en tiestos dentro de invernaderos templados. Utilice un compost para tiestos con base de sustrato. Protéjala del sol directo. Multiplíquela mediante semillas sembradas en un propagador calefactado.

CLIMA Solo es adecuado para zonas tropicales.

Este joven árbol de la nuez moscada alcanzará un gran tamaño con el tiempo, producirá nueces, macis y aceite de nuez moscada que tiene aplicaciones medicinales.

Myroxylon balsamum es fuente de bálsamo para siropes y ungüentos medicinales y produce buena madera.

Myroxylon (fam. Papilionaceae)

Natural de las zonas tropicales de América, este género se compone de dos especies de elegantes árboles siempreverdes, que se cultivan por su madera y por sus atractivas flores blancas que recuerdan a mariposas, además de su follaje verde satinado. Son la fuente del bálsamo del Perú, que se utiliza en medicina y cosmética. A finales del verano aparece un gran número de frutos con alas.

CULTIVO Fuera de los trópicos, se cultiva en un invernadero húmedo y cálido. Multiplíquelos a partir de semillas escarificadas.

CLIMA Solamente climas tropicales.

ESPECIES *M. balsamum*, procedente de Venezuela, es la más común de las dos especies.

Myrrhis odorata (fam. Apiaceae)
Mirra

Esta planta herbácea perenne natural de Europa se ha cultivado durante siglos por su utilidad culinaria. Crece 1 m de alto, con raíces carnosas, tallos ramificados y delgados, y hojas blandas como de encaje. Las pequeñas y blancas flores nacen en grupos terminales, y las semillas, arrugadas, son de color marrón oscuro. Las hojas, semillas y raíces añaden un sabor anisado a las ensaladas, y las raíces se pueden cocinar como una verdura.

La mirra o perifollo oloroso es una hierba aromática de utilidad culinaria. En la Antigüedad, los extractos de sus raíces se empleaban para tratar heridas.

CULTIVO Cultívela mejor en un sitio iluminado y con el sol filtrado entre las hojas de los árboles, en cualquier terreno bien drenado pero húmedo. Multiplíquela a partir de semillas sembradas con una separación de unos 60 cm en otoño o a comienzos de la primavera. Cuando aparecen las plántulas, aclárelas hasta dejar una sola plántula por cada cepellón. Otra posibilidad es dividir las raíces en otoño o a finales del invierno.

CLIMA Zona 5.

Myrtus (fam. Myrtaceae)
Mirtos, Arrayanes

Este género solo comprende dos especies de arbustos siempreverdes de denso follaje, que se cultivan por sus brillantes hojas y sus bonitas flores blancas en forma de estrella. Sus pequeñas hojas emiten una fragancia deliciosa cuando se las comprime. Estas plantas son buenas para formar setos.

CULTIVO Los mirtos crecen mejor a pleno sol, pero también se pueden cultivar con algo de sombra.

Crecerán casi en cualquier tipo de suelo con un buen drenaje, pero se dan mejor en suelos ricos en humus. Necesitan riegos regulares para establecerse; pero una vez establecidos, toleran bien la sequedad. Recórtelos ligeramente después de la floración para conservar la forma compacta del arbusto. El mirto es fácil de reproducir a partir de esquejes maduros cortados a finales de la primavera y hasta finales del verano, pero se puede conseguir a partir de semillas.

CLIMA Zona 8.

ESPECIES *M. communis*, mirto común, originario del Mediterráneo, es un arbusto erecto que crece unos 3 m. Tiene hojas puntiagudas, aromáticas y flores blancas y fragrantes desde mediados del verano hasta principios del otoño, seguidas de bayas comestibles de color negro. Esta especie se ha utilizado con fines ornamentales y rituales desde la Antigüedad. Es el mirto clásico de la Antigua Grecia, tal y como se puede ver en las coronas de mirto del arte antiguo y en sus joyas. Tenía numerosos usos medicinales. El aceite se extraía para uso cosmético y como perfume, y las bayas secas se utilizaban como especia. El cultivar 'Variegata' tiene hojas verdes con márgenes de color blanco.

Después de florecer, aparecen las ricas bayas negro azuladas de *Myrtus communis*. Si se recorta el arbusto para darle forma de seto, no suelen aparecer los frutos.

N

Nandina (fam. Berberidaceae)
Bambú sagrado

Este género de una única especie, cuyo hábitat natural se extiende desde la India hasta Asia Oriental, se parece un poco al bambú. Muy popular entre los paisajistas, sirve como planta decorativa para el jardín o para seto informal, y también puede cultivarse en grandes jardineras. Con frecuencia se utiliza en los jardines de estilo japonés.

CULTIVO Este resistente arbusto crece con rapidez y puede cultivarse en cualquier tipo de suelo, al sol o en semisombra, siempre que disponga de suficiente agua. Se puede multiplicar en un jardín a partir de semillas en invierno o a partir de esquejes semimaduros en verano.

CLIMA Zona 7.

ESPECIES *N. domestica*, o bambú celestial, es un arbusto perennifolio erecto que puede llegar a medir de 1,5 a 2 m. Está provisto de largos ramilletes de flores blancas en verano, seguidas de bayas rojas. Su follaje en forma de helecho adquiere un tono rojizo o de color bronce en otoño. Hay numerosos cultivares, como por ejemplo 'Harbor Dwarf' y que tiene un follaje de invierno de color intenso que no alcanzan 1 m y que crean una excelente cubierta vegetal.

Tanto en verano como en invierno, el bonito follaje de *Nandina domestica* está decorado con ramilletes de bayas de color rojo brillante.

Narcissus (fam. Amarillydaceae)
Narcisos

Es originaria del hemisferio norte, principalmente de Europa Central y de la región mediterránea, y una de sus especies se extiende por China y Japón. Estas bellas plantas bulbosas son muy populares entre los jardineros tanto en las zonas cálidas como en las frías. Probablemente los narcisos son los más conocidos y los más cultivados de todos los bulbos, y para muchos indican la llegada de la primavera. Forman montones vistosos si se plantan en el jardín, pero también son perfectos para plantar en macetas o para cortar sus flores. En los jardines grandes de climas fríos, se aclimatan con facilidad en la hierba. Los junquillos son especialmente atractivos, pues disponen de numerosas flores pequeñas, a menudo muy olorosas. Florecen desde mediados hasta finales de la primavera. Hay más de 50 especies conocidas y miles de cultivares. Los expertos dividen el género en 12 grupos en función de la forma de la flor y del tamaño. Los jardineros aficionados deben saber qué condiciones necesitan para cultivarlos con éxito.

Los vistosos narcisos dorados animan los jardines en invierno y en primavera. No todos los narcisos florecen bien en zonas cálidas.

'Erlicheer' es un junquillo doble aclavelado que florece en invierno o primavera. Las flores de este narciso son de un vivo color crema y tienen un intenso aroma.

CULTIVO Plántelas en suelos bien drenados, ricos en materia orgánica, aunque los junquillos toleran suelos más pobres. Ambos crecen mejor en lugares soleados, pero pueden tolerar la sombra parte del día. Es recomendable resguardarlos de los fuertes vientos. Plante los bulbos de narcisos altos a una profundidad de 15 cm y con una separación de 10-15 cm, y las formas enanas a 8 cm de profundidad y con una separación de 8-10 cm, a finales del verano o a principios del otoño. Riéguelos abundantemente después de plantarlos, pero no vuelva a regarlos hasta que aparezcan las hojas, y hágalo regularmente durante el período de crecimiento y la floración. Abone con sangre en polvo, harina de pescado y huesos en polvo una vez finalizada la floración. Arranque las flores marchitas y deje que el follaje se caiga de forma natural. Si el drenaje es óptimo, se pueden dejar los bulbos en la tierra y dividirlos cada tres años aproximadamente. Los narcisos presentan algunos problemas. Uno de los más graves, ya que no tiene cura, son los virus, en especial el que provoca rayas amarillas en el follaje y detiene el crecimiento. Si se detectan estos síntomas, hay que arrancar y destruir los bulbos inmediatamente. Los hongos también pueden pudrir los bulbos. Las babosas y los caracoles, más frecuentes en climas húmedos, son un problema, ya que se comen el follaje y las flores.

CLIMA Preferible en climas fríos; zona 6, a no ser que se especifique lo contrario.

FORMAS El follaje de las formas atrompetadas crece hasta alcanzar 30-40 cm, mientras que las flores pueden ser más largas. El narciso más popular es el que tiene la flor acampanada de color amarillo brillante, pero hay muchos cultivares de color blanco, crema y rosa y otros que combinan dos tonos. La mayoría tiene un agradable aroma. También hay híbridos modernos con coronas separadas. Los narcisos de copa grande y los narcisos de copa pequeña son muy populares y tienen coronas en forma de copa en vez de atrompetadas. Las flores a menudo tienen dos colores. *N. bulbocodium* y *N. cantabricus*, zona 8, tienen hojas estrechas y casi cilíndricas, y flores amarillas o blancas. Los híbridos de pequeño tamaño de las especies *N. cyclamineus* y *N. triandrus*, zona 4, a menudo tienen pétalos retroflexos. Las flores del *N. poeticus*, narciso de los poetas, zona 4, son olorosas y principalmente blancas, con una corona central plana y borde rojo. El narciso del grupo Tazetta, zona 8, tiene pecíolos que contienen de cuatro a ocho flores, al igual que los junquillos, zona 4. Los junquillos producen flores amarillas, naranjas, blancas o crema en tallos de 30-40 cm de altura. Algunos de los cultivares del grupo Tazetta más populares son 'Paper White', con flores blancas, y 'Grand Soleil d'Or', con pétalos amarillos y corona naranja. El cultivar junquillo 'Erlicheer' es un narciso doble con flores de color crema, muy olorosas. Son perfectos para plantarlos en grupo en el jardín o juntos en macetas. Son muy resistentes, y a menudo sobreviven en viejos jardines después de que todas las demás plantas hayan muerto, aunque en ese caso la floración puede ser escasa.

Nelumbo (fam. Nymphaeaceae)

Lotos americanos

Las dos especies de estas plantas herbáceas, acuáticas y de gran tamaño son unas de las más espectaculares de todas las plantas acuáticas. Tienen grandes hojas de forma casi circular y bellas y vistosas flores olorosas que emergen del agua en verano. Son idóneas para grandes estanques, pero en climas propensos a las heladas. *N. nucifera*, sensible a la escarcha, necesita un invernadero cálido.

CULTIVO El loto crece vigorosamente, así que no hay que plantarlo en exceso. Si el cultivo se congestiona, se deben dividir las plantas. El loto puede cultivarse a partir de rizomas plantados a principios de la primavera en un gran estanque con una capa de tierra en el fondo. También puede cultivarse a partir de semillas que germinarán mejor si se escarifican. Hay que enterrar las semillas en una bola de arcilla y dejarlas caer en el estanco, una práctica adoptada en el Antiguo Egipto.

CLIMA Subtropical a tropical, aunque *N. lutea* puede cultivarse en la zona 6.

ESPECIES *N. lutea* es originaria de Norteamérica, donde antiguamente los indios americanos la cultivaban como planta comestible. Las hojas tienen un diámetro de 30 a 60 cm, y sus flores olorosas de color amarillo pálido tienen 25 cm de ancho. *N. nucifera*, loto sagrado, con orígenes en la India, China y el Tíbet, es una flor sagrada para numerosos grupos religiosos, incluidos los budistas y los hindúes. Las hojas alcanzan hasta 1 m de diámetro y las flores rosas tienen un

agradable aroma. Apreciada en Asia por sus raíces y semillas comestibles, fue cultivada por los egipcios tras su introducción hacia 500 a.C. Allí, las semillas eran molidas para hacer harina. Algunos de los cultivares más reputados tienen flores rosas, rojas y blancas, tanto simples como dobles.

Nemesia (fam. Scrophulariaceae)

Nemesia incluye más de 60 especies de plantas y subarbustos herbáceos anuales y perennes de la zona tropical y Sudáfrica. Esta planta da colorido a los jardines de rocalla, a arriates y a jardineras.

CULTIVO Las especies anuales, que a menudo se tienen que trasplantar en verano, se siembran en primavera en macetas cubiertas con un vidrio. Plántelas a la intemperie después de las heladas, en un lugar soleado y con un mantillo bien drenado. Crecen mejor en suelos ligeramente ácidos que retengan la humedad. Es necesario resguardarlas de los fuertes vientos. Riéguelas abundantemente en los períodos secos del verano para mantener el despliegue de las flores.

CLIMA Zona 9, se cultiva como planta anual de verano en todas las zonas climáticas.

Las agrupaciones de nemesias de diferentes colores resultan muy vistosas en verano, ya se utilicen como planta tapizante, en arriates o en jardineras.

La delicada flor del loto sagrado es un símbolo importante en muchos países asiáticos.

ESPECIES La *N. strumosa*, una especie anual, alcanza los 40 cm de altura y tiene abundantes flores de colores brillantes, agrupadas en ramilletes terminales durante todo el verano. Hay numerosos cultivares, y algunos disponen de una amplia gama de colores brillantes y variados. Las que tienen flores bicolores también son recomendables, como la azul y blanca 'KLM', y 'Mello Red and White' (con flores rojas y blancas). *N. versicolor* es una especie anual con una gran variedad de colores y formas tanto altas como enanas.

Nemophila (fam. Hydrophyllaceae)
Ojos azules

Estas once especies de plantas anuales son principalmente originarias del oeste y del sudoeste de Norteamérica. La especie *N. menziesii* es probablemente la más cultivada y se utiliza en arriates y en jardineras.

CULTIVO Cultívelas a partir de semillas en un lugar donde las plantas puedan florecer, a principios de la primavera o, en climas suaves, en otoño. Una vez en el jardín, se disemina espontáneamente. Esta planta puede cultivarse en cualquier suelo bien drenado y que retenga la humedad, siempre que sea lo suficientemente fértil, en un lugar soleado o en semisombra. Hay que regarla bien durante los períodos secos del verano para mantener el despliegue de las flores.

CLIMA Zona 7.

ESPECIES *N. menziesii*, ojos azules, tiene flores pequeñas de color azul brillante con el centro blanco y follaje en forma de helecho. Crece hasta alcanzar 15-20 cm de altura y florece en verano.

Neoporteria (fam. Cactaceae)

Estos cactos de forma esférica a cilíndrica, originarios de Chile, Perú y Argentina, tienen cuerpos de color verde a marrón. Están provistos de tallos acanalados cubiertos de costillas de forma y color variables. Las flores en forma de embudo son diurnas y tienen tonos que van desde el rosa hasta el amarillo cremoso. Las yemas son peludas y el fruto es rosa. La mayoría florece entre finales de primavera y otoño.

CULTIVO Cultívelas en un invernadero de clima intermedio en macetas con compost para cactos, en un lugar muy luminoso, y no las riegue durante el invierno.

CLIMA Zona 10.

ESPECIES *N. curvispina*, de Chile, alcanza los 15 cm y tiene un tallo muy acanalado. De primavera a otoño crecen flores amarillas, en ocasiones con un

Nemophila menziesii tiene flores azules y blancas que combinan bien con otras plantas anuales de flores más brillantes en arriates y en jardineras.

Las espinas de *Neoporteria subgibbosa* varían en color; en este caso, son negras

matiz rojizo. *N. horrida* es una planta corta, verde y cilíndrica con costillas puntiagudas, sólidas espinas de color marrón que se vuelven grises y flores amarillo rosáceas. *N. subgibbosa*, también originaria de Chile, puede alcanzar 1 m de altura. Tiene un hábito de crecimiento tanto erecto como postrado y flores rosas o rojas, por lo general en otoño. *N. umadeave* es una planta con tallo globoso de color verde y costillas dividida en tubérculos. Está provista de espinas resistentes y curvadas de color crema con la punta negra, y tiene flores acampanadas de color amarillo.

Neoregelia (fam. Bromeliaceae)

Hay más de 70 especies de estas plantas sorprendentes y principalmente terrestres que se encuentran en los bosques de Sudamérica. Cultivadas por sus grandes rosetas de hojas gruesas y lustrosas, estas son las más populares de todas las bromeliáceas. El colorido variable de las hojas se intensifica si la planta recibe una cantidad adecuada de luz, y adquiere diferentes tonalidades durante la floración. En el centro de la planta, que a veces está rodeada de brácteas, hay un acerico de flores diminutas.

CULTIVO Cultívelas en macetas en un invernadero cálido y húmedo. Las plantas necesitan un compost a base de turba para macetas con una buena capacidad de drenaje, como el compost arenoso

La roseta de la bromeliácea *Neoregelia carolinae* y sus cultivares (en la fotografía) adquiere una tonalidad rojiza durante el período de floración.

para orquídeas. En algunos lugares se puede conseguir un abono especial para bromeliáceas. Si las plantas se caen, hay que colocar guijarros o gravilla en las macetas para mantenerlas erguidas. La mayoría de especies prefieren los lugares sombreados, aunque los intensos colores de las plantas pueden apagarse si hay demasiada sombra. La cavidad de la roseta debe mantenerse llena de agua. Para regar las bromeliáceas se puede recoger agua de lluvia si el agua del grifo tiene un alto contenido en cal. Se puede multiplicar las plantas a partir de esquejes de la planta madre, que deben ser extraídos cuando hayan alcanzado un tercio del tamaño de la planta madre.

CLIMA Como mínimo zona 10.

ESPECIES *N. ampullacea* es una planta pequeña con flores azules y hojas con rayas de color burdeos. *N. carolinae*, la especie más cultivada, forma una roseta compacta de largas hojas de unos 25 cm. Los colores de la roseta van del carmesí al cereza en el período de floración, momento en el cual dentro del cáliz surgen flores de color violeta intenso. La variedad *tricolor* tiene un follaje con rayas verdes y crema que adquiere una tonalidad rosada durante la floración. *N. concentrica* tiene hojas anchas, de 60 cm de longitud, de color violeta o burdeos. *N. fosteriana*, provista de un follaje de color burdeos, a menudo se utiliza para crear híbridos. *N. marmorata* está provista de hojas anchas, de unos 30 cm de largo, jaspeadas de rojo.

Nepenthes (fam. Nepenthaceae)
Plantas jarro tropicales

Este género está formado por unas 70 especies de plantas insectívoras poco comunes. Crecen en hábitats húmedos en regiones comprendidas entre la India y el norte de Australia. La mayoría son plantas que trepan mediante zarcillos hasta alcanzar 5 m de altura si disponen de algún apoyo y que se vuelven leñosas con el tiempo. La inflorescencia es bastante insignificante. La principal característica de estas plantas es que poseen un jarro o cápsula colgante que sirve para atrapar insectos, formada a partir de hojas adaptadas. Cada jarro tiene un opérculo o tapa que impide la

Esta planta del género *Nepenthes* tiene el opérculo abierto y deja al descubierto la garganta de puntos rojos del interior del jarro, lo que invita a los insectos a entrar en ella.

entrada del agua. Los insectos, atraídos por el néctar, entran en el jarro y no pueden salir debido a su interior resbaladizo. El cuerpo de los insectos se descompone y la planta absorbe sus materias nutritivas. Estas plantas pueden cultivarse en jardines tropicales como curiosidades y plantarse en invernaderos. Se han desarrollado numerosos híbridos entre especies.

CULTIVO La mayoría de estas plantas necesitan condiciones muy cálidas y húmedas con temperaturas de 21 °C como mínimo. Algunas especies prefieren las condiciones húmedas y las temperaturas más bajas. Necesitan un suelo bien drenado y con una humedad constante, pero hay que mantenerlas relativamente secas durante el invierno. *Nepenthes* puede cultivarse en macetas de madera especiales para orquídeas, en musgos de esfagno o en una mezcla formada por trozos de corteza, perlita y fibra de coco. Se puede multiplicar a partir de esquejes extraídos a principios de la primavera y colocar en tiestos con compost arenoso para orquídeas en un invernadero cáli-

do, donde enraizará en cuatro o seis semanas. También pueden cultivarse a partir de semillas en primavera, pero es difícil. Una vez la planta esté establecida, debe aplicarse un fertilizante líquido.

CLIMA Solo clima tropical.

ESPECIES *N. ampullaria* es una planta rastrera con jarros verdosos rodeados de pelos. *N. xatrosanguinea* tiene jarros cilíndricos con pelos de color morado rojizo y manchas amarillas. *N.* x *balfouriana*, de Indonesia, está provista de largos jarros cilíndricos con pelos de color verde pálido, a veces con manchas moradas o color teja. Puede alcanzar los 6 m de altura. *N. mirabilis*, originaria del sudeste asiático, el sur de China y Australia, llega a medir de 2 a 10 m y tiene hojas grandes. Los atractivos jarros son de color verde rojizo. *N. rafflesiana* es una planta trepadora con hojas de color verde oscuro y jarros verde pálido con motas que van del marrón oscuro al morado.

Nepeta (fam. Lamiaceae)

Este género comprende unas 200 especies de perennifolias, a menudo usadas como medicina popular. En la actualidad, se cultiva sobre todo como cubierta vegetal y en arriates y setos. Está provista de bellas flores y de un follaje aromático. Los híbridos presentan una gran variedad de colores.

Se pueden observar algunos híbridos de *Nepeta*, por lo general con flores más grandes y vistosas que las especies. Todas ellas florecen en verano.

CULTIVO *Nepeta* puede cultivarse en un suelo ordinario bien drenado, siempre que la planta esté en un lugar soleado. Es una planta bastante invasiva, así que no debe cultivarse cerca de plantas más pequeñas. Elimine las flores y las hojas secas a finales de invierno o a principios de la primavera cuando empiecen a brotar los renuevos. Pode para eliminar los tallos muertos. Se puede multiplicar a partir de semillas o por división en primavera o por esquejes extraídos de los renuevos en verano, después de la floración. Los brotes arraigan rápidamente en un compost arenoso y pueden volver a plantarse la primavera siguiente.

CLIMA Zona 3, pero zona 4 para *N. racemosa*.

ESPECIES *N. cataria*, es una perennifolia de tallo erecto y ramificado que alcanza 1 m de altura. Está provista de hojas de un verde grisáceo con verticilos de flores blancas y motas malva a finales de primavera hasta el otoño. Esta planta de olor dulzón resulta muy atractiva para los gatos. Sus hojas se utilizan para hacer té. *N. x faassenii* es un híbrido tupido que forma macizos que alcanzan los 45 cm. Tiene hojas alargadas y masas de pequeñas flores de color azul claro durante el verano. Hay otros muchos híbridos de *Nepeta*, por lo general con flores más grandes y coloridas que las especies. *N. racemosa* (sin. *N. mussinii*) es un arbusto verde que crece hasta alcanzar 30 cm de altura, con ramilletes de flores azules.

Nephelium lappaceum (fam. Sapindaceae)
Rambutanes

El rambutån es el fruto de un árbol grande y perennifolio autóctono de Malaisia, pero en la actualidad se cultiva ampliamente en las áreas tropicales de Centroamérica, Filipinas y Australia. También se denomina lichi peludo. Los árboles pueden llegar a alcanzar 15 m o más de altura, y tienen una densa expansión aérea de hojas pinnadas. Los frutos se arraciman en grupos de diez o doce, y cuando están maduros tienen unos 5 cm de largo, un color rojo brillante y están cubiertos de espinas blandas y carnosas. El fruto se puede comer fresco, solo o en ensaladas de frutas. Puede secarse o enlatarse, al igual que el lichi. Es difícil de conseguir en Estados Unidos.

Los rambutanes maduran de forma errática, por lo que deben recogerse con frecuencia. Cuando el fruto está maduro, tiene un color rojo brillante.

CULTIVO No es muy adecuado para cultivarlo bajo vidrio en climas con heladas. En el exterior, estos árboles necesitan un suelo fértil, rico y profundo y abundante lluvia. Pueden cultivarse a partir de semillas, pero normalmente se multiplican a partir de injertos, lo que asegura una buena cosecha y permite que se conserven otras características.

CLIMA Solo en regiones tropicales.

Nephrolepis (fam. Oleandraceae)
Helechos de espada

Este helecho, que crece principalmente en las selvas tropicales, se cultiva de forma extensiva como planta de interior en todo el mundo. Hay unas 30 especies, además de numerosos cultivares. Están provistos de rizomas cortos, escamosos y verticales, llenos de tallos y estolones. La fronda en forma de espada puede ser erecta o colgante, y los folíolos en forma de hoz a menudo están separados unos de otros. Este helecho de crecimiento rápido es idóneo como planta de interior o para un invernadero templado.

CULTIVO En un invernadero de cristal o en el interior, cultivar estos helechos en un compost de tierra para macetas en el que se debe añadir, si es posible, un poco de tierra de hojas semidescompuestas. Necesita abundante luz, pero una exposición excesiva al sol puede causar agostamiento en las frondas. Proporcióneles un entorno húmedo, pero al mismo tiempo un ambiente aireado. Riéguelos con moderación durante el período de crecimiento y conserve las raíces húmedas en invierno. Añada una dosis suave de fertilizante líquido cada tres o cuatro semanas durante la primavera y el verano. Se puede multiplicar dividiendo los espolones enraizados y trasplantándolos en macetas en primavera.

CLIMA Subtropical a tropical. *N. cordifolia* sobrevive en la zona 10.

ESPECIES *N. cordifolia*, se ha aclimatado a la mayoría de las regiones tropicales y en muchas regiones subtropicales del mundo. Es una planta vigorosa y presenta tubérculos carnosos a lo largo de sus nervudas raíces. *N. exaltata*, o helecho de espada, es una especie tropical americana que también se ha aclimatado a muchas zonas del mundo. *N. exaltata*, 'Bostoniensis', el helecho de Boston, es muy utilizado como planta de interior. Hay muchos otros cultivares de esta especie, con frondas separadas o muy juntas, y otros con frondas extremadamente largas y arqueadas que solo pueden cultivarse en cestos colgantes.

Nerine (fam. Amaryllidaceae)

Este género de plantas bulbosas originarias del sur de África comprende unas 30 especies. Tiene largos tallos con vistosas flores en forma de araña que brotan en otoño, con tonalidades que van del blanco al rosa, carmesí y escarlata. Las hojas son acintadas.

CULTIVO Esta planta necesita un suelo bien drenado, un ambiente cálido y abundante luz del sol. Plante los bulbos dejando los nudos al descubierto a finales del verano o a principios del otoño. Riéguela mientras la planta esté en fase de crecimiento, pero manténgala seca durante el período de reposo. El género *Nerine* florece mejor si no se le molesta. En climas con tendencia a las heladas, trasladar las especies más tiernas a un invernadero fresco y aireado y cubrir con compost de tierra para macetas.

CLIMA Zona 9, pero zona 8 para *N. bowdenii*.

ESPECIES *N. bowdenii* alcanza 30 cm y tiene flores rosas. *N. filifolia* tiene un follaje estrecho y arqueado, y delicadas y diminutas flores rosas o blancas en otoño. *N. flexuosa* presenta flores ro-

Este hermoso helecho de Boston crece en semisombra debajo de un rododendro. Ambos prefieren el suelo rico en mantillo y la sombra.

Nerine bowdenii es la especie más cultivada. La planta está provista de flores con pétalos arrugados de color rosa y estambres largos y prominentes.

sas y crece hasta alcanzar los 50 cm. El cultivar 'Alba' tiene flores blancas. *N. masonorum* solo alcanza 20 cm de altura y está provisto de flores rosas con rayas más oscuras. *N. sarniensis* es una bonita especie que crece hasta los 40 cm, con flores atrompetadas y prominentes estambres de colores que van desde el rosa hasta el carmesí y el escarlata.

Nerium (fam. Apocynaceae)
Adelfas

Este género tiene una sola especie, un arbusto perennifolio que puede crecer casi en cualquier lugar (excepto en climas fríos) y que tolera una gran variedad de condiciones, desde el calor semiárido hasta climas húmedos, siempre que reciba abundante luz durante la mayor parte del día. Todas las partes de la planta son muy venenosas, tanto para los humanos como para los animales. Las adelfas son muy cultivadas por sus atractivas flores simples o dobles de color blanco, rosa, crema y rojo, que aparecen tanto en verano como en otoño. Tienen hojas coriáceas y lanceoladas de color verde oscuro.

CULTIVO En climas con heladas, cultívelas en compost de tierra para macetas en un invernadero fresco y aireado. En verano, puede colocar las plantas a la intemperie. Este arbusto resiste las condiciones duras, pues tolera largos períodos de sequía en zonas del interior. Además, se utiliza como cortaviento en jardines de zonas costeras. Pode a principios del invierno y elimine los sarmientos que crezcan desordenadamente. Pueden cultivarse con bastante éxito como árboles de talla mediana con un solo tronco central sin hojas. Se multiplican a partir de esquejes de brotes jóvenes, de unos 8 cm de longitud, extraídos a finales del verano y en otoño.

CLIMA Zona 9.

ESPECIES *N. oleander* crece en la región mediterránea y en el oeste de China y tiene flores de color rosa vivo a blanco. Generalmente alcanza una altura y una anchura de 3 m. Los numerosos cultivares tienen un follaje abigarrado, flores simples o dobles y tonalidades que van del blanco al salmón, al rosa pálido y oscuro, al cereza y al carmesí. También hay disponibles algunas formas enanas.

Nicotiana (fam. Solanaceae)

Denominada así en homenaje a Jean Nicot, el cónsul francés que introdujo la planta del tabaco en Francia y Portugal en el siglo XVI, este género está formado por unas 70 especies de plantas anuales y vivaces, originarias de Norteamérica y Australia. El género incluye tanto las especies de

Las adelfas de flores rosas a menudo se plantan en las zonas urbanas porque toleran bien condiciones hostiles, como largos períodos de sequía.

Las blancas flores tubulares de *Nicotiana sylvestris* se reflejan en las flores de la canastilla de plata que crece a sus pies.

tabaco cultivadas comercialmente como algunas especies ornamentales de gran tamaño. Muchas especies presentan racimos de flores alargadas y aromáticas que solo se abren al final del día, mientras que las variedades más nuevas tienen flores que siempre están abiertas pero que no son tan olorosas. Las flores que brotan en verano pueden ser blancas, rosadas, carmesí o escarlata.

CULTIVO Estas plantas pueden crecer en cualquier suelo medio, pero es preferible plantarlas en un lugar soleado. Son sensibles a la helada. Se pueden multiplicar a partir de semillas sembradas en primavera en cubiletes. A la hora de trasplantarlas hay que dejar una distancia de 15 cm entre las plántulas.

CLIMA Zona 9 o 10, pero se cultiva como planta anual de verano en todas las zonas climáticas.

ESPECIES N. *alata* (sin. N. *affinis*) es una vivaz a menudo cultivada como anual. Sus flores nocturnas de color crema son muy aromáticas. Esta especie crece hasta alcanzar 1,5 m de altura aproximadamente. N. *langsdorffii* es una especie anual muy popular que también alcanza 1,5 m de altura y tiene un porte ramoso. En verano presenta racimos de flores colgantes y tubulares de color verde pálido. La popular planta anual N. 'Lime Green', que tiene flores de color verde amarillento, se trasplanta durante el verano. De entre todas, las más utilizadas para trasplantar en verano son los cultivares de la anual N. x *sanderae*. Estos presentan varios colores y alcanzan una altura de 30 a 45 cm. Entre las más conocidas se encuentran el grupo Domino y el grupo Nicki. N. *suaveolens* alcanza 1,5 m de altura y tiene flores blancas con bordes de color verde purpúreo. N. *sylvestris* llega a medir 1,5 m y sus flores son blancas y olorosas. N. *tabacum* es la planta de tabaco más cultivada comercialmente. Alcanza 2 m de altura y tiene largas hojas vellosas y discretas flores de color rosa.

Nidularium (fam. Bromeliaceae)

Originaria de los bosques de la América tropical, *Nidularium* es un miembro importante de la gran familia de las bromeliáceas. Sus hojas acintadas se

Nidularium fulgens tiene pequeñas flores que se forman en el centro de la roseta roja.

agrupan en una roseta central que alberga la inflorescencia sumergida. Las flores, por lo general rojas, blancas o azules, están rodeadas de brácteas cortas que adquieren un espectacular color rojo intenso durante la floración.

CULTIVO Cultívelas en un invernadero cálido y húmedo como plantas de interior, o en macetas con compost, si es posible uno especial para bromeliáceas. Estas plantas precisan abundante luz, pero hay que resguardarlas de la luz directa del sol. Mantenga la roseta llena de agua no caliza durante el período de crecimiento. Riéguelas con moderación en invierno.

CLIMA Las zonas más cálidas de la zona 10 y superiores.

ESPECIES La inusual N. *billbergioides* tiene una roseta vertical con brácteas naranjas durante la floración. N. *fulgens* forma una roseta de brácteas rojas con flores violetas y blancas en su interior. Sus hojas acintadas de color amarillo verdoso tienen los bordes ligeramente aserrados. N. *innocentii*, madre de un buen número de híbridos, tiene suaves hojas verdes con el envés de color rojizo y blancas flores rodeadas de brácteas rojas. La variedad *lineatum* tiene hojas con finas bandas; las hojas de *striatum* tienen bandas estrechas de color crema, y las brácteas de las flores son de color púrpura rojizo.

Nierembergia (fam. Solanaceae)
Chuscos

Originaria de Argentina, México y Chile, este género comprende más de 20 especies de vivaces y subarbustos de fino follaje. Las masas de flores acampanadas de color azul y ocasionalmente blanco aparecen en verano y otra vez en otoño, si se podan después de la primera floración. Por lo general alcanzan una altura de 25 cm, y algunas incluso 1 m, y son perfectas para arriates y jardines de rocalla. Las vivaces a menudo se cultivan como anuales para trasplantarlas en verano.

CULTIVO Estas plantas pueden prosperar en suelos pobres, pero crecen con más fuerza en suelos de mejor calidad. Requieren un lugar soleado y riego abundante durante los períodos secos. Cultivar a partir de semillas en primavera bajo una cubierta de cristal. Estas plantas germinan a 15 °C. Se pueden plantar a la intemperie cuando se hayan acabado las heladas. Extraer esquejes de las vivaces en verano. *N. repens* puede dividirse en primavera.

CLIMA Zona 9. Zona 10 para *N. caerulea*.

ESPECIES *N. caerulea* tiene masas de flores azul lavanda con gargantas amarillas. El cultivar 'Purple Robe' es una vivaz tupida y pequeña con flores violetas, que se cultiva mejor como una anual. *N. repens*, una planta rastrera con tallos que echan raíces en los nudos, tiene grandes flores de color crema. *N. scoparia* es una de las especies arbustivas, y alcanza 45 cm de altura. Está provista de flores azul pálido con bordes blancos.

Nigella (fam. Ranunculaceae)
Neguillas de Damasco o arañuelas

Este género comprende 14 especies anuales y se extiende desde el Mediterráneo hasta Asia. Tiene flores de color azul celeste en verano que quedan escondidas por el delicado follaje plumoso en forma de araña, de ahí el nombre común de la especie más cultivada.

CULTIVO Estas plantas pueden cultivarse en cualquier suelo bien drenado, pero precisan recibir la luz directa del sol para florecer bien. Se multiplican a partir de semillas en un lugar donde las plantas puedan crecer. Siémbrelas en primavera

Nierembergia repens es una vistosa planta rastrera usada en jardines de rocalla. Está provista de flores blancas durante una larga temporada.

Nigella damascena, una planta anual fácil de cultivar, posee un follaje ligero y plumoso, y brillantes flores azules que pierden intensidad con el tiempo.

para que florezcan en verano, o en otoño para obtener una cosecha de flores más temprana. En climas fríos o húmedos, cúbralas con una campana de cristal en invierno. Entresacar las plántulas a una distancia de 20-30 cm. La planta se disemina espontáneamente con facilidad.

CLIMA Zona 7.

ESPECIES *N. damascena*, la neguilla de Damasco, alcanza de 30 a 60 cm de altura. Tiene flores de color azul celeste y vainas infladas de color verde que contienen la semilla. Ambos se usan en arreglos de flores secas. El cultivar 'Miss Jekyll' tiene flores de un azul intenso; las flores azules de 'Oxford Blue' adquieren un tono más oscuro cuando maduran; el grupo Persian Jewels tiene flores de tonos rosa, carmín, lavanda, púrpura y blanco. *N. hispanica*, de 30 a 60 cm de altura, presenta flores azules con estambres rojos.

Nolina (fam. Agavaceae)

Estas plantas crasas parecidas a un árbol son originarias de México. El tronco cubierto de corteza puede medir de 3 a 6 m de altura. Las hojas son largas, estrechas y plumosas, y forman racimos en la parte superior del tronco y en ocasiones se curvan hacia abajo. Las pequeñas flores se agrupan en grandes ramilletes.

Las rígidas hojas de *Nolina longifolia* se utilizan como escoba en México, su lugar de origen. De la base de la planta surgen los penachos de flores.

CULTIVO En climas con heladas, estas plantas deben cultivarse en un invernadero de clima intermedio. Utilice compost de tierra para macetas. Estas plantas necesitan luz abundante. Riéguelas con moderación durante el período de crecimiento, y menos durante el invierno. En el exterior, colóquelas en un lugar expuesto a la luz directa del sol y en un suelo bien drenado. Se puede multiplicar en primavera a partir de semillas germinadas a 21 °C, o a partir de esquejes en primavera.

CLIMA Zona 10.

ESPECIES *N. bigelowii* (sin. *Dasylirion bigelowii*) tiene un tronco corto. Las hojas más antiguas cuelgan del tronco formando una falda de hierba. Los ramilletes de flores verdosas se agrupan en altos tallos de 3 m de altura. *N. recurvata* (véase *Beaucarnea recurvata*).

Nomocharis (fam. Liliaceae)

Este género, originario del Himalaya, el Tibet, Burma y China occidental, está formado por siete especies de vivaces bulbosas emparentadas con las azucenas y las fritilarias. Sus atractivas flores acampanadas aparecen en verano y presentan una gran variedad de tonos y motas de diferentes colores.

CULTIVO Plante los bulbos en un jardín boscoso o en un arriate de arbustos en otoño o primavera, a 15 cm de profundidad. Necesitan un suelo ácido, que retenga la humedad pero bien drenado. Requieren una gran cantidad de mantillo y un lugar en semisombra. En los climas muy fríos, es preferible colocarlas en un lugar soleado. Multiplicar a partir de semillas sembradas en otoño o primavera.

CLIMA Zona 7.

ESPECIES *N. aptera*, de China, alcanza hasta 1 m de altura. Tiene flores rosas con el centro de color granate y manchas carmesí. *N. farreri*, de Burma, alcanza 1 m de altura y está provista de flores rosas moteadas de granate y carmesí. *N. pardanthina*,

Nomocharis pardanthina es una vivaz bulbosa de China que necesita un clima frío y húmedo y un suelo rico en mantillo.

Las flores rosadas parecidas a la orquídea de *Nopalxochia phyllanthoides* 'Deutsche Kaiserin' no se parecen a las de ningún otro cultivar.

de China occidental, tiene flores blancas o rosas con motas moradas y rojas. Puede llegar a medir 1 m. *N. saluenensis* crece hasta alcanzar 45 cm y 1 m. Sus flores blancas tienen tonos rosados y manchas violetas en los bordes.

Nopalxochia (fam. Cactaceae)

Originarios de México, estos cactos epífitos están provistos de un tallo principal redondeado y carnoso con ramas planas de márgenes dentados. Sus grandes flores en forma de embudo son estériles y diurnas. Estos cactos son perfectos para cultivar en cestas.

CULTIVO En climas con tendencia a las heladas, cultívelas en un invernadero de clima templado o como plantas de interior. Estos cactos pueden plantarse en cestas colgantes, pero también pueden cultivarse en macetas. Requieren un compost ácido a base de turba que debe estar bien drenado. Requieren abundante luz y un ambiente húmedo, pero deben resguardarse de la luz directa del sol. Riegue moderadamente las plantas durante el período de crecimiento, pero manténgalas ligeramente húmedas en invierno. Se multiplican a par-

tir de esquejes de tallo o a partir de semillas en primavera, siempre en un entorno cálido.

CLIMA Como mínimo zona 10.

ESPECIES *N. phyllanthoides* presenta una gran cantidad de flores rosas. El cultivar 'Deutsche Kaiserin', también con flores rosadas, es una elección muy popular. La floración de los numerosos cultivares es más espectacular que la de las especies.

Normanbya (fam. Arecaceae)
Palma negra de Queensland

Este género de palmera plumosa de una sola especie crece únicamente en una reducida área de Australia. Su nombre común hace referencia al tronco, que aunque es de color gris tiene una capa de duras fibras negras. Esta palmera es difícil de conseguir fuera de Australia.

CULTIVO Esta palmera necesita un entorno húmedo, libre de heladas y resguardado de los fuertes vientos. También precisa un suelo bien drenado con un alto contenido en materia orgánica y sobre todo rico en mantillo, al menos al principio. Los especímenes jóvenes deben estar en un lugar sombreado durante los primeros años. Aplicar un

Las frondas arqueadas de *Normanbya normanbyi* tienen folíolos dentados. Esta palmera tiene un gran racimo de frutos.

fertilizante de acción lenta o sangre en polvo, harina de pescado y huesos en polvo al principio de la primavera y a principios del verano. Regar abundante y regularmente en primavera y verano, pero con moderación durante los meses más fríos. Esta palmera puede crecer en el interior cuando es joven, pero a menudo no crece vigorosamente ya que el grado de humedad es muy bajo. La germinación de las semillas puede ser errática, y puede tardar tres meses o más.

CLIMA Las áreas más cálidas de la zona 10 en adelante.

ESPECIES *N. normanbyi* es una bella palmera que alcanza 15-20 m de altura en las regiones tropicales. Tiene un característico tronco de color gris pálido y hojas plumosas y arqueadas. Los folíolos son dentados y de color verde intenso en la parte superior y blanco grisáceo en la parte inferior. Crecen en cualquier dirección, lo que hace que las hojas se parezcan ligeramente a colas de zorro. Por esta razón, a menudo se la confunde con la palma cola de zorro *Wodyetia bifurcata*. Debajo de la corona

aparecen cortos ramilletes de numerosas flores blancas o rosas. Después de florecer, brotan frutos de forma oval que por lo general maduran durante el verano, adquiriendo un color rosa o rojo.

Nothofagus (fam. Fagaceae)
Robles australes

Originario del hemisferio sur, este género comprende más de 30 especies de árboles perennifolios y caducifolios y de arbustos con hojas verde oscuro, a menudo con márgenes denticulados. Aunque es más pequeño, su atractivo follaje se parece al de su pariente cercano el haya. Son muy apreciados como especímenes ornamentales para jardín y como árboles de sombra en climas fríos, aunque la mayoría son demasiado grandes para plantarlos en el jardín. También pueden podarse para crear setos. Son ampliamente cultivados por su madera.

CULTIVO Estos árboles necesitan un suelo ácido y abundante luz. Se pueden multiplicar a partir de esquejes o por acodo, aunque a veces las plántu-

Aunque es una planta de crecimiento lento, *Nothofagus cunninghamii* puede plantarse en jardines cálidos y templados. Sus pequeñas hojas brillantes son muy vistosas.

las crecen bajo los árboles maduros. Estos árboles normalmente se trasplantan con éxito y alcanzan 3 m. Para trasplantarlos de forma segura deben disponer de tierra abundante para que sus raíces crezcan y atarlos a una estaca desde que son jóvenes para protegerlos del viento. Pueden cultivarse en macetas para obtener sorprendentes bonsáis.

CLIMA Zona 9 y otras, según especies.

ESPECIES *N. antarctica*, zona 7, originario de Sudamérica, es un árbol caducifolio que alcanza 30 m de altura. *N. cunninghamii*, es un imponente árbol perennifolio de Australia que puede llegar a medir 50 m en su hábitat natural, aunque resulta más frecuente que mida unos 20-30 m cuando se cultiva. Tiene un denso ramillete de pequeñas hojas dentadas y lustrosas. El joven follaje es de color bronce rojizo. También existe una forma alpina enana. *N. fusca*, tiene un porte esbelto y hojas ovaladas con márgenes ondulados de color marrón rojizo brillante que adquieren una atractiva tonalidad en invierno. *N. gunnii*, zona 8, es una hermosa especie montañosa y uno de los pocos árboles caducifolios de Australia. No alcanza un gran tamaño, unos 3 m, y está provisto de un follaje dorado en otoño. Las hojas son pequeñas, redondas y arrugadas. *N. moore i* crece en las regiones montañosas y alpinas de Australia, y tiene un gran tronco con una corteza escamosa de color marrón y un característico follaje triangular de color marrón verdoso. Puede alcanzar 20 m de altura.

Notholirion (fam. Liliaceae)

Originarias de Asia, estas seis especies de vivaces bulbosas se parecen a las azucenas, pero difieren en la formación de los bulbos.

CULTIVO Plante los bulbos a una profundidad de 15 cm en otoño para que florezcan en verano en un suelo húmedo y bien drenado, preferiblemente en semisombra. Se puede multiplicar a partir de los pequeños bulbillos que se forman en la base del tallo de la flor cuando el bulbo principal ha florecido, o mediante la poda de realce y la división de los bulbos a principios de otoño.

Es preferible cultivar *Notholirion campanulatum* en regiones con veranos fríos. Necesita abundante agua mientras está en período de crecimiento.

CLIMA Zona 8.

ESPECIES *N. bulbiferum* tiene bellas flores en forma de embudo de color azul rosado con la punta verde. Alcanza 1 m de altura. *N. campanulatum*, de 1 m de altura, tiene flores colgantes de color carmesí con la punta verde. *N. thomsonianum* está provista de largas espigas de fragantes flores malvas que surgen de una roseta basal. Esta especie es fácil de cultivar pero no siempre florece bien.

Notocactus (sin. Parodia, fam. Cactaceae)

Originarios de Brasil, Uruguay y Argentina, estos populares cactos normalmente tienen un tallo globoso, aunque algunos son alargados. Están provistos de prominentes costillas en ocasiones hendidas y de espinas radiales y centrales. Las flores son autopolinizables y diurnas, y crecen en la parte superior de la planta. Tienen forma de embudo, con estigmas rojos o morados. Las yemas y el fruto son lanosos. Aunque por lo general este género se vende como *Notocactus*, los botánicos actual-

Las colonias de *Notocactus leninghausii* crecen vigorosamente en suelos gruesos y ásperos.

mente lo incluyen en el género *Parodia* (véase la entrada en *Parodia*).

CULTIVO Estos cactos en su mayoría pequeños son fáciles de cultivar pero precisan un invernadero templado en climas con heladas. Cultívelos en macetas de compost para cactos bien drenado. Proporcióneles abundante luz y protéjalos de la luz directa del sol. Estas plantas necesitan un ambiente aireado. Riéguelos con moderación durante la fase de crecimiento y mantener seco en invierno. Se multiplican en primavera a partir de semillas que germinan a 21 °C.

CLIMA Las áreas más cálidas de la zona 9 en adelante.

ESPECIES *N. concinnus* es un cacto pequeño y rechoncho con flores de color amarillo intenso. *N. herteri*, muy apreciado por sus flores de tonalidades fucsia a morada, es achaparrado y tiene el tamaño de una pelota de tenis antes de florecer. *N. leninghausii* es un cacto alargado que puede alcanzar una altura de 90 cm en condiciones idóneas. Tiene grandes flores amarillas. *N. uebelmannianus* también tiene un tallo ovalado con grandes flores púrpura, aunque hay una planta con flores amarillas. Todas las especies tardan en producir brotes.

Nuytsia (fam. Loranthaceae)
Árbol de fuego

Esta bella planta es semiparasitaria, por lo que necesita una planta huésped, como la mayoría de los miembros de esta familia de muérdagos. En Australia, su lugar de procedencia, este inusual árbol da espléndidas flores de color naranja brillante en verano. No se puede encontrar fuera de su país de origen y es difícil de cultivar, así que es preferible cultivarlo en jardines botánicos en los que reciban los cuidados adecuados.

CULTIVO *Nuytsia* puede multiplicarse fácilmente a partir de semillas maduras. Introduzca las semillas en arena gruesa y turba en una proporción de 3:1. Mientras las plántulas son pequeñas, añada una mata de hierba a la mezcla. Plántelos en el exterior cuando todavía sean jóvenes junto a su huésped (que puede ser cualquier otra planta), en un lugar soleado. Riéguelos abundantemente, en especial durante la fase de crecimiento. Es posible que tarden años en florecer.

CLIMA Zona 9.

Nuytsia floribunda es un pequeño árbol o arbusto parasitario y, por tanto, es muy difícil de cultivar. Se trata de uno de los árboles con flores más bellos del mundo.

ESPECIES *N. floribunda*, la única especie, es un árbol perennifolio de 9 m de altura. Tiene ramas horizontales y esbeltas hojas, y en ocasiones desarrolla un tronco ancho. Las flores se agrupan en largos racimos en los extremos de las ramas. Para muchos es uno de los árboles con flores más espectaculares del mundo.

Nymphaea (fam. Nymphaceae)
Nenúfares

El nenúfar es sin duda la más conocida y la más cultivada de todas las plantas acuáticas. Las especies crecen de forma natural en todo el mundo, tanto en las regiones tropicales como en las frías, pero se cultivan más los híbridos que las especies. Se dividen en perennes (resistentes al frío) o tropicales. Ambos grupos tienen una polinización directa y no cruzada, y por lo tanto no pueden reproducirse entre sí. La mayoría de los nenúfares perennes tienen una floración diurna, al igual que los tropicales, aunque algunos de los nenúfares tropicales también florecen de noche. Los nenúfares presentan una gran variedad de colores: blanco, crema, amarillo, naranja, rosa, carmesí, azul y violeta. Las variedades tropicales tienen flores azules y violetas que no se encuentran de forma natural entre los nenúfares más resistentes al frío. Muchos nenúfares tienen hojas planas de color verde oscuro, pero otros tienen hojas jaspeadas en granate intenso o púrpura. En climas frescos y fríos, los nenúfares perennes florecen en verano y en ocasiones en otoño. Las variedades tropicales no florecen antes del verano, excepto en el trópico. En regiones frías, la floración normalmente se inicia a finales de la primavera o a principios del verano y continúa a lo largo del verano. Todas las flores de los nenúfares son perfectas para ser cortadas. Los nenúfares se cultivan en todo el mundo, en pequeños estanques y en grandes lagos ornamentales, tanto en los trópicos como en las zonas más frías. Los estanques de nenúfares fueron habituales durante siglos en los jardines árabes, y también fueron utilizados por los chinos y los japoneses, pero no se popularizaron en Europa hasta finales del siglo XIX. En esa época, los coleccionistas construyeron invernaderos climatizados que contenían estanques en los que

Los pétalos de este nenúfar tropical híbrido tienen tonalidades sorprendentes, entre el magenta y el púrpura.

se cultivaba una amplia gama de nenúfares. Antes de eso, la única variedad que podía cultivarse a la intemperie en climas fríos era la blanca *Nymphaea alba*. Los nenúfares fueron inmortalizados por el pintor impresionista francés Claude Monet en una serie de pinturas de gran tamaño pintadas en su jardín de Giverny, Francia. Actualmente, estos jardines son visitados por miles de personas cada año.

CULTIVO Los nenúfares solo prosperan y florecen profusamente en lugares soleados. Algunos pueden crecer en estanques con una profundidad de 30-50 cm, aunque las verdaderas miniaturas solo necesitan una profundidad de 10-15 cm. En los trópicos, los ejemplares más vigorosos pueden cultivarse en estanques de 1-2 m de profundidad. En las regiones frías, los nenúfares resistentes deben tener una cantidad suficiente de agua en la corona para evitar que se hielen. Es preferible cultivarlos en aguas calmas, lejos de fuentes y cascadas. Hay que colocarlos en macetas con una mezcla que contenga tres partes de tierra de calidad y una parte de estiércol de vaca muy descompuesto. A continuación hay que cubrir la tierra con una capa de gravilla o guijarros. Las plantas deben sumergirse en el estanque lenta y cuidadosamente para evitar mover la mezcla. Se pueden multiplicar podando y dividiendo los rizomas y eliminando los brotes a finales del invierno o a principios de la primavera, dependiendo de la región. En climas con tendencia a las heladas, los nenúfares tropicales deben cultivarse en un estanque situado en un invernadero climatizado, con una temperatura mínima en invierno de 10 °C.

CLIMA Hay un tipo de nenúfar para cada zona climática, pero es preferible consultar con un especialista para asegurarse de que se toma la decisión correcta.

ESPECIES *N. alba*, zona 5, originaria de Eurasia, tiene hojas verde oscuro con el envés carmesí y flores blancas ligeramente perfumadas. *N. caerulea*, zona 10, el denominado loto azul, originario del África tropical y el norte de África, tiene flores azul pálido en forma de estrella. *N. capensis*, zona 10, tiene flores azules muy olorosas. *N. gigantea*, zona 10, oriunda de Australia tropical y Nueva Guinea, tiene hojas largas que llegan a medir hasta 50 cm de ancho, y grandes flores de colores que van del azul al púrpura. Puede extenderse hasta 3 m en aguas tropicales. *N. odorata*, zona 3, una fragante especie americana con flores blancas, se utiliza en la actualidad para crear híbridos, al igual que la especie enana. *N. tetragona*, que es adecuada para la zona 2. Las formas en miniatura son cada vez más populares porque se adaptan bien a los estanques pequeños de aguas poco profundas. Actualmente se cultivan muy pocas especies convencionales de nenúfares, a excepción de las cultivadas por los especialistas y los coleccionistas, debido a la gran cantidad de bellos híbridos disponibles. Los jardineros aficionados deben consultar a los especialistas para saber qué especies hay disponibles y para buscar consejo sobre cómo cultivarlas.

Nyssa (fam. Nyssaceae)

Originaria de Asia oriental y del este de Norteamérica, este género comprende cinco especies de árboles caducifolios, cultivados tanto por su madera como por su lustroso follaje otoñal.

CULTIVO *Nyssa* precisa un suelo de ácido a neutro que retenga la humedad pero bien drenado, y un lugar resguardado del viento con abundante luz del sol o semisombra. No toleran bien que los trasplanten, así que hay que plantar los especímenes pequeños y dejarlos crecer a su aire. Se multiplican a partir de semillas sembradas a la intemperie en otoño, o a partir de esquejes semimaduros en verano.

CLIMA Zona 3.

ESPECIES *N. aquatica* puede alcanzar 30 m en Estados Unidos, su lugar de procedencia, pero cultivado llega a medir unos 15-20 m. Esta especie crece principalmente en zonas pantanosas y tolera las inundaciones. Sus pequeñas flores atraen a las abejas. *N. sylvatica*, tiene un característico porte ramoso y horizontal. Su follaje adquiere un brillante tono escarlata o carmesí en otoño.

Nyssa sylvatica, o tupelo, su follaje presenta un espléndido aspecto en otoño. Tiene ramas horizontales y ligeramente caídas.

Ochna (fam. Ochnaceae)

Ojo de pájaro, Mickey Mouse

Este género, originario de África y Asia, está formado por unas 90 especies de árboles y arbustos tropicales perennifolios y caducifolios. Están provistos de hojas coriáceas, flores amarillas con sépalos escarlata y decorativas bayas.

CULTIVO En climas propensos a las heladas, cultívelas en un invernadero templado en macetas con compost especial. Pódelas ligeramente después de la floración para reducir su tamaño. En el exterior, cultívelas en un lugar soleado y resguardado del viento, en un suelo húmedo pero bien drenado. Se multiplica a partir de semillas en primavera o por esquejes semimaduros en verano. Ambos necesitan calor basal.

CLIMA Zona 10.

ESPECIES *O. atropurpurea*, arbusto de Carnaval, es un arbusto perennifolio, originario del sur de África. Alcanza una altura de 1,5 m y está provisto de finas hojas ovaladas y puntiagudas de color verde brillante que adquieren tonos bronce en primavera, y sépalos de color púrpura. *O. serrulata*, oriunda del sur de África, tiene 2 m de altura. Sus hojas son estrechas y oblongas, con flores de un tono amarillo brillante y bayas de color verde. Cuando

las bayas maduran se tornan negras y contrastan con los sépalos cerosos de las flores, que al madurar adquieren una tonalidad rojiza. Las plántulas tienen una larga raíz axonomorfa, lo que hace difícil extraerlas una vez que han alcanzado algunos centímetros de altura. Esta es la más conocida y la más cultivada de todas las especies.

Ochroma (fam. Bombacaceae)

Balsa

Originario de América tropical, este árbol perennifolio tiene un suave tronco y hojas lanceoladas de color verde, algunas de 30 cm de ancho, y grandes y llamativas flores blancas. En su hábitat natural, las flores son polinizadas por los murciélagos. Los jardineros privados no suelen cultivarlos. Pueden encontrarse en algunos jardines botánicos.

CULTIVO El *Ochroma* crece muy rápidamente en regiones cálidas. Se multiplica a partir de semillas.

CLIMA Zona 10.

ESPECIES *O. pyramidale* (sin. *O. lagopus*), balsa, es la única especie, y puede llegar a alcanzar una altura de 30 m. La madera de este árbol es muy ligera y tiene gran variedad de aplicaciones comerciales.

Ochna serrulata produce una gran cantidad de flores y semillas. Las bayas se vuelven negras al madurar.

Ochroma pyramidale crece en las faldas de las montañas de los Andes y produce una madera llamada balsa. Las semillas están encerradas en una masa de pelos sedosos.

Ocimum basilicum (fam. Lamiaceae)
Albahaca

Esta planta anual es una de las hierbas aromáticas más apreciadas, especialmente en la zona mediterránea. Tiene hojas ovales de color verde claro y pequeñas flores blancas que brotan al final del tallo. Sus aromáticas hojas se han utilizado tradicionalmente, tanto frescas como secas, para preparar salsa de tomate, pero también para condimentar sopas, guisos, carnes y verduras, y para dar sabor a algunos de los platos populares asiáticos.

CULTIVO La albahaca requiere un suelo ligero y rico y un lugar cálido y soleado. En climas fríos, recolecte las hojas antes del final del otoño, ya que las heladas o los cambios bruscos de temperatura pueden matar la planta. En zonas cálidas, la albahaca crece todo el año debido a que las semillas se diseminan espontáneamente. Se puede multiplicar a partir de semillas plantadas a mitad de la primavera, y hay que entresacar las plántulas dejando una separación de 25 cm entre cada una de ellas. Cuando la planta ya se ha establecido, pode la parte central para darle una buena forma. Esa parte puede usarse para cocinar. Cuando la planta haya florecido, hay que volver a podarla.

CLIMA Puede cultivarse a la intemperie durante todo el año en la zona 10.

VARIEDADES La albahaca alcanza una altura de 75 cm. Cuando se frotan sus suaves hojas, desprenden un aroma cálido y picante parecido al del clavo. Las diminutas flores aparecen en primavera. Los cultivares incluyen 'Citriodorum', con hojas con aroma a limón, y 'Purpurascens', una forma decorativa con hojas de color morado oscuro. 'Dark Opal' tiene unas vistosas hojas purpúreas y de tonos bronce.

Odontoglossum (fam. Orchidaceae)

Este gran género, formado por más de 100 especies de orquídeas epífitas que crecen en las rocas, es originario de Sudamérica y Centroamérica. Las raíces de algunas especies crecen en el moho que hay en la base de los árboles. La mayoría tiene largos ramilletes de flores vistosas y aclaveladas, de colores variados.

CULTIVO Cultívelas en un invernadero templado en pequeños tiestos de compost para orquídeas a base de corteza. En verano necesitan abundante luz (aunque hay que protegerlas de la luz directa del sol) y un entorno húmedo. Riéguelas de for-

En un clima cálido, la albahaca crece rápidamente. Puede cultivarse en macetas colocadas cerca de la cocina para poder coger fácilmente las hojas frescas.

Odontoglossum crispum, originaria de Colombia, tiene flores blancas o con una delicada tonalidad rosada, con puntos rojos en los bordes.

ma regular. En invierno reduzca la cantidad de agua y la humedad. Se pueden multiplicar por división cuando las plantas desborden las macetas.

CLIMA Como mínimo, zona 10.

ESPECIES *O. apterum*, de México, tiene flores blancas con motas marrón rojizas en primavera. *O. cirrhosum*, de Ecuador, está provista de flores blancas con motas carmesí o púrpura, también durante la primavera. Las flores otoñales de *O. grande* (sin. *Rossioglossum grande*) de Guatemala, son amarillas y marrones.

Odontonema (fam. Acanthaceae)

Originario de la América tropical, este género comprende unas 20 especies de arbustos, con inflorescencias en racimos de largas flores tubulares rojas, amarillas o blancas.

CULTIVO En climas propensos a las heladas, cultívelas en un invernadero caliente en macetas con compost de tierra. Pódelas después de la floración para reducir su tamaño si es necesario. En el exterior necesitan un suelo rico, húmedo y bien drenado, y abundante luz del sol.

CLIMA Las áreas cálidas de la zona 10 en adelante.

Odontonema callistachyum requiere un lugar resguardado y protegido de la luz directa del sol para que se desarrolle con todo su esplendor como aparece en la fotografía.

ESPECIES Algunas especies pueden ser difíciles de conseguir. *O. barlerioides*, de 1-3 m de altura, tiene esbeltas hojas e inflorescencias en densos racimos de flores tubulares. *O. callistachyum* tiene 5 m de altura, con hojas suaves y lustrosas y racimos de flores rojas. *O. schomb urgkianum* solo alcanza 2 m, con largas hojas y racimos de flores rojas.

Oenothera (fam. Onagraceae)
Onagra

Este género está formado por 100 especies de plantas anuales, bienales y perennes resistentes originarias de Norteamérica, que actualmente se cultivan en otras partes del mundo. En verano da abundantes y delicadas flores que desprenden un intenso aroma principalmente por la noche. Por lo general, las flores son amarillas, aunque también hay especímenes con flores blancas, rosas y rojas. Las especies trepadoras son una buena elección para jardines de rocalla, mientras que las va-

Oenothera fruticosa tiene flores acampanadas de color amarillo que florecen a finales de la primavera y durante el verano.

riedades más arbustivas son idóneas para los arriates. En algunos países, ciertas especies se han convertido en malas hierbas.

CULTIVO Plántelas en un suelo ordinario de jardín, en un lugar soleado. La mayoría de especies se cultivan a partir de semillas, pero las perennes se multiplican a partir de esquejes. Algunas tienden a ser invasivas.

CLIMA Zona 5, si no se especifica lo contrario.

ESPECIES *O. acaulis* es una especie trepadora con flores blancas que se van tornando rosas a lo largo del verano. *O. biennis*, onagra común, zona 4, es la planta de la que se extrae el famoso aceite esencial. Esta bienal da frágiles flores amarillas que se abren y desprenden su fragancia solo al atardecer. Alcanza 1 m de altura o más. *O. fruticosa*, zona 4, es una planta perenne que mide 60 cm, con vistosas flores amarillas. *O. fruticosa* subespecie *glauca* tiene un porte ramoso y flores de color amarillo pálido que florecen desde finales de la primavera hasta finales del verano. Las hojas normalmente son verde grisáceas y la planta alcanza 90 cm. *O. macrocarpa*, una perenne trepadora, mide 15 cm y tiene flores de color amarillo brillante, en ocasiones con puntos rojos. *O. perennis* es una perenne que crece hasta 50 cm con flores amarillas. *O. speciosa* es una llamativa perenne que forma matas con abundantes flores blancas teñidas de rosa que aparecen de verano a otoño. Crece hasta alcanzar una altura de 30-60 cm. La forma de flores rosas 'Rosea' es muy popular en los jardines de campo.

Olea europaea (fam. Oleaceae)
Olivo

El género *Olea* comprende unas 20 especies de árboles y arbustos de hoja perenne, de los que el olivo, *Olea europaea*, es el más conocido. El olivo es originario de la región mediterránea y se ha cultivado durante miles de años para extraer aceite de oliva y por sus frutos. Estos árboles tienen pequeñas hojas coriáceas de color verde y flores blancas cremosas. El fruto crece tras la floración. Son árboles adaptables y muy longevos, y se cultivan en muchas regiones del mundo. El aceite se extrae

Los olivos son unos bellos árboles ornamentales, pues su follaje combina con numerosos colores.

del fruto maduro y se utiliza en la alimentación, en medicina, en la producción de artículos de perfumería y en cosmética. Tanto los frutos verdes como los frutos maduros se conservan y se adoban, ya sea solos o rellenos.

CULTIVO En climas sujetos a fuertes heladas, cultívelos en un invernadero frío en una gran maceta o maceta con compost de tierra para macetas. En los lugares donde sea posible plántelos a la intemperie, los inviernos deben ser lo suficientemente frescos para proporcionarles el frío que necesitan para florecer, aunque las temperaturas inferiores a –9 °C pueden matar a estos árboles. Para que el fruto crezca y se desarrolle adecuadamente, necesitan veranos largos y cálidos. Las zonas del interior en las que hay poca humedad parecen ser más adecuadas que las regiones costeras. Necesitan suelos profundos y bien drenados, pero también crecen en suelos ligeramente alcalinos o incluso un poco salinos. Aunque estos árboles toleran la sequía una vez establecidos, durante el período de crecimiento necesitan agua para que el fruto pueda desarrollarse. Los árboles sembrados tarda de ocho a diez años en dar la primera cosecha. Se multiplican por injerto de yema a finales del verano o a principios del otoño, por injerto de estaquilla en primavera o por esquejes semileñosos extraídos a partir del verano.

CLIMA Zona 9.

ESPECIES *O. europaea* es un árbol que alcanza los 6-12 m de altura, con estrechas hojas coriáceas de color verde apagado y el envés plateado. Sus insignificantes flores de color crema florecen inmediatamente antes que los frutos. Las variedades que se cultivan tradicionalmente son 'Sevillano', 'Verdale' y 'Manzanillo', mientras que 'Mission' y las selecciones de la Universidad de California (comercializadas como «UC» seguidas de un número) se trata de variedades más nuevas que tienen un rango más amplio de tolerancia climática y que además poseen otras características que las hacen más resistentes. Las variedades que se cultivan específicamente para extraer aceite son 'Bouquetier' y 'Correggiola'. *O. europaea* subespecie *africana* alcanza una altura de 8 m y tiene hojas lustrosas de color verde oscuro, y un fruto carnoso que es comestible, aunque no tiene el sabor y la suculencia del olivo europeo. Se ha aclimatado en muchas áreas y puede ser bastante invasivo.

Olearia (fam. Asteraceae)
Margaritas arbustivas

Originario de Australia y Nueva Zelanda, este género incluye unas 100 especies de arbustos y árboles perennifolios que se cultivan por su sedoso follaje y por sus abundantes flores parecidas a las margaritas. Muchos se utilizan como cortavientos en jardines situados al lado del mar. Las diferentes especies tienen su origen en una gran variedad de hábitats y de condiciones, así que casi puede afirmarse que hay una especie para cada clima.

CULTIVO Las margaritas arbustivas prosperan en casi cualquier tipo de suelo, siempre que esté bien drenado. La mayoría prefieren un lugar expuesto a la luz directa del sol, aunque algunas prefieren los lugares sombreados. Cubrir con un mantillo de hojas descompuestas o compost, intentando

Olearia tomentosa es un arbusto compacto que florece en primavera o verano. Tolera el clima de las zonas costeras.

que el mantillo no obstruya los tallos. Hay que evitar cavar cerca de las plantas, ya que se puede dañar sus raíces superficiales. Las plantas deben podarse regularmente después de la floración. Se pueden multiplicar a partir de semillas o de esquejes extraídos a finales de la primavera o a principios del otoño.

CLIMA Zona 8.

ESPECIES No todas las especies se pueden encontrar fuera de sus países de origen. *O. argophylla*, margaritas arbustivas, es un arbolillo originario del sudeste de Australia con grandes hojas y racimos de flores blancas. Crece hasta alcanzar una altura de 3 a 8 m. *O. chathamica*, originaria de Nueva Zelanda, es una especie muy hermosa adecuada para cultivar en zonas frías. Mide 2 m y tiene hojas coriáceas con el envés velloso. Las flores, dispuestas en densos racimos, son de color malva pálido con el centro púrpura. *O. cheesemanii*, también de Nueva Zelanda, mide 3 m y tiene lustrosas hojas verdes y vellosas por el envés, y flores blancas. *O. lirata*, del este de Australia, es un arbusto alto que crece hasta alcanzar 6 m y que tiene masas de flores blancas. *O. phlogopappa*, margaritas de Otway, del sudeste de Australia, alcanza 2 m de altura. Las hojas son estrechas y las pequeñas flores de color blanco, rosa, lila, azul o púrpura cubren completamente el arbusto en primavera. *O. pimeloides*, originaria de Australia, es un arbusto compacto que alcanza 1 m de alto y de ancho y tiene grandes flores solitarias de color blanco. *O. ramulosa* mide 2 m y tiene inflorescencias en racimos de pequeñas flores blancas. *O. teretifolia*, de Australia, crece 1,5 m y tiene racimos de pequeñas flores blancas o azul pálido. *O. tomentosa*, del sudeste de Australia, es un arbusto compacto que mide menos de 1 m de altura con grandes flores blancas o azules.

Omalanthus (fam. Euphorbiaceae)
Chopos nativos

Originarios de Australia y de otras regiones tropicales, estos arbustos se cultivan por sus inusuales flores, que no tienen pétalos y que forman racimos en forma de espigas. Las hojas tienen un llamativo colorido. Este género es difícil de conseguir fuera de sus países de origen.

En las regiones de clima frío, *Omalanthus populifolius*, una planta originaria de Australia, debe cultivarse en un invernadero cálido.

CULTIVO En las regiones no tropicales deben cultivarse en un invernadero cálido con una temperatura estable, en macetas de compost de tierra rica. Riéguelas abundantemente durante el período de crecimiento, pero con moderación durante el invierno. Se pueden multiplicar con facilidad a partir de semillas plantadas bajo vidrio o a partir de esquejes durante la primavera y el verano.

CLIMA Tropical.

ESPECIES *O. populifolius*, forma un gran arbusto o un arbolillo de aproximadamente 4 m de altura. Sus hojas acorazonadas son de color verde oscuro con vetas más claras, que adquieren un tono rojizo con el tiempo. Normalmente hay algunas hojas rojas en el arbusto durante todo el año. Las flores amarillas en forma de espiga son pequeñas e insignificantes.

Oncidium (fam. Orchidaceae)

Originarias de Sudamérica y Centroamérica, este gran género de más de 450 orquídeas es muy variable. Algunas especies tienen seudobulbos y otras no. Las más cultivadas son epifíticas. Algunas de las especies más cultivadas se denominan «damas danzantes», y sus flores son perfectas para ser cortadas porque son muy duraderas. Hay que cultivarlas en un invernadero templado con una temperatura mínima de 13 °C.

CULTIVO Estas orquídeas pueden cultivarse en macetas o en cestas colgantes para orquídeas que contengan un compost a base de corteza o sobre planchas de corteza colgadas en el invernadero. Durante la fase de crecimiento, proporcióneles una atmósfera húmeda y abundante luz; no obstante, protéjalas de la luz directa del sol y riéguelas con frecuencia. En invierno hay que proporcionarles luz intensa y mantener las plantas secas, a excepción de aquellas sin seudobulbos o con pequeños seudobulbos, que deben mantenerse húmedas. Las plantas se pueden multiplicar por división únicamente cuando el tiesto esté repleto de raíces.

CLIMA Tropical o subtropical.

Las flores de *Oncidium sarcodes*, de Brasil, tienen un dibujo intrincado y se reparten a lo largo de los tallos.

La forma abigarrada de *Ophiopogon jaburan* forma hermosas masas tanto en macetas como en el suelo.

ESPECIES *O. cheirophorum*, una verdadera miniatura con una profusión de flores de color amarillo brillante, solo necesita una maceta de 10 cm. *O. flexuosum* es una planta de crecimiento rápido. Hay que cultivarla en una cesta para orquídeas o sobre una plancha de corteza. Sus numerosos ramilletes de flores amarillas presentan manchas de color rojo marronoso. *O. lanceanum* tiene largos ramilletes de flores marrón amarillentas, con manchas de color bronce. Los bordes tienen un tono púrpura, y las hojas, bandas marrón rojizas. *O. sphacelatum* da largos ramilletes repletos de pequeñas flores amarillas con motas color bronce. Las especies de orquídeas raramente están disponibles debido a que los cultivares son mucho más atractivos.

Ophiopogon (fam. Convallariaceae)
Convalarias, hierbas japonesas

Oriundas de las Filipinas, China y Japón, algunas de estas 20 especies de perennifolias de crecimiento postrado y sin tallo se han popularizado en los últimos años como planta tapizante y como planta para setos y orillas. También son ideales para cultivarlas en macetas. El follaje es parecido al de la hierba, el color de las flores va del blanco al malva y las pequeñas bayas pueden ser azules o verde azuladas.

CULTIVO Estas plantas toleran una gran variedad de suelos y crecen al sol o a la sombra. El follaje tiene un color más brillante cuando crece a la sombra o en semisombra. Riéguela regularmente durante las temporadas calurosas. Mutiplíquela por división de las matas a finales del invierno o en primavera.

CLIMA Zona 7, si no se especifica lo contrario.

ESPECIES *O. jaburan*, convalarias, originaria de Japón, mide 60 cm y tiene flores blancas y bayas azul violáceo. También se pueden encontrar cultivares con hojas abigarradas y flores púrpura parecidas a las del jacinto ramoso. *O. japonicus*, hierba japonesa, crece hasta alcanzar 35 cm, y tiene un follaje de color verde oscuro con flores blancas o malva y bayas azules. *O. planiscapus*, zona 6, de

20 cm, tiene un follaje esbelto y flores blancas o malva y bayas azules. El cultivar 'Nigrescens' está provisto de un follaje que se torna casi negro con el tiempo.

Opuntia (fam. Cactaceae)

Este género está formado por unas 200 especies que se extienden por una amplia zona geográfica, desde el sur de Canadá, pasando por América hasta llegar al estrecho de Magallanes. Tiene numerosos nombres comunes, como higuera chumba, higuera de pala o higuera de tuna. Estos cactos presentan tallos articulados, muchos de ellos aplanados en secciones denominadas palas. Pueden tener una forma cilíndrica o redondeada. Algunas especies, como el higo chumbo, *Opuntia ficus-indica*, tienen un fruto comestible. Esta especie se cultiva por sus frutos en numerosas regiones tropicales y subtropicales del mundo. Se han naturalizado en algunos lugares. También hay numerosas especies más pequeñas que presentan diversas formas y tamaños y que son muy populares entre los aficionados a los cactos. Muchas son plantas ideales para poner en jardineras o macetas. La chumbera florece en primavera o en verano, dependiendo de las especies y de la región. Muchas especies tienen flores amarillas. Sus frutos en forma de baya que nacen cuando las flores ya se han marchitado son comestibles en algunas especies. En su lugar de origen se utiliza para formar setos vivos. Muchos fueron introducidos en otros países con este motivo, pero con efectos devastadores. Las especies como *O. aurantiaca*, *O. stricta* y *O. vulgaris* se convirtieron en malas hierbas en Australia, África y la India.

CULTIVO Estas plantas se multiplican fácilmente a partir de segmentos de tallo separados de la planta madre. También puede cultivarse a partir de semillas sembradas en primavera. En los climas propensos a las heladas, cultívelas en un invernadero fresco en macetas de compost para cactos, con abundante luz. Manténgalas secas en invierno y riéguelas con regularidad en verano. En el exterior, cultívelas en un lugar soleado.

CLIMA Principalmente zona 9.

Opuntia erinacea, variedad *ursina*, destaca contra esta pared de terracota.

ESPECIES *O. basilaris* alcanza 40 cm de altura, y tiene palas planas de color púrpura grisáceo y flores encarnadas en verano. *O. bigelovii* está cubierto de espinas que parecen pelos. *O. erinacea* es un cacto que forma matas con palas aplanadas de color verde azulado. La variedad *ursina*, con masas de finas espinas parecidas a pelos, es la más popular. *O. ficus-indica*, chumbera o higuera chumba, tiene un porte arbóreo y alcanza de 3 a 5 m de altura. Está provista de grandes segmentos aplanados o palas que representan las hojas y flores con pétalos de color amarillo intenso con un fruto de color rojo vivo o púrpura. *O. microdasys* tiene palas de color verde oscuro con pequeñas aréolas blancas y pelos rígidos que pueden ser blancos, amarillos o marrones. La forma que tiene pelos marrones es conocida como orejas de conejo. *O. tunicate* forma un pequeño arbusto postrado, tiene gruesas espinas de color crema y flores amarillas en verano.

Opuntia ficus-indica (fam. Cactaceae)
Higuera chumba, higuera de Indias

Muchas especies de *Opuntia* se cultivan como especímenes ornamentales, pero esta especie en concreto se cultiva por sus frutos comestibles. Es un cacto de porte arbóreo que alcanza una altura

Los jugosos frutos de la higuera chumba crecen de forma abundante cada año en los climas propicios.

de 3-5 m. Tiene grandes segmentos aplanados en forma de pala y grandes flores sentadas en el borde de los tallos que maduran en un fruto de color rojo intenso o púrpura. Los jugosos frutos son muy apreciados en muchas partes del mundo. Para comer el fruto, hay que lavarlo y frotarlo con un cepillo para quitarle las espinas, y a continuación cortar el extremo superior y el inferior, hacer un corte en la piel y pelarlo. El fruto se come solo o en rodajas rociadas con zumo de limón o de lima, y la pulpa se usa para hacer mermelada.

CULTIVO En climas propensos a las heladas, cultívelos en un invernadero fresco en macetas con compost para cactus, en un lugar luminoso. Manténgalos secos en invierno y riéguelos regularmente en verano. En el exterior, cultívelos en un lugar soleado y en un suelo bien drenado. Se puede multiplicar a partir de las palas. Separe una pala de la planta original y déjela secar durante unos días. A continuación, introdúzcala en una maceta con compost para esquejes y cultívela bajo vidrio.

CLIMA Mejor en zona 10 y superiores.

Origanum majorana (fam. Lamiaceae)

Mejorana

La mejorana y el orégano pertenecen a la misma familia y es fácil confundirlos. Las plantas tienen un aspecto parecido, aunque las hojas de la mejorana son un poco más suaves que las del orégano y tienen un color verde grisáceo. Las pequeñas flores blancas de ambos se asemejan mucho. Su cultivo requiere las mismas condiciones y ambos tienen un uso culinario parecido, aunque la mejorana tiene un sabor más dulce y más picante. La mejorana tiene tendencia a expandirse y alcanza unos 30 cm de altura. Es un ingrediente habitual en las mezclas de hierbas aromáticas, junto con el tomillo y la salvia. La mejorana también se utiliza como infusión, en baños de hierbas y en sacos aromáticos.

CULTIVO Estas plantas deben cultivarse en un suelo bien drenado y en un lugar soleado. Pueden multiplicarse sembrando sus semillas en primavera o a partir de esquejes extraídos desde finales de la primavera hasta finales del verano. Por lo general, no necesitan fertilizantes, y las plantas que crecen de forma natural tienen mejor sabor. Riegue abundantemente si el suelo es seco, pero, de lo contrario, riéguelo con moderación. Recoja las hojas

Las matas de orégano de tonos dorados dan color a este arriate y proporcionan hojas para fines culinarios.

para secarlas justo antes de que la planta empiece la floración a finales del verano o en otoño. Corte los tallos y cuélguelos en manojos en un lugar fresco y bien ventilado. Antes de que los manojos estén completamente secos, cúbralos con una muselina para que las hojas secas no se caigan. Las hojas secas deben guardarse en botes herméticos. Cortar las hojas para secarlas es la única poda que necesitan, pero las plantas que se vuelvan muy leñosas después de tres o cuatro años deben ser reemplazadas.

CLIMA Zona 7.

Origanum vulgare (fam. Lamiaceae)
Orégano

El orégano y la mejorana son muy parecidos y ambos tienen usos culinarios. El orégano, sin embargo, tiene una textura más áspera y un sabor más fuerte que la mejorana. El follaje de color verde claro es un poco más grueso, pero las pequeñas flores blancas son casi imposibles de distinguir. Descrito como un subarbusto, es una planta que alcanza una altura de 30-90 cm. En la época medieval, esta hierba se utilizaba para preparar bolsitas aromáticas. En la actualidad tiene fines culinarios y se utiliza para condimentar la pizza y la pasta, además de los platos de arroz y los platos de carnes y verduras. Su aspereza aumenta al secarse.

CULTIVO El orégano debe cultivarse en un suelo bien drenado y en un lugar que reciba la luz del sol durante todo el día. Puede multiplicarse sembrando sus semillas en primavera, o a partir de esquejes extraídos a finales de la primavera y hasta el final del verano. Normalmente no necesita fertilizantes y las plantas que crecen de forma natural suelen tener mejor sabor. Riéguelo abundantemente si el suelo es seco, pero hágalo con moderación en suelos húmedos. Recolecte las hojas para secarlas justo antes de que la planta empiece a florecer a finales del verano o en otoño. Corte los tallos y cuélguelos en manojos en un lugar fresco y bien ventilado. Antes de que los manojos estén completamente secos, hay que cubrirlos con una muselina para que las hojas secas no se caigan. Las hojas deben almacenarse en botes herméticos.

El orégano crece rápidamente en climas cálidos. Hay que recoger sus hojas para almacenarlas cuando las plantas estén en plena floración.

Cortar las hojas para secarlas es la única poda que necesitan, pero las plantas que se vuelvan muy leñosas o poco densas deben reemplazarse cada tres o cuatro años, o incluso menos.

CLIMA Zona 5.

Ornithogalum (fam. Hyacinthaceae)

Este género comprende unas 80 especies de plantas bulbosas originarias de África, Europa y Asia. Tiene hojas delicadas y flores estrelladas y fragantes de color blanco o blanco plateado, principalmente en primavera.

CULTIVO Estas plantas crecen bien en la mayoría de las condiciones y suelos, tanto al sol como en semisombra. Las especies más delicadas pueden cultivarse fácilmente en condiciones climáticas suaves, pero necesitan un invernadero o una veranda acristalada en los climas fríos y con heladas. Se multiplican a partir de semillas o por división de los brotes.

CLIMA Hay especies adecuadas para varias zonas climáticas, algunas son más delicadas y otras, más resistentes.

Las cabezas piramidales de las flores de *Ornithogalum thyrsoides* se abren lentamente. Las flores quedan muy elegantes en arreglos florales.

Los largos estambres blancos que parecen bigotes de gato de *Orthosiphon stramineus* otorgan a esta flor una curiosa apariencia.

ESPECIES *O. arabicum*, zona 9, es una especie delicada que alcanza 60 cm y que puede cultivarse en regiones más frías, siempre que se la proteja de las heladas. Las flores de pétalos blancos tienen un ovario de color casi negro que destaca en el centro de la flor. *O. balansae*, zona 6, originaria de Asia, alcanza 5 cm y tiene flores blancas con bandas verdosas. *O. nutans*, zona 6, del sur de Europa, es una perennifolia resistente de 50 cm con flores plateadas y pálidas manchas verdes. La *O. pyrenaicum*, zona 6, originaria del sur de Europa, mide 90 cm y da unas flores primaverales de color amarillo, teñidas de verde. Sus *O. thyrsoides*, originarios de la zona 9, una especie procedente del sur de África, es muy popular y tiene unas flores perfectas para ser cortadas. Sus hermosas flores blancas tienen vistosos estambres amarillos.

Orthosiphon (fam. Lamiaceae)

Bigotes de gato

Hay unas 40 especies de estos arbustos vivaces y plantas perennifolias originarias de las regiones tropicales de África, Asia y Australia. Algunas se cultivan como plantas ornamentales, aunque tienen un gran potencial. Otras son perfectas para cultivar en macetas o jardineras.

CULTIVO Fuera de los trópicos, cultívelas en un invernadero caliente en macetas con compost de tierra arenosa bien drenado. Riéguelas abundantemente durante el período de crecimiento, pero manténgalas más secas en invierno. Se multiplican a partir de semillas o de esquejes extraídos de finales de la primavera o a principios de otoño. Proporcióneles calor en la base.

CLIMA Zona 10 a tropical.

ESPECIES *O. stramineus*, bigotes de gato, alcanza 1 m de altura. Tiene tallos angulares y hojas opuestas de color verde, con márgenes dentados. Las flores, que aparecen en verano, son de color azul claro a blanco y se agrupan en el extremo del tallo formando racimos. Los largos estambres que parten de la base de las flores se curvan hacia arriba, como los bigotes de un gato.

Osbeckia (fam. Melastomataceae)

Este género está formado por unas 60 especies de pequeños arbustos, y es originario de las regiones semitropicales de muchos países, incluyendo África, Australia y la India. La mayoría de las especies tienen delicadas hojas veteadas y flores prominen-

Una especie del género *Osbeckia*. Estos arbustos tropicales se parecen a *Tibouchina*, pero no son tan conocidos.

Osmanthus (fam. Oleaceae)

Nativas de Asia, Estados Unidos y Hawai, este género está formado por 15 especies de árboles y arbustos de hoja perenne. Las flores de la mayoría de las especies no son muy vistosas, sí son muy fragantes. La forma de las hojas y de las flores varía en función de la especie.

CULTIVO Cultívelas en cualquier suelo ordinario de jardín, en un lugar soleado y abrigado. Se pueden multiplicar a partir de esquejes extraídos a finales del verano. Generalmente no es necesario podarlas.

CLIMA Se adaptan a varias zonas climáticas.

ESPECIES *O. americanus*, zona 9, originaria de Estados Unidos, alcanza 15 m de altura. Está provista de grandes hojas lustrosas y fragantes flores de color blanco cremoso. *O. delavayi*, zona 7, es un hermoso arbusto de 2 m o más con racimos de flores blancas de aroma dulzón y bayas negro violáceas. *O.* x *fortunei*, zona 7, un híbrido de Japón, alcanza 3 m de altura. Tiene hojas crespas y con espinas en los márgenes y flores blancas y olorosas. *O. fragrans*, zona 7, es un arbusto compacto y delicado de 6 m con pequeños racimos de hermosas y di-

tes, con tonalidades que van del rosa y el violeta a un rico rojo púrpura. Este género se parece mucho a *Tibouchina*, pero tiene hojas y flores más pequeñas. Las especies son difíciles de conseguir.

CULTIVO Fuera de los trópicos o de los subtrópicos, cultívelos en un invernadero caliente en macetas con compost de tierra ácida, con buena luz, pero protegidos del sol directo. Pódelos a finales del invierno para limitar su tamaño si es necesario. Se multiplican a partir de semillas o de esquejes semimaduros. Necesitan calor basal.

CLIMA Tropical o subtropical.

ESPECIES *O. stellata* es una de las especies cultivadas, y se encuentra en una amplia zona comprendida entre la India y China. Es un arbusto con un hábito de crecimiento erecto o semipostrado que alcanza 1,8 m y tiene hojas ovaladas de color verde fuerte con visibles vetas. En verano da holgados racimos de flores de aspecto aplanado de tonos púrpura, lila rosado, rosa y, a veces, incluso blanco.

Las flores de *Osmanthus fragrans* son pequeñas pero muy fragantes. Hay que cultivarlas en un lugar resguardado para conservar mejor el aroma de las flores.

minutas flores aromáticas de color blanco en otoño, o en primavera y verano, y hojas oblongas finamente dentadas. Los chinos usan estas flores para dar sabor al té. Tienen un aroma parecido al de los albaricoques maduros. *O. heterophyllus*, zona 6, es un arbusto resistente que rápidamente alcanza los 5 m de altura, con anchas hojas con grandes dientes triangulares parecidas a las del acebo y racimos de blancas y aromáticas flores otoñales.

Osteospermum (fam. Asteraceae)

Originario principalmente del sur de África, este género comprende 70 especies perennes herbáceas y subarbustivas. No suele crecer más de 1 m de alto, y tiene bellas flores como margaritas que solo se abren a la luz del sol. Estas plantas se utilizan a menudo en arriates y jardineras, o, en climas libres de heladas, como cubierta vegetal.

CULTIVO Las *Osteospermum* requieren unas condiciones cálidas y secas y abundante luz del sol para que las flores luzcan bien. Se pueden multiplicar fácilmente a partir de esquejes. Las plantas establecidas toleran bien la sequía.

CLIMA Zona 9, pero usadas como anuales en verano en todas las zonas climáticas.

ESPECIES *O. amplectans* alcanza 1 m y tiene hojas pequeñas y vistosas flores amarillas con el disco central amarillo purpúreo. *O. ecklonis*, la especie más popular, luce mucho si se plantan sus masas de flores en un jardín salvaje o en jardines de rocalla. Esta especie arbustiva y perenne alcanza 1 m y da flores blancas con el reverso de color azul pálido, con un disco central azul oscuro. *O. fruticosum* es una perennifolia arbustiva de 60 cm con estrechas hojas y flores blancas y púrpura. *O. jucundum*, una especie perenne trepadora que solo mide 40 cm de altura, tiene un follaje verde oscuro y numerosas flores color guinda en primavera. Hay numerosos cultivares disponibles.

Owenia (fam. Meliaceae)

Estas seis especies de árboles originarios de Australia producen una savia lechosa y pequeñas flores a las que le sigue un fruto ácido que suelen comer los aborígenes de este país.

CULTIVO En climas con tendencia a las heladas, cultívelas en un invernadero templado a caliente. A la intemperie, cultívelas en un lugar soleado en un suelo bien drenado. Se puede multiplicar con éxito a partir de esquejes semimaduros a finales del verano, que arraigarán en una mezcla formada por tres partes de arena gruesa y una parte de turba o vermiculita. Si se multiplica a partir de semillas, hay que asegurarse de que estas sean frescas. No obstante, es difícil hacer crecer las semillas, y se necesita un tratamiento para romper el período de reposo de la semilla.

CLIMA Zona 10 y superiores.

ESPECIES *O. acidula*, «manzano de emu», generalmente mide 8 m de altura. Puede tener un porte arbóreo o arbustivo, y tiene ramas colgantes y un fruto rojizo de sabor ácido que sacia la sed.

Las *Osteospermum* toleran bien los suelos secos y las condiciones calurosas y secas. Son muy resistentes y se utilizan como cubierta vegetal en grandes áreas.

Aunque las flores de *Owenia venosa* son pequeñas, los frutos son grandes y jugosos. Este árbol tiene un gran potencial en regiones áridas.

Oxalis obtusa, originaria del sur de África, tiene bellas flores rosas con el centro amarillo. No se trata de una especie invasora.

Oxalis (fam. Oxalidaceae)

Ampliamente distribuidas, la mayoría de las especies del género *Oxalis* son originarias del sur de África y Sudamérica, aunque este género también incluye las especies invasivas y perniciosas que aparecen en muchos jardines de América, las plantas ornamentales y las plantas perennes, bulbosas o tuberosas. Tienen hojas trifoliadas que se pliegan al caer la tarde, una savia cáustica y un sabor avinagrado. Todas las especies que son invasoras producen numerosos bulbillos, a partir de los cuales se multiplican rápidamente.

CULTIVO Cultive las especies bulbosas y tuberosas en un suelo arenoso, en un lugar soleado, y manténgalas secas durante el período de reposo en invierno. Debido a que algunas de estas especies pueden ser invasoras, es preferible plantarlas en macetas. Las especies bulbosas y tuberosas se multiplican a partir de la semilla madura, que es expulsada con fuerza de la cápsula que las contiene. Los especímenes con raíces tuberosas pueden cultivarse por separación de los bulbillos que producen en primavera o verano.

CLIMA Hay especies adecuadas a varias zonas climáticas.

ESPECIES *O. adenophylla*, zona 5, tiene flores rosas o malva. *O. carnosa*, zona 10, una planta crasa originaria de Chile y Bolivia, alcanza 10 cm de altura. Tiene una raíz tuberosa y gruesos tallos carnosos que pasan a ser leñosos y ligeramente nudosos, y flores amarillas en grupos de tres o cuatro. *O. gigantea*, zona 9, de Chile, es un arbusto suculento de 2 m de altura cubierto de finos pelos. Tiene ramas secundarias ligeramente caídas, lóbulos foliares ovalados y flores amarillas. *O. hirta*, zona 9, tiene flores de color rosa vivo en invierno. *O. lobata*, zona 8, da flores de color amarillo brillante a finales de verano y otoño. *O. pes-caprae*, flor de avellana, zona 9, es una perennifolia sin tallo. Las hojas suelen tener pequeñas motas púrpura y sus flores son amarillas. En algunos países es una planta invasora. *O. purpurea* 'Alba', zona 8, tiene grandes flores de aspecto sedoso en invierno. También hay una forma de la *O. purpurea* con

Oxalis purpurea 'Alba' tiene flores blancas y sedosas en otoño e invierno. No es una planta invasora.

Oxydendrum arboreum tiene ramilletes de flores blancas en verano y un follaje lustroso en otoño.

hojas burdeos y sorprendentes flores rosa intenso. *O. succulenta*, zona 9, una planta crasa de Chile y Perú, tiene un tallo corto y escamoso y pequeñas hojas caducas sobre tallos gruesos y carnosos. Sobre los tallos ahorquillados crecen numerosas flores pequeñas y amarillas.

Oxydendrum (fam. Ericaceae)

Originario de América, este género está formado por una única especie de árbol caducifolio, que generalmente se cultiva como árbol ornamental o como espécimen para el jardín.

CULTIVO Plántelo en un suelo bien drenado sin cal y cúbralo con un mantillo de musgo o estiércol de vaca. Riéguelo regularmente durante la primavera y el verano. Se puede multiplicar a partir de esquejes o semillas o por acodo.

CLIMA Zona 5. Mejor en un clima fresco y húmedo.

ESPECIES *O. arboreum*, acedero arbóreo, alcanza una altura de 15-20 m. Tiene hojas verdes y de sabor amargo de 15 cm de longitud, que se tornan carmesí en otoño, y ramilletes de flores blancas acampanadas en verano. En ocasiones se cultiva para atraer a las abejas.

Oxylobium (fam. Papilionaceae)
Guisantes greñudos

Estos arbustos perennes de crecimiento abierto son originarios de Australia. Aunque la mayoría de las especies son venenosas, forman atractivos arbustos para jardín, pues tienen un interesante follaje y pequeñas flores de color brillante. Vale la pena cultivarlos en condiciones cálidas y secas.

CULTIVO En las zonas climáticas inferiores a 9, cultívelos en un invernadero fresco y ventilado. En el exterior, estos arbustos requieren un suelo seco y arenoso, pero pueden crecer en cualquier suelo ordinario de jardín en un lugar soleado. Se puede multiplicar a partir de la semilla de cubierta dura.

Oxylobium ilicifolium es un arbusto erecto que a veces crece desordenadamente. Tiene hojas parecidas a las del acebo y flores de color amarillo brillante en primavera.

Primero introdúzcala en agua hirviendo y déjela reposar durante un día. La semilla resultante, que se habrá hinchado, germinará rápidamente. Los esquejes también arraigan con facilidad. No trasplante los arbustos bien establecidos.

CLIMA Zona 9.

ESPECIES No todas las especies enumeradas a continuación se pueden encontrar fuera de Australia. *O. ellipticum*, guisante greñudo, es una especie alpina de 2,5 m de altura y flores amarillas y marrones. *O. ilicifolium* tiene hojas parecidas a las del acebo y flores de color amarillo brillante. Alcanza 2 m de altura. *O. lanceolatum*, de 3 m de altura, está provista de ramilletes de flores naranja. *O. procumbens* es una especie enana que crea una excelente cubierta vegetal. Tiene hojas acorazonadas e inflorescencias en racimos de flores naranja rojizas. *O. scandens*, una especie postrada, tiene flores amarillas. *O. robustum* es un arbolillo que alcanza 4 m, provisto de flores naranja amarillentas en primavera y en verano.

Oxypetalum (sin. Tweedia, fam. Asclepiadaceae)

La especie cultivada, *O. caeruleum* (sin. *Tweedia caerulea*), originaria del sur de América, Brasil y Uruguay, tiene flores azul cielo en verano.

CULTIVO En climas propensos a las heladas, cultívelas en un invernadero de frío a templado en macetas con compost de tierra. Estas plantas necesitan abundante luz. A finales del invierno, pode los brotes que ya hayan florecido a tres o cuatro yemas de la base. En el exterior, cultívelos en un lugar cálido y libre de heladas en un suelo ligero y bien drenado. También puede cultivarse como anual, sembrada a principios de la primavera. Multiplíquelas a partir de semillas o de esquejes semileñosos, ambos con calor basal.

CLIMA Zona 10.

ESPECIES *O. caeruleum* (sin. *Tweedia caerulea*) es una especie arbustiva y trepadora de 1 m de altura. Tiene un follaje velloso de color verde pálido, bellas flores estrelladas de color azul y vainas verdes en forma de bota.

Las flores de la *Oxypetalum caeruleum* tienen una sorprendente tonalidad azul. Estas flores emergen de unos capullos rosados.

Pachyphytum (fam. Crassulaceae)

Este interesante género, originario de México, incluye alrededor de 12 especies de suculentas perennes, ramificadas y de crecimiento lento. Sus rosetas presentan hojas muy gruesas, suaves y redondeadas, cubiertas en ocasiones de una harina blanca satinada. La inflorescencia aparece en un único tallo grueso que se endereza cuando las flores se abren. Las de algunas especies son similares a las de *Echeveria*, aunque más cortas. Otras especies presentan una capucha, debido a que su grueso cáliz es mucho mayor que los pétalos.

CULTIVO En climas propensos a las heladas, cultive la planta en un invernadero intermedio, en tiestos rellenos de compost para cactos con buen drenaje. La planta necesita un máximo de luz, aunque deberá protegerla de una excesiva radiación. Mientras está creciendo riéguela con moderación, pero mantenga el compost seco durante el invierno. Multiplique a partir de semillas en invierno, y por esquejes de tallo o de hoja en verano. En ambos casos, aplique calor basal.

CLIMA Regiones más cálidas de la zona 10.

ESPECIES *P. compactum* es una planta muy compacta de hojas planas y densas de color malva azulado, y acabadas en punta. Las flores son de un rojo anaranjado, con puntas azuladas y sépalos rosas. *P. hookeri* tiene hojas verdes en forma de huso y flores rojas, con puntas verdes y sépalos rosados de pequeño tamaño. *P. oviferum* es la más bella de las variedades, y su forma recuerda a la de una peladilla. Sus hojas son ovaladas y de un blanco intenso, y sus flores forman racimos en forma de capucha de color rojo oscuro, y florecen desde finales de invierno hasta principios de primavera. Se han obtenido bellos híbridos de *Pachyphytum* y *Echeveria*, conocidos como x *Pachyveria*.

Pachypodium (fam. Apocynaceae)

Originarias en su gran mayoría de Madagascar, estas suculentas perennes y rectas pueden alcanzar, en sus formas de crecimiento más lento, hasta los 10 m de altura. Todas presentan los característicos tallos inflados y son muy carnosas. Sus hojas, de una textura áspera, se disponen en espiral sobre los tallos. Blancas, amarillas o rojas, aparecen al final del tallo, a veces antes de que salgan las hojas. Cultivadas normalmente por especialistas.

CULTIVO Fuera de los trópicos, deben cultivarse en un invernadero cálido en tiestos con compost para cactos. Requieren un máximo de luz. Riegue con moderación durante la etapa de crecimiento y mantenga la planta seca en invierno. Propague a partir de semillas en primavera.

Pachyphytum oviferum, la más bella de las variedades de su género, tiene hojas de un color verde pálido recubiertas de una fina harina blanca.

Pachypodium lamerei tiene un curioso aspecto, con un tronco espinoso de color gris, coronado por hojas de tacto áspero.

CLIMA Exclusivamente tropical.

ESPECIES *P. lamerei*, o palma de Madagascar, puede alcanzar los 6 m de altura. No se trata de una palmera, pero por su apariencia puede dar esa impresión. El tronco, con su característica hinchazón, es de un marrón grisáceo y está recubierto de afiladas espinas. Las flores, blancas y de pedúnculos dorados, son de una gran fragancia, y recuerdan a las del franchipán. Florecen de mediados de verano a principios de otoño. *P. namaquanum* tiene un tallo grueso y carnoso recubierto de espinas que puede alcanzar los 3 m de altura. Sus hojas, estrechas y onduladas, miden unos 12 cm, y forman festones en la punta del tronco. Esta especie produce numerosas flores de un color rojo púrpura, con estrías amarillas en el interior. *P. succulentum*, procedente de la provincia de El Cabo, en Sudáfrica, es una suculenta arbustiva, con ramas duras y espinosas y hojas ligeramente velludas. Sus pequeñas flores van del rosa al carmesí, y a veces presentan estrías rojas.

Pachysandra (fam. Buxaceae)
Paquisandra de Japón

Nativas del Asia Oriental y Norteamérica, algunas de estas perennes trepadoras de color verde brillante forman una buena cubierta vegetal para las zonas de sol y sombra de un jardín.

Pachysandra terminalis crece en suelos húmedos y ricos en humus de zonas frías o templadas.

CULTIVO Plante en una zona húmeda y con suave sombra, y multiplique a partir de esquejes obtenidos en verano, o por división de la planta en primavera. Riegue en abundancia en primavera y verano.

CLIMA Zona 5.

ESPECIES *P. procumbens*, originaria de Norteamérica, crece a una altura de entre 20 y 30 cm. Sus hojas son ovales, y sus flores de un verde crema (a veces rosa púrpura). *P. terminalis*, de China y Japón, tiene hojas ásperas y ovales, dentadas en las puntas, y espinas terminales de flores blancas marcadas con puntos rosa, que florecen en verano. Alcanza los 30 cm, y su cultivar 'Variegata' tiene hojas veteadas de blanco.

Pachystachys (fam. Acanthaceae)

Originario de la América tropical y las Antillas, este género incluye 12 especies de arbustos perennes de pequeño tamaño, incluidos a veces en el género *Jacobinia*. Sus amplias hojas tienen un veteado distintivo, y sus flores, grandes y atractivas, crecen sobre gruesas espigas terminales. Pueden

Los capullos amarillos de *Pachystachys lutea* son mucho más decorativos que las finas flores blancas que salen de ellos.

ser de color rojo claro, amarillo o morado. Las brácteas pueden resultar incluso más llamativas que las propias flores.

CULTIVO Fuera de las zonas tropicales y subtropicales, cultívela en invernadero cálido y húmedo, en maceta relleno de abono vegetal para tiestos. La planta debe recibir mucha luz, aunque protegida de una excesiva radiación. Pode ligeramente tras la floración para mantener la forma adecuada. Propague a partir de esquejes de madera blanda, con calor basal.

CLIMA Se cultiva en las regiones más templadas de la zona 10 a tropical.

ESPECIES *P. coccinea* es un pequeño seto arbustivo de 1,5 m de altura con hojas de color verde oscuro de unos 20 cm de largo y 10 de ancho, y espigas florales de color rojo de unos 15 cm de largo. *P. lutea* alcanza 1 m de altura y presenta hojas largas, de unos 15 cm de diámetro, y espigas más cortas provistas de flores blancas y amarillas. Se cultiva a veces como planta doméstica.

Paeonia (fam. Paeoniaceae)
Peonías

Este género, originario de las zonas templadas de Europa, China y Norteamérica, estuvo incluido en la familia de las ranunculáceas, pero actualmente posee su propia familia. Comprende unas 33 especies, y se divide en dos tipos: perennes herbáceas, y arbóreas. Los cultivares del primer tipo derivan principalmente de *P. lactiflora*, y los del segundo de *P. suffruticosa*. Ambos florecen en primavera y principios de verano. La mayoría de las perennes tienen flores grandes, vistosas y festoneadas que van del rosa al malva, pasando por el morado, el blanco y el amarillo, y algunas lucen enormes flores individuales parecidas a las de la amapola. Tanto unas como otras se cultivan en todo el mundo y se cuentan entre las plantas de jardín más populares. El tipo arbóreo es originario de China y fue introducido en Corea y Japón entre los siglos VI y VIII. Una cuidadosa selección ha permitido que la variante japonesa se diferencie claramente de su antepasado chino. Presenta una

La suntuosa flor de la peonía 'Bowl of Beauty' se sostiene sobre un tallo de 90 cm de altura. Es un cultivar muy extendido.

gama de colores más amplia y un carácter más robusto. Es caducifolia en invierno; sus flores son similares a las de la variante herbácea, pero suelen medir unos 30 cm de diámetro, y pueden ser tanto simples como dobles. Si se cultiva, la variante arbórea alcanza dimensiones arbustivas, con un máximo de 2-2,5 m de altura.

CULTIVO Plante la variante herbácea en un suelo profundo, con buen drenaje y enriquecido con compost durante el otoño. Crecerá tanto a pleno sol como en semisombra. La multiplicación es ideal por división a finales de otoño o principios de primavera, pero el cultivo es por semilla. La planta puede permanecer indivisa durante unos 10 años. Las variantes arbóreas pueden crecer en cualquier tipo de suelo, siempre que el drenaje sea óptimo. Prefieren las zonas más protegidas. Cubra el suelo con harina de sangre, pescado y huesos en primavera.

CLIMA Zona 6, a no ser que se especifique lo contrario más adelante.

ESPECIES *P. delavayi* es una variante arbórea que puede alcanzar los 2 m de altura y luce flores de

Paeonia officinalis 'Rubra Plena' es un cultivar muy extendido que florece a principios y mediados de verano.

fundamente divididas, en forma de copa y de un rojo oscuro. Alcanza los 60 cm de altura. La mayoría de las especies han derivado en magníficos cultivares, normalmente más asequibles que las propias especies. *P. suffruticosa*, zona 5, procedente de China, posee flores simples en forma de copa de color blanco, rosa, rojo o morado. Tanto las flores como las hojas son de gran tamaño. Hay muchos y magníficos cultivares.

Panax, especies de (fam. Araliaceae)
Ginseng

Las raíces carnosas de muchas de las especies de *Panax* han venido siendo utilizadas con fines medicinales desde hace siglos en diversos países asiáticos. *P. ginseng*, procedente de Corea y Manchuria, es utilizada en China como tratamiento contra el cáncer. Es extremadamente rara en estado silvestre, y su precio, muy elevado. Prácticamente extinguida, su propagación es posible gracias a la tecnología del cultivo de tejidos, aunque los comerciantes de ginseng no suelen estar interesados en esta variante estandarizada. Las raíces más apreciadas son las que recuerdan la forma humana. El ginseng americano, *P. quinquefolius*, zona 3, es cultivado ocasionalmente como producto de exportación para Asia, pero aún no parece existir una alternativa seria para los incondicionales de la raíz original.

color granate oscuro. *P. emodi*, zona 8, procedente de India, alcanza 1 m de altura, y produce flores individuales de color blanco de unos 10 cm de diámetro. Muchos cultivares derivados de esta especie tienen gamas de flores de color blanco, rosa, rojo y morado, en forma simple, semidoble y doble. *P. lutea*, una variante china, tiene hojas dentadas y flores simples y amarillas. Esta especie arbórea alcanza los 2 m de altura. *P. mlokosewitschii*, originaria del Cáucaso, llega a los 90 cm de altura y presenta hojas verdes y velludas en el envés que van oscureciendo con la madurez, y flores simples y abiertas, de un amarillo pálido, de unos 12 cm de diámetro. *P. officinalis*, zona 8, originaria de Europa, fue utilizada con fines medicinales por los antiguos griegos. Alcanza los 60 cm de altura y posee hojas lobuladas y flores simples, parecidas a las rosas, de color rojo claro. La subespecie *humilis* tiene flores que van del rosa oscuro al rojo. El cultivar 'Alba Plena' produce flores blancas dobles; las del 'Rosea Plena' son dobles, de color rosa, y las del 'Rubra Plena', dobles carmesíes. *P. peregrina*, zona 8, procede del sur de Europa, y posee hojas pro-

El ginseng americano, *Panax quinquefolius*, es cultivado a veces como planta ornamental.

Pandanus (fam. Pandanaceae)

Pandanos

Común en países ribereños de los océanos Pacífico e Índico, pero no en América, este grupo de grandes plantas tiene muchos usos prácticos para los pueblos indígenas de estas regiones. Las hojas se utilizan para la confección de tejados, cestería, esteras, cordelería y asientos para sillas, y algunas especies incluso proporcionan frutos comestibles. Conocidos por sus raíces fúlcreas y sus grandes rosetas de hojas parecidas a las de la palmera, son una imagen común en las costas tropicales, aunque algunas especies proliferan espontáneamente en los bosques. En sus hábitats originarios, estos árboles pueden alcanzar entre 6 y 15 m de altura. Tienen grandes hojas lanceoladas. Las flores masculinas y femeninas se generan en plantas separadas, así que se necesitan árboles de ambos sexos para producir sus grandes frutos en forma de piña. Fuera de las zonas tropicales o subtropicales, el pandano se cultiva como planta doméstica, apreciada por sus hojas, o en invernaderos cálidos.

Los grandes y característicos frutos de *Pandanus tectorius* son comestibles. Las flores masculinas son aromáticas.

CULTIVO En invernadero o en el hogar, debe crecer en un maceta a base de abono vegetal para tiestos. La planta necesita mucha claridad (aunque debe estar protegida de la radiación directa), y una atmósfera muy húmeda. Multiplique a partir de raíces, que deben cultivarse tan pronto como estén disponibles (las de maduración reciente son las mejores); la planta germina a 21 °C. Empape las raíces en agua tibia un día antes de sembrarlas. También puede hacerlo a partir de brotes radiculares obtenidos en primavera.

CLIMA Regiones más cálidas de zona 10 y tropicales.

ESPECIES No todas están disponibles fuera de sus países originarios. *P. cookii*, procedente de Australia, alcanza entre 6 y 9 m, y se caracteriza por sus esbeltas y largas ramas, así como por sus escasas y estrechas hojas, de entre 1 y 2 m de largo. El fruto es de forma oval y de un tono rosa apagado cuando alcanza la madurez. *P. monticola*, originaria de Australia, es una especie poco usual, de ramas muy delgadas y retorcidas, y hojas de un verde brillante, largas y muy delgadas. Da frutos amarillentos diferentes de sus homólogas australianas. *P. pedunculatus*, originaria de Australia y las islas occidentales del Pacífico Sur, es similar a *P. tectorius*, habitual en las zonas costeras del sudeste asiático y la Polinesia. Planta expansiva de abundantes ramas, puede alcanzar una altura de 8 m. Los frutos son de un tono rojo anaranjado cuando maduran. Posee dos cultivares muy apropiados para el hogar o el invernadero: 'Sanderi', cuyas hojas muestran una estrecha franja central de color amarillo dorado, y 'Veitchii', que presenta hojas ribeteadas en blanco.

Pandorea (fam. Bignoniaceae)

Nativo de Australia, Malaisia y Nueva Caledonia, este pequeño género de trepadoras dioicas perennifolias recibe su nombre de la figura de Pandora, procedente de la mitología griega. Cultivadas por sus bellas flores campanuladas y por sus hojas pinnadas de tonos brillantes, la mayoría de las especies son fáciles de cultivar y son perfectas para emparrar. Excepto en los climas cálidos, crecen en invernaderos intermedios.

Pandorea pandorana, una vigorosa trepadora que florece prolíficamente en invierno y primavera.

CULTIVO En invernadero puede crecer en un tiesto grande relleno de compost para tiestos. Debe tener mucha luz, pero protegiendo la planta de la radiación directa. Riéguela regularmente en época de crecimiento, y reduzca considerablemente la dosis en invierno. Pódela tras la floración para adecuar la planta al espacio disponible. En exteriores crece a plena luz con un suelo húmedo, aunque de buen drenaje. Multiplique por semillas o por estratificación en primavera y por esquejes semimaduros en verano. En el primer y tercer caso, utilice una cama caliente o de arraigamiento.

CLIMA Regiones más cálidas de zona 10 y tropicales.

ESPECIES *P. doratoxylon* es una trepadora arbustiva común en la mayoría de los estados australianos, con grandes racimos de flores amarillas que florecen desde finales de invierno hasta finales de verano. *P. jasminoides*, bignonia blanca, es una atractiva especie procedente de las selvas litorales. Sus flores, blancas y atrompetadas, con profundas gargantas de color rojo, aparecen en primavera y verano. El cultivar 'Alba' tiene grandes flores de un blanco puro; 'Rosea' tiene grandes flores rojas de tono rosado, con gargantas moradas. *P. pandorana* es una trepadora robusta con densas inflorescencias terminales blancas y amarillas moteadas en rojo y morado, y estrías en el interior de la garganta. Hay diversas variantes, incluida la bellísima 'Snowbells', que produce grupos de flores de un blanco puro.

Papaver (fam. Papaveraceae)
Amapolas

Incluye alrededor de 80 especies. Esta deliciosa planta anual perenne es muy popular en arriates y bordes de jardín. Tiene un tallo largo y delicadas flores campanuladas en tonos naranja, amarillo, rojo, rosa, crema y blanco en verano. Produce una savia lechosa y un fruto en cápsula que contiene multitud de semillas.

CULTIVO La amapola se desarrolla mejor en un suelo bien iluminado, enriquecido y drenado, expuesto al sol, y protegido del viento. Su cultivo es fácil a partir de semillas. Tanto en anuales como en bianuales, plante las semillas en el exterior en primavera. Los retoños no soportan bien la manipulación, así que no los transplante. Las semillas de las variantes perennes se cultivan simultáneamente, pero lo ideal es hacero en semilleros con marco frío. Extraiga los retoños de las macetas y

Plantación masiva de amapolas de Islandia, *Papaver croceum*, un símbolo de alegría para los espíritus en verano. Hay numerosos cultivares en diversas mixturas cromáticas.

Amapolas silvestres, *Papaver rhoeas*, de un rojo vivo, iluminan este jardín en verano, y contrastan bien con el follaje verde y gris de otras plantas.

proceda a plantarlos cuando alcancen un tamaño adecuado. Las variantes perennes también se propagan por división en primavera o por esquejes de raíz obtenidos en invierno. Si decide cortar las flores para exhibirlas en interiores, hágalo a primera hora de la mañana y sumerja la base de los tallos en agua hirviendo durante unos 15 segundos antes de colocarlas en un jarrón.

CLIMA Hay varias especies adecuadas a las diversas zonas climáticas.

ESPECIES *P. croceum*, amapola de Islandia, es una planta bianual cultivada normalmente como anual. Forma una roseta de follaje verde pálido de la que emergen altos tallos con inflorescencias en forma de platos de color amarillo, rojo, naranja, crema, rosa o blanco. Hay muchos cultivares de la amapola de Islandia: 'Champagne Bubbles' posee una amplia gama de colores cálidos, incluyendo el rosa y diversos tonos de amarillo; 'Oregon Rainbows' tiene flores de gran tamaño en diversas mezclas cromáticas, algunas de ellas «picotees» y bicolores. 'Wonderland' es una variante de crecimiento lento en colores simples o mezclados.

P. orientale o amapola oriental es una perenne de gran altura con grandes hojas dentadas y divididas, y amplias flores del naranja al escarlata, con centros mezcla de negro y escarlata. Hay muchos cultivares disponibles, entre ellos 'Cedric Morris', con grandes flores rosas en volantes y «picotee», de flores blancas y pétalos casi plisados, con márgenes de un naranja rosado. La floración tiene lugar desde finales de primavera hasta mediados de verano. La *P. rhoeas*, amapola silvestre, es una anual naturalizada en diversas partes del mundo. Sus flores, en forma de volantes, son de un rojo intenso, a menudo con marcas negras en la base durante el verano. Los cultivares de esta especie están ampliamente disponibles en el mercado: algunos tienen flores dobles rojas, blancas o rosas. La famosa amapola Shirley es una selección de esta especie con flores simples o dobles, disponible en varios colores. *P. somniferum*, la adormidera o planta del opio, tiene grandes flores rosas, blancas, rojas o malvas. Las formas tienen vistosas flores de volantes en una atractiva gama de colores.

Paphiopedilum (fam. Orchidaceae)
Zapatillas de dama

Estas orquídeas son nativas especialmente del Asia sudoriental; algunas florecen en el Himalaya, y se extienden hasta China y hacia el sur hasta Papúa-Nueva Guinea. Proceden de diversos hábitats, desde las zonas a nivel del mar hasta las regiones montañosas con altitudes que pueden sobrepasar los 2.000 m. Muchas especies en estado silvestre están amenazadas, así que hay pocas disponibles en el mercado, aunque existe una enorme variedad de cultivares e híbridos.

CULTIVO En invernadero intermedio con una temperatura mínima de 13 °C. Cultive en pequeños tiestos con compost para orquídea a base de corteza disponible en comercios especializados. En verano, la planta necesita mucha luz indirecta, una atmósfera húmeda y riego frecuente. Abónela cada siete o diez días. En invierno, la planta necesitará una humedad reducida y mucho menos riego. Propague a partir de esquejes laterales de raíz.

CLIMA Tropical.

Grandes híbridos de zapatillas de dama. Las flores son brillantes, y su textura, parecida a la de la cera, les proporciona un aspecto casi artificial.

Paradisea liliastrum florece de forma prolífica en condiciones idóneas. Es una flor de corte ideal.

ESPECIES *P. bellatulum*, de Tailandia y Birmania, tiene flores estivales de un blanco cremoso, fuertemente moteadas de granate, y hojas ajedrezadas. *P. concolor*, procedente de Birmania y del Asia suroccidental, es una especie enana de un amarillo pálido salpicado de morado. *P. insigne* tiene flores verde amarillentas, marcadas en marrón y blanco. Florece a finales de otoño y a principios de primavera. *P. niveum*, originaria de Tailandia, tiene flores blancas moteadas de morado. *P. parishii* procede de Tailandia, Birmania y China. Las flores, de color morado o verde oscuro, tienen largos pétalos pendulares y helicoidales. *P. philippinense*, oriunda de Filipinas, produce grandes racimos de flores moradas, velludas y rojizas.

Paradisea (fam. Asphodelaceae)

Las dos especies en que se divide este género son nativas de los bosques húmedos y de los prados del sur de Europa. Son plantas perennes y sus flores son ideales para el corte.

CULTIVO Estas plantas prefieren un suelo con buen drenaje, algo de sombra y humedad. Crecen bien en las regiones costeras frías, con algo de viento. Se propagan por división a principios de primavera. Plante los rizomas a unos 15 o 20 cm de profundidad, y no la manipule.

CLIMA Zona 7.

ESPECIES *P. liliastrum*, o lirio de san Bruno, procede de las zonas montañosas del sur de Europa; se trata de una perenne herbácea que puede alcanzar los 40 cm de altura, a partir de un tronco rizomatoso. Las flores, blancas y en forma de embudo, aparecen a principios de verano sobre los largos y finos tallos. Las hojas, en forma de cinta, son de un gris verdoso. El cultivar 'Major' puede crecer hasta alcanzar el doble de altura que la especie primigenia, y sus flores son también bastante más grandes. *P. lusitanicum*, procedente de Portugal, puede alcanzar los 80 cm de altura. Sus flores, blancas y estivales, aparecen en gran número sobre sus tallos robustos.

Parahebe (fam. Scrophulariaceae)

Antaño clasificado en la familia de las *Veronica*, este género incluye unas 30 especies de arbustos pequeños, densos y perennes, que proceden de Nueva Zelanda en su gran mayoría, junto con algunos originarios de Australia y Nueva Guinea. Está directamente emparentado con *Hebe*. Las especies de *Parahebe* difieren de las *Veronica* por sus frutos, en cápsulas aplanadas. Su aspecto es ideal para jardines rocosos y bordes de jardín, y florecen desde verano hasta finales de otoño.

Las espigas de flores azul pálido o blancas de *Parahebe derwentiana* aparecen en grandes cantidades cuando se cultivan a la sombra en regiones frías.

CULTIVO Este género crece bien en suelos con buen drenaje. Multiplíquela por división en primavera, o por esquejes de brote extraídos en verano. Complete tras la floración podando las plantas ya bien enraizadas. Aunque esta planta resiste a las heladas, es mejor protegerla de los fuertes vientos en las regiones frías.

CLIMA Zona 8 para la mayoría de especies.

ESPECIES *P. catarractae*, originaria de Nueva Zelanda, tiene hábitos semirrastreros, y se endereza sustancialmente conforme va madurando. Se caracteriza por sus pequeños racimos de flores blancas en forma de embudo, con toques morados. *P. linifolia*, de Nueva Zelanda, es un arbusto enano muy ramificado que alcanza los 25 cm de altura y exhibe flores blancas o de un color rosa pálido. *P. lyallii*, también neozelandés, es un arbusto multirramificado y semirrastrero, con puntas terminales a base de pequeñas flores blancas o rosas, y hojas verdes ovales, dentadas y ásperas. *P. perfoliata*, zona 9, es una especie delicada procedente de las regiones sudorientales de Australia. Alcanza entre 50 cm y 1 m de altura, y luce largos racimos de atractivas flores en tonos que van del azul al morado, y un bello follaje gris azulado, con toques morados antes de la madurez.

Parodia (fam. Cactaceae)

Originarios de las regiones montañosas de Sudamérica, estos cactos de tamaño pequeño o mediano suelen tener forma globular. Muchos crecen en solitario, mientras que otros producen vástagos que acaban formando macizos. Los tallos son estriados, y las espinas, de llamativos colores, a menudo sobresalen de los tubérculos. El tamaño y forma de las espinas varían de unas especies a otras: pueden ser blandas, duras, rectas o en gancho. Las flores en embudo pueden ser amarillas, naranjas o rojas, y sobresalen de la corona algodonosa de la planta ya desde el inicio de su desarrollo (véase la entrada *Notocactus*).

CULTIVO Estos cactos crecen con facilidad, pero necesitan un invernadero intermedio en los climas tendentes a las heladas. Allí deberá crecer en tiestos de compost para cactos con buen drenaje. Requieren máxima luminosidad, pero sin exposición directa a la luz solar, siempre en atmósfera seca. Riegue con moderación durante la época de crecimiento, pero mantenga la planta seca en invierno: en exteriores, procure que el suelo tenga un buen drenaje y una buena exposición a la luz solar. Multiplique en primavera a partir de semillas germinadas a 21 °C.

CLIMA Regiones más cálidas de zona 9 y superiores.

Las parodias son generalmente cactos muy espinosos de forma globular, que producen flores de gran tamaño y vistosidad en primavera o verano.

ESPECIES *P. aureispina* es una planta de tamaño pequeño o medio y costillas tuberculadas, espinas amarillas (la central uncinada y el resto erizadas) y flores de un amarillo dorado que alcanzan unos 4 cm de diámetro. *P. chrysacanthion* es una variedad de menor tamaño, densamente cubierta de finas espinas de color amarillo. Las flores, de color amarillo oro, tienen un diámetro de tan solo 2 cm. *P. maassii* posee un gran número de costillas en espiral y espinas aciculadas de color amarillo. Las flores son rojas o cobrizas, y miden unos 3 cm de diámetro. *P. nivosa* es un cacto de forma oval que alcanza los 15 cm de altura. Difícil de cultivar y muy sensible a las heladas, tiene una corona algodonosa de un blanco puro, y flores rojas de unos 5 cm de diámetro. *P. penicillata* es una planta de gran tamaño de unos 30 cm de altura con flecos de espinas rígidas de color blanco, amarillo o marrón, y produce magníficas flores rojas. Con la edad adquiere forma cilíndrica.

Paronychia (fam. Caryophyllaceae)

Este género de unas 50 trepadoras, anuales y perennes, está ampliamente distribuido por el mundo. Solo unas pocas se cultivan, especialmente como cubiertas vegetales.

CULTIVO Plante en cualquier tipo de suelo, siempre que ofrezca un buen drenaje. *Paronychia* puede crecer tanto con una ligera sombra como en zonas rocosas cálidas y secas. Propague por semillas cultivadas a principios de primavera, o por división de plantas en la misma estación.

CLIMA Zonas 6 o 7.

ESPECIES *P. argentea* es una planta procumbente y perenne procedente del sur de Europa, de unos 30 cm de ancho. Sus diminutas flores son de color blanco, rodeadas de brácteas plateadas en verano. Se usaba antiguamente en medicina popular. *P. argyrocoma*, una perenne de origen norteamericano, alcanza también los 30 cm. Dispone de unas vellosidades plateadas que cubren la totalidad de la planta y de diminutas flores que aparecen en densos glomérulos. *P. capitata*, una compacta perenne de origen mediterráneo, forma una cubierta

Densos glomérulos de flores de *Paronychia argentea* decoran la planta en verano. Esta planta prefiere los veranos cálidos y secos.

vegetal de un tono verde grisáceo. Las flores, pequeñas y verdes, salen en primavera desde el interior de las brácteas. *P. sessiliflora*, otra perenne norteamericana, tiene un crecimiento similar y un follaje verde amarillento. *P. virginica*, de la misma procedencia, alcanza los 45 cm de altura. Las flores se disponen en glomérulos ramificados en brácteas cortas de color plata.

Parrotia (fam. Hammamelidaceae)
Árbol de hierro

Nativo del sudoeste asiático, especialmente del área que rodea el mar Caspio, este género incluye solo dos especies. Se trata de un bello árbol de pequeño tamaño, aunque de tendencia expansiva, utilizado en prados o en claros de un jardín boscoso o en borduras arbustivas.

CULTIVO En suelos bien drenados y a pleno sol, para obtener los mejores colores otoñales en la hoja. No suele ser necesaria la poda más allá de la intervención inicial para conseguir un solo tronco. Propague mediante semillas cultivadas en otoño en un ambiente frío, esquejes semimaduros en verano, o por estratificación en primavera.

CLIMA Zona 5.

El color de la *Parrotia persica* va cambiando conforme
avanza el otoño, y es siempre un componente atractivo
para cualquier jardín.

Una especie de pasionaria con flores escarlatas. *Passiflora
coccinea* proporciona un continuo despliegue de color durante
muchos meses.

ESPECIES *P. persica* o árbol de hierro es un pequeño
árbol caducifolio y expansivo que puede alcanzar
entre 6 y 10 m de altura. Produce densas cabezas
de flores sin pétalos de color rojo claro en primavera. Las hojas llegan a tener 12 cm y aparecen
tras la floración, pasando en otoño del amarillo
brillante al naranja y, finalmente, al rojo.

Passiflora (fam. Passifloraceae)

Pasionarias

Existen alrededor de 500 especies de estas exóticas
plantas con zarcillos trepadores, incluida la popular fruta de la pasión, procedente de la América
tropical. La flor de Passiflora fue descubierta por
los misioneros españoles que acompañaban a los
conquistadores en Sudamérica, y fue interpretada
como un símbolo de la Pasión y Crucifixión de
Cristo. Sus diez pétalos representarían a los diez
apóstoles, y los cinco estambres con sus respectivos sépalos serían las cinco heridas sufridas por el
Mesías. La corona, de un tono entre azul y morado, sería la Corona de Espinas. La gama cromática
de sus flores incluye el rosa, el blanco, el azul, el
morado y el escarlata, según la especie. Muchas de
ellas se cultivan por su brillante y vistosa flora-

ción, mientras que otras, como *P. edulis* (fruta de
la pasión), *P. laurifolia* y *P. quadrangularis*, por sus
deliciosos frutos. En climas propensos a las heladas, la mayoría de especies deben cultivarse en invernaderos cálidos o intermedios.

CULTIVO En invernadero, cultive la planta en un
suelo delimitado o en un maceta relleno de abono
vegetal para tiestos a base de compost suelo. Faci-
lite una máxima exposición a la luz, pero protéjala contra las radiaciones directas. En exteriores,
plante sobre suelos bien drenados con un buen
grado de retención de humedad. La planta crecerá
bien a plena luz o con una ligera sombra, pero
hay que preservarla de los vientos fríos. Puede podarse a principios de primavera cortando todos los
brotes laterales en tres o cuatro yemas de cada tallo principal. Multiplique la planta en verano con
esquejes semimaduros enraizados mediante calor
basal, o por estratificación en primavera.

CLIMA Diversas zonas climáticas.

ESPECIES *P.* x *alatocaerulea*, zona 9, usada en perfumería, tiene flores blancas, rosas y moradas. *P.* x
allardii, zona 9, produce flores de pétalos de un rosa

pálido y corona azul oscuro. *P. antioquiensis*, curuba antioqueña, zona 9, es una especie vigorosa con flores de color rojo claro. La curuba cultivada más a menudo es *P. mollisima*, zona 8. *P. cinnabarina*, zona 10, produce flores con pétalos y sépalos escarlatas y una corona amarilla, en primavera. *P. coccinea*, zona 10, una pasionaria con floraciones rojas o escarlatas, es una planta vigorosa con flores escarlatas de tonos claros, que florece durante un largo período, desde mediados de verano hasta el otoño. *P. mixta*, zona 10, tiene pétalos y sépalos de un rojo anaranjado y una corona lavanda morada. *P. racemosa*, zona 10, tiene flores carmesíes con una corona morada, con bandas rojas o blancas. *P. vitifolia*, zona 10, produce pequeñas flores escarlatas y una corona con tonalidades entre el rojo y el amarillo claro. El fruto, verde amarillento, es oval y exhala un delicioso aroma.

Passiflora edulis (fam. Passifloraceae)

Fruta de la pasión, granadilla morada

Nativa del Brasil, la fruta de la pasión común es cultivada en la mayoría de las regiones cálidas del mundo. En países como Australia y Nueva Zelanda es un cultivo de gran importancia económica. Su deliciosa pulpa se come cruda y es muy utiliza-

Tanto las flores como las hojas de *Passiflora edulis* son decorativas. Esta especie crece con facilidad y se cultiva bien en climas cálidos.

da también en tartas, ensaladas de fruta y otros dulces. En climas con heladas, puede cultivarse en invernadero cálido o intermedio.

CULTIVO En invernadero, cultívela en un espacio limitado o en un gran tiesto o maceta con abono vegetal para tiestos a base de compost suelo. Proporciónele la máxima luz, protegiéndola a la vez de las radiaciones directas. Tenga en cuenta que la planta puede llegar a ocupar mucho espacio. Debe podarla a principios de primavera cortando todos los brotes laterales en tres o cuatro yemas de cada tallo principal. Multiplique en verano a partir de esquejes semimaduros, enraizados mediante calor basal, o por estratificación en primavera. Hay diversas plagas que pueden atacar a la planta en invernadero, como la cochinilla, la araña roja y la mosca blanca.

CLIMA Zona 10.

ESPECIES *P. edulis* o fruta de la pasión, es una parra trepadora perenne, con frutos que van del púrpura oscuro al negro y que llegan a medir unos 7 cm; con pulpa de color amarillento, ácida y de agradable aroma, y numerosas semillas negras. Tanto la una como las otras son comestibles. *P. mollissima* es una planta vigorosa, una de las pasifloras más resistentes, capaz de sobrevivir en el exterior en zona 8, siempre que se ubique en lugar soleado y bien protegido de los vientos secos y fríos. Esta especie produce frutos grandes, amarillos y muy ácidos, con más pulpa que otras especies análogas. *P. quadrangularis*, o granadilla, es ampliamente cultivada en zonas tropicales por sus grandes frutos comestibles, que pueden alcanzar los 20 cm de largo. Sus flores son extremadamente decorativas, así que vale la pena cultivarla solo por el despliegue floral que proporciona.

Passiflora quadrangularis

(fam. Passifloraceae)

Granadilla, pasionaria

Otra parra trepadora con zarcillos. Procede de Brasil y está muy emparentada con la fruta de la pasión, aunque sus frutos son más grandes y puede

Los grandes frutos de la granadilla cambian con la madurez hacia el amarillo o el naranja. La pulpa es muy dulce.

Estas chirivías están a punto de madurar. Debe cosecharlas cuando las raíces hayan adquirido un tamaño medio; no espere hasta que estén muy gruesas y fibrosas.

producirlos en menor cantidad. Es una trepadora perenne de gran vigor, con flores aromáticas de forma intrincada y color rojo, morado, blanco o rosa, que aparecen en verano y otoño. Su fruto produce numerosas semillas, y es de un verde amarillento. Se consume crudo o como ingrediente de bebidas refrescantes o mermeladas.

CULTIVO Si el clima es frío, cultívela en un invernadero cálido o intermedio en un terreno delimitado, o, si no es posible, en un tiesto grande o maceta con abono vegetal para tiestos a base de compost suelo. Protéjala de la radiación directa. Pode a principios de primavera cortando todos los brotes laterales en tres o cuatro yemas de cada tallo o rama principal. Multiplique por esquejes semimaduros en verano.

Pastinaca sativa (fam. Apiaceae)
Chirivía

Originaria del este de Europa, la chirivía pertenece a la misma familia que algunos vegetales como el hinojo, el perejil, el apio, el perifollo o la zanahoria. Todos ellos requieren una estación larga y fría

para desarrollarse, pero son fáciles de cultivar y de mantener. La chirivía es una planta bianual, aunque cultivada como anual. Su larga, afilada y aromática raíz es la parte que se consume, aunque también contiene un aceite volátil que se utiliza para la producción de vino o cerveza. Conocida por los antiguos griegos y cultivada desde la Edad Media, la chirivía es el ingrediente perfecto para un buen asado.

CULTIVO La chirivía crece bien en regiones de inviernos fríos, pero también se adapta a los climas más cálidos. Un terreno bien removido y drenado, fuertemente fertilizado a partir de cosechas previas, es una garantía de éxito. Plante las semillas frescas a mediados de primavera, practicando hendiduras de 1 a 2 cm y espaciando a 30 cm en grupos de tres o cuatro semillas. Mantenga la humedad hasta que las semillas germinen, proceso que durará unas dos semanas. Los brotes mermarán, quedando solo el más grueso al final de cada estación. La parte externa es poco resistente a las heladas y morirá, pero las raíces permanecerán bajo el suelo durante todo el invierno; extráigalas a su conveniencia. De hecho, el aroma de la chirivía mejora con las heladas. Las raíces pueden extraerse y conservarse durante muchos meses en cajas de arena húmeda, en lugar frío.

CLIMA Zona 6.

VARIEDADES La chirivía padece de una enfermedad conocida como *sclerotinia*, pero hay cultivares disponibles en el mercado, que deberán cultivarse en detrimento de los menos resistentes. Existen muchos cultivares de esta planta, pero varían entre una u otra región.

Patersonia (fam. Iridaceae)
Lirios nativos

La mayoría de las 13 especies de estas plantas similares al lirio son originarias de Australia, aunque también las hay nativas de Papúa-Nueva Guinea, Borneo y Sumatra. Son perennes arbustivas con rizomas subterráneos y hojas estrechas, esbeltas y de aspecto herbáceo; sus atractivas flores van del azul al morado y se sostienen sobre largos tallos de brácteas involucrales. Como en el lirio, las flores pueden ser a veces amarillas o blancas. Las blancas no suelen durar más de un día, y aparecen en sucesión de floraciones durante un largo período que se extiende desde la primavera al verano. En climas propensos a las heladas, cultívelas en invernadero frío o intermedio.

CULTIVO En invernadero, colóquelas en tiestos con abono vegetal para tiestos a base de compost suelo, bien drenados. Las plantas necesitan un máximo de luz, pero evite la radiación solar directa. El riego debe ser regular durante la etapa de crecimiento, pero en invierno es suficiente con mantener un ligero grado de humedad. En el exterior necesitan un suelo arenoso bien drenado y mucho sol. Multiplique en primavera a partir de semillas germinadas a 18 °C o por división en otoño.

CLIMA Zona 10.

ESPECIES No todas están disponibles fuera de sus lugares de origen. *P. fragilis*, procedente del este y el sur de Australia, es una planta pequeña, dotada de penacho y hojas de forma herbácea, de entre 15 y 40 cm de largo. Las flores, entre el malva y el púrpura, crecen en tallos más cortos que las hojas en primavera e inicios del verano. *P. glabrata*, procedente del este de Australia, de flores trilobuladas

Las delicadas flores de *Patersonia glabrata* duran tan solo un día, pero diariamente aparecen nuevos brotes a lo largo de muchos meses.

de color violeta que aparecen en primavera y verano, es muy similar a *P. fragilis. P. longiscapa* es una especie originaria del sudeste de Australia, de flores entre malva y morado que aparecen en primavera y verano. Crece en cualquier lugar donde haya suficiente humedad. Hay también una variedad excelente de flores blancas. *P. occidentalis*, del oeste de Australia, alcanza entre 30 y 60 cm de altura y tiene grandes flores de color morado que se abren en primavera y verano. *P. sericea*, del este de Australia, posee flores de un morado intenso que se desvanecen hasta alcanzar tonalidades malva. La totalidad de la planta llega a recubrirse de una fina vellosidad.

Paulownia (fam. Scrophulariaceae)
Paulonia

Originario de China y Asia oriental, este género incluye seis especies de grandes árboles caducifolios y expansivos apreciados por sus preciosas flores parecidas a las de la jacaranda, y por sus bellas hojas. Similar en muchos aspectos a *Catalpa*, ambas especies se diferencian por sus hojas, alternas en el caso de *Paulownia*, y opuestas en el segundo. El color de sus flores va del violeta azulado al blanco, y crecen en espigas de racimos terminales antes que las hojas.

Las flores de delicados colores de *Paulownia tormentosa* apenas se aprecian en los ejemplares más altos.

CULTIVO Las paulonias crecen bien en cualquier tipo de suelo ligero, suficientemente enriquecido y con una buena protección contra el viento. Aunque estos árboles prefieren los climas fríos, los brotes florales pueden verse afectados por las últimas heladas primaverales. Pueden cultivarse como arbustos desmochándolos a principios de cada primavera. Producirán hojas de gran tamaño, pero no florecerán. Multiplique por semillas cultivadas en primavera u otoño o por esquejes de raíz en invierno, ambos en un marco frío.

CLIMA Zona 6 para especie *P. fortunei*; zona 5 para *P. tormentosa*.

ESPECIES *P. fortunei*, originaria de China, tiene una forma cónica y alcanza entre 6 y 13 m de altura, y tiende a expandirse con la edad. Sus hojas, ovales, miden unos 25 cm de largo, son aterciopeladas en el envés, y sus flores, de un morado claro, tienen gargantas moradas y blancas. *P. tormentosa*, árbol de la emperatriz, es originaria de China. En Asia se cultiva por su madera, utilizada en ebanistería. La especie más extendida llega a alcanzar los 15 m de altura. Presenta hojas acorazonadas grandes y aterciopeladas de hasta 30 cm y flores aromáticas de un violeta azulado. Es una especie muy adaptable, y resistente a la polución.

Pavetta (fam. Rubiaceae)

Existen unas 400 especies de árboles o arbustos perennes dentro de este género, distribuidas en las zonas tropicales y subtropicales del planeta, incluyendo Filipinas y África. Tienen hojas opuestas, flores blancas o verdes y frutos carnosos parecidos al guisante. La floración es estival, y si se aplican algunos cuidados puede continuar año tras año durante mucho tiempo.

CULTIVO En climas fríos, cultive en un invernadero cálido o intermedio, en un tiesto de abono vegetal arenoso a base de compost suelo, con un buen drenaje. Procure que esté bien iluminado, con alta humedad atmosférica, y preserve de la radiación solar directa. A finales de invierno, pode si es necesario para controlar el aumento de tamaño. En exteriores, busque un lugar soleado con suelo húmedo y bien drenado. Propague en primavera a partir de semillas o por esquejes semimaduros en verano, ambos con base caliente.

CLIMA Regiones más cálidas de zona 10.

ESPECIES No todas están disponibles fuera de sus lugares de origen. *P. borbonica* se cultiva por su follaje de un color verde oscuro moteado con tonos más claros y con estría central de un rojo asalmonado. Las hojas pueden alcanzar 25 cm de largo.

Grupos de brotes aún por abrir en este bello ejemplar de *Pavetta lanceolata*. Los largos estambres sobresalen a partir de sus flores blancas.

P. capensis (sin. *P. caffra*), procedente del sur de África, es un arbusto de hasta 2 m de altura. Tiene ramas blancas con flores y un fruto de un tono negro brillante. *P. indica* es un pequeño arbusto procedente de India, sur de China, sudoeste de Asia y norte de Australia. Las hojas alcanzan los 25 cm de longitud y sus flores, blancas y fragantes, crecen sobre esbeltos tallos. *P. natalensis*, originario del sur de África, es un vistoso arbusto que puede sobrepasar los 2,5 m. Tiene hojas de un verde brillante, de unos 10 cm de longitud, y racimos de flores blancas y delgadas.

Pedilanthus (fam. Euphorbiaceae)
Bítamos, candelillos

Este arbusto suculento procedente de las Antillas, California (Estados Unidos) y México tiene ramas erectas y cilíndricas de 1 m de altura con hojas alternas y caducas, así como vistosas brácteas rojas con pequeñas flores que aparecen en verano. Puede crecer en áreas cálidas y rocosas y es apropiado para un jardín suculento. En algunos lugares se cultiva como planta doméstica o de invernadero cálido.

No es habitual gozar de tal despliegue de flores escarlatas en una *Pedilanthus tithymaloides*. La especie se cultiva a veces tan solo por su follaje.

CULTIVO En invernadero, plántelo en tiestos con abono vegetal arenoso para tiestos a base de compost suelo, con buen drenaje, mucha luz y evitando la exposición a la radiación solar directa. En invierno, el compost deberá mantenerse ligeramente húmedo. Riéguelo con moderación durante el resto del año. En exteriores, cultívelo en suelo con buen drenaje mucha luz o una ligera sombra. Propague a partir de esquejes obtenidos de la parte superior del tallo en verano, y con calor basal para el enraizado. Las especies verdes pueden obtenerse a partir de semillas sembradas en primavera, que deberán germinar a 21 °C.

CLIMA Libre de heladas y tropical.

ESPECIES *P. macrocarpus*, originaria de México, tiene tallos ramificados verdes y cilíndricos de 1 m de altura y alrededor de 1 cm de grosor, con pequeñas hojas y flores rojas con brácteas del mismo color. *P. tithymaloides*, o bitamo, procedente de las Antillas, es probablemente la especie mejor conocida de este género. Se trata de una magnífica planta de interior e invernadero. Alcanza los 2 m de altura y sus finos tallos, de color verde oscuro, cambian de dirección en zig-zag; las hojas, de mayor tamaño, son de un verde intermedio. El cultivar 'Variegatus' tiene hojas verdes con tonos blanco y rosa.

Pelargonium (fam. Geraniaceae)
Geranios

Las plantas conocidas por la mayoría como geranios pertenecen de hecho al género *Pelargonium*. La mayor parte de sus 250 especies son nativas del sur de África, si bien las auténticas especies de geranio son originarias de un buen número de países, algunos europeos. Muchas especies e híbridos de *Pelargonium* son típicas plantas de jardín clásico o de maceta. Hay una gran variedad de tamaños y formas de crecimiento, y de hecho algunas especies se cultivan tan solo por su follaje. En climas cálidos, crecen rápidamente, pero en las regiones más frías el crecimiento es más lento y son ideales para cubiertas vegetales, bordes de jardín y macetas. Siguen contándose entre las especies más conocidas y populares.

CULTIVO En climas propensos a las heladas, cultive como planta estival o de invernadero. Para obtener resultados óptimos, escoja una zona de insola-

Apreciado por sus hojas, a base de pautas multicolores, este cultivar de *Pelargonium* x *hortorum* se caracteriza por sus insignificantes flores.

Regal Pelargonium despliega amplios racimos de flores a finales de primavera y principios de verano. Las manchas de un tono más intenso resaltan sus delicados pétalos.

ción permanente. El suelo debe ser de libre drenaje, pero no especialmente rico en nutrientes. Los suelos ácidos tienen que abonarse con cal antes de plantar, añadiendo 100 gramos de cal dolomítica por metro cuadrado. El geranio exige un riego regular para enraizar, pero una vez estabilizada la planta, el riego debe efectuarse solo cuando el suelo esté seco. Es mejor regar poco que en demasía. En primavera puede aplicarse un abono a partir de gránulos de estiércol avícola, o un fertilizante de desprendimiento lento, aunque un exceso de este último, especialmente si es de alto contenido en nitrógeno, puede ralentizar o debilitar el crecimiento. El mantenimiento de la planta pasa por cortar las flores marchitas y por una poda regular de las puntas. A principios o mediados de otoño, la poda puede ser más enérgica. Multiplique por esquejes de las yemas obtenidos en cualquier época del año. Para ser cultivado en tiesto e invernadero, *Pelargonium* debe disponer de un suelo bien drenado con abono vegetal para tiestos. Asegúrese de que la planta recibe un máximo de luz y la zona es aireada, pero protéjala de la radiación directa.

CLIMA Zona 10. *Pelargonium* prefiere los climas cálidos y secos.

ESPECIES *P.* x *domesticum*, conocido como geranio pensamiento, geranio real o malvón pensamiento,

es de hábito arbustivo. Las hojas son ligeramente vellosas y onduladas, mientras que los tallos devienen leñosos con la edad. Sus grandes flores aterciopeladas suelen lucir una marca distintiva en los pétalos. La gama de colores incluye el blanco, el salmón, el albaricoque, el carmesí, y diversas tonalidades de malva y morado. *P.* x *hortorum* es el geranio de jardín o zonal. Sus hojas, redondeadas y lobuladas, tienen zonas de color concéntricas, formando una característica huella de pie. Algunas especies se cultivan exclusivamente por el color de su follaje, muy decorativo, y muchas de ellas tienen flores insignificantes que brotan en cabezas redondeadas compuestas por numerosos brotes individuales de forma simple, doble o en pimpollo. La gama de colores incluye el blanco, el rosa, el rojo, el albaricoque, el lavanda y el magenta, con algunas combinaciones bicolores. *P. peltatum*, conocido como gitanilla o geranio hiedra, es de hábito trepador. Sus hojas, ligeramente carnosas, tienen forma de hiedra y no son zonales. De libre floración, estos geranios se encuentran en color blanco, rosa, rojo, lila o combinaciones bicolores. Entre las especies de hoja aromática, apreciadas por su aroma y por la variedad de sus formas, están *P. graveolens*, de perfume parecido al de la rosa, *P. odoratissimum*, al del manzano, y el geranio con olor a menta o *P. tomentosum*. En climas favorables a las heladas crecen mejor en invernadero, en condiciones intermedias.

Pellaea (fam. Adiantaceae)

Este género engloba unas 80 especies de helechos nativos de Australia, Nueva Zelanda, América y el sur de África. La mayoría poseen cortos rizomas trepadores y hojitas firmes que van del verde intenso al verde claro, brillantes en el haz y más pálidas en el envés. Su forma es lineal, oval, redondeada o de hoz, y las frondas jóvenes presentan un doblez en lugar de un enrollamiento, como ocurre en muchas otras especies.

CULTIVO Hay especies resistentes que pueden cultivarse en jardín sobre suelos húmedos con algo de sombra, y especies no resistentes (descritas aquí), que en climas propensos a las heladas deben plantarse en tiesto, en invernaderos fríos o intermedios. Crecen bien en tiestos de abono vegetal sin suelo. Protéjalas de la radiación directa, pero garantizándoles una buena iluminación. En exteriores, proporciónele un suelo enriquecido y una ubicación soleada. Multiplique por división en primavera.

CLIMA Zona 10 para la mayoría de las especies.

ESPECIES *P. falcata* o helecho falcata, procedente de India y Australasia, tiene frondas pinadas divididas y pequeñas hojas en forma de hoz sobre tallos cortos. Especie resistente, vive con comodidad en zonas rocosas o húmedas, y también en tiesto. *P. paradoxa*, es como *P. falcata*, pero las frondas son más cortas y las hojas más escasas y gruesas,

con base redondeada. Puede ser difícil de cultivar. *P. rotundifolia* o helecho botón, procedente de Nueva Zelanda, tiene ásperos rizomas trepadores. Sus tallos están recubiertos de escamas marrones y las hojitas, brillantes, presentan forma oval o redondeada, y se reparten de forma espaciada a lo largo de sus cortos tallos. Las frondas, entre verticales y pendulares, se agrupan en macizos. Es una especie muy resistente en condiciones de sequía, pero su crecimiento es más bien lento. Tolera temperaturas de hasta –5 °C, así que puede cultivarse en exteriores de zona 6, donde forma un buen manto vegetal en áreas boscosas abiertas, de suelo ácido y húmedo.

Peltophorum (fam. Caesalpiniaceae)

Las ocho especies de estos árboles tropicales perennifolios se cultivan en regiones tropicales y subtropicales por su cromatismo y por sus flores. Sus fragantes ramilletes terminales de pétalos redondeados, que van del amarillo al oro, aparecen en verano, y van seguidos de largas vainas marrones con semillas. Las hojas, alternas y en forma de helecho, son de un verde brillante e intenso. Los árboles crecen con rapidez, pero pueden tardar hasta cinco años en florecer.

Peltophorum pterocarpum merece los nombres vulgares de «flamboyán dorado» o «árbol llama amarilla», que describen a la perfección su despliegue floral.

Las hojas verdes en forma de moneda de *Pellaea rotundifolia* ofrecen mejor aspecto si se concentran.

CULTIVO En climas propensos a las heladas, cultívelos en un invernadero medio, en un tiesto grande o en un maceta con abono vegetal arenoso a base de compost suelo, con el máximo de luz, pero protegido contra la luz solar directa. Pódelo para controlar el tamaño. Multiplique por semilla en primavera tras empaparla en agua caliente. Germina a 21 °C.

CLIMA Prefiere las regiones más cálidas de zona 10 a tropical.

ESPECIES *P. dasyrachis* se cultiva por su sombra en las plantaciones de café y cacao de Tailandia, Malasia y Sumatra. *P. dubium*, originario de Brasil, es un árbol grande y elegante de 15 m de altura, con ramas de un color teja y ramilletes de flores del mismo tono, simples o compuestas. *P. pterocarpum*, flamboyán dorado o árbol llama amarilla, nativo de India, Malaisia y Australia, se cultiva en numerosos países tropicales. Puede alcanzar los 15 m de altura y presenta ramas vellosas de color teja, follaje parecido al del helecho y vainas de semillas en forma aplanada, de una atractiva tonalidad rojo teja. Sus flores, fragantes y de pétalos amarillos con franjas rojas, crecen en racimos a principios de verano. Su corteza pulverizada es utilizada con fines medicinales, para el teñido y como tinte marrón amarillento en la técnica del batik.

Pennisetum (fam. Poaceae)

Hay alrededor de 80 especies en este género de herbáceas anuales y perennes típicas de zonas tropicales y cálidas. Tienen inflorescencias espiculares cilíndricas y estrechas espiguillas o panículas, rodeadas de espirales de cerdas vellosas. Algunas especies se cultivan como cereal o forraje, y otras como plantas para bordes de jardín o extensiones de césped. En algunas partes del mundo se comportan de forma invasiva.

CULTIVO Todas las especies prefieren un suelo arenoso y bien drenado y la exposición al sol, pero son capaces de prosperar en otro tipo de terrenos. La mayoría se propagan por semilla, mientras que algunas, como *P. latifolium* y *P. setaceum*, se multiplican por división del rizoma.

El ornamental *Pennisetum alopecuroides* es todo un hito en el jardín. Evite la proliferación de semillas cortando las «colas de zorra» antes de que aquellas se asienten.

CLIMA Hay especies apropiadas para diversas zonas climáticas.

ESPECIES *P. alopecuroides*, zona 7, alcanza más de 1 m de altura, y produce inflorescencias o «colas de zorra» de 15 cm a finales de verano y en otoño. Se cultiva como planta herbácea ornamental y es un componente muy efectivo para bordes de jardín perennes. Puede convertirse en maleza en zonas cálidas. *P. clandestinum* o kikuyu, zona 10, se utiliza como hierba en pastos o en zonas de césped. *P. latifolium*, zona 9, procedente de Argentina, alcanza los 2 m de altura, y tiene hojas anchas y flores pendulares en espiga. Es una planta muy adecuada para invernadero y para márgenes. *P. purpureum*, pasto elefante o pasto Napier, zona 9, es una especie originaria del África tropical usada comercialmente como forraje y para la fabricación de papel. Es una herbácea robusta que crece entre 2 y 7 m. *P. setaceum*, rabo de gato, zona 9, es una planta perenne con característico penacho procedente del África tropical. Alcanza 1 m de altura, tiene hojas afiladas largas y estrechas, e inflorescencias espiculares plumosas de color rosa morado. *P. villosum*, planta perenne de zona 8, procede del África nordoriental, y también presenta el característico penacho, así como anchas espigas y una altura de 60 cm. Las inflorescencias son de un pardo rojizo, a veces moradas. Puede comportarse de forma invasiva.

Lupinos de color rosa pálido junto a ricas floraciones rojo-rosadas de un híbrido de *Penstemon*, garantía de un despliegue floral duradero.

Penstemon (fam. Scrophulariaceae)
Jarritos

Este género incluye unas 250 especies de plantas perennes y arbustos, todas ellas nativas de Norteamérica, excepto una que procede de la zona noroeste de Asia. Hay muchos híbridos disponibles en el mercado y una amplia gama de colores, del blanco al amarillo, pasando por el rojo, el granate, el azul y el morado. Las especies de mayor altura son excelentes en los bordes.

CULTIVO Plante en suelo pedregoso y abierto, o en una mezcla de humus de hojas en descomposición, turba y loam. La aplicación semanal en verano de un fertilizante líquido en las especies de arriate permitirá obtener buenas flores. Las especies pueden multiplicarse por semillas, en primavera y en invernadero. También por esquejes de madera blanda o semimaduros en verano, enraizados con calor basal.

CLIMA Hay especies adecuadas a diversas zonas.

ESPECIES *P. azureus*, zona 8, alcanza los 75 cm de altura, y despliega atractivas flores azul oscuro o morado. *P. barbatus*, zona 3, produce racimos de deliciosas flores tubulares de color escarlata desde mediados de verano hasta principios de otoño. Esta perenne alcanza los 2 m de altura y dispone de muchos cultivares. *P. cobaea*, zona 4, está emparentada con algunos de los híbridos más populares, y tiene vistosas flores moradas o blancas de gran tamaño. *P. fruticosus*, zona 4, exhibe flores color azul lavanda, forma un denso macizo y está emparentada también con diversas especies populares. *P. heterophyllus*, zona 8, es un arbusto de hasta 60 cm de altura, con flores azules y moradas. Es una especie excelente para bordes de jardín. *P. hirsutus*, zona 3, es una perenne de 1 m de altura con flores de color morado o violeta, y produce también diversos cultivares de gran belleza. *P. triphyllus*, zona 5, alcanza los 75 cm, tiene flores de tonalidades lavanda o azul lila, y un estaminodio con gruesas cerdas de color amarillo. Los cultivares de jardín incluyen 'Apple Blossom', 'Firebird', 'Garnet', 'Lady Hinley' y 'Sour Grapes'.

Pentas (fam. Rubiaceae)

Procedente del África tropical y Madagascar, este género incluye unas 30 especies de arbustos y plantas perennes con hojas opuestas y racimos de atractivas flores de deliciosos colores. En climas propensos a las heladas, son ideales para tiesto o maceta, en un invernadero intermedio.

Con la retirada regular de las flores marchitas, los cultivares de *Pentas* florecen durante meses. Son ideales para ramos de novia.

CULTIVO En invernadero, cultive con abono vegetal para tiestos con añadido extra de arena. Proporcione a la planta una buena insolación, pero protéjala de la radiación directa. Pode a finales de invierno para controlar el tamaño, si es necesario. Multiplique por esquejes de madera blanda durante cualquier época del año, enraizándolos a continuación en un propagador con base caliente.

CLIMA Regiones cálidas de zona 10, y tropicales.

ESPECIES *P. bussei*, de aspecto desgreñado, tiene hojas ovales estriadas y flores primaverales escarlatas. *P. lanceolata* es un arbusto compacto de 2 m de altura cuyo hábitat abarca desde la península Arábiga hasta la zona oriental del África tropical. Es una planta ideal para tiesto en invernadero, y en climas cálidos puede vivir en arriates al aire libre. Es muy apreciada por sus hojas ovales y velludas de color verde vivo, y por sus amplios racimos de flores radiales y colores rosa, lila, morado o magenta.

Peperomia (fam. Piperaceae)

Este género extremadamente amplio de perennes suculentas se encuentra en todas las zonas tropicales del mundo. Muchas especies proceden de Centroamérica y Sudamérica. La mayoría de ellas

Espigas de flores verde lima de *Peperomia caperata*, destacando sobre las hojas oscuras y rizadas.

son de crecimiento lento o trepadoras, y poseen hojas redondeadas y de textura suave, a veces multicolores, y espigas de flores verdes o blanquecinas. Algunas especies con hojas suculentas tienen estrías en la hoja a modo de ventana, que permiten a la luz penetrar hasta el tejido. Son buenas plantas de interior, y lucen en tiestos colgantes y terrarios.

CULTIVO Cultívela como planta de interior o en un invernadero cálido. Cultive en pequeñas macetas o tiestos colgantes si se trata de especies rastreras. Se recomienda un sustrato sin suelo de abono vegetal. La planta necesita buena luz, pero no la radiación directa, así como una atmósfera húmeda en primavera y verano. Las que se caracterizan por sus hojas gruesas y carnosas toleran bastante bien la sequía. Multiplique por semillas en primavera, o por esquejes de hoja o tallo en primavera y verano. Todo ello con calor basal. Divida las especies arbustivas en primavera.

CLIMA Solo tropical.

ESPECIES *P. argyreia*, planta ornamental muy difundida de 20 cm de altura, con hojas gruesas de un gris plateado de nervios verde oscuro, y pedúnculos foliares rojos. *P. bicolor* tiene hojas de color verde oscuro, moradas en el envés, y nervios gris plateado. Alcanza los 25 cm de altura. *P. caperata* es una atractiva variedad de hojas arrugadas y acorazonadas («colas de rata») y espigas florales de tono blanquecino. Alcanza los 15 cm de altura. *P. dolabriformis* es una especie suculenta con hojas carnosas y márgenes característicos en forma de abanico. *P. glabella*, de unos 15 cm de altura, tiene tallos rastreros y hojas nervadas de perfil oval. El cultivar 'Variegata' tiene hojas variegadas con tonos crema. *P. obtusifolia* es una perenne vertical muy popular que puede superar los 15 cm de altura, con hojas grandes y carnosas de color verde oscuro con bordes y pecíolos morados, y flores blancas con tallos rojos. Existen numerosos cultivares de esta especie, entre ellas 'Green and Gold' y 'Variegata'. *P. scandens* es una variedad rastrera de hojas acorazonadas que supera los 60 cm. El cultivar 'Variegata' tiene hojas con márgenes amarillos y tallos foliares de color rosa.

Pericallis x hybrida

(sin. *Senecio* x *hybridus*, fam. Asteraceae)

Cinerarias

Originaria de las islas Canarias, este grupo de híbridos, muy versátil, puede ser cultivado como anual, bianual o perenne. No obstante, las plantas tratadas como anuales y cultivadas a partir de semillas cada otoño producen flores simples parecidas a la margarita, con hojas de un envés blanco grisáceo. Constituyen un magnífico despliegue de color en un invernadero frío, y como plantas de interior. Florecen en invierno y primavera.

CULTIVO Para cultivarlas como plantas de maceta anuales, siembre las semillas en primavera o principios de verano y hágalas germinar a 18 °C. Los retoños deben conservarse en tiesto hasta alcanzar los 12,5-15 cm. Utilice abono vegetal a base de compost suelo. Asegúreles un máximo de luz, pero protéjalos de la radiación directa. No riegue demasiado. El compost muy húmedo no favorece a la planta, aunque hay que garantizar un grado de humedad permanente, y fertilizante líquido cada dos semanas en pleno crecimiento. Retire las flores marchitas para asegurar un largo período de floración. Cuando esta ha terminado hay que deshacerse de las plantas. Las cinerarias pueden ser atacadas por muchos agentes, incluyendo la mosca blanca, la araña roja, los trips y los áfidos. También por la mosca minadora, la especie habitual en los crisantemos.

CLIMA Regiones más cálidas de zona 9.

ESPECIES *P.* x *hybrida* (sin. *Senecio* x *hybridus*), con alturas de entre 20 y 90 cm. *Pericallis* tiene una riqueza y un brillo cromático muy difícil de encontrar en otras anuales. La gama de color incluye todas las tonalidades de azul, rosa, rojo, morado, cereza, magenta y blanco. Las cabezuelas son a veces bicolores. Sus muchos cultivares incluyen plantas altas, semienanas y enanas. Estos últimos son los más populares para el cultivo en tiesto.

Pernettya (sin. Gaultheria, fam. Ericaceae)

Originarios principalmente de América y Australasia, estos arbustos perennes de crecimiento lento, hoy en día llamados *Gaultheria*, tienen hojas ásperas simples y alternas, y flores campaniformes generalmente solitarias. La mayoría de las especies dan bayas de colores vivos en invierno.

CULTIVO Plántelos en lugar soleado, en un suelo ácido de buen drenaje, en primavera u otoño. Riéguelos regularmente en primavera y verano. Multiplique por semillas, esquejes de madera semimadura, estratificación o inducción de rebrotes.

Las cinerarias, *Pericallis* x *hybrida*, están muy extendidas como plantas de maceta, invernadero o alféizar.

Los frutos de un rosa intenso del arbusto *Pernettya mucronata* son muy longevos, y más llamativos que sus pequeñas flores primaverales.

CLIMA Son especies adecuadas para varias zonas climáticas.

ESPECIES *P. lanceolata*, zona 7, originario de Tasmania, es un arbusto pequeño y compacto de unos 45 cm de altura y hojas brillantes, flores blancas y redondeadas y bayas de un rosa intenso. *P. macrostigma*, zona 8, procedente de Nueva Zelanda, es un arbusto rastrero, de crecimiento desordenado, de unos 50-60 cm de altura, hojas ásperas y flores blancas en verano y otoño, seguidas de unos frutos de color rojo. *P. mucronata*, zona 6, nativa de regiones frías de Sudamérica tiene flores campanuladas blancas o rosas, que aparecen a finales de primavera. Hay numerosos cultivares de esta especie. *P. tasmanica*, zona 7, de Tasmania, es una especie que forma cubierta vegetal, con hojas diminutas de color verde oscuro y racimos de pequeñas flores blancas seguidas de frutos de color crema, rosa o rojo.

Persea americana (fam. Lauraceae)

Aguacate

Se cree que proviene de las Antillas y Centroamérica, pero hoy en día puede encontrarse en regiones cálidas de todo el mundo, incluso en aquellas en que se producen heladas ocasionales. Este árbol perennifolio se presenta en variedades que crecen en vertical hasta alcanzar los 12 m, así como en variedades expansivas. Presenta hojas brillantes de color oscuro y flores primaverales de pequeño tamaño. Sus frutos, redondeados o en forma de pera, tienen una piel de color verde o púrpura y una pulpa carnosa de un verde crema muy nutritiva. Es un alimento muy energético, bajo en carbohidratos con un gran contenido en vitaminas y minerales. El aguacate se utiliza en ensaladas y sopas, y también como acompañamiento para muchos otros platos. Los árboles injertados empiezan a dar fruto en tres o cuatro años, pero este no madurará a no ser que se recolecte previamente. Los retoños pueden tardar mucho más en producir frutos.

CULTIVO En climas propensos a las heladas, cultive en tiestos y en invernaderos fríos solo como planta de aplicación foliar. En las regiones en que este

Los aguacates pueden recolectarse antes de su total maduración. Los tallos amarillos y gruesos son la señal.

árbol se cultiva por su fruto, los esquejes pueden obtenerse a partir de los árboles más fértiles, e injertarlos en los rizomas de retoños de los ejemplares más resistentes a las plagas, especialmente la phytophthora u hongo fitóftora. También pueden adquirirse en un vivero. La época de plantación no es determinante, excepto por el hecho de que los ejemplares jóvenes necesitan tiempo para enraizar antes de la temporada estival. Deben plantarse a una distancia entre ellos de unos 5 m, en un suelo razonablemente fértil, con buen drenaje superficial y subterráneo, puesto que se trata de plantas muy sensibles a los «pies mojados». El drenaje pobre contribuye a la aparición de la fitóftora. Estos árboles responden bien a los fertilizantes NPK, y al calcio y al magnesio de la dolomita. Todos estos tratamientos facilitarán la obtención de un pH ligeramente ácido de 6,5-7. Una cantidad generosa de materia orgánica, en forma de estiércol de origen animal, por ejemplo, ayudará a prevenir la fitóftora, manteniendo la actividad de los microorganismos del suelo.

CLIMA Zona 10 y superiores.

VARIEDADES En las zonas en que se cultivan en exterior para su cosecha, la disponibilidad de cultivares variará. Los cultivares se clasifican generalmente como pertenecientes a una determinada zona como las Antillas, Guatemala o México. Las mejores cosechas se consiguen mediante la polinización cruzada, pero los aguacates son capaces de propagarse por sí mismos. Cultivares como 'Hass', 'Duke' y 'Fuerte' son los más populares; este último equivale al 50 por ciento de todas las variedades plantadas. Las de escaso crecimiento, como 'Wurtz' o 'Rincón', pueden ser más convenientes para un jardín privado. Pueden alcanzar los 4 m de altura.

Persicaria odorata (fam. Polygonaceae)
Cilantro vietnamita

Esta planta perenne ampliamente distribuida geográficamente no es demasiado conocida fuera de sus países de origen, y puede cultivarse como anual. Ha sido utilizada en medicina, y sus semillas llegaron incluso a usarse como sustituto de la pimienta. Las hojas tienen un escaso aroma pero un sabor fuerte, así que hay que consumirla con moderación. Se utiliza especialmente en la cocina asiática. El cilantro vietnamita crece en un pequeño arbusto con hojas de color verde oscuro, hojas lanceoladas y grandes racimos de flores de color rosa que aparecen entre el verano y mediados de otoño.

CULTIVO El cilantro vietnamita debería cultivarse donde hay una buena exposición a la luz solar durante al menos medio día. Crece de forma natural en lugares húmedos, y necesita por tanto un riego abundante durante la época de crecimiento. El suelo debería contener un alto grado de materia orgánica. Si se consigue, no será necesario un aporte extra de fertilizante. Se obtiene a partir de semillas cultivadas en primavera, o por esquejes obtenidos a finales de primavera o en verano. Las plantas pueden ser perennes en las regiones cálidas, así que deben podarse enérgicamente a finales de invierno o principios de primavera para propiciar un crecimiento vigoroso. En zonas frías, puede permanecer en invernadero durante todo el período de crecimiento.

CLIMA Zonas 9 y 10.

Persoonia (fam. Proteaceae)
Geebung

Se conocen unas 60 especies de este arbusto o pequeño árbol atractivo y compacto, todos los cuales tienen su origen en Australia. La forma de sus hojas varía, y las cortas espigas o racimos de flores abiertas y campanuladas, normalmente amarillas, dan paso a bayas comestibles, bastante astringentes, que contienen un fruto seco simple o doble. Se encuentra casi exclusivamente en Australia.

El cilantro vietnamita tiene un sabor intenso y debe utilizarse con discreción para no matar el sabor del resto de los ingredientes.

Las flores amarillas y el follaje aciculado, poco usuales, son dos de los rasgos característicos de *Persoonia chamaepitys*, una especie escasamente cultivada.

CULTIVO En climas propensos a las heladas, cultívela en un invernadero frío y aireado, en tiestos de abono vegetal ácido para suelo. Protéjala de la insolación directa. En exteriores, cultívela en suelo ácido y arenoso con buen drenaje y en lugar soleado. Proporciónela el riego necesario en temporada seca y calurosa. No suele ser necesario podar. Los esquejes enraízan con cierta dificultad.

CLIMA Zona 9 si no abundan las heladas.

ESPECIES *P. acerosa* es un pequeño arbusto rastrero que alcanza un máximo de 2 m de altura, con flores amarillas que se multiplican en los extremos de las ramas. *P. chamaepitys* es una planta expansiva y rastrera de gran atractivo, con hojas aciculadas de un verde vivo, y racimos de vistosas flores de un amarillo intenso. *P. levis*, de hoja ancha, es un arbusto expansivo de hasta 4 m de altura con hojas ovales gruesas y flores amarillas que crecen en la base de la hoja. El fruto es comestible, pero bastante astringente. *P. pinifolia*, con hojas como las del pino, es la más atractiva y la más cultivada a la vez. Su delicado follaje está presente todo el año, y los racimos de pequeñas flores amarillas aparecen en primavera o verano. Las bayas adoptan tonos rojos o púrpuras al alcanzar la madurez a finales de verano y en otoño, y duran varios meses. *P. subvelutina* es un arbusto alto y elegante, con follaje aterciopelado y frutos rojos, que crece en regiones montañosas.

Petasites (fam. Asteraceae)

El género comprende 15 especies de perennes resistentes, herbáceas y expansivas, nativas de Europa, Asia y Norteamérica. Solo se cultivan dos especies, e incluso estas pueden ser invasivas. Sus flores, de un suave aroma, crecen en racimos erectos.

CULTIVO Crece en cualquier suelo de jardín, en un lugar con espacio para expandirse. Todas las especies prosperan en suelos húmedos, en sombra plena o parcial. Multiplique por semillas o por división en otoño.

CLIMA Templado meridional, entre frío y cálido, y en áreas de interior de clima suave.

Petasites fragrans se cultiva a menudo junto a instalaciones acuáticas en los grandes jardines, donde su hábito expansivo no supone un problema.

ESPECIES *P. fragrans*, o heliotropo de invierno, zona 7, procedente del sur de Europa, tiene flores invernales y hojas de textura áspera, aterciopeladas en el envés, ambas de gran fragancia. Las hojas del heliotropo de invierno aparecen a menudo tras la floración. *P. japonicus*, variedad *giganteus*, zona 5, alcanza 1,5 m de altura. Aunque es muy apreciada por sus enormes hojas, sus flores, de un amarillo pálido, no son especialmente atractivas.

Petrea (fam. Verbenaceae)
Guirnaldas moradas

Nativo de México y las Antillas, y propagado hacia Sudamérica, este género incluye una serie de arbustos tropicales, perennes o caducifolios, árboles y trepadoras leñosas. Tienen flores moradas o violetas y hojas simples y opuestas. Fuera de las zonas tropicales y subtropicales se cultivan en invernaderos cálidos o intermedios.

CULTIVO Si la cultiva en invernadero, colóquela en un tiesto con abono vegetal para suelo. Asegúrese de que recibe mucha luz, pero no la exponga a la radiación directa. Las especies trepadoras necesitarán soportes para los tallos. Pódela a finales de invierno para mantener el volumen de la planta.

Esta preciosa trepadora tropical, *Petrea volubilis*, florece en abundancia en verano, y también durante un largo período en invernaderos cálidos.

Muy adecuada para suelos pobres y arenosos, *Petrophila heterophylla* tiene ramas dispersas con intrincadas flores de color crema.

En exteriores, cultívela en tiestos con suelo húmedo y con buen drenaje. Multiplique por estratificación en primavera, o por esquejes semimaduros en invierno, siempre en propagador con base caliente.

CLIMA Regiones más cálidas de la zona 10, también en las tropicales.

ESPECIES *P. arborea* es un árbol o arbusto con aspecto de parra, de unos 8 m de altura, con ramilletes de flores de color violeta que pueden alcanzar los 15 cm de altura. *P. racemosa* puede trepar en espiral hasta alcanzar los 4 m de altura. Las flores, de un morado intenso, azules o lilas, crecen hasta 30 cm en verano. *P. volubilis* llega a superar los 10 m de altura en condiciones climáticas ideales. Es una de las plantas trepadoras más apreciadas por su belleza. En verano se recubre de una masa de flores moradas y lilas. El cultivar 'Albiflora' tiene flores blancas.

Petrophila (fam. Proteaceae)

Petrofilas

La familia de las proteáceas incluye *Banksia*, *Hakea* y *Grevillea*, así como este género de 40 especies de arbustos. Nativa de Australia, sobre todo en su parte occidental, posee un follaje variable muy atractivo, y densas espigas terminales de flores cónicas, seguidas de frutos leñosos, también en forma de cono. Tanto el follaje como los conos leñosos se utilizan para decoraciones florales. En estado silvestre, estos arbustos crecen principalmente en suelo arenoso, pedregoso y granítico.

CULTIVO En climas propensos a las heladas, cultívelas en un invernadero frío y aireado, en abono vegetal para suelo ácido y de buen drenaje. En exteriores, estas plantas necesitan un perfecto drenaje y un suelo entre ácido y neutro. Los suelos arenosos o pedregosos son idóneos, y conviene depositar un manto de hojas en descomposición sobre la zona de la raíz. Asegúrese de que dicho manto no envuelve los tallos, ya que la planta puede pudrirse. La mayoría de las especies prefieren mucho sol, pero algunas de ellas crecen bien con una leve sombra. Puede regar durante el período de crecimiento, aunque las plantas bien enraizadas toleran bien la sequía. Si necesitan fertilizante, utilice tipos bajos en fósforo y de desprendimiento lento. Multiplique por semillas. La germinación puede ser errática, y durar entre seis y ocho semanas.

CLIMA Regiones más cálidas de zona 9.

ESPECIES *P. acicularis* es un arbusto de crecimiento lento, alrededor de 60 cm, con flores rojas que aparecen en primavera. *P. biloba* alcanza entre 1 y 2 m de altura y tiene flores grandes, rosas y marrones, que aparecen en invierno, y hojas lobuladas y en punta. *P. canescens* (sin. *P. sessilis*) es un arbusto que crece en vertical y que puede alcanzar los 3 m de altura en plena madurez. Sus hojas, finamente divididas, son de un amarillo crema, y las flores aparecen en primavera y principios de verano. Los conos, grises y leñosos, miden entre 3 y 4 cm. *P. pedunculata* es un arbusto vertical y rígido que alcanza los 3 m de altura, con hojas divididas y cabezas florales sin tallo de color amarillo que aparecen en primavera. *P. pulchella* mide unos 2 m y produce flores de un amarillo pálido en primavera y verano. *P. teretifolia* tiene variantes enanas, aunque suele alcanzar 1 m de altura. Tiene afiladas hojas de color verde oscuro y racimos terminales de un rosa claro y aterciopelado, así como flores de color gris.

Petroselinum crispum (fam. Apiaceae)

Perejil

Originario del sur de Europa, el perejil se encuentra hoy en día en la mayoría de las regiones del mundo. Apreciado tanto por su componente sagrado como medicinal en las civilizaciones antiguas, actualmente lo es por su contenido en hierro, vitamina A y vitamina C. El aceite de estas plantas se utiliza en drogas desarrolladas para el tratamiento de la malaria, y el té de perejil es muy apreciado por sus efectos beneficiosos, sobre todo para diabéticos. Pero es más conocido como hierba empleada en cocina, y se le considera un componente esencial para un herbario. Delicioso con mantequilla y limón o como aderezo para un plato de pescado, es igualmente adecuado para ensaladas, huevos, salsas, sopas y guisos. El perejil se complementa con otras hierbas y combina bien con el perifollo, la cebolleta y el estragón para el componente culinario denominado *fines herbes*.

CULTIVO Siembre las semillas en primavera en cavidades de 1 cm de profundidad en el lugar donde

El perejil se incluye en multitud de recetas, y es utilizado como guarnición para platos fríos y calientes. Su verde esmeralda lo hace ideal también para jardines ornamentales.

deberá crecer, o en módulos en invernadero. Plante cuando sea lo suficientemente grande para manejarlo, y deje un espacio entre retoños de unos 20 o 30 cm. Use un suelo rico, húmedo y de buen drenaje. El perejil puede cultivarse con una leve sombra o a plena luz. Cultive cada año con semillas frescas para obtener plantas de mejor calidad. La semilla germina con lentitud, y puede llegar a tardar entre tres y seis semanas. Una vez enraizada, el crecimiento de la hoja puede favorecerse aplicando ocasionalmente fertilizante de nitrógeno o fertilizante líquido.

CLIMA Zona 6.

VARIEDADES *P. crispum* es una planta bianual aromática cultivada en jardines como anual, que produce una gruesa raíz principal y una roseta de hojas de color verde claro, rizadas y serradas, sobre largos tallos. Las flores, pequeñas y amarillas, crecen en racimos en forma de paraguas. Hay dos tipos de perejil en cultivo. El más popular es el de hoja crespa o rizada. El de hoja plana, o francés, tiene mejor sabor. Hay numerosos cultivares de ambos tipos. Otra variedad es el perejil de Hamburgo, a veces llamado perejil tuberoso. *P. crispum*, variedad *tuberosum*, tiene raíces en forma de nabo y hojas que se utilizan como el perejil común. Las raíces se usan en cocina.

Petunia (fam. Solanaceae)

Originario de las zonas cálidas de América, este género incluye unas 40 especies de anuales y perennes estrechamente emparentadas con el tabaco, y de la misma familia que la patata. Considerada una de las flores más populares del mundo, añade color al porche o galería cuando se dispone en tiestos colgantes o macetas, y también es excelente planta de jardín.

CULTIVO Las plantas destinadas al jardín de verano se cultivan a partir de semillas en un invernadero cálido. Cultive la semilla a mediados de primavera y germine a 18 °C. Transplante los retoños a semilleros y deposítelos en invernadero. Plante en el exterior cuando no haya riesgo de heladas, a finales de primavera o principios de verano. Las plantas necesitan un suelo con buen drenaje, mucho sol y protección contra el viento. Corte las flores marchitas para favorecer una mejor floración.

CLIMA Zonas 9 a 10.

ESPECIES *P. hybrida*, o petunia híbrida, se considera derivada de *P. axillaris* y *P. integrifolia*. Las flores pueden ser simples o dobles, aflautadas, en forma

Un magnífico cultivar de petunia anual con flores lilas, ricamente ornamentadas con veteados entre granate y carmesí.

de plato o atrompetadas, y tienen una amplia gama de colores, incluyendo algunas bicolores y otras con márgenes de diferente tonalidad. Existe una gran diversidad de cultivares de petunias, que varían de un país a otro. Consulte catálogos de tiendas especializadas para comprobar la variedad. La mayoría de ellos incluyen una buena cantidad de cultivares disponibles. Las especies de petunias híbridas se dividen en dos grupos. Las multiflora son generalmente plantas arbustivas, aunque algunas de ellas son rastreras. Las flores son comparativamente pequeñas, pero las plantas son de libre floración, y proporcionan un magnífico despliegue de color. Las multiflora son ideales para jardines de verano y macetas de patio, y la mayoría toleran bien el clima húmedo. Las petunias grandiflora tienen flores mucho más grandes y no son tan resistentes a las inclemencias. Son ideales para macetas, en tiestos colgantes y jardineras para alféizar, sobre todo si están bien protegidas contra los elementos.

Phaius (fam. Orchidaceae)

Típicas de los hábitats tropicales del sudeste asiático, Australia y las islas del Pacífico, este género incluye 30 especies de orquídeas terrestres, pero solo algunas de ellas son de cultivo habitual. Las flores aparecen sobre tallos largos y verticales, y a menudo su aspecto es espectacular.

CULTIVO Cultívelas en un invernadero cálido en tiestos de abono para orquídea (formulado para orquídeas terrestres). Necesitará tiestos hondos para acomodar bien el amplio sistema de raíces. En verano manténgalas en una atmósfera muy húmeda, con riego abundante y buena luz, aunque protegiéndolas de la radiación solar directa, y con fertilizante líquido una vez por semana. En invierno, asegúreles un máximo de luz, y reduzca el riego y la humedad. Multiplique por división cuando la planta exceda los límites del tiesto.

CLIMA Tropical.

ESPECIES *P. tankervilliae*, procedente de Australia y Asia, es una especie magnífica, alta, de hojas largas y brillantes e interesantes flores de sépalos y

Phaius tankervilliae suele darse en zonas pantanosas con árboles de corteza de papel, de modo que preferirá un abono húmedo de tipo mixto. Las flores alcanzan los 10 cm de ancho.

Un masivo despliegue de híbridos de *Phalaenopsis* es difícil de mejorar. Las flores son de larga duración, tanto vivas como cortadas.

pétalos de un tono marrón rojizo, dorso blanco y labio magenta. En verano aparecen entre cuatro y doce flores sobre tallos que pueden alcanzar hasta 1 m de altura.

Phalaenopsis (fam. Orchidaceae)

Orquídeas mariposa u orquídeas boca

Su simple e impresionante belleza hacen de esta variedad la preferida entre las orquídeas. Es nativa de las regiones tropicales del sudeste asiático, el Himalaya, Filipinas, Nueva Guinea y Australia. Los criadores han desarrollado cientos de híbridos en todo el mundo. Es una planta epífita que crece a partir de raíces planas y carnosas. Las hojas pueden ser verdes o moteadas, y cada ejemplar tiene entre dos y seis hojas. Los tallos florales pueden ser verticales o arqueados y pendulares, y pueden albergar desde uno o dos, hasta 50 brotes. Las flores presentan toda la gama cromática excepto el azul, y las de las especies híbridas pueden ser rayadas, veteadas, con puntos o moteadas.

CULTIVO Estas orquídeas necesitan un mínimo de temperatura invernal, en torno a los 18 °C, y un alto grado de humedad, así que será necesario un invernadero calefactado para climas templados. Al no tener pseudobulbos (con un mínimo de agua almacenada en sus gruesas hojas) no permita que lleguen a secarse. Utilice un abono para orquídeas (creado para las epífitas) y cultive en cestas de madera. No obstante, la mayoría de las raíces tienden a vivir al aire libre con una intensa humedad, trepando por los muros adyacentes. Aplique una luz poco intensa, controlada además con una cortina. Una buena ventilación es esencial.

CLIMA Húmedo, tropical.

ESPECIES *P. amabilis* está ampliamente distribuida por todo el sudeste asiático, hasta el nordeste de la región de Queensland, en Australia. Sus grandes flores blancas crecen en profusión sobre los largos tallos casi en cualquier época del año. *P. amboinensis*, de las Malucas y Borneo, produce flores amarillas con marcas marrones o moradas entre primavera y verano. *P. schillerana*, originaria de Filipinas, tiene hojas moteadas y flores rosadas y moradas sobre largos tallos, que florecen en invierno. *P. stuartiana*, también de Filipinas, presenta hojas similares. Esta especie tiene muchos tallos con flores blancas y sépalos inferiores y labios amarillos y blancos. Florece en primavera y verano. *P. violacea*, de Malaisia y Borneo, florece en verano. Las flores tienen pétalos dorsales y sépalos blancos tintados de verde, con puntos púrpura en la base, y sépalos laterales púrpuras y blancos. El labio es de un violeta intenso. La especie nativa de Borneo tiene flores de gran tamaño.

Phaseolus lunatus (fam. Leguminosae)
Judía de Lima

Aunque se trata de una planta perenne, esta judía se cultiva como anual. No obstante, no se cultiva a tan gran escala como la judía escarlata o la judía verde. Se presenta tanto en variantes enanas como trepadoras, si bien las más fiables son las primeras, de maduración más temprana. El lento crecimiento de las segundas hace que maduren tarde y puedan ser pasto de las heladas. La judía de Lima, conocida también como judía de manteca, contiene más grasa que otras especies. Existen numerosas variedades.

CULTIVO Estas plantas prefieren largos períodos cálidos y un clima muy benigno en época de floración. Si se cultiva en otro tipo de climas, probablemente no se obtendrá la misma calidad y rendimiento.

CLIMA La judía de Lima es sensible a las heladas, así que debe cultivarse como anual de verano.

La judía lima o judía de manteca se ha ido popularizando recientemente, y su semilla está plenamente disponible.

Phaseolus, especies de (fam. Leguminosae)
Judía común

Normalmente, las variedades derivan de tres especies primigenias, pero se distingue entre dos grupos: las judías verdes, incluyendo la judía morada y la judía verde, producidas para el mercado diario, y los tipos secos, incluidas las variedades pinta, Barlotto, roja, blanca, roja mexicana y Cannellino, cuyas semillas se utilizan a menudo para el enlatado, como las alubias cocidas. Las judías sin hebras suelen preferirse a efectos prácticos, puesto que el tejido es menos fibroso, el sabor es más agradable y el período de cocción más rápido.

CULTIVO Siembre las semillas en primavera en un terreno normal a una profundidad de 2-5 cm. Algunas especies requieren empaparlas en agua cada quince días para acelerar la germinación, que suele llevar unas dos semanas, mientras que las trepadoras necesitan un alambre al que adherirse. Es buena idea crear hileras elevadas, con surcos laterales para captar el agua. Coloque las plantas y los surcos a una distancia de 10 a 12 cm. Una vez que aparezcan los brotes, el cultivo poco profundo será de ayuda para controlar el crecimiento de malas hierbas. Aplique entonces fertilizante y riego abundante. Una vez listas para la recolección, repita el proceso para prolongar la vida de la planta y para incrementar la producción.

Las judías enanas son fáciles de cultivar y manipular, pero quizá no ofrecen tanto rendimiento como algunas de las variedades trepadoras.

CLIMA Las judías resisten mal las heladas, así que se cultivan como anuales estivales.

VARIEDADES Hay muchas variedades, especialmente de judía morada y judía verde, pero es mejor adquirir la que se ofrezca en los mercados locales. Hay variedades enanas y trepadoras de ambas especies. Las primeras se cultivan muy bien en macetas o en situaciones en las que no es posible utilizar ayudas o soportes, pero las trepadoras producen las mejores cosechas y deberían cultivarse si lo que se requiere es una buena cantidad.

Phebalium (fam. Rutaceae)

Este arbusto atractivo y aromático, con flores blancas, amarillas o rosas, a menudo en racimos terminales, no se cultiva demasiado. La totalidad de sus 40 especies son de origen australiano, excepto *P. nudum*, de Nueva Zelanda. Todos ellos son arbustos leñosos de diversos tamaños. Las flores pueden ser blancas, rosas o amarillas.

CULTIVO En climas tendentes a las heladas, cultive las plantas en un invernadero frío, en tiestos de abono vegetal ácido sin suelo. Proporcióneles una buena dosis de luz, pero protéjalas de la radiación directa. La poda puede se necesaria tras la floración para mantener la forma de la planta. En exte-

Phebalium squameum, o tulípero, es un arbusto que produce flores blancas de forma estrellada durante la primavera y el verano.

riores, plántelas en un lugar soleado con un suelo ácido, rico en humus, húmedo y de buen drenaje. Multiplique por esquejes semimaduros en verano, en un propagador con base caliente.

CLIMA Regiones más cálidas de la zona 10.

ESPECIES *P. ambiens* alcanza los 2 m y posee un follaje de color verde claro que crece del tronco, y flores blancas. *P. dentatum* tiene un follaje estrecho y plateado y masas de flores primaverales de color crema. *P. nottii* es un arbusto redondeado de 1 o 2 m de altura, con hojas pequeñas y estrechas de color verde oscuro y racimos terminales de flores de un malva rosado. *P. nudum*, originario de Nueva Zelanda, es una planta bella y aromática con corteza roja y racimos de hojas blancas y planas. *P. squameum* o tulípero es un arbusto de gran tamaño, o también un pequeño árbol, con hojas de color verde oscuro, escamadas en el envés, y flores blancas en forma de estrella que aparecen en primavera y verano.

Philadelphus (fam. Hydrangeaceae)

Celindas o falsos jazmines

Hay unas 60 especies de este género procedente de Norteamérica y Centroamérica, Europa del Este y Asia. Es uno de los arbustos con flor más populares, y posee hojas ovales simples y bonitas flores de fuerte aroma, de color blanco o crema. Muchos *Philadelphus* cultivados en jardines son híbridos que florecen sobre todo a principios de verano. Puede cultivarse en bordes mixtos, como espécimen o como pantalla.

CULTIVO Fácil de cultivar, este arbusto prefiere el suelo húmedo, con buen drenaje, y los lugares soleados. Pódelo justo después de la floración cortando los brotes florecidos y dejando la planta en su estado anterior. Ello permitirá una profusión de nuevos brotes al verano siguiente. Corte los tallos más viejos desde la base para permitir el crecimiento de nuevos tallos. Multiplique por esquejes de madera blanda enraizados con calor basal, o de madera dura en invierno, en marco frío.

CLIMA Hay especies para diversas zonas climáticas.

Siempre disponibles, las especies e híbridos de *Philadelphus* se adaptan a múltiples climas y condiciones. Sus flores, blancas y fragantes, son muy admiradas.

ESPECIES *P. coronarius*, zona 5, es un arbusto erguido y redondeado, cuya altura y envergadura puede alcanzar los 3 m. Tiene hojas dentadas, ovales, de un verde intenso, y racimos terminales de flores color crema. Estas especies necesitan un lugar protegido para desarrollarse. El cultivar 'Aureus' presenta un amarillo intenso en la nueva floración. *P. delavayi*, zona 6, procedente de China, alcanza los 3 m de altura, y se distingue por sus densos racimos de flores de un color blanco puro que aparecen a principios de verano. *P.* x *lemoinei*, zona 5, es un arbusto erguido de unos 2 m de altura con ramas arqueadas y hojas aterciopeladas. La floración es libre y se produce en pequeños racimos de color blanco puro, de gran fragancia. *P.* 'Manteau d'Hermine', zona 7, presenta una profusión de dobles flores aromáticas de color crema y textura lisa. *P. mexicanus*, azahar o mosqueta, zona 9, alcanza los 4 m de altura y se cultiva en cualquier región con la excepción de las zonas frías. Requiere un lugar protegido. Sus flores de color crema son solitarias y desprenden una gran fragancia. *P. microphyllus*, zona 6, alcanza 1 m de altura, y sus flores sobre frondosos rizomas son pequeñas y de un blanco intenso. Su crecimiento es compacto y erguido. *P.* 'Virginal' es un cultivar muy extendido que alcanza los 3 m de altura, con racimos de flores blancas, dobles y fragantes.

Philodendron (fam. Araceae)

Amplio género que incluye más de 500 especies de plantas trepadoras y a menudo epífitas, nativo de la América tropical y muy cultivado en interiores. Adaptable y de rápido crecimiento, sobrevive bien en gran variedad de hábitats. Algunos florecen con poca humedad y escasa luz natural. En su hábitat original, las especies trepadoras llegan a la copa de los árboles más altos, pero pueden cultivarse en tiestos con cuidados suplementarios. Usando un maceta de tamaño medio conseguiremos un óptimo desarrollo arbustivo. Sus flores son poco habituales y parecidas a las de *Arum*. La planta se cultiva especialmente por su brillante follaje, que varía sustancialmente en forma, tamaño y color. Se han obtenido híbridos de muchas de sus especies, para producir una variada gama de cultivares.

En los trópicos, *Philodendrum bipinnatifidum* se encarama entre las bóvedas de los árboles.

CULTIVO En invernadero cálido o como planta de interior. Se desarrollan bien en abono vegetal sin suelo. Se necesita buena luz y protección contra el sol directo, así como un ambiente húmedo. Riegue bien durante la etapa de crecimiento, aunque mucho menos en invierno. Las trepadoras pueden fijarse a palos recubiertos de musgo permanentemente humedecido. Multiplique por esquejes de hoja o de tallo en verano. Y enraícelos con calor basal. También puede estratificar en primavera.

CLIMA Tropical.

ESPECIES *P. bipinnatifidum*, más conocida por su antiguo nombre, *P. selloum*, presenta hojas de gran longitud, muy divididas. Su aspecto es arbustivo, pero en los trópicos se comporta como semitrepadora. Se utiliza ampliamente como planta de interior, pero puede alcanzar gran tamaño y ocupar un espacio considerable. *P. crassinervium*, trepadora, tiene hojas con márgenes rojizos, pedúnculo púrpura y flores amarillas y verdes. *P. domesticum*, u oreja de elefante, tiene hojas triangulares. *P. scandens*, o filodendro de hoja acorazonada, es una trepadora con largos tallos trepadores y hojas de color verde oscuro.

Phlebodium (fam. Polypodiaceae)

Este género de helechos se encuentra desde Florida hasta Centroamérica y Sudamérica. Una de sus especies, *Phlebodium aureum*, es de cultivo generalizado. En climas favorables a las heladas, necesitará un invernadero cálido.

CULTIVO En invernadero, cultive en un tiesto de abono vegetal para suelo con corteza triturada y hojas en descomposición. Asegúrese de que las plantas tienen buena luz y estén protegidas de la radiación directa. No riegue en demasía, pero mantenga el compost en humedad constante. En invierno aún se necesita menos agua. Multiplique en primavera dividiendo las plantas enraizadas.

CLIMA Regiones más cálidas de zona 9 y tropicales.

ESPECIES *P. aureum*, calahuala o serpiente dorada, debe su nombre a los gruesos rizomas velludos que

Phlebodium aureum crece incansable en los meses de verano. Sus altas frondas son un buen trasfondo para los helechos, más blandos y delicados.

reptan por la superficie. Las altas frondas, profundamente lobuladas, que crecen sobre los fuertes tallos, pueden alcanzar hasta 1 m de altura. La variedad comercializada como 'Glaucum' o variedad *aureolatum*, dispone de un característico follaje verde azulado. Muchos otros cultivares son difíciles de identificar. Las frondas maduras producen cápsulas con esporas redondas de un amarillo dorado en la parte inferior de la fronda.

Phlomis (fam. Lamiaceae)

Originario del sur de Europa, norte de África y Asia, este género incluye unas 100 especies de perennes y arbustos parecidos a la salvia. Las flores pueden ser amarillas, blancas o lilas, y forman espirales en la parte superior de los tallos. Las hojas son largas y rizadas, y muy aromáticas. *Phlomis* puede soportar las condiciones de las áreas costeras, con suelos pobres y profunda sequía.

CULTIVO Estos arbustos pueden crecer en cualquier tipo de suelo bien drenado. Una vez enraizados, pueden tolerar largos períodos sin precipitaciones. Multiplique por semillas cultivadas en primavera, o por esquejes a finales del verano.

CLIMA Zona 7, pero zona 9 para *P. chrysophylla*.

Las llamativas flores de *Phlomis fruticosa* contrastan perfectamente con el gris verdoso de sus hojas aterciopeladas. Florece mejor en veranos secos.

Año tras año, *Phlox paniculata* proporciona al jardín una explosión de color en verano.

ESPECIES *P. chrysophylla,* procedente del Asia sudoccidental, es una perenne de entre 70 cm y 1 m de altura, con hojas gruesas de un gris verdoso y flores amarillas en verano. *P. fruticosa,* salvia amarilla o de Jerusalén, es la variedad más conocida. Se trata de una perenne con hojas arrugadas de un verde grisáceo que puede alcanzar hasta 1 m de altura en condiciones ideales. Sus flores de un amarillo oro crecen en espiral en la parte superior del tallo a finales de primavera o verano. *P. russeliana* (sin. *P. samia*) es una perenne de crecimiento vertical con hojas ligeramente velludas, ovales y en forma de gancho, y flores de tonos pálidos que aparecen desde finales de primavera hasta la totalidad del verano. En todas las especies, los tallos florales secos ofrecen un aspecto decorativo tras la caída de la flor.

Phlox (fam. Polemoniaceae)

Este género incluye unas 67 especies, originarias, con una sola excepción, de Norteamérica y México. Estas anuales perennes o alpinas, con sus fragantes y llamativas flores, se cultivan en todo el mundo por su despliegue cromático en primavera y verano. Excelentes como plantas fronterizas, también resultan atractivas en tiestos colgantes y jardineras para alféizar.

CULTIVO Crece con facilidad, aunque prefiere los suelos ricos, bien drenados y con abundante riego en época de crecimiento. Necesita un lugar cálido y soleado, protegido de los fuertes vientos. Añada un fertilizante multiuso durante el período de crecimiento. Multiplique las especies perennes a partir de esquejes de raíz o por división cada tres años. Cultive las anuales a partir de semillas sembradas en primavera una vez que el suelo se ha calentado, o en un invernadero calefactado. Pellizque los primeros brotes para asegurar un crecimiento arbustivo compacto. La retirada regular de las flores marchitas prolongará el período de floración. Las especies alpinas pueden multiplicarse por estratificación o por división de la raíz. Plante en un suelo rico y húmedo, en grietas rocosas protegidas. El drenaje debe ser excelente para evitar la putrefacción de las raíces, especialmente en invierno.

CLIMA Hay especies para diversas zonas climáticas.

ESPECIES *P. carolina,* zona 5, es una perenne herbácea que puede alcanzar 1 m de altura, y tiene flores púrpuras o rosas. *P. divaricata,* zona 4, es una perenne expansiva y trepadora que va enraizando conforme crece. Sus flores son de color lavanda, violeta o blanco a principios de verano. *P. dougla-*

sii, zona 5, es una perenne que forma montículos de follaje de unos 20 cm de altura sobre los que se extienden las flores rosas, blancas y lavanda a finales de primavera o en verano. *P. drummondii*, zona 6, es el flox anual más familiar; crece entre 10 y 40 cm, en función de la variedad. Hay muchas especies de esta anual disponibles, la mayoría con flores en tonalidad blanca, rosa, roja, morada o lavanda, algunas con tonos diferenciados en la zona del ojo. *P. paniculata*, zona 4, es una perenne herbácea que mide entre 40 y 80 cm. Existen muchos cultivares; los siguientes son algunos de los mejor conocidos: 'Blue Boy', dotado con flores entre malvas y azules; 'Brigadier', con flores rojo anaranjadas; 'Bright Eyes', que tiene flores rosa pálido, rojas en la zona del ojo; 'Mia Ruys', de un blanco puro, y 'Prince of Orange', con flores de un naranja oscuro. La *P. subulata*, zona 3, es conocido también como plox musgoso. Se trata de una planta perenne que puede formar montículos o cubiertas vegetales. Se desarrolla de forma ideal en zonas rocosas, con espacio suficiente para extenderse. Hay muchos cultivares disponibles, y las flores, que aparecen a finales de primavera y principios de verano, son azules, a veces en tonos pálidos, blancos, rosas, morados o rojos.

Phoenix reclinata, con sus múltiples troncos, se convierte en protagonista del paisaje cuando empieza a madurar, creando imponentes macizos.

Phoenix (fam. Arecaceae)

Palmeras datileras

Ampliamente distribuido por las regiones tropicales y cálidas de África, Asia y sur de China, este conocido género de palmas incluye alrededor de 17 especies. *Phoenix* se distingue de otros géneros de palma por sus fuertes y afiladas espinas de los foliolos inferiores, y por el dibujo de las hojas viejas en su base. Las inflorescencias en forma de palmera crecen entre las bases de las hojas, y los frutos, oblongos, adquieren una vez maduros tonalidades amarillas, naranjas, rojas, moradas o negras, según la especie. Se cuentan entre las palmeras más resistentes, y su aspecto es imponente.

CULTIVO Estas palmeras crecen con facilidad, pero en climas propensos a las heladas es mejor cultivarlas en tiesto en un invernadero cálido. En exteriores necesitan sol, pero las más jóvenes sobreviven bien bajo una fuerte sombra. Las especies de gran tamaño toleran bien los fuertes vientos. La mayoría no son adecuadas para macetas, puesto que sus poderosas raíces tienden a presionar por la base del recipiente. Deben pues plantarse fuera en una primera etapa de crecimiento. Una excepción es *P. roebelenii*, menos vigorosa y a menudo cultivada en maceta. Aunque la mayoría proceden de los trópicos, todas ellas parecen aclimatarse bien en zonas considerablemente más frías que las de origen. Multiplique a partir de semillas, que germinan razonablemente rápido. Son especies dioicas.

CLIMA Regiones más cálidas de zona 9, y superiores.

ESPECIES *P. canariensis*, palma datilera de Canarias, se cultiva actualmente en muchas partes del mundo, y los especímenes maduros suelen encontrarse en los parques y avenidas de los países más cálidos. Normalmente es demasiado grande para ubicarla en un jardín doméstico, puesto que puede alcanzar los 20 m de altura en su tronco único, cuyo diámetro llega a alcanzar a veces 70 cm, y de superficie rugosa, con sus características marcas superficiales en forma de diamante. Tiene una gran corona repleta de hojas orientadas hacia el exterior, de un verde mate. A mediados de verano, los ejemplares femeninos dan frutos de color naranja que aparecen en la base de las hojas. *P. dactylifera*, o palmera datilera, es la planta del dátil comestible, y sus orígenes se remontan al norte de África y la península Arábiga. En diversas zonas cálidas y tropicales del mundo, entre ellas California y Arizona, se cultiva comercialmente por sus frutos. Su tronco es rugoso, alcanza los 30 m de altura y tiene un diámetro de entre 30 y 40 cm. Los viejos ejemplares pueden tener ramificaciones troncales. Las hojas son muy largas, estrechas y dispersas, con foliolos de un verde grisáceo que se proyectan hacia fuera. El fruto tiene tonalidades entre amarillentas y rojizas. *P. reclinata*, o palmera del Senegal, se encuentra en la zona tropical y meridional de África, y es una especie muy ornamental. Multitallo incluso de joven, forma finalmente un macizo de unos 20 troncos finos, de hasta 15 m de alto, con nuevos vástagos que aparecen continuamente en la base. La corona es relativamente reducida, con hojas más cortas que las de otras especies, y foliolos también más dispersos, de un verde brillante. Los frutos son de un amarillo anaranjado. Ofrece una imagen espectacular en terrenos amplios cubiertos de césped. *P. roebelenii*, o datilera pigmea, es originaria de Laos. Normalmente se cultivan las especies más reducidas, y puede alcanzar los 3 m de altura. El tronco, ligeramente encorvado, es estrecho en la base, se va ensanchando y cubriendo con irradiaciones en forma de clavija, restos de las antiguas bases foliares, cada una de ellas perfectamente redondeada en la punta y simétrica. Las inflorescencias femeninas dan una profusión de frutos negros de pequeño tamaño.

Phoenix dactylifera (fam. Arecaceae)
Palmera datilera

Considerada como originaria de la península Arábiga y el norte de África, la palma datilera es una de las plantas de cultivo más antiguo, utilizada comercialmente desde 4000 a.C. Algunos de los paí-

Una palmera datilera madura puede dar muchas y abundantes cosechas. Las variedades comerciales son apreciadas por sus grandes frutos.

ses ribereños del Mediterráneo tienen establecido un mercado de exportación de dátiles y productos derivados de la palma por todo el mundo. Hoy el cultivo se ha extendido hasta California y México. La palma datilera tiene muchos usos. El fruto anual ha sido la base alimenticia en muchas regiones tropicales y desérticas desde la Antigüedad. Su savia se utiliza para la fabricación de azúcar y de una bebida fermentada, y las semillas, tostadas, son un sustitutivo del café. También se aprovecha su aceite. El tronco se utiliza en la construcción, y las frondas para tejados. También es una especie ornamental. Es un árbol perenne y dioico que puede alcanzar hasta los 30 m de altura, y produce grandes racimos anuales de frutos de un marrón rojizo o amarillento, con forma cilíndrica u oblonga. El fruto alcanza entre 2 y 8 cm de largo, y cada racimo puede pesar hasta 90 kg.

CULTIVO Plántelos sobre un suelo ligero, húmedo y enriquecido con materia orgánica, incluyendo los suelos calcáreos, en un lugar cálido, soleado y protegido. Si el clima es frío, protéjalos contra el viento demasiado frío. Si las heladas o el viento lo han dañado, el rizoma probablemente se recuperará en primavera. Multiplique a partir de esquejes de raíz semimaduros obtenidos en otoño e introdúzcalos en una mezcla al 2:1 de arena y turba; por semillas sembradas a principios de primavera, o por división del rizoma antes de que se inicie un nuevo crecimiento.

CLIMA Zona 8.

ESPECIES *P. aequalis* alcanza 1 m de altura, y posee flores tubulares de color rosa salmón, naranja y púrpura. El cultivar 'Yellow Trumpet' tiene flores de un amarillo crema. *P. capensis* alcanza los 2 m, con racimos de flores naranjas o rojo oscuro, que pueden llegar hasta 1 m de altura. El cultivar 'Coccineus' es una variante mejorada, con flores de un escarlata más claro. Los híbridos formados a partir de las dos especies han dado lugar a plantas como 'Moonraker', con flores amarillo crema, y 'African Queen', con impresionantes flores rojas con lóbulos de un rojo anaranjado.

Phyllodoce (fam. Ericaceae)

Estas ocho especies de pequeños arbustos perennes son originarias de las regiones alpinas de Europa y Asia. Para su crecimiento resultan más adecuadas las zonas rocosas de climas fríos. Sus hojas, pequeñas y ásperas, son largas, finas y ligeramente aterciopeladas en el envés. Las flores, campanuladas o en urna, aparecen en color rosa o morado. Florecen a finales de primavera y principios de verano y recuerdan mucho a las del brezo, perteneciente a la misma familia botánica.

CULTIVO Estas plantas deben cultivarse en suelos ácidos libres de cal, capaces de retener la humedad, y de libre drenaje. Añada materia orgánica, como hojas en descomposición o turba antes de plantar. Colóquelas bajo una sombra parcial. Multiplique por semillas y en invernadero en primavera, o por esquejes semimaduros en verano.

Las hojas oscuras y ásperas contrastan con las flores campanuladas de *Phyllodoce nipponica.*

CLIMA Especialmente en climas fríos.

ESPECIES *P. aleutica*, zona 2, originaria de Asia y Alaska, alcanza los 25 cm y tiene flores solitarias, pequeñas y en forma de urna. *P. caerulea*, zona 2, alcanza los 15 cm y presenta un característico penacho. Las flores, solitarias y en forma de jarro, son de un color rosa púrpura. *P. empetriformis*, zona 3, también posee un penacho, mide unos 30 cm y tiene pequeñas flores de un púrpura rojizo en forma de jarro. *P. nipponica*, zona 3, oriunda de Japón, es una pequeña planta con flores campanuladas y de un rosa blanquecino.

Phyllostachys (fam. Poaceae)

Este género de bambú es uno de los tipos monopodiales. Los rizomas subterráneos pueden alcanza hasta 3 o 4 m durante la etapa de crecimiento y convertirse en una marea invasiva. No obstante, en climas más fríos, muchas especies no se extienden tan rápidamente, y se convierten en macizos bastante manejables. Se trata de plantas muy atractivas que pueden utilizarse como fondos o como pantallas de jardín. Muchas especies configuran magníficos despliegues si se cultivan en macetas grandes y decorativos. Estos pueden colocarse sobre una base sólida, no sobre el suelo, puesto que la planta deberá enviar ramificaciones a través de los agujeros de drenaje.

Utilizadas a menudo en los jardines y patios, las cañas negras de *Phyllostachys nigra* siempre son un foco de interés.

CULTIVO La mayoría de estas especies de bambú crecen a pleno sol o con una ligera sombra. Aunque toleran los suelos pobres, requieren un buen drenaje. Los suelos o los abonos mixtos enriquecidos con materia orgánica producen un follaje más vistoso, y un mejor crecimiento. Mantenga las plantas bien regadas durante la época de crecimiento. No es necesario fertilizar por regla general, pero a las plantas cultivadas en maceta debería suministrárseles un fertilizante de desprendimiento lento, o un fertilizante líquido durante el crecimiento. Multiplique a partir de una sección del rizoma que contenga un nódulo, o dividiendo una sección de la planta. Lo mejor es hacerlo a finales de verano y en primavera.

CLIMA Zona 8 para la mayoría de las especies.

ESPECIES *P. aurea*, bambú dorado, también es conocido como bambú japonés, aunque no es de donde se extrae la caña de azúcar, que procede de *Pseudosasa amabilis*, raramente cultivada como planta ornamental. El bambú dorado puede alcanzar entre 6 y 10 m de altura. Tiene cañas doradas y esbeltas, y bellas y pequeñas hojas de un

verde dorado. *P. bambusoides*, bambú gigante, procedente de China y Japón, es una especie muy resistente de largas hojas. Alcanza los 20 m de altura. Los brotes jóvenes son comestibles. El cultivar 'Castillonis', procedente de Japón, alcanza los 12 m de altura, y presenta tallos de un color dorado intenso con estrías verdes. En sus países de origen son utilizados en todo tipo de tareas constructivas. *P. nigra*, bambú negro, es una preciosa especie muy apreciada por los jardineros. Llega a la madurez en una sola estación y alcanza hasta 7 m de altura. La variedad *henonis*, de Japón, hasta los 12 m de altura, y los nuevos tallos son de color verde brillante.

Physalis (fam. Solanaceae)

Este género de unas 80 especies, originario de Asia, Australasia, México y Norteamérica, incluye la magnífica linterna china, de un color rojo brillante y cálices aireados, y la uchuva, con sus frutos pequeños, amarillos y comestibles. Los frutos encapsulados en las «linternas» retienen su color cuando se secan y se convierten en magníficas decoraciones navideñas. Ambas son adecuadas para tiestos o macetas.

CULTIVO Estas plantas prefieren los suelos ricos y de buen drenaje, y un lugar soleado o con sombra

Physalis alkekengi, linterna china se cultiva por sus llamativas cápsulas seminales en forma de farol, que pueden secarse para decoraciones de interior.

parcial, protegido del viento. Riegue bien en verano y aplique fertilizante líquido. La uchuva es una especie perenne, pero es cultivada como anual estival en invernadero frío en los climas más extremados. Siembre las semillas en primavera en un propagador con base caliente. Ponga los retoños en tiestos y plántelos cuando hayan crecido lo suficiente en un borde del jardín o en grandes tiestos. Multiplique las perennes resistentes por división cada 3 años, o por semillas sembradas en primavera, en un marco frío.

CLIMA Hay especies adecuadas para diversas zonas climáticas.

ESPECIES *P. alkekengi*, linterna china, zona 6, es una perenne resistente que alcanza los 60 cm y produce flores campanuladas de color crema. Sus frutos, muy vistosos, consisten en bayas individuales de color escarlata encapsuladas en un cáliz de textura papirácea, de color rojo brillante. El cultivar 'Gigantea' tiene cálices de gran tamaño; 'Pygmaea' es una variante enana que alcanza los 20 cm de altura. *P. ixocarpa*, tomatillo, zona 8, es una planta anual procedente de México que alcanza 1 m de altura y produce flores amarillas y frutos pegajosos de color morado. *P. peruviana*, uchuva, uvilla, aguaymanto o alquequenje peruano, zona 9, es una planta de gran atractivo con hojas de un gris verdoso, que produce frutos amarillos comestibles. Las flores estivales presentan manchas amarillas y moradas. La variante enana de esta especie, *P. pruinosa*, zona 5, es una anual que alcanza los 50 cm y produce flores campanuladas amarillas y frutos comestibles del mismo color.

Physalis peruviana (fam. Solanaceae)

Uchuva

Nativa de Perú, es una planta perenne, aunque cultivada como anual, puede vivir hasta tres años en climas libres de heladas, pero debe cortarse después de cada cosecha. Alcanza los 90 cm de altura y 1,5 m de ancho, y produce una baya amarilla y redondeada rodeada por una cubierta como de papel. El fruto se usa para confituras, y se come fresco o guisado.

Las bayas de uchuva o alquequenje peruano están encerradas en un cáliz papiráceo que se abre de golpe cuando el fruto alcanza la madurez.

CULTIVO La uchuva o alquequenje peruano se cultiva normalmente como anual de verano en un invernadero frío. Las semillas se cultivan en primavera en semilleros o tiestos, y germinan aplicando calor. Los retoños se colocan en pequeños tiestos y se plantan a unos 75 cm de distancia en un borde de jardín, o en tiestos de 25 cm. Pellizque las plantas jóvenes para crear especímenes arbustivos. Puede utilizar cañas como soporte. Abone durante el verano con fertilizante para tomate y riegue con moderación. En veranos muy cálidos, déjela crecer en un lugar soleado del jardín.

CLIMA Zona 10, pero crece como anual de verano en todos los climas.

VARIEDADES Hay muchas; escoja por catálogo de semillas.

Physocarpus (fam. Rosaceae)

Siete cortezas

Cultivadas por sus flores, su atractivo follaje y sus raros frutos, estas diez especies de arbustos resistentes y caducifolios son nativas de Asia y América. Las que se cultivan hoy en día proceden todas de Estados Unidos. La corteza de las ramas cae en invierno para dar lugar a una superficie estampada de brillante tonalidad. Las hojas, serradas y lobuladas, son nervadas, y las pequeñas flores for-

Brotando hasta formar pequeñas colonias, *Physocarpus opulifolius* es muy adecuado para bordes arbustivos.

man decorativos racimos a lo largo de las ramas. Estos arbustos son útiles para bordes de jardín y como planta espécimen.

CULTIVO Estas especies prefieren un suelo húmedo, a base de loam, y se desarrollan bien a pleno sol o con algo de sombra. Pode las ramificaciones que han crecido desordenadamente en primavera. Multiplique a partir de semillas maduras cultivadas en un compost ligero para semillas, o por esquejes estivales semileñosos en un sustrato arenoso de turba. Los retoños enraizados pueden dividirse del tronco principal.

CLIMA Hay especies idóneas para diversas zonas.

ESPECIES *P. bracteatus*, zona 6, crece hasta los 2 m de altura, y tiene flores estivales blancas. *P. capitatus*, zona 6, alcanza los 3 m y tiene un crecimiento vertical. Produce flores blancas en verano. *P. malvaceus*, zona 6, alcanza los 2 m y tiene flores blancas estivales. *P. monogynus*, zona 5, alcanza 1 m de altura y tiene flores rosas. *P. opulifolius*, o siete cortezas común, zona 2, procede de Estados Unidos y es una especie muy atractiva, probablemente la de cultivo más habitual. Tiene hojas redondeadas y acorazonadas, flores blancas o rosas y frutos rojizos e hinchados. Alcanza los 3 m de altura. El cultivar 'Luteus' tiene hojas jóvenes de un amarillo brillante.

Physostegia (fam. Lamiaceae)
Obedientes

Nativa de Norteamérica, esta perenne resistente proporciona un llamativo despliegue en bordes y jardines salvajes. Sus atractivas espigas de flores terminales pueden ser de un rosa pálido, magenta o blanco, y son adecuadas para el corte.

CULTIVO Se adapta a la mayoría de los suelos, a pleno sol o con algo de sombra. Multiplique por división de los macizos o a partir de semillas. Tras la floración, corte las plantas, puesto que los viejos tallos pueden tener un aspecto ajado.

CLIMA Zona 4.

ESPECIES *P. virginiana*, u obediente, es la especie más cultivada, y rara vez supera los 1,5 m de altura. La estructura en forma de bisagra de los tallos florales permite que se les mueva y coloque de forma «obediente» en el lugar deseado. Las hojas son lanceoladas y serradas, y las flores pueden ser magentas, rosas o blancas. El cultivar 'Alba' tiene flores blancas; mientras que el cultivar 'Gigantea' alcanza los 2 m, y 'Vivid' presenta flores de un rosa púrpura e intenso.

Perenne de escaso mantenimiento, *Physostegia virginiana* florece puntualmente cada año. Es una buena flor de corte para decoración interior.

Phytolacca (fam. Phytolaccaceae)

Las alrededor de 25 especies de perennes, arbustos y árboles de este género se extienden desde los climas templados a los cálidos y tropicales, incluyendo toda América y Asia, y son apreciadas por sus llamativas hojas en otoño y sus frutos ornamentales, generalmente negros o de un rojo intenso. Las especies perennes tienen en general tallos de colores llamativos. Bastantes de ellas contienen alcaloides venenosos.

CULTIVO Todas las especies se desarrollan mejor en un suelo bien drenado con algo de materia orgánica. Las especies arbóreas se benefician de la aplicación de un manto, especialmente en sus primeros años de vida. La mayoría de ellas crecen a pleno sol o con algo de sombra. Hay que regarlas bastante en primavera y verano, pero permitiendo que se sequen entre riego y riego durante los meses más fríos. Normalmente no es necesario aplicar fertilizante a no ser que el suelo sea extremadamente pobre. Multiplique por semillas obtenidas de las bayas ya maduras.

CLIMA Zona 4 para la especie *P. americana*, y zona 9 para *P. dioica*.

La copa de esta vieja *Phytolacca dioica* se está debilitando, pero su potente tronco aún forma parte de su característico perfil.

ESPECIES *P. americana* o hierba carmín, una perenne arbustiva procedente de Norteamérica, alcanza los 3 o 4 m de altura. Tiene tallos rojizos, largas hojas ovales y flores blancas o rosas en verano. Las bayas, de un rojo negruzco, se forman sobre tallos de unos 30 cm de altura. La planta es venenosa si se ingiere, pero se usa con fines medicinales desde antaño, y sus beneficios siguen en constante investigación. De ella se extrae un rico tinte de color púrpura, sacado tanto de las raíces como de las bayas. *P. dioica*, zona 9, un árbol perenne, tiene una copa expansiva que ofrece buena sombra. Nativo de algunas zonas de Sudamérica, puede alcanzar entre 15 y 20 m de altura. Lo más llamativo es su grueso tronco y su amplia base de raíces expansivas que sobresalen de la superficie del suelo. Su cultivo aún no es habitual, y antaño se utilizaba por su rica sombra en varias zonas de Europa meridional.

Picea (fam. Pinaceae)

Píceas

Hay alrededor de 40 especies de coníferas perennes en este género procedente de las regiones montañosas del hemisferio norte. Ampliamente cultivado por su elegancia y su follaje siempreverde, se distingue de otros miembros de la familia de las pináceas por sus hojas aciculadas de pequeño tamaño que se enrollan en espiral sobre las ramas, y pueden ir del verde brillante a tonos azulados. A diferencia de los abetos *(Abies)*, con los que se halla estrechamente emparentado, presenta conos pendulares. Crece rápidamente hasta alcanzar forma cónica o de columna. Las píceas son magníficos árboles ornamentales en climas fríos. Hay un buen número de atractivos cultivares enanos, adecuados para jardines más reducidos. Muchas especies de píceas proporcionan una madera excelente y muy apreciada.

CULTIVO Las píceas necesitan abundante lluvia durante todo el año, inviernos fríos y un suelo fértil y profundo. Se propagan generalmente por semillas, que germinan con facilidad. Los cultivares enanos deben multiplicarse por esquejes para mantener su forma y follaje característicos. Algunas variedades de pícea azul se propagan por injerto.

Los esbeltos conos pendulares de *Picea smithiana* sirven para enfatizar el elegante hábito llorón de este precioso árbol.

CLIMA Frío.

ESPECIES *P. abies*, comúnmente llamada pícea de Noruega, zona 3, es originaria de Europa Septentrional y Central, donde puede alcanzar hasta 60 m de altura. En cultivo suele llegar hasta los 20 m. Su tronco es muy recto, con una zona central larga y estrecha, y hojas curvadas hacia abajo, ramas laterales distribuidas de forma irregular y ramitas pendulares. Los cultivares enanos más populares son 'Clanbrassiliana', que alcanza 1,5 m de altura y tiene ramas cortas; 'Globosa Nana', de forma muy firme y compacta, de 80 cm de altura, y 'Nidiformis', arbusto de copa aplanada de 1 m de altura, con hojas también cortas. *P. glauca* o abeto blanco, zona 3, procedente de Canadá, alcanza los 30 cm en su madurez, pero su crecimiento es más bien lento. En Estados Unidos, la soberbia variedad *albertiana* 'Conica', es un cultivar muy conocido. Alcanza 2 m de altura, y su forma es perfectamente cónica. *P. omorika* o abeto serbio, zona 4, procedente de Serbia y Bosnia, tiene un hábito de crecimiento muy estrecho y recto, un follaje de color verde azulado y hojas pendulares. Esta llamativa variedad puede alcanzar los 20 m de altura en cultivo. *P. pungens*, pícea azul o del Colorado, zona 3, es originaria de las montañas de la costa oeste de Norteamérica, y presenta una forma piramidal.

Este abeto maduro, de perfil robusto y cónico, presenta un follaje que se extiende hacia el suelo.

Sus agujas son de un verde azulado, y su corteza gris. El cultivar 'Glauca', conocido como abeto azul, se cultiva más a menudo. Es un árbol cónico de gran simetría, de entre 7 y 10 m de altura, dotado de ramas rígidas y pobladas. Prefiere los climas fríos con una atmósfera cálida. 'Koster' es otro atractivo cultivar azul. *P. smithiana* o abeto del Himalaya, zona 7, proviene de las regiones orientales del Himalaya, y es una especie vigorosa de forma cónica y elegantes ramas pendulares.

Pieris (fam. Ericaceae)

Originario de Norteamérica, las Antillas, este de Asia y el Himalaya, este género incluye siete especies de arbustos muy densos, siempreverdes, o de pequeños árboles cultivados por el atractivo de sus flores y su follaje. Las hojas son verdes y ásperas, con racimos de pequeñas flores blancas en forma de urna y textura parecida a la cera, similares al lirio de los valles, y que aparecen en abundancia en primavera. *Pieris* es una excelente planta espécimen y de borde, y también luce en tiestos o macetas.

Variegated pieris unidas para formar un seto bajo que bordea un camino y que suaviza el efecto del muro opuesto.

CULTIVO Cultívela en suelos con turbera ligeramente ácidos y con buen drenaje, a la sombra y protegida de los fuertes vientos. Riegue frecuentemente, especialmente en verano, y corte los brotes desordenados tras la floración. Multiplique a partir de semillas o cultivares, o por esquejes semimaduros en verano, enraizados en un propagador.

CLIMA Frío y húmedo.

ESPECIES *P. formosa*, nativa de China occidental, alcanza los 4 m de altura y produce un despliegue de nuevos brotes de color bronce en primavera. *P. formosa* variedad *forrestii*, de China, tiene grandes racimos de flores, y los nuevos brotes son de color escarlata. Alcanza los 2 m de altura. *P. japonica*, de origen japonés, es un precioso arbusto de unos 4 m de altura en cultivo. Presenta racimos pendulares de grandes flores blancas parecidas a las del brezo. Hay muchos cultivares disponibles. 'Christmas Cheer' tiene flores blancas de tallo rosa, con puntas también rosas; 'Flamingo' presenta brotes de un rosa intenso; 'Purity' es una planta compacta que alcanza 1 m de altura, con flores de un blanco puro; y 'White Cascade' tiene

grandes racimos de flores blancas de larga duración. 'Variegatus' desarrolla un follaje verde oscuro con márgenes crema. Los cultivares 'Valley Rose' y 'Valley Valentine', son introducciones recientes que han demostrado su efectividad en el jardín. El primero es una planta enana cubierta de flores rosas y blancas, mientras que el segundo produce flores de color rojo oscuro a partir de brotes igualmente oscuros.

Pilea (fam. Urticaceae)

Común en las regiones tropicales de todo el mundo, este género comprende más de 600 especies de perennes, cultivadas tanto en exterior como en interior por su atractivo follaje. Pueden ser suculentas o leñosas, verticales, trepadoras o rastreras.

CULTIVO Fuera de los climas cálidos y tropicales, cultívela como planta de interior o de tiesto en un invernadero cálido. Se desarrolla mejor en tiestos medio llenos de abono vegetal sin suelo. Proporciónele mucha luz (alejándola de la radiación directa) y una atmósfera húmeda. Procure que el compost esté seco en la superficie antes de regar. Multiplique en primavera a partir de esquejes de tallo. Aplique calor basal para el enraizado.

CLIMA Regiones más cálidas de zona 10, y tropical.

Pilea microphylla tiene hojas diminutas y es una planta de interior muy popular.

ESPECIES *P. cadierei*, madreperla, alcanza los 30 cm de altura y tiene hojas de color verde oscuro con marcas plateadas. *P. microphylla* llega hasta los 35 cm de altura. El follaje cubre densamente los tallos y los brotes florales estallan para liberar su polen. En zonas cálidas, esta planta puede comportarse de forma invasiva. *P. nummularifolia* es una trepadora muy adecuada para tiestos colgantes.

Pimelea (fam. Thymelaeaceae)
Flores de arroz

Hay alrededor de 80 especies en este género de pequeños arbustos perennes, originarios especialmente de Australia y Nueva Zelanda. Emparentadas con *Daphne*, se cultivan por sus vistosas flores terminales de color blanco, crema, amarillo, rosa y rojo. Las flores de muchas especies son fragantes, y los suculentos frutos, normalmente alongados, se parecen a los de la nuez, pero pueden tener aspecto de baya. Las vellosidades de las semillas pueden llegar a irritar la piel.

CULTIVO En climas propicios a las heladas, cultívelas en invernadero frío, en tiestos de abono ácido y arenoso. Procúreles un máximo de luz. En el jar-

Este bonito espécimen de *Pimelea* tiene sus flores crema enmarcadas por un cáliz ancho, de color verde claro.

dín, estas plantas necesitan un suelo ácido o neutro, de buen drenaje y muy soleado. Multiplique por esquejes semimaduros en verano, enraizándolos mediante un propagador de calor. Pode ligeramente las plantas tras la floración.

CLIMA Regiones más cálidas de zona 9 o zona 10.

ESPECIES *P. ferruginea*, procedente de Australia, es la especie de cultivo más popular de este género. Su crecimiento es compacto y alcanza 1 m de altura. Tiene hojas pequeñas y prolijas situadas en hileras opuestas, y flores rosas de cabeza redondeada que florecen en primavera y principios de verano. Los cultivares sugeridos están disponibles en el mercado. *P. ligustrina*, que presenta grandes hojas y flores blancas, alcanza entre 1,5 y 2 m de altura. *P. linifolia* procede de los estados orientales y meridionales de Australia. Esta especie alcanza los 60 cm de altura, y tiene flores blancas que florecen en verano y a veces en otras estaciones. *P. prostrata* es una especie rastrera procedente de Nueva Zelanda, útil como cubierta vegetal o planta rocosa. Alcanza solo los 15 cm de altura, y exhibe flores blancas seguidas de pequeñas bayas del mismo color. *P. rosea* es un arbusto redondeado, que puede alcanzar una envergadura de unos 60 cm. Sus flores, estivales, son de un rosa brillante, aunque a veces son blancas o pueden adquirir tonalidades más pálidas. *P. spectabilis*, originaria de Australia, alcanza entre 70 cm y 1,5 m. Tiene grandes cabezas florales blancas, muy vistosas, que surgen de brotes de color rosa intenso. Es la especie más espectacular, difícil de cultivar fuera de sus climas preferidos. *P. suaveolens*, también australiana, tiene flores grandes, aromáticas y de un color amarillo verdoso.

Pimenta dioica (fam. Myrtaceae)
Calicantos

Calicantos pertenece a un reducido género de árboles aromáticos nativos de la América tropical y de las Antillas, que crecen hasta los 12 m y tienen largas hojas nervadas de unos 15 cm de largo, y flores blancas que florecen a finales de primavera. Se utiliza para condimentar platos y para hacer licores.

Estos calicantos se cosecharán, secarán y prepararán en polvo para su uso culinario.

CULTIVO Cultívelo en invernadero cálido. En climas libres de heladas, puede plantarlo en el exterior, en un suelo de turbera con buen drenaje y buena exposición solar. Multiplique por estratificación en primavera, o por esquejes de madera blanda en verano.

CLIMA Zona 10 y superiores.

Pimpinella anisum (fam. Umbelliferae)

Anís

Anual extremadamente aromática, tiene una larga historia como hierba medicinal y como hierba aromática en gastronomía. Los antiguos griegos y romanos la utilizaban como aditivo en sus platos por sus cualidades aromáticas y digestivas. Incluso aparece mencionada en la Biblia. El anís aún se utiliza hoy en día en medicina, repostería y licorería. Solo una especie, en un género que incluye alrededor de 140, crece de forma natural en zonas de África, Europa y Asia. Normalmente alcanza los 50 cm de altura, y presenta agrupaciones de pequeñas flores blancas.

CULTIVO Plántela en un suelo con buen drenaje y expuesta al calor solar. Multiplique por semillas cultivadas a principios o mediados de primavera en el lugar en que la planta deberá crecer.

CLIMA La mayoría de ellos, excepto en los trópicos.

Pinus (fam. Pinaceae)

Pinos

Este grupo de coníferas, bien conocido, comprende más de 100 especies. Excepto una especie, que se puede encontrar en países tan meridionales como Indonesia, todas las demás son nativas del hemisferio norte. Los pinos son muy conocidos por sus usos comerciales, especialmente para la producción de madera y papel, mientras que la resina de algunas especies se usa para la fabricación de trementina. Las agujas son utilizadas como manto en jardinería, y las piñas y la corteza para la fabricación de combustible. Aunque son considerados árboles procedentes de regiones muy septentrionales, como Canadá y Escandinavia, la gran mayoría de ellos se encuentran en las partes más templadas y subtropicales de Norteamérica. El pino bristlecone (*P. aristata*), procedente de las Montañas Rocosas, tiene uno de los especímenes más antiguos del mundo. Se han contabilizado hasta 6.000 anillos concéntricos en algunos ejemplares de esta especie, que se desarrolla en las ci-

Su tronco anormalmente retorcido hace que este ejemplar de *Pinus pinaster* se convierta en punto focal de este jardín de estilo japonés.

Fácil de reconocer a distancia, el *Pinus patula* debe colocarse de manera que su forma pueda apreciarse claramente.

mas de las montañas azotadas por el viento. La especie de mayor altura, *P. lambertiana*, se halla también en Estados Unidos. Sus ejemplares pueden alcanzar los 80 m de altura. Las agujas u hojas de pino aparecen sobre pequeños brotes en una cantidad fija, lo cual es uno de los criterios de identificación más característicos de *Pinus*. Los números propios de cada especie aparecen más abajo. La mayoría de los pinos presentan entre dos y cinco agujas, y raramente una. En algunas especies, la cantidad puede variar. La plena madurez de las piñas y semillas se alcanza al cabo de varios meses, así que en cualquier época del año pueden producirse hasta tres etapas sucesivas de desarrollo. Los pinos se cultivan a veces para usos específicos, como pantallas, cortavientos, fabricación de madera y árboles de Navidad. Algunas especies poseen un alto valor ornamental, aunque la mayoría son razonablemente atractivas.

CULTIVO Puesto que las diversas especies se originan en una amplia gama de climas y hábitats, los requisitos para el cultivo varían sustancialmente. No obstante, la mayoría prefieren la exposición al sol. La única excepción se da en especies cultivadas en climas más cálidos o secos que aquellos a los que están adaptadas. En tales casos se reco-

mienda algo de sombra, puesto que ello incrementará el grado de frescor y humedad. Multiplique por semillas cultivadas en cualquier época del año en climas templados, o en primavera en aquellas zonas con veranos fríos. Use un suelo ligero y arenoso, en lugar cálido y con sombra, y cubra superficialmente las semillas. La germinación suele ser muy rápida. Enmacete las semillas en tiestos con fondo abierto o en bolsas de plástico negro para evitar que las raíces se enmarañen. Si se requiere un elevado número de árboles, plante las semillas en hileras en un suelo bien labrado, y transplántelas con las raíces al descubierto a la posición deseada cuando alcancen los 20 o 30 cm. Este método se sigue normalmente en invierno, y solo debería utilizarse en regiones con inviernos húmedos y fríos. Los pinos cultivados en maceta pueden plantarse en cualquier momento. Normalmente no es necesario regar, a no ser que los pinos se hayan establecido en condiciones extremas, puesto que sus raíces penetran rápidamente en el subsuelo. No suele ser necesario apuntalar los ejemplares jóvenes. Generalmente responden bien al abono, y los superfosfatos son una buena solución cuando el suelo es deficitario en fósforo. Tampoco se necesita podar, puesto que son especies simétricas; no obstante, los brotes gemelos deberían reducirse a uno solo para evitar la debilidad del tronco a largo plazo.

CLIMA Hay especies para cada zona climática.

ESPECIES *P. bungeana*, pino de lacebark, zona 5, procedente del centro de China, es una especie de crecimiento lento capaz de sobrepasar los 15 m de altura. Es muy apreciada por su corteza hojaldrada en parches, que esconde un tronco de color blanco. Posee agujas cortas y rígidas de un verde brillante agrupadas de tres en tres, y ramitas de color gris brillante. Los conos o piñas, de pequeño tamaño, son de un color marrón pálido. *P. canariensis* o pino de Canarias, zona 9, alcanza los 30 m de altura. Su tronco es muy recto, y su corteza, de un marrón rojizo, se rompe en amplias placas. Las agujas, muy finas, rígidas, de un verde mate, miden unos 25 cm y crecen en grupos de tres, y los conos, marrones, tienen forma oval. *P. contorta*, pino contorcido,

Este detalle permite apreciar las hojas aciculadas, blandas y caedizas de *Pinus patula*, y los racimos de conos masculinos.

árbol de corteza con profundos surcos de color marrón rojizo, de tronco recto y agujas rectas de unos 25 cm de longitud densamente agrupadas de dos en dos o de tres en tres. Esta especie se utiliza como pantalla y cortavientos, así como para decorar arterias urbanas en regiones de clima cálido. También se cultiva por su madera. *P. halepensis* o pino de Aleppo, zona 8, procede del Mediterráneo oriental, tolera la mayoría de las condiciones climáticas, y es una buena elección para regiones secas. Suele crecer unos 10 m, y a veces forma un gran arbusto. Los ejemplares jóvenes tienen forma piramidal, y van redondeándose conforme alcanzan la madurez. Sus agujas son finas y rectas, de un tono verde mate y de unos 10 cm de longitud, y se agrupan en parejas. Esta especie exhibe una atractiva corteza escamada de un marrón rojizo, mientras que los ejemplares jóvenes son de un color gris verdoso. Los conos, ovales, son también de un marrón rojizo. *P. lambertiana* o pino de azúcar, zona 7, es una especie muy atractiva con tronco de color gris, recto, estilizado y de textura suave. Las agujas se disponen en agrupaciones de cinco y miden unos 10 cm de longitud. Los conos, ligeramente curvados son poco habituales, alcanzan los 45 cm de largo y tienen escamas superpuestas finas y redondeadas. Forma parte del grupo de los «pinos blancos», todos ellos adecuados como especie ornamental, aunque requieren un suelo de calidad y prefieren los climas fríos con abundantes precipitaciones. *P. montezumae*, zona 6, oriunda de México, es una especie variable que se divide en un cierto número de variedades. Sus finas agujas, de entre 15 y 25 cm de largo, se disponen en grupos de cinco, aunque a veces oscilan entre cuatro y seis. Son de color verde azulado o grisáceo, y variables en su hábito. Es una especie adecuada para una amplia gama de climas templados y subtropicales. *P. monticola* o pino blanco de Idaho u occidental, zona 6, originario del sudoeste de Canadá y el oeste de Estados Unidos, está emparentado con *P. lambertiana*, de la cual difiere sobre todo en el tamaño de los conos, mucho más pequeños. Como ejemplar joven es de lo más atractivo, con sus brillantes agujas agrupadas de cinco en cinco, brillantes, o verde oscuras en el haz y con bandas de blanco azulado en sus dos caras internas. En su hábitat, este árbol puede alcan-

zona 7, procede del oeste de Estados Unidos, Canadá y Alaska, y se adapta mejor a los climas fríos. Tiene una silueta piramidal de «árbol de Navidad», con una larga zona central y un follaje denso. Sus agujas son cortas y retorcidas, y se agrupan de dos en dos. *P. coulteri* o pino de Coulter, zona 7, procedente de Estados Unidos y México, es conocido por sus enormes conos, que alcanzan los 35 cm de longitud y los 15 de anchura. Es un árbol de amplia copa y muy ramificado, con agujas rígidas de un verde azulado, dispuestas de tres en tres. *P. densiflora*, pino rojo japonés, zona 5, es utilizado a veces como bonsái en Japón. Normalmente es un pino de estatura media con agujas retorcidas y blandas, como las de *P. radiata*, por lo general en grupos de dos. Es una especie muy atractiva, con corteza en tono rojo anaranjado y conos ovales de un color amarillo púrpura. Es muy adecuado para zonas frías con abundantes precipitaciones. *P. elliottii*, pino elliotti, zona 8, procedente del sur de Estados Unidos, es adecuado para zonas más cálidas, con precipitaciones estivales. Es un bonito zar alturas de hasta 65 m. *P. mugo*, pino mugo zona 3, procede de Europa central y meridional, y es una de las especies enanas de evolución natural, ya sea en forma de arbusto expansivo o de pequeño árbol. Prefiere climas entre fríos y templados. Las puntas de sus ramas apuntan hacia arriba, y sus agujas rígidas y curvadas, de color verde oliva, se agrupan de dos en dos en densas rosetas. El grupo Pumilio es a menudo un túmulo de semirrastreras con agujas densamente agrupadas que puede alcanzar los 2 m. El cultivar 'Gnom' tiene un aspecto redondeado y compacto y rara vez excede del metro de altura. *P. nigra* o pino negro, zona 5, procedente de Europa Central y Meridional, presenta un aspecto abierto y cónico, y no suele superar los 15 m de altura en cultivo. Tiene un tronco recto, oscuro, con corteza surcada y agujas rígidas y retorcidas de color gris verdoso oscuro, aparejadas y de unos 10 a 15 cm de longitud. *P. palustris*, pino melis, zona 7, del sudeste de Estados Unidos, está considerado como un magnífico árbol maderero. Los ejemplares adultos son similares a *P. elliottii*, pero sus hojas son más pesadas y retorcidas. El tallo se elonga, pero sigue sin ramificar hasta alcanzar los 4 m de altura; el retoño aparece como un palo recto, cubierto de agujas largas y blandas, de un verde brillante. Es una especie que se desarrolla bien en áreas pantanosas, aunque requiere un verano largo, cálido y húmedo para crecer en buenas condiciones. No suele cultivarse debido a su lento crecimiento. *P. patula* o pino patula, zona 8, es conocido sobre todo como planta ornamental en Estados Unidos. Quizá el más elegante de todos, es un árbol piramidal ancho y vigoroso de entre 10 y 15 m de altura, y agujas blandas, finas, verdes y caedizas. Las agujas crecen en grupos de tres y alcanzan los 20 cm. La especie se aclimata bien en áreas templadas, aunque tolera el frío. *P. pinaster* o pino marítimo, zona 8, de Europa sudoccidental y el Mediterráneo, puede alcanzar hasta 25 m en cultivo. Es una importante fuente de trementina. El pino marítimo tiene un tronco corto, a veces ligeramente encorvado, y una copa redonda. Su corteza, fisurada y de una atractiva tonalidad marrón rojiza, con su dibujo en forma de puzzle, es característica. Las agujas, curvas y retorcidas, de un verde grisáceo y brillante, miden

Pinus sylvestris, solo crece en regiones frías. Este cono o piña madura ya se ha abierto para liberar sus semillas.

entre 10 y 20 cm, y aparecen en pareja. La especie se desarrolla bien en suelos arcillosos, arenosos o de grava, de escasa fertilidad. En tales zonas, cercanas al mar, se convierte en un ejemplar llamativo por su tamaño y por la curvatura de su tronco. *P. pinea*, pino piñonero, zona 8, procede del sur de Europa y Turquía, y era considerado como el «auténtico» pino en época romana. Se cultivaba por sus semillas comestibles, en contraste con *P. pinaster*, el pino silvestre o «falso». Tiene un hábito de crecimiento característico, alcanzando entre 15 y 20 m, con un tronco recto, a veces inclinado, y una copa plana en forma de paraguas cubierta de un denso follaje. Las agujas, ligeramente retorcidas, de unos 10 cm de largo, se agrupan por parejas, de los conos, redondeados y abundantes, de 10 a 15 cm de largo, tienen escamas marrones muy gruesas y leñosas. Sus preferencias climáticas son similares a las del pino marítimo, pero no tolera tan bien los suelos pobres. *P. ponderosa* o pino ponderosa, zona 6, es nativo del oeste norteamericano, donde su madera es muy apreciada. Puede alcanzar los 70 m en su hábitat, pero normalmente es más pequeño en cultivo. Recto y esbelto, tiene una forma abierta. Su característica corteza forma un mosaico de placas de diferentes colores. Las hojas, rígidas, rectas y de un verde pálido, se agrupan de tres en tres, y miden entre 15 y 25 cm. Esta especie prefiere los suelos pesados. *P. radiata* o pino de Monterrey, zona 7, es nativo de California, donde su tronco encorvado suele alcanzar un tamaño moderado. No obstante, en algunas plantaciones boscosas se ha observado un crecimiento de hasta 50 m, con diámetros del orden de 1 m o más. La especie se distingue de la mayoría de sus homólogas por su rico follaje verde oscuro, por su corteza gris, llena de surcos, y por sus agujas blandas y retorcidas de entre 7 y 10 cm de longitud y en grupos de tres. Es particularmente adecuado para las zonas costeras. *P. roxburghii* (sin. *P. longifolia*), pino chir, zona 9, es muy similar a su homólogo *P. canariensis*; difieren principalmente en el aspecto más expansivo y la copa más redondeada del primero, y el llamativo color rojo de su corteza. Tiene hojas caedizas de color verde claro de 20 cm de largo, que crecen en haces de tres, y conos ovales con escamas cóncavas. Es una bella especie procedente del Himalaya que se extiende desde Afganistán hasta Bután, pero no suele cultivarse, quizá porque necesita un clima cálido. *P. thunbergii*, o pino negro japonés, zona 6, es similar a *P. radiata*, pero sus agujas son ligeramente más rígidas, gruesas y de un verde grisáceo más intenso, y se agrupan en parejas. Sus ramas regulares, su corteza negra violácea y su capacidad para resistir la poda lo han convertido en una especie ideal como bonsái en Japón. Se desarrolla bien en suelos arenosos y en las áreas costeras de las zonas frías.

Pinus pinea 'Fragilis' (fam. Pinaceae)
Piñones

Las semillas del pino piñonero mediterráneo son los piñones más comunes para las más variadas aplicaciones culinarias. Pueden comerse crudos o tostados, pero se utilizan sobre todo en pastas y platos vegetarianos, así como en sopas y guisos. A veces también se emplean en repostería. El pino piñonero se convierte en un gran árbol de copa

El pino piñonero o *Pinus pinea* es el principal proveedor de la semilla comestible o piñón. Los ejemplares maduros tienen troncos desnudos de gran altura.

plana que puede llegar a superar los 20 m de altura en plena madurez. Los conos o piñas, redondeados, deben alcanzar la madurez a pleno sol para que las escamas se abran y liberen las semillas o fruto. Las semillas están protegidas por una cubierta dura que debe romperse para obtenerlas. Otros pinos de semilla comestible son el el pino piñonero de México o *Pinus cembroides*; el *P. cembra*, de Europa central, y la especie rusa *P. cembra* sinónimo *sibirica*.

CULTIVO Estos árboles crecen por semillas cultivadas tan pronto como maduran. Plántelos en cualquier suelo con buen drenaje y riéguelos con regularidad durante los primeros dos o tres años. No obstante, una vez enraizados toleran bastante bien la sequía. El desarrollo es rápido para una conífera, y los ejemplares jóvenes tendrán un crecimiento recto, formando la característica copa en forma de paraguas. No deben podarse.

CLIMA El mejor es el clima mediterráneo, con veranos cálidos y secos, e inviernos fríos y húmedos. Zona 8.

Piper (fam. Piperaceae)

Pimenteros

Nativo de muchas regiones tropicales del mundo, este género incluye más de 1.000 especies de arbustos trepadores y árboles, incluyendo *P. nigrum*, cultivada comercialmente por su pimienta blanca y negra. Solo algunas especies se cultivan, normalmente como ornamentales.

CULTIVO En invernadero cálido, en tiestos de abono vegetal para suelo, protegiendo de la radiación directa y con atmósfera húmeda. Multiplique por semillas en primavera o esquejes semimaduros en verano, en ambos casos con calor basal.

CLIMA Zona 10 a tropical.

ESPECIES *P. betle*, originario de India, es un arbusto trepador con flores verdes y frutos carnosos de color rojo. Las hojas de esta especie están encapsuladas y se mastican como goma de mascar. *P. kadsura*, pimienta japonesa, es un arbusto caducifolio que trepa por raíces aéreas. *P. methysticum*, de las islas del Pacífico, es un arbusto que alcanza entre 2 y 6 m de altura. Muy cultivado, especialmente en Fiji, para la preparación de la bebida kava-kava. *P. nigrum* o pimienta común, de Malaisia e India, es un atractivo arbusto trepador de hojas verdes brillantes y fruto también verde que madura en rojo, y después en negro. La pimienta negra se obtiene moliendo el fruto, mientras que la blanca se extrae de su interior.

Pisonia (fam. Nyctaginaceae)

Nativo de las regiones tropicales y subtropicales, incluida Sudamérica, este género comprende unas 50 especies de arbustos y árboles perennes. Se cultivan por su follaje y se utilizan principalmente como plantas de interior o de maceta para invernadero cálido.

CULTIVO En invernadero o en el hogar, cultívelas en tiestos con abono vegetal para suelo. Las plantas necesitan mucha luz, pero protegiéndolas de la radiación directa. Multiplique por esquejes semimaduros en verano, o por semillas en primavera, con calor basal en ambos casos.

CLIMA Tropical.

ESPECIES *P. alba* es una especie arbustiva originaria de Malaisia y Filipinas. Su llamativo follaje es de color verde claro. Esta planta es cultivada especialmente como ornamental, si bien sus hojas son co-

Largas cadenas de frutos verdes de *Piper nigrum* que alcanzarán tonalidades rojizas al madurar, y luego negras, antes de ser cosechados como granos de pimienta.

Los insectos y las pequeñas aves son incapaces de escapar de los cálices pegajosos de *Pisonia umbellifera*.

mestibles, tanto crudas como guisadas. La planta alcanza entre 3 y 5 m de altura. *P. umbellifera* alcanza entre 2,5 y 10 m de altura. La especie puede ser arbustiva o arbórea y tiene hojas ovales y brillantes de entre 10 y 40 m de longitud, y pequeñas flores rosas o amarillas con un cáliz pegajoso, capaz de atrapar pequeñas aves. Hay una variedad 'Variegata' con hojas de márgenes ondulados, teñidas de rosa, especialmente en los ejemplares jóvenes.

Pistacia (fam. Anacardiaceae)
Pistacheros

Este género de nueve especies de árboles perennes y caducifolios es nativo del Mediterráneo, Asia, sur de Estados Unidos y Centroamérica. Algunos se cultivan por sus semillas comestibles, resinas y aceites.

CULTIVO En climas propensos a las heladas, las especies más tiernas deben cultivarse en un invernadero frío. Todas necesitan un suelo de buen drenaje y prefieren un lugar cálido y soleado. La mayoría se adaptan mejor al clima mediterráneo, con sus veranos cálidos y secos y sus inviernos fríos y húmedos. *P. chinensis* tolera los climas fríos, pero no los excesivamente gélidos. *P. vera* necesita veranos cálidos y secos para una buena floración y

una óptima cosecha. Todas crecen por semillas, pero algunas variedades selectas se multiplican por brotes o injertos.

CLIMA Regiones más cálidas de zona 9 para la mayoría de las especies. *P. chinensis* puede crecer en zona 8.

ESPECIES *P. chinensis*, de China y Taiwan, es un árbol caducifolio que alcanza los 20 m de altura en su hábitat, pero solo entre 10 y 12 m en cultivo. Es un árbol muy ornamental, con hojas compuestas de color verde oscuro, que tornan al rojo brillante, al dorado o al naranja en otoño. *P. lentiscus*, especie mediterránea, es una perenne que alcanza los 5 m de altura. Es el lentisco propiamente dicho, cuya resina se utiliza para la fabricación de goma de mascar desde época clásica. El lentisco se emplea también en odontología y como barniz para pintura al óleo. *P. terebinthus* es un árbol caducifolio nativo del Mediterráneo que puede alcanzar los 5 m de altura. Antaño era utilizado para obtener trementina. *P. vera* o pistachero es un árbol caducifolio de Asia occidental e Irán, que alcanza entre 8 y 10 m de altura. De él se obtiene la semilla comestible, deliciosa en crudo, utilizada también en repostería y heladería.

Pistacia vera (fam. Anacardiaceae)
Pistachero común

El pistacho comestible lo produce un árbol caducifolio de entre 8 y 10 m de altura. Nativo del Asia occidental e Irán, es ampliamente cultivado en el Mediterráneo, en el oeste de Estados Unidos y en otras regiones con climas similares. Las flores masculinas y femeninas aparecen en árboles distintos, así que se necesitan ejemplares de ambos sexos para dar fruto, proceso que empieza a producirse transcurridos unos cinco años. Muchos tienen una cosecha bianual: producen una cosecha muy abundante el primer año, y más exigua el segundo. La recolección es en otoño. El fruto se come crudo o con sal. También se utiliza en repostería.

CULTIVO Estos árboles pueden cultivarse por semillas, pero los mejores resultados se obtienen de los árboles que han sido injertados a partir de varie-

Precioso y pequeño árbol, ideal para jardines domésticos, *Pistacia chinensis* aparece aquí en todo su esplendor otoñal.

En años de buenas cosechas, los pistacheros producen grandes racimos de frutos. Estos están a punto de madurar.

Cultivados a pleno sol, los guisantes producen abundantes cosechas. Recójalas a menudo para asegurar la productividad.

dades de excelente rendimiento. Normalmente se plantan en invierno, mientras se mantienen en estado latente. Necesitan un suelo de buen drenaje, preferiblemente enriquecido con materia orgánica. Aplique un fertilizante completo en primavera y de nuevo a finales de verano. Pode solo para eliminar los brotes debilitados o para favorecer un nuevo crecimiento.

CLIMA Regiones más cálidas de zona 9. El clima ideal es el de veranos secos e inviernos fríos.

Pisum sativum (fam. Papilionaceae)
Guisante

De origen europeo, el guisante de jardín es uno de los vegetales de cultivo más antiguos. Se dice que fue introducido en las islas Británicas por los romanos. Hasta finales del siglo XVI y el desarrollo del guisante comestible (también conocido como comelotodo, arveja o chícharo) por los holandeses, solo se consumía seco. Se descubrieron entonces sus virtudes como leguminosa forrajera y abono verde. Además, fue el primer cultivo de leguminosas cosechado de forma mecanizada. Los guisantes pueden comerse crudos o hervidos con algo de menta, o con mantequilla, en sopas y caldos. El comelotodo es muy sabroso frito con poco aceite, y los brotes de guisante son muy apreciados por los cantoneses.

CULTIVO Los guisantes se cultivan como anuales y crecen mejor en climas fríos y húmedos. La gama térmica ideal iría de 12 °C a 18 °C. La semilla necesita una temperatura del suelo de al menos 10 °C para poder germinar. Las semillas pueden ser redondas o rugosas. Las variedades de semilla redonda son las más resistentes, y las rugosas tienen el mejor sabor. En climas templados, los guisantes tempranos pueden sembrarse a mediados o finales de otoño, protegiéndolos del invierno con campanas protectoras. Un método alternativo consiste en sembrar a finales de invierno o principios de primavera, utilizando la misma técnica de protección. Se pueden llevar a cabo siembras sucesivas en intervalos mensuales hasta mediados de verano. Las semillas se introducen en hendiduras de 2,5 cm y a unos 5 cm de distancia entre sí. Deje suficiente espacio entre hileras para acceder al terreno. Los guisantes crecen en cualquier suelo fértil y con buen drenaje, en lugar abierto y soleado. Es mejor rotar con otras especies, evitando cultivarlos en el mismo terreno más de una vez cada tres o cuatro años. Esto servirá para prevenir enfermedades. Las plantas necesitarán soportes a base de palos o estacas para estabilizar las mallas reticulares superpuestas. Mantenga la humedad y recolecte con frecuencia cuando las vainas estén aún tiernas.

CLIMA Zona 6.

VARIEDADES Hay muchos cultivares para guisantes de jardín, incluidas las variedades con vaina. Existen cultivares tempranos, medios y tardíos, una clasificación relacionada con el tiempo de maduración. Los tempranos son la mejor opción si no hay demasiado espacio disponible para cultivar todos los tipos. La altura de la planta oscila entre 45 cm y 1,5 m. Las variedades enanas son a menudo la primera opción para el jardinero aficionado, puesto que necesitan soportes menos complejos, aunque las variedades más altas son las que ofrecen mayor rendimiento.

Pitcairnia (fam. Bromeliaceae)

Este género, constituido por unas 260 especies de bromelias, procede de la América tropical, de las Antillas y del África occidental. La mayoría de ellas son plantas terrestres que forman montículos de follaje de los cuales emergen tallos de flores de larga duración de color rojo, naranja o amarillo. Las hojas, largas y estrechas, carecen prácticamente de espinas en algunas especies, pero otras son muy espinosas.

Las flores de *Pitcairnia* están rodeadas de brácteas muy llamativas. La inflorescencia de esta especie recuerda a la antorcha olímpica.

CULTIVO Cultívelas en invernadero cálido en tiestos de abono vegetal sin suelo. Las plantas necesitarán buena luz y protección contra la radiación directa, así como una atmósfera húmeda. Manténgalas ligeramente humedecidas en invierno. Multiplique en primavera o verano por vástagos de raíz bien desarrollados.

CLIMA Tropical.

ESPECIES No suelen encontrarse fuera de sus zonas de origen. *P. corallina*, de Colombia y Perú, es difícil de cultivar, pero produce racimos rastreros de atractivas flores rojas. Alcanza 1 m de altura. *P. flammea* crece bien con algo de sombra. Posee hojas estrechas, sin espinas y en forma de espada que alcanzan los 90 cm de longitud, y largas espigas de flores escarlatas. *P. paniculata* tiene largos y esbeltos racimos de llamativas flores rojas y amarillas sobre largos tallos ligeramente caedizos. Crece con rapidez en primavera.

Pithecellobium (fam. Leguminosae)

Este género incluye unas 20 especies de árboles y arbustos tropicales y subtropicales, cultivadas generalmente como plantas ornamentales, aunque algunas se aprovechan comercialmente por su tinte y su madera. Tienen tallos espinosos y hojas pinnadas, y cabezas o espigas en forma de embudo; las flores son pentalobuladas, y van seguidas por vainas de semillas planas y curvadas.

CULTIVO Fuera de las áreas tropicales y subtropicales, cultívelas en invernadero cálido, aunque estas plantas no suelen estar disponibles fuera de sus lugares de origen. Utilice un compost rico, de buen drenaje y riegue bien durante la época de crecimiento. Mantenga la planta ligeramente húmeda en invierno.

CLIMA Regiones cálidas de zona 10 a tropicales.

ESPECIES *P. arboreum*, originaria de México, Centroamérica y las Antillas, alcanza una altura de 20 m. Posee una corteza gruesa, largas y esbeltas hojas, y flores blancas. *P. dulce*, tamarindo de Manila, procedente de Centroamérica, fue introduci-

Infestada de salvajes espinas, los troncos de *Pithecellobium dulce* quedan a salvo de los depredadores.

Sus decorativos racimos de bayas son el signo de identidad de *Pittosporum rhombifolium*. Pueden durar meses.

do en las regiones tropicales de Asia por su amplia sombra y como seto espinoso. Hoy, esta especie es muy útil en aquellas áreas; su fruto es comestible y el aceite de sus semillas se utiliza para fabricar jabón. La corteza destila además taninos, y la madera se emplea como combustible.

Pittosporum (fam. Pittosporaceae)

Nativo de muchas regiones tropicales u subtropicales, este género incluye alrededor de 200 especies, y abunda en Australia y Nueva Zelanda. Proporciona algunos de los mejores arbustos y árboles de jardín, con flores pequeñas y aromáticas en primavera. Especies valoradas por su amplia sombra y para la formación de setos, y también como especímenes de jardín, se cultivan en los lugares de zona 9, y algunas son suficientemente resistentes como para crecer en zona 8. En climas propensos a las heladas, las especies más delicadas pueden cultivarse en invernadero frío.

CULTIVO En invernadero, cultive en tiestos de abono vegetal para suelo. Procure que la planta reciba un máximo de luz y aire. Colóquela en el exterior en verano. En el jardín, con un suelo de buen drenaje que retenga la humedad, en lugar soleado. Protéjala del viento. Las especies de hoja verde to-

leran algo de sombra. Los setos pueden recortarse en primavera y verano. Multiplique por semillas frescas en invernadero, o por esquejes semimaduros en verano, con calor basal.

CLIMA Zona 9 para la mayoría de las especies.

ESPECIES *P. crassifolium*, nativo de Nueva Zelanda, es un arbusto alto, o pequeño árbol de 5 m de altura. Sus hojas son ásperas, ovales y de un verde intenso, y las flores, que brotan a principios de verano, forman aromáticos racimos terminales de un púrpura rojizo. El fruto, carnoso, es oval, de color blanco verdoso. El cultivar 'Variegatum' alcanza los 3 m de altura y sus hojas van del gris al verde brillante, con bordes de un blanco cremoso. Esta especie tolera las condiciones expuestas en zonas costeras azotadas por el viento. *P. eugenioides*, tarata, procede también de Nueva Zelanda, y es un atractivo y amplio arbusto de unos 12 m de altura. De denso follaje, las hojas presentan bordes ondulados, brillantes y de un color amarillo verdoso, y emiten un intenso aroma a limón cuando son exprimidas. El tronco es de un blanco grisáceo, y los racimos florales constan de pequeños ejemplares amarillos que aparecen en verano para dar paso a grandes agrupaciones de frutos ovales y verdes que siguen apareciendo en otoño

Pittosporum eugenioides 'Variegatum' puede convertirse en un denso seto, pantalla o cortavientos.

de Japón, zona 8, procedente de China y Japón, es un arbusto de crecimiento lento que puede alcanzar los 5 m, y se cultiva sobre todo por sus hojas onduladas y ásperas, de un color verde oscuro, y por sus flores de tono crema, que emiten un delicado aroma a azahar. Los racimos de frutos son de un naranja amarillento. Particularmente resistente al viento y las temperaturas, también se desarrolla bien en zonas costeras expuestas. En Europa es frecuente su cultivo como planta de maceta. *P. undulatum* o pitosporo rizado, es un árbol que alcanza los 12 m de altura, con hojas de color verde oscuro, onduladas, y pequeñas flores amarillas o crema que aparecen en primavera y verano, desprendiendo un intenso perfume parecido al del torvisco. El fruto es una baya amarilla.

Planchonella (fam. Sapotaceae)

Este género comprende unas 60 especies de árboles nativos de áreas tropicales y subtropicales de Malaisia, norte de Australia, Nueva Zelanda y Polinesia. La madera de estos árboles, considerablemente altos, se utiliza para la talla y para trabajos artesanales. La especie neozelandesa *P. novo zelandica* es probablemente la más adecuada como planta ornamental. Este género no es fácil de encontrar fuera de sus países de origen.

e invierno. El cultivar 'Variegatum' alcanza los 4,5 m, y posee un excelente follaje de un amarillo crema, muy popular entre los jardineros. *P. phillyreoides* es un árbol elegante, que puede alcanzar unos 10 m de altura y está dotado de brillantes hojas de color verde oscuro sobre ramas pendulares. Las flores amarillas aparecen en solitario o formando pequeños racimos terminales en las ramas, y dan paso a pequeños frutos amarillos que tienden al marrón rojizo en su madurez. *P. rhombifolium*, pitosporo de Queensland, nativo de la selva lluviosa del este de Australia, puede alcanzar los 20 m de altura, con un máximo de 10 m en cultivo. Sus hojas son brillantes y ovales, y sus flores de un blanco cremoso se agrupan en racimos seguidos de bayas de color naranja, muy decorativas y longevas. Es un pequeño árbol, ideal para el jardín doméstico, y es utilizado como especie callejera en algunas zonas urbanas. *P. tenuifolium*, kohuhu, zona 8, procedente de Nueva Zelanda, se convierte en un pequeño árbol, o gran arbusto de unos 10 m de altura. El atractivo verde plateado de sus hojas onduladas contrasta con el tono negruzco de sus tallos y corteza. Sus flores son pequeñas y de color púrpura, y exhalan un delicioso aroma en primavera. Aparece después un fruto redondeado y verde, negro en la madurez. Muchas de sus variedades son resistentes y muy adecuadas para el jardín. *P. tobira*, pitosporo

Frutos maduros de color negro de *Planchonella australis*, cortados en canal para mostrar la pulpa tierna y rosada que contiene las semillas, de un negro brillante.

CULTIVO Fuera de las áreas tropicales y subtropicales, cultívelas en un invernadero cálido, puesto que estas especies no toleran las heladas. Utilice abono de buen drenaje para suelo. En exteriores, cultive en suelo rico en humus y loam, de buen drenaje, en posición resguardada, soleada y cálida. Multiplique por semillas maduras, esquejes o estratificación.

CLIMA Zona 10 a tropical.

ESPECIES *P. Australis* sobrepasa los 30 m de altura en su hábitat natural, la selva tropical. Tiene hojas brillantes y racimos de pequeñas flores blancas y frutos negros parecidos a la ciruela. Este árbol destila una savia lechosa. *P. laurifolia* se convierte con el tiempo en árbol de considerable tamaño en su hábitat, la selva tropical. Tiene una corteza moteada y aromática, hojas brillantes y frutos como el de la ciruela. *P. novo zelandica* es un bonito espécimen de 5 m de altura, que está dotado con ramas verdes y brillantes, flores blancas y grandes semillas leñosas.

Platanus (fam. Platanaceae)
Plátanos

La mayoría de las seis o siete especies de este género de grandes árboles caducifolios del hemisferio norte son nativas de Norteamérica y México, menos una de ellas, originaria del sudeste europeo. Tienen una apariencia similar al arce, pero con hojas lobuladas de gran tamaño, opuestas en los tallos. Toleran la polución y suelen plantarse como árbol urbano, o para enmarcar viales en las grandes propiedades.

CULTIVO Todas las especies toleran una amplia gama de condiciones atmosféricas, pero prefieren los suelos profundos, de buena calidad. Se desarrollan mejor en áreas abundantes en agua. Pueden podarse, pero es mejor dejarlas que adquieran su perfil natural. Se propagan fácilmente por semillas, pero suelen cultivarse por esquejes de madera dura latente, obtenidas en verano.

CLIMA Hay especies adecuadas para numerosas zonas climáticas.

Las hojas otoñales doradas de *Platanus x hispanica*. Resistentes a la polución, es una magnífica especie urbana.

ESPECIES *Platanus x hispanica*, zona 5, plátano de sombra o plátano de Londres, así llamado por abundar en dicha ciudad, también se cultiva en muchas otras ciudades del mundo. Es un gran árbol de 35 m de altura, con un tronco duro de corteza hojaldrada, moteada en crema y gris azulado. Sus frutos redondos y sus hojas expelen unos pelos que pueden causar alergias. *P. occidentales*, zona 4, conocido como plátano occidental o sicómoro americano por su país de origen, Estados Unidos, es un árbol ancho y expansivo que puede superar los 45 m de altura. *P. orientalis*, zona 6, plátano oriental, procedente del sudeste de Europa y oeste de Asia, alcanza más de 30 m de altura. Similar en apariencia al plátano de Londres, sus hojas lobuladas son mucho más estrechas. Esta especie es también popular como árbol urbano.

Platycerium (fam. Polypodiaceae)
Helechos cuerno de alce y cuerno de ciervo

Típico de las selvas tropicales del sudeste asiático, este género de 17 especies de helechos comprende tipos epífitos y litófitos (de suelo rocoso). La estructura de la fronda varía, pero siempre incluye

Platycerium bifurcatum o helecho cuerno de alce, está formada por plantas individuales superpuestas, cada una de las cuales crecerá separadamente.

dos formas: fértiles y estériles. Las hojas estériles tratan de acercar el helecho a su huésped, y proporcionan a la vez humedad y alimento a las raíces. Las frondas fértiles sobresalen de la base de la planta y producen esporas. Al morir, son sustituidas por nuevas frondas.

CULTIVO Estos helechos producen vástagos en la parte exterior de las hojas estériles, con lo cual el crecimiento del macizo es continuo. Pueden recortarse con cuidado, acercarse a tablones o troncos y mantenerse húmedos hasta el completo enraizamiento, colocándose a continuación en su ubicación definitiva. *P. superbum*, no obstante, debe propagarse por esporas y, para el jardinero en ciernes, es una tarea difícil. Los helechos cuerno pueden cultivarse junto a tablones, vasijas, leños de madera dura, troncos de árbol o tiestos colgantes con corteza o musgo. Su crecimiento es lento, y tardan unos cuatro años en producir frondas fértiles. Fuera de los trópicos, cultive en un invernadero intermedio.

CLIMA Tropical.

ESPECIES *P. bifurcatum* o helecho cuerno de alce, es una especie nativa de Australia. Las hojas estériles son grandes, de bordes ondulados y redondeadas. Las fértiles sobresalen en dos ramificaciones, a menudo polilobuladas, que transportan los soros o cápsulas de esporas en su envés. Estas frondas se convierten en pendulares con la edad. *P. superbum*, helecho cuerno de ciervo, es una magnífica especie de mayor tamaño que *P. bifurcatum*. Las hojas estériles, grandes y de un verde grisáceo, forman un contorno circular, mientras que las frondas fértiles se proyectan hacia fuera y se convierten en pendulares, como las de la especie común.

Platycodon (fam. Campanulaceae)

Flor de globo

Procedente de China y Japón, es un género que incluye una sola especie de perennes, adecuada para bordes y macizos. Las especies enanas lucen mejor su atractivo en zonas rocosas.

CULTIVO *Platycodon* necesita un suelo rico y fértil y un lugar soleado. Esta planta puede cultivarse por semillas o por división de los macizos. La mejor época es en primavera.

CLIMA Zona 4.

Los tallos de *Platycodon* necesitan a menudo una ligera poda, de manera que los tallos en floración no queden en el suelo.

ESPECIES *P. grandiflorus* o flor de globo alcanza los 60 m de altura, y produce brotes en forma de globos que se abren en verano en flores campanuladas que adoptan tonalidades azul púrpura. Las hojas serradas son de un atractivo color verde azulado. Existen muchos y magníficos cultivares.

Platylobium (fam. Papilionaceae)

Se han incluido seis especies en este pequeño género de arbustos perennes australianos, cultivados por su atractivo follaje y sus flores de colores vivos en forma de guisante.

CULTIVO Estas plantas de fácil mantenimiento crecen en cualquier suelo con buen drenaje. Para multiplicarlas, vierta agua hirviendo sobre las semillas, duras y negras, encerradas en vainas planas, y déjelas empaparse durante toda la noche. Las que sobrevivan serán fértiles, y germinarán con rapidez si las planta en un terreno arenoso. Una vez enraizadas, las plantas tolerarán la sequía.

CLIMA Zona 9.

ESPECIES No suelen estar disponibles fuera de su país de origen. *P. alternifolium* es una especie rastrera de hojas gruesas y blandas, y flores amarillas o rojas de tonos vivos. *P. formosum* es un arbusto

vertical de 1 m de altura, hojas acorazonadas, flores amarillas o rojas, y un cáliz velludo. *P. triangulare* es también rastrera, pero tiene hojas triangulares como las de la hiedra. Las flores son dobles y amarillas, y sus cálices velludos.

Plectranthus (fam. Lamiaceae)

Las 350 especies de plantas herbáceas y arbustos de este género emparentado con *Coleus* se encuentran en muchas regiones tropicales y subtropicales del mundo. La mayoría de las especies tienen un follaje aromático, de perfil dentado, y bellas flores pequeñas y aromáticas. Los tallos son de sección cuadrada.

CULTIVO Fuera de los trópicos, cultívelas en invernadero cálido o intermedio, en tiestos de abono para suelo. Proteja la planta de la luz solar directa, pero asegúrele una buena iluminación. Multiplique por esquejes de brote en primavera o verano, o por semillas sembradas tan pronto como estén disponibles, con calor basal en ambos casos.

CLIMA Tropical.

ESPECIES *P. amboinicus* alcanza los 30 cm de altura. Tiene hojas carnosas muy aromáticas cubiertas por finas vellosidades y con flores en espigas de color azul malva. Ha sido cultivada desde hace

Las flores de *Platylobium formosum* son simples. Esta planta, que puede alcanzar 1 m de altura, produce flores amarillas o rojas.

Plectranthus saccatus es un vigoroso subarbusto que alcanza los 60 cm de altura. Sus flores, azul lavanda, aparecen en los meses cálidos.

mucho para usos culinarios en India, sudeste asiático y América tropical. *P. argentatus* tiene hojas velludas de un color verde plateado y flores de azul malva. Es una planta de crecimiento rápido y forma una buena cubierta vegetal para áreas con algo de sombra. *P. australis* crece entre 60 y 80 cm, sus hojas son carnosas y sus flores de color púrpura. *P. oertendahlii*, tiene un atractivo follaje, de un color verde oscuro en el haz y púrpura carmesí en el envés. Los racimos de flores, que van del rosa pálido al malva, aparecen a principios de otoño. Esta especie es útil como cubierta vegetal y para tiestos colgantes.

Pleione (fam. Orchidaceae)

Tanto la variedad epífita como la terrestre están representadas en este género que incluye 16 especies de orquídeas, presentes en India, Taiwan y Tailandia. Las flores son de diversos colores, blanco, rosa, cereza, malva o púrpura.

CULTIVO Estas orquídeas suelen cultivarse en macetas en invernaderos fríos sin calefactor. Use un compost para orquídeas preparado para variedades terrestres. Las plantas deben enmacetarse

Preciosas orquídeas terrestres, las especies de *Pleione* tienen labios festoneados, casi siempre de un color diferente.

cada año antes del inicio de la floración. Riegue bien en primavera y verano, y manténgalas ligeramente húmedas en invierno. Proporcione abundante luz, pero aléjelas de la radiación directa. Multiplique por división cuando las cambie de recipiente. Conserve para ello solo los pseudobulbos jóvenes.

CLIMA Zona 9.

ESPECIES En su propio hábitat, *P. humilis* crece en los árboles a altitudes de 2.500 m. El tallo de la flor surge de la base del pseudobulbo, y las flores son de un color blanco puro, con un labio festoneado cuyo interior es de un amarillo pálido. *P. limprichtii*, originaria del Tíbet, produce flores rosas o púrpuras con labio rizado grande y rosa, moteado de marrón. *P. praecox* crece sobre robles y rododendros a altitudes bastante bajas. Sus flores, de un color púrpura claro, tienen seminervaduras blancas en los pétalos, y un labio rizado con manchas amarillas.

Plumbago (fam. Plumbaginaceae)
Jazmines azules

De este género de 15 especies de arbustos, trepadoras, perennes y anuales, nativas de las regiones tropicales y templadas del mundo, solo unas pocas se cultivan de forma generalizada. Son buenas plantas de invernadero frío o intermedio en climas tendentes a las heladas.

CULTIVO En invernadero, cultive en tiestos de abono vegetal para suelo, con buena luz y protección contra las radiaciones directas. En el jardín, hágalo en un lugar soleado y protegido con suelo de buen drenaje. Pode las trepadoras a finales de verano cortando los brotes laterales, hasta un máximo de tres de cada tallo. Multiplique por esquejes semimaduros en verano.

CLIMA Regiones o áreas más cálidas de la zona 9 como mínimo.

ESPECIES *P. auriculata*, del sur de África, es un arbusto semitrepador con espigas de flores de color azul cielo que aparecen en los extremos de sus ta-

Flores azul cielo de *Plumbago articulata* cubrirán el arbusto desde finales de primavera hasta finales de verano.

Este precioso frangipanis rojo, o *Plumeria*, es un destacado cultivar, con un aroma característico del género.

llos trepadores, entre verano y otoño. Crece vigorosamente en los climas cálidos, llegando a alcanzar los 3 m. Posee una variedad menos rampante, de flores blancas.

Plumeria (fam. Apocynaceae)
Frangipanis

Originario de Centroamérica, este género incluye siete especies de árboles, cuyo aroma es inolvidable. En climas propensos a las heladas, es una buena planta de invernadero cálido. El frangipanis es un signo de eternidad para los budistas, puesto que las ramas continúan floreciendo incluso después de la poda.

CULTIVO En invernadero, cultive las plantas de esta especie en tiestos con abono arenoso para suelo. Garantíceles un máximo de luz, siempre con protección contra el sol directo. Mantenga el compost ligeramente húmedo en invierno, pero riegue en abundancia durante el resto de las estaciones. Multiplique por esquejes de brote a principios de la primavera.

CLIMA Exclusivamente tropical.

ESPECIES *P. rubra* variedad *acutifolia*, de México, se cultiva con más frecuencia que la especie original. Sus flores blancas tienen marcas amarillas en la garganta y un delicioso y suave perfume. La forma *lutea* tiene flores amarillas pero el exterior es a menudo de un rojo pálido. Hay numerosos híbridos en una diversa gama de colores, algunos de los cuales tienen un origen espontáneo.

Podalyria (fam. Papilionaceae)

Solo dos de estas 20 especies de arbustos perennes procedentes del sur de África se cultivan actualmente. Las flores en forma de guisante son aromáticas y vistosas, mientras que el follaje es de una textura sedosa. En climas propensos a las heladas, debe cultivarse en invernadero frío.

CULTIVO Multiplique por semillas o esquejes. Empape la semilla durante la noche en agua templada antes de sembrar. Plante en un suelo abierto, de libre drenaje y a pleno sol. Pode ligeramente para favorecer el crecimiento arbustivo de la planta, y deshágase de las cabezas marchitas, a no ser que se disponga a recolectar las semillas.

CLIMA Zonas 9 a 10.

El follaje de *Podalyria calyptrata* es en sí mismo un motivo decorativo para el jardín, incluso sin sus bellas flores.

ESPECIES *P. calyptrata*, arbusto de guisante de olor, de rápido crecimiento, puede alcanzar 2 o 3 m de altura. Su follaje amarillo plateado está cubierto de finas y suaves vellosidades. Las flores van del rosa al malva, y aparecen entre la primavera y el primer verano. *P. sericea* alcanza 1 m de altura y suele aparecer de forma natural en suelos secos a base de grava en su Sudáfrica natal. Su follaje, sedoso y de color gris dorado, es muy atractivo. Las flores, entre el malva y el rosa, aparecen en invierno y a mediados de primavera.

Podocarpus (fam. Podocarpaceae)

Llenques, tejos de ciruelas, palos amarillos

En términos botánicos, este género pertenece a las coníferas, incluso aunque sus semillas no suelen aparecer en conos sino de forma individual o en pequeños grupos terminales al final de sus pequeñas ramas, especialmente en tallos cortos, a menudo hinchados y carnosos. Algunas especies, no obstante, tienen órganos para transportar las semillas, más parecidos a los conos habituales. En algunas especies, las hojas son estrechas y aplanadas, pudiendo alcanzar los 30 cm de largo en las variantes tropicales; en otras, las hojas son pequeñas y aciculadas, y se disponen de forma abundante a lo largo de las ramitas. Existen unas 100 especies de *Podocarpus*, originarias de las selvas lluviosas tropicales y templadas de Australasia, sur o este de Asia, Sudamérica y sur de África. Las especies van desde los elevados

Restringido en la actualidad a unas pocas regiones salvajes, *Podocarpus totara*, originario de Nueva Zelanda, produce una madera de gran calidad.

árboles del bosque hasta los arbustos subalpinos, casi rastreros. Algunas de ellas se cultivan por su sombra para las calles, parques y grandes jardines; otras son variantes rocosas. La mayoría son poco resistentes y deben cultivarse en invernaderos cálidos o intermedios en los climas tendentes a las heladas.

CULTIVO Las especies de *Podocarpus* tienen diferentes requisitos. Las de mayor altura, procedentes de densos hábitats boscosos, prefieren un lugar protegido y un suelo profundo, fértil y húmedo. Otras especies, como *P. salignus*, muy resistentes, toleran la polución y son muy adecuadas para los centros urbanos. La mayoría son de crecimiento lento, aunque esto puede ser una ventaja. Multiplique por semillas, método de corta viabilidad en algunas especies, o por esquejes.

CLIMA Hay especies adecuadas para toda una serie de zonas climáticas.

ESPECIES *P. elatus*, zona 10, procedente de Australia oriental, alcanza en su hábitat los 35 m de altura, aunque rara vez supera los 15 m en cultivo. Tiene una corteza escamada de color marrón, y hojas muy ásperas de color verde intenso, de 8 cm de largo. Las semillas aparecen de forma individual sobre los frutos comestibles, negros y redondeados. Su densa copa ofrece una excelente sombra en zonas urbanas. Como el lleuques, responde bien a la poda enérgica, y también es viable como seto. *P. ferrugineus* (sin. *Prumnopitys ferruginea*), miro, zona 9, es una especie nativa de Nueva Zelanda, donde se encuentra en las selvas lluviosas. Las hojas, de pequeño tamaño, son parecidas a las del tejo, y las semillas, de un color rojo claro, son grandes y de forma ovalada. Bajo cultivo, esta especie crece con lentitud y es de pequeño tamaño, con una forma esbelta y recta. *P. macrophyllus*, zona 7, originaria de las regiones montañosas de China y Japón, raramente supera el tamaño de un arbusto fuera de su hábitat natural. Crece en forma de columna irregular, y tiene hojas estrechas densamente agrupadas de unos 10 cm de longitud, muy gruesas y ásperas. De crecimiento muy lento, es una buena planta de maceta y un seto grueso, adecuado sobre todo para climas templados. *P. totara*, «totara» zona 9, tiene un tronco magnífico, de 3 m de diámetro, cubierto de una corteza de color marrón rojizo, que cambia al marrón grisáceo con la madurez. El totara fue un árbol intensamente aprovechado por su madera en su país nativo, Nueva Zelanda, donde se puede encontrar en zonas bajas y en bosques subalpinos bajos. Tiene una corona estrecha y tupida, hojas rígidas y afiladas de un verde bronce, y frutos carmesí. Bajo cultivo rara vez excede los 8 m de altura.

Podranea (fam. Bignoniaceae)

Originario del sur de África, este género incluye solo dos especies de plantas trepadoras, estrechamente emparentadas con *Pandorea*.

CULTIVO Estas bellas plantas necesitan un suelo de buen drenaje con abundante materia orgánica, y un lugar soleado. Puede utilizar alambre, enrejados o pantallas para sujetarlas, y debe regar en

De rápido crecimiento y sin apenas mantenimiento, *Podranea ricasoliana* es ideal para un rápido recubrimiento de vallas y cobertizos.

abundancia durante los meses más cálidos. En climas propensos a las heladas, cultive las plantas de este género en un invernadero cálido en tiestos de compost suelo. Pode los tallos laterales tras la floración. Multiplique por semillas o esquejes.

CLIMA Al menos, zona 9.

ESPECIES *P. ricasoliana*, denominada trompetas, es una trepadora perenne y compacta que alcanza los 4 m de altura, cultivada por sus bellas flores rosas en forma de embudo, muy aromáticas, con pétalos de rayas rojas, que aparecen entre el invierno y el verano. El tallo es áspero, retorcido y de color verde oscuro, mientras que sus hojas son parecidas a las del helecho.

Polemonium (fam. Polemoniaceae)

Hay 25 especies de herbáceas perennes y resistentes en este género procedente de Norteamérica, Europa y Asia. Solo unas pocas se cultivan, aun-

Tanto el follaje como las flores de valeriana griega, *Polemonium caeruleum*, son atractivos. La planta crece perfectamente en tierra y en maceta.

que conforman un bello y masivo despliegue en el jardín, en bordes o en zonas rocosas. Cultivadas en ocasiones como plantas de maceta, las especies de este género lucen muy bien en tiestos colgantes. El follaje es parecido al del helecho, y las flores aparecen en verano.

CULTIVO Estas plantas crecen bien en un suelo de calidad, con temperaturas moderadas. La floración no dura demasiado, pero las plantas germinan libremente. Multiplique por semilla o por división de macizos.

CLIMA Hay especies adecuadas para diversas zonas climáticas.

ESPECIES *P. caeruleum*, valeriana griega, zona 2, procedente de las zonas templadas de Europa, es la especie más cultivada. Alcanza los 90 cm de altura y tiene bellas flores azul cielo. *P. carneum*, zona 6, llega a alcanzar hasta los 90 cm de altura, y tiene flores de color salmón. *P. elegans*, zona 5, es una especie enana que no sobrepasa los 15 cm y que produce flores azules. La *P. foliosissimum*, zona 3, de unos 75 cm, tiene flores azules, de color crema o blancas. *P. foliosissimum* variedad *Flavum*, zona 3, llega a alcanzar los 90 cm, y produce flores rojas con centros amarillos. *P. reptans*, zona 4, llega hasta los 60 cm, y tiene flores azules o blancas.

Polianthes (fam. Agavaceae)
Nardos

Este género está constituido por 13 perennes herbáceas nativas de México. Se dice que ya fueron cultivadas en época precolombina, pero no se conocen especies silvestres. Las flores, rosas o blancas, aparecen agrupadas en racimo.

CULTIVO En climas propensos a las heladas, cultive en un invernadero cálido, o en el exterior durante la época estival. En invernadero, cultive en tiestos de compost suelo, plantando los tubérculos en

Polianthes tuberosa, es una buena flor de corte, y exhala un intenso aroma. Un solo tallo puede perfumar todo un espacio.

primavera. Proporcione un máximo de luz. En verano, tenga cuidado de no regar en demasía, y aplique fertilizante líquido cada dos semanas. Cuando el follaje empiece a marchitarse, reduzca progresivamente el riego y mantenga el compost seco durante el invierno. En el jardín plante en primavera, con un suelo de buen drenaje y en lugar soleado. Excepto en climas libres de heladas, los tubérculos se extraen en otoño y se almacenan en invierno en turba o arena ligeramente humedecidas, y en un invernadero antiheladas. Multiplique por vástagos durante el período de latencia, o por semilla madura germinada a 21 °C. Los vástagos, utilizados para sustituir los bulbos madre viejos y deteriorados, pueden tardar 2 años en alcanzar el tamaño de floración.

CLIMA Regiones más cálidas de zona 9.

ESPECIES *P. tuberosa*, procedente de México, alcanza más de 1 m de altura, y presenta hojas finas, de unos 30 cm de longitud. Las flores, blancas y como de cera, son muy aromáticas, y su aceite se usa en perfumería. Esta especie se cultiva a menudo como flor de corte.

Polygala x *dalmaisiana* es un arbusto híbrido siempreverde creado para jardín, a partir, entre otras, de la especie *Polygala myrtifolia*.

Polygala (fam. Polygaleaceae)
Polígalas

Este amplio género de unas 500 especies de árboles, arbustos, anuales y herbáceas perennes es originario de la mayoría de regiones del mundo. No obstante, actualmente se encuentran pocas especies para cultivo.

CULTIVO Las plantas de este género crecen en la mayoría de suelos y condiciones ambientales, pero generalmente se desarrollan mejor a pleno sol y con abundancia de agua. Multiplique por esquejes, semillas o brotes.

CLIMA En función de la especie seleccionada, puesto que estas plantas proceden de una gran variedad de hábitats.

ESPECIES *P. calcarea*, zona 7, es una planta perenne rastrera, de hoja siempreverde, con hábito trepador. Las flores son básicamente azules, pero también las produce blancas. *P. chamaebuxus*, zona 6, crece hasta los 10 cm de altura, y presenta racimos de flores parecidas a las del guisante, amarillas y diminutas, que aparecen en primavera y principios de verano. *P.* x *dalmaisiana*, zona 9, es un arbusto siempreverde que alcanza 2,5 m de atura, y

Racimos de estrechas flores campanuladas suspendidas de los tallos de la herbácea *Polygonatum multiflorum*, ideal para regiones boscosas.

que produce flores púrpura o rosa magenta que sugen en verano y otoño. *P. myrtifolia*, zona 9, llega hasta los 2 m, y tiene flores blancas o verdes, de veteado púrpura, que aparecen entre primavera y otoño. *P. paucifolia*, zona 2, es una especie arbustiva de crecimiento lento, de entre 15 y 18 cm, que produce flores de un color púrpura rosado y es muy adecuada para zonas rocosas. *P. vayredae*, zona 6, originaria de España, alcanza los 20 cm y tiene flores moradas.

Polygonatum (fam. Convallariaceae)
Sellos de Salomón

Este género incluye más de 50 especies de herbáceas resistentes y herbáceas perennes nativas de muchas zonas templadas del planeta. *P. biflorum* y *P. odoratum*, las dos especies de cultivo más frecuente, y son apreciadas por sus elegantes tallos foliares y sus flores blancas. Son plantas ideales para la mayoría de los jardines de montaña y bordes arbustivos.

CULTIVO *Polygonatum* necesita un suelo de buen drenaje que retenga la humedad, bien provisto de humus y a pleno sol o algo de sombra. Multiplique por división en primavera.

CLIMA Fríos y húmedos.

En climas fríos, *Polygonum capitatum* se cultiva como planta rocosa o cubierta vegetal. En zonas cálidas puede ser una especie invasiva.

ESPECIES *P. biflorum*, de más de 1 m de altura, produce flores verdes y blancas a finales de primavera y en verano, al igual que *P. odoratum*, que da flores aromáticas blancas punteadas en verde, sobre tallos de al menos 80 cm de altura. Existe un cultivar con hojas de márgenes blancos llamado 'Variegatum'. *P. multiflorum*, de unos 90 cm de altura, posee flores similares que aparecen también a finales de primavera.

Polygonum (fam. Polygoniaceae)

La mayoría de las especies de *Polygonum* han sido reubicadas en otros géneros: *Fallopia* y *Persicaria*. En esta obra se han incluido dentro del género *Polygonum* una trepadora vigorosa y caducifolia, una perenne resistente y una anual resistente. Las hojas son generalmente alternas, y poseen racimos, espigas o cabezas redondeadas de pequeñas flores, rosas o rojas, y a veces blancas, que aparecen en verano y otoño.

CULTIVO Estas especies resistentes crecen en cualquier suelo de jardín, pero unas condiciones idóneas repercutirán positivamente en la calidad de la planta. Multiplique las perennes por división, las anuales por semilla, y las trepadoras por esquejes de madera dura en otoño.

CLIMA Existen especies adecuadas para diversos tipos de clima.

ESPECIES *P. baldschuanicum* (sin. *Fallopia baldschuanica*), zona 4, es una trepadora caducifolia y agresiva con hojas acorazonadas sobre largos tallos, de un color verde pálido, y agrupaciones de pequeñas flores blancas o rosáceas en racimo que aparecen a finales de verano y en otoño. *P. capitatum* (sin. *Persicaria capitata*), zona 8, es una cubierta vegetal de rápido crecimiento, perenne y de llamativas raíces secundarias que parten de los nódulos del tallo. Tiene hojas de color verde intenso con marcas marrones, de tono bronce en otoño, y cabezas globulares de diminutas flores rosas. *P. orientalis* (sin. *Persicaria orientalis*) o zona 6, una especie anual de 1,5 m de altura, con largas flores de un color rosa brillante. Suele cultivarse como flor de corte.

Aunque se cultiva principalmente como fuente de harina proteica, el alforfón es una atractiva planta con bellas flores.

Polygonum fagopyrum sin.
Fagopyrum esculentum

(fam. Polygonaceae)

Alforfón

Esta planta anual lleva cultivándose en China desde hace al menos 1.500 años, y se introdujo en Europa en el siglo XV. Puede ser originaria del norte de India. Se encuentra a menudo naturalizada, aunque se suele producir como cultivo. Su harina, de gran calidad, se utiliza para la elaboración de pan, pasteles y panecillos de levadura, y en Japón para fabricar fideos y bolas de masa. El grano se usa también para la elaboración de cerveza. Tiene asimismo una larga historia como hierba medicinal. Sus pequeñas hojas son triangulares, y sus flores, blancas y aromáticas, se agrupan en racimos en la parte superior de la planta, que puede alcanzar los 60 cm de altura.

CULTIVO Esta planta crece bien en suelos pobres y tiene un período de desarrollo relativamente corto. Debe plantar las semillas en primavera y recolectar en otoño.

CLIMA Cultive como anual de ciclo estacional durante los meses más cálidos.

Polypodium (fam. Polypodiaceae)

Las 75 especies de este género de helechos se encuentran en muchas regiones, y gran parte de

Estas magníficas cascadas de una especie de *Polypodium* caen desde la corona del árbol. La sombra proporcionada por el helecho es ideal para su crecimiento.

ellas proceden de la América tropical. Mayoritariamente epífitas, con rizomas trepadores, tienen frondas variables, simples o pinnadas, a veces lobuladas, verticales o pendulares. Ha habido largas discusiones sobre la clasificación de *Polypodium*, puesto que los botánicos han incluido sus especies a menudo en diferentes géneros. Los ejemplos más destacables son algunos de sus cultivares.

CULTIVO Plante las especies resistentes en jardines rocosos o en bordes arbustivos, con suelo bien drenado rico en humus. *P. cambricum* prefiere los suelos alcalinos. Proporcióneles algo de sombra o pleno sol, y protéjalas contra el viento. En climas proclives a las heladas, las especies menos resistentes se cultivan en invernadero cálido, en tiestos de compost sin suelo. El método más fácil de multiplicación es por división de las plantas enraizadas en primavera. También puede sembrar esporas tan pronto como hayan madurado.

CLIMA Hay especies adecuadas para diversas zonas.

ESPECIES *P. cambricum*, zona 6, es un helecho terrestre nativo de Europa. Las frondas están divididas en hojitas más bien gruesas. Es adecuado para climas más fríos o zonas protegidas de otras regiones. *P. formosanum*, zona 9, es un helecho epífita procedente de Japón, China y Taiwan. Tiene rizomas trepadores de un gris verdoso y largas y estrechas frondas de un verde pálido. Cultivado en exterior en climas cálidos, necesita invernadero en las zonas más frías. *P. loriceum*, zona 10, es originaria de la América tropical, México y las Antillas. El rizoma, de un blanco verdoso, trepa por la superficie; los tallos son cortos, y las frondas, delgadas y divididas. Los estrechos lóbulos se estrechan hacia la punta y tienen bordes ondulados. Las cápsulas circulares de los lóbulos albergan masas de esporas de un amarillo dorado. Este bello helecho es fácil de cultivar, y una magnífica elección para colocar en grandes cestas. *P. vulgare*, zona 3, originario de Europa y Asia, tiene frondas largas y divididas y es muy adecuado para exteriores, incluso en climas fríos.

Polyscias (fam. Araliaceae)

Hay alrededor de 100 especies incluidas en este género de árboles y arbustos subtropicales, nativos de Asia, el Pacífico y África. En climas tendentes a las heladas, se cultivan como ornamentales en invernadero cálido o como plantas de interior en una habitación caldeada. Apreciadas por su follaje, finamente dividido, sus flores suelen ser de color crema o verde, y carecen de valor ornamental. En sus zonas de origen, algunas se utilizan con fines medicinales o por su perfume, mientras que otras sirven para atontar a los peces y garantizar una buena pesca.

CULTIVO Cultive en tiestos de compost suelo, con buena luz, protegiendo la planta de la radiación directa. Durante la época de crecimiento, las plantas agradecen una atmósfera húmeda. En exteriores, plante en suelos ricos en humus, con buen drenaje y con algo de sombra o a pleno sol, regando de forma abundante en verano. Multiplique por esquejes semimaduros en verano, o por semillas en primavera. Aplique calor basal en ambos casos.

CLIMA Zona 10 a tropical.

ESPECIES *P. filicifolia*, crece hasta los 2 o 2,5 m. Su follaje, lacio y muy fino, la convierte en un espécimen singular, aunque se utiliza para crear setos en algunas regiones del mundo. También se cultiva como planta de interior, aunque requiere mucha luz indirecta. Hay formas variegadas en el mercado. La *P. guilfoylei* es un arbusto alto, entre 4 y 8 m, nativo de diversas áreas de Polinesia. Sus hojas, amplias y compuestas, presentan a menudo manchas blancas en los márgenes. El cultivar 'Victoriae' es una forma compacta de finas hojas divididas, con marcas distintivas en los bordes de color blanco.

Polystichum (fam. Dryptoridaceae)
Helechos de escudos

Estas 200 especies de helechos se extienden por todo el planeta. Los rizomas, verticales, están recubiertos de escamas, y a veces forman con la edad una estructura corta, a modo de tronco. Las frondas arqueadas son simples o divididas, constituyendo una corona. Las yemas epigeas o bulbilos, es decir, aquellos órganos que producen nue-

El lacio y delicado follaje de *Polyscias filicifolia* la convierte en una planta popular para macetas, tanto en interior como en exterior.

Este helecho resistente, *Polystichum retrorsopaleaceum*, es nativo de Japón, y magnífico para jardines umbríos de áreas boscosas.

La especie *Pomaderris lanigera* florece en primavera y verano, con racimos de flores amarillas.

vos ejemplares de forma vegetativa, pueden encontrarse en las puntas de las frondas. Estos helechos fuertes y nervudos son excelentes plantas de jardín o maceta.

CULTIVO En climas propensos a las heladas, las especies menos resistentes se cultivan en invernadero cálido o intermedio. En el exterior, las especies resistentes prefieren suelos de buen drenaje con abundante humus y bastante sombra. Son ideales para borduras arbustivas o en jardines boscosos. La mayoría de las especies se propagan por bulbilos que pueden extraerse de la planta madre, y enmacetadas o plantadas en el jardín cuando lleguan a la madurez. Otras pueden propagarse por esporas. Los macizos pueden arrancarse y dividirse a finales de invierno o primavera.

CLIMA Hay especies apropiadas para diversas zonas climáticas.

ESPECIES *P. formosum*, zona 10, procede de Australia. Su rizoma es corto y grueso, y sus tallos están recubiertos de escamas de un tono marrón apagado. Las frondas, de color verde oscuro, son más anchas en el centro que en las otras especies, mientras que las hojitas, rugosas, presentan un perfil muy dentado. La multiplicación de esta especie es exclusivamente por esporas. *P. proliferum*,

zona 10, originaria de Australia, tiene un rizoma sólido de color marrón oscuro, y escamas brillantes que forman un tronco corto. Las grandes frondas son divididas y de color verde claro en su juventud, que va oscureciéndose con la edad, y producen pequeñas plántulas a la altura de las puntas. Se trata de una especie de fácil crecimiento por los numerosos brotes que aparecen en las frondas. *P. setiferum*, pijaro, zona 7, es una de las especies más difundidas, y se adapta bien a múltiples condiciones. Es originaria de los bosques de Europa. Las frondas son altas y arqueadas, y suelen sobrepasar los 75 cm. Existen numerosos cultivares de esta especie. Algunos producen vástagos de bulbilos en las nervaduras centrales, facilitando la propagación.

Pomaderris (fam. Rhamnaceae)

Nativo de Australia y Nueva Zelanda, este género incluye unas 45 especies de arbustos perennes. Solo algunas se cultivan, aunque el potencial hortícola de este género es impresionante cuando los arbustos florecen, a finales de primavera y en verano. Tienen hojas velludas alternas y cabezas florales aromáticas, especialmente de color amarillo, crema o blanco, y son interesantes por su follaje, muy ornamental.

CULTIVO Puede multiplicarse por semillas, incluidas en el fruto, que germinan rápidamente si se cultivan en suelo arenoso, o por esquejes semileñosos obtenidos desde finales de primavera hasta el otoño. Son plantas de fácil mantenimiento que pueden desarrollarse en cualquier condición en un jardín, siempre que el drenaje sea óptimo y se las proteja de los fuertes vientos. Solo es necesaria la poda para mantener un perfil compacto. En climas propensos a las heladas, cultive en invernadero frío y ventilado, en tiestos de compost suelo. Procure una buena iluminación.

CLIMA Regiones más cálidas de zona 9.

ESPECIES No todas están disponibles fuera de sus lugares de origen, pero *P. apetala* se cultiva en California. *P. andromedifolia* alcanza entre 1 y 3 m de altura. Las hojas son de color verde oscuro en el haz y de un marrón aterciopelado en el envés. Las flores, de color crema, van agrupadas en densos racimos. *P. apetala* procede de Australia y Nueva Zelanda, y se cultiva especialmente por su follaje, suave y tupido. Alcanza los 5 m de altura. En primavera, se cubre de grandes racimos de flores amarillas. *P. ferruginea* alcanza los 2 m y tiene hojas ovales y exuberantes flores amarillas. *P. kumeraho* es un arbusto nativo de Nueva Zelanda que alcanza los 3 m, de grandes racimos de pequeñas flores amarillas. Esta especie era utilizada por los maoríes en el tratamiento del asma y otras afecciones pulmonares. *P. lanigera* crece hasta los 2 m, y tiene flores de color verde óxido y racimos redondeados de flores amarillas. *P. pilifera* es un arbusto expansivo que alcanza 1,5 m. Las hojas, verdes, tienen estrías blancas en el nervio central, y agrupaciones de flores de un amarillo brillante que aparecen en racimos irregulares en primavera. *P. rugosa* alcanza los 3 m, y tiene hojas de un verde óxido, y flores blancas.

Poncirus (fam. Rutaceae)

Muy emparentado con *Citrus*, este género de una sola especie procede de China, pero es muy culti-

Los frutos amarillos de *Poncirus trifoliata* cuelgan como faroles entre el laberinto enmarañado de ramitas espinosas.

vado en Japón y utilizado a menudo como seto en algunos países. También como rizoma para el cultivo de cítricos.

CULTIVO Este arbusto o pequeño árbol se adapta bien a un suelo bien drenado. Necesita un lugar protegido y con mucho sol. Cultívelo como seto y pódelo tras la floración, aunque no demasiado para evitar que los frutos se pierdan. Multiplique por semillas en otoño en un ambiente frío, o por esquejes semimaduros en verano, en un propagador de calor.

CLIMA Zona 6.

ESPECIES *P. trifoliata* es un arbusto caducifolio de crecimiento rápido, o pequeño árbol que presenta tallos aplanados, largas y corpulentas espigas y hojas trifoliadas con peciolos alados. Las flores, aromáticas, blancas y de cinco pétalos, aparecen justo antes de un nuevo ciclo de crecimiento, y dan paso a un fruto fragante, redondo y amarillo que no suele consumirse.

Las altas y estrechas agujas de *Populus nigra* 'Italica', con su dorado otoñal, constituyen una imponente perspectiva.

Populus (fam. Salicaceae)
Chopos, álamos

Las 35 especies de estos populares árboles de hoja caduca se encuentran por todo el hemisferio norte. Son excelentes para enmarcar avenidas urbanas y para amplios jardines como cortavientos y pantallas. Las hojas, anchas y alternas, presentan diversos tonos y las flores, pendulares y con amentos, aparecen en primavera mientras el árbol aún está desnudo. En otoño suelen adquirir un tono dorado.

CULTIVO Todos los álamos crecen rápidamente y sin problemas, aunque prefieren los climas fríos con precipitaciones regulares. Plántelos en un suelo profundo, húmedo, bien drenado, fértil y a pleno sol. Riéguelos en abundancia durante época de crecimiento. La mayoría de los álamos son extremadamente vigorosos y deberían plantarse en espacios amplios, suficientes para que desplieguen sus enormes sistemas de raíces, al menos a 18 m de distancia de caminos y sumideros. Multiplique a partir de esquejes de madera dura de 30 cm de largo a principios de invierno. Los ejemplares que tienden a absorber libremente, especialmente los de hoja plateada, deberá injertarlos en rizomas no absorbentes. Todas las especies se transplantan fácilmente sea cual sea su tamaño. No es necesario podar. La roya del álamo puede dañar una gran cantidad de especies y cultivares. Es imposible controlarlo en los árboles grandes. En las nuevas plantaciones, escoja variedades resistentes a esta plaga.

CLIMA Hay especies apropiadas para diversos modelos climáticos.

ESPECIES *P. alba*, álamo blanco, zona 3, es un hermoso árbol procedente de Europa, norte de África y Asia Central, que alcanza los 20 m. Tiene amplias hojas ovales de color verde, de envés blanco o gris. En otoño adquieren una bella tonalidad dorada. Esta especie tolera una sequía moderada, vientos cargados de sal y suelos pobres y alcalinos. La forma *pyramidalis* tiene una forma columnar y erecta, y alcanza los 30 m de altura. Dispone de ramas casi amarillas y hojas ovales brillantes, blancas en el envés. *P.* x *canadensis*, zona 4, es muy recto, con hojas triangulares redondeadas. Alcanza los 20 m, y el tronco tiene una corteza con amplios surcos. *P. deltoides*, zona 2, procedente del este de Norteamérica, alcanza los 30 m y una anchura de aproximadamente la mitad de su altura. Ofrece una magnífica sombra en los terrenos rurales, pero es escasamente longeva y muy frágil ante los fuertes vientos. Las hojas, verdes, muy amplias, brillantes y casi triangulares, tienen un veteado amarillo. *P. nigra*, chopo negro, zona 2, originario de Europa y Asia Central, alcanza entre 15 y 30 m, con una copa de tupido follaje. Las hojas, en forma de diamante, son de color bronce en su juventud, y cambian al verde brillante con la madurez. En otoño se vuelven de un amarillo pálido antes de caer. Esta especie es más conocida por uno de sus cultivares, 'Italica', que crece en forma de espiga y tiene hojas más estrechas y acorazonadas. Este álamo se planta especialmente en las zonas rurales como cortavientos. *P. tremula*, zona 2, originario de Europa, Asia y el norte de África, alcanza los 25 m y tiene una corteza gris y fisurada. Las hojas, finas y redondeadas, crecen sobre delicados foliolos, y se mueven agitadamente al menor soplo de viento. Su color es rojo bronce, derivando al verde intenso en la madurez. En otoño se vuelven amarillas. *P. tremuloides*, álamo temblón, crece hasta los 15-20 m, y tiene hojas similares a las de *P. tremula*, y también se agita a la menor brisa. *P. yunnanensis*, zona 5, es un árbol de gran grosor con hojas de un verde brillante en el haz, y de un verde grisáceo en el envés. Con sus 20 m, es muy apreciado por su sombra. Se aclimata mejor que cualquier otra especie a las regiones cálidas con escasas precipitaciones.

Portulaca (fam. Portulacaceae)
Verdolagas

Estas plantas suculentas están muy difundidas por las zonas tropicales y cálidas. La mayoría de sus 40 especies son anuales, pero algunas son perennes. Muy rectas, los tallos se ramifican una y otra vez, y a veces se vuelven muy leñosos. Las hojas son carnosas y crecen en volutas; las flores tienen forma de copa, con pétalos de bordes ondulados que van del rojo al rosa, al amarillo o al blanco.

CULTIVO Cultive a partir de semillas sembradas en primavera, y en invernadero en climas propensos a las heladas. *Portulaca* se desarrolla en cualquier suelo bien expuesto al sol, y tolera la exposición a los fuertes vientos. Una vez enraizada, también se aclimata a la sequía. Es la planta ideal para macetas, tiestos y macetas colgantes, así como para los espacios abiertos.

CLIMA *Portulaca* es apropiada para regiones más cálidas de zona 10, pero como anual estival se desarrolla en cualquier clima.

ESPECIES *P. grandiflora*, es una planta anual rastrera de jardín muy popular, con un buen número de cultivares de diversos colores de forma simple o doble. Las flores son de color amarillo, rojo, rosa, púrpura o blanco. Se abren con el sol y se cierran al atardecer. Hay variedades disponibles en las que la flor permanece abierta durante los días grises. Estas plantas raramente crecen más de 15 cm. Las flores no son adecuadas para el corte. *P. oleracea*, es la verdolaga original de carácter anual, considerada originaria de India y extendida desde allí a numerosos países. Se usa para ensaladas o como vegetal de hoja verde para la cocina, conocido entonces como verdolaga de verano. Hay dos tipos disponibles de esta especie: el de hoja verde y el de hoja amarilla.

A la luz del sol, esta *Portulaca* anual proporciona un brillante estallido de color. Es ideal para asentar los suelos arenosos.

La verdolaga arbórea, *Portulacaria afra*, se cultiva en invernadero como cualquier otra suculenta. En su hábitat produce racimos de diminutas flores rosas.

Portulacaria (fam. Portulacaceae)
Verdolaga arbórea

Este género, que incluye una sola especie, procede del sur de África y no es demasiado conocido, pero sin duda atraerá a los entusiastas de las plantas suculentas. Se trata de un arbusto siempreverde, suculento y muy ramificado, usado en su hábitat original como planta forrajera.

CULTIVO *P. afra* crece prácticamente en cualquier sitio. Es atractiva en tiesto o como bonsái, y prospera en el jardín siempre que se la proteja contra las heladas. En climas propensos, cultívela en un invernadero cálido. En su hábitat original, cálido y seco, produce racimos de diminutas flores rosas, que dan paso a pequeñas bayas del mismo color. No obstante, se dice que la planta florece solo en la vejez, cuando se ha dejado secar durante semanas, incluso meses, en invierno. En realidad, las flores deberían aparecer en verano. Puede multiplicarse por semilla, pero es muy fácil hacerlo por esquejes en cualquier época del año.

CLIMA Zona 10.

ESPECIES *P. afra*, de 2 m de altura, tiene un tronco de color marrón plateado, grueso y carnoso. Las ramas se disponen horizontalmente y son bastante frágiles, en ocasiones retorcidas. Las hojas, pequeñas, carnosas y planas, presentan un color verde brillante. Las flores, poco frecuentes, se arremolinan en ramilletes en torno a un grueso tallo, y son de un atractivo tono rosa asalmonado que da color a todo el arbusto. El cultivar de *Portulacaria* 'Foliisvariegatus' tiene hojas variegadas de color amarillo.

Posoqueria (fam. Rubiaceae)

Existen unas 12 especies de árboles y arbustos caducifolios en este género originario de la América tropical, aunque solo unos pocos se cultivan. Las hojas de *Posoqueria* son grandes, gruesas y brillantes, y las flores, tubulares y fragantes, en una gama cromática que va del blanco al escarlata. Tras la floración, la planta produce grandes bayas, carnosas y repletas de semillas.

CULTIVO En climas propensos a las heladas, cultívelas en invernadero intermedio, en tiestos de compost suelo arenoso. Protéjalas de la radiación directa y proporcióneles un alto grado de humedad. Pódelas ligeramente tras la floración para mantener el contorno. En exteriores, cultívelos a pleno sol o con algo de sombra, en suelo con buen drenaje y rico en humus. Multiplique por esquejes semimaduros en verano, con calor basal.

ESPECIES *P. latifolia* es una planta procedente de México y Sudamérica que alcanza los 6 m de altura. Las flores, elípticas, miden unos 15 cm. Las flores son blancas y el fruto amarillo y comestible, pero no es excesivamente sabroso. Tanto unas como otro son comestibles.

Las características flores de *Posoqueria latifolia* caracterizan a este pequeño árbol procedente de México y Sudamérica. Tanto las flores como los frutos son aromáticos.

Potentilla (fam Rosaceae)
Cincoenramas

Este género abarca unas 500 especies, originarias en su mayoría de zonas templadas o muy frías del hemisferio norte. Pueden dividirse en dos grandes grupos: herbáceas, variantes de crecimiento lento de unos 30 cm de altura, y pequeños arbustos, de 1,5 m. La mayoría de las especies son perennes; solo unas pocas son anuales. Algunas tienen una larga tradición como plantas medicinales. Las flo-

La especie *Potentilla atrosanguinea*, florece durante un largo período, entre verano y otoño. Es una planta excelente para un borde mixto.

res constan de cinco pétalos y exhiben una gama cromática que va del amarillo al rojo, pasando por el rosa. Las hojas, verdes y parecidas a las de la fresa, son suaves en el haz y blanquecinas en el envés. Algunos cultivares tienen flores dobles. Los híbridos constituyen excelentes plantas fronterizas y son de libre floración entre la primavera y el otoño, aunque su principal despliegue es estival.

CULTIVO De crecimiento fácil, las plantas de este género necesitan un terreno soleado y de buen drenaje. Liberan la semilla de forma libre, y pueden multiplicarse sembrando a principios de primavera. Se necesita una temperatura de entre 13 °C y 18 °C para que germinen. Los híbridos no pueden cultivarse a partir de semillas, pero es posible dividir las raíces para producir nuevas plantas. Las que producen vástagos se expandirán enraizando en sus nódulos. Puede multiplicar los arbustos mediante esquejes semimaduros a finales de verano, enraizados en un marco frío.

CLIMA Hay especies adecuadas para varias zonas climáticas.

ESPECIES *P. astrosanguinea* variedad *argyrophylla*, zona 5, alcanza 1 m de altura, y tiene hojas denta-das y ovales, de color gris blanquecino y sedosas en el envés, y flores amarillas estivales, de unos 3 cm de ancho. *P. atrosanguinea*, zona 5, produce flores de un rojo intenso, aunque las hojas no son tan dentadas. Esta especie y sus variedades son perennes resistentes, excelentes para un borde mixto o herbáceo, y florecen durante un período muy largo, en verano y otoño. *P. fruticosa*, cincoenrama leñosa, zona 2, es un arbusto muy tupido de 1,5 m de altura, con flores de un color amarillo brillante y unos 3 cm de ancho. Esta especie crece bien en todo tipo de condiciones. Existen muchos cultivares. *P. nepalensis*, zona 5, originaria del Himalaya, alcanza los 90 cm de altura, y tiene tallos rojos y hojas verdes, nervadas en ambas caras. En verano, los finos tallos, muy ramificados, se llenan de flores rojas o rosas. El cultivar 'Miss Willmot' es una variedad enana cubierta de flores de color magenta. *P. recta*, zona 4, nativa de Europa central y meridional, alcanza entre 30 y 50 cm de altura, y tiene hojas verdes de unos 10 cm de largo y numerosas flores amarillas que florecen a principios de verano.

Pratia (fam. Campanulaceae)

Distribuidas a lo largo de muchas regiones de clima cálido, desde Sudamérica hasta Nueva Zelanda, Australia, Asia y África, estas perennes forman cubiertas vegetales ideales para jardines rocosos, y

La especie *Pratia pedunculata* forma una densa cubierta vegetal si se deja crecer con algo de sombra y en un suelo que retenga la humedad.

para las zonas más húmedas y umbrías del jardín. El género incluye unas 25 especies. Todas tienen tallos ramificados, pequeñas flores en forma de estrella y pequeñas hojas lobuladas.

CULTIVO Estas plantas se cultivan con sombra total o parcial. Necesitan un alto grado de humedad y no resisten la sequía. El mejor método de multiplicación es por división de las plantas enraizadas en primavera u otoño. Asegúrese de que las nuevas divisiones no se secan.

CLIMA Zona 7 para la mayoría de las especies.

ESPECIES *P. angulata*, planta originaria de Nueva Zelanda, tiene flores blancas en forma de estrella en verano, seguidas de frutos morados. *P. concolor* presenta hojas pequeñas, dentadas y oblongas, y flores azules en forma de estrella. Necesita un suelo húmedo y puede ser invasiva. *P. macrodon* procede de Nueva Zelanda y cuenta con pequeñas hojas redondeadas, flores amarillas o blancas, y fruto morado. *P. nummularia*, zona 9, originaria del Asia tropical, tiene hojas pequeñas y redondeadas y flores lilas, rosas, o verde amarillentas, con gargantas amarillas y labios inferiores morados, que dan paso a pequeños frutos del mismo color. *P. pedunculata* está dotada de hojas pequeñas, redondeadas y dentadas, y flores azules en forma de estrella. Es una buena cubierta vegetal. *P. purpurascens* es una planta expansiva parecida a la lobelia, con flores sobre largos tallos lilas y de color azul. Puede ser invasiva, especialmente en terrenos con césped.

Primula (fam. Primulaceae)

Prímulas

El nombre del género es una contracción del latín *primula veris*, que significa «la que inaugura la primavera», y es cierto que en el pasado la floración de las prímulas era considerada como signo de la llegada de la primavera. Este amplio género incluye unas 400 especies, la mayoría originarias de las regiones templadas del hemisferio norte. Son características sus bellas flores en racimos sobre largos tallos, que surgen de una roseta basal de hojas. Los colores naturales de las flores se han ido

La gran variedad cromática de la especie, *Primula x polyantha* proporciona una alegría especial al jardín desde finales de invierno hasta la primavera.

incrementando con nuevas hibridaciones, de manera que la gama incluye el carmín, el rosa, el blanco, el amarillo, el rojo y el azul. Algunas especies tienen centros de distinto color. Las prímulas son básicamente perennes, pero a menudo se cultivan como anuales. Generalmente requieren un lugar frío y húmedo, y muchas aborrecen los suelos alcalinos.

CULTIVO Las prímulas crecen extremadamente bien en regiones frías y templadas de Estados Unidos. Algunas especies necesitan condiciones particulares para el crecimiento, pero generalmente se adaptan a la mayoría de los jardines, al sol y a la sombra, a condición de que haya suficiente humedad. Las prímulas menos resistentes, usadas como plantas de tiesto (*P. x kewensis*, *P. malacoides* y *P. obconica*) crecen en invernaderos fríos. Cultívelas a partir de semillas sembradas en primavera y enmacete en compost sin suelo. Mantenga condiciones de ventilación e iluminación idóneas, y protéjalas de la radiación directa. Las prímulas resistentes pueden obtenerse a partir de semillas sembradas tan pronto como maduren o en primavera, en una marco frío. Las perennes pueden dividirse en otoño o a principios de primavera.

CLIMA Hay especies apropiadas para diversas zonas climáticas.

ESPECIES Esta especie *P. aurícula*, zona 3, alcanza los 20 cm de altura, y tiene hojas gruesas, a menudo harinosas, de unos 10 cm de longitud. Las flores de la variante silvestre aparecen en primavera. Son amarillas, a veces aromáticas, y en racimos. La variante silvestre, no obstante, no se cultiva en general, aunque sí sus híbridos. Las aurículas han tenido muchos seguidores entre los clubs de amantes de las plantas, especialmente en Europa, durante los dos últimos siglos. Las flores de contorno clásico, a menudo con entrelazado en oro y dibujos, son muy populares. *P. denticulata*, zona 5, originaria del Himalaya, alcanza los 30 cm de altura, con hojas de unos 20 cm y textura harinosa. Las flores surgen en densos racimos muy a principios de primavera, en tonos blancos, malva y morado y centros amarillos. Hay un buen número de cultivares muy decorativos. *P.* x *kewensis*, zona 9, híbrido de *P. floribunda* y *P. verticillata*, apareció en uno de los invernaderos de los Royal Botanic Gardens en 1897, y floreció por vez primera en 1899. Alcanza los 45 cm de altura y sus hojas, aromáticas, miden unos 20 cm. Las flores son de un amarillo brillante, y aparecen en racimos en la parte superior del tallo a finales de invierno y en primavera. *P. malacoides*, zona 9, la prímula anual de cultivo habitual, procede de China y alcanza los 30-45 cm. Las hojas tienen 20 cm de longitud y son ligeramente velludas, de un verde pálido en el haz, y algo harinoso en el envés. Las flores presentan varios tonos, del rosa y lavanda al blanco, y se encaraman al tallo en poblados racimos, individuales o en grupos. Es una especie ideal para tiesto. *P. obconica*, zona 9, procedente de China, alcanza los 30 cm. Tiene hojas velludas y festoneadas de unos 25 cm de longitud, que pueden irritar las pieles sensibles. Los racimos florales pueden ser de un color morado claro, lila, carmín o rosa, a veces con centro amarillo. Los numerosos cultivares tienen a menudo flores mucho más grandes que las de las especies silvestres. *P.* x *polyantha*, zona 6, es un híbrido complejo obtenido a partir

de diversas especies de *Primula*. Produce flores grandes de colores brillantes, y es utilizada como planta de tiesto o en grandes despliegues florales, entre la primavera y el verano. Se cultiva sobre todo como anual en climas cálidos, pero es perenne en regiones frías. *P. veris*, zona 5, de 30 cm de alto, es nativa de muchas partes de Europa, como Reino Unido y Asia. Las hojas, ovales y sin tallo y de unos 20 cm de longitud, tienen el envés velludo. Las flores, de un color amarillo brillante, son aromáticas y casi planas, y aparecen agrupadas en densos racimos. Esta especie está emparentada con *P. polyanthus*. *P. vulgaris*, primavera, zona 6, nativa de gran parte de Europa, es otra pariente de la *Polyanthus*. Crece hasta alcanzar los 15 cm, con hojas arrugadas, lanceoladas y dentadas de unos 20 cm de largo. Las flores son de un color amarillo pálido, ocasionalmente moradas o azules, y crecen de forma individual. Hay un gran número de prímulas herbáceas perennes. Son plantas deliciosas y llamativas, ideales para jardines de clima frío, y vale la pena adquirirlas en viveros o por correo. La mayoría son plantas de bosque que crecen bien en suelos húmedos, en zonas umbrías o con luz solar filtrada. Muchas de estas especies son nativas de China y el Himalaya.

Prostanthera (fam. Lamiaceae)
Mentas arbustivas

Este género de unas 50 especies de arbustos es nativo de Australia, y crece de forma natural en muchos hábitats. Pertenece a la misma familia botánica que la hierba culinaria común, la menta, y de ahí el nombre común. Las especies varían en forma, tamaño y hábito de crecimiento, pero todas ellas tienen flores vistosas que aparecen en primavera y verano en numerosas tonalidades, rojas, moradas, lilas, malvas, rosas, amarillo verdosas, crema y blancas. Su follaje es profundamente aromático. Las flores son atrompetadas y a veces presentan gargantas moteadas o estriadas. El fruto es una pequeña nuez. Si se planta a lo largo de caminos y veredas de manera que al pasar se roce el follaje, este exhalará un profundo aroma. En jardín, su entorno natural, crecen con gran facilidad, y florecen desde el primer año con un llamativo despliegue, aunque son bastante efímeras, hasta el

Las mentas arbustivas o especies de la *Prostanthera* proporcionan una imagen cautivadora en plena floración, tanto por sus flores como por el aroma a menta de su follaje.

punto que incluso mueren de forma repentina. En condiciones normales, no obstante, estos arbustos no tienen por qué ser tan poco longevos, y algunos especímenes siguen floreciendo transcurridos hasta 15 años. En el jardín, los brillantes colores de estos arbustos pueden aprovecharse para crear contrastes y efectos, combinando por ejemplo la menta arbustiva *(P. ovalifolia)* y el amarillo dorado de alguna de las acacias *(Acacia)*, ya que florecen simultáneamente a finales de primavera. Para disfrutar de este efecto en climas propensos a las heladas, hay que emplear un invernadero frío. Las otras especies también deberán cultivarse en invernadero.

CULTIVO En invernadero cultive en tiestos de compost para suelo. Proporcione buena luz y ventilación. En el jardín, si el clima es el adecuado, las mentas arbustivas pueden cultivarse en diversos suelos, pero se desarrollan mejor en los que tienen buen drenaje, ligeramente texturados. Los especímenes recién plantados necesitan cuidados y atención hasta su completo enraizamiento. El otoño es una buena época para plantar, y los meses de invierno servirán para el enraizamiento definitivo de la planta, y la primavera para el crecimiento. Estas plantas prefieren normalmente el sol de la mañana y la sombra de la tarde, aunque algunas especies toleran la sombra durante todo el día. Su sistema de raíces está cerca de la superficie, así que deberá evitar alterar el suelo cercano a la planta. Un manto de arena de río o de hojas descompuestas así como la colocación de piedras grandes alrededor de las raíces ayudarán a reducir las malas hierbas y a mantener la humedad. Las mentas arbustivas pueden multiplicarse por semillas o por esquejes. El segundo es el mejor método para este tipo de plantas, puesto que florecen antes. Los esquejes de tallos laterales obtenidos a finales de primavera, tras la floración, o a principios de otoño, son los mejores. Coloque los esquejes en un propagador de base caliente y mantenga el compost húmedo en todo momento. Puesto que los esquejes son fáciles de obtener, es una buena idea tener nuevas plantas siempre disponibles, especialmente si se cultivan algunas de las floraciones más espectaculares. Estas plantas toleran las heladas no excesivamente severas, y son relativamente inmunes a las plagas y enfermedades habituales, quizá gracias a los aceites aromáticos contenidos en el follaje. La fitóftora es la posible causa de la mayoría de los fracasos. Se trata de un hongo que se propaga bien en climas cálidos y en suelos inundados.

CLIMA Regiones más cálidas de zona 9.

ESPECIES No todas están disponibles más allá de sus zonas de origen. *P. baxteri*, originaria de Australia occidental, alcanza 1 m de altura. Su follaje es disperso y sus bellas flores primaverales son blancas con estrías violetas. *P. cuneata*, nativa de las regiones montañosas de Australia suroriental, alcanza una altura de 1 m y una envergadura de 1,5 m. Su follaje es redondeado y brillante. Las flores, amplias y blancas, teñidas de morado, florecen profusamente a principios de verano. Es una especie ideal para zonas de sombra. El cultivar 'Alpine Gold', con brillantes hojas amarillas en su juventud y márgenes dorados, merece la pena plantarlo. *P. incana*, alcanza una altura de 2 m, equivalente a su envergadura. Las hojas, pequeñas y ovales, son suaves, grises y velludas. Las flores, primaverales y de color lavanda, tienen gargantas moradas y aparecen sobre racimos terminales. También está disponible una variante con flores blancas. *P. incisa* es un arbusto bajo, compacto y tupido de hojas densas en forma de abanico, y de color verde claro. En primavera, esta planta se recubre con flores lilas lobuladas. *P. lasianthos*, es un arbusto de crecimiento rápido, nativo de hábitats forestales fríos y húmedos, característicos del este de Australia. Tiene hojas lanceoladas y dentadas de un color verde grisáceo, y flores de un blanco cremoso teñidas de rosa y azul pálido, con gargantas marcadas de morado y naranja. Sus racimos florares aparecen en primavera y durante todo el verano. *P. nivea* es un gran arbusto expansivo dotado de hojas aromáticas y planas de color verde, y una profusión de flores blancas agrupadas en racimos, que aparecen a finales de primavera. Esta especie prefiere una ubicación fría y húmeda. La variedad *induta*, un tipo compacto originario de las montañas del sudoeste de Nueva Gales del Sur, en Australia, tiene un follaje plateado y amplias flores de color azul lavanda que florecen a finales de primavera. *P. ovalifolia* es la especie más cultivada y probablemente la más atractiva: en primavera produce un despliegue de flores de un morado brillante. Las pequeñas hojas ovales presentan un color verde oscuro en el haz, y verde grisáceo en el envés. Tanto el follaje como los tallos son fuertemente aromáticos. Esta especie alcanza los 2,5 m. *P. rotundifolia* alcanza una altura de 2 m y una anchura de 1,5 m. El arbusto se recubre de una abundante capa de flores de color azul púrpura en primavera. Las hojas, densas y ovales, de color verde oscuro, emiten un fuerte aroma a menta.

Protea (fam. Proteaceae)

Este espectacular género, que incluye unas 115 especies de arbustos perennes y pequeños árboles, procede del sur de África, y es conocido por la gran diversidad de formas que se dan entre sus especies. Estas plantas son apreciadas por sus sorprendentes cabezas florales, descritas como exóticas alcachofas. Se trata en realidad de grandes y tupidos racimos de rígidas brácteas superpuestas en torno a una flor bisexual. Las hojas suelen estar desprovistas de tallo, y son duras y ásperas. En regiones propensas a las heladas, las plantas

Protea repens, una planta que presenta un aspecto muy atractivo, tiene pétalos de color blanco crema, con tonalidades escarlatas o rosa vivo en las puntas.

del género *Protea* crecen en invernadero frío. Muchas especies de esta planta se cultivan para el corte.

CULTIVO Cultívelas en invernadero, en grandes macetas de compost ácido para suelo. Proporcióneles un máximo de luz y ventilación. No las riegue en demasía: manténgalas permanentemente húmedas en la etapa de crecimiento, y riéguelas menos en invierno. Abone una o dos veces por semana con fertilizante líquido bajo en fósforo. En exteriores, si el clima es adecuado, cultívelas en suelo de baja fertilidad, entre ácido y neutro, y bien drenado. Busque una zona protegida que reciba pleno sol. No abone. Tampoco será necesario podar. Multiplique por semillas en primavera o tan pronto como maduren. Deberán germinar a una temperatura de 18 °C. También puede hacerlo por esquejes semimaduros, enraizándolos con calor basal.

CLIMA Regiones más cálidas de zonas 9 y 10.

ESPECIES *P. cynaroides* es el emblema oficial de la República de Sudáfrica. Alcanza los 2 m de altura y se caracteriza por sus amplias y abiertas cabezas florales, así como por sus hojas de un color verde brillante sobre tallo rojo, ovales y ásperas. El domo central de flores rosas está rodeado de brácteas rosas. La floración se produce a finales de primavera y durante el verano. *P. eximia* es una planta vertical que alcanza los 4-5 m de altura, con hojas ovales y amplias, de color verde plateado. Las flores tienen brácteas exteriores de un rosa brillante que rodean un núcleo central de flores rosa pálido moteadas de púrpura. *P. grandiceps* es un arbusto expansivo que alcanza 1,5 m de altura, dotado de hojas ovales y ribetes exteriores en rojo. Las cabezas florales, de un color rojo rosáceo o púrpura, miden 12 por 15 cm y cuentan con un festón velludo de color blanco grisáceo. *P. latifolia* alcanza los 2 m de altura, y tiene hojas de un verde plateado y cabezas florales en tonos rosa, carmín o verde de unos 15 cm de anchura, que florecen en verano. *P. neriifolia* es otra especie de gran popularidad, que alcanza 1,5 m de altura. Las hojas, estrechas, oblongas y de color verde grisáceo, miden unos 15 cm de longitud. Las cabezas florales, que adoptan forma de copa, se abren en las puntas de las ramas entre primavera y verano. Van del rosa al marrón, y exhiben un fleco de color negro. Las flores secas de esta especie duran muchos meses. *P. pulchella* alcanza 1,5 m de altura, y sus hojas son nervadas y lanceoladas, de unos 18 cm de longitud. Las flores presentan un color rosa rojizo, y tienen puntas negras y sedosas. *P. repens* (sin. *P. mellifera*) una de las plantas de este género más extendidas y fáciles de cultivar, es muy atractiva para las abejas. Puede llegar a alcanzar los 3 m de altura y tiene hojas oblongas y estrechas, y flores fragantes de color blanco, rosa o rojo, que florecen en primavera y verano.

Prunella (fam. Lamiaceae)
Consueldas

El género *Prunella* tiene una larga historia en el ámbito de las hierbas medicinales, siendo especialmente recomendado para los problemas de garganta y para la cura de heridas. Se cree que el

En climas fríos, *Prunella vulgaris* puede florecer desde principios de verano hasta finales de otoño. Se la conoce por sus propiedades astringentes.

nombre genérico deriva de una palabra alemana, corrupción, procedente, a su vez, del latín medieval *brunella*, una denominación para la tonsilitis. Este género abarca siete especies de perennes resistentes, y es originario de Eurasia, norte de África y Norteamérica. Puede ser invasivo si no se controla, y se adapta especialmente a los jardines salvajes en zonas con sombra, donde el suelo se mantiene húmedo. Las espigas de llamativas flores aparecen en verano.

CULTIVO Estas especies pueden crecer en la mayoría de los suelos, con sol o sombra. Se trata de unas vigorosas plantas expansivas que se reproducen libremente. Multiplique por semillas o por división de los macizos en años alternos, para mantener el crecimiento controlado.

CLIMA Zona 5 para la especie *P. grandiflora*; zona 3 para *P. vulgaris*.

ESPECIES *P. grandiflora*, zona 5, mide 15 cm de alto y al menos 1 m de ancho. Puede ser una buena cubierta vegetal o utilizarse como planta para jardín rocoso. Es ligeramente velluda, con flores moradas. El cultivar 'Alba' tiene flores blancas; 'Rosea' exhibe flores entre rosas y rojas; y 'Rubra' tiene flores de un rojo intenso. Por su parte, la especie *P. vulga-ris*, zona 3, es una planta trepadora que puede alcanzar los 50 m, enviando vástagos que forman densos macizos de follaje verde mate en forma de cuña. Las flores, de un tono violeta azulado o morado, crecen sobre espigas de unos 10 cm de altura. Se ha utilizado tradicionalmente como remedio casero por sus propiedades astringentes.

Prunus (fam. Rosaceae)

Se trata de un amplio género de árboles y arbustos cultivados con fines ornamentales y frutícolas. La mayoría son caducifolios, nativos del hemisferio norte, especialmente de Europa y Asia. Estas especies producen muchos de los más deliciosos frutos en drupa (albaricoques, cerezas, melocotones, ciruelas y nectarinas). Asimismo pertenecen a este género algunos de los más bellos árboles por su floración, como los cerezos japoneses. Algunas especies se cultivan por su soberbio follaje otoñal; otras por la viveza cromática de sus hojas estivales. La variedad de hábitos de crecimiento hace

posible escoger una especie para cada posición en el jardín. La mayoría de ellas y la totalidad de los cultivares aquí descritos se cultivan por sus atractivas flores, que aparecen entre principios y finales de primavera, si no se especifica lo contrario.

CULTIVO Aunque son muy adaptables, en general las especies de *Prunus* se desarrollan mejor en áreas con inviernos fríos. La mayoría de las variedades apreciadas por sus flores primaverales y su follaje otoñal crecen bien en climas fríos, donde hibernan por completo. Algunas *Prunus*, no obstante, como las formas ornamentales del melocotón, *P. persica*, se desarrollan mejor en climas más cálidos y en lugares protegidos de los fuertes vientos. Plante todas las especies en un suelo con buen drenaje, enriquecido con materia orgánica perfectamente descompuesta, y riegue bien antes de plantar. Como las especies caducifolias hibernan por completo, pueden

Los ciruelos en floración son un bello componente añadido al jardín en primavera, con la promesa añadida del fruto que ha de llegar.

El cerezo *Prunus x blireana* es un árbol ideal para jardines reducidos. La floración aparece antes que las hojas, que al nacer son de color morado rojizo.

trasplantarse fácilmente. Primero deberá podar las ramas un tercio de su longitud, y retirar las raíces dañadas mediante cortes precisos con tijeras para podar. Suministre abono completo una vez al año, y renueve el mantillo. La mayoría de especies de *Prunus* requieren una poda escasa o nula, excepto para retirar las ramas desviadas o la madera muerta. *P. glandulosa* necesita ser podada justo después de la floración. Estas especies y sus cultivares se cortan generalmente a nivel del suelo, lo cual redunda en el crecimiento de esbeltos tallos recubiertos de nuevas hojas verdes con toques rojos. Florecerán al año siguiente. *P. pérsica* sufre, como todos los melocotoneros, las infecciones provocadas por la lepra del melocotonero o abolladura. Sus síntomas son los abultamientos y abolladuras, con caída final de la hoja. Para controlarla, aplique un compuesto de cobre en la hinchazón. Si no se trata a tiempo, pasará otro año antes de que pueda aplicarse un tratamiento efectivo. La mayoría de las especies ornamentales se injertan en los tallos de especies idénticas o similares en verano. Muchas de ellas, como las variedades lloronas (*P. subhirtella* 'Pendula', y *P. x yedoensis* 'Pendula') que se cultivan con este mé-

todo, tienen las hojas suspendidas casi a nivel del suelo, que proporciona un espectacular manto de flores primaverales. La esbelta *P. campanulata* también es injertable, aunque florece libremente, produciendo a veces maravillosas flores rosas de tonos pálidos. *P. glandulosa* se multiplica por esquejes basales tiernos en primavera; *P. laurocerasus* y *P. lusitanica* se multiplican por esquejes semimaduros a finales de verano u otoño, o por esquejes leñosos en invierno.

CLIMA Mejor en climas fríos; algunas especies crecen bien en áreas templadas.

ESPECIES *P. armeniaca* zona 6, albaricoquero, se cultiva por su popular fruto. *P. avium*, zona 4, o cerezo salvaje, procede de Asia occidental y Europa, y está considerado como uno de los antepasados de los modernos cerezos. Se trata de un árbol ancho y expansivo que alcanza los 20 m de altura.

Prunus subhirtella se convierte en una etérea nube de flores cuando llega la primavera. La floración puede ser intermitente entre el otoño y la primavera.

Prunus glandulosa tiene flores simples de apariencia delicada. Pode enérgicamente tras la floración para promover la formación de nuevas ramas en la siguiente estación.

Las hojas, en punta y de color verde oscuro, se vuelven rojas, carmesíes y amarillas antes de caer. El cultivar 'Plena' alcanza una envergadura total de 12 m, con una forma redondeada y hojas lanceoladas verdes y ovales que cambian de color en otoño. Las flores son blancas y semidobles, y aparecen en grandes racimos. *P. x blireana*, zona 5, cerezo, crece hasta los 4 m de alto y 3 de ancho, en forma de vaso. Las hojas, de un morado rojizo, cambian a un verde intenso en verano, y las flores, dobles y rosadas, aparecen entre principios y mediados de primavera, antes que las hojas. *P. campanulata*, zona 8, cerezo de Taiwán, es de crecimiento lento, y alcanza los 10 m de altura. Sus hojas son verdes y lanceoladas, con un buen colorido otoñal. Esta especie es espectacular en primavera, cuando las ramas desnudas se cubren con racimos de flores de color guinda. *P. cerasifera*, zona 4, cerezo, lleva cultivándose en las regiones mediterráneas desde hace muchos años, tanto como planta ornamental como por sus frutos. Se han desarrollado numerosos cultivares ornamentales, como 'Nigra'. *P. cerasus*, zona 6, se cultiva por su fruto. *P. dulcis* (sin. *P. amygdalus*), zona 7, originario de Asia central, ya era cultivado por griegos y romanos. Incluso la variante frutal silvestre tiene una gran belleza floral. *P. glandulosa*, zona 4, alcanza 1 m de envergadura, y presenta un crecimiento vertical. Las nuevas hojas, verdes y ovales, están salpicadas de tonos rosas, y las flores, simples y rosas, dan paso a un fruto carnoso de un rojo intenso. El cultivar 'Alba plena' tiene flores blancas dobles. *P. laurocerasus*, zona 7, originario de Europa oriental y el sudoeste asiático, y *P. lusitanica*, zona 7, son dos de las variantes de ornamentales perennes más conocidas. Ambas exhiben hojas de un verde brillante, de tacto áspero, y espigas verticales de pequeñas flores blancas y aromáticas seguidas de bayas rojas que tienden hacia el negro al madurar. Ambas son excelentes como setos y pantallas. Toleran la poda superficial y constante, así como una amplia variedad de condiciones climáticas, incluyendo vientos fríos y sequía, siempre que estén bien enraizadas. *P. mume*, zona 7, cerezo japonés, es un árbol de hoja caduca de entre 6 y 8 m de altura, de copa redondeada. Es la primera especie de *Prunus* en florecer; los primeros ejemplares aparecen a finales de invierno. Sus flores son simples y pueden ser blancas o rojas, pero hay multitud de preciosas formas dobles. La *P. padus*, zona 4, alcanza los 15 m de alto y los 10 de ancho. Sus amplias y verdes hojas son lanceoladas, y las flores, simples y blancas, son aromáti-

Las flores de cerezo de Taiwán o *Prunus campanulata*, de un color cereza intenso, aparecen a principios de primavera y convierten al árbol en un gran espectáculo de color.

cas, y se disponen en racimos pendulares. *P. persica*, zona 8, melocotonero, se conoce en su hábitat original, China, desde hace casi 5.000 años. En forma de vaso, alcanza los 5 m de altura y los 4 m de anchura, y se reconoce fácilmente por su profusión de flores de un rosa rojizo. Las hojas son verdes, de unos 15 cm de longitud, y aparecen tras la floración. Muchos de los híbridos ornamentales tienen flores dobles, y no dan fruto. El cultivar 'Versicolor' tiene flores dobles y blancas con estrías rojas y a veces de color rosa intenso; 'Alba plena' produce flores blancas dobles; 'Rosea plena' lleva flores dobles de color rosa intenso. *P. serrulata*, zona 6, alcanza los 8-9 metros de altura y es el antepasado de muchos y magníficos híbridos, hábitos de crecimiento y floración variables. Hay muchos y atractivos cultivares de *P. serrulata*. 'Amanogawa' tiene un desarrollo vertical parecido al del álamo, y sus flores de color rosa pálido son semidobles; 'Shirofugen' cuenta con flores dobles, rosas al brotar, que estallan en blanco al abrirse. 'Shirotae' tiene flores simples o semidobles de color blanco; 'Tai-Haku', el gran cerezo blanco, es fuerte y muy alto, y puede llegar a alcanzar los 6 m. Sus flores son de un blanco níveo, y crecen en racimos pendulares; 'Ukon' tiene una forma abierta y expansiva en la madurez, y sus flores son de un color verde crema con toques rosados. *P.* x *subhirtella* 'Pendula' (sin. *P.* x *subhirtella*

'Pendula Rosea'), zona 6, mide entre 1 y 3 m de alto. Las ramas pendulares se arquean con elegancia, y las hojas, amplias y lanceoladas, se vuelven amarillo doradas en otoño. Las hojas nuevas son de color rosa broncíneo, y las flores, pequeñas y simples, de un rosa pálido. *P.* x *yedoensis*, zona 6, cerezo tradicional japonés, alcanza los 15 cm de alto y los 10 cm de ancho. Su copa es amplia y redondeada, y sus hojas lanceoladas. Las hojas adquieren interesantes tonos cromáticos en otoño, un buen colofón tras el aromático despliegue de sus flores blancas y rosas. Es excelente para un terreno con césped o para una vía urbana.

Prunus armeniaca (fam. Rosaceae)
Albaricoqueros

El género *Prunus* comprende alrededor de 400 especies, y *P. armeniaca* es la que conocemos vulgarmente como albaricoque. Se trata de un árbol de pequeño tamaño, caducifolio y perenne, originario del Asia templada, y de la rama de ciruelos de la familia rosa. La piel de esta drupa ovalada de color anaranjado es ligeramente aterciopelada. Los albaricoqueros maduran en verano, y el momento exacto depende de la variedad.

CULTIVO El albaricoquero prefiere un suelo con buen drenaje, razonablemente fértil. Si planta unos cuantos ejemplares, hágalo con una separación de 6 a 7,5 m en cada dirección. Para los suelos más ligeros, el albaricoquero puede injertarse

Prunus armeniaca, o albaricoquero, adquiere gradualmente unos tonos rosáceos conforme avanza en su maduración, antes de adquirir el característico tono anaranjado final.

en el brote de otro ejemplar homónimo o de un melocotonero, y para suelos más pesados, puede injertarse en el ciruelo Myrobalan. Los árboles llevan frutos en la madera del año anterior, así como en espolones de dos o más años, así que solo se necesitará una ligera poda para mantener el árbol en sus límites y para propiciar la aparición de nuevos frutos. Pode en invierno en forma de jarrón para estimular el crecimiento de ramas fuertes, para facilitar la recolección del fruto y para permitir que la luz y el aire entren e impidan la aparición de enfermedades. Ello permitirá también un buen desarrollo y maduración del fruto en las ramas interiores.

CLIMA Los albaricoqueros pueden cultivarse en zonas 6 a 8, pero los mejores resultados se obtienen en la zona 9.

VARIEDADES El número de variedades existentes permite escoger la más adecuada para cada tipo de clima. Si se plantan diversas variedades será más fácil obtener períodos más largos de obtención de fruto. Hay cultivares muy conocidos, entre ellos las variedades 'Alfred', que madura de mediados a finales de verano, aunque su hábito de cosecha es más bien bianual; 'Bredase', un cultivar de finales de verano y principios de otoño, que ofrece grandes cosechas; 'Early Moorpark', otra variedad de excelente cosecha que madura a mediados de verano; 'Farmingdale', también de mediados de verano, buen cosechero y bastante resistente a las enfermedades; 'Hemskirke', de finales de verano, y 'Moorpark', que madura hacia la misma época y da cosechas regulares. Otros cultivares modernos de buen resultado son 'Earliril', 'Goldcot', 'Moongold', 'Sungold' y 'Veecot'.

Prunus avium, P. cerasus (fam. Rosaceae)
Cerezos

De los centenares de variedades de cerezo cultivadas, la mayoría proceden de dos especies muy antiguas, *P. avium* (cerezo común) y *P. cerasus* (cerezo ácido o guindal). Se trata en ambos casos de pequeños árboles caducifolios, muy bellos en su floración, con preciosas flores emergiendo de sus ramas desnudas; el cerezo es uno de los frutos de

Las cerezas son deliciosas a la par que decorativas, lo cual las convierte en uno de los frutos de huerto más comunes. El fruto en maduración atrae mucho a los pájaros.

huerto más comunes. La cereza dulce es deliciosa cruda y en repostería, mientras que la cereza salvaje, más pequeña y ácida, es usada para la fabricación de licores.

CULTIVO Los cerezos comunes son árboles vigorosos, pero hoy en día se adquieren en rizomas enanos y se crían dispuestos en abanico sobre muros, ya que es el método que consume menos espacio en los pequeños jardines. También pueden criarse como arbustos. Los cerezos comunes necesitan un suelo fértil, con buen drenaje, y un lugar protegido a pleno sol. Los árboles adosados en forma de abanico y los arbustos sobre rizomas enanos se disponen a una distancia de 4,5 m entre sí. Los árboles que crezcan sobre rizomas más vigorosos necesitarán proporcionalmente más espacio. Los árboles en abanico requerirán una poda regular en verano, cortando los brotes laterales cada seis hojas del sistema de ramas principal. Algunos cultivares de cerezo común se autofecundan, así que un solo ejemplo debería ser suficiente, pero este no es siempre el caso, y es posible que se necesiten dos variedades de floración simultánea que se polinicen mutuamente. Pida consejo a los especialistas de su vivero. Los cerezos ácidos no son tan vigorosos como los comunes, y por tanto son más apropiados para jardines de pequeño tamaño. El Morello es la variedad de cerezo ácido más cultivada, y se reproduce por autofecundación. Los cerezos ácidos necesitan las mismas condiciones que sus homónimos, aunque se plantan a menor distancia entre sí. Los árboles de rizomas enanos pueden plantarse a una distancia de 3,6 m. La poda de los árboles en abanico es diferente, puesto que los frutos se reproducen en los brotes laterales de años anteriores, y son cortados tras la frutación, dejando los nuevos brotes laterales dispuestos para producir al año siguiente. Todos los cerezos se benefician de la aplicación de un fertilizante universal a finales de cada verano. Quizá necesite proteger los frutos de los pájaros. Los árboles en abanico pueden tener más de un nido cerca.

CLIMA Los cerezos crecen bien en zonas 6 a 8. Necesitan inviernos fríos, aunque no excesivamente extremos. El exceso de calor tampoco es deseable. El cerezo ácido es mucho más adaptable climáticamente que el cerezo común.

VARIEDADES Hay muchos tipos de cerezo, especialmente de cerezo común, y pueden variar de una región a otra. Lo más recomendable es conseguir un catálogo de un vivero especializado para localizar las especies más adecuadas climáticamente. Tales catálogos a menudo ofrecen una valiosa información adicional con respecto a la variedad más aconsejable. Deberá informarse de si la especie escogida es autorreproductiva o si necesita de otra variedad para la polinización. Es importante escoger las variedades más fértiles, puesto que la capacidad del árbol varía según la especie. Las cerezas maduran en verano, pero el momento exacto depende de cada variedad.

Prunus dulcis, sin. P. amygdalus

(fam. Rosaceae)

Almendro

Árbol caducifolio procedente del Asia sudoccidental, se cultiva por la almendra que se halla en el interior de la drupa. Este árbol alcanza entre 8 y 10 m de altura, y la almendra, dulce y rosa en el momento de la floración, es muy apreciada por el aceite que se obtiene de su interior pero también para ser consumida simplemente tostada. Se

El fruto del almendro, *Prunus dulcis*, tiene una piel aterciopelada parecida a la del melocotón, y estalla cuando llega la madurez para liberar la característica almendra.

utiliza en alta repostería y en pastelería. La almendra también se usa en cosmética y en la producción de jabón.

CULTIVO La planta prefiere un clima interior cálido y seco, con la mayoría de precipitaciones concentradas en invierno o a principios de primavera. Las condiciones de la franja mediterránea son perfectas. En áreas con heladas tardías, las flores y la cosecha posterior resultarán dañadas. Las áreas costeras húmedas normalmente se enfrentarán a problemas de plagas y hongos. Un suelo moderadamente rico, con buen drenaje y textura, es esencial para una buena penetración de las raíces. Los fertilizantes a base de fosfatos y nitrógeno estimulan la formación del fruto y el subsiguiente crecimiento. También conviene añadir materia orgánica. Es mejor podar el árbol en forma de jarrón, con un centro abierto. Deshágase de la madera y las ramas muertas y mantenga el árbol en unas dimensiones manejables. El almendro produce el fruto en las ramas del año anterior y en los espolones de la vieja madera. Si la poda se realiza con cuidado, tanto las ramas viejas como las nuevas estarán en condiciones de producir. La cosecha es estival. El fruto del centro es el último en madurar, así que servirá de guía para la recolección. Sacuda los árboles a mano y recoja el fruto en una manta extendida en el suelo.

Prunus persica (fam. Rosaceae)
Melocotonero

Originario probablemente de China y cultivado allí desde 2000 a.C., el melocotón es mencionado en la literatura china hacia el año 551 a.C. Uno de los frutos más cultivados, es famoso por su jugo y su aroma, como la nectarina, una variedad de *Prunus persica*. El fruto puede comerse fresco, enlatado o preservado en sirope, o utilizarse para hacer deliciosas tartas y dulces. Los melocotones y nectarinas hervidos son exquisitos.

CULTIVO Los melocotoneros deben crecer a pleno sol y protegidos de los fuertes vientos. En las regiones más frías, evite cultivar en tierras bajas, porque las últimas heladas pueden dañar el brote primaveral. El suelo debe tener buen drenaje y contener abundante materia orgánica. Los árboles suelen plantarse durante la época de hibernación, de principios de invierno en adelante. Plante en hendiduras suficientemente grandes como para albergar las raíces con holgura. Los árboles de raíces al descubierto deberían tenerlas podadas, dejando una longitud de unos 20 cm, y todas las raíces dañadas deberían extraerse. Puede extender un manto de fertilizante completo alrededor del árbol, que no debe contactar con el tronco. Los árboles empiezan a desarrollar sus raíces mucho antes de que el crecimiento superficial sea evidente. Riegue bien en esta etapa para asentar el suelo. Una vez se ha iniciado el crecimiento, riegue regular y concienzudamente y aplique un mantillo para conservar la humedad, asegurándose de que no entra en contacto con el tronco. Los árboles ya enraizados son abonados generalmente a finales de invierno, entre cinco y seis semanas antes de la floración, y de nuevo seis semanas después de que esta haya acabado. Debe podar los árboles recién plantados para estimular el crecimiento en la primera estación. Durante los siguientes dos años, en primavera, pode para estimular el crecimiento de los troncos primario y secundario. Los melocotones florecen y dan fruto en la rama desarrollada en la estación previa, así que deberá podar cada invierno dando forma de vaso al árbol, lo cual permitirá que el sol penetre en su interior y asegure la libre circulación de aire. Durante los prime-

El tono rosáceo de estos melocotones muestra que ya se acercan a la madurez.

ros años, puede ser necesario también podar las puntas en verano. Los árboles empiezan a dar fruto normalmente al tercer o cuarto año. Algunas plagas afectan gravemente a los melocotones y las nectarinas. En climas cálidos y secos la araña roja puede infestar la planta. Los áfidos también llegan a atacar los nuevos brotes. En climas cálidos, es posible que los melocotones y las nectarinas se vean atacados por la mosca de la fruta. La plaga más grave y difícil de controlar es la lepra del melocotonero. Puede prevenirse rociando anualmente los árboles con un fungicida de cobre, primero tan pronto como caigan las hojas, y de nuevo a mediados o a finales de invierno.

CLIMA Zonas 8 a 10.

VARIEDADES Los melocotones, que están recubiertos de una piel aterciopelada, tienen una pulpa, carnosa y jugosa, blanca o amarilla, que rodea el hueso central. Los melocotones se dividen comúnmente en dos variedades: en la primera, la pulpa no se desprende fácilmente del hueso, es decir, se adhiere a él, y en la segunda, la pulpa se desprende fácilmente. En la actualidad, existe un gran número de variedades, tanto cultivadas comercialmente como en jardines domésticos. Los melocotones y nectarinas se reproducen por autofecundación, y por tanto se pueden plantar árboles de forma individual, algo muy útil cuando el espacio para ello es reducido. La elección de un cultivar adecuado varía de un país a otro. En todo caso, es mejor adquirir los que ofrecen los viveros locales y los especialistas, que seguramente se adaptarán mejor al clima local.

Pseuderanthemum (fam. Acantheaceae)

Este género, integrado por 60 especies de arbustos tropicales y perennes, no es demasiado conocido fuera de los trópicos, si bien algunas especies son populares como plantas de invernadero. Aunque las floraciones son atractivas, estos arbustos se cultivan especialmente por su llamativo follaje. Algunas tienen sus orígenes en la América tropical, y otros son originarios de las islas del Pacífico.

CULTIVO Cultive en invernadero cálido, en tiestos de compost suelo. Proporcione una buena iluminación (fuera de la radiación directa) y una atmósfera húmeda. La poda puede ser necesaria para restringir el volumen de la planta. Multiplique por esquejes semimaduros en verano, con calor basal.

CLIMA Tropical.

ESPECIES *P. atropurpureum*, originaria de Polinesia, alcanza entre 1 y 1,5 m de altura. El follaje es de un color verde brillante o morado intenso, salpicado con puntos o manchas blancas, rosas, moradas, amarillas o verdes. Las flores son blancas y tubulares, con moteado rosa o morado, y aparecen en verano. *P. reticulatum*, tiene hojas de un verde intenso, veteadas de amarillo pálido. Alcanza 1 m de altura, y sus flores, que son blancas con gargantas de color rosa o rojo, florecen a finales de primavera y en verano.

Pseudobombax (fam. Bombacaceae)

Nativo de la América tropical, este género consta de unas 20 especies de árboles de tamaño medio, con grandes flores blancas, rojas o moradas.

CULTIVO En climas propensos a las heladas, cultívelas como plantas de follaje en tiestos, en invernadero cálido. No es probable que florezcan en cultivo interior. Utilice compost suelo, y proporcióneles un máximo de luz. En exteriores, estos árboles necesitan sol y un suelo profundo con buen drenaje y alto contenido en materia orgánica.

CLIMA Zona 10 y superiores.

ESPECIES *P. ellipticum*, procedente de Centroamérica, crece hasta los 9 m, y presenta una interesante corteza de un color gris verdoso. Las flores, en tonos rosas y blancos, aparecen sobre las ramas desnudas en primavera, antes que las propias hojas. Muchos estambres se extienden más allá de los

Esta especie de *Pseuderanthemum*, de hojas verdes y aplanadas, tiene flores simples y blancas, con un toque rosáceo.

Pseudobombax ellipticum tiene grandes flores que recuerdan los pelos de una brocha.

pétalos, dando al conjunto un efecto de brocha de afeitar. *P. grandiflorum*, una especie originaria de Brasil, alcanza los 40 cm, y tiene flores de un morado intenso.

Pseudopanax (fam. Araliaceae)

Este género comprende entre 12 y 20 especies de árboles y arbustos perennes, cultivados por su curioso follaje, en forma de espada. Nativos de Nueva Zelanda y Sudamérica, estos arbustos pueden crecer hasta los 6 m, y algunos incluso más, especialmente en climas fríos.

CULTIVO En climas con frecuentes heladas, cultívelos en invernadero frío, en tiestos de compost suelo arenoso. Garantíceles un máximo de luz, pero protéjalos de la radiación directa. En jardín, cultívelos en un lugar soleado y resguardado, con suelo de buen drenaje. Multiplique por semillas en primavera o por esquejes semimaduros en verano, en ambos casos con calor basal.

CLIMA Zona 9.

ESPECIES *P. chathamicus*, originario de las islas Chatham, crece hasta los 6 m, y las hojas adultas, amplias, llegan hasta los 20 cm de largo. *P. crassifolius* es una especie neozelandesa que puede alcanzar

Las rígidas hojas en forma de espada de *Pseudopanax crassifolius*, de origen neozelandés, hacen de ella una planta poco usual en un jardín.

los 15 m de alto. La planta cambia espectacularmente conforme alcanza la madurez. Inicialmente posee un solo tallo con hojas rígidas en forma de espada, de 1 m de largo; las plantas más viejas se ramifican hasta formar una copa redondeada; finalmente, las hojas se transforman en compuestas y ásperas, con una longitud de 30 cm. *P. ferox*, también de Nueva Zelanda, alcanza los 6 m, y sus hojas son estrechas o en forma de espada. *P. lessonii* presenta un aspecto más arbustivo, y las hojas maduras tienen entre tres y cinco foliolos. Las hojas, de tacto áspero, son de un verde vivo.

Pseudotsuga (fam. Pinaceae)
Abetos de Douglas

Solo una de las seis especies de este género de coníferas se cultiva de forma habitual. *P. menziesii* es un árbol majestuoso, que normalmente se desarrolla en los grandes cinturones de bosques de coníferas de la costa oeste norteamericana. El nombre de pino de Oregón (u Oregón) es el que distingue la madera extraída de esta especie, exportada desde Norteamérica en enormes cantidades. El abeto de Douglas está recomendado solo para grandes jardines, parques y viveros. Aparte de una especie procedente de México y California, las otras cuatro proceden todas de Asia oriental. Esta distribución vale para toda una serie de géneros de árboles como *Thuja*, *Calocedrus*, *Liriondendron* y *Magnolia*.

CULTIVO El abeto de Douglas crece mejor en zonas frías con gran cantidad de precipitaciones, en suelos fértiles de buen drenaje. Bajo tales condiciones, los retoños pueden alcanzar hasta 2 m por año en la fase más rápida de crecimiento. La propagación se realiza exclusivamente por semillas, obtenidas de los conos presentes incluso en los pinos jóvenes. La germinación es rápida y fiable. Tras la plantación, los ejemplares jóvenes normalmente no requieren estacado ni poda.

CLIMA Zona 6.

ESPECIES *P. menziesii* es muy similar al abeto común (*Abies*). Como él, presenta hojas cortas, aplanadas, aciculadas y aromáticas, de un tono verde grisáceo. No obstante, sus conos son pendulares

Los conos de *Pseudotsuga menziesii* son únicos, con sus llamativas brácteas en la parte exterior de las escamas cónicas. Este majestuoso árbol solo es apto para grandes espacios.

La especie *Pseudowintera colorata* tiene un follaje invernal muy interesante, cuando las manchas de pigmento escarlata y morado cubren las verdes hojas.

como los de los falsos abetos, con escamas delgadas, marrones y persistentes. En estado silvestre se convierte en un ejemplar de grandes dimensiones que puede sobrepasar los 90 m de altura. Su tronco, muy robusto, está revestido de una gruesa corteza de tono marrón oscuro y rojizo.

Pseudowintera (fam. Winteraceae)

Clasificadas tiempo atrás bajo el género *Drimys*, las tres especies de arbustos y pequeños árboles de *Pseudowintera* son originarias de Nueva Zelanda y crecen de forma natural tanto en las tierras bajas como en los bosques alpinos.

CULTIVO En invernadero, cultive estas especies en tiestos de compost para suelo, con buena iluminación. En jardín, cultívelas en suelo entre ácido y neutro, húmedo pero con buen drenaje y abundante humus. Escoja un lugar soleado y protegido. Multiplique por esquejes semimaduros, sobre base caliente.

CLIMA Zona 9.

ESPECIES *P. axillaris*, falso pimentero, es un árbol perenne de pequeño tamaño, corteza negra y hojas alternas y brillantes. Las flores, de un blanco

verdoso, aparecen en los ejes de las hojas o en las marcas de las hojas caídas. Las bayas, rojas, aparecen en invierno, tras la floración. *P. colorata* es la especie más cultivada. Se trata de un arbusto rígido y simétrico de 3 m de altura, ideal para la zona 8 si está bien protegido. Su aromática corteza y sus flores verdosas, que aparecen entre la primavera y el verano, eran utilizadas por los maoríes con fines medicinales.

Psidium, especies de (fam. Myrtaceae)
Guayabo

Estos árboles y arbustos pequeños y perennes procedentes de Centroamérica se han naturalizado hoy en día en muchas otras zonas tropicales. Los guayabos se cultivan como plantas ornamentales y también por sus deliciosos frutos, crudos o en conserva.

CULTIVO En climas propicios a las heladas, los guayabos se cultivan en invernaderos intermedios, como plantas de hoja nueva. Necesitan grandes macetas, con compost suelo de buen drenaje. Protéjalas de la radiación solar directa. En exteriores, cultive en un lugar soleado y resguardado, con suelo rico, húmedo y de buen drenaje.

El guayabo, *Psidium guajava*, lleva un fruto grande, dulce y suculento. No es difícil de cultivar en zonas cálidas.

CLIMA Zona 10 y superiores.

ESPECIES *P. guajava*, guayabo común, es un pequeño árbol de unos 10 m de altura, útil por su sombra en pequeños jardines. Tiene una corteza suave de color marrón verdoso, una copa tupida y hojas largas y ásperas, así como grandes flores blancas que aparecen en primavera. El fruto, amarillo, redondo u oval, es el mayor de todas las especies, y alcanza entre 25 y 100 mm de diámetro. Tiene un sabor dulce y almizclado, y numerosas semillas duras. La carne puede ser blanca, rosa o roja, según la variedad, y servirse fresca, en confitura o mermelada. *P. littorale*, variedad *longipes* (sin. *P. cattleianum*), alcanza los 7 m de altura. Su corteza es suave y con un atractivo moteado, mientras que las hojas son redondeadas brillantes y ásperas, y las flores, simples y blancas en primavera. El fruto es de un rojo morado, con pulpa rojiza y con un sabor parecido al de la fresa. También se utiliza para la fabricación de conservas. No soporta bien el transporte.

Psoralea (fam. Papilionaceae)
Cabrunas

Las 130 especies de este género de fragantes arbustos y plantas perennes, cultivado especialmente por sus flores, se encuentran sobre todo en Norteamérica, Sudamérica y el sur de África.

CULTIVO Las especies de este género se desarrollan bien en climas templados. En las regiones frías deben cultivarse en tiestos en invernadero frío, utilizando compost suelo. En el jardín, busque un lugar iluminado, con suelo moderadamente fértil. Pode superficialmente las plantas tras la floración para reducir el número de semillas, ya que tienden a la autofecundación. *P. pinnata*, especialmente, requiere un pellizcado durante la fase de crecimiento y una poda tras la floración para conseguir un crecimiento compacto y ordenado. Multiplique por semillas.

Psoralea affinis crece con facilidad, y se adapta casi a cualquier tipo de suelo en las regiones cálidas.

CLIMA Regiones más cálidas de zona 9.

ESPECIES *P. affinis*, de 3 m de altura, produce flores azules o moradas en verano. *P. pinnata*, de la misma altura, es un arbusto de crecimiento rápido con profusión de flores blancas y azules en verano. Es la especie más cultivada.

Pteris (fam. Pterideaceae)
Helechos

Nativos de las regiones pantanosas de las selvas lluviosas tropicales y subtropicales, estos helechos también pueden encontrarse en las zonas rocosas soleadas. Es un amplio género que comprende unas 280 especies de helechos terrestres, con cor-

Pteris argyrea, una de las especies más cautivadoras en cultivo, es un helecho ideal para invernadero.

tos rizomas trepadores que forman macizos, y frondas divididas de diversas formas. Los cultivares de llamativas formaciones foliares son los más populares entre los cultivadores.

CULTIVO En invernadero intermedio en tiestos de compost suelo. Añada abono de hojas descompuestas si está disponible, y yeso agrícola. Proteja las plantas de la luz directa, y proporcione una atmósfera húmeda. En exteriores, cultive en un lugar húmedo y con sombra. Multiplique por división en primavera.

CLIMA Zona 10 a tropical.

ESPECIES *P. argyrea*, helecho plateado, es una de las plantas más bellas de este género. De gran tamaño, alcanza los 2 m de altura en estado silvestre. Los rizomas, cortos y trepadores, forman una gran corona; los tallos son marrones, con escamas del mismo color y textura papirácea en la base, y las frondas alcanzan 1 m de altura o más. La banda blanca plateada que discurre por el centro de los folíolos contrasta espectacularmente con el color verde profundo de los márgenes. *P. cretica* se encuentra en muchas regiones tropicales y subtropicales del mundo. Existen nume-

rosos cultivares y variedades naturales de esta especie. El cultivar 'Albolineata' es un magnífico helecho cuyos folíolos despliegan una gruesa banda de un color blanco plateado. Es excelente en tiesto o cesta, tanto en interior como en exterior. *P. ensiformis* es una especie de menor tamaño procedente del sudeste asiático y Polinesia. Los rizomas, cortos y trepadores, forman macizos, mientras que las frondas, finamente divididas, son rectas de jóvenes, y con la edad se vuelven pendulares. El cultivar 'Victoriae' es una atractiva forma variegada; 'Evergemiensis' es similar, pero sus frondas estériles son más largas y decorativas. *P. tremula* se encuentra en muchas partes de Australia y Nueva Zelanda. Tiene rizomas verticales en penacho que forman una corona, y tallos verticales oscuros en la base y más claros en la punta de las frondas. Estas exhiben márgenes finamente dentados y alcanzan gran tamaño en los helechos maduros. Las esporas son muy fértiles, y provocan un rápido crecimiento de la planta. Este resistente helecho tolera una amplia gama de condiciones y se desarrolla bien en jardines rocosos. *P. tripartita*, crece en Australia y en las latitudes bajas de los trópicos. Tiene sólidos rizomas, que forman un tronco en los especímenes más maduros. Los tallos son largos y verdes, y las frondas, amplias, convirtiéndose en ramas de árbol. Es utilizada como planta de jardín en climas adecuados. *P. umbrosa*, nativo de los estados orientales de Australia, es un helecho muy ramificado, con largos tallos. Las frondas, amplias y verticales, varían del verde claro al oscuro, según la cantidad de luz solar que reciban. Muy similar a *P. cretica*, esta especie puede cultivarse en grandes tiestos y en el jardín. *P. vittata* se encuentra en muchas regiones tropicales y subtropicales del mundo. Los rizomas de esta especie son muy cortos y sólidos, con escamas pálidas; los tallos son marrones en la base; las frondas están compuestas de folíolos simples.

Pterocarya (fam. Jugladaceae)

Pacanas aladas

Se trata de un pequeño género de diez especies de árboles ornamentales y caducifolios nativos del Cáucaso y de varias zonas de Asia. La mayoría son

Las largas hileras de flores de color amarillo verdoso de *Pterocarya fraxinifolia* dan paso a frutos que maduran en otoño y se suspenden sobre los largos tallos.

de crecimiento rápido. Se cultivan por su atractivo follaje pinnado y por sus largos y pendulares hileras de frutos alados que florecen durante gran parte del verano. Aunque son adaptables a una serie de suelos y condiciones de crecimiento, sus raíces son bajas y a veces producen vástagos.

CULTIVO Adaptables a la mayoría de los suelos, se desarrollan mejor en terrenos fértiles y profundos razonablemente humedecidos en verano. Es importante regar de forma constante en verano. Los árboles se propagan por semillas, vástagos o estratificación.

CLIMA Frío y húmedo. Zona 7.

ESPECIES *P. fraxinifolia*, llega hasta los 30 m de altura en su hábitat natural, pero en cultivo alcanzará únicamente entre 12 y 15 m. Sus largas hojas están formadas por numerosos foliolos, y las largas hileras de frutos alados que se desarrollan tras la floración se suspenden sobre largos tallos, a modo de cuerdas, que pueden alcanzar los 45 cm de altura. *P. stenoptera* crece unos 30 cm en su China natal, pero solo la mitad en cultivo. También tiene largas hojas compuestas, mientras que sus frutos alados se desarrollan sobre tallos de unos 30 cm de largo.

Pterostylis (fam. Orchidaceae)
Orquídeas de capucha verde

Este género comprende unas 60 especies de pequeñas orquídeas terrestres procedentes de Australia, Nueva Zelanda, Nueva Guinea y Nueva Caledonia, aunque pocas de ellas se cultivan de forma generalizada. Se conocen por su extraña formación floral en forma de capucha, de la cual deriva el nombre común.

CULTIVO Cultívelas en un invernadero intermedio, en tiestos bajos con compost para orquídea terrestre. Tenga cuidado con el riego, puesto que no soportan el exceso de agua.

CLIMA Zona 10.

ESPECIES *P. grandiflora* alcanza entre 15 y 25 cm de altura, con una flor verde, solitaria, erecta y traslúcida, con bandas de un marrón rojizo.

Un detalle de la especie *Pterostylis curta*, con su característica capucha floral, típica de todas las orquídeas de capucha verde.

Ptilotus (fam. Amaranthaceae)

Mulla mullas

Hay unas 100 especies de este género de perennes que crecen en las regiones semiáridas de Australia. Bellas «brochas» de color verde o rosáceo, a veces ligeramente aromáticas, salpican tras la lluvia los desiertos arenosos del interior de Australia. El follaje, velludo, es de color blanco grisáceo. Muy atractivas en macizos, pueden cultivarse en roquedos y jardines de piedras.

CULTIVO En climas propensos a las heladas, cultívelas en invernadero frío con ventilación, en tiestos con compost suelo. Garantíceles un máximo de luz. Riégueles poco en invierno y manténgalas más humedas en otras estaciones. En el jardín, cultívelas en suelo con muy buen drenaje, a pleno sol. Multiplique en primavera por semillas germinadas a 16 °C.

CLIMA Zona 9.

ESPECIES No son fáciles de obtener fuera de su zona de origen, Australia. *P. exaltatus* es una planta perenne robusta, resistente a la sequía, de entre 60 y 90 cm de altura. Presenta flores lanosas y verticales, en forma de brocha y de color gris a lavanda, con largos pelos plateados. *P. grandiflorus* tiene un hábito de crecimiento vertical, y alcanza los 15-30 cm. Las flores son grandes, de un rosa plateado, y aparecen en verano. *P. obovatus* llega hasta los 45 cm, y tiene hojas grisáceas y velludas, y pequeñas flores de un blanco rosáceo que aparecen en primavera y verano. *P. polystachyus* es una planta rígida y erecta, de 1 m de altura, con hojas rugosas grisáceas y esbeltas espigas de flores de color blanco verdoso. También existe una variante en rojo. *P. spathulatus* es una planta de crecimiento lento, con penacho y flores de color verde pálido o crema.

Ptychosperma (fam. Areacaceae)

Nativo sobre todo de Papúa-Nueva Guinea y las islas adyacentes, este género incluye 28 especies de palmas emplumadas de pequeño o mediano tamaño, y dos o tres especies del norte de Australia. Hay tipos solitarios y de tronco múltiple, pero todas las especies poseen una corona esbelta y bien desarrollada, al menos en su madurez. Las hojas pueden estar divididas en pocos o muchos

La especie *Ptychosperma macarthurii* procede de las selvas lluviosas de Australia y se adapta bien al cultivo en tiestos, en invernadero cálido.

Las flores lanudas de las especies de *Ptilotus* son de tonalidades grises, plateadas, lavanda o rosa pálido.

foliolos, estrechos y lineales, o en forma de cola de pescado. Todos los foliolos tienen ápex dentados. Las flores y los frutos surgen sobre grandes racimos expansivos bajo la corona.

CULTIVO Si se producen heladas, cultívelas en invernadero cálido. Estas palmas son también buenas plantas de interior. Utilice compost suelo y garantíceles una buena iluminación (protegiendo la planta de la radiación directa) y una atmósfera húmeda. Riegue en abundancia durante la etapa de crecimiento, pero reduzca la dosis en invierno. En exteriores, la planta necesita algo de sombra y mucha agua. Multiplique por semillas sembradas en primavera y germinadas a 24 °C. Las semillas germinan con facilidad en un período de seis a doce semanas.

CLIMA Regiones más cálidas de zona 10 a tropical.

ESPECIES *P. elegans*, de origen australiano, es la especie más conocida. Tiene un solitario tronco, liso y muy marcado, de unos 8 m de altura y 12 m de diámetro. Las hojas, que están elegantemente curvadas y pueden medir hasta 2 m de largo, presentan foliolos anchos y abundantes. Las inflorescencias, expansivas y de gran tamaño, aparecen durante gran parte del año, y producen abundantes cosechas de frutos escarlatas que surgen tras la caída de las flores, de color blanco. *P. macarthurii*, procedente de las selvas lluviosas de Australia, es una especie que forma macizos a base de unos 20 troncos densamente poblados. No obstante, son notablemente más finos, y sus hojas más delgadas que las de *P. elegans*. Por lo demás, son bastante similares. Muchas de las especies originarias de Nueva Guinea e Indonesia se cultivan en jardines botánicos.

Pulmonaria (fam. Boraginaceae)
Pulmonarias

Cultivadas por sus encantadoras flores, algunas de estas perennes enanas y resistentes procedentes de Europa y Asia tienen también atractivas hojas moteadas en plata. Las flores aparecen generalmente muy temprano, en primavera, y presentan diversas tonalidades azuladas. Son excelentes para jardines boscosos y como cubierta vegetal.

Las flores de color azul real de la pulmonaria aparecen antes que las hojas nuevas. El follaje moteado puede configurar un denso manto vegetal bajo el árbol.

CULTIVO Cultive las especies de este género en un suelo de jardín húmedo bien provisto de humus, con sombra parcial o incluso total. Multiplique por semilla o por división en primavera. La división puede efectuarse cada pocos años. Estas plantas se desarrollan bien acompañadas de otras especies de crecimiento temprano en primavera, como las prímulas, y arraigan bien junto a árboles de hoja caduca.

CLIMA Frío. Zona 4.

ESPECIES *P. angustifolia* presenta flores tubulares de color azul, teñidas a veces de rosa, que emergen a partir de rosetas basales de follaje verde intermedio que florecen durante los meses de primavera. Puede alcanzar una envergadura de 30 cm. *P. officinalis* alcanza los 30 cm de altura y está moteada en color blanco. Se utilizaba antaño en medicina popular para tratar las afecciones de tipo pulmonar.

Pultenaea (fam. Papilionaceae)
Guisantes arbustivos, pulteneas

Con un total aproximado de 100 especies, este género de arbustos australianos proporciona un

La especie *Pultenea villosa* tiene un follaje blando y ligeramente velludo, y presenta masas de flores amarillas entre la primavera y el verano.

magnífico despliegue de llamativas flores en forma de guisante de color amarillo, naranja, marrón o rojo, que aparecen en primavera y verano. Algunas emiten un suave perfume. El follaje es variable, entre espinoso y suave y aterciopelado, de tono grisáceo. Hay muchas especies enanas y rastreras ideales para jardines rocosos o para descender por montículos y paredes. También se utilizan como cubierta vegetal. En zonas climáticas por debajo del 9 deben cultivarse en invernadero frío y ventilado.

CULTIVO Las especies de *Pultenaea* producen abundantes semillas, fáciles de propagar. Empápelas en agua caliente durante una noche. Cultívelas después en loam arenoso. La mayoría de las especies se multiplican también por esquejes de brote semimaduros, obtenidos preferiblemente en otoño. *Pultenaea* puede crecer en cualquier suelo ligero de jardín, con buen drenaje y ligeramente ácido. También le favorece un suelo enriquecido con compost de hojas en descomposición.

CLIMA Zona 9.

ESPECIES Hay pocas disponibles fuera de sus lugares de origen, Australia. *P. cunninghamii* es apre-

ciada por su magnífico follaje, de un gris azulado. Raramente alcanza más de 1 m de altura, y produce grandes flores amarillas o anaranjadas. *P. daphnoides* es una planta vertical de rápido crecimiento, hasta los 3 m de altura. Sus amplias flores amarillas son terminales, y el follaje presenta un color verde oliva. *P. flexilis* llega hasta los 4 m, con un follaje verde pálido y racimos de flores de un amarillo brillante. En primavera, *P. juniperina* es un elegante arbusto expansivo de entre 1 y 3 m de altura, con hojas en punta, lanceoladas, y una profusión de aromáticas flores primaverales de color naranja. *P. microphylla* puede ser rastrera o vertical, con hojas triangulares estrechas y velludas, y flores amarillas y marrones. *P. pedunculata* es un arbusto trepador de crecimiento lento y con un follaje inusualmente verde. Las flores, amarillas, naranjas o rojas, lo recubren desde finales de primavera hasta principios de verano. Es excelente como planta rocosa y cubierta vegetal. *P. stipularis* alcanza 1 m de altura, y su follaje es muy decorativo, parecido a las hojas de pino. Las grandes cabezas florales de un color amarillo intenso aparecen en primavera. *P. villosa*, alcanza los 2 m de altura y produce flores amarillas, entre un follaje blando y pendular, de un color verde amarronado.

Punica granatum (fam. Puniaceae)
Granado

Punica granatum es un árbol o arbusto caduco, pequeño y atractivo, procedente del sudeste europeo, norte de África y Asia. Se cultiva por su follaje brillante, de un verde intenso, que adopta tonalidades doradas en otoño, y por sus maravillosas flores rojas y sus frutos comestibles. Existe una variedad enana que alcanza los 2 m de altura. Normalmente se cultiva como seto bajo o espécimen. Hay diversas y atractivas variedades con flores dobles, cultivadas tan solo por su belleza, puesto que la mayoría son estériles y carecen de follaje. El tamaño del fruto es parecido al de la manzana. La pulpa, de un color carmesí, es jugosa y agridulce, y contiene gran cantidad de semillas. La granadina, un sirope extraído del jugo y fermentado, es utilizada para la fabricación de refrescos, pasteles y confituras. La corteza y las flores se

El granado enano se cultiva a veces exclusivamente como planta ornamental. Sus frutos, aunque pequeños, son comestibles.

Las hojas brillantes de este joven ejemplar de *Puya berteroniana* ya están bien provistas de espinas. Las plantas tendrán 1 m de altura cuando alcancen la madurez.

usan en medicina por sus propiedades astringentes, y el tanino es utilizado para el teñido de la piel. El granado era un símbolo de esperanza, fertilidad y eternidad en las tradiciones judía y cristiana, y figura ya en los himnos de Salomón. La mitología sugiere que quizá se trate del fruto dado por Venus a Paris.

CULTIVO Aunque los granados toleran bien una amplia gama de condiciones climáticas, necesitan el calor y la sequedad del verano para que el fruto se afiance, y un riego regular. En climas propensos a las heladas, cultive en invernadero frío en un maceta de compost suelo. En exteriores, cultive en un suelo de loam, profundo y ligeramente alcalino, colocando los árboles a una distancia de entre 4 y 5 m, y los setos a 2-2,5 m. Pode ligeramente en invierno. Los árboles viejos y descuidados pueden podarse bien si necesitan un rejuvenecimiento urgente. Multiplique por semillas, esquejes de madera dura o estratificación.

CLIMA Zona 9.

Puya (fam. Bromeliaceae)

Hay alrededor de 160 especies de este amplio género originario de las tierras altas de Sudamérica. Su tamaño hace que se cultiven normalmente en parques y jardines públicos, donde ofrecen un espectacular despliegue floral. Las hojas tienen forma de correa, y son estrechas y espinosas. Las puyas son plantas terrestres, y su hábitat natural es rocoso. En áreas tendentes a las heladas, cultívelas en invernadero frío.

CULTIVO En invernadero, cultívelas en tiestos de compost suelo. Necesitan mucha luz. Mantenga el compost humedecido en invierno, y riegue con más frecuencia en otras épocas del año. Para plantar en exteriores, deberá escoger un lugar soleado con suelo bien drenado. Multiplique por semillas germinadas a 21 °C.

CLIMA Zona 10 a tropical.

ESPECIES *P. berteroniana*, procedente de Chile, produce las que muchos consideran como las más bellas flores del mundo. Se trata de unas flores singulares parecidas a las de la yuca, de un azul metálico y estambres dorados. *P. spathacea*, originaria de Argentina, alcanza más de 1 m de altura, y tiene flores de color azul oscuro sobre un tallo rojo y ramificado. *P. venusta* presenta un tamaño menor que el de otras especies, y es muy adecuada para jardines domésticos. La inflorescencia combina el rosa vivo con el morado, para crear un efecto sorprendente.

Pyracantha (fam. Rosaceae)

Espinos de fuego

Estos arbustos perennes son originarios de Asia y el Mediterráneo, pero se cultivan actualmente en climas templados de todo el planeta, y son apreciados sobre todo por sus bayas de un rojo o naranja brillante, que aparecen tras los racimos de pequeñas flores blancas que cubren las hojas en primavera. Las bayas pueden durar hasta el invierno. Los espinos de fuego forman buenos setos, pantallas y plantas de relleno.

CULTIVO Estos setos resistentes crecen bien en la mayoría de los suelos, al sol o a la sombra. Necesitan, no obstante, un lugar abierto y soleado si queremos que florezcan y den fruto de modo satisfactorio. Prefieren un riego regular en verano, pero los setos bien enraizados toleran la sequía. Multiplique por semillas sembradas en otoño, en cama caliente, o por esquejes semimaduros en verano, con propagador de base caliente.

CLIMA Zona 7 para la mayoría de las especies, zona 6 para *P. coccinea*.

ESPECIES *P. angustifolia*, procedente del oeste de China, puede sobrepasar los 3 m de altura y tiene elegantes ramas horizontales con hojas verdes y estrechas, grises en el envés, y bayas de un color naranja brillante. *P. coccinea*, nativo del sur de Euro-pa, es una de las especies más populares. Se trata de un gran arbusto, de tupido follaje, que alcanza entre 2 y 5 m de altura, con ramas arqueadas y bayas escarlatas. El cultivar 'Lalandei' produce bayas naranjas. *P. crenulata* es un arbusto o pequeño árbol de 6 m de altura con bayas de color rojo anaranjado. *P.* 'Watereri' es un híbrido muy difundido de unos 2,5 m de altura, con un follaje de color verde intenso y brillantes frutos rojos.

Pyrostegia (fam. Bignoniaceae)

Emparentadas con las bignonias, estas trepadoras perennes de origen sudamericano tienen un vigoroso crecimiento y se sujetan por zarcillos. Proporcionan un intenso cromatismo a mediados de invierno. En su hábitat natural, las flores son polinizadas por colibríes.

CULTIVO Cultívelas en invernadero intermedio en un tiesto o maceta grande relleno de compost suelo, con el máximo de luz. Proporcione sujeción a los tallos fijándolos al techo. En exteriores, cultívelas a pleno sol en un suelo enriquecido y con buen drenaje. Pode tras la floración cortando uno de cada cuatro brotes laterales del tallo principal. Multiplique por semillas sembradas en primavera, o por esquejes semimaduros en verano, en ambos casos con propagador de base caliente.

Las flores de color naranja brillante de *Pyrostegia venusta* iluminan los últimos días de invierno. El follaje oscuro es un buen contraste para las llamativas flores.

Las brillantes bayas escarlatas de las especies de *Pyracantha* suelen persistir durante el invierno.

CLIMA Zona 10.

ESPECIES *P. venusta* (sin. *P. ignea*), la especie más cultivada de este género, es apreciada sobre todo por su brillante despliegue de flores tubulares de un color naranja brillante, dispuestas en racimos pendulares.

Pyrus (fam. Rosaceae)
Perales

Nativo de las zonas templadas de Eurasia y norte de África, este género comprende unas 30 especies de árboles caducifolios, algunos de los cuales se cultivan por su fruto comestible y otros por su valor ornamental. Los ornamentales tienen hojas de un verde brillante con soberbios contrastes cromáticos en otoño, y racimos de flores blancas, abiertas en forma de copa.

Pyrus ussuriensis muestra un bello cromatismo en otoño. Este árbol está empezando a cambiar de color.

CULTIVO Estos árboles resistentes crecen bien en la mayoría de suelos siempre que se encuentren en un lugar soleado, aunque requieren mucha humedad y un suelo enriquecido y profundo. Los árboles de raíz desnuda pueden plantarse tanto en otoño como en invierno; y las especies cultivadas en maceta, durante todo el año. Multiplique las especies por semillas en interior y en otoño; los cultivares, por gemación en verano, o por injerto en invierno.

CLIMA Zona 4 para la mayoría de las especies; zona 5 para *P. calleryana*.

ESPECIES *P. calleryana* es un bonito árbol de entre 10 y 12 m de altura, con hojas gruesas y ovales que ofrecen brillantes tonalidades en otoño. La floración, de un color blanco puro, es muy vistosa, pero su olor es algo desagradable. *P. salicifolia*, peral de hoja de sauce, es un árbol que tiene entre 8 y 10 m de altura y hojas ligeramente ásperas de color verde grisáceo. *P. salicifolia* 'Pendula', un soberbio espécimen, ideal para pequeños jardines, es aún más popular que la propia especie. La *P. ussuriensis* es un amplio árbol de forma cónica que alcanza entre 12 y 15 m de altura. Su follaje se vuel-

El peral tiene una floración blanca que adorna el árbol a mediados de primavera. Los perales tienen un gran valor ornamental, con sus flores primaverales y su riqueza cromática otoñal.

ve carmesí en otoño, y se cubre de flores blancas en primavera.

Pyrus communis, Pyrus pyrifolia

(fam. Rosaceae)

Peral

Los perales tienen sus orígenes en Europa, el Cáucaso y China. Se cultivan desde tiempos remotos, aunque las variantes de calidad no fueron desarrolladas hasta el siglo XIX. Hoy en día hay varios miles de variedades cultivadas en Europa y Norteamérica. Aunque algunos árboles tienen valor ornamental, el peral se cultiva básicamente por su fruto. Las peras se comen frescas, y son deliciosas como confitura o en pastel. Son una interesante sorpresa en las ensaladas. También se comercializan secas o en lata.

CULTIVO Al tratarse de un árbol caducifolio, es mejor adquirir ejemplares de raíces desnudas y plantarlos en invierno, durante el período de dormancia. Los ejemplares cultivados en maceta pueden plantarse en cualquier época del año, pero la mejor es entre el invierno y el inicio de la primavera. Prefieren los suelos profundos, fértiles y de buen drenaje, así que añada abundante materia orgánica al menos un mes antes de plantar. Plante a la misma profundidad en que se hallaba la planta en el suelo o en el maceta. Riéguela bien para asentar el suelo, pero no añada aún fertilizante. Este deberá aplicarlo a la zona de la raíz una vez iniciado el crecimiento, a finales de verano o principios de primavera. Durante los años siguientes, aplique un abono completo para plantas a finales de invierno, y un mantillo durante la estación de crecimiento con compost o estiércol. Los árboles deben permanecer húmedos durante el crecimiento activo. Pode en invierno para conseguir un centro abierto o de vaso para desarrollar el eje central del árbol. Los perales deberían dar fruto en torno a los cuatro o cinco años siguientes. Las plagas más frecuentes son las orugas. Pero hay otras: la más preocupante suele ser la fusariosis.

CLIMA Para los perales comunes europeos, entre las zonas 6 y 8; para los asiáticos, climas templados.

VARIEDADES *Pyrus communis*, o peral común, es un árbol de gran altura que alcanza los 10-12 m de altura en buenas condiciones. No obstante, las variedades para el cultivo doméstico o para la comercialización se reproducen por gemación o injerto sobre rizomas menos vigorosos. El 'Anjou' es un cultivar de maduración tardía bien conocido, con frutos de magnífico sabor; 'Beurre Bosc' es un frutal muy resistente que funciona bien en climas fríos, y cuyos frutos tienen un sabor delicado; 'Clapp's Favorite' es también muy resistente, y sus frutos son tempranos y dulces; 'Doyenne du Comice' ofrece grandes frutos de excelente sabor; 'Seckle' es muy popular y produce peras pequeñas y dulces a media temporada. La mayoría de los perales comunes no se reproducen por autofecundación, y necesitan un polinizador para asegurar una buena cosecha. Es mejor dejarse asesorar por un especialista sobre las mejores variedades a la hora de combinar. Los perales asiáticos, obtenidos a partir de *Pyrus pyrifolia* y *Pyrus ussuriensis*, son cada vez más cultivados, están especialmente recomendados para los climas cálidos y soleados, y se muestran menos sensibles a las heladas que sus homólogos europeos.

Los perales comunes como este viejo cultivar 'Conference', se adaptan mejor a los climas fríos.

QR

Quassia (fam. Simaroubaceae)

Este género de unas 35 especies de árboles y arbustos procede de América tropical, África y el sudeste de Asia, y es probable que no se encuentre fuera de las zonas de donde son originarios. En sus zonas de origen tienen muchos usos, pero solo una especie es bien conocida. Muchas de ellas sirven para extraer aceites medicinales e insecticidas. Aunque tienen valor ornamental y sus flores son vistosas, se cultivan por sus aplicaciones prácticas.

CULTIVO En climas propensos a las heladas, cultívela como planta de follaje en invernadero cálido, en un maceta grande con compost para macetas. En exteriores, plante a pleno sol en suelo profundo y bien enriquecido con materia orgánica. Riéguela en abundancia en primavera y verano, y multiplique por semillas germinadas en propagador caliente.

CLIMA Solo regiones tropicales.

ESPECIES *Q. amara*, hombre grande o cuasia de Surinam, es un arbusto perenne o pequeño árbol de entre 8 y 10 m de altura. Sus hojas compuestas a base de diversos foliolos pueden llegar a alcanzar los 25 cm. Las flores son vistosas, y de un escarlata brillante. De su madera se extrae la droga de sabor amargo conocida como quassia.

Quassia amara es un arbusto perenne que tiene flores y follaje atractivos, pero solo se cultiva en los climas tropicales.

Quercus (fam. Fagaceae)
Robles

Este amplio género, que incluye unas 600 especies, comprende árboles perennes y caducifolios, capaces de vivir largos años y alcanzar impresionantes dimensiones. La mayoría procede de regiones templadas, pero hay un sorprendente número de especies originarias de regiones tropicales y subtropicales, desde México hasta el sudeste de Asia. Tienen hojas alternas, lobuladas y ásperas en su mayoría, pero a veces delgadas y brillantes. Las flores masculinas aparecen como amentos amarillos en primavera, y las femeninas son pequeñas e insignificantes y acaban formando las características bellotas protegidas por una base en forma de copa. Al madurar, la bellota cae al suelo, donde es recogida y esparcida por aves y otros animales. Cultivados por su apariencia y su valiosa madera, los robles son ideales como árboles urbanos, para parques y amplios jardines. El follaje de muchas especies caducas luce especialmente en otoño. Las especies perennes crecen más lentamente.

CULTIVO Todos los robles prosperan sobre suelos profundos, húmedos, ricos y con mucha agua en verano. Multiplique a partir de las bellotas sembradas en otoño, en macetas altas, puesto que pronto desarrollan una amplia raíz primaria. Las bellotas también pueden plantarse cuando inician su crecimiento. Si su origen es silvestre, deberá conservar una base de suelo alrededor de las raíces, puesto que estas tardan en recuperarse si se dejan desnudas. Los cultivares se extraen del roble común por injerto o germinación.

CLIMA La mayoría de los robles prefieren un clima frío y húmedo, pero hay especies que prefieren climas más templados.

ESPECIES *Q. canariensis*, roble de Canarias, zona 7, procede del norte de África, las islas Canarias y la península Ibérica. Tolera mejor los climas cálidos que muchas especies. Es un árbol semiperenne que puede alcanzar los 30 m, y tiene hojas dentadas y brillantes, sin pelo en el envés. *Q. cerris* o roble turco, zona 7, procede de Europa central y

Meridional, y de Turquía. Es un impresionante árbol de hoja caduca y puede llegar a alcanzar 30 m de altura, con hojas oblongas y dentadas teñidas con toques grises, que se vuelven verdes y aterciopeladas en la madurez. *Q. coccinea*, roble escarlata, zona 4, de la parte oriental de Norteamérica, es un árbol caduco de 25 m y hojas lobuladas verdes y brillantes. Las hojas se vuelven escarlatas en otoño, y permanecen más tiempo sobre las ramas que en otras especies. *Q. ilex*, encina, zona 7, originario del Mediterráneo, es un árbol perenne y tupido, de copa redonda, corteza escamada y áspera, y hojas estrechas tanto enteras como dentadas. Esta especie también prospera en terrenos costeros. Alcanza los 18 m. *Q. palustris*, roble de los pantanos, zona 5, procede de las áreas centrales y orientales de Estados Unidos, y alcanza en su madurez hasta 25 m de altura. Es un árbol caduco y elegante, con follaje muy lobulado y verde pálido, rojo en otoño, que permanece algún tiempo sobre el árbol. En zonas más cálidas, los tonos no son tan vivos. *Q. robur*, roble albar o carvallo, zona 5, es un árbol majestuoso de copa redonda, de entre 12 y 30 m de altura en cultivo, probablemente una de las especies más conocidas. Las hojas, de tallo corto, son redondeadas y lobuladas. Su rico follaje primaveral se vuelve más intenso en verano y amarillea en otoño. De él se extrae una madera de calidad, una de las más apreciadas de Europa. El cultivar 'Concordia', conocido como roble dorado, es uno de los más pequeños, tan solo 10 m de altura. El follaje primaveral es amarillo dorado, y persiste en verano. *Q. rubra*, roble americano, zona 3, del este de Norteamérica, es una especie caduca que puede alcanzar los 25 m de altura. Las hojas oblongas tienen lóbulos grandes y triangulares. Adquiere un color magnífico en otoño, de un tono marrón rojizo. *Q. suber*, alcornoque o chaparro, zona 8, es la principal fuente de suministros de corcho. Perenne, de unos 18 m de altura, tiene hojas ovales dentadas o enteras, de un verde vivo en el haz y gris aterciopelado en el envés. La corteza es de un gris plateado, rugosa y gruesa, y de ella se extrae el corcho. *Q. virginiana*, roble de Virginia o roble blanco, zona 8, procede del sudeste de Estados Unidos y México, y alcanza los 18 m. Es un árbol tupido y elegante, de hábito redondeado. Las hojas, entre redondas y oblongas, tienen dientes dispersos, y son de un verde oscuro y brillante en el haz, y blancas en el envés. Es muy apreciado por su sombra.

Los robles producen abundantes amentos de flores masculinas en primavera. En la imagen la encina o charrasca, *Quercus ilex*, del Mediterráneo.

El roble de los pantanos, *Quercus palustris*, tiene hojas profundamente lobuladas. El fresco verde estival da paso al escarlata otoñal en los climas fríos.

Quiscalis (fam. Combretaceae)
Jazmines de la India

Este género comprende unas 17 especies de trepadoras vistosas procedentes de los trópicos, incluidas África e Indo-Malaisia. Tienen hojas enteras, entre oblongas y elípticas, sobre tallos delgados. La base del tallo de la hoja permanece tras la caída, convirtiéndose en un gancho espinoso que la planta utiliza para sostenerse conforme trepa. En verano y otoño se produce una gran floración de ejemplares tubulares en racimos terminales. Las flores cambian de color con el tiempo.

CULTIVO Fuera de las zonas cálidas tropicales y subtropicales, los jazmines de la India deben cultivarse en invernadero cálido. Use compost para macetas, con un máximo de luz y protección contra la radiación directa. Mantenga la planta ligeramente humedecida en invierno, pero con riego regular durante la etapa de crecimiento. Aplíquele fertilizante líquido cada cuatro semanas en verano. Proporciónele apoyo a los tallos. Pódela a finales de invierno para mantener los límites exteriores de la planta y deshacerse de la madera muerta. En exteriores, escoja un suelo de buen drenaje y mucho sol. Multiplique por semillas en propagador de base caliente en primavera.

También puede hacerlo por esquejes de madera blanda en primavera, enraizando de nuevo con el calor, o por estratificación o acodo de tallo en primavera. Si se producen vástagos, extráigalos y enmacételos a principios de la estación de crecimiento.

CLIMA Regiones más cálidas de zona 10 a tropical.

ESPECIES Q. *indica*, jazmines de la India, es la más cultivada. Arbustiva al principio, alcanza los 9 m a pleno crecimiento. Las flores, blancas, rojas y rosas, pueden crecer juntas en la misma planta, blancas al principio, y luego rosas y rojas. Son muy aromáticas, especialmente de noche.

Randia (fam. Rubiaceae)

Considerado antiguamente como un género de entre 200 y 300 especies, actualmente se divide en varios grupos. Las especies de *Randia* son árboles y arbustos perennes tropicales, a veces espinosos, con flores atrompetadas y frutos en baya. Muchas se cultivan como ornamentales, y otras por sus frutos comestibles.

Las flores tubulares de *Quiscalis indica* pueden apreciarse en sus diversos estadios de madurez. Son blancas al abrirse, y después rosas y rojas.

Las flores de textura gruesa de *Randia benthamiana* tienen pétalos completamente curvados y una suave fragancia.

CULTIVO Fuera de los trópicos, si están disponibles, cultívelas en invernadero cálido, en compost para macetas. Riéguelas bien en época de crecimiento. Multiplique por esquejes de tallos jóvenes en primavera, con calor basal.

CLIMA Solo tropical.

ESPECIES *R. benthamiana* y *R. fitzalanii* son dos especies australianas en cultivo. Ambas pueden alcanzar una altura de 6-8 m, y son conocidas como gardenias nativas por sus flores profundamente perfumadas. *R. formosa*, mariangola, de la zona tropical de Sudamérica, es un arbusto sin espinas con hojas ovales y flores blancas en forma de finas trompetas.

Ranunculus (fam. Ranunculaceae)
Ranúnculos

Este amplio género que comprende unas 400 especies de anuales y perennes se cultiva en todo el mundo. Las hojas son variables: algunas enteras y otras profundamente divididas, y las flores van del color blanco al amarillo pasando por el rojo. Las variedades cultivadas incluyen también los colores rosa y naranja. Una especie, *R. asiaticus*, y sus cultivares, son populares plantas de arriate y excelentes flores de corte. Las *Ranunculus* son venenosas si se ingieren.

CULTIVO *R. asiaticus* y sus cultivares requieren un suelo profundo y de buen drenaje, enriquecido con mucha materia orgánica, y un lugar soleado a salvo de los fuertes vientos. Aplique al suelo si es necesario unos 100 g de fertilizante completo por metro cuadrado unas semanas antes de plantar. Multiplique por semillas en verano y trasplante los brotes cuando midan unos 5 cm, a una distancia de 15 a 20 cm. La floración debe tener lugar a finales de primavera o principios de verano. Los tubérculos cultivados comercialmente están disponibles en colores únicos o mezclados, y normalmente producen plantas más robustas. A finales de verano y principios de otoño, coloque los tubérculos con las «garras» hacia abajo en una cama a 15 o 20 cm de distancia y a unos 4 o 5 cm de profundidad. Debe regar las plantas jóvenes semanalmente

Ranunculus asiaticus es una popular planta con excelentes flores, que está disponible en una amplia gama de colores. En la imagen destacan estos tonos vivos.

una vez iniciado el crecimiento, y aplique un fertilizante ligero una vez aparezcan los brotes florales. Los tubérculos se extraen cuando el follaje se ha marchitado y entonces almacénelos en un lugar frío, seco y aireado hasta el otoño siguiente. Las flores pueden ser menos vistosas en las dos floraciones posteriores. En climas propensos a las heladas, el *Ranunculus asiaticus*, semirresistente, puede cultivarse en macetas en invernadero frío. La mayoría de las especies de Australasia proceden de regiones alpinas y pueden cultivarse como plantas de roca. La mayor parte de estas especies prefiere agua en abundancia, y se adaptan bien a los climas fríos. Multiplique por esquejes colocados en terreno de arena y turba en una proporción de 2:1. Los macizos pueden dividirse en primavera u otoño. Muchas de estas especies son buenas cubiertas vegetales para terrenos pantanosos o umbríos.

CLIMA Hay especies adaptadas a diferentes tipos de clima.

ESPECIES *R. acris*, botón de aro o hierba belida, zona 5, originaria de Gran Bretaña y otras áreas de Europa, es una planta velluda con tallos florales muy largos que alcanza los 90 cm de altura y de la que penden flores en forma de copa, de tonos dorados. *R. asiaticus*, francesilla o ranúnculo persa, zona 9, procedente del Mediterráneo y del sudeste asiático, está emparentada con muchos híbridos y cultivares. Es una perenne tuberosa cultivada como anual, con hojas segmentadas y tallos florales erectos. A finales de primavera y principios de verano aparecen los tupidos racimos de flores multipétalos simples o dobles, sobre tallos de unos 35 cm. Estas bellas floraciones son multicromáticas, amarillas, naranjas, rojas, rosas o blancas. *R. collinus*, zona 8, es una especie australiana alpina con hojas en forma de cuña y flores amarillas casi sin tallo. *R. lappaceus*, zona 9, es originaria de Australia y Nueva Zelanda, donde se suele encontrar en zonas pantanosas. Es una perenne de raíz fibrosa, hojas lobuladas y flores de un amarillo intenso en forma de copa. *R. rivularis*, zona 9, se encuentra en muchos estados australianos. Es una perenne amante del agua, que forma cubiertas vegetales y puede alcanzar 1 m de altura. Sus flores, de un amarillo vivo, aparecen en verano.

Raoulia (fam. Asteraceae)
Raulias o plantas cojín

Este género tiene 25 especies de plantas enanas y rastreras originarias de Nueva Zelanda. Su hábito de crecimiento es compacto, formando densos cojines de follaje sedoso, de un blanco plateado. Sus pequeñas flores, parecidas a la margarita, son blancas o amarillas, y aparecen en primavera o verano. Las raulias crean magníficos jardines rocosos en climas fríos.

CULTIVO Estas plantas alpinas requieren un perfecto drenaje y un lugar soleado, y no prosperan bien en climas húmedos. Plántelas en suelos con compost, ácidos, húmedos y con buen drenaje. Multiplique por división en primavera o por jóvenes rosetas tratadas como esquejes en verano. Enraícelas en un marco con sombra.

Una pared vertical con perfecto drenaje, es el lugar ideal para esta *Raoulia hookeri*, de un azul plateado.

ESPECIES *R. australis*, forma una alfombra de follaje plateado de unos 25 cm. En verano produce flores pequeñas y esponjosas de color amarillo. *R. eximia* es una planta de 35 cm de altura que puede extenderse como una alfombra formando una superficie de hasta 1 m. Su follaje, aterciopelado y blanco, forma pequeñas rosetas. *R. glabra*, una pequeña planta parecida a la anterior, se extiende hasta 40 cm, su follaje es verde y sus flores pequeñas, blancas o amarillas. *R. hastii* se extiende de forma similar hasta 1 m de extensión, y su follaje, velludo y de color verde claro, adopta tonos chocolate desde el verano hasta la primavera. *R. mamillaris* forma alfombras redondeadas, densas y blancas que alcanzan una extensión de 50 cm. Sus pequeñas flores blancas se esconden profundamente entre el follaje. *R. subsericea* es una perenne rastrera de similares características, con follaje plateado, de un verde pálido o dorado, y pequeñas flores blancas. Los tallos son trepadores. *R. tenuicaulis*, de hábitos similares, alcanza 1 m de extensión, con tallos trepadores, follaje blanco y pequeñas flores amarillas.

Raphanus sativus (fam. Brassicaceae)
Rábano

De origen desconocido, pero cultivado desde la Antigüedad por su deliciosa raíz, el rábano es probablemente el vegetal más fácil de cultivar,

Un rábano rojo se abre camino entre una cosecha de rábanos blancos, muy populares en la cocina asiática.

y el más rápido. Era popular en la antigua China y a menudo se usa para acompañar platos japoneses.

CULTIVO Multiplique por semillas sembradas en hendiduras superficiales y cubiertas ligeramente con suelo fértil, preferentemente con estiércol de una cosecha previa. Cuanto mejor sea el suelo, mejor será el resultado. Puede cultivarse en cualquier época del año, pero prefieren climas fríos. Deben cultivarse con rapidez y abundante agua. Cuando aparezca la segunda hoja establezca una distancia de 3-5 cm entre las pequeñas, y de unos 5-7 cm entre las grandes, o variedades invernales. Pueden intercalarse entre plantas de crecimiento más rápido, como las calabazas, las chirivías o el maíz. Si se planta constantemente cada dos semanas, la cosecha será también constante. Los rábanos pequeños pueden estar listos para la recolección en cuatro o seis semanas, pero los grandes rábanos blancos usados en la cocina asiática maduran en ocho o diez semanas.

CLIMA Zona 6.

VARIEDADES *R. sativus* es una planta anual de flores de color malva a blanco, y una raíz comestible gruesa, redonda y alargada. La planta adopta diferentes formas y medidas, y puede dividirse en dos grupos: los rábanos pequeños, de creci-

miento rápido, y los grandes o de invierno, que tardan entre dos y tres semanas en madurar. Los pequeños pueden ser redondos o alargados, blancos o rojos, mientras que los invernales son generalmente largos o cilíndricos, y pueden ser rojos, blancos u oscuros. Hay numerosos cultivares de los rábanos pequeños o estivales, tal como puede verse dando un vistazo a cualquier catálogo de semillas. 'Cherry Belle', por ejemplo, es especialmente popular. También los hay de raíces alargadas, conocidos como «mooli», de consumo estival, pero no son tan fáciles de encontrar. Entre los tipos invernales de raíz larga están las variedades 'Long Black Spanish' y 'White Chinese', también más escasos que la variedad estival.

Ravenala (fam. Strelitziaceae)
Árbol del viajero

Nativa de Madagascar, pero no demasiado cultivada en los trópicos, la única especie de este género es muy característica. Se trata de una planta de apa-

Los tallos foliares del árbol del viajero, *Ravenala madagascariensis*, aparecen entrelazados en abanico. Las flores, rojas y blancas, pertenecen a una especie de *Mussaenda*.

riencia arbórea, de tamaño medio, con un tronco corto y enormes hojas sobre largos tallos que se despliegan como un abanico. Las bases de las hojas producen racimos de flores blancas en verano.

CULTIVO Esta planta prefiere condiciones de humedad y fertilidad, y un mínimo de temperatura invernal de 16 °C-18 °C. Fuera de los trópicos, cultívelas en invernadero cálido, en grandes macetas de compost suelo para macetas. Procúreles un máximo de luz y una atmósfera húmeda. Multiplique en primavera a partir de semillas germinadas a 21 °C, o por vástagos enraizados.

CLIMA Tropical.

ESPECIES *R. madagascariensis*, la única especie de este género, es conocida por el nombre común de Árbol del viajero, puesto que el agua acumulada en la base de las hojas ha sido utilizada en ocasiones por los viajeros de paso por las regiones en que crece esta planta. Pese al nombre común, no tiene nada que ver con las palmeras. Alcanza entre 9 y 12 m de altura, y sus hojas los 4 m. Estas crecen sobre largos tallos superpuestos, y producen unas pocas flores blancas en verano. El fruto es en cápsula y contiene semillas con un envoltorio carnoso, de un azul brillante.

Rebutia (fam. Cactaceae)
Rebutias

Hay más de 40 especies en este género de cactos procedentes de Bolivia y Argentina, todos pequeños y agrupados. Tienen tubérculos bajos y redondeados y espinas aciculadas y velludas. Las flores, a veces autofecundables, emergen de la base de los tubérculos a finales de primavera y principios de verano, y pueden ser de un naranja vivo, rosas, púrpuras, rojas o amarillas, y a veces blancas. Pueden durar varios días y dan paso a frutos carnosos, papiráceos en su madurez. Las plantas producen vástagos regularmente.

CULTIVO En climas tendentes a las heladas, cultívelas en invernadero intermedio, en macetas con compost para cactos. Proporcióneles mucha luz y

Las rebutias forman colonias con facilidad, y su cultivo siempre es recomendable por las flores de vivos colores que nacen entre finales de primavera y principios de verano.

una atmósfera seca y ventilada. No riegue en invierno, y con moderación durante el resto del año. Multiplique en primavera por raíces germinadas a 21 °C, o por vástagos en primavera.

CLIMA Zona 10 y superiores.

ESPECIES *R. albiflora* está compuesta por pequeñas plantas de espinas blandas y blancas, que crecen con rapidez. Tiene flores blancas con una banda rosa en mitad de los pétalos. Son estériles, pero florecen con profusión. *R. aureiflora* tiene racimos de cuerpos de color verde púrpura, cubiertos de espinas cortas, pinchudas, de color marrón grisáceo. A finales de primavera aparecen abundantes flores de color naranja dorado, de unos 4 cm, que aparecen en la base de la planta. *R. kupperana* tiene un cuerpo verde purpúreo, con espinas duras de color marrón oscuro, y flores de un rojo intenso de 4 cm de diámetro. *R. minúscula* es un cacto verde oscuro, aplanado en el vértice, con tubérculos espirales y espinas débiles y amarillas. Las flores, de unos 2 cm, son carmesíes. *R. senilis*, corona de fuego, es un cacto plano y pinchudo con espinas blancas y flores carmesí de 4 cm. La variedad *Kesselringiana* produce brotes verdes seguidos de flores blancas.

Regelia (fam. Myrtaceae)

Este género procedente de Australia occidental incluye solo cinco especies, pero todas ellas tienen flores de colores llamativos y un atractivo follaje. Son magníficas plantas para ser expuestas como ornamentales, crecen de forma razonablemente rápida y pueden soportar fácilmente largos períodos de sequía.

CULTIVO Las especies de *Regelia* prefieren un clima cálido y seco y un excelente drenaje. En zonas climáticas por debajo de 9, cultívelas en invernadero frío y ventilado, en macetas con compost para macetas. Multiplique por esquejes de brote obtenidos en otoño. La especie *R. inops* germina rápidamente a partir de la pequeña semilla contenida en las cápsulas redondas y grisáceas que rodean los viejos tallos, pero las semillas de otras especies son menos fiables.

CLIMA Regiones más cálidas de la zona 9.

ESPECIES Estas especies no son fáciles de encontrar fuera de Australia, su lugar de origen. Las épocas de floración dependerán de cada hábitat. *R. ciliata* es un arbusto expansivo y frondoso de 1 m de altura y 2 m de ancho. Los tallos son rígidos y las hojas verdes, pequeñas y velludas. Las flores son de un malva rosáceo tirando a púrpura, y aparecen en densos racimos entre el invierno y el verano. El crecimiento es bastante rápido. *R. inops* es un arbusto denso y variable de 1 o 2 m de altura, con hojas rígidas y triangulares. Los racimos de cabezas florales de color púrpura aparecen en primavera. Esta bella especie crece con moderada rapidez. *R. velutina* (sin. *Grandiflora*) es una especie destacada que requiere un drenaje extremadamente bueno. Tiene un hábito de crecimiento atractivo, y puede llegar a alcanzar los 2-3 m de altura. El follaje es azul grisáceo, dispuesto en ordenadas hileras a lo largo de las ramas, y las flores, de un rojo vivo, tienen anteras doradas y crecen sobre tallos cortos en primavera y verano. Crece moderadamente rápido.

Rehmannia (fam. Scrophulariaceae)

Estas diez herbáceas perennes crecen a menudo como bianuales, y estuvieron incluidas en la familia de las *Gesneriaceae*, con las que guardan similitud. Originarias de China, son cultivadas por sus flores rosa malva o amarillas, parecidas a un dedal. Las hojas aparecen sobre rosetas basales.

CULTIVO En jardín, cultívelas en suelo con buen drenaje que retenga la humedad y contenga abun-

Regelia ciliata tiene flores esponjosas entre rosa y púrpura. Este arbusto, pequeño y decorativo vive mejor en climas cálidos y secos.

Rehmannia elata, tiene vistosas flores atrompetadas, mientras que sus hojas aparecen sobre rosetas basales. Toda la planta es ligeramente velluda.

dante materia orgánica. Busque un lugar soleado y resguardado. Si los inviernos son húmedos, enmacete las plantas en otoño utilizando compost para macetas, y déjelas en invernadero frío durante el invierno. Multiplique por semillas germinadas a 15 °C a principios de primavera, por esquejes basales de madera blanda en primavera, o de raíz en otoño.

CLIMA Zona 8.

ESPECIES *R. elata*, alcanza 1,5 m de altura, y en verano aparecen flores de un rosa púrpura y garganta amarilla, moteadas de rojo. *R. glutinosa*, de textura pegajosa, solo alcanza los 30 cm, y tiene flores marrón rojizo y amarillas, que florecen en primavera y verano.

Reinwardtia (fam. Linaceae)
Lino amarillo

Originario de India y China, este género comprende solo una especie, un arbusto perenne y vistoso con hojas alternas, ovales o elípticas, y flores simples o dobles de color amarillo.

Las alegres flores amarillas de *Reinwardtia indica* iluminan los últimos días de otoño y los primeros de invierno. Es una planta adaptable de fácil mantenimiento.

CULTIVO En climas tendentes a las heladas, cultívelas en invernadero intermedio, en macetas con compost para macetas. Proporcióneles una buena iluminación y protección contra la radiación directa, así como una atmósfera húmeda. En jardín, plante sobre un suelo enriquecido de aspecto soleado y abierto, aunque estas plantas toleran la sombra parcial. Riéguelas regularmente durante la época de crecimiento. Pellizque los tallos con frecuencia para estimular un crecimiento arbustivo y compacto, y pode a finales de primavera, tras la floración, para asegurar un crecimiento vigoroso. Multiplique por esquejes de madera blanda a principios de verano.

CLIMA Zona 9 si no hay riesgo de heladas; de ser así, zona 10.

ESPECIES *R. indica* alcanza 1 m de altura. Sus hojas son de un verde brillante, suaves y ovales, y las flores, amarillas, aparecen entre el otoño y finales de primavera.

Reseda (fam. Resedaceae)
Resedas

Las 55 especies de este género de perennes y anuales de pequeño tamaño proceden de Europa, espe-

Las espigas florales cónicas de color verde claro de la *Reseda odorata* exhalan un fuerte perfume una vez maduras y abiertas.

cialmente del Mediterráneo. El género incluye especies usadas desde tiempo inmemorial para teñir y para la obtención de aceites esenciales. Las flores no son muy vistosas, pero tienen un agradable perfume.

CULTIVO Cultívelas en suelo con buen drenaje, con pleno sol o algo de sombra. En climas cálidos, siembre en otoño; en zonas frías, mejor en primavera. Riegue con regularidad en época de crecimiento.

CLIMA Zona 6.

ESPECIES *R. lutea*, resedas silvestres, es una planta anual o perenne que alcanza los 50 cm, y mientras que la *R. luteola*, cetro de Ceres o hierba lamatia, es una bianual de 1,75 m; de ambas se extrae el tinte amarillo. Eran utilizadas por los antiguos romanos y llevan cultivándose desde hace siglos como materia prima para la obtención de tintes. *R. odorata*, reseda, es una anual de 30-60 cm de altura. Sus flores, verdes y rosas y poco vistosas, son muy aromáticas. Se cultiva desde hace tiempo por su aceite, usado en perfumería. Hay variantes de color rojo o amarillo de mayor atractivo, pero carentes de perfume.

Rhagodia (fam. Chenopodiaceae)

Hay 11 especies de este género nativo de Australia. De escaso valor ornamental, son útiles como plantas forrajeras, aglutinantes de terrenos arenosos y cubiertas vegetales, especialmente en zonas secas. Algunas surgen de forma espontánea en terrenos áridos, pero la mayoría se pueden encontrar en regiones frías.

CULTIVO En climas propensos a las heladas, cultívelas en invernadero frío y aireado, en macetas con compost para macetas. Asegúreles una buena iluminación. En exteriores, se cultivan mejor a pleno sol en suelos con buen drenaje. Multiplique por semillas o esquejes de brote.

CLIMA Zonas 9 y 10.

ESPECIES *R. baccata*, es un arbusto vertical que alcanza 1,2 cm de altura y que crece bien en áreas

Rhagodia baccata no tiene unas flores muy decorativas, pero proporciona unas bayas rojas características, de gran longevidad.

costeras de clima templado. Es un buen aglutinante para terrenos arenosos. Sus flores no son muy decorativas, pero dan paso a unas bayas rojas que duran meses. *R. nutans* es una perenne expansiva y rastrera de hojas astadas y bayas rojas, a veces amarillas. Resiste a la sequía y es por tanto una útil cubierta vegetal en zonas muy áridas. *R. parabolica* crece espontáneamente en valles rocosos y resguardados, donde puede llegar a alcanzar los 2,5 m.

Rhamnus (fam. Rhamnaceae)

Espinos

Género que incluye unas 150 especies de pequeños árboles y arbustos, caducifolios en su mayoría, típicos de las zonas templadas del hemisferio norte, aunque algunas especies son nativas de Brasil y Sudáfrica. Cultivadas por su follaje y sus frutos más que por sus insignificantes flores, algunas especies se usan industrialmente para la fabricación de tintes o de medicinas. En algunas zonas se cultivan en bordes arbustivos o en jardines boscosos. Ciertas especies, como *R. frangula* y la espinosa *R. cathartica*, ambas caducifolias, son excelentes como setos.

CULTIVO *Rhamnus* crece en cualquier terreno con buen drenaje, siempre que retenga bien la humedad y sea razonablemente fértil. Pueden cultivarse a pleno sol o con algo de sombra. Hay que podarlas poco, pero si se utilizan como setos deberán recortarse cada año a finales de invierno o a principios de primavera. Multiplique por esquejes semimaduros en verano, o por estratificación en primavera.

CLIMA Adecuadas para diversas zonas climáticas.

ESPECIES *R. alaternus*, espino negro o aladierno, zona 7, procede del Mediterráneo, y es un gran arbusto perenne muy ramificado de entre 4 y 6 m de altura. Sus hojas son verdes, oscuras y brillantes, y sus frutos de un azul negruzco. Es excelente como seto o pantalla. El cultivar 'Argenteovariegata' tiene hojas estrechas moteadas de gris y con rebordes de un blanco crema. *R. californica*, zona 7, es un arbusto perenne de 2 m de altura. Los frutos, rojos, se vuelven negros al madurar. Esta especie se adapta a una gran variedad de condiciones de crecimiento. *R. cathartica*, zona 3, procedente de Europa y parte de Asia, es una especie caducifolia con espigas terminales en las ramas y un fruto negro. *R. purshiana*, cáscara sagrada, zona 7, es un arbusto alto y caducifolio, de 6 m de altura, originario del noroeste de Estados Unidos, donde crece como planta de monte bajo entre árboles de gran altura. De la corteza se extrae la «cáscara sagrada», una droga medicinal cuyos usos aprendieron los misioneros españoles gracias a las tribus indígenas de California. Se utiliza como laxante desde finales del siglo XIX.

Rhapis (fam. Aracaceae)
Palmas bambú

Originario del sur de China y Tailandia, este género incluye unas 12 especies de palmas en abanico, de crecimiento lento y finos tallos. Generalmente forman grandes macizos de tallos semejantes al bambú, cubiertos con finas capas de fibra que emergen de la base de las hojas. Estas se hallan muy divididas, casi hasta la base, y aparecen sobre tallos muy finos. Las pequeñas inflorescencias son de color rosa o crema. En cultivo, rara vez dan fru-

La palmera de China, *Rhapis humilis*, forma grandes macizos en su madurez. La variedad en altura de sus frondas crea un bello efecto.

to. *Rhapis* puede cultivarse en suelo en un área protegida y umbría, pero es una bonita planta de tiesto, tanto en interior como en exterior. Su crecimiento lento es una ventaja para el cultivo en maceta, pero también justifica el alto precio de los macizos adquiridos en los viveros. Su elegante apariencia la hace idónea para todo tipo de ambiente.

CULTIVO En aquellos climas que sean propensos a las heladas, cultívelas como plantas de interior o en invernaderos intermedios y cálidos. Es mejor mantenerlas en tiestos con compost para macetas. Garantíceles buena luz y proteja las plantas de la radiación directa del sol. Si el clima es adecuado para el cultivo exterior, hágalo en suelo con buen drenaje y calidad, que no se seque con facilidad. La planta crece mejor a la sombra de un gran árbol. Multiplique en primavera por división de los macizos bien asentados, o extrayendo un vástago enraizado que haya sido previamente conservado en ambiente cálido. Siembre las semillas durante los meses de primavera y hágalas germinar a 26 °C.

CLIMA Regiones más cálidas de zona 9.

ESPECIES *R. excelsa*, palma bambú, procede del sur de China y crece hasta los 2-3 m, formando a menudo un denso macizo de múltiples tallos de hasta 3 m de ancho en su madurez. Las hojas son de un verde brillante y están muy divididas en segmentos. Los tallos están recubiertos de una capa de fibras de color gris oscuro. *R. humilis*, palmera china, alcanza los 4-5 m, y su envergadura es menor. Las hojas son de un verde más claro, no tan brillantes, y constan de un buen número de segmentos ligeramente pendulares. La capa de materia fibrosa de color marrón grisáceo que cubre los tallos es más gruesa.

Rheum x cultorum (fam. Polygonaceae)
Ruibarbo

El ruibarbo es fácil de cultivar. Apreciado por su tallo foliar, grande, grueso, rojo o verde (la hoja es muy venenosa), se usa en cocina para la elaboración de pasteles y bizcochos, o simplemente se consume con nata, a veces con manzanas. Aunque es conocido desde hace siglos, desde su probable origen en el norte de Asia, inicialmente se usó con fines medicinales.

CULTIVO El ruibarbo prefiere climas de veranos húmedos. Puede cultivarse en cualquier suelo con buen drenaje, siempre que contenga grandes dosis de estiércol animal. Crece bien a pleno sol y con un riego frecuente. Puesto que la planta deberá permanecer muchos años en el mismo suelo, es mejor prepararla añadiendo y removiendo grandes dosis de estiércol. Puede adquirirse como planta de maceta en los viveros. En primavera y verano pueden encontrarse ya listos para plantar. Es una gran consumidora de abono, por lo que requerirá mucho fertilizante líquido o granular, con manto de abono y controlando siempre las malas hierbas. Debe cortar las cabezas florales cuando aparezcan. Recolecte solo unos pocos tallos durante el primer año, aumentando a partir del segundo. Para arrancar el tallo, dóblelo con un enérgico movimiento en ángulo. No lo corte nunca. Muchos jardineros colocan un soporte de estaño, plástico o madera alrededor de la planta para fa-

El ruibarbo crece vigorosamente en suelos ricos y bien preparados. Coseche los tallos para favorecer un nuevo crecimiento.

vorecer el crecimiento de los tallos y acortar el de las hojas. A los tres o cuatro años, las coronas se vuelven leñosas y el crecimiento se ralentiza. Es mejor arrancar las plantas y dividir las raíces para que cada unidad tenga un brote u «ojo» sano, y replantarlas a 1 m de distancia en otro lugar. En climas cálidos, esta operación puede realizarse a principios de invierno; en lugares fríos, realícela a principios de primavera.

CLIMA Es una planta muy resistente y sobrevive en zona 3.

VARIEDADES Hay muchos cultivares. Escoja el que esté disponible en su zona. Los más populares incluyen el 'Cherry', de tallo rojo, el 'Macdonald' y el 'Strawberry', así como el 'Victoria', de tallo verde. Para un jardín estándar es suficiente con cuatro o seis unidades.

Rhipsalidopsis

(sin. *Hatiora*, fam. Cactaceae)

Los botánicos han reubicado este género en la división *Hatiora* (véase la entrada *Hatiora*). La especie descrita aquí incluye el cato de Pascua. Cacto epífito procedente de Brasil, tiene tallos segmentados y planos, y flores atrompetadas de vivos colores.

Este bello espécimen de *Rhipsalidopsis gaertneri* tiene una brillante flor escarlata en la punta de cada hoja. Esta especie de cacto epífito procede de Brasil.

Este cacto epífito de la especie *Rhipsalis micrantha* ha encontrado un nicho en un gran árbol, del que descienden en cascada sus finas ramas.

CULTIVO Cultívelas en invernadero cálido en macetas colgantes o montadas sobre la rama de un árbol. Llene las macetas con compost para orquídeas o cactos formulado para epífitas. Tenga en cuenta que esta planta necesita mucha luz (protegiéndola de la radiación directa) y atmósfera húmeda (nebulice diariamente). En invierno, mantenga el compost ligeramente húmedo. Multiplique por esquejes en verano.

CLIMA Tropical o subtropical.

ESPECIES *R. gaertneri* (sin. *Hatiora gaertneri*), cacto de Pascua, tiene junturas aplanadas de 2-8 cm de largo, y flores primaverales de un rojo intenso. *R. rosea* (sin. *Hatiora rosea*) tiene flores longevas de color rosa en primavera, que preceden a un fruto de cuatro caras. La mayoría de las plantas en cultivo son híbridas.

Rhipsalis (fam. Cactaceae)

El nombre *Rhipsalis* viene del griego y significa «cestería». Abarca un género de 35 especies de cacto, la mayoría sin espinas. La mayoría de las especies de este género proceden de la América tropical, y una de ellas de Sri Lanka, Madagascar y ambas costas africanas. Arbustivo y caedizo, este cacto epífito tiene finas ramas de color verde pálido cilíndricas, angulosas o planas. Las flores pueden ser blancas, crema, rosas o amarillas, y el fruto es una baya pequeña de color blanco, rosa o púrpura.

CULTIVO En climas propensos a las heladas cultívelo en invernadero cálido o intermedio, en macetas o cestas colgantes. Utilice compost para cactos formulado para epífitas. Protéjalo de la radiación directa y proporciónele una atmósfera húmeda. Nebulice diariamente. En invierno, mantenga el compost ligeramente húmedo. Multiplique por esquejes en verano.

CLIMA Zona 10 a tropical.

ESPECIES *R. cereuscula* es de un verde más oscuro que la mayoría de especies, y tiene junturas muy cortas. Las flores, blancas y terminales, dan paso a un fruto de color blanco. *R. crispata* tiene junturas planas y foliáceas, dotadas de muescas. Las flores son de color amarillo crema, y surgen en las aréolas de las muescas. *R. dissimilis* es una planta variable, muy ramificada, algunas de cuyas aréolas son velludas y otras suaves. Los brotes rojos se abren en flores blancas con pétalos rosados que preceden a unos frutos de color púrpura. *R. houletiana* tiene grandes junturas planas en dientes de sierra sobre finos tallos cilíndricos curvados hacia abajo. De vida efímera, las flores blancas amarillentas surgen de las aréolas, y el fruto es de color carmín. *R. paradoxa*, tiene ramas muy largas en forma de cadena o trenza. A finales de primavera aparecen unas pequeñas flores en forma de trompetas, de color crema, a lo largo de los márgenes de las ramas. Después de la floración unos frutos de tamaño pequeño.

Rhodanthe

(sin. *Helipterum*, fam. Asteraceae)

Perpetuas australianas

Este grupo de perennes anuales se incluía antiguamente en el género *Helipterum*. Las especies transferidas al género *Rhodanthe* proceden de Australia. Estas plantas se cultivan para despliegues masivos en el jardín y por la textura papirácea de sus flores, que pueden secarse y conservarse durante mucho tiempo.

CULTIVO Cultívelas como anuales a partir de semillas. En climas tendentes a las heladas, plántelas en invernadero a principios de primavera. Germine a 15 °C y plante en el exterior cuando acaben las heladas. Si no son probables, puede plantar en el exterior a mediados de primavera. Utilice un suelo con buen drenaje y pobre, y escoja un lugar soleado. Si quiere cortarlas para secar, hágalo antes de que se hayan abierto por completo. Los ramos pueden colgarse boca abajo en un lugar seco y aireado.

CLIMA Zona 9. Clima seco y caluroso con escasa humedad.

ESPECIES *R. anthemoides* es una planta perenne nativa de la mayoría de estados australianos, a menudo en áreas alpinas. Alcanza los 50 cm, y en verano aparecen margaritas blancas. *R. floribunda*,

Esta forma cremosa de *Rhodanthe chlorocephala* combina a la perfección con cualquier color de hojas o de flores. Se cultiva como flor de corte.

una anual estival de floración blanca, es nativa de Nueva Gales del Sur, así como de varios territorios de Australia. *R. manglesii*, del oeste australiano, tiene margaritas estivales de textura papirácea, blancas o rosas. Anual de libre floración, se cultiva como planta de arriate, con un despliegue floral espectacular y duradero. Alcanza los 30 cm de altura. *R. chlorocephala*, subespecie *Rosea*, conocida también como *Acroclineum roseum* y *Helipterum roseum*, es otra anual estival muy conocida, con flores papiráceas rosas, blancas o casi rojas. Tanto *chlorocephala* como *manglesii* se cultivan como flor de corte.

Rhododendron (fam. Ericaceae)

Rododendros

Este amplio género de 700-800 especies de arbustos perennes y caducos se origina en zonas templadas del hemisferio norte, especialmente el sudeste de Asia y el Himalaya. También ven las tierras altas de Nueva Guinea, Norteamérica y Europa. Desde el siglo XIX se han ido introduciendo miles de cultivares e híbridos, más populares que la propia especie. Los rododendros se cuentan entre los arbustos de floración más populares. Pueden dividirse en resistentes de hoja gruesa, las tiernas variedades tropicales, o Vireya, y las azaleas, también resistentes.

ARRIBA El rododendro Vireya ofrece un aire plenamente tropical. Suele florecer desde finales de verano hasta el invierno, y es fácil de cultivar en invernadero frío.

ARRIBA DERECHA Los rododendros de hoja ancha son especies arbóreas que pueden formar pantallas, como en este jardín frío. Ofrecen muchas semanas de color en los climas más fríos.

CULTIVO Los rododendros necesitan un suelo con buen drenaje con alto contenido en materia orgánica. Vierta grandes cantidades de materia orgánica bien descompuesta antes de plantar, y cubra el suelo con un buen manto de materia orgánica. El suelo debe ser ácido o no alcalino. Plántela superficialmente para no ahogar las raíces. Extienda las raíces, cúbralas con tierra y con hojas, estiércol o compost. Los rododendros necesitan protección contra el viento y prefieren el sol matinal y la sombra vespertina, así como la sombra leve de los árboles. Las flores necesitan sol para brotar. A plena sombra no se desarrollarán. Mantenga la planta bien regada en los meses de calor y con viento seco. Nunca deben secarse, o perderán las hojas. Los de hoja ancha pueden florecer entre finales de invierno y finales de primavera, según la variedad. En su hábitat, Vireya florece desde finales de verano hasta el invierno, pero en cultivo puede variar, e incluso ofrecer más de una floración anual. Las azaleas lo hacen en primavera. Las especies altas y caducifolias florecen a finales de primavera y

continúan hasta principios de verano. Las azaleas enanas y perennes, como los híbridos de Kurume, florecen desde mediados hasta finales de primavera. Los rododendros no suelen necesitar abono. En todo caso deben evitarse los fertilizantes alcalinos, como la sangre, el pescado y los huesos. Si lo considera necesario, aplique un fertilizante de desprendimiento lento en primavera. No es necesario podar. Si es para mejorar el perfil de la planta, es preferible hacerlo inmediatamente después de la floración. Puede desprenderse con facilidad de las flores marchitas retorciéndolas. Multiplique las variedades perennes por esquejes semimaduros a finales de verano, enraizados con calor basal. Los polvos hormonales incrementan la posibilidad de enraizamiento. Algunos esquejes pueden tardar bastante en formar raíces. Puede multiplicar las azaleas caducifolias por esquejes de madera blanda en primavera, con calor basal, pero aún es más delicado. Lo mejor es por estratificación de tallos jóvenes en primavera. Se trata de un proceso lento que puede durar un año, pero hay amplias garantías de éxito. La planta se ve afectada por diversas plagas y enfermedades, incluidas las larvas del gorgojo de la raíz, que devora las raíces y puede causar graves daños. Los adultos se comen los bordes de las hojas, aunque no es algo grave, solo antiestético. Las vireyas cultivadas en invernadero pueden verse atacadas por las cochinillas y la mosca blanca.

CLIMA Ante tal cantidad de especies e híbridos, las consideraciones solo pueden ser generales. El rododendro de hoja gruesa y la azalea varían en su grado de resistencia, pero solo se adaptan bien a climas fríos y templados. Si las heladas son frecuentes, Vireya debe cultivarse en invernadero frío. Se adaptan bien a la maceta.

TIPOS Los rododendros de hoja ancha son normalmente arbustos perennes que pueden alcanzar hasta 1 m de altura, pero hay también especies arbóreas de hasta 3-4 m. La mayoría tienen hojas ásperas, algo velludas en el envés. Las flores aparecen en grandes y vistosos ramilletes de color blanco, rosa, rojo, azul, malva, púrpura, crema, amarillo y naranja. Algunos son fragantes. Hay una enorme cantidad de cultivares disponibles. Son plantas de clima frío que pueden cultivarse de forma aislada, pero cuya imagen es espectacular en despliegues masivos. Las rododendros Vireya son arbustos perennes que raramente sobrepasan los 2 m de altura. Algunos son de hábito abierto, otros más compactos y de follaje denso. Las hojas son verdes y brillantes. La floración es variable, y puede repetirse en el transcurso de un año. Los colores incluyen el blanco, el amarillo, el albaricoque y el salmón, así como el rosa y el rojo brillante. Hay muchos cultivares. Las Vireya dan buen resultado como plantas de sotobosque, pero pueden crecer en un borde arbustivo mixto. Son adecuadas para maceta y maceteros colgantes. Las azaleas, que en realidad son variantes del rododendro, se dividen en perennes y caducifolias. Muestran racimos de flores de gran cromatismo en primavera. Los grupos de caducifolias más conocidos son los híbridos de Ghent, los de Knap Hill-Exbury y los de Mollis. Sus flores, muy llamativas, pueden ser rojas, amarillas, naranjas, en tonos pastel, crema o blancas. Muchos cultivares son fragantes. Los híbridos perennes más conocidos son el Kaempferi y el Kurume. El Kaempferi, es una planta semicaduca, erguida y poco ramificada, que llega a alcanzar 1,5 m de alto por 2,5 m de ancho, de hojas lanceoladas, con abundantes flores en forma de embudo, con diversas tonalidades de naranja y rojo. Florece a finales de primavera y principios de verano. El Kurume tiene un desarrollo modesto, sus flores son pequeñas pero numerosas y necesita recibir sol directo. Florece al final de la primavera.

Rhodohypoxis (fam. Hypoxidaceae)
Rodohipoxis

Muy emparentado con *Hypoxis*, este género consta de seis especies, y solo una se cultiva asiduamente. Todas son nativas del extremo sudeste del sur de África.

CULTIVO Es una planta ideal para jardín rocoso en climas con heladas escasas o infrecuentes. En climas más fríos se cultiva en invernadero alpino. En jardín necesita un suelo con buen drenaje y no alcalino, con abundante humus y exposición solar. Protéjala de las lluvias de invierno con una capa o campana de cristal. En invernadero, cultívela en macetas con compost ácido y granuloso, con una capa de hojas añadida. Proporciónele el máximo de luz y una atmósfera ventilada. Manténgala ligeramente húmeda en invierno. Multiplique por división en otoño.

CLIMA Zona 9.

ESPECIES *R. baurii* es una perenne pequeña, tuberosa y herbácea, con hojas en penacho de unos 10 cm de largo y cubiertas de pelillos de tono pálido. Durante el verano aparecen las flores, formando grupos de color rosa. Las variedades incluyen varios colores, entre las que destacan el blanco, el rosa pálido y el carmesí.

Rhodohypoxis baurii es una planta pequeña y deliciosa ideal para los huecos entre las rocas. Las tonalidades florales varían con la edad.

Rhodoleia (fam. Hamamelidaceae)

Hay unas siete especies de árboles pequeños y perennes en este género procedente de Asia. Solo
uno de ellos suele cultivarse por su follaje y sus
flores, que aparecen a finales de invierno.

CULTIVO Requieren temperaturas suaves en áreas
subtropicales, aunque prosperarán si el suelo
dispone de buen drenaje. Cultívelas en lugar soleado o con algo de sombra protegiéndola del
viento fuerte. En climas con heladas, en invernadero frío y en macetas con compost. Pode ligeramente tras la floración. Multiplique por semillas o esquejes obtenidos a finales de primavera u otoño.

CLIMA Zona 9.

ESPECIES *R. championii* originaria de China y Hong
Kong, alcanza entre 3 y 5 m de altura, con hojas
ovales y ásperas que surgen de las puntas de las
ramas, y racimos de flores de un rosa intenso. Su
textura es sedosa y los estambres prominentes y
decorativos.

Rhodoleia championii produce unas maravillosas flores rosas.

Rhoeo, sin. Tradescantia

(fam. Commelinaceae)

Barquitos

Los botánicos han incluido recientemente varias
especies de este género en el de *Tradescantia* (véase
entrada), pero mucha gente sigue conociéndolas
por *Rhoeo*. Esta planta es una perenne carnosa
procedente de Centroamérica, cultivada preferentemente en invernaderos intermedios en climas
propensos a las heladas.

CULTIVO Tanto en casa como en invernadero, en
macetas con compost para cultivo sin suelo. La
planta necesita buena luz (protegida de la radiación directa), y una atmósfera húmeda. Riegue
normalmente en época de crecimiento, pero mantenga la planta ligeramente humedecida en invierno. Pellizque las puntas de los brotes para estimular un crecimiento arbustivo.

CLIMA Zona 10.

ESPECIES *R. spathacea* (sin. *Tradescantia spathacea*)
es una planta perenne cultivada por su follaje verde oscuro, de un púrpura intenso en el envés. Las
hojas, verticales y lineales, miden unos 30 cm de
largo y unos 5 cm de ancho. Las flores son blan-

Las flores frágiles y blancas en forma de barquito de *Rhoeo* han
dado el nombre común de esta planta a barquitos.

cas e insignificantes, y emergen de pequeñas estructuras en forma de barca en la base de las hojas. El cultivar 'Vittata' tiene hojas con estrías longitudinales de un amarillo pálido.

Rhoicissus (fam. Vitaceae)

Parras de El Cabo

Hay alrededor de 10 especies de trepadoras perennes en este género, originario del África tropical y meridional.

CULTIVO En climas propensos a las heladas, cultívela como planta de interior o en invernadero intermedio. Crece mejor en compost suelo con un máximo de luz y protección contra la radiación directa. Manténgala ligeramente húmeda en invierno, y riéguela con normalidad el resto del año. En exteriores, cultívela en lugar soleado y protegido con suelo húmedo y con buen drenaje. Coloque soportes en los tallos y pode en primavera para mantener el contorno si es necesario. Multiplique por esquejes semimaduros en verano, con calor basal.

CLIMA Zona 10 a tropical.

ESPECIES *R. capensis*, parras de El Cabo, tiene grandes hojas y produce racimos de brillantes frutos comestibles de color púrpura rojizo. Utiliza zarcillos para trepar, y produce bulbos. Estas plantas son muy vigorosas y pueden alcanzar los 5 m de altura. Necesitan mucho espacio para desarrollarse, pero pueden podarse para mantenerlas bajo control.

El nuevo y vigoroso crecimiento de *Rhoicissus capensis* ofrece un aspecto blando y rosáceo. Las parras se entremezclan y los tallos se superponen.

Rhombophyllum (fam. Aizoaceae)

Estas perennes suculentas en macizos producen flores estivales amarillas. Superficialmente recuerdan a las *Lampranthus* y *Mesembryanthemum*, conocidas como hierbas de hielo.

CULTIVO Si el clima favorece las heladas, cultívelas en invernadero intermedio, o en interior. Utilice macetas con compost para cacto. Proporcióneles la máxima iluminación y una atmósfera seca. Riéguelas con moderación en época de crecimiento, y manténgalas secas durante el invierno. Multiplique por semillas sembradas en primavera y germinadas a 21 °C, o por vástagos de raíz, en primavera o verano.

CLIMA Zona 10.

ESPECIES *R. dolabriforme*, de la provincia de El Cabo, se vuelve arbustiva con la edad. Los tallos son leñosos y las hojas en forma de cuña, con punta bilobulada moteada de puntos transparentes. Las flores miden unos 4 cm. Se ha desarrollado una variedad blanca con un largo período de floración. *R. neli* es similar a *R. dolabriforme*, pero sus hojas bilobuladas no tienen forma de cuña. Son de un verde grisáceo, con diminutos puntos oscuros. *R. rhomboideum* tiene una disposición fo-

Rhombophyllum dolabriforme tiene un extraño hábito de crecimiento: las hojas, moteadas y suculentas, se arquean a partir de un tallo central.

liar totalmente distinta. Forma una roseta de suaves flores verde grisáceo, moteadas de blanco, bastante planas en el haz. Las flores, amarillas con toques rojos, alcanzan los 3 cm de ancho.

Rhopalostylis (fam. Aracaceae)
Palmeras de Nikau

Las tres especies de palma de tamaño medio que integran este género alcanzan los 10 m de altura, y tienen troncos que culminan en una corona, que es desde donde surgen las hojas, las cuales presenta unos tallos muy cortos, nervaduras centrales gruesas, y foliolos densos, erectos y de color verde. Las flores aparecen sobre inflorescencias cortas y rígidas, y las numerosas ramas adoptan un curioso color malva en época de floración. Después aparecen los frutos, que son rojos y parecidos a las bayas.

CULTIVO Estas palmas crecen muy bien en el exterior en las regiones más cálidas de las zonas 9 y 10, pero en otros climas es mejor colocarlas en macetas con compost, en invernadero intermedio. En interiores su crecimiento suele ser lento y en exteriores necesitan un ambiente resguardado y libre de heladas, con suelo de buen drenaje y sombra parcial. Multiplique en primavera por semillas frescas germinadas en calor.

CLIMA Puede cultivarse en las regiones más cálidas de zonas 9 y 10.

ESPECIES *R. baueri*, originaria de las islas Norfolk, de Australia, es la mayor de las dos especies cultivadas, y aún es común encontrarla entre la vegetación salvaje de la isla. Su tronco mide unos 20 cm de diámetro y sus hojas, ligeramente arqueadas, alcanzan los 3 m. Las inflorescencias pueden medir 80 cm, y son pendulares cuando acarrean fruto. Las plantas jóvenes tienen a menudo tonos rojizos en su follaje. *R. sapida*, palmera de Nikau, de Nueva Zelanda, es la palma salvaje más meridional. Sus hojas, rígidas y rectas, emergen de la corona. El tronco alcanza los 15 cm de diámetro, y las hojas unos 2 m de largo. Las inflorescencias, de color crema o malva pueden llegar a medir 40 cm. Las hojas eran usadas por los maoríes para la construcción de sus chozas. Los frutos elípticos, de color rojo, miden 1 cm de diámetro. Es probablemente más resistente al frío que *R. baueri*.

Rhus (fam. Anacardiaceae)
Zumaques

Hay unas 200 especies de arbustos, pequeños árboles y trepadoras ocasionales en este género muy diversificado, que incluye plantas perennes y caducifolias. A menudo se cultivan como ornamentales por su rico y atractivo follaje otoñal, con tonos bronce, naranja, amarillo, rojo y púrpura. Las hojas secas de algunas especies producen tanino; otras se usan para obtener ceras y lacas; otras causan dermatitis en pieles sensibles. La mayoría proceden de regiones subtropicales y templadas del hemisferio norte, incluidas Norteamérica, Asia oriental y África meridional. La planta conocida como hiedra venenosa se denominaba antiguamente *Rhus toxicodendron*, pero ahora es conocida como *Toxicodendron radicans*. Es un arbusto o trepadora de pequeño tamaño, y aunque venenoso, se usa en medicina alternativa.

El crecimiento vertical e inusitadamente rígido de las frondas es característico de *Rhopalostylis sapida*, nativa de Nueva Zelanda.

Rhus trichocarpa, nativa de China y Japón, es un arbusto caducifolio grande y expansivo, notable por su espectacular follaje otoñal.

CULTIVO Las especies de *Rhus* se desarrollan mejor en zonas templadas, pero la mayoría toleran una amplia variedad de condiciones siempre que el grado de humedad sea el adecuado. Cultívelas en lugares soleados para mejorar las tonalidades otoñales del follaje. Multiplique por semillas en primavera y durante tres meses. En invierno, puede multiplicarse a partir de esquejes de raíz o vástagos enraizados.

CLIMA Varios modelos climáticos.

ESPECIES *R. glabra*, zona 2, de Norteamérica, es un popular arbusto que alcanza los 2,5 m de altura y envergadura, con tallos suaves. Las flores son de color verde amarillento, y tras ellas aparecen unos frutos rojos (en las plantas femeninas). *R. typhina*, zumaque de Virginia, zona 3, de la parte este de Norteamérica, crece entre 8 y 10 m. Sus flores verdosas preceden a unos frutos velludos de un carmesí mate, de apariencia aterciopelada. Son una fuente de tanino. Es una planta de fácil trasplante y adaptable a muchos tipos de suelo. El cultivar 'Dissecta' tiene hojas finamente divididas. *R. verniciflua*, zumaque japonés, zona 9, alcanza los 20 m, y posee flores blancas y frutos de un verde amarillento. Cultivada en Japón para la obtención de laca, es venenosa al tacto.

Ribes, especies de

(fam. Grossulariaceae)

Groselleros

Originario de las zonas frías y templadas de ambos hemisferios, el género incluye unas 150 especies de arbustos caducos y perennes, de crecimiento lento. Se incluyen especies ornamentales que producen una deliciosa grosella y pasas de Corinto. Algunas especies tienen un bello follaje en brillantes tonos rojos y naranjas, así como deliciosas flores primaverales; otras poseen ramas de un marrón rojizo, que resultan muy llamativas en un jardín de invierno.

CULTIVO Cultívelas en suelo fértil y con buen drenaje, de forma que reciban mucho sol. Multiplique las especies caducifolias a partir de esquejes leñosos, y las especies perennes, por esquejes semimaduros en verano.

CLIMA Diversas zonas climáticas.

ESPECIES *R. americanum*, grosellero americano, zona 2, alcanza 1,5 m, con flores de color crema seguidas de frutos negros. Se cultiva por sus llamativas hojas otoñales. *R. x gordonianum*, zona 6, de

Grosella caducifolia en plena floración. *Ribes sanguineum* es una atractiva ornamental para jardines fríos. Hay diversos cultivares derivados de ella.

hasta 2 m, es un híbrido estéril con ramilletes pendulares de flores rojo bronceado y amarillas. *R. malvaceum*, zona 7, originaria de California, llega hasta los 2 m, y presenta ramilletes pendulares de flores rosas o púrpuras y fruto del mismo color. *R. odoratum*, zona 5, grosellero de búfalos, de 2 m, se cultiva especialmente por el delicioso y especiado aroma, parecido al del clavo, que tienen sus flores amarillas concentradas en grandes ramilletes. Las hojas, brillantes y trilobuladas, exhiben un bello color en otoño. El fruto es negro. *R. sanguineum*, zona 6, alcanza los 2 m y es una especie popular, nativa de Norteamérica, con espigas de flores blancas, rosas o carmesí en primavera, y frutos de un negro azulado. Las aromáticas hojas lobuladas aparecen sobre elegantes tallos arqueados. Hay diversos cultivares: 'Brocklebankii', con follaje amarillo y flores rosa claro; 'King Edward VII', con brotes de un rojo intenso; 'Pulborough Scarlet', de flores de un rojo vivo sobre centros blancos; y 'White Icicle', con flores blancas. *R. especiosum*, zona 7, de 2 m de altura, tiene flores caedizas de tonos rojos o fucsias. *R. viburnifolium*, zona 9, es una especie perenne de Norteamérica de 2,5 m de altura. Tiene flores de un rosa rojizo, frutos rojos y hojas con aroma a trementina.

Ribes uva-crispa,

var. reclinatum, sin. R. grosularia

(fam. Grossulariaceae)

Grosella

Esta especie se supone que procede de la zona templada del norte de África, sur de Europa y sudoeste de Asia. La grosella es una planta arbustiva caducifolia, resistente a las heladas, que puede llegar a alcanzar 1 m de altura y tiene tallos espinosos y un fruto verde y ácido, con tonalidades de color verde amarillento, amarillo rojizas o rojas según la variedad. Se cultiva por su fruto, que se consume crudo, o como ingrediente para pasteles, conservas o mermeladas.

CULTIVO Plante en suelo duro o medio, con mucha materia orgánica. Asegúrese de que se mantiene húmedo mientras las plantas estén creciendo.

Los arbustos de grosella pueden ser muy longevos. El fruto es especialmente popular como ingrediente de pasteles y otros postres.

Añada abono completo cada primavera. Multiplique por esquejes de madera blanda de unos 30 cm obtenidos a principios de invierno tras la caída de la hoja, o por estratificación. Si la grosella va a cultivarse como arbusto, plante el esqueje de modo que solo sobresalga la punta del brote. Si se desea la forma de un árbol en miniatura, retire todo menos los cuatro brotes superiores del esqueje antes de plantar, dejando los más bajos a unos 10-15 cm sobre el nivel del suelo. Al siguiente invierno, corte los brotes hasta unos 15 cm, y al siguiente corte las puntas de las nuevas ramas pendulares, conservando la mayor cantidad posible de brotes fuertes. El arbusto debería mantenerse abierto para facilitar la recolección, la circulación de aire y un máximo de radiación para el fruto. Las grosellas aparecen en los brotes del año anterior y en los de los tallos leñosos. Para asegurar la producción continua de nueva madera para el fruto, pode los laterales cada invierno para dejar tan solo unos brotes. Los más fuertes, que aparecen en la parte inferior del arbusto, pueden usarse para renovar el armazón de la planta.

CLIMA Zonas 6 a 8.

Ricinocarpos (fam. Euphorbiaceae)

Arbustos nupciales

Estos atractivos arbustos florales son nativos de Australia. Algunas especies son fáciles de cultivar, pero otras presentan ciertas dificultades. En general, estas plantas no suelen estar disponibles fuera de su zona originaria. Es un género variable en la estructura de la hoja, en el número de pétalos florales o en la presencia de flores masculinas o femeninas en el mismo arbusto. Las hojas pueden variar, aunque suelen ser de color verde oscuro. Las flores son fragantes, blancas y de textura cerosa. Aparecen en primavera en el hábitat natural de la planta.

CULTIVO En climas propensos a las heladas, cultívelas en invernadero intermedio en macetas con compost ácido, arenoso y con buen drenaje. Proteja de la radiación directa. En exteriores, estos arbustos necesitan un suelo igual al anterior, bien protegido contra el viento, y con algo de sombra. Multiplique por semillas maduradas al calor —no germinan con facilidad— o en otoño por esquejes enraizados con calor basal.

CLIMA Zona 10.

ESPECIES *R. bowmanii*, arbustos nupciales rosas, alcanza 1 m de altura. Las hojas son pequeñas y rígidas, las flores amplias en forma de estrella y de color rosa pálido o intenso, con estambres rojos. *R. cyanescens*, de Australia occidental, es un arbusto redondeado, más ancho que alto, con hojas estrechas y flores blancas. *R. glaucus*, de la misma zona, no llega a 1 m de altura. Sus hojas son pequeñas y brillantes; sus flores, numerosas, grandes y blancas. *R. pinifolius*, arbusto nupcial, es el de cultivo más habitual. Arbusto compacto, alcanza los 2 m y presenta racimos terminales de flores sobre largos tallos, blancas o crema, y estambres amarillos. El follaje es variable, normalmente blando y parecido al del pino. *R. speciosus* tiene hojas brillantes, mates en el envés, y flores llamativas, blancas y estrelladas, que brotan en primavera y principios de verano. Alcanza entre 1 y 3 m.

Ricinus (fam. Euphorbiaceae)

Ricino

Este género consta de una sola especie, cultivada en Asia por el aceite que se extrae de las semillas, usado en medicina y para la fabricación de jabones y barnices. Las hojas son grandes, profunda-

En su Australia natal, *Ricinocarpus pinifolius* florece entre finales de invierno y primavera.

Cultivado por su follaje ornamental, el ricino se ha convertido en una hierba espontánea en muchas regiones cálidas. De sus semillas se extrae un aceite destinado a diversos usos.

mente divididas, nervadas y de color verde intenso. Muy decorativas, presentan una amplia variedad de colores. Las flores estivales se despliegan en ramilletes lanosos, y son de color crema verdoso. Se trata de un arbusto perenne, sensible a las heladas y cultivado como anual, y a menudo se usa en diseños paisajísticos de verano, en macetas situadas en patios y en bordes subtropicales.

CULTIVO En climas propensos a las heladas, cultívelas por semillas sembradas en primavera y germinadas a 21 °C. Plante en exterior al finalizar las heladas. En climas más benignos, siembre en primavera en su emplazamiento definitivo.

CLIMA Zona 9 a tropical.

ESPECIES *R. communis* alcanza los 2 m de altura en climas fríos, donde suele cultivarse como anual, y de 5 a 110 m en los trópicos. Las flores carecen de pétalos, pero exhiben masas de estambres. Los cultivares incluyen 'Carmencita', 'Impala' y 'Red Spire', todos ellos con ricos colores en tallos y hojas, a menudo onduladas. 'Zanzibarensis', por último, tiene grandes hojas verdes veteadas de blanco.

Robinia (fam. Papilionaceae)
Falsas acacias

Este género es originario de Norteamérica, y sus 20 especies de árboles y arbustos florales caducifolios suelen plantarse en áreas urbanas, puesto que crecen con rapidez y soportan bien la polución. También se cultivan como ornamentales por su follaje fresco y decorativo, y sus flores blancas, rosas o malva, parecidas al guisante. La mayoría de especies tienen ramas espinosas y florecen en verano.

CULTIVO Las robinias pueden crecer en todo tipo de suelos razonablemente fértiles, pero también en terrenos pobres en condiciones de sequía. El suelo ideal debería tener buen drenaje, pero que retuviera la humedad. Coloque este árbol a pleno sol y a resguardo de los vientos, puesto que su madera es muy frágil. Algunas especies, particularmente *P. pseudoacacia*, falsa acacia, producen vástagos es-

Las aromáticas flores pendulares de *Robinia pseudoacacia* se parecen a las de *Wisteria*. Florece desde principios hasta mediados de verano.

pontáneos, lo cual puede suponer un problema si prosperan en el césped. Evite cavar alrededor del árbol, puesto que causará molestias a las raíces y favorecerá la aparición de vástagos. Multiplique por semillas sembradas en otoño, por esquejes de raíz en verano o por vástagos enraizados a principios de primavera. Los cultivares se injertan en verano.

CLIMA Diversos modelos climáticos.

ESPECIES *R. x ambigua*, zona 3, es un pequeño árbol con flores rosas y hojas compuestas. El cultivar 'Bella-rosea' produce flores de un rosa vivo. *R. hispida*, acacia rosa, zona 5, es particularmente bella en verano cuando se cubre con una masa de flores rosas. Las hojas son largas y parecidas a las del helecho. Puede llegar a alcanzar los 2 m de altura. *R. pseudoacacia*, falsa acacia o acacia blanca, zona 3, alcanza los 25 m en su hábitat natural, pero solo 10 m en cultivo. Tiene elegantes ramas y hojas parecidas a las del helecho. Las flores son blancas y fragantes, muy atractivas para las abejas, y dan paso a unas vainas seminales de color marrón rojizo. Hay muchos cultivares disponibles: algunos con follaje de colores, otros de crecimiento pendular y floración variable. El cultivar 'Frisia', acacia dorada, tiene mucho éxito en algunos países. Carece de espinas y su follaje es, como indica su nombre, dorado. *R. viscosa*, zona 3, alcanza los 13 m de altura, y el follaje adquiere tonos dorados muy atractivos en otoño. Los grandes racimos de flores rosas, con cálices rojos, atraen a las abejas.

Romneya (fam. Papaveraceae)
Amapola matilija

Esta planta perenne, arbustiva y herbácea procede de la costa Este de Estados Unidos y Centroamérica; posee flores parecidas a la amapola que son de color blanco y tienen un suave perfume, que florecen en verano y otoño.

CULTIVO Plante en suelo ligero de buen drenaje y soleado. Multiplique por semillas sembradas a principios de primavera, o por brotes y esquejes de raíz obtenidos en invierno.

CLIMA Zona 7.

ESPECIES *R. coulteri*, única especie de este género, sobrepasa los 2 m, y produce flores fragantes, blancas y satinadas. El follaje, profundamente dividido, es de un atractivo verde grisáceo. La variedad *Trichocalyx* es similar, pero produce flores más grandes con cálices velludos.

Romneya coulteri posee blancos pétalos festoneados que rodean una masa de estambres dorados. Es una flor fragante con un follaje atractivo.

Romulea (fam. Iridaceae)

Procedente del Mediterráneo y sur de África, este género incluye 80 especies de plantas bulbosas y herbáceas cuyas flores se parecen a las de *Crocus*.

CULTIVO Cultívelas en un jardín rocoso, en lugar soleado y con buen drenaje. Plante los bulbos en otoño. Las especies más sensibles se cultivan mejor en macetas, en invernadero frío o alpino, en macetas con compost arenoso. Deben mantenerse secas en verano, en plena dormancia, pero riéguelas con normalidad en época de crecimiento. Multiplique por semillas en otoño y en invernadero, o por vástagos en verano u otoño.

CLIMA Hay especies apropiadas para varios climas.

ESPECIES *R. bulbocodium*, conocida popularmente como azalea de verano, zona 8, procede del Mediterráneo, y no supera los 10 cm de altura. En primavera produce flores púrpuras atrompetadas, con gargantas amarillas o blancas. Es una buena planta de jardín rocoso que se multiplica rápidamente en condiciones favorables. *R. rosea*, zona 9, procede de Sudáfrica, y es considerada una mala hierba en algunos países cálidos, pero da buenos resultados en jardín, con sus bellas flores

La azalea de verano, *Romulea bulbocodium*, es una pequeña planta perenne ideal para jardines rocosos soleados. Florece en primavera y a principios de verano.

rosas o púrpuras. *R. sabulosa*, zona 9, nativa también de Sudáfrica, alcanza los 10 cm y exhibe flores rojas con marcas rosas y blancas. Florece en primavera.

Rondeletia (fam. Rubiaceae)

Hay unas 150 especies de este género de arbustos perennes procedentes en su mayoría de América tropical y las Antillas. Muy pocas de ellas se cultivan, aunque tienen un follaje veteado muy decorativo. Las flores, blancas y rosas, aparecen en masa sobre grandes racimos en verano u otoño. Fuera de las zonas tropicales y subtropicales, estas plantas se cultivan en invernaderos cálidos o intermedios.

CULTIVO En invernadero, cultívelas en macetas con compost. Las plantas necesitan mucha luz, y protección contra la radiación directa. En el exterior, plántelas en un lugar cálido y soleado, con buen drenaje. Estas especies no toleran las heladas. Multiplique por esquejes semimaduros en verano, enraizándolos en un propagador de base caliente.

CLIMA Zona 10 a tropical.

Rondeletia amoena produce grandes racimos de fragantes flores que aparecen en abundancia en verano. En climas favorables a las heladas, cultive el arbusto en invernadero.

ESPECIES *R. amoena*, de México y Guatemala, es la más cultivada en Estados Unidos y Europa. Alcanza los 3 m y su corona es arbustiva, con racimos redondeados de flores de color salmón o rosa que poseen una gran fragancia. *R. odorata* llega hasta los 2,5 m de altura y tiene flores otoñales de color naranja rojizo. *R. strigosa* es una especie de menor tamaño, 1,5 m, y sus flores son carmesíes.

Rosa (fam. Rosaceae)
Rosas

A lo largo de la historia, la rosa ha sido un símbolo de vida y amor. Era conocida por los antiguos egipcios, los griegos y los romanos, que la cultivaban en grandes cantidades. La poetisa griega Safo la definió ya en el año 600 a.C. como «la reina de las flores». En castellano, y para otras lenguas romances es el mismo caso, el término «rosa» proviene directamente y sin cambios del latín, *rosa*, con el significado ya conocido: «la rosa» o «la flor del rosal». Durante siglos, la rosa ha ido adquiriendo otros significados simbólicos y multitud de usos. Aún se utiliza en la industria cosmética, en gastronomía y medicina. Pertenece a la misma familia que los melocotones, las frambuesas, *Cotoneaster* y *Spiraea*, y engloba unas 100 especies. En estado silvestre se encuentran en el Mediterráneo, Oriente Medio, Europa, Norteamérica y Asia; el mayor número de ejemplares diferentes se halla en China. En la Europa medieval, la rosa del boticario, *R. gallica* variedad *officinalis*, era muy valorada por los farmacéuticos por su capacidad para retener el aroma. Fue una fuente de obtención del aceite de rosas y de elaboración de medicinas durante largo tiempo. Más tarde, en Inglaterra, la casa de Lancaster la adoptó como emblema. A finales del siglo XVIII, la introducción en Europa de las especies chinas marcó el inicio de la hibridación de especies a gran escala, tal como sigue sucediendo actualmente. Las rosas son flores encantadoras, tanto en grupos como individualmente. Pueden cultivarse como arbustos, superando incluso los 2 m de altura, o formar parte simplemente de un borde arbustivo mixto. Las especies de rosas en miniatura y las *polyantha* se cultivan a veces en macetas, mientras que las especies más resistentes, como *R. rugosa*, a menudo se utilizan como setos. Esta especie pro-

La rosa 'Charles Austin' tiene la configuración multipétalo y redondeada típica de estas rosas inglesas. También posee la agradable fragancia de las antiguas rosas.

Introducida en 1894, la 'Francis Dubreuil' es una rosa de té de bellísima configuración. Su rojo es más intenso que el de cualquier otra rosa.

viene del este asiático, es la denominada rosa japonesa o rosa Ramanas, también se la encuentra en China, Corea y sudeste de Siberia, donde crece en las dunas costeras, por este motivo su nombre en japonés significa «pera de playa». Hay jardines enteros dedicados a las rosas, y son habituales en los parques públicos. En jardines domésticos de gran tamaño puede haber arriates especiales solo para rosas, mientras que en los de menor tamaño, uno o dos arbustos de rosas pueden rodearse de perennes, anuales o bulbos.

CULTIVO Aunque algunas toleran una cierta sombra, lo mejor es cultivarlas a pleno sol. De este modo, se evitan muchas enfermedades y plagas. También es importante la circulación del aire, pero hay que protegerlas de los fuertes vientos para evitar posibles daños. Necesitan un suelo con buen drenaje preparado con grandes cantidades de estiércol bien fermentado o compost unas semanas antes de plantar. Si el suelo es demasiado ácido, añada cal o dolomita. Las rosas tienen grandes sistemas de raíces, y deberá em-

paparlas una o dos veces por semana durante la época de crecimiento. Utilice un fertilizante completo, ya sea orgánico o químico, a finales de invierno o principios de primavera. Repita la operación tras la primera floración, y una vez más a mediados o finales de verano. La intensidad de la poda dependerá de la variedad. Las que florecen una sola vez se podan tras la floración estival. Las que repiten floración se podan en invierno en las zonas cálidas, o a principios de primavera en las regiones muy frías. Pode despejando el interior para que entre la luz del sol. Consulte bibliografía especializada para obtener más detalles, puesto que es una técnica compleja. Muchas rosas prosperan a partir de esquejes de madera dormida obtenidos en invierno o a principios de primavera. Otras son más complicadas, y hay que practicar injertos en tallos procedentes de rosas silvestres. Desgraciadamente, las rosas sufren diversas enfermedades y plagas de insectos, aunque algunas especies y los ejemplares más viejos ofrecen mayor resistencia. Las rosas son sensibles a la antracnosis del rosal, al moho, al óxido, al cancro y a la armilaria, y las plagas incluyen áfidos, cochinillas, orugas, ácaros, abejas cortadoras de hojas y ciervos.

CLIMA La resistencia de las rosas es variable. Muchas toleran el frío extremo, y otras mueren con las heladas. No obstante, la mayoría, incluidos los híbridos modernos, son muy resistentes y adecuadas para la zona 5. Los modernos híbridos necesitarán protección en regiones con temperaturas inferiores a –12 °C. La solución más adecuada es amontonar tierra en la base de la planta (los primeros 30 cm) no extraído del propio terreno, y cuando este se haya helado, cubrirlo con paja o un material similar. Esto evitará también el deshielo, que puede ser muy perjudicial. Además puede usar conos de poliestireno.

VARIEDADES Algunas especies silvestres del género *Rosa* son Gallica, Damascenas, Alba, Centifolia, Portland, China, Té, Noisettianas, Borbonianas, Híbrido perpetuo, Musgoso, Sempervirens. En el siglo XIX se desarrollaron los híbridos 'Musk', 'Perpetual' y 'Tea'. De ellos provienen las modernas rosas. Desde la década de 1970 ha aumentado el interés por las rosas «inglesas», cultivadas por David Austin. Son especies de floración recurrente, tienen la forma multipétalo, la agradable fragancia y el vigor de las antiguas rosas. Las rosas son apreciadas por su forma y color, y muchas son muy fragantes. Pueden ser perennes o caducifolias, y muchas variedades tienen tallos espinosos. En un clima adecuado pueden ser muy longevas, aunque no tanto en climas cálidos. Alcanzan la madurez en tres o cuatro años, y florecen en dos o tres. Algunas florecen una vez al año, en verano, pero el despliegue es espectacular; otras producen floraciones sucesivas en verano y otoño. Algunas especies producen brillantes escaramujos rojos tras la floración otoñal, y se cultivan exclusivamente por ello. Las flores pueden ser simples, dobles o multipétalo, y la gama de colores es amplia: blanco, crema, amarillo, albaricoque, naranja, todas las gamas de rosa y rojo, malva, azul e incluso bicolores. Pueden medir menos de 25 cm o sobrepasar los 3 m. Las hay en miniatura, en arbusto, en cubierta vegetal y en variedad trepadora. Las Gallica, por ejemplo, producen rosales muy densos y compactos. Las

flores son de colores muy llamativos y aparecen agrupadas en ramilletes de tres o más durante los meses de verano, su olor es muy fragante. Las Damascenas son las también denominadas «rosas viejas». Las flores son semidobles y crecen en ramilletes; son muy adecuadas para setos.

Rosmarinus, especies de

(fam. Lamiaceae)

Romero

El romero está imbuido de mitos y simbolismos, especialmente relacionados con la amistad. Sus dos especies proceden del mediterráneo, donde el romero se ha venido utilizando tradicionalmente en la cocina. Añade un sabor delicioso al cordero, al cerdo, al pescado y a las verduras. Su aceite se usa en jabones, perfumes y champús.

CULTIVO Necesita un suelo amplio y con buen drenaje, y mucho sol. Crece bien en áreas secas costeras y rocosas, y necesita protección en climas fríos. Pódelo tras la floración para mantener la forma y estimular un nuevo crecimiento. Multiplique por semillas plantadas en primavera o por esquejes semimaduros en verano, ambos en un marco frío.

El romero crece con el calor reflejado por el pavimento y el muro de este jardín. Además se adapta a toda una serie de usos paisajísticos.

CLIMA Zonas de baja humedad, con veranos cálidos y secos e inviernos fríos. Zonas 7 u 8.

ESPECIES *R. officinalis*, o romero común, es una perenne arbustiva que puede alcanzar los 2 m de altura, con tallos verticales y ramificados. Las hojas, aciculadas, son verde oscuro en el haz y plateadas en el envés, y muy fragantes. Las flores, azul pálido, crecen sobre racimos terminales. Es frecuente en bordes, zonas rocosas y macetas. La variedad *Albiflorus* tiene flores blancas: 'Benenden Blue' tiene flores de un violeta azulado, y 'Tuscan Blue' azul violáceo. El grupo de rastreras de la *R. officinalis* consiste en romeros enanos de unos 20 cm de altura, con hábito rastrero y expansivo y flores azules. Menos resistente que la especie original, es ideal como cubierta para terraplenes soleados o jardines rocosos.

Rosularia

(sin. Umbilicus, fam. Crassulaceae)

Originaria de Norteamérica, sur de Europa y Asia Central, estas suculentas presentan rosetas de hojas verde pálido, velludas y abundantes, con ramilletes de flores estivales amarillas. Los vástagos de la base forman pequeños macizos.

Rosularia aizoon forma grandes colonias de rosetas rígidas, de un verde grisáceo. Aquí aparece bellamente desplegada en un recipiente de cerámica.

CULTIVO Plántelas en un suelo moderadamente enriquecido, con buen drenaje y proporcióneles protección invernal. Riéguelas en verano durante el crecimiento y mientras dure la floración, pero manténgalas secas en invierno. Multiplique por semillas o retoños, o por división de las raíces en primavera.

ESPECIES *R. aizoon* (sin. *R. pallida*), procedente de Turquía, tiene hojas muy velludas y grandes flores amarillas. Las hojas de *R. paniculata*, originaria de Irán, aproximadamente miden unos 4 cm y sus flores son blancas o rosas, apoyadas sobre largos tallos. *R. platyphylla*, originaria de Rusia, tiene hojas muy velludas y flores y tallos color crema. *R. serrata*, del Mediterráneo oriental, tiene hojas dentadas de un gris verdoso y flores blancas o rosas.

Rothmannia (fam. Rubiaceae)

Este género incluye unas 30 especies de bellos arbustos o pequeños árboles perennes, nativos del África tropical, Sudáfrica, Madagascar y Asia, y antaño se incluían en el género *Gardenia*. Muy culti-

Rothmannia globosa garantiza una floración abundante cada año. Tras las flores aparecen racimos de frutos negros y redondos.

vadas en climas tropicales y cálidos, todas tienen un atractivo follaje oval o lanceolado, verde y brillante, y flores campanuladas sin tallo, algunas de las cuales son muy aromáticas. Aparecen en primavera y verano, y preceden a unos frutos caroñosos y redondeados.

CULTIVO Fuera de las zonas tropicales y subtropicales, cultívelas en invernadero cálido o intermedio en macetas con compost suelo ácido (no alcalino). Necesitan mucha luz y protección contra la radiación directa. Quizá deba podarlas a finales de invierno para reducir el tamaño. Multiplique en primavera por semillas germinadas a 16 °C, o por esquejes semimaduros en verano, enraizados en un propagador caliente.

CLIMA Tropical o subtropical.

ESPECIES *R. capensis*, jazmín de El Cabo, es un pequeño árbol de entre 12 y 14 m de altura con hojas ovales ligeramente onduladas en los márgenes. Las flores, color crema, tienen gargantas moteadas de rojo y un suave aroma. *R. globosa*, jazmín de jardín, es muy popular en algunos países de clima cálido. Pequeño árbol o arbusto, procede de Sudáfrica, y alcanza entre 3 y 6 m de altura, con hojas ovales o lanceoladas. En verano se cubre de una alfombra de flores de un blanco cremoso y de gran fragancia, a veces moteadas en rosa. *R. longiflora*, procedente del África tropical, es un arbusto o pequeño árbol de 5 m de altura, con tallos muy ramificados y grandes flores de un rojo púrpura en el exterior y blancas en el interior, con gargantas moteadas en rojo.

Roystonea

(fam. Aracaceae)

Palmas reales

Estas altas y llamativas palmeras, que incluyen unas 12 especies, solo crecen de forma natural en el Caribe, desde el sur de Florida, en Estados Unidos, hasta algunas zonas de Sudamérica. Sus troncos son macizos, de textura suave y de un marrón blanquecino, y pueden alcanzar los 40 m de altura. Los troncos culminan en coronas ver-

La palma real cubana, *Roystonea regia*, es un imponente ejemplar cuando forma avenidas en los trópicos, pero puede cultivarse en invernadero en climas propicios a las heladas.

des de gran tamaño de las que penden enormes frondas de hasta 7 m de longitud y 2 m de ancho. Las frondosas hojas son de un verde profundo. Las inflorescencias son blancas y los pequeños frutos, tipo baya, son de color marrón o púrpura. En climas propensos a las heladas, deben cultivarse en invernadero cálido.

CULTIVO Cultívelas en macetas con compost y en invernadero. Proporcióneles un máximo de luz y protéjalas del exceso de radiación. En exteriores, su cultivo debe ser a pleno sol y en un suelo húmedo, rico y con buen drenaje. Multiplique por semillas sembradas en primavera y germinadas a 26 °C.

CLIMA Zona 10 a tropical.

ESPECIES *R. regia* o palma real de Cuba puede alcanzar los 30 m de altura en plena madurez, aunque raramente supera los 20 m. Un rasgo distintivo de la especie e inusual en las palmeras es la hinchazón central del tronco, que se estrecha conforme asciende, y a menudo también en la

Suculentas moras maduras, consumibles frescas o cocinadas. Las variedades sin espinas son las mejores para cultivar en jardines domésticos.

base. Las frondas alcanzan los 4 m. *R. regia* es la única especie de cultivo habitual.

Rubus, especies de
Mora

La mora es uno de los frutos de tallo leñoso más populares. Se encuentra en estado silvestre, y puede convertirse en mala hierba en los jardines, especialmente si se descuida. Hay cultivares de mora con y sin espinas. Esta planta se adapta fácilmente a diversos climas. Su vivero le aconsejará sobre el más conveniente. Los frutos maduran en verano u otoño.

CULTIVO Las moras no son difíciles de cultivar, siempre que se adapten a cada clima en concreto. Proporcióneles pleno sol para obtener un crecimiento óptimo y proteja la planta de los fuertes vientos. Como otros frutos en baya, hay que adquirirlas en estado de dormancia y con las raíces desnudas, en invierno, y plantarlas tan pronto como sea posible a unos 3 m de distancia entre ellos. Necesitará un espaldar o alambre para darles soporte. El suelo requiere una preparación previa removiéndolo y añadiendo estiércol animal o compost un mes antes de plantar. Cuando se inicie el crecimiento, aplique un ligero manto de sangre, pescado y huesos u otro fertilizante de desprendimiento lento alrededor de la planta, lo cual ayuda a conservar la humedad y mejora las condiciones

de crecimiento. La mayoría de moras trepadoras producen fruto en los tallos leñosos de años anteriores. La poda consiste en cortar completamente los tallos que han producido fruto, a ser posible a finales de invierno. Los nuevos tallos aún sin fruto se incorporan a los soportes. La mejor forma de hacerlo es disponer los tallos en abanico. Los nuevos tallos se fijan al centro del abanico conforme crecen, y tras la poda se despliegan en abanico. La especie *Rubus fonticosus* es la planta que comúnmente se conoce como zarzamora. La fruta comestible, asemeja una baya carnosa que se llama mora o zarzamora. Es una fruta muy popular para preparar postres, mermeladas y jaleas, entre otros.

CLIMA En general, las especies de *Rubus* se cultivan bien en las zonas 6-8, pero lo más importante es escoger el cultivar adecuado a cada clima.

Rubus idaeus (fam. Rosaceae)
Frambueso

Aunque cueste creerlo, las frambuesas aún se encuentran en estado silvestre en Europa. Las flores son blancas, y dan lugar a unos frutos aromáticos normalmente rojos, pero también púrpuras, negros o amarillos. Estos últimos pueden encontrarse en comercios especializados. Las frambuesas pueden consumirse frescas o en deliciosas tartas y confituras. También enlatadas o congeladas. Debido a su carácter perecedero, su precio en el verano suele ser alto.

Las frambuesas frescas son una tentación. No obstante, su madurez es errática, y se necesita una buena cantidad de ejemplares para conseguir una cierta cantidad.

CULTIVO Las frambuesas son muy resistentes, y crecen bien en climas fríos. Prefieren suelos de buen drenaje, con materia orgánica añadida, y nunca deben secarse. También un lugar soleado y protegido frente a los fuertes vientos. La mejor época para plantar en climas templados es a finales de otoño, pero en los fríos es mejor en primavera. Coloque las plantas a unos 40 cm de distancia, en hileras de 2 m de separación entre ellas, y encaradas de norte a sur. Una vez plantados, los tallos de las variedades estivales se cortan hasta unos 20 cm del suelo, y las otoñales se dejan a ras de suelo. Coloque alambradas horizontales para contrarrestar el peso de los tallos. Átelos si es necesario. Una vez empiezan a dar fruto, hay que podarlos anualmente. En las variedades de frutación estival, los tallos leñosos que ya han dado fruto se cortan a ras de suelo inmediatamente después de la cosecha. Las variedades otoñales se cortan a ras de suelo en invierno. Abónelas anualmente a principios de primavera con un fertilizante equilibrado, y aplique una capa de mantillo. Riegue en verano si es necesario. Las frambuesas son propensas a sufrir diversas enfermedades y plagas, pero las más graves son las causadas por virus, puesto que no existe cura. Mantenga los áfidos bajo control, y adquiera ejemplares libres de virus. Si aun así quedan infectadas, deberá destruirlas.

CLIMA Zona 3.

VARIEDADES *R. idaeus*, frambuesa europea, es una perenne caducifolia ligeramente espinosa que produce tallos de entre 1,5 y 2 m de altura cada dos años. No obstante, las variedades otoñales florecen en los tallos del año en curso. Hay muchos cultivares disponibles. Algunos dan fruto en verano y otros en otoño. Es importante adquirir productos certificados en un comercio fiable para asegurarse de que las plantas no están infectadas por ningún virus.

Rubus Loganberry, grupo de

(fam. Rosaceae)

Frambuesa de Logan

Esta variedad de frambuesa es un arbusto de crecimiento vigoroso dotado de largos tallos trepado-

Las frambuesas de Logan rechazan los grandes contrastes térmicos, pero son deliciosas si el espacio y la meteorología lo permiten.

res con numerosas espinas. Las hojas son dentadas, grises y aterciopeladas en el envés, con cortos racimos de grandes flores blancas. El fruto, rojo y ácido, está compuesto de pequeños segmentos y su sabor es parecido al de la frambuesa. Se sirve fresco, guisado, en conserva o como mermelada. Se trata de un híbrido desarrollado en California, y se le considera un cruce entre un cultivar de *Rubus ursinus* y frambuesa.

CULTIVO La frambuesa de Logan crece en cualquier tipo de suelo, aunque no es recomendable para climas fríos. El mínimo correspondería a la zona 7. Lo mejor es cultivarla en un lugar soleado, con suelo fértil y rico en loam. Si el terreno es pobre, habrá que enriquecerlo con materia orgánica y fertilizante completo. Riegue en abundancia durante los meses de verano. También es conveniente aplicar un manto de estiércol. Ate los tallos más largos a espaldares o alambres, para que enraícen una vez toquen el suelo. El fruto aparece en el segundo año, y todos los tallos que ya han dado fruto, junto a los tallos nuevos más débiles, deberán cortarse a ras de suelo en invierno, dejando solo entre cuatro y seis tallos para que den fruto al año siguiente. Multiplique por brotes de tallos nuevos. Enterrados en verano, darán raíces y un nuevo brote, que deberá cortar del viejo tallo leñoso y replantar a principios de primavera.

CLIMA Zona 7.

Rubus ursinus var. Loganobaccus

(fam. Rosaceae)

Zarzamora

Se le considera una rama lateral del grupo de frambuesas de Logan, que crece de forma espontánea en California, en Estados Unidos, aunque aún se desconoce el grado exacto de parentesco. Sus bayas, de un color vino casi negro, son grandes, de unos 4 cm de largo y 3 cm de ancho. Son frutos jugosos usados en mermeladas y bebidas.

CULTIVO Suelo bien removido y relativamente fértil, enriquecido con una buena dosis de estiércol fermentado. Son plantas trepadoras, por lo que deberá dejar un espacio entre ellas de 1,8 m, con una espaldera o alambrada para fijarlas. Es esencial controlar las malas hierbas, y suministrar agua en abundancia durante el crecimiento. Pode la planta cada año para estimular el crecimiento de nuevos tallos, que darán fruto al año siguiente.

CLIMA Zona 6.

Las plantas bien enraizadas de *Rubus ursinus* variedad *Loganobaccus* continuarán dando cosecha durante muchos años si se podan bien.

Rudbeckia

(fam. Asteraceae)

Rudbeckia morada, ojos de poeta

Nativas de Norteamérica, estas 15 especies de anuales y perennes son fáciles de cultivar en casi cualquier condición. Son plantas de una floración viva, que añaden color a los otoños e inviernos, e ideales para el corte. Solamente se cultivan algunas de ellas.

CULTIVO El suelo debe tener buen drenaje, sin ser especialmente rico, pero los mejores resultados se obtienen con suelos de buena calidad. Cultívelas a pleno sol, protegiéndolas de los fuertes vientos. Cultive por semillas, y en las perennes también por división de los macizos.

CLIMA Diversos modelos climáticos.

ESPECIES *R. hirta*, ojos de poeta, zona 4, es una perenne efímera, cultivada como anual si se cultiva en primavera. Alcanza hasta aproximadamente 1 m de altura. Sus flores, muy parecidas a las margaritas, son amarillas o naranjas y el cono de flores en forma de disco en el centro es de un color

Hay numerosos cultivares de ojos de poeta, *Rudbeckia hirta*, que proporcionan color desde mediados de verano hasta principios de otoño.

marrón muy oscuro. Hay variedades cultivadas disponibles. *R. laciniata*, zona 3, es una perenne de 1,5 a 2 m de altura, con flores de un amarillo vivo que brotan a finales de verano y en otoño. 'Hortensia' (sin. 'Golden Glow') con sus flores dobles, es la variedad más común.

Ruellia (fam. Acanthaceae)

Hay unas 150 especies en este género de perennes, arbustos y subarbustos, que crecen en Norteamérica, África y Asia. Se cultivan por sus grandes y vistosas flores, y por su decorativo follaje.

CULTIVO En climas propensos a las heladas, cultívelas como plantas de maceta en invernadero cálido. Utilice compost suelo para macetas. Proporcióneles buena luz, sin radiación directa, y una atmósfera muy húmeda. Si se pellizcan los brotes jóvenes, se favorece el desarrollo arbustivo de la planta. Pode los tallos viejos ya florecidos una vez acabada la floración. Multiplique en primavera por semillas germinadas a 21 °C, o por esquejes de madera blanda en primavera.

Las especies de *Ruellia* son ideales para climas con heladas, donde deben cultivarse en invernaderos cálidos. Su follaje es muy decorativo.

CLIMA Las plantas de *Ruellia* se cultivan bien en la zona 10 a tropical.

ESPECIES *R. elegans*, un subarbusto perenne procedente de Brasil, que puede llegar a alcanzar los 60 cm de altura. Sus flores, de un escarlata vivo, crecen hasta 5 cm, y se desarrollan en grupos de dos o tres brotes. *R. macrantha* es un arbusto de 2 m con grandes flores de color rosa lavanda, muy nervadas, que crecen en el eje de las hojas que tienen forma oval. *R. portellae* es una anual rastrera o perenne de 30 cm de altura. Las flores, rosas e individuales, alcanzan los 4 cm.

Rumex scutatus (fam. Polygonaceae)
Acedera

Acedera es la denominación común para un cierto número de hierbas de sabor fuerte del género *Rumex*, usadas en medicina y gastronomía. Las hojas jóvenes son tiernas, y se añaden a sopas y ensaladas, y en salsas para acompañar pescados, pollo y patatas hervidas. *Rumex scutatus*, también llamado acedera francés, es menos amarga que otras especies, y es muy utilizada en cocina. Sus hojas son grandes y acorazonadas. El cultivar 'Silver Shield' es la mejor elección.

CULTIVO Siembre las semillas en primavera en hendiduras de 1 cm. Extráigalas cuando tengan el tamaño suficiente para manipularlas. Cultívelas en

Común en las praderas europeas, la acedera se ha venido usando desde antiguo como hierba medicinal y culinaria.

un suelo fértil, con mucha humedad alrededor de las raíces. Aplique lateralmente fertilizante nitrogenado o soluble cada tres o cuatro semanas durante la época de crecimiento para estimular el crecimiento de las hojas.

CLIMA Zona 6.

Rumohra

(fam. Davalliaceae)

Helecho coriáceo

Este helecho expansivo solo se encuentra en el hemisferio sur, en zonas de Australia, Nueva Zelanda, Sudamérica y Sudáfrica.

CULTIVO En climas tendentes a las heladas cultívelo en invernadero cálido. Es un helecho epífito y puede cultivarse en cestos colgantes de madera, con compost suelo para macetas y corteza y hojas como sustrato añadido. También puede plantarlo sobre una losa o en corteza, colgado en el invernadero. Necesita mucha luz, evitando la radiación directa, y una atmósfera húmeda. En exteriores, requiere sombra parcial con suelo húmedo. Multiplique por trozos de rizoma.

CLIMA Zona 10 a tropical.

ESPECIES *R. adiantiformis* es la única especie en cultivo. Su rizoma es largo y trepador, con escamas marrones. Las frondas son verticales o pendulares, de forma triangular, con una amplia base, áspera y de color verde brillante en el haz, y más clara en el envés. Las cápsulas con esporas son transportadas en el envés de los foliolos dispuestos a ambos lados de la nervadura central. Crece hasta 1,5 m y puede extenderse hasta alcanzar los 3 m.

Ruschia (fam. Aizoaceae)

Esterillas

Hay unas 350 especies en este género, que crece en diversos hábitats de Sudáfrica. Son plantas suculentas de brillantes flores parecidas a las de *Mesembryanthemum* o a las de *Lampranthus*. Varían en forma y tamaño, desde las que se agrupan en pequeños macizos con escaso follaje hasta las enormes masas de tallos densamente cubiertos de hojas carnosas.

En áreas con frecuentes heladas, cultive *Romohra adiantiformis* en invernadero cálido. Se trata de un helecho epífito ideal para cestos colgantes.

Diversas especies de *Ruschia* lucen flores parecidas a la margarita, de color lavanda a púrpura, que se extienden sobre las hojas carnosas en verano.

CULTIVO En áreas propensas a las heladas, cultívelas en macetas con compost para cactos, en invernadero intermedio. Proporcióneles luz y una atmósfera seca. No las riegue en invierno, y puede extraerlas en verano. Multiplique en primavera por semillas germinadas a 21 °C o por esquejes en verano.

CLIMA Zona 10.

ESPECIES *R. acuminata* es una especie arbustiva vertical o rastrera. Sus hojas son ovales y de un verde azulado, y sus flores rosas o blancas. *R. dualis* es una planta pequeña que forma macizos, de hojas gruesas y flores de un rosa intenso. *R. evoluta* forma cubiertas vegetales y tiene hojas con toques azulados. Sus flores son de un rosa brillante. *R. rubricaulis* es una planta arbustiva con tallos rojos y grandes flores malvas.

Ruscus (fam. Ruscaceae)

Rusco, acebillo

Originaria de Europa oriental, norte de África, Madeira, las Azores e Irán, estas seis especies de arbustos enanos y perennes son ideales para jardines boscosos y otras partes umbrías del jardín. Sus rizomas transitan bajo tierra para formar colonias. A veces crecen a la sombra, especialmente entre las raíces de los árboles, aunque también lo hacen en lugares soleados. Sus hojas son en realidad tallos aplanados, y sus flores, unisexuales, crecen en solitario o en racimos en el centro de las hojas modificadas. Las plantas femeninas producen atractivas bayas de un rojo brillante.

CULTIVO Estas plantas crecen en cualquier tipo de suelo, sobre todo en áreas a la sombra. Ambos sexos pueden plantarse juntos para producir fruto. Multiplique por semillas sembradas en exterior tan pronto como maduren, o por división en primavera.

CLIMA Zona 7.

ESPECIES *R. aculeatus*, rusco o acebillo, es un arbusto perenne de 1 m de altura con tallos erectos y ramificados. Las flores, estrelladas, son pequeñas y

Ruscus x *microglossum* no suele cultivarse, pero se ha naturalizado en muchos lugares. Sus pequeñas flores pueden verse aquí, en el centro de las hojas modificadas.

verdes, y dan paso a grandes bayas de color rojo. Los ramilletes secos se utilizan en decoración floral. Esta especie produce a veces formas hermafroditas.

Russelia

(fam. Scrophulariaceae)

Coralitos

Hay unas 50 especies en este género de arbustos perennes nativos de Cuba, México y Colombia. Tienen ramas pendulares y están en casi constante floración, lo cual los hace ideales para cestas colgantes. Las flores aparecen en rojo, rosa o blanco. También son populares como plantas de invernadero en climas fríos. En regiones cálidas, se usan como plantas secundarias en terraplenes y muros, donde forman una cubierta vegetal.

CULTIVO Estas plantas pueden cultivarse en invernadero frío o intermedio en climas con heladas. Cultívelas en macetas o cestas de compost. Garantíceles buena iluminación y protéjalas del sol directo. Riéguelas bien en verano, pero poco en invierno. En el jardín necesitan un suelo con buen drenaje, con abundante humus y una posi-

Russelia equisetiformis muestra su mejor aspecto cuando se le permite rebosar sobre un muro o terraplén.

ción resguardada, a pleno sol. Pode ligeramente a mediados de primavera para dar forma al conjunto. Una vez han crecido lo suficiente, pueden soportar largos períodos de sequía. Multiplique en primavera por esquejes de madera blanda en un propagador caliente, o por estratificación de tallos.

CLIMA Zonas 9 o 10.

ESPECIES *R. equisetiformis*, coralitos, es un arbusto suave de 1,2 m de altura, ramas pendulares y pequeñas flores tubulares rojas dispuestas en pequeños racimos a lo largo de los tallos. Nativa de México, se cultiva ampliamente en regiones cálidas. *R. sarmentosa*, de Centroamérica y Sudamérica, alcanza los 2 m. Sus hojas, largas, ovales y dentadas, miden unos 8 cm. Las flores son rojas y forman densos racimos.

Ruta (fam. Rutaceae)
Ruda

Originaria del Mediterráneo y de Asia sudoccidental, este género incluye unas ocho especies de hierbas y subarbustos perennes y fuertemente aromáticos. Una de las especies, conocida como ruda «hierba de gracia», se cultiva en jardines herbáce-

os por sus propiedades medicinales más que por su valor culinario, puesto que su olor es fuerte y su sabor amargo. No obstante, sus cultivares y otras especies se cultivan por su follaje de un verde grisáceo y por sus flores de cuatro pétalos y color amarillo intenso, sobre racimos terminales.

CULTIVO Esta planta puede adaptarse a los suelos pobres, pero prefiere lugares abiertos y soleados, y un buen drenaje. Pode las plantas maduras para mantener la forma. Multiplique por semillas sembradas en primavera o por división de raíces. Los cultivares se multiplican mejor por tallos firmes de unos 15 cm plantados a fines de verano o principios de otoño.

CLIMA *R. graveolens* puede crecer en zona 5.

ESPECIES *R. graveolens*, ruda, una planta originaria del Mediterráneo, destila un aceite esencial que contiene rutina que se usaba para tratar la presión sanguínea. Con un follaje atractivo y racimos de pequeñas flores amarillas que florecen en verano, *R. graveolens* resulta ser una planta muy decorativa para cualquier tipo de jardín.

El intenso follaje verde azulado de *Ruta graveolens* resalta aún más sobre las pequeñas flores amarillo limón.

S

Sabal (fam. Arecaceae)

Palmetos

Este género incluye unas 15 especies de palmas con hojas en forma de abanico nativas de la parte meridional de Norteamérica y el Caribe. No son difíciles de cultivar, y se desarrollan bien en una gran variedad de condiciones y climas, desde templados hasta tropicales. Se adaptan también a las condiciones expuestas de las costas. Como la mayoría de las demás palmas con hojas en forma de abanico, crecen de manera relativamente lenta. Las hojas de los palmetos se han empleado tradicionalmente para construir techos de paja.

CULTIVO Se desarrollan en suelos profundos con aguas subterráneas próximas a la superficie, pero se adaptan a condiciones menos favorables. Las palmas adultas prosperan a pleno sol, mientras que los ejemplares más jóvenes toleran la sombra muy oscura. La mayor parte de las especies son tropicales, pero *S. palmetto* y *S. minor* pueden tolerar temperaturas bajas en invierno, aunque necesitan veranos largos y calurosos. Enraizadas profundamente desde su desarrollo más temprano, estas especies crecen mejor en suelos que en tiestos. *S. minor* se puede cultivar satisfactoriamente como planta para maceteros, aunque no es un ejemplar muy elegante. Se emplea mejor en plantaciones masivas, en las que sus hojas ásperas crean texturas interesantes. En los climas propensos a las heladas se cultiva en invernaderos entre frescos e intermedios, en macetas con compost. Las plantas se pueden sacar al exterior durante el verano. Se propagan en primavera a partir de semillas germinadas a una temperatura de 21 °C.

CLIMA Zona 9-10.

ESPECIES *S. blackburniana*, sinónimo *S. umbraculifera*, oriunda de las Antillas, es la especie de mayor tamaño, con un tronco de hasta 15 m de altura y 50 cm de diámetro, que se torna liso y de color gris claro con la madurez. Las hojas, muy grandes y de desarrollo pendular, brotan en pecíolos gruesos y verdes de aproximadamente 2,5 m de longitud. Esta especie produce destacadas plantas prominentes. *S. minor*, palmera enana, se distribuye por una región extensa del sur de Estados Unidos. Presenta un tallo básicamente subterráneo y sus hojas de color verde opaco brotan del tronco a la altura de 1 m. En la medida en que maduran, estas tienden a colapsarse a partir de un punto cercano al extremo de su tallo. Las inflorescencias son muy llamativas, y están compuestas por flores, pequeñas, blancas y fragantes, que brotan verticalmente hasta 2 m. Produce masas de frutos del tamaño de un guisante y de color marrón oscuro que brotan a lo largo de sus ramillas. *S. palmetto*, palmeto de Carolina, se extiende desde el sudeste de Norteamérica por Cuba y Bahamas, donde crece silvestre hasta alcanzar los 25 m, aunque suele alcanzar 10 m en condiciones de cultivo. Presenta un tronco robusto, de unos 40 cm de diámetro, que muestra las cicatrices de las antiguas bases de las hojas, y una copa redondeada y compacta. Las hojas con forma de abanico brotan en tallos cortos y sólidos. El nombre en inglés, *palmetto*, es una corrupción del nombre en castellano, palmito, dado por los primeros colonos españoles en Florida.

Sabal palmetto aporta un elemento enérgico al paisaje. En la imagen se puede observar el leve doblez en sus largas hojas.

Saintpaulia (fam. Gesneriaceae)
Violetas africanas

Aunque hay unas 20 especies clasificadas en este género de plantas herbáceas anuales, solo se cultiva una por lo general, ya sea como planta para invernaderos o de interiores. Presenta hojas anchas y de color verde oscuro cubiertas por una vellosidad delicada y tupida, y produce flores semisuculentas de cinco pétalos con anteras amarillas.

CULTIVO Las violetas africanas se deben cultivar en invernaderos cálidos o soleados, o como plantas para interiores. Necesitan condiciones cálidas, sombreadas y húmedas, y compost para macetas. Las temperaturas no deben ser superiores a los 13 °C. El nivel medio de estas debe variar entre 18-25 °C. El agua de riego debe estar a temperatura ambiente y no mojar las hojas. Sitúe la maceta en un plato lleno de guijarros cubiertos con agua, pero de modo que, aunque la maceta no quede metida en esta, la humedad la rodee constantemente. Los rayos directos del sol o los cambios súbitos de temperatura dañan esta planta delicada, que necesita abono regular en primavera y verano con fertilizantes suaves o líquidos. Se propagan a partir de las hojas, que se ponen sobre arena húmeda o se introducen en agua.

CLIMA Tropical.

ESPECIES *S. ionantha*, la especie que se denomina con más frecuencia violeta africana, presenta hojas acorazonadas de color verde oscuro y flores de color violeta. Hay muchos y diversos cultivares, con flores que varían de color desde violeta claro a rosa, blanco y bicolores, y follaje más pequeño, de color más claro o con formas caprichosas. En la actualidad, se incluyen también cultivares con flores sencillas o dobles, y con los pétalos lisos o arrugados.

Salix (fam. Salicaceae)
Sauces

Distribuido por las regiones frías y templadas del hemisferio norte, este género agrupa unas 300 especies de árboles y arbustos caducos. Las hojas alternas y de color verde brillante son por lo general delgadas y lanceoladas. Sus flores pequeñas brotan en amentos lanosos. Los amentos masculinos son amarillos, y los femeninos, verdes y menos conspicuos. Cultivado por su madera, el sauce es también una planta ornamental o ejemplar individual atractivo; en particular, en sitios donde el drenaje es insuficiente. Tiene una gama amplia de usos tradicionales en la agricultura y la jardinería. De crecimiento rápido, presenta tallos fuertes y flexibles que se emplean en cestería.

CULTIVO Los sauces son fáciles de cultivar. La mayor parte de las especies prospera en suelos pesados y todas se desarrollan bien próximas al agua o en suelos con drenaje insuficiente. Algunas se

La especie original de la violeta africana, *Saintpaulia ionantha*, produce flores de color violeta intenso. La gama actual de cultivares varía en formas y colores.

Aunque crecen en condiciones ideales junto a un lago pequeño, *Salix babylonica* y *S. babylonica*, variedad *pekinensis*, sauce tortuoso, son dos tipos de sauce muy diferentes.

Los amentos aterciopelados de *Salix caprea*, sauce cabruno, son preferidos por pequeños y adultos.

beneficían de la producción anual de retoños o serpollos, o de la poda de sus ramas superiores hasta el tronco. Se propagan a partir de esquejes de madera dura, que se pueden obtener de ramas largas tiernas para enraizarlas en exteriores, en suelos húmedos. Los esquejes de 30-40 cm cortados de las puntas blandas de los tallos enraízan en agua. Las especies de mayor crecimiento no se deben sembrar cerca de edificaciones o de sistemas de drenaje, puesto que las raíces son muy vigorosas.

CLIMA Hay especies adecuadas para distintas zonas climáticas.

ESPECIES *S. alba*, sauce blanco, de la zona 2, Europa Central y Asia, es un árbol elegante de hasta 25 m cuyas ramas tienen los extremos inclinados hacia abajo. Su follaje sedoso es de color verde azulado en el envés. Es una buena planta para sembrar como cortavientos. Su cultivar 'Aurea' presenta ramas de color verde amarillento; la variedad *caerulea* es muy valorada por su madera, que se emplea para hacer bates de críquet; la subespecie *vitellina*, sauce amarillo, presenta tallos de color amarillo dorado; y la subespecie *vitellina* 'Britzensis', tallos tiernos de color rojo anaranjado brillante. *S. babylonica*, sauce llorón, de la zona 5 y China, se puede confundir con *S. alba* 'Tristis', especie con ramas inclinadas hacia abajo que se cultiva a menudo en la actualidad. Se trata de un árbol grácil, con las ramas inclinadas hacia abajo, que crece hasta alcanzar 15 m o más. *S. babylonica*, variedad *pekinensis*, sauce tortuoso, produce retoños torcidos y en espiral que brotan particularmente bien en invierno. Las hojas nacen también torcidas. Es un ejemplar individual de árbol poco común en los céspedes, y crece hasta los 15 m. *S. caprea*, sauce cabruno, de la zona 5, crece bien en sitios con drenaje insuficiente, pero su sistema radicular expansivo puede ser problemático. Crece hasta 8 m y presenta hojas de forma oval. El cultivar 'Kilmarnock' es un árbol pequeño, con las ramas inclinadas hacia abajo, muy popular, y que crece hasta una altura de 2 m. *S. cordata*, de la zona 2, crece hasta los 2,5 m, con hojas sedosas, y amentos largos y delgados. *S. fragilis*, de la zona 5, y el noroeste de Asia y Europa, es una de las especies más grandes; crece hasta alcanzar los 20 m o más y sus ramas quebradizas forman una copa ancha. Sus hojas dentadas se tornan amarillas en otoño. *S. lanata* es un arbusto de hasta 1 m, con follaje plateado. *S. purpurea*, sarga o mimbrera, de la zona 5, es una de las especies arbustivas más conocidas. Crece hasta unos 5 m, con hojas de color verde azulado, brotes tiernos de color morado rojizo y amentos de color verde plateado. *S. x sepulcralis*, variedad *chrysocoma*, de la zona 6, con retoños tiernos de color amarillo intenso que cuelgan hasta el suelo, ancanza los 15 m.

Salpiglossis (fam. Solanaceae)

Solo una de las dos especies de plantas anuales, bienales o perennes de este género originario de los Andes se cultiva, por lo general, como anual.

CULTIVO Se puede cultivar en exteriores como planta para manifestaciones veraniegas en climas cálidos y soleados, o como planta para maceteros en invernaderos intermedios en las regiones más frescas. Las semillas se siembran en primavera y germinan a 21 °C. Bajo cristal, cultívela en macetas con compost, con mucha luz, aunque protegida de los rayos directos del sol. En los jardines se cultiva en sitios soleados y suelos con buen drenaje.

Las masas de *Salpiglossis sinuata* forman un tapiz teñido de rojo morado oscuro, rojo y rosa, con la ocasional flor amarilla.

La delicada *Salvia leucantha*, salvia cruz, crece vigorosa, y sus flores moradas y blancas se elevan en invierno y primavera por encima de sus hojas de enveses blancos.

CLIMA Zona 8.

ESPECIES *S. sinuata* es muy ostentosa. Produce flores grandes, llamativas y con forma de trompeta, con colores rojo brillante, amarillo anaranjado, morado o violeta azulado, a menudo con nervaduras de colores contrastantes. Crece hasta alcanzar los 60-75 cm de altura. Hay numerosos cultivares de esta especie, aunque los jardineros prefieren los tipos enanos. Estos incluyen los híbridos 'Bolero', que son célebres por sus flores muy grandes, y los 'Splash', que florecen con particular abundancia.

Salvia (fam. Lamiaceae)
Salvias

Este género consta de más de 900 plantas, e incluye arbustos y perennes y anuales herbáceas. Las especies de *Salvia* se asocian con frecuencia con flores rojas o moradas, pero hay también especies con flores de color crema, amarillo, blanco, azul y rosa. Muchas presentan follajes sumamente aromáticos, con olores que varían desde los deliciosos hasta los completamente desagradables. Por ejemplo, del follaje de *S. elegans*, salvia roja, emana un perfume delicioso, mientras que *S. uliginosa* huele bastante mal. *S. officinalis*, salvia co-

mún, forma también parte de este grupo. La mayoría de las especies de *Salvia* son fáciles de cultivar. Las especies que crecen altas son ideales para la parte posterior de los bordes o como plantas de relleno entre las arbustivas. Las de tamaños variables son adecuadas para márgenes o para combinar con platas anuales, bulbosas u otras perennes. Muchas especies tienen períodos de floración muy prolongados durante el verano hasta avanzado el otoño. Otras, como *S. leucantha*, florecen durante el invierno hasta avanzada la primavera.

CULTIVO Muchas especies de *Salvia* prosperan mejor a pleno sol durante todo el día, pero una cantidad bastante grande tolera la semipenumbra o la sombra durante una parte del día. Muchas se pueden cultivar en la sombra salpicada de manchas de sol bajo los árboles. Cualquier suelo con buen drenaje es apropiado, mientras que abonarlas con estiércol descompuesto a principios de la primavera mejora las condiciones de aquél. Riéguelas sistemáticamente en la fase de desarrollo. Una vez que han crecido, pueden tolerar la sequía. Los suelos pobres en nutrientes se abonan en primavera con fertilizante completo, pero añadir demasiado puede dar lugar a mucho follaje y pocas flores. Pode las puntas después de cada brote de flores para estimular nuevas floraciones. Corte las plantas a finales del otoño o principios

La planta anual *Salvia splendens* conserva sus flores escarlatas durante meses. Se podan después del primer brote para obtener una segunda floración.

del invierno justo al nivel del suelo. Para evitar tener que extraer y dividir los conjuntos, espere a que los renuevos broten en primavera, y entresaque la superpoblación de vástagos. Se propagan a partir de semillas o esquejes. En los climas propensos a las heladas, las especies sensibles a estas se pueden cultivar en invernaderos frescos o soleados, o sembrar en exteriores para el verano. Se cultivan en macetas compost, con buen drenaje y un máximo de luz, aunque protegidas de los rayos directos del sol.

CLIMA Hay especies de *Salvia* adecuadas para distintas zonas climáticas, pero muchas son sensibles a las heladas.

ESPECIES *S. azurea*, de la zona 4, es una planta perenne que crece hasta alcanzar más de 1 m y produce flores de color azul muy intenso. *S. elegans*, salvia roja, de la zona 10, es una planta alta y atractiva con hojas largas y rugosas que huelen a piña cuando se estrujan. Sus flores de color rojo brillante son muy llamativas. *S. farinacea*, salvia azul, de la zona 9, es una planta perenne efímera de 30-50 cm de altura que se trata a menudo como anual. Produce flores de color morado intenso o blanco recubiertas por una capa blanca y lanosa. *S. guaranitica*, de la zona 9, es muy fácil de cultivar y alcanza más de 1 m. Produce flores con el azul intenso de la *S. azurea*. *S. involucrata*, de la zona 9, es una planta vigorosa que crece 1,2 m, y produce flores de color rosa brillante durante un período prolongado. *S. leucantha*, salvia cruz, de la zona 10, es una perenne muy útil. Sus flores aterciopeladas de color morado y blanco brotan en invierno y primavera. Las hojas son verdes y blancas, con la textura del fieltro en el envés. Esta especie es también muy vigorosa, crece hasta 1 m de altura y se extiende rápidamente por medio de tallos subterráneos. *S. microphylla*, de la zona 9, produce flores de color rojo brillante. *S. officinalis*, salvia común, de la zona 5, es una de las especies más difíciles de cultivar porque requiere un drenaje perfecto y no prospera en la humedad ni con el exceso de lluvias veraniegas. El follaje es gris y un tanto arrugado. Las flores son, por lo general, de color violeta pálido. *S. patens*, de la zona 9, de hasta 60 cm de altura, produce flores de color azul muy intenso. *S. uliginosa*, de la zona 9, produce flores de color azul brillante con un toque de blanco, desde el verano hasta el otoño. Este período de floración prolongado la convierte en una planta perenne útil.

Salvia officinalis (fam. Lamiaceae)

Salvia

Originaria de la cuenca del Mediterráneo, la salvia se conoce desde la Antigüedad y es en Italia donde de más se emplea esta especie. Allí, las hojas se saltean en aceite de oliva hasta que están crujientes y se usan para sazonar guisos. Sus hojas se valoran también por sus propiedades medicinales. *Salvia officinalis* es una planta perenne que crece entre 60 cm y 1 m, con tallos ramificados, hojas atractivas y grisáceas, y flores de color malva o morado, que brotan en verano en el extremo de los tallos. Sus hojas aromáticas son ligeramente amargas.

La salvia, muy apreciada como especia, se debe cultivar a pleno sol en suelos con drenaje perfecto.

CULTIVO Se cultiva en suelos arenosos con buen drenaje, con orientación abierta y soleada, y si es posible, en lechos elevados. Riegue las plantas tiernas en abundancia, pero reduzca la cantidad de agua en la medida en que la planta madura. Se propaga en primavera a partir de semillas, o en verano a partir de esquejes casi maduros, que se enraízan con cama caliente. Cuando se propaga a partir de esquejes, se emplea una mezcla muy gruesa. Las semillas se esparcen sobre la superficie de un semillero preparado previamente y se cubren ligeramente con el suelo. Se siembran en exteriores cuando han alcanzado unos 10 cm de altura, y con una separación de 60 cm entre sí y entre las hileras. Las puntas en desarrollo de las plantas se cortan el primer año para estimular que crezcan tupidas, y la cosecha se lleva a cabo en verano, justo antes de la floración. Las hojas se pueden secar en un horno con calor muy bajo. Cuando están completamente secas, se les quitan los tallos y se conservan en recipientes herméticos. Las plantas se multiplican a partir de semillas o de esquejes cada 3-4 años. La salvia se puede cultivar también con éxito en tiestos.

CLIMA Zona 5. Prosperan mejor en un clima de tipo mediterráneo con veranos calurosos y secos e inviernos frescos y húmedos.

Samanea (fam. Leguminosae)
Cenízaros

Los cenízaros son la más conocida de estas especies de árboles y arbustos, por lo general, de crecimiento rápido, y nativos de América y África tropicales. Presentan hojas compuestas con ocho pares de hojuelas y las flores brotan empenachadas en cabezuelas redondeadas.

CULTIVO Lejos de los trópicos, se cultivan en invernaderos cálidos o soleados, en macetas con compost. Necesitan un máximo de luz, aunque protegidas de los rayos directos del sol. Riéguelas normalmente durante la estación de crecimiento, pero reduzca el agua considerablemente en invierno. Puede ser necesario podarlas a finales del invierno para limitar su tamaño. Se propagan a partir de semillas sembradas en primavera, que se germinan a 15 °C. Estas se remojan primero en agua caliente durante 24 horas. Los esquejes casi maduros se cortan en verano y se enraízan con cama caliente.

CLIMA Exclusivamente en regiones tropicales.

ESPECIES *S. saman*, sinónimo *Albizia saman*, es una planta de crecimiento rápido que se desarrolla hasta formar un árbol con un tronco corto y compacto, y una copa mucho más ancha que su altu-

Las flores de *Samanea saman* brotan de racimos apretados de capullos. Son de color crema y producen estambres largos, lanosos y de color rosa.

ra. Estos árboles crecen hasta alcanzar 20 m o más y pliegan sus hojas cuando llueve, lo que permite que las que se encuentran más abajo se mojen a fondo. En la estación seca, mudan buena parte del follaje. Sus flores amarillentas con estambres largos de color rosa brotan a finales de la primavera o en verano, seguidas por vainas oscuras que se abren a lo largo de uno de sus lados cuando maduran.

Sambucus (fam. Caprifoliaceae)

Saúcos, sabucos

Distribuido por la mayor parte de las regiones templadas del mundo, este género incluye unas 20 especies de arbustos y árboles, en su mayor parte caducos. Las bayas de algunas especies son tóxicas, aunque las de *S. nigra* son comestibles y se han empleado para preparar vino durante varios siglos. El fruto de *S. canadensis*, saúco amarillo, se emplea también en la elaboración de vino, mermelada, jalea y tartas.

CULTIVO Los saúcos prosperan bien en cualquier tipo de suelo húmedo con un drenaje razonablemente bueno y con orientación soleada o en sombra parcial. Las variedades doradas requieren poda para obtener el mejor efecto primaveral. Se propagan a partir de semillas o esquejes. Los que son cortados de madera dura son lentos, pero fiables.

Las flores de color crema de *Sambucus nigra* brotan agrupadas en masa y forman láminas planas en la cima del ramaje.

CLIMA Hay especies adecuadas para distintas zonas climáticas.

ESPECIES *S. callicarpa*, de la zona 6, es una especie nativa de California, crece hasta alcanzar los 6 m y produce bayas rojas muy decorativas. La *S. canadensis*, saúco amarillo, de la zona 3, crece hasta los 3 m de altura. Su cultivar 'Aurea' es una planta llamativa cuando se cultiva al sol porque su follaje dorado se puede apreciar mejor. *S. nigra*, saúco común, de la zona 5, es un árbol pequeño y tupido de hasta 10 m, con racimos de flores veraniegas de color crema, seguidas por bayas negras. *S. racemosa*, saúco rojo, de la zona 4, crece hasta 4 m, y presenta un follaje plumoso, racimos grandes de flores de color crema y bayas escarlatas.

Sanchezia (fam. Acanthaceae)

Hay unas 20 especies agrupadas en este género de arbustos originarios de América tropical. Presentan hojas opuestas y espigas o ramos de flores en su mayor parte coloridas, que brotan en los extremos de los tallos o en las axilas foliares.

CULTIVO En invernaderos, cultívelas en macetas con compost y buena luz, aunque protegidas de los rayos directos del sol. Riéguelas normalmente cuando estén en pleno desarrollo y mucho menos en invierno. Puede ser necesario podarlas a finales del invierno para limitar su tamaño. Se propagan

Sanchezia speciosa, cultivada por su follaje elegante, presenta hojas de color verde intenso, con nervaduras.

a partir de esquejes de madera blanda en primavera o de esquejes casi maduros en verano.

CLIMA De las regiones más cálidas de la zona 10 hasta las tropicales.

ESPECIES *S. speciosa* es la especie que se cultiva con más frecuencia. Se trata de un arbusto tupido que crece hasta 1,5 m. Las hojas entre ovales y lanceoladas son de color verde brillante con nervaduras de color blanco, crema o amarillo. Produce espigas de flores que brotan principalmente en verano. Son amarillas con brácteas rojas que a menudo perduran mucho después de que las flores se hayan desprendido.

Sandersonia (fam. Colchicaceae)
Sandersonia

Se trata de un género que incluye una sola especie que, en la actualidad, es una planta rara en el sur de África. Esta perenne trepadora, que se desarrolla a partir de tubérculos, es un ejemplar poco común para jardines sin heladas o para invernaderos cálidos o soleados.

Las flores, con la forma pintoresca de un farol, que produce *Sandersonia aurantiaca* presentan un encantador lustre.

CULTIVO Cuando se cultivan en maceteros bajo cristal, sus tubérculos se siembran en compost y con buen drenaje, a principios de la primavera y a 7 cm de profundidad. Garantíceles un máximo de luz, aunque protegidas de los rayos directos del sol. Riéguelas y abónelas todos los meses con fertilizante líquido mientras están en pleno desarrollo. En jardines, escoja un sitio soleado con buen drenaje y abundancia de humus. Aíslelas del exceso de lluvia durante el invierno. Se propagan por división vegetativa mientras están en reposo o a partir de semillas, que se germinan a 21 °C.

CLIMA Zona 9, si relativamente no hay heladas.

ESPECIES *S. aurantiaca*, alcanza 80 cm de altura. Sus flores, satinadas y de color dorado intenso a naranja, brotan en tallos delgados e inclinados hacia abajo.

Sanguinaria (fam. Papaveraceae)
Sanguinaria

El nombre de este género se deriva del término latino *sanguis*, que significa sangre, y hace referencia al color rojo de la savia de estas plantas. Se trata de una perenne herbácea originaria de Norteamérica, cuyas hojas son de color gris azulado y las flores, de color blanco puro con anteras amarillas.

La pequeña *Sanguinaria canadensis* produce flores sencillas de color blanco puro.

CULTIVO Esta bella planta de los montes prospera en sitios con semipenumbra, suelos húmedos y buen drenaje. Se propaga por división vegetativa después de la floración.

CLIMA Zona 3. Exclusivamente en climas frescos y húmedos.

ESPECIES *S. canadensis* es una planta encantadora de tamaño pequeño, de hasta 20 cm, con hojas arriñonadas y flores blancas. El cultivar 'Plena' produce flores dobles, más ostentosas.

Sanguisorba minor (fam. Rosaceae)
Pimpinela menor

Esta herbácea perenne presenta hojas bonitas y semejantes a las de los helechos, y racimos de flores veraniegas con forma de dedal, de color verde blanquecino. Crece hasta alcanzar 30 cm de altura y se puede usar como planta cobertora, siempre que se corten sus tallos florales, porque esparcen sus semillas. Las hojas tienen un sabor agradable a pepino y se pueden emplear en la preparación de ensaladas, refrescos de fruta y ponches.

CULTIVO La pimpinela menor es muy resistente y se desarrolla bien en la mayoría de los climas. Se siembra en suelos moderadamente ricos en nutrientes, con buen drenaje y una orientación soleada, y se riegan en abundancia durante el tiem-

La pimpinela menor no se debe limitar necesariamente al huerto de las especies, pues su bonito follaje y sus flores también se emparejan bien con las plantas ornamentales.

po seco. Se propagan a partir de semillas o por división vegetativa en otoño o primavera.

CLIMA Zona 5 y superior.

Sansevieria (fam. Agavaceae)
Lenguas de tigre

Estas plantas suculentas, originarias de las regiones áridas de África tropical y subtropical, Madagascar y Asia meridional, incluyen unas 70 especies, además de muchas variedades y formas diferentes. Todas presentan rizomas cortos, gruesos y rastreros de los que brotan hojas fuertes, erguidas, con forma de espada y nervudas de las que obtienen fibras textiles. Las hojas de muchas de sus especies son punteadas, manchadas o con franjas de varios diseños. Las plantas maduras producen ramos de flores pequeñas de color blanco verdoso que brotan en tallos bastante altos.

CULTIVO Fáciles de cultivar, estas plantas requieren muy poca agua, y suelos moderadamente ricos en nutrientes y con buen drenaje. Se pueden cultivar tanto al sol como a la sombra. Sus rizomas gruesos llenan las macetas con rapidez, por lo que las especies de *Sansevieria* pueden necesitar cambios anuales de macetas.

Las flores delicadas y de color blanco verdoso de *Sansevieria trifasciata*, ricas en néctar y fragantes, contrastan con sus hojas fuertes.

CLIMA Zona 10 o regiones tropicales.

ESPECIES *S. cylindrica*, originaria de África, presenta hojas altas, cilíndricas, puntiagudas y de color opaco, y flores de color rosa claro o blanco. *S. trifasciata*, lenguas de tigre, de África occidental, presenta hojas rígidas, erguidas, que terminan en un extremo sin filo, con franjas de color verde grisáceo y verde oscuro. El cultivar 'Hahnil', que se considera una mutación de *S. trifasciata*, es una planta con forma de florero con hojas más anchas y cortas con pintas horizontales de color verde intenso. El cultivar 'Laurenti' es igual a *S. trifasciata*, pero presenta franjas de color variable entre crema y amarillo en los lados de las hojas.

Santalum (fam. Santalaceae)

Sándalos

Nativos de Australia, el sudeste de Asia y el Pacífico, estos árboles y arbustos perennes se cultivan generalmente por sus frutos o por la «madera de sándalo» perfumada con la que los chinos y los indios han fabricado ornamentos preciosos y sagrados durante siglos. Su madera produce también un aceite esencial que tiene usos medicinales. Con sus frutos rojos y su follaje de desarrollo pendular, son también plantas ornamentales atractivas para jardines y para ejemplares individuales en tiestos. Sin embargo, como se trata de especies parcialmente parasitarias de las raíces de otras plantas, su cultivo puede ser difícil. Es poco probable que este género se encuentre disponible fuera de sus países de origen.

CULTIVO Lejos de los trópicos, los sándalos necesitan cultivo en invernaderos cálidos, pero se les considera difíciles para el jardinero aficionado. Las semillas de todas las especies, excepto *S. lanceolatum*, presentan cáscaras duras que requieren cortes antes de colocarlas, con la incisión hacia abajo, en una mezcla de arena gruesa y turba con una proporción de 3:1, en un sitio con sombra parcial. Conserve las plantas húmedas en verano. Se deben sembrar con otra planta arbustiva o herbácea pequeña y trasplantarlas juntas.

CLIMA Zona 10 o regiones tropicales.

Nativa de las regiones secas y áridas del interior de Australia, *Santalum lanceolatum* es un árbol pequeño que crece unos 7 m y da frutos comestibles.

ESPECIES *S. acuminatum* es un árbol pequeño, nativo de Australia, que alcanza hasta 5 m de altura y presenta una copa densa de hojas de color verde claro. Sus flores, pequeñas y blancas, son seguidas por frutos comestibles de hasta 3 cm de diámetro, que se tornan de color verde a rojo brillante cuando maduran. Los aborígenes australianos, quienes los enterraban para mejorar su sabor, consumían los frutos de esta especie. *S. album*, sándalo blanco, es una especie nativa de Timor y de algunas islas indonesias. Se cultiva en la actualidad en India y Hawai para su exportación. Crece hasta alcanzar los 5 m y produce flores pequeñas, que se tornan rojas cuando maduran, y frutos negros semejantes a las cerezas. *S. freycinetianum*, de Hawai, se cultiva para la exportación. *S. lanceolatum* es un árbol pequeño que presenta un follaje encantador de desarrollo pendular, y frutos negros, redondos y comestibles. *S. spicatum*, especie amenazada de extinción, es la más importante desde el punto de vista comercial porque se le extrae su aceite esencial como fijador para perfumería. Este árbol pequeño y tupido, de hasta 3-4 m de altura, presenta un follaje de color verde azulado y da unos frutos pequeños y amarillos.

Santalum acuminatum (fam. Santalaceae)

S. acuminatum, nativo de las regiones más secas de los estados de la tierra firme de Australia, se explota comercialmente en la actualidad. Estos árboles presentan un follaje de desarrollo pendular y crecen hasta alcanzar los 5 m de altura. Sus frutos comestibles son ligeramente ácidos, pero son un ingrediente poco común para preparar mermeladas, jaleas y tartas de fruta. Los frutos aportaron un buen complemento dietético para los primeros colonos del continente, y los aborígenes australianos los consumen todavía. El hueso de los frutos se empleaba en juegos de mesa como las damas chinas y para elaborar collares en el siglo XIX. Los frutos, que tienen un contenido elevado de vitamina C, se pueden comer frescos o cocidos.

CULTIVO Este árbol es parcialmente parasitario y necesita de otras plantas para alimentarse; en especial, en sus primeros años. Donde el clima es apropiado, se debe cultivar a pleno sol, en espacios abiertos con suelos arenosos o de gravilla. Se riega sistemáticamente para desarrollarlo y des-pués solo de manera ocasional y a fondo durante la producción de flores y frutos.

CLIMA Zona 10. Regiones áridas.

Santolina (fam. Asteraceae)

Abrótanos hembra

Endémico en la cuenca del Mediterráneo, este género agrupa 18 arbustos perennes y compactos, que presentan, por lo general, un follaje gris y aromático, y producen en verano cabezuelas circulares semejantes a las margaritas.

CULTIVO Requieren una orientación a pleno sol y suelos con buen drenaje. Pódelas después de la floración para eliminar las cabezuelas viejas y evitar que los tallos de las plantas se vuelvan largos y deshojados. Se propagan a partir de esquejes entre finales de primavera y otoño.

CLIMA Zona 7.

ESPECIES *S. chamaecyparissus*, abrótanos hembra, es un arbusto enano muy ramificado, de hasta 60 cm, con un follaje aromático y de color gris plateado. En verano, este arbusto se cubre con masas de floraciones amarillas. Se emplea para formar setos bajos y tiene propiedades insecticidas, además de un largo historial por su uso en la medicina popular y como antiséptico. *S. rosmarinifolia*, subespecie *rosmarinifolia*, sinónimo *R. virens*, presenta un follaje plumoso de color verde brillante y cabezuelas amarillas.

El sándalo australiano produce cosechas mayores en condiciones de cultivo que en su hábitat natural árido.

Una vez podada, *Santolina chamaecyparissus* crece muy bien en condiciones favorables.

Sapium (fam. Euphorbiaceae)
Árboles de sebo

Estos árboles y arbustos perennes o caducos se distribuyen por las regiones cálidas y tropicales del mundo. Este género incluye unas 100 especies. De algunas de ellas se obtiene el látex natural que se emplea en la fabricación de la goma, mientras que las semillas de *S. sebiferum* producen una cubierta cerosa y blanca que se usa para hacer jabón y velas.

CULTIVO Estas plantas prosperan mejor en suelos enriquecidos con materia orgánica y con buen drenaje, orientados a pleno sol. Se cultivan fácilmente a partir de semillas.

CLIMA Zona 9.

ESPECIES *S. sebiferum*, sebo chino, nativo de las regiones cálidas de China y Japón, es un árbol atractivo, de crecimiento rápido hasta los 10 m, con una copa extendida. Sus hojas suaves y acorazonadas se tornan de color rojo en otoño, y sus flores de color amarillo verdoso brotan en amentos primaverales.

Saponaria (fam. Caryophyllaceae)
Hierbas jaboneras

Tanto el nombre del género como el nombre común de estas especies hacen referencia al jugo de las hojas de *Saponaria officinalis*, que hace espuma como el jabón cuando se añade al agua. Sus 20 especies de anuales, bienales y perennes son todas oriundas de Europa y del sudoeste de Asia. Algunas se consideran malas hierbas.

CULTIVO Requieren una orientación soleada, y se desarrollan adecuadamente en cualquier tipo de suelo. Las anuales se propagan a partir de semillas, y las perennes, a partir de esquejes y división vegetativa.

CLIMA Hay especies adecuadas para distintas zonas climáticas.

ESPECIES *S. caespitosa*, de la zona 7, es una planta perenne de tamaño pequeño, de hasta 15 cm, que produce masas de flores de color rosa que son más grandes que las de las otras especies del género. *S. ocymoides*, de la zona 4, también perenne, crece unos 10 cm. En verano forma una alfombra de

Los retoños de *Sapium sebiferum* son de color rojo rosáceo. Sus hojas acorazonadas, en sus tallos de desarrollo acodado, forman una copa sombreada.

Saponaria officinalis se ha empleado durante siglos como agente limpiador y en la medicina popular. Se usa en la actualidad como ingrediente de lociones para la piel y champús.

flores pequeñas de cinco pétalos de color rosa intenso, que brotan en ramos. *S. officinalis*, jabonera común, de la zona 4, es una planta perenne, vigorosa y extendida, de hasta 60 cm de altura, que produce ramos de flores veraniegas de color rosa. El cultivar 'Rubra Plena' produce flores dobles y rojas, y 'Alba Plena', dobles y blancas.

Saraca (fam. Leguminosae)

Este género, conocido por sus flores de colores brillantes, agrupa 11 especies de árboles del sudeste de Asia. Se cree que el árbol bajo el cual nació Buda pertenece a una de estas especies. Las flores se emplean como ofrendas en los templos budistas y algunas especies se usan en las medicinas tradicionales locales.

CULTIVO En los climas con heladas se cultivan como plantas para maceteros en invernaderos cálidos o soleados. Se siembran en compost para macetas con buen drenaje. Protéjalas de los rayos directos del sol. Riéguelas bien durante la estación de crecimiento, pero consérvelas más secas el resto del tiempo. En exteriores, estos árboles requieren la sombra y el abrigo de plantas más altas, y suelos húmedos aunque con buen drenaje. Se propagan a partir de semillas.

CLIMA Regiones más cálidas de la zona 10 hasta tropicales.

ESPECIES *S. indica*, sinónimo *S. asoca*, crece unos 8-10 m de altura. Sus ramillas presentan un desarrollo pendular, con un follaje tierno muy flácido. Las hojas compuestas están formadas por entre 3 y 6 pares de hojuelas largas y puntiagudas. Las flores son de color amarillo anaranjado, que se torna rojo intenso en la medida en que maduran. Su fragancia solo es perceptible de noche. Las vainas, que contienen las semillas, se desarrollan después de que las flores se han marchitado. *S. thaipingensis* crece también hasta los 8-10 m de altura. Sus hojuelas son más anchas que las de *S. indica* y las masas de cabezuelas son amarillas.

Sarcochilus (fam. Orchidaceae)

Hay 16 especies incluidas en este género de orquídeas epífitas, que se distribuyen principalmente por los bosques tropicales y los barrancos húmedos de Australia oriental. Hay una especie que crece en Nueva Caledonia. Estas orquídeas bellas y muy perfumadas son fáciles de cultivar, y son un aporte atractivo para cualquier colección. La floración se produce, por lo general, en otoño e invierno en el hemisferio norte, pero algunas especies florecen en otros momentos.

CULTIVO Se cultivan en invernaderos entre intermedios y cálidos, o soleados, en macetas con

Nativa de la península de Malaca, *Saraca thaipingensis* produce flores amarillas en la parte superior de los tallos, por encima de sus hojas inclinadas hacia abajo.

Se han producido algunos híbridos muy selectos del género *Sarcochilus* a partir de varias de sus especies. Tienen también la ventaja de que son fáciles de cultivar.

compost para orquídeas epífitas. Proporcióneles una humedad elevada, protéjalas de los rayos directos del sol y riéguelas muy escasamente cuando se encuentran en reposo.

CLIMA Zona 10.

ESPECIES *S. ceciliae* es una especie delicada que presenta hojas gruesas y estrechas en tallos rastreros que forman conjuntos densos. Las flores, pequeñas, acampanadas y sumamente fragantes, son, por lo general, de color rosa y brotan en ramos erguidos. *S. falcatus* es una especie preciosa con hojas aplanadas y ramos de flores muy fragantes de colores variables entre blanco y crema. *S. fitzgeraldii* presenta tallos ramificados que forman alfombras con la madurez y flores muy olorosas, en su mayor parte blancas —a veces de color rosa—, con pintas rojas en la base. *S. hartmannii* es una especie variable con hojas rígidas y acanaladas, y ramos de flores blancas ligeramente más largos, con puntos de colores entre rosa y granate en la base.

Sarcococca (fam. Buxaceae)
Bojes dulces

Originario de Asia, este género agrupa 11 especies de arbustos perennes que se cultivan principalmente por su follaje atractivo y sus flores dulcemente perfumadas, aunque insignificantes, que brotan a finales del invierno hasta avanzada la primavera.

CULTIVO Los bojes dulces necesitan suelos húmedos, aunque con buen drenaje, abundantes en contenido de humus, y orientados en sombra parcial o total en sitios abrigados. Se propagan a partir de división vegetativa a finales del invierno o a partir de esquejes casi maduros en verano.

CLIMA Hay especies adecuadas para distintas zonas climáticas.

ESPECIES *S. confusa*, de la zona 6, es un arbusto denso, de hasta 2 m, con un follaje atractivo, y flores pequeñas y blancas, seguidas por bayas ne-

Las bayas rojas de *Sarcococca ruscifolia* perduran durante varios meses. Esta planta es muy resistente.

gras. *S. hookeriana*, de la zona 6, forma un conjunto denso de tallos erguidos, un tanto arqueados, de unos 2 m. Sus flores pequeñas, fragantes y blancas son seguidas por bayas negras. *S. ruscifolia*, de la zona 8, forma un conjunto denso de 1 m de altura, y produce flores olorosas de color crema y bayas rojas.

Sarracenia (fam. Sarraceniaceae)
Plantas jarro

Estas ocho especies de plantas carnívoras-insectívoras de las regiones pantanosas del este de Norteamérica se cultivan principalmente como rarezas. Cada una de las hojas está plegada sobre sí misma y forma una especie de jarro que atrapa al insecto. Estas trampas con forma de jarro presentan nervaduras bellamente decorativas.

CULTIVO En las zonas climáticas por debajo de las recomendadas, cultívelas en invernaderos frescos o soleados, en macetas poco profundas con una mezcla de musgo del género *Sphagnum*, abono preparado con hojas descompuestas y arena gruesa. Coloque las macetas en bandejas poco profundas con agua durante la estación de crecimiento. En invierno, consérvelas apenas húmedas. En jardines, se cultivan con una orientación soleada en suelos húmedos y ácidos, abundantes en contenido de humus. Se propagan por división vegetativa en primavera.

Sarracenia alata crece silvestre en los márgenes de los pantanos.

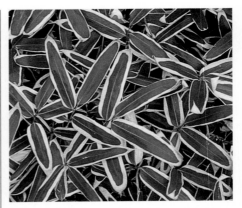

Sasa veitchii, bambú kuma, es muy ornamental y se desarrolla a partir de un rizoma rastrero.

CLIMA Hay especies adecuadas para distintas zonas climáticas.

ESPECIES S. *flava*, de la zona 7, es una planta que crece alta, con hojas de 1 m de longitud, de color amarillo verdoso. Las flores son amarillas con gargantas florales carmesíes. S. *cophylla*, de la zona 8, es otra especie alta, que crece también hasta alcanzar más de 1 m. Las hojas son verdes y sus flores son de color carmesí intenso o morado. S. *psittacina*, de la zona 8, presenta hojas verdes con nervaduras rojas que alcanzan hasta 20 cm de longitud y tienden a tumbarse horizontalmente. S. *purpurea*, planta jarro común, de la zona 3, presenta hojas verdes con nervaduras de color rojo morado y 30 cm de longitud, que también tienden a tumbarse en lugar de erguirse.

Sasa (fam. Poaceae)
Bambúes kuma

Nativas de Asia oriental, estas especies de bambú de tamaño pequeño son plantas con rizoma. Los retoños brotan a cierta distancia y crecen hasta formar tallos solitarios y erguidos. Hay cultivares disponibles con variaciones en los tallos y de colores. Son plantas apropiadas para cultivar en tiestos. Las especies de *Sasa* pueden ser invasoras; si se dejan, crecen sin control.

CULTIVO Se cultiva en suelos con buen drenaje, al sol o a la sombra, a los que se añade compost o estiércol antes de sembrarlos. Estas plantas toleran las heladas y se propagan a partir de la división vegetativa de los conjuntos a finales del invierno o principios de la primavera.

CLIMA Zona 8.

ESPECIES *Sasa veitchii*, bambú kuma, es una especie pequeña y resistente que crece hasta alcanzar apenas poco más de 1 m. Los bordes de sus hojas gruesas se tornan blancos en otoño.

Satureja, especies de (fam. Lamiaceae)
Ajedreas

Este género, que agrupa aproximadamente 30 especies de plantas herbáceas de las regiones templadas del hemisferio norte, incluye dos especies: las ajedreas de verano y las ajedreas de invierno. Las hojas se emplean, frescas o secas, para cocinar. Las secas se añaden a veces a los ingredientes para la preparación de ollas podridas.

La ajedrea de montaña tiene un sabor fuerte cuando se cultiva a pleno sol y sin añadirle fertilizantes.

CULTIVO Las dos especies de ajedrea se propagan a partir de semillas en suelos ricos en nutrientes, con buen drenaje y con una orientación soleada, aunque la ajedrea de montaña se puede multiplicar también a partir de esquejes o división vegetativa. Las plantas se deben sustituir cada pocos años.

CLIMA Zona 8 para la *S. hortensis*; zona 6 para la *S. montana*.

ESPECIES *S. hortensis*, o tomillo, de la zona 8, es una planta anual arbustiva, de unos 30 cm de altura, que presenta hojas estrechas y de color verde oscuro, y produce flores tubulares de color lila claro o blanco a finales del verano. Sus hojas se emplean para sazonar platos. *S. montana*, ajedrea de montaña, de la zona 6, es un arbusto perenne de hasta 30 cm de altura, con hojas puntiagudas de color verde oscuro, que produce pequeñas flores tubulares en verano, que varían del color blanco al lila. Se usa para sazonar carnes.

Saxifraga (fam. Saxifragaceae)

Este género agrupa más de 300 especies de encantadoras plantas enanas perennes, que se distribuyen por las regiones templadas y alpinas de todo

Saxifraga stolonifera se cultiva por su follaje atractivo y muy nervudo. Sus diminutas flores blancas son algo excepcional.

el mundo. Se han desarrollado muchos cultivares, que son aportes adicionales para los jardines de rocalla y alpinos en los climas frescos. Aunque este género ha sido subdividido en 16 grupos para ayudar a la identificación de sus especies, aún hay alguna controversia acerca de cuáles son las plantas que realmente se siembran.

CULTIVO Algunas especies necesitan sombra y suelos húmedos; otras, suelos a pleno sol con muy buen drenaje. Algunas necesitan suelos ácidos; otras, condiciones alcalinas. Quienes deseen cultivar especies de *Saxifraga* deben consultar una obra especializada en plantas alpinas para averiguar cuáles son las necesidades de estas plantas. La mayoría se propaga en primavera a partir de la división vegetativa o de retoños.

CLIMA Hay especies adecuadas para distintas zonas climáticas.

ESPECIES *S. paniculata*, de la zona 2 y oriunda de Europa central, desarrolla alfombras de hojas alargadas de color verde grisáceo que brotan en rosetones. Esta planta florece a principios del verano y produce panículas con floraciones de color blanco crema. Crece hasta alcanzar unos 15 cm y se expande hasta unos 30 cm. Hay disponibles numerosas variedades y cultivares. Se cultivan a pleno sol en suelos alcalinos con buen drenaje. *S. rosacea*, de la zona 6, es una de las especies agrupadas en la sección *Dactyloides* y desarrolla conjuntos de hojas de color verde brillante con formas variables de solo 8 cm de altura. Las flores, que son habitualmente blancas y abiertas, brotan en primavera. Los cultivares producen masas de flores en una gama de colores rojo, carmín brillante y rosa. *S. stolonifera*, pelo de la Virgen, de la zona 8, es una especie nativa de Japón. Presenta hojas semejantes a las del geranio, de color verde oliva, con atractivas nervaduras plateadas, y espigas largas de flores primaverales blancas. Es ideal para cultivar en macetas colgantes y prospera en suelos ácidos y en semipenumbra. Desarrolla conjuntos de 30 cm de altura. *S. umbrosa*, de la zona 7, crece unos 20 cm, y desarrolla rosetones de hojas carnosas. Produce en primavera abundantes flores blancas, estrelladas y diminutas que brotan en tallos altos. Esta especie se cultiva a la sombra en suelos húmedos.

Scadoxus (fam. Amaryllidaceae)
Lirios de sangre

En este género originario de África tropical hay nueve especies de plantas bulbosas con flores llamativas y poco comunes. Incluidas antes en el género *Haemanthus*, estas especies han sido reclasificadas a partir de la identificación de su estructura celular variada.

CULTIVO En los invernaderos, cultívelas en macetas con compost. Siembre los bulbos superficialmente en otoño, con los cuellos visibles por encima del nivel del compost, con el máximo de luz, aunque protegidas de los rayos directos del sol. Riéguelas normalmente cuando están en pleno crecimiento, pero reduzca el agua gradualmente cuando las hojas se empiecen a marchitar. Conserve el compost seco en otoño e invierno, mientras las plantas se encuentran en reposo. Se propagan a partir de retoños cuando están en reposo, o de semillas que se siembran cuando han madurado. Se germinan a 21 °C.

CLIMA Zona 10.

Estambres largos y de puntas doradas sobresalen de las flores estrelladas y escarlatas de *Scadoxus multiflorus*, subespecie *katherinae*, planta bulbosa poco común.

ESPECIES *S. multiflorus* es una planta bulbosa perenne que produce cabezuelas redondeadas de flores veraniegas rojas que son seguidas por bayas pequeñas de color naranja. La subespecie *katherinae* presenta un follaje con bordes ondulados distintivos. *S. puniceus* presenta hojas basales grandes, que forman un tallo alto con pedúnculos foliares envueltos. Produce flores que varían del color verde amarillento al rosa o escarlata en primavera o verano.

Scaevola (fam. Goodeniaceae)
Abanicos

La mayor parte de las aproximadamente 90 especies de pequeños arbustos y enredaderas perennes incluidas en este género son nativas de Australia, aunque algunas se encuentran en las regiones tropicales y subtropicales de Asia, Polinesia, África y América. Muchas de las especies australianas que se cultivan presentan flores distintivas de color azul y forma de abanico, con sus cinco pétalos dispuestos hacia un solo lado. Estas flores brotan abundantes durante muchos meses; principalmente, en primavera y verano. Son plantas excelentes para plantaciones masivas, rocallas y para

Las flores de color morado cereza intenso de *Scaevola striata* contribuyen a explicar la popularidad creciente de las especies de su género.

su desarrollo rastrero en los macizos, además de ser adecuadas para maceteros.

CULTIVO Se propagan a partir de semillas sembradas en primavera que se germinan a 21 °C, o se multiplican en primavera o verano en camas de propagación calientes a partir de esquejes de madera blanda. Si se cultivan en macetas bajo cristal, se siembran en compost y se les garantiza luz intensa, aunque protegidas de los rayos directos del sol. Para su exhibición en exteriores, se siembran cuando han pasado las heladas en sitios soleados o con sombra parcial, en suelos con buen drenaje, pero capaces de retener la humedad.

CLIMA Zona 10.

ESPECIES *S. aemula*, abanico de las hadas, nativa de Australia, es una planta procumbente que desarrolla alfombras y produce flores veraniegas de color azul morado. *S. albida* es una planta extendida, de aproximadamente 30 cm de altura, que produce flores de color blanco, azul claro o malva desde la primavera hasta el verano. *S. calendulacea* es una planta cobertora que crece silvestre en las dunas, donde es útil para estabilizar la arena. Sus flores azules parecen brotar durante todo el año. *S. cras-*

sifolia, de Australia occidental, es un arbusto redondeado, de 1 m de altura y ancho, que presenta hojas gruesas y dentadas de color verde oscuro, y flores de color azul brillante o malva. *S. frutescens*, naupaka de playa, oriunda de Polinesia y Australia septentrional, es otro arbusto extendido, de hasta 3 m de altura. Sus hojas son carnosas, y las flores, blancas con rayas moradas, son seguidas por frutos blancos. *S. ramossisima*, de Nueva Gales del Sur, es una planta de desarrollo irregular que se extiende hasta 1 m, crece unos 25 cm, y produce flores veraniegas grandes y de color morado azuloso. *S. striata*, de Australia occidental, es un arbusto tupido de tamaño pequeño con un modo de desarrollo extendido. Sus flores, de color morado intenso, tienen gargantas florales amarillas.

Schefflera (fam. Araliaceae)

Hay unas 700 especies agrupadas en este género de arbustos o árboles pequeños de crecimiento rápido, que nacen silvestres en las regiones tropicales y cálidas del mundo. Son muy populares como plantas de follaje ornamental para exteriores en los climas subtropicales y tropicales, y, en otras regiones, para interiores. Sus hojas, satinadas y verdes, cuelgan de los extremos superiores de los tallos hasta adquirir la forma de una sombrilla. La mayoría de las especies de *Schefflera* produce espigas largas de flores de color blanco, blanco verdoso o rojas, seguidas por racimos densos de bayas entre moradas y rojas.

CULTIVO En los climas con heladas, se cultivan como plantas para interiores o en invernaderos cálidos o soleados. Se siembran en compost para macetas. Estas plantas necesitan buena luz, aunque se deben proteger de los rayos directos del sol. En exteriores, cultívelas a pleno sol o sombra parcial en suelos húmedos, pero con buen drenaje. Se propagan a partir de semillas sembradas en los meses de primavera a 21 °C o, en verano, a partir de esquejes casi maduros germinados en cama de propagación caliente.

CLIMA Zona 10 o regiones tropicales para la mayoría de las especies. *Schefflera hectaphylla* se puede cultivar en la zona 9.

Schefflera actinophylla, árbol pulpo, crece rápido en los climas cálidos. Sus flores atraen loros y melífagos.

ESPECIES *S. actinophylla*, árbol pulpo, crece silvestre en los bosques tropicales de Australia septentrional. Se desarrolla hasta alcanzar los 10 m de altura, presenta hojas satinadas de color verde intenso, y produce espigas largas de flores carmesíes que brotan en la cima de la planta desde finales del verano hasta principios de la primavera, seguidas por masas de bayas con colores que varían del morado oscuro al rojo. Esta especie no tolera las heladas intensas. *S. digitata*, de Nueva Zelanda, es un árbol pequeño, de entre 4 y 8 m de altura. Sus hojas satinadas de color verde oscuro presentan pecíolos envueltos, y sus espigas de flores verdes son seguidas por bayas pequeñas de color negro morado. *S. hectaphylla*, oriundo de Asia, es un arbusto alto o árbol pequeño en condiciones de cultivo, pero crece hasta los 12-25 m en su hábitat. Las hojas brotan en grupos de ocho y sus flores blancas son seguidas por frutos un tanto morados.

Schinus (fam. Anacardiaceae)

Falsos pimenteros

Este género incluye unas 25 especies de árboles perennes. Todos son nativos de Sudamérica y de desarrollo grácil. Se trata de árboles aromáticos que se cultivan en su mayor parte como ejemplares de sombra o para el arbolado urbano. No se recomiendan para jardines pequeños, puesto que presentan raíces superficiales fuertes.

El desarrollo pendular de *Schinus molle* aporta una sombra ligera. Se trata de una planta adecuada para exteriores.

CULTIVO En los climas con heladas intensas, se cultivan como plantas para maceteros en invernaderos intermedios o soleados, en compost. Proporcióneles buena luz, aunque protegidos de los rayos directos del sol. En exteriores, cultívelos a pleno sol en suelos con buen drenaje, aunque capaces de retener la humedad. Se propagan en primavera a partir de semillas o de esquejes en verano. En ambos casos, en cama de propagación caliente.

CLIMA Zonas 9 o 10.

ESPECIES *S. molle*, falso pimentero, es probablemente la especie mejor conocida. Es nativa de Sudamérica y crece hasta alcanzar 25 m de altura. Presenta una copa muy extendida y ramas inclinadas hacia abajo cubiertas con hojas pinnadas verdes, y produce haces con desarrollo pendular de flores de color blanco amarillento que brotan desde el invierno hasta el verano. Los frutos son de color rosa rojizo. Los troncos de los árboles viejos se tornan nudosos y arrugados. *S. terebinthifolius*, turbinto, es un árbol más pequeño, de aproximadamente 6 m, con ramas más rígidas y erguidas. Produce ramos inclinados hacia abajo con flores veraniegas, diminutas y blancas, que son seguidas por racimos de bayas de color rojo brillante.

Schizanthus (fam. Solanaceae)

Flores de mariposa

Nativas de Chile, estas 10 especies de anuales con floraciones primaverales y veraniegas se valoran por sus flores un tanto exóticas y por su follaje de color verde claro semejante al de los helechos.

CULTIVO Para obtener floraciones veraniegas, las semillas se siembran a mediados de la primavera y se germinan a 16 °C, o se siembran a finales del verano para obtener floraciones invernales en las plantas de los maceteros. Bajo cristal, cultívelas en macetas con compost y proporcióneles buena luz, aunque protegidas de los rayos directos del sol. En los jardines siembran cuando ha pasado las heladas con una orientación soleada y abrigada en suelos con buen drenaje, pero húmedos.

CLIMA Zona 10.

ESPECIES *S. pinnatus* ha producido muchos de los híbridos que se cultivan actualmente. Los más populares son los cultivares enanos. También vale la pena cultivar *S.* x *wisetonensis*, que es similar a *S. pinnatus*.

Schizophragma (fam. Hydrangaceae)

Oriundas de China y Japón, estas cuatro especies de plantas trepadoras con floraciones veraniegas están estrechamente relacionadas con las plantas del género *Hydrangea*. Apropiadas solo para las regiones frescas, las especies de *Schizophragma* son a veces mucho más espectaculares que la especie trepadora *H. anomala* subespecie *petiolaris* de aquel otro género, y son útiles para cubrir pérgolas, troncos de árboles y muros.

CULTIVO Estas trepadoras prosperan en marga húmeda, a la que se le añade estiércol o abono preparado con hojas descompuestas. Se desarrollan bien con una orientación en sombra parcial o a pleno sol. Siémbrelas en otoño o primavera. El suelo en torno a las raíces se abona y las plantas se adaptan, en la medida en que crecen, a trepar sobre el apoyo escogido. Elimine las floraciones

Las flores intensamente coloridas de los híbridos del género *Schizanthus* se destacan sobre el fondo de sus hojas suaves y semejantes a las de los helechos.

Las flores de *Schizophragma hydrangeoides* se parecen a las de muchas especies del género *Hydrangea*. Se les debe proporcionar un muro o algún otro apoyo muy firme.

marchitas siempre que sea posible, además de las ramas muertas o desordenadas. Se propagan a partir de esquejes entre principios y finales del verano. Los acodos de los brotes maduros se enraízan en aproximadamente 12 meses.

CLIMA Zona 5 para *S. hydrangeoides*; *S. integrifolium* necesita cultivo en la zona 7.

ESPECIES *S. hydrangeoides*, oriunda de Japón y Corea, es una planta muy vigorosa hojas pilosas y de color verde intenso y flores diminutas de color crema. *S. integrifolium* es una planta nativa de China y alcanza también alturas mínimas de 10 m. Presenta hojas ovales de color verde intenso y flores de color blanco crema y brácteas grandes de color crema en los bordes.

Schlumbergera

(antes género *Zygocactus*, fam. Cactaceae)

Cacto de Navidad, cacto cangrejo

Estos cactos epífitos oriundos de Brasil incluyen el cacto de Navidad y su semejante, el cacto cangrejo. Ambos son populares y son plantas para maceteros que se cultivan con facilidad en el hogar y

Las especies del género *Schlumbergera*, que florecen en otoño e invierno, presentan una gama variada de colores deslumbrantes, y se cultivan con facilidad.

en invernaderos intermedios o soleados. Florecen en otoño e invierno.

CULTIVO Se siembran en compost formulado específicamente para cactos epífitos. Si se desea, estas plantas se pueden cultivar en macetas colgantes. Proporcióneles buena luz, aunque protegidas de los rayos directos del sol. Manténgalas en un ambiente húmedo. Riéguelas normalmente, déjelas solo ligeramente húmedas en invierno y primavera, después de la floración. Se propagan en verano a partir de esquejes cortados de las secciones de los tallos y enraizados con cama caliente.

CLIMA Zona 10. En la región no debe haber heladas.

ESPECIES *S. x buckleyi* es el cacto de Navidad que resulta tan familiar y produce floraciones de color rojo brillante en invierno. Un tanto semejante —y confundido a veces con ese híbrido— es *S. truncata*, el cacto cangrejo, pero las secciones de los tallos presentan bordes dentados, que parecen las pinzas de un cangrejo.

Sciadopitys (fam. Sciadopityaceae)

Pino parasol

Por su apariencia, esta es una de las coníferas más atractivas. Nativo de Japón, se siembra a menudo alrededor de los templos.

CULTIVO El pino parasol necesita suelos ligeramente entre ácidos y neutros, razonablemente fértiles y con buen drenaje, aunque húmedos. Siémbrelo en sombra parcial, o a pleno sol, pero sombreado durante las horas más calurosas del día. Se propagan en verano a partir de esquejes casi maduros, que se enraízan con cama caliente o, en primavera, a partir de semillas.

CLIMA Zona 6.

ESPECIES *S. verticillata*, la única especie del género, es un árbol muy alto en su hábitat natural, pero crece lento en condiciones de cultivo y alcanza pocas veces dimensiones superiores a las de un arbusto alto. Los segmentos de sus ramas se cubren

Los verticilos de encantadoras hojas brillantes, como las varillas de una sombrilla, hacen de *Sciadopitys verticillata* una planta sumamente buscada.

Scilla peruviana tiende a crecer flácida y a doblarse cuando las condiciones son demasiado sombrías. Sin embargo, aun así se pueden disfrutar sus flores de color azul marino intenso.

con verticilos densos de hojas inclinadas hacia arriba o agujas, que se alternan con segmentos desnudos de hasta 15 cm de longitud y aproximadamente 1 cm de grosor, cubiertos por hojas en escama, aplanadas y de color marrón. Sus agujas suaves, satinadas, de color verde oscuro, de entre 10 y 15 cm de longitud y 2-3 mm de ancho y con las puntas sin filo, son muy distintivas y ornamentales.

Scilla (fam. Hyacinthaceae)
Escilas

Hay aproximadamente 90 especies de este género de plantas bulbosas, nativas de Europa y de las regiones templadas de África y Asia. Se parecen un poco a los jacintos y producen espigas con flores sencillas o agrupadas en conjuntos.

CULTIVO Estas bulbosas son una bonita exhibición debajo de árboles caducos o en jardines de rocalla. Se cultivan con facilidad en climas frescos y en casi cualquier tipo de suelo, toleran el sol o la semipenumbra, y pueden permanecer en la tierra durante varios años. Se propagan a partir de la división de los conjuntos; de los retoños, cuando es-

tán en reposo; o de semillas maduras sembradas en un semillero de hortalizas.

CLIMA Hay especies adecuadas para distintas zonas climáticas.

ESPECIES *S. bifolia*, de la zona 6, crece unos 15 cm y produce a principios de la primavera flores estrelladas y azules, que son a veces blancas. Ideal para plantaciones masivas en climas frescos y templados. *S. chtschenkoana*, sinónimo *S. tubergeniana*, de la zona 6, crece unos 10 cm y produce, a finales del invierno o principios de la primavera, flores de color azul blanquecino, con pintas centrales más oscuras. *S. peruviana*, escila del Perú, de la zona 8, es en realidad una especie nativa de la cuenca del Mediterráneo. Crece hasta los 25 cm y produce racimos redondeados de flores de color malva intenso desde finales de la primavera hasta principios del verano. *S. siberica*, escila de Siberia, de la zona 5, crece hasta 20 cm y produce racimos sueltos de flores de color azul brillante a principios de la primavera.

Scleranthus (fam. Caryophyllaceae)

Este género de 10 especies, en su mayor parte alpinas, y que desarrollan montículos, se distribuye por todo el mundo.

CULTIVO S. *biflorus* es quizá la especie más conocida. Necesita suelos de arena gruesa con buen drenaje que sean capaces de retener la humedad. Procure que estos suelos no estén contaminados con malas hierbas perennes antes de sembrarla, porque estas no solo estropean el aspecto de estas especies, sino que también pueden eliminarlas. Se propaga a partir de semillas o división vegetativa de las plantas en primavera u otoño.

CLIMA Zona 7.

ESPECIES S. *biflorus* es nativa de Australia oriental y Nueva Zelanda, y desarrolla un montículo redondeado con un follaje musgoso de color verde brillante que se extiende unos 35 cm. Las flores, diminutas y de color verde brillante, brotan en primavera. Esta planta perenne es adecuada para rocallas o para sembrar como cobertora, y presenta un aspecto atractivo. S. *brockiei* es otra planta perenne extendida y empenachada, oriunda de Nueva Zelanda, que presenta hojas diminutas, estrechas y suaves, y pares de flores minúsculas sin tallo y sin pétalos. S. *pungens*, del sur de Australia, es una planta que desarrolla montículos, se extiende unos 40 cm, presenta hojas delgadas y rígidas de 1 cm de longitud, y produce flores blancas que brotan entre el follaje. S. *uniflorus*, de Nueva Zelanda, es una planta perenne con hojas diminutas y curtidas muy rígidas. Sus flores solitarias carecen de tallo.

Scorzonera hispanica, Tragopogon porrifolius (fam. Asteraceae)

Salsifí, barba cabruna

Oriunda del sur de Europa, el norte de África y Asia, la salsifí se cultiva por sus raíces primarias con sabor a ostra, que se pueden asar, cocer o emplear como ingrediente para sopas. Las hojas se consumen en ensaladas.

CULTIVO Prospera en suelos ligeros, profundos, que han sido labrados y abonados con estiércol para una cosecha anterior. Las plantas se cultivan a partir de las semillas sembradas entre principios y finales de la primavera en el sitio donde van a crecer las plantas. Se siembran a 1 cm de profundidad, en hileras espaciadas a 45 cm de distancia. Entresaque las plántulas para que queden con 10 cm de separación. Se conservan bien regadas y escardadas durante el verano, y se comienzan a cosechar desde principios de otoño.

CLIMA Zona 6.

Scleranthus biflorus desarrolla montículos de color verde esmeralda en la medida en que se extiende por encima y entre las rocas. Necesita mucha humedad.

Tragopogon porrifolius, salsifí, se cultiva por sus raíces gruesas, que se consumen como vegetal de invierno.

ESPECIES *S. hispanica*, salsifí negro, produce una raíz primaria pulposa con la cáscara de color negro. *T. porrifolius* es una especie bienal resistente, de hasta más de 1 m, que se trata como anual a menos que se necesite obtener semilla. Su raíz, blanca y comestible, alcanza 30 cm de longitud. Sus flores son moradas.

Scutellaria (fam. Lamiaceae)
Tercianarias

Algunas de las aproximadamente 300 especies de este género de plantas herbáceas anuales o perennes son arbustivas, aunque sus tallos no se vuelven muy leñosos. Estas especies son en su mayor parte nativas de las regiones montañosas y templadas del mundo, aunque unas pocas son autóctonas de los trópicos.

CULTIVO Se cultivan mejor en suelos ligeros con buen drenaje. Los de rocalla o arenosos son particularmente propicios, y deben ser alcalinos o neutros. Siémbrelas en una orientación a pleno sol. Las especies pequeñas se pueden cultivar en un invernadero para plantas alpinas. En este caso, siémbrelas en bandejas de cultivo o en macetas del tipo Half Pot con compost, con buen drenaje. Garantíceles buena luz y un ambiente ventilado. Se propagan a partir de semillas sembradas en otoño en un semillero de hortalizas; de la división vegetativa a principios de la primavera, o de vástagos fuertes cortados en primavera justo al nivel del suelo de las plantas.

CLIMA Depende de la especie.

ESPECIES *S. alpina* es una planta perenne, resistente y expandida, originaria de Europa y Asia central, que crece unos 15 cm. Presenta hojas dentadas y ovales, y produce flores moradas a mediados y finales del verano. *S. costaricana*, de Costa Rica, crece entre 45 cm y 1 m de altura con hojas casi acorazonadas y produce a principios del verano racimos de flores de color escarlata anaranjado con la garganta floral amarilla. En los climas frescos, esta especie requiere condiciones de invernadero. *S. indica* es una especie perenne y resistente oriunda de China y Japón, que crece hasta 30 cm.

Scutellaria indica es una especie pequeña y útil para sembrar en jardines de rocalla y bordes mixtos. Florece con abundancia en verano.

Presenta hojas pequeñas y pilosas, y flores de color azul morado claro o azul pizarra que brotan en verano hasta entrado el principio del otoño. La variedad *parvifolia*, con flores de color azul liláceo, alcanza una altura de 25 cm y una expansión de 30 cm.

Sechium edule (fam. Cucurbitaceae)
Chayoteras

Muy popular en su Sudamérica natal, esta planta perenne produce un fruto que crece en una enredadera fuerte y se puede sembrar para ocultar estructuras antiestéticas en los jardines. Sus frutos abundantes tienen forma de pera, son de color verde claro y se consumen, por lo general, hervidos o asados como vegetales, aunque son deliciosos cocidos o preparados en pasteles. Sus tubérculos más grandes se consumen como las patatas en algunos países tropicales.

CULTIVO Esta planta tiene una estación de crecimiento muy prolongada. Necesita suelos razonablemente fértiles, mejorados con estiércol descompuesto y con orientación soleada. El control de las malas hierbas es esencial y esto se puede propiciar con un cultivo superficial. Se debe proteger de caracoles, babosas y cochinillas. Se propaga a partir

En condiciones cálidas, el desarrollo de los tallos de la chayotera es denso y vigoroso.

Dentro del numeroso género *Sedum*, muchas especies producen flores estrelladas y amarillas. Las que brotan de la base de sus rosetones sobresalen por encima de las hojas.

del fruto retoñado que se siembra con una separación de 2,5-3,5 cm, con su parte estrecha sobresaliente por encima de la superficie del suelo. Siémbrelo en primavera para que fructifique a finales del verano y en otoño. En las regiones con heladas, se marchitan en esta etapa. Cuando se sequen los tallos, córtelos para que los renuevos broten en primavera.

CLIMA Zona 10.

Sedum (fam. Crassulaceae)
Uvas de gato

Este género agrupa más de 300 especies de plantas suculentas que se distribuyen principalmente en las regiones templadas septentrionales, aunque incluye algunas que son nativas de regiones tropicales. Diferentes en cuanto a tamaño —desde plantas diminutas que desarrollan alfombras cobertoras hasta enanas arbustivas—, pueden ser anuales, perennes o subarbustivas. Son muy variables y las hojas pueden tener una gama de formas y tamaños, aunque presentan siempre verticilos tupidos. Sus flores estrelladas de cinco pétalos brotan en su mayor parte en racimos y pueden ser de color blanco, amarillo, rosa rojizo o violeta. Algunas especies se cultivan en jardines abiertos y otras, en maceteros.

CULTIVO Las especies resistentes de *Sedum* se siembran en jardines de rocalla o bordes con buen drenaje y a pleno sol. En los climas propensos a las heladas, las especies delicadas se cultivan en invernaderos intermedios o soleados, o en interiores, en compost para macetas con gravilla y con buen drenaje. Proporcióneles un máximo de luz y un ambiente ventilado. Las plantas se conservan solo ligeramente húmedas en invierno. Se propagan en primavera a partir de semillas y de división vegetativa o, en verano, a partir de esquejes de madera blanda.

CLIMA Hay especies adecuadas para distintas zonas climáticas.

ESPECIES *S. acre*, de la zona 5, se conoce como uvas de gato o pampajaritos y tiene muchas variedades y formas, todas las cuales producen flores pequeñas de color amarillo claro. *S. adolphii* y *S. nussbaumeranum*, de la zona 9, ambas oriundas de México y estrechamente relacionadas, son muy similares y se confunden a menudo. La primera presenta un tallo carnoso y ramificado con hojas alternas, gruesas y amarillentas, de 3,5 cm de longitud, bordes rojizos y que se afinan en la punta. Sus flores son blancas. La segunda difiere de ella solo en que sus hojas carecen de los bordes rojos. *S. bellum*, de la zona 9, otra especie mexicana, desarrolla un rosetón apretado con hojas blancas, de superficie granular, que proyecta un tallo floral frondoso y erguido durante el período de crecimiento invernal, aunque las flores densas y blancas no aparecen hasta el invierno siguiente. El rosetón se marchita después de producir retoños diminutos en la base que después reposan en verano. *S. morganianum*, de la zona 9, es una especie procedente de México, que proyecta tallos largos, de desarrollo pendular, con hojas gruesas, curvas y puntiagudas de color verde azulado y flores terminales de color rojo rosáceo. *S. multiceps*, de la zona 8 y oriunda de Argelia, es una planta pequeña y erguida con el aspecto de un árbol de Josué (*Yucca brevifolia*) en miniatura. *S. pachyphyllum*, dedos, tiene las puntas de color rosa en los extremos de sus hojas azules, gruesas, cilíndricas y cubiertas con una capa cerosa que se desprende fácilmente. *S. rubrotinctum*, de la zona 9, que es oriunda de Guatemala, es una planta procumbente con hojas verdes y satinadas, que se tornan de un color rojizo al sol. Sus flores son de color amarillo brillante. Su cultivar 'Aurora' es muy atractivo y presenta hojas de color rosa con rayas longitudinales de color verde claro. La *S. sieboldii*, de la zona 9 y Japón, es otra de las especies que reposa en forma de rosetón y proyecta tallos rojos inclinados hacia abajo con hojas azuladas y casi circulares con los bordes dentados, y brotan en verticilos que se tornan rojos en otoño. Sus flores de color rosa se desarrollan en cimas pequeñas y aplanadas. *S. spathulifolium*, de la zona 7, que proviene de Canadá y Estados Unidos, desarrolla alfombras de rosetones pequeños, aplanados y azules, de unos 25 cm de ancho, con flores amarillas. *S. spectabile*, de la zona 7, crece hasta alcanzar una altura y una expansión de unos 50 cm. Presenta hojas grandes, con forma de cuchara, y cimas grandes con flores de color rosa. Las hojas declinan y forman rosetones durante la estación de reposo. *S. stahlii*, de la zona 9, es una planta procumbente que presenta hojas rojas y produce flores de color amarillo brillante.

Selaginella (fam. Selaginellaceae)
Pinchuitas

Se trata de un grupo numeroso de plantas primitivas con unas 700 especies distribuidas por las regiones tropicales y subtropicales del mundo, aunque algunas se encuentran en climas templados. A pesar de su apariencia semejante a los musgos, se reproducen a partir de esporas como los helechos. Presentan raíces superficiales, son de tamaño pequeño y se extienden sobre la superficie del suelo, por lo que resultan buenas cobertoras en los sitios húmedos y sombríos. Asimismo, se desarrollan bien en tiestos y macetas colgantes.

CULTIVO La mayoría de las especies que se mencionan más adelante necesitan cultivo en invernaderos entre intermedios y cálidos, o soleados, en macetas con compost con un poco de abono preparado con hojas descompuestas. Garantíceles buena luz, aunque protegidas de los rayos directos del sol, y un ambiente húmedo. El compost debe mantenerse mojado todo el tiempo. En exteriores, cultívelas en sitios con sombra parcial, con suelos hú-

Selaginella kraussiana es una planta popular para sembrar en tiestos; el cultivar 'Aurea' presenta una frondosidad delicada y distintivamente dorada. El follaje desborda la maceta.

medos que contengan bastante humus. Se propagan por división vegetativa en primavera.

CLIMA Zona 10, aunque *Selaginella braunii* sobrevive en la zona 8.

ESPECIES *S. braunii*, oriunda de China, presenta hojas pequeñas, de color verde plateado y una forma compacta. Se cultiva en exteriores, en las regiones moderadas, en sitios sombreados y abrigados. *S. kraussiana* es a veces considerada una mala hierba, aunque sea decorativa. Se trata de una especie africana que se ha aclimatado en la mayoría de las regiones cálidas del mundo. Hay una forma dorada, 'Aurea', y un cultivar más compacto del tipo montículo, 'Brownii'. *S. pallescens* es originaria de Norteamérica y Sudamérica. En los trópicos y subtrópicos se puede cultivar en exteriores, pero en otras partes requiere condiciones de invernadero. *S. uncinata* presenta un lustre metálico de color verde azulado que ilumina su follaje. Originaria de China, se ha aclimatado en las regiones cálidas y tropicales.

Selenicereus (fam. Cactaceae)
Reinas de la noche

Originarios de la América tropical y del Caribe, estos cactos epífitos, trepadores y de desarrollo un tanto pendular presentan ramificaciones largas y sinuosas, y producen raíces aéreas. Los tallos presentan nervaduras y son espinosos. Sus flores, muy grandes, perfumadas y en su mayor parte blancas, son nocturnas. Los capullos son lanosos y marrones.

CULTIVO Lejos de los trópicos, estos cactos se deben cultivar en invernaderos cálidos o soleados, en maceteros o en macetas colgantes con compost específico para ellos y formulado para epífitos. Las especies que presentan tallos trepadores necesitan apoyos. Proporcióneles luz intensa, aunque protegidos de los rayos directos del sol, y un ambiente húmedo. Riéguelas normalmente cuando estén en pleno desarrollo, pero en invierno conserve el compost solo ligeramente húmedo. Se propagan en verano a partir de esquejes cortados de las secciones de los tallos, que se enraízan en cama caliente.

CLIMA Tropical.

Las flores de la exquisita especie *Selenicereus grandiflorus* abren en el ocaso, pero se cierran a la mañana siguiente.

ESPECIES *S. grandiflorus*, reina de la noche, es la especie que se conoce con más frecuencia. Produce flores dulcemente perfumadas de color crema o blanco, de 20-25 cm de longitud, que son muy espectaculares. Los tallos delgados, de color verde azulado, presentan espinas cortas y amarillas. *S. hamatus* presenta tallos cuadrangulares con salientes semejantes a ganchos a lo largo de los bordes. Sus flores grandes y blancas, de 30 cm de ancho, brotan escasamente. *S. macdonaldiae*, que produce las flores más grandes entre todos los cactos, se conoce también como reina de la noche. Sus flores blancas apenas son fragantes.

Sempervivum (fam. Crassulaceae)
Siemprevivas

Endémicas de las regiones montañosas y las tierras altas de Europa, Asia occidental y Marruecos, estas plantas ornamentales con rosetones suculentos son buenas cobertoras para muros, márgenes y jardines de rocalla. Se trata de plantas que en el pasado tenían muchos usos. Desde la protección contra los rayos, y la curación de verrugas y callos, hasta, curiosamente, ayudar a las doncellas a escoger un esposo. A los pretendientes se les entregaba una planta tierna y, pasado un tiempo, el que la tuviera mejor cuidada era la elección correcta.

Las flores de las especies de *Sempervivum* brotan en tallos gruesos y erguidos. El rosetón se marchita después de la floración, pero sus múltiples retoños continúan creciendo.

CULTIVO Se siembran en suelos con gravilla, con muy buen drenaje, aunque sean muy pobres en nutrientes, y con una orientación soleada. Las especies pilosas se pueden sembrar en bandejas de cultivo con compost, en invernaderos para plantas alpinas, para protegerlas del exceso de lluvia. Se propagan en primavera o verano a partir de retoños tiernos o, en primavera, a partir de semillas.

CLIMA Hay especies adecuadas para distintas zonas climáticas.

ESPECIES *S. arachnoideum*, siempreviva de arañas, de la zona 5 y oriunda de los Alpes, es una planta pequeña y delicada, entrecruzada por vellosidades finas y blancas. Crece raras veces más de 8-10 cm de altura y produce flores carmesíes en verano. *S. ciliosum*, de la zona 6 y procedente de Grecia, ha sido progenitora de muchas variedades. Todas presentan vellosidades finas en los bordes de las hojas y forman rosetones ordenados. Todas producen flores de color amarillo verdoso. *S. marmoreum*, de la zona 5 y nativa de los Balcanes y Rusia meridional, desarrolla rosetones

aplanados que se expanden hasta formar alfombras anchas. Las hojas son de color verde oliva o marrón. Sus flores rojas tienen las puntas blancas. *S. tectorum*, de la zona 4, es la especie europea más frecuente, y ha dado lugar a muchas variedades y formas, todas con hojas de puntas rojas y flores de color rosa.

Senecio (fam. Asteraceae)

Este género numeroso agrupa más de un millar de especies con una amplia distribución por todo el mundo, e incluye plantas anuales, perennes, arbustos con hojas verdes todo el año y trepadoras. Son variables en tamaño, forma y modo de desarrollo. Las flores, semejantes a las margaritas, brotan en racimos y son en su mayor parte amarillas, aunque a veces son de color rojo, naranja, azul o morado.

CULTIVO Estas plantas necesitan suelos razonablemente fértiles con buen drenaje, a pleno sol y protección de las heladas. En los climas propensos a estas, las especies delicadas se cultivan en invernaderos entre frescos e intermedios, iluminados y ventilados, o soleados, en macetas compost. Las

Senecio cineraria, cineraria, de la zona 9, se cultiva principalmente por el contraste de su follaje, debido a sus hojas grises y decorativas.

especies suculentas necesitan cultivo en tiestos grandes y poco profundos para que sus raíces puedan extenderse libremente. A los tipos arbustivos pódeles sistemáticamente las puntas de los tallos para estimular un desarrollo tupido. Se propagan a partir de esquejes.

CLIMA Zona 9 para la mayoría de las especies que se mencionan en esta entrada; zona 10 para *Senecio macroglossus*.

ESPECIES *S. articulatus*, oriunda del sur de África, es una planta suculenta con tallos nudosos que adquieren coloraciones rojas al sol. Presenta hojas de color verde grisáceo y flores amarillentas algo semejantes a los dientes de león. *S. cruentus*, sinónimo *Pericallis cruenta*, de las islas Canarias, es una perenne que produce flores moradas. *S. macroglossus* es una enredadera trepadora del sur de África, que produce flores semejantes a las de las hiedras. Hay también una forma con hojas variegadas. Las cabezuelas, del tipo de las margaritas, son de color amarillo claro. *S. petasitis* es un arbusto que alcanza hasta 2,5 m de altura y 3 m de ancho. Las hojas, semejantes a las del geranio, están cubiertas con una vellosidad suave. Las cabezuelas amarillas brotan en tallos rojos desde finales del invierno hasta la primavera. *S. rowleyanus* originario de Namibia, es una planta suculenta que produce cabezuelas pequeñas y de color crema. Esta especie es una buena planta para macetas colgantes porque sus hojas, semejantes a cuentas distribuidas por sus tallos largos, se desbordan gráciles por sus lados. *S. serpens* es una suculenta cobertora con hojas carnosas y erguidas. Los tallos y el follaje presentan un tono de azul intenso poco común. *S. jacobaea* se conoce comúnmente como la hierba de Santiago o hierba cana.

Senna (fam. Caesalpiniaceae)

Este género se distribuye por las regiones tropicales y templadas del mundo. Los arbustos y árboles perennes o caducos presentan hojas pinnadas; flores ostentosas, en su mayor parte amarillas, y vainas aplanadas o cilíndricas, a veces aladas. De la pulpa seca de algunas de sus especies se extrae el

Las flores pequeñas y de color amarillo claro de la *Senna artemisioides* destacan por su follaje delicado.

fármaco sen. Muchas de las especies que se clasifican en la actualidad dentro de este género pertenecieron antes al género *Cassia*.

CULTIVO En las regiones con heladas, se cultivan en invernaderos entre intermedios o cálidos, o soleados, en macetas con compost. Garantíceles un máximo de luz y un ambiente húmedo moderado. No las riegue en exceso y, en invierno, mucho más escasamente. Puede ser necesario podarlas para limitar su tamaño. *S. artemisioides* se poda solo ligeramente porque no prospera entonces, y nunca se corta en la madera vieja. La poda se realiza después de la floración. Se propagan en primavera a partir de semillas germinadas a 21 °C o, en verano, a partir de esquejes casi maduros, con cama caliente.

CLIMA De la zona 10 a las regiones tropicales.

ESPECIES *S. artemisioides* es nativa de Australia y crece hasta alcanzar 1,5 m. Se trata de una planta con las ramas bajas que presenta hojas de color gris plateado, flores de color amarillo claro y vainas aplanadas. *S. candolleana*, sinónimo *S. bicapsularis*, es un arbusto de hasta 3 m, con hojas algo engrosadas compuestas por 3-5 pares de hojuelas y que produce flores de color amarillo brillante a finales del verano y en otoño. Las vainas delgadas tienen la forma de las de la judía. *S. didymobotrya* es un arbusto que crece unos 3 m de altura y sus floraciones amarillas brotan intermitentes. *S. multijuga* es un árbol decorativo de tamaño pequeño que crece hasta 6-8 m de altura. Sus hojas muy largas comprenden entre 18 y 40 hojuelas, y sus flores, grandes y amarillas, son seguidas por vainas aplanadas.

Sequoia (fam. Taxodiaceae)
Secuoya, leño rojo de California

La *Sequoia sempervirens* es la única especie de este género y es famosa por ser el árbol más grande del mundo. Algunos ejemplares alcanzan alturas aproximadas de 110 m. Se distribuyen por la costa oeste de Estados Unidos.

CULTIVO Para que alcancen todo su desarrollo potencial, necesitan climas frescos con precipitaciones significativas durante todo el año, y suelos profundos, fértiles y con buen drenaje, aunque se adapta bien a climas más cálidos. En condiciones favorables, crece muy rápido y alcanza aproximadamente 10 m en 10 años.

CLIMA Zona 7.

ESPECIES *S. sempervirens* es un árbol alto, de estructura cónica, y con una corteza muy gruesa, de color marrón rojizo, con surcos y sumamente aromática. Las ramas se desarrollan en niveles horizontales y se inclinan a veces hacia abajo. Las hojas son de color verde y lisas, de unos 2 cm de longitud, y brotan en las ramas laterales más pequeñas. Las piñas aovadas brotan en los extremos de sus ramillas.

Sequoiadendron (fam. Taxodiaceae)
Secuoya gigante, árbol del mamut, árbol grande

Nativa de Sierra Nevada, en California, y estrechamente relacionada con *Sequoia sempervirens*, la *Sequoiadendron giganteum*, única especie de su género, es también un árbol enorme, aunque más bajo que su pariente, con unos 80 m. Sin embargo, mantiene el récord de producir más madera que cual-

Sequoia sempervirens, secuoya, es un magnífico ejemplar para céspedes en los jardines grandes. Prospera en los climas frescos y húmedos.

Sequoiadendron giganteum, árbol majestuoso y de crecimiento lento, es una especie que se siembra para la posteridad. Estos árboles son increíblemente longevos.

quier otra especie de árbol. Ambas especies son muy longevas y capaces de vivir un millar de años o más. La secuoya gigante se diferencia de la secuoya por sus hojas más pequeñas, que se encuentran dispuestas en espiral, en lugar de brotar en dos hileras y aplanadas. Sus piñas son también más grandes.

CULTIVO Los requisitos de *S. giganteum* son similares a los de *Sequoia sempervirens*, pero además no tolera las condiciones cálidas y es más tolerante a los climas secos.

CLIMA Zona 7.

ESPECIES *S. giganteum*, sinónimo *Wellingtonia gigantea*, es un árbol cónico y denso, que crece hasta alcanzar unos 30 m en condiciones de cultivo. Su tronco enorme, muy corpulento en la base, se encuentra cubierto por una corteza áspera, con surcos muy profundos y es de color marrón rojizo. El follaje es de color verde oscuro y ligeramente espinoso.

Serenoa (fam. Arecaceae)
Palma enana americana

Esta palma con forma de abanico y de tamaño pequeño, nativa del sudeste de Norteamérica, es muy poco común porque sus tallos tienden a ser procumbentes y rastreros.

CULTIVO Esta palma crece en cualquier tipo de suelo, siempre que disponga de buen drenaje, y prospera mejor a pleno sol o en la semipenumbra. No toleran las heladas, por lo que, en los climas propensos a estas, se cultivan en invernaderos intermedios, en macetas con compost. Se propagan a partir de semillas y de serpollos.

CLIMA Zona 9.

ESPECIES *S. repens*, única especie del género, es un tanto semejante a *Sabal minor*, que se distribuye por la misma región de Norteamérica. Se puede diferenciar de esta por los pecíolos dentados de sus hojas, sus troncos casi procumbentes sobre la superficie del suelo, sus flores blancas más conspicuas, y sus frutos negros, aovados y más grandes.

Serenoa repens es muy poco común para tratarse de una palma, puesto que su desarrollo es casi procumbente.

Las hojas, erguidas y con forma de abanico, varían del color verde al verde azulado, al plateado. Esta palma interesante es muy apropiada para sembrar en sitios costeros expuestos.

Serissa (fam. Rubiaceae)

Este género incluye una especie de arbusto perenne del sudeste de Asia. Las hojas, ovales y curtidas, emanan un olor desagradable cuando se estrujan, mientras que las flores son pequeñas y muy atractivas. Se siembra en exteriores en los climas tropicales y templados, pero necesita condiciones de invernadero en los climas más frescos, donde se cultiva en invernaderos intermedios o soleados.

CULTIVO En invernaderos, cultívelas en macetas compost. Las plantas necesitan un máximo de luz, aunque protegidas de los rayos directos e intensos del sol. Riéguelas con moderación y consérvelas solo ligeramente húmedas en invierno. En exteriores, cultívelas en sitios protegidos, a pleno sol y en suelos húmedos, aunque con buen drenaje. Se propagan en primavera a partir de acodos o, a finales del verano, a partir de esquejes casi maduros, enraizados con cama caliente.

CLIMA De la zona 10 a las regiones tropicales.

ESPECIES *S. japonica*, sinónimo *S. foetida*, es un arbusto pequeño y redondeado, que crece hasta alcanzar 30-60 cm de altura, y presenta hojas pequeñas y flores blancas. El cultivar 'Variegata' presenta hojas con los bordes de color crema, y *japonica rosea* produce flores de color rosa.

Sesbania (fam. Papilionaceae)
Acacias mansas

Hay unas 50 especies de arbustos, árboles pequeños y plantas perennes agrupados en este género de los climas tropicales y subtropicales. Las que se cultivan con más frecuencia son las más grandes, de flores coloridas. La corteza y las hojas de algunas tienen propiedades medicinales.

CULTIVO En los climas con heladas, cultívelas en invernaderos entre intermedios y cálidos, o soleados, en macetas con compost. Proporcióneles un máximo de luz. En exteriores, cultívelas en sitios soleados, protegidos, en suelos húmedos, aunque con buen drenaje. Se propagan en los meses de primavera a partir de semillas germinadas a 16 °C o, en verano, a partir de esquejes casi maduros, en cama caliente.

CLIMA Zona 10 o tropical.

ESPECIES *S. drummondi* es un arbusto alto, de 6 m, que presenta hojas largas y flores amarillas. *S.*

emerus crece hasta 5 m y produce flores amarillas con manchas de color morado oscuro. *S. grandiflora*, acacia escarlata, es un tipo de planta mucho más grande, aunque efímera, que crece hasta los 12 m, y produce flores de color rosa rojizo o blanco, y hojas semejantes a las de los helechos. *S. tripeti*, acacia de Brasil o acacia mansa, produce racimos con desarrollo pendular de flores de color bermellón.

Setaria (fam. Poaceae)

Distribuido por las regiones más cálidas del mundo, este género incluye cerca de un centenar de especies de herbáceas anuales y perennes. Muchas producen semillas para aves o se emplean como pastos de forraje, mientras que otras se valoran por sus aportes decorativos a los arreglos florales.

CULTIVO Las especies anuales se cultivan a partir de semillas sembradas en sitios soleados a finales de la primavera o principios del verano. Las perennes se pueden propagar a partir de semillas o de la división vegetativa. Necesitan sitios cálidos, pero se desarrollan bien en suelos fértiles.

CLIMA Hay especies adecuadas para distintas zonas climáticas. Zona 9 para *Setaria drummondii*.

ESPECIES *S. italica*, de la zona 6, es una hierba anual, de hasta 1,5 m, con hojas erizadas. *S. pal-*

En la *Sesbania tripeti* brotan durante el verano cadenas de flores de color bermellón semejantes a las del guisante. Es una especie nativa de Brasil y Argentina.

Setaria palmifolia presenta hojas con nervaduras delicadas y un aspecto plegado. Es una buena planta cobertora alta para espacios grandes.

mifolia, de la zona 10, es una planta perenne y la especie más decorativa de todas. Sus tallos largos, de casi 2 m de longitud, están cubiertos con hojas lisas, anchas, semejantes a las hojuelas de algunas palmas. Cultívela bajo cristal en los climas con heladas.

Silene (fam. Caryophyllaceae)
Collejas, atrapamoscas

Este género está compuesto por unas 500 especies de plantas anuales, bienales y perennes, en su mayor parte nativas del hemisferio norte, especialmente en el Mediterráneo. Muchas se cultivan en rocallas o bordes, mientras que otras se consideran malas hierbas. Las que se cultivan incluyen, por lo general, formas con flores de colores que varían del blanco al rosa, al rojo o al morado. La mayoría florece desde finales de la primavera hasta avanzado el verano.

CULTIVO Prosperan en suelos arenosos con una orientación soleada. Las anuales se propagan a partir de semillas, y las perennes, a partir de la división vegetativa o de vástagos fuertes cortados en primavera justo al nivel del suelo de las plantas.

CLIMA Zona 7 para la mayoría de las especies; zona 6 para *Silene dioica*.

ESPECIES *S. dioica*, collejas rojas, originaria de Norteamérica y de la mayor parte de Europa, es una planta perenne que desarrolla rosetones y presenta tallos florales de 30-90 cm de longitud. Las flores son de color rosa brillante. Hay varios cultivares, incluido 'Rosea Plena', bonita forma doble. *S. laciniata* es otra perenne de hasta 1 m de altura, con flores escarlatas. *S. pendula* es una planta anual que crece hasta los 40 cm de altura y produce flores que varían de color rosa claro a blanco durante el verano. *S. schafta*, de la región del Cáucaso, es una perenne que desarrolla alfombras y produce flores de color magenta intenso o rosa en verano y otoño.

Sinapsis alba (fam. Brassicaceae)
Mostaza

Hay varias especies de mostaza, pero solo una se cultiva extensamente, *Sinapsis alba*, mostaza blanca. Es la misma especie cuyas plántulas se emplean con *Lepidum sativum*, berro común, para la preparación de ensaladas y bocadillos. *S. alba* es una planta anual que presenta hojas de color verde brillante, que en la madurez alcanzaría los 60 cm de altura, pero se cosecha en su etapa de desarrollo como plántula cuando tiene entre 8 y 10 cm. Es nativa de la cuenca del Mediterráneo, el norte de África y Asia central.

La especie perenne *Silene schafta* se salpica en verano y otoño con delicadas flores de color rosa. Es apropiada para sembrar en plantaciones informales en los prados.

Las flores de color amarillo brillante de *Sinapsis alba* hacen de la mostaza una planta decorativa para cultivar. Las cápsulas de las semillas tienen una forma distintiva.

CULTIVO La mostaza se cultiva habitualmente en interiores o bajo cristal. Las semillas se siembran en bandejas de cultivo, donde se esparcen en capas espesas sobre la superficie de un específico para germinar semillas compost o encima de una almohadilla gruesa de papel secante. Se deben mantener húmedas constantemente.

CLIMA Zona 6.

Sinningia (fam. Gesneriaceae)

Gloxinias

Originarias de América tropical, estas bellas plantas presentan a menudo un follaje atractivo, aunque se cultivan principalmente por sus flores, que brotan en tonos de rojo, azul, morado y rosa, manchadas o bordeadas a veces de blanco. La mayor parte de estas especies son perennes caducas, que crecen a partir de tubérculos y se marchitan en invierno.

CULTIVO Los tubérculos de las gloxinias perennes empiezan a desarrollarse a principios de primavera. Colóquelos en bandejas de cultivo con turba húmeda, o alguno de sus sustitutos, y proporciónees bastante calor. Cuando aparezcan los retoños, siembre los tubérculos en macetas individua-

Esta gloxinia, con flores llamativas de dos tonos, presenta pétalos encendidos de color carmesí bordeados de blanco. La gama de colores en la actualidad es enorme.

les compost. Las plantas necesitan buena luz, aunque deben estar protegidas de los rayos directos del sol, y un ambiente muy húmedo. Durante el otoño riegue poco los tubérculos y en invierno consérvelos en un sitio más fresco, y manténgalos completamente secos. Las especies de *Sinningia* se pueden propagar también a partir de semillas sembradas en primavera y germinadas a 21 °C. No se deben cubrir con el compost. Otro método de propagación es a partir de hojas en la primavera o el verano, en una cama de propagación caliente.

CLIMA Regiones más cálidas de la zona 10 o regiones tropicales.

ESPECIES *S. canescens*, sinónimo *S. leucotricha*, es una planta de desarrollo vertical que presenta follaje y tallos lanosos y plateados. Las flores, de colores que varían del salmón al rojo anaranjado y al rosa, brotan en verano en racimos pequeños. *S. cardinalis*, gloxinia, presenta hojas pilosas y flores escarlatas tubulares. *S. regina*, gloxinia violeta, oriunda de Brasil, presenta hojas aterciopeladas de color verde oscuro, con nervaduras blancas en el haz, pero rojas en el envés. Las flores, de color violeta, son largas y de forma acampanada abierta. *S. speciosa*, gloxinia de floristería, produce flores silvestres con colores que varían del violeta al rojo y al blanco, y a una gama mucho más amplia en condiciones de cultivo.

Smithiantha (fam. Gesneriaceae)

Nativo de México, este género incluye cuatro especies de delicadas plantas perennes, de floración veraniega, que se cultivan por su atractivo follaje aterciopelado y sus racimos terminales de flores tubulares inclinadas hacia abajo.

CULTIVO Lejos de los subtrópicos o trópicos, se cultivan como plantas para maceteros en invernaderos intermedios y cálidos, o soleados. Son también buenas plantas para interiores. Los rizomas se siembran o se trasplantan en primavera, en macetas poco profundas con compost. Las plantas necesitan buena luz, aunque protegidas de los rayos directos del sol, y un ambiente muy húmedo. No se

Solo por el follaje, vale la pena sembrar el cultivar *Smithiantha* 'Orange King'. Florece desde el verano hasta el otoño.

Solandra maxima, trepadora vigorosa que produce flores veraniegas muy grandes, es una planta espectacular.

deben regar en exceso. Las plantas se dejan de irrigar gradualmente en otoño para conservar los rizomas completamente secos durante el invierno. Estos se conservan en un sitio más fresco. Se propagan a partir de semillas sembradas en primavera y germinadas a 18 °C.

CLIMA Regiones más cálidas de la zona 10 o regiones tropicales.

ESPECIES *S. cinnabarina* crece hasta alcanzar los 60 cm de altura y produce flores rojas con manchas amarillas o blancas en las gargantas florales. Las hojas, de color verde intenso, presentan nervaduras con rayas moradas. *S. multiflora*, de hasta 75 cm, presenta hojas aterciopeladas de color verde intenso, y flores de color blanco o crema, con las gargantas florales amarillas. *S. zebrina* crece 75 cm y presenta hojas aterciopeladas de color verde intenso con nervaduras pintadas de morado o marrón. Las flores escarlatas y amarillas tienen manchas punteadas en las gargantas florales. Uno de sus híbridos es 'Orange King'.

Solandra (fam. Solanaceae)
Copa de oro, trompetas

Estos arbustos leñosos y trepadores o enredaderas presentan hojas alternas, sencillas y enteras, que son además curtidas y satinadas. Las flores, grandes y con forma de embudo, son a menudo fragantes; especialmente, por la noche.

CULTIVO Lejos de los subtrópicos o trópicos cálidos, se cultivan en invernaderos entre intermedios y cálidos, o soleados. Siémbrelas en macetas grandes con compost. Proporcióneles un máximo de luz, aunque protegidas de los rayos directos del sol. Los tallos necesitan algún tipo de apoyo y se pueden fijar hasta el techo. Pódela a finales del invierno para limitar las plantas dentro del espacio asignado. En exteriores, prosperan en suelos fértiles a pleno sol. Se propagan en primavera a partir de semillas germinadas a 18 °C o, en verano, a partir de esquejes casi maduros, con cama caliente.

CLIMA Regiones más cálidas de la zona 10 o regiones tropicales.

ESPECIES *S. grandiflora*, la especie que se cultiva con más frecuencia, es una enredadera basta y grande, que crece unos 10 m de longitud. Presenta hojas grandes y satinadas, y flores solitarias blancas que se tornan de color amarillo marronáceo. *S. guttata*, copa dorada o trompeta, es un arbusto trepador oriundo de México, que florece intermitente durante todo el año. Las flores, de color amarillo claro, tienen las gargantas florales moradas. *S. maxima*, copa de oro, alcanza 4-5 m. Es también nativa de México. Sus flores, de 20 cm de longitud y con forma de copa, son amarillas y están rayadas de blanco.

Solanum (fam. Solanaceae)

Hay unas 1.500 especies de anuales, perennes, arbustos, árboles y trepadoras agrupadas en este género, que se distribuye por las regiones templadas y tropicales de todo el mundo. Muchas de ellas son nativas de América tropical. Pueden ser plantas perennes, semiperennes o caducas. Especies comestibles como la patata y la berenjena forman parte de este género, mientras que muchas otras se cultivan por su follaje ornamental, sus flores y sus bayas decorativas. Muchas son extremamente tóxicas cuando se ingieren.

CULTIVO En los jardines, las especies de *Solanum* requieren suelos alcalinos o neutros con buen drenaje y con una orientación soleada. En los climas propensos a las heladas, las especies sensibles se cultivan en invernaderos entre frescos e intermedios, en macetas con compost. Pode las plantas trepadoras después de la floración hasta dejar tres yemas en los tallos laterales. Se propagan en primavera a partir de semillas germinadas a 21 °C. Los arbustos y las trepadoras se propagan en verano a partir de esquejes casi maduros, con cama caliente.

CLIMA Zonas 9 o 10 para las especies mencionadas a continuación.

ESPECIES *S. aviculare*, «manzana de canguro», de la zona 9, es nativa de Australia y Nueva Zelanda. Se

El cultivar *Solanum jasminoides* 'Album', que produce flores blancas, es una planta trepadora vigorosa que florece durante todo el verano y el otoño. No es muy resistente.

trata de un arbusto de crecimiento rápido, aunque efímero, de hasta 3 m de altura. Las hojas son grandes, lisas y de color variable, entre verde oscuro y verde azulado. Las flores, estrelladas y de colores que varían de azul a morado, tienen un diámetro de aproximadamente 4 cm y brotan desde la primavera hasta el otoño, seguidas por bayas verdes que se tornan amarillas y rojas cuando maduran. *S. capsicastrum*, «cereza de Navidad o de invierno», de la zona 10, se cultiva a menudo en macetas. Este arbusto procede de Brasil y presenta hojas ovales de color verde oscuro, flores blancas y bayas de color naranja escarlata. *S. jasminoides*, de la zona 9, es una trepadora popular de crecimiento rápido y oriunda de Sudamérica, que se cubre de racimos de flores de color blanco azulado durante muchos meses. *S. lanceolatum*, de la zona 10, es un arbusto espinoso que crece hasta 2,5 m de altura y presenta hojas largas y estrechas, flores grandes de color azul lavanda y frutos redondos de color naranja. *S. pseudocapsicum*, de la zona 9, se conoce como «cereza de Jerusalén». Sus frutos, atractivos y coloridos, son tóxicos. *S. rantonnetii*, de la zona 10, y oriundo de Paraguay y Argentina, es un arbusto perenne de color azul violeta. *S. seaforthianum*, de la zona 10, es una enredadera trepadora procedente de Sudamérica, que crece unos 6 m y presenta hojas sumamente hendidas, y racimos grandes de flores veraniegas, estrelladas y azules con los estambres amarillos, seguidas por bayas pequeñas y escarlatas. La *S. wendlandii*, «flor del paraíso», de la zona 10, es una trepadora vigorosa de Costa Rica. Las hojas de color verde brillante son espinosas, y sus racimos ramificados con flores de color azul lila son seguidas por frutos grandes, esféricos u ovales. *S. wrightii*, de la zona 19, procedente de Brasil, crece rápidamente hasta los 5 m. Presenta hojas grandes y lobuladas, y produce flores de color violeta claro durante los meses de primavera.

Solanum melongena (fam. Solanaceae)
Berenjena

Originaria de Asia, la berenjena se cultiva por su fruto. Es una hortaliza muy popular en los países mediterráneos. Los franceses la emplean como ingrediente para preparar *ratatouille* (guiso

Una planta vigorosa de berenjena produce bastantes frutos.
Las flores continúan brotando mientras la cosecha anterior está
casi madura.

Solanum tuberosum (fam. Solanaceae)

Patata

La patata es uno de los cultivos alimentarios más importantes del mundo y alimento de primera necesidad en los climas templados. Se produce en casi todos los países. Se cultivaba en Centroamérica y Sudamérica hace casi cuatro milenios, y fue introducida en Europa por los conquistadores españoles en el siglo XVI, aunque tardó casi 200 años en convertirse en un alimento popular entre los europeos. A comienzos del siglo XX había ya más de un millar de variedades conocidas, aunque actualmente solo se cultive menos de un centenar de ellas. La patata es muy nutritiva y versátil, pues se puede consumir cocida, en puré, frita o asada, o en sopas y guisos.

CULTIVO Se propaga mediante la siembra de «patatas de semilla», que emplea tubérculos pequeños enteros o pedazos que se obtienen cortando el tubérculo en trozos con una o dos yemas u «ojos». Estos tubérculos se pueden seleccionar entre los de una cosecha o se pueden adquirir, aunque es mucho mejor comprar patatas de semilla certificadas porque tienen la garantía de no portar enfermedades. (Las verdaderas semillas de la patata, que se desarrollan en el interior de sus frutos carnosos de color verde o morado, y semejan tomates pequeños, solo se emplean para la reproducción selectiva.) A continuación, los tubérculos que se emplean como semillas se estimulan para que produzcan retoños robustos antes de sembrarlos. A finales del invierno estos tubérculos se esparcen en bandejas de cultivo, con los «ojos» hacia arriba, y se conservan en un sitio fresco, protegido de las heladas y con buena luz. Cuando los retoños han alcanzado los 2,5 cm de longitud, los tubérculos se pueden sembrar. La germinación tarda unas seis semanas. La siembra se lleva a cabo en primavera y se comienza a principios de la estación con los cultivares precoces. Después, se siembran las patatas semitempranas y, finalmente, los cultivares de la cosecha principal. Los tubérculos se siembran a 10-12 cm de profundidad, con 35 cm de separación y en hileras espaciadas a 45 cm de distancia. Los cultivares de la cosecha principal se siembran, con 75 cm de separación,

de verduras) y los griegos, como base para elaborar *moussaka* (plato tradicional a base de carne y berenjena). Esta delicada planta anual está emparentada con el tomate y la patata, y produce frutos de aproximadamente 30 cm de longitud, de color morado oscuro. Hay disponibles formas blancas o con rayas.

CULTIVO Los requisitos son similares a los del tomate. En los climas frescos y fríos, se cultiva mejor en invernaderos con calefacción, pero en los climas más cálidos se puede sembrar en exteriores. Prospera con temperaturas de 25-30 °C y condiciones de humedad atmosférica moderadas. Necesita suelos fértiles, aunque se puede cultivar en macetas con compost o en bolsas de cultivo. Las semillas se siembran bajo cristal en primavera después de remojarlas en agua caliente durante un día, y se germinan a 21 °C. Las plántulas se siembran individualmente en macetas de 60 cm. Las plantas jóvenes se siembran en exteriores cuando han alcanzado 10 cm de altura, pero solo cuando ya no haya riesgo de heladas. Seleccione y siémbrelas en un sitio soleado y abrigado, con 75 cm de separación. Bajo cristal, las plantas jóvenes se siembran en macetas de 20-25 cm.

CLIMA Zona 10, pero se cultiva como planta anual veraniega en todos los climas.

Las plantas de patata florecidas anuncian que se aproximan a la madurez y que se pueden cosechar, por lo general, unas pocas semanas después.

en hileras espaciadas a 80 cm de distancia. Esto permite tener acceso para escardar y abonar. Los brotes deben salir a la superficie en 3-4 semanas. En esta etapa son muy sensibles a las heladas. Siembre en suelos ligeramente ácidos que contengan alguna materia orgánica y con buen drenaje. Cuando las plantas alcanzan unos 25 cm de altura, se debe remover la tierra para amontonarla en torno a los tallos. Esto las ayuda a sofocar las malas hierbas y, lo que es más importante, evita el enverdecimiento de los tubérculos. Las patatas necesitan un suministro abundante de nutrientes y riego sistemático, si el tiempo es seco. Se puede esparcir fertilizante completo paralelamente a lo largo de las hileras. La cosecha puede comenzar en la medida en que las plantas se van marchitando, pero se pueden extraer patatas tempranas a partir de las cuatro semanas posteriores a la floración. Estas se deben consumir rápido porque no se almacenan bien. La coloración verde en el tubérculo es tóxica y las patatas de semilla que no se hayan sembrado se deben destruir o enterrar profundamente, y no hay que usarlas para alimentar el ganado. Las plagas que infestan la patata incluyen dos nemátodos formadores de quistes, el gusano de alambre, las larvas de la polilla de la patata y las babosas. Entre las enfermedades se encuentra el mildiú o tizón tardío. Se trata de una enferme-

dad fúngica grave y frecuente que empeora en condiciones cálidas y húmedas. La sarna común es otra enfermedad frecuente, más problemática si los suelos son alcalinos. El riego abundante la previene. Es preferible no cultivar las patatas en la misma parcela más de una cosecha cada cuatro años para evitar la acumulación de plagas y enfermedades que se reproducen en los suelos. Se recomienda, por lo tanto, la rotación de los cultivos.

CLIMA Zona 10, pero se cultiva como planta anual veraniega en todos los climas.

Soldanella (fam. Primulaceae)

Estas aproximadamente 11 especies de herbáceas perennes alpinas son nativas de las regiones montañosas de Europa. Solo se cultivan unas cuantas especies; por lo general, en jardines de rocalla. Florecen muy a principios de la primavera, y muchas veces emergen y florecen entre la nieve. Presentan hojas sencillas que brotan en tallos largos y son habitualmente de forma redondeada. Las flores tienen forma acampanada con lóbulos bordeados que sobresalen por encima de las hojas.

CULTIVO Necesitan suelos frescos, húmedos aunque con buen drenaje, con bastante humus y con una orientación en sombra parcial o a pleno sol, pero sombreada durante las horas más calurosas del

Una de las plantas alpinas que florecen primero, *Soldanella hungarica*, produce flores delicadas de color lila.

día. Se propagan a partir de semillas sembradas en un semillero de hortalizas en otoño o, en primavera, a partir de la división vegetativa después de la floración.

CLIMA Zona 6. Los climas frescos son los mejores.

ESPECIES *S. hungarica* crece unos 10 cm y presenta hojas arriñonadas y flores de color lila. *S. minima*, de hasta 10 cm, presenta hojas entre redondas y ovales, y flores de color blanco o azul claro. *S. montana* es una planta perenne, de hasta 25 cm, que desarrolla racimos de flores de colores que varían del azul al lila a principios de la primavera. *S. villosa* tiene hojas redondas con tallos pilosos y flores de color violeta claro.

Soleirolia (fam. Urticaceae)
Lágrimas de ángel

Nativa de la cuenca del Mediterráneo, esta planta perenne, rastrera y monoica es una cobertura atractiva, pero puede ser invasora. Sus hojas pequeñas, alternas y redondas son de color verde brillante y sus flores diminutas e inconspicuas brotan solitarias en las axilas foliares. Este género se llamaba antes *Helxine*.

CULTIVO Se propaga en primavera por división vegetativa. Siémbrela a la sombra o al sol, en jardines con cualquier tipo de suelo. En los climas fríos se cultiva bajo cristal.

Soleirolia soleirolii, lágrimas de ángel, desarrolla alfombras densas de follaje, y se extiende sobre el suelo y las rocas.

CLIMA Zona 8. Climas entre frescos y cálidos templados.

ESPECIES *Soleirolia soleirolii*, lágrimas de ángel, es una planta delicada, que desarrolla alfombras, con tallos ligeramente pilosos y hojas diminutas con pecíolos cortos.

Solenostemon (fam. Lamiaceae)
Cóleo

Entre las 60 plantas perennes arbustivas, a veces suculentas, de este género que es originario de Asia y África tropical, solo unas pocas se cultivan extensamente. *Solenostemon scutellarioides* —antes llamada *Coleus blumei*— es la especie más conocida. Se trata de una planta popular para maceteros que se cultiva por su follaje colorido. Tiene una veintena de cultivares, a menudo con hojas multicolores. Se cultivan, por lo general, como plantas anuales y se siembran también en exteriores para el verano en combinaciones para lechos.

CULTIVO Se cultivan en invernaderos intermedios o soleados, o en una habitación cálida en interiores. Por otra parte, se pueden propagar en primavera a partir de esquejes de madera blanda. Bajo cristal,

Las especies *Solenostemon* crecen rápido, son fáciles de atender y producen una rica gama de hojas de colores.

se cultivan en macetas con compost. Proporcióneles luz intensa, aunque protegidas de los rayos directos del sol. Siémbrelas en exteriores, si es necesario, cuando hayan pasado las heladas, en un sitio protegido a pleno sol o con sombra parcial.

CLIMA Zona 10.

ESPECIES *S. scutellarioides*, sinónimo *Coleus blumei*, procedente del sudeste de Asia y Malasia, ha sido la progenitora de muchos cultivares —incluidos los tipos para lechos que se propagan a partir de semilla—, en colores que varían del amarillo y rojo a tonos marrones, rosa, dorado y morado. Las hojas son a menudo multicolores, aunque hay cultivares con nombre de un solo color que se propagan a partir de esquejes.

Solidago (fam. Asteraceae)
Palmas de oro

En el pasado se atribuyeron propiedades curativas a estas plantas perennes y resistentes, oriundas de Norteamérica y Europa. Las hojas, alternas y sencillas, pueden brotar sencillas o dentadas, y las flores, semejantes a las margaritas, brotan en ramos.

CULTIVO Estas plantas, fáciles de atender, se pueden volver invasoras; especialmente, en los climas cálidos. *S. canadensis* puede ser invasora, aunque sus cultivares nuevos han contribuido a solucionar este problema. Las especies de *Solidago* se pueden cultivar en los suelos de casi cualquier jardín, al sol o en sombra parcial. Los tipos de plantas altas pueden requerir tutores. Se propagan en primavera y otoño a partir de la división vegetativa de los conjuntos cada tres años. Se pueden multiplicar también a partir de semillas sembradas *in situ*. La floración brota al segundo año.

CLIMA Hay especies adecuadas para distintas zonas climáticas. Todas son muy resistentes.

ESPECIES *S. canadensis*, de hasta 1,5 m, presenta rizoma sin copa. Produce ramos de flores de color amarillo brillante a finales del verano. *S. virgaurea*, palmas de oro europeas, es una planta perenne, resistente y erguida, de 1 m de altura, que produce

Las especies del género *Solidago*, las palmas de oro, tienen varias formas. Todas presentan flores doradas similares. Este cultivar crece compacto hasta aproximadamente 60 cm.

ramos terminales densos de cabezuelas lanosas y amarillas a finales del verano y en otoño. La variedad *minuta* crece hasta 30 cm y es una planta apropiada para jardines de rocalla. Hay muchos cultivares e híbridos de palmas de oro, que incluyen tipos enanos y de tamaño pequeño, que son los más populares entre los jardineros. El cultivar 'Goldenmosa' crece hasta los 75 cm y produce flores de color amarillo claro.

Sollya (fam. Pittosporaceae)
Campanillas rastreras

Las dos especies de este género de arbustos o plantas trepadoras resistentes son nativas del sudoeste de Australia. Su follaje fresco, ordenado, de color verde brillante, y sus bonitas flores acampanadas y abiertas, hacen de las especies de *Sollya* plantas arbustivas excelentes para sembrar en jardines o en invernaderos soleados. Se pueden podar para darles la forma de un arbusto compacto, o dejar que trepen o caigan en cascada. Permiten una variedad de usos como arbustos productores de flores; cobertoras para cercas, tocones, árboles y enrejados; macetas colgantes o macizos.

Flores pequeñas y acampanadas salpican el follaje denso de *Sollya heterophylla* durante la primavera y el verano.

Las flores de color crema de *Sophora japonica*, sófora de Japón, brotan a finales del verano o en otoño.

CULTIVO Las especies de *Sollya* toleran una gran variedad de condiciones, incluida la sombra parcial. Los suelos ligeros con buen drenaje en sitios protegidos producen plantas vigorosas y períodos de floración prolongados. En los climas con heladas se cultivan en invernaderos frescos, en macetas con compost. Se protegen de los rayos directos del sol. Se propagan en primavera a partir de semillas germinadas a 16 °C o, a principios del verano, a partir de esquejes de madera blanda.

CLIMA Regiones más cálidas de la zona 9.

ESPECIES *S. heterophylla*, campanilla rastrera, presenta hojas ordenadas, entre ovales y lanceoladas, y produce racimos pendulares con flores de color azul celeste claro, pero también puede ser de color azul lavanda. Después de la floración, brotan frutos ovales, carnosos y azules.

Sophora (fam. Papilionaceae)
Sófora

Distribuido extensamente por las regiones templadas del hemisferio norte, este género de 50 árboles y arbustos perennes y caducos incluye también unas cuantas especies de Nueva Zelanda. En su mayor parte son árboles muy ramificados.

CULTIVO Estas especies son apropiadas para los climas frescos, aunque toleran las condiciones calurosas si reciben riego suficiente en verano. La mayoría prospera en suelos húmedos con buen drenaje, y se desarrollan al sol o en sombra parcial. Se propagan a partir de semillas maduras en semilleros de hortalizas o, en verano, a partir de esquejes casi maduros, con cama caliente.

CLIMA Hay especies adecuadas para distintas zonas climáticas.

ESPECIES *S. chrysophylla*, de la zona 10, especie oriunda de Hawai, es un arbusto caduco y compacto, de hasta 3 m. Las hojas están compuestas por varios pares de hojuelas, y produce flores de color amarillo brillante que brotan en racimos cortos. *S. japonica*, sófora de Japón, de la zona 5, procedente de China central, es un árbol caduco encantador, que crece hasta alcanzar los 20 m. Las hojas están compuestas por hojuelas azuladas, y las flores de color crema brotan en haces largos. De la madera, la corteza y los frutos se extrae un tinte amarillo. El cultivar 'Pendula', con las ramas inclinadas hacia abajo, se injerta a menudo en estándares de cultivo. 'Tortuosa' presenta unas ramas retorcidas. *S. microphylla*, de la zona 8, especie nativa de Nueva Zelanda, es un árbol perenne que crece hasta los 5 m. Las hojas, compuestas por hojuelas pequeñas y de color verde oscuro, tienen un aspecto similar a las de los helechos. Las flores, en su mayoría de color amarillo intenso, brotan en verano en racimos densos. Hay muchos cultivares populares como 'Earlygold', 'Goldies Mantle' y 'Goldilocks'. *S. prostata*, de la zona 8, es un arbusto de tamaño pequeño y erguido, oriundo también de Nueva Zelanda, que puede alcanzar entre 60 cm y 3 m de altura. El color de las flores varía del naranja al amarillo marrón y son ocasionalmente de color amarillo brillante. *S. tetraptera*, kowhai o sófora de Nueva Zelanda de la zona 8, se desarrolla hasta alcanzar los 12 m, aunque por lo general es más pequeño, y tiene un modo de desarrollo ligeramente pendular. Las hojas están formadas por grandes cantidades de hojuelas sedosas y de color verde grisáceo, que brotan en ramas entrelazadas. Produce abundancia de flores de color amarillo dorado que brotan en primavera en racimos inclinados hacia abajo. *S. tomentosa*, sófora plateada, de la zona 10, es un arbusto alto o árbol pequeño, que produce racimos poco densos con flores de color amarillo claro.

Sorbus (fam. Rosaceae)

Serbales, acerolos, mostajos

Este género incluye más de un centenar de árboles y arbustos caducos que se distribuyen por las regiones templadas del hemisferio norte. Muchas se cultivan por el colorido de su follaje otoñal. Los árboles son de tamaño pequeño a mediano y de dos tipos. Los del tipo acerolos o serbales presentan hojas pinnadas compuestas por cantidades variables de hojuelas, mientras que los del tipo mostajos presentan hojas sencillas. Los del tipo serbales se colorean de rojo y naranja en otoño. Sus racimos terminales de flores pequeñas y blancas brotan a finales de la primavera y son seguidas en otoño por bayas de color rojo, naranja, rosa o blanco. Muchas especies producen frutos comestibles que tienen una variedad de usos culinarios o medicinales, o madera que se emplea en carpintería, mientras que la corteza se ha utilizado para teñir. Los frutos atraen mucho a las aves.

Los ejemplares maduros de *Sorbus aucuparia*, acerolo, son portadores de racimos de bayas brillantes durante el otoño y hasta avanzado el invierno.

CULTIVO Las especies de *Sorbus* necesitan suelos con buen drenaje, con una orientación soleada o en sombra parcial. Las del tipo serbales prosperan mejor en suelos entre ácidos y neutros, mientras que las del tipo mostajos prosperan en suelos alcalinos o gredosos y toleran condiciones secas. Se propagan a partir de semillas sembradas en otoño o se injertan a finales del invierno.

CLIMA Hay especies adecuadas para distintas zonas climáticas.

ESPECIES *S. americana*, de la zona 2, es una especie variable, de hasta 9 m, que presenta hojuelas verdes con forma de espada y de color verde grisáceo en el envés. Produce racimos densos de flores seguidas por frutos pequeños, redondos y de color rojo brillante. *S. aria*, mostajo, de la zona 5, es un árbol europeo que crece hasta 15 m. Las hojas, ovales y sencillas, son verdes en el haz y de color blanco fieltro en el envés. Produce racimos de bayas muy pequeñas, rojas y moteadas. El cultivar 'Majestica' presenta hojas muy largas que son de color blanco puro en el envés. *S. aucuparia*, acerolo o serbal, de la zona 2, es la especie que se cultiva con más frecuencia. Se trata de un árbol erguido, de hasta 15 m en su hábitat natal, aunque suele ser más pequeño en condiciones de cultivo. Presenta una copa estrecha y hojas pinnadas, que en otoño se colorean de dorado intenso o rojo. Los racimos densos de flores son seguidos por frutos pequeños, muy decorativos y escarlatas. El cultivar 'Fructu Luteo' produce frutos de color naranja amarillento que no resultan atractivos para las aves. *S. domestica* de la zona 6, crece unos 20 m y es longevo. Presenta hojas pinnadas y ramos de flores blancas, seguidas por frutos comestibles con forma de pera que se tornan de color amarillo brillante, carmesí o naranja escarlata cuando maduran. La corteza se usa para curtir. Esta especie se puede identificar por sus frutos grandes.

Sowerbaea (fam. Asphodelaceae)
Lirios de vainilla

Las cinco especies de este género son nativas de Australia y se distribuyen por los sitios húmedos. Se trata de plantas perennes, pequeñas, con sistemas radiculares fibrosos y que semejan conjuntos herbáceos cuando no están florecidas. Las flores tienen el perfume intenso de la vainilla. Son adecuadas para rocallas y maceteros.

CULTIVO Los lirios de vainilla necesitan suelos profundos y se pueden cultivar a pleno sol o en sombra parcial. Se desarrollan mejor en los suelos permanentemente húmedos. En las zonas climáticas inferiores a la 9, se cultivan en invernaderos frescos, en macetas con compost. Se propagan a prin-

cipios de la primavera a partir de semillas o división vegetativa de los conjuntos.

CLIMA Zona 9.

ESPECIES *S. juncea* es una planta pequeña y empenachada, de entre 25 y 30 cm de altura, que presenta hojas semejantes a las de la hierba y produce floraciones de color violeta rosáceo que brotan en racimos en los extremos de tallos largos. *S. laxiflora*, de Australia occidental, produce en verano flores inclinadas hacia abajo de color malva rosáceo brillante.

Sparaxis (fam. Iridaceae)
Arlequinas

Hay unas seis plantas bulbosas agrupadas en este género africano. Presentan hojas aciculares y erguidas, y tallos ramificados portadores de flores acampanadas envueltas en espatas grandes y coloridas. Las flores brotan en tonos brillantes de rojo, naranja o morado, o blanco y crema con centros negros y amarillos.

CULTIVO En los climas propensos a las heladas, las especies de *Sparaxis* se cultivan mejor en maceteros, en invernaderos frescos o soleados. Los bulbos se siembran en otoño a 10 cm de profundidad, en compost con gravilla y con buen drenaje. Se les

Con flores semejantes a estrellas fugaces, *Sowerbaea laxiflora* prospera a pleno sol en suelos que retengan la humedad. Presenta hojas erguidas semejantes a las de la hiedra.

En los climas propensos a las heladas, la bulbosa *Sparaxis tricolor* hace una exhibición de colores en invernaderos frescos o soleados.

garantiza buena luz, aunque protegidas de los rayos directos e intensos del sol. Se riegan moderadamente durante la estación de crecimiento. Después de la floración, reduzca gradualmente el riego. Durante el reposo, en verano, el compost se debe conservar completamente seco. En exteriores, cultívelas a pleno sol en suelos con buen drenaje. Se propagan a partir de retoños durante el período de reposo.

ESPECIES *S. fragans* presenta tallos florales altos de hasta 60 cm. En cada uno, brotan 3-4 flores con colores que varían de morado a amarillo o a crema. *S. pillansii*, de hasta 60 cm, produce flores de color rosa con centros de color amarillo oscuro, filamentos casi blancos y anteras de color morado oscuro. *S. tricolor*, arlequina, de hasta 45 cm de altura, tiene espigas florales que brotan en tallos inclinados. Sus flores, muy ostentosas, pueden ser de color rojo o rosa hasta rojo anaranjado, con pintas de color morado oscuro en la base y gargantas florales amarillas, o de color rosa claro o blanco con la base morada y la garganta floral amarilla. Las hojas son lanceoladas.

Sparrmannia (fam. Tiliaceae)
Cáñamos africanos

Hay tres especies de arbustos y árboles pequeños incluidos en este género oriundo de las regiones tropicales y templadas de África meridional y Madagascar. Las hojas, grandes y suaves, varían de sencillas a lobuladas, y las flores brotan en racimos de tallos largos. El fruto es una cápsula espinosa.

CULTIVO En las regiones con heladas se cultivan en invernaderos intermedios o soleados, en macetas grandes con compost. Durante el período de crecimiento, riéguelas generosamente y añádales abono líquido cada cuatro semanas. Reduzca el suministro de agua en invierno. Proporcióneles un máximo de luz, aunque protegidas de los rayos directos e intensos del sol. Pódelas a principios del invierno para controlar su tamaño. En exteriores, cultívelas en sitios soleados y protegidos. Se propagan a partir de semillas sembradas en primavera y germinadas a 18 °C o, en verano, a partir de esquejes casi maduros, con cama caliente.

La 'Flore Pleno' es una forma de flores dobles de la *Sparrmannia africana* que presenta hojas grandes, lobuladas y ligeramente pilosas.

CLIMA Zona o regiones tropicales.

ESPECIES *S. africana*, cáñamo africano, es un arbusto de crecimiento rápido y extendido, de entre 3 y 6 m de altura. Las flores blancas, que brotan en racimos, tienen estambres prominentes y de color amarillo o morado rojizo. La floración principal brota entre primavera y principios del verano, aunque florece periódicamente durante todo el año. El cultivar 'Flore Pleno' es una forma que produce flores dobles. *S. ricinicarpa* crece hasta alcanzar los 3 m, con hojas variables y que produce flores blancas o teñidas de morado, con estambres amarillos prominentes.

Spartium (fam. Papilionaceae)
Retama de olor

Género de una sola especie de arbustos caducos oriundos de la cuenca del Mediterráneo, *Spartium* se cultiva en la actualidad en muchas regiones del mundo y se ha aclimatado en muchos sitios de clima mediterráneo. Se trata de una planta de desarrollo vertical con ramaje semejante al de los juncos. Las hojas son muy pequeñas, y a menudo se desprenden temprano y dejan las ramas verdes casi desnudas. Produce masas de flores amarillas y fragantes que brotan desde el comienzo del verano hasta principios del otoño.

Spartium junceum, retama de olor, buena elección para sembrar en sitios calientes y secos, también se desarrolla bien en los jardines costeros.

Las flores de los cultivares del género *Spathiphyllum* brotan espontáneamente en condiciones húmedas y con una luz razonablemente intensa.

CULTIVO Se pueden cultivar en jardines con cualquier tipo de suelo, pero prosperan mejor con orientación soleada. Se podan después de la floración para mantener su forma compacta. Se propagan a partir de semillas sembradas en primavera, que se pueden germinar en semilleros de hortalizas.

CLIMA Zona 8.

ESPECIES *S. junceum* es un arbusto de crecimiento rápido hasta los 3 m de altura y que presenta ramas cilíndricas. Sus hojas, de color verde azulado, son entre aciculares y lanceoladas, y de sus flores, fragantes, amarillas y semejantes a las del guisante, se extrae un tinte amarillo.

Spathiphyllum (fam. Araceae)
Cunas de Moisés, banderas blancas

La mayor parte de las 36 especies de este género son originarias de Centroamérica y Sudamérica, mientras que una de ellas se halla en las islas del sudeste de Asia. Gracias a las formas de sus hojas, y a sus flores blancas y fragantes, son muy populares para interiores.

CULTIVO Se cultivan en maceteros, excepto en los trópicos y subtrópicos, donde se pueden sembrar en terrenos abiertos. La mezcla del suelo para las macetas debe ser ligeramente retentiva de la humedad, pero con buen drenaje. En interiores, cultívelas con luz intensa aunque indirecta. Toleran niveles bajos de luz, aunque la floración es escasa en esas condiciones. Consérvelas húmedas durante los meses más cálidos, pero, en el tiempo frío, deje que se seque un poco el suelo entre uno y otro riego. Prosperan en ambientes húmedos. Sus flores blancas se tornan verdes cuando maduran y se deben cortar tan pronto comienzan a adquirir un color marrón. Se propagan a partir de la división vegetativa de los conjuntos más viejos o de semillas.

CLIMA Tropical.

ESPECIES Pocas especies naturales se cultivan ordinariamente. Estas plantas para interiores, muy populares y fáciles de atender, se conocen principalmente por sus varios cultivares. La 'Mauna Loa', uno de los más conocidos, es una planta vigorosa de hasta 1 m de altura cuando se encuentra en floración. Presenta un follaje lustroso y de color verde intenso, y produce espatas blancas y olorosas en primavera y verano. *S. wallisii* presenta un follaje de color verde intenso con los bordes ondulados. Sus espatas son blancas y olorosas, y brotan durante un período prolongado en primavera y verano. Alcanza unos 70 cm cuando está en floración.

Spathodea (fam. Bignoniaceae)

Esta planta nativa de África tropical es un árbol perenne elegante que se cultiva por sus flores ostentosas y su follaje ornamental. Es excelente para el arbolado urbano en las regiones tropicales y subtropicales, y un ejemplar individual llamativo para jardines.

CULTIVO En invernaderos se cultiva en macetas grandes con compost. Es incluso preferible sembrarlo en lechos preparados en suelos. Garantícele buena luz, aunque protegida de los rayos directos del sol, y un ambiente húmedo. Durante la estación de crecimiento, riéguela generosamente y añádale abono líquido cada cuatro semanas. En invierno se reduce el suministro de agua. En los jardines, estas plantas necesitan sitios soleados con suelos húmedos, pero con buen drenaje. Se propaga en primavera a partir de semillas germinadas a 21 °C, de esquejes casi maduros con cama caliente, o de acodos aéreos en verano.

CLIMA Regiones más cálidas de la zona 10 o regiones tropicales.

ESPECIES *S. campanulata*, árbol de tulipanes de África, crece hasta los 20 m en su hábitat y 10-15 m en condiciones de cultivo. Sus hojas pinnadas crecen unos 40 cm. Las flores, de color encendido y forma de embudo, son de color naranja escarlata brillante y brotan en haces largos en las puntas de las ramas.

Spathoglottis (fam. Orchidaceae)

Estas 40 especies de orquídeas terrestres se distribuyen desde las regiones montañosas de Asia tropical hasta Australia y las islas del Pacífico.

CULTIVO Cultívelas en invernaderos cálidos, en macetas con compost específico para orquídeas terrestres. Riéguelas bien durante la estación de crecimiento y protéjalas de los rayos directos del sol. El suministro de agua se reduce cuando han terminado de crecer y los seudobulbos se han desarrollado por completo.

Las flores de color encendido de *Spathodea campanulata* lucen un borde delicado y dorado.

Spathoglottis alicata es una orquídea terrestre que produce bonitas flores estrelladas. Necesita cultivo en invernaderos cálidos o soleados.

CLIMA Tropical.

ESPECIES *S. aurea* presenta tallos sin hojas de hasta 60 cm de longitud, que producen flores doradas con manchas carmesíes en el labelo. *S. alicata* es una especie muy variable y en su hábitat crece en las tierras bajas cubiertas de hierba. Presenta hojas anchas de unos 75 cm de longitud y flores de 3-4 cm de ancho que brotan en tallos largos. Suelen ser de un tono rosa morado intenso y brotan entre 5 y 6 a la vez. En los climas tropicales, florecen durante la mayor parte del año.

Spinacia oleracea (fam. Chenopodiaceae)
Espinaca

Hay varias plantas llamadas «espinacas». *Spinacia oleracea*, la verdadera espinaca, es muy popular en muchos países. Esta hierba aromática se cultiva por sus hojas comestibles. Es una fuente excelente de fibra, vitaminas y hierro. Se cree que los persas fueron los primeros que la cultivaron en el siglo VI, y que los árabes la introdujeron en Europa en el siglo XI.

CULTIVO La espinaca es una planta anual que se puede cultivar en cualquier tipo de suelo húmedo, con buen drenaje, en sitios abiertos y soleados. Se multiplica a partir de semillas sembradas en el terreno de cultivo durante el período comprendido entre finales del invierno y mediados del verano.

La espinaca solo se puede cultivar con éxito en condiciones frescas. Presenta hojas más suaves.

No tiene muy buenos rendimientos en climas muy cálidos y se agosta enseguida. Sin embargo, hay cultivares especiales disponibles para cultivos de verano. Prepare surcos poco profundos de 2 cm de fondo con 30 cm de separación. Siembre las semillas en estos surcos, con un espacio intermedio de 5 cm. Las plántulas se entresacan con una separación de 15 cm. Las semillas se pueden sembrar con intervalos de tres semanas para garantizar la producción sucesiva de hojas. La cosecha puede comenzar ocho semanas después de la siembra.

CLIMA Zona 5.

VARIEDADES Hay muchos cultivares disponibles para sembrar en diferentes épocas de año, en primavera, verano y otoño. Se debe garantizar que se ha seleccionado el cultivar adecuado para el período de siembra correspondiente.

Spiraea (fam. Rosaceae)
Coronas de novia, espireas

Nativo de Europa, Asia, Norteamérica y México, este género agrupa más de 80 especies de arbustos caducos, que se cultivan por sus preciosas manifestaciones florales y el color otoñal de su follaje. Florecen a principios de la primavera o en verano. Los racimos florales suelen ser de color rosa o blanco.

Flores pequeñas y blancas, dominan la copa de *Spiraea cantoniensis* a principios de primavera. Esta planta se ve mejor si se le deja desarrollar una forma arqueada natural.

CULTIVO Estos arbustos fáciles de atender prosperan en suelos razonablemente ricos en nutrientes con bastante sol y agua. La adición de compost o estiércol en primavera mejora el crecimiento de las plantas. Se debe tener cuidado de no echar a perder el arco natural o la forma pendular de estos arbustos, pero se pueden podar para eliminar los ramajes viejos y para recortar los tallos excesivamente largos. Se propagan a partir de semillas, serpollos o retoños tiernos enraizados en semilleros con suelos arenosos, a partir de acodos.

CLIMA Hay especies adecuadas para distintas zonas climáticas.

ESPECIES *S. cantoniensis*, de la zona 6 y oriunda de China, presenta un modo de desarrollo grácil y extendido, y crece hasta alcanzar 1-5 m de altura. Produce racimos densos de flores pequeñas y blancas a lo largo de sus ramas, y resulta muy ostentosa cuando florece a principios del verano. Las hojas, estrechas y de color verde, son de color verde azulado en el envés. El cultivar 'Flore Pleno' es una forma con flores dobles. *S. japonica*, de la zona 5, procedente de China y Japón, es una de las especies más populares. Se trata de un arbusto de 2 m de altura con flores veraniegas de color rosa o blanco. Sin embargo, las que se siembran principalmente son sus cultivares, como, por ejemplo, 'Anthony Waterer', con floraciones de color rosa intenso y de 1,5 m de altura; 'Bumalda', que produce también flores de color rosa intenso y alcanza 1 m de altura, y el popular 'Goldflame', que presenta un follaje tierno rojizo que se torna amarillo y después verde, produce flores de color rosa intenso y alcanza 80 cm de altura. El cultivar 'Snowmound', *S. nipponica*, de la zona 4, es un arbusto arqueado popular, de 1,2 m, cubierto a mediados del verano por cantidad de flores de color blanco puro. *S. prunifolia*, corona de novia, de la zona 4 y nativa de China, es una especie muy popular en Japón. Se trata de un arbusto de crecimiento vertical hasta 1-2 m de altura, con flores dobles blancas. Las hojas son de color naranja en otoño. *S. thunbergii*, de la zona 4 y procedente de China, produce racimos de flores pequeñas y blancas que brotan en ramas delgadas y arqueadas. Crece hasta alcanzar 1,5 m de altura. *S. x vanhouttei*, híbrido de

S. cantoniensis y *S. trilobata*, de la zona 4, crece hasta los 2 m de altura y produce racimos de flores pequeñas y blancas.

Sprekelia (fam. Amaryllidaceae)
Flor de lis

Esta llamativa planta bulbosa procedente de México se puede cultivar en exteriores en los climas cálidos, pero necesita condiciones de invernadero en las regiones más frescas.

CULTIVO En las regiones con heladas, estas especies se cultivan mejor en invernaderos intermedios o soleados. Siémbrelas en macetas con compost. Los bulbos se siembran en otoño. Hay que estar seguro de que la tercera parte superior sobresale por encima del nivel de compost. Proporcióneles un máximo de luz y riego moderado durante su período de crecimiento. Para reconstituir los bulbos, suminístreles abono líquido cada quince días después que ha terminado la floración. Reduzca el suministro de agua cuando las hojas comiencen a marchitarse. Una vez que se encuentren en reposo, consérvelos apenas húmedos. Estos bulbos se deben trasplantar cada tres años en nuevas macetas con compost fresco. En exteriores se cultivan a pleno sol en suelos con buen drenaje. Se propagan a partir de los retoños tomados durante el período de reposo.

Sprekelia formosissima, flor de lis, se desarrolla bien en maceteros y en jardines. Sus flores carmesíes son sencillas, pero muy llamativas.

CLIMA De las regiones más cálidas de la zona 10 a las tropicales.

ESPECIES *S. formosissima*, flor de lis, produce floraciones sorprendentes de color carmesí brillante, semejantes a las de los lirios, en tallos de 30 cm. Las hojas, anchas y con forma de correa, se desarrollan en primavera junto con las flores de labelo doble. Se le llama también flor de lis de los aztecas debido a sus orígenes, y orquídeas amarillas, porque se cree que a veces sus flores semejan orquídeas.

Sprengelia (fam. Epacridaceae)
Brezos de pantano

Los aproximadamente cuatro arbustos semejantes al brezo de este género son todos nativos de Australia. Su hábitat natural se encuentra en humedales pantanosos de turba, situados a veces en alturas elevadas. Presentan hojas rígidas, amplexicaulas y de color verde oscuro, y producen atractivas flores estrelladas y tubulares, rodeadas por brácteas semejantes a hojas. En los climas propensos a las heladas es necesario cultivarlas en invernaderos frescos o soleados.

CULTIVO Se propagan a partir de semillas sembradas a finales de la primavera, aunque pueden germinar muy lento. Se pueden cultivar también a partir de esquejes cortados en otoño de las puntas duras de los tallos. Estos pueden tardar algunos meses en enraizar. Bajo cristal, se cultivan en macetas con compost y se les proporciona condiciones con luz y ventilación. En los jardines se siembran en suelos húmedos y ácidos de turba con una orientación soleada.

CLIMA Regiones más cálidas de la zona 9.

ESPECIES *S. incarnata*, brezos de pantano rosa, es un arbusto de follaje rígido que crece hasta alcanzar 1 m o más. Sus brácteas contienen ramos densos de hojas estrelladas. Los pétalos puntiagudos son de color rosa. *S. monticola*, es una planta pequeña, casi procumbente, con un modo de desarrollo extendido. Sus flores estrelladas son de color blanco rosáceo. *S. sprengelioides* es un arbusto que crece silvestre en las marismas. Tiene un modo de desarrollo variable hasta alcanzar 1 m de altura, y presenta hojas pequeñas y sin filo. Las flores, grandes y blancas, brotan en los extremos de los tallos.

Spyridium (fam. Rhamnaceae)
Cinerarias, Spyridium plateados

Este género incluye unas 30 especies de arbustos nativos de Australia. Son de tamaño muy pequeño, con hojas y retoños pilosos y grises, y flores blancas casi sin tallo y rodeadas por brácteas.

CULTIVO Son plantas excelentes para estabilizar los suelos arenosos porque prosperan en sitios soleados en ese tipo de terrenos. En los climas propensos a las heladas se cultivan en invernaderos frescos y ventilados, o soleados, en macetas con compost, con buen drenaje.

CLIMA Regiones más cálidas de la zona 9.

ESPECIES *S. cinereum* es una planta cobertora procumbente. Las cabezuelas están rodeadas por brácteas blancas semejantes a hojas. *S. globulosum* es un arbusto de 1 m. Las hojas, entre ovales y oblongas, tienen el envés blanco. *S. parvifolium* presenta un follaje blanco y sedoso en el envés. Las cabezuelas son blancas.

Sprengelia incarnata, brezo de pantano rosa, crece silvestre en los eriales de Australia oriental. En su hábitat natural florece en invierno y primavera.

Spyridium parvifolium es una planta resistente en los suelos con buen drenaje, y produce flores enmarcadas por brácteas blancas semejantes a hojas.

Esta entrada está bordeada por conjuntos plateados de *S. byzantina*, hierbas de la perlesía, con un fondo de racimos de especies del género *Nepeta*.

Stachys (fam. Lamiaceae)

Hierbas de la perlesía, ortigas hediondas, betónicas

Este género, que agrupa unas 300 especies de plantas anuales y perennes, se distribuye por las regiones templadas y subtropicales del mundo. Algunas especies son malas hierbas, mientras que otras se cultivan como plantas ornamentales o se siembran para obtener sus tubérculos comestibles.

CULTIVO Las especies perennes de *Stachys* son tolerantes a las heladas y crecen en cualquier suelo con buen drenaje, a pleno sol o bajo una sombra muy tenue. La mayor parte se cultiva con facilidad a partir de semillas o división vegetativa en primavera u otoño. Las especies procedentes de los climas mediterráneos, como *Stachys byzantina*, no prosperan en condiciones de humedad elevada.

CLIMA Zona 5.

ESPECIES *S. affinis*, alcachofa china, es una planta erguida y pilosa de hasta 45 cm, con flores de color blanco o rosa. Sus tubérculos comestibles son blancos, nudosos y alargados, y se producen con abundancia justo bajo el nivel del suelo. Se cultivan del mismo modo que la alcachofa de Jerusalén. La *S. byzantina*, sinónimo *S. lanata*, oriunda de Oriente Medio y el Cáucaso, se conoce como hierbas de la perlesía. Se trata de una especie perenne con hojas suaves, sumamente tramadas como el fieltro y de color gris plateado, que se cultiva principalmente como planta para bordes o bordillos. Las flores varían de rosa a morado. El cultivar 'Silver Carpet' es una forma sin flor que se emplea como cobertora. *S. macrantha*, betónica, es una perenne que produce flores de color rosa morado en tallos de entre 30 y 60 cm de altura. Hay varios cultivares disponibles. *S. officinalis*, betónica común, crece a partir de un rizoma leñoso y sus flores veraniegas varían de moradas a carmesíes. Esta planta medicinal se ha usado desde la Antigüedad en la medicina popular y, en una época, se consideró la panacea para curar todas las enfermedades.

Stachyurus (fam. Stachyuraceae)

Nativas de Asia oriental y el Himalaya, estas diez especies de arbustos y árboles pequeños, caducos y resistentes, producen flores que se desarrollan antes que las hojas; por lo general, en invierno o a principios de la primavera.

CULTIVO Siémbrelas en suelos ácidos y húmedos con buen drenaje, y con bastante contenido de humus. Se debe seleccionar un sitio protegido a pleno sol o con sombra parcial. Se propagan en

Borlas de flores de color amarillo claro cubren las ramas desnudas de *Stachyurus praecox.*

Stanhopea oculata, que se encuentra solo en las colecciones de los especialistas, produce flores amarillas.

verano a partir de esquejes casi maduros enraizados con cama caliente o, en otoño, a partir de semillas sembradas en semilleros de hortalizas.

CLIMA Zona 7. Preferiblemente en climas frescos y húmedos, aunque se pueden cultivar en regiones templadas cálidas.

ESPECIES *S. chinensis* es un arbusto tupido, de hasta 2 m, con tallos rojos y flores acampanadas de color amarillo verdoso claro que brotan en ramos inclinados hacia abajo de 10 cm. *S. praecox,* oriunda de Japón, es un arbusto de ramificación poco densa, de hasta 4 m. Presenta tallos de color marrón rojizo y ramos pendulares de flores de color amarillo claro. Como sucede con *S. chinensis,* las hojas adquieren un matiz rojo en otoño.

Stanhopea (fam. Orchidaceae)

Estas orquídeas perennes epífitas son nativas de Centroamérica y Sudamérica, y presentan una hoja sencilla que brota de un seudobulbo pequeño. Las flores, cerosas y fragantes, brotan en racimos pendulares de la base del seudobulbo. Conocidas a veces como las «orquídeas del revés», se deben cultivar en macetas colgantes.

CULTIVO Se cultivan en invernaderos cálidos, en cestas de tablillas específicas para orquídeas con compost para orquidáceas y formulado para epífitas. Proporcióneles un ambiente húmedo y, en verano, protéjalas del sol intenso. Durante el crecimiento, riéguelas, aunque muy poco durante el período de reposo, a principios del verano. Se propagan a partir de la división vegetativa.

CLIMA Regiones más cálidas de la zona 10 o regiones tropicales.

ESPECIES *S. oculata* produce flores grandes de colores que varían del amarillo claro al naranja, con manchas granates que brotan en verano en tallos de 15 cm de longitud. El labelo tiene partes de color amarillo y malva. *S. tigrina* produce en verano flores grandes, poco comunes, amarillas y marrones, que son muy picantes. *S. wardii* se cultiva también extensamente. Produce flores amarillas con manchas de color ciruela y morado.

Stapelia (fam. Asclepiadaceae)

Camaleonas, estrellas, pancolotes, flores de lagarto

Estas plantas suculentas poco comunes y que desarrollan conjuntos se distribuyen por todo el sur de África y el área tropical. Los tallos carnosos y cua-

drangulares, lisos y aterciopelados, con bordes dentados, crecen hasta los 20-30 cm de altura. Las flores
que brotan de la base de la planta pueden ser redondeadas, estrelladas, aplanadas o acampanadas, a menudo con un anillo hacia el centro. Sin embargo,
huelen a carne descompuesta, lo que atrae insectos a
la corola de la flor para contribuir a la polinización.

CULTIVO En los climas frescos y fríos, cultívelas en invernaderos entre intermedios y cálidos, en macetas
con compost con mucho contenido de gravilla y
una capa de esta encima para proporcionarle un
buen drenaje superficial. Necesitan ambientes secos
y un máximo de luz, aunque protegidas de los rayos
directos del sol. Nunca se deben regar en exceso y se
mantienen solo ligeramente húmedas durante el
período de reposo invernal. En exteriores, siémbrelas en suelos con muy buen drenaje, en sitios soleados. Se propagan en primavera a partir de retoños
enraizados o de esquejes cortados de los tallos.

CLIMA Zonas 9 y 10.

ESPECIES *S. gigantea*, oriunda de África meridional,
presenta tallos erguidos, aterciopelados y de color
verde claro, de hasta 20 cm, y flores enormes y lisas de hasta 35 cm de ancho, con lóbulos largos y
sumamente ahusados. Son de color amarillo claro,
y están cubiertas por vellosidades rojas y marcadas
con crestas rojas. Unos vellos largos y blancos cubren sus bordes curvos. *S. hirsuta* presenta tallos
aterciopelados, de color verde oscuro y flores estrelladas con vellos sedosos de color rojo marronáceo en el centro y en los bordes de los lóbulos
extendidos, que aparecen marcados con crestas
horizontales rojas y amarillas.

Staphylea (fam. Staphyleaceae)

Falsos pistachos

Hay unas 10 especies de arbustos caducos y resistentes en este género procedente de las regiones
templadas del hemisferio norte. Presentan hojas
atractivas, y producen ramos terminales de flores
blancas y frutos poco comunes e inflados.

CULTIVO Se desarrollan bien en suelos de marga húmedos con una orientación soleada o en sombra
parcial. Florecen antes si se riegan moderadamente
cuando estos arbustos son jóvenes y se aumenta el
suministro de agua durante su desarrollo. Pódelas inmediatamente después de la floración, cuando recorte los viejos brotes florecidos hasta los brotes más
tiernos o las yemas más abajo. Se propagan en otoño

Stapelia variegata, pancolote o flor de lagarto, es una
curiosidad que muchos botánicos clasifican actualmente
en el género *Orbea*.

Staphylea pinnata produce haces grandes de flores blancas
y olorosas desde primavera hasta principios del verano.
Es una especie nativa de Europa, Turquía y el Cáucaso.

a partir de semillas sembradas en semilleros de hortalizas o, en verano, a partir de esquejes casi maduros que se enraízan en camas de propagación calientes. Se pueden multiplicar por acodo en primavera.

CLIMA Zona 6.

ESPECIES La *S. holocarpa*, procedente de China, es un arbusto o árbol de 6-7 m de altura, cuyas flores de color entre rosa y blanco se desarrollan antes que las hojas. El cultivar 'Rosea' produce flores de color rosa y su follaje tierno está coloreado atractivamente de bronce. *S. pinnata*, falso pistacho europeo, crece hasta los 5 m. Sus flores blancas brotan en ramos de unos 10 cm de longitud e inclinados hacia abajo.

Stenocarpus (fam. Proteaceae)

Nativos de Australia y Nueva Caledonia, estos árboles perennes se cultivan por sus flores y follaje llamativos. Las hojas, lisas, lustrosas y alternas, pueden ser enteras o lobuladas. Su desarrollo es entre moderado y lento, y la mayoría de las especies tarda hasta siete años en florecer.

Stenocarpus sinuatus, «árbol de las ruedas de fuego», es espectacular con flores, pero lamentablemente es remisa a florecer cuando se cultiva en tiestos.

CULTIVO En los climas propensos a las heladas se cultivan en invernaderos intermedios o soleados, pero estas plantas no florecen en tiestos, donde se siembran en compost. Proporcióneles buena luz, pero protéjalas de los rayos directos del sol. La poda puede ser necesaria a finales del invierno para controlarles el tamaño. En exteriores, cultívelas en sitios soleados y protegidos con suelos ricos en humus y húmedos, aunque con buen drenaje. Se propagan en primavera a partir de semillas germinadas a 21 °C o, durante el verano, a partir de esquejes casi maduros en camas de propagación calientes.

CLIMA Zona 10 o regiones tropicales.

ESPECIES *S. salignus*, es un arbusto o árbol pequeño de desarrollo vertical que presenta hojas estrechas, alternas y elípticas. Sus flores, fragantes y de color amarillo verdoso, brotan en racimos densos y redondeados que dan lugar a una exhibición atractiva sobre el fondo de su follaje verde oscuro. Los frutos son vainas largas y aplanadas. *S. sinuatus*, «árbol de las ruedas de fuego» es un árbol atractivo que crece silvestre hasta alcanzar entre 10 y 20 m y unos 9 m en condiciones de cultivo. Presenta hojas lustrosas, lobuladas y de color verde oscuro, y flores que varían de color naranja a rojo, y que brotan dispuestas con forma de rueda.

Stephanandra (fam. Rosaceae)

Estas cuatro especies de arbustos caducos procedentes de Asia oriental se cultivan principalmente por su follaje atractivo, que en otoño se colorea con encantadores tonos de naranja. Sus ramas desnudas de color marrón son muy ornamentales en invierno.

CULTIVO Prosperan en suelos de marga ricos en nutrientes, húmedos y a pleno sol. Para obtener un buen color en otoño, necesitan riego abundante y condiciones frescas. Pódelas anualmente a principios de la primavera, cuando se cortan los retoños delgados, dañados o enfermos, además de la mitad de los restantes, para permitir que los nuevos brotes tengan el mayor espacio posible. Se propagan en verano a partir de esquejes casi maduros o,

El follaje atractivo de *Stephanandra tanakae* embellece a principios del verano con sus ramos de flores pequeñas de color blanco o verde amarillento.

Stephanotis floribunda, que se cultiva en invernaderos cálidos o soleados, produce flores de olor dulzón y textura gruesa que brotan abundantes en las plantas desarrolladas.

en invierno, de esquejes de madera dura. Estas plantas se pueden propagar también a partir de serpollos enraizados que se extraen en invierno.

CLIMA Zona 5 para *Stephanandra incisa*; zona 6 para *S. tanakae*.

ESPECIES *S. incisa* originaria de Japón y Corea, crece hasta alcanzar una altura y una expansión de 2 m. Las hojas, sumamente escindidas, brotan en tallos largos, gráciles y curvos, y sus flores diminutas forman ramos poco densos de flores blancas. *S. tanakae*, de aproximadamente 3 m de altura, produce flores de color verde amarillento en tallos arqueados y marrones, cubiertos con hojas lobuladas y dentadas.

Stephanotis (fam. Asclepiadaceae)
Jazmines de Madagascar, flores de cera

Solo se cultiva una de las especies de este género de plantas trepadoras perennes distribuidas desde Malaisia hasta Madagascar. Las hojas satinadas y de color verde oscuro contrastan bien con los racimos de flores pequeñas, blancas y cerosas.

CULTIVO Lejos de los trópicos, se cultivan en invernaderos cálidos o soleados. Son también buenas plantas para interiores. Cultívelas en macetas con compost. Protéjalas de los rayos directos e intensos del sol, pero garantíceles buena de luz, y un ambiente húmedo y apoyo para los tallos. Si es necesario, pódelas a finales del invierno para limitar su tamaño. Se propagan en verano a partir de esquejes casi maduros, en cama de propagación caliente.

CLIMA Tropical.

ESPECIES *S. floribunda* crece hasta alcanzar 4 m. Las hojas elípticas son gruesas, y con los bordes lisos y brillantes. Sus flores blancas son deliciosamente fragantes.

Sterculia (fam. Sterculiaceae)
Almendros de la India

Se cultivan como árboles ornamentales y de sombra en las regiones subtropicales y tropicales. Su mayor desventaja es el olor tan desagradable que emana de las hojas de algunas de ellas. La mayoría es de crecimiento rápido, con cálices coloridos en lugar de pétalos.

Los frutos de *Sterculia quadrifida* son mucho más decorativos que sus flores. Las semillas que contienen sus vainas rojas son comestibles.

CULTIVO En los climas con heladas, se cultivan en invernaderos entre cálidos e intermedios, o soleados, en macetas con compost. En exteriores, se cultivan en sitios cálidos y soleados, donde no haya heladas, en suelos ricos en nutrientes, húmedos y con buen drenaje. Se propagan a partir de semillas maduras germinadas con calor, o de esquejes casi maduros con cama caliente.

CLIMA Zona 10 o regiones tropicales.

ESPECIES *S. foetida*, almendro de la India, originario de este país y de las regiones más cálidas de Asia, crece hasta alcanzar los 20 m. Las hojas son largas y divididas, y los cálices son morados, rojos y amarillos. Las vainas de color rojo oscuro crecen hasta 8 cm de longitud. De sus hojas emana un olor desagradable característico. *S. quadrifida*, koralba o almendro, es un árbol de las selvas tropicales, de tamaño mediano, con una copa redondeada. Las hojas, pequeñas y enteras, son de color verde opaco, mientras que sus vainas, rojas, son leñosas y hendidas por un

lado para dejar descubiertas las semillas comestibles. *S. rubiginosa*, oriunda de India e Indonesia, es un arbusto o árbol que crece hasta 6 m, presenta hojas largas que son blancas en el envés, y produce ramos inclinados hacia abajo con cálices rojos. *S. villosa*, de la India, se caracteriza por su corteza blanca. Presenta hojas grandes y lobuladas.

Sternbergia (fam. Amaryllidaceae)
Cólquicos amarillos

Nativas de regiones que abarcan desde Europa meridional hasta Asia central, estas ocho especies de plantas bulbosas enanas producen encantadoras flores semejantes a las del azafrán desde el otoño hasta la primavera.

CULTIVO Los bulbos se siembran a finales del verano, a 15 cm de profundidad, en suelos con buen drenaje y orientación soleada. En bandejas de cultivo, emplee compost con gravilla, que se debe conservar seco durante el período de reposo veraniego. Se propagan a partir de retoños cuando las plantas están en reposo, o a partir de semillas maduras.

CLIMA Regiones con veranos calientes y secos, seguidos por inviernos entre frescos y fríos.

Sternbergia lutea, con sus flores otoñales amarillas, es una de las satisfacciones de esa estación en los climas adecuados.

ESPECIES *S. colchiciflora*, de la zona 5, produce flores amarillas fragantes y sin tallo, que brotan en otoño, antes que las hojas. *S. lutea*, de la zona 7 y oriunda de la cuenca del Mediterráneo, es la especie que se cultiva con más frecuencia. Las flores, de color amarillo, brotan a finales del otoño, simultáneamente con sus hojas satinadas y con forma de correa. Se cree que se trata de los «lirios campestres» mencionados en la Biblia.

Stewartia (fam. Theaceae)

Se trata de un género poco numeroso que agrupa nueve especies de árboles y arbustos caducos nativos de Asia oriental y el este de Norteamérica. Emparentados con las camelias, se cultivan como plantas ornamentales por sus flores y su follaje, además de por su atractiva corteza exfoliada.

CULTIVO Estas plantas se pueden cultivar a pleno sol o en la semipenumbra, de acuerdo con el clima. Requieren riego sistemático durante su estación de crecimiento y prosperan en suelos ligeramente ácidos y ricos en humus. Los suelos deben drenar bien. La superficie sobre las raíces se apoca bien con estiércol descompuesto compost. No es necesario podar, excepto para recortar los árboles viejos. Se propagan a partir de semillas sembradas en otoño en semilleros de hortalizas o de esquejes

Las flores de *Stewartia pseudocamellia* tienen pétalos rizados alrededor de los estambres centrales. Los colores del follaje surgen en otoño.

casi maduros enraizados con cama caliente. El acodo en primavera es más seguro.

CLIMA Zona 5. Preferiblemente, en climas frescos y húmedos.

ESPECIES *S. pseudocamellia* es oriunda de Japón, donde estos árboles pueden crecer hasta 15 m o más. En condiciones de cultivo, es probable que alcancen 8-10 m en la madurez. La corteza exfoliada, de color gris y marrón rosáceo o rojizo, es una característica notable. Las hojas son ovales y satinadas, y las flores blancas, con forma de copa, tienen una masa central de estambres dorados.

Sticherus (fam. Gleicheniaceae)
Helechos de abanico, helechos de paraguas

Este género agrupa un centenar de especies de helechos de las regiones tropicales y templadas meridionales del mundo. Presentan rizomas delicados, rastreros y delgados, y tallos erguidos y frondas ramificadas regularmente. Las pinnas, sencillas y lanceoladas, varían de color verde claro a intenso, con lo que adquieren un bonito patrón de desarrollo debido a la ramificación regular de las frondas. En los climas propensos a las heladas, estos helechos se cultivan en invernaderos intermedios o soleados.

CULTIVO Se cultivan por lo general en maceteros grandes que dispongan del espacio necesario para

Sticherus flabellatus es un helecho pequeño y fuerte con un follaje rígido y lustroso, muy apreciado por los floristas.

que extiendan sus rizomas largos y rastreros. Siémbrelas en turba fibrosa mezclada con arena gruesa y abono preparado con hojas bien descompuestas que drene bien. Riéguelas sistemáticamente, pero no añada fertilizante. Se desarrollan bien en sitios húmedos y cubiertos. La propagación a partir de esporas es lenta, igual que la tasa de desarrollo inicial. Sin embargo, se pueden multiplicar durante su período de desarrollo a partir de un trozo largo de rizoma que contenga unas cuantas frondas pequeñas y tiernas.

CLIMA Zona 10.

ESPECIES *S. flabellatus* es nativa de Australia oriental, Nueva Zelanda y Nueva Guinea. Los rizomas están cubiertos con escamas marrones, y los tallos largos son de colores variables entre marrón oscuro y negro. Las frondas tienen 1,5 m de longitud, y las pinnas son satinadas y de color verde oscuro en el haz. *S. lobatus*, oriunda de la costa oriental de Australia, presenta rizomas fuertes cubiertos con escamas marrones. Sus tallos robustos son de color marrón satinado y las frondas, de hasta 2 m de longitud, son de color verde opaco con el envés más claro. *S. tener*, de Australia oriental, presenta rizomas muy largos, enjutos y fuertes, con escamas marrones y tallos también robustos de 2 m.

Stigmaphyllon (fam. Malpighiaceae)

Hay aproximadamente un centenar de especies en este género de enredaderas leñosas y trepadoras de América tropical, donde cubren las cimas de los árboles altos y producen atractivas flores amarillas. Sus hojas acorazonadas están cubiertas con vellosidades finas y sedosas.

CULTIVO En las regiones propensas a las heladas se cultivan en invernaderos entre intermedios y cálidos, o soleados, en macetas con compost. Protéjalas de los rayos directos del sol, pero garantíceles buena luz. De ser necesario, pódelas a finales del invierno para controlar el tamaño. Se propagan en primavera a partir de acodos o, en verano, a partir de esquejes casi maduros, que se enraízan con cama de propagación caliente.

Los pétalos de las flores amarillas de *Stigmaphyllon ciliatum* están dispuestos como los radios de una rueda.

CLIMA Tropical.

ESPECIES *S. ciliatum*, es la única especie que se cultiva extensamente. De crecimiento rápido en los trópicos, puede crecer lento en otras regiones. Se cubre con racimos de flores amarillas en otoño. *S. lingulatum* produce racimos grandes de flores pequeñas y de color amarillo. *S. littorale*, que se encuentra a menudo cerca del agua, presenta hojas redondas y flores doradas, que brotan en racimos grandes.

Stokesia (fam. Asteraceae)
Septiembre de Stokes

Nativa del sudeste de Norteamérica, esta planta perenne produce buenas flores para cortar desde finales del verano hasta el otoño. Es fácil de cultivar y se ve mejor en plantaciones masivas. También es apropiada para cultivar en tiestos.

CULTIVO Es una planta excelente para cultivar en bordes mixtos o herbáceos. Se desarrolla bien en suelos ácidos, ligeros, con buen drenaje aunque húmedos, en sitios protegidos y soleados. Evite el cultivo en suelos empapados o pesados. En las regiones con heladas intensas, cubra las raíces con pajote para protegerlas durante el invierno. Se

Strelitzia reginae produce verdaderamente una de las flores más raras y, a la vez, más espectaculares.

Stokesia laevis produce estupendas masas florales desde finales del verano hasta el otoño.

propagan en primavera a partir de división vegetativa; en otoño, de semillas germinadas en un semillero de hortalizas, y en invierno, de trozos de raíz.

CLIMA Zona 7.

ESPECIES *S. laevis*, la única especie del género, es una planta perenne, de entre 30 y 35 cm de altura, que forma rosetones de hojas estrechas y divididas en la base. Los colores de las flores varían del malva al rosa, al morado. Hay cultivares disponibles con otros colores.

Strelitzia (fam. Strelitziaceae)
Aves del paraíso

Estas cinco especies de plantas perennes con hojas verdes todo el año, nativas de Sudamérica, se valoran por sus flores espectaculares que recuerdan pájaros exóticos. Son excelentes plantas prominentes. Todas las especies presentan hojas grandes como las del banano, y las familiares flores grandes con pétalos puntiagudos como flechas.

CULTIVO Estas especies requieren condiciones cálidas y sin heladas, suelos húmedos, aunque con buen drenaje, y sitios soleados. En los climas con heladas, cultívelas en macetas o tiestos grandes, en invernaderos entre intermedios y cálidos, o soleados. Si lo prefiere, se pueden trasladar al exterior durante el verano. Siémbrelas en compost. Proteja las plantas de los rayos directos e intensos del sol, pero garantíceles buena luz. Requieren buena ventilación. Estas plantas necesitan riegos abundantes cuando están en pleno crecimiento, además de fertilizante líquido cada cuatro semanas. Riéguelas menos en invierno. Se propagan en primavera a partir de la extracción y siembra en macetas de los serpollos enraizados.

CLIMA Zona 10.

ESPECIES *S. alba* es una especie que desarrolla conjuntos de hasta 10 m de altura, y produce en primavera flores blancas a partir de espatas algo moradas. *S. nicolai* es otra especie grande que desarrolla conjuntos y produce flores llamativas blancas y azules a partir de espatas de un color rojizo intenso. La especie más conocida es *S. reginae*, ave del paraíso, que, en invierno y primavera, produce flores espectaculares de color naranja y azul a partir de espatas verdes coloreadas de naranja y morado.

Streptosolen (fam. Solanaceae)
Trompetitas naranjas, heliotropo amarillo

Este género, de una sola especie originaria de Colombia y Perú, incluye un arbusto perenne expandido que se valora por su follaje atractivo y sus flores de color naranja brillante.

CULTIVO En los climas con heladas, cultívelas en invernaderos frescos o intermedios, o soleados. Siémbrelas en macetas con compost. Proporcióneles un máximo de luz, pero proteja las plantas de los rayos directos del sol. En exteriores, siémbrelas en sitios soleados y protegidos, en suelos ricos en nutrientes con buen drenaje, aunque húmedos. Pódelas ligeramente en invierno para mantener las plantas con buena forma. Se propaga a finales del verano a partir de esquejes casi maduros en camas de propagación caliente, o de acodos en primavera.

CLIMA De la zona 9 a las regiones tropicales.

ESPECIES S. jamesonii produce masas de flores con forma de trompeta y de color naranja entre sus hojas estrechas y ovales, desde finales de la primavera hasta finales del verano.

Streptosolen jamesonii produce abundancia de flores y sería raro que no estuviese florecida desde finales de la primavera hasta finales del verano.

Strobilanthes (fam. Acanthaceae)

Hay unas 250 especies de atractivas plantas perennes y arbustos agrupadas en este género oriundo de Asia tropical. Pueden ser caducos o con hojas verdes todo el año, y presentan, por lo general, flores tubulares y con forma de capucha. Solo se cultivan unas cuantas especies.

CULTIVO Cultívelas bajo cristal en compost. Proteja las plantas de los rayos directos del sol, pero garantíceles buena luz. Si es necesario, pode las especies arbustivas ligeramente en primavera para garantizar su buena forma. Se propagan en esa misma estación a partir de semillas o de esquejes de madera blanda en camas de propagación calientes.

CLIMA Tropical.

ESPECIES S. anisophyllus, sinónimo Goldfussia anisophylla, procedente de India, presenta un follaje de color verde bronce y flores encantadoras de color azul claro. Florece en invierno y primavera, pero puede hacerlo esporádicamente durante todo el año. S. dyeranus, oriunda de Myanmar, es una especie arbustiva, con follaje de aspecto metálico de color verde morado en el haz.

Strobilanthes dyeranus se cultiva por su follaje de color verde bronce y sus flores de color azul claro.

Strongylodon (fam. Papilionaceae)
Trepadoras de jade

Este género, de unas 20 especies de arbustos o trepadoras, se distribuye por el sudeste de Asia, aunque hay una cantidad nativa de Filipinas. Solo se cultiva una especie, que no es fácil de obtener. Se encuentra entre las plantas trepadoras más bellas del mundo.

CULTIVO Lejos de los trópicos, cultívela en invernaderos cálidos, en una maceta o tiesto grandes, en compost. Es preferible cultivarla en un lecho con suelo ácido. Protéjala de los rayos directos del sol, pero garantícele buena luz. Un ambiente húmedo es esencial. Los tallos necesitan apoyo. Se propaga en primavera a partir de acodos aéreos o de semillas que se siembran tan pronto están disponibles y se germinan a 30 °C.

CLIMA Tropical.

ESPECIES *S. macrobotrys*, trepadora de jade, es una enredadera de desarrollo robusto que puede extenderse 15 m o más en condiciones ideales. Las hojas tiernas varían de color bronce a rosa y se tornan verde intenso cuando maduran. Las flores largas, semejantes a las del guisante, brotan masivamente en ramos que pueden alcanzar una longitud de 40-80 cm. Las flores tienen un exquisito tono de color turquesa, y brotan desde finales del invierno hasta avanzada la primavera.

Stylidium (fam. Stylidiaceae)
Plantas gatillo

Hay unas 135 especies incluidas en este género de plantas perennes de madera blanda o leñosa, oriundas en su mayor parte de Australia, aunque algunas especies se distribuyen por el sudeste de Asia y también por Nueva Zelanda. Forman rosetones de hojas en su mayor parte herbáceas, de las que brotan tallos largos y delgados portadores de espigas con flores poco comunes y ladeadas. El filamento largo e inclinado que contiene las anteras y el estilo que contiene el estigma cuelgan por fuera como una floración pequeña con un mango. Cuando la toca un insecto, salta al otro lado y lo espolvorea con polen.

No hay nada en el mundo de la naturaleza que pueda compararse con el color extraordinario de la especie *Strongylodon macrobotrys* florecida.

En la imagen se puede observar cómo sobresale el filamento sensible de las plantas gatillo del centro de sus flores pequeñas y de color malva.

CULTIVO En invernaderos, se cultivan en macetas con compost. Proporcióneles un máximo de luz y condiciones ventiladas. Necesitan poco riego en invierno. En jardines, siémbrelas en sitios soleados, en suelos con buen drenaje. Se propagan en primavera a partir de división vegetativa o de semillas maduras germinadas a 18 °C.

CLIMA Zona 9.

ESPECIES *S. bulbiferum*, oriunda de Australia, se extiende a partir de tallos rastreros, que forman alfombras de follaje de 15 cm de altura. En verano produce flores de color rojo y rosa hasta casi blanco en tallos rojizos. *S. calceratum* presenta rosetones de hojas ovales y diminutas, tallos semejantes a hilos y racimos de flores pequeñas de color blanco rosáceo. *S. graminifolium* tiene penachos herbáceos, tallos delgados y erguidos de hasta 15 m de altura, y flores en tonos rosa. La *S. laricifolium* crece hasta 1 m de altura y produce flores de color rosa.

Styphelia (fam. Epacridaceae)
Cinco esquinas, brezos dorados

Estas 14 especies de arbustos de tamaño pequeño semejantes al brezo son nativas de Australia. Presentan hojas rígidas, espinosas y puntiagudas, y producen bonitas flores acampanadas que brotan, por lo general, en verano.

CULTIVO En invernaderos, se cultivan en macetas con compost. Proporcióneles luz y condiciones ventiladas. Evite el riego excesivo; en especial, en invierno. En jardines, siémbrelas en sitios soleados, en suelos entre ácidos y neutros, con buen drenaje y que contengan mucho humus. Se propagan en verano a partir de esquejes casi maduros, en camas de propagación caliente.

CLIMA Zonas 9 y 10.

ESPECIES *S. adscendens*, brezo dorado, es una planta de tamaño pequeño y extendida que presenta hojas dentadas de color verde grisáceo y flores de color amarillo verdoso. *S. longifolia* es un arbusto pequeño y erguido, con hojas lanceoladas, que produce flores verdes y amarillas con cálices pun-

Styphelia tubiflora presenta estambres largos que sobresalen de sus flores veraniegas, cerosas, tubulares y rojas.

tiagudos. *S. tubiflora*, cinco esquinas, es un arbusto enano que presenta un follaje verde grisáceo. Las flores, que varían de color rojo a rosa, tienen lóbulos y cálices amarillos, y brácteas de color rosa. *S. tubiflora*, cinco esquinas roja, es una especie atractiva, con hojas pequeñas y lisas, y flores largas y carmesíes con brácteas bordeadas de verde. *S. viridis*, cinco esquinas verde, presenta hojas sin filo, y flores verdes con lóbulos cortos y lisos.

Styrax (fam. Styracaceae)
Estoraques, benjuíes

Se trata de un género de aproximadamente 120 especies de árboles y arbustos perennes o caducos, nativos de Europa, Asia y Norteamérica. Varias especies, predominantemente especies tropicales asiáticas, producen resinas con un largo historial de usos medicinales. *S. officinalis* es la fuente original del aceite esencial de benjuí, mientras que otras se emplean para la extracción de antisépticos, y la producción de fármacos para la tos y artículos de tocador. Varias especies de climas fres-

Styrax officinalis es la fuente original del aceite esencial de benjuí. Produce masas de flores acampanadas de color blanco nieve a principios del verano.

cos se cultivan como plantas ornamentales porque dan lugar a preciosas manifestaciones de flores, principalmente, en verano.

CULTIVO Cultívelas en sitios protegidos, a pleno sol o en sombra parcial. Los suelos deben ser entre ácidos y neutros, con buen drenaje, pero capaces de retener la humedad, y contener mucho humus. El método de propagación más fácil es a partir de acodos en primavera, pero se pueden cortar esquejes casi maduros en verano para enraizarlos en camas de propagación caliente. El porcentaje que enraíza es bajo.

CLIMA Hay especies adecuadas para distintas zonas climáticas.

ESPECIES *S. americanus*, estoraque americano, de la zona 7, es un arbusto caduco que crece hasta alcanzar una altura y un ancho de 2-3 m. Las hojas, de color verde oscuro, de hasta 8 cm, son oblon-

gas. Produce bonitas flores blancas e inclinadas hacia abajo que brotan solitarias o en grupos pequeños desde principios hasta mediados del verano. *S. japonicus*, estoraque japonés, de la zona 5, es un árbol caduco y grácil, que crece entre 8 y 10 m de altura. Su follaje, satinado y verde, se torna rojo intenso o amarillo en otoño. Las flores blancas —a veces, de color rosa claro— son acampanadas y brotan en verano a lo largo de la parte inferior de las ramas. *S. officinalis*, estoraque, de la zona 9, puede ser una especie arbustiva o arbórea, y crece entre 6 y 8 m de altura. Produce flores acampanadas y blancas que brotan en racimos pequeños en las puntas de las ramas.

Swainsonia (fam. Papilionaceae)

Hay unos 50 subarbustos y plantas perennes productores de flores agrupados en este género, en su mayor parte nativo de Australia. Presenta un follaje encantador, largo y plumoso, y flores muy ostentosas semejantes a las del guisante, que brotan en ramos largos. Estos arbustos de crecimiento rápido tienen un período de floración prolongado desde la primavera hasta el verano —si las condiciones son favorables—, y son aportes atractivos para los jardines y excelentes flores para cortar. Las especies de crecimiento lento son adecuadas para rocallas y para maceteros o macetas colgantes. En las regiones propensas a las heladas se cultivan en invernaderos frescos o soleados. Ha habido algunos cambios en la clasificación taxonómica de estas plantas. La especie nombrada aquí *Swainsonia formosa* se conoce en Europa como *Clianthus formosus* (véase la entrada *Clianthus*).

CULTIVO La mayoría de las especies crece fácilmente a partir de semillas sembradas en otoño o primavera. Estas necesitan ser tratadas y cortadas con cuidado con una hoja, o raspadas con papel de lija, antes de remojarlas durante 24 horas en agua fría. Estas especies se pueden cultivar también a partir de esquejes, y necesitan sitios soleados y con buen drenaje. La mayoría de las plantas de este género se ponen mustias si el drenaje no es perfecto, si se riegan en exceso o si las condiciones son demasiado húmedas. Mejoran su forma si se podan cada invierno. Los vástagos nuevos brotan

Para cultivar *Swainsonia formosa*, o *Clianthus formosus*, hacen falta condiciones climáticas muy secas.

pendulares o trepadores. En las regiones propensas a las heladas se cultivan en invernaderos frescos o intermedios ventilados, en macetas con compost con buen drenaje.

CLIMA Regiones más cálidas de la zona 9.

ESPECIES *S. formosa* es una planta procumbente y extendida que presenta un follaje liso, semejante al de los helechos y de color verde grisáceo. Las flores, con forma de pico y de color escarlata, brotan en racimos erguidos con protuberancias esféricas o hinchazones brillantes en el centro, con colores que varían de negro a marrón. Se trata de una planta anual o perenne efímera que germina rápido después de que llueva en su hábitat. Tolera la sequía una vez que se ha desarrollado, y es muy

apropiada para cultivar en tiestos como las macetas colgantes o en tubos de terracota colocados verticalmente y llenos de compost. Estas plantas no toleran que se perturben las raíces. *S. galegifolia*, crece hasta alcanzar 1 m, y presenta un follaje pinnado, liso y de color verde claro. Las flores varían de color malva brillante a rosa y rojo, matizadas a veces de marrón o amarillo. El cultivar 'Albiflora' produce flores de color blanco puro; 'Splendens', flores carmesíes brillantes, y 'Violacea', flores de color violeta rosáceo. *S. grayana* crece hasta aproximadamente 1 m de altura, con hojas pinnadas de color verde grisáceo que son lanosas en el envés. Las flores, de color malva, rosa o rojo, tienen pintas blancas en el pie del pétalo principal y los sépalos están matizados de blanco. Sus grandes floraciones son buenas flores para cortar. *S. procumbens* es una especie enana que crece solo hasta alcanzar una altura de 30 cm y tiene un modo de desarrollo extendido. Sus flores grandes y de color malva brillante o morado rosáceo tienden a descolorarse en la medida en que maduran.

Symphoricarpos (fam. Caprifoliaceae)
Bolitas de nieve

Estas 16 especies de arbustos caducos, en su mayor parte oriundos de Norteamérica, se cultivan a menudo como plantas ornamentales por su follaje atractivo y bayas distintivas, que brotan en ramas desnudas en otoño e invierno. Sus flores son bastante inconspicuas.

CULTIVO Las especies *Symphoricarpos* se pueden cultivar en los suelos de casi cualquier jardín, a pleno sol o en sombra parcial. Puede ser necesario podarlas en invierno para eliminar los tallos viejos. Se propagan a partir de división vegetativa o de semillas, esquejes o serpollos.

CLIMA Hay especies adecuadas para distintas zonas climáticas.

ESPECIES *S. alubus*, sinónimo *S. racemosus*, bolitas de nieve, de la zona 3, es una planta llamativa con sus racimos de bayas de color blanco puro en otoño e invierno. Crece hasta alcanzar 1 m. *S. x chenaulti*, de la zona 4, es más pequeña y con ba-

Las especies de *Symphoricarpos* son ideales para setos y pantallas, y toleran la contaminación, los sitios expuestos y los suelos pobres en nutrientes.

Symphytum officinale, que se cultiva en la actualidad como planta ornamental, se empleó durante mucho tiempo como planta medicinal.

yas rojas pintadas de blanco. *S. microphyllus*, sinónimo *S. montanus*, de la zona 7, crece hasta los 2 m y produce bayas de color rosa que son bastante translúcidas. *S. orbiculata*, bolitas de nieve de la India de la zona 2, es muy densa y poblada de ramillas. Produce masas de bayas pequeñas y de color rosa brillante después que se caen las hojas. El cultivar 'Foliis Variegatis' presenta un follaje variegado dorado.

Symphytum officinale (fam. Boaginaceae)

Consueldas, sinfito

Los herboristas han considerado a la consuelda una planta medicinal desde hace mucho tiempo. Desde la Edad Media la consuelda se ha empleado para ayudar a soldar las fracturas y los huesos rotos, y para preparar cataplasmas para sanar hinchazones, hematomas y esguinces. Se ha evidenciado que la raíz contiene colina y alantoína, que parecen contribuir a la proliferación sana de los glóbulos rojos y a mejorar la circulación en general. En la actualidad es solo de uso tópico, puesto que se ha demostrado que su ingestión es peligrosa para la salud. Originaria del Cáucaso, *Symphytum officinale* es una planta perenne de hasta 1 m, con hojas ásperas y pilosas, y tallos fuertes. Las flores, bonitas y acampanadas, brotan en racimos pendulares y abren desde finales de la primavera y todo el verano, con una gama de colores que varía de crema a rosa, morado, lavanda y azul. Al descomponerse rápidamente, ayuda a acelerar la fermentación de otras materias vegetales.

CULTIVO Esta planta resistente prospera en sitios húmedos y sombríos. Se cultiva a partir de semillas o se propaga a partir de la división de las raíces en otoño. Se le debe dejar mucho espacio para que las raíces se desarrollen. Tiende a extenderse por los jardines.

CLIMA Zona 5 y superior.

Syncarpia (fam. Myrtaceae)
Árboles del aguarrás

Las cinco especies de árboles incluidas en este género procedente de los bosques costeros de Australia oriental son muy elegantes. Son resistentes a los organismos que atacan la madera en los ambientes marinos, a las termitas y al fuego. No son apropiados para los jardines corrientes por ser demasiado grandes y no se pueden recomendar para cultivar bajo cristal en climas propensos a las heladas.

CULTIVO Los árboles de aguarrás prosperan en suelos ricos en nutrientes, húmedos y con buen drenaje. Toleran poco las heladas y se propagan a partir de semillas maduras, que germinan con facilidad.

Syncarpia glomulifera, árbol de aguarrás, crece silvestre en Australia y florece allí desde la mitad de la primavera hasta principios del verano.

CLIMA Zona 9.

ESPECIES *S. glomulifera*, árbol de aguarrás, crece silvestre hasta alcanzar 60 m, aunque menos de 20 m en condiciones de cultivo. El tronco está cubierto por una corteza sumamente arrugada de color rojo marronáceo. Produce un follaje denso, satinado y de color verde oscuro y ramos de flores blancas seguidas por frutos leñosos fundidos para formar en una esfera espinosa. Su olor recuerda al del aguarrás. *S. hillii*, otra especie alta, con hojas satinadas más grandes, se cultiva por su madera.

Syngonium (fam. Araceae)

Estas 30 especies de plantas trepadoras son originarias de América tropical y las Antillas. Presentan un follaje muy atractivo y trepan por medio de raíces aéreas, que brotan en los tallos. Son buenas plantas interiores e ideales también para cultivo en invernaderos cálidos y soleados.

Las especies de *Syngonium* son plantas trepadoras tropicales, similares a las del género *Philodendron*. Se cultivan por su follaje elegante, a menudo variegado.

CULTIVO Si cultiva estas plantas en macetas en interiores, o bajo cristal, siémbrelas en compost, protegidas de los rayos directos del sol, pero con buena luz y un ambiente húmedo. Riégalas de manera normal en verano, pero reduzca el suministro de agua considerablemente en invierno. Se pueden emplear postes cubiertos de musgo para que les sirvan de tutores. Se propagan en verano a partir de yemas foliares o esquejes cortados de las puntas de los tallos, con cama de propagación caliente.

CLIMA Tropical.

ESPECIES *S. podophyllum*, oriunda de Centroamérica y Sudamérica, presenta hojas grandes y lanceoladas que brotan en tallos largos. Hay disponibles formas variegadas con pintas de color crema o plateado. Algunas de ellas han recibido el nombre de 'White Butterfly'.

Syringa (fam. Oleaceae)
Lilas

Nativo de Asia oriental y el sudeste de Europa, este género de unas 20 especies de arbustos caducos presenta hojas opuestas de color verde claro y flores ostentosas, que pueden ser de color lila, morado, rosa, blanco o rojo, y brotan en masa en cabezuelas poco densas.

CULTIVO Necesitan suelos de jardín moderadamente ricos en nutrientes, con buen drenaje y un contenido de cal relativamente elevado. Requieren una orientación a pleno sol para que se pueda obtener una floración óptima. Necesitan riego a fondo sistemático durante los meses más cálidos del año. Cúbralas con pajote durante los meses veraniegos para conservar la humedad del suelo. Elimine las cabezuelas tan pronto se comienzan a marchitar para estimular la floración del año siguiente. Estas especies se propagan a partir de semillas sembradas en otoño o primavera, en semilleros de hortalizas. Los cultivares se pueden multiplicar en primavera a partir de acodos o, a principios del verano, a partir de esquejes de madera blanda ligeramente duros, enraizados en camas de propagación calientes.

Esta preciosa lila con flores dobles de color morado es uno de los varios cultivares de muchos colores y fragancias disponibles en la actualidad.

CLIMA Zona 5, a menos que se especifique lo contrario.

ESPECIES *S. x chinensis*, de la zona 4, alcanza hasta 3 m y produce flores fragantes de color lila. El cultivar 'Alba' produce flores blancas y 'Saugeana', flores matizadas de rojo. *S. x hyacinthiflora*, de la zona 4, híbrido de origen francés con hojas anchas, ha sido hibridado con muchos cultivares selectos disponibles. Valdría la pena probar algunos en las regiones más cálidas. *S. pubescens*, subespecie *microphylla*, tiene un modo de desarrollo arbustivo y extendido. Crece hasta alcanzar los 2 m y produce flores de color lila. *S. pubescens* subespecie *microphylla* 'Superba', es otro arbusto pequeño, que produce flores de color rosáceo hasta el otoño. Las ramas están matizadas de morado y las hojas son aterciopeladas y ligeramente pilosas. *S.* x *reflexa*, oriunda de China, es una especie más alta, de hasta 4 m, con hojas grandes y abundancia de flores de color rosa intenso. *S. reticulata*, lilas de Japón, se desarrolla como un árbol achaparrado, de copa ancha, que crece hasta los 9 m. Las flores emanan olor a almizcle. La variedad *mandshurica*, lila de Amur, crece hasta 4 m. *S. vulgaris*, lila común, crece unos 4 m con un modo de desarrollo arbóreo y flores verdaderas de lila, en colores que varían del blanco al malva claro. Algunos cultivares han sido reproducidos selectivamente para que sean resistentes a las manchas foliares de origen fúngico.

Syzygium (fam. Myrtaceae)
Árboles del clavo

Estos arbustos y árboles perennes se distribuyen por los bosques tropicales y subtropicales de Australia y el sudeste de Asia. Incluyen el árbol del clavo australiano y el clavero de las islas Molucas,

Syzygium paniculatun produce masas de bayas carnosas y comestibles después de que sus flores se hayan desprendido.

Syzygium wilsonii es una ganadora en todos los aspectos. Sus retoños son de color salmón claro y sus flores, magenta.

además de varias especies incluidas anteriormente en el género *Eugenia*. Se cultivan por su follaje encantador, por sus flores y por sus bayas, y son árboles de sombra, ornamentales y ejemplares individuales atractivos, que se pueden podar hasta formar setos densos.

CULTIVO Las especies de *Syzygium* prosperan a pleno sol en suelos ricos en nutrientes, húmedos, con buen drenaje y enriquecidos con materia orgánica. Solo toleran heladas leves. En invernaderos corrientes o soleados se cultivan en macetas con compost. Garantíceles buena luz, pero protéjalas de los rayos directos e intensos del sol. Riéguelas con moderación durante su crecimiento y reduzca el riego en invierno. Se propagan en primavera a partir de semillas germinadas a 26 °C; en verano, de esquejes casi maduros, en camas de propagación calientes, o en primavera, de acodos.

CLIMA Regiones subtropicales y tropicales.

ESPECIES *S. aromaticum*, clavero, presenta hojas elípticas y salpicadas de glándulas, y racimos de flores amarillas que brotan en los extremos de sus brácteas. Esta especie produce el clavo, especia muy conocida que no es otra cosa que un capullo floral secado al sol. *S. coolminianum*, sinónimo *S. oleosum*, árbol del clavo azul, es un arbusto o árbol de tamaño pequeño, de 5-6 m de altura, con una corteza de color claro y un modo de desarrollo pendular. Las hojas son sumamente aromáticas. *S. floribundum* crece hasta alcanzar entre 10 y 20 m, con un modo de desarrollo con una amplia curva. Las flores son amarillas y las bayas, de color blanco verdoso. *S. francisii* es una planta grande y extendida, nativa de Australia, que crece hasta alcanzar alturas de 40 m. Produce ramos pequeños de flores, y frutos esféricos y morados. *S. jambos*, pomarrosa, es un árbol oriundo del archipiélago malayo, de 10 m de altura. Presenta hojas satinadas de color verde, y racimos grandes y redondeados de flores de color blanco verdoso, seguidas por frutos comestibles, fragantes y amarillos que saben a agua de rosas. *S. luehmannii*, procedente de Australia oriental, crece silvestre hasta los 30 m, pero solo alcanza 8-10 m en condiciones de cultivo. Tiene un modo de desarrollo vertical y produce racimos pequeños de flores de color blanco crema, seguidas por frutos rojos con forma de pera. *S. paniculatum*, árbol del clavo australiano, de hasta 10-15 m, produce racimos densos de flores de color blanco crema y bayas comestibles de color morado rosáceo. *S. paniculatun*, del archipiélago malayo, es un arbusto o árbol pequeño, que llega a alcanzar hasta 4 m, con hojas satinadas, racimos ostentosos de flores de color rosa y bayas de color morado rojizo oscuro. *S. wilsonii* es una planta arbustiva, de hasta 2 m. Los retoños son de color rosa salmón y sus flores, con forma de borla, magentas.

Syzygium aromaticum (fam. Myrtaceae)
Clavero de olor

El nombre común de esta especie se deriva de la palabra latina *clavus*, clavo, y hace referencia a la forma del clavo, la especia que produce. Es la que aporta un sabor tan distintivo a algunas comidas, y se obtiene a partir del capullo floral seco del cla-

vero. Originaria de las islas Molucas, Zanzíbar, Madagascar y las Antillas, es una planta perenne, de hasta 9 m, que produce flores de color amarillo brillante. De una naranja cubierta de clavos emana una fragancia muy agradable y duradera, y se cree que espanta los insectos. El aceite esencial del clavo es uno de los remedios más antiguos contra los dolores dentales; simplemente, se unta en la pieza dental o en las encías.

CULTIVO El clavero no se cultiva habitualmente en exteriores, aunque tendría éxito en las regiones meridionales más cálidas. En otras regiones se cultiva en invernaderos cálidos, en macetas o tiestos grandes con compost. Proporcióneles un máximo de luz, aunque protegidos de los rayos directos del sol. Los capullos se cosechan cuando tienen un color rojo claro y se secan al sol hasta que se tornan de color rojo marronáceo.

CLIMA Zona 10 y superior.

El clavo se emplea en gran variedad de platos. El aceite se destila a partir de los capullos, las ramillas y las hojas.

Tabernaemontana (fam. Apocynaceae)

Este centenar de especies de arbustos y árboles pequeños productores de flores, que se cultivan extensamente en las regiones tropicales y subtropicales, son semejantes a las gardenias. Todas las especies producen una savia lechosa. Se emplean como plantas ornamentales y como setos informales en los climas cálidos.

CULTIVO Se cultivan en macetas con abono de materia natural de suelos (compost), en invernaderos cálidos o soleados. Estas plantas necesitan muy buena luz y no se deben regar en exceso; especialmente en invierno. Si es necesario, se podan ligeramente a finales de invierno. Se propagan en primavera a partir de semillas o, en verano, a partir de esquejes casi maduros.

CLIMA Tropical.

ESPECIES *Tabernaemontana divaricata* crece silvestre en India septentrional, China meridional y Tailandia septentrional. Crece hasta alcanzar 2,5 m, y produce racimos ovales de flores blancas y fragantes. *T. grandiflora*, sinónimo *Stemmadenia grandiflora*, oriunda de Venezuela, crece hasta 2,5 m, con flores amarillas.

Los pétalos de *Tabernaemontana divaricata* están ligeramente torcidos. La fragancia de las flores es muy intensa en condiciones cálidas y apacibles.

Tagetes (fam. Asteraceae)
Claveles de moro

Se cultivan con frecuencia dos tipos de claveles del moro: el francés y el africano, aunque son nativos de México y Centroamérica. Estas plantas anuales, ramificadas y de desarrollo vertical, son fáciles de cultivar, y se siembran por su follaje atractivo y sus flores de colores brillantes —naranja o amarillo—, que brotan solitarias o en racimos terminales pequeños. La mayoría de un olor intenso. Los dos tipos son adecuados para corte, pero las hojas se deben eliminar de los tallos.

CULTIVO Los claveles de moro se cultivan como plantas para lechos veraniegos y, en los climas propensos a las heladas, se propagan a partir de semillas sembradas bajo cristal entre principios y mediados de primavera. Se germinan a 21 °C. Las plántulas se siembran en exteriores cuando han terminado las heladas. Los claveles de moro necesitan orientación a pleno sol, en suelos razonablemente fértiles y con buen drenaje. Las flores marchitas se deben eliminar para estimular un período de floración prolongado.

CLIMA Regiones más cálidas de la zona 9, aunque se pueden cultivar como plantas anuales veraniegas en todas las zonas climáticas.

ESPECIES *Tagetes erecta*, (claveles de moro africanos) tiene un modo de desarrollo rígido y vertical, y hojas plumosas y dentadas. Los tipos de las flo-

Los claveles de moro franceses, que brotan en verano y otoño, muestran gran variedad de colores.

Tagetes erecta, claveles de moro africanos, es una planta que crece alta. Sus flores grandes se caracterizan por presentar hileras de pétalos enrollados, casi plumosos.

Los tamarindos portan las flores en la parte superior de las ramas, entre sus hojas divididas. En su África natal, los animales ramonean estos árboles.

res se han reproducido selectivamente en una gama de formas que varían de dobles o esféricas a semidobles más abiertas con cabezuelas menos densas de colores variables entre el amarillo dorado intenso y varios tonos de naranja. Estas plantas pueden florecer desde finales de la primavera hasta principios de otoño, si las floraciones marchitas se podan sistemáticamente. *T. patula*, claveles de moro franceses, es similar al tipo africano, aunque es de tamaño más pequeño y tiene un modo de desarrollo ramificado. Las flores, más pequeñas, varían de color rojo oscuro a amarillo, y florecen en los meses de verano y otoño, lo que las hace particularmente útiles como plantas de flores para cortar.

Tamarindus indica (fam. Caesalpiniaceae)
Tamarindo

Esta especie —única de su género— es un árbol perenne, nativo de África oriental que se ha aclimatado en el sudeste de Asia. Se cultiva principalmente por sus frutos ácidos —que se consumen frescos o preparados en salsa picante de frutas y especias, y curry—, y es, además, un buen árbol para jardines y parques, con un follaje de forma decorativa, grácil y atractiva. *Tamarindus indica* crece hasta alcanzar aproximadamente 20 m en condiciones ideales, pero es por lo general mucho más pequeño. Presenta

hojas semejantes a las de los helechos, y racimos pequeños de flores veraniegas de color variable entre amarillo claro y marrón, seguidas por vainas de color marrón oscuro y una longitud de 20 cm.

CULTIVO En los climas propensos a las heladas, se cultiva en invernaderos entre intermedios y cálidos, o soleados —quizás como joven planta de follaje—, en macetas con abono de materia natural de suelos (compost). En exteriores, los tamarindos prosperan a pleno sol, en suelos profundos y en mucha humedad. Se propagan a partir de semillas en cajoneras de propagación calientes, aunque sin olvidar que las plántulas son propensas a contraer enfermedades de origen fúngico y los árboles de semillero demoran mucho para producir fruto.

CLIMA De las regiones más cálidas de la zona 10 a las tropicales.

Tamarix (fam. Tamaricaceae)
Tarayes

Este género, nativo de Europa occidental, de la región del Mediterráneo, y desde Asia hasta India, agrupa 54 especies; en su mayor parte, arbustos y árboles pequeños. Con un follaje grácil

Los tarayes producen flores con varios tonos de rosa. Estos árboles pequeños son adecuados para diversos climas.

y plumoso, algunas especies son plantas ornamentales, mientras que otras son útiles como cortavientos.

CULTIVO Las especies de *Tamarix* necesitan una orientación soleada y se desarrollan bien en cualquier tipo de suelo con buen drenaje, incluso en condiciones secas. Es preferible podarlas todos los años para conservarlas relativamente bajas y tupidas. En el caso de las especies que florecen en los meses de primavera, se podan los viejos tallos florecidos hasta los vástagos tiernos después de la floración. Las especies que brotan en los meses de verano, se podan a principios de primavera, cuando se cortan todos los retoños del año anterior hasta el ramaje leñoso permanente. Además, se propagan en invierno a partir de esquejes de madera dura.

CLIMA Hay especies adecuadas para distintas zonas climáticas.

ESPECIES *Tamarix africana*, zona 8, oriunda de islas Canarias, es un arbusto tupido o árbol pequeño con la corteza de color variable entre negro y morado oscuro. *T. aphylla*, zona 8, y procedente del norte de África y la cuenca del Mediterráneo, es un árbol perenne, con la corteza gris. Crece hasta alcanzar los 10 m y presenta un follaje delicado, de color verde grisáceo, y espigas con flores de color rosa, que brotan en las puntas de las ramas. Esta especie es una buena planta cortavientos. *T. parviflora*, zona 5 y el sudeste de Europa, es un arbusto o árbol pequeño grácil, con una corteza cuyos colores varían de marrón oscuro a morado, y ramas arqueadas. Crece entre 5-6 m de altura y se ve bonito en primavera, cuando se cubre con masas de espigas florales de color rosáceo. *T. ramosissima*, sinónimo *T. pentandra*, zona 2, es un árbol pequeño, de hasta 6 m, que presenta un follaje verde-azul distintivo que contrasta con unos tallos, unas ramas y una corteza que varían de color marrón oscuro a morado. Sus flores brotan al final del verano.

Tanacetum (fam. Asteraceae)
Tanaceto

Dentro de este grupo de 70 especies de plantas aromáticas anuales, perennes y subarbustivas, se encuentran varias que se han cultivado durante siglos con fines medicinales y como insecticidas.

CULTIVO Todas las especies se cultivan preferentemente a pleno sol. Cualquier tipo de suelo es apropiado, siempre que cuente con buen drenaje. Las perennes se podan en otoño o a principios de primavera, aunque *Tanacetum coccineum* se poda después de la aparición de la primera floración para estimular que broten más flores. Se propagan en primavera bajo cristal a partir de semillas. Las perennes se pueden propagar a partir de división vegetativa a principios de primavera, de vástagos blandos y fuertes cortados en esa misma estación justo al nivel del suelo, o de esquejes de madera blanda cortados en primavera o principios de verano.

CLIMA Hay especies adecuadas para distintas zonas climáticas.

Tanacetum vulgare, crece rápido a pleno sol en cualquier tipo de suelo. Estas plantas tienen propiedades repelentes contra los insectos.

ESPECIES *T. balsamita*, zona 6, se cultiva por su follaje muy aromático (véase la entrada *Tanaceun balsamita*). *T. coccineum*, zona 5, es una planta herbácea perenne, de entre 40-70 cm, que presenta un follaje fino y curtido, y produce a principios de verano masas de flores semejantes a las margaritas. Esta especie es la progenitora de varios cultivares, que producen buenas flores para cortar. *T. parthenium*, zona 6, es una perenne efímera, de aproximadamente 45-60 cm, que se cultiva a menudo como planta anual. Florece en abundancia en verano y se cubre completamente de flores pequeñas del tipo margarita, blancas y con el centro amarillo. Las hojas pueden ser lobuladas o divididas. Esta especie puede crecer a partir de semillas propagadas de forma natural. Hay disponibles cultivares de *T. parthenium*. Todas las partes de esta planta son intensamente aromáticas y se ha cultivado durante siglos para preparar tónicos y para bajar la fiebre. *T. vulgare*, zona 4, de hasta 60-90 cm de altura, es una planta popular. Presenta un follaje plumoso en verano, y racimos lisos de flores redondas y amarillas. Tiene cantidad de usos culinarios, además de muchas aplicaciones en la medicina popular.

Tanacetum balsamita, sin. Chrysanthemum balsamita

(fam. Asteraceae)

Hierba de Santa María

Esta hierba aromática, cultivada en los huertos de plantas medicinales de toda Europa desde la antigüedad, presenta hojas balsámicas olorosas. Antiguamente, se añadía hierba de Santa María a la cerveza para aportarle un sabor fuerte; se emplea también en la preparación de popurríes, que realza el aroma de los demás ingredientes. Las hojas, sumamente fragantes, se pueden emplear para preparar infusiones o para condimentar asados de carnes de vacuno o de pollo, porque, cuando se elabora la cerveza o se cocina, estas hojas aportan un sabor semejante al del limón. *Tanacetun balsamita* es una planta perenne, con rizoma rastrero, que crece hasta alcanzar 1 m. Presenta hojas largas, delgadas y flores radiales blancas con centros de color amarillo intenso, que tan solo se abren bajo un sol intenso.

CULTIVO La hierba de Santa María se puede cultivar en la mayoría de los suelos, pero prospera en sitios soleados y secos. Se riega en el tiempo seco y se abona en primavera. Se propaga en esa misma estación a partir de la división vegetativa.

CLIMA Esta especie se puede cultivar en la zona 6.

La hierba de Santa María se ha cultivado en Europa durante siglos. En la actualidad se cultiva como planta ornamental, aunque sigue siendo empleada en la preparación de remedios populares.

Taraxacum officinale (fam. Asteraceae)
Dientes de león

Conocida en Europa durante siglos, donde es muy valorada por sus propiedades nutritivas y medicinales, muchos la consideran una mala hierba corriente que invade los céspedes y los jardines. Rica en contenido de vitaminas, grasas, proteínas y otros nutrientes, tiene fama de ser útil contra la pérdida del apetito y contra afecciones de los riñones, del hígado y de la vesícula biliar, y contra la artritis y el reumatismo. Las hojas de diente de león son profundamente dentadas y sus flores de color amarillo brillante —que contienen muchas semillas— brotan, en primavera, verano y otoño, en tallos rectos de hasta 20 cm. Cuando maduran, estas flores se transforman en una cabezuela con frutos ligeros y lanosos.

CULTIVO Para obtener los mejores resultados, se debe garantizar que el suelo sea rico en nutrientes y húmedo. Se propagan en invierno a partir de trozos de raíz o, en primavera, de semillas; sin embargo, las cabezuelas se deben eliminar antes de que produzcan semillas para evitar que las plantas se extiendan.

CLIMA Zona 5.

El diente de león es una planta que resulta familiar, tiene fama de ser una de las «hierbas amargas» de la Pascua judía.

Tasmannia (fam. Winteraceae)
Arbustos de pimienta

Este género estuvo clasificado antes en el género *Drimys*. Sus hojas de color verde brillante brotan en tallos rojos, y las masas de flores de color blanco verdoso son seguidas por bayas pequeñas y negras. En los climas fríos, el follaje se colorea bien en invierno y no se desprende de la planta. Es un aporte atractivo para los arreglos florales.

CULTIVO Prefieren suelos con buen drenaje, aunque húmedos en sitios protegidos a pleno sol o sombra parcial. En los climas propensos a las heladas, se cultivan en invernaderos frescos, en macetas con abono de materia natural de suelos (compost). Se propagan a finales de verano a partir de esquejes casi maduros, sin lecho caliente.

CLIMA Zonas 9 o 10 para las especies que se mencionan a continuación.

ESPECIES Es probable que pocas de estas especies estén disponibles fuera de su Australia natal. *Tasmannia insipida*, arbusto de pimienta, es una planta arbustiva ordenada, de hasta 5 m. Sus flores de color blanco crema son seguidas por frutos mora-

Tasmannia lanceolata es un arbusto procedente de Australia. El fruto y las semillas —a veces, las hojas— tienen un sabor algo picante.

dos. *T. lanceolata* se distribuye por los bosques montañosos y en las regiones costeras de Tasmania. Se trata de un arbusto redondeado de hasta 2 m. Los frutos, esféricos y negros, tienen tallos rojos. *T. purpurascens*, arbusto subalpino, crece hasta alcanzar 2 m de altura. Los frutos esféricos son de color negro morado. *T. spitata* es un arbusto de las selvas tropicales, que crece hasta los 4 m. Las flores son de color blanco o crema y brotan a principios de verano.

Taxodium (fam. Taxodiaceae)
Cipreses calvos, cipreses de los pantanos

Hay solo tres especies en este género de coníferas oriundas del este de Norteamérica y de las tierras altas de México. A diferencia de la mayoría de otras coníferas, son caducas, pero en lugar de deshojarse, desprenden ramillas pequeñas con las hojas adheridas.

CULTIVO Estas coníferas prosperan en sitios con suelos con buen drenaje, aunque se adaptan a condiciones con drenaje insuficiente. *Taxodium distichum* es la especie más apropiada para las regiones más frescas y *T. mucronatum* para los climas más cálidos, pero ambas se pueden cultivar en gran variedad de climas, aunque prosperan mejor en condiciones protegidas y húmedas con mucho sol. Se pueden cultivar en la mayoría de los tipos de suelo, excepto en los muy superficiales, rocosos o alcalinos. Su crecimiento es más rápido y más exuberante, si se siembran en las márgenes de una charca o de un riachuelo. Se propagan en invierno a partir de esquejes de madera dura, bajo cristal, o, en primavera, a partir de semillas sembradas en semilleros de hortalizas.

CLIMA Zona 5 para *T. distichum*; zonas 8 y 9 para *T. mucronatum*.

ESPECIES *T. distichum*, ciprés calvo, procedente del este de Norteamérica, puede crecer hasta alcanzar alturas de 45 m, pero llega aproximadamente hasta los 20 m en condiciones de cultivo. Presenta una copa piramidal, que se extiende aproximadamente 7 m de diámetro. En los climas más frescos, las hojas, diminutas y delga-

Este ejemplar piramidal de *Taxodium distichum*, ciprés calvo, crece en una vía fluvial poco profunda.

das, adquieren en otoño un color marrón rojizo intenso. *T. mucronatum*, ahuehuete o ciprés de Montezuma, es semejante a *T. distichum*, con hojas idénticas, pero difiere en cuanto al modo de crecimiento porque presenta un tronco enorme y ramas sumamente extendidas. Se pueden encontrar ejemplares inmensos en su México natal. El más famoso es el gran árbol de Tule, en Oaxaca.

Taxus (fam. Taxaceae)
Tejos

Estas coníferas perennes de crecimiento lento se distribuyen silvestres en los climas templados del hemisferio norte. Los árboles jóvenes adquieren una forma cónica hasta desarrollar después de un tiempo prolongado una copa con forma de cúpula y un tronco enorme. Las hojas, lisas, verdes y semejantes a agujas, brotan en espiral y parecen formar dos hileras. Las flores masculinas y femeninas se encuentran en ejemplares diferentes. Solo dos especies de *Taxus* se cultivan con frecuencia y ambas son apropiadas solo para las regiones templadas frescas. Sin embargo, se cultiva una cantidad de cultivares con nombre. Los tejos se cultivan como setos y cortavientos, y se emplean también en podas topiarias para darles forma de animales. La mayoría de las partes de estos árboles son tóxicas para las personas y los animales que los ingieren.

CULTIVO Crecen en cualquier clase de suelo con buen drenaje, incluidos los tipos ácidos o alcalinos.

CLIMA Zona 6 para *Taxus baccata*; zona 5 para *T. cuspidata*.

ESPECIES *T. baccata*, tejo inglés, es una especie nativa de Europa, Asia occidental y el norte de África. Ha estado asociada a la religión durante mucho tiempo. Es una planta popular para podas topiarias. Además, crece silvestre hasta los 25 m, pero es por lo general mucho más pequeña y alcanza aproximadamente 10 m en condiciones de cultivo, con un tronco corto y enorme. 'Aurea' es un arbusto denso, que crece hasta alcanzar los 2 m y presenta vástagos abundantes cubiertos de hojas dispuestas en espiral. Las hojas tiernas son de color amarillo dorado claro. 'Fastigiata', tejo irlandés, se desarrolla en forma de columna, con hojas de color verde intenso dispuestas en espiral.

Taxus baccata, tejo inglés, se presta para que le den forma. Este seto sirve de pantalla en la terraza para aislarla de la calle.

De unos 2 m, alcanza mayor altura con la madurez. 'Fastigiata Aurea' tiene un modo de desarrollo similar, pero el follaje está salpicado de amarillo dorado. 'Fastigiata Aureomarginata', es también semejante, pero su follaje nuevo de color amarillo dorado brillante madura hasta tornarse verde, pero conserva franjas estrechas amarillas alrededor de los bordes. *T. cuspidata*, tejo japonés, es un árbol muy grande en su hábitat, pero alcanza por lo general entre 8-10 m en condiciones de cultivo. Esta especie es mucho más tolerante al frío que *T. baccata*. De crecimiento más rápido, aunque poco diferente a *T. baccata*, sus hojas pequeñas, estrechas y de color verde opaco se encuentran dispuestas en hieras con forma de V. La variedad *nana* es la que se cultiva con más frecuencia. Se trata de un arbusto de tamaño pequeño, extendido, que crece hasta una altura de 1,5 m, aunque más ancho, con un follaje de color verde oscuro.

Tecoma (fam. Bignoniaceae)
Arbustos de las trompetas

Este género, que agrupa 12 especies de arbustos, plantas trepadoras y árboles perennes, es nativo de Norteamérica y del Sur, y del sur de África. Produce ramos de flores tubulares con colores que varían del amarillo brillante al naranja, y son seguidas por frutos semejantes a judías.

CULTIVO Las especies de *Tecoma* son sensibles al frío, por lo que, en los climas que sean propensos a las heladas, se deben cultivar en invernaderos entre frescos e intermedios, o soleados. Se siembran en tiestos grandes con abono de materia natural de suelos (compost), o en lechos preparados en suelos. Se les proporciona un máximo de luz. En exteriores, se cultivan a pleno sol en suelos ricos en nutrientes. Se podan después de la floración o a principios de primavera para controlar su tamaño y conservar una buena forma. Se propagan en verano a partir de esquejes casi maduros, en lechos (de propagación) calientes.

CLIMA De las regiones más cálidas de las zonas 10 a tropicales.

Tecoma stans produce flores tubulares de color amarillo brillante desde finales del invierno hasta el verano. Se cultiva bajo cristal en los climas con heladas.

ESPECIES *Tecoma castaneifolia*, especie nativa de Ecuador, es un arbusto o árbol de tamaño pequeño con hojuelas dentadas y flores amarillas. *T. garrocha*, crece hasta alcanzar 2 m, presenta hojuelas lisas y dentadas, y produce flores muy llamativas de color amarillo o salmón con tubos escarlatas. *T. stans* es un arbusto grande o árbol pequeño, que crece hasta los 6 m. Se puede podar a fondo después de la floración.

Tecomaria (fam. Bignoniaceae)

Este arbusto erguido, nativo del sur de África, se cultiva por sus flores llamativas, de colores radiantes y con forma de embudo, que pueden ser de color naranja, amarillo o escarlata.

CULTIVO Esta especie es sensible al frío, de modo que, en los climas propensos a las heladas, se debe cultivar en invernaderos frescos o soleados.

CLIMA Zona 10.

ESPECIES Los botánicos han incluido en la actualidad a *Tecomaria capensis* en el género *Tecoma* (ver la entrada *Tecoma*). Se trata de un arbusto desordenado de entre 2-6 m. Produce racimos de flores veraniegas tubulares de colores que varían del rojo

Tecomaria capensis, sinónimo *Tecoma capensis* es sensible a las heladas, pero es un buen arbusto para cultivar en invernaderos frescos o soleados.

naranja al escarlata. Las hojas, de color verde intenso, están compuestas por una cantidad de hojuelas dentadas a lo largo de los bordes. Hay varios cultivares, que incluyen 'Apricot', de tamaño pequeño y con floraciones de color naranja; 'Aurea', con floraciones amarillas; y 'Lutea', de hasta 2 m aproximadamente y con floraciones de color amarillo intenso.

Telopea (fam. Proteaceae)
Waratah

Las espectaculares flores escarlatas de este género procedente de Australia han formado parte de muchas leyendas de los pueblos aborígenes australianos, quienes las llamaron *waratah*. En nombre genérico, que proviene de una palabra griega que significa «visible desde lejos», alude al color radiante de sus flores que se destacan sobre el follaje que las rodea. Los primeros escritores y artistas australianos fueron atraídos por waratah y uno de ellos la describió así: «La planta de mayor magnificencia que proporciona el suelo prolífico de Nueva Holanda —nombre original de Australia— es, de común acuerdo tanto entre los europeos

Cultivar de waratah, *Tolopea speciosissima*. Este arbusto florece en primavera y es un buen ejemplar para cultivar en invernaderos frescos o soleados.

como entre los nativos, waratah». Originaria de los bosques poco densos del sudeste de Australia, waratah pertenece a la misma familia que las especies de los géneros *Banksia*, *Grevillea* y *Protea*. Es la más grande entre todas las flores nativas australianas y crece hasta 12 cm de diámetro. La «flor» es la cabezuela de muchas flores pequeñas, curvas y tubulares amontonadas en una disposición espiral apretada, y las hojas curtidas y verdes, con tallos (pecíolos) largos, brotan alternas en las ramas. Unas vainas grandes y curtidas, de hasta 12 cm de longitud, contienen las semillas. Las waratahs que se distribuyen por Tasmania y Victoria se pueden cultivar en climas frescos, siempre que sean sitios sin heladas.

CULTIVO La waratah prospera en suelos profundos, desmenuzables, con buen drenaje y ácidos, a los que se ha añadido una gran cantidad de pajote preparado con hojas descompuestas antes de la siembra. La mayor parte de las especies requiere mucha humedad —especialmente, en verano—, pero el drenaje de los suelos debe ser bueno. La mayoría prospera también en sitios

en la semipenumbra y protegidos del viento, y de desarrollan bien si se siembran debajo de los árboles. Una vez que se han desarrollado, waratah responde bien a los fertilizantes de liberación lenta. Se recomiendan los tipos con contenidos bajos de nitrógeno y fósforo. Las plantas silvestres florecen una sola vez cada cinco años, pero en buenas condiciones de cultivo y de poda, florecen todos los años. Esto es particularmente cierto en el caso de los cultivares. Son plantas con flores excelentes para cortar y son también atractivas en los arreglos florales secos. Si se dejan en la planta, los tallos florales (pedúnculos) se deben cortar hasta la mitad de la longitud del tallo una vez que se hayan marchitado las flores. Se recomienda la poda para estimular las floraciones de la estación siguiente. Algunos tallos se cortan hasta el mismo nivel del suelo cada 4-5 años. La producción de semillas interrumpe la floración de la estación siguiente porque una floración de waratah es capaz de producir hasta 250 semillas. Se propaga a partir de semillas sembradas a principios de primavera, o a partir de yemas foliares cortadas a finales de primavera, aunque estas enraizan lentamente. En los climas propensos a las heladas, se cultivan en invernaderos frescos o soleados, en macetas con abono ácido y arenoso de materia natural de suelos (compost). Se les garantiza una luz excelente.

CLIMA Libre de heladas. Zonas 9 y 10.

ESPECIES *Tolopea mongaensis* es un arbusto erguido, de entre 2-4 m de altura, con un modo de desarrollo extendido y productor de serpollos. Las hojas de color verde oscuro opaco, de hasta 15 cm de longitud, son lisas y curtidas. La floración se produce cuando las plantas alcanzan aproximadamente los dos años y sus flores ostentosas, de color rojo intenso, brotan durante toda la primavera. Las cabezuelas son aplanadas y de hasta 12 cm de diámetro. *T. mongaensis* x *T. speciosissima* es un híbrido que se ha desarrollado para obtener las mejores cualidades de ambas especies. Produce flores menos ostentosas que *T. speciosissima*, pero el color es un rojo más oscuro y el follaje es más compacto, con hojas más pequeñas y más lisas.

T. oreades es un arbusto o árbol pequeño más alto, de hasta 6 m, con un modo de desarrollo delgado, vertical y ramificado. Produce cabezuelas más pequeñas, menos densas y rojas, de hasta 8 cm de ancho, y hojas lisas, entre ovales y lanceoladas. *T. speciosissima*, emblema floral de Nueva Gales del Sur es la especie más espectacular. Este arbusto vigoroso y muy ramificado crece hasta alcanzar los 3 m y presenta hojas rígidas, curtidas, de color verde oscuro, con los bordes dentados. Sus magníficas cabezuelas tienen entre 10-15 cm de diámetro y están rodeadas a veces por brácteas prominentes. Estas floraciones primaverales producen excelentes flores para cortar. 'Wirrimbirra White' es una forma rara con flores blancas. *T. oreades* x *T. speciosissima* es un híbrido de hasta 3 m que produce masas de flores rojas en primavera. *T. truncata* procedente de las regiones húmedas y montañosas es adecuada para cultivar en los climas frescos.

Templetonia <small>(fam. Papilionaceae)</small>

Estas 11 especies de atractivos arbustos nativos de Australia producen flores grandes semejantes a las del guisante, que pueden ser rojas, amarillas o moradas. Son muy variables, y algunas presentan hojas alternas y espinosas, mientras que otras casi carecen de hojas. Florecen desde otoño hasta primavera.

CULTIVO En invernaderos, se cultivan en macetas con abono de materia natural de suelos (compost). Se les garantiza un máximo de luz, aunque protegidas de los rayos directos e intensos del sol. En exteriores, las especies de *Templetonia* se desarrollan mejor en sitios soleados y con buen drenaje. Se propagan en primavera a partir de semillas, y se dejan reposar durante 24 horas. Germinan a 16 °C.

CLIMA Zona 10.

ESPECIES *Templetonia aculeata* es un arbusto espinoso, casi sin hojas, con flores de color morado, amarillo o marrón, que brotan desde finales de invierno hasta la mayor parte de primavera. *T. retusa* es una especie nativa de los suelos calizos de

Las flores de *Templetonia retusa*, grandes, rojas y semejantes a las del guisante, brotan desde invierno hasta principios de primavera, por lo que puede ser una especie difícil de cultivar en las regiones húmedas.

Australia occidental y del Sur. Es también resistente a las condiciones costeras expuestas y al salitre. Este arbusto ornamental, que crece hasta 1,5 m de altura, presenta hojas de color verde grisáceo, con forma de cuña o acorazonada, y produce masas de flores escarlatas en invierno. *T. sulcata* presenta tallos aplanados, que sustituyen las hojas y flores amarillas o marrones.

Terminalia <small>(fam. Combretaceae)</small>

Distribuida por las regiones tropicales y subtropicales de India, el sudeste de Asia, Australia y África meridional, este género incluye aproximadamente 200 especies de árboles y arbustos perennes y caducos. Las hojas son muy poco comunes, porque brotan en racimos en los extremos de las ramas. Las flores son más bien insignificantes, pero las bayas son ostentosas y valoradas como fuente de tanino. Muchas especies se cultivan para extraer su madera, tintes, tintas, goma y aceites esenciales.

Algunas hojas de *Terminalia catappa* se tornan de color rojo brillante antes de desprenderse de sus tallos. Estos árboles toleran la exposición a las condiciones costeras.

CULTIVO Lejos de los climas subtropicales y tropicales, se cultivan en invernaderos cálidos o soleados, en macetas con abono de materia natural de suelos (compost). Se les proporciona un máximo de luz y un ambiente húmedo. Se propagan en primavera a partir de semillas germinadas a 21 °C o de acodos.

CLIMA Regiones más cálidas de la zona 10.

ESPECIES *Terminalia bellirica* crece hasta alcanzar los 25 m en su India natal, donde se cultiva por su madera y sus frutos, que son una fuente importante de tanino. *T. catappa*, almendro malabar o almendro de India, es nativa de muchas regiones tropicales, donde puede crecer por encima de los 20 m. Se cultiva extensamente en las regiones tropicales y se desarrolla bien en las comarcas costeras. Sus frutos son también una fuente valiosa de tanino. *T. chebula* es otro árbol que se cultiva para extraer tanino. Puede crecer hasta alcanzar más de 30 m en el sur de Asia.

Tetradenia (fam. Lamiaceae)

Este género no se conoce bien fuera de sus países de origen. En su sur de África y Madagascar natales, agrupa cinco especies de arbustos y plantas perennes que son todas aromáticas y un tanto suculentas. En los climas propensos a las heladas, estas plantas sensibles a ellas, se cultivan en invernaderos entre intermedios y cálidos, o soleados.

CULTIVO Bajo cristal, se cultivan en macetas con abono de materia natural de suelos (compost) y se les proporciona buena luz, aunque protegidas de los rayos directos e intensos del sol. En exteriores, se cultivan en sitios protegidos con sombra parcial. Se podan después de la floración para estimular una forma compacta y nuevos brotes. Se evita el exceso de fertilizante, porque estimula el desarrollo de las hojas a expensas de las flores. Se propagan en primavera a partir de esquejes en cajoneras de propagación.

CLIMA Zona 10 o regiones tropicales.

ESPECIES *Tetradenia riparia* crece hasta alcanzar aproximadamente 2 m de altura. Sus ramos de flores lanosas y de color malva o blanco tienen entre 20-40 cm de longitud, y el follaje es sumamente aromático. Es nativa del sur de África, donde florece durante la estación de invierno.

Tetradenia riparia es un arbusto sensible a las heladas. Produce flores lanosas de color malva o blanco que brotan en invierno en su sur de África natal.

Tetragonia tetragonioides

(fam. Tetragoniaceae)

Espinaca de Nueva Zelanda

Nativa de Australia, Nueva Zelanda y las islas del Pacífico, sir Robert Banks la coleccionó durante sus viajes con James Cook por este océano, y fue él quien la introdujo en Inglaterra. Esta planta rastrera perenne, y un tanto suculenta, se cultiva por sus hojas; especialmente, en verano, cuando las otras hortalizas verdes tienden a producir semillas. Se trata de una planta de crecimiento lento.

CULTIVO Esta hortaliza crece en suelos arenosos, pobres en nutrientes y con sombra relativamente oscura, aunque, en condiciones soleadas, produce plantas de mejor calidad. Se propaga en primavera a partir de semillas. Estas se remojan antes de sembrarlas a una profundidad de aproximadamente 2,5 cm, y se conservan húmedas hasta que brotan las plántulas. Se separan con un espacio de 30-60 cm en las hileras, que se espacian a su vez con 1 m de distancia, puesto que estas plantas se extienden hasta formar una alfombra. La adición de fertilizante líquido cuando las plantas crecen activamente, contribuye al desarrollo de las hojas. Los vástagos nuevos brotan después que se han cosechado los retoños tiernos y las hojas.

CLIMA Zona 9. La espinaca de Nueva Zelanda es sensible a las heladas, pero se puede cultivar como planta veraniega anual.

La espinaca de Nueva Zelanda se cultiva por sus hojas tiernas y suculentas. Por ser sensible a las heladas, se cultiva como planta veraniega anual.

Tetrapanax (fam. Araliaceae)

Planta de papel de arroz

Este género que incluye una sola especie de arbustos o árboles pequeños perennes, es nativo de China y Taiwan. Se cultiva por sus hojas grandes en forma de abanico y sus racimos ostentosos de flores de color blanco crema, que florecen durante el otoño. La médula de los tallos se usa en la fabricación de papel de arroz en China.

CULTIVO *Tetrapanax papyrifer* necesita suelos con buen drenaje, y sitios soleados y protegidos. Se agosta sobre el suelo durante las heladas, pero produce por lo general nuevos brotes en la estación de primavera.

CLIMA Zona 8.

ESPECIES *T. papyrifer*, sinónimo *T. papyriferus*, planta de papel de arroz, crece hasta alcanzar los 7 m. Las hojas, grandes y lobuladas, están cubiertas densamente por vellosidades lanosas, y se tornan de color rojo marrón cuando maduran. El cultivar 'Variegata' produce hojas de color crema a blanco, matizado con tonos verdes.

Tetrapanax papyriferus necesita mucho espacio para desarrollar sus hojas extendidas y anchas. Las vellosidades de las hojas pueden provocar irritaciones en la piel.

Tetratheca (fam. Tremandraceae)

Este género de arbustos pequeños crece silvestre en sitios húmedos y empapados de toda Australia, y produce en primavera y verano masas de flores estrelladas, en su mayor parte de color rosa con los centros oscuros.

CULTIVO En invernaderos, se cultiva en macetas con abono ácido de materia natural de suelos (compost). Se les proporciona buena luz, aunque protegidas de los rayos directos del sol.

CLIMA Zonas 9 y 10.

ESPECIES *Tetratheca ciliata*, oriunda de los estados meridionales de Australia, es un arbusto erguido, más ancho que alto, que presenta hojas pequeñas, redondeadas y lisas, dispuestas en verticilos, y flores de color rosa rojizo. Se cultiva también una forma con flores blancas. *T. denticulata* presenta hojas pequeñas, dispuestas en verticilos, y flores de color rosa brillante. *T. ericifolia* crece hasta alcanzar solo 20 cm y presenta verticilos de hojas pequeñas de color verde oscuro, y flores de color magenta brillante. *T. juncea* es un arbusto enjuto y fuerte, con una altura inferior a 30 cm, tallos desnudos y flores grandes de color rosa brillante. *T. pilosa* produce flores con colores que varían del malva brillante al magenta. Las hojas, de color verde claro, son variables. *T. shiressii* presenta hojas pequeñas y ova-

Tetratheca shiressii tiene tallos enjutos y fuertes, y produce flores bonitas de color rosa en primavera y verano.

les, y flores grandes, acampanadas y de color rosa brillante. Tiene un modo de desarrollo poco denso y crece hasta los 60 cm. *T. thymifolia* produce cantidad de tallos desde el nivel del suelo y flores de color morado rosáceo. Se encuentran ocasionalmente formas con flores blancas.

Teucrium (fam. Lamiaceae)
Zamarillas

Hay aproximadamente 300 especies incluidas en este género de arbustos y subarbustos aromáticos, perennes y caducos, y de plantas herbáceas perennes, que se distribuyen extensamente por las regiones en torno al Mediterráneo. El nombre del género aparece en las obras botánicas latinas y griegas, y varias especies de zamarillas tienen un largo historial por su empleo como plantas medicinales. Las especies perennes de madera blanda son útiles para sembrar en jardines de rocalla y plantaciones en bordes, mientras que los arbustos dan lugar a setos pequeños y atractivos. La mayoría de las especies florece en verano.

CULTIVO Las especies de *Teucrium* prosperan a pleno sol, en suelos arenosos con buen drenaje, que idealmente sean alcalinos o neutros. Los suelos de rocalla o pedregosos, con niveles bajos de fertilidad, son buenos para las especies de tamaño pequeño porque, en estas condiciones, permanecen más compactas. *Teucrium fruticans* se debe podar a principios de primavera, cuando se le cortan todos los tallos hasta dejar unas pocas yemas próximas al suelo. Se propagan en otoño a partir de semillas sembradas en un semillero de hortalizas o, en verano, a partir de esquejes de madera blanda, o casi maduros, en una cajonera de propagación caliente.

CLIMA Hay especies adecuadas para distintas zonas.

ESPECIES *T. chamaedrys*, zamarilla de los muros, zona 5 y oriunda de Europa, es de tamaño pequeño, y se extiende hasta alcanzar aproximadamente 75 cm de ancho y entre 30-60 cm de alto. Presenta hojas pequeñas, sumamente dentadas y de color verde oscuro, y pilosas a veces en el envés. Sus ramos de flores de color morado rojizo y rosáceo brotan entre mediados y finales de verano.

Teucrium fruticans presenta un follaje aromático verde gris, y produce flores de color azul claro en verano. Es una buena planta para setos.

T. fruticans, zona 8 y de Europa meridional, crece hasta 1 m de altura. Esta especie tolera condiciones malas y secas, y se cultiva a menudo como seto con alturas inferiores a 1 m. *T. marum*, 'cat thyme', zona 9, es un arbusto de tamaño pequeño, de hasta 30-50 cm, con los tallos cubiertos de vellosidades gruesas y blancas, y hojas pequeñas y lanceoladas. Sus flores moradas brotan en racimos. *T. scorodonia* zona 6, es un arbusto enano que crece por lo general a una altura inferior a 1 m. Se ha usado como tónico y con otros fines medicinales desde la época medieval.

Thalictrum (fam. Ranunculaceae)
Ruibarbos de pobre

Este género incluye 130 especies de plantas herbáceas perennes, procedentes principalmente de las regiones templadas del hemisferio norte, aunque algunas se distribuyen por América tropical y sur de África.

CULTIVO Se cultivan al sol o en sombra parcial. Se debe garantizar que estas plantas dispongan de buen riego; en particular, durante el tiempo seco. Prosperan en suelos ricos en humus con buen drenaje. Se propagan a partir de semillas sembradas en primavera en abono arenoso de compost o de la división vegetativa de los conjuntos a finales de invierno o en primavera.

Entre finales de la primavera hasta principios del verano, *Thalictrum aquilegifolium*, ruibarbo de pobre, produce flores de color morado rosáceo encima de su bonito follaje semejante al de los helechos.

CLIMA Hay especies adecuadas para distintas zonas climáticas.

ESPECIES *T. aquilegifolium* zona 6, oriunda de Europa y Asia septentrional, crece hasta alcanzar aproximadamente 1 m. Produce ramos plumosos de flores de color morado rosáceo a finales de primavera y principios de verano entre sus hojas de color verde gris, que se dividen en hojuelas dentadas. Hay disponible una cantidad de cultivares con flores de color blanco, morado intenso o tonos rosa más intensos. *T. chelidonii*, zona 7, es nativa del Himalaya y crece hasta 1 m de altura. Las flores de color malva, que brotan a finales de verano o principios de primavera, son un poco más grandes que las de la mayoría de las demás especies. *T. dasycarpum*, zona 6 y oriunda de Norteamérica, es una planta de crecimiento vertical, de hasta aproximadamente 2 m. Los tallos son a menudo de color un tanto morado, las hojas son visiblemente nervudas y pilosas en el envés, y las flores son moradas. *T. delavayi* —antes *T. dipterocarpum*—, zona 7 y China occidental, crece hasta 1 m, con hojas delicadas, pequeñas, triangulares y matizadas a veces de azul. Produce masas inclinadas hacia abajo de flores de color lila, con estambres amarillos prominentes que brotan en verano en ramos poco densos. El cultivar 'Album' produce flores de color blanco puro. *T. flavum*, zona 6, procedente de Europa y Asia, crece justo por encima de 1 m con hojas satinadas y grises, divididas en 2-3 hojuelas, y flores veraniegas, fragantes y de color amarillo claro.

Thelymitra (fam. Orchidaceae)
Orquídeas de sol

Estas 50 especies de orquídeas terrestres se encuentran principalmente en Australia, aunque se distribuyen por Nueva Zelanda, Nueva Caledonia, Nueva Guinea, Indonesia y Filipinas. Las especies de *Thelymitra* se conocen por lo general como orquídeas de sol porque muchas solo abren sus flores pocas horas a mitad del día. A diferencia de la mayoría de las orquídeas, los sépalos y los pétalos son iguales, y carecen de labelo.

Como sugiere su nombre, *Thelymitra ixioides*, orquídea de sol, no abre sus flores encantadoras bajo cielos nublados o encapotados.

CULTIVO En los climas propensos a las heladas, se cultivan en invernaderos intermedios o soleados, en macetas con abono de materia natural de suelos (compost) específico para orquídeas terrestres. Se les proporciona un máximo de luz para garantizar que las flores abran. Durante el período de crecimiento, se riegan sin límite, pero el suministro de agua se disminuye hacia otoño, en la medida en que el follaje se marchita. Las plantas se conservan expresamente secas en invierno, excepto por un riego ocasional para evitar que los tubérculos se sequen. Se propagan a partir de semillas sembradas tan pronto maduran.

CLIMA Zona 10.

ESPECIES *Thelymitra ixioides* presenta hojas sencillas, amplexicaulas, en tallos donde brotan entre 3-9 flores de 4-5 cm de diámetro. Estas son en su mayor parte de color violeta y pintadas habitualmente con puntos más oscuros.

Theobroma (fam. Sterculiaceae)

Nativas de América tropical, estas 20 especies de árboles perennes incluyen *Theobroma cacao*, de la cual se obtienen las semillas de cacao que se emplean en la fabricación del chocolate, uno de los alimentos más populares del mundo. De hecho, el nombre del género proviene de dos palabras grie-

Los ejemplares jóvenes de *Theobroma cacao* crecen a la sombra de árboles más grandes. Los frutos brotan directamente del tronco y las ramas.

gas que significan «alimento de los dioses». El cacao se obtiene de las semillas de sus grandes frutos, que se fermentan, tuestan y muelen.

CULTIVO Lejos de los trópicos, se cultivan como plantas jóvenes de follaje en invernaderos cálidos y húmedos, o soleados, en macetas con abono de compost. Se protegen de los rayos directos del sol. Se propagan a partir de semillas sembradas en primavera en lechos (de propagación) calientes. Por otra parte, se pueden multiplicar en verano a partir de esquejes cortados de tallos casi maduros y enraizados en un lecho caliente.

CLIMA Tropical.

ESPECIES *T. cacao* crece hasta alcanzar los 10 m, con hojas curtidas y ovales de aproximadamente 30 cm de longitud. Sus flores, de color amarillo-crema, brotan durante la mayor parte del año. Las vainas grandes que contienen las semillas alcanzan una longitud de hasta 30 cm.

Thevetia (fam. Apocynaceae)

Hay ocho especies de árboles o arbustos ornamentales agrupados en este género. Todas tienen su origen en América tropical. Solo una de estas especies se cultiva generalizadamente y es una planta atractiva de invernadero, de floración prolongada y propia para cultivar en maceteros.

CULTIVO Lejos de los trópicos, se cultivan en invernaderos cálidos o soleados, en macetas con abono de materia natural de suelos (compost). Estas plantas necesitan un máximo de luz y condiciones ventiladas. Se riegan bien cuando están en pleno crecimiento, pero se deben conservar más secas en invierno. Se propagan en primavera a partir de semillas germinadas a 21 °C o, en verano, de esquejes casi maduros, enraizados en cajoneras de propagación calientes.

CLIMA Tropical.

ESPECIES *Thevetia peruviana* es un arbusto o árbol pequeño perenne que crece entre 3-8 m de altura. Las hojas largas, satinadas y verdes brotan más

Thevetia peruviana es un arbusto excelente para cultivar en invernaderos cálidos o soleados, puesto que produce flores de color amarillo o melocotón desde finales de la primavera hasta otoño.

densas hacia las puntas de las ramas. Las flores con forma de embudo son fragantes y pueden ser de color melocotón, naranja o amarillo. Brotan hacia las puntas de los tallos y se pueden observar desde finales de primavera hasta otoño. Después de la floración, se forman semillas en sus frutos verdes y carnosos que se tornan negros cuando maduran.

Thomasia (fam. Sterculiaceae)
Flores de papel

Las 30 especies de este género de arbustos pequeños y longevos son nativas de Australia occidental, aunque una de ellas se distribuye por los estados orientales. Las hojas son suaves y aterciopeladas. Produce flores acampanadas y semejantes al papel, que perduran durante períodos prolongados; principalmente, a finales de invierno y primavera en los hábitats naturales de estas plantas. El color de las floraciones varía de blanco a rosa intenso, a morado. Es poco probable que este género se encuentre disponible fuera de Australia.

Muchas especies de *Thomasia* producen flores abigarradas e inclinadas hacia abajo. La mayoría es difícil del cultivar en regiones húmedas con precipitaciones veraniegas.

CULTIVO En los climas propensos a las heladas, se cultivan en invernaderos entre frescos e intermedios, o soleados, en macetas con abono de materia natural de suelos (compost). Se les garantiza buena luz, aunque se protegen de los rayos directos e intensos del sol. Se riegan con moderación durante su período de crecimiento, pero escasamente cuando están en reposo. En exteriores, las especies de *Thomasia* necesitan suelos arenosos, profundos y con buen drenaje a pleno sol o en sombra parcial. Se propagan a partir de semillas remojadas en agua hirviendo, que se dejan reposar durante 24 horas.

CLIMA Zona 10.

ESPECIES *Thomasia grandiflora*, es un arbusto extendido, con una altura inferior a 1 m, pero que alcanza 1,5 m de ancho. Presenta hojas pequeñas y rizadas de color verde oscuro. Las flores son de color morado rosáceo con centros negros, en su mayor parte colgantes y brotan desde finales del invierno hasta finales de primavera. *T. macrocarpa* es un arbusto extendido que presenta hojas acorazonadas semejantes al fieltro y con los bordes dentados. Produce en primavera abundancia de flores con colores que varían de malva a morado. *T. petalocalyx* es nativa de las regiones occidental y oriental de Australia. Crece hasta alcanzar 60 cm de altura con hojas pequeñas, oblongas y de bor-

des ondulados. Produce ramos pequeños de flores de color rosa lila con anteras oscuras que brotan más abundantes a principios de la primavera. *T. sarotes* crece solo hasta los 60 cm de altura con un diámetro de 1 m. Presenta hojas de color verde azul opaco con los bordes enrollados. Desde finales de invierno hasta avanzada la primavera, produce espigas de flores moradas que brotan en las puntas de las ramas. En su hábitat natural, florece durante la mayor parte del año.

Thrinax (fam. Arecaceae)
Palmeras de techar

Originario de las Antillas y del sudeste de los Estados Unidos, este género poco numeroso agrupa siete especies de palmeras con hojas costapalmadas. Solo una, *Thrinax parviflora*, se cultiva con frecuencia. Estas especies son sensibles a las heladas; por lo tanto, donde la haya, se deben cultivar como plantas para maceteros en invernaderos cálidos o soleados. Por otra parte, se pueden cultivar como plantas para interiores.

Las hojas de *Thrinax parviflora* se han empleado desde hace mucho tiempo para techar en las Antillas; especialmente, en su Jamaica natal.

CULTIVO En invernaderos corrientes o soleados, se cultivan en macetas con abono de materia natural de suelos (compost). Se les garantiza buena luz, aunque las plantas se protegen de los rayos directos del sol. En exteriores, prosperan en suelos con buen drenaje, y condiciones cálidas, soleadas y húmedas. Se propagan a partir de semillas sembradas en primavera y germinadas con una temperatura de 26 °C.

CLIMA Regiones más cálidas de la zona 10.

ESPECIES *Thrinax parviflora* suele crecer hasta alcanzar aproximadamente 10 m. Por tratarse de una planta pequeña es ideal para cultivar en maceteros. Las hojas tiernas de esta especie están cubiertas densamente con escamas blancas en el envés. Es una especie nativa de Florida y las Antillas. *T. parviflora*, palmera de techar, crece hasta aproximadamente 10 m, con un tronco muy delgado. Oriunda de Jamaica, donde se ha empleado como material para construir techos. *T. radiata* es nativa del Caribe y Florida donde se distribuye normalmente por las regiones costeras. Además, tolera los vientos cargados de salitre y es ideal para zonas tropicales.

Thryptomene (fam. Myrtaceae)

Dentro de este género de 40 especies de arbustos perennes de Australia, solo unos pocos de cultivan con frecuencia. Presentan ramas gráciles y arqueadas cubiertas con hojas diminutas y aromáticas. Florecen desde invierno hasta verano, cuando producen masas de flores pequeñas, estrelladas y de color blanco o rosa.

CULTIVO Las especies de *Thryptomene* necesitan suelos ácidos o sin cal; por lo tanto, cuando se cultivan en macetas bajo cristal, se siembran en abono ácido de materia natural de suelos o sin suelo (compost). Se les garantiza un máximo de luz y condiciones ventiladas. En exteriores, se cultivan en sitios soleados, en suelos con buen drenaje. Después de la floración, se podan los viejos tallos florecidos, pero nunca hasta la madera vieja. Se propagan en primavera a partir de semillas germinadas a 16 °C.

Thryptomene saxicola 'F. C. Payne' es un arbusto de crecimiento rápido con un período de floración prolongado. Es una planta apropiada para cultivar en macetas, en invernaderos frescos.

CLIMA Zona 10.

ESPECIES Es probable que pocas de estas especies se encuentren disponibles fuera de su Australia natal. *Thryptomene baeckeacea*, oriunda de Australia occidental, presenta hojas diminutas y aromáticas. Produce flores pequeñas de color rosa intenso en primavera y verano. *T. calycina* de Victoria occidental, es un arbusto extendido y redondeado que crece entre 1-2 m de altura, con un follaje ligeramente puntiagudo y de color verde oscuro. Produce abundancia de flores blancas con el centro rojo, que brotan en ramos oscilantes en primavera o verano. Esta especie es muy valorada por sus flores para cortar. *T. ericaea* es un arbusto pequeño y rígido de Australia del Sur, con hojas diminutas y superpuestas, y que produce flores blancas. *T. saxicola* es la especie que se cultiva con más frecuencia y alcanza hasta 1 m de altura, con hojas redondeadas y flores de color rosa o blanco. Se recomienda el cultivar 'F. C. Payne'. Presenta hojas diminutas y verdes, y abundancia de flores de color rosa claro que brotan en primavera o verano, aunque puede florecer en otras épocas del año. Esta forma produce buenas flores para cortar. *T. stenocalyx*, proveniente de Australia occidental, crece hasta 1,2 m de altura, con hojas ovales. Es la única especie que produce flores amarillas. *T. stenophylla* es un arbusto extendido de tamaño pequeño que presenta hojas muy diminutas y densas, y flores veraniegas de color rosa.

Thuja (fam. Cupressaceae)
Árboles de la vida

Nativo de las regiones templadas de Norteamérica y Asia oriental, este género incluye cinco especies de coníferas con forma de columna o pirámide. Sus troncos rectos están cubiertos por una corteza fibrosa y arrugada. Las hojas son aromáticas, aplanadas y semejantes a escamas. Produce piñas ovales cubiertas de escamas superpuestas. Varias de sus especies se cultivan por la madera.

CULTIVO Las especies de *Thuja* crecen en cualquier suelo con buen drenaje, siempre que retenga una cantidad adecuada de humedad y sea razonablemente profundo. Deben estar orientadas a pleno sol en sitios abrigados del viento.

CLIMA Regiones con un rango amplio de humedad y temperatura, aunque la mayoría prospera en climas frescos y húmedos.

ESPECIES *Thuja occidentalis* zona 3, oriunda del este de Norteamérica, crece hasta alcanzar aproximadamente 20 m y presenta una copa piramidal y un tronco grueso cubierto por una corteza exfoliada de color marrón rojizo. Las hojas, de color verde amarillo, azuladas en el envés, se coloran de bronce en otoño. Hay una cantidad enorme de cultivares disponibles. 'Ellwangerana Aurea' crece solo hasta 2-4 m de altura, y es de forma entre ampliamente piramidal y redondeada. Su follaje de color amarillo dorado se torna bronce dorado en invierno. 'Ericoides' es una planta enana, que crece hasta 50 cm, con ramas poco densas y lisas, ramas tupidas, y un follaje tierno liso con forma de aguja que se torna verde-marrón con la madurez. 'Globosa' tiene un modo de desarrollo denso y compacto, y crece hasta aproximadamente 1 m, con un follaje de

El follaje de *Thuja plicata* es liso y pendular. Es una fuente bien conocida de madera.

color verde brillante. 'Lutea' crece muy lento hasta unos 3 m con un modo de desarrollo piramidal y un follaje de color amarillo dorado que se torna de un tono más claro de amarillo en invierno. 'Pyramidalis' tiene un modo de desarrollo simétrico, delgado y compacto. Resulta útil para plantaciones formales. 'Rheingold' es similar a 'Ellwangerana Aurea', pero más redondeado y oscilante hasta cierto punto en el centro. El follaje es dorado intenso durante todo el invierno. *T. orientalis*, zona 6, es nativa de China, pero se ha cultivado en Japón desde hace mucho tiempo. Cuando la planta es joven, adquiere una forma cónica con un follaje denso, pero madura hasta adquirir una forma un poco menos densa y desordenada, con ramas laterales salientes. Se destaca por sus ramos verticales y lisos de follaje. Esta especie ha sido además la progenitora de muchos cultivares. 'Aurea Nana' tiene un modo de desarrollo ordenado y redondeado, y crece hasta 1 m de altura. Las ramillas densas son verdes con las puntas doradas. 'Beverleyensis' tiene un modo de desarrollo columnar y crece hasta aproximadamente 3 m. Su follaje, con las puntas doradas, se torna amarillo bronce en invierno.

'Juniperoides' sinónimo 'Decussata' tiene forma redondeada y crece hasta una altura inferior a los 2 m. Su follaje denso y de color verde gris madura hasta tornarse morado intenso en invierno. 'Rosedalis' es un cultivar enano, de forma oval que crece hasta 1 m; con hojas, pequeñas, lisas y densas. Cambia de un color amarillo claro en primavera a verde claro brillante en verano, y después a morado-marrón en invierno. *T. plicata*, zona 5, oriunda del oeste de Norteamérica, crece hasta los 60 m en su hábitat, pero, en general, hasta 25 m en condiciones de cultivo. Es bien conocida por su madera valiosa. Crece rápido hasta adoptar una forma piramidal ancha durante muchos años. El follaje es de color verde intenso y sumamente aromático.

Thujopsis (fam. Cupressaceae)

Estrechamente relacionado con *Thuja*, este género de una sola especie y oriundo de Japón produce una madera duradera.

CULTIVO Estas coníferas necesitan suelos con buen drenaje, aunque húmedos, y sitios soleados y protegidos. Se propagan a partir de semillas o esquejes como las especies de *Thuja*.

CULTIVO Zona 7. Se trata de una especie ideal para climas frescos y húmedos.

ESPECIES *Thujopsis dolabrata* es una especie de tamaño relativamente bajo, aunque produce unos ejemplares individuales elegantes. Tiene un modo de desarrollo variable que la convierte en un árbol delgado y piramidal poco denso de aproximadamente 20 m o, a veces, en un arbusto extendido. Las hojas, aplanadas y en escama, son de color verde oscuro, y blanco plateado en el envés. Las piñas son de color gris azulado.

Thunbergia (fam. Acanthaceae)

Este género agrupa aproximadamente un centenar de especies de plantas trepadoras, enanas y arbustos anuales o perennes. Se distribuyen principalmente por las regiones cálidas de África central y meridional.

CULTIVO Todas las especies de *Thunbergia* son sensibles a las heladas. Necesitan buena luz, aunque protegidas de los rayos directos e intensos del sol. *Thunbergia alata* se cultiva con frecuencia en exteriores como planta anual veraniega, en sitios soleados y protegidos con suelos con buen drenaje. Se propaga en primavera a partir de semillas germinadas a 18 °C; en verano, de esquejes casi maduros, con un lecho caliente; o de acodos, en primavera.

Visto de cerca, el follaje de *Thujopsis dolabrata* muestra sus hojas en escama ordenadas e entrelazadas.

Thunbergia grandiflora, trompetas argentinas azules, produce en verano flores de colores variables de azul claro a intenso. Se trata de una enredadera trepadora perenne y de crecimiento rápido.

CLIMA Zona 10 o regiones tropicales.

ESPECIES *T. alata* es una enredadera trepadora y perenne de hasta 3 m de altura, originaria de África tropical. Presenta hojas medio verdes, triangulares o acorazonadas, de aproximadamente 8 cm de longitud y con los bordes dentados. Se cubre desde el verano hasta el otoño con abundancia de flores que varían del color crema al naranja intenso, con gargantas florales moradas o marrones. Son muy apropiadas para cultivarlas en macetas colgantes o maceteros. El cultivar 'Alba' produce flores blancas con gargantas oscuras; 'Aurantiaca', flores de color naranja brillante con gargantas oscuras; y 'Bakeri', flores de color blanco puro. *T. erecta* es un arbusto erguido o de desarrollo irregular, oriundo de África tropical y de hasta 2 m de altura. Presenta hojas lisas y ovales de aproximadamente 8 cm de longitud, y flores moradas con gargantas de color amarillo intenso o blanco. En los climas cálidos, florece durante la mayor parte del año. *T. grandiflora*, procedente de India, es una planta trepadora de hasta 5 m de altura que se cultiva por sus racimos inclinados hacia abajo con flores de color azul brillante y gargantas de color blanco crema. Presenta hojas dentadas y acorazonadas de hasta 20 cm de longitud. *T. mysorensis*, de India, es la especie más espectacular. Esta trepadora vigorosa produce haces largos de flores que la convierten en una elección perfecta para un invernadero soleado alto. Las flores con capucha, de color amarillo y marrón rojizo, brotan en los meses de primavera.

Thymus, especies de (fam. Lamiaceae)

Tomillos

Hay aproximadamente 300 especies agrupadas en este género de arbustos aromáticos de tamaño pequeño y con hojas verdes todo el año o de herbáceas perennes, todas procedentes de Europa o Asia. Sin embargo, solo un puñado de ellas se emplea con fines culinarios. Las especies de *Thymus* son habitualmente procumbentes o rastreras, y tanto las hojas como las flores son mayoritariamente muy pequeñas. Todas con adecuadas para cultivarlas en jardines alpinos, de rocalla o en bordes. Algunas especies procumbentes y cultivares se em-

Una alfombra de *Thymus serpyllum* florecida es muy atractiva. Es una planta que encanta a las abejas y muy popular en algunos países.

plean como céspedes, que despiden un aroma maravilloso cuando se camina sobre el tomillo. Esta es una de las plantas aromáticas que se usa en la preparación del *bouquet* de hierbas aromáticas y se emplea a menudo en la elaboración de caldos y sopas. Cocido por lo general con las comidas, combina con el conejo, el pollo, el cordero y el pescado.

CULTIVO El tomillo crece bien en suelos alcalinos con buen drenaje y a pleno sol. Se propaga a principios de la primavera a partir de la división de los conjuntos o de esquejes. Las hojas se cosechan justo antes de la floración —en días secos, si es posible— para garantizar el mejor sabor. Estas se cuelgan a secar en un lugar seco y sombreado. Cuando están secas, se separan de los tallos, y se conservan en recipientes herméticos y protegidas de la luz.

CLIMA Hay especies adecuadas para distintas zonas climáticas.

ESPECIES *Thymus* x *citriodorus* (*T. pulegioides* x *T. vulgaris*), tomillo de limón, zona 7, es de cultivo selectivo. Se trata de un arbusto muy ramificado, cuyos tallos crecen hasta alcanzar 30 cm de altura. Presenta hojas estrechas, lanceoladas, y racimos de flores de color lila claro. Toda la planta huele y sabe a limón. *T. herbabarona*, zona 7, oriunda de

Córcega y Cerdeña, es un arbusto procumbente con tallos florales erguidos, de hasta 12 cm de altura. Sus hojas lanceoladas emanan un olor muy fuerte a la alcaravea cuando se estrujan. Las flores de color rosa claro brotan en inflorescencias oblongas. *T. polytrichus*, sinónimo *T. praecox*, zona 7, procedente de Europa meridional, es una planta perenne y rastrera de crecimiento procumbente que alcanza solo 5 cm de altura. Presenta hojas pequeñas y curtidas de color verde oscuro, y flores que varían de color morado claro a intenso durante el verano. La subespecie *britannicus* variedad *albus* produce flores blancas. *T. pseudolanuginosus*, sinónimo *T. lanuginosus*, zona 6, es una planta perenne que desarrolla alfombras y apenas crece algo más de 1 cm de altura. Presenta hojas diminutas y pilosas, y flores escasas de color rosa claro. *T. serpyllum*, tomillo silvestre, zona 5, es una perenne procedente de Europa central y septentrional que desarrolla alfombras con tallos de hasta 10 cm de altura. Presenta hojas pequeñas y flores moradas diminutas. *T. vulgaris*, tomillo común, zona 7, es la especie que se cultiva con más frecuencia como planta aromática culinaria. Presenta hojas diminutas de color verde gris y flores moradas. Tanto los tallos como las hojas tienen el sabor cálido y picante del tomillo.

Thysanotus (fam. Asphodelaceae)
Lirios desflecados

En este género principalmente procedente de Australia, hay más de 40 especies de plantas semejantes al lirio que desarrollan conjuntos, con dos especies oriundas de Nueva Guinea. Producen encantadoras flores orladas con flequillo y de muchos tonos de azul y morado. La mayor parte de las especies presentan un follaje escaso y herbáceo, y tallos florales erguidos y ocasionalmente retorcidos. Las raíces pueden ser rizomas o tubérculos. Los lirios desflecados son sensibles a las heladas y, en los climas propensos a las heladas, necesitan cultivo en invernaderos entre frescos e intermedios, o soleados.

CULTIVO Bajo cristal, se cultivan en macetas con abono de materia natural de suelos (compost) con buen drenaje. Se les proporciona un máximo

Las flores orladas con flequillo de la especie *Thysanotus tuberosus* se ven exquisitas en primer plano.

de luz, aunque protegidas de los rayos directos e intensos del sol. En exteriores, se cultivan al sol o en sombra parcial, en suelos ricos en humus y con buen drenaje. Se propagan a partir de semillas sembradas tan pronto maduran y germinadas en cajoneras de propagación caliente. Las especies con tubérculos se pueden multiplicar a partir de la división de los conjuntos mientras se encuentran en reposo.

CLIMA Zona 10.

ESPECIES Es poco probable que estas especies se encuentren fuera de sus países de origen. Las épocas de floración responden a sus condiciones locales y estas pueden ser diferentes en condiciones de cultivo en el hemisferio norte. *Thysanotus juncifolius* presenta tallos retorcidos donde brotan flores moradas en primavera y verano. *T. multiflorus* es una especie muy ostentosa con un follaje gris semejante al de las herbáceas, y flores de color malva morado que brotan muy por encima de aquel. *T. patersonii* es una planta débil y retorcida, con flores grandes de color malva azulado. *T. tuberosus*, lirio desflecado común, crece hasta alcanzar los 20 cm, con tallos ramificados, enjutos y fuertes, y flores grandes y moradas que duran un solo día. Estas pueden brotar desde mediados de la primavera hasta mediados del verano. Su follaje herbáceo brota de sus tubérculos.

Tiarella (fam. Saxifragaceae)
Tiarelas

Nativo de las regiones montanas de Norteamérica y con una especie procedente de Asia, este género agrupa siete especies de plantas delgadas, perennes y herbáceas que prosperan en sitios sombreados. Producen en primavera y verano ramos de flores diminutas de color rosa o blanco. Las hojas suelen colorearse a menudo de rojo en la estación de otoño.

CULTIVO Estas plantas perennes prosperan en suelos húmedos con contenidos elevados de humus —como el abono preparado con hojas descompuestas—, en sombra parcial o total. Son ideales como plantas cobertoras en los jardines boscosos o en los sitios con sombra de los bordes arbustivos. Se propagan en otoño a partir de semillas; o en primavera, en semilleros de hortalizas o a partir de la división vegetativa.

CLIMA Zona 3 para la mayoría de las especies; zona 6 para *Tiarella wherryi*.

ESPECIES *T. cordifolia*, tiarela, oriunda del este de Norteamérica, presenta hojas lobuladas y acorazonadas, tallos florales de hasta 30 cm de longitud y flores veraniegas de color blanco crema. Se expande por medio de tallos rastreros o estolones. *T. laciniata*, del noroeste de Norteamérica, presenta tallos florales largos, de hasta 35 cm, hojas segmentadas y dentadas irregularmente, y flores blancas. *T. wherryi* es una planta perenne. Sus hojas acorazonadas son trilobuladas y las flores brotan a finales de primavera o principios de verano en tallos de 15-30 cm de longitud.

Tibouchina (fam. Melastomaceae)
Plantas de la gloria, sietecueros

Las 350 especies de este género de árboles, arbustos y subarbustos con hojas verdes todo el año, y de herbáceas perennes, se distribuyen por Sudamérica, la mayoría por Brasil. La mayor parte florece con abundancia desde finales de verano hasta otoño. Las flores son generalmente azules, moradas o blancas.

CULTIVO En invernaderos, se cultivan en macetas con abono de materia natural de suelos (compost). Las plantas se protegen de los rayos directos

Las espigas con flores de color blanco o rosa claro de *Tiarella wherryi* se alzan sobre sus atractivas hojas lobuladas.

Todos los años, en verano y otoño, *Tibouchina granulosa* muestra sus flores que varían de color morado intenso a magenta.

e intensos del sol, aunque necesitan buena luz. En exteriores, se cultivan en sitios soleados, en suelos ricos en humus y con buen drenaje. Si es necesario, se podan a finales de invierno. Se propagan en primavera a partir de semillas germinadas a 16 °C, en verano, de esquejes casi maduros en cajoneras de propagación caliente.

CLIMA Regiones más cálidas de la zona 10.

ESPECIES *Tibouchina granulosa* es un árbol que crece hasta alcanzar entre 10-12 m de altura, pero que se encuentra con más frecuencia como arbusto de entre 2-3 m. Presenta hojas sumamente nervudas, oblongas o lanceoladas y pilosas, de 20 cm de longitud. Las flores, de color violeta rojizo o violeta, tienen unos 8 cm de ancho. *T. laxa* es arbusto medio trepador y crece hasta que alcanza unos 2 m. Presenta ramas pilosas y hojas ovales de unos 5 cm de longitud. Las flores, escasas, de color morado violeta y de unos 10 cm de ancho, brotan en racimos. *T. mutabilis* es un árbol pequeño, que crece hasta los 6 m, con hojas lanceoladas u oblongas de hasta 10 cm de longitud y flores de color rojizo, morado o blanco, de unos 8 cm de diámetro. *T. organensis* es un arbusto, de hasta 6 m de altura. *T. urvilleana*, planta de la gloria o sietecueros, es un arbusto grande o árbol pequeño que crece hasta una altura aproximada de 5 m.

Trigidia (fam. Iridaceae)
Avispas, flores del tigre

Nativo de México y Guatemala, este género agrupa más de 20 especies de plantas bulbosas. Presenta un follaje un tanto herbáceo o con forma de espada, y flores veraniegas de seis pétalos sumamente coloridas. Tres son largos y tres, cortos. Sus flores solitarias no duran mucho, pero brotan sucesivamente durante un período prolongado. Las especies de *Trigidia* son sensibles a las heladas.

CULTIVO Los bulbos se siembran en primavera, a unos 10 cm de profundidad. En invernaderos, se cultivan en macetas con abono de materia natural de suelos (compost) con gravilla, y se les proporciona un máximo de luz.

Los colores carnavalescos de *Trigidia pavonia* producen salpicaduras brillantes. Sus flores solo duran un día, pero brotan sucesivamente durante un período prolongado.

CLIMA Zona 10.

ESPECIES *Trigidia pavonia*, oriunda de México, crece hasta 60 cm, a veces con tallos ramificados. Las hojas, relativamente rígidas y con forma de espada, tienen 45 cm de longitud y son similares a las de los gladiolos. Las flores de varios colores —incluidos rojo, naranja, rosa, amarillo o blanco— tienen los centros habitualmente pintados con colores que contrastan. Las flores tienen 15 cm de diámetro. Hay muchos cultivares disponibles con colores diferentes. Cada flor dura solo un día, pero se procuce una sucesión de floraciones durante un período prolongado.

Tilia (fam. Tiliaceae)
Tilos, tileros

Este género, nativo de las regiones frescas templadas del hemisferio norte, incluye entre 40-50 especies de árboles caducos ornamentales que se cultivan desde la antigüedad. De crecimiento rápido y longevo, se conoce que viven centenares de años. En los climas más frescos, se cultivan a menudo como árboles para vías urbanas y para pantallas. Cuando son jóvenes, presentan un modo de desarrollo regular, piramidal, con racimos de flores pequeñas y fragantes, de color verde amarillo, seguidas por frutos un tanto conspicuos. Varias especies producen una madera blanda pero fuerte que se emplea para hacer instrumentos musicales.

CULTIVO Los tileros necesitan suelos profundos y con buen drenaje, aunque húmedos y preferiblemente alcalinos, aunque los ácidos son admisibles. Toleran el sol o la sombra parcial, pero no mucho los vientos. Se propagan en otoño a partir de semillas sembradas en exteriores o de serpollos enraizados. Los cultivares se pueden multiplicar en verano por gemación.

CLIMA Hay especies adecuadas para distintas zonas climáticas.

ESPECIES *Tilia americana*, tilos americanos, zona 3, oriunda del este de Norteamérica, crece hasta 40 m. Presenta un tronco recto, liso cuando es joven y cubierto por una corteza con fisuras muy profundas cuando madura. Las hojas ovales, de color verde opaco y entre 10-20 cm de longitud, tienen los bordes dentados. Los racimos de flores inclinados hacia abajo son seguidos por frutos pequeños y pilosos. Esta especie ha sido progenitora de varios cultivares. *T. cordata*, zona 3, crece hasta

30 m. Las hojas, delicadamente dentadas, tienen un ancho aproximado de 6 cm y las flores brotan en racimos extendidos. Los frutos pequeños y grises son ligeramente nervudos. La madera de esta especie se usa para hacer tallas. *T.* x *europaea*, tilo común, zona 4, crece hasta 30 m. Presenta un tronco robusto, y una copa densa y proporcionada de follaje acorazonado y de color verde oscuro. Produce a mediados de verano racimos de flores de color amarillo claro, seguidos por frutos redondeados. La corteza, la madera y las flores del tilo se han utilizado durante muchos siglos. Las infusiones de la flor del tilo son aún una bebida popular, refrescante y relajante. *T.* 'Petiolaris', zona 6, crece hasta aproximadamente 25 m, con ramas pendulares, y hojas ovales, pilosas en el envés. Los racimos de flores son seguidos por frutos de piel verrugosa. *T. platyphyllos*, zona 5, procedente de Europa y el sudeste de Asia, de hasta 40 cm, presenta un tronco recto y gris, y hojas acorazonadas de color verde oscuro de hasta 12 cm de longitud, con los bordes dentados. Los racimos de flores de color amarillo claro son seguidos por frutos pequeños y nervudos con forma de pera. Sus numerosos cultivares incluyen 'Rubra', con ramillas tiernas de color rojo brillante. *T. tomentosa*, tilo plateado, zona 6, del sudoeste de Asia y Europa meridional, presenta una forma piramidal ancha de hasta 30 m.

Tillandsia (fam. Bromeliaceae)
Claveles del aire

Las 400 especies silvestres de este género procedente de América tropical presentan la mayor diversidad de forma y desarrollo entre todas las bromeliáceas. Algunas de sus inflorescencias son brillantes, con flores con tonos de rojo, rosa, azul y morado. Mientras muchas de ellas tienen la forma típica de rosetón de las bromeliáceas, otras —como *Tillandsia usneoides*— tienen un modo de desarrollo trepador. Las especies de *Tillandsia* varían de plantas diminutas a grandes y voluminosas, y son principalmente epífitas, aunque algunas son terrestres. Las epífitas tienen sistemas radiculares escasamente desarrollados, y absorben la humedad y los nutrientes a través del follaje.

Las flores pequeñas de *Tilia* x *europaea* asoman en verano entre su follaje denso y acorazonado.

CULTIVO En invernaderos, las epífitas se fijan en tablones de corteza o en la rama de un árbol. Por lo general, no crecen en macetas. Se les proporciona buena luz, aunque protegidas de los rayos directos del sol y un ambiente húmedo. Desde el invierno hasta la primavera, se nebulizan con un atomizador con agua blanda y se les administra fertilizante líquido cada cuatro semanas.

CLIMA De las regiones más cálidas de la zona 10 a las tropicales.

ESPECIES Las plantas que se describen a continuación son epífitas, a menos que se exprese lo contrario. *Tillandsia cyanea* es una planta pequeña y empenachada, de hasta 25 cm, que forma rosetones de hojas arqueadas semejantes a la hierba. *T. grandis*, que habita entre las rocas, es la especie más grande conocida. Produce tallos florales de hasta 2 m de altura. *T. ionantha* es una especie atractiva en miniatura, y forma un rosetón de hasta 7 cm de alto. *T. lindenii* es una especie variable que crece hasta alcanzar los 50 cm de altura, con brácteas de color rosa brillante y flores de color azul morado. *T. streptophylla* presenta numerosas hojas que brotan de una base engrosada, con bellas flores de color azul malva sobre inflorescencias con tallos de color rosa. Crece hasta los 45 cm. *T. usneoides*, musgo español, es una especie trepadora que se distribuye habitualmente en dirección sur desde Florida hasta Argentina, y cuelga de los árboles en haces epífitos y largos.

Tithonia (fam. Asteraceae)
Girasoles mexicanos

Se trata de un grupo pequeño de delicadas plantas anuales, perennes y arbustos, que son nativos de México y Centroamérica. Una especie se cultiva con frecuencia como planta anual, mientras que otra —*Tithonia diversifolia*— es un arbusto que se ha aclimatado en muchas regiones de los trópicos.

CULTIVO Las especies de *Tithonia* crecen en cualquier tipo de suelos con buen drenaje, pero se desarrollan mejor a pleno sol y protegidas de los vientos fuertes. Necesitan riego sistemático para que complete su crecimiento, pero, una vez desarrolladas, toleran bien los períodos de sequía. En los climas propensos a las heladas, las especies anuales se cultivan en primavera a partir de

Explosiones de color gris plateado se pueden observar en muchas especies de *Tillandsia*, género numeroso y variable de bromeliáceas.

Las plantas altas de la especie *Tithonia rotundiflora* crecen en casi cualquier tipo de suelo. Con la poda regular de las floraciones marchitas, florece en verano y otoño.

semillas germinadas bajo cristal a 18 °C y se siembran en exteriores cuando aquellas han pasado. Donde no hay heladas, se siembran en primavera directamente en los sitios donde se quiere que florezcan.

CLIMA Zona 10.

ESPECIES *T. rotundiflora*, girasol mexicano, es una planta anual robusta que crece hasta alcanzar 1 m o más. Presenta hojas ligeramente pilosas y produce flores de color rojo naranja durante un período prolongado durante todo el verano hasta avanzado el otoño.

Todea (fam. Osmundaceae)
Helechos reales

Este género agrupa solo dos especies de helechos que se distribuyen extensamente por el sur de África, Australia, Nueva Zelanda y Nueva Guinea. Se trata de helechos grandes que pueden desarrollar troncos sólidos. Los tallos miden una tercera parte de la longitud de las frondas, que brotan abundantes.

Todea barbara, helecho real, produce frondas masivas de 2-3 m. Las esporas crecen a lo largo de las nervaduras de las pinnas inferiores.

CULTIVO En los climas propensos a las heladas, se cultivan en invernaderos entre intermedios y cálidos, o soleados. Se siembran en macetas con abono de materia natural de suelos (compost), al que se añade abono preparado con hojas descompuestas, corteza y carbón vegetal.

CLIMA Regiones más cálidas de la zona 10.

ESPECIES *Todea barbara* es una especie majestuosa oriunda de Australia que se distribuye también por las islas al norte de Nueva Zelanda. Presenta varias copas que crecen verticales para producir un tronco sólido, negro y fibroso. Las frondas son bipinnadas, con pinnas satinadas, verdes, lanceoladas y los bordes dentados. Pueden crecer hasta alcanzar entre 2-3 m de longitud.

Tolmiea (fam. Saxifragaceae)
Madre de miles

Este género de una sola especie procede de la costa oeste de Estados Unidos. Es una planta popular para interiores que se puede cultivar sin problemas en maceteros y en macetas colgantes. Tolera la escasez de luz.

CULTIVO Las especies de *Tolmeia* se pueden cultivar tanto en interiores como en exteriores. En jardines, necesitan climas moderados, suelos ricos y húmedos, y orientación sombreada. Si se cultivan en interiores, se siembran en una mezcla enrique-

Las hojas lobuladas de color verde claro de *Tolmeia menziesii* son ligeramente pilosas. Esta especie se cultiva en exteriores con condiciones de monte bajo o en interiores con luz moderada.

cida para macetas y se conservan húmedas. Se propagan a partir de división vegetativa o de la siembra de plántulas en macetas.

CLIMA Zona 7.

ESPECIES *Tolmeia menziesii* crece entre 30-60 cm de altura, y presenta tallos largos y pilosos de aproximadamente 10 cm que portan flores de color morado verdoso. Las hojas son de color verde brillante, pilosas, con la forma de las de la hiedra y los bordes dentados. Las plántulas brotan en las hojas y enraízan, si estas se fijan al suelo con estacas para producir plantas nuevas.

Toona (fam. Meliaceae)

Las seis especies de este género se distribuyen de manera silvestre desde el sudeste de Asia hasta el norte de Australia. Se consideran árboles madereros importantes, aunque se cultivan también como ornamentales y de sombra. Algunos son apropiados para los jardines domésticos como ejemplares individuales, mientras que otros solo resultan adecuados para parques o jardines muy extensos.

CULTIVO Estos árboles se deben cultivar en suelos profundos, ricos en humus y con buen drenaje. Se desarrollan mejor al sol, aunque toleran sombra durante una parte del día. Necesitan riego abundante durante la estación de crecimiento y se benefician cuando se aporca la superficie del suelo encima de las raíces con materia orgánica. Se propagan a partir de semillas.

CLIMA Hay especies adecuadas para distintas zonas climáticas.

ESPECIES *Toona ciliata*, sinónimo *T. australis*, zonas 9 y 10, es un árbol grande y caduco nativo de Queensland y el norte de Nueva Gales del Sur. Crece hasta alcanzar 40 m en su hábitat. Al principio, fue talado casi hasta extinguirlo por su magnífica madera. Presenta hojas grandes y pinnadas con hojuelas entre 8-10 cm de longitud. Produce en primavera flores pequeñas, de color blanco o rosa. *T. sinensis*, sinónimo *Cedrella sinensis*, cedro

Toona ciliata, cedro rojo australiano, es uno de los pocos árboles caducos nativos de Australia.

chino, zona 6, es un bello árbol caduco, de entre 10-12 m de altura que se siembra a menudo como ejemplar prominente para poder aprovechar la vista de su encantador follaje primaveral. Este follaje nuevo que brota en primavera tiene un color rosa intenso que, desde finales de esa estación, adquiere su color verde veraniego, que se torna amarillo naranja en otoño. Produce flores blancas y olorosas.

Torenia (fam. Scrophulariaceae)
Torenias

Oriundas de Asia y África tropicales, estas cuarenta especies encantadoras anuales y perennes de floración veraniega son plantas atractivas para sembrar en bordes y macetas colgantes. Las flores tienen la misma gama de color que los pensamientos: morado, azul, violeta y amarillo. Las hojas, de un color verde que varía de un tono claro a oscuro, son entre ovales y elípticas, con bordes dentados.

Torenia fournieri es una planta anual útil y apropiada para cultivar en maceteros en invernaderos frescos, o en lechos veraniegos.

Torreya nucifera, 'Japanese torreya o kaya', produce semillas comestibles y aceite, que se emplean en la cocina de su Japón natal.

CULTIVO Las especies de *Torenia* son sensibles a las heladas. Las anuales —como *Torenia fournieri*— se pueden cultivar como plantas para maceteros en invernaderos frescos, o sembrar en lechos veraniegos. Las plantas se cultivan a mediados de la primavera a partir de semillas germinadas a 18 °C.

CLIMA Zonas 9 y 10.

ESPECIES *T. atropurpurea*, del archipiélago malayo, crece hasta 60 cm, con flores sencillas de color rojo morado. *T. baillonii* es una planta anual arbustiva, con flores moradas y amarillas. *T. fournieri* es una especie anual con un modo de desarrollo más vertical. *T. hirsuta* es una anual con un modo de desarrollo expansivo.

Torreya (fam. Taxaceae)

Hay siete especies en este género de árboles y arbustos coníferos perennes, nativos de Norteamérica y Asia.

CULTIVO Las especies de *Torreya* se cultivan mejor en suelos ricos en nutrientes; con buen drenaje, aunque húmedos; y en sitios protegidos a pleno sol o en sombra parcial. Se propagan a partir de semillas maduras o de esquejes casi maduros en cajoneras de propagación caliente.

CLIMA Zona 7 para la mayoría de las especies; zona 8 para *Torreya taxifolia*.

ESPECIES *T. californica* crece hasta alcanzar los 20 m o más. Presenta hojas satinadas, aciculares, semejantes a las del tejo y dispuestas en dos filas sobre las ramillas. Las flores masculinas y femeninas brotan en árboles separados, y son seguidas por frutos pequeños y leñosos. Este árbol muy ornamental se adecua a las regiones con niveles elevados de precipitaciones. *T. nucifera* crece por encima de los 20 m. Se cultiva por sus semillas comestibles, ricas en contenido de aceite; además, la madera es también muy fina. *T. taxifolia* es oriunda de Florida, donde crece hasta los 12 m de altura. Su nombre común en inglés proviene de los frutos, que emanan un olor desagradable cuando se magullan.

Toxicodendron (fam. Aanacardiaceae)

Nativo de Asia y América, el genero *Toxicodendron* se ha aclimatado extensamente y se ha declarado mala hierba nociva en muchas partes del mundo. El contacto con este árbol puede provocar reacciones alérgicas graves. La savia parece ser lo más tóxico, pero las personas sensibles pueden padecer reacciones intensas con cualquier tipo de contacto. A pesar de su espléndida exhibición de colores

Toxicodendron succedaneum presenta hojuelas inclinadas hacia abajo que se coloran de escarlata brillante en otoño. El contacto con este árbol puede provocar reacciones alérgicas graves.

otoñales, este árbol se debe tratar con cuidado. Se ha cultivado en Japón por sus bayas, de las que se extrae cera, y por los tallos, de los que se extrae una laca natural.

CULTIVO Estos árboles crecen al sol o en sombra parcial, y en cualquier tipo de suelo con buen drenaje. Son muy resistentes, y se desarrollan particularmente bien con riego sistemático en verano. Se propagan fácilmente a partir de semillas y producen a veces plántulas indeseables, puesto que las bayas atraen a los pájaros.

CLIMA Zona 8.

ESPECIES *Toxicodendron succedaneum* es un árbol caduco pequeño, de entre 6-10 m de altura. Sus hojas compuestas, de 20-25 cm de longitud, están formadas por lo general por 11 hojuelas lanceoladas de color verde oscuro. Estas hojas terminan en una hojuela solitaria. Las hojuelas se pliegan a lo largo de la nervadura principal con la forma de un bote. En otoño, el follaje, un tanto inclinado hacia abajo, se colorea de escarlata brillante. Produce

en verano flores de color blanco crema seguidas por racimos grandes de frutos cerosos y marrones que perduran en el árbol en otoño e invierno.

Trachelospermum (fam. Apocynaceae)
Falso jazmín

Estas 20 especies de enredaderas perennes, retorcidas y arbustivas originarias de Asia oriental y regiones de América, crecen lento durante sus primeras etapas, pero vigorosas una vez que se han desarrollado. Se cultivan por sus encantadoras flores estrelladas, muy semejantes a las del jazmín, y por su perfume intenso. Falso jazmín se puede cultivar sobre cercas, enrejados y arcos, y se pueden podar sistemáticamente para formar setos pequeños.

CULTIVO Se cultivan en suelos de marga con buen drenaje, a pleno sol o en sombra parcial. Las ramas desordenadas se podan en otoño. Se propagan en verano a partir de esquejes casi maduros, en un lecho caliente.

CLIMA Zona 8.

ESPECIES *Trachelospermum asiaticum*, oriunda de Corea y Japón, crece hasta los 7 m de altura y produce racimos de flores fragantes de color blanco grisáceo. *T. jasminoides*, falso jazmín, de China, crece hasta alcanzar 7 m de altura, con racimos de

Su follaje y las flores fragantes que brotan desde mediados hasta finales de verano convierten a *Trachelospermum jasminoides* en una planta trepadora o cobertora ideal.

flores blancas y fragantes, y hojas lanceoladas. Tiene un período de floración prolongado desde mediados hasta finales de verano. Hay numerosos cultivares de *T. jasminoides*, incluidos algunos con follaje variegado.

Trachycarpus (fam. Arecaceae)
Palmito gigante, palmeras de Chusán

Estas seis especies de palmas ornamentales, en su mayor parte de tallo único y con forma de abanico, costapalmadas, son nativas de China y el Himalaya. Una especie —*Trachycarpus fortunei*— es muy rara entre las palmas porque se puede cultivar en los climas más frescos. Los troncos están por lo general cubiertos con una fibra áspera, y sus hojas grandes, con forma de abanico, brotan en tallos razonablemente cortos y están sumamente segmentadas. Sus inflorescencias curvadas, que incluyen pequeñas flores amarillentas, son seguidas por bayas de color azul oscuro.

CULTIVO Estas palmas se pueden cultivar orientadas tanto a pleno sol como en sombra tenue y fragmentada, y se adaptan a cualquier suelo que drene con facilidad.

CLIMA Templado. Zona 8 para *T. fortunei*; zona 9 para *T. martianus*.

Estos ejemplares jóvenes de *Trachycarpus fortunei* no han desarrollado todavía sus troncos. De todas las especies, esta es la que se considera más resistente.

ESPECIES *T. fortunei*, palmera de Chusán o palmito gigante de China, probablemente originaria de China, esta especie fue introducida en Europa en el siglo XIX. Crece hasta alcanzar aproximadamente 20 m de altura y se valora por sus cualidades exóticas y su tolerancia al frío. Su tronco está cubierto por tramas densas de fibra marrón producidas por las bases foliares viejas. Las hojas son de color verde oscuro en el haz, verde azul en el envés, de casi 1 m de diámetro, y con segmentos muy anchos. Los frutos son de color azul oscuro. *T. martianus*, del Himalaya oriental, es muy similar.

Trachymene (fam. Apiaceae)

Relacionado con la zanahoria y la chirivía, este género incluye 12 especies de ostentosas plantas anuales o perennes, nativas de Australia y las islas del sur del Pacífico.

CULTIVO En las regiones propensas a las heladas, las semillas se siembran bajo cristal a mediados de primavera y germinan a 15 °C. Las plantas jóvenes se siembran cuando han pasado las heladas y se cultivan en suelos arenosos con buen drenaje, y en sitios soleados y protegidos. Las flores marchitas se eliminan para prolongar el período de floración.

CLIMA Zona 9.

Trachymene glaucifolia es un perejil silvestre que pertenece a la misma familia de la zanahoria, el apio y la chirivía.

ESPECIES Es poco probable que alguna de estas especies esté disponible fuera de su Australia natal. *Trachymene coerulea*, oriunda de Australia occidental, es la especie que se cultiva con más frecuencia y probablemente la más fiable de todas. Crece hasta alcanzar 45 cm, con cabezuelas delicadas semejantes a un acerico, y con flores veraniegas diminutas y de color azul brillante. *T. cyanopetala* es una planta pequeña y extendida, con hojas lobuladas y pilosas, y cabezuelas veraniegas diminutas de color azul intenso. *T. incisa* es una perenne nativa de Nueva Gales de Sur y parte de Queensland. Su bonito follaje está dividido en muchos segmentos profundos y estrechos, y las cabezuelas redondeadas de flores blancas brotan en tallos de hasta 50 cm de altura.

Tradescantia (fam. Commelinaceae)

Hay unas 70 especies de plantas perennes en este género procedente de América. *Tradescantia fluminensis*, es popular para cultivar en invernaderos o como planta para interiores, mientras que las plantas resistentes del grupo *T. andersoniana* y *T. virginiana* son populares para bordes herbáceos mixtos.

CULTIVO En invernaderos corrientes o soleados, se cultivan en macetas con abono de materia natural sin suelo (compost) y protegidas de los rayos directos del sol. En jardines, se cultivan en suelos capaces de retener la humedad, con orientación soleada o en sombra parcial. Los tallos se podan después de la floración. Las especies delicadas se propagan en primavera o verano a partir de esquejes cortados de las puntas tiernas de los tallos. Las especies resistentes se propagan a principios de la primavera a partir de división vegetativa.

CLIMA Hay especies adecuadas para distintas zonas climáticas.

ESPECIES *T. fluminensis*, zona 9, es una especie invasora con tallos suculentos y flores blancas que se enraízan a partir de los nudos. Esta especie y sus cultivares se siembran como plantas

Las flores de *Tradescantia virginiana* semejan pequeños lirios morados. Esta planta, que se desarrolla bien en la luz solar filtrada, produce flores veraniegas.

para tiestos o para macetas colgantes en los climas frescos. El grupo *T. andersoniana* de plantas resistentes, zona 7 —que incluye muchos cultivares—, y *T. virginiana* zona 7, se cultivan extensamente. Son ideales para bordes de plantas perennes, donde florecen durante períodos prolongados.

Trevesia (fam. Araliaceae)

Este género de 12 especies de arbustos o árboles pequeños perennes, provenientes de las regiones tropicales de Asia, presentan hojas grandes, palmáceas, y con vellosidades espinosas y rojas en el follaje nuevo.

CULTIVO En los climas propensos a las heladas, se cultivan en invernaderos cálidos o soleados. Se les proporciona un ambiente húmedo y las plantas se protegen de los rayos directos e intensos del sol. Se cultivan en macetas con abono de materia natural de suelos (compost). Se riegan escasamente en invierno. Se propagan a partir de esquejes cortados de las puntas duras de los tallos.

CLIMA Tropical.

Trevesia palmata presenta una estructura foliar muy compleja. Lejos de los trópicos, se cultiva en invernaderos o en interiores.

Trifolium subterraneum, se cultiva para producir abono verde o forraje.

ESPECIES *Trevesia palmata*, árbol pequeño nativo de India, es la única especie que se cultiva frecuentemente lejos de los trópicos, donde se siembra como planta para interiores. Crece habitualmente hasta 6 m y presenta hojas grandes, palmeadas y lobuladas de hasta 60 cm de ancho, y racimos de flores de color blanco verdoso.

Trifolium (fam. Papilionaceae)
Tréboles

Distribuido por las regiones más templadas y subtropicales del mundo, este género agrupa aproximadamente 230 especies de plantas anuales y perennes herbáceas. Los tréboles florecen en primavera o verano y atraen mucho a las abejas.

CULTIVO Estas plantas prosperan en suelos con buen drenaje y orientación soleada. Se propagan a partir de semillas o división vegetativa.

CLIMA Hay especies adecuadas para distintas zonas climáticas.

ESPECIES *Trifolium incarnatum*, trébol rojo, zona 7, crece hasta 50 cm y produce flores de color carmesí brillante. *T. repens*, trébol blanco, zona 4, desarrolla una alfombra de follaje verde con flores lanosas de color blanco crema. *T. subterraneum*, zona 7, se emplea como abono verde y forrajera. Sus flores blancas, con rayas de color rosa intenso, brotan en racimos pequeños.

Trillium (fam. Trilliaceae)
Lirios americanos, trilios

Estas plantas perennes y resistentes se cultivan por sus bellas flores primaverales de tres pétalos, que pueden ser de color blanco, amarillo, verde, rosa o morado, según la especie. Hay 30 especies en este género.

CULTIVO Las especies de *Trillium* requieren un medio boscoso sombrío, de monte bajo, con suelos capaces de retener la humedad, aunque con buen drenaje, como el que aportan el abono preparado con hojas descompuestas o la turba. Los suelos deben ser ligeramente ácidos o neutros. Se les debe aporcar permanentemente con abono preparado con hojas descompuestas o corteza astillada. Se propagan a partir de semillas sembradas tan pronto están maduras en un semillero de hortalizas. La germinación y el desarrollo posterior son muy lentos. Se multiplican además a partir de división vegetativa después de la floración, pero se debe tener en cuenta que estas divisiones demoran para desarrollarse.

Flores sencillas y de tres pétalos brotan de los conjuntos foliares de *Trillium grandiflorum*. Todas las partes de la planta forman grupos de tres.

Tristaniopsis laurina se convierte en un árbol pequeño que, en los climas propensos a las heladas, requiere cultivo en invernaderos cálidos.

CLIMA Hay especies adecuadas para distintas zonas climáticas.

ESPECIES *Trillium erectum*, trilio, zona 4 y procedente de Norteamérica, crece hasta alcanzar los 60 cm de altura. Además, produce flores inclinadas hacia abajo y de color morado rosa intenso que emanan un olor desagradable. La especie *T. grandiflorum*, lirio americano, zona 5, también de Norteamérica, es una planta de hasta 45 cm de altura.

Tristaniopsis (fam. Myrtaceae)

Estas 30 especies de árboles y arbustos son nativos del sudeste de Asia y Australia. Una de ellas se cultiva en los subtrópicos y trópicos como arbolado urbano o en jardines, pero en los climas propensos a las heladas, necesita cultivo en invernaderos cálidos o soleados.

CULTIVO Bajo cristal, se cultiva en macetas con abono de materia natural de suelos (compost). Se protegen de los rayos directos e intensos del sol. Se riegan bien durante el período de desarrollo y escasamente en invierno. En exteriores, se cultivan a pleno sol o en sombra parcial, en suelos profundos y ricos en humus. Se propagan a partir de semillas sembradas en cajoneras de propagación calientes.

CLIMA Zona 10 o regiones tropicales.

ESPECIES *Tristaniopsis laurina*, sinónimo *Tristania laurina*, es un árbol pequeño que se distribuye por los bosques costeros de Australia oriental. Puede crecer entre 10-15 m de altura, pero alcanza a menudo aproximadamente 8 m. Las hojas son ligeramente curtidas y de color verde satinado en el haz y más claro en el envés. Este árbol presenta un tronco liso y de color marrón claro que se exfolia en tiras, y produce racimos de flores ostentosas de color amarillo intenso.

Triteleia (fam. Amaryllidaceae)

Hay 15 especies de plantas bulbosas perennes en este género oriundo del oeste de Norteamérica. Presentan un follaje largo, estrecho y un tanto herbáceo, y producen en verano cabezuelas con flores con forma de trompeta. Toleran las heladas, pero es mejor sembrarlas en bordes soleados.

CULTIVO Es preferible sembrar las especies de *Triteleia* en suelos ligeros con buen drenaje, y en sitios cálidos y soleados. Los bulbos se siembran en otoño, a una profundidad de aproximadamente 8 cm. Las plantas se riegan según sea necesario durante su crecimiento. Se propagan en la estación de reposo a partir de la división

Triteleia laxa 'Queen Fabiola', produce flores de color azul morado intenso con los centros blancos.

Una variedad de *Tritonia crocata* con flores de color rojo salmón florece a mediados de la primavera. Estas duran mucho en los jarrones.

vegetativa de los conjuntos desarrollados, o de semillas sembradas cuando maduran y germinadas a 16 °C.

CLIMA Zona 8.

ESPECIES *Triteleia ixioides*, sinónimo *Brodiaea ixioides* produce flores doradas, con pintas más oscuras en dirección al centro de los pétalos y filamentos dentados que se extienden fuera de ellos. *T. laxa*, sinónimo *Brodiaea laxa*, produce flores de color violeta claro o intenso en tallos de hasta 50 cm de altura. Sus 1-2 hojas crecen hasta los 30 cm. El cultivar 'Queen Fabiola', que se reprodujo selectivamente en Europa, es probablemente la forma que más se cultiva.

Tritonia (fam. Iridaceae)

Nativas del sur de África, estas 30 especies de plantas bulbosas se cultivan por sus flores ostentosas, que brotan entre mediados y finales de primavera o en verano.

CULTIVO En los climas propensos a las heladas, se cultivan en invernaderos frescos o soleados, en macetas con abono de materia natural de suelos (compost), con buen drenaje. Los bulbos se siembran en los meses de otoño a 10 cm de profundi-

dad aproximadamente. Cuando las plantas están en reposo, un poco después de la floración, se deben conservar cálidas y secas. Sin embargo, el riego se reanuda cuando comienza a crecer. Se propagan a partir de retoños o de semillas germinadas a 16 °C.

CLIMA Zona 9.

ESPECIES *Tritonia crocata* presenta tallos enjutos y fuertes, de hasta 50 cm de altura, en los que brotan espigas de flores de color amarillo semejantes a las del género *Freesia*. Las hojas, verdes y erguidas, tienen forma de espada. Hay varios cultivares disponibles con flores de muy distintos colores.

Tropaeolum (fam. Tropaeolaceae)
Capuchinas

Distribuidas desde Chile hasta México, estas plantas anuales y perennes se cultivan por sus flores de colores brillantes, que varían del amarillo y naranja claros al rojo intenso. Entre las 90 especies, la mayoría tiene un modo de desarrollo trepador y extendido.

CULTIVO Las capuchinas crecen en casi cualquier tipo de suelo, aunque los sumamente enriqueci-

Tropaeolum speciosum es una planta perenne herbácea que se abre paso entre los arbustos.

dos con nutrientes estimulan el desarrollo del follaje más que el de las flores. Sin embargo, *Tropaeolum peregrinum* requiere suelos ricos en nutrientes. Se siembra a pleno sol o en la semipenumbra y se riega con frecuencia. Se propaga a partir de semillas.

CLIMA Hay especies adecuadas para distintas zonas climáticas.

ESPECIES Los híbridos de *T. majus*, capuchina anual de los jardines, zona 10, son plantas arbustivas o rastreras. Los numerosos cultivares con nombre producen flores veraniegas brillantes de color rojo, naranja, amarillo o crema, y pueden ser sencillas o dobles. Los cultivares enanos son los más populares entre los jardineros y están fácilmente disponibles. Se ha reproducido selectivamente una forma enana con follaje variegado y flores de colores mixtos que se conoce como 'Alaska Series'. Vale la pena cultivarla donde esté disponible. *T. peregrinum*, zona 9, crece hasta los 2,5 m de altura, con hojas lobuladas de color verde gris y flores de color amarillo intenso, orladas con flequillos. *T. speciosum*, zona 8, es una trepa-

dora herbácea y perenne de hasta 3 m de altura, con flores escarlatas y el cáliz prolongado en forma de espolón. *T. tuberosum*, zona 8 y oriunda de Perú, produce tubérculos y flores de color naranja y amarillo con forma de copa.

Tulbaghia (fam. Alliaceae)

Nativo de África, este género incluye más de 20 especies, en su mayor parte perennes herbáceas, que crecen a partir de bulbos o rizomas.

CULTIVO En las regiones propensas a las heladas, se cultivan en invernaderos frescos o soleados, en macetas con abono de materia natural de suelos (compost). Se les proporciona un máximo de luz. El compost se conserva prácticamente seco cuando las plantas están en reposo. Se riegan normalmente en otras ocasiones.

CLIMA Zona 9.

ESPECIES *Tulbaghia capensis*, oriunda del sur de África, crece hasta alcanzar 60 cm. Produce flores de color verde morado. *T. simmleri*, sinónimo *T. fragans*, crece hasta 40 cm. Produce cabezuelas grandes con tonos morados. Hay también una forma blanca. *Tulbaghia violacea*, del sur de África, crece hasta los 60 cm, con flores de color lila. Tiene un olor intenso a cebolla.

El follaje de *Tulbaghia violacea* emana un olor picante. Esta planta resistente florece todos los años.

Tulipa (fam. Liliaceae)

Tulipanes

Hay más de un centenar de especies de tulipanes y varios centenares de híbridos. Los tulipanes más novedosos son resultado de programas extensos de reproducción selectiva que comenzaron a desarrollarse a finales del siglo XVI y continúan hasta hoy. Los tulipanes hicieron furor hace 400 años en la medida en que se introducían en Europa más especies desde Turquía, Irán y Asia central. Los tulipanes varían de altura aproximada entre 15-60 cm, pero la mayoría de los híbridos alcanzan probablemente entre 30-40 cm. Son excelentes plantas para cultivar en tiestos o para la producción de flores para cortar. Las de las especies pueden ser brillantes, de color rojo o amarillo, o crema con pintas de color rosa o rojo. Los tulipanes híbridos pueden ser también de color rojo, amarillo, rosa, blanco, albaricoque, o malva

Un tulipán rojo sangre del tipo «papagayo» muestra sus pétalos con floritura y hendidos, que son característicos de este grupo.

intenso con pétalos lisos o con florituras. Algunos de los tipos con pétalos con floritura o hendidos se conocen en inglés como tulipanes «papagayos». Los tulipanes con «ruptura» de colores se conocen como tulipanes de Rembrandt y sus flores son de un solo color con rayas, llamaradas o llamas de otros colores. Esto se debe a un virus transportado por unos pulgones, así que se deben mantener aislados de otros tipos de tulipanes. Los bulbos de tulipán se encuentran disponibles en centros comerciales de jardinería a finales del verano y principios del otoño. Para mayores opciones, se debe contactar con los cultivadores especializados. Las especies de tulipán se encuentran disponibles raras veces, excepto entre los especialistas. Con la selección es posible tener tulipanes florecidos desde principios hasta muy a finales de la primavera.

CULTIVO Los tulipanes necesitan pleno sol al menos durante la mitad del día y cierta protección contra los vientos. El suelo debe tener un contenido orgánico elevado y disponer de muy buen drenaje. Si se conoce que el suelo es muy ácido, se le añade cal o dolomita antes de la siembra, en una proporción de 100 g por m². En las regiones más cálidas, los bulbos se colocan en el cesto para verduras del frigorífico durante aproximadamente seis semanas antes de sembrarlos, aunque esto no es necesario en las regiones con inviernos largos y fríos. Se siembran en exteriores a principios de otoño en las regiones frías y a finales de esta estación en las cálidas. Los bulbos se siembran a 10-15 cm de profundidad y entre 10-12 de separación. Se abonan con fertilizante líquido cuando brotan los capullos y de nuevo cuando las flores se marchitan. Una vez que brotan las hojas, se riegan a fondo todas las semanas o cada diez días, si el tiempo está muy seco o hay viento. Se riegan sistemáticamente en el tiempo seco; especialmente, cuando brotan los capullos. Los tulipanes florecen entre finales de invierno, y mediados y finales de primavera, según la variedad y el clima. Si las flores se van a cortar para interiores, se escogen las que no están abiertas completamente, y se cortan temprano por las mañanas. Después de la floración, se eliminan las flores marchitas, las plantas se abonan con fertilizante líquido y se continúa el riego sistemático a fon-

Esta plantación masiva de tulipanes tiene alhelíes de mar como fondo. Los tulipanes son plantas populares para exhibiciones primaverales en parques y jardines extensos.

do hasta que las hojas comienzan a tornarse amarillas. Si no se necesita el espacio en las regiones frías, los bulbos pueden permanecer en el suelo. Para extraerlos, se cava con cuidado después que el follaje amarillea. Los bulbos se dejan secar —nunca al sol—, se limpian y se conservan en un lugar fresco, seco y ventilado. En el otoño siguiente, se siembran tal como están o el bulbo madre —que debe florecer—, se separa del centro para sembrarlo donde se quiera. Los bulbillos más pequeños, que pueden demorar uno o dos años más para florecer, se pueden sembrar en sitios menos prominentes. En las regiones cálidas, los bulbos no vuelven a florecer; por lo tanto, se extraen y se desechan. Los tulipanes son susceptibles de contagiarse con el virus del mosaico (*Potyvirus*). Si enferman de podredumbre gris, se debe evitar sembrar en el mismo sitio durante un par de años.

CLIMA Hay especies adecuadas para distintas zonas climáticas. Es preferible cultivarlas en climas entre templados y fríos.

ESPECIES Las especies populares incluyen *Tulipa batalinii*, zona 5, con flores de color rosa prímula; *T. clusiana*, zona 7, cuyas flores blancas tienen rayas externas de color rosa intenso; *T. kaufmanniana*, zona 7, y *T. tarda*, zona 5, que tiene pétalos de color amarillo intenso con las puntas blancas.

Tussilago farfara (fam. Asteraceae)
Tusilagos

Esta planta perenne y resistente se cultiva por lo general solo por los especialistas en plantas medicinales o aromáticas. Tiene fama de aliviar la tos, la bronquitis y el asma. Las flores se utilizan para preparar baños oculares para trastornos como la conjuntivitis. Las hojas son ricas en vitamina C. *Tussilago farfara* presenta un rizoma grueso, blanco y rastrero. Sus flores primaverales amarillas preceden a las hojas y son seguidas por una bola de pelusa desde donde se dispersan las semillas. Las flores se recolectan a principios de primavera y las hojas, en verano.

CULTIVO Esta planta resistente crece en cualquier suelo, pero prospera en climas frescos.

CLIMA Zona 5.

El nombre en inglés *coltsfoot* (casco de potro) de tusilago se deriva de la forma de la hoja. Crece silvestre en Europa, Asia occidental y Norteamérica.

Typha (fam. Typhaceae)
Bayones, espadañas, aneas

Esta docena aproximada de especies de plantas perennes, resistentes y herbáceas crecen a menudo en las ciénagas y marismas de las regiones tropicales y templadas del mundo. Se les llama a menudo en inglés *bulrushes*, espadañas, pero su nombre más correcto es *reedmaces*, aneas. Su follaje se usa para manufacturar cestas y sillas de rejilla.

CULTIVO Las especies de *Typha* se desarrollan bien en las márgenes de las aguas poco profundas. La mayoría crece vigorosa y se extiende rápido, de modo que se debe tener cuidado para mantenerlas bajo control; especialmente, en los climas cálidos. Las cabezuelas se cortan antes de que se sequen para impedir una expansión indeseada. Se propagan a finales de invierno o en primavera a partir de la división vegetativa de los conjuntos.

CLIMA Zona 3 para las especies que se mencionan a continuación.

ESPECIES *Typha angustifolia* crece hasta alcanzar los 2 m. Produce un follaje estrecho y espigas florales

Espadaña, especie del género *Typha*, produce espigas florales aterciopeladas y marrones. Son plantas apropiadas para sembrar en las aguas poco profundas de charcas y lagos.

de color marrón claro. Una pequeña sección del tallo separa las masculinas de las femeninas. *T. latifolia*, espadaña o bayón, puede crecer hasta alcanzar más de 2,5 m. Presenta un follaje estrecho y flores de color marrón oscuro.

Ulmus (fam. Ulmaceae)
Olmos

Hay más de 40 especies en este género de elegantes árboles caducos, oriundos de las regiones templadas del hemisferio norte. Son bellos árboles de sombra, aunque las especies más grandes son habitualmente apropiadas para los jardines extensos y los parques porque sus raíces son invasoras.

CULTIVO Los olmos se desarrollan bien en climas frescos y húmedos. Prosperan en suelos profundos que disponen de buen drenaje, pero que retienen la humedad, y requieren riego a fondo durante la estación de crecimiento. Se propagan en otoño a partir de semillas sembradas en exteriores y, en verano, de esquejes casi maduros enraizados con un lecho caliente. Los cultivares se

La encantadora tracería de sus ramas se puede apreciar en la estructura de este ejemplar desnudo de *Ulmus glabra*.

multiplican por lo general mediante gemación o injerto. *Ulmus americana*, olmo americano y *U. procera*, olmo inglés, son muy susceptibles a la grafiosis y no se deben sembrar. Se realizan investigaciones para desarrollar especies o híbridos resistentes a la grafiosis.

CLIMA Los olmos son muy resistentes. Hay especies adecuadas para distintas zonas climáticas.

ESPECIES *U. americana*, olmo americano, zona 2, oriundo de Norteamérica, es un árbol majestuoso, que crece silvestre hasta alcanzar 40 m, pero que es mucho más pequeño en condiciones de cultivo. Presenta una copa redondeada y un tronco cubierto por una corteza gris profundamente hendida. Las hojas tienen 15 cm de longitud. De esta especie, se extrae una madera fina, pero, en la actualidad, está casi extinta en su hábitat. Hay varios cultivares. *U. glabra*, zona 5, no se cultiva a menudo actualmente. Es una especie que puede crecer hasta los 35 m de altura, y presenta hojas grandes, ásperas y ovales de 15 cm de longitud. Se trata de una especie que no produce serpollos. El cultivar 'Lutescens', olmo dorado, crece hasta los 15 m. Se trata de un árbol atractivo, cuyo follaje produce un buen contraste con otros árboles verdes. 'Pendula' crece hasta los 20 m, con ramas largas, pobladas de hojas e inclinadas hasta el suelo. *U. minor*, sinónimo *U. carpinifolia*, zona 5, es nativa de Europa, Asia occidental y África del Norte. Crece hasta aproximadamente los 30 m en su hábitat, pero es poco probable que supere 15-20 m en condiciones de cultivo. Las hojas, satinadas y ovales, tienen entre 5-10 cm de longitud, y las flores brotan a finales del invierno en racimos gruesos antes que las hojas. El cultivar 'Variegata' presenta un bonito follaje, salpicado irregularmente y manchado de color blanco crema. *U. parviflora*, olmo chino, zona 5, es un árbol proporcionado, de entre 12-20 m de altura, con ramas extendidas y un tronco atractivamente abigarrado en tonos de color gris oscuro, rojo marrón y crema. El follaje verde oscuro conserva las hojas verdes todo el año en todas las regiones, excepto en las muy frías. Es una especie nativa de China y Japón. *U. procera*, olmo inglés, zona 6, es un árbol magnífico que puede crecer hasta alcan-

zar alturas de 45 m, aunque crece más a menudo entre 20-30 m. Lamentablemente, es una de las especies que han sucumbido a la grafiosis en el hemisferio norte. Presenta una copa redondeada y hojas pequeñas, también redondeadas. Produce serpollos escasamente, a menos que se injerte en patrones de *U. glabra*. El cultivar 'Argenteovariegata' presenta hojas punteadas o rayadas de amarillo y blanco. 'Louis van Houtte', con hojas de color amarillo mantequilla, no se encuentra disponible a menudo. *U. pumila*, olmo de Siberia, zona 3, oriundo de Siberia oriental y China septentrional, es una especie resistente, de crecimiento rápido. Tiene un modo de desarrollo ancho y vertical; arbustivo, a veces. Crece entre 4-12 m y su follaje denso es de color amarillo dorado intenso en otoño. Parece ser resistente a la grafiosis y se emplea para desarrollar nuevos cultivares híbridos.

Los frutos conspicuos y verdes de *Ulmus glabra* maduran pronto, después que las flores.

Vaccinium, especies de (fam. Ericaceae)
Arándano

El arándano es original del este de Estados Unidos y hace algún tiempo fue una fruta muy extendida entre los indígenas americanos. Sigue teniendo gran aceptación hoy día y se cultiva en jardines domésticos y comerciales. Es un arbusto caducifolio de crecimiento rápido, las hojas tienen bonitos colores otoñales, sus flores son pequeñas y blancas, y sus bayas, negras y brillantes.

CULTIVO El arándano se da mejor en suelos ácidos y húmedos con un pH de alrededor de 5. Si el suelo no fuera ácido natural, utilice un fertilizante químico para aumentar su acidez. Multiplíquelo mediante la división de los cepellones o de los rizomas, o mediante acodos y esquejes. Las semillas no son muy fiable y los resultados no suelen ser los esperados. En jardines domésticos deje un espacio de unos 2,5 m entre plantas y entre filas para permitir un crecimiento de 2,5 m de envergadura. Plántelas en un agujero o en una zanja de unos 30 cm de profundidad. Estos arbustos producen fruto en tres o cuatro años o menos y, si se cuidan debidamente, deberían ser productivos durante muchos años.

CLIMA El arándano es muy resistente y sobrevive en la zona 2.

Arándano comenzando a madurar y mostrando un color entre morado y azul. Los frutos en proceso de maduración deben ser protegidos de los pájaros.

ESPECIES *V. angustifolium* es una especie de crecimiento lento, que ha sido mejorada mediante selección y cruces, pero su cultivo no está muy extendido. Crece unos 20 cm. *V. corymbosum*, es la especie que más se cultiva. Los cultivares apreciados por su fruto son femeninos. Se autopolinizan pero sus cosechas son más abundantes si se cultivan dos o más cultivares juntos. Entre las especies emparentadas se encuentran el arándano agrio (*V. corymbosum*), el arándano azul (*V. myrtillus*), y el rojo (*V. parvifolium*).

Vanda (fam. Orchidaceae)

Hay unas 40 especies de este género de orquídeas epífíticas, naturales de India, sudeste asiático, Filipinas y Australia. Son muy cultivadas por los entusiastas de las orquídeas y se cultivan comercialmente para el mercado de la flor cortada. Se han producido numerosos híbridos.

CULTIVO Cultívela en un invernadero de temperatura intermedia o templado o en una terraza acristalada. Plántela en cestos para orquídeas con compost específico para orquídeas epífitas. Expóngala al máximo de luz, pero protéjala del sol fuerte directo. Riéguela regularmente durante la tempo-

Muy valorada por sus hermosas flores violeta azuladas, *Vanda rothschildiana* no es difícil de cultivar si se le proporciona abundante calor y humedad.

rada de crecimiento en verano, pero reduzca los riegos durante el tiempo de inactividad en invierno. Les viene bien una pulverización de agua diaria durante la temporada de crecimiento para crear un ambiente húmedo. Añada fertilizante líquido cada dos semanas. En el exterior, cultívela en un lugar soleado o en semisombra, resguardado y con abundante humedad. Puede multiplicarla mediante hijuelos en primavera. También puede utilizar esquejes formados de secciones del tallo y cortados en primavera.

CLIMA Tropical.

ESPECIES *V. coerulea*, procedente del norte de India, Myanmar (antiguamente Birmania) y Tailandia es muy apreciada por sus flores de color azul claro, un color inusual entre las orquídeas. Esta especie está ahora amenazada en estado silvestre. Algunas plantas muestran patrones cuadriculados o como en mosaico. Esta especie ha dado origen a la famosa *V. Rothschildiana*, de color violeta azulado y venas de color más intenso. La *V. tessellata* tiene flores amarillo verdosas o azuladas y con mosaicos en color marrón. Procede de determinadas partes de India, Sri Lanca y Myanmar. La *V. tricolor*, que es originaria de Laos e Indonesia, tiene flores amarillas con patrones de color marrón rojizo. El labio de las flores es violeta rojizo con rayas moradas.

Veitchia (fam. Arecaceae)

Estas 18 especies de llamativas palmeras plumosas se encuentran en las junglas tropicales de Fiji, las islas Salomón y Filipinas. La mayoría de ellas tienen un solo tronco, suave y de color gris pálido y una copa en forma de paraguas compuesta de hojas arqueadas verde brillante divididas en estrechas hojillas. Las inflorescencias vienen seguidas de densos grupos de frutos rojos o naranja en forma de huevo. Son adecuadas para cultivarlas en el exterior en las zonas tropicales y subtropicales, pero en otros climas se deben cultivar en invernaderos templados y terrazas acristaladas.

CULTIVO Si las cultiva en tiestos bajo cristal, utilice un compost para tiestos con base de sustrato y

Natural de Filipinas, *Veitchia merrillii* es muy decorativa, especialmente cuando presenta racimos de frutos.

gravilla. Expóngalas al máximo de luz, pero no al sol intenso directo. Multiplíquela a partir de semillas sembradas en primavera y germinadas a 24 °C. Las semillas deberían tardar unos tres meses en germinar.

CLIMA Las áreas más cálidas de la zona 10 o zonas tropicales.

ESPECIES *V. joannis*, de Fiji, crece 30 m de alto. Sus gráciles y arqueadas hojas se dividen en un gran número de hojillas. Debajo de la copa aparecen los grandes racimos de frutos color rojo claro. *V. merrillii*, natural de Filipinas, es la especie de cultivo más extendido. Solamente crece 7 m de alto, con un tronco ligeramente cónico y arrugado y una copa ordenada de hojas plumosas de un verde brillante.

Veltheimia (fam. Hyacinthaceae)

Estas inusuales plantas son naturales del sur de África. Tienen hojas largas, onduladas en los bordes y espigas densas de flores tubulares colgantes.

Veltheimia capensis tiene flores tubulares muy inusuales, de color rosa salmón y puntas verdes.

CULTIVO En los lugares donde se produzcan heladas, cultívelas en un invernadero de temperatura intermedia, en tiestos de compost arenoso y bien drenados. Plante los bulbos en otoño con la parte superior (el cuello) asomando por encima del compost. Las plantas deben recibir el máximo de luz y de sol. Cuando estén en pleno crecimiento, riéguelas regularmente, pero comience a reducir los riegos en cuanto las hojas empiecen a morir, y mantenga el compost solo ligeramente húmedo mientras los bulbos estén inactivos (verano y otoño). Antes de cambiarlas de tiesto, deje que las plantas lo ocupen totalmente. En el exterior cultívela en suelos con loam, bien drenados o arenosos. Multiplíquelas a partir de hijuelos a finales del verano.

CLIMA Zona 10.

ESPECIES *V. bracteata* tiene capítulos de flores rosadas moradas y a veces con matices de amarillo. Aparecen en primavera sobre tallos de hasta 45 cm de alto. Las flores de *V. capensis* suelen ser rosadas con puntas verdes, pero también pueden ser blancas con manchas rojas.

Veratrum (fam. Melianthaceae)
Vedegambres

Este género incluye al menos 40 especies de plantas herbáceas perennes con una extensa distribución por todo el sur de Europa, Asia y Norteamérica. Las flores pueden ser de una amplia gama de colores y nacen en racimos sobre espigas. Algunas de las especies contienen alcaloides tóxicos, pero también han sido usadas con fines medicinales.

CULTIVO Los vedegambres se pueden cultivar a pleno sol o con algo de sombra, pero gustan del suelo rico y húmedo. Necesita riegos abundantes en verano. Puede reproducirla por división a comienzos de la primavera o a partir de semillas plantadas en otoño en un propagador.

CLIMA Existen especies adecuadas para diferentes zonas climáticas.

ESPECIES *V. album*, zona 5, está ampliamente distribuido por Europa, a lo ancho de Siberia y por el norte de Asia. Crece hasta 2 m de alto, y soporta densos racimos de flores color crema en verano.

Veratrum viride, presenta espigas de flores amarillo verdosas desde principios hasta mediados del verano.

V. californicum, zona 5, procedente de Norteamérica, crece hasta 2 m, con flores blanco verdosas. *V. nigrum*, zona 6, es una planta perenne del sur de Europa y Asia, y crece hasta 1,2 m. Las grandes y plegadas hojas se disponen de forma espiral sobre los tallos verticales que soportan espigas delgadas de flores moradas o marrón rojizas desde finales del verano. *V. viride*, zona 3, de hasta 2 m de alto, tiene flores blanco verdosas. Es natural del este de Norteamérica.

Verbascum (fam. Scrophulariaceae)
Gordolobos

Hay más de 300 especies en este género de plantas anuales, bianuales, perennes y subarbustos procedentes de las zonas templadas de Europa, norte de África y Asia. Sus hojas suelen ser sencillas y las flores nacen en racimos o espigas y pueden ser amarillas, rosadas, moradas, marrones o blancas. Varias de las especies se cultivan por su encantador follaje verde grisáceo y su forma de columna.

CULTIVO Se puede cultivar en cualquier suelo de jardín normal, siempre y cuando esté bien drenado y preferiblemente en un lugar soleado. Multiplique las especies mediante semillas plantadas en primavera; los híbridos se reproducen mediante la división de las raíces o esqueje de otoño.

CLIMA Existen especies adecuadas para diferentes zonas climáticas.

ESPECIES *V. bombyciferum*, zona 6, bianual, procedente de Medio Oriente, crece hasta 2 m de alto y tiene flores amarillo dorado. Sus tallos y hojas están cubiertos de pilosidades plateadas. *V. dumulosum*, zona 8, una planta perenne de Medio Oriente, crece hasta 30 cm, con follaje piloso, gris como de fieltro y flores amarillo pálido. *V. olympicum*, zona 6, procedente de Grecia es una planta bianual que crece hasta 1,5 m. Sus grandes hojas, que están densamente cubiertas de pelos blancos, forman rosetas, de las que nacen las espigas de flores amarillo brillante en verano. *V. phoeniceum*, zona 6, una bianual o perenne, crece hasta 1,5 m, con flores morado rojizas. Existen cultivares de

Verbascum consigue fuertes plantas verticales como punto de atención principal en el jardín. En este caso, esta variedad de flores amarillas contrasta con el follaje plateado.

flores blancas, rosadas, lila y moradas. *V. thapsus*, zona 3, una planta bianual, crece hasta 1-2 m, tiene un aspecto como lanudo y produce flores amarilla. Esta especie puede ser invasiva.

Verbena (fam. Verbenaceae)
Verbena

Este género es principalmente originario de Norteamérica, Centroamérica y Sudamérica, aunque algunas de 250 especies de plantas anuales, perennes y subarbustos son naturales del sur de Europa. Pueden ser erectas o postradas y tiene principalmente hojas dentadas y capítulos o espigas de flores tubulares que tienden a abrirse en la boca. La mayoría son sensibles a las heladas y se cultivan por su duradera exhibición de llamativas flores. Los cultivares de *V. x hybrida* tienen gran aceptación como plantas para parterres de verano. *V. rigida* también se emplea con este fin.

CULTIVO En los climas propensos a las heladas, cultívelas en un invernadero fresco o intermedio o en una terraza acristalada, en tiestos con compost para tiestos con base de sustrato y gravilla, y asegúreles una buena iluminación. Las plantas para parterres de verano se obtienen de semillas sembradas a comienzos de la primavera, bajo cristal y germinadas a 21 °C. Plántela en el exterior cuando hayan pasado las heladas. Todas las especies se pueden cultivar a partir de semillas en primavera. Las perennes se pueden dividir en primavera.

CLIMA Zona 9 para la mayoría de las especies, pero para *V. canadensis*, zona 4.

ESPECIES *V. canadensis*, verbena rosa, es una planta perenne rastrera de hasta 45 cm, con flores rojizas moradas, lila, rosa o blancas. *V. x hybrida*, verbena común es una planta anual para parterres, de 30-60 cm de alto, con cultivares de muchos colores, incluyendo el rojo, el malva, el violeta, el blanco y el rosado, algunas con un ojo blanco. Las flores aparecen en grupos apretados desde el verano hasta el otoño. También es una bonita planta para tiesto. *V. peruviana* es una planta perenne semi-postrada, originaria de Sudamérica, cultivada principalmente como tapizante anual, con densos capítulos de flores escarlata. *V. rigida* es una planta perenne de Sudamérica, que crece hasta los 60 cm. Se emplea en rocallas y tiene flores color

Existen muchas y atractivas variedades de verbena anual tanto en colores sencillos como mezclados.

magenta o violeta morado. Hay varios cultivares, como la variedad blanca 'Alba' y la azul violeta 'Lilacina'.

Vernicia (sin. de Aleurites, fam. Euphorbiaceae)
Árbol del aceite de tung

Correctamente, este género es actualmente *Aleurites* (véase *Aleurites*). La especie que incluimos más adelante, *V. fordii* (sin. *A. fordii*), es natural de Asia Central y es ampliamente cultivada como fuente del aceite de tung, que se utiliza para la elaboración de pinturas y barnices de secado rápido, pero también se cultiva como planta ornamental.

CULTIVO Cultívela en un lugar soleado y en terreno bien drenado y ácido. Tolera el terreno bastante pobre siempre que el drenaje sea bueno. Se debe regar abundantemente durante la temporada de crecimiento, aunque los árboles ya establecidos toleran bien los períodos secos. En los climas con heladas, cultívela como planta joven por su follaje en un invernadero fresco o intermedio. Multiplíquela a partir de semillas y con calefacción.

CLIMA Zonas 9, 10, o tropical.

Los cultivares modernos de *Verbena x hybrida*, vienen en numerosos y agradables colores incluyendo las tonalidades de melocotón.

Los árboles del aceite de tung, *Vernicia fordii*, se cultivan en plantaciones para la producción de semillas ricas en aceite.

Las diferentes especies de verónicas son buenas para cubrir terreno o como plantas para bordes.

ESPECIES *V. fordii* (sin. *Aleurites fordii*) es un árbol siempreverde que crece 8-10 m de alto. Sus grandes hojas en forma de corazón pueden ser lobuladas o enteras en los márgenes. Las flores, en forma de embudo o campana, son blancas o crema, con rayados en rojo o en naranja en la garganta, y aparecen desde comienzos hasta mediados de la primavera. Son bastante visibles, ya que sobresalen del follaje. Sus grandes frutos de 4-5 cm de ancho contienen sustancias tóxicas. Sus frutos son venenosos, pero ricos en aceite.

Veronica (fam. Scrophulariaceae)

Verónicas

Este gran género de plantas anuales y perennes es principalmente de Europa y del occidente asiático, pero unas pocas especies proceden de Australia y Nueva Zelanda. La mayoría de estas se hallan incluidas en los géneros *Hebe* y *Parahebe*.

CULTIVO Los tipos para parterres se pueden cultivar en terrenos fértiles, bien drenados, tanto a pleno sol como bajo una sombra parcial. Las especies alpinas enanas son más adecuadas para rocallas soleadas con un suelo bien drenado. Puede reproducirlas por división a comienzos de la primavera o a partir de semillas plantadas en otoño en un propagador. Multiplique los tipos arbustivos a partir de esquejes leñosos de primavera plantados bajo cristal.

CLIMA Hay especies para diferentes zonas climáticas. La mayoría prefiere climas frescos.

ESPECIES *V. austriaca* subespecie *teucrium*, zona 6, es una planta perenne de origen europeo que crece de forma alfombrada, pero que produce espigas de flores de 90 cm de alto con abundantes flores azules en verano. Se puede encontrar un buen número de cultivares excelentes. *V. chamaedrys*, zona 3, es otra perenne tapizante de origen europeo, con espigas de 45 cm de flores azules con un ojo blanco en verano y otoño. *V. cinerea*, zona 5, procedente de la región mediterránea es una planta postrada o subarbusto siempreverde de hojas lanudas y flores de un azul intenso a comienzos del verano. *V. gentianoides*, zona 4, es una planta perenne que forma penachos y crece entre 15 y 60 cm de alto, con una roseta basal de hojas y flores azul claro y venas oscuras. El cultivar 'Variegata' tiene hojas variegadas en blanco. *V. longifolia*, zona 4, es una planta perenne de crecimiento vertical de entre 60 cm y 1,2 m. Sus hojas son puntiagudas y dentadas y sus flores aparecen en grupos de color lila. El cultivar 'Alba' produce flores blancas. *V. pectinata*, zona 3, natural de regiones montañosas es una planta tapizante de follaje gris y flores azul intenso con centros blancos. La cultivar 'Rosea' tiene flores rosadas. *V. prostrata*, zona 5, es una planta alpi-

Las espigas blancas de los cultivares de *Veronica longifolia* destacan sobre las salvias azul oscuro y las amapolas orientales.

Las flores de *Verticordia plumosa* varían entre el rosa pálido y el intenso. Sus flores plumosas son un sorprendente espectáculo en los lugares donde disfrutan del clima adecuado.

na perenne y tapizante que solamente crece 15 cm de alto, pero que cubre una gran área. Sus hojas son variables, pero siempre dentadas y en primavera y comienzos del verano, está moteada con bonitas flores azules que nacen sobre espigas. *V. repens*, zona 5, es perenne tapizante y postrada con flores azul claro. También se puede encontrar de otros colores. *V. spicata*, zona 3, es perenne y suele crecer 30-60 cm de alto, con una envergadura de unos 50 cm. Sobre sus tallos postrados crecen hojas ligeramente pilosas, y los densos racimos de flores suelen ser azules. También se dan cultivares en otros colores.

Verticordia (fam. Myrtaceae)

Verticordias

Estas, aproximadamente, 50 especies de arbustos con flores proceden mayormente del oeste de Australia y están consideradas entre las más hermosas del mundo. El nombre *Verticordia* se deriva del latín y significa «vuelco del corazón», ya que estos exquisitos arbustos tienen este efecto sobre nosotros. Sus flores poseen tonalidades escarlata, rosadas, malva, rojo intenso, morado, amarillo dorado, crema y blanco y se conocen como «flo-

res pluma». La floración es abundante, casi cubriendo los arbustos en primavera y verano, con márgenes plumosos y delicados tanto en los pétalos como en los sépalos, lo que le añade un aspecto aún más sorprendente. Sus hojas son pequeñas y ordenadas. Las verticordias tienen una gran valor en horticultura como plantas de jardín y como flor de corte. Sus flores secas mantienen los colores naturales durante unos 18 meses o incluso más tiempo.

CULTIVO En el invernadero, cultívelas en tiestos con compost específico sin sustrato, arenoso y ácido. Las plantas necesitan el máximo de luz y buena ventilación. No la riegue en exceso, especialmente durante el invierno, ya que la mayor parte de las especies son de zonas de baja pluviosidad. Cuando las abone durante la temporada de crecimiento, utilice un fertilizante con bajo contenido en fosfatos. En el exterior, si el clima es el adecuado, cultívelas en suelo ácido con muy buen drenaje y en un emplazamiento abierto y soleado. Coloque un mantillo de gravilla. Multiplíquelas mediante semillas germinadas a 18 °C en primavera; pero recuerde que la tasa de germinación suele ser baja. También puede plantar esquejes semimaduros en verano enraizados con un poco de calor.

CLIMA Zona 10.

ESPECIES *V. acerosa* crece hasta 60 cm, con hojas diminutas y flores amarillas. *V. brownii*, de hasta 60 cm, tiene hojas menudas y un gran número de flores blanco cremosas. *V. chrysantha* es de pequeño tamaño, con multitud de flores amarillo dorado brillante. *V. conferta* es un pequeño arbusto redondeado con follaje verde azulado y flores rojo brillante en forma de taza que cubren toda la planta a finales del verano y principios del otoño. *V. densiflora* es un arbusto de crecimiento vertical de hasta 60 cm, con un follaje espeso y densos grupos de flores entre rosadas y moradas desde la primavera hasta comienzos del otoño. *V. grandis*, es una de las especies más espectaculares. Es un arbusto abierto y amplio con hojas redondeadas y flores rojo brillante que se agarran al tallo y están fruncidas en la base. *V. mitchelliana* es un arbusto tapizante de hasta 50 cm, de follaje verde azulado y brillantes flores de un rojo intenso y prominentes pistilos amarillos. *V. multiflora* es un arbusto abierto muy pequeño, de hojas verde brillante y afiladas, y flores planas amarillo doradas, agrupadas densamente a finales de la primavera. *V. nitens*, de flor naranja plumosa, es un arbusto abierto de alrededor de 1,2 m de alto. Su follaje verde azulado es bastante suculento y sus flores de color naranja brillante nacen en abundancia. *V. plumosa* produce deliciosas masas de flores rosadas en forma de taza toda la primavera y hasta el verano. Este arbusto de denso follaje de color verde azulado crece hasta 60 cm de alto. *V. serrata* es una especie más alta, de hasta 1 m, y produce flores planas de color amarillo dorado brillante tanto en primavera como en verano. Sus hojas son espesas y de color verde brillante.

Viburnum (fam. Caprifoliaceae)

Existen unas 150 especies de este género. La mayoría originarias de Asia y Norteamérica. Estos arbustos o pequeños árboles proceden tanto de zonas templadas como subtropicales y pueden ser caducifolios o siempreverdes. Algunas especies necesitan plantas masculinas y femeninas para producir bayas, mientras que otras simplemente necesitan otro arbusto cercano para fomentar la fertilización cruzada.

Viburnum plicatum 'Mariesii' produce sus flores sobre ramas horizontalmente estratificadas.

CULTIVO Los *Viburnum* se pueden cultivar en cualquier terreno razonablemente rico y húmedo, pero prefieren suelos profundos, bien drenados con loam fértil, y abundante agua en verano. Se cultivan al sol o en sombra parcial. Si desea arbustos más compactos y densos, pódelos ligeramente después de la floración. Multiplíquelos mediante semillas sembradas en otoño o mediante esquejes de verano. Los *Viburnum* también se pueden acodar o injertar.

CLIMA Hay especies adecuadas para diferentes zonas climáticas. La mayoría resisten las heladas.

ESPECIES *V.* x *bodnantense*, zona 7, es un arbusto caducifolio de hasta 3 m de alto. Sus hojas, ovaladas y verde oscuro son más claras en el reverso y tiene tonos anaranjados, rojos y morados en otoño. Las flores son perfumadas y los capullos son de color rosa intenso que al abrirse se vuelven rosadas, mientras que desde el otoño hasta la primavera se van volviendo blancas. *V.* x *burkwoodii* (*V. carlesii* x *V. utile*), zona 5, suele ser siempreverde de hasta 2 m de alto y crecimiento abierto. Los grupos de flores son de capullos rosados a comienzos de la primavera, y más tarde se van abriendo y volviendo blancos. *V.* x *carlcephalum* (*V. carlesii* x *V. macrocephalum*), zona 5, es un arbusto caduco de crecimiento vertical de hasta

Las flores de *Viburnum carlesii* son blancas o blancas con manchas rosadas y muy aromáticas.

2,5 m, muy parecido al *Viburnum carlesii*. En primavera aparecen los capítulos redondeados de aromáticas flores blancas teñidas de rojo y sus hojas toman brillantes colores en otoño. El *Viburnum carlesii*, zona 5, natural de Corea es un arbusto caducifolio de follaje denso y una altura de hasta 2 m con formas abiertas. Sus hojas ovaladas están finamente dentadas en los bordes y sus fragantes flores nacen en racimos tupidos que se abren a mediados y finales de la primavera con un color rosado que se va aclarando hasta el blanco con el tiempo. Produce grandes grupos de frutos rojos que se van volviendo negro azulados al madurar. *V. japonicum*, zona 7, es una siempreverde de crecimiento lento hasta 2 m, con hojas espesas satinadas y atractivas, y flores blancas aromáticas seguidas de bayas rojas. Esta especie es muy parecida a *V. odoratissimum*. *V. macrocephalum*, zona 6, es un arbusto caducifolio o siempreverde que alcanza los 3 m de alto, con hojas coriáceas y ovaladas de color verde oscuro que se vuelven amarillas en otoño. En primavera, aparecen los grandes y redondeados capítulos de flores blancas de hasta 15 cm de ancho y que cubren el arbusto completamente con una exhibición sorprendente. El *Viburnum odoratissimum*, zona 9, es un arbusto o árbol pequeño siempreverde de hasta 6 m de alto y adecuado para climas entre templados y cálidos. Sus hojas son redondeadas, espesas y coriáceas de un verde satinado y sus flores tubulares, pequeñas y blancas nacen en racimos tupidos muy aromáticos. Las bayas rojas, se vuelven negras al madurar. *V. opulus*, zona 3, es un hermoso arbusto caducifolio de 4 m, procedente de Europa y el norte de África, que se cultiva por sus flores, sus colores otoñales y sus racimos de bayas rojas traslúcidas que se conservan después de que hayan caído las hojas en otoño. Sus flores de un color blanco y un aspecto como de cintas aparecen en grupos durante la primavera y sus hojas recuerdan a las del arce. *V. plicatum* forma *tomentosum*, zona 5, es un arbusto caduco de forma compacta y redondeada que crece hasta los 3 m. A finales de la primavera o en verano aparecen los grupos redondeados y planos de flores blancas a lo largo de las ramas horizontales. Vienen seguidas de bayas rojas. Las hojas tienen un bonito color de otoño. El *Viburnum plicatum* 'Mariesii' florece profusamente y sus ramas tienden a crecer de forma estratificada. *V. rhytidophyllum*, zona 6, es un arbusto siempreverde y de crecimiento rápido hasta 3 m de altura con hojas largas, de color verde oscuro y venas marcadas de textura como de fieltro en el reverso. Los grandes y aplanados racimos de flores color crema aparecen en el extremo de las ramas en primavera. Estas vienen seguidas de bayas rojas y ovaladas que se van volviendo negras al madurar. *V. suspensum*, zona 9, una siempreverde hasta 2,5 m, tiene hojas ovaladas de color verde satinado más claras en el reverso, y flores fragantes de color blanco cremoso seguidas de bayas rojas. *V. tinus*, zona 7, es un arbusto siempreverde de follaje denso y de hasta 3 m de alto, aunque puede crecer más. Sus hojas ovaladas verde oscuro satinado pueden mostrar tonos morado rojizos cuando bajan las temperaturas. Sus capullos son rosados a finales de invierno y se vuelven blancos al abrirse. Las bayas, que nacen más tarde son de color negro. Natural del Mediterráneo, esta especie se cultiva para seto o pantalla.

Vicia faba (fam. Leguminosae)

Habas

Esta anual de crecimiento erecto supera 1,5 m de altura en buenas condiciones y se usa tanto para alimentación humana como animal. Es una cosecha de primavera y verano en zonas frescas, don-

Las habas que se acercan a la madurez son altas y pesadas y necesitan tutores que mantengan las plantas en pie.

de se puede sembrar en primavera. También se puede sembrar en otoño para producir cosechas tempranas al año siguiente. Las habas no se dan bien en condiciones calurosas y secas. Las semillas frescas se suelen hervir hasta que se ablandan y se sirven con salsas o mantequilla. Las semillas también se pueden secar. Tanto las semillas como las vainas tienen un alto contenido proteico.

CULTIVO Plante las habas en suelos razonablemente fértiles, calizos y con buen drenaje. Prefieren emplazamientos soleados y agua abundante durante la época de crecimiento. Siembre las semillas a unos 5 cm de profundidad, luego vaya aclarando hasta una distancia de 15 cm. Conforme van madurando las plantas, aplique un fertilizante completo a unos 30 cm a cada lado de las plantas. Sin embargo, si aporta demasiado nitrógeno con el fertilizante, se retardará la floración. Un mantillo de estiércol o compost fomentará el desarrollo de plantas saludables. Las habas están listas para su recolección en unas 20 semanas. Las variedades altas pueden necesitar guías de apoyo. Se pueden colocar tutores alrededor de un grupo de plantas, con cordeles entre las estacas, para que soporten el peso de las plantas.

CLIMA Cultive las habas como plantas anuales en climas frescos.

VARIEDADES Existen numerosas variedades, tanto de plantas cortas como altas.

Victoria (fam. Nymphaeaceae)
Nenúfar gigante

Este género de dos especies de grandes plantas acuáticas recibió este nombre en honor a la reina Victoria de Inglaterra. Desde mediados hasta finales del siglo XIX, los acaudalados cultivadores ingleses construían invernaderos especiales para cultivarlas. *Victoria amazonica*, que se da en la naturaleza en el Amazonas, es el mayor de los nenúfares acuáticos del mundo. Al vivir en agua o en barro, estos nenúfares son espinosos por todas partes excepto en el anverso de las hojas, que crecen 2 m de diámetro si se cultivan, pero suelen ser mucho más grandes en la naturaleza. Unas grandes y protuberantes venas con células llenas de aire son las que le permiten flotar. Sus grandes, blancas y muy perfumadas flores se abren solamente por la noche y se hunden en el fondo después de la polinización, dando lugar a grandes frutos como bayas.

CULTIVO En los climas con heladas, cultívelas en un invernadero templado. Se pueden cultivar como plantas anuales a partir de semillas sembradas a principios de la primavera. Para cultivar estos nenúfares necesitará un gran estanque con una temperatura mínima del agua de 27 °C. Cada planta necesita alrededor de un metro cúbico de suelo rico en compost y las coronas no deberán

Como grandes bandejas, las hojas gigantes de *Victoria cruziana* flotan sobre la superficie de un tranquilo estanque.

estar a más de 30 cm por debajo de la superficie del agua. Multiplíquela a partir de semillas sembradas en tiestos colocados en aguas someras. La germinación se produce en unas tres semanas, luego tendrá que transplantar las plántulas a tiestos más grandes hasta que estén lo suficientemente maduras como para sacarlas al exterior.

CLIMA Las áreas más cálidas de la zona 10 o zonas tropicales.

ESPECIES *V. amazonica* (sin. *V. regia*), nenúfar del Amazonas, produce hojas de 2 m de diámetro, con un color rojizo en el reverso y bordes vueltos hacia arriba que se acentúa en las hojas de más tamaño. Las flores blancas se van volviendo rosadas al madurar. *V. cruziana*, tiene hojas verdes pilosas y moradas en el reverso, y flores blancas de verano.

Vigna (fam. Papilionaceae)
Caracolillos

Existen unas 150 especies de este género de plantas de crecimiento vertical o trepador naturales de una serie de regiones tropicales. La mayoría de ellas son leguminosas y forrajeras muy cultivadas, aunque algunas se cultivan en jardines domésticos. Una de las especies trepadoras se cultiva como ornamental. En climas frescos y fríos se puede cultivar como anual en invernaderos templados o en terrazas acristaladas.

CULTIVO Puede conseguir las plantas a partir de semillas sembradas en primavera y germinadas a unos 18 °C. Bajo cristal, cultívelas en tiestos con compost específico y base de sustrato. Expóngalas al máximo de luz, pero no al sol intenso directo. Coloque tutores para los tallos trepadores, que se pueden guiar hacia la zona del techo. Si el clima es el adecuado para cultivarla en el exterior, plántelas en un suelo bien drenado pero húmedo y en un lugar soleado. Las plantas pueden crecer por encima de una pérgola.

CLIMA Zona 10 o tropical.

ESPECIES *V. caracalla*, caracolillo, es una trepadora de crecimiento rápido que alcanza hasta los

Vigna caracalla, caracolillo, es una siempreverde perenne y trepadora que produce flores con forma de caracol.

6 m en los trópicos, pero solamente llega a los 2-3 m en otras partes. Durante todo el verano y parte del otoño le nacen curiosas flores. Son de color entre morado, rosado y blanco y de formas espirales retorcidas que recuerdan a los caracoles. En las zonas tropicales son plantas perennes, pero en otras zonas mueren durante el invierno y se regeneran la primavera siguiente. *V. radiata* no la suelen cultivar los jardineros aficionados excepto como plántula. En algunos países tropicales se cultiva por sus semillas y vainas comestibles. *V. unguiculata* se cultiva para forraje, abono o para alimentación humana. La subespecie *sesquipedalis*, se debe cultivar sobre una celosía de suficiente altura para que los frijoles se puedan desarrollar debidamente.

Viminaria (fam. Papilionaceae)
Retama australiana

Este género de una sola especie se encuentra en las zonas templadas y húmedas de Australia. Es similar a la retama española, pero tolera una gama de condiciones más amplia. Es un arbusto o árbol pequeño con un único tronco, ramas elegantes y casi sin hojas y flores amarillo doradas como las del guisante. La *Viminaria* es una planta ornamental utilizada en jardines públicos y privados.

El crecimiento de *Viminaria juncea* en su madurez es denso y poblado de ramillas. Es un buen cortavientos.

La vincapervincas, *Vinca major*, forma una cubierta espesa que elimina todas las malas hierbas.

CULTIVO Multiplíquela a partir de semillas, que primero se tendrá que meter en agua hirviendo y dejarlas reposar durante 12 horas. Déjelas germinar a una temperatura de unos 21 °C. Plántelas en un suelo que retenga la humedad, a pleno sol o en sombra parcial. En las zonas con heladas severas, cultívelas en un invernadero fresco.

CLIMA Zona 9.

ESPECIES *V. juncea* es un arbusto alto, que alcanza los 5 m, con tallos verdes carnosos y aplanados en lugar de hojas. Las flores son pequeñas amarillas y doradas como las del guisante, con un ligero aroma a trébol, y aparece a lo largo de las ramas a finales de la primavera y el verano. El fruto es una pequeña vaina con una semilla.

Vinca (fam. Apocynaceae)
Vincapervincas

Naturales de Europa, estos arbustos pequeños, trepadores producen numerosos y resistentes estolones rastreros que pueden descontrolarse si no se les mantiene a raya. No obstante, pueden resultar unas hermosas plantas tapizantes o colgantes con sus atractivas flores moradas de cinco lóbulos. Son también muy adecuadas para jardineras.

CULTIVO Las mejores condiciones para la floración son suelo ordinario de jardín y pleno sol, pero también se adaptan a los lugares con sombra. Deje que se extienda, y luego recórtela a comienzos de la primavera. Multiplíquela dividiendo los cepellones o acodando en otoño o principios de la primavera.

CLIMA Existen especies adecuadas para diferentes zonas climáticas.

ESPECIES *V. major*, zona 7, tiene tallos largos de varios metros, satinados, verde oscuro y hojas ovaladas con flores tubulares azules de 5 cm de ancho, que alcanza su mayor esplendor en primavera y en verano. Esta trepadora tenaz puede llegar a ser una mala hierba en climas templados si no se mantiene bajo control. El cultivar 'Variegata' tiene las márgenes de las hojas amarillentas. *V. minor*, zona 4, es similar a la *V. major*, pero de crecimiento más postrado. Los tallos también son más delgados. Tiene hojas ovaladas, satinadas y verde oscuro, y flores azules en primavera y en verano. La forma alba produce flores blancas; 'La Grave' tiene flores grandes sencillas y azules; y 'Azurea Flore-pleno' produce flores dobles azules. También se pueden conseguir cultivares con hojas variegadas.

Viola (fam. Violaceae)

Pensamientos, violetas

La mayoría de las 500 especies de este género de plantas resistentes anuales o perennes proceden de las zonas templadas del hemisferio norte. La mayoría de las especies de violetas se plantan en masa como cuadros anuales, en el borde de los parterres o en rocalla y jardineras.

CULTIVO Plante las violetas a pleno sol o con algo de sombra, dependiendo del clima y la especie. Normalmente, las especies que se cultivan como anuales, necesitan sol directo. Se dan mejor en suelos ricos en humus y con buen drenaje. Riéguelas regular y abundantemente si el tiempo es seco y ventoso, pero manténgalas mas secas durante el invierno. Si elimina las flores marchitas regularmente, prolongará la floración. Muchas se propagan mediante semillas, especialmente las que se cultivan como anuales. Algunas de las especies perennes se puede reproducir mediante esquejes terminales de verano. Las perennes se pueden multiplicar dividiendo el cepellón.

Viola tricolor, es una planta europea anual o bianual que florece desde la primavera hasta el otoño. Suele esparcir sus propias semillas, por lo que siempre dispondrá de plantas.

CLIMA Existen especies adecuadas para diferentes zonas climáticas.

ESPECIES *V. betonicifolia*, zona 9, es una especie australiana de amplia distribución. Una planta que forma penachos y tiene flores azules moradas y hojas oblongas. *V. cornuta*, zona 7, es una planta en penachos de hasta 30 cm, con hojas ovaladas dentadas y pedúnculos grandes. La violeta más común en los jardines es un híbrido de esta especie y originalmente tenía flores pequeñas de uno o dos colores, pero mediante cruces recientes se va pareciendo más a un verdadero pensamiento. Se pueden encontrar formas de muy variados colores tanto en variedades de flor simple como múltiple. *V. filicaulis*, zona 9, procedente de Nueva Zelanda, tiene hojas satinadas en forma de corazón y flores amarillas sobre tallos muy delgados. *V. hederacea*, violeta australiana, zona 9, es una buena tapizante. Tiene hojas redondas y flores delicadas de color morado azulado y blanco sobre tallos cortos. *V. lutea*, zona 5, es una planta de mucho follaje y de hasta 20 cm, con tallos de crecimiento postrado. Sus flores pueden ser amarillas, moradas o una combinación de ambos co-

Viola hederacea, violeta australiana, es una tapizante excelente si el clima es el adecuado.

Viola odorata es natural de Europa y produce flores de un dulce aroma al final del invierno y bien entrada la primavera.

Al eliminar las flores marchitas, los aterciopelados pensamientos se mantienen en flor durante mucho tiempo.

lores. *V. odorata*, zona 8, natural de Europa es la especie más conocida, y se cultiva tanto en jardines domésticos como con fines comerciales para los sectores de la floricultura y de la perfumería. Forma penachos y es una perenne rizomatosa, sus hojas son ovaladas y dentadas y sus flores aromáticas son de 2 cm de ancho o más en colores violeta, azul, blanco con un espolón corto. Las diferentes formas y cultivares que se pueden encontrar incluyen la variedad 'Alba' y la de flores dobles 'Alba Plena'. También hay cultivares de otros colores. *V. septentrionalis*, zona 4, es una planta perenne procedente de Norteamérica, crece hasta 15 cm de alto, con hojas ovaladas o en forma de corazón y grandes flores morado azuladas y a veces blancas. *V. tricolor*, zona 4, natural de Europa es una planta anual de hasta 30 cm. Sus hojas son ovaladas o lanceoladas y sus flores son una combinación de morado, blanco, azul y amarillo. Se pueden encontrar varios cultivares, incluyendo 'Bowles Black' de color casi negro. Los cultivares de *V. x wittrockiana*, pensamientos, zona 7, se consiguen cruzando la especie *V. altaica*, *V. cornuta*, *V. lutea* y *V. tricolor*. El pensamiento es una de las plantas anuales con más aceptación para parterres y arriates, y para jardineras. Las flores tienen una textura aterciopelada y una amplia

gama de colores. Muchas de ellas tienen dos o tres tonalidades de color y marcas atractivas. Es de crecimiento lento hasta un máximo de 25 cm, y las hojas tienen forma de corazón con márgenes ligeramente lobulados. Si se van eliminando las flores marchitas, se consigue un largo período de floración.

Virgilia (fam. Papilionaceae)

Estos árboles oriundos del sur de África son de crecimiento muy rápido, aunque de vida bastante corta, de ahí su nombre local en su lugar de origen: «el árbol que crece con prisas». Durante la estación de primavera y en verano producen un hermoso y muy vistoso despliegue de flores similares a las del guisante. Las hojas alternas están compuestas de varias hojillas y el fruto es una vaina aplanada.

CULTIVO En el exterior, cultívela en suelo ácido o neutro, bien drenado y soleado. En climas propensos a las heladas, cultívela en un invernadero fresco o en una terraza acristalada. Multiplíquela a partir de semillas que deberá tener en remojo en agua caliente durante 24 horas antes de la siembra y que germinan a 15 °C.

Virgilia oroboides produce racimos de flores de dos tonos de rosa en primavera y en verano.

Vitex agnus-castus, produce espigas de flores que se elevan sobre sus hojas en forma de estrella.

CLIMA Zonas 9 y 10.

ESPECIES *V. divaricata* es un árbol siempreverde de hasta 9 m, con follaje verde acentuado y flores fragantes, normalmente de un rosado intenso en primavera. *V. oroboides* (sin. *V. capensis*), es un árbol siempreverde de hasta 10 m. Sus firmes hojas verde claro son bastante sedosas en el reverso y sus aromáticas flores, entre rosado y morado aparecen en racimos de primavera y verano.

Vitex (fam. Verbenaceae)

Este género incluye unas 250 especies de árboles y arbustos caducifolios o siempreverdes de una amplia distribución geográfica. Se encuentran en las regiones tropicales, subtropicales y templadas de todo el mundo y se cultivan por sus racimos de pequeñas flores tubulares, que pueden ser blancas, amarillas, rojas o morado azuladas. Tienen hojas opuestas palmeadas y divididas, con numerosas hojillas, y frutos como bayas pequeñas.

CULTIVO Suelen darse bien en cualquier terreno bien drenado. *V. agnus-castus* es más tolerante al frío que otras especies y se puede cultivar en climas frescos o templados. *V. trifolia* tolera los aires de la costa y se puede cultivar en suelos pobres y arenosos. Multiplíquela en primavera a partir de semillas germinadas a 15 °C o mediante esquejes semimaduros de verano con calefactor basal. También se pueden acodar.

CLIMA Existen especies adecuadas para diferentes zonas climáticas.

ESPECIES *V. agnus-castus*, zona 7, es un arbusto o árbol pequeño caducifolio de forma redondeada y de unos 3-6 m de alto, con densos racimos erectos de flores lilas o azules en verano u otoño. La forma *alba* tiene flores blancas. *V. lucens*, zona 9, procedente de Nueva Zelanda es un árbol siempreverde de hasta 20 m de alto. Sus hojas verde satinado son compuestas con algunas hojillas y sus flores rosadas nacen en densos racimos. Antes estaba muy valorado por su madera perdurable.

El *Vitex trifolia*, zona 10, se da naturalmente en el este de Australia y en el sudeste asiático. Se trata de un arbusto o pequeño árbol siempreverde de hasta 6 m, con hojas de un verde medio, compuestas de tres hojillas pilosas en el reverso. Sus flores tienen un color entre azul y morado y nacen en racimos de 20 cm de longitud. Las flores son aromáticas.

Vitis (fam. Vitaceae)
Parras, vides

Estas trepadoras leñosas y caducas se cultivan tanto por el fruto como por los ricos colores otoñales de sus hojas. Trepan mediante zarcillos que se enrollan sobre los soportes y forman hermosos ornamentos. Sus hojas pueden ser sencillas o palmeadas, y sus anodinas flores vienen seguidas de frutos muy decorativos.

CULTIVO Las vides toleran los suelos húmedos, pero se dan mejor en suelos ricos en humus, a pleno sol o con algo de sombra. Asegúrese de que tengan suficiente espacio para crecer si va a guiarla sobre muros o celosías. Pódelas cuando están totalmente inactivas para evitar el sangrado de la savia. Multiplíquelas mediante semillas o acodos a finales de otoño, o mediante esquejes leñosos de invierno.

CLIMA Existen especies adecuadas para diferentes zonas climáticas.

ESPECIES *V. amurensis*, zona 7, es una trepadora vigorosa con grandes hojas de entre tres y cinco lóbulos y frutos pequeños y negros. Su follaje de otoño presenta tonos desde el naranja escarlata hasta el rojo intenso. *V. coignetiae*, zona 5, es una trepadora de crecimiento rápido hasta los 15 m de alto, con grandes hojas ligeramente lobuladas que pueden llegar hasta 30 cm de ancho y colorearse de naranja rojizo en otoño. Sus frutos negros no suelen ser comestibles. Esta especie tolera una amplia gama de condiciones climáticas. *V. vinifera*, uva del vino o europea, zona 6, trepa mediante zarcillos y produce grandes racimos de frutos variables en tamaño y color. Es mejor seleccionar la uva según el clima local. Además de la uva europea, también está la americana, *V. labrusca*, adecuada para la zona 5. De ambas existen numerosos cultivares.

Vitis, especies de (fam. Vitaceae)
Uvas

Se tienen noticias de su cultivo desde el siglo IV a.C. en Siria y en Egipto, y desde 2.500 a.C. alrededor del mar Egeo. El origen de la uva, *V. vinifera*, no está claramente determinado. Algunas de las especies americanas, incluyendo *V. labrusca*, se cultivan tanto por razones comerciales como en los jardines domésticos. Muchos de los híbridos entre *Vitis vinifera* y *Vitis labrusca* se cultivan actualmente como uvas para vino. *V. labrusca* es muy importante comercialmente como portainjerto, ya que parece resistente a las plagas de filoxera, que puede arrasar enormes superficies de viñedos. En algunos países, se exige el cumplimiento de estrictas condiciones de cuarentena para la importación y movimientos de vides de uva entre estados y regiones viticultoras con objeto de salvaguardar las vides del peligro que supone la propagación de plagas fatales.

Las hojas otoñales de color rojo escarlata de la *Vitis coignetiae* brillan con el contraste de este pálido muro de piedra.

Cultivadas para su consumo en mesa, estas vides tan saludables muestran una gran cantidad de capullos de flores a punto de abrirse. Las vides también proporcionan sombra.

CULTIVO Si las condiciones son las adecuadas, las vides viven muchos años. Toleran los inviernos fríos si los veranos son calurosos y con poca lluvia. Sin embargo, si la humedad en verano fuera alta, las raíces se pudrirían y las uvas se abrirían, sufriría de mildiú polvoriento y de podredumbre negra. Las heladas tardías de primavera pueden dañar las flores y reducir la cosecha potencial. Las uvas prefieren un suelo rico en humus, arenoso, aunque se darán bien en cualquier suelo que no sea pesado ni empantanado. Un exceso de abono aumenta el crecimiento pero reduce la cosecha. Las vides se deben podar durante el período de inactividad en invierno y se pueden guiar sobre alambres horizontales cubriendo un muro o una celosía o formando un arbusto estándar, que dará menos racimos de uvas, pero de más calidad. En cada caso el objetivo es aportar un tronco resistente y las ramas que produzcan los brotes anuales o sarmientos. Recorte los sarmientos en invierno, y deje solo algunas yemas que producirán ramas con frutos. Los brotes que saldrán de las yemas de las ramas serán los que producirán las uvas el verano siguiente. Durante los dos o tres primeros años quedarán formados el tronco principal y las ramas. Recorte las nuevas vides hasta dos o tres yemas y al invierno siguiente elimine los brotes más débiles. Ate los brotes o sarmientos más fuertes a un poste y despúntelos a la altura deseada, 20-50 cm es lo normal, o a la altura del alambre horizontal o al nivel horizontal más bajo de la celosía. Si fuera necesario, repita este tipo de poda al año siguiente hasta que se llegue a la altura deseada. Los dos brotes más fuertes del tronco se deben guiar a lo largo del alambre horizontal o la celosía en direcciones opuestas y recortar; si se busca un estándar determinado, se deberán podar dos o tres sarmientos bien distanciados hasta una distancia de dos o tres yemas de crecimiento desde el tronco. El resto se debe cortar. Las uvas se producen en los brotes del año, que nacen en los sarmientos del año anterior. Las uvas no maduran bien después de cortadas, por lo que se deberán dejar en la vid hasta que estén maduras. Las uvas se pueden ver atacadas por piojos, mealybugs y pulgones. También son muy sensibles a los herbicidas.

CLIMA Zona 5 o 6.

ESPECIES *V. vinifera* es una vid vigorosa y caducifolia que desarrolla un tronco leñoso y retorcido cubierto de corteza que se desprende en tiras. Tiene ramas largas y flexibles y hojas lobuladas, toscamente dentadas. Sus pequeñas y verdosas flores nacen en racimos colgantes y sus carnosos y ovalados frutos suelen contener entre dos y cuatro pequeñas y duras semillas. La piel del fruto es blanca u oscura y está cubierta de una sustancia como blanquecina y polvorienta. Las uvas se pueden consumir crudas, como uvas de mesa, o secar y comercializar como pasas, sultanas o pasas de Corinto. También se pueden emplear las uvas para elaborar vinos y licores. Respecto a los cultivares de uvas americanas y europeas para el jardín doméstico, recuerde que hay un enorme número de ellas, que difieren en cuanto a sus necesidades ambientales, por tanto, seguramente su disponibilidad también variará entre unas y otras regiones. Con lo cual, lo más recomendable será adquirir los cultivares disponibles en su zona, y así estará seguro de que son las correctas para su clima. Existe una amplia gama de uvas para vino y consumo de mesa.

Vriesea (fam. Bromeliaceae)

Estas grandes bromelias son originarias de la América tropical. La mayoría de ellas son epífitas, aunque algunas de las especies más grandes son terrestres. Estas plantas forman la típica roseta de hojas. Sus hojas cortas y en forma de cinta no tienen espinas y sus bordes son suaves.

CULTIVO En climas propensos a las heladas, cultívelas en un invernadero templado o en una terraza acristalada. Son también buenas plantas de interior. Aunque la mayoría son epífitas en su medio natural, se suelen cultivar en tiestos. Utilice un compost específico sin sustrato y con un buen drenaje. También puede cultivarlas como epífitas sobre trozos de corteza o sobre una rama de un árbol. Cuando las plantas estén en pleno crecimiento, mantenga sus centros llenos de agua y riegue el compost con regularidad. Asegúreles un ambiente húmedo pulverizando con agua todos los días.

Abónelas con fertilizante líquido una vez al mes durante su crecimiento. Reduzca los riegos en invierno. Utilice siempre un agua blanda o sin cal tanto para regar como para pulverizar. Multiplíquelas a partir de hijuelos bien desarrollados en primavera.

CLIMA Áreas cálidas de la zona 10 o zonas tropicales.

ESPECIES *V. fenestralis*, una especie clásica, crece hasta 1 m, con un fino trazado de líneas en ambas caras de sus hojas, las cuales tienen visibles puntos castaños. *V. hieroglyphica* es una especie muy apreciada de marcas complicadas en sus hojas, verde intenso en la parte superior y moradas en la inferior. Las flores, con brácteas de color amarillo verdoso, aparecen sobre tallos muy altos, normalmente en verano. *V. splendens*, crece hasta 1 m de alto. Sus hojas tienen bandas moradas, marrón o verde intenso y las inflorescencias son espigas naranja, rojas y amarillas.

Vriesea psittacina se conoce con razón como «pluma de indio» por el aspecto como de pluma de su inflorescencia. Es una especie fácil de cultivar.

Muchas *Vrieseas* que se encuentran en los viveros de plantas son híbridos, como esta atractiva planta de brácteas «entretejidas».

Wachendorfia (fam. Haemodoraceae)

Nativo del sur de África, este género incluye unas 20 especies de plantas tuberosas y perennes cultivadas por sus flores de vivos colores.

CULTIVO Si hay riesgo de heladas, cultive en invernadero frío. Lo ideal sería sobre suelo, pero también puede hacerlo en macetas de compost suelo para tiestos, con algo de abono a base de hojas. Proporcióneles máxima luz y riego en pleno crecimiento, aunque debe mantener el compost ligeramente humedecido cuando la planta esté hibernando. En jardín, plante en suelo húmedo y en lugar soleado. Multiplique en primavera, por semillas o por división de macizos.

CLIMA Zona 10.

ESPECIES *W. hirsuta*, de 45 cm de altura, tiene hojas velludas y brotes rojos que se convierten en amarillos con la floración. *W. paniculada* alcanza los 45 cm y tiene espigas de flores estivales amarillas en forma de embudo, que se vuelven rojas al madurar. *W. thyrsiflora*, es una planta atractiva que alcanza 1 m de altura. Sus flores son de un amarillo dorado y crecen sobre espigas verticales a principios de verano. Forma grandes macizos y tiende a la autogerminación. La savia roja de los tubérculos se utilizó como tinte en África.

Wachendorfia thyrsiflora debe cultivarse en invernadero frío en zonas propensas a las heladas, y crece mejor sobre suelo.

Wahlenbergia (fam. Campanulaceae)
Almirones

Este género incluye unas 150 especies, muchas de ellas originarias del hemisferio sur. La mayoría son perennes, con flores campanuladas estivales azules, blancas o rojas, y un follaje suave y delicado. Estas especies son ideales como plantas de maceta o jardín rocoso, y resultan también atractivas en despliegues florales.

CULTIVO En exterior, utilice un suelo arenoso con buen drenaje que contenga abundante humus. Escoja un lugar protegido del viento y con algo de sombra. También puede cultivarse en invernadero alpino si el clima es desapacible. Hágalo en macetas de compost suelo con buen drenaje y arenoso, y con abono de hojas. Multiplique en primavera, por semillas germinadas a una temperatura de 15 °C, o por división.

CLIMA Hay especies ideales para varios modelos climáticos.

ESPECIES *W. albomarginata*, zona 7, es una perenne rizomatosa procedente de las zonas frías de Nueva Zelanda. Sus grandes flores son azul claro, y a veces blancas. *W. gloriosa*, zona 9, es una de las plantas australianas más bellas. Se trata de un tipo alpino de característico penacho que forma cubier-

Los almirones de Australia, *Wahlenbergia gloriosa*, toleran varios grados de heladas. Pueden cultivarse a pleno sol o en un sitio parcialmente sombreado.

tas vegetales, con tallos subterráneos expansivos y grandes flores de un púrpura azulado que miden hasta 2,5 cm de ancho. Esta planta es el emblema floral del distrito federal australiano. *W. gracilis*, zona 10, es una especie anual procedente de Nueva Zelanda que alcanza los 30 cm y tiene hojas variables dentadas y grandes flores, casi siempre blancas, pero las hay también azules o púrpuras. *W. stricta*, zona 9, es de cultivo habitual. Se trata de una especie variable de pequeñas flores azules, a veces blancas. Forma macizos de entre 30 y 40 cm de altura, y es muy habitual en Australia.

Washingtonia (fam. Arecaceae)

Washingtonia, palmeras de algodón, palmeras de abanicos

Este género de palmas en abanico incluye solo dos especies, originarias del sur de Estados Unidos y México. Se cuentan entre las especies más resistentes, y su cultivo es intensivo en los estados de California y Florida. Estas palmeras altas y vigorosas tienen un solo tronco vertical y una corona muy compacta. Las hojas, grandes y en forma de abanico, son similares en longitud y anchura, y se dividen en finos segmentos caedizos. Los tallos foliares tienen una longitud moderada, y sus rebordes son espinosos. Un rasgo característico es el cinturón marrón de hojas muertas que rodean el tronco, a veces totalmente. Las inflorescencias, largas y delgadas, constan de unas flores pequeñas, blancas y delicadas que se extienden más allá de las hojas y dan paso a unos frutos ovales pequeños y marrones. Por debajo de la zona 9, cultive en invernadero intermedio o como planta de interior.

CULTIVO En invernadero o interior, utilice macetas de compost suelo arenoso para tiestos, y asegúrese de que reciben mucha luz. Protéjalas de la radiación directa. Solo necesitan un riego moderado, y en invierno solo deberá retener poca humedad. En el jardín necesitarán un lugar soleado, con suelo que tenga buen drenaje. Multiplique en primavera por semillas germinadas a 23 °C.

CLIMA Regiones más cálidas de la zona 9.

Haciendo honor a su nombre común inglés, «limpia cielos», esta *Washingtonia robusta* tiene unos 80 años de edad.

ESPECIES *W. filifera*, palmeras de algodón, crece en estado silvestre en el sudoeste de Estados Unidos y México, y, de las dos especies, es la más tolerante a la sequía y las heladas. El corpulento tronco sobrepasa generalmente los 15 m de altura, y la corona es amplia y abierta. Las enormes hojas verdes grisáceas están divididas en numerosos fragmentos, largos y finos, entre los que aparecen largas y rígidas hebras blancas. Son claramente perceptibles desde lejos, y justifican el nombre de la planta, palmeras de algodón. Si se suprimen las hojas muertas conforme crece, el tronco permanece suave y de un tono gris pálido. Las grandes inflorescencias preceden a un fruto entre marrón y negro. *W. robusta*, palmeras de abanicos o Washingtonia mexicana, es originaria del oeste de México. Esta especie crece mejor en los trópicos, pero no le favorecen ni la humedad constante ni las precipitaciones regulares. Es mucho más alta que *W. filifera*, con un tronco que sobrepasa los 25 m. Las hojas son verdes y brillantes sobre tallos cortos, están menos divididas, y forman una corona compacta. Si se extraen las hojas, sus bases dibujan sobre el tronco una especie de entramado. En esta especie, las hebras blancas solo aparecen en las plantas jóvenes. Las inflorescencias son de menor tamaño que las de *W. filifera*, pero los frutos, de un marrón oscuro y del tamaño de un guisante, son muy abundantes.

Watsonia (fam. Iridaceae)

Estas bellas plantas procedentes del sur de África tienen hojas largas y acorazonadas, y flores sin tallo sobre espigas. Los colores van del blanco al lavanda, pasando por el rosa, el rojo y el naranja. El género incluye unas 50 especies, todas bulbosas, algunas de las cuales pueden alcanzar 1,5 m de altura.

CULTIVO En jardín, coloque la planta en un lugar soleado y en un suelo con buen drenaje. En climas con riesgo de heladas, cultívela en invernadero frío, o bien trate las variedades que florecen en verano como si fueran gladiolos, extráigalas durante el otoño para almacenarlas en invierno. Multiplíquela por división en primavera.

CLIMA Zona 9.

Watsonia meriana tiene flores de un rosa intenso. Su crecimiento compacto las hace ideales para pequeños jardines.

ESPECIES *W. borbonica* (sin. *W. pyramidata*) es una de las especies de este género más atractivas y de mayor tamaño, con sus esbeltas espigas de flores en forma de embudo de color rosa o rojo. *W. coccinea* alcanza solo los 30 cm de altura; sus flores tubulares son de un rojo sangre, y florecen en invierno y primavera. *W. marginata* produce flores de un rosa liliáceo, marcadas en blanco y púrpura, que florecen en primavera y principios de verano. Puede llegar a alcanzar los 2 m de altura. *W. meriana* llega hasta los 50 cm de altura y forma un bello macizo de hojas lanceoladas. Las flores estivales son de un rosa intenso. La mayoría de watsonias cultivadas en invernadero son híbridos de origen mixto.

Weigela (fam. Caprifoliaceae)

Estos populares arbustos caducifolios se cultivan por su generoso despliegue floral a finales de primavera y principios de verano. Hay diez especies, nativas de Asia oriental.

CULTIVO Estas plantas crecen bien en la mayoría de condiciones, pero prefieren un espacio abierto y soleado, y un suelo fértil. Pódelas tras la floración cortando los viejos tallos ya florecidos a la altura de los brotes jóvenes. Cada pocos años, corte por completo algunos de los tallos más leñosos. Multiplique por esquejes semimaduros en verano, con calor basal, o por esquejes leñosos en invierno, en un marco frío.

Weigela florida es un bonito arbusto caducifolio para bordes mixtos, y crece bien en suelos pobres.

CLIMA Zona 5 para la mayoría de las especies; zona 6 para *W. japonica*.

ESPECIES *W. florida* se cultiva por el magnífico despliegue primaveral y estival de flores atrompetadas de tonos rosas, que aparecen sobre ramas esbeltas y arqueadas. Alcanza entre 2 y 3 m y posee diversos cultivares, incluidos 'Java Red', con hojas rojizas, y 'Variegata', con follaje de rebordes blancos. *W. japonica* alcanza los 3 m, y sus brotes blancos se abren al rojo en primavera. *W. praecox*, de 2,5 m de altura, tiene flores rosas y aromáticas, amarillas en el interior. La mayoría de estas especies en cultivo son híbridos, y hay muchos donde escoger.

Westringia (fam. Lamiaceae)

Este género australiano incluye unas 26 especies de arbustos perennes. Muchos crecen de forma natural en regiones costeras. En su país nativo, son muy apreciadas por sus flores y hojas, pero en climas con frecuentes heladas deben cultivarse en invernadero frío. Su follaje, verde oscuro o plateado es muy frondoso, y las bellas flores tubulares son muy longevas, aunque abundan especialmente en verano y otoño. Los colores van del blanco al malva pálido y al púrpura, y algunas presentan puntos rojos o amarillos cerca de la garganta.

CULTIVO En zonas con frecuentes heladas, cultívelas en invernadero en macetas de compost suelo arenoso para tiestos. Añada abono de hojas fermentadas si dispone de ellas. Asegúreles un máximo de luz y una atmósfera ventilada. En exterior, estas plantas prefieren un lugar abierto y soleado, aunque se adaptan a cualquier suelo con buen drenaje. Pode ligeramente a principios de primavera para mantener el contorno. Multiplique por semillas en primavera. Germinadas a 18 °C, o por esquejes semimaduros en verano, enraizados en un propagador caliente.

CLIMA Zona 10.

ESPECIES *W. eremicola* es un arbusto vertical que alcanza 1,5 m de altura, con flores de tonos rosa o

Westringia fruticosa, romero australiano, puede cultivarse en invernadero frío, donde florecerá durante largo tiempo, desde finales de primavera hasta principios de otoño.

malva que florecen en verano y otoño. Es una buena elección para jardines domésticos, aunque su floración no es excesivamente vistosa. *W. fruticosa*, romero australiano, es un arbusto expansivo que alcanza los 2 m de alto, con un follaje fresco parecido al del romero, y flores blancas con puntos púrpura en la garganta. Florecen desde finales de primavera hasta principios de otoño. Si el clima es adecuado, puede cultivarse para formar atractivos setos. Responde bien a la poda regular. *W. glabra* es un pequeño arbusto de 1,5 m de alto con hojas pequeñas y brillantes y racimos de flores entre lilas y púrpuras. *W. longifolia* es un arbusto abierto que puede alcanzar unos 2 m con hojas lineales de color verde oscuro y flores generalmente blancas. Las variedades de flores azules son más escasas. *W. rigida* es un arbusto pequeño y rígido de 50 cm de altura y grandes flores entre blancas y lavanda, con gargantas moteadas. Resistente a las heladas, esta especie no es tan decorativa como sus homólogas.

Wisteria (sin. Wistaria, fam. Papilionaceae)
Glicinias

Este género comprende unas diez especies de trepadoras caducifolias, con tallos retorcidos y hojas muy divididas de color verde claro, junto a ramilletes de delicadas flores en forma de guisante.

Fragante a veces, las flores pueden ser de color azul, malva, rosa y blanco, y tras ella aparecen los frutos, parecidos a la judía. *Wisteria* es una de las plantas de jardín favoritas en gran variedad de climas, proporciona una agradable sombra y un atractivo despliegue floral a finales de primavera y principios de verano. Es originaria de China, Japón, Corea y las zonas central y meridional de Estados Unidos.

CULTIVO Estas plantas crecen en cualquier tipo de suelo, siempre que tenga un buen drenaje. Aun así necesitan mucho sol, protección contra el viento y cuidados. Los ejemplares bien asentados necesitarán una poda regular para prevenir un crecimiento descontrolado. Establezca un armazón de tallos en la forma deseada, y pode en consecuencia. A mediados de verano, pode los brotes laterales a entre cinco y seis yemas del armazón central. A mediados de invierno, vuelva a podar a entre dos y tres yemas. Multiplique por estratificación en primavera.

CLIMA Zona 5 para la mayoría, pero zona 8 para *W. japonica* y zona 6 para *W. macrostachya*.

ESPECIES *W. brachybotrys*, de Japón, se conoce como glicinias de seda. Tiene ramilletes cortos y anchos de flores deliciosamente aromáticas, de un violeta intenso marcado en amarillo y blanco. Dos de los cultivares más destacados son 'Shiro Kapitan', con grandes y fragantes flores

Sujeta a un viejo muro, este bello cultivar de doble floración de *Wisteria sinensis* es espectacular a finales de primavera y principios de verano.

blancas, y 'Murasaki Kapitan' con flores azul oscuro marcadas en blanco y de escasa fragancia. *W. floribunda* tiene tallos largos de unos 10 m. Los ramilletes de fragantes flores pueden alcanzar 1 m de altura, pero normalmente solo llegan a la mitad. Pueden ser de un violeta azulado, rosa o blanco. El fruto, aterciopelado, mide unos 15 cm. Los cultivares 'Alba' o 'Shiro Noda' llevan flores blancas; 'Carnea' o 'Kuchibeni' tiene flores de un rosa pálido; 'Macrobotrys' luce largos ramilletes de flores entre azul y malva; 'Rosea' o 'Honbeni', tiene flores rosas; y 'Violacea plena' lleva flores dobles de un violeta azulado. *W. frutescens*, nativa de la zona central y oriental de Norteamérica, tiene ramilletes de flores lilas o púrpuras, seguidas de un fruto de unos 10 cm. *W. japonica*, de Japón y Corea, luce ramilletes de flores blanco verdosas, a veces dobles, seguidas de suaves frutos. *W. macrostachya*, procede de las regiones pantanosas del centro de Norteamérica, lleva ramilletes de flores lilas o azules de unos 30 cm de largo seguidas de un fruto de 12 cm de tamaño. *W. sinensis*, es una planta de gran vigor que puede sobrepasar los 10 m de longitud. Los ramilletes de flores malva azulados preceden a las hojas en primavera, y tienen una leve fragancia. Las flores del cultivar 'Alba' son blancas y muy fragantes.

Wodyetia (fam. Arecaceae)
Palmera de cola de zorro

Este género incluye una sola especie de plantas con hojas emplumadas endémica del nordeste australiano. Su denominación proviene de Wodyeti, un aborigen australiano, el último de su tribu, que poseía un vasto conocimiento de la región. Fue identificada en la década de 1980 y se cultiva extensamente en las zonas tropicales y subtropicales; no obstante, en la actualidad se está viendo amenazada en su hábitat debido a la falta de escrúpulos de algunos recolectores.

CULTIVO Fuera de las regiones tropicales y subtropicales, la cola de zorra debe cultivarse en invernadero cálido, en macetas con compost para tiestos. Proporciónele mucha luz, pero protéjala de la radiación directa. Riéguela bien durante la época

Wodeytia bifurcata o cola de zorra. Este delicioso efecto solo es posible conseguirlo en las zonas tropicales o subtropicales. En el resto hay que cultivar en invernadero.

de crecimiento, pero reduzca la dosis de agua en invierno. En exterior, estas palmas están mejor en un sitio a pleno sol, con un suelo profundo y buen drenaje. Multiplique por semilla, que puede germinar erráticamente, en un propagador caliente.

CLIMA Subtropical y tropical.

ESPECIES *W. bifurcata*, cola de zorra, alcanza entre 6 y 15 m. Los estrechos foliolos se disponen en forma circular en los tallos, logrando así el llamado «efecto cola de zorra». El tronco presenta unos círculos característicos, y las flores verdosas emergen de la base de la corona, seguidas de unos frutos de color rojo anaranjado.

Wollemia (fam. Araucaciae)
Pino del Wollemi

El descubrimiento de esta conífera en Australia en 1994 ocupó los titulares de la prensa internacional. Fue un hallazgo casual por parte de un oficial del National Parks and Wildlife Service del Wollemi National Park, al oeste de la Great Dividing Range, en Nueva Gales del Sur. Se trata de un «fósil viviente» cuyos parientes más cercanos se conocen solo por los restos fósiles del Cretáceo y del primer período Terciario. No obstante, también

está emparentada con otras especies de la familia *Araucaciae*, especialmente *Agathis* y *Araucaria*. Con menos de 40 ejemplares adultos en estado silvestre, es una de las plantas más raras del mundo, convertida en objeto de una profunda investigación desde su descubrimiento. Actualmente se está propagando para hacer posible su cultivo dentro de algunos años.

CULTIVO Crece bien en un sitio parcialmente sombreado, en un suelo con buen drenaje y enriquecido con humus, con abundante agua durante los meses más cálidos, y bastante menos en invierno. Existe poca información acerca del abono, pero sería aconsejable un fertilizante de desprendimiento lento. Se ha multiplicado en laboratorio por cultura del tejido y por esquejes. En climas con riesgo de heladas, un invernadero frío sería el lugar ideal para su crecimiento.

CLIMA Zonas con inviernos fríos y húmedos, y veranos cálidos.

ESPECIES *W. nobilis,* el pino del Wollemi puede alcanzar los 30 m en su hábitat. Es un árbol perenne con un hábito de crecimiento vertical y una corteza atípicamente esponjosa y nudosa. El follaje varía longitudinalmente: desde los ramilletes aplanados de hojas en la parte inferior, hasta las hojas cortas y rígidas, en cuatro hileras y dirigidas hacia afuera, de la parte superior. Los conos masculinos y femeninos están separados dentro del mismo árbol.

El descubrimiento del pino del Wollemi en 1994 fue objeto de numerosos titulares. Este tallo de hojas rígidas es portador de un cono masculino ya maduro.

Xanthorrhoea (fam. Xanthorrhoeaceae)
Negritos

Este género, fascinante y poco usual, incluye 15 especies y es nativo de Australia. En realidad es una planta muy primitiva, distinta a cualquier otra especie. Crece con lentitud, es longeva y herbácea, capaz de sobrevivir durante siglos, y se cuenta entre las especies más antiguas del planeta. Presenta tallo superficial y subterráneo, en forma de palmera el primero, coronado por un tupido cúmulo de hojas largas, arqueadas y nervudas. Las plantas jóvenes son simples penachos de hojas, algunas de las cuales pueden tardar hasta 20 años en formar un tronco. Sus densas espigas florales están compuestas por pequeñas flores amarillas o blancas, seguidas de cápsulas seminales dispuestas a lo largo de la espiga. Las épocas de floración en su hábitat natural pueden variar en extremo, y a menudo dependen de los incendios previos. *Xanthorrhoea*

Un entorno natural de piedra caliza forma el marco ideal para una *Xanthorrhoea*.

está empezando a ser conocida, y ya hay unas cuantas especies disponibles. Si hay riesgo de heladas, deben cultivarse en invernadero frío o intermedio.

CULTIVO En invernadero puede cultivarse en macetas hondas de compost suelo para tiestos con muy buen drenaje, puesto que la raíz tiende a pudrirse. Máximo de luz y protección contra la radiación directa. En exterior necesita un suelo profundo y arenoso, con fuerte drenaje y pleno sol o algo de sombra. Multiplique por semilla en un propagador caliente. La germinación puede durar un año, y el crecimiento suele ser muy lento.

CLIMA Zona 10.

ESPECIES *X. arborea* es una planta leñosa con un tronco de 2 m de altura, flores verde grisáceas y una larga y gruesa espiga floral. *X. australis* tiene un tronco oscuro y hojas estrechas y verdes; las hojas viejas forman un cinturón alrededor de la planta. La larga espiga floral está parcialmente desnuda. Crece entre 4 y 5 m, pero normalmente no sobrepasa los 2-3 m. *X. macronema* tiene un tronco subterráneo y hojas estrechas y brillantes de hasta 1 m de largo, con márgenes rugosos y papiráceos. La corta espiga floral aparece sobre el tallo, largo y esbelto. Las flores son amarillas, con largos estambres salientes, y mucho más grandes que las de otras especies. *X. media* tiene por lo general un tronco subterráneo, pero a veces puede sobresalir hasta 80 cm sobre la superficie. Las hojas, verdes y brillantes, son muy estrechas, y la espiga floral, también estrecha, surge sobre un tallo de hasta 2 m de altura. *X. minor* es una especie muy pequeña, con cortos racimos de hojas delgadas. Los troncos son subterráneos, y no suelen verse. Las flores son muy fragantes y pueden llegar a cubrir hasta 30-60 cm de las espigas portadoras. *X. preissii*, procedente de Australia occidental, tiene un tronco de 5 m de altura rematado con un penacho de hojas redondeado. Las flores, color crema, se arraciman en la parte superior de sus largas espigas, de hasta 2 m de altura, que se extienden muy por encima de la corona. Crecen en primavera. *X. resinosa* produce un macizo de hojas azuladas sobre un tronco en su mayor parte subterráneo. La densa espiga floral es de color marrón oscuro y de textura aterciopelada, provocada por las densas vellosidades de sus brácteas florales.

Xanthostemon (fam. Myrtaceae)

Las 45 especies incluidas en este género de árboles y arbustos perennes son nativas de las zonas tropicales del nordeste de Australia, Nueva Caledonia y partes del sudeste asiático. Algunas especies se cultivan por su madera, y otras como ornamentales. No es muy probable encontrarlas fuera de sus lugares de origen.

CULTIVO Fuera de las regiones tropicales y subtropicales, cultive en invernadero cálido o intermedio, en macetas con compost y suelo adecuados para tiestos, y con buen drenaje. Añada abono a base de hojas si dispone de él, proporcione mucha luz y proteja de la radiación directa para evitar que las hojas puedan quemarse. Riegue bien durante la etapa de crecimiento, y reduzca la dosis en invierno. En exterior, plante a pleno sol o con algo de sombra en un suelo rico en humus y de buen drenaje. Multiplique por semillas en primavera o por esquejes semimaduros en verano, con calor basal en ambos casos.

CLIMA Zona 10 o tropical.

ESPECIES *X. crysanthus*, del nordeste de Queensland de donde es originario, alcanza los 8 m de altura en cultivo, pero es mucho más alta en su hábitat selvático natural. Las hojas son ovales y brillantes, de unos 15 cm de largo. Las hojas maduras son de color verde oscuro, mientras que las nuevas son de un rojo rosáceo. Las flores, muy vistosas, son grandes cabezas redondeadas, con estambres de un amarillo vivo. En su hábitat natural suelen aparecer en invierno, pero en el hemisferio norte pueden variar las épocas.

Xylomelum (fam. Proteaceae)
Perales leñosos

Se trata de cuatro especies de arbustos o árboles procedentes de las regiones cálidas de Australia. Las hojas son ásperas y a veces serradas, y las densas espigas florales son similares a las de las grevi-

Xanthostemon chrysanthus, florece en invierno en su hábitat natural, Australia y el sur de Asia. En climas con heladas, tendría que cultivarse en invernadero.

Dos grandes semillas encajadas entre los frutos leñosos de *Xylomelum pyriforme*. Las semillas se liberan tras un incendio o al morir la planta.

lleas y hakeas. Las flores son blanco crema. Los frutos, grandes y leñosos, tienen forma de pera. Son plantas difíciles de encontrar fuera de sus hábitats naturales en Australia. En climas con frecuentes heladas, deben cultivarse en invernadero cálido o intermedio.

CULTIVO En invernadero, cultive en macetas de compost arenoso, ácido y de buen drenaje, con un máximo de luz. En exterior, en lugar soleado con suelo arenoso, ácido y de buen drenaje. Multiplique por semillas liberadas por el fruto al madurar. Germine en un propagador caliente. Las semillas suelen germinar con rapidez, pero el crecimiento posterior es bastante lento. Las plantas jóvenes necesitan mucha humedad en los primeros estadios de crecimiento.

CLIMA Zona 10 a tropical.

ESPECIES *X. angustifolium*, de Australia occidental, alcanza 3-5 m de altura, sus hojas son estrechas y sus flores amarillo crema. Aparecen en verano para dar paso a frutos de un color gris pálido. *X. occidentale*, peral leñoso del oeste, procede de los amplios bosques arenosos de Australia occidental. Es un árbol de 8 m y corona expansiva. El tronco está cubierto con una corteza hojaldrada marrón oscuro. Las largas hojas de bordes ondulados son espinosas en los márgenes, y las flores estivales, amarillo crema, preceden a unos frutos en forma de pera de hasta 15 cm que permanecen con el árbol durante algún tiempo. *X. periforme*, del este de Australia, es un arbusto o pequeño árbol de 3 a 9 m con hojas ásperas lanceoladas y flores crema rodeadas por vellosidades y grandes frutos de tacto aterciopelado.

Xylosma (fam. Flacourtiaceae)

Este género incluye unas 100 especies de árboles y arbustos perennes ampliamente distribuidos por las regiones tropicales y subtropicales. Muchas son originarias de la América tropical, pero también las hay procedentes de Polinesia, Nueva Caledonia, China, Japón y otras partes del sudeste asiático. Son plantas dioicas con flores masculinas y femeninas en ejemplares sepa-

En climas libres de heladas, *Xylosma congestum* forma atractivos setos. En el resto de zonas debe cultivarse en invernadero como planta de follaje.

rados. En climas adecuados, son cultivadas como pantallas o setos, pero en zonas propensas a las heladas deben cultivarse en invernadero frío o intermedio.

CULTIVO Crecen mejor a pleno sol, aunque toleran algo de sombra. Prefieren un suelo enriquecido con humus y de buen drenaje. Necesitan mucha humedad en verano, pero deben mantenerse mucho más secas en invierno. Apenas necesitan poda, excepto en las puntas si se trata de setos o pantallas. En invernadero, cultive en macetas de compost de suelo para tiestos, con buena luz. Multiplique por esquejes semimaduros en verano, con calor basal.

Clima Zona 9.

ESPECIES *X. congestum*, un pequeño árbol o arbusto nativo de China, de 5 m de altura, tiene hojas ovales y brillantes de color verde oscuro, con márgenes ligeramente serrados. Las hojas nuevas son rojizas, y las flores pequeñas e insignificantes. Si se dispone de ejemplar masculino y femenino, las bayas, pequeñas y negras, se desarrollarán en el femenino.

Yucca (fam. Agaveaceae)
Yucas

Originarias de las regiones más secas de Centroamérica y Norteamérica, estas exóticas plantas perennes añaden un toque dramático a cualquier jardín. Forman rosetas de largas hojas en forma de daga, normalmente rematadas en una afilada espina, y algunas desarrollan un tronco en su madurez. La mayoría disponen de llamativas inflorescencias de flores campanuladas blancas y caedizas. En sus países de origen, las yucas proveían de fibra para la confección de prendas de vestir, sogas y cordeles, y las hojas se utilizaban en cestería y techumbres. Los nuevos brotes florales y frutos de lagunas especies eran incluso consumidos. Hoy en día, la saponina obtenida de los frutos y semillas de algunas especies se utiliza para la fabricación de jabón y pasta dental. En su lugar de origen, *Y. filifera* se utiliza para la obtención de pulpa de papel. Algunas especies mueren tras la floración, pero para entonces ya han producido nuevos vástagos.

CULTIVO Las yucas son plantas de crecimiento fácil si el clima es adecuado, el suelo arenoso y de buen drenaje, y el lugar soleado. En otros climas puede cultivarse en invernadero frío. Multiplique en primavera por chupones enraizados.

CLIMA Diversos modelos climáticos.

ESPECIES *Y. aloifolia*, zona 9, es un arbusto alto y ramificado de unos 8 m de altura que desarrolla un tronco en su madurez. Tiene las típicas hojas erectas y rígidas y una gruesa y alta inflorescencia compuesta por grandes flores color crema dispuestas entre el follaje. *Y. brevifolia*, zona 8, es

La larga espiga floral de *Yucca xhipplei* es un elemento destacado en el paisaje. La planta muere lentamente tras la floración.

Las flores de las especies de *Yucca* son a menudo ovaladas y fragantes. Hay que disponer de muchas semillas viables si queremos que la planta muera de forma natural.

una especie arboriforme cuyas cortas hojas forman penachos en los extremos de sus ramas retorcidas. El crecimiento es lento, hasta los 13 m de altura. No suele cultivarse fuera de los estados del sudoeste de Estados Unidos, y sus flores, de un blanco verdoso, surgen sobre una esbelta espiga floral. Hebras de fibras rizadas se desprenden de los márgenes de las hojas. *Y. whipplei*, zona 8, es una especie espectacular que muere tras la floración. Crece de tallos y alcanza 1 m de altura. Sus hojas son muy estrechas, rígidas y de un verde azulado. Las flores son blancas y muy aromáticas, y sobresalen de entre el follaje sobre tallos de 2 m de altura.

Zamia (fam. Zamiaceae)
Palmera zamia

Nativas de las zonas tropicales y cálidas de América, estas 30 especies de cícadas se parecen a las palmeras, pero no tienen la menor relación como género. Provienen de diversos hábitats, incluidas las selvas lluviosas, los bosques abiertos y las sabanas. Portan conos cuyos tipos masculino y femenino crecen sobre plantas separadas. Algunas especies destilan un sagú parecido al almidón. Solo se cultivan algunas de ellas.

Las plantas esculturales como *Zamia furfuracea* lucen más si se agrupan.

CULTIVO En climas propensos a las heladas, cultive en invernadero cálido. *Zamia* también es una buena planta de interior. Cultive en macetas de compost de suelo para tiestos y añada abono a base de hojas si dispone de él. Aplique un máximo de luz y proteja de la radiación directa. En exterior, mucho sol con sombra en las horas más calurosas del día. Suelo bien drenado. Multiplique por semillas sembradas en primavera y germinadas a 24 °C.

CLIMA Zona 10 a tropical.

ESPECIES *Z. furfuracea*, de México y Florida, es la especie más cultivada. El grupo de plantas al que pertenece se conoce comúnmente como cícadas. Las hojas pueden medir hasta 1 m y están compuestas de foliolos de textura áspera, y de jóvenes están recubiertas de finos pelillos marrones. Los troncos alcanzan solo unos 15 cm. Los conos masculinos son estrechos y cilíndricos, y los femeninos tienen forma de tonel, miden 20 cm de largo y 5-7 cm de ancho.

Zantedeschia (fam. Araceae)
Aros, calas

Estas seis especies de perennes rizomatosas del África tropical y meridional se identifican por sus clásicas flores en forma de lila, muy familiares para tantos jardineros aficionados. Las hojas son aflechadas, verdes y brillantes.

CULTIVO En climas propensos a las heladas, cultive las especies más tiernas en invernadero intermedio. *Z. aethiopica* puede cultivarse en exterior en climas fríos, y a menudo se hace en aguas superficiales, de unos 30 cm de profundidad, o en el borde de una piscina. En invernadero plante en suelo o en maceta a base de compost de suelo para tiestos. Proporcione mucha luz y presérvelas de la radiación directa. En invierno mantenga el suelo o el compost ligeramente humedecido. En otras épocas, riegue en abundancia. En el jardín, cultive en lugar soleado, con suelo húmedo rico en humus. Multiplique por división en primavera.

CLIMA Zona 9 para la mayoría de especies; zona 8 para *Z. aethiopica*.

Las calas de oro, *Zantedeschia elliottiana*, tiene flores doradas que destacan sobre las atractivas hojas aplanadas.

ESPECIES *Z. aethiopica*, calas o aros blancos, es una variante comercial de grandes flores blancas, espádices amarillos y brácteas de 25 a 30 cm de largo. Alcanza 1 m de altura, y se ha naturalizado en muchas zonas del planeta. El cultivar 'Childsiana' es un tipo enano de libre floración. La forma 'Green Goddess' llega hasta 1,5 m de altura, y sus flores verdes y blancas son muy populares entre los floristas. *Z. albomaculata* produce hojas moteadas en blanco y flores de un amarillo o rosa pálido, a veces blancas, con marcas púrpuras en el envés. Alcanza los 60 cm de altura. *Z. elliottiana*, calas de oro, alcanza los 50-90 cm. Sus hojas son de color verde oscuro con manchas plateadas, y sus flores de un amarillo intenso. Sus cultivares son muy atractivos. *Z. rehmannii*, calas o aros rosa, de 60 cm de altura, tiene flores rosas, púrpuras o blancas.

Zauschneria (fam. Onagraceae)

Género integrado por cuatro especies de subarbustos perennes procedentes del oeste de Norteamérica. Son ideales para jardines rocosos soleados.

CULTIVO La *Zauschneria* puede carecer en cualquier suelo de buen drenaje, pero prefiere un terreno de

La fucsia de California, *Zauschneria californica*, es una perenne que forma macizos, florece largo tiempo y es resistente a las heladas.

loam arenoso, y un sitio con mucho sol. Multiplique en primavera, por semillas en marco frío también puede hacerlo por esquejes basales en un propagador caliente.

CLIMA Zona 8.

ESPECIES *Z. californica*, fucsia de California, alcanza los 30 cm de altura y los 50 de ancho. Sus hojas son pequeñas y lanceoladas, y las brillantes flores escarlatas aparecen sobre espigas sueltas en verano u otoño. La subespecie *latifolia*, más resistente, tiene hojas más anchas.

Zea mays var. praecox (fam. Poaceae)
Maíz

Zea mays variedad *praecox* es una anual erecta y monoica, procedente probablemente de México y Centroamérica. Variedad del maíz o maíz indio, se cultiva por las pequeñas mazorcas con puntiagudos granos que a tantos gustan. Las palomitas de maíz se consumen en formas muy variadas: con mantequilla y sal, o como cereal con leche y azú-

Esta variedad del maíz dulce, *Zea mays*, es el tipo más adecuado para las palomitas.

car. Desde la introducción de las variedades japonesas sin cáscara, la calidad ha mejorado enormemente.

CULTIVO Cultive y multiplique como si fuera maíz dulce. Como este, debe cultivarse en bloques, no en hileras, para asegurar una óptima polinización.

CLIMA Zona 7, como anual estival.

Zea mays var. saccharata (fam. Poiaceae)
Maíz dulce

Originario probablemente de México o Centroamérica, el maíz dulce era parte esencial en la dieta cotidiana de los pueblos nativos de Centroamérica y Sudamérica antes de la llegada de los españoles. Fue introducido en Europa por Cristóbal Colón en el siglo XVI, y su consumo se extendió pronto. Enormemente popular en Estados Unidos, en Gran Bretaña y Europa se suele servir hervido o a la barbacoa, con mantequilla y pimienta. No obstante, una buena sopa de maíz dulce es un plato difícil de superar, y las palomitas son deliciosas. Molido, puede usarse para confeccionar pan, pasteles o tortas.

El maíz dulce se poliniza a través del viento, así que debe plantarse en bloque para asegurar el transporte desde las flores masculinas a las femeninas.

CULTIVO El maíz dulce produce flores masculinas y femeninas separadas, y las mazorcas no se forman hasta que no tiene lugar la polinización. Debe plantarse en bloques, no en hileras, para que el viento transporte el polen. En el jardín deberá escoger un lugar a pleno sol, con un suelo enriquecido y de buen drenaje. Las plantas toleran el viento, pero no crecen a bajas temperaturas. Enriquezca el terreno antes de plantar introduciendo en cada metro cuadrado de suelo una buena cantidad de fertilizante con alto contenido en nitrógeno, o abono avícola. También es recomendable un mantillo adicional de fertilizante nitrogenado cuando la planta alcance los 15-20 cm. Siembre las semillas en primavera a 5 cm de profundidad, y con una distancia entre plantas de 30 a 45 cm. Al colocar dos semillas en cada espacio, la más débil puede extraerse cuando los brotes tengan unos 10 cm. En climas con heladas, cubra las plantas jóvenes con campanas protectoras, o cultive las semillas de forma individual en pequeños tiestos en invernadero calefactado a finales de primavera, y plante en exterior tan pronto acaben las heladas. Quite con cuidado las malas hierbas, y riegue en abundancia. Durante la maduración, los granos adquieren un punto crítico llamado «madurez lechosa», en el que el grano se compone ya de un 70 por ciento de savia acuosa y alcanza el punto óptimo de azúcar. El maíz está listo para la recolección y para el consumo cuando exhala una savia lechosa al presionar con la uña. Si se deja más tiempo en la planta, el grado de humedad decrece y aumenta el de almidón, y el grano adquiere una textura harinosa. La principal plaga es el gusano cogollero, aunque los jardineros suelen tolerarla y cortan simplemente las terminales de las mazorcas afectadas.

CLIMA Zona 7, pero cultivado como cosecha estival en todas las zonas.

VARIEDADES *Zea mays* variedad *saccharata* es una anual monoica de tallo erecto, cultivada tanto en zonas tropicales como en climas templados. En su madurez, las mazorcas aparecen en los ejes de sus grandes hojas. La flor masculina con el polen es la borla que aparece en el extremo de la mazorca, los granos son los ovarios y la propia mazorca es la flor femenina. Cada grano tiene una hebra sedosa dirigida hacia el exterior de la mazorca, que transporta las partículas de polen hacia el ovario para completar la fertilización. La mazorca y los granos quedan protegidos por una cubierta verde y foliácea. Las modernas variedades han sido mejoradas para superar la productividad, se ha incrementado el contenido en azúcar, la resistencia a las plagas y a los rigores climáticos, y se ha disminuido la cantidad de almidón. Hay muchos cultivares disponibles, incluidos algunos extremadamente dulces.

Zelkova (fam. Ulmaceae)
Zelkovas

Este género que incluye unas cinco o seis especies de esbeltos árboles caducifolios se extiende desde el Mediterráneo hasta el Cáucaso y el este de Asia.

Muy parecidos al olmo, con el que están emparentados, estos árboles se cultivan en jardines por su perfil elegante y expansivo y su bella coloración otoñal. También es apreciada su madera, especialmente en China y Japón. Las zelkovas tienen una corteza suave, hojas serradas y flores insignificantes, aunque fragantes. Las flores masculinas y femeninas crecen separadamente en el mismo árbol.

CULTIVO Las zelkovas crecen mejor si se plantan en un suelo rico y profundo, de buen drenaje y capaz de retener la humedad, a pleno sol o con algo de sombra. En climas fríos, busque un lugar resguardado. Multiplique por semillas sembradas en exterior en otoño, o por esquejes semimaduros en verano enraizados con calor basal.

CLIMA Zona 5; zona 6 para *Z. sinica*.

ESPECIES *Z. carpinifolia* es una árbol longevo de crecimiento lento, de entre 20 y 30 m de altura en

La corona de esta *Zelkova serrata*, amplia y expansiva, revela perfectamente la bella estructura de su ramaje.

su madurez. Tiene una corona densa y redondeada, y ramas verticales estilizadas. *Z. serrata*, Zelkova de Japón es un árbol elegante y expansivo que alcanza los 30 m en su hábitat, pero no excede de los 15 m en cultivo. Su suave corteza está moteada en gris y marrón. *Z. sinica*, procedente de China, alcanza los 18 m. Sus hojas jóvenes son rosas y velludas, y la corteza revela, al pelarse, unos toques de color óxido.

Zephyranthes (fam. Amaryllidaceae)
Lirios de lluvia

Este género incluye unas 70 especies de bulbos procedentes de Norteamérica y Sudamérica. Se cultivan por sus flores, similares a las del azafrán, que crecen entre la primavera y el otoño, y a menudo aparecen entre su follaje herbáceo. Son ideales para jardines rocosos. Si es zona de heladas, las especies más delicadas se cultivan en invernadero frío. El nombre Zephyranthes puede traducirse como «flor del viento del oeste».

CULTIVO Plante a 10 cm de profundidad en macetas de compost de suelo arenoso para tiestos, con un máximo de luz. Durante el período de reposo, una vez que las hojas se hayan marchitado, mantenga la planta ligeramente húmeda, pero riegue con regularidad el resto del año. En jardín, cultive en lugar soleado sobre terreno de buen drenaje. Multiplique por semillas maduras germinadas a 18 °C, o por vástagos en período de reposo.

CLIMA Diversos modelos climáticos.

ESPECIES *Z. atamasco*, zona 8, alcanza los 12 cm de altura. Sus bellas flores blancas, con toques rosas, aparecen en primavera. *Z. candida*, zona 8, es una especie vigorosa que alcanza los 18 cm. Las flores, campanuladas, muestran su atractivo entre el follaje herbáceo otoñal. *Z. citrina*, zona 10, de unos 15 cm, produce flores doradas en otoño. *Z. grandiflora*, zona 9, llega hasta los 30 cm, y sus flores rosas aparecen a principios de otoño. *Z. rosea*, zona 10, de unos 18 cm, produce flores rosas en otoño. Ambas son especies similares. Hay otras especies con flores aún más pequeñas.

Las flores blancas y simples de *Zephyranthes candida* llaman la atención entre el brillante follaje herbáceo.

Zieria (fam. Rutaceae)

Naturales del este de Australia, estas 40 especies de arbustos perennes son plantas atractivas para jardines templados, cálidos y tropicales. La mayoría tienen un follaje fragante, y los puntos translúcidos de sus hojas contienen un aceite aromático. Las flores, estrelladas, son similares a las de boronia y eriostemon, con las que están emparentadas. No es probable encontrarlas fuera de su lugar de origen, y en climas propensos a las heladas deberían cultivarse en invernadero frío.

CULTIVO En jardín, cultive en suelo de buen drenaje y rico en humus. Busque un lugar soleado, aunque también admiten algo de sombra. En invernadero, cultive en macetas de compost de suelo para tiestos, y garantice luz y atmósfera ventilada. Multiplique por semillas tan pronto como maduren, o por esquejes semimaduros en verano, con calor basal en ambos casos.

Zieria arborescens es un gran arbusto expansivo con follaje muy aromático y ramilletes de flores en estrella.

CLIMA Regiones más cálidas de zona 9.

ESPECIES *Z. arborescens* es un atractivo arbusto expansivo de unos 4 m de altura. El follaje es muy aromático y luce muy bien como fondo para sus ramilletes de blancas flores en forma de estrella. *Z. compacta* es un arbusto redondeado de 1 m de envergadura, con racimos de flores blancas. *Z. cytisoides* tiene hojas caedizas de color gris y flores rosas. *Z. laevigata* tiene 1 m de altura y hojas angulares, verdes y brillantes, y flores blancas o rosa pálido. *Z. smithii* es un arbusto de tallos suaves y flores blancas.

Zingiber
Bastón del Emperador

Género que incluye unas 60 especies de perennes rizomatosas con tallos en forma de caña y hojas grandes y largas. Las espigas de flores tienen forma de antorcha, son verticales se sostienen sobre los tallos desprovistos de hojas. La parte más vistosa de la flor es en realidad una bráctea; la flor auténtica es pequeña, y está escondida en el interior de la bráctea. Las flores de algunas especies se utilizan en la elaboración de curris, y son populares como planta ornamental.

CULTIVO Excepto en los climas tropicales, cultive en invernadero cálido, en macetas grandes con compost de suelo para tiestos de buen drenaje. Protéjalas de la radiación solar directa y proporcione una atmósfera húmeda. Riegue bien en verano y mantenga la planta relativamente seca en invierno. Multiplique por semillas o por división de rizomas.

Las espigas en floración de *Zingiber elatior* crean un gran impacto en los jardines tropicales. Las flores se usan también para la obtención del curri.

CLIMA El bastón del Emperador solo es cultivable en los trópicos.

ESPECIES *Z. elatior*, bastón del Emperador, puede alcanzar los 5-6 m de altura en su hábitat. Los tallos verticales llevan hojas que sobrepasan a menudo los 70 cm de largo. Son de color verde oscuro en el haz, y purpúreas en el envés. Las inflorescencias alcanzan una altura aproximadamente de 30 cm, y tienen brácteas de un rosa intenso. Las pequeñas flores rojas con márgenes amarillos o blancos aparecen en la parte inferior entre las pequeñas brácteas. La planta se ha naturalizado en algunos países tropicales.

Zingiber officinale (fam. Zingiberaceae)
Jengibre

Originario del sudeste tropical de Asia, el jengibre se cultiva ampliamente por sus rizomas aromáticos. Se usa en crudo, en conserva o cristalizado. El rizoma, seco y en polvo, se utiliza en bebidas, pasteles y bizcochos. También es recomendable para el mareo. La preparación es muy elaborada. Muchos países asiáticos los cultivan para el consumo local, y en conserva es un importante producto de exportación en China. Los cultivares son estériles, y raramente producen semilla. La altura del jengibre es de unos 60 cm, y tiene tallos en caña, largas hojas lanceoladas y flores de color verde amarillentas.

CULTIVO En climas tendentes a las heladas, puede cultivarse en invernadero cálido, en grandes macetas o en un límite de terreno. Las raíces frescas

El follaje verde del jengibre realzará el interior de cualquier invernadero, y la planta es, además, fácil de cultivar.

pueden comprarse en tiendas de comestibles o supermercados. Corte las raíces largas en varios trozos, y asegúrese de que cada trozo dispone de buenos brotes u «ojos». Plante a principios de primavera justo por debajo de la superficie. El suelo debe ser de libre drenaje y enriquecido con estiércol unas semanas antes de plantar. Riegue poco hasta que el crecimiento se acelere, y aumente entonces sensiblemente las dosis. Las plantas pueden arrancarse para recolectar las raíces a mediados o finales de otoño. El tiempo transcurrido entre la plantación y la recolección variará según la zona climática.

CLIMA Zona 10 y superiores. Puede cultivarse en exterior solo en los trópicos y subtrópicos.

Zinnia (fam. Asteraceae)
Zinias

Con su gama de flores de vivos colores, las zinias forman un atractivo conjunto, mientras que las especies enanas son muy decorativas en los límites de jardín. El género comprende unas 20 especies de anuales y perennes, ampliamente distribuidas por las zonas más secas de América. Son sensibles a las heladas y muy cultivadas como plantas estivales.

CULTIVO En aquellos climas propensos a las heladas, cultive por semillas a principios de primavera en invernadero, germinadas a una temperatura de 18 °C, y plante en exterior una vez haya pasado el riesgo. Si no hay peligro, plante directamente en el lugar definitivo a finales de primavera. Las zinias crecen mejor en un suelo enriquecido, de buen drenaje, que retenga la humedad y con mucho humus. El sol garantiza la floración. Despréndase de todas las flores marchitas para prolongar el período de floración.

CLIMA Es muy común en la zona 10, pero las zinias se cultivan como planta anual en todas las zonas climáticas.

ESPECIES Z. *elegans* es una planta anual de crecimiento vertical que puede alcanzar los 80 m o más. En inglés se le llama la «planta de la juven-

Un macizo de zinias enanas en tonos rojos y rosas en una plantación de petunias. Las variedades enanas pueden crecer en lugares más expuestos que las variedades altas.

tud y edad avanzada» por su hábito de producir flores que enmascaran las viejas floraciones ya marchitas. Tiene hojas rígidas adheridas a los tallos, con grandes flores provistas de hileras de pétalos superpuestos. Las flores son de color púrpura y se cultiva muy poco, exceptuando sus cultivares. La gama de colores es amplia, e incluye el amarillo, el rojo, el rosa, el crema, el blanco y el púrpura. Incluso existe un cultivar de flores verdes llamado 'Envy'. La mayoría de ellos tienen flores dobles, pero en otros son simples o semidobles. Hay tipos que alcanzan 80 cm de altura, otros 60 y 15-40 cm. La anual *Z. haageana*, o zinia de México, alcanza una altura de aproximadamente 60 cm, y sus flores son de un naranja brillante. Existen en el mercado diversos cultivares, entre los que se incluyen variantes enanas en colores mixtos junto al naranja original, ideales para jardines de verano. El cultivar 'Persian Carpet', que alcanza los 40 cm, se cultiva en todo el mundo.

Zygopetalum (fam. Orchidaceae)

Originaria de Centroamérica, México y Sudamérica, el género incluye unas 20 especies de orquídeas epífitas. Suelen ser fáciles de cultivar y sus aromáticas flores aparecen en otoño, invierno y primavera.

CULTIVO Cultive en invernadero cálido o intermedio, en macetas o en cestas de madera colgadas del invernadero. Llene la maceta con compost para orquídeas formulado para epífitas. Cuando la planta esté en pleno crecimiento necesitará mucha humedad, riego y abundante luz, con protección contra la radiación solar directa. Debe administrarse un fertilizante líquido para orquídeas cada siete o diez días. Reduzca considerablemente el riego en invierno, y garantice un máximo de luz.

CLIMA Tropical.

ESPECIES *Z. mackaii*, procedente de Brasil, es la especie más cultivada del género *Zygopetalum*. Sus flores son verdes y fragantes, de aproximadamente 6 cm, y veteado marrón. El labio, blanco, tiene un intenso color moteado violeta. Es una planta fácil de cultivar, y sus flores aparecen entre otoño y principios de invierno.

Las extrañas flores de *Zygopetalum mackaii* son muy aromáticas y aparecen en otoño e invierno.

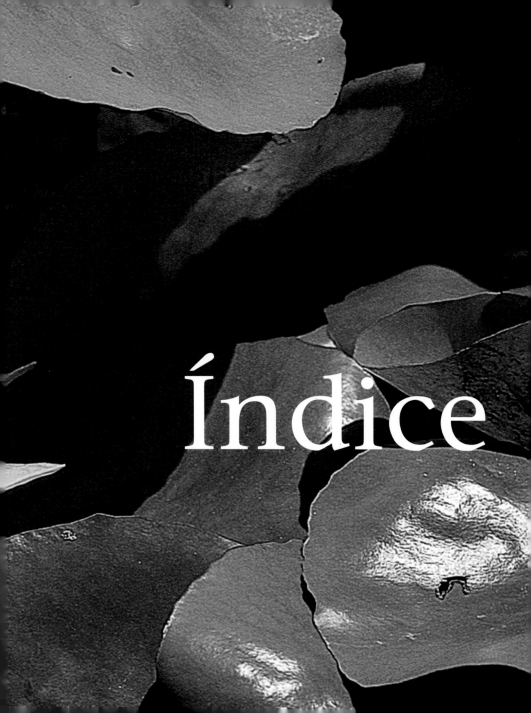

Índice